进出口税收优惠政策指引

进出口税收优惠政策指引编写组 编

中国海关出版社有限公司
·北京·

图书在版编目（CIP）数据

进出口税收优惠政策指引/进出口税收优惠政策指引编写组编.
—北京：中国海关出版社有限公司，2022.1
ISBN 978-7-5175-0552-5

Ⅰ.①进…　Ⅱ.①进…　Ⅲ.①进出口贸易—税收政策—优惠政策—中国　Ⅳ.①F812.422

中国版本图书馆 CIP 数据核字（2021）第 268523 号

进出口税收优惠政策指引
JINCHUKOU SHUISHOU YOUHUI ZHENGCE ZHIYIN

作　　者：进出口税收优惠政策指引编写组
策划编辑：史　娜
责任编辑：吴　婷
出版发行：中国海关出版社有限公司
社　　址：北京市朝阳区东四环南路甲 1 号　　邮政编码：100023
网　　址：www.hgcbs.com.cn
编 辑 部：01065194242-7532（电话）
发 行 部：01065194221/4238/4246/4254/5127（电话）
社办书店：01065195616（电话）
https://weidian.com/?userid=319526934（网址）
印　　刷：北京盛通印刷股份有限公司　　经　　销：新华书店
开　　本：889mm×1194mm　1/16
印　　张：63.25　　字　　数：2550 千字
版　　次：2022 年 1 月第 1 版
印　　次：2022 年 1 月第 1 次印刷
书　　号：ISBN 978-7-5175-0552-5
定　　价：280.00 元

前言

为进一步推动产业结构优化转型升级和技术进步，近年来，国务院对进出口税收优惠政策进行了调整和完善，同时，按照国务院“放管服”改革要求，海关对减免税管理进行了进一步优化。为了帮助广大进出口单位全面了解、把握各项进口税收优惠政策及海关管理规定，中国海关出版社组织汇总、整理了现行的进出口税收优惠政策及海关管理规定，组织编写了《进出口税收优惠政策指引》。

本书的出版发行将为广大进出口单位用足用好国家各项进出口税收优惠政策提供有力的指引和帮助。本书由姜峰任主编，王雯、刘小威任副主编。参加本书编写的人员包括吴玉琳、邝杰炜、郑庆欣、许慧、赖晓莺、郑超、曾群策、梁凯、吴韩、盛欣、张欧洲；审核人员包括刘成凯、梅毅之、周志兴、丘亮、王炜玮。

由于编写时间仓促，编者水平有限，书中的不妥及疏漏之处在所难免，敬请广大读者批评指正。

进出口税收优惠政策指引编写组

2021 年 12 月

目 录

1 法律法规及部门规章

2 综合管理规定

3 科技与科普

6 能源与资源

7 装备制造

8 航空与航材

9 政府间无偿赠送及社会事业

10　文化与体育

11 海南自由贸易港

12 其他政策

13 出口税收优惠政策

14 参考规定

1 法律法规及部门规章

中华人民共和国海关法

（主席令第35号）

（1987年1月22日第六届全国人民代表大会常务委员会第十九次会议通过，根据2000年7月8日第九届全国人民代表大会常务委员会第十六次会议《关于修改〈中华人民共和国海关法〉的决定》第一次修改，根据2013年6月29日第十二届全国人民代表大会常务委员会第三次会议《关于修改〈中华人民共和国文物保护法〉等十二部律的决定》第二次修改，根据2013年12月28日第十二届全国人民代表大会常务委员会第六次会议《关于修改〈中华人民共和国海洋环境保护法〉等七部法律的决定》第三次修改，根据2016年11月7日第十二届全国人民代表大会常务委员会第二十四次会议《关于修改〈中华人民共和国对外贸易法〉等十二部法律的决定》第四次修改，根据2017年11月4日第十二届全国人民代表大会常务委员会第三十次会议《全国人民代表大会常务委员会关于修改〈中华人民共和国会计法〉等十一部法律的决定》第五次修改，根据2021年4月29日第十三届全国人民代表大会常务委员会第二十八次会议《全国人民代表大会常务委员会关于修改〈中华人民共和国道路交通安全法〉等八部法律的决定》第六次修改；现行版本自2021年4月29日起施行）

目　录

第一章　总　则

第一条　为了维护国家的主权和利益，加强海关监督管理，促进对外经济贸易和科技文化交往，保障社会主义现代化建设，特制定本法。

第二条　中华人民共和国海关是国家的进出关境（以下简称进出境）监督管理机关。海关依照本法和其他有关法律、行政法规，监管进出境的运输工具、货物、行李物品、邮递物品和其他物品（以下简称进出境运输工具、货物、物品），征收关税和其他税、费，查缉走私，并编制海关统计和办理其他海关业务。

第三条　国务院设立海关总署，统一管理全国海关。

国家在对外开放的口岸和海关监管业务集中的地点设立海关。海关的隶属关系，不受行政区划的限制。

海关依法独立行使职权，向海关总署负责。

第四条 国家在海关总署设立专门侦查走私犯罪的公安机构，配备专职缉私警察，负责对其管辖的走私犯罪案件的侦查、拘留、执行逮捕、预审。

海关侦查走私犯罪公安机构履行侦查、拘留、执行逮捕、预审职责，应当按照《中华人民共和国刑事诉讼法》的规定办理。

海关侦查走私犯罪公安机构根据国家有关规定，可以设立分支机构。各分支机构办理其管辖的走私犯罪案件，应当依法向有管辖权的人民检察院移送起诉。

地方各级公安机关应当配合海关侦查走私犯罪公安机构依法履行职责。

第五条 国家实行联合缉私、统一处理、综合治理的缉私体制。海关负责组织、协调、管理查缉走私工作。有关规定由国务院另行制定。

各有关行政执法部门查获的走私案件，应当给予行政处罚的，移送海关依法处理；涉嫌犯罪的，应当移送海关侦查走私犯罪公安机构、地方公安机关依据案件管辖分工和法定程序办理。

第六条 海关可以行使下列权力：

（一）检查进出境运输工具，查验进出境货物、物品；对违反本法或者其他有关法律、行政法规的，可以扣留。

（二）查阅进出境人员的证件；查问违反本法或者其他有关法律、行政法规的嫌疑人，调查其违法行为。

（三）查阅、复制与进出境运输工具、货物、物品有关的合同、发票、账册、单据、记录、文件、业务函电、录音录像制品和其他资料；对其中与违反本法或者其他有关法律、行政法规的进出境运输工具、货物、物品有牵连的，可以扣留。

（四）在海关监管区和海关附近沿海沿边规定地区，检查有走私嫌疑的运输工具和有藏匿走私货物、物品嫌疑的场所，检查走私嫌疑人的身体；对有走私嫌疑的运输工具、货物、物品和走私犯罪嫌疑人，经直属海关关长或者其授权的隶属海关关长批准，可以扣留；对走私犯罪嫌疑人，扣留时间不超过二十四小时，在特殊情况下可以延长至四十八小时。

在海关监管区和海关附近沿海沿边规定地区以外，海关在调查走私案件时，对有走私嫌疑的运输工具和除公民住处以外的有藏匿走私货物、物品嫌疑的场所，经直属海关关长或者其授权的隶属海关关长批准，可以进行检查，有关当事人应当到场；当事人未到场的，在有见证人在场的情况下，可以径行检查；对其中有证据证明有走私嫌疑的运输工具、货物、物品，可以扣留。

海关附近沿海沿边规定地区的范围，由海关总署和国务院公安部门会同有关省级人民政府确定。

（五）在调查走私案件时，经直属海关关长或者其授权的隶属海关关长批准，可以查询案件涉嫌单位和涉嫌人员在金融机构、邮政企业的存款、汇款。

（六）进出境运输工具或者个人违抗海关监管逃逸的，海关可以连续追至海关监管区和海关附近沿海沿边规定地区以外，将其带回处理。

（七）海关为履行职责，可以配备武器。海关工作人员佩带和使用武器的规则，由海关总署会同国务院公安部门制定，报国务院批准。

（八）法律、行政法规规定由海关行使的其他权力。

第七条 各地方、各部门应当支持海关依法行使职权，不得非法干预海关的执法活动。

第八条 进出境运输工具、货物、物品，必须通过设立海关的地点进境或者出境。在特殊情况下，需要经过未设立海关的地点临时进境或者出境的，必须经国务院或者国务院授权的机关批准，并依照本法规定办理海关手续。

第九条 进出口货物，除另有规定的外，可以由进出口货物收发货人自行办理报关纳税手续，也可以由进出口货物收发货人委托报关企业办理报关纳税手续。

进出境物品的所有人可以自行办理报关纳税手续，也可以委托他人办理报关纳税手续。

第十条 报关企业接受进出口货物收发货人的委托，以委托人的名义办理报关手续的，应当向海关提交由委托人签署的授权委托书，遵守本法对委托人的各项规定。

报关企业接受进出口货物收发货人的委托，以自己的名义办理报关手续的，应当承担与收发货人相同的法律责任。

委托人委托报关企业办理报关手续的，应当向报关企业提供所委托报关事项的真实情况；报关企业接受委托人的委托办理报关手续的，应当对委托人所提供情况的真实性进行合理审查。

第十一条 进出口货物收发货人、报关企业办理报关手续，应当依法向海关备案。

报关企业和报关人员不得非法代理他人报关。

第十二条 海关依法执行职务，有关单位和个人应当如实回答询问，并予以配合，任何单位和个人不得阻挠。

海关执行职务受到暴力抗拒时，执行有关任务的公安机关和人民武装警察部队应当予以协助。

第十三条 海关建立对违反本法规定逃避海关监管行为的举报制度。

任何单位和个人均有权对违反本法规定逃避海关监管的行为进行举报。

海关对举报或者协助查获违反本法案件的有功单位和个人，应当给予精神的或者物质的奖励。

海关应当为举报人保密。

第二章 进出境运输工具

第十四条 进出境运输工具到达或者驶离设立海关的地点时，运输工具负责人应当向海关如实申报，交验单证，并接受海关监管和检查。

停留在设立海关的地点的进出境运输工具，未经海关同意，不得擅自驶离。

进出境运输工具从一个设立海关的地点驶往另一个设立海关的地点的，应当符合海关监管要求，办理海关手续，未办结海关手续的，不得改驶境外。

第十五条 进境运输工具在进境以后向海关申报以前，出境运输工具在办结海关手续以后出境以前，应当按照交通主管机关规定的路线行进；交通主管机关没有规定的，由海关指定。

第十六条 进出境船舶、火车、航空器到达和驶离时间、停留地点、停留期间更换地点以及装卸货物、物品时间，运输工具负责人或者有关交通运输部门应当事先通知海关。

第十七条 运输工具装卸进出境货物、物品或者上下进出境旅客，应当接受海关监管。

货物、物品装卸完毕，运输工具负责人应当向海关递交反映实际装卸情况的交接单据和记录。

上下进出境运输工具的人员携带物品的，应当向海关如实申报，并接受海关检查。

第十八条 海关检查进出境运输工具时，运输工具负责人应当到场，并根据海关的要求开启舱室、房间、车门；有走私嫌疑的，并应当开拆可能藏匿走私货物、物品的部位，搬移货物、物料。

海关根据工作需要，可以派员随运输工具执行职务，运输工具负责人应当提供方便。

第十九条 进境的境外运输工具和出境的境内运输工具，未向海关办理手续并缴纳关税，不得转让或者移作他用。

第二十条 进出境船舶和航空器兼营境内客、货运输，应当符合海关监管要求。

进出境运输工具改营境内运输，需向海关办理手续。

第二十一条 沿海运输船舶、渔船和从事海上作业的特种船舶，未经海关同意，不得载运或者换取、买卖、转让进出境货物、物品。

第二十二条 进出境船舶和航空器，由于不可抗力的原因，被迫在未设立海关的地点停泊、降落或者抛掷、起卸货物、物品，运输工具负责人应当立即报告附近海关。

第三章 进出境货物

第二十三条 进口货物自进境起到办结海关手续止，出口货物自向海关申报起到出境止，过境、转运和通运货物自进境起到出境止，应当接受海关监管。

第二十四条 进口货物的收货人、出口货物的发货人应当向海关如实申报，交验进出口许可证件和有关单证。国家限制进出口的货物，没有进出口许可证件的，不予放行，具体处理办法由国务院规定。

进口货物的收货人应当自运输工具申报进境之日起十四日内，出口货物的发货人除海关特准的外应当在货物运抵海关监管区后、装货的二十四小时以前，向海关申报。

进口货物的收货人超过前款规定期限向海关申报的，由海关征收滞报金。

第二十五条 办理进出口货物的海关申报手续，应当采用纸质报关单和电子数据报关单的形式。

第二十六条 海关接受申报后，报关单证及其内容不得修改或者撤销，但符合海关规定情形的除外。

第二十七条 进口货物的收货人经海关同意，可以在申报前查看货物或者提取货样。需要依法检疫的货物，应当在检疫合格后提取货样。

第二十八条 进出口货物应当接受海关查验。海关查验货物时，进口货物的收货人、出口货物的发货人应当到场，并负责搬移货物，开拆和重封货物的包装。海关认为必要时，可以径行开验、复验或者提取货样。

海关在特殊情况下对进出口货物予以免验，具体办法由海关总署制定。

第二十九条 除海关特准的外，进出口货物在收发货人缴清税款或者提供担保后，由海关签印放行。

第三十条 进口货物的收货人自运输工具申报进境之日起超过三个月未向海关申报的，其进口货物由海关提取依法变卖处理，所得价款在扣除运输、装卸、储存等费用和税款后，尚有余款的，自货物依法变卖之日起一年内，经收货人申请，予以发还；其中属于国家对进口有限制性规定，应当提交许可证件而不能提供的，不予发还。逾期无人申请或者不予发还的，上缴国库。

确属误卸或者溢卸的进境货物，经海关审定，由原运输工具负责人或者货物的收发货人自该运输工具卸货之日起三个月内，办理退运或者进口手续；必要时，经海关批准，可以延期三个月。逾期未办手续的，由海关按前款规定处理。

前两款所列货物不宜长期保存的，海关可以根据实际情况提前处理。

收货人或者货物所有人声明放弃的进口货物，由海关提取依法变卖处理；所得价款在扣除运输、装卸、储存等费用后，上缴国库。

第三十一条 按照法律、行政法规、国务院或者海关总署规定暂时进口或者暂时出口的货物，应当在六个月内复运出境或者复运进境；需要延长复运出境或者复运进境期限的，应当根据海关总署的规定办理延期手续。

第三十二条 经营保税货物的储存、加工、装配、展示、运输、寄售业务和经营免税商店，应当符合海关监管要求，经海关批准，并办理注册手续。

保税货物的转让、转移以及进出保税场所，应当向海关办理有关手续，接受海关监管和查验。

第三十三条 企业从事加工贸易，应当按照海关总署的规定向海关备案。加工贸易制成品单位耗料量由海关按照有关规定核定。

加工贸易制成品应当在规定的期限内复出口。其中使用的进口料件，属于国家规定准予保税的，应当向海关办理核销手续；属于先征收税款的，依法向海关办理退税手续。

加工贸易保税进口料件或者制成品内销的，海关对保税的进口料件依法征税；属于国家对进口有限制性规定的，还应当向海关提交进口许可证件。

第三十四条 经国务院批准在中华人民共和国境内设立的保税区等海关特殊监管区域，由海关按照国家有关规定实施监管。

第三十五条 进口货物应当由收货人在货物的进境地海关办理海关手续，出口货物应当由发货人在货物的出境地海关办理海关手续。

经收发货人申请，海关同意，进口货物的收货人可以在设有海关的指运地、出口货物的发货人可以在设有海关的启运地办理海关手续。上述货物的转关运输，应当符合海关监管要求；必要时，海关可以派员押运。

经电缆、管道或者其他特殊方式输送进出境的货物，经营单位应当定期向指定的海关申报和办理海关手续。

第三十六条 过境、转运和通运货物，运输工具负责人应当向进境地海关如实申报，并应当在规定期限内运输出境。

海关认为必要时，可以查验过境、转运和通运货物。

第三十七条 海关监管货物，未经海关许可，不得开拆、提取、交付、发运、调换、改装、抵押、质押、留置、转让、更换标记、移作他用或者进行其他处置。

海关加施的封志，任何人不得擅自开启或者损毁。

人民法院判决、裁定或者有关行政执法部门决定处理海关监管货物的，应当责令当事人办结海关手续。

第三十八条 经营海关监管货物仓储业务的企业，应当经海关注册，并按照海关规定，办理收存、交付手续。

在海关监管区外存放海关监管货物，应当经海关同意，并接受海关监管。

违反前两款规定或者在保管海关监管货物期间造成海关监管货物损毁或者灭失的，除不可抗力外，对海关监管货物负有保管义务的人应当承担相应的纳税义务和法律责任。

第三十九条 进出境集装箱的监管办法、打捞进出境货物和沉船的监管办法、边境小额贸易进出口货物的监管办法，以及本法未具体列明的其他进出境货物的监管办法，由海关总署或者由海关总署会同国务院有关部门另行制定。

第四十条 国家对进出境货物、物品有禁止性或者限制性规定的，海关依据法律、行政法规、国务院的规定或者国务院有关部门依据法律、行政法规的授权作出的规定实施监管。具体监管办法由海关总署制定。

第四十一条 进出口货物的原产地按照国家有关原产地规则的规定确定。

第四十二条 进出口货物的商品归类按照国家有关商品归类的规定确定。

海关可以要求进出口货物的收发货人提供确定商品归类所需的有关资料；必要时，海关可以组织化验、检验，并将海关认定的化验、检验结果作为商品归类的依据。

第四十三条 海关可以根据对外贸易经营者提出的书面申请，对拟作进口或者出口的货物预先作出商品归类等行政裁定。

进口或者出口相同货物，应当适用相同的商品归类行政裁定。

海关对所作出的商品归类等行政裁定，应当予以公布。

第四十四条 海关依照法律、行政法规的规定，对与进出境货物有关的知识产权实施保护。

需要向海关申报知识产权状况的，进出口货物收发货人及其代理人应当按照国家规定向海关如实申报有关知识产权状况，并提交合法使用有关知识产权的证明文件。

第四十五条 自进出口货物放行之日起三年内或者在保税货物、减免税进口货物的海关监管期限内及其后的三年内，海关可以对与进出口货物直接有关的企业、单位的会计账簿、会计凭证、报关单证以及其他有关资料和有关进出口货物实施稽查。具体办法由国务院规定。

第四章 进出境物品

第四十六条 个人携带进出境的行李物品、邮寄进出境的物品，应当以自用、合理数量为限，并接受海关监管。

第四十七条 进出境物品的所有人应当向海关如实申报，并接受海关查验。

海关加施的封志，任何人不得擅自开启或者损毁。

第四十八条 进出境邮袋的装卸、转运和过境，应当接受海关监管。邮政企业应当向海关递交邮件路单。

邮政企业应当将开拆及封发国际邮袋的时间事先通知海关，海关应当按时派员到场监管查验。

第四十九条 邮运进出境的物品，经海关查验放行后，有关经营单位方可投递或者交付。

第五十条 经海关登记准予暂时免税进境或者暂时免税出境的物品，应当由本人复带出境或者复带进境。

过境人员未经海关批准，不得将其所带物品留在境内。

第五十一条 进出境物品所有人声明放弃的物品、在海关规定期限内未办理海关手续或者无人认领的物品，以及无法投递又无法退回的进境邮递物品，由海关依照本法第三十条的规定处理。

第五十二条 享有外交特权和豁免的外国机构或者人员的公务用品或者自用物品进出境，依照有关法律、行政法规的规定办理。

第五章 关 税

第五十三条 准许进出口的货物、进出境物品，由海关依法征收关税。

第五十四条 进口货物的收货人、出口货物的发货人、进出境物品的所有人，是关税的纳税义务人。

第五十五条 进出口货物的完税价格，由海关以该货物的成交价格为基础审查确定。成交价格不能确定时，完税价格由海关依法估定。

进口货物的完税价格包括货物的货价、货物运抵中华人民共和国境内输入地点起卸前的运输及其相关费用、保险费；出口货物的完税价格包括货物的货价、货物运至中华人民共和国境内输出地点装载前的运输及其相关费用、保险费，但是其中包含的出口关税税额，应当予以扣除。

进出境物品的完税价格，由海关依法确定。

第五十六条 下列进出口货物、进出境物品，减征或者免征关税：

（一）无商业价值的广告品和货样；

（二）外国政府、国际组织无偿赠送的物资；

（三）在海关放行前遭受损坏或者损失的货物；

（四）规定数额以内的物品；

（五）法律规定减征、免征关税的其他货物、物品；

（六）中华人民共和国缔结或者参加的国际条约规定减征、免征关税的货物、物品。

第五十七条 特定地区、特定企业或者有特定用途的进出口货物，可以减征或者免征关税。特定减税或者免税的范围和办法由国务院规定。

依照前款规定减征或者免征关税进口的货物，只能用于特定地区、特定企业或者特定用途，未经海关核准并补缴关税，不得移作他用。

第五十八条 本法第五十六条、第五十七条第一款规定范围以外的临时减征或者免征关税，由国务院决定。

第五十九条 暂时进口或者暂时出口的货物，以及特准进口的保税货物，在货物收发货人向海关缴纳相当于税款的保证金或者提供担保后，准予暂时免纳关税。

第六十条 进出口货物的纳税义务人，应当自海关填发税款缴款书之日起十五日内缴纳税款；逾期缴纳的，由海关征收滞纳金。纳税义务人、担保人超过三个月仍未缴纳的，经直属海关关长或者其授权的隶属海关关长批准，海关可以采取下列强制措施：

（一）书面通知其开户银行或者其他金融机构从其存款中扣缴税款；

（二）将应税货物依法变卖，以变卖所得抵缴税款；

（三）扣留并依法变卖其价值相当于应纳税款的货物或者其他财产，以变卖所得抵缴税款。

海关采取强制措施时，对前款所列纳税义务人、担保人未缴纳的滞纳金同时强制执行。

进出境物品的纳税义务人，应当在物品放行前缴纳税款。

第六十一条 进出口货物的纳税义务人在规定的纳税期限内有明显的转移、藏匿其应税货物以及其他财产迹象的，海关可以责令纳税义务人提供担保；纳税义务人不能提供纳税担保的，经直属海关关长或者其授权的隶属海关关长批准，海关可以采取下列税收保全措施：

（一）书面通知纳税义务人开户银行或者其他金融机构暂停支付纳税义务人相当于应纳税款的存款；

（二）扣留纳税义务人价值相当于应纳税款的货物或者其他财产。

纳税义务人在规定的纳税期限内缴纳税款的，海关必须立即解除税收保全措施；期限届满仍未缴纳税款的，经直属海关关长或者其授权的隶属海关关长批准，海关可以书面通知纳税义务人开户银行或者其他金融机构从其暂停支付的存款中扣缴税款，或者依法变卖所扣留的货物或者其他财产，以变卖所得抵缴税款。

采取税收保全措施不当，或者纳税义务人在规定期限内已缴纳税款，海关未立即解除税收保全措施，致使纳税义务人的合法权益受到损失的，海关应当依法承担赔偿责任。

第六十二条 进出口货物、进出境物品放行后，海关发现少征或者漏征税款，应当自缴纳税款或者货物、物品放行之日起一年内，向纳税义务人补征。因纳税义务人违反规定而造成的少征或者漏征，海关在三年以内可以追征。

第六十三条 海关多征的税款，海关发现后应当立即退还；纳税义务人自缴纳税款之日起一年内，可以要求海关退还。

第六十四条 纳税义务人同海关发生纳税争议时，应当缴纳税款，并可以依法申请行政复议；对复议决定仍不服的，可以依法向人民法院提起诉讼。

第六十五条 进口环节海关代征税的征收管理，适用关税征收管理的规定。

第六章 海关事务担保

第六十六条 在确定货物的商品归类、估价和提供有效报关单证或者办结其他海关手续前，收发货人要求放行货物的，海关应当在其提供与其依法应当履行的法律义务相适应的担保后放行。法律、行政法规规定可以免除担保的除外。

法律、行政法规对履行海关义务的担保另有规定的，从其规定。

国家对进出境货物、物品有限制性规定，应当提供许可证件而不能提供的，以及法律、行政法规规定不得担保的其他情形，海关不得办理担保放行。

第六十七条 具有履行海关事务担保能力的法人、其他组织或者公民，可以成为担保人。法律规定不得为担保人的除外。

第六十八条 担保人可以以下列财产、权利提供担保：

（一）人民币、可自由兑换货币；

（二）汇票、本票、支票、债券、存单；

（三）银行或者非银行金融机构的保函；

（四）海关依法认可的其他财产、权利。

第六十九条 担保人应当在担保期限内承担担保责任。担保人履行担保责任的，不免除被担保人应当办理有关海关手续的义务。

第七十条 海关事务担保管理办法，由国务院规定。

第七章 执法监督

第七十一条 海关履行职责，必须遵守法律，维护国家利益，依照法定职权和法定程序严格执法，接受监督。

第七十二条 海关工作人员必须秉公执法，廉洁自律，忠于职守，文明服务，不得有下列行为：

（一）包庇、纵容走私或者与他人串通进行走私；

（二）非法限制他人人身自由，非法检查他人身体、住所或者场所，非法检查、扣留进出境运输工具、货物、物品；

（三）利用职权为自己或者他人谋取私利；

（四）索取、收受贿赂；

（五）泄露国家秘密、商业秘密和海关工作秘密；

（六）滥用职权，故意刁难，拖延监管、查验；

（七）购买、私分、占用没收的走私货物、物品；

（八）参与或者变相参与营利性经营活动；

（九）违反法定程序或者超越权限执行职务；

（十）其他违法行为。

第七十三条 海关应当根据依法履行职责的需要，加强队伍建设，使海关工作人员具有良好的政治、业务素质。

海关专业人员应当具有法律和相关专业知识，符合海关规定的专业岗位任职要求。

海关招收工作人员应当按照国家规定，公开考试，严格考核，择优录用。

海关应当有计划地对其工作人员进行政治思想、法制、海关业务培训和考核。海关工作人员必须定期接受培训和考核，经考核不合格的，不得继续上岗执行职务。

第七十四条 海关总署应当实行海关关长定期交流制度。

海关关长定期向上一级海关述职，如实陈述其执行职务情况。海关总署应当定期对直属海关关长进行考核，直属海关应当定期对隶属海关关长进行考核。

第七十五条 海关及其工作人员的行政执法活动，依法接受监察机关的监督；缉私警察进行侦查活动，依法接受人民检察院的监督。

第七十六条 审计机关依法对海关的财政收支进行审计监督，对海关办理的与国家财政收支有关的事项，有权进行专项审计调查。

第七十七条 上级海关应当对下级海关的执法活动依法进行监督。上级海关认为下级海关作出的处理或者决定不适当的，可以依法予以变更或者撤销。

第七十八条 海关应当依照本法和其他有关法律、行政法规的规定，建立健全内部监督制度，对其工作人员执行法律、行政法规和遵守纪律的情况，进行监督检查。

第七十九条 海关内部负责审单、查验、放行、稽查和调查等主要岗位的职责权限应当明确，并相互分离、相互制约。

第八十条 任何单位和个人均有权对海关及其工作人员的违法、违纪行为进行控告、检举。收到控告、检举的机关有权处理的，应当依法按照职责分工及时查处。收到控告、检举的机关和负责查处的机关应当为控告人、检举人保密。

第八十一条 海关工作人员在调查处理违法案件时，遇有下列情形之一的，应当回避：

（一）是本案的当事人或者是当事人的近亲属；

（二）本人或者其近亲属与本案有利害关系；

（三）与本案当事人有其他关系，可能影响案件公正处理的。

第八章 法律责任

第八十二条 违反本法及有关法律、行政法规，逃避海关监管，偷逃应纳税款、逃避国家有关进出境的禁止性或者限制性管理，有下列情形之一的，是走私行为：

（一）运输、携带、邮寄国家禁止或者限制进出境货物、物品或者依法应当缴纳税款的货物、物品进出境的；

（二）未经海关许可并且未缴纳应纳税款、交验有关许可证件，擅自将保税货物、特定减免税货物以及其他海关监管货物、物品、进境的境外运输工具，在境内销售的；

（三）有逃避海关监管，构成走私的其他行为的。

有前款所列行为之一，尚不构成犯罪的，由海关没收走私货物、物品及违法所得，可以并处罚款；专门或者多次用于掩护走私的货物、物品，专门或者多次用于走私的运输工具，予以没收，藏匿走私货物、物品的特制设备，责令拆毁或者没收。

有第一款所列行为之一，构成犯罪的，依法追究刑事责任。

第八十三条 有下列行为之一的，按走私行为论处，依照本法第八十二条的规定处罚：

（一）直接向走私人非法收购走私进口的货物、物品的；

（二）在内海、领海、界河、界湖，船舶及所载人员运输、收购、贩卖国家禁止或者限制进出境的货物、物品，或者运输、收购、贩卖依法应当缴纳税款的货物，没有合法证明的。

第八十四条 伪造、变造、买卖海关单证，与走私人通谋为走私人提供贷款、资金、账号、发票、证明、海关单证，与走私人通谋为走私人提供运输、保管、邮寄或者其他方便，构成犯罪的，依法追究刑事责任；尚不构成犯罪的，由海关没收违法所得，并处罚款。

第八十五条 个人携带、邮寄超过合理数量的自用物品进出境，未依法向海关申报的，责令补缴关税，可以处以罚款。

第八十六条 违反本法规定有下列行为之一的，可以处以罚款，有违法所得的，没收违法所得：

（一）运输工具不经设立海关的地点进出境的；

（二）不将进出境运输工具到达的时间、停留的地点或者更换的地点通知海关的；

（三）进出口货物、物品或者过境、转运、通运货物向海关申报不实的；

（四）不按照规定接受海关对进出境运输工具、货物、物品进行检查、查验的；

（五）进出境运输工具未经海关同意，擅自装卸进出境货物、物品或者上下进出境旅客的；

（六）在设立海关的地点停留的进出境运输工具未经海关同意，擅自驶离的；

（七）进出境运输工具从一个设立海关的地点驶往另一个设立海关的地点，尚未办结海关手续又未经海关批准，中途擅自改驶境外或者境内未设立海关的地点的；

（八）进出境运输工具，不符合海关监管要求或者未向海关办理手续，擅自兼营或者改营境内运输的；

（九）由于不可抗力的原因，进出境船舶和航空器被迫在未设立海关的地点停泊、降落或者在境内抛掷、起卸货物、物品，无正当理由，不向附近海关报告的；

（十）未经海关许可，擅自将海关监管货物开拆、提取、交付、发运、调换、改装、抵押、质押、留置、转让、更换标记、移作他用或者进行其他处置的；

（十一）擅自开启或者损毁海关封志的；

（十二）经营海关监管货物的运输、储存、加工等业务，有关货物灭失或者有关记录不真实，不能提供正当理由的；

（十三）有违反海关监管规定的其他行为的。

第八十七条 海关准予从事有关业务的企业，违反本法有关规定的，由海关责令改正，可以给予警告，暂停其从事有关业务，直至撤销注册。

第八十八条 未向海关备案从事报关业务的，海关可以处以罚款。

第八十九条 报关企业非法代理他人报关的，由海关责令改正，处以罚款；情节严重的，禁止其从事报关活动。

报关人员非法代理他人报关的，由海关责令改正，处以罚款。

第九十条 进出口货物收发货人、报关企业向海关工作人员行贿的，由海关禁止其从事报关活动，并处以罚款；构成犯罪的，依法追究刑事责任。

报关人员向海关工作人员行贿的，处以罚款；构成犯罪的，依法追究刑事责任。

第九十一条 违反本法规定进出口侵犯中华人民共和国法律、行政法规保护的知识产权的货物的，由海关依法没收侵权货物，并处以罚款；构成犯罪的，依法追究刑事责任。

第九十二条 海关依法扣留的货物、物品、运输工具，在人民法院判决或者海关处罚决定作出之前，不得处理。但是，危险品或者鲜活、易腐、易失效等不宜长期保存的货物、物品以及所有人申请先行变卖的货物、物品、运输工具，经直属海关关长或者其授权的隶属海关关长批准，可以先行依法变卖，变卖所得价款由海关保存，并通知其所有人。

人民法院判决没收或者海关决定没收的走私货物、物品、违法所得、走私运输工具、特制设备，由海关依法统一处理，所得价款和海关决定处以的罚款，全部上缴中央国库。

第九十三条 当事人逾期不履行海关的处罚决定又不申请复议或者向人民法院提起诉讼的，作出处罚决定的海关可以将其保证金抵缴或者将其被扣留的货物、物品、运输工具依法变价抵缴，也可以申请人民法院强制执行。

第九十四条 海关在查验进出境货物、物品时，损坏被查验的货物、物品的，应当赔偿实际损失。

第九十五条 海关违法扣留货物、物品、运输工具，致使当事人的合法权益受到损失的，应当依法承担赔偿责任。

第九十六条 海关工作人员有本法第七十二条所列行为之一的，依法给予行政处分；有违法所得的，依法没收违法所得；构成犯罪的，依法追究刑事责任。

第九十七条 海关的财政收支违反法律、行政法规规定的，由审计机关以及有关部门依照法律、行政法规的规定作出处理；对直接负责的主管人员和其他直接责任人员，依法给予行政处分；构成犯罪的，依法追究刑事责任。

第九十八条 未按照本法规定为控告人、检举人、举报人保密的，对直接负责的主管人员和其他直接责任人员，由所在单位或者有关单位依法给予行政处分。

第九十九条 海关工作人员在调查处理违法案件时，未按照本法规定进行回避的，对直接负责的主管人员和其他直接责任人员，依法给予行政处分。

第九章 附 则

第一百条 本法下列用语的含义：

直属海关，是指直接由海关总署领导，负责管理一定区域范围内的海关业务的海关；隶属海关，是指由直属海关领导，负责办理具体海关业务的海关。

进出境运输工具，是指用以载运人员、货物、物品进出境的各种船舶、车辆、航空器和驮畜。

过境、转运和通运货物，是指由境外启运、通过中国境内继续运往境外的货物。其中，通过境内陆路运输的，称过境货物；在境内设立海关的地点换装运输工具，而不通过境内陆路运输的，称转运货物；由船舶、航空器载运进境并由原装运输工具载运出境的，称通运货物。

海关监管货物，是指本法第二十三条所列的进出口货物，过境、转运、通运货物，特定减免税货物，以及暂时进出口货物、保税货物和其他尚未办结海关手续的进出境货物。

保税货物，是指经海关批准未办理纳税手续进境，在境内储存、加工、装配后复运出境的货物。

海关监管区，是指设立海关的港口、车站、机场、国界孔道、国际邮件互换局（交换站）和其他有海关监管业务的场所，以及虽未设立海关，但是经国务院批准的进出境地点。

第一百零一条 经济特区等特定地区同境内其他地区之间往来的运输工具、货物、物品的监管办法，由国务院另行规定。

第一百零二条 本法自1987年7月1日起施行。1951年4月18日中央人民政府公布的《中华人民共和国暂行海关法》同时废止。

中华人民共和国增值税暂行条例

（国务院令第134号）

（1993年12月13日由国务院发布，2008年11月5日国务院第34次常务会议修订通过，根据2016年2月6日国务院令第666号《国务院关于修改部分行政法规的决定》第一次修订，根据2017年11月19日国务院令第691号《国务院关于废止〈中华人民共和国营业税暂行条例〉和修改〈中华人民共和国增值税暂行条例〉的决定》第二次修订；现行版本自2017年11月19日起施行）

第一条 在中华人民共和国境内销售货物或者加工、修理修配劳务（以下简称劳务），销售服务、无形资产、不动产以及进口货物的单位和个人，为增值税的纳税人，应当依照本条例缴纳增值税。

第二条 增值税税率：

（一）纳税人销售货物、劳务、有形动产租赁服务或者进口货物，除本条第二项、第四项、第五项另有规定外，税率为17%。

（二）纳税人销售交通运输、邮政、基础电信、建筑、不动产租赁服务，销售不动产，转让土地使用权，销售或者进口下列货物，税率为11%：

1. 粮食等农产品、食用植物油、食用盐；
2. 自来水、暖气、冷气、热水、煤气、石油液化气、天然气、二甲醚、沼气、居民用煤炭制品；
3. 图书、报纸、杂志、音像制品、电子出版物；
4. 饲料、化肥、农药、农机、农膜；
5. 国务院规定的其他货物。

（三）纳税人销售服务、无形资产，除本条第一项、第二项、第五项另有规定外，税率为6%。

（四）纳税人出口货物，税率为零；但是，国务院另有规定的除外。

（五）境内单位和个人跨境销售国务院规定范围内的服务、无形资产，税率为零。

税率的调整，由国务院决定。

第三条 纳税人兼营不同税率的项目，应当分别核算不同税率项目的销售额；未分别核算销售额的，从高适用税率。

第四条 除本条例第十一条规定外，纳税人销售货物、劳务、服务、无形资产、不动产（以下统称应税销售行为），应纳税额为当期销项税额抵扣当期进项税额后的余额。应纳税额计算公式：

应纳税额=当期销项税额-当期进项税额

当期销项税额小于当期进项税额不足抵扣时，其不足部分可以结转下期继续抵扣。

第五条 纳税人发生应税销售行为，按照销售额和本条例第二条规定的税率计算收取的增值税额，为销项税额。销项税额计算公式：

销项税额=销售额×税率

第六条 销售额为纳税人发生应税销售行为收取的全部价款和价外费用，但是不包括收取的销项税额。

销售额以人民币计算。纳税人以人民币以外的货币结算销售额的，应当折合成人民币计算。

第七条 纳税人发生应税销售行为的价格明显偏低并无正当理由的，由主管税务机关核定其销售额。

第八条 纳税人购进货物、劳务、服务、无形资产、不动产支付或者负担的增值税额，为进项税额。

下列进项税额准予从销项税额中抵扣：

（一）从销售方取得的增值税专用发票上注明的增值税额。

（二）从海关取得的海关进口增值税专用缴款书上注明的增值税额。

（三）购进农产品，除取得增值税专用发票或者海关进口增值税专用缴款书外，按照农产品收购发票或者销售发票上注明的农产品买价和11%的扣除率计算的进项税额，国务院另有规定的除外。进项税额计算公式：

进项税额=买价×扣除率

（四）自境外单位或者个人购进劳务、服务、无形资产或者境内的不动产，从税务机关或者扣缴义务人取得的代扣代缴税款的完税凭证上注明的增值税额。

准予抵扣的项目和扣除率的调整，由国务院决定。

第九条 纳税人购进货物、劳务、服务、无形资产、不动产，取得的增值税扣税凭证不符合法律、行政法规或者国务院税务主管部门有关规定的，其进项税额不得从销项税额中抵扣。

第十条 下列项目的进项税额不得从销项税额中抵扣：

（一）用于简易计税方法计税项目、免征增值税项目、集体福利或者个人消费的购进货物、劳务、服务、无形资产和不动产；

（二）非正常损失的购进货物，以及相关的劳务和交通运输服务；

（三）非正常损失的在产品、产成品所耗用的购进货物（不包括固定资产）、劳务和交通运输服务；

（四）国务院规定的其他项目。

第十一条 小规模纳税人发生应税销售行为，实行按照销售额和征收率计算应纳税额的简易办法，并不得抵扣进项税额。应纳税额计算公式：

应纳税额=销售额×征收率

小规模纳税人的标准由国务院财政、税务主管部门规定。

第十二条 小规模纳税人增值税征收率为3%，国务院另有规定的除外。

第十三条 小规模纳税人以外的纳税人应当向主管税务机关办理登记。具体登记办法由国务院税务主管部门制定。

小规模纳税人会计核算健全，能够提供准确税务资料的，可以向主管税务机关办理登记，不作为小规模纳税人，依照本条例有关规定计算应纳税额。

第十四条 纳税人进口货物，按照组成计税价格和本条例第二条规定的税率计算应纳税额。组成计税价格和应纳税额计算公式：

组成计税价格=关税完税价格+关税+消费税

应纳税额=组成计税价格×税率

第十五条 下列项目免征增值税：

（一）农业生产者销售的自产农产品；

（二）避孕药品和用具；

（三）古旧图书；

（四）直接用于科学研究、科学试验和教学的进口仪器、设备；

（五）外国政府、国际组织无偿援助的进口物资和设备；

（六）由残疾人的组织直接进口供残疾人专用的物品；

（七）销售的自己使用过的物品。

除前款规定外，增值税的免税、减税项目由国务院规定。任何地区、部门均不得规定免税、减税项目。

第十六条 纳税人兼营免税、减税项目的，应当分别核算免税、减税项目的销售额；未分别核算销售额的，不得免税、减税。

第十七条 纳税人销售额未达到国务院财政、税务主管部门规定的增值税起征点的，免征增值税；达到起征点的，依照本条例规定全额计算缴纳增值税。

第十八条 中华人民共和国境外的单位或者个人在境内销售劳务，在境内未设有经营机构的，以其境内代理人为扣缴义务人；在境内没有代理人的，以购买方为扣缴义务人。

第十九条 增值税纳税义务发生时间：

（一）发生应税销售行为，为收讫销售款项或者取得索取销售款项凭据的当天；先开具发票的，为开具发票的当天。

（二）进口货物，为报关进口的当天。

增值税扣缴义务发生时间为纳税人增值税纳税义务发生的当天。

第二十条 增值税由税务机关征收，进口货物的增值税由海关代征。

个人携带或者邮寄进境自用物品的增值税，连同关税一并计征。具体办法由国务院关税税则委员会会同有关部门制定。

第二十一条 纳税人发生应税销售行为，应当向索取增值税专用发票的购买方开具增值税专用发票，并在增值税专用发票上分别注明销售额和销项税额。

属于下列情形之一的，不得开具增值税专用发票：

（一）应税销售行为的购买方为消费者个人的；

（二）发生应税销售行为适用免税规定的。

第二十二条 增值税纳税地点：

（一）固定业户应当向其机构所在地的主管税务机关申报纳税。总机构和分支机构不在同一县（市）的，应当分别向各自所在地的主管税务机关申报纳税；经国务院财政、税务主管部门或者其授权的财政、税务机关批准，可以由总机构汇总向总机构所在地的主管税务机关申报纳税。

（二）固定业户到外县（市）销售货物或者劳务，应当向其机构所在地的主管税务机关报告外出经营事项，并向其机构所在地的主管税务机关申报纳税；未报告的，应当向销售地或者劳务发生地的主管税务机关申报纳税；未向销售地或者劳务发生地的主管税务机关申报纳税的，由其机构所在地的主管税务机关补征税款。

（三）非固定业户销售货物或者劳务，应当向销售地或者劳务发生地的主管税务机关申报纳税；未向销售地或者劳务发生地的主管税务机关申报纳税的，由其机构所在地或者居住地的主管税务机关补征税款。

（四）进口货物，应当向报关地海关申报纳税。

扣缴义务人应当向其机构所在地或者居住地的主管税务机关申报缴纳其扣缴的税款。

第二十三条 增值税的纳税期限分别为1日、3日、5日、10日、15日、1个月或者1个季度。纳税人的具体纳税期限，由主管税务机关根据纳税人应纳税额的大小分别核定；不能按照固定期限纳税的，可以按次纳税。

纳税人以1个月或者1个季度为1个纳税期的，自期满之日起15日内申报纳税；以1日、3日、5日、10日或者15日为1个纳税期的，自期满之日起5日内预缴税款，于次月1日起15日内申报纳税并结清上月应纳税款。

扣缴义务人解缴税款的期限，依照前两款规定执行。

第二十四条 纳税人进口货物，应当自海关填发海关进口增值税专用缴款书之日起15日内缴纳税款。

第二十五条 纳税人出口货物适用退（免）税规定的，应当向海关办理出口手续，凭出口报关单等有关凭证，在规定的出口退（免）税申报期内按月向主管税务机关申报办理该项出口货物的退（免）税；境内单位和个人跨境销售服务和无形资产适用退（免）税规定的，应当按期向主管税务机关申报办理退

(免)税。具体办法由国务院财政、税务主管部门制定。

出口货物办理退税后发生退货或者退关的，纳税人应当依法补缴已退的税款。

第二十六条 增值税的征收管理，依照《中华人民共和国税收征收管理法》及本条例有关规定执行。

第二十七条 纳税人缴纳增值税的有关事项，国务院或者国务院财政、税务主管部门经国务院同意另有规定的，依照其规定。

第二十八条 本条例自2009年1月1日起施行。

中华人民共和国海关稽查条例

（国务院令第209号）

（1997年1月3日由国务院发布，根据2011年1月8日国务院令第588号《国务院关于废止和修改部分行政法规的决定》第一次修改，根据2016年6月19日国务院令第670号《国务院关于修改〈中华人民共和国海关稽查条例〉的决定》第二次修改；现行版本自2016年10月1日起施行）

第一章 总 则

第一条 为了建立、健全海关稽查制度，加强海关监督管理，维护正常的进出口秩序和当事人的合法权益，保障国家税收收入，促进对外贸易的发展，根据《中华人民共和国海关法》（以下简称《海关法》），制定本条例。

第二条 本条例所称海关稽查，是指海关自进出口货物放行之日起3年内或者在保税货物、减免税进口货物的海关监管期限内及其后的3年内，对与进出口货物直接有关的企业、单位的会计账簿、会计凭证、报关单证以及其他有关资料（以下统称账簿、单证等有关资料）和有关进出口货物进行核查，监督其进出口活动的真实性和合法性。

第三条 海关对下列与进出口货物直接有关的企业、单位实施海关稽查：

（一）从事对外贸易的企业、单位；

（二）从事对外加工贸易的企业；

（三）经营保税业务的企业；

（四）使用或者经营减免税进口货物的企业、单位；

（五）从事报关业务的企业；

（六）海关总署规定的与进出口货物直接有关的其他企业、单位。

第四条 海关根据稽查工作需要，可以向有关行业协会、政府部门和相关企业等收集特定商品、行业与进出口活动有关的信息。收集的信息涉及商业秘密的，海关应当予以保密。

第五条 海关和海关工作人员执行海关稽查职务，应当客观公正，实事求是，廉洁奉公，保守被稽查人的商业秘密，不得侵犯被稽查人的合法权益。

第二章 账簿、单证等有关资料的管理

第六条 与进出口货物直接有关的企业、单位所设置、编制的会计账簿、会计凭证、会计报表和其他会计资料，应当真实、准确、完整地记录和反映进出口业务的有关情况。

第七条 与进出口货物直接有关的企业、单位应当依照有关法律、行政法规规定的保管期限，保管

会计账簿、会计凭证、会计报表和其他会计资料。

报关单证、进出口单证、合同以及与进出口业务直接有关的其他资料，应当在本条例第二条规定的期限内保管。

第八条 与进出口货物直接有关的企业、单位会计制度健全，能够通过计算机正确、完整地记账、核算的，其计算机储存和输出的会计记录视同会计资料。

第三章 海关稽查的实施

第九条 海关应当按照海关监管的要求，根据与进出口货物直接有关的企业、单位的进出口信用状况和风险状况以及进出口货物的具体情况，确定海关稽查重点。

第十条 海关进行稽查时，应当在实施稽查的3日前，书面通知被稽查人。在被稽查人有重大违法嫌疑，其账簿、单证等有关资料以及进出口货物可能被转移、隐匿、毁弃等紧急情况下，经直属海关关长或者其授权的隶属海关关长批准，海关可以不经事先通知进行稽查。

第十一条 海关进行稽查时，应当组成稽查组。稽查组的组成人员不得少于2人。

第十二条 海关进行稽查时，海关工作人员应当出示海关稽查证。

海关稽查证，由海关总署统一制发。

第十三条 海关进行稽查时，海关工作人员与被稽查人有直接利害关系的，应当回避。

第十四条 海关进行稽查时，可以行使下列职权：

（一）查阅、复制被稽查人的账簿、单证等有关资料；

（二）进入被稽查人的生产经营场所、货物存放场所，检查与进出口活动有关的生产经营情况和货物；

（三）询问被稽查人的法定代表人、主要负责人员和其他有关人员与进出口活动有关的情况和问题；

（四）经直属海关关长或者其授权的隶属海关关长批准，查询被稽查人在商业银行或者其他金融机构的存款账户。

第十五条 海关进行稽查时，发现被稽查人有可能转移、隐匿、篡改、毁弃账簿、单证等有关资料的，经直属海关关长或者其授权的隶属海关关长批准，可以查封、扣押其账簿、单证等有关资料以及相关电子数据存储介质。采取该项措施时，不得妨碍被稽查人正常的生产经营活动。

海关对有关情况查明或者取证后，应当立即解除对账簿、单证等有关资料以及相关电子数据存储介质的查封、扣押。

第十六条 海关进行稽查时，发现被稽查人的进出口货物有违反海关法和其他有关法律、行政法规规定的嫌疑的，经直属海关关长或者其授权的隶属海关关长批准，可以查封、扣押有关进出口货物。

第十七条 被稽查人应当配合海关稽查工作，并提供必要的工作条件。

第十八条 被稽查人应当接受海关稽查，如实反映情况，提供账簿、单证等有关资料，不得拒绝、拖延、隐瞒。

被稽查人使用计算机记账的，应当向海关提供记账软件、使用说明书及有关资料。

第十九条 海关查阅、复制被稽查人的账簿、单证等有关资料或者进入被稽查人的生产经营场所、货物存放场所检查时，被稽查人的法定代表人或者主要负责人员或者其指定的代表应当到场，并按照海关的要求清点账簿、打开货物存放场所、搬移货物或者开启货物包装。

第二十条 海关进行稽查时，与被稽查人有财务往来或者其他商务往来的企业、单位应当向海关如实反映被稽查人的有关情况，提供有关资料和证明材料。

第二十一条 海关进行稽查时，可以委托会计、税务等方面的专业机构就相关问题作出专业结论。

被稽查人委托会计、税务等方面的专业机构作出的专业结论，可以作为海关稽查的参考依据。

第二十二条 海关稽查组实施稽查后，应当向海关报送稽查报告。稽查报告认定被稽查人涉嫌违法的，在报送海关前应当就稽查报告认定的事实征求被稽查人的意见，被稽查人应当自收到相关材料之日起7日内，将其书面意见送交海关。

第二十三条 海关应当自收到稽查报告之日起 30 日内，作出海关稽查结论并送达被稽查人。

海关应当在稽查结论中说明作出结论的理由，并告知被稽查人的权利。

第四章 海关稽查的处理

第二十四条 经海关稽查，发现关税或者其他进口环节的税收少征或者漏征的，由海关依照海关法和有关税收法律、行政法规的规定向被稽查人补征；因被稽查人违反规定而造成少征或者漏征的，由海关依照海关法和有关税收法律、行政法规的规定追征。

被稽查人在海关规定的期限内仍未缴纳税款的，海关可以依照海关法第六十条第一款、第二款的规定采取强制执行措施。

第二十五条 依照本条例第十六条的规定查封、扣押的有关进出口货物，经海关稽查排除违法嫌疑的，海关应当立即解除查封、扣押；经海关稽查认定违法的，由海关依照海关法和海关行政处罚实施条例的规定处理。

第二十六条 经海关稽查，认定被稽查人有违反海关监管规定的行为的，由海关依照海关法和海关行政处罚实施条例的规定处理。

与进出口货物直接有关的企业、单位主动向海关报告其违反海关监管规定的行为，并接受海关处理的，应当从轻或者减轻行政处罚。

第二十七条 经海关稽查，发现被稽查人有走私行为，构成犯罪的，依法追究刑事责任；尚不构成犯罪的，由海关依照海关法和海关行政处罚实施条例的规定处理。

第二十八条 海关通过稽查决定补征或者追征的税款、没收的走私货物和违法所得以及收缴的罚款，全部上缴国库。

第二十九条 被稽查人同海关发生纳税争议的，依照海关法第六十四条的规定办理。

第五章 法律责任

第三十条 被稽查人有下列行为之一的，由海关责令限期改正，逾期不改正的，处 2 万元以上 10 万元以下的罚款；情节严重的，撤销其报关注册登记；对负有直接责任的主管人员和其他直接责任人员处 5000 元以上 5 万元以下的罚款；构成犯罪的，依法追究刑事责任：

（一）向海关提供虚假情况或者隐瞒重要事实；

（二）拒绝、拖延向海关提供账簿、单证等有关资料以及相关电子数据存储介质；

（三）转移、隐匿、篡改、毁弃报关单证、进出口单证、合同、与进出口业务直接有关的其他资料以及相关电子数据存储介质。

第三十一条 被稽查人未按照规定编制或者保管报关单证、进出口单证、合同以及与进出口业务直接有关的其他资料的，由海关责令限期改正，逾期不改正的，处 1 万元以上 5 万元以下的罚款；情节严重的，撤销其报关注册登记；对负有直接责任的主管人员和其他直接责任人员处 1000 元以上 5000 元以下的罚款。

第三十二条 被稽查人未按照规定设置或者编制账簿，或者转移、隐匿、篡改、毁弃账簿的，依照会计法的有关规定追究法律责任。

第三十三条 海关工作人员在稽查中玩忽职守、徇私舞弊、滥用职权，或者利用职务上的便利，收受、索取被稽查人的财物，构成犯罪的，依法追究刑事责任；尚不构成犯罪的，依法给予处分。

第六章 附 则

第三十四条 本条例自发布之日起施行。

中华人民共和国进出口关税条例

（国务院令第 392 号）

（2003 年 11 月 23 日由国务院发布，根据 2011 年 1 月 8 日国务院令第 588 号《国务院关于废止和修改部分行政法规的决定》第一次修改，根据 2013 年 12 月 7 日国务院令第 645 号《国务院关于修改部分行政法规的决定》第二次修改，根据 2016 年 2 月 6 日国务院令第 666 号《国务院关于修改部分行政法规的决定》第三次修改，根据 2017 年 3 月 1 日国务院令第 676 号《国务院关于修改和废止部分行政法规的决定》第四次修改；现行版本自 2017 年 3 月 1 日起施行）

第一章　总　则

第一条　为了贯彻对外开放政策，促进对外经济贸易和国民经济的发展，根据《中华人民共和国海关法》（以下简称《海关法》）的有关规定，制定本条例。

第二条　中华人民共和国准许进出口的货物、进境物品，除法律、行政法规另有规定外，海关依照本条例规定征收进出口关税。

第三条　国务院制定《中华人民共和国进出口税则》（以下简称《税则》）、《中华人民共和国进境物品进口税税率表》（以下简称《进境物品进口税税率表》），规定关税的税目、税则号列和税率，作为本条例的组成部分。

第四条　国务院设立关税税则委员会，负责《税则》和《进境物品进口税税率表》的税目、税则号列和税率的调整和解释，报国务院批准后执行；决定实行暂定税率的货物、税率和期限；决定关税配额税率；决定征收反倾销税、反补贴税、保障措施关税、报复性关税以及决定实施其他关税措施；决定特殊情况下税率的适用，以及履行国务院规定的其他职责。

第五条　进口货物的收货人、出口货物的发货人、进境物品的所有人，是关税的纳税义务人。

第六条　海关及其工作人员应当依照法定职权和法定程序履行关税征管职责，维护国家利益，保护纳税人合法权益，依法接受监督。

第七条　纳税义务人有权要求海关对其商业秘密予以保密，海关应当依法为纳税义务人保密。

第八条　海关对检举或者协助查获违反本条例行为的单位和个人，应当按照规定给予奖励，并负责保密。

第二章　进出口货物关税税率的设置和适用

第九条　进口关税设置最惠国税率、协定税率、特惠税率、普通税率、关税配额税率等税率。对进口货物在一定期限内可以实行暂定税率。

出口关税设置出口税率。对出口货物在一定期限内可以实行暂定税率。

第十条　原产于共同适用最惠国待遇条款的世界贸易组织成员的进口货物，原产于与中华人民共和国签订含有相互给予最惠国待遇条款的双边贸易协定的国家或者地区的进口货物，以及原产于中华人民共和国境内的进口货物，适用最惠国税率。

原产于与中华人民共和国签订含有关税优惠条款的区域性贸易协定的国家或者地区的进口货物，适用协定税率。

原产于与中华人民共和国签订含有特殊关税优惠条款的贸易协定的国家或者地区的进口货物，适用特惠税率。

原产于本条第一款、第二款和第三款所列以外国家或者地区的进口货物，以及原产地不明的进口货物，适用普通税率。

第十一条 适用最惠国税率的进口货物有暂定税率的，应当适用暂定税率；适用协定税率、特惠税率的进口货物有暂定税率的，应当从低适用税率；适用普通税率的进口货物，不适用暂定税率。

适用出口税率的出口货物有暂定税率的，应当适用暂定税率。

第十二条 按照国家规定实行关税配额管理的进口货物，关税配额内的，适用关税配额税率；关税配额外的，其税率的适用按照本条例第十条、第十一条的规定执行。

第十三条 按照有关法律、行政法规的规定对进口货物采取反倾销、反补贴、保障措施的，其税率的适用按照《中华人民共和国反倾销条例》、《中华人民共和国反补贴条例》和《中华人民共和国保障措施条例》的有关规定执行。

第十四条 任何国家或者地区违反与中华人民共和国签订或者共同参加的贸易协定及相关协定，对中华人民共和国在贸易方面采取禁止、限制、加征关税或者其他影响正常贸易的措施的，对原产于该国家或者地区的进口货物可以征收报复性关税，适用报复性关税税率。

征收报复性关税的货物、适用国别、税率、期限和征收办法，由国务院关税税则委员会决定并公布。

第十五条 进出口货物，应当适用海关接受该货物申报进口或者出口之日实施的税率。

进口货物到达前，经海关核准先行申报的，应当适用装载该货物的运输工具申报进境之日实施的税率。

转关运输货物税率的适用日期，由海关总署另行规定。

第十六条 有下列情形之一，需缴纳税款的，应当适用海关接受申报办理纳税手续之日实施的税率：

（一）保税货物经批准不复运出境的；

（二）减免税货物经批准转让或者移作他用的；

（三）暂时进境货物经批准不复运出境，以及暂时出境货物经批准不复运进境的；

（四）租赁进口货物，分期缴纳税款的。

第十七条 补征和退还进出口货物关税，应当按照本条例第十五条或者第十六条的规定确定适用的税率。

因纳税义务人违反规定需要追征税款的，应当适用该行为发生之日实施的税率；行为发生之日不能确定的，适用海关发现该行为之日实施的税率。

第三章 进出口货物完税价格的确定

第十八条 进口货物的完税价格由海关以符合本条第三款所列条件的成交价格以及该货物运抵中华人民共和国境内输入地点起卸前的运输及其相关费用、保险费为基础审查确定。

进口货物的成交价格，是指卖方向中华人民共和国境内销售该货物时买方为进口该货物向卖方实付、应付的，并按照本条例第十九条、第二十条规定调整后的价款总额，包括直接支付的价款和间接支付的价款。

进口货物的成交价格应当符合下列条件：

（一）对买方处置或者使用该货物不予限制，但法律、行政法规规定实施的限制、对货物转售地域的限制和对货物价格无实质性影响的限制除外；

（二）该货物的成交价格没有因搭售或者其他因素的影响而无法确定；

（三）卖方不得从买方直接或者间接获得因该货物进口后转售、处置或者使用而产生的任何收益，或者虽有收益但能够按照本条例第十九条、第二十条的规定进行调整；

（四）买卖双方没有特殊关系，或者虽有特殊关系但未对成交价格产生影响。

第十九条 进口货物的下列费用应当计入完税价格：

（一）由买方负担的购货佣金以外的佣金和经纪费；

（二）由买方负担的在审查确定完税价格时与该货物视为一体的容器的费用；

（三）由买方负担的包装材料费用和包装劳务费用；

（四）与该货物的生产和向中华人民共和国境内销售有关的，由买方以免费或者以低于成本的方式提供并可以按适当比例分摊的料件、工具、模具、消耗材料及类似货物的价款，以及在境外开发、设计等相关服务的费用；

（五）作为该货物向中华人民共和国境内销售的条件，买方必须支付的、与该货物有关的特许权使用费；

（六）卖方直接或者间接从买方获得的该货物进口后转售、处置或者使用的收益。

第二十条 进口时在货物的价款中列明的下列税收、费用，不计入该货物的完税价格：

（一）厂房、机械、设备等货物进口后进行建设、安装、装配、维修和技术服务的费用；

（二）进口货物运抵境内输入地点起卸后的运输及其相关费用、保险费；

（三）进口关税及国内税收。

第二十一条 进口货物的成交价格不符合本条例第十八条第三款规定条件的，或者成交价格不能确定的，海关经了解有关情况，并与纳税义务人进行价格磋商后，依次以下列价格估定该货物的完税价格：

（一）与该货物同时或者大约同时向中华人民共和国境内销售的相同货物的成交价格；

（二）与该货物同时或者大约同时向中华人民共和国境内销售的类似货物的成交价格；

（三）与该货物进口的同时或者大约同时，将该进口货物、相同或者类似进口货物在第一级销售环节销售给无特殊关系买方最大销售总量的单位价格，但应当扣除本条例第二十二条规定的项目；

（四）按照下列各项总和计算的价格：生产该货物所使用的料件成本和加工费用，向中华人民共和国境内销售同等级或者同种类货物通常的利润和一般费用，该货物运抵境内输入地点起卸前的运输及其相关费用、保险费；

（五）以合理方法估定的价格。

纳税义务人向海关提供有关资料后，可以提出申请，颠倒前款第（三）项和第（四）项的适用次序。

第二十二条 按照本条例第二十一条第一款第（三）项规定估定完税价格，应当扣除的项目是指：

（一）同等级或者同种类货物在中华人民共和国境内第一级销售环节销售时通常的利润和一般费用以及通常支付的佣金；

（二）进口货物运抵境内输入地点起卸后的运输及其相关费用、保险费；

（三）进口关税及国内税收。

第二十三条 以租赁方式进口的货物，以海关审查确定的该货物的租金作为完税价格。

纳税义务人要求一次性缴纳税款的，纳税义务人可以选择按照本条例第二十一条的规定估定完税价格，或者按照海关审查确定的租金总额作为完税价格。

第二十四条 运往境外加工的货物，出境时已向海关报明并在海关规定的期限内复运进境的，应当以境外加工费和料件费以及复运进境的运输及其相关费用和保险费审查确定完税价格。

第二十五条 运往境外修理的机械器具、运输工具或者其他货物，出境时已向海关报明并在海关规定的期限内复运进境的，应当以境外修理费和料件费审查确定完税价格。

第二十六条 出口货物的完税价格由海关以该货物的成交价格以及该货物运至中华人民共和国境内输出地点装载前的运输及其相关费用、保险费为基础审查确定。

出口货物的成交价格，是指该货物出口时卖方为出口该货物应当向买方直接收取和间接收取的价款总额。

出口关税不计入完税价格。

第二十七条 出口货物的成交价格不能确定的，海关经了解有关情况，并与纳税义务人进行价格磋商后，依次以下列价格估定该货物的完税价格：

（一）与该货物同时或者大约同时向同一国家或者地区出口的相同货物的成交价格；

（二）与该货物同时或者大约同时向同一国家或者地区出口的类似货物的成交价格；

（三）按照下列各项总和计算的价格：境内生产相同或者类似货物的料件成本、加工费用，通常的利润和一般费用，境内发生的运输及其相关费用、保险费；

（四）以合理方法估定的价格。

第二十八条 按照本条例规定计入或者不计入完税价格的成本、费用、税收，应当以客观、可量化的数据为依据。

第四章 进出口货物关税的征收

第二十九条 进口货物的纳税义务人应当自运输工具申报进境之日起14日内，出口货物的纳税义务人除海关特准的外，应当在货物运抵海关监管区后、装货的24小时以前，向货物的进出境地海关申报。进出口货物转关运输的，按照海关总署的规定执行。

进口货物到达前，纳税义务人经海关核准可以先行申报。具体办法由海关总署另行规定。

第三十条 纳税义务人应当依法如实向海关申报，并按照海关的规定提供有关确定完税价格、进行商品归类、确定原产地以及采取反倾销、反补贴或者保障措施等所需的资料；必要时，海关可以要求纳税义务人补充申报。

第三十一条 纳税义务人应当按照《税则》规定的目录条文和归类总规则、类注、章注、子目注释以及其他归类注释，对其申报的进出口货物进行商品归类，并归入相应的税则号列；海关应当依法审核确定该货物的商品归类。

第三十二条 海关可以要求纳税义务人提供确定商品归类所需的有关资料；必要时，海关可以组织化验、检验，并将海关认定的化验、检验结果作为商品归类的依据。

第三十三条 海关为审查申报价格的真实性和准确性，可以查阅、复制与进出口货物有关的合同、发票、账册、结付汇凭证、单据、业务函电、录音录像制品和其他反映买卖双方关系及交易活动的资料。

海关对纳税义务人申报的价格有怀疑并且所涉关税数额较大的，经直属海关关长或者其授权的隶属海关关长批准，凭海关总署统一格式的协助查询账户通知书及有关工作人员的工作证件，可以查询纳税义务人在银行或者其他金融机构开立的单位账户的资金往来情况，并向银行业监督管理机构通报有关情况。

第三十四条 海关对纳税义务人申报的价格有怀疑的，应当将怀疑的理由书面告知纳税义务人，要求其在规定的期限内书面作出说明、提供有关资料。

纳税义务人在规定的期限内未作说明、未提供有关资料的，或者海关仍有理由怀疑申报价格的真实性和准确性的，海关可以不接受纳税义务人申报的价格，并按照本条例第三章的规定估定完税价格。

第三十五条 海关审查确定进出口货物的完税价格后，纳税义务人可以以书面形式要求海关就如何确定其进出口货物的完税价格作出书面说明，海关应当向纳税义务人作出书面说明。

第三十六条 进出口货物关税，以从价计征、从量计征或者国家规定的其他方式征收。

从价计征的计算公式为：

应纳税额=完税价格×关税税率

从量计征的计算公式为：

应纳税额=货物数量×单位税额

第三十七条 纳税义务人应当自海关填发税款缴款书之日起15日内向指定银行缴纳税款。纳税义务人未按期缴纳税款的，从滞纳税款之日起，按日加收滞纳税款万分之五的滞纳金。

海关可以对纳税义务人欠缴税款的情况予以公告。

海关征收关税、滞纳金等，应当制发缴款凭证，缴款凭证格式由海关总署规定。

第三十八条 海关征收关税、滞纳金等，应当按人民币计征。

进出口货物的成交价格以及有关费用以外币计价的，以中国人民银行公布的基准汇率折合为人民币计算完税价格；以基准汇率币种以外的外币计价的，按照国家有关规定套算为人民币计算完税价格。适用汇率的日期由海关总署规定。

第三十九条 纳税义务人因不可抗力或者在国家税收政策调整的情形下，不能按期缴纳税款的，经依法提供税款担保后，可以延期缴纳税款，但是最长不得超过6个月。

第四十条 进出口货物的纳税义务人在规定的纳税期限内有明显的转移、藏匿其应税货物以及其他财产迹象的，海关可以责令纳税义务人提供担保；纳税义务人不能提供担保的，海关可以按照《海关法》第六十一条的规定采取税收保全措施。

纳税义务人、担保人自缴纳税款期限届满之日起超过3个月仍未缴纳税款的，海关可以按照《海关法》第六十条的规定采取强制措施。

第四十一条 加工贸易的进口料件按照国家规定保税进口的，其制成品或者进口料件未在规定的期限内出口的，海关按照规定征收进口关税。

加工贸易的进口料件进境时按照国家规定征收进口关税的，其制成品或者进口料件在规定的期限内出口的，海关按照有关规定退还进境时已征收的关税税款。

第四十二条 暂时进境或者暂时出境的下列货物，在进境或者出境时纳税义务人向海关缴纳相当于应纳税款的保证金或者提供其他担保的，可以暂不缴纳关税，并应当自进境或者出境之日起6个月内复运出境或者复运进境；需要延长复运出境或者复运进境期限的，纳税义务人应当根据海关总署的规定向海关办理延期手续：

（一）在展览会、交易会、会议及类似活动中展示或者使用的货物；

（二）文化、体育交流活动中使用的表演、比赛用品；

（三）进行新闻报道或者摄制电影、电视节目使用的仪器、设备及用品；

（四）开展科研、教学、医疗活动使用的仪器、设备及用品；

（五）在本款第（一）项至第（四）项所列活动中使用的交通工具及特种车辆；

（六）货样；

（七）供安装、调试、检测设备时使用的仪器、工具；

（八）盛装货物的容器；

（九）其他用于非商业目的的货物。

第一款所列暂时进境货物在规定的期限内未复运出境的，或者暂时出境货物在规定的期限内未复运进境的，海关应当依法征收关税。

第一款所列可以暂时免征关税范围以外的其他暂时进境货物，应当按照该货物的完税价格和其在境内滞留时间与折旧时间的比例计算征收进口关税。具体办法由海关总署规定。

第四十三条 因品质或者规格原因，出口货物自出口之日起1年内原状复运进境的，不征收进口关税。

因品质或者规格原因，进口货物自进口之日起1年内原状复运出境的，不征收出口关税。

第四十四条 因残损、短少、品质不良或者规格不符原因，由进出口货物的发货人、承运人或者保险公司免费补偿或者更换的相同货物，进出口时不征收关税。被免费更换的原进口货物不退运出境或者原出口货物不退运进境的，海关应当对原进出口货物重新按照规定征收关税。

第四十五条 下列进出口货物，免征关税：

（一）关税税额在人民币50元以下的一票货物；

（二）无商业价值的广告品和货样；

（三）外国政府、国际组织无偿赠送的物资；

（四）在海关放行前损失的货物；

（五）进出境运输工具装载的途中必需的燃料、物料和饮食用品。

在海关放行前遭受损坏的货物，可以根据海关认定的受损程度减征关税。

法律规定的其他免征或者减征关税的货物，海关根据规定予以免征或者减征。

第四十六条 特定地区、特定企业或者有特定用途的进出口货物减征或者免征关税，以及临时减征或者免征关税，按照国务院的有关规定执行。

第四十七条 进口货物减征或者免征进口环节海关代征税，按照有关法律、行政法规的规定执行。

第四十八条 纳税义务人进出口减免税货物的，除另有规定外，应当在进出口该货物之前，按照规定持有关文件向海关办理减免税审批手续。经海关审查符合规定的，予以减征或者免征关税。

第四十九条 需由海关监管使用的减免税进口货物，在监管年限内转让或者移作他用需要补税的，海关应当根据该货物进口时间折旧估价，补征进口关税。

特定减免税进口货物的监管年限由海关总署规定。

第五十条 有下列情形之一的，纳税义务人自缴纳税款之日起 1 年内，可以申请退还关税，并应当以书面形式向海关说明理由，提供原缴款凭证及相关资料：

（一）已征进口关税的货物，因品质或者规格原因，原状退货复运出境的；

（二）已征出口关税的货物，因品质或者规格原因，原状退货复运进境，并已重新缴纳因出口而退还的国内环节有关税收的；

（三）已征出口关税的货物，因故未装运出口，申报退关的。

海关应当自受理退税申请之日起 30 日内查实并通知纳税义务人办理退还手续。纳税义务人应当自收到通知之日起 3 个月内办理有关退税手续。

按照其他有关法律、行政法规规定应当退还关税的，海关应当按照有关法律、行政法规的规定退税。

第五十一条 进出口货物放行后，海关发现少征或者漏征税款的，应当自缴纳税款或者货物放行之日起 1 年内，向纳税义务人补征税款。但因纳税义务人违反规定造成少征或者漏征税款的，海关可以自缴纳税款或者货物放行之日起 3 年内追征税款，并从缴纳税款或者货物放行之日起按日加收少征或者漏征税款万分之五的滞纳金。

海关发现海关监管货物因纳税义务人违反规定造成少征或者漏征税款的，应当自纳税义务人应缴纳税款之日起 3 年内追征税款，并从应缴纳税款之日起按日加收少征或者漏征税款万分之五的滞纳金。

第五十二条 海关发现多征税款的，应当立即通知纳税义务人办理退还手续。

纳税义务人发现多缴税款的，自缴纳税款之日起 1 年内，可以以书面形式要求海关退还多缴的税款并加算银行同期活期存款利息；海关应当自受理退税申请之日起 30 日内查实并通知纳税义务人办理退还手续。

纳税义务人应当自收到通知之日起 3 个月内办理有关退税手续。

第五十三条 按照本条例第五十条、第五十二条的规定退还税款、利息涉及从国库中退库的，按照法律、行政法规有关国库管理的规定执行。

第五十四条 报关企业接受纳税义务人的委托，以纳税义务人的名义办理报关纳税手续，因报关企业违反规定而造成海关少征、漏征税款的，报关企业对少征或者漏征的税款、滞纳金与纳税义务人承担纳税的连带责任。

报关企业接受纳税义务人的委托，以报关企业的名义办理报关纳税手续的，报关企业与纳税义务人承担纳税的连带责任。

除不可抗力外，在保管海关监管货物期间，海关监管货物损毁或者灭失的，对海关监管货物负有保管义务的人应当承担相应的纳税责任。

第五十五条 欠税的纳税义务人，有合并、分立情形的，在合并、分立前，应当向海关报告，依法缴清税款。纳税义务人合并时未缴清税款的，由合并后的法人或者其他组织继续履行未履行的纳税义务；纳税义务人分立时未缴清税款的，分立后的法人或者其他组织对未履行的纳税义务承担连带责任。

纳税义务人在减免税货物、保税货物监管期间，有合并、分立或者其他资产重组情形的，应当向海关报告。按照规定需要缴税的，应当依法缴清税款；按照规定可以继续享受减免税、保税待遇的，应当到海关办理变更纳税义务人的手续。

纳税义务人欠税或者在减免税货物、保税货物监管期间，有撤销、解散、破产或者其他依法终止经营情形的，应当在清算前向海关报告。海关应当依法对纳税义务人的应缴税款予以清缴。

第五章 进境物品进口税的征收

第五十六条 进境物品的关税以及进口环节海关代征税合并为进口税，由海关依法征收。

第五十七条 海关总署规定数额以内的个人自用进境物品，免征进口税。

超过海关总署规定数额但仍在合理数量以内的个人自用进境物品，由进境物品的纳税义务人在进境物品放行前按照规定缴纳进口税。

超过合理、自用数量的进境物品应当按照进口货物依法办理相关手续。

国务院关税税则委员会规定按货物征税的进境物品，按照本条例第二章至第四章的规定征收关税。

第五十八条 进境物品的纳税义务人是指，携带物品进境的入境人员、进境邮递物品的收件人以及以其他方式进口物品的收件人。

第五十九条 进境物品的纳税义务人可以自行办理纳税手续，也可以委托他人办理纳税手续。接受委托的人应当遵守本章对纳税义务人的各项规定。

第六十条 进口税从价计征。

进口税的计算公式为：

进口税税额=完税价格×进口税税率

第六十一条 海关应当按照《进境物品进口税税率表》及海关总署制定的《中华人民共和国进境物品归类表》《中华人民共和国进境物品完税价格表》对进境物品进行归类、确定完税价格和确定适用税率。

第六十二条 进境物品，适用海关填发税款缴款书之日实施的税率和完税价格。

第六十三条 进口税的减征、免征、补征、追征、退还以及对暂准进境物品征收进口税参照本条例对货物征收进口关税的有关规定执行。

第六章 附 则

第六十四条 纳税义务人、担保人对海关确定纳税义务人、确定完税价格、商品归类、确定原产地、适用税率或者汇率、减征或者免征税款、补税、退税、征收滞纳金、确定计征方式以及确定纳税地点有异议的，应当缴纳税款，并可以依法向上一级海关申请复议。对复议决定不服的，可以依法向人民法院提起诉讼。

第六十五条 进口环节海关代征税的征收管理，适用关税征收管理的规定。

第六十六条 有违反本条例规定行为的，按照《海关法》《中华人民共和国海关行政处罚实施条例》和其他有关法律、行政法规的规定处罚。

第六十七条 本条例自2004年1月1日起施行。1992年3月18日国务院修订发布的《中华人民共和国进出口关税条例》同时废止。

中华人民共和国海关行政处罚实施条例

（国务院令第 420 号）

（2004 年 9 月 1 日国务院第 62 次常务会议通过，2004 年 9 月 19 日由国务院发布，自 2004 年 11 月 1 日起施行）

第一章 总 则

第一条 为了规范海关行政处罚，保障海关依法行使职权，保护公民、法人或者其他组织的合法权益，根据《中华人民共和国海关法》（以下简称《海关法》）及其他有关法律的规定，制定本实施条例。

第二条 依法不追究刑事责任的走私行为和违反海关监管规定的行为，以及法律、行政法规规定由海关实施行政处罚的行为的处理，适用本实施条例。

第三条 海关行政处罚由发现违法行为的海关管辖，也可以由违法行为发生地海关管辖。

2 个以上海关都有管辖权的案件，由最先发现违法行为的海关管辖。

管辖不明确的案件，由有关海关协商确定管辖，协商不成的，报请共同的上级海关指定管辖。

重大、复杂的案件，可以由海关总署指定管辖。

第四条 海关发现的依法应当由其他行政机关处理的违法行为，应当移送有关行政机关处理；违法行为涉嫌犯罪的，应当移送海关侦查走私犯罪公安机构、地方公安机关依法办理。

第五条 依照本实施条例处以警告、罚款等行政处罚，但不没收进出境货物、物品、运输工具的，不免除有关当事人依法缴纳税款、提交进出口许可证件、办理有关海关手续的义务。

第六条 抗拒、阻碍海关侦查走私犯罪公安机构依法执行职务的，由设在直属海关、隶属海关的海关侦查走私犯罪公安机构依照治安管理处罚的有关规定给予处罚。

抗拒、阻碍其他海关工作人员依法执行职务的，应当报告地方公安机关依法处理。

第二章 走私行为及其处罚

第七条 违反《海关法》及其他有关法律、行政法规，逃避海关监管，偷逃应纳税款、逃避国家有关进出境的禁止性或者限制性管理，有下列情形之一的，是走私行为：

（一）未经国务院或者国务院授权的机关批准，从未设立海关的地点运输、携带国家禁止或者限制进出境的货物、物品或者依法应当缴纳税款的货物、物品进出境的；

（二）经过设立海关的地点，以藏匿、伪装、瞒报、伪报或者其他方式逃避海关监管，运输、携带、邮寄国家禁止或者限制进出境的货物、物品或者依法应当缴纳税款的货物、物品进出境的；

（三）使用伪造、变造的手册、单证、印章、账册、电子数据或者以其他方式逃避海关监管，擅自将海关监管货物、物品、进境的境外运输工具，在境内销售的；

（四）使用伪造、变造的手册、单证、印章、账册、电子数据或者以伪报加工贸易制成品单位耗料量等方式，致使海关监管货物、物品脱离监管的；

（五）以藏匿、伪装、瞒报、伪报或者其他方式逃避海关监管，擅自将保税区、出口加工区等海关特殊监管区域内的海关监管货物、物品，运出区外的；

（六）有逃避海关监管，构成走私的其他行为的。

第八条 有下列行为之一的，按走私行为论处：

（一）明知是走私进口的货物、物品，直接向走私人非法收购的；

（二）在内海、领海、界河、界湖，船舶及所载人员运输、收购、贩卖国家禁止或者限制进出境的货物、物品，或者运输、收购、贩卖依法应当缴纳税款的货物，没有合法证明的。

第九条 有本实施条例第七条、第八条所列行为之一的，依照下列规定处罚：

（一）走私国家禁止进出口的货物的，没收走私货物及违法所得，可以并处100万元以下罚款；走私国家禁止进出境的物品的，没收走私物品及违法所得，可以并处10万元以下罚款；

（二）应当提交许可证件而未提交但未偷逃税款，走私国家限制进出境的货物、物品的，没收走私货物、物品及违法所得，可以并处走私货物、物品等值以下罚款；

（三）偷逃应纳税款但未逃避许可证件管理，走私依法应当缴纳税款的货物、物品的，没收走私货物、物品及违法所得，可以并处偷逃应纳税款3倍以下罚款。

专门用于走私的运输工具或者用于掩护走私的货物、物品，2年内3次以上用于走私的运输工具或者用于掩护走私的货物、物品，应当予以没收。藏匿走私货物、物品的特制设备、夹层、暗格，应当予以没收或者责令拆毁。使用特制设备、夹层、暗格实施走私的，应当从重处罚。

第十条 与走私人通谋为走私人提供贷款、资金、账号、发票、证明、海关单证的，与走私人通谋为走私人提供走私货物、物品的提取、发运、运输、保管、邮寄或者其他方便的，以走私的共同当事人论处，没收违法所得，并依照本实施条例第九条的规定予以处罚。

第十一条 报关企业、报关人员和海关准予从事海关监管货物的运输、储存、加工、装配、寄售、展示等业务的企业，构成走私犯罪或者1年内有2次以上走私行为的，海关可以撤销其注册登记、取消其报关从业资格。

第三章 违反海关监管规定的行为及其处罚

第十二条 违反《海关法》及其他有关法律、行政法规和规章但不构成走私行为的，是违反海关监管规定的行为。

第十三条 违反国家进出口管理规定，进出口国家禁止进出口的货物的，责令退运，处100万元以下罚款。

第十四条 违反国家进出口管理规定，进出口国家限制进出口的货物，进出口货物的收发货人向海关申报时不能提交许可证件的，进出口货物不予放行，处货物价值30%以下罚款。

违反国家进出口管理规定，进出口属于自动进出口许可管理的货物，进出口货物的收发货人向海关申报时不能提交自动许可证明的，进出口货物不予放行。

第十五条 进出口货物的品名、税则号列、数量、规格、价格、贸易方式、原产地、起运地、运抵地、最终目的地或者其他应当申报的项目未申报或者申报不实的，分别依照下列规定予以处罚，有违法所得的，没收违法所得：

（一）影响海关统计准确性的，予以警告或者处1000元以上1万元以下罚款；

（二）影响海关监管秩序的，予以警告或者处1000元以上3万元以下罚款；

（三）影响国家许可证件管理的，处货物价值5%以上30%以下罚款；

（四）影响国家税款征收的，处漏缴税款30%以上2倍以下罚款；

（五）影响国家外汇、出口退税管理的，处申报价格10%以上50%以下罚款。

第十六条 进出口货物收发货人未按照规定向报关企业提供所委托报关事项的真实情况，致使发生本实施条例第十五条规定情形的，对委托人依照本实施条例第十五条的规定予以处罚。

第十七条 报关企业、报关人员对委托人所提供情况的真实性未进行合理审查，或者因工作疏忽致使发生本实施条例第十五条规定情形的，可以对报关企业处货物价值10%以下罚款，暂停其6个月以内从事报关业务或者执业；情节严重的，撤销其报关注册登记、取消其报关从业资格。

第十八条 有下列行为之一的，处货物价值5%以上30%以下罚款，有违法所得的，没收违法所得：

（一）未经海关许可，擅自将海关监管货物开拆、提取、交付、发运、调换、改装、抵押、质押、留置、转让、更换标记、移作他用或者进行其他处置的；

（二）未经海关许可，在海关监管区以外存放海关监管货物的；

（三）经营海关监管货物的运输、储存、加工、装配、寄售、展示等业务，有关货物灭失、数量短少或者记录不真实，不能提供正当理由的；

（四）经营保税货物的运输、储存、加工、装配、寄售、展示等业务，不依照规定办理收存、交付、结转、核销等手续，或者中止、延长、变更、转让有关合同不依照规定向海关办理手续的；

（五）未如实向海关申报加工贸易制成品单位耗料量的；

（六）未按照规定期限将过境、转运、通运货物运输出境，擅自留在境内的；

（七）未按照规定期限将暂时进出口货物复运出境或者复运进境，擅自留在境内或者境外的；

（八）有违反海关监管规定的其他行为，致使海关不能或者中断对进出口货物实施监管的。

前款规定所涉货物属于国家限制进出口需要提交许可证件，当事人在规定期限内不能提交许可证件的，另处货物价值30%以下罚款；漏缴税款的，可以另处漏缴税款1倍以下罚款。

第十九条 有下列行为之一的，予以警告，可以处物品价值20%以下罚款，有违法所得的，没收违法所得：

（一）未经海关许可，擅自将海关尚未放行的进出境物品开拆、交付、投递、转移或者进行其他处置的；

（二）个人运输、携带、邮寄超过合理数量的自用物品进出境未向海关申报的；

（三）个人运输、携带、邮寄超过规定数量但仍属自用的国家限制进出境物品进出境，未向海关申报但没有以藏匿、伪装等方式逃避海关监管的；

（四）个人运输、携带、邮寄物品进出境，申报不实的；

（五）经海关登记准予暂时免税进境或者暂时免税出境的物品，未按照规定复带出境或者复带进境的；

（六）未经海关批准，过境人员将其所带物品留在境内的。

第二十条 运输、携带、邮寄国家禁止进出境的物品进出境，未向海关申报但没有以藏匿、伪装等方式逃避海关监管的，予以没收，或者责令退回，或者在海关监管下予以销毁或者进行技术处理。

第二十一条 有下列行为之一的，予以警告，可以处10万元以下罚款，有违法所得的，没收违法所得：

（一）运输工具不经设立海关的地点进出境的；

（二）在海关监管区停留的进出境运输工具，未经海关同意擅自驶离的；

（三）进出境运输工具从一个设立海关的地点驶往另一个设立海关的地点，尚未办结海关手续又未经海关批准，中途改驶境外或者境内未设立海关的地点的；

（四）进出境运输工具到达或者驶离设立海关的地点，未按照规定向海关申报、交验有关单证或者交验的单证不真实的。

第二十二条 有下列行为之一的，予以警告，可以处5万元以下罚款，有违法所得的，没收违法所得：

（一）未经海关同意，进出境运输工具擅自装卸进出境货物、物品或者上下进出境旅客的；

（二）未经海关同意，进出境运输工具擅自兼营境内客货运输或者用于进出境运输以外的其他用途的；

（三）未按照规定办理海关手续，进出境运输工具擅自改营境内运输的；

（四）未按照规定期限向海关传输舱单等电子数据、传输的电子数据不准确或者未按照规定期限保存相关电子数据，影响海关监管的；

（五）进境运输工具在进境以后向海关申报以前，出境运输工具在办结海关手续以后出境以前，不按照交通主管部门或者海关指定的路线行进的；

（六）载运海关监管货物的船舶、汽车不按照海关指定的路线行进的；

（七）进出境船舶和航空器，由于不可抗力被迫在未设立海关的地点停泊、降落或者在境内抛掷、起卸货物、物品，无正当理由不向附近海关报告的；

（八）无特殊原因，未将进出境船舶、火车、航空器到达的时间、停留的地点或者更换的时间、地点事先通知海关的；

（九）不按照规定接受海关对进出境运输工具、货物、物品进行检查、查验的。

第二十三条 有下列行为之一的，予以警告，可以处3万元以下罚款：

（一）擅自开启或者损毁海关封志的；

（二）遗失海关制发的监管单证、手册等凭证，妨碍海关监管的；

（三）有违反海关监管规定的其他行为，致使海关不能或者中断对进出境运输工具、物品实施监管的。

第二十四条 伪造、变造、买卖海关单证的，处5万元以上50万元以下罚款，有违法所得的，没收违法所得；构成犯罪的，依法追究刑事责任。

第二十五条 进出口侵犯中华人民共和国法律、行政法规保护的知识产权的货物的，没收侵权货物，并处货物价值30%以下罚款；构成犯罪的，依法追究刑事责任。

需要向海关申报知识产权状况，进出口货物收发货人及其代理人未按照规定向海关如实申报有关知识产权状况，或者未提交合法使用有关知识产权的证明文件的，可以处5万元以下罚款。

第二十六条 报关企业、报关人员和海关准予从事海关监管货物的运输、储存、加工、装配、寄售、展示等业务的企业，有下列情形之一的，责令改正，给予警告，可以暂停其6个月以内从事有关业务或者执业：

（一）拖欠税款或者不履行纳税义务的；

（二）报关企业出让其名义供他人办理进出口货物报关纳税事宜的；

（三）损坏或者丢失海关监管货物，不能提供正当理由的；

（四）有需要暂停其从事有关业务或者执业的其他违法行为的。

第二十七条 报关企业、报关人员和海关准予从事海关监管货物的运输、储存、加工、装配、寄售、展示等业务的企业，有下列情形之一的，海关可以撤销其注册登记、取消其报关从业资格：

（一）1年内3人次以上被海关暂停执业的；

（二）被海关暂停从事有关业务或者执业，恢复从事有关业务或者执业后1年内再次发生本实施条例第二十六条规定情形的；

（三）有需要撤销其注册登记或者取消其报关从业资格的其他违法行为的。

第二十八条 报关企业、报关人员非法代理他人报关或者超出海关准予的从业范围进行报关活动的，责令改正，处5万元以下罚款，暂停其6个月以内从事报关业务或者执业；情节严重的，撤销其报关注册登记、取消其报关从业资格。

第二十九条 进出口货物收发货人、报关企业、报关人员向海关工作人员行贿的，撤销其报关注册登记、取消其报关从业资格，并处10万元以下罚款；构成犯罪的，依法追究刑事责任，并不得重新注册登记为报关企业和取得报关从业资格。

第三十条 未经海关注册登记和未取得报关从业资格从事报关业务的，予以取缔，没收违法所得，可以并处10万元以下罚款。

第三十一条 提供虚假资料骗取海关注册登记、报关从业资格的，撤销其注册登记、取消其报关从业资格，并处30万元以下罚款。

第三十二条 法人或者其他组织有违反《海关法》的行为，除处罚该法人或者组织外，对其主管人员和直接责任人员予以警告，可以处5万元以下罚款，有违法所得的，没收违法所得。

第四章 对违反《海关法》行为的调查

第三十三条 海关发现公民、法人或者其他组织有依法应当由海关给予行政处罚的行为的，应当立案调查。

第三十四条 海关立案后，应当全面、客观、公正、及时地进行调查、收集证据。

海关调查、收集证据，应当按照法律、行政法规及其他有关规定的要求办理。

海关调查、收集证据时，海关工作人员不得少于2人，并应当向被调查人出示证件。

调查、收集的证据涉及国家秘密、商业秘密或者个人隐私的，海关应当保守秘密。

第三十五条 海关依法检查走私嫌疑人的身体，应当在隐蔽的场所或者非检查人员的视线之外，由2名以上与被检查人同性别的海关工作人员执行。

走私嫌疑人应当接受检查，不得阻挠。

第三十六条 海关依法检查运输工具和场所，查验货物、物品，应当制作检查、查验记录。

第三十七条 海关依法扣留走私犯罪嫌疑人，应当制发扣留走私犯罪嫌疑人决定书。对走私犯罪嫌疑人，扣留时间不超过24小时，在特殊情况下可以延长至48小时。

海关应当在法定扣留期限内对被扣留人进行审查。排除犯罪嫌疑或者法定扣留期限届满的，应当立即解除扣留，并制发解除扣留决定书。

第三十八条 下列货物、物品、运输工具及有关账册、单据等资料，海关可以依法扣留：

（一）有走私嫌疑的货物、物品、运输工具；

（二）违反《海关法》或者其他有关法律、行政法规的货物、物品、运输工具；

（三）与违反《海关法》或者其他有关法律、行政法规的货物、物品、运输工具有牵连的账册、单据等资料；

（四）法律、行政法规规定可以扣留的其他货物、物品、运输工具及有关账册、单据等资料。

第三十九条 有违法嫌疑的货物、物品、运输工具无法或者不便扣留的，当事人或者运输工具负责人应当向海关提供等值的担保，未提供等值担保的，海关可以扣留当事人等值的其他财产。

第四十条 海关扣留货物、物品、运输工具以及账册、单据等资料的期限不得超过1年。因案件调查需要，经直属海关关长或者其授权的隶属海关关长批准，可以延长，延长期限不得超过1年。但复议、诉讼期间不计算在内。

第四十一条 有下列情形之一的，海关应当及时解除扣留：

（一）排除违法嫌疑的；

（二）扣留期限、延长期限届满的；

（三）已经履行海关行政处罚决定的；

（四）法律、行政法规规定应当解除扣留的其他情形。

第四十二条 海关依法扣留货物、物品、运输工具、其他财产以及账册、单据等资料，应当制发海关扣留凭单，由海关工作人员、当事人或者其代理人、保管人、见证人签字或者盖章，并可以加施海关封志。加施海关封志的，当事人或者其代理人、保管人应当妥善保管。

海关解除对货物、物品、运输工具、其他财产以及账册、单据等资料的扣留，或者发还等值的担保，应当制发海关解除扣留通知书、海关解除担保通知书，并由海关工作人员、当事人或者其代理人、保管人、见证人签字或者盖章。

第四十三条 海关查问违法嫌疑人或者询问证人，应当个别进行，并告知其权利和作伪证应当承担的法律责任。违法嫌疑人、证人必须如实陈述、提供证据。

海关查问违法嫌疑人或者询问证人应当制作笔录，并当场交其辨认，没有异议的，立即签字确认；有异议的，予以更正后签字确认。

严禁刑讯逼供或者以威胁、引诱、欺骗等非法手段收集证据。

海关查问违法嫌疑人，可以到违法嫌疑人的所在单位或者住处进行，也可以要求其到海关或者海关指定的地点进行。

第四十四条 海关收集的物证、书证应当是原物、原件。收集原物、原件确有困难的，可以拍摄、复制，并可以指定或者委托有关单位或者个人对原物、原件予以妥善保管。

海关收集物证、书证，应当开列清单，注明收集的日期，由有关单位或者个人确认后签字或者盖章。

海关收集电子数据或者录音、录像等视听资料，应当收集原始载体。收集原始载体确有困难的，可以收集复制件，注明制作方法、制作时间、制作人等，并由有关单位或者个人确认后签字或者盖章。

第四十五条 根据案件调查需要，海关可以对有关货物、物品进行取样化验、鉴定。

海关提取样品时，当事人或者其代理人应当到场；当事人或者其代理人未到场的，海关应当邀请见证人到场。提取的样品，海关应当予以加封，并由海关工作人员及当事人或者其代理人、见证人确认后签字或者盖章。

化验、鉴定应当交由海关化验鉴定机构或者委托国家认可的其他机构进行。

化验人、鉴定人进行化验、鉴定后，应当出具化验报告、鉴定结论，并签字或者盖章。

第四十六条 根据《海关法》有关规定，海关可以查询案件涉嫌单位和涉嫌人员在金融机构、邮政企业的存款、汇款。

海关查询案件涉嫌单位和涉嫌人员在金融机构、邮政企业的存款、汇款，应当出示海关协助查询通知书。

第四十七条 海关依法扣留的货物、物品、运输工具，在人民法院判决或者海关行政处罚决定作出之前，不得处理。但是，危险品或者鲜活、易腐、易烂、易失效、易变质等不宜长期保存的货物、物品以及所有人申请先行变卖的货物、物品、运输工具，经直属海关关长或者其授权的隶属海关关长批准，可以先行依法变卖，变卖所得价款由海关保存，并通知其所有人。

第四十八条 当事人有权根据《海关法》的规定要求海关工作人员回避。

第五章 海关行政处罚的决定和执行

第四十九条 海关作出暂停从事有关业务、暂停报关执业、撤销海关注册登记、取消报关从业资格、对公民处 1 万元以上罚款、对法人或者其他组织处 10 万元以上罚款、没收有关货物、物品、走私运输工具等行政处罚决定之前，应当告知当事人有要求举行听证的权利；当事人要求听证的，海关应当组织听证。

海关行政处罚听证办法由海关总署制定。

第五十条 案件调查终结，海关关长应当对调查结果进行审查，根据不同情况，依法作出决定。

对情节复杂或者重大违法行为给予较重的行政处罚，应当由海关案件审理委员会集体讨论决定。

第五十一条 同一当事人实施了走私和违反海关监管规定的行为且二者之间有因果关系的，依照本实施条例对走私行为的规定从重处罚，对其违反海关监管规定的行为不再另行处罚。

同一当事人就同一批货物、物品分别实施了 2 个以上违反海关监管规定的行为且二者之间有因果关系的，依照本实施条例分别规定的处罚幅度，择其重者处罚。

第五十二条 对 2 个以上当事人共同实施的违法行为，应当区别情节及责任，分别给予处罚。

第五十三条 有下列情形之一的，应当从重处罚：

（一）因走私被判处刑罚或者被海关行政处罚后在 2 年内又实施走私行为的；

（二）因违反海关监管规定被海关行政处罚后在 1 年内又实施同一违反海关监管规定的行为的；

（三）有其他依法应当从重处罚的情形的。

第五十四条 海关对当事人违反《海关法》的行为依法给予行政处罚的，应当制作行政处罚决定书。

对同一当事人实施的 2 个以上违反《海关法》的行为，可以制发 1 份行政处罚决定书。

对 2 个以上当事人分别实施的违反《海关法》的行为，应当分别制发行政处罚决定书。

对 2 个以上当事人共同实施的违反《海关法》的行为，应当制发 1 份行政处罚决定书，区别情况对各当事人分别予以处罚，但需另案处理的除外。

第五十五条 行政处罚决定书应当依照有关法律规定送达当事人。

依法予以公告送达的，海关应当将行政处罚决定书的正本张贴在海关公告栏内，并在报纸上刊登公告。

第五十六条 海关作出没收货物、物品、走私运输工具的行政处罚决定，有关货物、物品、走私运输工具无法或者不便没收的，海关应当追缴上述货物、物品、走私运输工具的等值价款。

第五十七条 法人或者其他组织实施违反《海关法》的行为后，有合并、分立或者其他资产重组情形的，海关应当以原法人、组织作为当事人。

对原法人、组织处以罚款、没收违法所得或者依法追缴货物、物品、走私运输工具的等值价款的，应当以承受其权利义务的法人、组织作为被执行人。

第五十八条 罚款、违法所得和依法追缴的货物、物品、走私运输工具的等值价款，应当在海关行政处罚决定规定的期限内缴清。

当事人按期履行行政处罚决定、办结海关手续的，海关应当及时解除其担保。

第五十九条 受海关处罚的当事人或者其法定代表人、主要负责人应当在出境前缴清罚款、违法所得和依法追缴的货物、物品、走私运输工具的等值价款。在出境前未缴清上述款项的，应当向海关提供相当于上述款项的担保。未提供担保，当事人是自然人的，海关可以通知出境管理机关阻止其出境；当事人是法人或者其他组织的，海关可以通知出境管理机关阻止其法定代表人或者主要负责人出境。

第六十条 当事人逾期不履行行政处罚决定的，海关可以采取下列措施：

（一）到期不缴纳罚款的，每日按罚款数额的3%加处罚款；

（二）根据《海关法》规定，将扣留的货物、物品、运输工具变价抵缴，或者以当事人提供的担保抵缴；

（三）申请人民法院强制执行。

第六十一条 当事人确有经济困难，申请延期或者分期缴纳罚款的，经海关批准，可以暂缓或者分期缴纳罚款。

当事人申请延期或者分期缴纳罚款的，应当以书面形式提出，海关收到申请后，应当在10个工作日内作出决定，并通知申请人。海关同意当事人暂缓或者分期缴纳的，应当及时通知收缴罚款的机构。

第六十二条 有下列情形之一的，有关货物、物品、违法所得、运输工具、特制设备由海关予以收缴：

（一）依照《中华人民共和国行政处罚法》第二十五条、第二十六条规定不予行政处罚的当事人携带、邮寄国家禁止进出境的货物、物品进出境的；

（二）散发性邮寄国家禁止、限制进出境的物品进出境或者携带数量零星的国家禁止进出境的物品进出境，依法可以不予行政处罚的；

（三）依法应当没收的货物、物品、违法所得、走私运输工具、特制设备，在海关作出行政处罚决定前，作为当事人的自然人死亡或者作为当事人的法人、其他组织终止，且无权利义务承受人的；

（四）走私违法事实基本清楚，但当事人无法查清，自海关公告之日起满3个月的；

（五）有违反法律、行政法规，应当予以收缴的其他情形的。

海关收缴前款规定的货物、物品、违法所得、运输工具、特制设备，应当制发清单，由被收缴人或者其代理人、见证人签字或者盖章。被收缴人无法查清且无见证人的，应当予以公告。

第六十三条 人民法院判决没收的走私货物、物品、违法所得、走私运输工具、特制设备，或者海关决定没收、收缴的货物、物品、违法所得、走私运输工具、特制设备，由海关依法统一处理，所得价款和海关收缴的罚款，全部上缴中央国库。

第六章 附 则

第六十四条 本实施条例下列用语的含义是：

"设立海关的地点"，指海关在港口、车站、机场、国界孔道、国际邮件互换局（交换站）等海关监管区设立的卡口，海关在保税区、出口加工区等海关特殊监管区域设立的卡口，以及海关在海上设立的中途监管站。

"许可证件"，指依照国家有关规定，当事人应当事先申领，并由国家有关主管部门颁发的准予进口或者出口的证明、文件。

"合法证明"，指船舶及所载人员依照国家有关规定或者依照国际运输惯例所必须持有的证明其运输、携带、收购、贩卖所载货物、物品真实、合法、有效的商业单证、运输单证及其他有关证明、文件。

"物品"，指个人以运输、携带等方式进出境的行李物品、邮寄进出境的物品，包括货币、金银等。超出自用、合理数量的，视为货物。

"自用"，指旅客或者收件人本人自用、馈赠亲友而非为出售或者出租。

"合理数量"，指海关根据旅客或者收件人的情况、旅行目的和居留时间所确定的正常数量。

"货物价值"，指进出口货物的完税价格、关税、进口环节海关代征税之和。

"物品价值"，指进出境物品的完税价格、进口税之和。

"应纳税款"，指进出口货物、物品应当缴纳的进出口关税、进口环节海关代征税之和。

"专门用于走私的运输工具"，指专为走私而制造、改造、购买的运输工具。

"以上""以下""以内""届满"，均包括本数在内。

第六十五条 海关对外国人、无国籍人、外国企业或者其他组织给予行政处罚的，适用本实施条例。

第六十六条 国家禁止或者限制进出口的货物目录，由国务院对外贸易主管部门依照《中华人民共和国对外贸易法》的规定办理；国家禁止或者限制进出境的物品目录，由海关总署公布。

第六十七条 依照海关规章给予行政处罚的，应当遵守本实施条例规定的程序。

第六十八条 本实施条例自2004年11月1日起施行。1993年2月17日国务院批准修订、1993年4月1日海关总署发布的《中华人民共和国海关法行政处罚实施细则》同时废止。

中华人民共和国海关事务担保条例

（国务院令第581号）

（2010年9月14日由国务院发布，根据2018年3月19日国务院令第698号《国务院关于修改和废止部分行政法规的决定》修改；现行版本自2018年3月19日起施行）

第一条 为了规范海关事务担保，提高通关效率，保障海关监督管理，根据《中华人民共和国海关法》及其他有关法律的规定，制定本条例。

第二条 当事人向海关申请提供担保，承诺履行法律义务，海关为当事人办理海关事务担保，适用本条例。

第三条 海关事务担保应当遵循合法、诚实信用、权责统一的原则。

第四条 有下列情形之一的，当事人可以在办结海关手续前向海关申请提供担保，要求提前放行货物：

（一）进出口货物的商品归类、完税价格、原产地尚未确定的；

（二）有效报关单证尚未提供的；

（三）在纳税期限内税款尚未缴纳的；

（四）滞报金尚未缴纳的；

（五）其他海关手续尚未办结的。

国家对进出境货物、物品有限制性规定，应当提供许可证件而不能提供的，以及法律、行政法规规定不得担保的其他情形，海关不予办理担保放行。

第五条 当事人申请办理下列特定海关业务的，按照海关规定提供担保：

（一）运输企业承担来往内地与港澳公路货物运输、承担海关监管货物境内公路运输的；
（二）货物、物品暂时进出境的；
（三）货物进境修理和出境加工的；
（四）租赁货物进口的；
（五）货物和运输工具过境的；
（六）将海关监管货物暂时存放在海关监管区外的；
（七）将海关监管货物向金融机构抵押的；
（八）为保税货物办理有关海关业务的。

当事人不提供或者提供的担保不符合规定的，海关不予办理前款所列特定海关业务。

第六条 进出口货物的纳税义务人在规定的纳税期限内有明显的转移、藏匿其应税货物以及其他财产迹象的，海关可以责令纳税义务人提供担保；纳税义务人不能提供担保的，海关依法采取税收保全措施。

第七条 有违法嫌疑的货物、物品、运输工具应当或者已经被海关依法扣留、封存的，当事人可以向海关提供担保，申请免予或者解除扣留、封存。

有违法嫌疑的货物、物品、运输工具无法或者不便扣留的，当事人或者运输工具负责人应当向海关提供等值的担保；未提供等值担保的，海关可以扣留当事人等值的其他财产。

有违法嫌疑的货物、物品、运输工具属于禁止进出境，或者必须以原物作为证据，或者依法应当予以没收的，海关不予办理担保。

第八条 法人、其他组织受到海关处罚，在罚款、违法所得或者依法应当追缴的货物、物品、走私运输工具的等值价款未缴清前，其法定代表人、主要负责人出境的，应当向海关提供担保；未提供担保的，海关可以通知出境管理机关阻止其法定代表人、主要负责人出境。

受海关处罚的自然人出境的，适用前款规定。

第九条 进口已采取临时反倾销措施、临时反补贴措施的货物应当提供担保的，或者进出口货物收发货人、知识产权权利人申请办理知识产权海关保护相关事务等，依照本条例的规定办理海关事务担保。法律、行政法规有特别规定的，从其规定。

第十条 按照海关总署的规定经海关认定的高级认证企业可以申请免除担保，并按照海关规定办理有关手续。

第十一条 当事人在一定期限内多次办理同一类海关事务的，可以向海关申请提供总担保。海关接受总担保的，当事人办理该类海关事务，不再单独提供担保。

总担保的适用范围、担保金额、担保期限、终止情形等由海关总署规定。

第十二条 当事人可以以海关依法认可的财产、权利提供担保，担保财产、权利的具体范围由海关总署规定。

第十三条 当事人以保函向海关提供担保的，保函应当以海关为受益人，并且载明下列事项：
（一）担保人、被担保人的基本情况；
（二）被担保的法律义务；
（三）担保金额；
（四）担保期限；
（五）担保责任；
（六）需要说明的其他事项。

担保人应当在保函上加盖印章，并注明日期。

第十四条 当事人提供的担保应当与其需要履行的法律义务相当，除本条例第七条第二款规定的情形外，担保金额按照下列标准确定：
（一）为提前放行货物提供的担保，担保金额不得超过可能承担的最高税款总额；
（二）为办理特定海关业务提供的担保，担保金额不得超过可能承担的最高税款总额或者海关总署规定的金额；

（三）因有明显的转移、藏匿应税货物以及其他财产迹象被责令提供的担保，担保金额不得超过可能承担的最高税款总额；

（四）为有关货物、物品、运输工具免予或者解除扣留、封存提供的担保，担保金额不得超过该货物、物品、运输工具的等值价款；

（五）为罚款、违法所得或者依法应当追缴的货物、物品、走私运输工具的等值价款未缴清前出境提供的担保，担保金额应当相当于罚款、违法所得数额或者依法应当追缴的货物、物品、走私运输工具的等值价款。

第十五条 办理担保，当事人应当提交书面申请以及真实、合法、有效的财产、权利凭证和身份或者资格证明等材料。

第十六条 海关应当自收到当事人提交的材料之日起5个工作日内对相关财产、权利等进行审核，并决定是否接受担保。当事人申请办理总担保的，海关应当在10个工作日内审核并决定是否接受担保。

符合规定的担保，自海关决定接受之日起生效。对不符合规定的担保，海关应当书面通知当事人不予接受，并说明理由。

第十七条 被担保人履行法律义务期限届满前，担保人和被担保人因特殊原因要求变更担保内容的，应当向接受担保的海关提交书面申请以及有关证明材料。海关应当自收到当事人提交的材料之日起5个工作日内作出是否同意变更的决定，并书面通知当事人，不同意变更的，应当说明理由。

第十八条 被担保人在规定的期限内未履行有关法律义务的，海关可以依法从担保财产、权利中抵缴。当事人以保函提供担保的，海关可以直接要求承担连带责任的担保人履行担保责任。

担保人履行担保责任的，不免除被担保人办理有关海关手续的义务。海关应当及时为被担保人办理有关海关手续。

第十九条 担保财产、权利不足以抵偿被担保人有关法律义务的，海关应当书面通知被担保人另行提供担保或者履行法律义务。

第二十条 有下列情形之一的，海关应当书面通知当事人办理担保财产、权利退还手续：

（一）当事人已经履行有关法律义务的；

（二）当事人不再从事特定海关业务的；

（三）担保财产、权利被海关采取抵缴措施后仍有剩余的；

（四）其他需要退还的情形。

第二十一条 自海关要求办理担保财产、权利退还手续的书面通知送达之日起3个月内，当事人无正当理由未办理退还手续的，海关应当发布公告。

自海关公告发布之日起1年内，当事人仍未办理退还手续的，海关应当将担保财产、权利依法变卖或者兑付后，上缴国库。

第二十二条 海关履行职责，金融机构等有关单位应当依法予以协助。

第二十三条 担保人、被担保人违反本条例，使用欺骗、隐瞒等手段提供担保的，由海关责令其继续履行法律义务，处5000元以上50000元以下的罚款；情节严重的，可以暂停被担保人从事有关海关业务或者撤销其从事有关海关业务的注册登记。

第二十四条 海关工作人员有下列行为之一的，给予处分；构成犯罪的，依法追究刑事责任：

（一）违法处分担保财产、权利；

（二）对不符合担保规定的，违法办理有关手续致使国家利益遭受损失；

（三）对符合担保规定的，不予办理有关手续；

（四）与海关事务担保有关的其他违法行为。

第二十五条 担保人、被担保人对海关有关海关事务担保的具体行政行为不服的，可以依法向上一级海关申请行政复议或者向人民法院提起行政诉讼。

第二十六条 本条例自2011年1月1日起施行。

企业投资项目核准和备案管理条例

（国务院令第 673 号）

（2016 年 10 月 8 日国务院第 149 次常务会议通过，2016 年 11 月 30 日由国务院发布，2017 年 2 月 1 日起施行）

第一条 为了规范政府对企业投资项目的核准和备案行为，加快转变政府的投资管理职能，落实企业投资自主权，制定本条例。

第二条 本条例所称企业投资项目（以下简称项目），是指企业在中国境内投资建设的固定资产投资项目。

第三条 对关系国家安全、涉及全国重大生产力布局、战略性资源开发和重大公共利益等项目，实行核准管理。具体项目范围以及核准机关、核准权限依照政府核准的投资项目目录执行。政府核准的投资项目目录由国务院投资主管部门会同国务院有关部门提出，报国务院批准后实施，并适时调整。国务院另有规定的，依照其规定。

对前款规定以外的项目，实行备案管理。除国务院另有规定的，实行备案管理的项目按照属地原则备案，备案机关及其权限由省、自治区、直辖市和计划单列市人民政府规定。

第四条 除涉及国家秘密的项目外，项目核准、备案通过国家建立的项目在线监管平台（以下简称在线平台）办理。

核准机关、备案机关以及其他有关部门统一使用在线平台生成的项目代码办理相关手续。

国务院投资主管部门会同有关部门制定在线平台管理办法。

第五条 核准机关、备案机关应当通过在线平台列明与项目有关的产业政策，公开项目核准的办理流程、办理时限等，并为企业提供相关咨询服务。

第六条 企业办理项目核准手续，应当向核准机关提交项目申请书；由国务院核准的项目，向国务院投资主管部门提交项目申请书。项目申请书应当包括下列内容：

（一）企业基本情况；

（二）项目情况，包括项目名称、建设地点、建设规模、建设内容等；

（三）项目利用资源情况分析以及对生态环境的影响分析；

（四）项目对经济和社会的影响分析。

企业应当对项目申请书内容的真实性负责。

法律、行政法规规定办理相关手续作为项目核准前置条件的，企业应当提交已经办理相关手续的证明文件。

第七条 项目申请书由企业自主组织编制，任何单位和个人不得强制企业委托中介服务机构编制项目申请书。

核准机关应当制定并公布项目申请书示范文本，明确项目申请书编制要求。

第八条 由国务院有关部门核准的项目，企业可以通过项目所在地省、自治区、直辖市和计划单列市人民政府有关部门（以下称地方人民政府有关部门）转送项目申请书，地方人民政府有关部门应当自收到项目申请书之日起 5 个工作日内转送核准机关。

由国务院核准的项目，企业通过地方人民政府有关部门转送项目申请书的，地方人民政府有关部门应当在前款规定的期限内将项目申请书转送国务院投资主管部门，由国务院投资主管部门审核后报国务院核准。

第九条 核准机关应当从下列方面对项目进行审查：

（一）是否危害经济安全、社会安全、生态安全等国家安全；

（二）是否符合相关发展建设规划、技术标准和产业政策；

（三）是否合理开发并有效利用资源；

（四）是否对重大公共利益产生不利影响。

项目涉及有关部门或者项目所在地地方人民政府职责的，核准机关应当书面征求其意见，被征求意见单位应当及时书面回复。

核准机关委托中介服务机构对项目进行评估的，应当明确评估重点；除项目情况复杂的，评估时限不得超过30个工作日。评估费用由核准机关承担。

第十条 核准机关应当自受理申请之日起20个工作日内，作出是否予以核准的决定；项目情况复杂或者需要征求有关单位意见的，经本机关主要负责人批准，可以延长核准期限，但延长的期限不得超过40个工作日。核准机关委托中介服务机构对项目进行评估的，评估时间不计入核准期限。

核准机关对项目予以核准的，应当向企业出具核准文件；不予核准的，应当书面通知企业并说明理由。由国务院核准的项目，由国务院投资主管部门根据国务院的决定向企业出具核准文件或者不予核准的书面通知。

第十一条 企业拟变更已核准项目的建设地点，或者拟对建设规模、建设内容等作较大变更的，应当向核准机关提出变更申请。核准机关应当自受理申请之日起20个工作日内，作出是否同意变更的书面决定。

第十二条 项目自核准机关作出予以核准决定或者同意变更决定之日起2年内未开工建设，需要延期开工建设的，企业应当在2年期限届满的30个工作日前，向核准机关申请延期开工建设。核准机关应当自受理申请之日起20个工作日内，作出是否同意延期开工建设的决定。开工建设只能延期一次，期限最长不得超过1年。国家对项目延期开工建设另有规定的，依照其规定。

第十三条 实行备案管理的项目，企业应当在开工建设前通过在线平台将下列信息告知备案机关：

（一）企业基本情况；

（二）项目名称、建设地点、建设规模、建设内容；

（三）项目总投资额；

（四）项目符合产业政策的声明。

企业应当对备案项目信息的真实性负责。

备案机关收到本条第一款规定的全部信息即为备案；企业告知的信息不齐全的，备案机关应当指导企业补正。

企业需要备案证明的，可以要求备案机关出具或者通过在线平台自行打印。

第十四条 已备案项目信息发生较大变更的，企业应当及时告知备案机关。

第十五条 备案机关发现已备案项目属于产业政策禁止投资建设或者实行核准管理的，应当及时告知企业予以纠正或者依法办理核准手续，并通知有关部门。

第十六条 核准机关、备案机关以及依法对项目负有监督管理职责的其他有关部门应当加强事中事后监管，按照谁审批谁监管、谁主管谁监管的原则，落实监管责任，采取在线监测、现场核查等方式，加强对项目实施的监督检查。

企业应当通过在线平台如实报送项目开工建设、建设进度、竣工的基本信息。

第十七条 核准机关、备案机关以及依法对项目负有监督管理职责的其他有关部门应当建立项目信息共享机制，通过在线平台实现信息共享。

企业在项目核准、备案以及项目实施中的违法行为及其处理信息，通过国家社会信用信息平台向社会公示。

第十八条 实行核准管理的项目，企业未依照本条例规定办理核准手续开工建设或者未按照核准的建设地点、建设规模、建设内容等进行建设的，由核准机关责令停止建设或者责令停产，对企业处项目总投资额1‰以上5‰以下的罚款；对直接负责的主管人员和其他直接责任人员处2万元以上5万元以下的罚款，属于国家工作人员的，依法给予处分。

以欺骗、贿赂等不正当手段取得项目核准文件，尚未开工建设的，由核准机关撤销核准文件，处项目总投资额1‰以上5‰以下的罚款；已经开工建设的，依照前款规定予以处罚；构成犯罪的，依法追究刑事责任。

第十九条 实行备案管理的项目，企业未依照本条例规定将项目信息或者已备案项目的信息变更情况告知备案机关，或者向备案机关提供虚假信息的，由备案机关责令限期改正；逾期不改正的，处2万元以上5万元以下的罚款。

第二十条 企业投资建设产业政策禁止投资建设项目的，由县级以上人民政府投资主管部门责令停止建设或者责令停产并恢复原状，对企业处项目总投资额5‰以上10‰以下的罚款；对直接负责的主管人员和其他直接责任人员处5万元以上10万元以下的罚款，属于国家工作人员的，依法给予处分。法律、行政法规另有规定的，依照其规定。

第二十一条 核准机关、备案机关及其工作人员在项目核准、备案工作中玩忽职守、滥用职权、徇私舞弊的，对负有责任的领导人员和直接责任人员依法给予处分；构成犯罪的，依法追究刑事责任。

第二十二条 事业单位、社会团体等非企业组织在中国境内投资建设的固定资产投资项目适用本条例，但通过预算安排的固定资产投资项目除外。

第二十三条 国防科技工业企业在中国境内投资建设的固定资产投资项目核准和备案管理办法，由国务院国防科技工业管理部门根据本条例的原则另行制定。

第二十四条 本条例自2017年2月1日起施行。

中华人民共和国海关进出口货物征税管理办法

（海关总署令第124号）

（2005年1月4日由海关总署发布，根据2010年11月26日海关总署令第198号《海关总署关于修改部分规章的决定》第一次修改，根据2014年3月13日海关总署令第218号《海关总署关于修改部分规章的决定》第二次修改，根据2017年12月20日海关总署令第235号《海关总署关于修改部分规章的决定》第三次修改，根据2018年5月29日海关总署第240号令《海关总署关于修改部分规章的决定》第四次修改；现行版本自2018年7月1日起施行）

第一章 总 则

第一条 为了保证国家税收政策的贯彻实施，加强海关税收管理，确保依法征税，保障国家税收，维护纳税义务人的合法权益，根据《中华人民共和国海关法》（以下简称《海关法》）、《中华人民共和国进出口关税条例》（以下简称《关税条例》）以及其他有关法律、行政法规的规定，制定本办法。

第二条 海关征税工作，应当遵循准确归类、正确估价、依率计征、依法减免、严肃退补、及时入库的原则。

第三条 进出口关税、进口环节海关代征税的征收管理适用本办法。

进境物品进口税和船舶吨税的征收管理按照有关法律、行政法规和部门规章的规定执行，有关法律、行政法规、部门规章未作规定的，适用本办法。

第四条 海关应当按照国家有关规定承担保密义务，妥善保管纳税义务人提供的涉及商业秘密的资料，除法律、行政法规另有规定外，不得对外提供。

纳税义务人可以书面向海关提出为其保守商业秘密的要求，并且具体列明需要保密的内容，但不得以商业秘密为理由拒绝向海关提供有关资料。

第二章 进出口货物税款的征收

第一节 申报与审核

第五条 纳税义务人进出口货物时应当依法向海关办理申报手续，按照规定提交有关单证。海关认为必要时，纳税义务人还应当提供确定商品归类、完税价格、原产地等所需的相关资料。提供的资料为外文的，海关需要时，纳税义务人应当提供中文译文并且对译文内容负责。

进出口减免税货物的，纳税义务人还应当提交主管海关签发的《进出口货物征免税证明》（以下简称《征免税证明》），但本办法第七十条所列减免税货物除外。

第六条 纳税义务人应当按照法律、行政法规和海关规章关于商品归类、审定完税价格和原产地管理的有关规定，如实申报进出口货物的商品名称、税则号列（商品编号）、规格型号、价格、运保费及其他相关费用、原产地、数量等。

第七条 为审核确定进出口货物的商品归类、完税价格、原产地等，海关可以要求纳税义务人按照有关规定进行补充申报。纳税义务人认为必要时，也可以主动要求进行补充申报。

第八条 海关应当按照法律、行政法规和海关规章的规定，对纳税义务人申报的进出口货物商品名称、规格型号、税则号列、原产地、价格、成交条件、数量等进行审核。

海关可以根据口岸通关和货物进出口的具体情况，在货物通关环节仅对申报内容作程序性审核，在货物放行后再进行申报价格、商品归类、原产地等是否真实、正确的实质性核查。

第九条 海关为审核确定进出口货物的商品归类、完税价格及原产地等，可以对进出口货物进行查验，组织化验、检验或者对相关企业进行核查。

经审核，海关发现纳税义务人申报的进出口货物税则号列有误的，应当按照商品归类的有关规则和规定予以重新确定。

经审核，海关发现纳税义务人申报的进出口货物价格不符合成交价格条件，或者成交价格不能确定的，应当按照审定进出口货物完税价格的有关规定另行估价。

经审核，海关发现纳税义务人申报的进出口货物原产地有误的，应当通过审核纳税义务人提供的原产地证明、对货物进行实际查验或者审核其他相关单证等方法，按照海关原产地管理的有关规定予以确定。

经审核，海关发现纳税义务人提交的减免税申请或者所申报的内容不符合有关减免税规定的，应当按照规定计征税款。

纳税义务人违反海关规定，涉嫌伪报、瞒报的，应当按照规定移交海关调查或者缉私部门处理。

第十条 纳税义务人在货物实际进出口前，可以按照有关规定向海关申请对进出口货物进行商品预归类、价格预审核或者原产地预确定。海关审核确定后，应当书面通知纳税义务人，并且在货物实际进出口时予以认可。

第二节 税款的征收

第十一条 海关应当根据进出口货物的税则号列、完税价格、原产地、适用的税率和汇率计征税款。

第十二条 海关应当按照《关税条例》有关适用最惠国税率、协定税率、特惠税率、普通税率、出口税率、关税配额税率或者暂定税率，以及实施反倾销措施、反补贴措施、保障措施或者征收报复性关税等适用税率的规定，确定进出口货物适用的税率。

第十三条 进出口货物，应当适用海关接受该货物申报进口或者出口之日实施的税率。

进口货物到达前，经海关核准先行申报的，应当适用装载该货物的运输工具申报进境之日实施的税率。

进口转关运输货物，应当适用指运地海关接受该货物申报进口之日实施的税率；货物运抵指运地前，经海关核准先行申报的，应当适用装载该货物的运输工具抵达指运地之日实施的税率。

出口转关运输货物，应当适用启运地海关接受该货物申报出口之日实施的税率。

经海关批准，实行集中申报的进出口货物，应当适用每次货物进出口时海关接受该货物申报之日实施的税率。

因超过规定期限未申报而由海关依法变卖的进口货物，其税款计征应当适用装载该货物的运输工具申报进境之日实施的税率。

因纳税义务人违反规定需要追征税款的进出口货物，应当适用违反规定的行为发生之日实施的税率；行为发生之日不能确定的，适用海关发现该行为之日实施的税率。

第十四条 已申报进境并且放行的保税货物、减免税货物、租赁货物或者已申报进出境并且放行的暂时进出境货物，有下列情形之一需缴纳税款的，应当适用海关接受纳税义务人再次填写报关单申报办理纳税及有关手续之日实施的税率：

（一）保税货物经批准不复运出境的；

（二）保税仓储货物转入国内市场销售的；

（三）减免税货物经批准转让或者移作他用的；

（四）可以暂不缴纳税款的暂时进出境货物，不复运出境或者进境的；

（五）租赁进口货物，分期缴纳税款的。

第十五条 补征或者退还进出口货物税款，应当按照本办法第十三条和第十四条的规定确定适用的税率。

第十六条 进出口货物的价格及有关费用以外币计价的，海关按照该货物适用税率之日所适用的计征汇率折合为人民币计算完税价格。完税价格采用四舍五入法计算至分。

海关每月使用的计征汇率为上一个月第三个星期三（第三个星期三为法定节假日的，顺延采用第四个星期三）中国人民银行公布的外币对人民币的基准汇率；以基准汇率币种以外的外币计价的，采用同一时间中国银行公布的现汇买入价和现汇卖出价的中间值（人民币元后采用四舍五入法保留 4 位小数）。如果上述汇率发生重大波动，海关总署认为必要时，可以另行规定计征汇率，并且对外公布。

第十七条 海关应当按照《关税条例》的规定，以从价、从量或者国家规定的其他方式对进出口货物征收关税。

海关应当按照有关法律、行政法规规定的适用税种、税目、税率和计算公式对进口货物计征进口环节海关代征税。

除另有规定外，关税和进口环节海关代征税按照下述计算公式计征：

从价计征关税的计算公式为：

应纳税额=完税价格×关税税率

从量计征关税的计算公式为：

应纳税额=货物数量×单位关税税额

计征进口环节增值税的计算公式为：

应纳税额=（完税价格+实征关税税额+实征消费税税额）×增值税税率

从价计征进口环节消费税的计算公式为：

应纳税额=〔（完税价格+实征关税税额）/（1-消费税税率）〕×消费税税率

从量计征进口环节消费税的计算公式为：

应纳税额=货物数量×单位消费税税额

第十八条 除另有规定外，海关应当在货物实际进境，并且完成海关现场接单审核工作之后及时填发税款缴款书。需要通过对货物进行查验确定商品归类、完税价格、原产地的，应当在查验核实之后填发或者更改税款缴款书。

纳税义务人收到税款缴款书后应当办理签收手续。

第十九条 海关税款缴款书一式六联，第一联（收据）由银行收款签章后交缴款单位或者纳税义务人；第二联（付款凭证）由缴款单位开户银行作为付出凭证；第三联（收款凭证）由收款国库作为收入凭证；第四联（回执）由国库盖章后退回海关财务部门；第五联（报查）国库收款后，关税专用缴款书退回海关，海关代征税专用缴款书送当地税务机关；第六联（存根）由填发单位存查。

第二十条 纳税义务人应当自海关填发税款缴款书之日起15日内向指定银行缴纳税款。逾期缴纳税款的，由海关自缴款期限届满之日起至缴清税款之日止，按日加收滞纳税款万分之五的滞纳金。纳税义务人应当自海关填发滞纳金缴款书之日起15日内向指定银行缴纳滞纳金。滞纳金缴款书的格式与税款缴款书相同。

缴款期限届满日遇星期六、星期日等休息日或者法定节假日的，应当顺延至休息日或者法定节假日之后的第一个工作日。国务院临时调整休息日与工作日的，海关应当按照调整后的情况计算缴款期限。

第二十一条 关税、进口环节海关代征税、滞纳金等，应当按人民币计征，采用四舍五入法计算至分。

滞纳金的起征点为50元。

第二十二条 银行收讫税款日为纳税义务人缴清税款之日。纳税义务人向银行缴纳税款后，应当及时将盖有证明银行已收讫税款的业务印章的税款缴款书送交填发海关验核，海关据此办理核注手续。

海关发现银行未按照规定及时将税款足额划转国库的，应当将有关情况通知国库。

第二十三条 纳税义务人缴纳税款前不慎遗失税款缴款书的，可以向填发海关提出补发税款缴款书的书面申请。海关应当自接到纳税义务人的申请之日起2个工作日内审核确认并且重新予以补发。海关补发的税款缴款书内容应当与原税款缴款书完全一致。

纳税义务人缴纳税款后遗失税款缴款书的，可以自缴纳税款之日起1年内向填发海关提出确认其已缴清税款的书面申请，海关经审查核实后，应当予以确认，但不再补发税款缴款书。

第二十四条 纳税义务人因不可抗力或者国家税收政策调整不能按期缴纳税款的，依法提供税款担保后，可以向海关办理延期缴纳税款手续。

第二十五条 散装进出口货物发生溢短装的，按照以下规定办理：

（一）溢装数量在合同、发票标明数量3%以内的，或者短装的，海关应当根据审定的货物单价，按照合同、发票标明数量计征税款。

（二）溢装数量超过合同、发票标明数量3%的，海关应当根据审定的货物单价，按照实际进出口数量计征税款。

第二十六条 纳税义务人、担保人自缴款期限届满之日起超过3个月仍未缴纳税款或者滞纳金的，海关可以按照《海关法》第六十条的规定采取强制措施。

纳税义务人在规定的缴纳税款期限内有明显的转移、藏匿其应税货物以及其他财产迹象的，海关可以责令纳税义务人向海关提供税款担保。纳税义务人不能提供税款担保的，海关可以按照《海关法》第六十一条的规定采取税收保全措施。

采取强制措施和税收保全措施的具体办法另行规定。

第三章　特殊进出口货物税款的征收

第一节　无代价抵偿货物

第二十七条　进口无代价抵偿货物，不征收进口关税和进口环节海关代征税；出口无代价抵偿货物，不征收出口关税。

前款所称无代价抵偿货物是指进出口货物在海关放行后，因残损、短少、品质不良或者规格不符原因，由进出口货物的发货人、承运人或者保险公司免费补偿或者更换的与原货物相同或者与合同规定相符的货物。

第二十八条　纳税义务人应当在原进出口合同规定的索赔期内且不超过原货物进出口之日起3年，向海关申报办理无代价抵偿货物的进出口手续。

第二十九条　纳税义务人申报进口无代价抵偿货物，应当提交买卖双方签订的索赔协议。

海关认为需要时，纳税义务人还应当提交具有资质的商品检验机构出具的原进口货物残损、短少、品质不良或者规格不符的检验证明书或者其他有关证明文件。

第三十条　纳税义务人申报出口无代价抵偿货物，应当提交买卖双方签订的索赔协议。

海关认为需要时，纳税义务人还应当提交具有资质的商品检验机构出具的原出口货物残损、短少、品质不良或者规格不符的检验证明书或者其他有关证明文件。

第三十一条　纳税义务人申报进出口的无代价抵偿货物，与退运出境或者退运进境的原货物不完全相同或者与合同规定不完全相符的，应当向海关说明原因。

海关经审核认为理由正当，且其税则号列未发生改变的，应当按照审定进出口货物完税价格的有关规定和原进出口货物适用的计征汇率、税率，审核确定其完税价格、计算应征税款。应征税款高于原进出口货物已征税款的，应当补征税款的差额部分。应征税款低于原进出口货物已征税款，且原进出口货物的发货人、承运人或者保险公司同时补偿货款的，海关应当退还补偿货款部分的相应税款；未补偿货款的，税款的差额部分不予退还。

纳税义务人申报进出口的免费补偿或者更换的货物，其税则号列与原货物的税则号列不一致的，不适用无代价抵偿货物的有关规定，海关应当按照一般进出口货物的有关规定征收税款。

第三十二条　纳税义务人申报进出口无代价抵偿货物，被更换的原进口货物不退运出境且不放弃交由海关处理的，或者被更换的原出口货物不退运进境的，海关应当按照接受无代价抵偿货物申报进出口之日适用的税率、计征汇率和有关规定对原进出口货物重新估价征税。

第三十三条　被更换的原进口货物退运出境时不征收出口关税。

被更换的原出口货物退运进境时不征收进口关税和进口环节海关代征税。

第二节　租赁进口货物

第三十四条　纳税义务人进口租赁货物，除另有规定外，应当向其所在地海关办理申报进口及申报纳税手续。

纳税义务人申报进口租赁货物，应当向海关提交租赁合同及其他有关文件。海关认为必要时，纳税义务人应当提供税款担保。

第三十五条　租赁进口货物自进境之日起至租赁结束办结海关手续之日止，应当接受海关监管。

一次性支付租金的，纳税义务人应当在申报租赁货物进口时办理纳税手续，缴纳税款。

分期支付租金的，纳税义务人应当在申报租赁货物进口时，按照第一期应当支付的租金办理纳税手续，缴纳相应税款；在其后分期支付租金时，纳税义务人向海关申报办理纳税手续应当不迟于每次支付租金后的第15日。纳税义务人未在规定期限内申报纳税的，海关按照纳税义务人每次支付租金后第15日该货物适用的税率、计征汇率征收相应税款，并且自本款规定的申报办理纳税手续期限届满之日起至纳税义务人申报纳税之日止按日加收应缴纳税款万分之五的滞纳金。

第三十六条 海关应当对租赁进口货物进行跟踪管理，督促纳税义务人按期向海关申报纳税，确保税款及时足额入库。

第三十七条 纳税义务人应当自租赁进口货物租期届满之日起 30 日内，向海关申请办结监管手续，将租赁进口货物复运出境。需留购、续租租赁进口货物的，纳税义务人向海关申报办理相关手续应当不迟于租赁进口货物租期届满后的第 30 日。

海关对留购的租赁进口货物，按照审定进口货物完税价格的有关规定和海关接受申报办理留购的相关手续之日该货物适用的计征汇率、税率，审核确定其完税价格、计征应缴纳的税款。

续租租赁进口货物的，纳税义务人应当向海关提交续租合同，并且按照本办法第三十四条和第三十五条的有关规定办理申报纳税手续。

第三十八条 纳税义务人未在本办法第三十七条第一款规定的期限内向海关申报办理留购租赁进口货物的相关手续的，海关除按照审定进口货物完税价格的有关规定和租期届满后第 30 日该货物适用的计征汇率、税率，审核确定其完税价格、计征应缴纳的税款外，还应当自租赁期限届满后 30 日起至纳税义务人申报纳税之日止按日加收应缴纳税款万分之五的滞纳金。

纳税义务人未在本办法第三十七条第一款规定的期限内向海关申报办理续租租赁进口货物的相关手续的，海关除按照本办法第三十五条的规定征收续租租赁进口货物应缴纳的税款外，还应当自租赁期限届满后 30 日起至纳税义务人申报纳税之日止按日加收应缴纳税款万分之五的滞纳金。

第三十九条 租赁进口货物租赁期未满终止租赁的，其租期届满之日为租赁终止日。

第三节 暂时进出境货物

第四十条 暂时进境或者暂时出境的货物，海关按照有关规定实施管理。

第四十一条 《关税条例》第四十二条第一款所列的暂时进出境货物，在海关规定期限内，可以暂不缴纳税款。

前款所述暂时进出境货物在规定期限届满后不再复运出境或者复运进境的，纳税义务人应当在规定期限届满前向海关申报办理进出口及纳税手续。海关按照有关规定征收税款。

第四十二条 《关税条例》第四十二条第一款所列范围以外的其他暂时进出境货物，海关按照审定进出口货物完税价格的有关规定和海关接受该货物申报进出境之日适用的计征汇率、税率，审核确定其完税价格、按月征收税款，或者在规定期限内货物复运出境或者复运进境时征收税款。

计征税款的期限为 60 个月。不足一个月但超过 15 天的，按一个月计征；不超过 15 天的，免予计征。计征税款的期限自货物放行之日起计算。

按月征收税款的计算公式为：

每月关税税额 = 关税总额 ×（1/60）

每月进口环节代征税税额 = 进口环节代征税总额 ×（1/60）

本条第一款所述暂时进出境货物在规定期限届满后不再复运出境或者复运进境的，纳税义务人应当在规定期限届满前向海关申报办理进出口及纳税手续，缴纳剩余税款。

第四十三条 暂时进出境货物未在规定期限内复运出境或者复运进境，且纳税义务人未在规定期限届满前向海关申报办理进出口及纳税手续的，海关除按照规定征收应缴纳的税款外，还应当自规定期限届满之日起至纳税义务人申报纳税之日止按日加收应缴纳税款万分之五的滞纳金。

第四十四条 本办法第四十一条至第四十三条中所称“规定期限”均包括暂时进出境货物延长复运出境或者复运进境的期限。

第四节 进出境修理货物和出境加工货物

第四十五条 纳税义务人在办理进境修理货物的进口申报手续时，应当向海关提交该货物的维修合同（或者含有保修条款的原出口合同），并且向海关提供进口税款担保或者由海关按照保税货物实施管理。进境修理货物应当在海关规定的期限内复运出境。

进境修理货物需要进口原材料、零部件的，纳税义务人在办理原材料、零部件进口申报手续时，应当向海关提供进口税款担保或者由海关按照保税货物实施管理。进口原材料、零部件只限用于进境修理货物的修理，修理剩余的原材料、零部件应当随进境修理货物一同复运出境。

第四十六条 进境修理货物及剩余进境原材料、零部件复运出境的，海关应当办理修理货物及原材料、零部件进境时纳税义务人提供的税款担保的退还手续；海关按照保税货物实施管理的，按照有关保税货物的管理规定办理。

因正当理由不能在海关规定期限内将进境修理货物复运出境的，纳税义务人应当在规定期限届满前向海关说明情况，申请延期复运出境。

第四十七条 进境修理货物未在海关允许期限（包括延长期，下同）内复运出境的，海关对其按照一般进出口货物的征税管理规定实施管理，将该货物进境时纳税义务人提供的税款担保转为税款。

第四十八条 纳税义务人在办理出境修理货物的出口申报手续时，应当向海关提交该货物的维修合同（或者含有保修条款的原进口合同）。出境修理货物应当在海关规定的期限内复运进境。

第四十九条 纳税义务人在办理出境修理货物复运进境的进口申报手续时，应当向海关提交该货物的维修发票等相关单证。

海关按照审定进口货物完税价格的有关规定和海关接受该货物申报复运进境之日适用的计征汇率、税率，审核确定其完税价格、计征进口税款。

因正当理由不能在海关规定期限内将出境修理货物复运进境的，纳税义务人应当在规定期限届满前向海关说明情况，申请延期复运进境。

第五十条 出境修理货物超过海关允许期限复运进境的，海关对其按照一般进口货物的征税管理规定征收进口税款。

第五十一条 纳税义务人在办理出境加工货物的出口申报手续时，应当向海关提交该货物的委托加工合同；出境加工货物属于征收出口关税的商品的，纳税义务人应当向海关提供出口税款担保。出境加工货物应当在海关规定的期限内复运进境。

第五十二条 纳税义务人在办理出境加工货物复运进境的进口申报手续时，应当向海关提交该货物的加工发票等相关单证。

海关按照审定进口货物完税价格的有关规定和海关接受该货物申报复运进境之日适用的计征汇率、税率，审核确定其完税价格、计征进口税款，同时办理解除该货物出境时纳税义务人提供税款担保的相关手续。

因正当理由不能在海关规定期限内将出境加工货物复运进境的，纳税义务人应当在规定期限届满前向海关说明情况，申请延期复运进境。

第五十三条 出境加工货物未在海关允许期限内复运进境的，海关对其按照一般进出口货物的征税管理规定实施管理，将该货物出境时纳税义务人提供的税款担保转为税款；出境加工货物复运进境时，海关按照一般进口货物的征税管理规定征收进口税款。

第五十四条 本办法第四十五条至第五十三条中所称“海关规定期限”和“海关允许期限”，由海关根据进出境修理货物、出境加工货物的有关合同规定以及具体实际情况予以确定。

第五节 退运货物

第五十五条 因品质或者规格原因，出口货物自出口放行之日起1年内原状退货复运进境的，纳税义务人在办理进口申报手续时，应当按照规定提交有关单证和证明文件。经海关确认后，对复运进境的原出口货物不予征收进口关税和进口环节海关代征税。

第五十六条 因品质或者规格原因，进口货物自进口放行之日起1年内原状退货复运出境的，纳税义务人在办理出口申报手续时，应当按照规定提交有关单证和证明文件。经海关确认后，对复运出境的原进口货物不予征收出口关税。

第四章　进出口货物税款的退还与补征

第五十七条　海关发现多征税款的，应当立即通知纳税义务人办理退税手续。纳税义务人应当自收到海关通知之日起3个月内办理有关退税手续。

第五十八条　纳税义务人发现多缴纳税款的，自缴纳税款之日起1年内，可以向海关申请退还多缴的税款并且加算银行同期活期存款利息。

纳税义务人向海关申请退还税款及利息时，应当提交下列材料：

（一）《退税申请书》；

（二）可以证明应予退税的材料。

第五十九条　已缴纳税款的进口货物，因品质或者规格原因原状退货复运出境的，纳税义务人自缴纳税款之日起1年内，可以向海关申请退税。

纳税义务人向海关申请退税时，应当提交下列材料：

（一）《退税申请书》；

（二）收发货人双方关于退货的协议。

第六十条　已缴纳出口关税的出口货物，因品质或者规格原因原状退货复运进境，并且已重新缴纳因出口而退还的国内环节有关税收的，纳税义务人自缴纳税款之日起1年内，可以向海关申请退税。

纳税义务人向海关申请退税时，应当提交下列材料：

（一）《退税申请书》；

（二）收发货人双方关于退货的协议和税务机关重新征收国内环节税的证明。

第六十一条　已缴纳出口关税的货物，因故未装运出口申报退关的，纳税义务人自缴纳税款之日起1年内，可以向海关申请退税，并提交《退税申请书》。

第六十二条　散装进出口货物发生短装并且已征税放行的，如果该货物的发货人、承运人或者保险公司已对短装部分退还或者赔偿相应货款，纳税义务人自缴纳税款之日起1年内，可以向海关申请退还进口或者出口短装部分的相应税款。

纳税义务人向海关申请退税时，应当提交下列材料：

（一）《退税申请书》；

（二）具有资质的商品检验机构出具的相关检验证明书；

（三）已经退款或者赔款的证明文件。

第六十三条　进出口货物因残损、品质不良、规格不符原因，或者发生本办法第六十二条规定以外的货物短少的情形，由进出口货物的发货人、承运人或者保险公司赔偿相应货款的，纳税义务人自缴纳税款之日起1年内，可以向海关申请退还赔偿货款部分的相应税款。

纳税义务人向海关申请退税时，应当提交下列材料：

（一）《退税申请书》；

（二）已经赔偿货款的证明文件。

第六十四条　海关收到纳税义务人的退税申请后应当进行审核。纳税义务人提交的申请材料齐全且符合规定形式的，海关应当予以受理，并且以海关收到申请材料之日作为受理之日；纳税义务人提交的申请材料不全或者不符合规定形式的，海关应当在收到申请材料之日起5个工作日内一次告知纳税义务人需要补正的全部内容，并且以海关收到全部补正申请材料之日为海关受理退税申请之日。

纳税义务人按照本办法第五十九条、第六十条或者第六十四条的规定申请退税的，海关认为需要时，可以要求纳税义务人提供具有资质的商品检验机构出具的原进口或者出口货物品质不良、规格不符或者残损、短少的检验证明书或者其他有关证明文件。

海关应当自受理退税申请之日起30日内查实并且通知纳税义务人办理退税手续或者不予退税的决定。纳税义务人应当自收到海关准予退税的通知之日起3个月内办理有关退税手续。

第六十五条　海关办理退税手续时，应当填发收入退还书，并且按照以下规定办理：

（一）按照本办法第五十八条规定应当同时退还多征税款部分所产生的利息的，应退利息按照海关填发收入退还书之日中国人民银行规定的活期储蓄存款利息率计算。计算应退利息的期限自纳税义务人缴纳税款之日起至海关填发收入退还书之日止。

（二）进口环节增值税已予抵扣的，该项增值税不予退还，但国家另有规定的除外。

（三）已征收的滞纳金不予退还。

退还税款、利息涉及从国库中退库的，按照法律、行政法规有关国库管理的规定以及有关规章规定的具体实施办法执行。

第六十六条 进出口货物放行后，海关发现少征税款的，应当自缴纳税款之日起1年内，向纳税义务人补征税款；海关发现漏征税款的，应当自货物放行之日起1年内，向纳税义务人补征税款。

第六十七条 因纳税义务人违反规定造成少征税款的，海关应当自缴纳税款之日起3年内追征税款；因纳税义务人违反规定造成漏征税款的，海关应当自货物放行之日起3年内追征税款。海关除依法追征税款外，还应当自缴纳税款或者货物放行之日起至海关发现违规行为之日止按日加收少征或者漏征税款万分之五的滞纳金。

因纳税义务人违反规定造成海关监管货物少征或者漏征税款的，海关应当自纳税义务人应缴纳税款之日起3年内追征税款，并且自应缴纳税款之日起至海关发现违规行为之日止按日加收少征或者漏征税款万分之五的滞纳金。

前款所称“应缴纳税款之日”是指纳税义务人违反规定的行为发生之日；该行为发生之日不能确定的，应当以海关发现该行为之日作为应缴纳税款之日。

第六十八条 海关补征或者追征税款，应当制发《海关补征税款告知书》。纳税义务人应当自收到《海关补征税款告知书》之日起15日内到海关办理补缴税款的手续。

纳税义务人未在前款规定期限内办理补税手续的，海关应当在规定期限届满之日填发税款缴款书。

第六十九条 根据本办法第三十五条、第三十八条、第四十三条、第六十七条的有关规定，因纳税义务人违反规定需在征收税款的同时加收滞纳金的，如果纳税义务人未在规定的15天缴款期限内缴纳税款，海关依照本办法第二十条的规定另行加收自缴款期限届满之日起至缴清税款之日止滞纳税款的滞纳金。

第五章 进出口货物税款的减征与免征

第七十条 纳税义务人进出口减免税货物，应当在货物进出口前，按照规定凭有关文件向海关办理减免税审核确认手续。下列减免税进出口货物无须办理减免税审核确认手续：

（一）关税、进口环节增值税或者消费税税额在人民币50元以下的一票货物；

（二）无商业价值的广告品和货样；

（三）在海关放行前遭受损坏或者损失的货物；

（四）进出境运输工具装载的途中必需的燃料、物料和饮食用品；

（五）其他无需办理减免税审核确认手续的减征或者免征税款的货物。

第七十一条 对于本办法第七十条第（三）项所列货物，纳税义务人应当在申报时或者自海关放行货物之日起15日内书面向海关说明情况，提供相关证明材料。海关认为需要时，可以要求纳税义务人提供具有资质的商品检验机构出具的货物受损程度的检验证明书。海关根据实际受损程度予以减征或者免征税款。

第七十二条 除另有规定外，纳税义务人应当向其主管海关申请办理减免税审核确认手续。海关按照有关规定予以审核，并且签发《征免税证明》。

第七十三条 特定地区、特定企业或者有特定用途的特定减免税进口货物，应当接受海关监管。

特定减免税进口货物的监管年限为：

（一）船舶、飞机：8年；

（二）机动车辆：6年；

（三）其他货物：3 年。

监管年限自货物进口放行之日起计算。

第七十四条 在特定减免税进口货物的监管年限内，纳税义务人应当自减免税货物放行之日起每年一次向主管海关报告减免税货物的状况；除经海关批准转让给其他享受同等税收优惠待遇的项目单位外，纳税义务人在补缴税款并且办理解除监管手续后，方可转让或者进行其他处置。

特定减免税进口货物监管年限届满时，自动解除海关监管。纳税义务人需要解除监管证明的，可以自监管年限届满之日起 1 年内，凭有关单证向海关申请领取解除监管证明。海关应当自接到纳税义务人的申请之日起 20 日内核实情况，并且填发解除监管证明。

第六章　进出口货物的税款担保

第七十五条 有下列情形之一，纳税义务人要求海关先放行货物的，应当按照海关初步确定的应缴税款向海关提供足额税款担保：

（一）海关尚未确定商品归类、完税价格、原产地等征税要件的；

（二）正在海关办理减免税审核确认手续的；

（三）正在海关办理延期缴纳税款手续的；

（四）暂时进出境的；

（五）进境修理和出境加工的，按保税货物实施管理的除外；

（六）因残损、品质不良或者规格不符，纳税义务人申报进口或者出口无代价抵偿货物时，原进口货物尚未退运出境或者尚未放弃交由海关处理的，或者原出口货物尚未退运进境的；

（七）其他按照有关规定需要提供税款担保的。

第七十六条 除另有规定外，税款担保期限一般不超过 6 个月，特殊情况需要延期的，应当经主管海关核准。

税款担保一般应当为保证金、银行或者非银行金融机构的保函，但另有规定的除外。

银行或者非银行金融机构的税款保函，其保证方式应当是连带责任保证。税款保函明确规定保证期间的，保证期间应当不短于海关批准的担保期限。

第七十七条 在海关批准的担保期限内，纳税义务人履行纳税义务的，海关应当自纳税义务人履行纳税义务之日起 5 个工作日内办结解除税款担保的相关手续。

在海关批准的担保期限内，纳税义务人未履行纳税义务，对收取税款保证金的，海关应当自担保期限届满之日起 5 个工作日内完成保证金转为税款的相关手续；对银行或者非银行金融机构提供税款保函的，海关应当自担保期限届满之日起 6 个月内或者在税款保函规定的保证期间内要求担保人履行相应的纳税义务。

第七章　附　则

第七十八条 纳税义务人、担保人对海关确定纳税义务人、确定完税价格、商品归类、确定原产地、适用税率或者计征汇率、减征或者免征税款、补税、退税、征收滞纳金、确定计征方式以及确定纳税地点有异议的，应当按照海关作出的相关行政决定依法缴纳税款，并且可以依照《中华人民共和国行政复议法》和《中华人民共和国海关实施〈行政复议法〉办法》向上一级海关申请复议。对复议决定不服的，可以依法向人民法院提起诉讼。

第七十九条 违反本办法规定，构成违反海关监管规定行为、走私行为的，按照《海关法》、《中华人民共和国海关行政处罚实施条例》和其他有关法律、行政法规的规定处罚。构成犯罪的，依法追究刑事责任。

第八十条 保税货物和进出保税区、出口加工区、保税仓库及类似的保税监管场所的货物的税收管理，按照本办法规定执行。本办法未作规定的，按照有关法律、行政法规和海关规章的规定执行。

第八十一条 通过电子数据交换方式申报纳税和缴纳税款的管理办法，另行制定。

第八十二条 本办法所规定的文书由海关总署另行制定并且发布。

第八十三条 本办法由海关总署负责解释。

第八十四条 本办法自2005年3月1日起施行。1986年9月30日由中华人民共和国海关总署发布的《海关征税管理办法》同时废止。

《中华人民共和国海关稽查条例》实施办法

（海关总署令第230号）

（2016年9月26日由海关总署发布，自2016年11月1日起施行）

第一章 总 则

第一条 为有效实施《中华人民共和国海关稽查条例》（以下简称《稽查条例》），根据《中华人民共和国海关法》以及相关法律、行政法规，制定本办法。

第二条 《稽查条例》第三条所规定的与进出口货物直接有关的企业、单位包括：

（一）从事对外贸易的企业、单位；

（二）从事对外加工贸易的企业；

（三）经营保税业务的企业；

（四）使用或者经营减免税进口货物的企业、单位；

（五）从事报关业务的企业；

（六）进出口货物的实际收发货人；

（七）其他与进出口货物直接有关的企业、单位。

第三条 海关对与进出口货物直接有关的企业、单位（以下统称进出口企业、单位）的下列进出口活动实施稽查：

（一）进出口申报；

（二）进出口关税和其他税、费的缴纳；

（三）进出口许可证件和有关单证的交验；

（四）与进出口货物有关的资料记载、保管；

（五）保税货物的进口、使用、储存、维修、加工、销售、运输、展示和复出口；

（六）减免税进口货物的使用、管理；

（七）其他进出口活动。

第四条 海关根据稽查工作需要，可以通过实地查看、走访咨询、书面函询、网络调查和委托调查等方式向有关行业协会、政府部门和相关企业等开展贸易调查，收集下列信息：

（一）政府部门监督管理信息；

（二）特定行业、企业的主要状况、贸易惯例、生产经营、市场结构等信息；

（三）特定商品的结构、成分、等级、功能、用途、工艺流程、工作原理等技术指标或者技术参数以及价格等信息；

（四）其他与进出口活动有关的信息。

有关政府部门、金融机构、行业协会和相关企业等应当配合海关贸易调查，提供有关信息。

第二章 账簿、单证等资料的管理

第五条 进出口企业、单位应当依据《中华人民共和国会计法》以及其他有关法律、行政法规的规定设置、编制和保管会计账簿、会计凭证、会计报表和其他会计资料，建立内部管理制度，真实、准确、完整地记录和反映进出口活动。

进出口企业、单位应当编制和保管能够反映真实进出口活动的原始单证和记录等资料。

第六条 进出口企业、单位应当在《稽查条例》第二条规定的期限内，保管报关单证、进出口单证、合同以及与进出口业务直接有关的其他资料或者电子数据。

第三章 海关稽查的实施

第七条 海关稽查由被稽查人注册地海关实施。被稽查人注册地与货物报关地或者进出口地不一致的，也可以由报关地或者进出口地海关实施。

海关总署可以指定或者组织下级海关实施跨关区稽查。直属海关可以指定或者组织下级海关在本关区范围内实施稽查。

第八条 海关稽查应当由具备稽查执法资格的人员实施，实施稽查时应当向被稽查人出示海关稽查证。

第九条 海关实施稽查 3 日前，应当向被稽查人制发《海关稽查通知书》。

海关不经事先通知实施稽查的，应当在开始实施稽查时向被稽查人制发《海关稽查通知书》。

第十条 海关稽查人员实施稽查时，有下列情形之一的，应当回避：

（一）海关稽查人员与被稽查人的法定代表人或者主要负责人有近亲属关系的；

（二）海关稽查人员或者其近亲属与被稽查人有利害关系的；

（三）海关稽查人员或者其近亲属与被稽查人有其他关系，可能影响海关稽查工作正常进行的。

被稽查人有正当理由，可以对海关稽查人员提出回避申请。但在海关作出回避决定前，有关海关稽查人员不停止执行稽查任务。

第十一条 海关稽查人员查阅、复制被稽查人的会计账簿、会计凭证、报关单证以及其他有关资料（以下统称账簿、单证等有关资料）时，被稽查人的法定代表人或者主要负责人或者其指定的代表（以下统称被稽查人代表）应当到场，按照海关要求如实提供并协助海关工作。

对被稽查人的账簿、单证等有关资料进行复制的，被稽查人代表应当在确认复制资料与原件无误后，在复制资料上注明出处、页数、复制时间以及“本件与原件一致，核对无误”，并签章。

被稽查人以外文记录账簿、单证等有关资料的，应当提供符合海关要求的中文译本。

第十二条 被稽查人利用计算机、网络通信等现代信息技术手段进行经营管理的，应当向海关提供账簿、单证等有关资料的电子数据，并根据海关要求开放相关系统、提供使用说明及其他有关资料。对被稽查人的电子数据进行复制的，应当注明制作方法、制作时间、制作人、数据内容以及原始载体存放处等，并由制作人和被稽查人代表签章。

第十三条 被稽查人所在场所不具备查阅、复制工作条件的，经被稽查人同意，海关可以在其他场所查阅、复制。

海关需要在其他场所查阅、复制的，应当填写《海关稽查调审单》，经双方清点、核对后，由海关稽查人员签名和被稽查人代表在《海关稽查调审单》上签章。

第十四条 海关稽查人员进入被稽查人的生产经营场所、货物存放场所，检查与进出口活动有关的生产经营情况和货物时，被稽查人代表应当到场，按照海关的要求开启场所、搬移货物，开启、重封货物的包装等。

检查结果应当由海关稽查人员填写《检查记录》，由海关稽查人员签名和被稽查人代表在《检查记录》上签章。

第十五条 海关稽查人员询问被稽查人的法定代表人、主要负责人和其他有关人员时，应当制作

《询问笔录》，并由询问人、记录人和被询问人签名确认。

第十六条 海关实施稽查时，可以向与被稽查人有财务往来或者其他商务往来的企业、单位收集与进出口活动有关的资料和证明材料，有关企业、单位应当配合海关工作。

第十七条 经直属海关关长或者其授权的隶属海关关长批准，海关可以凭《协助查询通知书》向商业银行或者其他金融机构查询被稽查人的存款账户。

第十八条 海关实施稽查时，发现被稽查人有可能转移、隐匿、篡改、毁弃账簿、单证等有关资料的，经直属海关关长或者其授权的隶属海关关长批准，可以查封、扣押其账簿、单证等有关资料及相关电子数据存储介质。

海关实施稽查时，发现被稽查人的进出口货物有违反《海关法》或者其他有关法律、行政法规嫌疑的，经直属海关关长或者其授权的隶属海关关长批准，可以查封、扣押有关进出口货物。

海关实施查封、扣押应当依据《中华人民共和国行政强制法》以及其他有关法律、行政法规。

第十九条 被稽查人有《稽查条例》第三十条、第三十一条所列行为之一的，海关应当制发《海关限期改正通知书》，告知被稽查人改正的内容和期限，并对改正情况进行检查。

被稽查人逾期不改正的，海关可以依据海关相关规定调整其信用等级。

第二十条 稽查组发现被稽查人涉嫌违法或者少征、漏征税款的，应当书面征求被稽查人意见，被稽查人应当自收到相关材料之日起7日内提出书面意见送交稽查组。

第二十一条 稽查组实施稽查后，应当向海关报送稽查报告。海关应当在收到稽查报告之日起30日内作出《海关稽查结论》，并送达被稽查人。

第二十二条 有下列情形之一的，经直属海关关长或者其授权的隶属海关关长批准，海关可以终结稽查：

（一）被稽查人下落不明的；

（二）被稽查人终止，无权利义务承受人的。

第二十三条 海关发现被稽查人未按照规定设置或者编制账簿，或者转移、隐匿、篡改、毁弃账簿的，应当将有关情况通报被稽查人所在地的县级以上人民政府财政部门。

第二十四条 海关实施稽查时，可以委托会计师事务所、税务师事务所或者其他具备会计、税务等相关资质和能力的专业机构，就相关问题作出专业结论，经海关认可后可以作为稽查认定事实的证据材料。被稽查人委托专业机构作出的专业结论，可以作为海关稽查的参考依据。

海关委托专业机构的，双方应当签订委托协议，明确委托事项和权利义务等。

专业机构有弄虚作假、隐瞒事实、违反保密约定等情形的，海关应当如实记录，作出相应处置，并可以通报有关主管部门或者行业协会。

第四章 主动披露

第二十五条 进出口企业、单位主动向海关书面报告其违反海关监管规定的行为并接受海关处理的，海关可以认定有关企业、单位主动披露。但有下列情形之一的除外：

（一）报告前海关已经掌握违法线索的；

（二）报告前海关已经通知被稽查人实施稽查的；

（三）报告内容严重失实或者隐瞒其他违法行为的。

第二十六条 进出口企业、单位主动披露应当向海关提交账簿、单证等有关证明材料，并对所提交材料的真实性、准确性、完整性负责。

海关应当核实主动披露的进出口企业、单位的报告，可以要求其补充有关材料。

第二十七条 对主动披露的进出口企业、单位，违反海关监管规定的，海关应当从轻或者减轻行政处罚；违法行为轻微并及时纠正，没有造成危害后果的，不予行政处罚。

对主动披露并补缴税款的进出口企业、单位，海关可以减免滞纳金。

第五章 附 则

第二十八条 本办法所规定的“日”均为自然日。文书送达或者期间开始当日，不计算在期间内。期间届满的最后一日遇休息日或者法定节假日的，应当顺延至休息日或者法定节假日之后的第一个工作日。

第二十九条 被稽查人拒绝签收稽查文书的，海关可以邀请见证人到场，说明情况，注明事由和日期，由见证人和至少两名海关稽查人员签名，把稽查文书留在被稽查人的生产经营场所。海关也可以把稽查文书留在被稽查人的生产经营场所，并采用拍照、录像等方式记录全过程，即视为被稽查人已经签收。

第三十条 被稽查人代表对相关证据材料不签章的，海关稽查人员应当在相关材料上予以注明，并由至少两名海关稽查人员签名。

海关实施查阅、复制、检查时，被稽查人代表不到场的，海关应当注明事由和日期，并由至少两名海关稽查人员签名。

第三十一条 本办法所规定的签章，是指被稽查人代表签名或者加盖被稽查人印章。

第三十二条 本办法所规定使用的稽查文书由海关总署另行公布。

第三十三条 本办法由海关总署负责解释。

第三十四条 本办法自2016年11月1日起实施。2000年1月11日海关总署令第79号公布的《〈中华人民共和国海关稽查条例〉实施办法》同时废止。

中华人民共和国海关进出口货物减免税管理办法

（海关总署令第245号）

（2020年12月21日由海关总署发布，自2021年3月1日起施行）

第一章 总 则

第一条 为了规范海关进出口货物减免税管理工作，保障行政相对人合法权益，优化营商环境，根据《中华人民共和国海关法》（以下简称《海关法》）、《中华人民共和国进出口关税条例》及有关法律和行政法规的规定，制定本办法。

第二条 进出口货物减征或者免征关税、进口环节税（以下简称减免税）事务，除法律、行政法规另有规定外，海关依照本办法实施管理。

第三条 进出口货物减免税申请人（以下简称减免税申请人）应当向其主管海关申请办理减免税审核确认、减免税货物税款担保、减免税货物后续管理等相关业务。

减免税申请人向主管海关申请办理减免税相关业务，应当按照规定提交齐全、有效、填报规范的申请材料，并对材料的真实性、准确性、完整性和规范性承担相应的法律责任。

第二章 减免税审核确认

第四条 减免税申请人按照有关进出口税收优惠政策的规定申请减免税进出口相关货物，应当在货物申报进出口前，取得相关政策规定的享受进出口税收优惠政策资格的证明材料，并凭以下材料向主管海关申请办理减免税审核确认手续：

（一）《进出口货物征免税申请表》；

（二）事业单位法人证书或者国家机关设立文件、社会团体法人登记证书、民办非企业单位法人登记证书、基金会法人登记证书等证明材料；

（三）进出口合同、发票以及相关货物的产品情况资料。

第五条 主管海关应当自受理减免税审核确认申请之日起10个工作日内，对减免税申请人主体资格、投资项目和进出口货物相关情况是否符合有关进出口税收优惠政策规定等情况进行审核，并出具进出口货物征税、减税或者免税的确认意见，制发《中华人民共和国海关进出口货物征免税确认通知书》（以下简称《征免税确认通知书》）。

有下列情形之一，主管海关不能在本条第一款规定期限内出具确认意见的，应当向减免税申请人说明理由：

（一）有关进出口税收优惠政策规定不明确或者涉及其他部门管理职责，需要与相关部门进一步协商、核实有关情况的；

（二）需要对货物进行化验、鉴定等，以确定其是否符合有关进出口税收优惠政策规定的。

有本条第二款规定情形的，主管海关应当自情形消除之日起10个工作日内，出具进出口货物征税、减税或者免税的确认意见，并制发《征免税确认通知书》。

第六条 减免税申请人需要变更或者撤销已出具的《征免税确认通知书》的，应当在《征免税确认通知书》有效期内向主管海关提出申请，并随附相关材料。

经审核符合规定的，主管海关应当予以变更或者撤销。予以变更的，主管海关应当重新制发《征免税确认通知书》。

第七条 《征免税确认通知书》有效期限不超过6个月，减免税申请人应当在有效期内向申报地海关办理有关进出口货物申报手续；不能在有效期内办理，需要延期的，应当在有效期内向主管海关申请办理延期手续。《征免税确认通知书》可以延期一次，延长期限不得超过6个月。

《征免税确认通知书》有效期限届满仍未使用的，其效力终止。减免税申请人需要减免税进出口该《征免税确认通知书》所列货物的，应当重新向主管海关申请办理减免税审核确认手续。

第八条 除有关进出口税收优惠政策或者其实施措施另有规定外，进出口货物征税放行后，减免税申请人申请补办减免税审核确认手续的，海关不予受理。

第三章 减免税货物税款担保

第九条 有下列情形之一的，减免税申请人可以向海关申请办理有关货物凭税款担保先予放行手续：

（一）有关进出口税收优惠政策或者其实施措施明确规定的；

（二）主管海关已经受理减免税审核确认申请，尚未办理完毕的；

（三）有关进出口税收优惠政策已经国务院批准，具体实施措施尚未明确，主管海关能够确认减免税申请人属于享受该政策范围的；

（四）其他经海关总署核准的情形。

第十条 减免税申请人需要办理有关货物凭税款担保先予放行手续的，应当在货物申报进出口前向主管海关提出申请，并随附相关材料。

主管海关应当自受理申请之日起5个工作日内出具是否准予办理担保的意见。符合本办法第九条规定情形的，主管海关应当制发《中华人民共和国海关准予办理减免税货物税款担保通知书》（以下简称《准予办理担保通知书》），并通知申报地海关；不符合有关规定情形的，制发《中华人民共和国海关不准予办理减免税货物税款担保通知书》。

第十一条 申报地海关凭主管海关制发的《准予办理担保通知书》，以及减免税申请人提供的海关依法认可的财产、权利，按照规定办理减免税货物的税款担保手续。

第十二条 《准予办理担保通知书》确定的减免税货物税款担保期限不超过6个月，主管海关可以延期1次，延长期限不得超过6个月。特殊情况仍需要延期的，应当经直属海关审核同意。

减免税货物税款担保期限届满，本办法第九条规定的有关情形仍然延续的，主管海关可以根据有关情形可能延续的时间等情况，相应延长税款担保期限，并向减免税申请人告知有关情况，同时通知申报地海关为减免税申请人办理税款担保延期手续。

第十三条 减免税申请人在减免税货物税款担保期限届满前取得《征免税确认通知书》，并已向海关办理征税、减税或者免税相关手续的，申报地海关应当解除税款担保。

第四章 减免税货物的管理

第十四条 除海关总署另有规定外，进口减免税货物的监管年限为：

（一）船舶、飞机：8 年；

（二）机动车辆：6 年；

（三）其他货物：3 年。

监管年限自货物进口放行之日起计算。

除海关总署另有规定外，在海关监管年限内，减免税申请人应当按照海关规定保管、使用进口减免税货物，并依法接受海关监管。

第十五条 在海关监管年限内，减免税申请人应当于每年 6 月 30 日（含当日）以前向主管海关提交《减免税货物使用状况报告书》，报告减免税货物使用状况。超过规定期限未提交的，海关按照有关规定将其列入信用信息异常名录。

减免税申请人未按照前款规定报告其减免税货物使用状况，向海关申请办理减免税审核确认、减免税货物税款担保、减免税货物后续管理等相关业务的，海关不予受理。减免税申请人补报后，海关可以受理。

第十六条 在海关监管年限内，减免税货物应当在主管海关审核同意的地点使用。除有关进口税收优惠政策实施措施另有规定外，减免税货物需要变更使用地点的，减免税申请人应当向主管海关提出申请，并说明理由；经主管海关审核同意的，可以变更使用地点。

减免税货物需要移出主管海关管辖地使用的，减免税申请人应当向主管海关申请办理异地监管手续，并随附相关材料。经主管海关审核同意并通知转入地海关后，减免税申请人可以将减免税货物运至转入地海关管辖地，并接受转入地海关监管。

减免税货物在异地使用结束后，减免税申请人应当及时向转入地海关申请办结异地监管手续。经转入地海关审核同意并通知主管海关后，减免税申请人应当将减免税货物运回主管海关管辖地。

第十七条 在海关监管年限内，减免税申请人发生分立、合并、股东变更、改制等主体变更情形的，权利义务承受人应当自变更登记之日起 30 日内，向原减免税申请人的主管海关报告主体变更情况以及有关减免税货物的情况。

经原减免税申请人主管海关审核，需要补征税款的，权利义务承受人应当向原减免税申请人主管海关办理补税手续；可以继续享受减免税待遇的，权利义务承受人应当按照规定申请办理减免税货物结转等相关手续。

第十八条 在海关监管年限内，因破产、撤销、解散、改制或者其他情形导致减免税申请人终止，有权利义务承受人的，参照本办法第十七条的规定办理有关手续；没有权利义务承受人的，原减免税申请人或者其他依法应当承担关税及进口环节税缴纳义务的当事人，应当自资产清算之日起 30 日内，向原减免税申请人主管海关申请办理减免税货物的补缴税款手续。进口时免予提交许可证件的减免税货物，按照国家有关规定需要补办许可证件的，减免税申请人在办理补缴税款手续时还应当补交有关许可证件。有关减免税货物自办结上述手续之日起，解除海关监管。

第十九条 在海关监管年限内，减免税申请人要求将减免税货物退运出境或者出口的，应当经主管海关审核同意，并办理相关手续。

减免税货物自退运出境或者出口之日起，解除海关监管，海关不再对退运出境或者出口的减免税货物补征相关税款。

第二十条 减免税货物海关监管年限届满的，自动解除监管。

对海关监管年限内的减免税货物，减免税申请人要求提前解除监管的，应当向主管海关提出申请，并办理补缴税款手续。进口时免予提交许可证件的减免税货物，按照国家有关规定需要补办许可证件的，减免税申请人在办理补缴税款手续时还应当补交有关许可证件。有关减免税货物自办结上述手续之日起，解除海关监管。

减免税申请人可以自减免税货物解除监管之日起 1 年内，向主管海关申领《中华人民共和国海关进口减免税货物解除监管证明》。

第二十一条 在海关监管年限内及其后 3 年内，海关依照《海关法》《中华人民共和国海关稽查条例》等有关规定，对有关企业、单位进口和使用减免税货物情况实施稽查。

第五章 减免税货物的抵押、转让、移作他用

第二十二条 在减免税货物的海关监管年限内，经主管海关审核同意，并办理有关手续，减免税申请人可以将减免税货物抵押、转让、移作他用或者进行其他处置。

第二十三条 在海关监管年限内，进口时免予提交许可证件的减免税货物，减免税申请人向主管海关申请办理抵押、转让、移作他用或者其他处置手续时，按照国家有关规定需要补办许可证件的，应当补办相关手续。

第二十四条 在海关监管年限内，减免税申请人要求以减免税货物向银行或者非银行金融机构办理贷款抵押的，应当向主管海关提出申请，随附相关材料，并以海关依法认可的财产、权利提供税款担保。

主管海关应当对减免税申请人提交的申请材料是否齐全、有效，填报是否规范等进行审核，必要时可以实地了解减免税申请人经营状况、减免税货物使用状况等相关情况。经审核符合规定的，主管海关应当制发《中华人民共和国海关准予办理减免税货物贷款抵押通知书》；不符合规定的，应当制发《中华人民共和国海关不准予办理减免税货物贷款抵押通知书》。

减免税申请人不得以减免税货物向银行或者非银行金融机构以外的自然人、法人或者非法人组织办理贷款抵押。

第二十五条 主管海关同意以减免税货物办理贷款抵押的，减免税申请人应当自签订抵押合同、贷款合同之日起 30 日内，将抵押合同、贷款合同提交主管海关备案。

抵押合同、贷款合同的签订日期不是同一日的，按照后签订的日期计算前款规定的备案时限。

第二十六条 减免税货物贷款抵押需要延期的，减免税申请人应当在贷款抵押期限届满前，向主管海关申请办理贷款抵押的延期手续。

经审核符合规定的，主管海关应当制发《中华人民共和国海关准予办理减免税货物贷款抵押延期通知书》；不符合规定的，应当制发《中华人民共和国海关不准予办理减免税货物贷款抵押延期通知书》。

第二十七条 在海关监管年限内，减免税申请人需要将减免税货物转让给进口同一货物享受同等减免税优惠待遇的其他单位的，应当按照下列规定办理减免税货物结转手续：

（一）减免税货物的转出申请人向转出地主管海关提出申请，并随附相关材料。转出地主管海关审核同意后，通知转入地主管海关。

（二）减免税货物的转入申请人向转入地主管海关申请办理减免税审核确认手续。转入地主管海关审核同意后，制发《征免税确认通知书》。

（三）结转减免税货物的监管年限应当连续计算，转入地主管海关在剩余监管年限内对结转减免税货物继续实施后续监管。

转入地海关和转出地海关为同一海关的，参照本条第一款规定办理。

第二十八条 在海关监管年限内，减免税申请人需要将减免税货物转让给不享受进口税收优惠政策或者进口同一货物不享受同等减免税优惠待遇的其他单位的，应当事先向主管海关申请办理减免税货物补缴税款手续。进口时免予提交许可证件的减免税货物，按照国家有关规定需要补办许可证件的，减免税申请人在办理补缴税款手续时还应当补交有关许可证件。有关减免税货物自办结上述手续之日起，解

除海关监管。

第二十九条 减免税货物因转让、提前解除监管以及减免税申请人发生主体变更、依法终止情形或者其他原因需要补征税款的，补税的完税价格以货物原进口时的完税价格为基础，按照减免税货物已进口时间与监管年限的比例进行折旧，其计算公式如下：

$$\text{补税的完税价格}=\text{减免税货物原进口时的完税价格}\times\left[1-\frac{\text{减免税货物已进口时间}}{\text{监管年限}\times 12}\right]$$

减免税货物已进口时间自货物放行之日起按月计算。不足 1 个月但超过 15 日的，按 1 个月计算；不超过 15 日的，不予计算。

第三十条 按照本办法第二十九条规定计算减免税货物补税的完税价格的，应当按以下情形确定货物已进口时间的截止日期：

（一）转让减免税货物的，应当以主管海关接受减免税申请人申请办理补税手续之日作为截止之日；

（二）减免税申请人未经海关批准，擅自转让减免税货物的，应当以货物实际转让之日作为截止之日；实际转让之日不能确定的，应当以海关发现之日作为截止之日；

（三）在海关监管年限内，减免税申请人发生主体变更情形的，应当以变更登记之日作为截止之日；

（四）在海关监管年限内，减免税申请人发生破产、撤销、解散或者其他依法终止经营情形的，应当以人民法院宣告减免税申请人破产之日或者减免税申请人被依法认定终止生产经营活动之日作为截止之日；

（五）减免税货物提前解除监管的，应当以主管海关接受减免税申请人申请办理补缴税款手续之日作为截止之日。

第三十一条 在海关监管年限内，减免税申请人需要将减免税货物移作他用的，应当事先向主管海关提出申请。经主管海关审核同意，减免税申请人可以按照海关批准的使用单位、用途、地区将减免税货物移作他用。

本条第一款所称移作他用包括以下情形：

（一）将减免税货物交给减免税申请人以外的其他单位使用；

（二）未按照原定用途使用减免税货物；

（三）未按照原定地区使用减免税货物。

除海关总署另有规定外，按照本条第一款规定将减免税货物移作他用的，减免税申请人应当事先按照移作他用的时间补缴相应税款；移作他用时间不能确定的，应当提供税款担保，税款担保金额不得超过减免税货物剩余监管年限可能需要补缴的最高税款总额。

第三十二条 减免税申请人将减免税货物移作他用，需要补缴税款的，补税的完税价格以货物原进口时的完税价格为基础，按照需要补缴税款的时间与监管年限的比例进行折旧，其计算公式如下：

$$\text{补税的完税价格}=\text{减免税货物原进口时的完税价格}\times\left[\frac{\text{需要补缴税款的时间}}{\text{监管年限}\times 365}\right]$$

上述计算公式中需要补缴税款的时间为减免税货物移作他用的实际时间，按日计算，每日实际使用不满 8 小时或者超过 8 小时的均按 1 日计算。

第三十三条 海关在办理减免税货物贷款抵押、结转、移作他用、异地监管、主体变更、退运出境或者出口、提前解除监管等后续管理业务时，应当自受理减免税申请人的申请之日起 10 个工作日内作出是否同意的决定。

因特殊情形不能在前款规定期限内作出决定的，海关应当向申请人说明理由，并自特殊情形消除之日起 10 个工作日内作出是否同意的决定。

第六章 附 则

第三十四条 在海关监管年限内，减免税申请人发生分立、合并、股东变更、改制等主体变更情形的，或者因破产、撤销、解散、改制或者其他情形导致其终止的，当事人未按照有关规定，向原减免税申请人的主管海关报告主体变更或者终止情形以及有关减免税货物的情况的，海关予以警告，责令其改正，可以处1万元以下罚款。

第三十五条 本办法下列用语的含义：

进出口货物减免税申请人，是指根据有关进出口税收优惠政策和相关法律、行政法规的规定，可以享受进出口税收优惠，并依照本办法向海关申请办理减免税相关业务的具有独立法人资格的企事业单位、社会团体、民办非企业单位、基金会、国家机关；具体实施投资项目，获得投资项目单位授权并经按照本条规定确定为主管海关的投资项目所在地海关同意，可以向其申请办理减免税相关业务的投资项目单位所属非法人分支机构；经海关总署确认的其他组织。

减免税申请人的主管海关，减免税申请人为企业法人的，主管海关是指其办理企业法人登记注册地的海关；减免税申请人为事业单位、社会团体、民办非企业单位、基金会、国家机关等非企业法人组织的，主管海关是指其住所地海关；减免税申请人为投资项目单位所属非法人分支机构的，主管海关是指其办理营业登记地的海关。下列特殊情况除外：

（一）投资项目所在地海关与减免税申请人办理企业法人登记注册地海关或者办理营业登记地海关不是同一海关的，投资项目所在地海关为主管海关；投资项目所在地涉及多个海关的，有关海关的共同上级海关或者共同上级海关指定的海关为主管海关；

（二）有关进出口税收优惠政策实施措施明确规定的情形；

（三）海关总署批准的其他情形。

第三十六条 本办法所列文书格式由海关总署另行制定并公告。

第三十七条 本办法由海关总署负责解释。

第三十八条 本办法自2021年3月1日起施行。2008年12月29日海关总署公布的《中华人民共和国海关进出口货物减免税管理办法》（海关总署令第179号）同时废止。

中华人民共和国海关办理行政处罚案件程序规定

（海关总署令第250号）

（2021年6月15日由海关总署发布，自2021年7月15日起施行）

目 录

第一章　总　则

第一条　为了规范海关办理行政处罚案件程序，保障和监督海关有效实施行政管理，保护公民、法人或者其他组织的合法权益，根据《中华人民共和国行政处罚法》《中华人民共和国行政强制法》《中华人民共和国海关法》《中华人民共和国海关行政处罚实施条例》（以下简称《海关行政处罚实施条例》）及有关法律、行政法规的规定，制定本规定。

第二条　海关办理行政处罚案件的程序适用本规定。

第三条　海关办理行政处罚案件应当遵循公正、公开的原则，坚持处罚与教育相结合。

第四条　海关办理行政处罚案件，在少数民族聚居或者多民族共同居住的地区，应当使用当地通用的语言进行查问和询问。

对不通晓当地通用语言文字的当事人及有关人员，应当为其提供翻译人员。

第五条　海关及其工作人员对实施行政处罚过程中知悉的国家秘密、商业秘密、海关工作秘密或者个人隐私，应当依法予以保密。

第二章　一般规定

第六条　海关行政处罚的立案依据、实施程序和救济渠道等信息应当公示。

第七条　海关应当依法以文字、音像等形式，对行政处罚的启动、调查取证、审核、决定、送达、执行等进行全过程记录，归档保存。

第八条　海关行政处罚应当由具有行政执法资格的海关执法人员（以下简称执法人员）实施。执法人员不得少于两人，法律另有规定的除外。

执法人员应当文明执法，尊重和保护当事人合法权益。

第九条　在案件办理过程中，当事人委托代理人的，应当提交授权委托书，载明委托人及其代理人的基本信息、委托事项及代理权限、代理权的起止日期、委托日期和委托人签名或者盖章。

委托人变更委托内容或者提前解除委托的，应当书面告知海关。

第十条　海关行政处罚由发现违法行为的海关管辖，也可以由违法行为发生地海关管辖。

两个以上海关都有管辖权的案件，由最先立案的海关管辖。

对管辖发生争议的，应当协商解决，协商不成的，报请共同的上一级海关指定管辖；也可以直接由共同的上一级海关指定管辖。

重大、复杂的案件，可以由海关总署指定管辖。

第十一条　海关发现的依法应当由其他行政机关或者司法机关处理的违法行为，应当制作案件移送函，及时将案件移送有关行政机关或者司法机关处理。

第十二条　执法人员有下列情形之一的，应当自行回避，当事人及其代理人有权申请其回避：

（一）是案件的当事人或者当事人的近亲属；

（二）本人或者其近亲属与案件有直接利害关系；

（三）与案件有其他关系，可能影响案件公正处理的。

第十三条　执法人员自行回避的，应当提出书面申请，并且说明理由，由海关负责人决定。

第十四条　当事人及其代理人要求执法人员回避的，应当提出申请，并且说明理由。当事人口头提出申请的，海关应当记录在案。

海关应当依法审查当事人的回避申请，并在三个工作日内由海关负责人作出决定，并且书面通知申请人。

海关驳回回避申请的，当事人及其代理人可以在收到书面通知后的三个工作日内向作出决定的海关申请复核一次；作出决定的海关应当在三个工作日内作出复核决定并且书面通知申请人。

第十五条 执法人员具有应当回避的情形，其本人没有申请回避，当事人及其代理人也没有申请其回避的，有权决定其回避的海关负责人可以指令其回避。

第十六条 在海关作出回避决定前，执法人员不停止办理行政处罚案件。在回避决定作出前，执法人员进行的与案件有关的活动是否有效，由作出回避决定的海关根据案件情况决定。

第十七条 听证主持人、记录员、检测、检验、检疫、技术鉴定人和翻译人员的回避，适用本规定第十二条至第十六条的规定。

第十八条 海关办理行政处罚案件的证据种类主要有：

（一）书证；

（二）物证；

（三）视听资料；

（四）电子数据；

（五）证人证言；

（六）当事人的陈述；

（七）鉴定意见；

（八）勘验笔录、现场笔录。

证据必须经查证属实，方可作为认定案件事实的根据。

以暴力、威胁、引诱、欺骗以及其他非法手段取得的证据，不得作为认定案件事实的根据。

第十九条 海关收集的物证、书证应当是原物、原件。收集原物、原件确有困难的，可以拍摄、复制足以反映原物、原件内容或者外形的照片、录像、复制件，并且可以指定或者委托有关单位或者个人对原物、原件予以妥善保管。

海关收集物证、书证的原物、原件的，应当开列清单，注明收集的日期，由有关单位或者个人确认后盖章或者签字。

海关收集由有关单位或者个人保管书证原件的复制件、影印件或者抄录件的，应当注明出处和收集时间，经提供单位或者个人核对无异后盖章或者签字。

海关收集由有关单位或者个人保管物证原物的照片、录像的，应当附有关制作过程及原物存放处的文字说明，并且由提供单位或者个人在文字说明上盖章或者签字。

提供单位或者个人拒绝盖章或者签字的，执法人员应当注明。

第二十条 海关收集电子数据或者录音、录像等视听资料，应当收集原始载体。

收集原始载体确有困难的，可以采取打印、拍照或者录像等方式固定相关证据，并附有关过程等情况的文字说明，由执法人员、电子数据持有人签名，持有人无法或者拒绝签名的，应当在文字说明中予以注明；也可以收集复制件，注明制作方法、制作时间、制作人、证明对象以及原始载体持有人或者存放处等，并且由有关单位或者个人确认后盖章或者签字。

海关对收集的电子数据或者录音、录像等视听资料的复制件可以进行证据转换，电子数据能转换为纸质资料的应当及时打印，录音资料应当附有声音内容的文字记录，并且由有关单位或者个人确认后盖章或者签字。

第二十一条 刑事案件转为行政处罚案件办理的，刑事案件办理过程中收集的证据材料，经依法收集、审查后，可以作为行政处罚案件定案的根据。

第二十二条 期间以时、日、月、年计算。期间开始的时和日，不计算在期间内。期间届满的最后一日是节假日的，以其后的第一个工作日为期间届满日期。

期间不包括在途时间，法定期满前交付邮寄的，不视为逾期。

第二十三条 当事人因不可抗拒的事由或者其他正当理由耽误期限的，在障碍消除后的十日内可以向海关申请顺延期限，是否准许，由海关决定。

第二十四条 海关法律文书的送达程序，《中华人民共和国行政处罚法》《中华人民共和国行政强制法》和本规定均未明确的，适用《中华人民共和国民事诉讼法》的相关规定。

第二十五条 经当事人或者其代理人书面同意，海关可以采用传真、电子邮件、移动通信、互联网通讯工具等方式送达行政处罚决定书等法律文书。

采取前款方式送达的，以传真、电子邮件、移动通信、互联网通信工具等到达受送达人特定系统的日期为送达日期。

第二十六条 海关可以要求当事人或者其代理人书面确认法律文书送达地址。

当事人及其代理人提供的送达地址，应当包括邮政编码、详细地址以及受送达人的联系电话或者其确认的电子送达地址等。

海关应当书面告知送达地址确认书的填写要求和注意事项以及提供虚假地址或者提供地址不准确的法律后果，并且由当事人或者其代理人确认。

当事人变更送达地址，应当以书面方式告知海关。当事人未书面变更的，以其确认的地址为送达地址。

因当事人提供的送达地址不准确、送达地址变更未书面告知海关，导致法律文书未能被受送达人实际接收的，直接送达的，法律文书留在该地址之日为送达之日；邮寄送达的，法律文书被退回之日为送达之日。

第二十七条 海关邮寄送达法律文书的，应当附送达回证并且以送达回证上注明的收件日期为送达日期；送达回证没有寄回的，以挂号信回执、查询复单或者邮寄流程记录上注明的收件日期为送达日期。

第二十八条 海关依法公告送达法律文书的，应当将法律文书的正本张贴在海关公告栏内。行政处罚决定书公告送达的，还应当在报纸或者海关门户网站上刊登公告。

第三章 案件调查

第二十九条 除依法可以当场作出的行政处罚外，海关发现公民、法人或者其他组织有依法应当由海关给予行政处罚的行为的，必须全面、客观、公正地调查，收集有关证据；必要时，依照法律、行政法规的规定，可以进行检查。符合立案标准的，海关应当及时立案。

第三十条 执法人员在调查或者进行检查时，应当主动向当事人或者有关人员出示执法证件。

当事人或者有关人员有权要求执法人员出示执法证件。执法人员不出示执法证件的，当事人或者有关人员有权拒绝接受调查或者检查。

当事人或者有关人员对海关调查或者检查应当予以协助和配合，不得拒绝或者阻挠。

第三十一条 执法人员查问违法嫌疑人、询问证人应当个别进行，并且告知其依法享有的权利和作伪证应当承担的法律责任。

违法嫌疑人、证人应当如实陈述、提供证据。

第三十二条 执法人员查问违法嫌疑人，可以到其所在单位或者住所进行，也可以要求其到海关或者指定地点进行。

执法人员询问证人，可以到其所在单位、住所或者其提出的地点进行。必要时，也可以通知证人到海关或者指定地点进行。

第三十三条 查问、询问应当制作查问、询问笔录。

查问、询问笔录上所列项目，应当按照规定填写齐全，并且注明查问、询问开始和结束的时间；执法人员应当在查问、询问笔录上签字。

查问、询问笔录应当当场交给被查问人、被询问人核对或者向其宣读。被查问人、被询问人核对无误后，应当在查问、询问笔录上逐页签字或者捺指印，拒绝签字或者捺指印的，执法人员应当在查问、询问笔录上注明。如记录有误或者遗漏，应当允许被查问人、被询问人更正或者补充，并且在更正或者补充处签字或者捺指印。

第三十四条 查问、询问聋、哑人时，应当有通晓聋、哑手语的人作为翻译人员参加，并且在笔录上注明被查问人、被询问人的聋、哑情况。

查问、询问不通晓中国语言文字的外国人、无国籍人，应当为其提供翻译人员；被查问人、被询问人通晓中国语言文字不需要提供翻译人员的，应当出具书面声明，执法人员应当在查问、询问笔录中注明。

翻译人员的姓名、工作单位和职业应当在查问、询问笔录中注明。翻译人员应当在查问、询问笔录上签字。

第三十五条 海关首次查问违法嫌疑人、询问证人时，应当问明违法嫌疑人、证人的姓名、出生日期、户籍所在地、现住址、身份证件种类及号码、工作单位、文化程度，是否曾受过刑事处罚或者被行政机关给予行政处罚等情况；必要时，还应当问明家庭主要成员等情况。

违法嫌疑人或者证人不满十八周岁的，查问、询问时应当依法通知其法定代理人或者其成年家属、所在学校的代表等合适成年人到场，并且采取适当方式，在适当场所进行，保障未成年人的名誉权、隐私权和其他合法权益。

第三十六条 被查问人、被询问人要求自行提供书面陈述材料的，应当准许；必要时，执法人员也可以要求被查问人、被询问人自行书写陈述。

被查问人、被询问人自行提供书面陈述材料的，应当在陈述材料上签字并且注明书写陈述的时间、地点和陈述人等。执法人员收到书面陈述后，应当注明收到时间并且签字确认。

第三十七条 执法人员对违法嫌疑人、证人的陈述必须充分听取，并且如实记录。

第三十八条 执法人员依法检查运输工具和场所，查验货物、物品，应当制作检查、查验记录。

检查、查验记录应当由执法人员、当事人或者其代理人签字或者盖章；当事人或者其代理人不在场或者拒绝签字或者盖章的，执法人员应当在检查、查验记录上注明，并且由见证人签字或者盖章。

第三十九条 执法人员依法检查走私嫌疑人的身体，应当在隐蔽的场所或者非检查人员视线之外，由两名以上与被检查人同性别的执法人员执行，并且制作人身检查记录。

检查走私嫌疑人身体可以由医生协助进行，必要时可以前往医疗机构检查。

人身检查记录应当由执法人员、被检查人签字或者盖章；被检查人拒绝签字或者盖章的，执法人员应当在人身检查记录上注明。

第四十条 为查清事实或者固定证据，海关或者海关依法委托的机构可以提取样品。

提取样品时，当事人或者其代理人应当到场；当事人或者其代理人未到场的，海关应当邀请见证人到场。海关认为必要时，可以径行提取货样。

提取的样品应当予以加封确认，并且填制提取样品记录，由执法人员或者海关依法委托的机构人员、当事人或者其代理人、见证人签字或者盖章。

第四十一条 海关或者海关依法委托的机构提取的样品应当一式两份以上；样品份数及每份样品数量以能够满足案件办理需要为限。

第四十二条 为查清事实，需要对案件中专门事项进行检测、检验、检疫、技术鉴定的，应当由海关或者海关依法委托的机构实施。

第四十三条 检测、检验、检疫、技术鉴定结果应当载明委托人和委托事项、依据和结论，并且应当有检测、检验、检疫、技术鉴定人的签字和海关或者海关依法委托的机构的盖章。

检测、检验、检疫、技术鉴定的费用由海关承担。

第四十四条 检测、检验、检疫、技术鉴定结果应当告知当事人。

第四十五条 在调查走私案件时，执法人员查询案件涉嫌单位和涉嫌人员在金融机构、邮政企业的存款、汇款，应当经直属海关关长或者其授权的隶属海关关长批准。

执法人员查询时，应当主动向当事人或者有关人员出示执法证件和海关协助查询通知书。

第四十六条 海关实施扣留应当遵守下列规定：

（一）实施前须向海关负责人报告并经批准，但是根据《中华人民共和国海关法》第六条第四项实施的扣留，应当经直属海关关长或者其授权的隶属海关关长批准；

（二）由两名以上执法人员实施；

（三）出示执法证件；

（四）通知当事人到场；

（五）当场告知当事人采取扣留的理由、依据以及当事人依法享有的权利、救济途径；

（六）听取当事人的陈述和申辩；

（七）制作现场笔录；

（八）现场笔录由当事人和执法人员签名或者盖章，当事人拒绝的，在笔录中予以注明；

（九）当事人不到场的，邀请见证人到场，由见证人和执法人员在现场笔录上签名或者盖章；

（十）法律、行政法规规定的其他程序。

海关依法扣留货物、物品、运输工具、其他财产及账册、单据等资料，可以加施海关封志。

第四十七条 海关依法扣留的货物、物品、运输工具，在人民法院判决或者海关行政处罚决定作出之前，不得处理。但是，危险品或者鲜活、易腐、易烂、易失效、易变质等不宜长期保存的货物、物品以及所有人申请先行变卖的货物、物品、运输工具，经直属海关关长或者其授权的隶属海关关长批准，可以先行依法变卖，变卖所得价款由海关保存；依照法律、行政法规的规定，应当采取退运、销毁、无害化处理等措施的货物、物品，可以依法先行处置。

海关在变卖前，应当通知先行变卖的货物、物品、运输工具的所有人。变卖前无法及时通知的，海关应当在货物、物品、运输工具变卖后，通知其所有人。

第四十八条 海关依法解除对货物、物品、运输工具、其他财产及有关账册、单据等资料的扣留，应当制发解除扣留通知书送达当事人。解除扣留通知书由执法人员、当事人或者其代理人签字或者盖章；当事人或者其代理人不在场，或者当事人、代理人拒绝签字或者盖章的，执法人员应当在解除扣留通知书上注明，并且由见证人签字或者盖章。

第四十九条 有违法嫌疑的货物、物品、运输工具应当或者已经被海关依法扣留的，当事人可以向海关提供担保，申请免予或者解除扣留。

有违法嫌疑的货物、物品、运输工具无法或者不便扣留的，当事人或者运输工具负责人应当向海关提供等值的担保。

第五十条 当事人或者运输工具负责人向海关提供担保时，执法人员应当制作收取担保凭单并送达当事人或者运输工具负责人，执法人员、当事人、运输工具负责人或者其代理人应当在收取担保凭单上签字或者盖章。

收取担保后，可以对涉案货物、物品、运输工具进行拍照或者录像存档。

第五十一条 海关依法解除担保的，应当制发解除担保通知书送达当事人或者运输工具负责人。解除担保通知书由执法人员及当事人、运输工具负责人或者其代理人签字或者盖章；当事人、运输工具负责人或者其代理人不在场或者拒绝签字或者盖章的，执法人员应当在解除担保通知书上注明。

第五十二条 海关依法对走私犯罪嫌疑人实施人身扣留，依照《中华人民共和国海关实施人身扣留规定》规定的程序办理。

第五十三条 经调查，行政处罚案件有下列情形之一的，海关可以终结调查并提出处理意见：

（一）违法事实清楚、法律手续完备、据以定性处罚的证据充分的；

（二）违法事实不能成立的；

（三）作为当事人的自然人死亡的；

（四）作为当事人的法人或者其他组织终止，无法人或者其他组织承受其权利义务，又无其他关系人可以追查的；

（五）案件已经移送其他行政机关或者司法机关的；

（六）其他依法应当终结调查的情形。

第四章 行政处理决定

第一节 行政处罚的适用

第五十四条 不满十四周岁的未成年人有违法行为的，不予行政处罚，但是应当责令其监护人加以管教；已满十四周岁不满十八周岁的未成年人有违法行为的，应当从轻或者减轻行政处罚。

第五十五条 精神病人、智力残疾人在不能辨认或者不能控制自己行为时有违法行为的，不予行政处罚，但是应当责令其监护人严加看管和治疗。间歇性精神病人在精神正常时有违法行为的，应当给予行政处罚。尚未完全丧失辨认或者控制自己行为能力的精神病人、智力残疾人有违法行为的，可以从轻或者减轻行政处罚。

第五十六条 违法行为轻微并及时改正，没有造成危害后果的，不予行政处罚。初次违法且危害后果轻微并及时改正的，可以不予行政处罚。

对当事人的违法行为依法不予行政处罚的，海关应当对当事人进行教育。

第五十七条 当事人有证据足以证明没有主观过错的，不予行政处罚。法律、行政法规另有规定的，从其规定。

第五十八条 当事人有下列情形之一，应当从轻或者减轻行政处罚：

（一）主动消除或者减轻违法行为危害后果的；

（二）受他人胁迫或者诱骗实施违法行为的；

（三）主动供述海关尚未掌握的违法行为的；

（四）配合海关查处违法行为有立功表现的；

（五）法律、行政法规、海关规章规定其他应当从轻或者减轻行政处罚的。

当事人积极配合海关调查且认错认罚的或者违法行为危害后果较轻的，可以从轻或者减轻处罚。

第五十九条 发生重大传染病疫情等突发事件，为了控制、减轻和消除突发事件引起的社会危害，海关对违反突发事件应对措施的行为，依法快速、从重处罚。

第六十条 违法行为在二年内未被发现的，不再给予行政处罚；涉及公民生命健康安全、金融安全且有危害后果的，上述期限延长至五年。法律另有规定的除外。

前款规定的期限，从违法行为发生之日起计算；违法行为有连续或者继续状态的，从行为终了之日起计算。

第六十一条 实施行政处罚，适用违法行为发生时的法律、行政法规、海关规章的规定。但是，作出行政处罚决定时，法律、行政法规、海关规章已被修改或者废止，且新的规定处罚较轻或者不认为是违法的，适用新的规定。

第六十二条 海关可以依法制定行政处罚裁量基准，规范行使行政处罚裁量权。行政处罚裁量基准应当向社会公布。

第二节 法制审核

第六十三条 海关对已经调查终结的行政处罚普通程序案件，应当由从事行政处罚决定法制审核的人员进行法制审核；未经法制审核或者审核未通过的，不得作出处理决定。但是依照本规定第六章第二节快速办理的案件除外。

海关初次从事行政处罚决定法制审核的人员，应当通过国家统一法律职业资格考试取得法律职业资格。

第六十四条 海关对行政处罚案件进行法制审核时，应当重点审核以下内容，并提出审核意见：

（一）执法主体是否合法；

（二）执法人员是否具备执法资格；

（三）执法程序是否合法；

（四）案件事实是否清楚，证据是否合法充分；

（五）适用法律、行政法规、海关规章等依据是否准确；

（六）自由裁量权行使是否适当；

（七）是否超越法定权限；

（八）法律文书是否完备、规范；

（九）违法行为是否依法应当移送其他行政机关或者司法机关处理。

第六十五条 经审核存在问题的，法制审核人员应当提出处理意见并退回调查部门。

仅存在本规定第六十四条第五项、第六项规定问题的，法制审核人员也可以直接提出处理意见，依照本章第三节、第四节规定作出处理决定。

第三节 告知、复核和听证

第六十六条 海关在作出行政处罚决定或者不予行政处罚决定前，应当告知当事人拟作出的行政处罚或者不予行政处罚内容及事实、理由、依据，并且告知当事人依法享有的陈述、申辩、要求听证等权利。

海关未依照前款规定履行告知义务，或者拒绝听取当事人的陈述、申辩，不得作出行政处罚决定或者不予行政处罚决定。

在履行告知义务时，海关应当制发行政处罚告知单或者不予行政处罚告知单，送达当事人。

第六十七条 当事人有权进行陈述和申辩。

除因不可抗力或者海关认可的其他正当理由外，当事人应当在收到行政处罚或者不予行政处罚告知单之日起五个工作日内提出书面陈述、申辩和要求听证。逾期视为放弃陈述、申辩和要求听证的权利。

当事人当场口头提出陈述、申辩或者要求听证的，海关应当制作书面记录，并且由当事人签字或者盖章确认。

当事人明确放弃陈述、申辩和听证权利的，海关可以直接作出行政处罚或者不予行政处罚决定。当事人放弃陈述、申辩和听证权利应当有书面记载，并且由当事人或者其代理人签字或者盖章确认。

第六十八条 海关必须充分听取当事人的陈述、申辩和听证意见，对当事人提出的事实、理由和证据，应当进行复核；当事人提出的事实、理由、证据或者意见成立的，海关应当采纳。

第六十九条 海关不得因当事人陈述、申辩、要求听证而给予更重的处罚，但是海关发现新的违法事实的除外。

第七十条 经复核后，变更原告知的行政处罚或者不予行政处罚内容及事实、理由、依据的，应当重新制发海关行政处罚告知单或者不予行政处罚告知单，并且依照本规定第六十六条至第六十九条的规定办理。

经复核后，维持原告知的行政处罚或者不予行政处罚内容及事实、理由、依据的，依照本章第四节的规定作出处理决定。

第四节 处理决定

第七十一条 海关负责人应当对行政处罚案件进行审查，根据不同情况，分别作出以下决定：

（一）确有应受行政处罚的违法行为的，根据情节轻重及具体情况，作出行政处罚决定；

（二）符合本规定第五十四条至第五十六条规定的不予行政处罚情形之一的，作出不予行政处罚决定；

（三）符合本规定第五十三条第二项规定的情形的，不予行政处罚，撤销案件；

（四）符合本规定第五十三条第三项、第四项规定的情形之一的，撤销案件；

（五）符合法定收缴条件的，予以收缴；

（六）应当由其他行政机关或者司法机关处理的，移送有关行政机关或者司法机关依法办理。

海关作出行政处罚决定，应当做到认定违法事实清楚，定案证据确凿充分，违法行为定性准确，适用法律正确，办案程序合法，处罚合理适当。

违法事实不清、证据不足的，不得给予行政处罚。

第七十二条 对情节复杂或者重大违法行为给予行政处罚，应当由海关负责人集体讨论决定。

第七十三条 海关依法作出行政处罚决定或者不予行政处罚决定的，应当制发行政处罚决定书或者不予行政处罚决定书。

第七十四条 行政处罚决定书应当载明以下内容：

（一）当事人的基本情况，包括当事人姓名或者名称、地址等；

（二）违反法律、行政法规、海关规章的事实和证据；

（三）行政处罚的种类和依据；

（四）行政处罚的履行方式和期限；

（五）申请行政复议或者提起行政诉讼的途径和期限；

（六）作出行政处罚决定的海关名称和作出决定的日期，并且加盖作出行政处罚决定海关的印章。

第七十五条 不予行政处罚决定书应当载明以下内容：

（一）当事人的基本情况，包括当事人姓名或者名称、地址等；

（二）违反法律、行政法规、海关规章的事实和证据；

（三）不予行政处罚的依据；

（四）申请行政复议或者提起行政诉讼的途径和期限；

（五）作出不予行政处罚决定的海关名称和作出决定的日期，并且加盖作出不予行政处罚决定海关的印章。

第七十六条 海关应当自行政处罚案件立案之日起六个月内作出行政处罚决定；确有必要的，经海关负责人批准可以延长期限，延长期限不得超过六个月。案情特别复杂或者有其他特殊情况，经延长期限仍不能作出处理决定的，应当由直属海关负责人集体讨论决定是否继续延长期限，决定继续延长期限的，应当同时确定延长的合理期限。

上述期间不包括公告、检测、检验、检疫、技术鉴定、复议、诉讼的期间。

在案件办理期间，发现当事人另有违法行为的，自发现之日起重新计算办案期限。

第七十七条 行政处罚决定书应当在宣告后当场交付当事人；当事人不在场的，海关应当在七个工作日内将行政处罚决定书送达当事人。

第七十八条 具有一定社会影响的行政处罚决定，海关应当依法公开。

公开的行政处罚决定被依法变更、撤销、确认违法或者确认无效的，海关应当在三个工作日内撤回行政处罚决定信息并公开说明理由。

第七十九条 海关依法收缴有关货物、物品、违法所得、运输工具、特制设备的，应当制作收缴清单并送达被收缴人。

走私违法事实基本清楚，但是当事人无法查清的案件，海关在制发收缴清单之前，应当制发收缴公告，公告期限为三个月，并且限令有关当事人在公告期限内到指定海关办理相关海关手续。公告期满后仍然没有当事人到海关办理相关海关手续的，海关可以依法予以收缴。

第八十条 收缴清单应当载明予以收缴的货物、物品、违法所得、运输工具、特制设备的名称、规格、数量或者重量等。有关货物、物品、运输工具、特制设备有重要、明显特征或者瑕疵的，执法人员应当在收缴清单中予以注明。

第八十一条 收缴清单由执法人员、被收缴人或者其代理人签字或者盖章。

被收缴人或者其代理人拒绝签字或者盖章，或者被收缴人无法查清但是有见证人在场的，应当由见证人签字或者盖章。

没有被收缴人签字或者盖章的，执法人员应当在收缴清单上注明原因。

海关对走私违法事实基本清楚，但是当事人无法查清的案件制发的收缴清单应当公告送达。

第五章　听证程序

第一节　一般规定

第八十二条　海关拟作出下列行政处罚决定，应当告知当事人有要求听证的权利，当事人要求听证的，海关应当组织听证：

（一）对公民处一万元以上罚款、对法人或者其他组织处十万元以上罚款；

（二）对公民处没收一万元以上违法所得、对法人或者其他组织处没收十万元以上违法所得；

（三）没收有关货物、物品、走私运输工具；

（四）降低资质等级、吊销许可证件；

（五）责令停产停业、责令关闭、限制从业；

（六）其他较重的行政处罚；

（七）法律、行政法规、海关规章规定的其他情形。

当事人不承担组织听证的费用。

第八十三条　听证由海关负责行政处罚案件法制审核的部门组织。

第八十四条　听证应当由海关指定的非本案调查人员主持。听证主持人履行下列职权：

（一）决定延期、中止听证；

（二）就案件的事实、拟作出行政处罚的依据与理由进行提问；

（三）要求听证参加人提供或者补充证据；

（四）主持听证程序并维持听证秩序，对违反听证纪律的行为予以制止；

（五）决定有关证人、检测、检验、检疫、技术鉴定人是否参加听证。

第八十五条　听证参加人包括当事人及其代理人、第三人及其代理人、案件调查人员；其他人员包括证人、翻译人员、检测、检验、检疫、技术鉴定人。

第八十六条　与案件处理结果有直接利害关系的公民、法人或者其他组织要求参加听证的，可以作为第三人参加听证；为查明案情，必要时，听证主持人也可以通知其参加听证。

第八十七条　当事人、第三人可以委托一至二名代理人参加听证。

第八十八条　案件调查人员是指海关负责行政处罚案件调查取证并参加听证的执法人员。

在听证过程中，案件调查人员陈述当事人违法的事实、证据、拟作出的行政处罚决定及其法律依据，并同当事人进行质证、辩论。

第八十九条　经听证主持人同意，当事人及其代理人、第三人及其代理人、案件调查人员可以要求证人、检测、检验、检疫、技术鉴定人参加听证，并在举行听证的一个工作日前提供相关人员的基本情况。

第二节　听证的申请与决定

第九十条　当事人要求听证的，应当在海关告知其听证权利之日起五个工作日内向海关提出。

第九十一条　海关决定组织听证的，应当自收到听证申请之日起二十个工作日以内举行听证，并在举行听证的七个工作日前将举行听证的时间、地点通知听证参加人和其他人员。

第九十二条　有下列情形之一的，海关应当作出不予听证的决定：

（一）申请人不是本案当事人或者其代理人；

（二）未在收到行政处罚告知单之日起五个工作日内要求听证的；

（三）不属于本规定第八十二条规定范围的。

决定不予听证的，海关应当在收到听证申请之日起三个工作日以内制作海关行政处罚不予听证通知书，并及时送达申请人。

第三节 听证的举行

第九十三条 听证参加人及其他人员应当遵守以下听证纪律：

（一）听证参加人及其他人员应当遵守听证秩序，经听证主持人同意后，才能进行陈述和辩论；

（二）旁听人员不得影响听证的正常进行；

（三）准备进行录音、录像、摄影和采访的，应当事先报经听证主持人批准。

第九十四条 听证应当按照下列程序进行：

（一）听证主持人核对当事人及其代理人、第三人及其代理人、案件调查人员的身份；

（二）听证主持人宣布听证参加人、翻译人员、检测、检验、检疫、技术鉴定人名单，询问当事人及其代理人、第三人及其代理人、案件调查人员是否申请回避；

（三）宣布听证纪律；

（四）听证主持人宣布听证开始并介绍案由；

（五）案件调查人员陈述当事人违法事实，出示相关证据，提出拟作出的行政处罚决定和依据；

（六）当事人及其代理人陈述、申辩，提出意见和主张；

（七）第三人及其代理人陈述，提出意见和主张；

（八）听证主持人就案件事实、证据、处罚依据进行提问；

（九）当事人及其代理人、第三人及其代理人、案件调查人员相互质证、辩论；

（十）当事人及其代理人、第三人及其代理人、案件调查人员作最后陈述；

（十一）宣布听证结束。

第九十五条 有下列情形之一的，应当延期举行听证：

（一）当事人或者其代理人因不可抗力或者有其他正当理由无法到场的；

（二）临时决定听证主持人、听证员或者记录员回避，不能当场确定更换人选的；

（三）作为当事人的法人或者其他组织有合并、分立或者其他资产重组情形，需要等待权利义务承受人的；

（四）其他依法应当延期举行听证的情形。

延期听证的原因消除后，由听证主持人重新确定举行听证的时间，并在举行听证的三个工作日前书面告知听证参加人及其他人员。

第九十六条 有下列情形之一的，应当中止举行听证：

（一）需要通知新的证人到场或者需要重新检测、检验、检疫、技术鉴定、补充证据的；

（二）当事人因不可抗力或者有其他正当理由暂时无法继续参加听证的；

（三）听证参加人及其他人员不遵守听证纪律，造成会场秩序混乱的；

（四）其他依法应当中止举行听证的情形。

中止听证的原因消除后，由听证主持人确定恢复举行听证的时间，并在举行听证的三个工作日前书面告知听证参加人及其他人员。

第九十七条 有下列情形之一的，应当终止举行听证：

（一）当事人及其代理人撤回听证申请的；

（二）当事人及其代理人无正当理由拒不出席听证的；

（三）当事人及其代理人未经许可中途退出听证的；

（四）当事人死亡或者作为当事人的法人、其他组织终止，没有权利义务承受人的；

（五）其他依法应当终止听证的情形。

第九十八条 听证应当制作笔录，听证笔录应当载明下列事项：

（一）案由；

（二）听证参加人及其他人员的姓名或者名称；

（三）听证主持人、听证员、记录员的姓名；

（四）举行听证的时间、地点和方式；

（五）案件调查人员提出的本案的事实、证据和拟作出的行政处罚决定及其依据；

（六）陈述、申辩和质证的内容；

（七）证人证言；

（八）按规定应当载明的其他事项。

第九十九条 听证笔录应当由听证参加人及其他人员确认无误后逐页进行签字或者盖章。对记录内容有异议的可以当场更正后签字或者盖章确认。

听证参加人及其他人员拒绝签字或者盖章的，由听证主持人在听证笔录上注明。

第一百条 听证结束后，海关应当根据听证笔录，依照本规定第六十八条至第七十二条的规定进行复核及作出决定。

第六章　简易程序和快速办理

第一节　简易程序

第一百零一条 违法事实确凿并有法定依据，对公民处以二百元以下、对法人或者其他组织处以三千元以下罚款或者警告的行政处罚的，海关可以适用简易程序当场作出行政处罚决定。

第一百零二条 执法人员当场作出行政处罚决定的，应当向当事人出示执法证件，填写预定格式、编有号码的行政处罚决定书，并当场交付当事人。当事人拒绝签收的，应当在行政处罚决定书上注明。

前款规定的行政处罚决定书应当载明当事人的违法行为，行政处罚的种类和依据、罚款数额、时间、地点，申请行政复议、提起行政诉讼的途径和期限以及海关名称，并由执法人员签名或者盖章。

执法人员当场作出的行政处罚决定，应当报所属海关备案。

第二节　快速办理

第一百零三条 对不适用简易程序，但是事实清楚，当事人书面申请、自愿认错认罚且有其他证据佐证的行政处罚案件，符合以下情形之一的，海关可以通过简化取证、审核、审批等环节，快速办理案件：

（一）适用《海关行政处罚实施条例》第十五条第一项、第二项规定进行处理的；

（二）报关企业、报关人员对委托人所提供情况的真实性未进行合理审查，或者因为工作疏忽致使发生《海关行政处罚实施条例》第十五条第一项、第二项规定情形的；

（三）适用《海关行政处罚实施条例》第二十条至第二十三条规定进行处理的；

（四）违反海关监管规定携带货币进出境的；

（五）旅检渠道查获走私货物、物品价值在五万元以下的；

（六）其他违反海关监管规定案件货物价值在五十万元以下或者物品价值在十万元以下，但是影响国家出口退税管理案件货物申报价格在五十万元以上的除外；

（七）法律、行政法规、海关规章规定处警告、最高罚款三万元以下的；

（八）海关总署规定的其他情形。

第一百零四条 快速办理行政处罚案件，当事人在自行书写材料或者查问笔录中承认违法事实、认错认罚，并有查验、检查记录、鉴定意见等关键证据能够相互印证的，海关可以不再开展其他调查取证工作。

使用执法记录仪等设备对当事人陈述或者海关查问过程进行录音录像的，录音录像可以替代当事人自行书写材料或者查问笔录。必要时，海关可以对录音录像的关键内容及其对应的时间段作文字说明。

第一百零五条 海关快速办理行政处罚案件的，应当在立案之日起七个工作日内制发行政处罚决定书或者不予行政处罚决定书。

第一百零六条 快速办理的行政处罚案件有下列情形之一的，海关应当依照本规定第三章至第五章的规定办理，并告知当事人：

（一）海关对当事人提出的陈述、申辩意见无法当场进行复核的；

（二）海关当场复核后，当事人对海关的复核意见仍然不服的；

（三）当事人要求听证的；

（四）海关认为违法事实需要进一步调查取证的；

（五）其他不宜适用快速办理的情形。

快速办理阶段依法收集的证据，可以作为定案的根据。

第七章 处理决定的执行

第一百零七条 海关作出行政处罚决定后，当事人应当在行政处罚决定书载明的期限内，予以履行。

海关作出罚款决定的，当事人应当自收到行政处罚决定书之日起十五日内，到指定的银行或者通过电子支付系统缴纳罚款。

第一百零八条 当事人确有经济困难向海关提出延期或者分期缴纳罚款的，应当以书面方式提出申请。

海关收到当事人延期、分期缴纳罚款的申请后，应当在十个工作日内作出是否准予延期、分期缴纳罚款的决定，并且制发通知书送达申请人。

第一百零九条 当事人逾期不履行行政处罚决定的，海关可以采取下列措施：

（一）到期不缴纳罚款的，每日按照罚款数额的百分之三加处罚款，加处罚款的数额不得超出罚款的数额；

（二）当事人逾期不履行海关的处罚决定又不申请复议或者向人民法院提起诉讼的，海关可以将其保证金抵缴或者将其被扣留的货物、物品、运输工具依法变价抵缴，也可以申请人民法院强制执行；

（三）根据法律规定，采取其他行政强制执行方式。

第一百一十条 受海关处罚的当事人或者其法定代表人、主要负责人在出境前未缴清罚款、违法所得和依法追缴的货物、物品、走私运输工具等值价款的，也未向海关提供相当于上述款项担保的，海关可以依法制作阻止出境协助函，通知出境管理机关阻止其出境。

阻止出境协助函应当随附行政处罚决定书等相关法律文书，并且载明被阻止出境人员的姓名、性别、出生日期、出入境证件种类和号码。被阻止出境人员是外国人、无国籍人员的，应当注明其英文姓名。

第一百一十一条 当事人或者其法定代表人、主要负责人缴清罚款、违法所得和依法追缴的货物、物品、走私运输工具等值价款的，或者向海关提供相当于上述款项担保的，海关应当及时制作解除阻止出境协助函通知出境管理机关。

第一百一十二条 将当事人的保证金抵缴或者将当事人被扣留的货物、物品、运输工具依法变价抵缴罚款之后仍然有剩余的，应当及时发还或者解除扣留、解除担保。

第一百一十三条 自海关送达解除扣留通知书之日起三个月内，当事人无正当理由未到海关办理有关货物、物品、运输工具或者其他财产的退还手续的，海关应当发布公告。

自公告发布之日起三十日内，当事人仍未办理退还手续的，海关可以依法将有关货物、物品、运输工具或者其他财产提取变卖，并且保留变卖价款。

变卖价款在扣除自海关送达解除扣留通知书之日起算的仓储等相关费用后，尚有余款的，自海关公告发布之日起一年内，当事人仍未办理退还手续的，海关应当将余款上缴国库。

未予变卖的货物、物品、运输工具或者其他财产，自海关公告发布之日起一年内，当事人仍未办理退还手续的，由海关依法处置。

第一百一十四条 自海关送达解除担保通知书之日起三个月内，当事人无正当理由未办理财产、权利退还手续的，海关应当发布公告。

自海关公告发布之日起一年内，当事人仍未办理退还手续的，海关应当将担保财产、权利依法变卖或者兑付后，上缴国库。

第一百一十五条 当事人实施违法行为后，发生企业分立、合并或者其他资产重组等情形，对当事人处以罚款、没收违法所得或者依法追缴货物、物品、走私运输工具等值价款的，应当以承受其权利义务的法人、组织作为被执行人。

第一百一十六条 当事人对行政处罚决定不服，申请行政复议或者提起行政诉讼的，行政处罚不停止执行，法律另有规定的除外。

当事人申请行政复议或者提起行政诉讼的，加处罚款的数额在行政复议或者行政诉讼期间不予计算。

第一百一十七条 有下列情形之一的，中止执行：

（一）处罚决定可能存在违法或者不当情况的；

（二）申请人民法院强制执行，人民法院裁定中止执行的；

（三）行政复议机关、人民法院认为需要中止执行的；

（四）海关认为需要中止执行的其他情形。

根据前款第一项情形中止执行的，应当经海关负责人批准。

中止执行的情形消失后，海关应当恢复执行。对没有明显社会危害，当事人确无能力履行，中止执行满三年未恢复执行的，海关不再执行。

第一百一十八条 有下列情形之一的，终结执行：

（一）据以执行的法律文书被撤销的；

（二）作为当事人的自然人死亡，无遗产可供执行，又无义务承受人的；

（三）作为当事人的法人或者其他组织被依法终止，无财产可供执行，又无义务承受人的；

（四）海关行政处罚决定履行期限届满超过二年，海关依法采取各种执行措施后仍无法执行完毕的，但是申请人民法院强制执行的除外；

（五）申请人民法院强制执行的，人民法院裁定中止执行后超过二年仍无法执行完毕的；

（六）申请人民法院强制执行后，人民法院裁定终结本次执行程序或者终结执行的；

（七）海关认为需要终结执行的其他情形。

第一百一十九条 海关申请人民法院强制执行，应当自当事人的法定起诉期限届满之日起三个月内提出。

海关批准延期、分期缴纳罚款的，申请人民法院强制执行的期限，自暂缓或者分期缴纳罚款期限结束之日起计算。

第八章 附 则

第一百二十条 执法人员玩忽职守、徇私舞弊、滥用职权、索取或者收受他人财物的，依法给予处分；构成犯罪的，依法追究刑事责任。

第一百二十一条 海关规章对办理行政处罚案件的程序有特别规定的，从其规定。

第一百二十二条 海关侦查走私犯罪公安机构办理治安管理处罚案件的程序依照《中华人民共和国治安管理处罚法》《公安机关办理行政案件程序规定》执行。

第一百二十三条 海关对外国人、无国籍人、外国法人或者其他组织给予行政处罚的，适用本规定。

第一百二十四条 本规定由海关总署负责解释。

第一百二十五条 本规定自 2021 年 7 月 15 日起施行。2006 年 1 月 26 日海关总署令第 145 号公布、根据 2014 年 3 月 13 日海关总署令第 218 号修改的《中华人民共和国海关行政处罚听证办法》，2007 年 3 月 2 日海关总署令第 159 号公布、根据 2014 年 3 月 13 日海关总署令第 218 号修改的《中华人民共和国海关办理行政处罚案件程序规定》，2010 年 3 月 1 日海关总署令第 188 号公布的《中华人民共和国海关办理行政处罚简单案件程序规定》同时废止。

中华人民共和国海关注册登记和备案企业信用管理办法

（海关总署令第251号）

（2021年9月6日经海关总署署务会议审议通过，自2021年11月1日起施行。2018年3月3日海关总署令第237号公布的《中华人民共和国海关企业信用管理办法》同时废止）

第一章 总 则

第一条 为了建立海关注册登记和备案企业信用管理制度，推进社会信用体系建设，促进贸易安全与便利，根据《中华人民共和国海关法》《中华人民共和国海关稽查条例》《企业信息公示暂行条例》《优化营商环境条例》以及其他有关法律、行政法规的规定，制定本办法。

第二条 海关注册登记和备案企业（以下简称企业）以及企业相关人员信用信息的采集、公示，企业信用状况的认证、认定及管理等适用本办法。

第三条 海关按照诚信守法便利、失信违法惩戒、依法依规、公正公开原则，对企业实施信用管理。

第四条 海关根据企业申请，按照本办法规定的标准和程序将企业认证为高级认证企业的，对其实施便利的管理措施。

海关根据采集的信用信息，按照本办法规定的标准和程序将违法违规企业认定为失信企业的，对其实施严格的管理措施。

海关对高级认证企业和失信企业之外的其他企业实施常规的管理措施。

第五条 海关向企业提供信用培育服务，帮助企业强化诚信守法意识，提高诚信经营水平。

第六条 海关根据社会信用体系建设有关要求，与国家有关部门实施守信联合激励和失信联合惩戒，推进信息互换、监管互认、执法互助。

第七条 海关建立企业信用修复机制，依法对企业予以信用修复。

第八条 中国海关依据有关国际条约、协定以及本办法，开展与其他国家或者地区海关的“经认证的经营者”（AEO）互认合作，并且给予互认企业相关便利措施。

第九条 海关建立企业信用管理系统，运用信息化手段提升海关企业信用管理水平。

第二章 信用信息采集和公示

第十条 海关可以采集反映企业信用状况的下列信息：

（一）企业注册登记或者备案信息以及企业相关人员基本信息；

（二）企业进出口以及与进出口相关的经营信息；

（三）企业行政许可信息；

（四）企业及其相关人员行政处罚和刑事处罚信息；

（五）海关与国家有关部门实施联合激励和联合惩戒信息；

（六）AEO互认信息；

（七）其他反映企业信用状况的相关信息。

第十一条 海关应当及时公示下列信用信息，并公布查询方式：

（一）企业在海关注册登记或者备案信息；

（二）海关对企业信用状况的认证或者认定结果；

（三）海关对企业的行政许可信息；

（四）海关对企业的行政处罚信息；

（五）海关与国家有关部门实施联合激励和联合惩戒信息；

（六）其他依法应当公示的信息。

公示的信用信息涉及国家秘密、国家安全、社会公共利益、商业秘密或者个人隐私的，应当依照法律、行政法规的规定办理。

第十二条 自然人、法人或者非法人组织认为海关公示的信用信息不准确的，可以向海关提出异议，并且提供相关资料或者证明材料。

海关应当自收到异议申请之日起20日内进行复核。自然人、法人或者非法人组织提出异议的理由成立的，海关应当采纳。

第三章 高级认证企业的认证标准和程序

第十三条 高级认证企业的认证标准分为通用标准和单项标准。

高级认证企业的通用标准包括内部控制、财务状况、守法规范以及贸易安全等内容。

高级认证企业的单项标准是海关针对不同企业类型和经营范围制定的认证标准。

第十四条 高级认证企业应当同时符合通用标准和相应的单项标准。

通用标准和单项标准由海关总署另行制定并公布。

第十五条 企业申请成为高级认证企业的，应当向海关提交书面申请，并按照海关要求提交相关资料。

第十六条 海关依据高级认证企业通用标准和相应的单项标准，对企业提交的申请和有关资料进行审查，并赴企业进行实地认证。

第十七条 海关应当自收到申请及相关资料之日起90日内进行认证并作出决定。特殊情形下，海关的认证时限可以延长30日。

第十八条 经认证，符合高级认证企业标准的企业，海关制发高级认证企业证书；不符合高级认证企业标准的企业，海关制发未通过认证决定书。

高级认证企业证书、未通过认证决定书应当送达申请人，并且自送达之日起生效。

第十九条 海关对高级认证企业每5年复核一次。企业信用状况发生异常情况的，海关可以不定期开展复核。

经复核，不再符合高级认证企业标准的，海关应当制发未通过复核决定书，并收回高级认证企业证书。

第二十条 海关可以委托社会中介机构就高级认证企业认证、复核相关问题出具专业结论。

企业委托社会中介机构就高级认证企业认证、复核相关问题出具的专业结论，可以作为海关认证、复核的参考依据。

第二十一条 企业有下列情形之一的，1年内不得提出高级认证企业认证申请：

（一）未通过高级认证企业认证或者复核的；

（二）放弃高级认证企业管理的；

（三）撤回高级认证企业认证申请的；

（四）高级认证企业被海关下调信用等级的；

（五）失信企业被海关上调信用等级的。

第四章 失信企业的认定标准、程序和信用修复

第二十二条 企业有下列情形之一的，海关认定为失信企业：

（一）被海关侦查走私犯罪公安机构立案侦查并由司法机关依法追究刑事责任的；

（二）构成走私行为被海关行政处罚的；

（三）非报关企业1年内违反海关的监管规定被海关行政处罚的次数超过上年度报关单、进出境备案清单、进出境运输工具舱单等单证（以下简称“相关单证”）总票数千分之一且被海关行政处罚金额累计超过100万元的；

报关企业1年内违反海关的监管规定被海关行政处罚的次数超过上年度相关单证总票数万分之五且被海关行政处罚金额累计超过30万元的；

上年度相关单证票数无法计算的，1年内因违反海关的监管规定被海关行政处罚，非报关企业处罚金额累计超过100万元、报关企业处罚金额累计超过30万元的；

（四）自缴纳期限届满之日起超过3个月仍未缴纳税款的；

（五）自缴纳期限届满之日起超过6个月仍未缴纳罚款、没收的违法所得和追缴的走私货物、物品等值价款，并且超过1万元的；

（六）抗拒、阻碍海关工作人员依法执行职务，被依法处罚的；

（七）向海关工作人员行贿，被处以罚款或者被依法追究刑事责任的；

（八）法律、行政法规、海关规章规定的其他情形。

第二十三条 失信企业存在下列情形的，海关依照法律、行政法规等有关规定实施联合惩戒，将其列入严重失信主体名单：

（一）违反进出口食品安全管理规定、进出口化妆品监督管理规定或者走私固体废物被依法追究刑事责任的；

（二）非法进口固体废物被海关行政处罚金额超过250万元的。

第二十四条 海关在作出认定失信企业决定前，应当书面告知企业拟作出决定的事由、依据和依法享有的陈述、申辩权利。

海关拟依照本办法第二十三条规定将企业列入严重失信主体名单的，还应当告知企业列入的惩戒措施提示、移出条件、移出程序及救济措施。

第二十五条 企业对海关拟认定失信企业决定或者列入严重失信主体名单决定提出陈述、申辩的，应当在收到书面告知之日起5个工作日内向海关书面提出。

海关应当在20日内进行核实，企业提出的理由成立的，海关应当采纳。

第二十六条 未被列入严重失信主体名单的失信企业纠正失信行为，消除不良影响，并且符合下列条件的，可以向海关书面申请信用修复并提交相关证明材料：

（一）因存在本办法第二十二条第二项、第六项情形被认定为失信企业满1年的；

（二）因存在本办法第二十二条第三项情形被认定为失信企业满6个月的；

（三）因存在本办法第二十二条第四项、第五项情形被认定为失信企业满3个月的。

第二十七条 经审核符合信用修复条件的，海关应当自收到企业信用修复申请之日起20日内作出准予信用修复决定。

第二十八条 失信企业连续2年未发生本办法第二十二条规定情形的，海关应当对失信企业作出信用修复决定。

前款所规定的失信企业已被列入严重失信主体名单的，应当将其移出严重失信主体名单并通报相关部门。

第二十九条 法律、行政法规和党中央、国务院政策文件明确规定不可修复的，海关不予信用修复。

第五章 管理措施

第三十条 高级认证企业是中国海关AEO，适用下列管理措施：

（一）进出口货物平均查验率低于实施常规管理措施企业平均查验率的20%，法律、行政法规或者海关总署有特殊规定的除外；

（二）出口货物原产地调查平均抽查比例在企业平均抽查比例的20%以下，法律、行政法规或者海关总署有特殊规定的除外；

（三）优先办理进出口货物通关手续及相关业务手续；
（四）优先向其他国家（地区）推荐农产品、食品等出口企业的注册；
（五）可以向海关申请免除担保；
（六）减少对企业稽查、核查频次；
（七）可以在出口货物运抵海关监管区之前向海关申报；
（八）海关为企业设立协调员；
（九）AEO 互认国家或者地区海关通关便利措施；
（十）国家有关部门实施的守信联合激励措施；
（十一）因不可抗力中断国际贸易恢复后优先通关；
（十二）海关总署规定的其他管理措施。

第三十一条 失信企业适用下列管理措施：
（一）进出口货物查验率 80%以上；
（二）经营加工贸易业务的，全额提供担保；
（三）提高对企业稽查、核查频次；
（四）海关总署规定的其他管理措施。

第三十二条 办理同一海关业务涉及的企业信用等级不一致，导致适用的管理措施相抵触的，海关按照较低信用等级企业适用的管理措施实施管理。

第三十三条 高级认证企业、失信企业有分立合并情形的，海关按照以下原则对企业信用状况进行确定并适用相应管理措施：

（一）企业发生分立，存续的企业承继原企业主要权利义务的，存续的企业适用原企业信用状况的认证或者认定结果，其余新设的企业不适用原企业信用状况的认证或者认定结果；
（二）企业发生分立，原企业解散的，新设企业不适用原企业信用状况的认证或者认定结果；
（三）企业发生吸收合并的，存续企业适用原企业信用状况的认证或者认定结果；
（四）企业发生新设合并的，新设企业不再适用原企业信用状况的认证或者认定结果。

第三十四条 高级认证企业涉嫌违反与海关管理职能相关的法律法规被刑事立案的，海关应当暂停适用高级认证企业管理措施。

高级认证企业涉嫌违反海关的监管规定被立案调查的，海关可以暂停适用高级认证企业管理措施。

第三十五条 高级认证企业存在财务风险，或者有明显的转移、藏匿其应税货物以及其他财产迹象的，或者存在其他无法足额保障税款缴纳风险的，海关可以暂停适用本办法第三十条第五项规定的管理措施。

第六章 附 则

第三十六条 海关注册的进口食品境外生产企业和进境动植物产品国外生产、加工、存放单位等境外企业的信用管理，由海关总署另行规定。

第三十七条 作为企业信用状况认定依据的刑事犯罪，以司法机关相关法律文书生效时间为准进行认定。

作为企业信用状况认定依据的海关行政处罚，以海关行政处罚决定书作出时间为准进行认定。

作为企业信用状况认定依据的处罚金额，包括被海关处以罚款、没收违法所得或者没收货物、物品价值的金额之和。

企业主动披露且被海关处以警告或者海关总署规定数额以下罚款的行为，不作为海关认定企业信用状况的记录。

第三十八条 本办法下列用语的含义：

企业相关人员，是指企业法定代表人、主要负责人、财务负责人、关务负责人等管理人员。

经认证的经营者（AEO），是指以任何一种方式参与货物国际流通，符合海关总署规定标准的企业。

第三十九条 本办法由海关总署负责解释。

第四十条 本办法自2021年11月1日起施行。2018年3月3日海关总署令第237号公布的《中华人民共和国海关企业信用管理办法》同时废止。

中华人民共和国海关进出口货物商品归类管理规定

（海关总署令第252号）

（2021年9月6日经海关总署署务会议审议通过，自2021年11月1日起施行。2007年3月2日海关总署令第158号公布、2014年3月13日海关总署令第218号修改的《中华人民共和国海关进出口货物商品归类管理规定》，2008年10月13日海关总署令第176号公布的《中华人民共和国海关化验管理办法》同时废止）

第一条 为了规范进出口货物的商品归类，保证商品归类的准确性和统一性，根据《中华人民共和国海关法》（以下简称《海关法》）、《中华人民共和国进出口关税条例》（以下简称《关税条例》）以及其他有关法律、行政法规的规定，制定本规定。

第二条 本规定所称的商品归类，是指在《商品名称及编码协调制度公约》商品分类目录体系下，以《中华人民共和国进出口税则》为基础，按照《进出口税则商品及品目注释》《中华人民共和国进出口税则本国子目注释》以及海关总署发布的关于商品归类的行政裁定、商品归类决定的规定，确定进出口货物商品编码的行为。

进出口货物相关的国家标准、行业标准等可以作为商品归类的参考。

第三条 进出口货物收发货人或者其代理人（以下简称收发货人或者其代理人）对进出口货物进行商品归类，以及海关依法审核确定商品归类，适用本规定。

第四条 进出口货物的商品归类应当遵循客观、准确、统一的原则。

第五条 进出口货物的商品归类应当按照收发货人或者其代理人向海关申报时货物的实际状态确定。以提前申报方式进出口的货物，商品归类应当按照货物运抵海关监管区时的实际状态确定。法律、行政法规和海关总署规章另有规定的，依照有关规定办理。

第六条 由同一运输工具同时运抵同一口岸并且属于同一收货人、使用同一提单的多种进口货物，按照商品归类规则应当归入同一商品编码的，该收货人或者其代理人应当将有关商品一并归入该商品编码向海关申报。法律、行政法规和海关总署规章另有规定的，依照有关规定办理。

第七条 收发货人或者其代理人应当依照法律、行政法规以及其他相关规定，如实、准确申报其进出口货物的商品名称、规格型号等事项，并且对其申报的进出口货物进行商品归类，确定相应的商品编码。

第八条 海关在审核确定收发货人或者其代理人申报的商品归类事项时，可以依照《海关法》和《关税条例》的规定行使下列权力，收发货人或者其代理人应当予以配合：

（一）查阅、复制有关单证、资料；

（二）要求收发货人或者其代理人提供必要的样品及相关商品资料，包括外文资料的中文译文并且对译文内容负责；

（三）组织对进出口货物实施化验、检验。

收发货人或者其代理人隐瞒有关情况，或者拖延、拒绝提供有关单证、资料的，海关可以依法审核确定进出口货物的商品归类。

第九条 必要时，海关可以要求收发货人或者其代理人补充申报。

第十条 收发货人或者其代理人向海关提供的资料涉及商业秘密、未披露信息或者保密商务信息，要求海关予以保密的，应当以书面方式向海关提出保密要求，并且具体列明需要保密的内容。收发货人或者其代理人不得以商业秘密为理由拒绝向海关提供有关资料。

海关按照国家有关规定承担保密义务。

第十一条 必要时，海关可以依据《中华人民共和国进出口税则》《进出口税则商品及品目注释》《中华人民共和国进出口税则本国子目注释》和国家标准、行业标准，以及海关化验方法等，对进出口货物的属性、成分、含量、结构、品质、规格等进行化验、检验，并将化验、检验结果作为商品归类的依据。

第十二条 海关对进出口货物实施取样化验、检验的，收发货人或者其代理人应当到场协助，负责搬移货物，开拆和重封货物的包装，并按照海关要求签字确认。

收发货人或者其代理人拒不到场，或者海关认为必要时，海关可以径行取样，并通知货物存放场所的经营人或者运输工具负责人签字确认。

第十三条 收发货人或者其代理人应当及时提供化验、检验样品的相关单证和技术资料，并对其真实性和有效性负责。

第十四条 除特殊情况外，海关技术机构应当自收到送检样品之日起 15 日内作出化验、检验结果。

第十五条 除特殊情况外，海关应当在化验、检验结果作出后的 1 个工作日内，将相关信息通知收发货人或者其代理人。收发货人或者其代理人要求提供化验、检验结果纸本的，海关应当提供。

第十六条 其他化验、检验机构作出的化验、检验结果与海关技术机构或者海关委托的化验、检验机构作出的化验、检验结果不一致的，以海关认定的化验、检验结果为准。

第十七条 收发货人或者其代理人对化验、检验结果有异议的，可以在收到化验、检验结果之日起 15 日内向海关提出书面复验申请，海关应当组织复验。

已经复验的，收发货人或者其代理人不得对同一样品再次申请复验。

第十八条 海关发现收发货人或者其代理人申报的商品归类不准确的，按照商品归类的有关规定予以重新确定，并且按照报关单修改和撤销有关规定予以办理。

收发货人或者其代理人发现其申报的商品归类需要修改的，应当按照报关单修改和撤销有关规定向海关提出申请。

第十九条 海关对货物的商品归类审核确定前，收发货人或者其代理人要求放行货物的，应当按照海关事务担保的有关规定提供担保。

国家对进出境货物有限制性规定，应当提供许可证件而不能提供的，以及法律、行政法规规定不得担保的其他情形，海关不得办理担保放行。

第二十条 收发货人或者其代理人就其进出口货物的商品归类提出行政裁定、预裁定申请的，应当按照行政裁定、预裁定管理的有关规定办理。

第二十一条 海关总署可以依据有关法律、行政法规规定，对进出口货物作出具有普遍约束力的商品归类决定，并对外公布。

进出口相同货物，应当适用相同的商品归类决定。

第二十二条 作出商品归类决定所依据的法律、行政法规以及其他相关规定发生变化的，商品归类决定同时失效。

商品归类决定失效的，应当由海关总署对外公布。

第二十三条 海关总署发现商品归类决定需要修改的，应当及时予以修改并对外公布。

第二十四条 海关总署发现商品归类决定存在错误的，应当及时予以撤销并对外公布。

第二十五条 因商品归类引起退税或者补征、追征税款以及征收滞纳金的，依照有关法律、行政法规以及海关总署规章的规定办理。

第二十六条 违反本规定，构成走私行为、违反海关监管规定行为或者其他违反《海关法》行为的，由海关依照《海关法》《中华人民共和国海关行政处罚实施条例》等有关规定予以处理；构成犯罪的，依法追究刑事责任。

第二十七条 本规定所称商品编码是指《中华人民共和国进出口税则》商品分类目录中的编码。

同一商品编码项下其他商品编号的确定，按照相关规定办理。

第二十八条 本规定由海关总署负责解释。

第二十九条 本规定自2021年11月1日起施行。2007年3月2日海关总署令第158号公布、2014年3月13日海关总署令第218号修改的《中华人民共和国海关进出口货物商品归类管理规定》，2008年10月13日海关总署令第176号公布的《中华人民共和国海关化验管理办法》同时废止。

2 综合管理规定[①]

① 本章按照联合公告—海关公告—规范性文件的顺序编排。

财政部　海关总署　国家税务总局关于增值税转型后部分进口税收优惠政策进行相应调整的公告

（财政部　海关总署　国家税务总局公告2008年第43号）

为配合全国增值税转型改革，规范税制，经国务院批准，对部分进口税收优惠政策进行相应调整，现将有关事项公告如下：

一、自2009年1月1日起，对《国务院关于调整进口设备税收政策的通知》（国发〔1997〕37号）中国家鼓励发展的国内投资项目和外商投资项目进口的自用设备、外国政府贷款和国际金融组织贷款项目进口设备、加工贸易外商提供的不作价进口设备以及按照合同随上述设备进口的技术及配套件、备件，恢复征收进口环节增值税，在原规定范围内继续免征关税。

二、自2009年1月1日起，对《海关总署关于进一步鼓励外商投资有关进口税收政策的通知》（署税〔1999〕791号）中规定的外商投资企业和外商投资设立的研究开发中心进行技术改造以及按《中西部地区外商投资优势产业目录》批准的外商投资项目进口的自用设备及其配套技术、配件、备件，恢复征收进口环节增值税，在原规定范围内继续免征关税。

三、自2009年1月1日起，对软件生产企业、集成电路生产企业、城市轨道交通项目以及其他比照《国务院关于调整进口设备税收政策的通知》（国发〔1997〕37号）执行的企业和项目，进口设备及其配套技术、配件、备件，一律恢复征收进口环节增值税，在原规定范围内继续免征关税。

四、对2008年11月10日以前获得《国家鼓励发展的内外资项目确认书》的项目，于2009年6月30日及以前申报进口的设备及其配套技术、配件、备件，按原规定继续执行免征关税和进口环节增值税的政策，2009年7月1日及以后申报进口的，一律恢复征收进口环节增值税，符合原免税规定的，继续免征关税。

财政部
海关总署
国家税务总局
二〇〇八年十二月二十五日

海关总署关于明确增值税转型后进口税收优惠政策执行有关问题的公告

（海关总署公告2008年第103号）

为配合实施增值税转型改革，经国务院批准，财政部、海关总署、国家税务总局联合发布2008年第43号公告，对部分进口税收优惠政策进行相应调整。现将政策调整涉及的相关执行问题公告如下：

一、自2009年1月1日起，对按照或者比照《国务院关于调整进口设备税收政策的通知》（国发〔1997〕37号，以下简称《通知》）规定享受进口税收优惠政策的下列项目和企业进口的自用设备以及按照合同随上述设备进口的技术及配套件、备件，恢复征收进口环节增值税，但继续免征关税：

（一）国家鼓励发展的国内投资项目和外商投资项目；

（二）外国政府贷款和国际金融组织贷款项目；

（三）由外商提供不作价进口设备的加工贸易企业；

（四）中西部地区外商投资优势产业项目；

（五）《海关总署关于进一步鼓励外商投资有关进口税收政策的通知》（署税〔1999〕791号）中规定的外商投资企业和外商投资设立的研究开发中心利用自有资金进行技术改造项目（以下简称自有资金项目）；

（六）软件生产企业和集成电路生产企业；

（七）城市轨道交通项目；

（八）其他比照《通知》执行的企业和项目。

二、对上述国家鼓励发展的国内投资项目和外商投资项目、外国政府贷款和国际金融组织贷款项目、中西部外商投资优势产业项目及城市轨道交通项目，按照以下规定执行：

（一）项目投资主管部门在2008年11月9日及以前已经出具《项目确认书》，其项目项下进口的自用设备以及按照合同随设备进口的技术及配套件、备件于2009年6月30日及以前向海关申报进口的，在符合原有关免税规定范围内继续免征关税和进口环节增值税。

（二）项目投资主管部门在2008年11月10日至2008年12月31日期间出具《项目确认书》，其项目项下进口的自用设备以及按照合同随设备进口的技术及配套件、备件在2009年1月1日及以后向海关申报进口的，一律恢复征收进口环节增值税，在符合原有关免税规定范围内继续免征关税；海关根据上述《项目确认书》在2008年12月31日及以前出具的《进出口货物征免税证明》（以下简称《征免税证明》）予以作废，进口单位须重新向海关申请出具免征关税，照章征收进口环节增值税的《征免税证明》。因重新出具《征免税证明》而产生的滞报金，按规定予以免征。

三、对按照《通知》执行进口税收优惠政策的1997年12月31日及以前审批、核准或备案的国内投资项目（包括技术改造项目和基本建设项目）、外商投资项目及外国政府贷款和国际金融组织贷款项目，以及自有资金项目和经认定的软件生产企业、集成电路生产企业进口的自用设备及按照合同随设备进口的技术及配套件、备件，海关在2008年12月31日及以前出具的《征免税证明》在有效期内继续有效，但不得延期。

四、对加工贸易外商提供的不作价设备在2008年12月31日及以前已经办理了加工贸易手册备案，并且在2009年6月30日及以前向海关申报进口的，在符合原有关免税规定范围内继续免征关税和进口环节增值税。

自2009年1月1日起，海关办理不作价设备加工贸易手册备案或备案变更，一律征收进口环节增值税，在符合原有关免税规定范围内继续免征关税。

五、涉及本次进口环节增值税政策调整的有关减免税货物，在2008年12月31日及以前已向海关申报进口的（已征税放行的除外），在符合原有关免税规定范围内继续免征关税和进口环节增值税。

六、为确保进口环节增值税政策调整的顺利进行，海关将对进口单位申请减免税的有关单证资料进行严格审核，对倒签日期等骗取减免国家税款的行为，依法予以查处。

特此公告。

海关总署

二〇〇八年十二月三十一日

财政部　国家税务总局　海关总署关于深化增值税改革有关政策的公告

（财政部　国家税务总局　海关总署公告2019年第39号）

为贯彻落实党中央、国务院决策部署，推进增值税实质性减税，现将2019年增值税改革有关事项公告如下：

一、增值税一般纳税人（以下称纳税人）发生增值税应税销售行为或者进口货物，原适用16%税率的，税率调整为13%；原适用10%税率的，税率调整为9%。

二、纳税人购进农产品，原适用10%扣除率的，扣除率调整为9%。纳税人购进用于生产或者委托加工13%税率货物的农产品，按照10%的扣除率计算进项税额。

三、原适用16%税率且出口退税率为16%的出口货物劳务，出口退税率调整为13%；原适用10%税率且出口退税率为10%的出口货物、跨境应税行为，出口退税率调整为9%。

2019年6月30日前（含2019年4月1日前），纳税人出口前款所涉货物劳务、发生前款所涉跨境应税行为，适用增值税免退税办法的，购进时已按调整前税率征收增值税的，执行调整前的出口退税率，购进时已按调整后税率征收增值税的，执行调整后的出口退税率；适用增值税免抵退税办法的，执行调整前的出口退税率，在计算免抵退税时，适用税率低于出口退税率的，适用税率与出口退税率之差视为零参与免抵退税计算。

出口退税率的执行时间及出口货物劳务、发生跨境应税行为的时间，按照以下规定执行：报关出口的货物劳务（保税区及经保税区出口除外），以海关出口报关单上注明的出口日期为准；非报关出口的货物劳务、跨境应税行为，以出口发票或普通发票的开具时间为准；保税区及经保税区出口的货物，以货物离境时海关出具的出境货物备案清单上注明的出口日期为准。

四、适用13%税率的境外旅客购物离境退税物品，退税率为11%；适用9%税率的境外旅客购物离境退税物品，退税率为8%。

2019年6月30日前，按调整前税率征收增值税的，执行调整前的退税率；按调整后税率征收增值税的，执行调整后的退税率。

退税率的执行时间，以退税物品增值税普通发票的开具日期为准。

五、自2019年4月1日起，《营业税改征增值税试点有关事项的规定》（财税〔2016〕36号印发）第一条第（四）项第1点、第二条第（一）项第1点停止执行，纳税人取得不动产或者不动产在建工程的进项税额不再分2年抵扣。此前按照上述规定尚未抵扣完毕的待抵扣进项税额，可自2019年4月税款所属期起从销项税额中抵扣。

六、纳税人购进国内旅客运输服务，其进项税额允许从销项税额中抵扣。

（一）纳税人未取得增值税专用发票的，暂按照以下规定确定进项税额：

1. 取得增值税电子普通发票的，为发票上注明的税额；

2. 取得注明旅客身份信息的航空运输电子客票行程单的，为按照下列公式计算进项税额：

航空旅客运输进项税额=（票价+燃油附加费）÷（1+9%）×9%

3. 取得注明旅客身份信息的铁路车票的，为按照下列公式计算的进项税额：

铁路旅客运输进项税额=票面金额÷（1+9%）×9%

4. 取得注明旅客身份信息的公路、水路等其他客票的，按照下列公式计算进项税额：

公路、水路等其他旅客运输进项税额=票面金额÷（1+3%）×3%

（二）《营业税改征增值税试点实施办法》（财税〔2016〕36号印发）第二十七条第（六）项和《营业税改征增值税试点有关事项的规定》（财税〔2016〕36号印发）第二条第（一）项第5点中“购进的旅客运输服务、贷款服务、餐饮服务、居民日常服务和娱乐服务”修改为“购进的贷款服务、餐饮服务、居民日常服务和娱乐服务”。

七、自2019年4月1日至2021年12月31日，允许生产、生活性服务业纳税人按照当期可抵扣进项税额加计10%，抵减应纳税额（以下称加计抵减政策）。

（一）本公告所称生产、生活性服务业纳税人，是指提供邮政服务、电信服务、现代服务、生活服务（以下称四项服务）取得的销售额占全部销售额的比重超过50%的纳税人。四项服务的具体范围按照《销售服务、无形资产、不动产注释》（财税〔2016〕36号印发）执行。

2019年3月31日前设立的纳税人，自2018年4月至2019年3月期间的销售额（经营期不满12个月的，按照实际经营期的销售额）符合上述规定条件的，自2019年4月1日起适用加计抵减政策。

2019年4月1日后设立的纳税人，自设立之日起3个月的销售额符合上述规定条件的，自登记为一般纳税人之日起适用加计抵减政策。

纳税人确定适用加计抵减政策后，当年内不再调整，以后年度是否适用，根据上年度销售额计算确定。

纳税人可计提但未计提的加计抵减额，可在确定适用加计抵减政策当期一并计提。

（二）纳税人应按照当期可抵扣进项税额的10%计提当期加计抵减额。按照现行规定不得从销项税额中抵扣的进项税额，不得计提加计抵减额；已计提加计抵减额的进项税额，按规定作进项税额转出的，应在进项税额转出当期，相应调减加计抵减额。计算公式如下：

当期计提加计抵减额=当期可抵扣进项税额×10%

当期可抵减加计抵减额=上期末加计抵减额余额+当期计提加计抵减额-当期调减加计抵减额

（三）纳税人应按照现行规定计算一般计税方法下的应纳税额（以下称抵减前的应纳税额）后，区分以下情形加计抵减：

1. 抵减前的应纳税额等于零的，当期可抵减加计抵减额全部结转下期抵减；

2. 抵减前的应纳税额大于零，且大于当期可抵减加计抵减额的，当期可抵减加计抵减额全额从抵减前的应纳税额中抵减；

3. 抵减前的应纳税额大于零，且小于或等于当期可抵减加计抵减额的，以当期可抵减加计抵减额抵减应纳税额至零。未抵减完的当期可抵减加计抵减额，结转下期继续抵减。

（四）纳税人出口货物劳务、发生跨境应税行为不适用加计抵减政策，其对应的进项税额不得计提加计抵减额。

纳税人兼营出口货物劳务、发生跨境应税行为且无法划分不得计提加计抵减额的进项税额，按照以下公式计算：

不得计提加计抵减额的进项税额=当期无法划分的全部进项税额×当期出口货物劳务和发生跨境应税行为的销售额÷当期全部销售额

（五）纳税人应单独核算加计抵减额的计提、抵减、调减、结余等变动情况。骗取适用加计抵减政策或虚增加计抵减额的，按照《中华人民共和国税收征收管理法》等有关规定处理。

（六）加计抵减政策执行到期后，纳税人不再计提加计抵减额，结余的加计抵减额停止抵减。

八、自2019年4月1日起，试行增值税期末留抵税额退税制度。

（一）同时符合以下条件的纳税人，可以向主管税务机关申请退还增量留抵税额：

1. 自2019年4月税款所属期起，连续六个月（按季纳税的，连续两个季度）增量留抵税额均大于零，且第六个月增量留抵税额不低于50万元；

2. 纳税信用等级为A级或者B级；

3. 申请退税前36个月未发生骗取留抵退税、出口退税或虚开增值税专用发票情形的；

4. 申请退税前36个月未因偷税被税务机关处罚两次及以上的；

5. 自2019年4月1日起未享受即征即退、先征后返（退）政策的。

（二）本公告所称增量留抵税额，是指与2019年3月底相比新增加的期末留抵税额。

（三）纳税人当期允许退还的增量留抵税额，按照以下公式计算：

允许退还的增量留抵税额=增量留抵税额×进项构成比例×60%

进项构成比例，为2019年4月至申请退税前一税款所属期内已抵扣的增值税专用发票（含税控机动车销售统一发票）、海关进口增值税专用缴款书、解缴税款完税凭证注明的增值税额占同期全部已抵扣进项税额的比重。

（四）纳税人应在增值税纳税申报期内，向主管税务机关申请退还留抵税额。

（五）纳税人出口货物劳务、发生跨境应税行为，适用免抵退税办法的，办理免抵退税后，仍符合本公告规定条件的，可以申请退还留抵税额；适用免退税办法的，相关进项税额不得用于退还留抵税额。

（六）纳税人取得退还的留抵税额后，应相应调减当期留抵税额。按照本条规定再次满足退税条件的，可以继续向主管税务机关申请退还留抵税额，但本条第（一）项第1点规定的连续期间，不得重复计算。

（七）以虚增进项、虚假申报或其他欺骗手段，骗取留抵退税款的，由税务机关追缴其骗取的退税款，并按照《中华人民共和国税收征收管理法》等有关规定处理。

（八）退还的增量留抵税额中央、地方分担机制另行通知。

九、本公告自2019年4月1日起执行。

特此公告。

财政部
国家税务总局
海关总署
二〇一九年三月二十日

财政部　海关总署　国家税务总局关于不再执行20种商品停止减免税规定的公告

（财政部　海关总署　国家税务总局公告2020年第36号）

经国务院同意，自公告之日起，不再执行《国务院批转关税税则委员会、财政部、国家税务总局关于第二步清理关税和进口环节税减免规定意见的通知》（国发〔1994〕64号）中关于20种商品“无论任何贸易方式、任何地区、企业、单位和个人进口，一律停止减免税”的规定。

20种商品包括电视机、摄像机、录像机、放像机、音响设备、空调器、电冰箱和电冰柜、洗衣机、照相机、复印机、程控电话交换机、微型计算机及外设、电话机、无线寻呼系统、传真机、电子计算器、打字机及文字处理机、家具、灯具、餐料（指调味品、肉禽蛋菜、水产品、水果、饮料、酒、乳制品）。

自公告之日起，现行相关政策规定与本公告内容不符的，以本公告为准。

财政部
海关总署
国家税务总局
二〇二〇年八月五日

海关总署关于公布减免税货物后续管理的报关单填制要求的公告

（海关总署公告 2007 年第 24 号）

为规范进口减免税货物在后续管理环节中的进出口申报行为，保证企业顺利办理已进口减免税货物的有关通关手续，根据海关通关作业规范化需要和海关减免税后续管理业务计算机管理系统（H2000 减免税后续管理系统）在报关单填制方面的要求，现对减免税货物后续管理的报关单填制要求公告如下：

一、减免税货物退运出口，报关单的“备案号”栏目应填写《减免税进口货物同意退运证明》的编号；“监管方式”栏目应填写 4561（退运货物）。

《减免税进口货物同意退运证明》编号规则为：RT+4 位现场海关代码+2 位年份代码+4 位顺序号。“RT”为“减免税进口货物同意退运证明代码”。

二、减免税货物补税进口，报关单的“备案号”栏目应填写《减免税货物补税通知书》的编号；“监管方式”栏目应填写 9700（后续补税）。

《减免税货物补税通知书》编号规则为：RB+4 位现场海关代码+2 位年份代码+4 位顺序号。“RB”为“减免税货物补税通知书代码”。

三、减免税货物结转进口（转入），报关单“备案号”栏目应填写《进出口货物征免税证明》的编号；“监管方式”栏目按现行规范填写；“关联备案号”栏目应填写本次减免税货物结转所申请的《减免税进口货物结转联系函》的编号。

相应的结转出口（转出），报关单“备案号”栏目应填写《减免税进口货物结转联系函》的编号；“监管方式”栏目应填写 0500（减免设备结转）；“关联备案号”栏目应填写与该出口（转出）报关单相对应的进口（转入）报关单“备案号”栏目所填写的《进出口货物征免税证明》编号；“关联报关单”栏目应填写对应的进口（转入）报关单号。

《减免税进口货物结转联系函》编号规则为：RZ+4 位现场海关代码+2 位年份代码+4 位顺序号。“RZ”为“减免税进口货物结转联系函代码”。

四、上述报关单其他栏目的填制要求，仍按照《中华人民共和国海关进出口货物报关单填制规范》（海关总署 2004 年第 34 号公告）的规定填制。

五、本次对减免税货物后续管理报关单填制的规范要求，自海关减免税货物后续管理业务纳入海关 H2000 减免税后续管理系统管理之日起实施。鉴于按照有关工作的安排，海关 H2000 减免税后续管理系统将分批陆续在各直属海关投入使用，因此，具体的实施日期由各直属海关提前对外公布。尚未将减免税货物后续管理业务纳入 H2000 减免税后续管理系统管理的海关，其关区范围所涉及的有关报关单填制仍按现行规定办理。

特此公告。

海关总署
二〇〇七年六月四日

海关总署关于调整《外商投资项目不予免税的进口商品目录》《停止减免税的20种商品税号对照表》《停止减免税的20种商品（餐料）税号对照表》商品税号的公告

（海关总署公告2008年第65号）

根据2008年版《中华人民共和国进出口税则》（以下简称《税则》）的税目调整情况，经商财政部，对此前下发的《外商投资项目不予免税的进口商品目录》（署税发〔2002〕81号的附件2）和《停止减免税的20种商品税号对照表》、《停止减免税的20种商品（餐料）税号对照表》（海关总署2004年第7号公告的附件1、2）中的商品税则号列进行调整（详见附件），现就有关问题公告如下：

一、此次调整，主要是根据2008年版《税则》税目的调整以及上述目录、商品税号对照表所列有关商品的税则号列不够准确等情况，调整了相关商品的税则号列。

二、《外商投资项目不予免税的进口商品目录》所列商品和经国务院批准一律停止减免关税和进口环节增值税的20种商品的税则号列，自2008年9月10日起按照本公告的规定执行。

三、为保持政策的连续性，对于2008年9月10日以前海关按照有关政策规定和本次调整前的税则号列已出具的《进出口货物征免税证明》尚在有效期内的，允许继续使用，但不得延期。货物已经征税或免税进口的，税款不予调整。

四、对今后由于《税则》税目调整而造成有关目录中列名商品的税则号列与该商品当年应当适用的税则号列不一致的情况，进口有关目录中的商品，其税则号列应当按照当年版《税则》予以确定。

五、自2008年9月10日起，《海关总署关于执行〈外商投资产业指导目录〉有关问题的通知》（署税发〔2002〕81号）附件2所列《外商投资项目不予免税的进口商品目录》和海关总署2004年第7号公告停止执行。

特此公告。

附件1　外商投资项目不予免税的进口商品目录
附件2　停止减免税的20种商品（不包括餐料）税则号列表（略）
附件3　停止减免税的20种商品（餐料）税则号列表（略）

海关总署
二〇〇八年九月二日

附件 1

外商投资项目不予免税的进口商品目录

序号	商品名称	2008 年版税则号列	备注
1	电视机	8528. 4910、8528. 4990、8528. 5910、8528. 5990、8528. 6910、8528. 6990、8528. 7110、8528. 7180、8528. 7190、8528. 7211、8528. 7212、8528. 7219、8528. 7221、8528. 7222、8528. 7229、8528. 7231、8528. 7232、8528. 7239、8528. 7291、8528. 7292、8258. 7299、8528. 7300	
2	摄像机	8525. 8012、8525. 8013、8525. 8032、8525. 8033、8525. 8039	
3	录像机	8521. 1011、8521. 1019、8521. 9011、8521. 9012、8521. 9019、8521. 9090	
4	放像机	8521. 1020、8521. 9011、8521. 9012、8521. 9019、8521. 9090	
5	音响设备	8518. 1000、8518. 2100、8518. 2200、8518. 2900、8518. 4000、8518. 5000、8519. 2000、8519. 3000、8519. 8111、8519. 8112、8519. 8121、8519. 8119、8519. 8129、8519. 8139、8519. 8910、8519. 8990、8527. 1200、8527. 1300、8527. 1900、8527. 2100、8527. 2900、8527. 9100、8527. 9200、8527. 9900	
6	空调器	8415. 1010、8415. 1021、8415. 1022、8415. 2000、8415. 8110、8415. 8120、8415. 8210、8415. 8220、8415. 8300	不包括中央空调（中央空调的定义：1. 指具有控制系统、空气处理系统和空气分配系统的空调，其主要形式有风机盘管式空调和风道式空调；2. 对于难以判断是否为中央空调，可按其制冷量作为判断标准，即制冷量在 10 万大卡以上的，可作为中央空调处理）
7	电冰箱 电冰柜	8418. 1010、8418. 1020、8418. 1030、8418. 2110、8418. 2120、8418. 2130、8418. 2910、8418. 2920、8418. 2990、8418. 3021、8418. 3029、8418. 4021、8418. 4029、8418. 5000	不包括具有混合、搅拌、制冷功能的现调机。
8	洗衣机	8450. 1110、8450. 1120、8450. 1190、8450. 1200、8450. 1900、8450. 2000、8451. 1000	
9	照相机	8525. 8022、8525. 8029、9006. 4000、9006. 5100、9006. 5300、9006. 5990	
10	复印机	8443. 3110、8443. 3190、8443. 3911、8443. 3912、8443. 3921、8443. 3922、8443. 3923、8443. 3924	包括落地式数码复印机。
11	程控电话交换机	8517. 6211、8517. 6212、8517. 6219	
12	微型计算机及外设	8443. 3110、8443. 3190、8443. 3211、8443. 3212、8443. 3213、8443. 3219、8471. 3000、8471. 4140、8471. 4940、8471. 5040、8471. 6050、8471. 6060、8471. 6071、8471. 6072、8471. 6090、8471. 7090、8523. 5110、8523. 5120、8525. 8013、8528. 5110、8528. 5190、8528. 6100、8528. 4100	不包括工作站。税号 8471. 6090 仅指 IC 卡读入器；税号 8471. 7090 仅指移动硬盘；税号 8525. 8013 仅指计算机用网络摄像头。

续表

序号	商品名称	2008年版税则号列	备注
13	电话机	8517.1100、8517.1210、8517.1220、8517.1800、8517.6990	税号8517.6990仅指可视电话。
14	无线寻呼系统	8517.6110、8517.6190、8517.6299、8517.6910	税号8517.6190仅指无线寻呼基地台和移动通信的收发讯基站，对移动通信设备中的车载电台（不含端机），应归入税号8517.6299。
15	传真机	8443.3110、8443.3190、8443.3290	
16	电子计算器	8470.1000、8470.2100、8470.2900	
17	打字机及文字处理机	8469.0011、8469.0012、8469.0020、8469.0030	
18	汽车	税目87.02、87.03和87.04项下的全部税号	
19	摩托车	税目87.11项下的全部税号	
20	其他	《中华人民共和国进出口税则》中第1章至第83章、第91章至第97章的所有税号	不含随项目设备进口的技术及配套件、备件。
说明：对“成套设备”内含的本附件所列设备，如符合“功能机组”规定的，则按税则第16类类注四和第90章章注三的规定归类，否则，按具体列名分别归类。			

注：未列入本目录中的商品，但其他政策法规已明确规定不予免税的，应照章征税。

海关总署关于对外贸易救济措施应税产品停止执行进口减免税政策的公告

（海关总署公告2009年第21号）

经国务院批准，对实施对外贸易救济措施的进口产品停止执行进口减免税政策。现就有关执行事宜公告如下：

一、对从境外进口（包括从海关特殊监管区域出区进入到境内）的特定产品，自国务院关税税则委员会作出的对外贸易救济措施征税决定实施之日起，所有此类产品停止执行进口减免税政策，一律照章征收进口关税和进口环节税。

二、对执行进口减免税政策的有关产品在实施临时对外贸易救济措施期间，应先按照海关总署规定征收进口关税、进口环节税税款保证金和相应的对外贸易救济措施保证金，待有关对外贸易救济措施政策明确后再按照规定办理相关手续。

三、为便于执行该项政策，将目前正在实施对外贸易救济措施的产品作为公告附件一并对外公布。

四、自2009年5月1日起，申报进口的货物按照本公告规定执行。

特此公告。

附件　正在实施的对外贸易救济措施产品及文件汇总表（略）

海关总署

二〇〇九年四月二十九日

海关总署关于在通关环节免予提交纸质《中华人民共和国海关进出口货物征免税证明》的公告

（海关总署公告 2017 年第 19 号）

为进一步便利减免税申请和货物通关，海关总署决定，对通过中国电子口岸 QP 预录入客户端减免税申报系统申请办理减免税手续并通过了海关审核的，收发货人或受委托的报关企业在进口通关环节无须提交纸质《中华人民共和国海关进出口货物征免税证明》（以下简称《征免税证明》）第二联（即送海关凭以减免税联）。现将有关事项公告如下：

自 2017 年 4 月 26 日起，收发货人或受委托的报关企业在申报进口上述《征免税证明》所列货物时，无须提交纸质《征免税证明》或其扫描件。如果《征免税证明》电子数据与申报数据不一致，海关需要验核纸质单证的，有关企业应予以提供。

进口货物申报时，收发货人或受委托的报关企业应按规定将《征免税证明》编号填写在进口货物报关单“备案号”栏目中。《征免税证明》编号可通过中国电子口岸 QP 预录入客户端减免税申报系统查询。减免税申请人如需要纸质《征免税证明》留存的（即申请单位留存的第三联），可在该《征免税证明》有效期内向主管海关申请领取。

特此公告。

海关总署

二〇一七年四月二十一日

海关总署关于调整进口减免税货物监管年限的公告

（海关总署公告 2017 年第 51 号）

为支持企业技术改造，加快设备更新，推动产业升级，海关总署决定调整进口减免税货物的监管年限。现将有关事项公告如下：

进口减免税货物的监管年限为：

（一）船舶、飞机：8 年；

（二）机动车辆：6 年；

（三）其他货物：3 年。

监管年限自货物进口放行之日起计算。

本公告自发布之日起施行。

特此公告。

海关总署

二〇一七年十月二十四日

海关总署关于推广减免税申请无纸化及取消减免税备案的公告

（海关总署公告 2017 年第 58 号）

为深入推进全国海关通关一体化改革，进一步提高通关效率，海关总署决定，自 2017 年 12 月 15 日起，在全国海关推广减免税申请无纸化，同时取消减免税备案。现将有关事项公告如下：

一、除海关总署有明确规定外，减免税申请人或者其代理人（以下简称“申请人”）可通过中国电子口岸 QP 预录入客户端减免税申报系统（以下简称“QP 系统”）向海关提交减免税申请表及随附单证资料电子数据，无须以纸质形式提交。

（一）海关根据审核需要要求提供纸质单证资料的，申请人应予提供。

（二）随附单证资料的电子扫描或转换文件格式标准，参照海关总署 2014 年第 69 号公告相关规定执行。

（三）办理减免税申请无纸化操作的规范见附件。

二、申请人可在首次办理进口货物减免税手续时一并向海关提交涉及主体资格、项目资质、免税进口额度（数量）等信息（以下简称“政策项目信息”）相关材料，无须提前单独向海关办理政策项目备案。

（一）申请人登录 QP 系统向海关提交申请材料时，应通过“减免税申请”功能模块提交。

（二）申请人首次填报政策项目信息时，对征免性质为 789 的，应将《国家鼓励发展的内外资项目确认书》（以下简称《项目确认书》）中编号填入申请表；无《项目确认书》的，将海关提供的项目编号填入。其他征免性质的政策项目编号由系统自动生成。

（三）申请人为同一政策或项目进口货物办理减免税手续时，应将该政策项目信息编号填入所有申请表中。

特此公告。

附件　办理减免税申请无纸化操作的规范

海关总署

二〇一七年十二月十日

附件

办理减免税申请无纸化操作的规范

一、在满足海关减免税确认的前提下，申请人可简化上传随附单证：

（一）随附单证中涉及申请人主体资格、免税额度（数量）以及进口商业发票等，应全文上传。

（二）进口合同页数较多的，含有买卖双方及进口代理人的基本信息，进口货物的名称、规格型号、技术参数、单价及总价、生产国别，合同随附的供货清单，运输方式及付款条件，价格组成条款，双方签字等内容的页面应当上传。

进口合同有电子文本的，可上传合同的PDF格式文件，同时上传纸质合同的第一页和所有签章页。

进口合同为外文的，应将以下条款翻译成中文，并将翻译文本签章扫描上传：

1. 合同或协议标题；
2. 买卖双方、进口代理人的名称及相互之间关系；
3. 买卖双方的权利及义务；
4. 货物的名称、规格型号及技术参数、数量、单价、总价、生产国别或制造商、包装等；
5. 与货物价格及运输相关的条款（如采购条款、定价及支付条款、运输交付条款、保险条款等）；
6. 合同或协议授权事项（如经销协议的授权经销区域及授权范围、合同或协议授予的权利及义务）；
7. 合同或协议的终止条款；
8. 与商品数量及其价格有关的合同附件（如各型号零部件等的数量及价格清单等）；
9. 买卖双方、代理人的签字人及签字日期；
10. 其他与减免税审核确认有关的条款。

（三）进口货物相关技术资料和说明文件中，属于判定该货物能否享受优惠政策的内容应当上传。

二、通过“无纸申报”方式办理减免税手续的，申请人应按以下要求妥善保管纸质单证资料备海关核查：

（一）有专用库房或者独立区域；

（二）有专门的档案管理人员；

（三）按照征免税证明编号单独成档，分年度保存；

（四）建立索引，便于查找。

有关纸质单证资料的保管期限，为自向海关申请之日起，至进口货物海关监管年限结束再延长3年；与政策项目信息有关纸质单证资料的保管期限，为自向海关申请之日起，至该政策或项目最后一批进口货物海关监管年限结束再延长3年。

三、申请人以“无纸申报”方式办理减免税手续，有遗失、伪造、变造相关单证档案等情形的，暂停申请人“无纸申报”。

海关总署关于公布《中华人民共和国海关进出口货物征税管理办法》涉及法律文书格式的公告

（海关总署公告2018年第15号）

2017年12月20日，海关总署公布《海关总署关于修改部分规章的决定》（海关总署令第235号），其中对《中华人民共和国海关进出口货物征税管理办法》有关规定作出修改。现将该办法所涉及的法律文书（见附件）予以发布，自2018年2月1日起施行。

特此公告。

附件 1. 海关税款缴款书①

2. 退税申请书（格式一）

3. 退税申请书（格式二）

① 编者注：为与公告原文一致，以下附件名与公告中附件名不一致处不做修改，下同。

4. 收入退还书
5. 海关补征税款告知书

海关总署

二〇一八年一月三十一日

附件 1

海关　　　　专用缴款书（格式）

收入系统：　　　　填发日期：　　年　　月　　日　　　号码 No.

收款单位	收入机关			缴款单位（人）	名称	
	科目		预算级次		账号	
	收款国库				开户银行	

税号	货物名称	数量	单位	完税价格（¥）	税率（%）	税款金额（¥）
金额人民币（大写）					合计（¥）	

申请单位编号		报关单编号		填制单位	收款国库（银行）
合同（批文）号		运输工具（号）			
缴款期限		提/装货单号			
备注				制单人 复核人	

自填发缴款书之日起 15 日内缴纳税款（期末遇星期六、星期日或法定节假日顺延），逾期缴纳按日加收税款总额万分之五的滞纳金。

注：海关专用缴款书一式六联，其中：
第一联：（收据）银行收款签章后交缴款单位或缴纳人；
第二联：（付款凭证）由缴款单位开户银行作为付出凭证；
第三联：（收款凭证）由收款国库作为收入凭证；
第四联：（回执）由国库盖章后退回海关财务部门；
第五联：（报查）国库收款后，关税专用缴款书退回海关，海关代征税专用缴款书送当地税务机关；
第六联：（存根）由填发单位存查。

附件 2

转账退税申请书（格式一）

编号：

_________海关：

根据你关签发的税款专用缴款书（编号：_________），本纳税人已按规定缴纳税款。按照有关规定，现申请退税（及由此产生的银行利息），请予核准。

1. 已缴税款金额：

关税______元，增值税______元，消费税______元，……

2. 申请退税理由：

3. 申请退还金额：

关税______元，增值税______元，消费税______元，……

4. 申请人名称：

5. 开户银行：

6. 丌户银行账号：

申请人签章：

年　月　日

申请人联系地址：　　　　　　　　　　邮政编码：

联系人：　　　　　　　　　　　　　　电话：

注：《转账退税申请书》一式二联，第一联随原缴款书复印件送国库，第二联海关留存。

说明：1. 此申请书适用于以银行划转方式退还税款的情况。

2. “申请退还金额”中所涉及的税种应与原税款专用缴款书上所列关税、增值税、消费税或其他实际项目一致。

3. 按照《中华人民共和国进出口关税条例》第 52 条第 2 款规定，纳税义务人发现多缴税款的，可自缴纳税款之日起 1 年内要求退还多缴的税款并加算同期活期存款利息。

4. 此申请书需附原税款专用缴款书复印件各一份。

5. 此申请书需申请人签字并加盖单位公章。

附件 3

现金退税申请书（格式二）

编号：

__________海关：

根据你关签发的税款专用缴款书（编号：__________），本纳税人已按规定缴纳税款，按照有关规定现申请退税（及由此产生的银行利息），请予核准。

1. 已缴税款金额：

关税______元，增值税______元，消费税______元，……

2. 申请退税理由：

3. 申请退还金额：

关税______元，增值税______元，消费税______元，……

4. 取款人姓名：

5. 取款人单位：

6. 取款人有效身份证明号码：

申请人签章：

年　月　日

申请单位联系地址：　　　　　　　　邮政编码：

联系人：　　　　　　　　　　　　　电话：

注：《现金退税申请书》一式二联，第一联随原缴款书复印件送国库，第二联海关留存。

说明：1. 此申请书适用于纳税人以现金方式缴款，现要求直接退付现金的情况。

2.“申请退还金额”中所涉及的税种应与原税款专用缴款书上所列关税、增值税、消费税或其他实际项目一致。

3. 按照《中华人民共和国进出口关税条例》第 52 条第 2 款规定，纳税义务人发现多缴税款的，可自缴纳税款之日起 1 年内要求退还多缴的税款并加算同期活期存款利息。

4. 此申请书需附原税款专用缴款书复印件各一份。

5. 此申请书需申请人签字并加盖单位公章。

附件 4

收入退还书（海关专用）（格式）

填发日期：　　　　年　　月　　日

合同号：　　　　编号：　　　　字　　号　　　　报关单编号：

<table>
<tr><td rowspan="3">收款单位</td><td colspan="2">全称</td><td colspan="3"></td><td rowspan="3">退款国库</td><td>预算级次</td><td colspan="2"></td></tr>
<tr><td colspan="2">账号</td><td colspan="3"></td><td>指定退款国库</td><td colspan="2"></td></tr>
<tr><td colspan="2">开户银行</td><td colspan="3"></td><td>收入机关</td><td colspan="2"></td></tr>
<tr><td colspan="8">原缴款书（　　　年）</td><td rowspan="2">退还金额</td><td rowspan="2">退款人盖章</td></tr>
<tr><td>月</td><td>日</td><td>字</td><td>号</td><td>预算科目</td><td>金额</td><td colspan="2">缴纳人（或单位）</td></tr>
<tr><td></td><td></td><td></td><td></td><td></td><td></td><td colspan="2"></td><td></td><td></td></tr>
<tr><td colspan="8">退还金额（大写）人民币</td><td colspan="2">合计（¥）</td></tr>
<tr><td rowspan="2">退还理由</td><td rowspan="2" colspan="3"></td><td colspan="4">收入机关：</td><td colspan="2">退款国库：</td></tr>
<tr><td>负责人盖章</td><td></td><td>经手人盖章</td><td></td><td>负责人盖章</td><td>经手人盖章</td></tr>
<tr><td>审核意见</td><td colspan="3"></td><td>机关盖章</td><td colspan="3"></td><td>付讫日期图章</td><td></td></tr>
</table>

注：收入退还书（海关专用）一式六联，其中：

第一联：（收款通知）交收款单位；

第二联：（付款凭证）由退款国库作为付出凭证；

第三联：（收款凭证）由收款单位开户银行作为收入凭证；

第四联：（付款通知）由国库随收入统计表送退库海关；

第五联：（报查凭证）国库退款后，关税收入退还书送退库海关，海关代征税收入退还书送当地税务机关；

第六联：（存根）由填发单位存查。

附件 5

海关补征税款告知书（格式）

编号：

（纳税义务人）：

经审核，你单位于　　年　月　日申报进（出）口的＿＿＿＿货物（报关单编号：＿＿＿＿），因＿＿＿＿（原因）＿＿＿＿，少（漏）缴关税　　元、增值税　　元、消费税　　元、其他税　　元。根据《中华人民共和国进出口关税条例》第五十一条的规定，现决定对上述税款予以补征。请自收到本告知书之日起 15 日内来我关办理有关补缴税款的手续。

由于少（漏）征税款是因你单位违反　　　　规定所致，根据《中华人民共和国进出口关税条例》第五十一条规定，你单位补缴税款时，还应同时补缴自缴纳税款（货物放行、应缴纳税款）之日起至海关发现违规行为之日止的滞纳金。

如你单位未在上述规定期限内办理补税手续，我关将于规定限期届满之日填发税款缴款书。如你单位未按期自海关填发税款缴款书之日起 15 日内补缴税款，由此产生的税款滞纳金由你单位一并缴纳。

＿＿＿＿海关(章)

年　月　日

注：《海关补征税款告知书》一式二份，一份送达纳税义务人，一份海关留存。

说明：带下划线的内容应根据具体情况选择填写。其中，少（漏）缴税款中的“其他税”是指反倾销税、反补贴税、保障措施关税、报复性关税等。

海关总署关于发布《报关单证电子转换或扫描文件格式标准》的公告

（海关总署公告 2019 年第 66 号）

为进一步规范和便利企业全国通关一体化申报，海关总署对报关单随附单证电子化方式进行了优化，并制定了《报关单证电子转换或扫描文件格式标准》（见附件），现予以公告。

本公告自2019年5月1日起执行。海关总署公告2014年第69号中《通关作业无纸化报关单证电子扫描或转换文件格式标准》同时废止。

特此公告。

附件　报关单证电子转换或扫描文件格式标准

海关总署

二〇一九年四月十八日

附件

报关单证电子转换或扫描文件格式标准

一、适用范围

本标准适用于通关作业无纸化模式下，企业以电子文件转换或电子文件扫描方式向海关上传的报关单随附单证，包括：（一）合同；（二）发票；（三）装箱清单；（四）载货清单（舱单）；（五）提（运）单；（六）代理报关授权委托协议；（七）进出口许可证件；（八）海关总署规定的其他进出口单证。进出口企业在上传报关单证时，优先选择电子转换方式形成文件。

二、基本格式标准

（一）文件类型。

文件类型应为PDF（Portable Document Format），版本1.4及以上。

（二）文件大小。

一份报关单的一种随附单证形成一个电子文件，每个电子文件的大小不超过4M，单个随附单证超过4M时可拆分成多个文件，电子文件中每页大小不超过400K。

（三）文件命名。

电子文件名称长度应在64个字符（32个汉字）以内。

（四）文件签名。

电子文件应有数字签名，内嵌符合Adobe公司发布的PDF标准的签名数据和签名认证证书。数字签名使用的证书须由海关认可的CA（证书签发机构）颁发，其密码算法和操作过程应符合国家密码主管部门的要求。

电子文件应包含与签名数据相关联的可供用户视觉识别的标示图层（视觉图层），即电子文件签名图章，以表明签名数据的存在和电子文件的类别。

（五）文件签名图章格式。

图章属性	格式要求
位置	图章的右、下边界与第一页页面右、下边界重合
尺寸	宽3厘米，高3厘米
内容	第一行："报关专用" 第二行："电子签章" 第三行：文件类别（不超过6个汉字，如"合同""发票""装箱清单""载货清单""提（运）单""委托报关协议""进出口许可证""其他"等）
字体	宋体

续表

图章属性	格式要求
字体大小	第一行和第二行：宽 2.92 毫米，高 8.25 毫米 第三行：宽度 1.78 毫米，高度 8.25 毫米
颜色	红色（R、G、B 值分别为 255、0、0）

三、通过电子文件转换方式形成文件的标准

（一）电子文件使用的字体应该为：

1. 以下 14 种标准字体中的一种或多种：

Times-Roman，Times-Bold，Times-Itali，Times-BoldItalic，Helvetica，Helvetica-Bold，Helvetica-Oblique，Helvetica-BoldOblique，Courier，Courier-Bold，Courier-Oblique，Courier-BoldOblique，Symbol，ZapfDingbats。

2. 其他 TrueType 格式的字体。

（二）电子文件中引用的 TrueType 字体描述数据应做子集化（Subset）处理后嵌入到电子文件中。

（三）文件中不应有空白页。

四、通过扫描方式形成文件的标准

（一）分辨率。

扫描分辨率为 200dpi 或以上，推荐使用 200dpi 分辨率。

（二）色深。

扫描图像的色深为 1bit（黑白）或 24bit（彩色）。

（三）文件中不应有空白页。

（四）扫描图像应端正，平铺到整个页面范围，不应有噪点、黑边等。

海关总署关于不再验核《外商投资企业批准证书》的公告

（海关总署公告 2019 年第 226 号）

为保证《外商投资法》及《外商投资法实施条例》的实施，商务主管部门自 2020 年 1 月 1 日不再颁发《外商投资企业批准证书》。外商投资国际货物运输代理企业在申请办理进出境快件代理报关业务以及外商投资进出口货物收发货人在向海关办理注销手续时，海关不再验核《外商投资企业批准证书》。

本公告自 2020 年 1 月 1 日起施行。

海关总署

二〇一九年十二月二十七日

海关总署关于《中华人民共和国海关进出口货物减免税管理办法》实施有关事项的公告

（海关总署公告 2021 年第 16 号）

《中华人民共和国海关进出口货物减免税管理办法》（海关总署令第 245 号，以下简称《办法》）于 2020 年 12 月 21 日发布，自 2021 年 3 月 1 日起施行，现将有关事项公告如下：

一、《办法》第五条中“受理减免税审核确认申请之日”是指：减免税申请人递交的申请材料符合规定，海关予以受理的，海关收到申请材料之日为受理之日；减免税申请人提交的申请材料不齐全或者不符合规定的，海关一次性告知减免税申请人需要补正的有关材料，海关收到全部补正的申请材料之日为受理之日。

减免税申请人不按规定向海关提交齐全、有效、填报规范的申请材料的，海关不予受理。

二、对于部分实行免税额度管理的税收政策，减免税申请人将该政策项下的减免税货物转让给进口同一货物享受同等减免税优惠待遇的其他单位的，转出申请人的减免税额度不予恢复，转入申请人的减免税额度按照海关审定的货物结转时的价格、数量或者应缴税款予以扣减。

减免税货物因品质或者规格原因原状退运出境，减免税申请人以无代价抵偿方式进口同一类型货物的，减免税额度不予恢复；未以无代价抵偿方式进口同一类型货物的，减免税申请人在原减免税货物退运出境之日起 3 个月内向海关提出申请，经海关审核同意，减免税额度可以恢复。

对于其他提前解除监管的情形，减免税额度不予恢复。

三、《办法》第六条、第七条规定的《中华人民共和国海关进出口货物征免税确认通知书》变更、撤销和延期，其办理时限参照《办法》第五条规定时限执行。

四、《办法》第十九条规定的将减免税货物退运出境或出口，报关单的“监管方式”栏目应按照贸易实际进行填报。

五、2021 年 3 月 1 日前海关已出具且在有效期内的《中华人民共和国海关进出口货物征免税证明》和《中华人民共和国海关准予办理减免税货物税款担保证明》，仍可以继续使用。

六、《办法》执行过程中涉及的法律文书及相关报表格式文本详见附件 1—23。

七、本公告自 2021 年 3 月 1 日起实施。

特此公告。

附件：法律文书及相关报表格式文本

海关总署

二〇二一年二月二十四日

附件 1

进出口货物征免税申请表

<table>
<tr><td colspan="2">减免税申请人
海关注册编码/统一社会信用代码</td><td colspan="2">减免税申请人种类
种类代码</td><td colspan="2">减免税申请人
市场主体类型</td><td colspan="2">减免税申请人
市场主体代码</td></tr>
<tr><td colspan="2">收发货人
海关注册编码/统一社会信用代码</td><td colspan="2">受委托人
海关注册编码/统一社会信用代码</td><td colspan="4">减免税申请人所在地</td></tr>
<tr><td colspan="6">是否已递交《减免税货物使用状况报告书》 ☐ 需要递交，已经递交
☐ 需要递交，暂未递交 ☐ 无须报告</td><td>征免性质/代码</td><td></td></tr>
<tr><td>项目信息编号</td><td></td><td>注册资本</td><td></td><td>注册资本币制</td><td></td><td>项目名称</td><td></td></tr>
<tr><td>项目主管部门/代码</td><td></td><td>项目性质/代码</td><td></td><td>项目批文号</td><td></td><td>产业政策条目/代码</td><td></td></tr>
<tr><td>境外投资者</td><td></td><td>外方国别</td><td></td><td>投资比例</td><td></td><td>项目所在地</td><td></td></tr>
<tr><td>立项日期</td><td></td><td>开始日期</td><td></td><td>结束日期</td><td></td><td>减免税额度（数量）</td><td></td></tr>
<tr><td>投资总额</td><td></td><td>币制</td><td></td><td>用汇额度（美元）</td><td></td><td>减免税额度（美元）</td><td></td></tr>
<tr><td>项目信息备注</td><td colspan="7"></td></tr>
<tr><td>申报地海关/代码</td><td></td><td>进（出）口岸</td><td></td><td>合同协议号</td><td></td><td>政策依据</td><td></td></tr>
<tr><td>成交方式</td><td></td><td>免税物资确认表</td><td></td><td>确认表有效期</td><td></td><td>免税物资主管单位</td><td></td></tr>
<tr><td>是否已申报进口</td><td colspan="2">☐ 是 ☐ 否</td><td colspan="5">报关单编号：（已申报进口货物填写）</td></tr>
<tr><td>使用地点</td><td colspan="7"></td></tr>
</table>

项号	商品编号	商品名称	规格型号	申报数量	申报计量单位	总价	币制	原产国（地区）
1								
2								
3								
4								
5								

<table>
<tr><td>商品信息备注</td><td></td></tr>
<tr><td>联系人</td><td rowspan="2">我公司（单位）承诺向海关所提交的申请材料以及本表所填报内容真实、准确、完整，并对其承担相应的法律责任。
减免税申请人（签章）： 年 月 日</td></tr>
<tr><td>电话</td></tr>
</table>

附件 2

中华人民共和国海关进出口货物征免税确认通知书

编号：

<table>
<tr><td colspan="3">减免税申请人</td><td colspan="3">征免性质/代码</td><td colspan="5">政策依据</td></tr>
<tr><td colspan="3">征免税确认日期　　年　月　日</td><td colspan="8">有效期至　　　年　　月　　日止</td></tr>
<tr><td colspan="2">进（出）口岸</td><td>申报地海关</td><td>成交方式</td><td colspan="2">合同协议号</td><td colspan="5">项目性质</td></tr>
<tr><td rowspan="2">项号</td><td rowspan="2">商品编号</td><td rowspan="2">商品名称</td><td rowspan="2">规格型号</td><td rowspan="2">申报数量</td><td rowspan="2">计量单位</td><td rowspan="2">总价</td><td rowspan="2">币制</td><td colspan="3">主管海关确认征减免意见</td></tr>
<tr><td>关税</td><td>增值税</td><td>其他</td></tr>
<tr><td>1</td><td></td><td></td><td></td><td></td><td></td><td></td><td></td><td></td><td></td><td></td></tr>
<tr><td>2</td><td></td><td></td><td></td><td></td><td></td><td></td><td></td><td></td><td></td><td></td></tr>
<tr><td>3</td><td></td><td></td><td></td><td></td><td></td><td></td><td></td><td></td><td></td><td></td></tr>
<tr><td>4</td><td></td><td></td><td></td><td></td><td></td><td></td><td></td><td></td><td></td><td></td></tr>
<tr><td>5</td><td></td><td></td><td></td><td></td><td></td><td></td><td></td><td></td><td></td><td></td></tr>
<tr><td colspan="2">减免税货物使用地点</td><td colspan="9"></td></tr>
<tr><td colspan="2">备注</td><td colspan="9"></td></tr>
<tr><td colspan="2">主管海关盖章：

年　　月　　日</td><td colspan="2">申报地海关批注：

年　　月　　日</td><td colspan="7">注意事项及权利义务提示：
1. 本通知书使用一次有效。不同批次申报进口的货物应分别办理减免税审核确认手续。
2. 减免税申请人应当在本通知书有效期内向申报地海关办理有关进出口货物征减免税相关手续。如需延期，应当在有效期内向主管海关办理延期手续。
3. 在海关监管年限内，减免税申请人应当按照海关规定保管、使用减免税货物，并依法接受海关监管。
4. 减免税申请人对主管海关确认的征减免意见不服的，依照《中华人民共和国行政复议法》第九条、第十二条、第十六条，《中华人民共和国海关法》第六十四条之规定，可以在本通知书制发之日起六十日内向上一级海关申请行政复议；对复议决定仍不服的，依照《中华人民共和国行政诉讼法》第四十五条之规定，可以自收到复议决定书之日起十五日内，向人民法院提起诉讼。</td></tr>
</table>

附件 3

变更（撤销）征免税确认通知书申请书

__________海关：

现申请变更（撤销）编号为：__________的《征免税确认通知书》① 有关内容。

□申请变更

申请变更内容：

变更原因：

□申请撤销

申请撤销原因：

减免税申请人（签章）

年　　月　　日

附件 4

减免税货物税款担保申请表

<table>
<tr><td colspan="2">减免税申请人海关注册编码</td><td></td><td colspan="2">减免税申请人统一社会信用代码</td><td colspan="2"></td></tr>
<tr><td colspan="2">减免税申请人名称</td><td colspan="2"></td><td>主管海关</td><td colspan="2"></td></tr>
<tr><td>申报地海关</td><td></td><td>进（出）口岸</td><td></td><td>合同协议号</td><td colspan="2"></td></tr>
<tr><td>序号</td><td>商品名称</td><td>规格型号</td><td>数量</td><td>单位</td><td>总价</td><td>币制</td></tr>
<tr><td></td><td></td><td></td><td></td><td></td><td></td><td></td></tr>
<tr><td></td><td></td><td></td><td></td><td></td><td></td><td></td></tr>
<tr><td></td><td></td><td></td><td></td><td></td><td></td><td></td></tr>
<tr><td></td><td></td><td></td><td></td><td></td><td></td><td></td></tr>
<tr><td></td><td></td><td></td><td></td><td></td><td></td><td></td></tr>
<tr><td colspan="2">申请税款担保原因</td><td colspan="5">□税收优惠政策或其实施措施规定可以办理税款担保　□ 减免税审核确认手续正在办理中
□税收优惠政策已经国务院批准，具体实施措施尚未明确　□ 其他经海关总署核准的情形</td></tr>
<tr><td colspan="2">备注</td><td colspan="5"></td></tr>
<tr><td colspan="7">我公司（单位）承诺按相关税收政策要求保管和使用凭税款担保先予放行的货物。
减免税申请人（签章）
年　月　日</td></tr>
</table>

① 编者注：为与公告原文一致，

附件 5

中华人民共和国海关准予办理减免税货物税款担保通知书

编号：

主管海关			
减免税申请人			
申报地海关		进（出）口岸	
政策依据			
合同协议号			
担保原因			
准予担保期限	自　　年　　月　　日至　　年　　月　　日止		
备注			

序号	商品名称	数量	单位	单价	总价	币制

注：本通知书载明的减免税货物准予担保期限是指减免税货物可以凭税款担保先予放行的期限，减免税申请人在减免税货物准予担保期限届满前取得《征免税确认通知书》的，应当向申报地海关办理征税、减税或者免税相关手续，申报地海关应当解除税款担保。

海关（盖章）

年　　月　　日

附件 6

中华人民共和国海关不准予办理减免税货物税款担保通知书

编号：

______________公司（单位）：

你公司（单位）所递交的__________减免税货物税款担保申请，不符合《中华人民共和国海关进出口货物减免税管理办法》第九条规定的情形，不予办理减免税货物税款担保。

如不服本决定，依照《中华人民共和国行政复议法》第九条、第十二条、第十六条，《中华人民共和国海关法》第六十四条之规定，可以自本通知书制发之日起六十日内向上一级海关申请行政复议，对复议决定仍不服的，依照《中华人民共和国行政诉讼法》第四十五条之规定，可以自收到复议决定书之日起十五日内，向人民法院提起诉讼。

海关（盖章）

年　　月　　日

备注：

附件 7

减免税货物使用状况报告书

__________海关：

现将我公司（单位）在海关监管年限内的进口减免税货物在________年度的使用情况（详见附表）报送你关。我公司（单位）保证报告内容真实、完整，并愿承担因未如实申报产生的法律责任。

联系人：

联系电话：

法定代表人签字（盖章）：__________　　减免税申请人（签章）：__________

年　　月　　日

附表：1　减免税货物使用情况年报表

　　　2　减免税货物使用情况表

附表 1

减免税货物使用情况年报表

主管海关：__________

报告内容	具体情况	
1. 减免税货物使用地点及使用情况	□正常 □有变化 如有变化，请填《减免税货物使用变化情况表》，详见附表 2-1	
2. 减免税货物抵押、转让、移作他用或进行其他处置情况	□无 □有 如有，请填《减免税货物使用变化情况表》，详见附表 2-1	
3. 实际进口减免税货物的规格型号、技术参数是否与办理减免税手续时提供的相同	□是 □否 如否，请填《减免税货物实际进口时变化情况表》，详见附表 2-2	
4. 减免税申请人发生分立、合并、股东变更、改制、更名等情况	□无 □有 如有，请填《减免税申请人变更情况表》，详见附表 2-3	
5. 减免税货物是否按规定已入本单位固定资产账或进行登记管理	□是 □否 如否，请填《减免税货物未按规定计入固定资产或未进行登记管理情况表》，详见附表 2-4	
6. 其他需要向海关说明的情况		
7. 联系人：	固定电话	
	移动电话	
	传真	
	电子邮箱	
8. 申明：我公司（单位）保证报告内容真实、完整，并愿承担因未如实申报产生的法律责任。 减免税申请人（签章） 年　　月　　日		

注：1. 每年 1 月 1 日至 6 月 30 日需填报上一年度内处于海关监管年限内的减免税货物在该年度的使用状况报告。

2. 填报内容提交后系统不允许修改。

附表 2-1

减免税货物使用变化情况表

序号	商品名称	数量	征免税确认通知书编号	商品项号	报关单号	进口放行日期	使用状况变化情况	是否经主管海关审核同意	备注

注：1. 如已经主管海关审核同意，需在备注栏填写海关审核同意的文书编号。

2. 填写的使用状况变化情况内容，应包括变化发生的时间。

附表 2-2

减免税货物实际进口时变化情况表

序号	减免税申请时			实际进口时			征免税确认通知书编号	报关单编号	商品项号	进口放行日期	是否已向主管海关报告
	商品名称	规格型号技术参数	数量	商品名称	规格型号技术参数	数量					

附表 2-3

减免税申请人变更情况表

序号	变更情形（注 1）	变更时间	变更内容		原减免税申请人		变更后权利义务承受人		是否已向主管海关报告	报告变更日期
			原申请内容（注 2）	变更后发生变化的申请内容	名称	统一社会信用代码	名称	统一社会信用代码		

注：1. 变更情形栏请填写变更情形编号：1-更名，2-改制，3-股东变更，4-合并，5-分立，6-其他变更情形。因合并或分立导致表格需填写多行记录的，请将需填写的每一行的所有内容补充完整。

2. 原申请内容填写变更前原减免税申请人办理减免税手续时向海关申报的有关内容（指与变更后发生变化的内容相对应的项）。

附表 2-4

减免税货物未按规定计入固定资产或未进行登记管理情况表

序号	商品名称	规格型号	数量	征免税确认通知书编号	商品项号	未按规定计入固定资产或未进行登记管理的情况说明	进口放行日期

附件 8

减免税货物变更使用地点申请表

<table>
<tr><td colspan="2" rowspan="2">减免税申请人名称</td><td rowspan="2"></td><td>海关注册编码</td><td colspan="2"></td><td>联系人</td><td colspan="3"></td></tr>
<tr><td>统一社会信用代码</td><td colspan="2"></td><td>联系电话</td><td colspan="3"></td></tr>
<tr><td>序号</td><td>征免税确认通知书编号</td><td>商品项号</td><td>商品名称</td><td>规格型号</td><td>数量</td><td>单位</td><td>总价</td><td>币制</td><td>进口放行日期</td></tr>
<tr><td></td><td></td><td></td><td></td><td></td><td></td><td></td><td></td><td></td><td></td></tr>
<tr><td></td><td></td><td></td><td></td><td></td><td></td><td></td><td></td><td></td><td></td></tr>
<tr><td></td><td></td><td></td><td></td><td></td><td></td><td></td><td></td><td></td><td></td></tr>
<tr><td></td><td></td><td></td><td></td><td></td><td></td><td></td><td></td><td></td><td></td></tr>
<tr><td></td><td></td><td></td><td></td><td></td><td></td><td></td><td></td><td></td><td></td></tr>
<tr><td colspan="2">原使用地点</td><td colspan="2"></td><td colspan="2">变更后使用地点</td><td colspan="4"></td></tr>
<tr><td colspan="2">变更使用地点理由</td><td colspan="8"></td></tr>
<tr><td colspan="2">备注</td><td colspan="8"></td></tr>
<tr><td colspan="10">减免税申请人（签章）
年　月　日</td></tr>
</table>

附件 9

减免税货物异地监管申请表

<table>
<tr><td colspan="2" rowspan="2">减免税申请人名称</td><td rowspan="2"></td><td>海关注册编码</td><td colspan="2"></td><td>联系人</td><td colspan="3"></td></tr>
<tr><td>统一社会信用代码</td><td colspan="2"></td><td>联系电话</td><td colspan="3"></td></tr>
<tr><td colspan="2">异地单位或机构名称</td><td></td><td>联系人/联系电话</td><td colspan="2"></td><td>异地监管海关</td><td colspan="3"></td></tr>
<tr><td>序号</td><td>征免税确认通知书编号</td><td>商品项号</td><td>商品名称</td><td>规格型号</td><td>数量</td><td>单位</td><td>总价</td><td>币制</td><td>进口放行日期</td></tr>
<tr><td></td><td></td><td></td><td></td><td></td><td></td><td></td><td></td><td></td><td></td></tr>
<tr><td></td><td></td><td></td><td></td><td></td><td></td><td></td><td></td><td></td><td></td></tr>
<tr><td></td><td></td><td></td><td></td><td></td><td></td><td></td><td></td><td></td><td></td></tr>
<tr><td></td><td></td><td></td><td></td><td></td><td></td><td></td><td></td><td></td><td></td></tr>
<tr><td></td><td></td><td></td><td></td><td></td><td></td><td></td><td></td><td></td><td></td></tr>
<tr><td colspan="2">申请异地使用理由</td><td colspan="8"></td></tr>
<tr><td colspan="2">备注</td><td colspan="8"></td></tr>
<tr><td colspan="10">减免税申请人（签章）
年　月　日</td></tr>
</table>

附件 10

中华人民共和国海关同意减免税货物异地监管通知书

编号：

__________公司（单位）：

经审核，同意你公司（单位）下列减免税货物（详见清单）异地监管，异地监管海关：__________。

序号	征免税确认通知书编号	商品项号	商品名称	规格型号	数量	单位	总价	币制	进口放行日期
备注									
海关（盖章） 年　月　日									

提示：异地使用结束后，减免税申请人应当及时向异地监管海关申请办结异地监管手续。

附件 11

减免税货物退运（出口）申请表

减免税申请人名称			海关注册编码			联系人			
			统一社会信用代码			联系电话			
序号	征免税确认通知书编号	商品项号	商品名称	规格型号	数量	单位	总价	币制	进口放行日期
申请原因		☐退运　☐ 出口							
备注									
减免税申请人（签章） 年　月　日									

附件 12

中华人民共和国海关同意减免税货物退运（出口）通知书

编号：

___________公司（单位）：

经审核，同意你公司（单位）下列减免税货物退运出境（出口）。___________。

序号	征免税确认通知书编号	商品项号	商品名称	规格型号	数量	单位	总价	币制	进口放行日期
备注									
海关（盖章） 年 月 日									

注：减免税货物退运或者出口后自动解除监管，减免税申请人应及时将出口报关单编号告知主管海关。

附件 13

减免税货物解除监管证明申领表

减免税申请人名称			海关注册编码			联系人			
			统一社会信用代码			联系电话			
序号	征免税确认通知书编号	商品项号	商品名称	规格型号	数量	单位	总价	币制	解除监管日期
解除监管的情形		□已办理补税手续，补税税单编号___________； □减免税货物已结转，转入方《征免税确认通知书》编号___________； □减免税货物已退运、出口，报关单编号___________； □其他___________。							
备注									
减免税申请人（签章） 年 月 日									

附件 14

中华人民共和国海关进口减免税货物解除监管证明

编号：

__________公司（单位）：

根据海关规定，你公司（单位）下列减免税货物已解除海关监管，特此证明。

序号	征免税确认通知书编号	商品项号	商品名称	规格型号	数量	单位	总价	币制	解除监管日期

海关（盖章）

年　月　日

附件 15

减免税货物贷款抵押申请表

<table>
<tr><td colspan="2">减免税申请人名称</td><td colspan="2"></td><td>海关注册编码</td><td colspan="2"></td><td colspan="2">统一社会信用代码</td><td></td></tr>
<tr><td colspan="2">金融机构名称</td><td colspan="2"></td><td>申请抵押期限</td><td colspan="5">年　月　日至　年　月　日</td></tr>
<tr><td>序号</td><td>征免税确认通知书编号</td><td>商品项号</td><td>商品名称</td><td>规格型号</td><td>数量</td><td>单位</td><td>总价</td><td>币制</td><td>进口放行日期</td></tr>
<tr><td></td><td></td><td></td><td></td><td></td><td></td><td></td><td></td><td></td><td></td></tr>
<tr><td></td><td></td><td></td><td></td><td></td><td></td><td></td><td></td><td></td><td></td></tr>
<tr><td></td><td></td><td></td><td></td><td></td><td></td><td></td><td></td><td></td><td></td></tr>
<tr><td></td><td></td><td></td><td></td><td></td><td></td><td></td><td></td><td></td><td></td></tr>
<tr><td></td><td></td><td></td><td></td><td></td><td></td><td></td><td></td><td></td><td></td></tr>
<tr><td colspan="2">申请事项说明</td><td colspan="8"></td></tr>
<tr><td colspan="2">备注</td><td colspan="8"></td></tr>
<tr><td colspan="10">我公司（单位）承诺不将减免税货物向银行和非银行金融机构以外的自然人、法人或非法人组织办理贷款抵押。
减免税申请人（签章）
年　月　日</td></tr>
</table>

附件 16

中华人民共和国海关准予办理减免税货物贷款抵押通知书

编号：

______________公司（单位）：

经审核，同意你公司（单位）以海关监管年限内价值________元的减免税货物（详见清单），向__________（填写金融机构名称）办理贷款抵押。

一、抵押期限为______年______月______日至______年______月______日止。

二、你公司（单位）应当于正式签订抵押合同、贷款合同之日起 30 日内，将抵押合同、贷款合同提交主管海关备案。抵押合同、贷款合同的签订日期不是同一日的，按照后签订的日期计算本条规定的备案时限。

三、当抵押贷款无法清偿，需要以减免税货物折/变价抵偿贷款时，你公司（单位）应当先补缴税款。

四、抵押权人对抵押物进行实际处理时，你公司（单位）或抵押权人应当事先向主管海关办理减免税货物的补缴税款手续。

五、你公司（单位）应当在贷款抵押期限届满之日起 20 日内向主管海关申请办理销案手续。

六、贷款抵押需要延期的，你公司（单位）应当在海关同意的贷款抵押期限届满前向主管海关办理贷款抵押的延期手续。

附表：__________海关准予贷款抵押货物清单

海关（盖章）

年　月　日

附表

__________海关准予贷款抵押货物清单

编号：

序号	征免税确认通知书编号	贷款抵押货物名称	规格型号	数量	单位	总价	币制	进口放行日期	备注

附件 17

中华人民共和国海关不准予办理减免税货物贷款抵押通知书

编号：

__________公司（单位）：

你公司（单位）递交的__________减免税货物贷款抵押申请，不符合《中华人民共和国海关进出口货物减免税管理办法》相关规定，海关不准予办理减免税货物贷款抵押。

如不服本决定，依照《中华人民共和国行政复议法》第九条、第十二条、第十六条，《中华人民共和国海关法》第六十四条之规定，可以自本通知书制发之日起六十日内向上一级海关申请行政复议，对复议决定仍不服的，依照《中华人民共和国行政诉讼法》第四十五条之规定，可以自收到复议决定书之日起十五日内，向人民法院提起诉讼。

海关（盖章）

年　　月　　日

备注

附件 18

减免税货物贷款抵押延期申请表

减免税申请人名称			海关注册编码			准予减免税货物贷款抵押通知书编号				
			统一社会信用代码							
金融机构			申请贷款抵押延长期限			年　月　日至　年　月　日				
序号	征免税确认通知书编号	商品项号	商品名称	规格型号		数量	单位	总价	币制	进口放行日期
申请事项说明										
备注										

减免税申请人（签章）

年　　月　　日

附件 19

中华人民共和国海关准予办理减免税货物贷款抵押延期通知书

编号：

__________公司（单位）：

经审核，同意你公司（单位）以海关监管年限内价值__________元的减免税货物（详见附表）办理贷款抵押延期，原准予减免税货物贷款抵押通知书编号：__________，延长期限为_____年_____月_____日至_____年_____月_____日止。

附表：__________海关准予贷款抵押延期货物清单

海关（盖章）
年　月　日

附表

__________海关准予贷款抵押延期货物清单

编号：

序号	征免税确认通知书编号	贷款抵押货物名称	规格型号	数量	单位	总价	币制	进口放行日期	备注

附件 20

中华人民共和国海关不准予办理减免税货物贷款抵押延期通知书

编号：

__________公司（单位）：

你公司（单位）递交的__________减免税货物贷款抵押延期申请，不符合《中华人民共和国海关进出口货物减免税管理办法》相关规定，我关不准予办理减免税货物贷款抵押延期。

如不服本决定，依照《中华人民共和国行政复议法》第九条、第十二条、第十六条，《中华人民共和国海关法》第六十四条之规定，可以自本通知书制发之日起六十日内向上一级海关申请行政复议，对复议决定仍不服的，依照《中华人民共和国行政诉讼法》第四十五条之规定，可以自收到复议决定书之日起十五日内，向人民法院提起诉讼。

海关（盖章）
年　月　日

备注	

附件 21

减免税货物结转申请表

<table>
<tr><td colspan="2" rowspan="2">减免税货物转出申请人</td><td colspan="2" rowspan="2"></td><td>海关注册编码</td><td></td><td>联系人</td><td colspan="3"></td></tr>
<tr><td>统一社会信用代码</td><td></td><td>联系电话</td><td colspan="3"></td></tr>
<tr><td colspan="2" rowspan="2">减免税货物转入申请人</td><td colspan="2" rowspan="2"></td><td>海关注册编码</td><td colspan="2"></td><td>联系人</td><td colspan="2"></td></tr>
<tr><td>统一社会信用代码</td><td colspan="2"></td><td>联系电话</td><td colspan="2"></td></tr>
<tr><td colspan="10">转入地主管海关</td></tr>
<tr><td>序号</td><td>征免税确认通知书编号</td><td>商品项号</td><td>商品名称</td><td>规格型号</td><td>数量</td><td>单位</td><td>总价</td><td>币制</td><td>进口放行日期</td></tr>
<tr><td></td><td></td><td></td><td></td><td></td><td></td><td></td><td></td><td></td><td></td></tr>
<tr><td></td><td></td><td></td><td></td><td></td><td></td><td></td><td></td><td></td><td></td></tr>
<tr><td></td><td></td><td></td><td></td><td></td><td></td><td></td><td></td><td></td><td></td></tr>
<tr><td></td><td></td><td></td><td></td><td></td><td></td><td></td><td></td><td></td><td></td></tr>
<tr><td></td><td></td><td></td><td></td><td></td><td></td><td></td><td></td><td></td><td></td></tr>
<tr><td>备注</td><td colspan="9"></td></tr>
<tr><td colspan="10">减免税货物转出申请人（签章）
年　　月　　日</td></tr>
</table>

附件 22

减免税货物补税申请表

<table>
<tr><td colspan="2" rowspan="2">减免税申请人名称</td><td colspan="2" rowspan="2"></td><td>海关注册编码</td><td colspan="2"></td><td>联系人</td><td colspan="2"></td></tr>
<tr><td>统一社会信用代码</td><td colspan="2"></td><td>联系电话</td><td colspan="2"></td></tr>
<tr><td colspan="2">补税原因</td><td colspan="8">☐ 转让给不享受同等减免税优惠待遇的其他单位；　☐ 提前解除监管；
☐ 减免税申请人终止；　☐ 移作他用；
☐ 主体变更；　☐ 其他（请填写具体原因）：</td></tr>
<tr><td>序号</td><td>征免税确认通知书编号</td><td>商品项号</td><td>商品名称</td><td>规格型号</td><td>数量</td><td>单位</td><td>原商品总价</td><td>币制</td><td>进口放行日期</td></tr>
<tr><td></td><td></td><td></td><td></td><td></td><td></td><td></td><td></td><td></td><td></td></tr>
<tr><td></td><td></td><td></td><td></td><td></td><td></td><td></td><td></td><td></td><td></td></tr>
<tr><td></td><td></td><td></td><td></td><td></td><td></td><td></td><td></td><td></td><td></td></tr>
<tr><td></td><td></td><td></td><td></td><td></td><td></td><td></td><td></td><td></td><td></td></tr>
<tr><td></td><td></td><td></td><td></td><td></td><td></td><td></td><td></td><td></td><td></td></tr>
<tr><td>备注</td><td colspan="9"></td></tr>
<tr><td colspan="10">减免税申请人（签章）
年　　月　　日</td></tr>
</table>

附件 23

减免税货物补税通知单

编号：

____________公司（单位）：

你公司（单位）下列减免税货物因____________原因，根据《中华人民共和国进出口关税条例》《中华人民共和国海关进出口货物减免税管理办法》相关规定，需要向海关补缴税款。请凭本通知单、报关单及有关单证向海关办理补税手续。

序号	征免税确认通知书编号	商品项号	商品名称	规格型号	数量	单位	总价	币制	进口放行日期	减免税货物使用时间

注：1. 属于《中华人民共和国海关进出口货物减免税管理办法》第二十九条规定的补税情形，减免税货物使用时间为减免税货物已进口时间（月）；

2. 属于《中华人民共和国海关进出口货物减免税管理办法》第三十二条规定的补税情形，减免税货物使用时间为减免税货物需要补缴税款的时间（天）。

海关（盖章）

年　月　日

海关总署关于调整“国批减免”征免性质等有关事宜的通知

（署税发〔2019〕22 号）

广东分署，各直属海关：

为便于进口税收优惠政策实施情况的统计分析，总署决定对原适用“国批减免”征免性质的部分进口税收优惠政策项下进口货物，单独设立征免性质并明确其对应的监管方式（详见附件）。同时，对总署印发的有关进口税收优惠政策执行文件中涉及征免性质和监管方式的有关内容予以调整。现将有关事宜通知如下：

一、自 2019 年 2 月 1 日起，减免税申请人或其代理人在本通知附件所列进口税收优惠政策项下向海关办理有关货物的减免税审核确认手续和进口报关手续时，应按本通知附件所列调整后的征免性质及代码、对应的监管方式及代码填写“征免性质”和“监管方式”等栏目。

对此前已申报进口并在本通知附件所列有关进口税收优惠政策项下办理了凭税款担保先予放行货物手续的，减免税申请人或其代理人在向海关办理该货物的减免税审核确认手续时，《进出口货物征免税申请表》中“征免性质”栏目仍填写原征免性质“国批减免”。

对此前主管海关已出具但尚未使用的有关《进出口货物征免税证明》，请各主管海关将该《进出口货物征免税证明》予以作废，并重新出具。

二、将《海关总署关于科普单位2016年—2020年进口自用科普影视作品税收优惠政策有关问题的通知》（署税发〔2016〕168号）第四条内容调整为："四、科普单位进口自用科普影视作品的减免税审核确认手续纳入《减免税管理系统》管理。征免性质为：科普影视（代码：705）；监管方式为：一般贸易（代码：0110），暂时进出货物（代码：2600），租赁贸易（代码：1523），租赁不满一年（代码：1500），租赁征税（代码：9800）。"

三、将《海关总署关于执行"十三五"期间勘探开发煤层气项目进口物资税收优惠政策有关问题的通知》（署税发〔2017〕23号）第五条内容调整为："五、上述减免税审核确认手续纳入《减免税管理系统》管理，征免性质为：勘探开发煤层气（代码：605）；监管方式为：一般贸易（代码：0110）、暂时进出货物（代码：2600）、租赁贸易（代码：1523）、租赁不满一年（代码：1500），租赁征税（代码：9800）。"

特此通知。

附件　调整后的有关征免性质和对应的监管方式

海关总署

二〇一九年一月三十一日

附件

调整后的有关征免性质和对应的监管方式

序号	政策名称	政策主要内容及依据	征免性质名称及简称	征免性质定义	征免性质代码	对应的监管方式
1	免征部分饲料和矿物质微量元素舔砖进口环节增值税政策	对进口的部分饲料和矿物质微量元素舔砖免征进口环节增值税。	部分进口饲料、矿物质微量元素舔砖（简称：部分进口饲料）	免征进口环节增值税的部分进口饲料、矿物质微量元素舔砖（税号23099090）。	701	一般贸易（代码：0110）
2	中资"方便旗"船舶回国登记进口税收政策	对2012年12月31日前已在境外办理船舶登记手续，悬挂"方便旗"的中资船舶（中方出资比例不低于50%的船舶），在2016年9月1日至2019年9月1日期间报关进口的，免征关税和进口环节增值税。	回国登记中资"方便旗"船（简称：中资"方便旗"船）	2016年9月1日至2019年9月1日期间申报进口，且在2012年12月31日前已在境外办理船舶登记手续，悬挂"方便旗"的中资船舶（中方出资比例不低于50%的船舶）。	702	一般贸易（代码：0110）
3	国内航空公司进口飞机有关增值税政策	对国内从事航空运输业的航空公司进口空载重量在25吨以上的客货运飞机，减按5%征收进口环节增值税。	国内航空公司进口的空载重量在25吨以上的飞机（简称：航空公司进口飞机）	国内从事航空运输业的航空公司进口的空载重量在25吨以上的飞机。	703	一般贸易（代码：0110）、租赁贸易（代码：1523）、租赁不满一年（代码：1500）、租赁征税（代码：9800）

续表

序号	政策名称	政策主要内容及依据	征免性质名称及简称	征免性质定义	征免性质代码	对应的监管方式
4	租赁企业进口飞机有关税收政策	租赁企业一般贸易项下进口并租给国内航空公司使用的空载重量在25吨以上的飞机，减按5%征收进口环节增值税。	租赁企业进口空载重量在25吨以上的客货运飞机（简称：租赁企业进口飞机）	租赁企业一般贸易项下进口并租给国内航空公司使用的空载重量在25吨以上的飞机。	706	一般贸易（代码：0110）
5	云南省开展罂粟替代种植进口农产品税收政策	对云南省开展罂粟替代种植进口的农产品，在国家核定的进口品种和数量范围内，免征关税和进口环节增值税。	替代种植进口农产品（简称：替代种植农产品）	云南省开展罂粟替代种植进口的在国家核定的进口品种和数量范围内的农产品。	708	一般贸易（代码：0110）

海关总署办公厅关于调整部分征免性质有关事宜的通知

（署办税函〔2020〕7号）

广东分署，各直属海关：

为便于统计和监控分析有关进口税收政策实施情况，总署决定对原适用“国批减免”征免性质的部分进口税收政策项下进口货物单独设立征免性质（见附件1），同时明确部分征免性质适用的监管方式（见附件2）。现将有关事宜通知如下：

一、自2020年4月1日起，减免税申请人向海关申请办理本通知附件1、附件2所列进口税收政策项下货物减免税审核确认和进口报关等手续时，按本通知附件1、附件2所列征免性质、监管方式及其代码填写“征免性质”和“监管方式”栏目。

二、对于2020年4月1日前已申报进口并在本通知附件1所列有关进口税收政策项下办理了凭税款担保先予放行货物手续的，减免税申请人在向海关申请办理减免税审核确认手续时，“征免性质”栏目仍可填写“国批减免”。

对2020年4月1日前在本通知附件1所列有关进口税收政策项下已出具但未核销的《海关进出口货物征免税证明》，主管海关应予以作废并重新出具。

三、请各关宣传解读本通知内容。执行中如遇有问题，请及时向总署（关税司）反映。

特此通知。

附件：1　调整后的有关征免性质及适用的监管方式

2　部分征免性质适用的监管方式

海关总署办公厅

二〇二〇年三月十七日

附件 1

调整后的有关征免性质及适用的监管方式

序号	政策名称	政策主要内容	调整后的征免性质名称及简称	征免性质定义	征免性质代码	适用的监管方式
1	软件生产企业、集成电路设计企业和集成电路生产企业进口设备税收政策	对符合条件的软件生产企业和集成电路设计企业进口所需的自用设备以及按合同随设备进口的技术（含软件）及配套件、备件，以及对符合条件的集成电路生产企业引进集成电路技术、成套生产设备和进口集成电路专用设备与仪器，除相关不予免税的进口商品目录所列商品外，免征关税。	软件生产企业、集成电路设计企业和集成电路生产企业进口设备（简称：软件生产企业和集成电路企业进口设备）	符合条件的软件生产企业、集成电路设计企业进口的自用设备以及按照合同随设备进口的技术（含软件）及配套件、备件；符合条件的集成电路生产企业引进的集成电路技术、成套生产设备和进口集成电路专用设备与仪器。	426	一般贸易（代码：0110）、租赁贸易（代码：1523）、租赁不满1年（代码：1500）、租赁征税（代码：9800）、合资合作设备（代码：2025）、外资设备物品（代码：2225）、其他进出口免费（代码：3339）、暂时进出货物（代码：2600）、加工设备内销（代码：0446）、来料成品减免（代码：0345）、进料成品减免（代码：0744）
2	钻石及上海钻石交易所有关税收政策	自上海钻石交易所销往国内市场的毛坯钻石，免征进口关税和进口环节增值税；自上海钻石交易所销往国内市场的成品钻石，免征进口关税，进口环节增值税实际税负超过4%的部分由海关实行即征即退。	自上海钻石交易所销往国内市场的毛坯钻石和成品钻石（简称：进口钻石）	自上海钻石交易所销往国内市场的毛坯钻石和成品钻石	927	一般贸易（代码：0110）、来料料件内销（代码：0245）、进料料件内销（代码：0644）

附件 2

部分征免性质适用的监管方式

序号	政策名称	征免性质名称及简称	征免性质定义	征免性质代码	适用的监管方式
1	残疾人专用品免征进口税收政策	残疾人专用品（简称：残疾人专用品）	进口的残疾人个人用专用品和国内不能生产的残疾人专用品。	413	一般贸易（代码：0110）、捐赠物资（代码：3612）、其他进出口免费（代码：3339）
2	远洋渔业企业运回自捕水产品不征税政策	远洋渔业自捕水产品（简称：远洋渔业）	远洋渔业企业在公海或按照有关协议规定，在国外海域捕获并运回国内销售的自捕水产品（及其加工制品）	417	其他（代码：9900）

续表

序号	政策名称	征免性质名称及简称	征免性质定义	征免性质代码	适用的监管方式
3	鼓励发展的内外资项目进口设备税收政策	国家鼓励发展的内外资项目进口设备（简称：鼓励项目）	国家鼓励发展的国内投资项目和外商投资项目、中西部地区外商投资优势产业项目以及外商投资设立的研究开发中心在投资总额内进口的自用设备，以及按照合同随设备进口的技术和配套件、备件；外国政府贷款和国际金融组织贷款项目进口的自用设备，以及按照合同随上述设备进口的技术及配套件、备件。	789	一般贸易（代码：0110）、租赁贸易（代码：1523）、租赁不满1年（代码：1500）、租赁征税（代码：9800）、合资合作设备（代码：2025）、外资设备物品（代码：2225）、其他进出口免费（代码：3339）、加工设备内销（代码：0446）、来料成品减免（代码：0345）、进料成品减免（代码：0744）
4		外商投资额度外利用自有资金进口设备、备件、配件（简称：自有资金）	鼓励类外商投资企业、外商投资研究开发中心和中西部地区外商优势产业项目利用投资总额以外的自有资金进行技术改造，在原批准的生产经营范围内对本企业（项目）原有设备（不包括成套设备和生产线）更新或维修，所需进口的自用设备及其配套的技术、配件、备件。	799	一般贸易（代码：0110）、租赁贸易（代码：1523）、租赁不满1年（代码：1500）、租赁征税（代码：9800）、其他进出口免费（代码：3339）、维修物品（代码：1300）、加工设备内销（代码：0446）、来料成品减免（代码：0345）、进料成品减免（代码：0744）

3 科技与科普

3.1 科技创新

国家发展改革委 科学技术部 财政部 海关总署 国家税务总局关于发布《国家企业技术中心认定管理办法》的决定

（国家发展改革委 科学技术部 财政部 海关总署 国家税务总局令2016年第34号）

为贯彻创新驱动发展战略，落实《中共中央国务院关于深化科技体制改革加快国家创新体系建设的意见》，强化企业技术创新主体地位，引导和支持企业增强技术创新能力，健全技术创新市场导向机制，规范国家企业技术中心管理，我们对《国家认定企业技术中心管理办法》（2007年第53号令）进行了修订，在此基础上制定了《国家企业技术中心认定管理办法》，现予发布，自2016年4月1日起实施。《国家认定企业技术中心管理办法》（2007年第53号令）和《鼓励和支持大型企业和企业集团建立技术中心暂行办法》（国经贸〔1993〕261号）同时废止。

国家发展改革委主任 徐绍史
科学技术部部长 万钢
财政部部长 楼继伟
海关总署署长 于广洲
国家税务总局局长 王军
二〇一六年二月二十六日

国家企业技术中心认定管理办法

第一章 总 则

第一条 为深入实施创新驱动发展战略，贯彻落实《中共中央国务院关于深化科技体制改革加快国家创新体系建设的意见》，进一步强化企业技术创新主体地位，引导和支持企业增强技术创新能力，健全技术创新市场导向机制，规范国家企业技术中心管理，依据《中华人民共和国科学技术进步法》，特制定本办法。

第二条 本办法所称企业技术中心，是指企业根据市场竞争需要设立的技术研发与创新机构，负责制定企业技术创新规划、开展产业技术研发、创造运用知识产权、建立技术标准体系、凝聚培养创新人才、构建协同创新网络、推进技术创新全过程实施。

第三条 国家鼓励和支持企业建立技术中心，发挥企业在技术创新中的主体作用，建立健全企业主导产业技术研发创新的体制机制。国家根据创新驱动发展要求和经济结构调整需要，对创新能力强、创新机制好、引领示范作用大、符合条件的企业技术中心予以认定，并给予政策支持，鼓励引导行业骨干企业带动产业技术进步和创新能力提高。

第四条 国家发展改革委、科技部、财政部、海关总署、税务总局负责指导协调国家企业技术中心相关工作。国家发展改革委牵头开展国家企业技术中心的认定与运行评价。

各省、自治区、直辖市、计划单列市及新疆生产建设兵团发展改革部门或地方人民政府指定的部门会同同级管理部门，负责国家企业技术中心的申报、管理等事项。

第二章 国家企业技术中心认定

第五条 国家企业技术中心的认定，原则上每年进行一次。地方政府主管部门根据国家发展改革委通知要求报送申请材料，受理截止日期为当年5月31日。

第六条 国家企业技术中心应当具备以下基本条件：

（一）企业在行业中具有显著的发展优势和竞争优势，具有行业领先的技术创新能力和水平；

（二）企业具有较好的技术创新机制，企业技术中心组织体系健全，创新效率和效益显著；

（三）有较高的研究开发投入，年度研究与试验发展经费支出额不低于1500万元；拥有技术水平高、实践经验丰富的技术带头人，专职研究与试验发展人员数不少于150人；

（四）具有比较完善的研究、开发、试验条件，技术开发仪器设备原值不低于2000万元；有较好的技术积累，重视前沿技术开发，具有开展高水平技术创新活动的能力；

（五）具有省级企业技术中心资格两年以上。

企业在申请受理截止日期前三年内，不得存在下列情况：

（一）因违反海关法及有关法律、行政法规，构成走私行为，受到刑事、行政处罚，或因严重违反海关监管规定受到行政处罚；

（二）因违反税收征管法及有关法律、行政法规，构成偷税、骗取出口退税等严重税收违法行为；

（三）司法、行政机关认定的其他严重违法失信行为。

第七条 地方政府主管部门会同同级管理部门，根据本办法及当年国家发展改革委发布的通知，推荐符合条件的企业技术中心，并将推荐企业技术中心名单及其申请材料（一式二份）报送国家发展改革委。

申请材料主要包括企业技术中心申请报告、评价表及必要的证明材料。

第八条 母公司技术中心已是国家企业技术中心的，地方政府主管部门不得再推荐其下属子公司申请国家企业技术中心。但从事业务领域与母公司不同的子公司，可推荐其申请母公司国家企业技术中心分中心。

子公司技术中心已是国家企业技术中心的，地方政府主管部门在推荐其母公司申请国家企业技术中心时，应在推荐意见中明确提出将其子公司国家企业技术中心调整为分中心或撤销的意见。

国家企业技术中心分中心的申请程序和要求与国家企业技术中心相同。

第九条 国家发展改革委委托第三方机构，依据评价指标体系对地方政府主管部门推荐的企业技术中心申请材料进行初评，并根据初评结果委托第三方机构组织专家评审。

国家发展改革委会同科技部、财政部、海关总署、税务总局，根据专家评审意见以及国家产业政策、国家进口税收税式支出的总体原则及年度方案等综合评估，确认认定结果，并通过国家发展改革委官方网站予以公示。

第十条 国家发展改革委会同科技部、财政部、海关总署、税务总局，在受理地方政府主管部门申报材料之日起90个工作日之内联合发文，向地方政府主管部门及同级管理部门通报认定结果。

第三章 运行评价

第十一条 国家发展改革委会同科技部、财政部、海关总署、税务总局，原则上每两年组织一次国家企业技术中心运行评价。国家发展改革委于评价年度下发评价通知。

地方政府主管部门对国家企业技术中心评价材料真实性出具意见，并于评价年度的 5 月 31 日前将评价材料报送国家发展改革委。

评价材料主要包括国家企业技术中心工作总结、评价表及必要的证明材料。

第十二条 国家发展改革委委托第三方机构，依据评价指标体系，对地方政府主管部门报送的评价材料进行评价，并形成评价结果和评价报告。

第十三条 评价结果分为优秀、良好、基本合格和不合格：

（一）评价得分 90 分及以上为优秀；

（二）评价得分 65 分至 90 分（不含 90 分）为良好；

（三）评价得分 60 分至 65 分（不含 65 分）为基本合格；

（四）评价得分低于 60 分为不合格。

第十四条 国家发展改革委会同科技部、财政部、海关总署、税务总局对评价结果进行确认。国家发展改革委在受理评价材料之日起 70 个工作日内，向地方政府主管部门通报评价结果。

第四章 鼓励政策

第十五条 国家企业技术中心和国家企业技术中心分中心进口科技开发用品按照国家相关税收政策执行。

经海关确认后，国家企业技术中心可按有关规定，将免税进口的科技开发用品放置在其异地非独立法人分支机构使用。

第十六条 国家发展改革委结合企业技术中心创新能力建设、高技术产业化、战略性新兴产业发展等工作，对国家企业技术中心予以支持。

第十七条 国家支持国家企业技术中心承担中央财政科技计划（专项、基金等）的研发任务。

第五章 监督管理

第十八条 地方政府主管部门应于每年 8 月 30 日前，将国家企业技术中心所在企业发生更名、重组等变更情况报送国家发展改革委，同时抄送地方同级管理部门。

第十九条 国家发展改革委会同科技部、财政部、海关总署、税务总局，每年对地方政府主管部门报送的企业变更情况进行确认。其中，对经确认取消国家企业技术中心资格的，自该国家企业技术中心所在企业发生更名、重组等变更之日起，停止享受科技开发用品免征进口税收政策。

第二十条 自国家企业技术中心所在企业发生更名、重组等变更之日起，该企业所属国家企业技术中心进口的有关科技开发用品，经海关审核符合有关规定，可办理凭税款担保放行手续。待国家企业技术中心所在企业更名情况确认后，根据确认结果办理已凭税款担保放行的有关进口科技开发用品的税款征免手续。

第二十一条 母公司技术中心已认定为国家企业技术中心的，其子公司原有国家企业技术中心的资格应予调整。其中，从事业务领域与母公司不同的，可调整为其母公司国家企业技术中心分中心；业务领域与母公司一致的，取消其国家企业技术中心资格。

地方政府主管部门推荐母公司申请国家企业技术中心时，没有提出对其子公司国家企业技术中心调整意见的，视同母公司与子公司业务领域相同。

第二十二条 地方政府主管部门报送的企业材料和数据应当真实可靠。企业提供虚假材料和数据的行为，经核实，将纳入国家统一的信用信息平台。

第二十三条 有下列情况之一的，撤销国家企业技术中心资格：

（一）运行评价不合格；

（二）逾期未报送评价材料；

（三）提供虚假材料和数据；

（四）主要由于技术原因发生重大质量、安全事故；

（五）因违反海关法及有关法律、行政法规，构成走私行为，受到刑事、行政处罚，或因严重违反海关监管规定受到行政处罚；

（六）因违反税收征管法及有关法律、行政法规，构成偷税、骗取出口退税等严重税收违法行为；

（七）司法、行政机关认定的其他严重违法失信行为；

（八）企业被依法终止。

第二十四条 因本办法第二十三条第（一）、（二）项所列原因被撤销国家企业技术中心资格的，自撤销之日起，地方政府主管部门两年内不得再次推荐该企业。

因本办法第二十三条第（三）~（七）项所列原因被撤销国家企业技术中心资格的，自撤销之日起，地方政府主管部门三年内不得再次推荐该企业。

地方政府主管部门负责指导和督促评价基本合格的国家企业技术中心改进工作。

第二十五条 各直属海关对推荐申请国家企业技术中心的企业和国家企业技术中心所在企业是否存在本办法第六条第二款第（一）项、第二十三条第（五）项所列情况进行核查，具体核查要求由海关总署另行确定。

税务机关对推荐申请国家企业技术中心的企业和国家企业技术中心所在企业是否存在本办法第六条第二款第（二）项、第二十三条第（六）项情况进行核查，具体核查要求由税务总局另行确定。

第二十六条 国家发展改革委会同科技部、财政部、海关总署、税务总局联合发文，向地方政府主管部门及同级管理部门通报国家企业技术中心调整、撤销和更名结果。

第六章 附 则

第二十七条 各地方政府主管部门可参考本办法，结合本地实际，在职责范围内依法制定相应政策，支持企业技术中心建设。

第二十八条 本办法涉及的申请材料、评价材料和评价指标体系的内容和要求，由国家发展改革委商科技部、财政部、海关总署、税务总局后另行发布并适时调整。

第二十九条 依据《中华人民共和国政府信息公开条例》，国家企业技术中心认定的相关信息向社会公开。国家企业技术中心的认定、运行评价等，逐步实现网上办理。

第三十条 本办法自2016年4月1日起施行。《鼓励和支持大型企业和企业集团建立技术中心暂行办法》（国经贸〔1993〕261号）和《国家认定企业技术中心管理办法》（第53号令）同时废止。

第三十一条 本办法由国家发展改革委会同科技部、财政部、海关总署、税务总局负责解释。

科学技术部 国家发展改革委 财政部关于印发《国家重大科研基础设施和大型科研仪器开放共享管理办法》的通知

（国科发基〔2017〕289号）

各省、自治区、直辖市及计划单列市科技厅（委、局）、财政厅（局），新疆生产建设兵团科技局、财务局，国务院有关部委、有关直属机构，有关单位：

为落实《国务院关于国家重大科研基础设施和大型科研仪器向社会开放的意见》（国发〔2014〕70号），推动国家重大科研基础设施和大型科研仪器的开放共享，科技部、国家发展改革委、财政部三部门共同研究制定了《国家重大科研基础设施和大型科研仪器开放共享管理办法》。现印发你们，请遵照执行。

科学技术部
国家发展改革委
财政部
二〇一七年九月二十日

国家重大科研基础设施和大型科研仪器开放共享管理办法

第一章 总 则

第一条 为推动国家重大科研基础设施和大型科研仪器的开放共享，充分释放服务潜能，提高使用效率，根据《中华人民共和国科学技术进步法》《国务院关于国家重大科研基础设施和大型科研仪器向社会开放的意见》（国发〔2014〕70号），制定本办法。

第二条 本办法所指的国家重大科研基础设施和大型科研仪器（以下简称科研设施与仪器）主要包括政府预算资金投入建设和购置的用于科学研究和技术开发活动的各类重大科研基础设施和单台套价值在50万元及以上的科学仪器设备。

对于单台套价值在50万元以下的科学仪器设备，由管理单位自愿申报，主管部门择优纳入国家网络管理平台。

第三条 本办法所称管理单位是指科研设施与仪器所依托管理的法人单位。

本办法适用于中央级研究开发机构、高等院校以及其他机构。

第四条 本规定所称的开放共享，是指管理单位将科研设施与仪器向社会开放，由其他单位、个人用于科学研究和技术开发的行为。

第五条 科研设施与仪器原则上都应当对社会开放共享，为其他高校、科研院所、企业、社会研发组织以及个人等社会用户提供服务，尤其要为创新创业、中小微企业发展提供支撑保障。法律法规另有特殊规定的除外。

第六条 免税进口仪器设备纳入国家网络管理平台对外开放，应符合国家的有关规定。对于纳入国家网络管理平台统一管理、符合支持科技创新进口税收政策规定的免税进口的科学仪器设备，在符合监管的条件下准予用于其他单位的科学研究、科技开发和教学活动，未经海关审核同意不得擅自转让、移作他用或者进行其他处置。

第二章 管理职责

第七条 科技部牵头负责科研设施与仪器开放共享的宏观管理与综合协调，其主要职责是：

（1）按国务院要求协调、推动和监督科研设施与仪器开放共享工作；

（2）研究制定科研设施与仪器开放共享的政策措施和标准规范；

（3）会同有关部门建立和管理科研设施与仪器国家网络管理平台，指导管理单位建立在线服务平台；

（4）会同有关部门建立考核评价制度，组织开展科研设施与仪器开放共享评价考核工作。

第八条 财政部协同推动科研设施与仪器的开放共享工作，主要职责是：

（1）会同有关部门开展科研设施与仪器开放共享的评价考核工作；

（2）依据评价考核结果对科研设施与仪器开放效果好、用户评价高的管理单位通过后补助机制予以支持；

（3）会同有关部门，根据评价考核结果，推动科研设施与仪器优化配置。

第九条 国务院有关部门（以下简称主管部门）在推动科研设施与仪器开放共享的主要职责是：

（1）建立健全本部门科研设施与仪器开放共享的政策和规章制度，鼓励直属研究机构、高等院校及其他单位分享仪器设备、实验平台等创新资源；

（2）审核所属管理单位报送至国家网络管理平台的科研设施与仪器相关信息，监督指导本部门所属管理单位的开放共享工作；

（3）组织开展本部门所属管理单位开放共享的评价考核。按照国家开放共享评价考核工作的要求，组织做好相关工作。

第十条 管理单位是科研设施与仪器开放共享的责任主体，主要职责是：

（1）落实国家有关政策要求，制定本单位科研设施与仪器开放共享规章制度；

（2）建立健全科研设施与仪器开放共享的激励和约束机制；

（3）建设科研设施与仪器开放共享在线服务平台；

（4）加强实验技术人才队伍建设；

（5）配合有关部门做好开放共享评价考核工作，并接受社会监督。

第三章 开放共享

第十一条 管理单位应当自科研设施与仪器完成安装使用验收之日起 30 个工作日内，将符合开放条件的科研设施与仪器的有关信息按照统一标准及要求报送至国家网络管理平台。报送采取网络上传方式，需经上级行政主管部门审核。

第十二条 管理单位应按照统一的标准规范建立在线服务平台，把科研设施与仪器纳入国家网络管理平台统一管理，公布科研设施与仪器目录、开放共享管理制度、服务方式、服务内容、服务流程、收费标准等信息，实时提供在线服务。

科研设施与仪器不纳入国家网络管理平台应有正当理由，由管理单位提出申请，经主管部门审核同意后，报科技部备案。

第十三条 管理单位提供开放共享服务，应当与用户订立合同，约定服务内容、知识产权归属、保密要求、损害赔偿、违约责任、争议处理等事项。

第十四条 管理单位提供开放共享服务可按照成本补偿和非营利原则收取费用，开放服务收费标准应采取适当方式向社会公布。行政事业单位相关收入按国有资产有偿使用收入有关规定执行。

第十五条 管理单位要建立完善的科研设施与仪器运行和开放情况记录，每季度向国家网络管理平台报送一次。报送方式和流程参照第十一条规定办理。

第十六条 管理单位应建立和稳定高水平专业化的实验技术队伍，在岗位设置、业务培训、薪酬待遇、职称晋升和评价考核等方面实行富有激励性的政策措施。

第十七条 管理单位应当建立知识产权管理工作机制，保护科研设施与仪器用户身份信息及在使用过程中形成的知识产权和科学数据。

用户独立开展科学实验形成的知识产权由用户自主拥有；用户与管理单位联合开展科学实验形成的知识产权，双方应事先约定知识产权归属或比例。

用户使用科研设施与仪器形成的著作、论文等发表时，应明确标注利用科研设施与仪器情况。

第四章 考核和奖惩

第十八条 科技部会同相关部门按照分类、分级、分步的原则，制定考核标准和办法，组织实施科研设施与仪器开放共享评价考核工作，在国家网络管理平台上公布考核结果。

第十九条 评价考核应按照科研设施与仪器不同类型特点制定相应的考核指标，实施分类考核。国家重大科技基础设施的考核要符合《国家重大科技基础设施管理办法》的有关规定。

第二十条 评价考核采取试点先行、分步实施的方式组织开展。选择科研仪器多、大型仪器集中、开放共享需求大的管理单位先行考核，在取得经验的基础上逐步推开。

第二十一条 财政部会同有关部门，根据评价考核结果和财政预算管理的要求，对开放服务效果好、用户评价高的管理单位，安排后补助经费予以支持，调动管理单位开放共享积极性。

考核结果应作为科研设施与仪器建设和配置的依据。有关部门要结合考核结果和仪器设备资产存量情况，对拟新建设施和新购置仪器开展查重评议工作，避免资源重复建设。

第二十二条 利用政府预算资金购置大型科学仪器、设备后，不履行大型科学仪器、设备等科学技术资源共享使用义务的，由有关主管部门责令改正，对直接负责的主管人员和其他直接责任人员依法给予处分。

第二十三条 对于使用效率低、开放效果差、考核结果较差的管理单位，科技部会同有关部门将给予警告、公开通报并责令其限期整改；并视情节采取核减管理单位修缮购置资金、在申报科技计划（专项、基金）项目时不准购置仪器设备等措施予以约束。

对于通用性强但使用率比较低、开放共享差的科研设施与仪器，可以按规定在部门内或跨部门无偿划拨，管理单位也可以在单位内部调配。

第五章 附 则

第二十四条 本办法由科技部负责解释。

第二十五条 有关部门按照本办法结合实际制定或修订相关管理规定和实施细则。地方可参照本办法执行。

第二十六条 本办法自公布之日起施行。

科学技术部 海关总署关于印发《纳入国家网络管理平台的免税进口科研仪器设备开放共享管理办法（试行）》的通知

（国科发基〔2018〕245号）

各省、自治区、直辖市及计划单列市科技厅（委、局），新疆生产建设兵团科技局，国务院有关部委科技主管单位，广东分署、各直属海关：

为落实《国务院关于国家重大科研基础设施和大型科研仪器向社会开放的意见》（国发〔2014〕70号），推动纳入国家网络管理平台统一管理、享受支持科技创新进口税收政策的免税进口科研仪器设备开放共享，科技部、海关总署研究制定了《纳入国家网络管理平台的免税进口科研仪器设备开放共享管理办法（试行）》。现印发给你们，请遵照执行。

科学技术部 海关总署
二〇一八年十月三十日

纳入国家网络管理平台的免税进口科研仪器设备开放共享管理办法（试行）

第一章 总 则

第一条 为落实《国务院关于国家重大科研基础设施和大型科研仪器向社会开放的意见》（国发〔2014〕70号），推动免税进口科研仪器设备开放共享，根据党中央、国务院关于推进科技领域“放管服”改革的要求，按照“简化程序、优化监管”的原则，依据《财政部 海关总署 国家税务总局关于

“十三五”期间支持科技创新进口税收政策的通知》（财关税〔2016〕70号），制定本办法。

第二条 本办法所称“国家网络管理平台”，是指为推进国家重大科研基础设施和大型科研仪器向社会开放，由科技部会同有关部门和地方建立，用以实现科研仪器配置、管理、服务、监督、评价的统一开放的网络管理平台。

第三条 本办法所称“免税进口科研仪器设备”，是指纳入国家网络管理平台统一管理，享受支持科技创新进口税收政策，处于海关监管年限内的免税进口科研仪器设备（有特殊规定的除外）。

免税进口科研仪器设备海关监管年限届满的，不纳入本办法管理。

第四条 本办法所称“管理单位”，是指免税进口科研仪器设备所依托管理的科学研究机构、技术开发机构和高等学校等法人单位。

管理单位应建立免税进口科研仪器设备开放共享管理制度和开放共享台账，真实准确记录免税进口科研仪器设备用于开放共享的情况；在不涉密条件下，按照数据报送规范如实向国家网络管理平台报送管理单位基本信息（包括变更情况）、开放共享管理制度信息、免税进口科研仪器设备基本信息、开放共享服务记录以及开放共享台账（模板）等相关信息（以下统称“免税进口科研仪器设备开放共享相关信息”）。

第五条 本办法所称“开放共享”，是指管理单位按照《国务院关于国家重大科研基础设施和大型科研仪器向社会开放的意见》、《财政部 海关总署 国家税务总局关于“十三五”期间支持科技创新进口税收政策的通知》及其他有关政策规定，将免税进口科研仪器设备用于其他单位的科学研究、科技开发和教学活动。

管理单位在将免税进口科研仪器设备开放共享前，应按本办法第二章规定办理海关手续。

第六条 科技部负责建设和运行国家网络管理平台，制定发布数据报送规范，指导管理单位建设在线服务平台并按照数据报送规范向国家网络管理平台报送免税进口科研仪器设备开放共享相关信息。

国家网络管理平台向中国电子口岸实时传输管理单位报送的免税进口科研仪器设备开放共享相关信息。

第七条 海关总署指导各直属海关按规定对免税进口科研仪器设备开放共享实施监督管理。

第八条 国务院有关部门以及省、自治区、直辖市、计划单列市和新疆生产建设兵团科技主管部门（以下简称“主管部门”）负责审核确认本部门、本地区管理的管理单位报送至国家网络管理平台的免税进口科研仪器设备开放共享相关信息，监督指导管理单位如实、准确、按时报送相关信息。

第二章 开放共享程序

第九条 管理单位在将免税进口科研仪器设备开放共享服务前，应按规定事先向所在地海关（以下简称“主管海关”）提出申请。

第十条 管理单位符合下列条件的，可向主管海关申请按简易程序办理免税进口科研仪器设备开放共享有关手续：

（一）已建立免税进口科研仪器设备开放共享管理制度；

（二）已建立免税进口科研仪器设备开放共享台账（模板），承诺完整记录开放共享服务时间、服务类型、服务内容、服务对象等情况信息；

（三）已按照数据报送规范，将免税进口仪器设备基本信息报送至国家网络管理平台，并已经主管部门审核。

（四）截至申请之日，近一年内未因违反规定擅自将免税进口科研仪器设备转让、移作他用或者进行其他处置而被处罚，近三年内未因擅自将免税进口科研仪器设备转让、移作他用或者进行其他处置而被追究刑事责任。

第十一条 管理单位申请适用简易程序的，应在将免税进口科研仪器设备开放共享前，向主管海关提出申请，并提交《管理单位适用简易程序申请表》（格式见附件1）。

主管海关自接受管理单位申请之日起10个工作日内，对照国家网络管理平台传输的管理单位报送的免税进口科研仪器设备相关信息等进行审核。经审核符合适用简易程序条件的，主管海关出具《适用简易程序通知书》（格式见附件2，以下简称《通知书》）。

自海关出具《通知书》之日起，管理单位可以将免税进口科研仪器设备用于开放共享。管理单位应将《通知书》编号，及时上传至国家网络管理平台。

适用简易程序的管理单位，可不必在每次将免税进口科研仪器设备开放共享前，向主管海关提出申请。

第十二条 已适用简易程序的管理单位，连续3次及以上未按本通知第十六条规定报送免税进口科研仪器设备开放共享情况，或者出现本通知第十条（四）情形的，暂停适用简易程序。管理单位应将主管海关出具的《暂停适用简易程序告知书》（格式见附件3）编号，及时上传至国家网络管理平台。

管理单位整改后符合适用简易程序条件的，可以向主管海关重新申请适用简易程序。

第十三条 对于管理单位未申请适用简易程序的，经主管海关审核不符合适用简易程序条件的，暂停管理单位适用简易程序的，以及管理单位主动申请不再适用简易程序的（以下简称“非适用简易程序的”），管理单位应按照现行规定，在每次将免税进口科研仪器设备开放共享前向主管海关提出申请。

经主管海关审核同意，管理单位可以将免税进口科研仪器设备用于开放共享。管理单位应将海关审核同意文件的编号，及时上传至国家网络管理平台。

第十四条 免税进口科研仪器设备开放共享一般不得移出本单位，因特殊情况确需短期或临时移出本单位使用的，应于移出前向主管海关提出申请。

经主管海关审核同意的，管理单位可以将免税进口科研仪器设备短期或临时移出本单位使用，并在使用结束后及时运回本单位。管理单位应将海关审核同意文件的编号，及时上传至国家网络管理平台。

第十五条 免税进口科研仪器设备开放共享应当用于科学研究、科技开发和教学活动。管理单位确需将免税进口科研仪器设备用于其他用途，应按规定事先向主管海关提出申请。

第十六条 适用简易程序的，管理单位应于每月10日前，将上月已开展的免税进口科研仪器设备开放共享服务记录报送至国家网络管理平台。

非适用简易程序的，管理单位应于每季度首月10日前，将上季度已开展的免税进口科研仪器设备服务记录报送至国家网络管理平台。

第三章 监督管理

第十七条 免税进口科研仪器设备开放共享情况纳入海关年报管理。管理单位应于每年6月30日前，将本单位上一年度纳入国家网络管理平台管理的免税进口科研仪器设备开放共享情况汇总后，向主管海关报告。

第十八条 主管部门应加强对本部门、本地区管理的管理单位免税进口科研仪器设备开放共享情况的监督，将管理单位报送信息的真实性、完整性、及时性和开放共享台账实际运行情况等纳入对管理单位开放共享的评价考核。

主管部门发现管理单位存在应报未报、报送信息不完整不及时，以及开放共享台账记录不准确的，应督促管理单位限期整改，并将发现的问题及管理单位整改情况及时告知有关直属海关。

第十九条 科技部将管理单位免税进口科研仪器设备开放共享相关信息报送质量、开放共享管理制度执行情况等，纳入对管理单位开放共享的评价考核。

第二十条 主管海关以国家网络管理平台传输的免税进口科研仪器设备开放共享相关信息为基础，加强对免税进口科研仪器设备开放共享情况的抽查监督。

对管理单位违反规定，擅自将免税进口科研仪器设备转让、移作他用或进行其他处置的，按照相关规定处罚。

第四章 附 则

第二十一条 本办法由科技部、海关总署负责解释。

第二十二条 本办法自2018年12月1日起试行。

附件1 管理单位适用简易程序申请表
附件2 适用简易程序通知书
附件3 暂停适用简易程序告知书

附件1

管理单位适用简易程序申请表

<table>
<tr><td>单位名称</td><td colspan="3"></td></tr>
<tr><td>组织机构代码</td><td></td><td>统一社会信用代码</td><td></td></tr>
<tr><td>单位通信地址</td><td colspan="2"></td><td></td></tr>
<tr><td rowspan="2">法定代表人</td><td>姓名：</td><td colspan="2">职务：</td></tr>
<tr><td>办公电话：</td><td colspan="2"></td></tr>
<tr><td rowspan="2">免税进口科研仪器设备开放共享负责人</td><td>姓名：</td><td colspan="2">职务：</td></tr>
<tr><td>办公电话：</td><td colspan="2">手机号码：</td></tr>
<tr><td>申请内容及承诺事项</td><td colspan="3">__________海关：
根据《纳入国家网络管理平台的免税进口科研仪器设备开放共享管理办法（试行）》有关规定，本单位经自我评估，认为符合适用简易程序条件，现向你关提出申请。
本单位承诺：
1. 遵守免税进口科研仪器设备开放共享相关规定。
2. 免税进口科研仪器设备开放共享仅用于其他单位的科学研究、科技开发和教学活动，不擅自转让、移作他用或者进行其他处置。
3. 真实准确记录免税进口科研仪器开放共享情况，按规定报送至国家网络管理平台。
如有违反，愿承担相应责任。
申请单位（签章）
年 月 日</td></tr>
<tr><td>备注</td><td colspan="3"></td></tr>
</table>

注：其他需要说明事项填入备注栏。

附件2

适用简易程序通知书

编号：__________

__________（管理单位名称）：

经审核，你单位符合《纳入国家网络管理平台的免税进口科研仪器设备开放共享管理办法（试行）》有关规定，同意你单位按简易程序办理免税进口科研仪器设备开放共享有关手续。

主管海关（盖章）
年 月 日

附件 3

暂停适用简易程序告知书

编号：___________

___________（管理单位名称）：

根据《纳入国家网络管理平台的免税进口科研仪器设备开放共享管理办法（试行）》有关规定，经审核，暂停你单位按简易程序办理免税进口科研仪器设备开放共享有关手续。

你单位整改后符合适用简易程序条件的，可以向我关重新申请适用简易程序。

主管海关（盖章）
年　月　日

国家工程研究中心管理办法

（国家发展和改革委员会令第 34 号）

《国家工程研究中心管理办法》已经 2020 年 7 月 14 日第 8 次委务会议审议通过，现予公布，自 2020 年 9 月 1 日起施行。《国家工程研究中心管理办法》（2007 年第 52 号令）和《国家工程实验室管理办法（试行）》（2007 年第 54 号令）同时废止。

主任　何立峰
二〇二〇年七月二十九日

国家工程研究中心管理办法

第一章　总　则

第一条　为深入贯彻落实《中共中央国务院关于深化体制机制改革加快实施创新驱动发展战略的若干意见》（中发〔2015〕8 号）《关于深化中央财政科技计划（专项、基金等）管理改革的方案》（国发〔2014〕64 号）等决策部署，规范和加强国家工程研究中心建设及运行管理，加快提高创新能力，根据《科学技术进步法》《促进科技成果转化法》等有关法律法规规定，制定本办法。

第二条　本办法适用于对国家工程研究中心（以下简称“工程中心”）的申报、组建、评价等管理行为。

本办法所称工程中心，是指国家发展改革委根据建设现代化经济体系的重大战略需求，以服务国家重大战略任务和重点工程实施为目标，组织具有较强研究开发和综合实力的企业、科研单位、高等院校等建设的研究开发实体。

工程中心是国家创新体系的重要组成部分。

第三条　建设工程中心旨在坚定实施创新驱动发展战略，服务经济社会发展，支撑关键核心技术研发，围绕产业链部署创新链，围绕创新链布局产业链，提升产业链供应链稳定性和竞争力，推动经济高质量发展。工程中心以国家和行业需求为出发点，通过建立工程化研究、验证设施和有利于技术创新、成果转化的机制，培育、提高创新能力，搭建产业发展与科技创新之间的桥梁，推动产业关键共性技术、前沿引领技术、现代工程技术、颠覆性技术创新，加快科研成果向现实生产力转化，促进重大科研成果转化应用以及产业基础高级化和产业链现代化。工程中心建设的主要目的是：

（一）坚持目标导向，着眼加快重大科技成果工程化、产业化，布局建设开放服务的创新平台，为各类创新主体开展实验室技术熟化、工程化放大和可靠性验证等活动提供基础条件，促进提高科技成果转化能力和转化效率；

（二）坚持问题导向，瞄准国家战略任务和重点工程实施中的重大技术难题，以及保产业链供应链稳定的关键领域环节，引导优势创新单元组建创新联合体，突破关键核心技术和重大装备等瓶颈制约，提高科技创新服务经济社会发展的能力；

（三）坚持结果导向，围绕提升产学研协同创新的效能，深化体制机制改革和创新，探索建立知识、技术、数据等生产要素由市场评价贡献、按贡献决定报酬的机制，激发科技人员推动技术创新和科技成果转化的积极性、主动性和创造性。

第四条 工程中心的主要任务包括：

（一）面向国家重大战略任务和重点工程建设需求，开展关键技术攻关和实验研究；

（二）以市场为导向，研判产业发展态势及需求，开展具有重要应用价值的重大科技成果的工程化和系统集成，研制重大装备样机及其关键部件；

（三）推动技术转移和扩散，持续不断地为规模化生产提供成熟的先进技术、工艺及其技术产品和装备；

（四）积极开展国际交流合作，为企业应用国际先进技术、制定采用国际标准、推动国际技术转移扩散等提供支撑服务；

（五）提供工程技术验证和咨询服务，研究产业技术标准；

（六）为行业培养工程技术研究与管理的高层次人才。

第五条 工程中心的责任与义务主要包括：

（一）根据组建方案及相关要求，实现设定的研究开发和成果转化目标，持续推动产业技术进步和创新能力提升；

（二）主动组织或参与产业关键核心技术、共性技术开发，并为行业提供高水平技术开发、科技成果工程化试验验证环境；

（三）承担国家和行业下达的科技开发及工程化研究任务，并依据合同按时完成任务；

（四）通过市场机制向行业转移和扩散承担国家和行业任务所形成的技术成果，起到产业发展与科技创新之间的桥梁作用。

第二章 组织管理

第六条 国家发展改革委负责指导协调工程中心建设及运行管理相关工作，主要负责：

（一）会同国务院有关部门制定支持工程中心建设的有关政策，指导工程中心的建设和发展；

（二）组织论证工程中心组建方案，对符合条件的支持启动建设；对完成筹建任务的工程中心，予以核定并进行监督管理；

（三）批复工程中心创新能力建设项目，下达中央预算内投资计划；

（四）组织工程中心运行评价，会同国务院有关部门落实工程中心建设后补助资金和相关进口税收优惠政策。

第七条 国务院有关部门，各省、自治区、直辖市、计划单列市及新疆生产建设兵团发展改革部门，计划单列中央企业（集团）是工程中心建设的主管部门，主要负责：

（一）组织所属工程中心创新能力建设项目的申报和管理，督促、协调落实建设条件；

（二）组织工程中心组建任务、创新能力建设项目验收，以及工程中心运行的监督管理；

（三）根据国家有关规定建立相应的监督管理制度，配合有关部门做好审计、监察和检查等各项工作；

（四）按规定给予工程中心资金和政策支持。

第八条 工程中心实施主体单位主要负责：

（一）根据组建方案及有关文件要求，推进工程中心组建；

（二）落实工程中心建设与运行条件，筹措工程中心建设和运行经费，保障工程中心顺利建设和正常运行；

（三）承担国家有关部门委托的研发任务，保证工程中心的开放运行和共用共享，为国家相关重大战略任务、重点工程提供研发和试验条件；

（四）按照有关要求向主管部门报送建设项目实施情况和工程中心运行情况。

第三章 申报与组建

第九条 国家发展改革委根据有关重大战略部署、重大规划实施、重大工程建设、重点区域创新发展等需要，遵循“少而精”的原则，择优择需部署建设工程中心。国家发展改革委会同有关方面研究提出工程中心建设领域布局，并采取适当形式发布通知。

第十条 拟申请工程中心组建的实施主体单位（以下简称“申报单位”）应具备以下条件：

（一）符合国家发展改革委发布的建设领域及相关要求；

（二）具有一批有待工程化开发、拥有自主知识产权和良好市场前景、处于国内领先水平的重大科技成果，具有国内一流水平的研究开发和技术集成能力及相应的人才队伍；

（三）具有以市场为导向，将重大科技成果向规模生产转化的工程化研究验证环境和能力；

（四）具有通过市场机制实现技术转移和扩散，促进科技成果产业化，形成良性循环的自我发展能力；（五）具有对科技成果产业化能力，条件允许的还应具有工程设计、评估及建设的咨询与服务能力；

（六）具有完善的人才激励、成果转化激励和知识产权管理等管理制度；

（七）未因严重违法失信行为被司法、行政机关依法列入联合惩戒对象名单；

（八）符合国家其他相关规定。

第十一条 工程中心一般应采用法人形式组建和运行。对于采取非法人形式组建的工程中心，需要与依托单位在人、财、物的管理上保持清晰边界，评价指标数据能够独立核算、有据可查。

第十二条 鼓励相关领域的优势企业、科研单位、高等院校、社会投资机构组建创新联合体，共同申请组建工程中心。鼓励地方和部门层面的工程中心优先申报。

第十三条 申报单位按照国家发展改革委通知要求，结合自身优势和具体情况，编制组建方案并向主管部门提出申请。

第十四条 主管部门采取适当形式对工程中心组建方案进行评估论证，将符合条件的组建方案推荐给国家发展改革委。

第十五条 国家发展改革委根据主管部门推荐，委托第三方机构或组织专家对工程中心组建方案进行论证，重点包括组建工程中心的必要性和紧迫性、申报单位的条件、发展目标及实现可能性等。

第十六条 国家发展改革委会同相关部门，根据论证意见，综合研究后，择优确定拟启动组建的工程中心，并通知相关主管部门。

第十七条 国家发展改革委同意启动组建工作后，工程中心进入筹建期，可暂以“××国家工程研究中心（筹）”的名义开展工作，实施组建方案中确定的各项任务。

第十八条 主管部门根据国家有关规定建立相应监督管理制度，对处于筹建期的工程中心加强监督管理，配合有关部门做好审计、监察和检查等各项工作。

第十九条 工程中心的筹建期一般不超过三年。达到组建方案明确的筹建期发展目标后，申报单位应编制筹建期总结报告（编制提纲见附件一）、填写工程中心评价表并附相应证明材料，向主管部门提出正式确认为工程中心的申请。

第二十条 主管部门对申请确认的工程中心应按照工程中心评价指标体系进行评价；对于评价结果

中等及以上的工程中心，可向国家发展改革委提出确认申请。

第二十一条 对不能按期达到组建目标、完成组建任务的工程中心，在筹建期结束前，可由主管部门向国家发展改革委提交延长筹建期的书面申请，说明原因、拟采取的措施和计划完成日期。原则上，延长筹建期的时限不能超过一年且只能申请一次。

筹建期或延长期满未完成组建任务的，取消确认为国家工程中心的资格，且不得再以“××国家工程研究中心（筹）”的名 义开展工作，由主管部门依照本办法相关规定对后续事宜作出处理。

第二十二条 国家发展改革委会同财政部、海关总署、税务总局对主管部门申请确认的工程中心及总结报告、评价结果及证明材料等进行复核，对符合条件的正式确认为“国家工程研究中心”，国家发展改革委函告海关总署、税务总局并抄送财政部；对以非法人形式运行的工程中心，将其依托单位同时函告海关总署、税务总局并抄报财政部，纳入国家科技创新基地序列进行管理。

第四章 运行评价

第二十三条 工程中心实行优胜劣汰、动态调整的运行评价制度。国家发展改革委牵头，原则上每三年对经正式确认的工程中心进行一次集中评价。在评价年度完成确认的工程中心，可不参加当年的集中评价。

第二十四条 国家发展改革委制定发布《国家工程研究中心评价工作指南》，明确评价指标体系、数据采集规范、材料报送要求等事项。

第二十五条 运行评价程序为：

（一）数据采集。工程中心应于评价年度 5 月 1 日前将评价材料报主管部门。评价材料包括：工程中心年度工作报告、工程中心评价数据表及其相关附件和证明材料。

（二）数据初审。主管部门对工程中心报送的评价材料进行核实，并对材料完整性、真实性出具意见，于评价年度的 5 月 31 日前将评价材料报送国家发展改革委。

（三）数据核实。国家发展改革委委托第三方机构对工程中心报送的评价材料及相关情况进行核实，按照评价工作指南的规定进行计算、分析，形成评价结果。

（四）国家发展改革委会同财政部、海关总署、税务总局对评价结果进行确认，并向主管部门通报评价结果。

第二十六条 工程中心评价结果分为优秀、良好、中等、基本合格和不合格。

第二十七条 工程中心应当定期填报免税进口科技开发用品统计表（详见附件二），于每年 4 月 1 日前报送省级财政、税务部门，由各省级财政、税务部门汇总后于每年 4 月 15 日前报送财政部、税务总局。

第五章 支持政策

第二十八条 进入筹建期的工程中心，根据建设需要，可提出创新能力建设项目。国家发展改革委按照《中央预算内投资补助和贴息项目管理办法》（国家发展改革委令第 45 号）、《国家发展改革委关于规范中央预算内投资资金安排方式及项目管理的通知》（发改投资规〔2020〕518 号）及《高技术产业发展项目中央预算内投资（补助）暂行管理办法》（发改高技规〔2016〕2514 号）等国家高技术产业发展项目管理规定予以研究支持。

第二十九条 国家发展改革委依据运行评价结果，根据《中央财政科技计划（专项、基金等）后补助管理办法》（财教〔2019〕226 号）规定，组织工程中心申请国家后补助资金支持。

第三十条 通过正式确认的工程中心，自确认文件印发之日起，进口科技开发用品按照国家相关进口税收政策执行。

第三十一条 国家鼓励和支持工程中心及其分支机构在海关综合保税区建设发展，并享受相关政策支持。

第六章　监督管理

第三十二条　工程中心需要对组建方案中明确的目标任务作重大调整的，应及时向主管部门报告：

（一）对于不影响实现工程中心功能和任务的调整，由主管部门负责审核，报国家发展改革委备案；

（二）对于发生重大变化，影响工程中心功能实现的，由主管部门提出调整建议，报国家发展改革委审核。

第三十三条　主管部门应将工程中心建设单位或依托单位发生更名、重组等变更情况及时报送国家发展改革委。国家发展改革委对主管部门报送的工程中心建设单位或依托单位变更情况进行确认并函告海关总署。其中，对经确认取消工程中心资格的，自变更之日起，停止享受国家支持科技创新进口税收政策。

第三十四条　主管部门应对工程中心报送的材料和数据承担核实责任，确保真实可靠。工程中心提供虚假材料和数据的行为，一经核实，记入其实施主体单位的信用记录，并纳入全国信用信息共享平台。

第三十五条　有下列情形之一的，国家发展改革委会同财政部、海关总署、税务总局，撤销其工程中心称号：

（一）运行评价结果不合格的；

（二）连续两次运行评价结果均为基本合格的；

（三）逾期未报送评价材料的；

（四）提供虚假材料和数据的；

（五）主要由于技术原因发生重大质量、安全事故的；

（六）因违反《海关法》及有关法律、行政法规，构成走私行为，受到刑事、行政处罚，或因严重违反海关监管规定受到行政处罚的；

（七）因违反《税收征收管理法》及有关法律、行政法规，构成偷税、骗取出口退税等严重税收违法行为的；

（八）因严重违法失信行为被司法、行政机关依法列入联合惩戒对象名单的；

（九）工程中心被依法终止的。

第三十六条　国家发展改革委商有关部门后向主管部门通报工程中心撤销情况，并函送海关总署、税务总局并抄送财政部。被撤销的工程中心，自通报文件印发之日起停止享受国家相关进口税收政策。

第七章　附　则

第三十七条　国家工程研究中心统一命名为："××国家工程研究中心"，英文名称为："National Engineering Research Center of ××"。

第三十八条　有关地方和国务院有关部门可参考本办法制定本地区、本部门工程研究中心管理办法。

国家地方联合工程研究中心和工程实验室参照本办法进行管理，不享受本办法规定的支持政策。

第三十九条　本办法由国家发展改革委负责解释，自 2020 年 9 月 1 日起施行，有效期至 2025 年 9 月 1 日。《国家工程研究中心管理办法》（国家发展改革委令第 52 号）和《国家工程实验室管理办法（试行）》（国家发展改革委令第 54 号）同时废止。

附件 1　国家工程研究中心筹建期总结报告编制提纲

附件 2　免税进口科技开发用品统计表

附件 1

国家工程研究中心筹建期总结报告编制提纲

一、摘要

二、筹建期工作概述及取得的重大成效

三、主要建设内容完成情况

包括建安工程、实验室仪器设备配置、研发和工程化试验设施、分析检测手段、关键工程软件、配套条件等。

四、财务决算

包括资金筹措、工程决算及第三方审计报告、科研经费、流动资金及其他情况。

五、运行机制

包括组织机构、规章制度、管理与激励机制、主要负责人和研发队伍等。

六、筹建期发展目标完成情况

包括关键技术开发与工程化、对外合作交流、技术转移与扩散、服务行业发展、经济效益、人才培养等。

七、中长期任务与目标

八、其他需说明事项

九、相关附件

附件 2

免税进口科技开发用品统计表

国家工程研究中心名称：

序号	年份	进口货物名称	进口数量	进口金额（万元）	免征进口关税金额（万元）	免征进口环节增值税、消费税金额（万元）
1						
2						
3						
…						
n						
合计						

有关问题说明：

国家发展改革委　科学技术部　财政部　海关总署　国家税务总局关于发布2020年（第27批）新认定及全部国家企业技术中心名单的通知

（发改高技〔2020〕1918号）

各省、自治区、直辖市及计划单列市、新疆生产建设兵团发展改革委、工业和信息化厅（经济和信息化委）、科技厅（委、局）、财政厅（局），海关总署广东分署、天津特派办、上海特派办、各直属海关，国家税务总局各省、自治区、直辖市和计划单列市税务局，国家税务总局驻各地特派员办事处：

根据《国家企业技术中心认定管理办法》（国家发展改革委 科技部　财政部　海关总署　税务总局2016年第34号令），经审定，现将第27批国家企业技术中心名单及全部国家企业技术中心名单通知如下。

一、确认北京航星机器制造有限公司等97家企业技术中心、苏州旭创科技有限公司等10家分中心，自本通知发布之日起具有国家企业技术中心及分中心资格。

二、对35家所在企业名称发生变更的国家企业技术中心及分中心予以相应更名，自所在企业更名之日（以工商行政管理机关核准的日期为准）起仍为国家企业技术中心及分中心。其中，因企业重组，无锡小天鹅电器有限公司由国家企业技术中心转为美的集团股份有限公司技术中心的分中心。

综上，国家企业技术中心为1636家、分中心为108家，按照国家相关规定享受支持科技创新税收优惠政策。

请你们将上述情况告知相关企业。

附件1　第27批国家企业技术中心名单
附件2　国家企业技术中心名单（全部）

国家发展改革委　科学技术部　财政部
海关总署　国家税务总局
二〇二〇年十二月二十二日

附件1

第27批国家企业技术中心名单

序号	企业名称	企业技术中心名称	地区
1	北京航星机器制造有限公司	北京航星机器制造有限公司技术中心	北京市
2	北京泰德制药股份有限公司	北京泰德制药股份有限公司技术中心	北京市
3	博奥生物集团有限公司	博奥生物集团有限公司技术中心	北京市
4	有研稀土新材料股份有限公司	有研稀土新材料股份有限公司技术中心	北京市

续表1

序号	企业名称	企业技术中心名称	地区
5	中国铁建电气化局集团有限公司	中国铁建电气化局集团有限公司技术中心	北京市
6	天津电气科学研究院有限公司	天津电气科学研究院有限公司技术中心	天津市
7	天津航天瑞莱科技有限公司	天津航天瑞莱科技有限公司技术中心	天津市
8	天津久日新材料股份有限公司	天津久日新材料股份有限公司技术中心	天津市
9	天津市市政工程设计研究院	天津市市政工程设计研究院技术中心	天津市
10	天津药物研究院有限公司	天津药物研究院有限公司技术中心	天津市
11	河北先河环保科技股份有限公司	河北先河环保科技股份有限公司技术中心	河北省
12	晋能清洁能源科技股份公司	晋能清洁能源科技股份公司技术中心	山西省
13	太原航空仪表有限公司	太原航空仪表有限公司技术中心	山西省
14	沈阳铁路信号有限责任公司	沈阳铁路信号有限责任公司技术中心	辽宁省
15	中车大连电力牵引研发中心有限公司	中车大连电力牵引研发中心有限公司技术中心	大连市
16	吉林奥来德光电材料股份有限公司	吉林奥来德光电材料股份有限公司技术中心	吉林省
17	长春希达电子技术有限公司	长春希达电子技术有限公司技术中心	吉林省
18	上海电气核电设备有限公司	上海电气核电设备有限公司技术中心	上海市
19	上海飞凯光电材料股份有限公司	上海飞凯光电材料股份有限公司技术中心	上海市
20	同济大学建筑设计研究院（集团）有限公司	同济大学建筑设计研究院（集团）有限公司技术中心	上海市
21	中微半导体设备（上海）股份有限公司	中微半导体设备（上海）股份有限公司技术中心	上海市
22	浩鲸云计算科技股份有限公司	浩鲸云计算科技股份有限公司技术中心	江苏省
23	江苏铁锚玻璃股份有限公司	江苏铁锚玻璃股份有限公司技术中心	江苏省
24	无锡宝通科技股份有限公司	无锡宝通科技股份有限公司技术中心	江苏省
25	信达生物制药（苏州）有限公司	信达生物制药（苏州）有限公司技术中心	江苏省
26	中通服咨询设计研究院有限公司	中通服咨询设计研究院有限公司技术中心	江苏省
27	浙江水晶光电科技股份有限公司	浙江水晶光电科技股份有限公司技术中心	浙江省
28	贝达药业股份有限公司	贝达药业股份有限公司技术中心	浙江省
29	浙江华正新材料股份有限公司	浙江华正新材料股份有限公司技术中心	浙江省
30	杭州福斯特应用材料股份有限公司	杭州福斯特应用材料股份有限公司技术中心	浙江省
31	新凤鸣集团股份有限公司	新凤鸣集团股份有限公司技术中心	浙江省
32	宁波江丰电子材料股份有限公司	宁波江丰电子材料股份有限公司技术中心	宁波市
33	锦浪科技股份有限公司	锦浪科技股份有限公司技术中心	宁波市
34	安徽华米信息科技有限公司	安徽华米信息科技有限公司技术中心	安徽省
35	安徽省交通规划设计研究总院股份有限公司	安徽省交通规划设计研究总院股份有限公司技术中心	安徽省
36	合肥同智机电控制技术有限公司	合肥同智机电控制技术有限公司技术中心	安徽省
37	福建恒杰塑业新材料有限公司	福建恒杰塑业新材料有限公司技术中心	福建省
38	福建华峰新材料有限公司	福建华峰新材料有限公司技术中心	福建省
39	福建鸿博光电科技有限公司	福建鸿博光电科技有限公司技术中心	福建省
40	罗普特科技集团股份有限公司	罗普特科技集团股份有限公司技术中心	厦门市

续表2

序号	企业名称	企业技术中心名称	地区
41	厦门唯科模塑科技股份有限公司	厦门唯科模塑科技股份有限公司技术中心	厦门市
42	厦门光莆电子股份有限公司	厦门光莆电子股份有限公司技术中心	厦门市
43	厦门弘信电子科技集团股份有限公司	厦门弘信电子科技集团股份有限公司技术中心	厦门市
44	江西明正变电设备有限公司	江西明正变电设备有限公司技术中心	江西省
45	孚能科技（赣州）股份有限公司	孚能科技（赣州）股份有限公司技术中心	江西省
46	红板（江西）有限公司	红板（江西）有限公司技术中心	江西省
47	山东国瓷功能材料股份有限公司	山东国瓷功能材料股份有限公司技术中心	山东省
48	山东省药用玻璃股份有限公司	山东省药用玻璃股份有限公司技术中心	山东省
49	山东禹王生态食业有限公司	山东禹王生态食业有限公司技术中心	山东省
50	山东东宏管业股份有限公司	山东东宏管业股份有限公司技术中心	山东省
51	青岛乾运高科新材料股份有限公司	青岛乾运高科新材料股份有限公司技术中心	青岛市
52	青岛根源生物技术集团有限公司	青岛根源生物技术集团有限公司技术中心	青岛市
53	正大制药（青岛）有限公司	正大制药（青岛）有限公司技术中心	青岛市
54	青岛航天半导体研究所有限公司	青岛航天半导体研究所有限公司技术中心	青岛市
55	黎明化工研究设计院有限责任公司	黎明化工研究设计院有限责任公司技术中心	河南省
56	河南银金达彩印股份有限公司	河南银金达彩印股份有限公司技术中心	河南省
57	洛阳栾川钼业集团股份有限公司	洛阳栾川钼业集团股份有限公司技术中心	河南省
58	洛阳轴承研究所有限公司	洛阳轴承研究所有限公司技术中心	河南省
59	郑州佛光发电设备有限公司	郑州佛光发电设备有限公司技术中心	河南省
60	仲景宛西制药股份有限公司	仲景宛西制药股份有限公司技术中心	河南省
61	健民药业集团股份有限公司	健民药业集团股份有限公司技术中心	湖北省
62	武汉烽火众智数字技术有限责任公司	武汉烽火众智数字技术有限责任公司技术中心	湖北省
63	中船重工海声科技有限公司	中船重工海声科技有限公司技术中心	湖北省
64	武汉天马微电子有限公司	武汉天马微电子有限公司技术中心	湖北省
65	湖北超卓航空科技股份有限公司	湖北超卓航空科技股份有限公司技术中心	湖北省
66	三诺生物传感股份有限公司	三诺生物传感股份有限公司技术中心	湖南省
67	湖南九典制药股份有限公司	湖南九典制药股份有限公司技术中心	湖南省
68	湖南国科微电子股份有限公司	湖南国科微电子股份有限公司技术中心	湖南省
69	华翔翔能科技股份有限公司	华翔翔能科技股份有限公司技术中心	湖南省
70	长沙景嘉微电子股份有限公司	长沙景嘉微电子股份有限公司技术中心	湖南省
71	OPPO广东移动通信有限公司	OPPO广东移动通信有限公司技术中心	广东省
72	广州高澜节能技术股份有限公司	广州高澜节能技术股份有限公司技术中心	广东省
73	广州明珞装备股份有限公司	广州明珞装备股份有限公司技术中心	广东省
74	珠海冠宇电池股份有限公司	珠海冠宇电池股份有限公司技术中心	广东省
75	广州一品红制药有限公司	广州一品红制药有限公司技术中心	广东省
76	中山市中智药业集团有限公司	中山市中智药业集团有限公司技术中心	广东省

续表3

序号	企业名称	企业技术中心名称	地区
77	深圳市大疆创新科技有限公司	深圳市大疆创新科技有限公司技术中心	深圳市
78	深圳拓邦股份有限公司	深圳拓邦股份有限公司技术中心	深圳市
79	齐鲁制药（海南）有限公司	齐鲁制药（海南）有限公司技术中心	海南省
80	成都百裕制药股份有限公司	成都百裕制药股份有限公司技术中心	四川省
81	成都天台山制药有限公司	成都天台山制药有限公司技术中心	四川省
82	成都先导药物开发股份有限公司	成都先导药物开发股份有限公司技术中心	四川省
83	四川航天烽火伺服控制技术有限公司	四川航天烽火伺服控制技术有限公司技术中心	四川省
84	四川天邑康和通信股份有限公司	四川天邑康和通信股份有限公司技术中心	四川省
85	中自环保科技股份有限公司	中自环保科技股份有限公司技术中心	四川省
86	重庆博腾制药科技股份有限公司	重庆博腾制药科技股份有限公司技术中心	重庆市
87	重庆希尔安药业有限公司	重庆希尔安药业有限公司技术中心	重庆市
88	重庆红江机械有限责任公司	重庆红江机械有限责任公司技术中心	重庆市
89	贵州航宇科技发展股份有限公司	贵州航宇科技发展股份有限公司技术中心	贵州省
90	中伟新材料股份有限公司	中伟新材料股份有限公司技术中心	贵州省
91	安康北医大制药股份有限公司	安康北医大制药股份有限公司技术中心	陕西省
92	陕西宏远航空锻造有限责任公司	陕西宏远航空锻造有限责任公司技术中心	陕西省
93	陕西麦可罗生物科技有限公司	陕西麦可罗生物科技有限公司技术中心	陕西省
94	陕西盘龙药业集团股份有限公司	陕西盘龙药业集团股份有限公司技术中心	陕西省
95	西安铂力特增材技术股份有限公司	西安铂力特增材技术股份有限公司技术中心	陕西省
96	兰州飞行控制有限责任公司	兰州飞行控制有限责任公司技术中心	甘肃省
97	亚洲硅业（青海）股份有限公司	亚洲硅业（青海）股份有限公司技术中心	青海省

分中心

序号	企业名称	企业技术中心名称	地区
1	苏州旭创科技有限公司	苏州旭创科技有限公司技术中心	江苏省
2	中天科技海缆股份有限公司	中天科技海缆股份有限公司技术中心	江苏省
3	安徽中科光电色选机械有限公司	安徽中科光电色选机械有限公司技术中心	安徽省
4	安徽科达洁能股份有限公司	安徽科达洁能股份有限公司技术中心	安徽省
5	山东华光光电子股份有限公司	山东华光光电子股份有限公司技术中心	山东省
6	东风电驱动系统有限公司	东风电驱动系统有限公司技术中心	湖北省
7	东风设备制造有限公司	东风设备制造有限公司技术中心	湖北省
8	中冶南方都市环保工程技术股份有限公司	中冶南方都市环保工程技术股份有限公司技术中心	湖北省
9	成都青山利康药业有限公司	成都青山利康药业有限公司技术中心	四川省
10	通威太阳能（成都）有限公司	通威太阳能（成都）有限公司技术中心	四川省

附件 2

国家企业技术中心名单（全部）

序号	企业名称	企业技术中心名称（发生更名的标记＊）	地区
1	联想（北京）有限公司	联想（北京）有限公司技术中心	北京市
2	北大方正集团有限公司	北大方正集团有限公司技术中心	北京市
3	中国地质装备集团有限公司	中国地质装备集团有限公司技术中心	北京市
4	首钢集团有限公司	首钢集团有限公司技术中心	北京市
5	北京城建集团有限责任公司	北京城建集团有限责任公司技术中心	北京市
6	北京燕京啤酒股份有限公司	北京燕京啤酒股份有限公司技术中心	北京市
7	中国石油天然气集团有限公司	中国石油天然气集团有限公司技术中心	北京市
※	中国石油天然气股份有限公司	中国石油天然气股份有限公司技术中心	北京市
※	大庆油田有限责任公司	大庆油田有限责任公司技术中心	黑龙江省
※	中国石油集团济柴动力有限公司	中国石油集团济柴动力有限公司技术中心	山东省
※	中国石油集团渤海石油装备制造有限公司	中国石油集团渤海石油装备制造有限公司技术中心	天津市
※	中国石油集团渤海钻探工程有限公司	中国石油集团渤海钻探工程有限公司技术中心	天津市
8	中国电子信息产业集团有限公司	中国电子信息产业集团有限公司技术中心	北京市
※	上海贝岭股份有限公司	上海贝岭股份有限公司技术中心	上海市
※	中国软件与技术服务股份有限公司	中国软件与技术服务股份有限公司技术中心	北京市
※	熊猫电子集团有限公司	熊猫电子集团有限公司技术中心	江苏省
※	中国长城科技集团股份有限公司	中国长城科技集团股份有限公司技术中心	湖南省
※	武汉中原电子集团有限公司	武汉中原电子集团有限公司技术中心	湖北省
※	南京中电熊猫液晶显示科技有限公司	南京中电熊猫液晶显示科技有限公司技术中心	江苏省
9	同方股份有限公司	同方股份有限公司技术中心	北京市
※	同方威视技术股份有限公司	同方威视技术股份有限公司技术中心	北京市
10	中国铝业集团有限公司	中国铝业集团有限公司技术中心	北京市
※	中国铝业股份有限公司	中国铝业股份有限公司技术中心	北京市
※	中铝洛阳铜加工有限公司	中铝洛阳铜加工有限公司技术中心	河南省
※	西南铝业（集团）有限责任公司	西南铝业（集团）有限责任公司技术中心	重庆市
※	金堆城钼业股份有限公司	金堆城钼业股份有限公司技术中心	陕西省
※	贵阳铝镁设计研究院有限公司	贵阳铝镁设计研究院有限公司技术中心	贵州省
※	中国有色金属工业第六冶金建设有限公司	中国有色金属工业第六冶金建设有限公司技术中心	河南省
※	中铝瑞闽股份有限公司	中铝瑞闽股份有限公司技术中心	福建省
11	北京和利时系统工程有限公司	北京和利时系统工程有限公司技术中心	北京市
12	北汽福田汽车股份有限公司	北汽福田汽车股份有限公司技术中心	北京市
13	中国印钞造币总公司	中国印钞造币总公司技术中心	北京市
14	中国石油化工股份有限公司	中国石油化工股份有限公司技术中心	北京市
15	大唐电信科技股份有限公司	大唐电信科技股份有限公司技术中心	北京市

续表1

序号	企业名称	企业技术中心名称（发生更名的标记＊）	地区
16	中国普天信息产业股份有限公司	中国普天信息产业股份有限公司技术中心	北京市
※	东方通信股份有限公司	东方通信股份有限公司技术中心	浙江省
※	杭州鸿雁电器有限公司	杭州鸿雁电器有限公司技术中心	浙江省
17	中国建材集团有限公司	中国建材集团有限公司技术中心	北京市
※	北新集团建材股份有限公司	北新集团建材股份有限公司技术中心	北京市
※	中国洛阳浮法玻璃集团有限责任公司	中国洛阳浮法玻璃集团有限责任公司技术中心	河南省
※	连云港中复连众复合材料集团有限公司	连云港中复连众复合材料集团有限公司技术中心	江苏省
※	合肥神马科技集团有限公司	合肥神马科技集团有限公司技术中心	安徽省
※	巨石集团有限公司	巨石集团有限公司技术中心	浙江省
※	合肥水泥研究设计院有限公司	合肥水泥研究设计院有限公司技术中心	安徽省
※	合肥中辰轻工机械有限公司	合肥中辰轻工机械有限公司技术中心	安徽省
※	中国建材国际工程集团有限公司	中国建材国际工程集团有限公司技术中心	上海市
※	凯盛科技股份有限公司	凯盛科技股份有限公司技术中心	安徽省
18	中牧实业股份有限公司	中牧实业股份有限公司技术中心	北京市
19	安泰科技股份有限公司	安泰科技股份有限公司技术中心	北京市
20	北京大北农科技集团股份有限公司	北京大北农科技集团股份有限公司技术中心	北京市
21	用友网络科技股份有限公司	用友网络科技股份有限公司技术中心	北京市
22	中国黄金集团有限公司	中国黄金集团有限公司技术中心	北京市
23	北京中科三环高技术股份有限公司	北京中科三环高技术股份有限公司技术中心	北京市
24	中国建筑集团有限公司	中国建筑集团有限公司技术中心	北京市
※	中建八局第一建设有限公司	中建八局第一建设有限公司技术中心	山东省
※	中国建筑第七工程局有限公司	中国建筑第七工程局有限公司技术中心	河南省
25	中国电力建设股份有限公司	中国电力建设股份有限公司技术中心	北京市
※	中国电建集团成都勘测设计研究院有限公司	中国电建集团成都勘测设计研究院有限公司技术中心	四川省
26	北京金隅集团股份有限公司	北京金隅集团股份有限公司技术中心	北京市
※	通达耐火技术股份有限公司	通达耐火技术股份有限公司技术中心	北京市
27	北京四方继保自动化股份有限公司	北京四方继保自动化股份有限公司技术中心	北京市
28	江河创建集团股份有限公司	江河创建集团股份有限公司技术中心	北京市
29	北京北一机床股份有限公司	北京北一机床股份有限公司技术中心	北京市
30	有研半导体材料有限公司	有研半导体材料有限公司技术中心	北京市
31	北京东方雨虹防水技术股份有限公司	北京东方雨虹防水技术股份有限公司技术中心	北京市
32	中国华电科工集团有限公司	中国华电科工集团有限公司技术中心	北京市
33	启明星辰信息技术集团股份有限公司	启明星辰信息技术集团股份有限公司技术中心	北京市
34	汉王科技股份有限公司	汉王科技股份有限公司技术中心	北京市
35	北京神州泰岳软件股份有限公司	北京神州泰岳软件股份有限公司技术中心	北京市
36	北京双鹭药业股份有限公司	北京双鹭药业股份有限公司技术中心	北京市

续表2

序号	企业名称	企业技术中心名称（发生更名的标记*）	地区
37	中铁十六局集团有限公司	中铁十六局集团有限公司技术中心	北京市
38	北京三元食品股份有限公司	北京三元食品股份有限公司技术中心	北京市
39	国家核电技术有限公司	国家核电技术有限公司技术中心	北京市
40	百度在线网络技术（北京）有限公司	百度在线网络技术（北京）有限公司技术中心	北京市
41	京东方科技集团股份有限公司	京东方科技集团股份有限公司技术中心	北京市
42	新奥特（北京）视频技术有限公司	新奥特（北京）视频技术有限公司技术中心	北京市
43	北京汽车股份有限公司	北京汽车股份有限公司技术中心	北京市
44	北京资源亚太饲料科技有限公司	北京资源亚太饲料科技有限公司技术中心	北京市
45	北京建工集团有限责任公司	北京建工集团有限责任公司技术中心	北京市
46	中国电子工程设计院有限公司	中国电子工程设计院有限公司技术中心	北京市
47	中国建筑科学研究院有限公司	中国建筑科学研究院有限公司技术中心	北京市
48	中铁第五勘察设计院集团有限公司	中铁第五勘察设计院集团有限公司技术中心	北京市
49	中煤北京煤矿机械有限责任公司	中煤北京煤矿机械有限责任公司技术中心	北京市
50	中国种子集团有限公司	中国种子集团有限公司技术中心	北京市
51	中铁十九局集团有限公司	中铁十九局集团有限公司技术中心	北京市
52	中国京冶工程技术有限公司	中国京冶工程技术有限公司技术中心	北京市
53	北京天地玛珂电液控制系统有限公司	北京天地玛珂电液控制系统有限公司技术中心	北京市
54	北京中科科仪股份有限公司	北京中科科仪股份有限公司技术中心	北京市
55	北京科诺伟业科技股份有限公司	北京科诺伟业科技股份有限公司技术中心	北京市
56	北京神州绿盟信息安全科技股份有限公司	北京神州绿盟信息安全科技股份有限公司技术中心	北京市
57	北京大伟嘉生物技术股份有限公司	北京大伟嘉生物技术股份有限公司技术中心	北京市
58	中国路桥工程有限责任公司	中国路桥工程有限责任公司技术中心	北京市
59	北京当升材料科技股份有限公司	北京当升材料科技股份有限公司技术中心	北京市
60	中交一公局集团有限公司	中交一公局集团有限公司技术中心	北京市
61	中铁二十二局集团有限公司	中铁二十二局集团有限公司技术中心	北京市
62	航天长征化学工程股份有限公司	航天长征化学工程股份有限公司技术中心	北京市
63	北京星航机电装备有限公司	北京星航机电装备有限公司技术中心	北京市
64	北京高能时代环境技术股份有限公司	北京高能时代环境技术股份有限公司技术中心	北京市
65	北矿科技股份有限公司	北矿科技股份有限公司技术中心	北京市
66	北京首航艾启威节能技术股份有限公司	北京首航艾启威节能技术股份有限公司技术中心	北京市
67	中铁电气化局集团有限公司	中铁电气化局集团有限公司技术中心	北京市
※	中铁高铁电气装备股份有限公司	中铁高铁电气装备股份有限公司技术中心	陕西省
68	中国石化工程建设有限公司	中国石化工程建设有限公司技术中心	北京市
69	中铁建设集团有限公司	中铁建设集团有限公司技术中心	北京市
70	北京锐安科技有限公司	北京锐安科技有限公司技术中心	北京市
71	中交第三公路工程局有限公司	中交第三公路工程局有限公司技术中心	北京市

续表3

序号	企业名称	企业技术中心名称（发生更名的标记＊）	地区
72	北京千方科技股份有限公司	北京千方科技股份有限公司技术中心	北京市
73	北京大豪科技股份有限公司	北京大豪科技股份有限公司技术中心	北京市
74	北京华宇软件股份有限公司	北京华宇软件股份有限公司技术中心	北京市
75	北京智芯微电子科技有限公司	北京智芯微电子科技有限公司技术中心	北京市
76	北京北方华创微电子装备有限公司	北京北方华创微电子装备有限公司技术中心	北京市
77	北京生泰尔科技股份有限公司	北京生泰尔科技股份有限公司技术中心	北京市
78	北京万泰生物药业股份有限公司	北京万泰生物药业股份有限公司技术中心	北京市
79	中冶京诚工程技术有限公司	中冶京诚工程技术有限公司技术中心	北京市
80	北京新能源汽车股份有限公司	北京新能源汽车股份有限公司技术中心	北京市
81	北京精雕科技集团有限公司	北京精雕科技集团有限公司技术中心	北京市
82	通号通信信息集团有限公司	通号通信信息集团有限公司技术中心	北京市
83	悦康药业集团股份有限公司	悦康药业集团股份有限公司技术中心	北京市
84	北京搜狗科技发展有限公司	北京搜狗科技发展有限公司技术中心	北京市
85	北京全路通信信号研究设计院集团有限公司	北京全路通信信号研究设计院集团有限公司技术中心	北京市
86	北京航星机器制造有限公司	北京航星机器制造有限公司技术中心	北京市
87	北京泰德制药股份有限公司	北京泰德制药股份有限公司技术中心	北京市
88	博奥生物集团有限公司	博奥生物集团有限公司技术中心	北京市
89	有研稀土新材料股份有限公司	有研稀土新材料股份有限公司技术中心	北京市
90	中国铁建电气化局集团有限公司	中国铁建电气化局集团有限公司技术中心	北京市
91	天津钢管制造有限公司	天津钢管制造有限公司技术中心	天津市
92	天津药业集团有限公司	天津药业集团有限公司技术中心（天津药业研究院有限公司）	天津市
93	天津渤海化工集团有限责任公司	天津渤海化工集团有限责任公司技术中心	天津市
94	天津灯塔涂料有限公司	天津灯塔涂料有限公司技术中心	天津市
95	天津天士力集团	天津天士力集团技术中心	天津市
96	中法合营王朝葡萄酿酒有限公司	中法合营王朝葡萄酿酒有限公司技术中心	天津市
97	天津中新药业集团股份有限公司	天津中新药业集团股份有限公司技术中心	天津市
98	天津赛象科技股份有限公司	天津赛象科技股份有限公司技术中心	天津市
99	天津力神电池股份有限公司	天津力神电池股份有限公司技术中心	天津市
100	天津港（集团）有限公司	天津港（集团）有限公司技术中心	天津市
※	天津港航工程有限公司	天津港航工程有限公司技术中心	天津市
101	天狮集团有限公司	天狮集团有限公司技术中心	天津市
102	天津水泥工业设计研究院有限公司	天津水泥工业设计研究院有限公司技术中心	天津市
103	天津市天锻压力机有限公司	天津市天锻压力机有限公司技术中心	天津市
104	天津钢铁集团有限公司	天津钢铁集团有限公司技术中心	天津市
105	天津市天发重型水电设备制造有限公司	天津市天发重型水电设备制造有限公司技术中心	天津市

续表4

序号	企业名称	企业技术中心名称（发生更名的标记＊）	地区
106	天津瑞普生物技术股份有限公司	天津瑞普生物技术股份有限公司技术中心	天津市
107	天津海鸥表业集团有限公司	天津海鸥表业集团有限公司技术中心	天津市
108	曙光信息产业股份有限公司	曙光信息产业股份有限公司技术中心	天津市
109	天津光电集团有限公司	天津光电集团有限公司技术中心	天津市
110	天津天纺投资控股有限公司	天津天纺投资控股有限公司技术中心	天津市
111	中交第一航务工程局有限公司	中交第一航务工程局有限公司技术中心	天津市
112	中交天津航道局有限公司	中交天津航道局有限公司技术中心	天津市
113	天津七一二通信广播股份有限公司	天津七一二通信广播股份有限公司技术中心	天津市
114	天津银龙预应力材料股份有限公司	天津银龙预应力材料股份有限公司技术中心	天津市
115	天津长荣科技集团股份有限公司	天津长荣科技集团股份有限公司技术中心	天津市
116	中国天辰工程有限公司	中国天辰工程有限公司技术中心	天津市
117	凯莱英医药集团（天津）股份有限公司	凯莱英医药集团（天津）股份有限公司技术中心	天津市
118	天津立林机械集团有限公司	天津立林机械集团有限公司技术中心	天津市
119	天津市天塑科技集团有限公司	天津市天塑科技集团有限公司技术中心	天津市
120	天津富士达集团有限公司	天津富士达集团有限公司技术中心	天津市
121	中铁十八局集团有限公司	中铁十八局集团有限公司技术中心	天津市
122	天津航空机电有限公司	天津航空机电有限公司技术中心	天津市
123	天津市松正电动汽车技术股份有限公司	天津市松正电动汽车技术股份有限公司技术中心	天津市
124	天地伟业技术有限公司	天地伟业技术有限公司技术中心	天津市
125	中材节能股份有限公司	中材节能股份有限公司技术中心	天津市
126	天津大桥焊材集团有限公司	天津大桥焊材集团有限公司技术中心	天津市
127	中国铁建大桥工程局集团有限公司	中国铁建大桥工程局集团有限公司技术中心	天津市
128	天津冶金集团中兴盛达钢业有限公司	天津冶金集团中兴盛达钢业有限公司技术中心	天津市
129	海洋石油工程股份有限公司	海洋石油工程股份有限公司技术中心	天津市
130	中海油田服务股份有限公司	中海油田服务股份有限公司技术中心	天津市
131	中国汽车技术研究中心有限公司	中国汽车技术研究中心有限公司技术中心	天津市
132	天津红日药业股份有限公司	天津红日药业股份有限公司技术中心	天津市
133	天津膜天膜科技股份有限公司	天津膜天膜科技股份有限公司技术中心	天津市
134	天津立中车轮有限公司	天津立中车轮有限公司技术中心＊	天津市
135	中国汽车工业工程有限公司	中国汽车工业工程有限公司技术中心	天津市
136	天津中环半导体股份有限公司	天津中环半导体股份有限公司技术中心	天津市
137	天津巴莫科技有限责任公司	天津巴莫科技有限责任公司技术中心＊	天津市
138	中冶天工集团有限公司	中冶天工集团有限公司技术中心	天津市
139	恒银金融科技股份有限公司	恒银金融科技股份有限公司技术中心	天津市
140	天津市中重科技工程有限公司	天津市中重科技工程有限公司技术中心	天津市
141	天津铁路信号有限责任公司	天津铁路信号有限责任公司技术中心	天津市

续表5

序号	企业名称	企业技术中心名称（发生更名的标记＊）	地区
142	天津泰达绿化集团有限公司	天津泰达绿化集团有限公司技术中心	天津市
143	中国铁路设计集团有限公司	中国铁路设计集团有限公司技术中心	天津市
144	天津汽车模具股份有限公司	天津汽车模具股份有限公司技术中心	天津市
145	天津市金桥焊材集团股份有限公司	天津市金桥焊材集团股份有限公司技术中心＊	天津市
146	科迈化工股份有限公司	科迈化工股份有限公司技术中心	天津市
147	天津凯发电气股份有限公司	天津凯发电气股份有限公司技术中心	天津市
148	天津利安隆新材料股份有限公司	天津利安隆新材料股份有限公司技术中心	天津市
149	天津国安盟固利新材料科技股份有限公司	天津国安盟固利新材料科技股份有限公司技术中心	天津市
150	天津市捷威动力工业有限公司	天津市捷威动力工业有限公司技术中心	天津市
151	天津电气科学研究院有限公司	天津电气科学研究院有限公司技术中心	天津市
152	天津航天瑞莱科技有限公司	天津航天瑞莱科技有限公司技术中心	天津市
153	天津久日新材料股份有限公司	天津久日新材料股份有限公司技术中心	天津市
154	天津市市政工程设计研究院	天津市市政工程设计研究院技术中心	天津市
155	天津药物研究院有限公司	天津药物研究院有限公司技术中心	天津市
156	保定天威保变电气股份有限公司	保定天威保变电气股份有限公司技术中心	河北省
157	中国乐凯集团有限公司	中国乐凯集团有限公司技术中心	河北省
※	乐凯华光印刷科技有限公司	乐凯华光印刷科技有限公司技术中心	河南省
※	合肥乐凯科技产业有限公司	合肥乐凯科技产业有限公司技术中心	安徽省
158	恒天纤维集团有限公司	恒天纤维集团有限公司技术中心	河北省
159	新兴际华集团有限公司	新兴际华集团有限公司技术中心	河北省
※	际华三五四二纺织有限公司	际华三五四二纺织有限公司技术中心	湖北省
※	际华三五零二职业装有限公司	际华三五零二职业装有限公司技术中心	河北省
160	风帆有限责任公司	风帆有限责任公司技术中心	河北省
161	唐山钢铁集团有限责任公司	唐山钢铁集团有限责任公司技术中心	河北省
162	石家庄常山北明科技股份有限公司	石家庄常山北明科技股份有限公司技术中心	河北省
163	中煤张家口煤矿机械有限责任公司	中煤张家口煤矿机械有限责任公司技术中心	河北省
164	中信戴卡股份有限公司	中信戴卡股份有限公司技术中心	河北省
165	石药控股集团有限公司	石药控股集团有限公司技术中心	河北省
166	开滦（集团）有限责任公司	开滦（集团）有限责任公司技术中心	河北省
167	中铁山桥集团有限公司	中铁山桥集团有限公司技术中心	河北省
168	河北新宝丰电线电缆有限公司	河北新宝丰电线电缆有限公司技术中心	河北省
169	邯郸钢铁集团有限责任公司	邯郸钢铁集团有限责任公司技术中心	河北省
170	石家庄以岭药业股份有限公司	石家庄以岭药业股份有限公司技术中心	河北省
171	中车唐山机车车辆有限公司	中车唐山机车车辆有限公司技术中心	河北省
172	长城汽车股份有限公司	长城汽车股份有限公司技术中心	河北省
173	中国长城葡萄酒有限公司	中国长城葡萄酒有限公司技术中心	河北省

续表6

序号	企业名称	企业技术中心名称（发生更名的标记＊）	地区
174	中钢集团邢台机械轧辊有限公司	中钢集团邢台机械轧辊有限公司技术中心	河北省
175	巨力索具股份有限公司	巨力索具股份有限公司技术中心	河北省
176	新奥集团股份有限公司	新奥集团股份有限公司技术中心	河北省
177	河北迁西板栗集团有限公司	河北迁西板栗集团有限公司技术中心	河北省
178	晨光生物科技集团股份有限公司	晨光生物科技集团股份有限公司技术中心	河北省
179	唐山三友集团有限公司	唐山三友集团有限公司技术中心	河北省
180	神威医药科技股份有限公司	神威医药科技股份有限公司技术中心	河北省
181	冀中能源集团有限责任公司	冀中能源集团有限责任公司技术中心	河北省
※	华北制药集团有限责任公司	华北制药集团有限责任公司技术中心	河北省
182	河北建工集团有限责任公司	河北建工集团有限责任公司技术中心	河北省
183	凌云工业股份有限公司	凌云工业股份有限公司技术中心	河北省
184	河北汉光重工有限责任公司	河北汉光重工有限责任公司技术中心	河北省
185	英利集团有限公司	英利集团有限公司技术中心	河北省
186	廊坊华日家具股份有限公司	廊坊华日家具股份有限公司技术中心	河北省
187	惠达卫浴股份有限公司	惠达卫浴股份有限公司技术中心	河北省
188	惠阳航空螺旋桨有限责任公司	惠阳航空螺旋桨有限责任公司技术中心	河北省
189	东旭集团有限公司	东旭集团有限公司技术中心	河北省
190	河北奥润顺达窗业有限公司	河北奥润顺达窗业有限公司技术中心	河北省
191	晶龙实业集团有限公司	晶龙实业集团有限公司技术中心	河北省
192	河北诚信集团有限公司	河北诚信集团有限公司技术中心	河北省
193	石家庄四药有限公司	石家庄四药有限公司技术中心	河北省
194	河北晨阳工贸集团有限公司	河北晨阳工贸集团有限公司技术中心	河北省
195	中信重工开诚智能装备有限公司	中信重工开诚智能装备有限公司技术中心	河北省
196	中国人民解放军第五七二一工厂	中国人民解放军第五七二一工厂技术中心	河北省
197	石家庄科林电气股份有限公司	石家庄科林电气股份有限公司技术中心	河北省
198	石家庄诚志永华显示材料有限公司	石家庄诚志永华显示材料有限公司技术中心	河北省
199	河北华通线缆集团股份有限公司	河北华通线缆集团股份有限公司技术中心	河北省
200	河北威远生物化工有限公司	河北威远生物化工有限公司技术中心	河北省
201	承德钢铁集团有限公司	承德钢铁集团有限公司技术中心	河北省
202	河北建设集团股份有限公司	河北建设集团股份有限公司技术中心	河北省
203	衡橡科技股份有限公司	衡橡科技股份有限公司技术中心	河北省
204	中国化学工程第十三建设有限公司	中国化学工程第十三建设有限公司技术中心	河北省
205	河北先河环保科技股份有限公司	河北先河环保科技股份有限公司技术中心	河北省
206	太原钢铁（集团）有限公司	太原钢铁（集团）有限公司技术中心	山西省
207	大同煤矿集团有限责任公司	大同煤矿集团有限责任公司技术中心	山西省
208	南风化工集团股份有限公司	南风化工集团股份有限公司技术中心	山西省

续表7

序号	企业名称	企业技术中心名称（发生更名的标记*）	地区
209	太原重型机械集团有限公司	太原重型机械集团有限公司技术中心	山西省
210	潞安化工集团有限公司	潞安化工集团有限公司技术中心*	山西省
211	中车永济电机有限公司	中车永济电机有限公司技术中心	山西省
212	中车大同电力机车有限公司	中车大同电力机车有限公司技术中心	山西省
213	山西晋城无烟煤矿业集团有限责任公司	山西晋城无烟煤矿业集团有限责任公司技术中心	山西省
※	河南晋开化工投资控股集团有限责任公司	河南晋开化工投资控股集团有限责任公司技术中心	河南省
214	天脊煤化工集团股份有限公司	天脊煤化工集团股份有限公司技术中心	山西省
215	山西焦煤集团有限责任公司	山西焦煤集团有限责任公司技术中心	山西省
216	华阳新材料科技集团有限公司	华阳新材料科技集团有限公司技术中心*	山西省
217	山西杏花村汾酒集团有限责任公司	山西杏花村汾酒集团有限责任公司技术中心	山西省
218	经纬纺织机械股份有限公司	经纬纺织机械股份有限公司技术中心	山西省
※	青岛宏大纺织机械有限责任公司	青岛宏大纺织机械有限责任公司技术中心	青岛市
219	亚宝药业集团股份有限公司	亚宝药业集团股份有限公司技术中心	山西省
220	山西省闻喜银光镁业（集团）有限责任公司	山西省闻喜银光镁业（集团）有限责任公司技术中心	山西省
221	山西建设投资集团有限公司	山西建设投资集团有限公司技术中心	山西省
222	太原通泽重工有限公司	太原通泽重工有限公司技术中心	山西省
223	中铁十二局集团有限公司	中铁十二局集团有限公司技术中心	山西省
224	山西汾西重工有限责任公司	山西汾西重工有限责任公司技术中心	山西省
225	山西蓝天环保设备有限公司	山西蓝天环保设备有限公司技术中心	山西省
226	晋西工业集团有限责任公司	晋西工业集团有限责任公司技术中心	山西省
227	中化二建集团有限公司	中化二建集团有限公司技术中心	山西省
228	中铁十七局集团有限公司	中铁十七局集团有限公司技术中心	山西省
229	中铁三局集团有限公司	中铁三局集团有限公司技术中心	山西省
230	赛鼎工程有限公司	赛鼎工程有限公司技术中心	山西省
231	山西新华防化装备研究院有限公司	山西新华防化装备研究院有限公司技术中心*	山西省
232	中车太原机车车辆有限公司	中车太原机车车辆有限公司技术中心	山西省
233	山西北方机械制造有限责任公司	山西北方机械制造有限责任公司技术中心	山西省
234	东杰智能科技集团股份有限公司	东杰智能科技集团股份有限公司技术中心*	山西省
235	晋能清洁能源科技股份公司	晋能清洁能源科技股份公司技术中心	山西省
236	太原航空仪表有限公司	太原航空仪表有限公司技术中心	山西省
237	包头钢铁（集团）有限责任公司	包头钢铁（集团）有限责任公司技术中心	内蒙古区
※	内蒙古包钢稀土（集团）高科技股份有限公司	内蒙古包钢稀土（集团）高科技股份有限公司技术中心	内蒙古区
238	亿利资源集团有限公司	亿利资源集团有限公司技术中心	内蒙古区
239	内蒙古鹿王羊绒有限公司	内蒙古鹿王羊绒有限公司技术中心	内蒙古区
240	内蒙古远兴能源股份有限公司	内蒙古远兴能源股份有限公司技术中心	内蒙古区

续表8

序号	企业名称	企业技术中心名称（发生更名的标记＊）	地区
241	内蒙古鄂尔多斯羊绒（集团）有限责任公司	内蒙古鄂尔多斯羊绒（集团）有限责任公司技术中心	内蒙古区
242	内蒙古北方重工业集团有限公司	内蒙古北方重工业集团有限公司技术中心	内蒙古区
243	内蒙古第一机械集团有限公司	内蒙古第一机械集团有限公司技术中心	内蒙古区
244	金宇保灵生物药品有限公司	金宇保灵生物药品有限公司技术中心	内蒙古区
245	内蒙古伊利实业集团股份有限公司	内蒙古伊利实业集团股份有限公司技术中心	内蒙古区
246	内蒙古塞飞亚农业科技发展股份有限公司	内蒙古塞飞亚农业科技发展股份有限公司技术中心	内蒙古区
247	内蒙古阜丰生物科技有限公司	内蒙古阜丰生物科技有限公司技术中心	内蒙古区
248	内蒙古蒙牛乳业（集团）股份有限公司	内蒙古蒙牛乳业（集团）股份有限公司技术中心	内蒙古区
249	通辽梅花生物科技有限公司	通辽梅花生物科技有限公司技术中心	内蒙古区
250	内蒙古电力（集团）有限责任公司	内蒙古电力（集团）有限责任公司技术中心	内蒙古区
251	呼伦贝尔东北阜丰生物科技有限公司	呼伦贝尔东北阜丰生物科技有限公司技术中心	内蒙古区
252	中核北方核燃料元件有限公司	中核北方核燃料元件有限公司技术中心	内蒙古区
253	北奔重型汽车集团有限公司	北奔重型汽车集团有限公司技术中心	内蒙古区
254	内蒙古伊泰集团有限公司	内蒙古伊泰集团有限公司技术中心	内蒙古区
255	东软集团股份有限公司	东软集团股份有限公司技术中心	辽宁省
256	沈阳飞机工业（集团）有限公司	沈阳飞机工业（集团）有限公司技术中心	辽宁省
257	沈阳机床股份有限公司	沈阳机床股份有限公司技术中心	辽宁省
258	沈阳鼓风机集团股份有限公司	沈阳鼓风机集团股份有限公司技术中心	辽宁省
259	辽宁银珠化纺集团有限公司	辽宁银珠化纺集团有限公司技术中心	辽宁省
260	北方华锦化学工业集团有限公司	北方华锦化学工业集团有限公司技术中心	辽宁省
261	东北制药集团股份有限公司	东北制药集团股份有限公司技术中心	辽宁省
262	鞍山钢铁集团有限公司	鞍山钢铁集团有限公司技术中心	辽宁省
263	本钢集团有限公司	本钢集团有限公司技术中心	辽宁省
264	中国航发沈阳黎明航空发动机有限责任公司	中国航发沈阳黎明航空发动机有限责任公司技术中心	辽宁省
265	渤海造船厂集团有限公司	渤海造船厂集团有限公司技术中心	辽宁省
266	北方重工集团有限公司	北方重工集团有限公司技术中心	辽宁省
267	辽宁曙光汽车集团股份有限公司	辽宁曙光汽车集团股份有限公司技术中心	辽宁省
268	沈阳新松机器人自动化股份有限公司	沈阳新松机器人自动化股份有限公司技术中心	辽宁省
269	辽宁恒星精细化工有限公司	辽宁恒星精细化工有限公司技术中心	辽宁省
270	三一重型装备有限公司	三一重型装备有限公司技术中心	辽宁省
271	辽宁奥克化学股份有限公司	辽宁奥克化学股份有限公司技术中心	辽宁省
272	辽宁忠旺集团有限公司	辽宁忠旺集团有限公司技术中心	辽宁省
273	辽宁禾丰牧业股份有限公司	辽宁禾丰牧业股份有限公司技术中心	辽宁省
274	阜新德尔汽车部件股份有限公司	阜新德尔汽车部件股份有限公司技术中心	辽宁省
275	锦州汉拿电机有限公司	锦州汉拿电机有限公司技术中心	辽宁省
276	辽宁柞蚕丝绸科学研究院有限责任公司	辽宁柞蚕丝绸科学研究院有限责任公司技术中心	辽宁省

续表9

序号	企业名称	企业技术中心名称（发生更名的标记＊）	地区
277	华晨汽车集团控股有限公司	华晨汽车集团控股有限公司技术中心	辽宁省
278	丹东东方测控技术股份有限公司	丹东东方测控技术股份有限公司技术中心	辽宁省
279	沈阳铁路信号有限责任公司	沈阳铁路信号有限责任公司技术中心	辽宁省
280	大连盛道集团有限公司	大连盛道集团有限公司技术中心	大连市
281	瓦房店轴承集团有限责任公司	瓦房店轴承集团有限责任公司技术中心	大连市
282	大连船舶重工集团有限公司	大连船舶重工集团有限公司技术中心	大连市
283	中国华录集团有限公司	中国华录集团有限公司技术中心	大连市
※	北京易华录信息技术股份有限公司	北京易华录信息技术股份有限公司技术中心	北京市
284	冰山冷热科技股份有限公司	冰山冷热科技股份有限公司技术中心＊	大连市
285	中车大连机车车辆有限公司	中车大连机车车辆有限公司技术中心	大连市
286	大连华锐重工集团股份有限公司	大连华锐重工集团股份有限公司技术中心	大连市
287	獐子岛集团股份有限公司	獐子岛集团股份有限公司技术中心	大连市
288	中冶焦耐工程技术有限公司	中冶焦耐工程技术有限公司技术中心	大连市
289	中车大连机车研究所有限公司	中车大连机车研究所有限公司技术中心	大连市
290	中冶北方工程技术有限公司	中冶北方工程技术有限公司技术中心	大连市
291	东北特殊钢集团股份有限公司	东北特殊钢集团股份有限公司技术中心	大连市
292	大连北方互感器集团有限公司	大连北方互感器集团有限公司技术中心	大连市
293	中车大连电力牵引研发中心有限公司	中车大连电力牵引研发中心有限公司技术中心	大连市
294	吉林化纤集团有限责任公司	吉林化纤集团有限责任公司技术中心	吉林省
295	吉林敖东药业集团股份有限公司	吉林敖东药业集团股份有限公司技术中心	吉林省
296	中国第一汽车股份有限公司	中国第一汽车股份有限公司技术中心	吉林省
297	长铃集团有限公司	长铃集团有限公司技术中心	吉林省
298	中车长春轨道客车股份有限公司	中车长春轨道客车股份有限公司技术中心	吉林省
299	吉林炭素有限公司	吉林炭素有限公司技术中心	吉林省
300	吉林龙鼎电气股份有限公司	吉林龙鼎电气股份有限公司技术中心	吉林省
301	修正药业集团股份有限公司	修正药业集团股份有限公司技术中心	吉林省
302	通化东宝药业股份有限公司	通化东宝药业股份有限公司技术中心	吉林省
303	通化万通药业股份有限公司	通化万通药业股份有限公司技术中心	吉林省
304	吉林吉恩镍业股份有限公司	吉林吉恩镍业股份有限公司技术中心	吉林省
305	吉林东光集团有限公司	吉林东光集团有限公司技术中心	吉林省
306	迪瑞医疗科技股份有限公司	迪瑞医疗科技股份有限公司技术中心	吉林省
307	吉林华微电子股份有限公司	吉林华微电子股份有限公司技术中心	吉林省
308	长春奥普光电技术股份有限公司	长春奥普光电技术股份有限公司技术中心	吉林省
309	亚泰建材集团有限公司	亚泰建材集团有限公司技术中心	吉林省
310	吉林奥来德光电材料股份有限公司	吉林奥来德光电材料股份有限公司技术中心	吉林省
311	长春希达电子技术有限公司	长春希达电子技术有限公司技术中心	吉林省

续表10

序号	企业名称	企业技术中心名称（发生更名的标记＊）	地区
312	中国一重集团有限公司	中国一重集团有限公司技术中心	黑龙江省
313	哈尔滨飞机工业集团有限责任公司	哈尔滨飞机工业集团有限责任公司技术中心	黑龙江省
314	哈药集团有限公司	哈药集团有限公司技术中心	黑龙江省
315	哈尔滨轴承集团公司	哈尔滨轴承集团公司技术中心	黑龙江省
316	哈尔滨电气集团有限公司	哈尔滨电气集团有限公司技术中心	黑龙江省
317	齐齐哈尔二机床（集团）有限责任公司	齐齐哈尔二机床（集团）有限责任公司技术中心	黑龙江省
318	中车齐齐哈尔车辆有限公司	中车齐齐哈尔车辆有限公司技术中心	黑龙江省
319	东北轻合金有限责任公司	东北轻合金有限责任公司技术中心	黑龙江省
320	齐重数控装备股份有限公司	齐重数控装备股份有限公司技术中心	黑龙江省
321	中国航发哈尔滨东安发动机有限公司	中国航发哈尔滨东安发动机有限公司技术中心	黑龙江省
322	黑龙江鑫达企业集团有限公司	黑龙江鑫达企业集团有限公司技术中心	黑龙江省
323	哈尔滨东安汽车发动机制造有限公司	哈尔滨东安汽车发动机制造有限公司技术中心	黑龙江省
324	哈尔滨博实自动化股份有限公司	哈尔滨博实自动化股份有限公司技术中心	黑龙江省
325	黑龙江澳利达奈德制药有限公司	黑龙江澳利达奈德制药有限公司技术中心	黑龙江省
326	哈尔滨维科生物技术有限公司	哈尔滨维科生物技术有限公司技术中心	黑龙江省
327	哈尔滨三联药业股份有限公司	哈尔滨三联药业股份有限公司技术中心	黑龙江省
328	上海诺基亚贝尔股份有限公司	上海诺基亚贝尔股份有限公司技术中心	上海市
329	中国远洋海运集团有限公司	中国远洋海运集团有限公司技术中心	上海市
※	南通中远船务工程有限公司	南通中远船务工程有限公司技术中心	江苏省
※	大连中远海运重工有限公司	大连中远海运重工有限公司技术中心	大连市
※	南通中远海运川崎船舶工程有限公司	南通中远海运川崎船舶工程有限公司技术中心	江苏省
330	江南造船（集团）有限责任公司	江南造船（集团）有限责任公司技术中心	上海市
331	宝山钢铁股份有限公司	宝山钢铁股份有限公司技术中心	上海市
※	上海宝信软件股份有限公司	上海宝信软件股份有限公司技术中心	上海市
332	上海家化联合股份有限公司	上海家化联合股份有限公司技术中心	上海市
333	上海氯碱化工股份有限公司	上海氯碱化工股份有限公司技术中心	上海市
334	沪东中华造船（集团）有限公司	沪东中华造船（集团）有限公司技术中心	上海市
335	上海汽车集团股份有限公司	上海汽车集团股份有限公司技术中心	上海市
※	上海汽车变速器有限公司	上海汽车变速器有限公司技术中心	上海市
※	上汽通用五菱汽车股份有限公司	上汽通用五菱汽车股份有限公司技术中心	广西区
※	上海柴油机股份有限公司	上海柴油机股份有限公司技术中心	上海市
※	泛亚汽车技术中心有限公司	泛亚汽车技术中心有限公司技术中心	上海市
※	上汽大众汽车有限公司	上汽大众汽车有限公司技术中心	上海市
※	华域视觉科技（上海）有限公司	华域视觉科技（上海）有限公司技术中心	上海市
※	上海汇众汽车制造有限公司	上海汇众汽车制造有限公司技术中心	上海市
※	联合汽车电子有限公司	联合汽车电子有限公司技术中心	上海市

续表11

序号	企业名称	企业技术中心名称（发生更名的标记＊）	地区
336	上海海立电器有限公司	上海海立电器有限公司技术中心	上海市
337	上海爱斯达克汽车空调系统有限公司	上海爱斯达克汽车空调系统有限公司技术中心	上海市
338	上海市药材有限公司	上海市药材有限公司技术中心	上海市
339	上海三菱电梯有限公司	上海三菱电梯有限公司技术中心	上海市
340	上海自动化仪表有限公司	上海自动化仪表有限公司技术中心	上海市
341	双钱轮胎集团有限公司	双钱轮胎集团有限公司技术中心	上海市
342	上海烟草集团有限责任公司	上海烟草集团有限责任公司技术中心	上海市
343	上海和黄白猫有限公司	上海和黄白猫有限公司技术中心	上海市
344	上海建工集团股份有限公司	上海建工集团股份有限公司技术中心	上海市
345	光明乳业股份有限公司	光明乳业股份有限公司技术中心	上海市
346	上海外高桥造船有限公司	上海外高桥造船有限公司技术中心	上海市
347	上海复星医药（集团）股份有限公司	上海复星医药（集团）股份有限公司技术中心	上海市
348	上海电器科学研究所（集团）有限公司	上海电器科学研究所（集团）有限公司技术中心	上海市
349	上海振华重工（集团）股份有限公司	上海振华重工（集团）股份有限公司技术中心	上海市
350	上海华谊三爱富新材料有限公司	上海华谊三爱富新材料有限公司技术中心＊	上海市
351	上海电气上重铸锻有限公司	上海电气上重铸锻有限公司技术中心	上海市
352	上海航天设备制造总厂有限公司	上海航天设备制造总厂有限公司技术中心	上海市
353	沪东重机有限公司	沪东重机有限公司技术中心	上海市
354	恒源祥（集团）有限公司	恒源祥（集团）有限公司技术中心	上海市
355	中交第三航务工程局有限公司	中交第三航务工程局有限公司技术中心	上海市
356	上海申通地铁集团有限公司	上海申通地铁集团有限公司技术中心	上海市
357	上海微创医疗器械（集团）有限公司	上海微创医疗器械（集团）有限公司技术中心	上海市
358	上海隧道工程有限公司	上海隧道工程有限公司技术中心	上海市
359	中交上海航道局有限公司	中交上海航道局有限公司技术中心	上海市
360	上海船厂船舶有限公司	上海船厂船舶有限公司技术中心	上海市
361	上海机床厂有限公司	上海机床厂有限公司技术中心	上海市
362	展讯通信（上海）有限公司	展讯通信（上海）有限公司技术中心	上海市
363	上海华虹宏力半导体制造有限公司	上海华虹宏力半导体制造有限公司技术中心	上海市
364	上海创诺医药集团有限公司	上海创诺医药集团有限公司技术中心	上海市
365	上海亚明照明有限公司	上海亚明照明有限公司技术中心	上海市
366	中国银联股份有限公司	中国银联股份有限公司技术中心	上海市
367	上海天马微电子有限公司	上海天马微电子有限公司技术中心	上海市
368	三生国健药业（上海）股份有限公司	三生国健药业（上海）股份有限公司技术中心	上海市
369	上海航空电器有限公司	上海航空电器有限公司技术中心	上海市
370	中芯国际集成电路制造（上海）有限公司	中芯国际集成电路制造（上海）有限公司技术中心	上海市
371	上海药明康德新药开发有限公司	上海药明康德新药开发有限公司技术中心	上海市

续表12

序号	企业名称	企业技术中心名称（发生更名的标记＊）	地区
372	华东建筑集团股份有限公司	华东建筑集团股份有限公司技术中心	上海市
373	上海新时达电气股份有限公司	上海新时达电气股份有限公司技术中心	上海市
374	上海化工研究院有限公司	上海化工研究院有限公司技术中心	上海市
375	中船第九设计研究院工程有限公司	中船第九设计研究院工程有限公司技术中心	上海市
376	上海微电子装备（集团）股份有限公司	上海微电子装备（集团）股份有限公司技术中心	上海市
377	万达信息股份有限公司	万达信息股份有限公司技术中心	上海市
378	网宿科技股份有限公司	网宿科技股份有限公司技术中心	上海市
379	上海人本集团有限公司	上海人本集团有限公司技术中心	上海市
380	上海置信电气股份有限公司	上海置信电气股份有限公司技术中心	上海市
381	上海市建筑科学研究院（集团）有限公司	上海市建筑科学研究院（集团）有限公司技术中心	上海市
382	卡斯柯信号有限公司	卡斯柯信号有限公司技术中心	上海市
383	上海良信电器股份有限公司	上海良信电器股份有限公司技术中心	上海市
384	上海保隆汽车科技股份有限公司	上海保隆汽车科技股份有限公司技术中心	上海市
385	中铁二十四局集团有限公司	中铁二十四局集团有限公司技术中心	上海市
386	中国二十冶集团有限公司	中国二十冶集团有限公司技术中心	上海市
387	中铁十五局集团有限公司	中铁十五局集团有限公司技术中心	上海市
388	上海普利特复合材料股份有限公司	上海普利特复合材料股份有限公司技术中心	上海市
389	上海勘测设计研究院有限公司	上海勘测设计研究院有限公司技术中心	上海市
390	格科微电子（上海）有限公司	格科微电子（上海）有限公司技术中心	上海市
391	上海康达化工新材料集团股份有限公司	上海康达化工新材料集团股份有限公司技术中心	上海市
392	上海宝冶集团有限公司	上海宝冶集团有限公司技术中心	上海市
393	上海昊海生物科技股份有限公司	上海昊海生物科技股份有限公司技术中心	上海市
394	国药集团化学试剂有限公司	国药集团化学试剂有限公司技术中心	上海市
395	上海华测导航技术股份有限公司	上海华测导航技术股份有限公司技术中心	上海市
396	澜起科技股份有限公司	澜起科技股份有限公司技术中心	上海市
397	普元信息技术股份有限公司	普元信息技术股份有限公司技术中心	上海市
398	上海联影医疗科技股份有限公司	上海联影医疗科技股份有限公司技术中心＊	上海市
399	科大智能科技股份有限公司	科大智能科技股份有限公司技术中心	上海市
400	上海三思电子工程有限公司	上海三思电子工程有限公司技术中心	上海市
401	上海电气风电集团股份有限公司	上海电气风电集团股份有限公司技术中心	上海市
402	上海中信信息发展股份有限公司	上海中信信息发展股份有限公司技术中心	上海市
403	上海上实龙创智慧能源科技股份有限公司	上海上实龙创智慧能源科技股份有限公司技术中心	上海市
404	上海和黄药业有限公司	上海和黄药业有限公司技术中心	上海市
405	华勤技术股份有限公司	华勤技术股份有限公司技术中心＊	上海市
406	上海电气核电设备有限公司	上海电气核电设备有限公司技术中心	上海市
407	上海飞凯光电材料股份有限公司	上海飞凯光电材料股份有限公司技术中心	上海市

续表13

序号	企业名称	企业技术中心名称（发生更名的标记＊）	地区
408	同济大学建筑设计研究院（集团）有限公司	同济大学建筑设计研究院（集团）有限公司技术中心	上海市
409	中微半导体设备（上海）股份有限公司	中微半导体设备（上海）股份有限公司技术中心	上海市
410	春兰（集团）公司	春兰（集团）公司技术中心	江苏省
411	无锡威孚高科技集团股份有限公司	无锡威孚高科技集团股份有限公司技术中心	江苏省
412	扬子江药业集团有限公司	扬子江药业集团有限公司技术中心	江苏省
※	扬子江药业集团江苏海慈生物药业有限公司	扬子江药业集团江苏海慈生物药业有限公司技术中心	江苏省
413	双良节能系统股份有限公司	双良节能系统股份有限公司技术中心	江苏省
414	国机重工集团常林有限公司	国机重工集团常林有限公司技术中心	江苏省
415	上海大屯能源股份有限公司	上海大屯能源股份有限公司技术中心	江苏省
416	中国石化仪征化纤有限责任公司	中国石化仪征化纤有限责任公司技术中心	江苏省
417	江苏阳光股份有限公司	江苏阳光股份有限公司技术中心	江苏省
418	宝胜集团有限公司	宝胜集团有限公司技术中心	江苏省
419	中国石化集团南京化学工业有限公司	中国石化集团南京化学工业有限公司技术中心	江苏省
420	徐州工程机械集团有限公司	徐州工程机械集团有限公司技术中心	江苏省
421	法尔胜泓昇集团有限公司	法尔胜泓昇集团有限公司技术中心	江苏省
422	江苏恒瑞医药股份有限公司	江苏恒瑞医药股份有限公司技术中心	江苏省
423	江阴兴澄特种钢铁有限公司	江阴兴澄特种钢铁有限公司技术中心	江苏省
424	江苏长电科技股份有限公司	江苏长电科技股份有限公司技术中心	江苏省
425	南瑞集团有限公司	南瑞集团有限公司技术中心	江苏省
※	国网电力科学研究院武汉南瑞有限责任公司	国网电力科学研究院武汉南瑞有限责任公司技术中心	湖北省
※	安徽南瑞继远电网技术有限公司	安徽南瑞继远电网技术有限公司技术中心	安徽省
426	江苏康缘药业股份有限公司	江苏康缘药业股份有限公司技术中心	江苏省
427	南京汽车集团有限公司	南京汽车集团有限公司技术中心	江苏省
428	江苏沙钢集团有限公司	江苏沙钢集团有限公司技术中心	江苏省
429	江苏双登集团有限公司	江苏双登集团有限公司技术中心	江苏省
430	大全集团有限公司	大全集团有限公司技术中心	江苏省
431	江苏亨通光电股份有限公司	江苏亨通光电股份有限公司技术中心	江苏省
432	江苏常铝铝业集团股份有限公司	江苏常铝铝业集团股份有限公司技术中心	江苏省
433	常柴股份有限公司	常柴股份有限公司技术中心	江苏省
434	江苏豪森药业集团有限公司	江苏豪森药业集团有限公司技术中心	江苏省
435	江苏白雪电器股份有限公司	江苏白雪电器股份有限公司技术中心	江苏省
436	无锡尚德太阳能电力有限公司	无锡尚德太阳能电力有限公司技术中心	江苏省
437	中材科技股份有限公司	中材科技股份有限公司技术中心	江苏省
438	大亚科技集团有限公司	大亚科技集团有限公司技术中心	江苏省
439	江苏上上电缆集团有限公司	江苏上上电缆集团有限公司技术中心	江苏省
440	江苏林海动力机械集团有限公司	江苏林海动力机械集团有限公司技术中心	江苏省

续表14

序号	企业名称	企业技术中心名称（发生更名的标记＊）	地区
441	江苏梦兰集团有限公司	江苏梦兰集团有限公司技术中心	江苏省
442	江苏科行环保股份有限公司	江苏科行环保股份有限公司技术中心	江苏省
443	江苏兴达钢帘线股份有限公司	江苏兴达钢帘线股份有限公司技术中心	江苏省
444	中车戚墅堰机车有限公司	中车戚墅堰机车有限公司技术中心	江苏省
445	常州星宇车灯股份有限公司	常州星宇车灯股份有限公司技术中心	江苏省
446	江苏国望高科纤维有限公司	江苏国望高科纤维有限公司技术中心	江苏省
447	南京中船绿洲机器有限公司	南京中船绿洲机器有限公司技术中心	江苏省
448	常熟开关制造有限公司（原常熟开关厂）	常熟开关制造有限公司（原常熟开关厂）技术中心	江苏省
449	远东电缆有限公司	远东电缆有限公司技术中心	江苏省
450	江苏苏净集团有限公司	江苏苏净集团有限公司技术中心	江苏省
451	日出东方控股股份有限公司	日出东方控股股份有限公司技术中心	江苏省
452	江苏恒顺集团有限公司	江苏恒顺集团有限公司技术中心	江苏省
453	通鼎互联信息股份有限公司	通鼎互联信息股份有限公司技术中心	江苏省
454	康力电梯股份有限公司	康力电梯股份有限公司技术中心	江苏省
455	江苏江南高纤股份有限公司	江苏江南高纤股份有限公司技术中心	江苏省
456	国电南京自动化股份有限公司	国电南京自动化股份有限公司技术中心	江苏省
457	南京高精传动设备制造集团有限公司	南京高精传动设备制造集团有限公司技术中心	江苏省
458	苏州江南嘉捷电梯有限公司	苏州江南嘉捷电梯有限公司技术中心	江苏省
459	江苏科林集团有限公司	江苏科林集团有限公司技术中心	江苏省
460	正大天晴药业集团股份有限公司	正大天晴药业集团股份有限公司技术中心	江苏省
461	江苏恩华药业股份有限公司	江苏恩华药业股份有限公司技术中心	江苏省
462	江苏扬农化工集团有限公司	江苏扬农化工集团有限公司技术中心	江苏省
463	江苏苏博特新材料股份有限公司	江苏苏博特新材料股份有限公司技术中心	江苏省
464	中车南京浦镇车辆有限公司	中车南京浦镇车辆有限公司技术中心	江苏省
465	红豆集团有限公司	红豆集团有限公司技术中心	江苏省
※	江苏通用科技股份有限公司	江苏通用科技股份有限公司技术中心	江苏省
466	江苏 AB 集团股份有限公司	江苏 AB 集团股份有限公司技术中心	江苏省
467	江苏恒力化纤股份有限公司	江苏恒力化纤股份有限公司技术中心	江苏省
468	中船动力有限公司	中船动力有限公司技术中心	江苏省
469	江苏中天科技股份有限公司	江苏中天科技股份有限公司技术中心	江苏省
※	中天科技海缆股份有限公司	中天科技海缆股份有限公司技术中心	江苏省
470	江苏常发农业装备股份有限公司	江苏常发农业装备股份有限公司技术中心	江苏省
471	无锡透平叶片有限公司	无锡透平叶片有限公司技术中心	江苏省
472	天奇自动化工程股份有限公司	天奇自动化工程股份有限公司技术中心	江苏省
473	中车戚墅堰机车车辆工艺研究所有限公司	中车戚墅堰机车车辆工艺研究所有限公司技术中心	江苏省
474	南京康尼机电股份有限公司	南京康尼机电股份有限公司技术中心	江苏省

续表15

序号	企业名称	企业技术中心名称（发生更名的标记＊）	地区
475	江苏联发纺织股份有限公司	江苏联发纺织股份有限公司技术中心	江苏省
476	江苏春兴合金（集团）有限公司	江苏春兴合金（集团）有限公司技术中心	江苏省
477	好孩子儿童用品有限公司	好孩子儿童用品有限公司技术中心	江苏省
478	中船澄西船舶修造有限公司	中船澄西船舶修造有限公司技术中心	江苏省
479	通富微电子股份有限公司	通富微电子股份有限公司技术中心	江苏省
480	常州东风农机集团有限公司	常州东风农机集团有限公司技术中心	江苏省
481	苏州环球科技股份有限公司	苏州环球科技股份有限公司技术中心	江苏省
482	江苏华鹏变压器有限公司	江苏华鹏变压器有限公司技术中心	江苏省
483	江苏丰东热技术有限公司	江苏丰东热技术有限公司技术中心	江苏省
484	江苏长虹智能装备股份有限公司	江苏长虹智能装备股份有限公司技术中心	江苏省
485	亚普汽车部件股份有限公司	亚普汽车部件股份有限公司技术中心	江苏省
486	江苏鱼跃医疗设备股份有限公司	江苏鱼跃医疗设备股份有限公司技术中心	江苏省
487	南京天加环境科技有限公司	南京天加环境科技有限公司技术中心	江苏省
488	张家港富瑞特种装备股份有限公司	张家港富瑞特种装备股份有限公司技术中心	江苏省
489	苏州巨峰电气绝缘系统股份有限公司	苏州巨峰电气绝缘系统股份有限公司技术中心	江苏省
490	无锡华光环保能源集团股份有限公司	无锡华光环保能源集团股份有限公司技术中心＊	江苏省
491	江苏亚星锚链股份有限公司	江苏亚星锚链股份有限公司技术中心	江苏省
492	江苏林洋能源股份有限公司	江苏林洋能源股份有限公司技术中心	江苏省
493	江苏太平洋精锻科技股份有限公司	江苏太平洋精锻科技股份有限公司技术中心	江苏省
494	常熟市龙腾特种钢有限公司	常熟市龙腾特种钢有限公司技术中心	江苏省
495	莱克电气股份有限公司	莱克电气股份有限公司技术中心	江苏省
496	江苏康力源健身器材有限公司	江苏康力源健身器材有限公司技术中心	江苏省
497	江苏永鼎股份有限公司	江苏永鼎股份有限公司技术中心	江苏省
498	安佑生物科技集团股份有限公司	安佑生物科技集团股份有限公司技术中心	江苏省
499	江苏俊知技术有限公司	江苏俊知技术有限公司技术中心	江苏省
500	江苏武进不锈股份有限公司	江苏武进不锈股份有限公司技术中心	江苏省
501	江苏鹏飞集团股份有限公司	江苏鹏飞集团股份有限公司技术中心	江苏省
502	招商局重工（江苏）有限公司	招商局重工（江苏）有限公司技术中心	江苏省
503	江苏辉丰生物农业股份有限公司	江苏辉丰生物农业股份有限公司技术中心	江苏省
504	江苏苏盐井神股份有限公司	江苏苏盐井神股份有限公司技术中心	江苏省
505	苏交科集团股份有限公司	苏交科集团股份有限公司技术中心	江苏省
506	吴江变压器有限公司	吴江变压器有限公司技术中心	江苏省
507	南通海星电子股份有限公司	南通海星电子股份有限公司技术中心	江苏省
508	江苏黎明食品集团有限公司	江苏黎明食品集团有限公司技术中心＊	江苏省
509	博众精工科技股份有限公司	博众精工科技股份有限公司技术中心	江苏省
510	凯龙高科技股份有限公司	凯龙高科技股份有限公司技术中心	江苏省

续表16

序号	企业名称	企业技术中心名称（发生更名的标记＊）	地区
511	天合光能股份有限公司	天合光能股份有限公司技术中心	江苏省
512	南京越博动力系统股份有限公司	南京越博动力系统股份有限公司技术中心	江苏省
513	江苏奥赛康药业有限公司	江苏奥赛康药业有限公司技术中心	江苏省
514	建华建材（中国）有限公司	建华建材（中国）有限公司技术中心	江苏省
515	昆山龙腾光电股份有限公司	昆山龙腾光电股份有限公司技术中心	江苏省
516	苏州金宏气体股份有限公司	苏州金宏气体股份有限公司技术中心	江苏省
517	新誉集团有限公司	新誉集团有限公司技术中心	江苏省
518	浩鲸云计算科技股份有限公司	浩鲸云计算科技股份有限公司技术中心	江苏省
519	江苏铁锚玻璃股份有限公司	江苏铁锚玻璃股份有限公司技术中心	江苏省
520	无锡宝通科技股份有限公司	无锡宝通科技股份有限公司技术中心	江苏省
521	信达生物制药（苏州）有限公司	信达生物制药（苏州）有限公司技术中心	江苏省
522	中通服咨询设计研究院有限公司	中通服咨询设计研究院有限公司技术中心	江苏省
523	万向集团公司	万向集团公司技术中心	浙江省
※	江苏森威精锻有限公司	江苏森威精锻有限公司技术中心	江苏省
※	万向钱潮股份有限公司	万向钱潮股份有限公司技术中心	浙江省
524	杭州制氧机集团股份有限公司	杭州制氧机集团股份有限公司技术中心＊	浙江省
525	巨化集团有限公司	巨化集团有限公司技术中心（浙江巨化技术中心有限公司）	浙江省
526	西湖电子集团有限公司	西湖电子集团有限公司技术中心	浙江省
527	杭州汽轮动力集团有限公司	杭州汽轮动力集团有限公司技术中心	浙江省
528	浙江海正药业股份有限公司	浙江海正药业股份有限公司技术中心	浙江省
529	横店集团控股有限公司	横店集团控股有限公司技术中心	浙江省
530	浙江新和成股份有限公司	浙江新和成股份有限公司技术中心	浙江省
※	山东新和成药业有限公司	山东新和成药业有限公司技术中心	山东省
531	万丰奥特控股集团	万丰奥特控股集团技术中心	浙江省
532	浙江亚太机电股份有限公司	浙江亚太机电股份有限公司技术中心	浙江省
533	浙江阳光照明电器集团股份有限公司	浙江阳光照明电器集团股份有限公司技术中心	浙江省
534	德力西集团有限公司	德力西集团有限公司技术中心	浙江省
535	浙江新安化工集团股份有限公司	浙江新安化工集团股份有限公司技术中心	浙江省
536	杭州娃哈哈集团有限公司	杭州娃哈哈集团有限公司技术中心	浙江省
537	浙江恒逸集团有限公司	浙江恒逸集团有限公司技术中心	浙江省
538	浙江中控技术股份有限公司	浙江中控技术股份有限公司技术中心	浙江省
539	浙江吉利控股集团有限公司	浙江吉利控股集团有限公司技术中心	浙江省
540	菲达集团有限公司	菲达集团有限公司技术中心	浙江省
541	浙江钱江摩托股份有限公司	浙江钱江摩托技术开发有限公司技术中心	浙江省
542	浙江医药股份有限公司	浙江医药股份有限公司技术中心	浙江省

续表17

序号	企业名称	企业技术中心名称（发生更名的标记＊）	地区
543	正泰集团股份有限公司	正泰集团股份有限公司技术中心	浙江省
544	浙江禾欣控股有限公司	浙江禾欣控股有限公司技术中心	浙江省
545	浙江华海药业股份有限公司	浙江华海药业股份有限公司技术中心	浙江省
546	浙江康恩贝制药股份有限公司	浙江康恩贝制药股份有限公司技术中心	浙江省
547	浙江美欣达纺织印染科技有限公司	浙江美欣达纺织印染科技有限公司技术中心	浙江省
548	浙江东南网架股份有限公司	浙江东南网架股份有限公司技术中心	浙江省
549	杭州前进齿轮箱集团股份有限公司	杭州前进齿轮箱集团股份有限公司技术中心	浙江省
550	浙江万安科技股份有限公司	浙江万安科技股份有限公司技术中心	浙江省
551	华峰集团有限公司	华峰集团有限公司技术中心	浙江省
552	富通集团有限公司	富通集团有限公司技术中心	浙江省
553	浙江龙盛集团股份有限公司	浙江龙盛集团股份有限公司技术中心	浙江省
554	浙江三花智能控制股份有限公司	浙江三花智能控制股份有限公司技术中心	浙江省
555	聚光科技（杭州）股份有限公司	聚光科技（杭州）股份有限公司技术中心	浙江省
556	卧龙电气驱动集团股份有限公司	卧龙电气驱动集团股份有限公司技术中心＊	浙江省
※	卧龙电气银川变压器有限公司	卧龙电气银川变压器有限公司技术中心	宁夏区
557	浙江盾安人工环境股份有限公司	浙江盾安人工环境股份有限公司技术中心	浙江省
558	浙江浙大网新集团有限公司	浙江浙大网新集团有限公司技术中心	浙江省
559	百合花集团股份有限公司	百合花集团股份有限公司技术中心	浙江省
560	杭州诺贝尔陶瓷有限公司	杭州诺贝尔陶瓷有限公司技术中心	浙江省
561	利欧集团股份有限公司	利欧集团股份有限公司技术中心	浙江省
562	加西贝拉压缩机有限公司	加西贝拉压缩机有限公司技术中心	浙江省
563	今飞控股集团有限公司	今飞控股集团有限公司技术中心	浙江省
564	三维通信股份有限公司	三维通信股份有限公司技术中心	浙江省
565	浙江海亮股份有限公司	浙江海亮股份有限公司技术中心	浙江省
566	万事利集团有限公司	万事利集团有限公司技术中心	浙江省
567	浙江大华技术股份有限公司	浙江大华技术股份有限公司技术中心	浙江省
568	杭申集团有限公司	杭申集团有限公司技术中心	浙江省
569	浙江天正电气股份有限公司	浙江天正电气股份有限公司技术中心	浙江省
570	温州瑞明工业股份有限公司	温州瑞明工业股份有限公司技术中心	浙江省
571	浙江九洲药业股份有限公司	浙江九洲药业股份有限公司技术中心	浙江省
572	浙江精工钢结构集团有限公司	浙江精工钢结构集团有限公司技术中心	浙江省
573	天能电池集团股份有限公司	天能电池集团股份有限公司技术中心＊	浙江省
※	浙江天能电池（江苏）有限公司	浙江天能电池（江苏）有限公司技术中心	江苏省
※	天能电池集团（安徽）有限公司	天能电池集团（安徽）有限公司技术中心	安徽省
574	杭州海康威视数字技术股份有限公司	杭州海康威视数字技术股份有限公司技术中心	浙江省
575	信雅达系统工程股份有限公司	信雅达系统工程股份有限公司技术中心	浙江省

续表18

序号	企业名称	企业技术中心名称（发生更名的标记*）	地区
576	浙江银轮机械股份有限公司	浙江银轮机械股份有限公司技术中心	浙江省
577	杭州东华链条集团有限公司	杭州东华链条集团有限公司技术中心	浙江省
578	杭叉集团股份有限公司	杭叉集团股份有限公司技术中心	浙江省
579	杭州锅炉集团股份有限公司	杭州锅炉集团股份有限公司技术中心	浙江省
580	浙江久立特材科技股份有限公司	浙江久立特材科技股份有限公司技术中心	浙江省
581	浙江南都电源动力股份有限公司	浙江南都电源动力股份有限公司技术中心	浙江省
582	杭州老板电器股份有限公司	杭州老板电器股份有限公司技术中心	浙江省
583	银江股份有限公司	银江股份有限公司技术中心	浙江省
584	浙江仙居君业药业有限公司	浙江仙居君业药业有限公司技术中心	浙江省
585	超威电源集团有限公司	超威电源集团有限公司技术中心*	浙江省
586	永高股份有限公司	永高股份有限公司技术中心	浙江省
587	华立科技股份有限公司	华立科技股份有限公司技术中心	浙江省
588	杭萧钢构股份有限公司	杭萧钢构股份有限公司技术中心	浙江省
589	浙江京新药业股份有限公司	浙江京新药业股份有限公司技术中心	浙江省
590	南方中金环境股份有限公司	南方中金环境股份有限公司技术中心	浙江省
591	浙江万里扬股份有限公司	浙江万里扬股份有限公司技术中心	浙江省
592	开山控股集团股份有限公司	开山控股集团股份有限公司技术中心	浙江省
593	浙江永太科技股份有限公司	浙江永太科技股份有限公司技术中心	浙江省
594	传化智联股份有限公司	传化智联股份有限公司技术中心	浙江省
595	浙江金洲管道科技股份有限公司	浙江金洲管道科技股份有限公司技术中心	浙江省
596	浙江生辉照明有限公司	浙江生辉照明有限公司技术中心	浙江省
597	浙江星星冷链集成股份有限公司	浙江星星冷链集成股份有限公司技术中心	浙江省
598	浙江双环传动机械股份有限公司	浙江双环传动机械股份有限公司技术中心	浙江省
599	杰克缝纫机股份有限公司	杰克缝纫机股份有限公司技术中心	浙江省
600	浙江星星科技股份有限公司	浙江星星科技股份有限公司技术中心	浙江省
601	永兴特种不锈钢股份有限公司	永兴特种不锈钢股份有限公司技术中心	浙江省
602	联化科技股份有限公司	联化科技股份有限公司技术中心	浙江省
603	杭州永创智能设备股份有限公司	杭州永创智能设备股份有限公司技术中心	浙江省
604	浙江伟星新型建材股份有限公司	浙江伟星新型建材股份有限公司技术中心	浙江省
605	天通控股股份有限公司	天通控股股份有限公司技术中心	浙江省
606	福达合金材料股份有限公司	福达合金材料股份有限公司技术中心	浙江省
607	诺力智能装备股份有限公司	诺力智能装备股份有限公司技术中心	浙江省
608	桐昆集团股份有限公司	桐昆集团股份有限公司技术中心	浙江省
609	浙江春风动力股份有限公司	浙江春风动力股份有限公司技术中心	浙江省
610	网易（杭州）网络有限公司	网易（杭州）网络有限公司技术中心	浙江省
611	新界泵业（浙江）有限公司	新界泵业（浙江）有限公司技术中心*	浙江省

续表19

序号	企业名称	企业技术中心名称（发生更名的标记＊）	地区
612	浙江海翔药业股份有限公司	浙江海翔药业股份有限公司技术中心	浙江省
613	杭州中美华东制药有限公司	杭州中美华东制药有限公司技术中心	浙江省
614	新华三技术有限公司	新华三技术有限公司技术中心	浙江省
615	浙江宇视科技有限公司	浙江宇视科技有限公司技术中心	浙江省
616	浙江五洲新春集团控股有限公司	浙江五洲新春集团控股有限公司技术中心	浙江省
617	浙江华康药业股份有限公司	浙江华康药业股份有限公司技术中心	浙江省
618	浙江皇马科技股份有限公司	浙江皇马科技股份有限公司技术中心	浙江省
619	瑞立集团瑞安汽车零部件有限公司	瑞立集团瑞安汽车零部件有限公司技术中心	浙江省
620	浙江水晶光电科技股份有限公司	浙江水晶光电科技股份有限公司技术中心	浙江省
621	贝达药业股份有限公司	贝达药业股份有限公司技术中心	浙江省
622	浙江华正新材料股份有限公司	浙江华正新材料股份有限公司技术中心	浙江省
623	杭州福斯特应用材料股份有限公司	杭州福斯特应用材料股份有限公司技术中心	浙江省
624	新凤鸣集团股份有限公司	新凤鸣集团股份有限公司技术中心	浙江省
625	雅戈尔集团股份有限公司	雅戈尔集团股份有限公司技术中心	宁波市
626	海天塑机集团有限公司	海天塑机集团有限公司技术中心	宁波市
627	奥克斯集团有限公司	奥克斯集团有限公司技术中心	宁波市
628	博威集团有限公司	博威集团有限公司技术中心	宁波市
629	宁波方太厨具有限公司	宁波方太厨具有限公司技术中心	宁波市
630	宁波金田铜业（集团）股份有限公司	宁波金田铜业（集团）股份有限公司技术中心	宁波市
631	新海科技集团有限公司	新海科技集团有限公司技术中心	宁波市
632	宁波圣龙汽车动力系统股份有限公司	宁波圣龙汽车动力系统股份有限公司技术中心	宁波市
633	东睦新材料集团股份有限公司	东睦新材料集团股份有限公司技术中心	宁波市
634	宁波天安（集团）股份有限公司	宁波天安（集团）股份有限公司技术中心	宁波市
635	音王电声股份有限公司	音王电声股份有限公司技术中心	宁波市
636	得力集团有限公司	得力集团有限公司技术中心	宁波市
637	中石化宁波工程有限公司	中石化宁波工程有限公司技术中心	宁波市
638	美康生物科技股份有限公司	美康生物科技股份有限公司技术中心	宁波市
639	宁波韵升股份有限公司	宁波韵升股份有限公司技术中心	宁波市
640	浙江大丰实业股份有限公司	浙江大丰实业股份有限公司技术中心	宁波市
641	贝发集团股份有限公司	贝发集团股份有限公司技术中心	宁波市
642	舜宇集团有限公司	舜宇集团有限公司技术中心	宁波市
643	日月重工股份有限公司	日月重工股份有限公司技术中心	宁波市
644	宁波东方电缆股份有限公司	宁波东方电缆股份有限公司技术中心	宁波市
645	宁波杉杉新材料科技有限公司	宁波杉杉新材料科技有限公司技术中心	宁波市
646	东方日升新能源股份有限公司	东方日升新能源股份有限公司技术中心	宁波市
647	浙江华朔科技股份有限公司	浙江华朔科技股份有限公司技术中心	宁波市

续表20

序号	企业名称	企业技术中心名称（发生更名的标记＊）	地区
648	宁波兴业盛泰集团有限公司	宁波兴业盛泰集团有限公司技术中心	宁波市
649	慈兴集团有限公司	慈兴集团有限公司技术中心	宁波市
650	宁波激智科技股份有限公司	宁波激智科技股份有限公司技术中心	宁波市
651	赛尔富电子有限公司	赛尔富电子有限公司技术中心	宁波市
652	宁波欣达（集团）有限公司	宁波欣达（集团）有限公司技术中心	宁波市
653	建新赵氏集团有限公司	建新赵氏集团有限公司技术中心	宁波市
654	宁波拓普集团股份有限公司	宁波拓普集团股份有限公司技术中心	宁波市
655	宁波江丰电子材料股份有限公司	宁波江丰电子材料股份有限公司技术中心	宁波市
656	锦浪科技股份有限公司	锦浪科技股份有限公司技术中心	宁波市
657	长虹美菱股份有限公司	长虹美菱股份有限公司技术中心	安徽省
658	安徽叉车集团有限责任公司	安徽叉车集团有限责任公司技术中心	安徽省
659	中国扬子集团滁州扬子空调器有限公司	中国扬子集团滁州扬子空调器有限公司技术中心	安徽省
660	惠而浦（中国）股份有限公司	惠而浦（中国）股份有限公司技术中心	安徽省
661	安徽海螺集团有限责任公司	安徽海螺集团有限责任公司技术中心	安徽省
662	马鞍山钢铁股份有限公司	马鞍山钢铁股份有限公司技术中心	安徽省
663	奇瑞汽车股份有限公司	奇瑞汽车股份有限公司技术中心	安徽省
664	安徽国风塑业股份有限公司	安徽国风塑业股份有限公司技术中心	安徽省
665	铜陵有色金属集团控股有限公司	铜陵有色金属集团控股有限公司技术中心	安徽省
666	安徽江淮汽车集团股份有限公司	安徽江淮汽车集团股份有限公司技术中心	安徽省
※	安徽安凯汽车股份有限公司	安徽安凯汽车股份有限公司技术中心	安徽省
※	合肥江淮铸造有限责任公司	合肥江淮铸造有限责任公司技术中心	安徽省
667	中粮生物科技股份有限公司	中粮生物科技股份有限公司技术中心	安徽省
668	安徽中鼎密封件股份有限公司	安徽中鼎密封件股份有限公司技术中心	安徽省
669	淮北矿业（集团）有限责任公司	淮北矿业（集团）有限责任公司技术中心	安徽省
670	科大讯飞股份有限公司	科大讯飞股份有限公司技术中心	安徽省
671	中国人民解放军第五七二〇工厂	中国人民解放军第五七二〇工厂技术中心	安徽省
672	安徽安利材料科技股份有限公司	安徽安利材料科技股份有限公司技术中心	安徽省
673	中铁四局集团有限公司	中铁四局集团有限公司技术中心	安徽省
※	中铁四局集团钢结构建筑有限公司	中铁四局集团钢结构建筑有限公司技术中心	安徽省
674	合肥丰乐种业股份有限公司	合肥丰乐种业股份有限公司技术中心	安徽省
675	合肥江航飞机装备股份有限公司	合肥江航飞机装备股份有限公司技术中心	安徽省
676	安徽四创电子股份有限公司	安徽四创电子股份有限公司技术中心	安徽省
※	合肥华耀电子工业有限公司	合肥华耀电子工业有限公司技术中心	安徽省
677	安徽中天纺织科技股份有限公司	安徽中天纺织科技股份有限公司技术中心	安徽省
678	中煤矿山建设集团有限责任公司	中煤矿山建设集团有限责任公司技术中心	安徽省
679	国网安徽省电力有限公司	国网安徽省电力有限公司技术中心	安徽省

续表21

序号	企业名称	企业技术中心名称（发生更名的标记＊）	地区
680	合肥合锻智能制造股份有限公司	合肥合锻智能制造股份有限公司技术中心	安徽省
※	安徽中科光电色选机械有限公司	安徽中科光电色选机械有限公司技术中心	安徽省
681	安徽楚江科技新材料股份有限公司	安徽楚江科技新材料股份有限公司技术中心	安徽省
682	安徽华茂集团有限公司	安徽华茂集团有限公司技术中心	安徽省
683	时代出版传媒股份有限公司	时代出版传媒股份有限公司技术中心	安徽省
684	安徽中电兴发与鑫龙科技股份有限公司	安徽中电兴发与鑫龙科技股份有限公司技术中心	安徽省
685	安徽丰原药业股份有限公司	安徽丰原药业股份有限公司技术中心	安徽省
686	合肥杰事杰新材料股份有限公司	合肥杰事杰新材料股份有限公司技术中心	安徽省
687	中国化学工程第三建设有限公司	中国化学工程第三建设有限公司技术中心	安徽省
688	黄山永新股份有限公司	黄山永新股份有限公司技术中心	安徽省
689	阳光电源股份有限公司	阳光电源股份有限公司技术中心	安徽省
690	安徽博微长安电子有限公司	安徽博微长安电子有限公司技术中心	安徽省
691	安徽全柴动力股份有限公司	安徽全柴动力股份有限公司技术中心	安徽省
692	东华工程科技股份有限公司	东华工程科技股份有限公司技术中心	安徽省
693	安徽六国化工股份有限公司	安徽六国化工股份有限公司技术中心	安徽省
694	安徽鸿路钢结构（集团）股份有限公司	安徽鸿路钢结构（ 集团）股份有限公司技术中心	安徽省
695	合肥美亚光电技术股份有限公司	合肥美亚光电技术股份有限公司技术中心	安徽省
696	芜湖长信科技股份有限公司	芜湖长信科技股份有限公司技术中心	安徽省
697	安徽皖维高新材料股份有限公司	安徽皖维高新材料股份有限公司技术中心	安徽省
698	安徽建工集团有限公司	安徽建工集团有限公司技术中心	安徽省
699	合肥通用机械研究院有限公司	合肥通用机械研究院有限公司技术中心	安徽省
700	泰尔重工股份有限公司	泰尔重工股份有限公司技术中心	安徽省
701	安徽神剑新材料股份有限公司	安徽神剑新材料股份有限公司技术中心	安徽省
702	安徽国星生物化学有限公司	安徽国星生物化学有限公司技术中心	安徽省
703	合肥国轩高科动力能源有限公司	合肥国轩高科动力能源有限公司技术中心	安徽省
704	安徽华菱汽车有限公司	安徽华菱汽车有限公司技术中心	安徽省
705	安徽富煌钢构股份有限公司	安徽富煌钢构股份有限公司技术中心	安徽省
706	安徽蓝盾光电子股份有限公司	安徽蓝盾光电子股份有限公司技术中心	安徽省
707	中国能源建设集团安徽电力建设第一工程有限公司	中国能源建设集团安徽电力建设第一工程有限公司技术中心	安徽省
708	中盐安徽红四方股份有限公司	中盐安徽红四方股份有限公司技术中心	安徽省
709	中国十七冶集团有限公司	中国十七冶集团有限公司技术中心	安徽省
710	芜湖伯特利汽车安全系统股份有限公司	芜湖伯特利汽车安全系统股份有限公司技术中心	安徽省
711	安徽大地熊新材料股份有限公司	安徽大地熊新材料股份有限公司技术中心	安徽省
712	合肥晶弘电器有限公司	合肥晶弘电器有限公司技术中心	安徽省
713	安徽佳通乘用子午线轮胎有限公司	安徽佳通乘用子午线轮胎有限公司技术中心	安徽省

续表22

序号	企业名称	企业技术中心名称（发生更名的标记＊）	地区
714	安徽捷迅光电技术有限公司	安徽捷迅光电技术有限公司技术中心	安徽省
715	安徽巨一自动化装备有限公司	安徽巨一自动化装备有限公司技术中心	安徽省
716	铜陵精达特种电磁线股份有限公司	铜陵精达特种电磁线股份有限公司技术中心	安徽省
717	瑞鹄汽车模具股份有限公司	瑞鹄汽车模具股份有限公司技术中心	安徽省
718	安徽安科生物工程（集团）股份有限公司	安徽安科生物工程（集团）股份有限公司技术中心	安徽省
719	合肥泰禾智能科技集团股份有限公司	合肥泰禾智能科技集团股份有限公司技术中心	安徽省
720	安徽省司尔特肥业股份有限公司	安徽省司尔特肥业股份有限公司技术中心	安徽省
721	中冶华天工程技术有限公司	中冶华天工程技术有限公司技术中心	安徽省
722	兆科药业（合肥）有限公司	兆科药业（合肥）有限公司技术中心	安徽省
723	埃夫特智能装备股份有限公司	埃夫特智能装备股份有限公司技术中心	安徽省
724	安徽皖南电机股份有限公司	安徽皖南电机股份有限公司技术中心	安徽省
725	会通新材料股份有限公司	会通新材料股份有限公司技术中心	安徽省
726	安徽荃银高科种业股份有限公司	安徽荃银高科种业股份有限公司技术中心	安徽省
727	安徽贝克联合制药有限公司	安徽贝克联合制药有限公司技术中心	安徽省
728	中航华东光电有限公司	中航华东光电有限公司技术中心	安徽省
729	安徽华东光电技术研究所有限公司	安徽华东光电技术研究所有限公司技术中心	安徽省
730	中钢集团安徽天源科技股份有限公司	中钢集团安徽天源科技股份有限公司技术中心	安徽省
731	科大国创软件股份有限公司	科大国创软件股份有限公司技术中心	安徽省
732	安徽皖通科技股份有限公司	安徽皖通科技股份有限公司技术中心	安徽省
733	安徽华米信息科技有限公司	安徽华米信息科技有限公司技术中心	安徽省
734	安徽省交通规划设计研究总院股份有限公司	安徽省交通规划设计研究总院股份有限公司技术中心	安徽省
735	合肥同智机电控制技术有限公司	合肥同智机电控制技术有限公司技术中心	安徽省
736	福建南平南孚电池有限公司	福建南平南孚电池有限公司技术中心	福建省
737	福建龙净环保股份有限公司	福建龙净环保股份有限公司技术中心	福建省
738	福建凤竹集团有限公司	福建凤竹集团有限公司技术中心	福建省
739	福耀玻璃工业集团股份有限公司	福耀玻璃工业集团股份有限公司技术中心	福建省
740	紫金矿业集团股份有限公司	紫金矿业集团股份有限公司技术中心	福建省
741	福建浔兴拉链科技股份有限公司	福建浔兴拉链科技股份有限公司技术中心	福建省
742	福建七匹狼集团有限公司	福建七匹狼集团有限公司技术中心	福建省
743	福建恒安集团有限公司	福建恒安集团有限公司技术中心	福建省
744	福建省南平铝业股份有限公司	福建省南平铝业股份有限公司技术中心	福建省
745	福建星网锐捷通讯股份有限公司	福建星网锐捷通讯股份有限公司技术中心	福建省
746	安踏（中国）有限公司	安踏（中国）有限公司技术中心	福建省
747	漳州灿坤实业有限公司	漳州灿坤实业有限公司技术中心	福建省
748	新大陆科技集团有限公司	新大陆科技集团有限公司技术中心	福建省
749	三棵树涂料股份有限公司	三棵树涂料股份有限公司技术中心	福建省

续表23

序号	企业名称	企业技术中心名称（发生更名的标记*）	地区
750	福建百宏聚纤科技实业有限公司	福建百宏聚纤科技实业有限公司技术中心	福建省
751	福建正大食品有限公司	福建正大食品有限公司技术中心	福建省
752	兴业皮革科技股份有限公司	兴业皮革科技股份有限公司技术中心	福建省
753	福建龙溪轴承（集团）股份有限公司	福建龙溪轴承（集团）股份有限公司技术中心	福建省
754	漳州立达信光电子科技有限公司	漳州立达信光电子科技有限公司技术中心	福建省
755	九牧厨卫股份有限公司	九牧厨卫股份有限公司技术中心	福建省
756	福建捷联电子有限公司	福建捷联电子有限公司技术中心	福建省
757	福建天晴数码有限公司	福建天晴数码有限公司技术中心	福建省
758	南威软件股份有限公司	南威软件股份有限公司技术中心	福建省
759	福建天马科技集团股份有限公司	福建天马科技集团股份有限公司技术中心	福建省
760	福建永荣锦江股份有限公司	福建永荣锦江股份有限公司技术中心*	福建省
761	福建省闽发铝业股份有限公司	福建省闽发铝业股份有限公司技术中心	福建省
762	天守（福建）超纤科技股份有限公司	天守（ 福建）超纤科技股份有限公司技术中心	福建省
763	福建广生堂药业股份有限公司	福建广生堂药业股份有限公司技术中心	福建省
764	福建福光股份有限公司	福建福光股份有限公司技术中心	福建省
765	福建榕基软件股份有限公司	福建榕基软件股份有限公司技术中心	福建省
766	漳州片仔癀药业股份有限公司	漳州片仔癀药业股份有限公司技术中心	福建省
767	福建恒杰塑业新材料有限公司	福建恒杰塑业新材料有限公司技术中心	福建省
768	福建华峰新材料有限公司	福建华峰新材料有限公司技术中心	福建省
769	福建鸿博光电科技有限公司	福建鸿博光电科技有限公司技术中心	福建省
770	厦门厦工机械股份有限公司	厦门厦工机械股份有限公司技术中心	厦门市
771	厦门厦华科技有限公司	厦门厦华科技有限公司技术中心	厦门市
772	厦门翔鹭化纤股份有限公司	厦门翔鹭化纤股份有限公司技术中心	厦门市
773	厦门钨业股份有限公司	厦门钨业股份有限公司技术中心	厦门市
774	厦门金龙汽车集团股份有限公司	厦门金龙汽车集团股份有限公司技术中心	厦门市
775	厦门通士达照明有限公司	厦门通士达照明有限公司技术中心	厦门市
776	厦门宏发电声股份有限公司	厦门宏发电声股份有限公司技术中心	厦门市
777	三安光电股份有限公司	三安光电股份有限公司技术中心	厦门市
778	联想移动通信科技有限公司	联想移动通信科技有限公司技术中心	厦门市
779	福建中烟工业有限责任公司	福建中烟工业有限责任公司技术中心	厦门市
780	路达（厦门）工业有限公司	路达（厦门）工业有限公司技术中心	厦门市
781	科华恒盛股份有限公司	科华恒盛股份有限公司技术中心	厦门市
782	厦门强力巨彩光电科技有限公司	厦门强力巨彩光电科技有限公司技术中心	厦门市
783	福建安井食品股份有限公司	福建安井食品股份有限公司技术中心	厦门市
784	厦门华联电子股份有限公司	厦门华联电子股份有限公司技术中心	厦门市
785	厦门金达威集团股份有限公司	厦门金达威集团股份有限公司技术中心	厦门市

续表24

序号	企业名称	企业技术中心名称（发生更名的标记＊）	地区
786	厦门市美亚柏科信息股份有限公司	厦门市美亚柏科信息股份有限公司技术中心	厦门市
787	厦门盈趣科技股份有限公司	厦门盈趣科技股份有限公司技术中心	厦门市
788	厦门松霖科技股份有限公司	厦门松霖科技股份有限公司技术中心	厦门市
789	厦门乾照光电股份有限公司	厦门乾照光电股份有限公司技术中心	厦门市
790	大博医疗科技股份有限公司	大博医疗科技股份有限公司技术中心	厦门市
791	厦门建霖健康家居股份有限公司	厦门建霖健康家居股份有限公司技术中心	厦门市
792	奥佳华智能健康科技集团股份有限公司	奥佳华智能健康科技集团股份有限公司技术中心	厦门市
793	垒知控股集团股份有限公司	垒知控股集团股份有限公司技术中心	厦门市
794	厦门天马微电子有限公司	厦门天马微电子有限公司技术中心	厦门市
795	厦门艾德生物医药科技股份有限公司	厦门艾德生物医药科技股份有限公司技术中心	厦门市
796	林德（中国）叉车有限公司	林德（中国）叉车有限公司技术中心	厦门市
797	厦门亿联网络技术股份有限公司	厦门亿联网络技术股份有限公司技术中心	厦门市
798	罗普特科技集团股份有限公司	罗普特科技集团股份有限公司技术中心	厦门市
799	厦门唯科模塑科技股份有限公司	厦门唯科模塑科技股份有限公司技术中心	厦门市
800	厦门光莆电子股份有限公司	厦门光莆电子股份有限公司技术中心	厦门市
801	厦门弘信电子科技集团股份有限公司	厦门弘信电子科技集团股份有限公司技术中心	厦门市
802	江西洪都航空工业集团有限责任公司	江西洪都航空工业集团有限责任公司技术中心	江西省
803	泰豪科技股份有限公司	泰豪科技股份有限公司技术中心	江西省
804	新余钢铁集团有限公司	新余钢铁集团有限公司技术中心	江西省
805	江西昌河航空工业有限公司	江西昌河航空工业有限公司技术中心	江西省
806	江铃汽车股份有限公司	江铃汽车股份有限公司技术中心	江西省
807	江西蓝星星火有机硅有限公司	江西蓝星星火有机硅有限公司技术中心	江西省
808	江西钨业控股集团有限公司	江西钨业控股集团有限公司技术中心	江西省
809	三川智慧科技股份有限公司	三川智慧科技股份有限公司技术中心	江西省
810	崇义章源钨业股份有限公司	崇义章源钨业股份有限公司技术中心	江西省
811	江西铜业集团有限公司	江西铜业集团有限公司技术中心	江西省
812	江西正邦科技股份有限公司	江西正邦科技股份有限公司技术中心	江西省
813	晶科能源有限公司	晶科能源有限公司技术中心	江西省
814	双胞胎（集团）股份有限公司	双胞胎（集团）股份有限公司技术中心	江西省
815	江西江铃底盘股份有限公司	江西江铃底盘股份有限公司技术中心	江西省
816	江西赣锋锂业股份有限公司	江西赣锋锂业股份有限公司技术中心	江西省
817	江西青峰药业有限公司	江西青峰药业有限公司技术中心	江西省
818	江西合力泰科技有限公司	江西合力泰科技有限公司技术中心	江西省
819	江联重工集团股份有限公司	江联重工集团股份有限公司技术中心	江西省
820	江西沃格光电股份有限公司	江西沃格光电股份有限公司技术中心	江西省
821	博雅生物制药集团股份有限公司	博雅生物制药集团股份有限公司技术中心	江西省

续表25

序号	企业名称	企业技术中心名称（发生更名的标记*）	地区
822	华润江中制药集团有限责任公司	华润江中制药集团有限责任公司技术中心	江西省
823	中铁九桥工程有限公司	中铁九桥工程有限公司技术中心	江西省
824	虔东稀土集团股份有限公司	虔东稀土集团股份有限公司技术中心	江西省
825	普正药业集团股份有限公司	普正药业集团股份有限公司技术中心	江西省
826	格特拉克（江西）传动系统有限公司	格特拉克（江西）传动系统有限公司技术中心	江西省
827	思创数码科技股份有限公司	思创数码科技股份有限公司技术中心	江西省
828	江西明正变电设备有限公司	江西明正变电设备有限公司技术中心	江西省
829	孚能科技（赣州）股份有限公司	孚能科技（赣州）股份有限公司技术中心	江西省
830	红板（江西）有限公司	红板（江西）有限公司技术中心	江西省
831	济南二机床集团有限公司	济南二机床集团有限公司技术中心	山东省
832	浪潮集团有限公司	浪潮集团有限公司技术中心	山东省
※	山东华光光电子股份有限公司	山东华光光电子股份有限公司技术中心	山东省
833	鲁南制药集团股份有限公司	鲁南制药集团股份有限公司技术中心	山东省
834	济南轻骑摩托车有限公司	济南轻骑摩托车有限公司技术中心	山东省
835	万华化学集团股份有限公司	万华化学集团股份有限公司技术中心	山东省
836	东方电子集团有限公司	东方电子集团有限公司技术中心	山东省
※	烟台东方威思顿电气有限公司	烟台东方威斯顿电气有限公司技术中心	山东省
837	滨州渤海活塞有限公司	滨州渤海活塞有限公司技术中心	山东省
838	山东晨鸣纸业集团股份有限公司	山东晨鸣纸业集团股份有限公司技术中心	山东省
839	山推工程机械股份有限公司	山推工程机械股份有限公司技术中心	山东省
840	济南第一机床有限公司	济南第一机床有限公司技术中心	山东省
841	山东钢铁股份有限公司	山东钢铁股份有限公司技术中心	山东省
842	济南试金集团有限公司	济南试金集团有限公司技术中心	山东省
843	中国重型汽车集团有限公司	中国重型汽车集团有限公司技术中心	山东省
844	山东新华制药股份有限公司	山东新华制药股份有限公司技术中心	山东省
845	兖矿集团有限公司	兖矿集团有限公司技术中心	山东省
846	华能泰山电力有限公司	华能泰山电力有限公司技术中心	山东省
847	山东如意科技集团有限公司	山东如意科技集团有限公司技术中心	山东省
848	三角集团有限公司	三角集团有限公司技术中心	山东省
849	浦林成山（山东）轮胎有限公司	浦林成山（山东）轮胎有限公司技术中心	山东省
850	东阿阿胶股份有限公司	东阿阿胶股份有限公司技术中心	山东省
851	华泰集团有限公司	华泰集团有限公司技术中心	山东省
852	烟台张裕集团有限公司	烟台张裕集团有限公司技术中心	山东省
853	天润工业技术股份有限公司	天润工业技术股份有限公司技术中心*	山东省
854	泰山玻璃纤维有限公司	泰山玻璃纤维有限公司技术中心	山东省
※	泰山玻璃纤维邹城有限公司	泰山玻璃纤维邹城有限公司技术中心	山东省

续表26

序号	企业名称	企业技术中心名称（发生更名的标记＊）	地区
855	山东时风（集团）有限责任公司	山东时风（集团）有限责任公司技术中心	山东省
856	山东省鲁洲食品集团有限公司	山东省鲁洲食品集团有限公司技术中心	山东省
857	山东新华医疗器械股份有限公司	山东新华医疗器械股份有限公司技术中心	山东省
858	冰轮环境技术股份有限公司	冰轮环境技术股份有限公司技术中心＊	山东省
859	齐鲁制药有限公司	齐鲁制药有限公司技术中心	山东省
860	威高集团有限公司	威高集团有限公司技术中心	山东省
861	山东登海种业股份有限公司	山东登海种业股份有限公司技术中心	山东省
862	菱花集团有限公司	菱花集团有限公司技术中心	山东省
863	潍柴动力股份有限公司	潍柴动力股份有限公司技术中心	山东省
※	株洲齿轮有限责任公司	株洲齿轮有限责任公司技术中心	湖南省
864	鲁泰纺织股份有限公司	鲁泰纺织股份有限公司技术中心	山东省
※	鲁丰织染有限公司	鲁丰织染有限公司技术中心	山东省
865	山东中烟工业有限责任公司	山东中烟工业有限责任公司技术中心	山东省
866	山东金麒麟股份有限公司	山东金麒麟股份有限公司技术中心	山东省
867	威海广泰空港设备股份有限公司	威海广泰空港设备股份有限公司技术中心	山东省
868	雷沃重工股份有限公司	雷沃重工股份有限公司技术中心	山东省
869	山东滨州亚光毛巾有限公司	山东滨州亚光毛巾有限公司技术中心	山东省
870	山东绿叶制药有限公司	山东绿叶制药有限公司技术中心	山东省
871	新汶矿业集团有限责任公司	新汶矿业集团有限责任公司技术中心	山东省
872	东岳集团有限公司	东岳集团有限公司技术中心	山东省
873	万达集团股份有限公司	万达集团股份有限公司技术中心	山东省
874	恒天海龙（潍坊）新材料有限责任公司	恒天海龙（潍坊）新材料有限责任公司技术中心	山东省
875	烟台泰和新材料股份有限公司	烟台泰和新材料股份有限公司技术中心＊	山东省
876	力诺集团股份有限公司	力诺集团股份有限公司技术中心	山东省
877	南山集团有限公司	南山集团有限公司技术中心	山东省
878	山东新北洋信息技术股份有限公司	山东新北洋信息技术股份有限公司技术中心	山东省
879	山东齐鲁电机制造有限公司	山东齐鲁电机制造有限公司技术中心	山东省
880	中通客车控股股份有限公司	中通客车控股股份有限公司技术中心	山东省
881	保龄宝生物股份有限公司	保龄宝生物股份有限公司技术中心	山东省
882	好当家集团有限公司	好当家集团有限公司技术中心	山东省
883	山东华盛中天机械集团股份有限公司	山东华盛中天机械集团股份有限公司技术中心	山东省
884	山东泰山钢铁集团有限公司	山东泰山钢铁集团有限公司技术中心	山东省
885	信义集团公司	信义集团公司技术中心	山东省
886	得利斯集团有限公司	得利斯集团有限公司技术中心	山东省
887	山东五征集团有限公司	山东五征集团有限公司技术中心	山东省
888	烟台三环锁业集团股份有限公司	烟台三环锁业集团股份有限公司技术中心	山东省

续表27

序号	企业名称	企业技术中心名称（发生更名的标记＊）	地区
889	中冶纸业银河有限公司	中冶纸业银河有限公司技术中心	山东省
890	济南重工股份有限公司	济南重工股份有限公司技术中心	山东省
891	济南圣泉集团股份有限公司	济南圣泉集团股份有限公司技术中心	山东省
892	鲁西化工集团股份有限公司	鲁西化工集团股份有限公司技术中心	山东省
893	山东道恩高分子材料股份有限公司	山东道恩高分子材料股份有限公司技术中心	山东省
894	临沂宏艺科技发展有限公司	临沂宏艺科技发展有限公司技术中心＊	山东省
895	泰山体育产业集团有限公司	泰山体育产业集团有限公司技术中心	山东省
896	山东太阳纸业股份有限公司	山东太阳纸业股份有限公司技术中心	山东省
897	金猴集团有限公司	金猴集团有限公司技术中心	山东省
898	日照金禾博源生化有限公司	日照金禾博源生化有限公司技术中心	山东省
899	龙大食品集团有限公司	龙大食品集团有限公司技术中心	山东省
900	孚日集团股份有限公司	孚日集团股份有限公司技术中心	山东省
901	山东兰雁纺织服装有限公司	山东兰雁纺织服装有限公司技术中心	山东省
902	烟台龙源电力技术股份有限公司	烟台龙源电力技术股份有限公司技术中心	山东省
903	山东华凌电缆有限公司	山东华凌电缆有限公司技术中心	山东省
904	山东中际投资控股有限公司	山东中际投资控股有限公司技术中心	山东省
※	苏州旭创科技有限公司	苏州旭创科技有限公司技术中心	江苏省
905	山东福田药业有限公司	山东福田药业有限公司技术中心	山东省
906	烟台市喜旺食品有限公司	烟台市喜旺食品有限公司技术中心	山东省
907	山东玲珑轮胎股份有限公司	山东玲珑轮胎股份有限公司技术中心	山东省
908	瑞阳制药股份有限公司	瑞阳制药股份有限公司技术中心＊	山东省
909	山东鲁抗医药股份有限公司	山东鲁抗医药股份有限公司技术中心	山东省
910	中色奥博特铜铝有限公司	中色奥博特铜铝有限公司技术中心	山东省
911	山东中创软件工程股份有限公司	山东中创软件工程股份有限公司技术中心	山东省
912	山东临工工程机械有限公司	山东临工工程机械有限公司技术中心	山东省
913	山东黄金集团有限公司	山东黄金集团有限公司技术中心	山东省
914	西王集团有限公司	西王集团有限公司技术中心	山东省
915	文登威力工具集团有限公司	文登威力工具集团有限公司技术中心	山东省
916	山东鲁阳节能材料股份有限公司	山东鲁阳节能材料股份有限公司技术中心	山东省
917	中车山东机车车辆有限公司	中车山东机车车辆有限公司技术中心	山东省
918	山东康平纳集团有限公司	山东康平纳集团有限公司技术中心	山东省
919	淄柴动力有限公司	淄柴动力有限公司技术中心	山东省
920	辰欣药业股份有限公司	辰欣药业股份有限公司技术中心	山东省
921	迪沙药业集团有限公司	迪沙药业集团有限公司技术中心	山东省
922	山东双轮股份有限公司	山东双轮股份有限公司技术中心	山东省
923	山东汇丰铸造科技股份有限公司	山东汇丰铸造科技股份有限公司技术中心	山东省

续表28

序号	企业名称	企业技术中心名称（发生更名的标记＊）	地区
924	金正大生态工程集团股份有限公司	金正大生态工程集团股份有限公司技术中心	山东省
925	华纺股份有限公司	华纺股份有限公司技术中心	山东省
926	阳谷祥光铜业有限公司	阳谷祥光铜业有限公司技术中心	山东省
927	山东招金集团有限公司	山东招金集团有限公司技术中心	山东省
928	玫德集团有限公司	玫德集团有限公司技术中心	山东省
929	天元建设集团有限公司	天元建设集团有限公司技术中心	山东省
930	中铁十四局集团有限公司	中铁十四局集团有限公司技术中心	山东省
931	山东罗欣药业集团股份有限公司	山东罗欣药业集团股份有限公司技术中心	山东省
932	山东金城医药股份有限公司	山东金城医药股份有限公司技术中心	山东省
933	九阳股份有限公司	九阳股份有限公司技术中心	山东省
934	蓬莱京鲁渔业有限公司	蓬莱京鲁渔业有限公司技术中心	山东省
935	山东圣阳电源股份有限公司	山东圣阳电源股份有限公司技术中心	山东省
936	通裕重工股份有限公司	通裕重工股份有限公司技术中心	山东省
937	盛瑞传动股份有限公司	盛瑞传动股份有限公司技术中心	山东省
938	龙口矿业集团有限公司	龙口矿业集团有限公司技术中心	山东省
939	中节能万润股份有限公司	中节能万润股份有限公司技术中心	山东省
940	寿光富康制药有限公司	寿光富康制药有限公司技术中心	山东省
941	金能科技股份有限公司	金能科技股份有限公司技术中心	山东省
942	淄博工陶新材料集团有限公司	淄博工陶新材料集团有限公司技术中心＊	山东省
943	山东晨阳新型碳材料股份有限公司	山东晨阳新型碳材料股份有限公司技术中心	山东省
944	济南澳海炭素有限公司	济南澳海炭素有限公司技术中心	山东省
945	史丹利农业集团股份有限公司	史丹利农业集团股份有限公司技术中心	山东省
946	山东鲁花集团有限公司	山东鲁花集团有限公司技术中心	山东省
947	山东洁晶集团股份有限公司	山东洁晶集团股份有限公司技术中心	山东省
948	烟台正海磁性材料股份有限公司	烟台正海磁性材料股份有限公司技术中心	山东省
949	山东三星集团有限公司	山东三星集团有限公司技术中心	山东省
950	山东福瑞达医药集团有限公司	山东福瑞达医药集团有限公司技术中心	山东省
951	山东齐都药业有限公司	山东齐都药业有限公司技术中心	山东省
952	山东信得科技股份有限公司	山东信得科技股份有限公司技术中心	山东省
953	翔宇药业股份有限公司	翔宇药业股份有限公司技术中心	山东省
954	山东隆科特酶制剂有限公司	山东隆科特酶制剂有限公司技术中心	山东省
955	威海金泓集团有限公司	威海金泓集团有限公司技术中心	山东省
956	海汇集团有限公司	海汇集团有限公司技术中心	山东省
957	国网智能科技股份有限公司	国网智能科技股份有限公司技术中心＊	山东省
958	东营方圆有色金属有限公司	东营方圆有色金属有限公司技术中心	山东省
959	歌尔股份有限公司	歌尔股份有限公司技术中心	山东省

续表29

序号	企业名称	企业技术中心名称（发生更名的标记＊）	地区
960	威海光威复合材料股份有限公司	威海光威复合材料股份有限公司技术中心	山东省
961	山东农大肥业科技有限公司	山东农大肥业科技有限公司技术中心	山东省
962	淄博大染坊丝绸集团有限公司	淄博大染坊丝绸集团有限公司技术中心	山东省
963	山东豪迈机械科技股份有限公司	山东豪迈机械科技股份有限公司技术中心	山东省
964	京博农化科技有限公司	京博农化科技有限公司技术中心	山东省
965	山东唐骏欧铃汽车制造有限公司	山东唐骏欧铃汽车制造有限公司技术中心	山东省
966	威海市泓淋电力技术股份有限公司	威海市泓淋电力技术股份有限公司技术中心	山东省
967	山东寿光鲁清石化有限公司	山东寿光鲁清石化有限公司技术中心	山东省
968	烟台杰瑞石油服务集团股份有限公司	烟台杰瑞石油服务集团股份有限公司技术中心	山东省
969	山东泰和水处理科技股份有限公司	山东泰和水处理科技股份有限公司技术中心	山东省
970	山东电力设备有限公司	山东电力设备有限公司技术中心	山东省
971	金马工业集团股份有限公司	金马工业集团股份有限公司技术中心	山东省
972	山东国瓷功能材料股份有限公司	山东国瓷功能材料股份有限公司技术中心	山东省
973	山东省药用玻璃股份有限公司	山东省药用玻璃股份有限公司技术中心	山东省
974	山东禹王生态食业有限公司	山东禹王生态食业有限公司技术中心	山东省
975	山东东宏管业股份有限公司	山东东宏管业股份有限公司技术中心	山东省
976	海尔集团公司	海尔集团公司技术中心	青岛市
977	海信集团有限公司	海信集团有限公司技术中心	青岛市
978	双星集团有限责任公司	双星集团有限责任公司技术中心	青岛市
979	青岛港（集团）有限公司	青岛港（集团）有限公司技术中心	青岛市
980	青岛啤酒股份有限公司	青岛啤酒股份有限公司技术中心	青岛市
981	澳柯玛股份有限公司	澳柯玛股份有限公司技术中心	青岛市
982	中车青岛四方机车车辆股份有限公司	中车青岛四方机车车辆股份有限公司技术中心	青岛市
983	即发集团有限公司	即发集团有限公司技术中心	青岛市
984	青岛明月海藻集团有限公司	青岛明月海藻集团有限公司技术中心	青岛市
985	软控股份有限公司	软控股份有限公司技术中心	青岛市
986	青岛汉缆股份有限公司	青岛汉缆股份有限公司技术中心	青岛市
987	青特集团有限公司	青特集团有限公司技术中心	青岛市
988	山东新希望六和集团有限公司	山东新希望六和集团有限公司技术中心	青岛市
989	海利尔药业集团股份有限公司	海利尔药业集团股份有限公司技术中心	青岛市
990	青岛康大食品有限公司	青岛康大食品有限公司技术中心	青岛市
991	青建集团股份公司	青建集团股份公司技术中心	青岛市
992	青岛琅琊台集团股份有限公司	青岛琅琊台集团股份有限公司技术中心	青岛市
993	中车青岛四方车辆研究所有限公司	中车青岛四方车辆研究所有限公司技术中心	青岛市
994	青岛东佳纺机（集团）有限公司	青岛东佳纺机（集团）有限公司技术中心	青岛市
995	青岛蔚蓝生物股份有限公司	青岛蔚蓝生物股份有限公司技术中心	青岛市

续表30

序号	企业名称	企业技术中心名称（发生更名的标记＊）	地区
996	青岛征和工业股份有限公司	青岛征和工业股份有限公司技术中心	青岛市
997	青岛蔚蓝生物集团有限公司	青岛蔚蓝生物集团有限公司技术中心	青岛市
998	青岛英派斯健康科技股份有限公司	青岛英派斯健康科技股份有限公司技术中心	青岛市
999	青岛天祥食品集团有限公司	青岛天祥食品集团有限公司技术中心	青岛市
1000	青岛聚大洋藻业集团有限公司	青岛聚大洋藻业集团有限公司技术中心	青岛市
1001	青岛三利集团有限公司	青岛三利集团有限公司技术中心	青岛市
1002	青岛特锐德电气股份有限公司	青岛特锐德电气股份有限公司技术中心	青岛市
1003	青岛瀚生生物科技股份有限公司	青岛瀚生生物科技股份有限公司技术中心	青岛市
1004	青岛环球集团股份有限公司	青岛环球集团股份有限公司技术中心	青岛市
1005	青岛易邦生物工程有限公司	青岛易邦生物工程有限公司技术中心	青岛市
1006	青岛东软载波科技股份有限公司	青岛东软载波科技股份有限公司技术中心	青岛市
1007	青岛宝佳自动化设备有限公司	青岛宝佳自动化设备有限公司技术中心	青岛市
1008	青岛达能环保设备股份有限公司	青岛达能环保设备股份有限公司技术中心	青岛市
1009	海洋化工研究院有限公司	海洋化工研究院有限公司技术中心	青岛市
1010	青岛海湾集团有限公司	青岛海湾集团有限公司技术中心	青岛市
1011	青岛雪达集团有限公司	青岛雪达集团有限公司技术中心	青岛市
1012	青岛华瑞汽车零部件股份有限公司	青岛华瑞汽车零部件股份有限公司技术中心	青岛市
1013	青岛鼎信通讯股份有限公司	青岛鼎信通讯股份有限公司技术中心	青岛市
1014	青岛双瑞海洋环境工程股份有限公司	青岛双瑞海洋环境工程股份有限公司技术中心	青岛市
1015	赛轮集团股份有限公司	赛轮集团股份有限公司技术中心	青岛市
1016	青岛乾运高科新材料股份有限公司	青岛乾运高科新材料股份有限公司技术中心	青岛市
1017	青岛根源生物技术集团有限公司	青岛根源生物技术集团有限公司技术中心	青岛市
1018	正大制药（青岛）有限公司	正大制药（青岛）有限公司技术中心	青岛市
1019	青岛航天半导体研究所有限公司	青岛航天半导体研究所有限公司技术中心	青岛市
1020	河南黄河实业集团股份有限公司	河南黄河实业集团股份有限公司技术中心	河南省
1021	许继集团有限公司	许继集团有限公司技术中心	河南省
1022	神马实业股份有限公司	神马实业股份有限公司技术中心	河南省
1023	河南新飞电器有限公司	河南新飞电器有限公司技术中心	河南省
1024	平高集团有限公司	平高集团有限公司技术中心	河南省
1025	莲花健康产业集团股份有限公司	莲花健康产业集团股份有限公司技术中心	河南省
1026	平顶山天安煤业股份有限公司	平顶山天安煤业股份有限公司技术中心	河南省
1027	中信重工机械股份有限公司	中信重工机械股份有限公司技术中心	河南省
1028	中国一拖集团有限公司	中国一拖集团有限公司技术中心	河南省
1029	洛阳 LYC 轴承有限公司	洛阳 LYC 轴承有限公司技术中心	河南省
1030	河南省漯河市双汇实业集团有限责任公司	河南省漯河市双汇实业集团有限责任公司技术中心	河南省
1031	河南安彩高科股份有限公司	河南安彩高科股份有限公司技术中心	河南省

续表31

序号	企业名称	企业技术中心名称（发生更名的标记＊）	地区
1032	郑州宇通客车股份有限公司	郑州宇通客车股份有限公司技术中心	河南省
1033	三全食品股份有限公司	三全食品股份有限公司技术中心	河南省
1034	风神轮胎股份有限公司	风神轮胎股份有限公司技术中心	河南省
1035	恒天重工股份有限公司	恒天重工股份有限公司技术中心	河南省
1036	中钢集团洛阳耐火材料研究院有限公司	中钢集团洛阳耐火材料研究院有限公司技术中心	河南省
1037	卧龙电气南阳防爆集团股份有限公司	卧龙电气南阳防爆集团股份有限公司技术中心	河南省
1038	天方药业有限公司	天方药业有限公司技术中心	河南省
1039	河南大用实业有限公司	河南大用实业有限公司技术中心	河南省
1040	河南羚锐集团	河南羚锐集团技术中心	河南省
1041	安阳钢铁集团有限责任公司	安阳钢铁集团有限责任公司技术中心	河南省
1042	郑州煤矿机械集团股份有限公司	郑州煤矿机械集团股份有限公司技术中心	河南省
1043	河南金丹乳酸科技股份有限公司	河南金丹乳酸科技股份有限公司技术中心	河南省
1044	河南永达食业集团	河南永达食业集团技术中心	河南省
1045	濮阳濮耐高温材料（集团）股份有限公司	濮阳濮耐高温材料（集团）股份有限公司技术中心	河南省
1046	中南钻石有限公司	中南钻石有限公司技术中心	河南省
1047	南阳二机石油装备集团股份有限公司	南阳二机石油装备集团股份有限公司技术中心	河南省
1048	永城煤电控股集团有限公司	永城煤电控股集团有限公司技术中心	河南省
1049	郑州新大方重工科技有限公司	郑州新大方重工科技有限公司技术中心	河南省
1050	河南瑞贝卡发制品股份有限公司	河南瑞贝卡发制品股份有限公司技术中心	河南省
1051	郑州思念食品有限公司	郑州思念食品有限公司技术中心	河南省
1052	中航光电科技股份有限公司	中航光电科技股份有限公司技术中心	河南省
1053	多氟多化工股份有限公司	多氟多化工股份有限公司技术中心	河南省
1054	卫华集团有限公司	卫华集团有限公司技术中心	河南省
1055	好想你健康食品股份有限公司	好想你健康食品股份有限公司技术中心	河南省
1056	河南天海电器有限公司	河南天海电器有限公司技术中心	河南省
1057	华兰生物工程股份有限公司	华兰生物工程股份有限公司技术中心	河南省
1058	郑州飞机装备有限责任公司	郑州飞机装备有限责任公司技术中心	河南省
1059	河南柴油机重工有限责任公司	河南柴油机重工有限责任公司技术中心	河南省
1060	中原内配集团股份有限公司	中原内配集团股份有限公司技术中心	河南省
1061	许昌远东传动轴股份有限公司	许昌远东传动轴股份有限公司技术中心	河南省
1062	飞龙汽车部件股份有限公司	飞龙汽车部件股份有限公司技术中心	河南省
1063	河南省西保冶材集团有限公司	河南省西保冶材集团有限公司技术中心	河南省
1064	新乡航空工业（集团）有限公司	新乡航空工业（集团）有限公司技术中心	河南省
1065	河南秋乐种业科技股份有限公司	河南秋乐种业科技股份有限公司技术中心	河南省
1066	普莱柯生物工程股份有限公司	普莱柯生物工程股份有限公司技术中心	河南省
1067	郑州安图生物工程股份有限公司	郑州安图生物工程股份有限公司技术中心	河南省

续表32

序号	企业名称	企业技术中心名称（发生更名的标记*）	地区
1068	河南牧翔动物药业有限公司	河南牧翔动物药业有限公司技术中心	河南省
1069	中石化洛阳工程有限公司	中石化洛阳工程有限公司技术中心	河南省
1070	河南龙成集团有限公司	河南龙成集团有限公司技术中心	河南省
1071	河南科隆集团有限公司	河南科隆集团有限公司技术中心	河南省
1072	河南江河纸业股份有限公司	河南江河纸业股份有限公司技术中心	河南省
1073	宏业生物科技股份有限公司	宏业生物科技股份有限公司技术中心	河南省
1074	汉威科技集团股份有限公司	汉威科技集团股份有限公司技术中心	河南省
1075	洛阳双瑞特种装备有限公司	洛阳双瑞特种装备有限公司技术中心	河南省
1076	中国化学工程第十一建设有限公司	中国化学工程第十一建设有限公司技术中心	河南省
1077	灵宝金源矿业股份有限公司	灵宝金源矿业股份有限公司技术中心	河南省
1078	河南中孚实业股份有限公司	河南中孚实业股份有限公司技术中心	河南省
1079	中光学集团股份有限公司	中光学集团股份有限公司技术中心	河南省
1080	龙蟒佰利联集团股份有限公司	龙蟒佰利联集团股份有限公司技术中心	河南省
1081	昊华骏化集团有限公司	昊华骏化集团有限公司技术中心	河南省
1082	河南巨龙生物工程股份有限公司	河南巨龙生物工程股份有限公司技术中心	河南省
1083	黄河勘测规划设计研究院有限公司	黄河勘测规划设计研究院有限公司技术中心	河南省
1084	中航锂电（洛阳）有限公司	中航锂电（洛阳）有限公司技术中心	河南省
1085	中色科技股份有限公司	中色科技股份有限公司技术中心	河南省
1086	河南心连心化学工业集团股份有限公司	河南心连心化学工业集团股份有限公司技术中心	河南省
1087	河南森源电气股份有限公司	河南森源电气股份有限公司技术中心	河南省
1088	濮阳惠成电子材料股份有限公司	濮阳惠成电子材料股份有限公司技术中心	河南省
1089	河南驼人医疗器械集团有限公司	河南驼人医疗器械集团有限公司技术中心	河南省
1090	金冠电气股份有限公司	金冠电气股份有限公司技术中心	河南省
1091	河南巨烽生物能源开发有限公司	河南巨烽生物能源开发有限公司技术中心	河南省
1092	郑州信大捷安信息技术股份有限公司	郑州信大捷安信息技术股份有限公司技术中心	河南省
1093	新天科技股份有限公司	新天科技股份有限公司技术中心	河南省
1094	中国平煤神马集团开封炭素有限公司	中国平煤神马集团开封炭素有限公司技术中心	河南省
1095	中铁七局集团有限公司	中铁七局集团有限公司技术中心	河南省
1096	中铁工程装备集团有限公司	中铁工程装备集团有限公司技术中心	河南省
1097	西继迅达电梯有限公司	西继迅达电梯有限公司技术中心*	河南省
1098	海马汽车有限公司	海马汽车有限公司技术中心	河南省
1099	南阳淅减汽车减振器有限公司	南阳淅减汽车减振器有限公司技术中心	河南省
1100	河南四方达超硬材料股份有限公司	河南四方达超硬材料股份有限公司技术中心	河南省
1101	蔚林新材料科技股份有限公司	蔚林新材料科技股份有限公司技术中心	河南省
1102	黎明化工研究设计院有限责任公司	黎明化工研究设计院有限责任公司技术中心	河南省
1103	河南银金达彩印股份有限公司	河南银金达彩印股份有限公司技术中心	河南省

续表33

序号	企业名称	企业技术中心名称（发生更名的标记＊）	地区
1104	洛阳栾川钼业集团股份有限公司	洛阳栾川钼业集团股份有限公司技术中心	河南省
1105	洛阳轴承研究所有限公司	洛阳轴承研究所有限公司技术中心	河南省
1106	郑州佛光发电设备有限公司	郑州佛光发电设备有限公司技术中心	河南省
1107	仲景宛西制药股份有限公司	仲景宛西制药股份有限公司技术中心	河南省
1108	湖北京山轻工机械股份有限公司	湖北京山轻工机械股份有限公司技术中心	湖北省
1109	大冶特殊钢股份有限公司	大冶特殊钢股份有限公司技术中心	湖北省
1110	东风汽车集团有限公司	东风汽车集团有限公司技术中心	湖北省
※	郑州日产汽车有限公司	郑州日产汽车有限公司技术中心	河南省
※	东风朝阳朝柴动力有限公司	东风朝阳朝柴动力有限公司技术中心	辽宁省
※	东风汽车股份有限公司	东风汽车股份有限公司技术中心	湖北省
※	东风商用车有限公司	东风商用车有限公司技术中心	湖北省
※	东风精密铸造有限公司	东风精密铸造有限公司技术中心	安徽省
※	东风电驱动系统有限公司	东风电驱动系统有限公司技术中心	湖北省
※	东风设备制造有限公司	东风设备制造有限公司技术中心	湖北省
1111	湖北美尔雅集团有限公司	湖北美尔雅集团有限公司技术中心	湖北省
1112	湖北中烟工业有限责任公司	湖北中烟工业有限责任公司技术中心	湖北省
1113	烽火通信科技股份有限公司	烽火通信科技股份有限公司技术中心	湖北省
1114	中国葛洲坝集团股份有限公司	中国葛洲坝集团股份有限公司技术中心	湖北省
1115	武昌船舶重工集团有限公司	武昌船舶重工集团有限公司技术中心	湖北省
1116	安琪酵母股份有限公司	安琪酵母股份有限公司技术中心	湖北省
1117	中国航天三江集团有限公司	中国航天三江集团有限公司技术中心	湖北省
※	湖北三江航天险峰电子信息有限公司	湖北三江航天险峰电子信息有限公司技术中心	湖北省
※	湖北三江航天红峰控制有限公司	湖北三江航天红峰控制有限公司技术中心	湖北省
※	湖北三江航天江北机械工程有限公司	湖北三江航天江北机械工程有限公司技术中心	湖北省
1118	华工科技产业股份有限公司	华工科技产业股份有限公司技术中心	湖北省
1119	湖北兴发化工集团股份有限公司	湖北兴发化工集团股份有限公司技术中心	湖北省
1120	航宇救生装备有限公司	航宇救生装备有限公司技术中心	湖北省
1121	武汉重型机床集团有限公司	武汉重型机床集团有限公司技术中心	湖北省
1122	长飞光纤光缆股份有限公司	长飞光纤光缆股份有限公司技术中心	湖北省
1123	武汉船用机械有限责任公司	武汉船用机械有限责任公司技术中心	湖北省
※	武汉铁锚焊接材料股份有限公司	武汉铁锚焊接材料股份有限公司技术中心	湖北省
1124	湖北宜化化工股份有限公司	湖北宜化化工股份有限公司技术中心	湖北省
1125	大冶有色金属集团控股有限公司	大冶有色金属集团控股有限公司技术中心	湖北省
1126	黄石东贝电器股份有限公司	黄石东贝电器股份有限公司技术中心	湖北省
1127	马应龙药业集团股份有限公司	马应龙药业集团股份有限公司技术中心	湖北省
1128	中交第二航务工程局有限公司	中交第二航务工程局有限公司技术中心	湖北省

续表34

序号	企业名称	企业技术中心名称（发生更名的标记＊）	地区
1129	湖北新火炬科技有限公司	湖北新火炬科技有限公司技术中心	湖北省
1130	武汉虹信通信技术有限责任公司	武汉虹信通信技术有限责任公司技术中心	湖北省
1131	中铁大桥局集团有限公司	中铁大桥局集团有限公司技术中心	湖北省
1132	人福医药集团股份公司	人福医药集团股份公司技术中心	湖北省
1133	中冶南方工程技术有限公司	中冶南方工程技术有限公司技术中心	湖北省
※	中冶南方都市环保工程技术股份有限公司	中冶南方都市环保工程技术股份有限公司技术中心	湖北省
1134	襄阳汽车轴承股份有限公司	襄阳汽车轴承股份有限公司技术中心	湖北省
1135	骆驼集团股份有限公司	骆驼集团股份有限公司技术中心	湖北省
1136	中铁十一局集团有限公司	中铁十一局集团有限公司技术中心	湖北省
1137	华新水泥股份有限公司	华新水泥股份有限公司技术中心	湖北省
1138	武汉光迅科技股份有限公司	武汉光迅科技股份有限公司技术中心	湖北省
1139	中国船舶重工集团应急预警与救援装备股份有限公司	中国船舶重工集团应急预警与救援装备股份有限公司技术中心	湖北省
1140	湖北飞龙摩擦密封材料股份有限公司	湖北飞龙摩擦密封材料股份有限公司技术中心	湖北省
1141	中石化四机石油机械有限公司	中石化四机石油机械有限公司技术中心	湖北省
1142	中车长江车辆有限公司	中车长江车辆有限公司技术中心	湖北省
1143	金鹰重型工程机械有限公司	金鹰重型工程机械有限公司技术中心	湖北省
1144	武汉金牛经济发展有限公司	武汉金牛经济发展有限公司技术中心	湖北省
1145	中铁第四勘察设计院集团有限公司	中铁第四勘察设计院集团有限公司技术中心	湖北省
1146	武汉高德红外股份有限公司	武汉高德红外股份有限公司技术中心	湖北省
1147	湖北华强科技有限责任公司	湖北华强科技有限责任公司技术中心	湖北省
1148	中建商品混凝土有限公司	中建商品混凝土有限公司技术中心	湖北省
1149	湖北回天新材料股份有限公司	湖北回天新材料股份有限公司技术中心	湖北省
1150	湖北江山重工有限责任公司	湖北江山重工有限责任公司技术中心	湖北省
1151	中国一冶集团有限公司	中国一冶集团有限公司技术中心	湖北省
1152	中国五环工程有限公司	中国五环工程有限公司技术中心	湖北省
1153	武汉精测电子集团股份有限公司	武汉精测电子集团股份有限公司技术中心	湖北省
1154	中国化学工程第六建设有限公司	中国化学工程第六建设有限公司技术中心	湖北省
1155	湖北鼎龙控股股份有限公司	湖北鼎龙控股股份有限公司技术中心	湖北省
1156	宜昌南玻硅材料有限公司	宜昌南玻硅材料有限公司技术中心	湖北省
1157	武汉理工光科股份有限公司	武汉理工光科股份有限公司技术中心	湖北省
1158	武汉天喻信息产业股份有限公司	武汉天喻信息产业股份有限公司技术中心	湖北省
1159	湖北三江航天红阳机电有限公司	湖北三江航天红阳机电有限公司技术中心	湖北省
1160	万洲电气股份有限公司	万洲电气股份有限公司技术中心	湖北省
1161	荆门市格林美新材料有限公司	荆门市格林美新材料有限公司技术中心	湖北省
1162	中铁科工集团有限公司	中铁科工集团有限公司技术中心	湖北省

续表35

序号	企业名称	企业技术中心名称（发生更名的标记＊）	地区
1163	湖北三江航天江河化工科技有限公司	湖北三江航天江河化工科技有限公司技术中心	湖北省
1164	武汉科前生物股份有限公司	武汉科前生物股份有限公司技术中心	湖北省
1165	三丰智能装备集团股份有限公司	三丰智能装备集团股份有限公司技术中心	湖北省
1166	远大医药（中国）有限公司	远大医药（中国）有限公司技术中心	湖北省
1167	健民药业集团股份有限公司	健民药业集团股份有限公司技术中心	湖北省
1168	武汉烽火众智数字技术有限责任公司	武汉烽火众智数字技术有限责任公司技术中心	湖北省
1169	中船重工海声科技有限公司	中船重工海声科技有限公司技术中心	湖北省
1170	武汉天马微电子有限公司	武汉天马微电子有限公司技术中心	湖北省
1171	湖北超卓航空科技股份有限公司	湖北超卓航空科技股份有限公司技术中心	湖北省
1172	株洲硬质合金集团有限公司	株洲硬质合金集团有限公司技术中心	湖南省
1173	湖南华升集团有限公司	湖南华升集团有限公司技术中心	湖南省
1174	株洲冶炼集团股份有限公司	株洲冶炼集团股份有限公司技术中心（株洲冶炼集团科技开发有限责任公司）	湖南省
1175	湖南中烟工业有限责任公司	湖南中烟工业有限责任公司技术中心	湖南省
1176	中车株洲电力机车有限公司	中车株洲电力机车有限公司技术中心	湖南省
1177	三一重工股份有限公司	三一重工股份有限公司技术中心	湖南省
※	三一重机有限公司	三一重机有限公司技术中心	江苏省
1178	株洲时代新材料科技股份有限公司	株洲时代新材料科技股份有限公司技术中心	湖南省
1179	江南工业集团有限公司	江南工业集团有限公司技术中心	湖南省
1180	中联重科股份有限公司	中联重科股份有限公司技术中心	湖南省
1181	泰格林纸集团股份有限公司	泰格林纸集团股份有限公司技术中心	湖南省
1182	湘潭电机股份有限公司	湘潭电机股份有限公司技术中心	湖南省
1183	中国航发南方工业有限公司	中国航发南方工业有限公司技术中心	湖南省
1184	益阳橡胶塑料机械集团有限公司	益阳橡胶塑料机械集团有限公司技术中心	湖南省
1185	江麓机电集团有限公司	江麓机电集团有限公司技术中心	湖南省
1186	山河智能装备股份有限公司	山河智能装备股份有限公司技术中心	湖南省
1187	袁隆平农业高科技股份有限公司	袁隆平农业高科技股份有限公司技术中心	湖南省
1188	锡矿山闪星锑业有限责任公司	锡矿山闪星锑业有限责任公司技术中心	湖南省
1189	湖南天雁机械有限责任公司	湖南天雁机械有限责任公司技术中心	湖南省
1190	湖南华联瓷业股份有限公司	湖南华联瓷业股份有限公司技术中心	湖南省
1191	晟通科技集团有限公司	晟通科技集团有限公司技术中心	湖南省
1192	威胜集团有限公司	威胜集团有限公司技术中心	湖南省
1193	楚天科技股份有限公司	楚天科技股份有限公司技术中心	湖南省
1194	株洲兴隆新材料股份有限公司	株洲兴隆新材料股份有限公司技术中心	湖南省
1195	迅达科技集团股份有限公司	迅达科技集团股份有限公司技术中心	湖南省
1196	唐人神集团股份有限公司	唐人神集团股份有限公司技术中心	湖南省

续表36

序号	企业名称	企业技术中心名称（发生更名的标记＊）	地区
1197	湖南江滨机器（集团）有限责任公司	湖南江滨机器（集团）有限责任公司技术中心	湖南省
1198	中国铁建重工集团股份有限公司	中国铁建重工集团股份有限公司技术中心	湖南省
1199	湖南机油泵股份有限公司	湖南机油泵股份有限公司技术中心	湖南省
1200	中车株洲电机有限公司	中车株洲电机有限公司技术中心	湖南省
※	江苏中车电机有限公司	江苏中车电机有限公司技术中心	江苏省
1201	湖南尔康制药股份有限公司	湖南尔康制药股份有限公司技术中心	湖南省
1202	湖南方盛制药股份有限公司	湖南方盛制药股份有限公司技术中心	湖南省
1203	湖南长高高压开关集团股份公司	湖南长高高压开关集团股份公司技术中心	湖南省
1204	湖南柿竹园有色金属有限责任公司	湖南柿竹园有色金属有限责任公司技术中心	湖南省
1205	九芝堂股份有限公司	九芝堂股份有限公司技术中心	湖南省
1206	株洲中车时代电气股份有限公司	株洲中车时代电气股份有限公司技术中心	湖南省
※	株洲时代电子技术有限公司	株洲时代电子技术有限公司技术中心	湖南省
1207	永清环保股份有限公司	永清环保股份有限公司技术中心	湖南省
1208	湖南杉杉能源科技股份有限公司	湖南杉杉能源科技股份有限公司技术中心	湖南省
1209	湖南海利化工股份有限公司	湖南海利化工股份有限公司技术中心	湖南省
1210	湖南省农友机械集团有限公司	湖南省农友机械集团有限公司技术中心	湖南省
1211	株洲联诚集团控股股份有限公司	株洲联诚集团控股股份有限公司技术中心	湖南省
1212	华自科技股份有限公司	华自科技股份有限公司技术中心	湖南省
1213	南岳电控（衡阳）工业技术股份有限公司	南岳电控（衡阳）工业技术股份有限公司技术中心	湖南省
1214	湖南艾华集团股份有限公司	湖南艾华集团股份有限公司技术中心	湖南省
1215	航天凯天环保科技股份有限公司	航天凯天环保科技股份有限公司 技术中心	湖南省
1216	湖南邦普循环科技有限公司	湖南邦普循环科技有限公司技术中心	湖南省
1217	中车时代电动汽车股份有限公司	中车时代电动汽车股份有限公司技术中心＊	湖南省
1218	株洲千金药业股份有限公司	株洲千金药业股份有限公司技术中心	湖南省
1219	湖南华菱线缆股份有限公司	湖南华菱线缆股份有限公司技术中心	湖南省
1220	桑顿新能源科技有限公司	桑顿新能源科技有限公司技术中心	湖南省
1221	奥士康科技股份有限公司	奥士康科技股份有限公司技术中心	湖南省
1222	三诺生物传感股份有限公司	三诺生物传感股份有限公司技术中心	湖南省
1223	湖南九典制药股份有限公司	湖南九典制药股份有限公司技术中心	湖南省
1224	湖南国科微电子股份有限公司	湖南国科微电子股份有限公司技术中心	湖南省
1225	华翔翔能科技股份有限公司	华翔翔能科技股份有限公司技术中心	湖南省
1226	长沙景嘉微电子股份有限公司	长沙景嘉微电子股份有限公司技术中心	湖南省
1227	广东风华高新科技股份有限公司	广东风华高新科技股份有限公司技术中心	广东省
1228	美的集团股份有限公司	美的集团股份有限公司技术中心	广东省
※	重庆美的通用制冷设备有限公司	重庆美的通用制冷设备有限公司技术中心	重庆市
※	安得智联科技股份有限公司	安得智联科技股份有限公司技术中心	安徽省

续表37

序号	企业名称	企业技术中心名称（发生更名的标记＊）	地区
※	安徽美芝精密制造有限公司	安徽美芝精密制造有限公司技术中心	安徽省
※	无锡小天鹅电器有限公司	无锡小天鹅电器有限公司技术中心＊	江苏省
1229	TCL 集团股份有限公司	TCL 集团股份有限公司技术中心	广东省
1230	汕头市超声仪器研究所股份有限公司	汕头市超声仪器研究所股份有限公司技术中心＊	广东省
1231	广东肇庆星湖生物科技股份有限公司	广东肇庆星湖生物科技股份有限公司技术中心	广东省
1232	广州无线电集团有限公司	广州无线电集团有限公司技术中心	广东省
1233	海信家电集团股份有限公司	海信家电集团股份有限公司技术中心	广东省
1234	广东德赛集团有限公司	广东德赛集团有限公司技术中心	广东省
1235	广州珠江啤酒集团有限公司	广州珠江啤酒集团有限公司技术中心	广东省
1236	金发科技股份有限公司	金发科技股份有限公司技术中心	广东省
1237	万力轮胎股份有限公司	万力轮胎股份有限公司技术中心	广东省
1238	广州万宝集团有限公司	广州万宝集团有限公司技术中心	广东省
1239	广船国际有限公司	广船国际有限公司技术中心	广东省
1240	中国南方电网有限责任公司	中国南方电网有限责任公司技术中心	广东省
※	云南电网有限责任公司	云南电网有限责任公司技术中心	云南省
1241	广东溢达纺织有限公司	广东溢达纺织有限公司技术中心	广东省
1242	珠海格力电器股份有限公司	珠海格力电器股份有限公司技术中心	广东省
1243	广州珠江钢琴集团股份有限公司	广州珠江钢琴集团股份有限公司技术中心	广东省
1244	广东中烟工业有限责任公司	广东中烟工业有限责任公司技术中心	广东省
1245	科达制造股份有限公司	科达制造股份有限公司技术中心＊	广东省
※	安徽科达洁能股份有限公司	安徽科达洁能股份有限公司技术中心	安徽省
1246	巨轮智能装备股份有限公司	巨轮智能装备股份有限公司技术中心	广东省
1247	白云电气集团有限公司	白云电气集团有限公司技术中心	广东省
1248	广东凤铝铝业有限公司	广东凤铝铝业有限公司技术中心	广东省
1249	丽珠医药集团股份有限公司	丽珠医药集团股份有限公司技术中心	广东省
1250	温氏食品集团股份有限公司	温氏食品集团股份有限公司技术中心	广东省
1251	京信通信技术（广州）有限公司	京信通信技术（广州）有限公司技术中心	广东省
1252	广东万家乐燃气具有限公司	广东万家乐燃气具有限公司技术中心	广东省
1253	广州毅昌科技股份有限公司	广州毅昌科技股份有限公司技术中心	广东省
1254	广州达意隆包装机械股份有限公司	广州达意隆包装机械股份有限公司技术中心	广东省
1255	广州文冲船厂有限责任公司	广州文冲船厂有限责任公司技术中心	广东省
1256	广州数控设备有限公司	广州数控设备有限公司技术中心	广东省
1257	华帝股份有限公司	华帝股份有限公司技术中心	广东省
1258	广东万和新电气股份有限公司	广东万和新电气股份有限公司技术中心	广东省
1259	嘉宝莉化工集团股份有限公司	嘉宝莉化工集团股份有限公司技术中心	广东省
1260	广东生益科技股份有限公司	广东生益科技股份有限公司技术中心	广东省

续表38

序号	企业名称	企业技术中心名称（发生更名的标记＊）	地区
1261	广东新会美达锦纶股份有限公司	广东新会美达锦纶股份有限公司技术中心	广东省
1262	中船黄埔文冲船舶有限公司	中船黄埔文冲船舶有限公司技术中心	广东省
1263	广东申菱环境系统股份有限公司	广东申菱环境系统股份有限公司技术中心	广东省
1264	广州白云山制药股份有限公司	广州白云山制药股份有限公司技术中心	广东省
1265	广东豪美新材股份有限公司	广东豪美新材股份有限公司技术中心	广东省
1266	广东联塑科技实业有限公司	广东联塑科技实业有限公司技术中心	广东省
1267	保利长大工程有限公司	保利长大工程有限公司技术中心	广东省
1268	广东海大集团股份有限公司	广东海大集团股份有限公司技术中心	广东省
1269	广州汽车集团股份有限公司	广州汽车集团股份有限公司技术中心	广东省
1270	江门市大长江集团有限公司	江门市大长江集团有限公司技术中心	广东省
1271	明阳智慧能源集团股份公司	明阳智慧能源集团股份公司技术中心	广东省
1272	广东先导稀材股份有限公司	广东先导稀材股份有限公司技术中心	广东省
1273	广东东阳光科技控股股份有限公司	广东东阳光科技控股股份有限公司技术中心	广东省
1274	广州市浪奇实业股份有限公司	广州市浪奇实业股份有限公司技术中心	广东省
1275	蒙娜丽莎集团股份有限公司	蒙娜丽莎集团股份有限公司技术中心	广东省
1276	威创集团股份有限公司	威创集团股份有限公司技术中心	广东省
1277	日丰企业集团有限公司	日丰企业集团有限公司技术中心	广东省
1278	广东德美精细化工集团股份有限公司	广东德美精细化工集团股份有限公司技术中心	广东省
1279	广东坚美铝型材厂（集团）有限公司	广东坚美铝型材厂（集团）有限公司技术中心	广东省
1280	易事特集团股份有限公司	易事特集团股份有限公司技术中心	广东省
1281	佛山佛塑科技集团股份有限公司	佛山佛塑科技集团股份有限公司技术中心	广东省
1282	珠海罗西尼表业有限公司	珠海罗西尼表业有限公司技术中心	广东省
1283	康美药业股份有限公司	康美药业股份有限公司技术中心	广东省
1284	广州天赐高新材料股份有限公司	广州天赐高新材料股份有限公司技术中心	广东省
1285	潮州三环（集团）股份有限公司	潮州三环（集团）股份有限公司技术中心	广东省
1286	广州机械科学研究院有限公司	广州机械科学研究院有限公司技术中心	广东省
1287	广东兴发铝业有限公司	广东兴发铝业有限公司技术中心	广东省
1288	广州中海达卫星导航技术股份有限公司	广州中海达卫星导航技术股份有限公司技术中心	广东省
1289	广东通宇通讯股份有限公司	广东通宇通讯股份有限公司技术中心	广东省
1290	惠州亿纬锂能股份有限公司	惠州亿纬锂能股份有限公司技术中心	广东省
1291	东信和平科技股份有限公司	东信和平科技股份有限公司技术中心	广东省
1292	广东溢多利生物科技股份有限公司	广东溢多利生物科技股份有限公司技术中心	广东省
1293	广东光华科技股份有限公司	广东光华科技股份有限公司技术中心	广东省
1294	佳都新太科技股份有限公司	佳都新太科技股份有限公司技术中心	广东省
1295	珠海全志科技股份有限公司	珠海全志科技股份有限公司技术中心	广东省
1296	广州智光电气股份有限公司	广州智光电气股份有限公司技术中心	广东省

续表39

序号	企业名称	企业技术中心名称（发生更名的标记*）	地区
1297	广东一方制药有限公司	广东一方制药有限公司技术中心	广东省
1298	广东佳纳能源科技有限公司	广东佳纳能源科技有限公司技术中心	广东省
1299	木林森股份有限公司	木林森股份有限公司技术中心	广东省
1300	中铁二十五局集团有限公司	中铁二十五局集团有限公司技术中心	广东省
1301	广州视源电子科技股份有限公司	广州视源电子科技股份有限公司技术中心	广东省
1302	广州赛莱拉干细胞科技股份有限公司	广州赛莱拉干细胞科技股份有限公司技术中心	广东省
1303	珠海润都制药股份有限公司	珠海润都制药股份有限公司技术中心	广东省
1304	广东新宝电器股份有限公司	广东新宝电器股份有限公司技术中心	广东省
1305	广东嘉元科技股份有限公司	广东嘉元科技股份有限公司技术中心	广东省
1306	高新兴科技集团股份有限公司	高新兴科技集团股份有限公司技术中心	广东省
1307	中铁隧道局集团有限公司	中铁隧道局集团有限公司技术中心*	广东省
1308	OPPO广东移动通信有限公司	OPPO广东移动通信有限公司技术中心	广东省
1309	广州高澜节能技术股份有限公司	广州高澜节能技术股份有限公司技术中心	广东省
1310	广州明珞装备股份有限公司	广州明珞装备股份有限公司技术中心	广东省
1311	珠海冠宇电池股份有限公司	珠海冠宇电池股份有限公司技术中心	广东省
1312	广州一品红制药有限公司	广州一品红制药有限公司技术中心	广东省
1313	中山市中智药业集团有限公司	中山市中智药业集团有限公司技术中心	广东省
1314	深圳市中金岭南有色金属股份有限公司	深圳市中金岭南有色金属股份有限公司技术中心	深圳市
1315	华为技术有限公司	华为技术有限公司技术中心	深圳市
1316	中兴通讯股份有限公司	中兴通讯股份有限公司技术中心	深圳市
1317	深圳海王集团股份有限公司	深圳海王集团股份有限公司技术中心	深圳市
1318	深圳华强集团有限公司	深圳华强集团有限公司技术中心	深圳市
1319	中国国际海运集装箱（集团）股份有限公司	中国国际海运集装箱（集团）股份有限公司技术中心	深圳市
※	烟台中集来福士海洋工程有限公司	烟台中集来福士海洋工程有限公司技术中心	山东省
1320	深圳创维-RGB电子有限公司	深圳创维-RGB电子有限公司技术中心	深圳市
1321	深圳市航盛电子股份有限公司	深圳市航盛电子股份有限公司技术中心	深圳市
1322	中国广核集团有限公司	中国广核集团有限公司技术中心（中广核研究院有限公司）	深圳市
1323	大族激光科技产业集团股份有限公司	大族激光科技产业集团股份有限公司技术中心	深圳市
1324	深南电路股份有限公司	深南电路股份有限公司技术中心	深圳市
1325	深圳市通产丽星股份有限公司	深圳市通产丽星股份有限公司技术中心	深圳市
1326	深圳市比克电池有限公司	深圳市比克电池有限公司技术中心	深圳市
1327	深圳市嘉达高科产业发展有限公司	深圳市嘉达高科产业发展有限公司技术中心	深圳市
1328	比亚迪汽车工业有限公司	比亚迪汽车工业有限公司技术中心	深圳市
1329	深圳信立泰药业股份有限公司	深圳信立泰药业股份有限公司技术中心	深圳市
1330	海能达通信股份有限公司	海能达通信股份有限公司技术中心	深圳市

续表40

序号	企业名称	企业技术中心名称（发生更名的标记＊）	地区
1331	飞亚达（集团）股份有限公司	飞亚达（集团）股份有限公司技术中心	深圳市
1332	深圳市特发信息股份有限公司	深圳市特发信息股份有限公司技术中心	深圳市
1333	深圳科士达科技股份有限公司	深圳科士达科技股份有限公司技术中心	深圳市
1334	华润三九医药股份有限公司	华润三九医药股份有限公司技术中心	深圳市
1335	深圳市科陆电子科技股份有限公司	深圳市科陆电子科技股份有限公司技术中心	深圳市
1336	深圳迈瑞生物医疗电子股份有限公司	深圳迈瑞生物医疗电子股份有限公司技术中心	深圳市
1337	贝特瑞新材料集团股份有限公司	贝特瑞新材料集团股份有限公司技术中心	深圳市
1338	深圳市共进电子股份有限公司	深圳市共进电子股份有限公司技术中心	深圳市
1339	昂纳信息技术（深圳）有限公司	昂纳信息技术（深圳）有限公司技术中心	深圳市
1340	深圳市沃尔核材股份有限公司	深圳市沃尔核材股份有限公司技术中心	深圳市
1341	深圳市雄韬电源科技股份有限公司	深圳市雄韬电源科技股份有限公司技术中心	深圳市
1342	研祥智能科技股份有限公司	研祥智能科技股份有限公司技术中心	深圳市
1343	深圳市银宝山新科技股份有限公司	深圳市银宝山新科技股份有限公司技术中心	深圳市
1344	欣旺达电子股份有限公司	欣旺达电子股份有限公司技术中心	深圳市
1345	深圳市金证科技股份有限公司	深圳市金证科技股份有限公司技术中心	深圳市
1346	长园深瑞继保自动化有限公司	长园深瑞继保自动化有限公司技术中心	深圳市
1347	深圳市大疆创新科技有限公司	深圳市大疆创新科技有限公司技术中心	深圳市
1348	深圳拓邦股份有限公司	深圳拓邦股份有限公司技术中心	深圳市
1349	柳州欧维姆机械股份有限公司	柳州欧维姆机械股份有限公司技术中心	广西区
1350	广西粤桂广业控股股份有限公司	广西粤桂广业控股股份有限公司技术中心	广西区
1351	广西玉柴机器股份有限公司	广西玉柴机器股份有限公司技术中心	广西区
1352	桂林三金药业股份有限公司	桂林三金药业股份有限公司技术中心	广西区
1353	广西柳工集团有限公司	广西柳工集团有限公司技术中心	广西区
1354	桂林橡胶机械有限公司	桂林橡胶机械有限公司技术中心	广西区
1355	广西华锡集团股份有限公司	广西华锡集团股份有限公司技术中心	广西区
1356	广西交通科学研究院有限公司	广西交通科学研究院有限公司技术中心	广西区
1357	桂林电器科学研究院有限公司	桂林电器科学研究院有限公司技术中心	广西区
1358	广西田园生化股份有限公司	广西田园生化股份有限公司技术中心	广西区
1359	广西博世科环保科技股份有限公司	广西博世科环保科技股份有限公司技术中心	广西区
1360	中国化学工业桂林工程有限公司	中国化学工业桂林工程有限公司技术中心	广西区
1361	广西柳州钢铁集团有限公司	广西柳州钢铁集团有限公司技术中心	广西区
1362	广西路桥工程集团有限公司	广西路桥工程集团有限公司技术中心	广西区
1363	广西梧州制药（集团）股份有限公司	广西梧州制药（集团）股份有限公司技术中心	广西区
1364	广西南南铝加工有限公司	广西南南铝加工有限公司技术中心	广西区
1365	先声药业有限公司	先声药业有限公司技术中心	海南省
1366	海南全星药业有限公司	海南全星药业有限公司技术中心	海南省

续表41

序号	企业名称	企业技术中心名称（发生更名的标记＊）	地区
1367	齐鲁制药（海南）有限公司	齐鲁制药（海南）有限公司技术中心	海南省
1368	四川华神集团股份有限公司	四川华神集团股份有限公司技术中心	四川省
1369	四川长虹电子控股集团有限公司	四川长虹电子控股集团有限公司技术中心	四川省
1370	川化集团有限责任公司	川化集团有限责任公司技术中心	四川省
1371	泸天化（集团）有限责任公司	泸天化（集团）有限责任公司技术中心	四川省
1372	攀钢集团有限公司	攀钢集团有限公司技术中心	四川省
1373	四川九洲电器集团有限责任公司	四川九洲电器集团有限责任公司技术中心	四川省
1374	中国东方电气集团有限公司	中国东方电气集团有限公司技术中心	四川省
※	东方电气自动控制工程有限公司	东方电气自动控制工程有限公司技术中心	四川省
1375	四川东材科技集团股份有限公司	四川东材科技集团股份有限公司技术中心	四川省
1376	中核建中核燃料元件有限公司	中核建中核燃料元件有限公司技术中心	四川省
1377	绵阳新晨动力机械有限公司	绵阳新晨动力机械有限公司技术中心	四川省
1378	成都飞机工业（集团）有限责任公司	成都飞机工业（集团）有限责任公司技术中心	四川省
1379	成都光明光电股份有限公司	成都光明光电股份有限公司技术中心	四川省
1380	四川龙蟒集团有限责任公司	四川龙蟒集团有限责任公司技术中心	四川省
1381	成都康弘药业集团股份有限公司	成都康弘药业集团股份有限公司技术中心	四川省
1382	二重（德阳）重型装备有限公司	二重（德阳）重型装备有限公司技术中心	四川省
1383	宜宾天原集团股份有限公司	宜宾天原集团股份有限公司技术中心	四川省
1384	宜宾丝丽雅集团有限公司	宜宾丝丽雅集团有限公司技术中心	四川省
1385	中车眉山车辆有限公司	中车眉山车辆有限公司技术中心	四川省
1386	通威股份有限公司	通威股份有限公司技术中心	四川省
※	通威太阳能（成都）有限公司	通威太阳能（成都）有限公司技术中心	四川省
1387	四川剑南春集团有限责任公司	四川剑南春集团有限责任公司技术中心	四川省
1388	新希望集团有限公司	新希望集团有限公司技术中心	四川省
1389	中车资阳机车有限公司	中车资阳机车有限公司技术中心	四川省
1390	四川科伦药业股份有限公司	四川科伦药业股份有限公司技术中心	四川省
※	伊犁川宁生物技术股份有限公司	伊犁川宁生物技术股份有限公司技术中心＊	新疆区
※	成都青山利康药业有限公司	成都青山利康药业有限公司技术中心	四川省
1391	利尔化学股份有限公司	利尔化学股份有限公司技术中心	四川省
1392	中国航发成都发动机有限公司	中国航发成都发动机有限公司技术中心	四川省
1393	宜宾五粮液股份有限公司	宜宾五粮液股份有限公司技术中心	四川省
1394	四川宏达（集团）有限公司	四川宏达（集团）有限公司技术中心	四川省
1395	四川惊雷科技股份有限公司	四川惊雷科技股份有限公司技术中心	四川省
1396	成都地奥制药集团有限公司	成都地奥制药集团有限公司技术中心	四川省
1397	四川铁骑力士实业有限公司	四川铁骑力士实业有限公司技术中心	四川省
1398	四川高金食品股份有限公司	四川高金食品股份有限公司技术中心	四川省

续表42

序号	企业名称	企业技术中心名称（发生更名的标记＊）	地区
1399	中昊晨光化工研究院有限公司	中昊晨光化工研究院有限公司技术中心	四川省
1400	四川雅化实业集团股份有限公司	四川雅化实业集团股份有限公司技术中心	四川省
1401	成都国腾实业集团有限公司	成都国腾实业集团有限公司技术中心	四川省
1402	中国人民解放军第五七一九工厂	中国人民解放军第五七一九工厂技术中心	四川省
1403	中铁八局集团有限公司	中铁八局集团有限公司技术中心	四川省
1404	成都华川电装有限责任公司	成都华川电装有限责任公司技术中心	四川省
1405	中国成达工程有限公司	中国成达工程有限公司技术中心	四川省
1406	中铁二局集团有限公司	中铁二局集团有限公司技术中心	四川省
1407	四川省达州钢铁集团有限责任公司	四川省达州钢铁集团有限责任公司技术中心	四川省
1408	成都天奥电子股份有限公司	成都天奥电子股份有限公司技术中心	四川省
1409	成都索贝数码科技股份有限公司	成都索贝数码科技股份有限公司技术中心	四川省
1410	四川宏华石油设备有限公司	四川宏华石油设备有限公司技术中心	四川省
1411	四川大西洋焊接材料股份有限公司	四川大西洋焊接材料股份有限公司技术中心	四川省
1412	四川省茶业集团股份有限公司	四川省茶业集团股份有限公司技术中心	四川省
1413	明珠家具股份有限公司	明珠家具股份有限公司技术中心	四川省
1414	中铁二院工程集团有限责任公司	中铁二院工程集团有限责任公司技术中心	四川省
1415	好医生药业集团有限公司	好医生药业集团有限公司技术中心	四川省
1416	四川省宜宾惠美线业有限责任公司	四川省宜宾惠美线业有限责任公司技术中心	四川省
1417	成都前锋电子电器集团股份有限公司	成都前锋电子电器集团股份有限公司技术中心	四川省
1418	嘉华特种水泥股份有限公司	嘉华特种水泥股份有限公司技术中心	四川省
1419	四川金星清洁能源装备股份有限公司	四川金星清洁能源装备股份有限公司技术中心	四川省
1420	四川省银河化学股份有限公司	四川省银河化学股份有限公司技术中心	四川省
1421	四川明日宇航工业有限责任公司	四川明日宇航工业有限责任公司技术中心	四川省
1422	海天水务集团股份公司	海天水务集团股份公司技术中心	四川省
1423	中铁二十三局集团有限公司	中铁二十三局集团有限公司技术中心	四川省
1424	成都硅宝科技股份有限公司	成都硅宝科技股份有限公司技术中心	四川省
1425	中国五冶集团有限公司	中国五冶集团有限公司技术中心	四川省
1426	四川海特高新技术股份有限公司	四川海特高新技术股份有限公司技术中心	四川省
1427	四川省丹丹郫县豆瓣集团股份有限公司	四川省丹丹郫县豆瓣集团股份有限公司技术中心	四川省
1428	西南化工研究设计院有限公司	西南化工研究设计院有限公司技术中心	四川省
1429	成都凯天电子股份有限公司	成都凯天电子股份有限公司技术中心	四川省
1430	成都宏明电子股份有限公司	成都宏明电子股份有限公司技术中心	四川省
1431	四川川锅锅炉有限责任公司	四川川锅锅炉有限责任公司技术中心	四川省
1432	四川省旺达饲料有限公司	四川省旺达饲料有限公司技术中心	四川省
1433	四川新绿色药业科技发展有限公司	四川新绿色药业科技发展有限公司技术中心	四川省
1434	四川电器集团股份有限公司	四川电器集团股份有限公司技术中心	四川省

续表43

序号	企业名称	企业技术中心名称（发生更名的标记*）	地区
1435	迈普通信技术股份有限公司	迈普通信技术股份有限公司技术中心	四川省
1436	华派生物工程集团有限公司	华派生物工程集团有限公司技术中心	四川省
1437	中建环能科技股份有限公司	中建环能科技股份有限公司技术中心	四川省
1438	依米康科技集团股份有限公司	依米康科技集团股份有限公司技术中心	四川省
1439	华西能源工业股份有限公司	华西能源工业股份有限公司技术中心	四川省
1440	中铁隆工程集团有限公司	中铁隆工程集团有限公司技术中心	四川省
1441	中国化学工程第七建设有限公司	中国化学工程第七建设有限公司技术中心	四川省
1442	迈克生物股份有限公司	迈克生物股份有限公司技术中心	四川省
1443	天齐锂业股份有限公司	天齐锂业股份有限公司技术中心	四川省
1444	绵阳富临精工机械股份有限公司	绵阳富临精工机械股份有限公司技术中心	四川省
1445	成都云图控股股份有限公司	成都云图控股股份有限公司技术中心	四川省
1446	成都苑东生物制药股份有限公司	成都苑东生物制药股份有限公司技术中心	四川省
1447	成都百裕制药股份有限公司	成都百裕制药股份有限公司技术中心	四川省
1448	成都天台山制药有限公司	成都天台山制药有限公司技术中心	四川省
1449	成都先导药物开发股份有限公司	成都先导药物开发股份有限公司技术中心	四川省
1450	四川航天烽火伺服控制技术有限公司	四川航天烽火伺服控制技术有限公司技术中心	四川省
1451	四川天邑康和通信股份有限公司	四川天邑康和通信股份有限公司技术中心	四川省
1452	中自环保科技股份有限公司	中自环保科技股份有限公司技术中心	四川省
1453	重庆长安汽车股份有限公司	重庆长安汽车股份有限公司技术中心	重庆市
1454	中国四联仪器仪表集团有限公司	中国四联仪器仪表集团有限公司技术中心	重庆市
1455	太极集团有限公司	太极集团有限公司技术中心	重庆市
1456	重庆钢铁股份有限公司	重庆钢铁股份有限公司技术中心	重庆市
1457	力帆实业（集团）股份有限公司	力帆实业（集团）股份有限公司技术中心	重庆市
1458	宗申产业集团有限公司	宗申产业集团有限公司技术中心	重庆市
1459	隆鑫通用动力股份有限公司	隆鑫通用动力股份有限公司技术中心	重庆市
1460	重庆齿轮箱有限责任公司	重庆齿轮箱有限责任公司技术中心	重庆市
1461	重庆机床（集团）有限责任公司	重庆机床（集团）有限责任公司技术中心	重庆市
1462	重庆紫光化工股份有限公司	重庆紫光化工股份有限公司技术中心	重庆市
1463	国家电投集团远达环保工程有限公司	国家电投集团远达环保工程有限公司技术中心	重庆市
1464	重庆青山工业有限责任公司	重庆青山工业有限责任公司技术中心	重庆市
1465	重庆耐德工业股份有限公司	重庆耐德工业股份有限公司技术中心	重庆市
1466	重庆山外山血液净化技术股份有限公司	重庆山外山血液净化技术股份有限公司技术中心	重庆市
1467	重庆通用工业（集团）有限责任公司	重庆通用工业（集团）有限责任公司技术中心	重庆市
1468	重庆莱美药业股份有限公司	重庆莱美药业股份有限公司技术中心	重庆市
1469	重庆建工集团股份有限公司	重庆建工集团股份有限公司技术中心	重庆市
1470	重庆材料研究院有限公司	重庆材料研究院有限公司技术中心	重庆市

续表44

序号	企业名称	企业技术中心名称（发生更名的标记＊）	地区
1471	重庆水泵厂有限责任公司	重庆水泵厂有限责任公司技术中心	重庆市
1472	重庆金山科技（集团）有限公司	重庆金山科技（集团）有限公司技术中心	重庆市
1473	重庆平伟实业股份有限公司	重庆平伟实业股份有限公司技术中心	重庆市
1474	重庆金美通信有限责任公司	重庆金美通信有限责任公司技术中心	重庆市
1475	重庆再升科技股份有限公司	重庆再升科技股份有限公司技术中心	重庆市
1476	重庆江增船舶重工有限公司	重庆江增船舶重工有限公司技术中心	重庆市
1477	重庆水轮机厂有限责任公司	重庆水轮机厂有限责任公司技术中心	重庆市
1478	金龙精密铜管集团股份有限公司	金龙精密铜管集团股份有限公司技术中心	重庆市
1479	重庆华邦制药有限公司	重庆华邦制药有限公司技术中心	重庆市
1480	中国船舶重工集团海装风电股份有限公司	中国船舶重工集团海装风电股份有限公司技术中心	重庆市
1481	重庆国际复合材料股份有限公司	重庆国际复合材料股份有限公司技术中心	重庆市
1482	重庆华森制药股份有限公司	重庆华森制药股份有限公司技术中心	重庆市
1483	重庆平伟汽车科技股份有限公司	重庆平伟汽车科技股份有限公司技术中心	重庆市
1484	西南计算机有限责任公司	西南计算机有限责任公司技术中心	重庆市
1485	重庆博腾制药科技股份有限公司	重庆博腾制药科技股份有限公司技术中心	重庆市
1486	重庆希尔安药业有限公司	重庆希尔安药业有限公司技术中心	重庆市
1487	重庆红江机械有限责任公司	重庆红江机械有限责任公司技术中心	重庆市
1488	航天江南集团有限公司	航天江南集团有限公司技术中心	贵州省
1489	贵州轮胎股份有限公司	贵州轮胎股份有限公司技术中心	贵州省
1490	中国振华电子集团有限公司	中国振华电子集团有限公司技术中心	贵州省
1491	中航贵州飞机有限责任公司	中航贵州飞机有限责任公司技术中心	贵州省
1492	中国贵州茅台酒厂（集团）有限责任公司	中国贵州茅台酒厂（集团）有限责任公司技术中心	贵州省
1493	瓮福（集团）有限责任公司	瓮福（集团）有限责任公司技术中心	贵州省
1494	贵州益佰制药股份有限公司	贵州益佰制药股份有限公司技术中心	贵州省
1495	贵州开磷集团股份有限公司	贵州开磷集团股份有限公司技术中心	贵州省
1496	贵州航天电器股份有限公司	贵州航天电器股份有限公司技术中心	贵州省
1497	遵义钛业股份有限公司	遵义钛业股份有限公司技术中心	贵州省
1498	中国航发贵州黎阳航空动力有限公司	中国航发贵州黎阳航空动力有限公司技术中心	贵州省
1499	贵州百灵企业集团制药股份有限公司	贵州百灵企业集团制药股份有限公司技术中心	贵州省
1500	中国航空工业标准件制造有限责任公司	中国航空工业标准件制造有限责任公司技术中心	贵州省
1501	贵州钢绳股份有限公司	贵州钢绳股份有限公司技术中心	贵州省
1502	贵州安吉航空精密铸造有限责任公司	贵州安吉航空精密铸造有限责任公司技术中心	贵州省
1503	贵州航天精工制造有限公司	贵州航天精工制造有限公司技术中心	贵州省
1504	中国电建集团贵阳勘测设计研究院有限公司	中国电建集团贵阳勘测设计研究院有限公司技术中心	贵州省
1505	贵阳朗玛信息技术股份有限公司	贵阳朗玛信息技术股份有限公司技术中心	贵州省
1506	贵州航天控制技术有限公司	贵州航天控制技术有限公司技术中心	贵州省

续表45

序号	企业名称	企业技术中心名称（发生更名的标记＊）	地区
1507	中铁五局集团有限公司	中铁五局集团有限公司技术中心	贵州省
1508	世纪恒通科技股份有限公司	世纪恒通科技股份有限公司技术中心	贵州省
1509	贵州安大航空锻造有限责任公司	贵州安大航空锻造有限责任公司技术中心	贵州省
1510	贵州航天天马机电科技有限公司	贵州航天天马机电科技有限公司技术中心	贵州省
1511	贵州航宇科技发展股份有限公司	贵州航宇科技发展股份有限公司技术中心	贵州省
1512	中伟新材料股份有限公司	中伟新材料股份有限公司技术中心	贵州省
1513	昆明船舶设备集团有限公司	昆明船舶设备集团有限公司技术中心	云南省
1514	红塔烟草（集团）有限责任公司	红塔烟草（集团）有限责任公司技术中心	云南省
1515	云南锡业集团有限责任公司	云南锡业集团有限责任公司技术中心	云南省
1516	云天化集团有限责任公司	云天化集团有限责任公司技术中心	云南省
1517	红云红河烟草（集团）有限责任公司	红云红河烟草（集团）有限责任公司技术中心	云南省
1518	云南白药控股有限公司	云南白药控股有限公司技术中心	云南省
1519	云南冶金集团股份有限公司	云南冶金集团股份有限公司技术中心	云南省
1520	云南生物谷药业股份有限公司	云南生物谷药业股份有限公司技术中心	云南省
1521	云南铜业股份有限公司	云南铜业股份有限公司技术中心	云南省
1522	云南南天电子信息产业股份有限公司	云南南天电子信息产业股份有限公司技术中心	云南省
1523	云南沃森生物技术股份有限公司	云南沃森生物技术股份有限公司技术中心	云南省
1524	昆药集团股份有限公司	昆药集团股份有限公司技术中心	云南省
1525	云南煤化工集团有限公司	云南煤化工集团有限公司技术中心	云南省
1526	云南省建设投资控股集团有限公司	云南省建设投资控股集团有限公司技术中心	云南省
1527	昆明云内动力股份有限公司	昆明云内动力股份有限公司技术中心	云南省
1528	玉溪大红山矿业有限公司	玉溪大红山矿业有限公司技术中心	云南省
1529	云南临沧鑫圆锗业股份有限公司	云南临沧鑫圆锗业股份有限公司技术中心	云南省
1530	云南省贵金属新材料控股集团有限公司	云南省贵金属新材料控股集团有限公司技术中心	云南省
1531	云南航天工程物探检测股份有限公司	云南航天工程物探检测股份有限公司技术中心	云南省
1532	西藏奇正藏药股份有限公司	西藏奇正藏药股份有限公司技术中心	西藏区
1533	华宝香精股份有限公司	华宝香精股份有限公司技术中心	西藏区
1534	西安飞机工业（集团）有限责任公司	西安飞机工业（集团）有限责任公司技术中心	陕西省
1535	庆安集团有限公司	庆安集团有限公司技术中心	陕西省
1536	秦川机床工具集团股份公司	秦川机床工具集团股份公司技术中心	陕西省
1537	中国西电集团有限公司	中国西电集团有限公司技术中心	陕西省
1538	西安陕鼓动力股份有限公司	西安陕鼓动力股份有限公司技术中心	陕西省
1539	中国标准工业集团有限公司	中国标准工业集团有限公司技术中心	陕西省
1540	西安利君制药有限责任公司	西安利君制药有限责任公司技术中心	陕西省
1541	中国航发动力股份有限公司	中国航发动力股份有限公司技术中心	陕西省
1542	宝钛集团有限公司	宝钛集团有限公司技术中心	陕西省

续表46

序号	企业名称	企业技术中心名称（发生更名的标记*）	地区
1543	陕西汽车集团有限责任公司	陕西汽车集团有限责任公司技术中心	陕西省
1544	陕西法士特齿轮有限责任公司	陕西法士特齿轮有限责任公司技术中心	陕西省
1545	中国航发西安动力控制科技有限公司	中国航发西安动力控制科技有限公司技术中心	陕西省
1546	中交第二公路工程局有限公司	中交第二公路工程局有限公司技术中心	陕西省
1547	中铁一局集团有限公司	中铁一局集团有限公司技术中心	陕西省
1548	陕西航空电气有限责任公司	陕西航空电气有限责任公司技术中心	陕西省
1549	西安开米股份有限公司	西安开米股份有限公司技术中心	陕西省
1550	陕西烽火电子股份有限公司	陕西烽火电子股份有限公司技术中心	陕西省
1551	陕西延长石油（集团）有限责任公司	陕西延长石油（集团）有限责任公司技术中心	陕西省
1552	西部超导材料科技股份有限公司	西部超导材料科技股份有限公司技术中心	陕西省
1553	中铁二十局集团有限公司	中铁二十局集团有限公司技术中心	陕西省
1554	陕西飞机工业（集团）有限公司	陕西飞机工业（集团）有限公司技术中心	陕西省
1555	中铁宝桥集团有限公司	中铁宝桥集团有限公司技术中心	陕西省
1556	陕西建工集团股份有限公司	陕西建工集团股份有限公司技术中心	陕西省
1557	九冶建设有限公司	九冶建设有限公司技术中心	陕西省
1558	陕西北人印刷机械有限责任公司	陕西北人印刷机械有限责任公司技术中心	陕西省
1559	西安西电电力系统有限公司	西安西电电力系统有限公司技术中心	陕西省
1560	陕西山利科技发展有限责任公司	陕西山利科技发展有限责任公司技术中心	陕西省
1561	中国重型机械研究院股份公司	中国重型机械研究院股份公司技术中心	陕西省
1562	隆基绿能科技股份有限公司	隆基绿能科技股份有限公司技术中心	陕西省
1563	陕西煤业化工集团有限责任公司	陕西煤业化工集团有限责任公司技术中心	陕西省
1564	陕西千山航空电子有限责任公司	陕西千山航空电子有限责任公司技术中心	陕西省
1565	宝鸡中车时代工程机械有限公司	宝鸡中车时代工程机械有限公司技术中心	陕西省
1566	中国电建集团西北勘测设计研究院有限公司	中国电建集团西北勘测设计研究院有限公司技术中心	陕西省
1567	陕西渭河工模具有限公司	陕西渭河工模具有限公司技术中心	陕西省
1568	安康北医大制药股份有限公司	安康北医大制药股份有限公司技术中心	陕西省
1569	陕西宏远航空锻造有限责任公司	陕西宏远航空锻造有限责任公司技术中心	陕西省
1570	陕西麦可罗生物科技有限公司	陕西麦可罗生物科技有限公司技术中心	陕西省
1571	陕西盘龙药业集团股份有限公司	陕西盘龙药业集团股份有限公司技术中心	陕西省
1572	西安铂力特增材技术股份有限公司	西安铂力特增材技术股份有限公司技术中心	陕西省
1573	兰州电机股份有限公司	兰州电机股份有限公司技术中心	甘肃省
1574	金川集团股份有限公司	金川集团股份有限公司技术中心	甘肃省
1575	兰州生物制品研究所有限责任公司	兰州生物制品研究所有限责任公司技术中心	甘肃省
1576	酒泉钢铁（集团）有限责任公司	酒泉钢铁（集团）有限责任公司技术中心	甘肃省
1577	兰州兰石集团有限公司	兰州兰石集团有限公司技术中心	甘肃省
1578	白银有色集团股份有限公司	白银有色集团股份有限公司技术中心	甘肃省

续表47

序号	企业名称	企业技术中心名称（发生更名的标记＊）	地区
1579	甘肃银光化学工业集团有限公司	甘肃银光化学工业集团有限公司技术中心	甘肃省
1580	天水长城开关厂集团有限公司	天水长城开关厂集团有限公司技术中心	甘肃省
1581	天水华天电子集团	天水华天电子集团技术中心	甘肃省
1582	天水锻压机床（集团）有限公司	天水锻压机床（集团）有限公司技术中心	甘肃省
1583	甘肃稀土新材料股份有限公司	甘肃稀土新材料股份有限公司技术中心	甘肃省
1584	天华化工机械及自动化研究设计院有限公司	天华化工机械及自动化研究设计院有限公司技术中心	甘肃省
1585	天水风动机械股份有限公司	天水风动机械股份有限公司技术中心	甘肃省
1586	甘肃蓝科石化高新装备股份有限公司	甘肃蓝科石化高新装备股份有限公司技术中心	甘肃省
1587	西北永新集团有限公司	西北永新集团有限公司技术中心	甘肃省
1588	甘肃华羚乳品股份有限公司	甘肃华羚乳品股份有限公司技术中心	甘肃省
1589	中铁西北科学研究院有限公司	中铁西北科学研究院有限公司技术中心	甘肃省
1590	酒泉奥凯种子机械股份有限公司	酒泉奥凯种子机械股份有限公司技术中心	甘肃省
1591	中核四〇四有限公司	中核四〇四有限公司技术中心	甘肃省
1592	中铁二十一局集团有限公司	中铁二十一局集团有限公司技术中心	甘肃省
1593	大禹节水集团股份有限公司	大禹节水集团股份有限公司技术中心	甘肃省
1594	甘肃省建设投资（控股）集团有限公司	甘肃省建设投资（控股）集团有限公司技术中心＊	甘肃省
1595	兰州高压阀门有限公司	兰州高压阀门有限公司技术中心	甘肃省
1596	天水电气传动研究所集团有限公司	天水电气传动研究所集团有限公司技术中心＊	甘肃省
1597	兰州和盛堂制药股份有限公司	兰州和盛堂制药股份有限公司技术中心	甘肃省
1598	天水二一三电器有限公司	天水二一三电器有限公司技术中心	甘肃省
1599	兰州万里航空机电有限责任公司	兰州万里航空机电有限责任公司技术中心	甘肃省
1600	方大炭素新材料科技股份有限公司	方大炭素新材料科技股份有限公司技术中心	甘肃省
1601	兰州飞行控制有限责任公司	兰州飞行控制有限责任公司技术中心	甘肃省
1602	西部矿业股份有限公司	西部矿业股份有限公司技术中心	青海省
1603	亚洲硅业（青海）股份有限公司	亚洲硅业（青海）股份有限公司技术中心	青海省
1604	中色（宁夏）东方集团有限公司	中色（宁夏）东方集团有限公司技术中心	宁夏区
1605	宝塔实业股份有限公司	宝塔实业股份有限公司技术中心	宁夏区
1606	吴忠仪表有限责任公司	吴忠仪表有限责任公司技术中心	宁夏区
1607	宁夏泰瑞制药股份有限公司	宁夏泰瑞制药股份有限公司技术中心	宁夏区
1608	宁夏启元药业有限公司	宁夏启元药业有限公司技术中心	宁夏区
1609	宁夏天地奔牛实业集团有限公司	宁夏天地奔牛实业集团有限公司技术中心	宁夏区
1610	宁夏共享集团股份有限公司	宁夏共享集团股份有限公司技术中心	宁夏区
1611	国家电投集团宁夏能源铝业有限公司	国家电投集团宁夏能源铝业有限公司技术中心	宁夏区
1612	宁夏伊品生物科技股份有限公司	宁夏伊品生物科技股份有限公司技术中心	宁夏区
1613	宁夏隆基宁光仪表股份有限公司	宁夏隆基宁光仪表股份有限公司技术中心	宁夏区
1614	宁夏力成电气集团有限公司	宁夏力成电气集团有限公司技术中心	宁夏区

续表48

序号	企业名称	企业技术中心名称（发生更名的标记＊）	地区
1615	特变电工股份有限公司	特变电工股份有限公司技术中心	新疆区
※	特变电工沈阳变压器集团有限公司	特变电工沈阳变压器集团有限公司技术中心	辽宁省
※	特变电工衡阳变压器有限公司	特变电工衡阳变压器有限公司技术中心	湖南省
※	特变电工新疆新能源股份有限公司	特变电工新疆新能源股份有限公司技术中心	新疆区
1616	新疆众和股份有限公司	新疆众和股份有限公司技术中心	新疆区
1617	中粮屯河糖业股份有限公司	中粮屯河糖业股份有限公司技术中心	新疆区
1618	麦趣尔集团股份有限公司	麦趣尔集团股份有限公司技术中心	新疆区
1619	新疆金风科技股份有限公司	新疆金风科技股份有限公司技术中心	新疆区
1620	新疆蓝山屯河化工股份有限公司	新疆蓝山屯河化工股份有限公司技术中心	新疆区
1621	新特能源股份有限公司	新特能源股份有限公司技术中心	新疆区
1622	新疆国统管道股份有限公司	新疆国统管道股份有限公司技术中心	新疆区
1623	新疆天山水泥股份有限公司	新疆天山水泥股份有限公司技术中心	新疆区
1624	新疆隆成实业集团有限公司	新疆隆成实业集团有限公司技术中心	新疆区
1625	国投新疆罗布泊钾盐有限责任公司	国投新疆罗布泊钾盐有限责任公司技术中心	新疆区
1626	新疆中泰化学股份有限公司	新疆中泰化学股份有限公司技术中心	新疆区
1627	新疆阜丰生物科技有限公司	新疆阜丰生物科技有限公司技术中心	新疆区
1628	新疆交通建设集团股份有限公司	新疆交通建设集团股份有限公司技术中心	新疆区
1629	德蓝水技术股份有限公司	德蓝水技术股份有限公司技术中心	新疆区
1630	天康生物股份有限公司	天康生物股份有限公司技术中心	新疆兵团
1631	新疆天业（集团）有限公司	新疆天业（集团）有限公司技术中心	新疆兵团
1632	中基健康产业股份有限公司	中基健康产业股份有限公司技术中心	新疆兵团
1633	新疆北新路桥集团股份有限公司	新疆北新路桥集团股份有限公司技术中心	新疆兵团
1634	新疆希普生物科技股份有限公司	新疆希普生物科技股份有限公司技术中心	新疆兵团
1635	新疆大全新能源股份有限公司	新疆大全新能源股份有限公司技术中心	新疆兵团
1636	新疆天富能源股份有限公司	新疆天富能源股份有限公司技术中心	新疆兵团

注：“※”标注为国家企业技术中心分中心

财政部　海关总署　国家税务总局关于废止《科学研究和教学用品免征进口税收规定》等3部规章的决定

（财政部　海关总署　国家税务总局令第106号）

《关于废止〈科学研究和教学用品免征进口税收规定〉等3部规章的决定》已经2021年3月19日财

政部2021年第1次部务会议审议通过，并经海关总署、税务总局同意，现予公布，自公布之日起施行。

财政部部长：刘昆
海关总署署长：倪岳峰
国家税务总局局长：王军
二〇二一年四月十三日

财政部　海关总署　国家税务总局关于废止《科学研究和教学用品免征进口税收规定》等3部规章的决定

为了适应依法行政、依法理财的需要，做好有关制度调整后的衔接工作，决定对以下3部规章予以废止：

1.《科学研究和教学用品免征进口税收规定》（财政部　海关总署　税务总局令第45号）。

2.《关于修改〈科技开发用品免征进口税收暂行规定〉和〈科学研究和教学用品免征进口税收规定〉的决定》（财政部　海关总署　税务总局令第63号）。

3.《关于修改〈科学研究和教学用品免征进口税收规定〉的决定》（财政部　海关总署　税务总局令第93号）。

本决定自公布之日起施行。

财政部　海关总署　国家税务总局关于“十四五”期间支持科技创新进口税收政策的通知

（财关税〔2021〕23号）

各省、自治区、直辖市、计划单列市财政厅（局）、新疆生产建设兵团财政局，海关总署广东分署、各直属海关，国家税务总局各省、自治区、直辖市、计划单列市税务局，财政部各地监管局，国家税务总局驻各地特派员办事处：

为深入实施科教兴国战略、创新驱动发展战略，支持科技创新，现将有关进口税收政策通知如下：

一、对科学研究机构、技术开发机构、学校、党校（行政学院）、图书馆进口国内不能生产或性能不能满足需求的科学研究、科技开发和教学用品，免征进口关税和进口环节增值税、消费税。

二、对出版物进口单位为科研院所、学校、党校（行政学院）、图书馆进口用于科研、教学的图书、资料等，免征进口环节增值税。

三、本通知第一、二条所称科学研究机构、技术开发机构、学校、党校（行政学院）、图书馆是指：

（一）从事科学研究工作的中央级、省级、地市级科研院所（含其具有独立法人资格的图书馆、研究生院）。

（二）国家实验室，国家重点实验室，企业国家重点实验室，国家产业创新中心，国家技术创新中心，国家制造业创新中心，国家临床医学研究中心，国家工程研究中心，国家工程技术研究中心，国家企业技术中心，国家中小企业公共服务示范平台（技术类）。

（三）科技体制改革过程中转制为企业和进入企业的主要从事科学研究和技术开发工作的机构。

（四）科技部会同民政部核定或者省级科技主管部门会同省级民政、财政、税务部门和社会研发机构所在地直属海关核定的科技类民办非企业单位性质的社会研发机构；省级科技主管部门会同省级财政、税务部门和社会研发机构所在地直属海关核定的事业单位性质的社会研发机构。

（五）省级商务主管部门会同省级财政、税务部门和外资研发中心所在地直属海关核定的外资研发中心。

（六）国家承认学历的实施专科及以上高等学历教育的高等学校及其具有独立法人资格的分校、异地办学机构。

（七）县级及以上党校（行政学院）。

（八）地市级及以上公共图书馆。

四、本通知第二条所称出版物进口单位是指中央宣传部核定的具有出版物进口许可的出版物进口单位，科研院所是指第三条第一项规定的机构。

五、本通知第一、二条规定的免税进口商品实行清单管理。免税进口商品清单由财政部、海关总署、税务总局征求有关部门意见后另行制定印发，并动态调整。

六、经海关审核同意，科学研究机构、技术开发机构、学校、党校（行政学院）、图书馆可将免税进口的科学研究、科技开发和教学用品用于其他单位的科学研究、科技开发和教学活动。

对纳入国家网络管理平台统一管理、符合本通知规定的免税进口科研仪器设备，符合科技部会同海关总署制定的纳入国家网络管理平台免税进口科研仪器设备开放共享管理有关规定的，可以用于其他单位的科学研究、科技开发和教学活动。

经海关审核同意，科学研究机构、技术开发机构、学校以科学研究或教学为目的，可将免税进口的医疗检测、分析仪器及其附件、配套设备用于其附属、所属医院的临床活动，或用于开展临床实验所需依托的其分立前附属、所属医院的临床活动。其中，大中型医疗检测、分析仪器，限每所医院每 3 年每种 1 台。

七、“十四五”期间支持科技创新进口税收政策管理办法由财政部、海关总署、税务总局会同有关部门另行制定印发。

八、本通知有效期为 2021 年 1 月 1 日至 2025 年 12 月 31 日。

财政部

海关总署

国家税务总局

二〇二一年四月十五日

财政部　中央宣传部　国家发展改革委　教育部　科学技术部　工业和信息化部　民政部　商务部　文化和旅游部　海关总署　国家税务总局关于“十四五”期间支持科技创新进口税收政策管理办法的通知

（财关税〔2021〕24 号）

为落实《财政部　海关总署　税务总局关于“十四五”期间支持科技创新进口税收政策的通知》（财关税〔2021〕23 号，以下简称《通知》），现将政策管理办法通知如下：

一、科技部核定从事科学研究工作的中央级科研院所名单，函告海关总署，抄送财政部、税务总局。省级（包括省、自治区、直辖市、计划单列市、新疆生产建设兵团，下同）科技主管部门会同省级财政、税务部门和科研院所所在地直属海关核定从事科学研究工作的省级、地市级科研院所名单，核定结果由省级科技主管部门函告科研院所所在地直属海关，抄送省级财政、税务部门，并报送科技部。

本办法所称科研院所名单，包括科研院所所属具有独立法人资格的图书馆、研究生院名单。

二、科技部核定国家实验室、国家重点实验室、企业国家重点实验室、国家技术创新中心、国家临床医学研究中心、国家工程技术研究中心名单，国家发展改革委核定国家产业创新中心、国家工程研究中心、国家企业技术中心名单，工业和信息化部核定国家制造业创新中心、国家中小企业公共服务示范平台（技术类）名单。核定结果分别由科技部、国家发展改革委、工业和信息化部函告海关总署，抄送财政部、税务总局。

科技部核定根据《国务院办公厅转发科技部等部门关于深化科研机构管理体制改革实施意见的通知》（国办发〔2000〕38号），国务院部门（单位）所属科研机构已转制为企业或进入企业的主要从事科学研究和技术开发工作的机构名单，函告海关总署，抄送财政部、税务总局。省级科技主管部门会同省级财政、税务部门和机构所在地直属海关核定根据国办发〔2000〕38号文件，各省、自治区、直辖市、计划单列市所属已转制为企业或进入企业的主要从事科学研究和技术开发工作的机构名单，核定结果由省级科技主管部门函告机构所在地直属海关，抄送省级财政、税务部门，并报送科技部。

科技部会同民政部核定或者省级科技主管部门会同省级民政、财政、税务部门和社会研发机构所在地直属海关核定科技类民办非企业单位性质的社会研发机构名单。科技部牵头的核定结果，由科技部函告海关总署，抄送民政部、财政部、税务总局。省级科技主管部门牵头的核定结果，由省级科技主管部门函告社会研发机构所在地直属海关，抄送省级民政、财政、税务部门，并报送科技部。享受政策的科技类民办非企业单位性质的社会研发机构条件见附件1。

省级科技主管部门会同省级财政、税务部门和社会研发机构所在地直属海关核定事业单位性质的社会研发机构名单，核定结果由省级科技主管部门函告社会研发机构所在地直属海关，抄送省级财政、税务部门，并报送科技部。享受政策的事业单位性质的社会研发机构，应符合科技部和省级科技主管部门规定的事业单位性质的社会研发机构（新型研发机构）条件。

省级商务主管部门会同省级财政、税务部门和外资研发中心所在地直属海关核定外资研发中心名单，核定结果由省级商务主管部门函告外资研发中心所在地直属海关，抄送省级财政、税务部门，并报送商务部。享受政策的外资研发中心条件见附件2。

本条上述函告文件中，凡不具有独立法人资格的单位、机构，应一并函告其依托单位；有关单位、机构具有有效期限的，应一并函告其有效期限。

三、教育部核定国家承认学历的实施专科及以上高等学历教育的高等学校及其具有独立法人资格的分校、异地办学机构名单，函告海关总署，抄送财政部、税务总局。

四、文化和旅游部核定省级以上公共图书馆名单，函告海关总署，抄送财政部、税务总局。省级文化和旅游主管部门会同省级财政、税务部门和公共图书馆所在地直属海关核定省级、地市级公共图书馆名单，核定结果由省级文化和旅游主管部门函告公共图书馆所在地直属海关，抄送省级财政、税务部门，并报送文化和旅游部。

五、中央宣传部核定具有出版物进口许可的出版物进口单位名单，函告海关总署，抄送中央党校（国家行政学院）、教育部、科技部、财政部、文化和旅游部、税务总局。

出版物进口单位免税进口图书、资料等商品的销售对象为中央党校（国家行政学院）和省级、地市级、县级党校（行政学院）以及本办法第一、三、四条中经核定的单位。牵头核定部门应结合实际需要，将核定的有关单位名单告知有关出版物进口单位。

六、中央党校（国家行政学院）和省级、地市级、县级党校（行政学院）以及按照本办法规定经核定的单位或机构（以下统称进口单位），应按照海关有关规定，办理有关进口商品的减免税手续。

七、本办法中相关部门函告海关的进口单位名单和《通知》第五条所称的免税进口商品清单应注明批次。其中，第一批名单、清单自2021年1月1日实施，至第一批名单印发之日后30日内已征的应免税款，准予退还；以后批次的名单、清单，分别自其印发之日后第20日起实施。中央党校（国家行政学院）和省级、地市级、县级党校（行政学院）自2021年1月1日起具备免税进口资格，至本办法印发之日后30日内已征的应免税款，准予退还。

前款规定的已征应免税款，依进口单位申请准予退还。其中，已征税进口且尚未申报增值税进项税额抵扣的，应事先取得主管税务机关出具的《“十四五”期间支持科技创新进口税收政策项下进口商品已征进口环节增值税未抵扣情况表》（见附件3），向海关申请办理退还已征进口关税和进口环节增值税手续；已申报增值税进项税额抵扣的，仅向海关申请办理退还已征进口关税手续。

八、进口单位可向主管海关提出申请，选择放弃免征进口环节增值税。进口单位主动放弃免征进口环节增值税后，36个月内不得再次申请免征进口环节增值税。

九、进口单位发生名称、经营范围变更等情形的，应在《通知》有效期限内及时将有关变更情况说明报送核定其名单的牵头部门。牵头部门按照本办法规定的程序，核定变更后的单位自变更登记之日起能否继续享受政策，注明变更登记日期。核定结果由牵头部门函告海关（核定结果较多时，每年至少分两批函告），抄送同级财政、税务及其他有关部门。其中，牵头部门为省级科技、商务、文化和旅游主管部门的，核定结果应相应报送科技部、商务部、文化和旅游部。

十、进口单位应按有关规定使用免税进口商品，如违反规定，将免税进口商品擅自转让、移作他用或者进行其他处置，被依法追究刑事责任的，在《通知》剩余有效期限内停止享受政策。

十一、进口单位如存在以虚报情况获得免税资格，由核定其名单的牵头部门查实后函告海关，自函告之日起，该单位在《通知》剩余有效期限内停止享受政策。

十二、中央宣传部、国家发展改革委、教育部、科技部、工业和信息化部、民政部、商务部、文化和旅游部加强政策评估工作。

十三、本办法印发之日后90日内，省级科技主管部门应会同省级民政、财政、税务部门和社会研发机构所在地直属海关制定核定享受政策的科技类民办非企业单位性质、事业单位性质的社会研发机构名单的具体实施办法，省级商务主管部门应会同省级财政、税务部门和外资研发中心所在地直属海关制定核定享受政策的外资研发中心名单的具体实施办法。

十四、财政等有关部门及其工作人员在政策执行过程中，存在违反执行免税政策规定的行为，以及滥用职权、玩忽职守、徇私舞弊等违法违纪行为的，依照国家有关规定追究相应责任；涉嫌犯罪的，依法追究刑事责任。

十五、本办法有效期为2021年1月1日至2025年12月31日。

附件1　享受“十四五”期间支持科技创新进口税收政策的科技类民办非企业单位性质的社会研发机构条件

附件2　享受“十四五”期间支持科技创新进口税收政策的外资研发中心条件

附件3　“十四五”期间支持科技创新进口税收政策项下进口商品已征进口环节增值税未抵扣情况表

财政部　中央宣传部　国家发展改革委　教育部
科学技术部　工业和信息化部　民政部　商务部
文化和旅游部　海关总署　国家税务总局
二〇二一年四月十六日

附件1

享受“十四五”期间支持科技创新进口税收政策的科技类民办非企业单位性质的社会研发机构条件

享受“十四五”期间支持科技创新进口税收政策的科技类民办非企业单位性质的社会研发机构，应同时满足以下条件：

一、符合科技部和省级科技主管部门规定的社会研发机构（新型研发机构）基本条件。

二、依照《民办非企业单位登记管理暂行条例》《民办非企业单位登记暂行办法》的要求，在民政部或省级民政部门登记注册的、具有独立法人资格的民办非企业单位。

三、资产总额不低于 300 万元。

四、从事科学研究工作的专业技术人员（指大专以上学历或中级以上技术职称专业技术人员）在 20 人以上，且占全部在职人员的比例不低于 60%。

附件 2

享受“十四五”期间支持科技创新进口税收政策的外资研发中心条件

享受“十四五”期间支持科技创新进口税收政策的外资研发中心，应同时满足以下条件：

一、研发费用标准：作为独立法人的，其投资总额不低于 800 万美元；作为公司内设部门或分公司的非独立法人的，其研发总投入不低于 800 万美元。

二、专职研究与试验发展人员不低于 80 人。

三、设立以来累计购置的设备原值不低于 2000 万元。

四、上述第一、二、三条中，有关定义如下：

（一）“投资总额”是指外商投资信息报告回执所载明的金额。

（二）“研发总投入”是指外商投资企业专门为设立和建设本研发中心而投入的资产，包括即将投入并签订购置合同的资产（应提交已采购资产清单和即将采购资产的合同清单）。

（三）“专职研究与试验发展人员”是指企业科技活动人员中专职从事基础研究、应用研究和试验发展三类项目活动的人员，包括直接参加上述三类项目活动的人员以及相关专职科技管理人员和为项目提供资料文献、材料供应、设备的直接服务人员，上述人员须与外资研发中心或其所在外商投资企业签订 1 年以上劳动合同，以外资研发中心提交申请的前一日人数为准。

（四）“设备”是指为科学研究、教学和科技开发提供必要条件的实验设备、装置和器械。在计算累计购置的设备原值时，应将进口设备和采购国产设备的原值一并计入，包括已签订购置合同并于当年内交货的设备（应提交购置合同清单及交货期限），适用本办法的上述进口设备范围为进口科学研究、科技开发和教学用品免税清单所列商品。

附件 3

“十四五”期间支持科技创新进口税收政策项下进口商品已征进口环节增值税未抵扣情况表

编号：主管税务机关代码+四位流水号

<table>
<tr><td rowspan="2">纳税人名称</td><td rowspan="2"></td><td>纳税人识别号或
统一社会信用代码</td><td></td></tr>
<tr><td>企业海关代码</td><td></td></tr>
<tr><td>申报进口时间</td><td colspan="3">年 月 日</td></tr>
<tr><td>海关进口增值税专用缴款书</td><td colspan="3">海关报关单（编号：__________）、海关进口增值税专用缴款书（凭证号：__________），进口环节增值税税款金额为（大写）__________，¥__________元。</td></tr>
<tr><td>进项税额抵扣情况</td><td colspan="3">经审核，该纳税人上述海关进口增值税专用缴款书税额尚未申报抵扣。</td></tr>
<tr><td>其他需要说明的事项</td><td colspan="3"></td></tr>
<tr><td colspan="4">
<table><tr><td>审核意见：
审核人：
年 月 日</td><td>复核意见：
复核人：
年 月 日</td><td>局长意见：
局领导：（局章）
年 月 日</td></tr></table>
</td></tr>
</table>

关税征管司关于执行“十四五”期间支持科技创新进口税收政策有关问题的通知

（税管函〔2021〕68号）

广东分署，各直属海关：

为落实《财政部　海关总署　税务总局关于“十四五”期间支持科技创新进口税收政策的通知》（财关税〔2021〕23号，以下简称《通知》）、《财政部　中央宣传部　国家发展改革委 教育部　科技部　工业和信息化部　民政部　商务部　文化和旅游部　海关总署　税务总局关于“十四五”期间支持科技创新进口税收政策管理办法的通知》（财关税〔2021〕24号，以下简称《管理办法》），现将政策执行中涉及的有关事项通知如下：

一、对《通知》所列享受政策的科学研究机构、技术开发机构、学校、图书馆、出版物进口单位的名单中，由科技部、国家发展改革委、工业和信息化部、教育部、文化和旅游部、中央宣传部等牵头部门按《管理办法》规定核定的，在相关牵头部门函告总署名单后，总署转发各直属海关。

对《通知》所列由省级牵头部门按《管理办法》规定核定的享受政策的省级和地市级科研院所（包括其所属具有独立法人资格的图书馆、研究生院）、省属转制为企业或进入企业的主要从事科学研究和技术开发工作的机构、事业单位性质和科技类民办非企业单位性质的社会研发机构、外资研发中心、省级和地市级公共图书馆的名单，由省级牵头部门核定后函告直属海关。

二、《通知》项下免税进口商品清单，由财政部、海关总署、税务总局制定印发。

三、享受政策的科学研究机构、技术开发机构、学校、党校（行政学院）、图书馆、出版物进口单位（以下统称“进口单位”）进口免税商品清单内所列商品，应向其主管海关办理减免税审核确认手续。其中，对于进口单位为非独立法人单位、机构的，由名单中对应的其依托单位向依托单位主管海关申请办理减免税审核确认手续，并应在《进出口货物征免税申请表》“备注”栏注明享受政策的非独立法人单位、机构的名称。

四、主管海关审核确认有关进口单位是否符合政策规定的免税资格时，应区分进口单位类型按以下要求进行审核。对符合政策规定的进口单位，进口符合免税进口商品清单规定商品的，予以免税确认，制发《海关进出口货物征免税确认通知书》（以下简称《征免税通知书》）。相关减免税审核确认手续，纳入减免税系统管理，对应征免性质、监管方式详见附件。

（一）对科研院所（包括其所属具有独立法人资格的图书馆、研究生院），应对照总署转发或省级科技主管部门函告直属海关的名单，验核其提交的《事业单位法人证书》。

（二）对国家实验室、国家重点实验室、企业国家重点实验室、国家技术创新中心、国家临床医学研究中心、国家工程研究中心、国家工程技术研究中心，应对照总署转发名单，验核其或其依托单位的《事业单位法人证书》或《民办非企业单位登记证书》。

（三）对国家产业创新中心、国家企业技术中心、国家制造业创新中心，应对照总署转发的名单。

（四）对国家中小企业公共服务示范平台（技术类）（以下简称“示范平台”），应对照总署转发名单，验核其提交的《事业单位法人证书》、《民办非企业单位登记证书》或《社会团体法人登记证书》。

（五）对科技体制改革过程中转制为企业和进入企业的主要从事科学研究和技术开发工作的机构（以下简称“转制科研机构”），应对照总署转发或省级科技主管部门函告直属海关的名单。

（六）对科技类民办非企业性质或事业单位性质的社会研发机构（以下简称“社会研发机构”），应对照总署转发或省级科技主管部门函告直属海关的名单，验核其提交的《事业单位法人证书》或《民办非企业单位登记证书》。

（七）对外资研发中心，应对照省级商务主管部门函告直属海关的名单。

（八）对高等学校及其具有独立法人资格的分校、异地办学机构，应对照总署转发的名单，验核其提交的《事业单位法人证书》或《民办非企业单位登记证书》。

（九）对公共图书馆，应对照总署转发或省级文化和旅游主管部门函告直属海关的名单，验核其提交的《事业单位法人证书》。

（十）对县级及以上党校（行政学院），应验核其提交的《事业单位法人证书》。

（十一）对出版物进口单位，应对照总署转发出版物进口单位名单，同时验核其提交免税进口图书、资料销售对象属于下列科研院所、学校、图书馆、党校（行政学院）的承诺书：1. 经科技部核定或经省级科技主管部门核定的科研院所（包括其所属具有独立法人资格的图书馆、研究生院）；2. 经教育部核定的高等学校及其具有独立法人资格的分校、异地办学机构；3. 经文化和旅游部核定或经省级文化和旅游主管部门核定的公共图书馆；4. 县级及以上党校（行政学院）。对出版物进口单位进口图书、资料后销售给非本关区辖区范围的党校（行政学院）或由省级地方科技主管部门核定的科研院所、由省级文化和旅游主管部门核定的公共图书馆的，主管海关应主动与有关党校（行政学院）、科研院所、公共图书馆所在地直属海关联系沟通，加强协作配合。

五、《通知》所列享受政策的进口单位，发生名称、经营范围或业务范围变更等情形的，由牵头部门按《管理办法》规定核定该单位变更后能否继续享受政策，并函告海关，其中按规定核定后函告海关总署的，总署收到牵头部门函告后转发直属海关。

牵头部门函告其能否继续享受政策的结果前，上述单位申请办理政策项下有关进口符合免税进口商品清单规定商品（包括出版物进口单位进口用于科研、教学的图书、资料）凭税款担保先予放行手续的，主管海关可予受理。

牵头部门核定其不能继续享受政策的，自变更登记之日起，该单位进口科学研究、科技开发和教学用品，照章征收进口关税和进口环节增值税、消费税。

对停止享受政策的进口单位，在停止享受政策之日（含）后，向海关申报进口并已享受政策的有关科学研究、科技开发和教学用品，应补缴相关税款。

六、免税进口科学研究、科技开发和教学用品（包括出版物进口单位进口用于科研、教学的图书、资料等，以下简称“免税进口用品”）的后续管理。

（一）在海关监管年限内，科学研究机构、技术开发机构、学校、党校（行政学院）、图书馆免税进口用品，未经海关审核同意，不得擅自转让、抵押、移作他用或进行其他处置。

（二）在海关监管年限内，经主管海关审核同意并办理相关手续后，科学研究机构、技术开发机构、学校、党校（行政学院）、图书馆可将免税进口用品，用于其他单位的科学研究、科技开发和教学活动，但一般不得移出本单位。因开展科研及技术开发协作、其他单位科研教学急需或对使用地点有特定要求等特殊情况，确需将免税进口用品短期或临时移出本单位使用的，经主管海关审核同意，可以移出本单位；使用结束后，应及时运回原进口单位，并向主管海关报告用品使用等情况。

上述单位应事先向主管海关提出申请，并提交相关说明材料，说明材料内容应包括：用于其他单位使用、移出本单位使用的理由，其他单位使用该免税进口用品的具体用途，使用时限，以及对用品移出本单位使用期间的管理措施等。

主管海关应建立有关免税进口用品用于其他单位科学研究、科技开发和教学活动的登记、管理制度，加强后续监管。

对纳入国家网络管理平台统一管理的免税进口科研仪器设备，用于其他单位的科学研究、科技开发和教学活动的监管措施，按照科技部会同海关总署等有关部门制定的管理办法执行。

（三）科学研究机构、技术开发机构、学校为从事科学研究或教学活动，如需将免税进口的医疗检测、分析仪器及其附件、配套设备，放置于其附属、所属医院临床使用，或放置于开展临床实验所需依托的其分立前附属、所属医院临床使用，应事先向主管海关提出申请，并经主管海关审核同意。上述医疗检测、分析仪器及其附件、配套设备免税进口后，应由科学研究机构、技术开发机构、高等学校进行登记管理。

1. 上述附属医院包括：经省级或省级以上教育或者卫生行政主管部门批准的高等学校、相关专业所在高等学校的附属医院；经省级或省级以上卫生行政主管部门批准的相关科学研究机构的附属医院。

上述所属医院包括：下设相关科学研究机构，并为其科学研究活动提供依托的医院；下设高等学校（包括相关专业所在高等学校），并为其教学活动提供依托的医院；国家临床医学研究中心等技术开发机构所依托的医院。

对于符合政策规定的科研院所中既是科学研究机构也是医院的单位，即在其《事业单位法人证书》上同时体现医院和科研机构名称的单位，或者机构编制、卫生、科技等主管部门批准其成立的文件中体现“一个机构两个牌子”内容的单位，经主管海关审核同意，可将免税进口的医疗检测、分析仪器及其附件、配套设备，放置于其所属医院临床使用。对于此类单位，应以科研机构的名义向海关申请办理减免税手续。

2. 放置于上述附属、所属医院临床使用的大中型医疗检测、分析仪器，按照主要功能和用途，限每所医院每种每 3 年 1 台。

大中型医疗检测、分析仪器的执行标准，按照进口货值 200 万元人民币/台（套）及以上掌握。大中型医疗检测、分析仪器按照主要功能或者用途区分有明显差别的，可认定不属于“同种”仪器。

3. 有关学校、科学研究机构、技术开发机构提交的申请材料，应当包括相关医院与高等学校或科学研究机构、技术开发机构关系的证明资料等。

有关学校、科学研究机构、技术开发机构在每年 6 月 30 日前向主管海关递交《减免税货物使用状况报告书》时，应同时提交 3 年内免税进口大中型医疗检测、分析仪器放置于相关医院临床使用情况的说明材料。

（四）为加强对出版物进口单位免税进口图书、资料的管理，有关出版物进口单位应在每年 6 月 30 日前，结合上一年度免税进口图书、资料的种类、进口额、销售流向、使用单位等情况进行自查，并将自查结果书面报告主管海关。

七、对在 2021 年 1 月 1 日至牵头部门核定的第一批科学研究机构、技术开发机构、学校、图书馆和出版物进口单位名单印发之日后 30 日期间内申报进口，该单位已缴纳的应免税款，依其申请予以退还。对在 2021 年 1 月 1 日至《管理办法》印发之日后 30 日期间内申报进口，县级及以上党校（行政学院）已缴纳的应免税款，依其申请准予退还。

有关免税进口单位应于其对应的第一批进口单位名单印发之日起 6 个月内，按规定向主管海关办理减免税审核确认手续，并提交退税说明及相关材料。其中，申请退还进口环节增值税的，应提供主管税务机关出具的《“十四五”期间支持科技创新进口税收政策项下进口商品已征进口环节增值税未抵扣情况表》。增值税已抵扣的，不予退还。

八、对享受政策的进口单位申请只免征进口关税和进口环节消费税、自愿放弃免征进口环节增值税的，主管海关可以受理，并按规定为其办理减免税审核确认手续。但免税进口单位在主动放弃免征进口环节增值税后的 36 个月内，如果再次申请免征进口环节增值税，主管海关不予受理。

九、请各关及时将本通知的有关规定告知相关进口单位，执行中如遇有问题，请及时向关税征管司反映。

特此通知。

附件　免税进口单位对应征免性质、监管方式表

关税司

二〇二一年七月六日

附件

免税进口单位对应征免性质、监管方式表

<table>
<tr><th>免税主体</th><th>征免性质</th><th>监管方式</th></tr>
<tr><td>科技部核定的科研院所（含其具有独立法人资格的图书馆、研究生院）</td><td rowspan="2">科研院所进口科学研究、科技开发和教学用品（简称：科研院所，代码 901）</td><td rowspan="11">一般贸易（代码0110）、暂时进出口货物（代码2600）、其他进出口免费（代码3339）、捐赠物资（代码 3612）、租赁贸易（代码1523）、租赁不满一年（代码1500）、租赁征税（代码 9800）、合资合作设备（代码 2025）、外资设备物品（代码2225）</td></tr>
<tr><td>省级科技主管部门牵头核定的科研院所（含其具有独立法人资格的图书馆、研究生院）</td></tr>
<tr><td>高等学校及其具有独立法人资格的分校、异地办学机构</td><td>高等学校进口科学研究、科技开发和教学用品（简称：高等学校，代码 902）</td></tr>
<tr><td>国家工程研究中心</td><td>国家工程研究中心进口科学研究、科技开发和教学用品（简称：工程研究中心，代码 903）</td></tr>
<tr><td>国家企业技术中心</td><td>国家企业技术中心进口科学研究、科技开发和教学用品（简称：国家企业技术中心，代码 904）</td></tr>
<tr><td>科技部核定的转制科研机构</td><td rowspan="2">转制科研机构进口科学研究、科技开发和教学用品（简称：转制科研机构，代码 905）</td></tr>
<tr><td>省级科技主管部门牵头核定的转制科研机构</td></tr>
<tr><td>国家重点实验室及企业国家重点实验室</td><td>国家重点实验室及企业国家重点实验室进口科学研究、科技开发和教学用品（简称：重点实验室，代码 906）</td></tr>
<tr><td>国家工程技术研究中心</td><td>国家工程技术研究中心进口科学研究、科技开发和教学用品（简称：国家工程技术研究中心，代码 907）</td></tr>
<tr><td>科技部牵头核定的社会研发机构</td><td rowspan="2">社会研发机构进口科学研究、科技开发和教学用品（简称：社会研发机构，代码 908）</td></tr>
<tr><td>省级科技主管部门牵头核定的社会研发机构</td></tr>
<tr><td>国家中小企业公共服务示范平台（技术类）</td><td>国家中小企业公共服务示范平台（技术类）进口科学研究、科技开发和教学用品（简称：示范平台，代码 909）</td><td rowspan="10">一般贸易（代码0110）、暂时进出口货物（代码2600）、其他进出口免费（代码3339）、捐赠物资（代码 3612）、租赁贸易（代码1523）、租赁不满一年（代码1500）、租赁征税（代码 9800）、合资合作设备（代码 2025）、外资设备物品（代码2225）</td></tr>
<tr><td>外资研发中心</td><td>外资研发中心进口科学研究、科技开发和教学用品（简称：外资研发中心，代码 910）</td></tr>
<tr><td>国家实验室</td><td>国家实验室进口科学研究、科技开发和教学用品（简称：国家实验室，代码 912）</td></tr>
<tr><td>国家产业创新中心</td><td>国家产业创新中心进口科学研究、科技开发和教学用品（简称：国家产业创新中心，代码 913）</td></tr>
<tr><td>国家制造业创新中心</td><td>国家制造业创新中心进口科学研究、科技开发和教学用品（简称：国家制造业创新中心，代码 915）</td></tr>
<tr><td>国家技术创新中心</td><td>国家技术创新中心进口科学研究、科技开发和教学用品（简称：国家技术创新中心，代码 916）</td></tr>
<tr><td>文化和旅游部核定的公共图书馆</td><td rowspan="2">公共图书馆进口用于科研、教学的图书、文献、报刊及其他资料（简称：公共图书馆，代码 917）</td></tr>
<tr><td>省级文化和旅游主管部门核定的公共图书馆</td></tr>
<tr><td>国家临床医学研究中心</td><td>国家临床医学研究中心进口科学研究、科技开发和教学用品（简称：国家临床医学研究中心，代码 918）</td></tr>
<tr><td>党校（行政学院）</td><td>党校（行政学院）进口科学研究、科技开发和教学用品［简称：党校（行政学院），代码：919］</td></tr>
<tr><td>出版物进口单位</td><td>出版物进口单位进口用于科研、教学的图书、文献、报刊及其他资料（简称：科教图书，代码 911）</td><td>一般贸易（代码0110）</td></tr>
</table>

科学技术部　财政部　海关总署　国家税务总局关于印发《科研院所等科研机构免税进口科学研究、科技开发和教学用品管理细则》的通知

(国科发政〔2021〕270号)

有关中央和国家机关部委、人民团体，有关单位，各省、自治区、直辖市、计划单列市科技厅、财政厅(局)，新疆生产建设兵团科技局、财政局，海关总署广东分署、各直属海关，国家税务总局各省、自治区、直辖市、计划单列市税务局，财政部各地监管局，国家税务总局驻各地特派员办事处：

根据《财政部　海关总署　税务总局关于“十四五”期间支持科技创新进口税收政策的通知》(财关税〔2021〕23号)、《财政部　中央宣传部　国家发展改革委　教育部　科技部　工业和信息化部　民政部　商务部　文化和旅游部　海关总署　税务总局关于“十四五”期间支持科技创新进口税收政策管理办法的通知》(财关税〔2021〕24号)规定，为落实科研院所等科研机构免税进口科学研究、科技开发和教学用品政策，科技部、财政部、海关总署、税务总局研究制定了《科研院所等科研机构免税进口科学研究、科技开发和教学用品管理细则》。现印发你们，请遵照执行。

科学技术部　财政部　海关总署　国家税务总局
二〇二一年九月三十日

科研院所等科研机构免税进口科学研究、科技开发和教学用品管理细则

第一章　总　则

第一条　根据《财政部　海关总署　税务总局关于“十四五”期间支持科技创新进口税收政策的通知》(财关税〔2021〕23号)、《财政部　中央宣传部　国家发展改革委 教育部　科技部　工业和信息化部　民政部　商务部　文化和旅游部　海关总署　税务总局关于“十四五”期间支持科技创新进口税收政策管理办法的通知》(财关税〔2021〕24号)要求，为加强和规范对科研院所、国家实验室、国家重点实验室、企业国家重点实验室、国家技术创新中心、国家临床医学研究中心、国家工程技术研究中心、转制为企业或进入企业的主要从事科学研究和技术开发工作的机构、科技类民办非企业单位性质社会研发机构、事业单位性质社会研发机构（以下统称“科研院所等科研机构”）免税进口科学研究、科技开发和教学用品的管理，特制定本细则。

第二章　科研院所

第二条　中央级科研院所是指由中央和国家机关各部委、人民团体、有关单位举办，由中央机构编制部门批复设立，主要从事基础前沿研究、公益性研究、应用技术研发的事业单位。

第三条　符合条件的科研院所应向举办部门（单位）提出免税资格申请，提交中央机构编制部门批复文件、事业单位法人证书以及本院所职责、机构、编制文件、章程等材料。科研院所举办部门（单位）初步审核后，以部门（单位）发函将审核后的名单及上述申报材料提交科技部进行核定。科技部根据相

关文件要求核定符合免税资格的科研院所及其所属具有独立法人资格的图书馆、研究生院（以下称“科研院所”）名单，将符合条件的科研院所名单注明批次函告海关总署，并抄送财政部、税务总局。

第四条 符合免税资格条件的名单内科研院所可持事业单位法人证书，按规定向主管海关申请办理进口科学研究、科技开发和教学用品的减免税手续。

第五条 省级（包括省、自治区、直辖市、计划单列市、新疆生产建设兵团，下同）科技主管部门会同省级财政、税务、机构编制部门和科研院所所在地直属海关参照本细则明确享受政策的条件，核定从事科学研究工作的省级、地市级科研院所及其所属具有独立法人资格的图书馆、研究生院名单。核定结果由省级科技主管部门函告上述科研院所所在地直属海关，注明批次；并抄送省级财政、税务部门。

第三章 科研基地

第六条 科技部核定国家实验室、国家重点实验室、企业国家重点实验室、国家技术创新中心、国家临床医学研究中心、国家工程技术研究中心（以下称“科研基地”）名单，将核定后的名单函告海关总署，注明批次、单位名称（依托单位名称）等，并抄送财政部和税务总局。

第七条 经核定符合免税资格的科研基地可凭本单位（非独立法人机构凭其依托单位）事业单位法人证书等证明材料、依托单位承担减免税货物管理承诺书和其他有关材料，按规定向主管海关申请办理进口科学研究、科技开发和教学用品的减免税手续。

第四章 转制科研院所

第八条 转制为企业和进入企业的主要从事科学研究和技术开发工作的机构指根据《国务院办公厅转发科技部等部门关于深化科研机构管理体制改革实施意见的通知》（国办发〔2000〕38号），国务院部门（单位）所属科研机构已转制为企业或进入企业的主要从事科学研究和技术开发工作的机构（以下称“中央级转制院所”），以及各省、自治区、直辖市、计划单列市所属已转制为企业或进入企业的主要从事科学研究和技术开发工作的机构 （以下称“地方转制院所”）。

第九条 科技部核定中央级转制院所名单，函告海关总署，注明批次等，并抄送财政部、税务总局、省级科技主管部门会同省级财政、税务部门和机构所在地直属海关核定地方转制院所名单，核定结果由省级科技主管部门函告机构所在地直属海关，注明批次等，抄送省级财政、税务部门，并报送科技部。

第十条 经核定的转制院所可持企业法人登记证书和其他有关材料，按海关规定办理免税手续；符合免税资格进入企业的转制院所持所属企业法人登记证书、所属企业承担减免税货物管理承诺书和其他有关材料，按规定向主管海关申请办理进口科学研究、科技开发和教学用品的减免税手续。

第五章 社会研发机构

第十一条 科技部会同民政部审核中央和国家机关各部委、人民团体、有关单位作为业务主管单位的科技类民办非企业单位性质社会研发机构（或新型研发机构，下同）名单。符合条件的科技类民办非企业单位性质社会研发机构（以下简称“民办非企业单位社会研发机构”）应向业务主管单位提出免税资格申请，提交民办非企业单位（法人）登记证书、上一年度工作报告等材料。业务主管单位初步审核后，将审核后的名单及上述申报材料提交科技部核定。科技部会同民政部核定名单后，由科技部将名单函告海关总署，注明批次等，并抄送民政部、财政部、税务总局。

第十二条 省级科技主管部门会同省级民政、财政、税务部门和社会研发机构所在地直属海关核定其他符合条件的民办非企业单位社会研发机构名单，核定结果由省级科技主管部门函告社会研发机构所在地直属海关，注明批次等，并抄送省级民政、财政、税务部门；会同省级财政、税务部门和社会研发机构所在地直属海关核定事业单位性质的社会研发机构名单，核定结果由省级科技主管部门函告社会研发机构所在地直属海关，注明批次等，并抄送省级财政、税务部门。

第十三条 经核定的社会研发机构可凭事业单位法人证书或民办非企业单位登记证书，以及其他有关材料，按规定向主管海关办理进口科学研究、科技开发和教学用品的减免税手续。

第六章　科研机构变更

第十四条　科研院所等科研机构发生分立、合并、撤销、更名、业务范围变更等情形的，科技部、省级科技主管部门按照本细则规定的程序重新审核相关单位免税资格。

经审核符合免税资格的机构，自变更登记之日起，继续享受支持科技新进口税收政策。经审核不符合免税资格的机构，自变更登记之日起停止享受支持科技创新进口税收政策。

重新审核后，科技部将审核结果函告海关总署并抄送财政部、税务总局，省级科技主管部门将审核结果函告科研机构所在地直属海关并抄送所在省级财政、税务部门。对停止享受支持科技创新进口税收政策的机构，在函中注明停止享受政策日期。在停止享受政策之日（含）后，有关机构向海关申报进口科学研究、科技开发和教学用品且已享受支持科技创新进口税收政策的，应补缴税款。

第十五条　省级科技主管部门会同相关部门核定的省级、地市级科研院所、已转制为企业或进入企业的主要从事科学研究和技术开发工作的机构、科技类民办非企业单位性质的社会研发机构、事业单位性质的社会研发机构名单，应在函告相关海关之日起20个工作日内报送科技部。上述进口单位发生名称变更等情形的，省级科技主管部门应于函告相关海关之日起20个工作日内报送科技部。

第十六条　本细则印发后，科技部开展适用“十四五”支持科技创新进口税收政策的第一批中央级科研院所、科研基地、转制科研院所、科技类民办非企业单位性质的社会研发机构名单核定工作，将核定后的第一批名单函告海关总署，抄送财政部、税务总局。

自2022年开始，科技部于每年3月底、9月底前，分两批审核上述科研机构名称、科研领域变更以及新设、合并、分立等情况，将核定后的名单注明批次函告海关总署，抄送财政部、税务总局；并于每年3月底开展上一年度税收政策执行情况评估工作。

对于不具有独立法人资格的科研机构，一并将其依托单位函告海关。上述科研机构适用支持科技创新进口税收政策具有有效期限的，在核定名单中注明其享受政策的有效期限，一并函告海关。

第七章　附　则

第十七条　经核定符合免税资格的上述机构免税进口商品范围，按照支持科技创新进口税收政策项下免税进口商品清单执行。

第十八条　上述机构在免税资格核定过程中有弄虚作假行为的，科技部、省级科技主管部门查实其不宜适用进口免税政策后，分别将有关情况函告海关总署、财政部、税务总局、所在地直属海关及所在省级财政、税务部门，自函告之日起停止享受支持科技创新进口税收政策。在停止享受政策之日（含）以后，有关机构向海关申报进口科学研究、科技开发和教学用品且已享受支持科技创新进口税收政策的，应补缴税款。

第十九条　对于按照本细则核定的第一批名单中的科研院所等科研机构，2021年1月1日前成立的，自2021年1月1日起享受支持科技创新进口税收政策。2021年1月1日之后成立的，科研院所自其事业单位法人证书有效期起始之日起享受政策；科研基地自批准成立之日起享受政策，具体由科技部在第一批名单中注明享受政策起始日期；转制科研院所自取得企业法人登记证书之日或批准进入企业之日起享受支持科技创新进口税收政策，具体由科技部或省级科技主管部门在名单中注明享受政策起始日期；社会研发机构自事业单位法人证书或民办非企业单位登记证书有效期起始之日起享受政策。

第二十条　本细则有效期为2021年1月1日至2025年12月31日。

科学技术部办公厅

二〇二一年十月九日

3.2 科技重大专项

财政部 科学技术部 国家发展改革委 海关总署
国家税务总局关于科技重大专项进口税收政策的通知

（财关税〔2010〕28号）

各省、自治区、直辖市、计划单列市财政厅（局）、科技厅（委、局）、发展改革委、国家税务局，新疆生产建设兵团财务局、科技局、发展改革委，海关总署广东分署、各直属海关：

为贯彻落实国务院关于实施《国家中长期科学和技术发展规划纲要（2006—2020年）》若干配套政策中有关科技重大专项进口税收政策的要求，扶持国家重大战略产品、关键共性技术和重大工程的研究开发，营造激励自主创新的环境，特制定《科技重大专项进口税收政策暂行规定》（见附件，以下简称《暂行规定》），现将有关事项通知如下：

一、自2010年7月15日起，对承担《国家中长期科学和技术发展规划纲要（2006—2020年）》中民口科技重大专项项目（课题）的企业和大专院校、科研院所等事业单位（以下简称项目承担单位）使用中央财政拨款、地方财政资金、单位自筹资金以及其他渠道获得的资金进口项目（课题）所需国内不能生产的关键设备（含软件工具及技术）、零部件、原材料，免征进口关税和进口环节增值税。

二、项目承担单位在2010年7月15日至2011年12月31日期间进口物资申请享受免税政策的，应在2010年9月1日前向科技重大专项项目牵头组织单位提交申请文件，具体申请程序和要求见《暂行规定》，逾期不予受理。符合条件的项目承担单位自2010年7月15日起享受进口免税政策，可凭牵头组织单位出具的已受理申请的证明文件，向海关申请凭税款担保办理有关进口物资先予放行手续。

三、科技重大专项牵头组织单位应按《暂行规定》有关要求，受理和审核项目承担单位的申请文件，并在2010年10月1日前向财政部报送科技重大专项免税进口物资需求清单。财政部会同科技部、发展改革委、海关总署、国家税务总局等有关部门按照《暂行规定》有关要求，及时研究制定各科技重大专项免税进口物资清单。

四、项目承担单位应当在进口物资前按照有关规定，持有关材料向其所在地海关申请办理免税审批手续。

附件 科技重大专项进口税收政策暂行规定

财政部 科学技术部 国家发展改革委
海关总署 国家税务总局
二〇一〇年七月二十四日

附件

科技重大专项进口税收政策暂行规定

第一条 为贯彻落实国务院关于实施《国家中长期科学和技术发展规划纲要（2006—2020年）》若干配套政策中有关科技重大专项进口税收政策的要求，扶持国家重大战略产品、关键共性技术和重大工程的研究开发，营造激励自主创新的环境，特制定本规定。

第二条 承担科技重大专项项目（课题）的企业和大专院校、科研院所等事业单位（以下简称项目承担单位）使用中央财政拨款、地方财政资金、单位自筹资金以及其他渠道获得的资金进口项目（课题）所需国内不能生产的关键设备（含软件工具及技术）、零部件、原材料，免征进口关税和进口环节增值税。

第三条 本规定第二条所述科技重大专项是指列入《国家中长期科学和技术发展规划纲要（2006—2020年）》的民口科技重大专项，包括核心电子器件、高端通用芯片及基础软件产品，极大规模集成电路制造装备及成套工艺，新一代宽带无线移动通信网，高档数控机床与基础制造装备，大型油气田及煤层气开发，大型先进压水堆及高温气冷堆核电站，水体污染控制与治理，转基因生物新品种培育，重大新药创制，艾滋病和病毒性肝炎等重大传染病防治。

第四条 申请享受本规定进口税收政策的项目承担单位应当具备以下条件：

1. 独立的法人资格；
2. 经科技重大专项领导小组批准承担重大专项任务。

第五条 项目承担单位申请免税进口的设备、零部件、原材料应当符合以下要求：

1. 直接用于项目（课题）的科学研究、技术开发和应用，且进口数量在合理范围内；
2. 国内不能生产或者国产品性能不能满足要求的，且价值较高；
3. 申请免税进口设备的主要技术指标一般应优于当前实施的《国内投资项目不予免税的进口商品目录》所列设备。

第六条 为了提高财政资金和进口税收政策的使用效益，对于使用中央财政和地方财政安排的重大专项资金购置的仪器设备，在申报设备预算时，应当主动说明是否申请进口免税和涉及的进口税款。

第七条 各科技重大专项牵头组织单位（以下简称牵头组织单位）是落实进口税收政策的责任主体，负责受理和审核项目承担单位的申请文件、报送科技重大专项免税进口物资需求清单、出具《科技重大专项项目（课题）进口物资确认函》（格式见附件1，以下简称《进口物资确认函》）、报送政策落实情况报告等事宜。

有两个及以上牵头组织单位的科技重大专项，由第一牵头组织单位会同其他牵头组织单位共同组织落实上述事宜。科技重大专项牵头组织单位为企业的，由该专项领导小组组长单位负责审核项目承担单位的申请文件、报送科技重大专项免税进口物资需求清单、出具《进口物资确认函》。

第八条 财政部会同科技部、国家发展改革委、海关总署、国家税务总局等有关部门根据科技重大专项进口物资需求，结合国内外生产情况和供需状况，研究制定各科技重大专项免税进口物资清单，组织落实政策年度执行方案，定期评估政策的执行效果，并适时调整和完善政策。

第九条 项目承担单位是享受本进口税收政策和履行相应义务的责任主体。项目承担单位应在每年7月15日前向牵头组织单位提交下一年度进口免税申请文件（要求见附件2），项目承担单位在领取《进口物资确认函》之前，可凭牵头组织单位出具的已受理申请的证明文件，向海关申请凭税款担保办理有关进口物资先予放行手续。上年度已享受免税政策的项目承担单位尚未领取当年度《进口物资确认函》之前，可直接向海关申请凭税款担保办理有关进口物资先予放行手续。

第十条 项目承担单位应当在进口物资前，按照《中华人民共和国海关进出口货物减免税管理办法》（海关总署令第179号）的有关规定，持《进口物资确认函》等有关材料向其所在地海关申请办理免税审批手续。

对项目承担单位在《进口物资确认函》确定的免税额度内进口物资的免税申请，海关按照科技重大专项免税进口物资清单进行审核，并确定相关物资是否符合免税条件。

第十一条 为及时对政策进行绩效评价，享受本规定进口税收政策的单位，应在每年2月1日前将上一年度的政策执行情况如实上报牵头组织单位。牵头组织单位应在每年3月1日前向财政部报送科技重大专项进口税收政策落实情况报告，说明上一年度实际免税进口物资总体情况，同时抄送科技部、国家发展改革委、海关总署、国家税务总局。

牵头组织单位连续两年未按规定提交报告的，该科技重大专项停止享受本规定进口税收优惠政策1年。项目承担单位未按规定提交报告的，停止该单位享受本规定进口税收优惠政策1年。

第十二条 牵头组织单位应当按照本规定要求，切实做好科技重大专项进口税收政策执行的管理工作，保证政策执行的规范性、安全性和有效性。

项目承担单位应当严格按照本规定有关要求，如实申报材料、办理相关进口物资的免税申请和进口手续。项目承担单位违反规定，将免税进口物资擅自转让、销售、移作他用或者进行其他处置，除按照有关法律、法规及规定处理外，对于被依法追究刑事责任的，从违法行为发现之日起停止享受本规定进口税收优惠政策；尚不够追究刑事责任的，从违法行为发现之日起停止享受本规定进口税收优惠政策2年。

第十三条 经海关核准，有关项目承担单位免税进口的设备可用于其他单位的科学研究、教学活动和技术开发，但未经海关许可，免税进口的设备不得移出原项目承担单位。科技重大专项项目（课题）完成后，对于仍处于海关监管年限内的免税进口设备和剩余的少量原材料、零部件，项目承担单位可及时向所在地海关申请办理提前解除监管的手续，并免于补缴税款。

第十四条 本规定自2010年7月15日起施行。

附件1 科技重大专项项目（课题）进口物资确认函

附件2 项目（课题）承担单位免税申请文件有关要求

附件1

科技重大专项项目（课题）进口物资确认函

（格式）

编号：201×（年）-××（专项号）-×××（项目号）

单位名称：

根据科技重大专项进口税收政策的规定，兹确认：你单位申请享受科技重大专项进口税收政策符合有关规定，请按规定到所在地海关办理进口物资免税手续。

项目（课题）编号：

项目（课题）名称：

项目（课题）承担单位：

项目（课题）承担单位法定代表人：

项目（课题）负责人：

项目（课题）起止期： 年 月至 年 月

免税进口物资额度：

确认函有效期限： 年 月至 年 月

专项牵头组织单位（或领导小组组长单位）

年 月 日

附件 2

项目（课题）承担单位免税申请文件有关要求

申请文件应包括如下内容：

1. 单位性质、注册资本以及经营范围；

2. 项目（课题）的编号、名称、负责人，承担项目（课题）单位名称、法定代表人，项目（课题）的主要任务、经费来源与组成；

3. 单位申请免税进口的关键设备、零部件及原材料的必要性和合理性，申请免税进口金额、免税税款；

4. 提供申请免税进口设备、零部件及原材料具体信息（见表 1、2）；

5. 单位联系人及联系方式；

6. 其他情况说明。

7. 申请文件应当提交一式六份，并提供电子版本一份（表 1、2 采用 EXCEL 格式）。

表 1　申请免税进口设备清单

序号	设备名称	技术指标	税则号列	进口理由	进口数量	进口金额	进口税额	资金来源	所在编号

注："进口金额"单位：万美元、进口税额单位：万元。

申请免税进口设备技术规格属于当前《国内投资项目不予免税的进口商品目录》范围内的，应当在"所在编号"栏目中填写设备在《目录》中所在编号；进口设备未在该《目录》内的，"所在编号"不需填写。

资金来源分类：中央财政安排的重大专项资金、地方财政资金、单位自筹资金以及其他渠道. 其中，使用地方财政资金购置设备应当注明所在省份。

表 2　申请免税进口零部件、原材料清单

序号	零部件/原材料名称	税则号列	进口数量	进口金额	进口税额	资金来源	备注

注："进口金额"单位：万美元、进口税额单位：万元。

资金来源分类：中央财政安排的重大专项资金、地方财政资金、单位自筹资金以及其他渠道。其中，使用地方财政资金购置设备应当注明所在省份。

财政部　科学技术部　国家发展改革委　海关总署　国家税务总局关于取消科技重大专项进口税收政策免税额度管理的通知

（财关税〔2019〕52 号）

各省、自治区、直辖市、计划单列市财政厅（局）、科技厅（委、局）、发展改革委，新疆生产建设兵团财政局、科技局、发展改革委，海关总署广东分署、各直属海关，国家税务总局各省、自治区、直辖市、计划单列市税务局，财政部各地监管局，国家税务总局驻各地特派员办事处：

为进一步发挥进口税收政策效用，适应市场经济规律要求，对《财政部　科技部　国家发展改革委　海关总署　国家税务总局关于科技重大专项进口税收政策的通知》（财关税〔2010〕28号）修订如下：

（一）删除通知附件第五条第1项中“，且进口数量在合理范围内”。

（二）删除通知附件第六条中“和涉及的进口税款”。

（三）修改通知附件第十条第二段中“免税额度内”为“范围内”。

（四）删除通知附件附1“科技重大专项项目（课题）进口物资确认函”中“免税进口物资额度:”。

（五）删除通知附件附2第3条中“，申请免税进口金额、免税税款”。

（六）删除通知附件附2表1和表2中“进口数量、进口金额、进口税额”三列，删除“注：进口金额货币单位：万美元；进口税额货币单位：万元”。

本通知自印发之日起执行。

财政部　科学技术部　国家发展改革委
海关总署　国家税务总局
二〇一九年十二月十七日

3.3　科普事业

财政部　海关总署　国家税务总局关于“十四五”期间支持科普事业发展进口税收政策的通知

（财关税〔2021〕26号）

各省、自治区、直辖市、计划单列市财政厅（局）、新疆生产建设兵团财政局，海关总署广东分署、各直属海关，国家税务总局各省、自治区、直辖市、计划单列市税务局，财政部各地监管局，国家税务总局驻各地特派员办事处：

为支持科普事业发展，现将有关进口税收政策通知如下：

一、自2021年1月1日至2025年12月31日，对公众开放的科技馆、自然博物馆、天文馆（站、台）、气象台（站）、地震台（站），以及高校和科研机构所属对外开放的科普基地，进口以下商品免征进口关税和进口环节增值税：

（一）为从境外购买自用科普影视作品播映权而进口的拷贝、工作带、硬盘，以及以其他形式进口自用的承载科普影视作品的拷贝、工作带、硬盘。

（二）国内不能生产或性能不能满足需求的自用科普仪器设备、科普展品、科普专用软件等科普用品。

二、第一条中的科普影视作品、科普用品是指符合科学技术普及法规定，以普及科学知识、倡导科学方法、传播科学思想、弘扬科学精神为宗旨的影视作品、科普仪器设备、科普展品、科普专用软件等用品。

三、第一条第一项中的科普影视作品相关免税进口商品清单见附件。第一条第二项中的科普用品由科技部会同有关部门核定。

四、“十四五”期间支持科普事业发展进口税收政策管理办法由财政部、海关总署、税务总局会同有关部门另行制定印发。

附件　科普影视作品相关免税进口商品清单（2021 年版）

财政部　海关总署　国家税务总局
二〇二一年四月九日

附件

科普影视作品相关免税进口商品清单（2021 年版）

2021 年税则号列	名　称
37.05	已曝光已冲洗的摄影硬片及软片，但电影胶片除外：
3705.0010	---教学专用幻灯片
	---缩微胶片：
3705.0021	----书籍、报刊的
3705.0029	----其他
3705.0090	---其他
37.06	已曝光已冲洗的电影胶片，不论是否配有声道或仅有声道：
	-宽度在 35 毫米及以上：
3706.1010	---教学专用
3706.1090	---其他
	-其他：
3706.9010	---教学专用
3706.9090	---其他
84.71	自动数据处理设备及其部件；其他税目未列名的磁性或光学阅读机、将数据以代码形式转录到数据记录媒体的机器及处理这些数据的机器：
	-存储部件：
	---硬盘驱动器：
8471.7011	----固态硬盘（SSD）
8471.7019	----其他
85.23	录制声音或其他信息用的圆盘、磁带、固态非易失性数据存储器件、“智能卡”及其他媒体，不论是否已录制，包括供复制圆盘用的母片及母带，但不包括第三十七章的产品：
	-磁性媒体：
	--其他：

续表

2021 年税则号列	名 称
	---磁带:
8523.2928	----重放声音或图像信息的磁带
	-光学媒体:
	--其他:
8523.4990	---其他

财政部　中央宣传部　科学技术部　工业和信息化部　海关总署　国家税务总局　国家广播电视总局关于“十四五”期间支持科普事业发展进口税收政策管理办法的通知

（财关税〔2021〕27 号）

各省、自治区、直辖市、计划单列市财政厅（局）、党委宣传部、科技厅（委、局）、工业和信息化主管部门、广播电视主管部门，新疆生产建设兵团财政局、党委宣传部、科技局、工业和信息化局、文体广旅局，海关总署广东分署、各直属海关，国家税务总局各省、自治区、直辖市、计划单列市税务局，财政部各地监管局，国家税务总局驻各地特派员办事处：

为落实《财政部　海关总署　税务总局关于“十四五”期间支持科普事业发展进口税收政策的通知》（财关税〔2021〕26 号，以下简称《通知》），现将政策管理办法通知如下：

一、科技部核定或者省级（包括省、自治区、直辖市、计划单列市、新疆生产建设兵团，下同）科技主管部门会同省级财政、税务部门及所在地直属海关核定对公众开放的科技馆、自然博物馆、天文馆（站、台）、气象台（站）、地震台（站）以及高校和科研机构所属对外开放的科普基地（以下统称进口单位）名单。科技部的核定结果，由科技部函告海关总署，抄送中央宣传部、工业和信息化部、财政部、税务总局、广电总局、有关省级科技主管部门。省级科技主管部门牵头的核定结果，由省级科技主管部门函告进口单位所在地直属海关，抄送省级财政、税务部门和省级出版、电影、工业和信息化、广播电视主管部门，报送科技部。上述函告文件中，凡不具有独立法人资格的进口单位，应一并函告其依托单位。

享受政策的科技馆，应同时符合以下条件：（一）专门从事面向公众的科普活动；（二）有开展科普活动的专职科普工作人员、场所、设施、工作经费等条件。

享受政策的自然博物馆、天文馆（站、台）、气象台（站）、地震台（站）以及高校和科研机构设立的植物园、标本馆、陈列馆等对外开放的科普基地，应同时符合以下条件：（一）面向公众从事科学技术普及法所规定的科普活动，有稳定的科普活动投入；（二）有适合常年向公众开放的科普设施、器材和场所等，每年向公众开放不少于 200 天，每年对青少年实行优惠或免费开放的时间不少于 20 天（含法定节假日）；（三）有常设内部科普工作机构，并配备有必要的专职科普工作人员。

二、省级科技主管部门会同省级出版、电影、广播电视主管部门核定属地进口单位可免税进口的自用科普影视作品拷贝、工作带、硬盘。核定结果由省级科技主管部门函告进口单位所在地直属海关，抄送省级出版、电影、广播电视主管部门，并通知相关进口单位。

享受政策的自用科普影视作品拷贝、工作带、硬盘，应同时符合以下条件：（一）属于《通知》附件所列税号范围；（二）为进口单位自用，且用于面向公众的科普活动，不得进行商业销售或挪作他用；（三）符合国家关于影视作品和音像制品进口的相关规定。

三、科技部会同工业和信息化部、财政部、海关总署、税务总局制定并联合印发国内不能生产或性能不能满足需求的自用科普仪器设备、科普展品、科普专用软件等免税进口科普用品清单，并动态调整。

四、进口单位应按照海关有关规定，办理有关进口商品的减免税手续。

五、本办法第一、三条中，科技部或者省级科技主管部门函告海关的进口单位名单和科技部牵头制定的免税进口科普用品清单应注明批次。其中，第一批名单、清单自 2021 年 1 月 1 日实施，至第一批名单印发之日后 30 日内已征的应免税款，准予退还；以后批次的名单、清单，自印发之日后第 20 日起实施。

前款规定的已征应免税款，依进口单位申请准予退还。其中，已征税进口且尚未申报增值税进项税额抵扣的，应事先取得主管税务机关出具的《“十四五”期间支持科普事业发展进口税收政策项下进口商品已征进口环节增值税未抵扣情况表》（见附件），向海关申请办理退还已征进口关税和进口环节增值税手续；已申报增值税进项税额抵扣的，仅向海关申请办理退还已征进口关税手续。

六、进口单位可向主管海关提出申请，选择放弃免征进口环节增值税。进口单位主动放弃免征进口环节增值税后，36 个月内不得再次申请免征进口环节增值税。

七、进口单位发生名称、业务范围变更等情形的，应在《通知》有效期限内及时将有关变更情况说明分别报送科技部、省级科技主管部门。科技部、省级科技主管部门按照本办法第一条规定，核定变更后的单位自变更登记之日起能否继续享受政策，注明变更登记日期。科技部负责受理的，核定结果由科技部函告海关总署（核定结果较多时，每年至少分两批函告），抄送中央宣传部、工业和信息化部、财政部、税务总局、广电总局、有关省级科技主管部门；省级科技主管部门负责受理的，核定结果由省级科技主管部门函告进口单位所在地直属海关，抄送省级财政、税务部门和省级出版、电影、工业和信息化、广播电视主管部门，报送科技部。

八、进口单位应按有关规定使用免税进口商品，如违反规定，将免税进口商品擅自转让、移作他用或者进行其他处置，被依法追究刑事责任的，在《通知》剩余有效期限内停止享受政策。

九、进口单位如存在以虚报情况获得免税资格，由科技部或者省级科技主管部门查实后函告海关，自函告之日起，该单位在《通知》剩余有效期限内停止享受政策。

十、本办法印发之日后 90 日内，省级科技主管部门应会同省级财政、税务部门及进口单位所在地直属海关制定核定进口单位名单的具体实施办法，会同省级出版、电影、广播电视主管部门制定核定免税进口科普影视作品拷贝、工作带、硬盘的具体实施办法。

十一、进口单位的免税进口资格，原则上应每年复核。经复核不符合享受政策条件的，由科技部或者省级科技主管部门按本办法第一条规定函告海关，自函告之日起停止享受政策。

十二、财政等有关部门及其工作人员在政策执行过程中，存在违反执行免税政策规定的行为，以及滥用职权、玩忽职守、徇私舞弊等违法违纪行为的，依照国家有关规定追究相应责任；涉嫌犯罪的，依法追究刑事责任。

十三、本办法有效期为 2021 年 1 月 1 日至 2025 年 12 月 31 日。

附件 “十四五”期间支持科普事业发展进口税收政策项下进口商品已征进口环节增值税未抵扣情况表

财政部　中央宣传部　科学技术部

工业和信息化部　海关总署　国家税务总局　国家广播电视总局

二〇二一年四月九日

附件

“十四五”期间支持科普事业发展进口税收政策项下
进口商品已征进口环节增值税未抵扣情况表

编号：主管税务机关代码+四位流水号

编号：主管税务机关代码+四位流水号

<table>
<tr><td rowspan="2">纳税人名称</td><td rowspan="2" colspan="2"></td><td>纳税人识别号或
统一社会信用代码</td><td colspan="2"></td></tr>
<tr><td>企业海关代码</td><td colspan="2"></td></tr>
<tr><td>申报进口时间</td><td colspan="5">年　月　日</td></tr>
<tr><td>海关进口增值税专用缴款书</td><td colspan="5">海关报关单（编号：____________）、海关进口增值税专用缴款书（凭证号：____________），进口环节增值税税款金额为（大写）____________，￥____________元。</td></tr>
<tr><td>进项税额抵扣情况</td><td colspan="5">经审核，该纳税人上述海关进口增值税专用缴款书税额尚未申报抵扣。</td></tr>
<tr><td>其他需要说明的事项</td><td colspan="5"></td></tr>
<tr><td colspan="2">审核意见：
审核人：
年　月　日</td><td colspan="2">复核意见：
复核人：
年　月　日</td><td colspan="2">局长意见：
局领导：　（局章）
年　月　日</td></tr>
</table>

关税征管司关于执行“十四五”期间支持科普事业发展进口税收政策有关问题的通知

（税管函〔2021〕54号）

广东分署，各直属海关：

为落实《财政部　海关总署　税务总局关于“十四五”期间支持科普事业发展进口税收政策的通知》（财关税〔2021〕26号，以下简称《通知》）和《财政部　中央宣传部　科技部　工业和信息化部　海关总署　税务总局　广电总局关于“十四五”期间支持科普事业发展进口税收政策管理办法的通知》（财关税〔2021〕27号，以下简称《管理办法》），现将政策执行中有关事项通知如下：

一、《通知》第一条规定的对公众开放的科技馆、自然博物馆、天文馆（站、台）、气象台（站）、地震台（站），以及高校和科研机构所属对外开放的科普基地（以下统称“进口单位”）名单，由科技部或省级科技主管部门牵头按《管理办法》规定进行核定。其中，科技部的核定结果函告总署后，总署转发各直属海关；省级科技主管部门将其牵头核定的结果函告进口单位所在地直属海关。

二、享受政策的进口单位进口《通知》规定范围内的免税商品的，应向主管海关办理减免税审核确认手续。对于享受政策的进口单位为非独立法人单位、机构的，由该非独立法人单位、机构所依托的单位，向依托单位的主管海关申请办理减免税审核确认手续，并在《进出口货物征免税申请表》“备注”栏注明相关享受政策的非独立法人单位、机构的名称。

三、主管海关根据进口商品类型，分别按以下规定进行审核确认：

（一）对进口自用科普影视作品拷贝、工作带、硬盘的，应对照进口单位名单、《通知》附件《科普影视作品相关免税进口商品清单（2021 年版）》，以及省级科技主管部门会同相关部门对有关属地进口单位可免税进口自用科普影视作品拷贝、工作带、硬盘核定结果的函进行审核；

（二）对进口自用科普用品的，应对照进口单位名单、科技部会同工业和信息化部等部门制定印发的科普用品清单进行审核。

经审核，对符合政策规定的，予以免税确认，制发《进出口货物征免税确认通知书》（以下简称《征免税通知书》）。对不符合政策规定的，照章征收进口关税和进口环节增值税。

上述减免税审核确认手续纳入减免税系统管理。政策项下进口商品的征免性质为：科普事业（代码 705）；监管方式为：一般贸易（代码 0110）、暂时进出口货物（代码 2600）、其他进出口免费（3339）、捐赠物资（代码 3612）、租赁贸易（代码 1523）、租赁不满一年（代码 1500）、租赁征税（代码 9800）。

四、进口单位发生名称、业务范围变更等情形的，由科技部或省级科技部门负责核定该单位变更后能否继续享受政策，并函告海关，其中由科技部函告总署的，总署收到函告后将转发直属海关。

总署转发科技部确认结果或省级科技部门函告确认结果前，上述单位可以向主管海关申请办理进口《通知》规定范围内有关商品凭税款担保先予放行手续。

五、对于科技部或省级科技主管部门函告的第一批进口单位名单中的单位，在 2021 年 1 月 1 日至相应第一批进口单位名单印发之日后 30 日期间申报进口的自用科普影视作品拷贝、工作带、硬盘和自用科普用品，已缴纳的应免税款依进口单位申请可准予退还。

有关进口单位应于其所在第一批进口单位名单印发之日起 6 个月内，按规定向主管海关办理减免税审核确认手续，一并提交退税说明及相关材料。其中，申请退还进口环节增值税的，应事先取得主管税务机关出具的《“十四五”期间支持科普事业进口税收政策项下进口商品已征进口环节增值税未抵扣情况表》。

六、进口单位申请只免征进口关税、自愿放弃免征进口环节增值税的，主管海关可以受理，并按规定为其办理减免税审核确认手续。上述进口单位应在《进出口货物征免税申请表》“备注”栏注明“放弃免征进口环节增值税”，在主动放弃免征进口环节增值税后的 36 个月内，再次申请免征进口环节增值税，主管海关不予受理。

七、在海关监管年限内，享受本政策的进口单位免税进口的自用科普影视作品拷贝、工作带、硬盘和自用科普用品，未经海关审核同意，不得擅自转让、抵押、移作他用或进行其他处置。

八、请各海关将本通知的相关内容告知有关进口单位。

特此通知。

关税司

二〇二一年六月四日

4 投资项目

4.1 综　合

国务院关于调整进口设备税收政策的通知

（国发〔1997〕37号）

各省、自治区、直辖市人民政府，国务院各部委、各直属机构：

为进一步扩大利用外资，引进国外的先进技术和设备，促进产业结构的调整和技术进步，保持国民经济持续、快速、健康发展，国务院决定，自1998年1月1日起，对国家鼓励发展的国内投资项目和外商投资项目进口设备，在规定的范围内，免征关税和进口环节增值税。现就有关问题通知如下：

一、进口设备免税的范围

（一）对符合《外商投资产业指导目录》鼓励类和限制乙类，并转让技术的外商投资项目，在投资总额内进口的自用设备，除《外商投资项目不予免税的进口商品目录》所列商品外，免征关税和进口环节增值税。

外国政府贷款和国际金融组织贷款项目进口的自用设备、加工贸易外商提供的不作价进口设备，比照上款执行，即除《外商投资项目不予免税的进口商品目录》所列商品外，免征关税和进口环节增值税。

（二）对符合《当前国家重点鼓励发展的产业、产品和技术目录》的国内投资项目，在投资总额内进口的自用设备，除《国内投资项目不予免税的进口商品目录》所列商品外，免征关税和进口环节增值税。

（三）对符合上述规定的项目，按照合同随设备进口的技术及配套件、备件，也免征关税和进口环节增值税。

（四）在上述规定范围之外的进口设备减免税，由国务院决定。

二、进口设备免税的管理

（一）投资项目的可行性研究报告审批权限、程序，仍按国家现行有关规定执行。限额以上项目，由国家计委或国家经贸委分别审批。限额以下项目，由国务院授权的省级人民政府、国务院有关部门、计划单列市人民政府和国家试点企业集团审批，但外商投资项目须按《指导外商投资方向暂行规定》审批。审批机构在批复可行性研究报告时，对符合《外商投资产业指导目录》鼓励类和限制乙类，或者《当前国家重点鼓励发展的产业、产品和技术目录》的项目，或者利用外国政府贷款和国际金融组织贷款项目，按统一格式出具确认书。限额以下项目，应按项目投资性质，将确认书随可行性研究报告分别报国家计委或国家经贸委备案。对违反规定审批的单位，要严肃处理。

（二）项目单位凭项目可行性研究报告的审批机构出具的确认书，其中外商投资项目还须凭外经贸部门批准设立企业的文件和工商行政管理部门颁发的营业执照，到其主管海关办理进口免税手续。加工贸易单位进口外商提供的不作价设备，凭批准的加工贸易合同到其主管海关办理进口免税手续。海关根据这些手续并对照不予免税的商品目录进行审核。

（三）海关总署要对准予免税的项目统一编号，建立数据库，加强稽查，严格监管，并积极配合有关部门做好核查工作。

（四）各有关单位都要注意简化操作环节，精简审批程序，加快审批速度，使此项重大免税政策落到实处，收到实效。

三、结转项目进口设备的免税

（一）对1996年3月31日以前按国家规定程序批准的技术改造项目进口设备，从1998年1月1日起，按原批准的减免税设备范围，免征进口关税和进口环节增值税，由项目单位凭原批准文件到其主管海关办理免税手续。

（二）对1996年4月1日至1997年12月31日按国家规定程序批准设立的外商投资项目和国内投资项目的进口设备，以及1995年1月1日至1997年12月31日利用外国政府贷款和国际金融组织贷款项目的进口设备，从1998年1月1日起，除本规定明确不予免税的进口商品外，免征进口关税和进口环节增值税，由项目单位凭原批准的文件到其主管海关办理免税手续。

一九九七年十二月二十九日

海关总署关于贯彻《国务院关于调整进口设备税收政策的通知》的紧急通知

（署税〔1997〕1062号）

广东分署，各直属海关：

国务院决定，自1998年1月1日起，对国家产业政策鼓励发展的内外资项目进口设备，免征关税和进口环节增值税。现将《国务院关于调整进口设备税收政策的通知》（国发〔1997〕37号）（以下简称《通知》）转发给你关，请立即组织实施。此次进口设备税收政策的调整，是国家为进一步扩大利用外资，引进国外先进技术和设备，促进产业结构调整和技术进步，保持国民经济持续、快速、健康发展的重大举措。国务院通知强调：各有关单位要注意简化操作环节，精简审批程序，加快审批速度，使此项重大免税政策落到实处。对这一政策精神，各关要认真学习，深刻理解，严格贯彻执行。现就执行中的有关问题通知如下。

一、凡符合《外商投资产业指导目录》中鼓励类和限制乙类（见附件1）的外商投资项目，符合《当前国家产业政策鼓励发展的产业、产品和技术目录》（见附件2）的国内投资项目，以及利用外国政府贷款和国际金融组织贷款项目，应由上述项目可行性研究报告的审批单位审核符合条件后，出具《国家鼓励发展的内外资项目确认书》（格式见附件3）。投资项目的可行性研究报告审批权限、程序，仍按国家现行有关规定执行。计划单列市和国家试点企业集团名单请见附件4。

二、免税物品应严格按国务院规定的范围掌握，外商投资项目以及政府贷款和国际金融组织贷款项目除《外商投资项目不予免税的进口商品目录》（见附件5），国内投资项目除《国内投资项目不予免税的进口商品目录》（见附件6）所列商品外，该项目所需进口自用设备，以及按照合同随设备进口的技术及数量合理的配套件、备件准予免征关税和进口环节增值税。

上述不予免税的商品与税号对应的目录清单我署正与有关部门研究制定，拟于近期下发。此次下发的两个不予免税的商品目录中，凡列明具体税号的，各关可照此执行，尚未列明具体税号的，各关需将具体商品品名、规格、型号等材料报送总署关税司研究决定。

文件规定，按照合同随设备进口的配套件、备件准予免税，上述配套件、备件包括随设备进口的部分塑料件、橡胶件、陶瓷件及石化项目用的管材等。进口建筑材料、生产性原材料、消耗性物品和国家规定照章征税的20种商品等以及单独进口配套件及备件应照章征收关税和进口环节增值税。

各关应严格按国务院规定的免税范围执行，不得擅自扩大免税范围。超出免税范围的减免税申请，一律报请国务院决定。

三、考虑到项目审批机构多集中在国务院各部门、省级人民政府及计划单列市人民政府所在地，为了提高审批速度，规范审批程序，严密审批管理，现决定，免税审批手续在项目所在地直属海关办理，并一律由直属海关出具征免税证明，通知进口地海关办理免税。如项目所在地系非省、市政府所在地，可由所在地处级海关受理“确认书”并对项目进行初审，报请直属海关核准出具征免税证明。

四、为了便于对免税物资的核查和后续管理，国务院《通知》要求海关建立统一编号的数据库，为此，各项目有关审批机构出具的《国家鼓励发展的内外资项目确认书》和直属海关签发的《征免税证明》必须按统一规范的要求填写代码编号（编号规范详见附件7）。

五、各直属海关应对符合条件的项目建立审批档案。审批情况应按附表（见附件8）规定的格式设立专项统计文件，并将当月情况于下月10日前用电子邮件传送总署关税司。进口地海关在将免税设备验放后，应将验放的情况填写在征免税证明上，并及时反馈给审批海关。

六、对1996年4月1日至1997年12月31日按国家规定程序批准设立的外商投资项目和国内技术改造项目，以及1995年1月1日至1997年12月31日利用外国政府贷款和国际金融组织贷款项目，可由项目单位凭原批准文件到所在地直属海关申请办理免税手续。

对1996年3月31日以前批准的技术改造项目在1998年1月1日以后到货的进口设备，有关项目单位可凭原批准的技术改造证明书和进口合同，到所在地直属海关换领免税证明。

加工贸易进口不作价设备按现行规定和做法由加工贸易合同备案地海关办理免税手续，核发手册，口岸海关凭设备手册验放。合同主管海关要定期将审批和设备进口情况汇总报总署监管司备核（具体报表格式、如何报送另文通知），并应加强对免税设备的后续监管。上述不作价设备如属20种商品范围的，应照章征收关税和进口环节增值税。

上述结转项目中前已进口设备已征税款，不予退还。

七、上述国家鼓励的内外资项目所需设备，凡在1998年1月1日后到货，但尚未办妥免税手续的，进口地海关可凭银行出具的担保或征收保证金先予放行，待补齐免税手续后再予结案。

八、上述免税项目中，凡进口施工机械、特种车辆、非公路自卸车、船舶申请免税的，应一律报总署关税司审批。审批海关上报文件时，应同时随附设备的样本，说明书及照片等有关资料。

九、为保证免税设备尽速投入使用，凡进口地海关与审批海关不在同一地区的，如项目单位申请，经审批海关审核具备转关条件的，可由审批海关联系进口地海关同意，出具转关联系函，对办妥免税手续的进口设备可直接转关至所在地海关验放。转关设备如与批准内容不符或有其他问题时，进口地海关应及时与审批海关联系解决。

此项调整进口设备的税收政策，调整幅度大，涉及单位广，政策交叉多。各关应认真学习国务院文件中的各项规定，明确各审批单位的审批权限、审批范围，各类不同情况的征免税界限。不得受理超权限、超范围的项目确认书，也不得对不该免税的物品擅自免税。要提前主动与地方政府和各项目审批单位取得联系，加强配合，积极宣传政策，解释操作规范，以利加快审批速度，使此项重大减免税政策落到实处，收到实效。

各审批海关要高度重视此项工作，加强领导，严格管理。本着高效、严格的原则，坚持归口管理，三级审批，加强监督。审批手续要集中在关税职能部门办理（加工贸易不作价设备仍按现行规定审批），监管、审计、稽查部门以及审批海关和口岸海关要密切配合和监督。凡有违反规定擅自减免税的，一经查实，要严肃处理。

各海关要及时反映执行情况，除按月上报汇总情况外，执行中有何问题，请及时与总署联系。

附件1　外商投资产业指导目录（略）
附件2　当前国家产业政策鼓励发展的产业、产品和技术目录（略）
附件3　国家鼓励发展的内外资项目确认书
附件4　计划单列市、国家试点企业集团名单（略）
附件5　外商投资项目不予免税的进口商品目录（略）
附件6　国内投资项目不予免税的进口商品目录（略）
附件7　关于执行进口免税优惠政策的国家鼓励发展的内外资项目统一编号、项目性质分类及操作要求的说明（略）
附件8　国家鼓励发展的内外资项目海关审批月报表（略）

一九九七年十二月三十一日

附件3

国家鼓励发展的内外资项目确认书

编号：

根据国务院国发（1997）37号文的规定，兹确认：本项目由__________于__________年__________月以__________号批复，批准可行性研究报告，请按规定到项目主管地直属海关办理进口设备免税手续。

项目统一编号：
项目产业政策审批条目：
项目单位：
项目性质：
项目内容：
项目执行年限（起始年/截止年）：
项目投资总额：　　　　　　　　万元人民币
项目用汇额：　　　　　　　　　万美元
备注：

项目审批部门（签章）　　年　　月　　日
抄送：　　　海关（项目主管直属海关）

外商投资企业合并与分立规定

（外经贸部　工商总局令2001年第8号）

（根据2015年10月28日商务部令2015年第2号《商务部关于修改部分规章和规范性文件的决定》修改，现行版本自2015年10月28日起施行）

第一条　为了规范涉及外商投资企业合并与分立的行为，保护企业投资者和债权人的合法权益，根据《中华人民共和国公司法》和有关外商投资企业的法律和行政法规，制定本规定。

第二条 本规定适用于依照中国法律在中国境内设立的中外合资经营企业、具有法人资格的中外合作经营企业、外资企业、外商投资股份有限公司（以下统称公司）之间合并或分立。

公司与中国内资企业合并，参照有关法律、法规和本规定办理。

第三条 本规定所称合并，是指两个以上公司依照公司法有关规定，通过订立协议而归并成为一个公司。

公司合并可以采取吸收合并和新设合并两种形式。

吸收合并，是指公司接纳其他公司加入本公司，接纳方继续存在，加入方解散。

新设合并，是指两个以上公司合并设立一个新的公司，合并各方解散。

第四条 本规定所称分立，是指一个公司依照公司法有关规定，通过公司最高权力机构决议分成两个以上的公司。

公司分立可以采取存续分立和解散分立两种形式。

存续分立，是指一个公司分离成两个以上公司，本公司继续存在并设立一个以上新的公司。

解散分立，是指一个公司分解为两个以上公司，本公司解散并设立两个以上新的公司。

第五条 公司合并或分立，应当遵守中国的法律、法规和本规定，遵循自愿、平等和公平竞争的原则，不得损害社会公共利益和债权人的合法权益。

公司合并或分立，应符合《指导外商投资方向暂行规定》和《外商投资产业指导目录》的规定，不得导致外国投资者在不允许外商独资、控股或占主导地位的产业的公司中独资、控股或占主导地位。

公司因合并或分立而导致其所从事的行业或经营范围发生变更的，应符合有关法律、法规及国家产业政策的规定并办理必要的审批手续。

第六条 公司合并或分立，应当符合海关、税务和外汇管理等有关部门颁布的规定。合并或分立后存续或新设的公司，经审批机关、海关和税务等机关核定，继续享受原公司所享受的各项外商投资企业待遇。

第七条 公司合并或分立，须经公司原审批机关批准并到登记机关办理有关公司设立、变更或注销登记。

拟合并公司的原审批机关或登记机关有两个以上的，由合并后公司住所地对外经济贸易主管部门和国家工商行政管理总局（以下简称国家工商总局）授权的登记机关作为审批和登记机关。

拟合并公司的投资总额之和超过公司原审批机关或合并后公司住所地审批机关审批权限的，由具有相应权限的审批机关审批。

拟合并的公司至少有一家为股份有限公司的，由中华人民共和国对外贸易经济合作部（以下简称外经贸部）审批。

第八条 因公司合并或分立而解散原公司或新设异地公司，须征求拟解散或拟设立公司的所在地审批机关的意见。

第九条 有限责任公司之间合并后为有限责任公司。股份有限公司之间合并后为股份有限公司。

上市的股份有限公司与有限责任公司合并后为股份有限公司。非上市的股份有限公司与有限责任公司合并后可以是股份有限公司，也可以是有限责任公司。

第十条 股份有限公司之间合并或者公司合并后为有限责任公司的，合并后公司的注册资本为原公司注册资本额之和。

有限责任公司与股份有限公司合并后为股份有限公司的，合并后公司的注册资本为原有限责任公司净资产额根据拟合并的股份有限公司每股所含净资产额折成的股份额与原股份有限公司股份总额之和。

第十一条 根据本规定第十条第一款合并的，各方投资者在合并后的公司中的股权比例，根据国家有关规定，由投资者之间协商或根据资产评估机构对其在原公司股权价值的评估结果，在合并后的公司合同、章程中确定，但外国投资者的股权比例不得低于合并后公司注册资本的百分之二十五。

第十二条 分立后公司的注册资本额，由分立前公司的最高权力机构，依照有关外商投资企业法律、法规和登记机关的有关规定确定，但分立后各公司的注册资本额之和应为分立前公司的注册资本额。

第十三条 各方投资者在分立后的公司中的股权比例，由投资者在分立后的公司合同、章程中确定，但外国投资者的股权比例不得低于分立后公司注册资本的百分之二十五。

第十四条 公司合并，采取吸收合并形式的，接纳方公司的成立日期为合并后公司的成立日期；采取新设合并形式的，登记机关核准设立登记并签发营业执照的日期为合并后公司的成立日期。

因公司分立而设立新公司的，登记机关核准设立登记并签发营业执照的日期为分立后公司的成立日期。

第十五条 涉及上市的股份有限公司合并或分立的，应当符合有关法律、法规和国务院证券监督管理部门对上市公司的规定并办理必要的审批手续。

第十六条 公司与中国内资企业合并必须符合我国利用外资的法律、法规规定和产业政策要求并具备以下条件：

（一）拟合并的中国内资企业是依照《中华人民共和国公司法》规范组建的有限责任公司或股份有限公司；

（二）投资者符合法律、法规和部门规章对合并后公司所从事有关产业的投资者资格要求；

（三）外国投资者的股权比例不得低于合并后公司注册资本的百分之二十五；

（四）合并协议各方保证拟合并公司的原有职工充分就业或给予合理安置。

第十七条 公司与中国内资企业合并后为外商投资企业，其投资总额为原公司的投资总额与中国内资企业财务审计报告所记载的企业资产总额之和，注册资本为原公司的注册资本额与中国内资企业的注册资本额之和。合并后的公司注册资本与投资总额比例，应当符合国家工商总局《关于中外合资经营企业注册资本与投资总额比例的暂行规定》；在特殊情况下，不能执行该规定的，须经外经贸部会同国家工商总局批准。

第十八条 与公司合并的中国内资企业已经投资设立的企业，成为合并后公司所持股的企业，应当符合中国利用外资的产业政策要求和《关于外商投资企业境内投资的暂行规定》。合并后的公司不得在禁止外商投资产业的企业中持有股权。

第十九条 公司吸收合并，由接纳方公司作为申请人，公司新设合并，由合并各方协商确定一个申请人。

申请人应向审批机关报送下列文件：

（一）各公司法定代表人签署的关于公司合并的申请书和公司合并协议；

（二）各公司最高权力机构关于公司合并的决议；

（三）各公司合同、章程；

（四）各公司的批准证书和营业执照复印件；

（五）各公司的资产负债表及财产清单；

（六）各公司上一年度的审计报告；

（七）各公司的债权人名单；

（八）合并后的公司合同、章程；

（九）合并后的公司最高权力机构成员名单；

（十）审批机关要求报送的其他文件。

公司与中国内资企业合并的，申请人还应向审批机关报送拟合并的中国内资企业已投资设立企业的营业执照复印件。

第二十条 公司合并协议应包括下列主要内容：

（一）合并协议各方的名称、住所、法定代表人；

（二）合并后公司的名称、住所、法定代表人；

（三）合并后公司的投资总额和注册资本；

（四）合并形式；

（五）合并协议各方债权、债务的承继方案；

（六）职工安置办法；
（七）违约责任；
（八）解决争议的方式；
（九）签约日期、地点；
（十）合并协议各方认为需要规定的其他事项。

第二十一条 拟合并的公司有两个以上原审批机关的，拟解散的公司应当在依照本规定第十九条向审批机关报送有关文件之前，向其原审批机关提交因公司合并而解散的申请。

原审批机关应自接到前款有关解散申请之日起十五日内做出是否同意解散的批复。超过十五日，原审批机关未作批复的，视作原审批机关同意该公司解散。

如果原审批机关在前款规定期限内，作出不同意有关公司解散的批复，拟解散公司可将有关解散申请提交原审批机关与公司合并的审批机关共同的上一级对外经济贸易主管部门，该部门应自接到有关公司解散申请之日起三十日内作出裁决。

如果审批机关不同意或不批准公司合并，则有关公司解散的批复自行失效。

第二十二条 拟分立的公司应向审批机关报送下列文件：
（一）公司法定代表人签署的关于公司分立的申请书；
（二）公司最高权力机构关于公司分立的决议；
（三）因公司分立而拟存续、新设的公司（以下统称分立协议各方）签订的公司分立协议；
（四）公司合同、章程；
（五）公司的批准证书和营业执照复印件；
（六）公司的资产负债表及财产清单；
（七）公司的债权人名单；
（八）分立后的各公司合同、章程；
（九）分立后的各公司最高权力机构成员名单；
（十）审批机关要求报送的其他文件。

因公司分立而在异地新设公司的，公司还必须向审批机关报送拟设立公司的所在地审批机关对因分立而新设公司签署的意见。

第二十三条 公司分立协议应包括下列主要内容：
（一）分立协议各方拟定的名称、住所、法定代表人；
（二）分立后公司的投资总额和注册资本；
（三）分立形式；
（四）分立协议各方对拟分立公司财产的分割方案；
（五）分立协议各方对拟分立公司债权、债务的承继方案；
（六）职工安置办法；
（七）违约责任；
（八）解决争议的方式；
（九）签约日期、地点；
（十）分立协议各方认为需要规定的其他事项。

第二十四条 合并后存续的公司或者新设的公司全部承继因合并而解散的公司的债权、债务。

分立后的公司按照分立协议承继原公司的债权、债务。

第二十五条 审批机关应自接到本规定第十九条或第二十二条规定报送的有关文件之日起四十五日内，以书面形式作出是否同意合并或分立的初步批复。

公司合并的审批机关为外经贸部的，如果外经贸部认为公司合并具有行业垄断的趋势或者可能形成就某种特定商品或服务的市场控制地位而妨碍公平竞争，可于接到前款所述有关文件后，召集有关部门和机构，对拟合并的公司进行听证并对该公司及其相关市场进行调查。前款所述审批期限可延长至一百八十天。

第二十六条 拟合并或分立的公司应当自审批机关就同意公司合并或分立作出初步批复之日起十日内，向债权人发出通知书，并于三十日内在全国发行的省级以上报纸上至少公告三次。

公司应在上述通知书和公告中说明对现有公司债务的承继方案。

第二十七条 公司债权人自接到本规定第二十六条所述通知书之日起三十日内、未接到通知书的债权人自第一次公告之日起九十日内，有权要求公司对其债务承继方案进行修改，或者要求公司清偿债务或提供相应的担保。

如果公司债权人未在前款规定期限内行使有关权利，视为债权人同意拟合并或分立公司的债权、债务承继方案，该债权人的主张不得影响公司的合并或分立进程。

第二十八条 拟合并或分立的公司自第一次公告之日起九十日后，公司债权人无异议的，拟合并公司的申请人或拟分立的公司应向审批机关提交下列文件：

（一）公司在报纸上三次登载公司合并或分立公告的证明；

（二）公司通知其债权人的证明；

（三）公司就其有关债权、债务处理情况的说明；

（四）审批机关要求提交的其他文件。

第二十九条 审批机关应自接到本规定第二十八条所列文件之日起三十日内，决定是否批准公司合并或分立。

第三十条 公司采取吸收合并形式的，接纳方公司应到原审批机关办理外商投资企业批准证书变更手续并到登记机关办理公司变更登记；加入方公司应到原审批机关缴销外商投资企业批准证书并到登记机关办理公司注销登记。

公司采取新设合并形式的，合并各方公司应到原审批机关缴销外商投资企业批准证书并到登记机关办理公司注销登记；新设立的公司应通过申请人到审批机关领取外商投资企业批准证书并到登记机关办理公司设立登记。

公司采取存续分立形式的，存续的公司应到审批机关办理外商投资企业批准证书变更手续并到登记机关办理公司变更登记；新设立的公司应到审批机关领取外商投资企业批准证书并到登记机关办理公司设立登记。

公司采取解散分立形式的，原公司应到原审批机关缴销外商投资企业批准证书并到登记机关办理公司注销登记；新设立的公司应到审批机关领取外商投资企业批准证书并到登记机关办理公司设立登记。

公司与中国内资企业合并的仅由公司办理有关外商投资企业批准证书手续。

第三十一条 公司合并的申请人或拟分立的公司，应自审批机关批准合并或分立之日起三十日内，就因合并或分立而解散、存续或新设公司的事宜，到相应的审批机关办理有关缴销、变更或领取外商投资企业批准证书手续。

第三十二条 公司应自缴销、变更或领取外商投资企业批准证书之日起，依照《中华人民共和国企业法人登记管理条例》和《中华人民共和国公司登记管理条例》等有关规定，到登记机关办理有关注销、变更或设立登记手续。

设立登记应当在有关公司变更、注销登记办理完结后进行。

公司合并或分立协议中载明的有关公司财产处置方案及债权、债务承继方案和审批机关批准公司合并或分立的文件，视为注销登记所需提交的清算报告。

第三十三条 公司为新设合并或分立办理注销、变更登记后，当事人不依法办理有关公司设立登记的，应承担相应的法律责任。

第三十四条 公司投资者因公司合并或分立而签署的修改后的公司合同、章程自审批机关变更或核发外商投资企业批准证书之日起生效。

第三十五条 合并或分立后存续或新设的公司应自变更或领取营业执照之日起三十日内，向因合并或分立而解散的公司之债权人和债务人发出变更债务人和债权人的通知并在全国发行的省级以上报纸上公告。

第三十六条 合并或分立后存续或新设的公司应自换发或领取营业执照之日起三十日内，到税务、海关、土地管理和外汇管理等有关机关办理相应的登记手续。

公司与中国内资企业合并的，存续或新设的公司，还应根据有关外商投资企业的规定，到税务、海关、土地管理和外汇管理等机关，办理相关的审核手续。

第三十七条 在公司合并或分立过程中发生股权转让的，依照有关法律、法规和外商投资企业投资者股权变更的规定办理。

在公司与中国内资企业合并过程中，外国投资者购买内资企业股东股权的，其股权购买金的支付条件，依照《〈中外合资经营企业合营各方出资的若干规定〉的补充规定》执行。

第三十八条 香港、澳门、台湾地区的投资者在中国其他地区投资举办的公司合并或分立，参照本规定办理。

第三十九条 本规定由外经贸部和国家工商总局负责解释。

第四十条 本规定自发布之日起执行。

国务院关于发布政府核准的投资项目目录（2016年本）的通知

（国发〔2016〕72号）

各省、自治区、直辖市人民政府，国务院各部委、各直属机构：

为贯彻落实《中共中央 国务院关于深化投融资体制改革的意见》，进一步加大简政放权、放管结合、优化服务改革力度，使市场在资源配置中起决定性作用，更好发挥政府作用，切实转变政府投资管理职能，加强和改进宏观调控，确立企业投资主体地位，激发市场主体扩大合理有效投资和创新创业的活力，现发布《政府核准的投资项目目录（2016年本）》，并就有关事项通知如下：

一、企业投资建设本目录内的固定资产投资项目，须按照规定报送有关项目核准机关核准。企业投资建设本目录外的项目，实行备案管理。事业单位、社会团体等投资建设的项目，按照本目录执行。

原油、天然气（含煤层气）开发项目由具有开采权的企业自行决定，并报国务院行业管理部门备案。具有开采权的相关企业应依据相关法律法规，坚持统筹规划，合理开发利用资源，避免资源无序开采。

二、法律、行政法规和国家制定的发展规划、产业政策、总量控制目标、技术政策、准入标准、用地政策、环保政策、用海用岛政策、信贷政策等是企业开展项目前期工作的重要依据，是项目核准机关和国土资源、环境保护、城乡规划、海洋管理、行业管理等部门以及金融机构对项目进行审查的依据。

发展改革部门要会同有关部门抓紧编制完善相关领域专项规划，为各地区做好项目核准工作提供依据。

环境保护部门应根据项目对环境的影响程度实行分级分类管理，对环境影响大、环境风险高的项目严格环评审批，并强化事中事后监管。

三、要充分发挥发展规划、产业政策和准入标准对投资活动的规范引导作用。把发展规划作为引导投资方向，稳定投资运行，规范项目准入，优化项目布局，合理配置资金、土地、能源、人力等资源的重要手段。完善产业结构调整指导目录、外商投资产业指导目录等，为企业投资活动提供依据和指导。构建更加科学、更加完善、更具可操作性的行业准入标准体系，强化节地节能节水、环境、技术、安全等市场准入标准。完善行业宏观调控政策措施和部门间协调机制，形成工作合力，促进相关行业有序发展。

四、对于钢铁、电解铝、水泥、平板玻璃、船舶等产能严重过剩行业的项目，要严格执行《国务院关于化解产能严重过剩矛盾的指导意见》（国发〔2013〕41号），各地方、各部门不得以其他任何名义、任何方式备案新增产能项目，各相关部门和机构不得办理土地（海域、无居民海岛）供应、能评、环评审批和新增授信支持等相关业务，并合力推进化解产能严重过剩矛盾各项工作。

对于煤矿项目，要严格执行《国务院关于煤炭行业化解过剩产能实现脱困发展的意见》（国发〔2016〕7号）要求，从2016年起3年内原则上停止审批新建煤矿项目、新增产能的技术改造项目和产能核增项目；确需新建煤矿的，一律实行减量置换。

严格控制新增传统燃油汽车产能，原则上不再核准新建传统燃油汽车生产企业。积极引导新能源汽车健康有序发展，新建新能源汽车生产企业须具有动力系统等关键技术和整车研发能力，符合《新建纯电动乘用车企业管理规定》等相关要求。

五、项目核准机关要改进完善管理办法，切实提高行政效能，认真履行核准职责，严格按照规定权限、程序和时限等要求进行审查。有关部门要密切配合，按照职责分工，相应改进管理办法，依法加强对投资活动的管理。

六、按照谁审批谁监管、谁主管谁监管的原则，落实监管责任，注重发挥地方政府就近就便监管作用，行业管理部门和环境保护、质量监督、安全监管等部门专业优势，以及投资主管部门综合监管职能，实现协同监管。投资项目核准、备案权限下放后，监管责任要同步下移。地方各级政府及其有关部门要积极探索创新监管方式方法，强化事中事后监管，切实承担起监管职责。

七、按照规定由国务院核准的项目，由国家发展改革委审核后报国务院核准。核报国务院及国务院投资主管部门核准的项目，事前须征求国务院行业管理部门的意见。

八、由地方政府核准的项目，各省级政府可以根据本地实际情况，按照下放层级与承接能力相匹配的原则，具体划分地方各级政府管理权限，制定本行政区域内统一的政府核准投资项目目录。基层政府承接能力要作为政府管理权限划分的重要因素，不宜简单地“一放到底”。对于涉及本地区重大规划布局、重要资源开发配置的项目，应充分发挥省级部门在政策把握、技术力量等方面的优势，由省级政府核准，原则上不下放到地市级政府、一律不得下放到县级及以下政府。

九、对取消核准改为备案管理的项目，项目备案机关要加强发展规划、产业政策和准入标准把关，行业管理部门与城乡规划、土地管理、环境保护、安全监管等部门要按职责分工加强对项目的指导和约束。

十、法律、行政法规和国家有专门规定的，按照有关规定执行。商务主管部门按国家有关规定对外商投资企业的设立和变更、国内企业在境外投资开办企业（金融企业除外）进行审核或备案管理。

十一、本目录自发布之日起执行，《政府核准的投资项目目录（2014年本）》即行废止。

国务院

二〇一六年十二月十二日

政府核准的投资项目目录（2016年本）

一、农业水利

农业：涉及开荒的项目由省级政府核准。

水利工程：涉及跨界河流、跨省（区、市）水资源配置调整的重大水利项目由国务院投资主管部门核准，其中库容10亿立方米及以上或者涉及移民1万人及以上的水库项目由国务院核准。其余项目由地方政府核准。

二、能源

水电站：在跨界河流、跨省（区、市）河流上建设的单站总装机容量50万千瓦及以上项目由国务院投资主管部门核准，其中单站总装机容量300万千瓦及以上或者涉及移民1万人及以上的项目由国务院核准。其余项目由地方政府核准。

抽水蓄能电站：由省级政府按照国家制定的相关规划核准。

火电站（含自备电站）：由省级政府核准，其中燃煤燃气火电项目应在国家依据总量控制制定的建设规划内核准。

热电站（含自备电站）：由地方政府核准，其中抽凝式燃煤热电项目由省级政府在国家依据总量控制制定的建设规划内核准。

风电站：由地方政府在国家依据总量控制制定的建设规划及年度开发指导规模内核准。

核电站：由国务院核准。

电网工程：涉及跨境、跨省（区、市）输电的±500千伏及以上直流项目，涉及跨境、跨省（区、市）输电的500千伏、750千伏、1000千伏交流项目，由国务院投资主管部门核准，其中±800千伏及以上直流项目和1000千伏交流项目报国务院备案；不涉及跨境、跨省（区、市）输电的±500千伏及以上直流项目和500千伏、750千伏、1000千伏交流项目由省级政府按照国家制定的相关规划核准，其余项目由地方政府按照国家制定的相关规划核准。

煤矿：国家规划矿区内新增年生产能力120万吨及以上煤炭开发项目由国务院行业管理部门核准，其中新增年生产能力500万吨及以上的项目由国务院投资主管部门核准并报国务院备案；国家规划矿区内的其余煤炭开发项目和一般煤炭开发项目由省级政府核准。国家规定禁止建设或列入淘汰退出范围的项目，不得核准。

煤制燃料：年产超过20亿立方米的煤制天然气项目、年产超过100万吨的煤制油项目，由国务院投资主管部门核准。

液化石油气接收、存储设施（不含油气田、炼油厂的配套项目）：由地方政府核准。

进口液化天然气接收、储运设施：新建（含异地扩建）项目由国务院行业管理部门核准，其中新建接收储运能力300万吨及以上的项目由国务院投资主管部门核准并报国务院备案。其余项目由省级政府核准。

输油管网（不含油田集输管网）：跨境、跨省（区、市）干线管网项目由国务院投资主管部门核准，其中跨境项目报国务院备案。其余项目由地方政府核准。

输气管网（不含油气田集输管网）：跨境、跨省（区、市）干线管网项目由国务院投资主管部门核准，其中跨境项目报国务院备案。其余项目由地方政府核准。

炼油：新建炼油及扩建一次炼油项目由省级政府按照国家批准的相关规划核准。未列入国家批准的相关规划的新建炼油及扩建一次炼油项目，禁止建设。

变性燃料乙醇：由省级政府核准。

三、交通运输

新建（含增建）铁路：列入国家批准的相关规划中的项目，中国铁路总公司为主出资的由其自行决定并报国务院投资主管部门备案，其他企业投资的由省级政府核准；地方城际铁路项目由省级政府按照国家批准的相关规划核准，并报国务院投资主管部门备案；其余项目由省级政府核准。

公路：国家高速公路网和普通国道网项目由省级政府按照国家批准的相关规划核准，地方高速公路项目由省级政府核准，其余项目由地方政府核准。

独立公（铁）路桥梁、隧道：跨境项目由国务院投资主管部门核准并报国务院备案。国家批准的相关规划中的项目，中国铁路总公司为主出资的由其自行决定并报国务院投资主管部门备案，其他企业投资的由省级政府核准；其余独立铁路桥梁、隧道及跨10万吨级及以上航道海域、跨大江大河（现状或规划为一级及以上通航段）的独立公路桥梁、隧道项目，由省级政府核准，其中跨长江干线航道的项目应符合国家批准的相关规划。其余项目由地方政府核准。

煤炭、矿石、油气专用泊位：由省级政府按国家批准的相关规划核准。

集装箱专用码头：由省级政府按国家批准的相关规划核准。

内河航运：跨省（区、市）高等级航道的千吨级及以上航电枢纽项目由省级政府按国家批准的相关规划核准，其余项目由地方政府核准。

民航：新建运输机场项目由国务院、中央军委核准，新建通用机场项目、扩建军民合用机场（增建跑道除外）项目由省级政府核准。

四、信息产业

电信：国际通信基础设施项目由国务院投资主管部门核准；国内干线传输网（含广播电视网）以及其他涉及信息安全的电信基础设施项目，由国务院行业管理部门核准。

五、原材料

稀土、铁矿、有色矿山开发：由省级政府核准。

石化：新建乙烯、对二甲苯（PX）、二苯基甲烷二异氰酸酯（MDI）项目由省级政府按照国家批准的石化产业规划布局方案核准。未列入国家批准的相关规划的新建乙烯、对二甲苯（PX）、二苯基甲烷二异氰酸酯（MDI）项目，禁止建设。

煤化工：新建煤制烯烃、新建煤制对二甲苯（PX）项目，由省级政府按照国家批准的相关规划核准。新建年产超过100万吨的煤制甲醇项目，由省级政府核准。其余项目禁止建设。

稀土：稀土冶炼分离项目、稀土深加工项目由省级政府核准。

黄金：采选矿项目由省级政府核准。

六、机械制造

汽车：按照国务院批准的《汽车产业发展政策》执行。其中，新建中外合资轿车生产企业项目，由国务院核准；新建纯电动乘用车生产企业（含现有汽车企业跨类生产纯电动乘用车）项目，由国务院投资主管部门核准；其余项目由省级政府核准。

七、轻工

烟草：卷烟、烟用二醋酸纤维素及丝束项目由国务院行业管理部门核准。

八、高新技术

民用航空航天：干线支线飞机、6吨/9座及以上通用飞机和3吨及以上直升机制造、民用卫星制造、民用遥感卫星地面站建设项目，由国务院投资主管部门核准；6吨/9座以下通用飞机和3吨以下直升机制造项目由省级政府核准。

九、城建

城市快速轨道交通项目：由省级政府按照国家批准的相关规划核准。

城市道路桥梁、隧道：跨10万吨级及以上航道海域、跨大江大河（现状或规划为一级及以上通航段）的项目由省级政府核准。

其他城建项目：由地方政府自行确定实行核准或者备案。

十、社会事业

主题公园：特大型项目由国务院核准，其余项目由省级政府核准。

旅游：国家级风景名胜区、国家自然保护区、全国重点文物保护单位区域内总投资5000万元及以上旅游开发和资源保护项目，世界自然和文化遗产保护区内总投资3000万元及以上项目，由省级政府核准。

其他社会事业项目：按照隶属关系由国务院行业管理部门、地方政府自行确定实行核准或者备案。

十一、外商投资

《外商投资产业指导目录》中总投资（含增资）3亿美元及以上限制类项目，由国务院投资主管部门核准，其中总投资（含增资）20亿美元及以上项目报国务院备案。《外商投资产业指导目录》中总投资（含增资）3亿美元以下限制类项目，由省级政府核准。

前款规定之外的属于本目录第一至十条所列项目，按照本目录第一至十条的规定执行。

十二、境外投资

涉及敏感国家和地区、敏感行业的项目，由国务院投资主管部门核准。

前款规定之外的中央管理企业投资项目和地方企业投资3亿美元及以上项目报国务院投资主管部门备案。

企业投资项目核准和备案管理办法

（国家发展和改革委员会令2017年第2号）

（2017年3月8日由国家发展改革委发布，自2017年4月8日起施行）

第一章　总　则

第一条　为落实企业投资自主权，规范政府对企业投资项目的核准和备案行为，实现便利、高效服务和有效管理，依法保护企业合法权益，依据《行政许可法》《企业投资项目核准和备案管理条例》等有关法律法规，制定本办法。

第二条　本办法所称企业投资项目（以下简称项目），是指企业在中国境内投资建设的固定资产投资项目，包括企业使用自己筹措资金的项目，以及使用自己筹措的资金并申请使用政府投资补助或贷款贴息等的项目。

项目申请使用政府投资补助、贷款贴息的，应在履行核准或备案手续后，提出资金申请报告。

第三条　县级以上人民政府投资主管部门对投资项目履行综合管理职责。

县级以上人民政府其他部门依照法律、法规规定，按照本级政府规定职责分工，对投资项目履行相应管理职责。

第四条　根据项目不同情况，分别实行核准管理或备案管理。

对关系国家安全、涉及全国重大生产力布局、战略性资源开发和重大公共利益等项目，实行核准管理。其他项目实行备案管理。

第五条　实行核准管理的具体项目范围以及核准机关、核准权限，由国务院颁布的《政府核准的投资项目目录》（以下简称《核准目录》）确定。法律、行政法规和国务院对项目核准的范围、权限有专门规定的，从其规定。

《核准目录》由国务院投资主管部门会同有关部门研究提出，报国务院批准后实施，并根据情况适时调整。

未经国务院批准，各部门、各地区不得擅自调整《核准目录》确定的核准范围和权限。

第六条　除国务院另有规定外，实行备案管理的项目按照属地原则备案。

各省级政府负责制定本行政区域内的项目备案管理办法，明确备案机关及其权限。

第七条 依据本办法第五条第一款规定具有项目核准权限的行政机关统称项目核准机关。《核准目录》所称国务院投资主管部门是指国家发展改革委；《核准目录》规定由省级政府、地方政府核准的项目，其具体项目核准机关由省级政府确定。

项目核准机关对项目进行的核准是行政许可事项，实施行政许可所需经费应当由本级财政予以保障。

依据国务院专门规定和省级政府规定具有项目备案权限的行政机关统称项目备案机关。

第八条 项目的市场前景、经济效益、资金来源和产品技术方案等，应当依法由企业自主决策、自担风险，项目核准、备案机关及其他行政机关不得非法干预企业的投资自主权。

第九条 项目核准、备案机关及其工作人员应当依法对项目进行核准或者备案，不得擅自增减审查条件，不得超出办理时限。

第十条 项目核准、备案机关应当遵循便民、高效原则，提高办事效率，提供优质服务。

项目核准、备案机关应当制定并公开服务指南，列明项目核准的申报材料及所需附件、受理方式、审查条件、办理流程、办理时限等；列明项目备案所需信息内容、办理流程等，提高工作透明度，为企业提供指导和服务。

第十一条 县级以上地方人民政府有关部门应当依照相关法律法规和本级政府有关规定，建立健全对项目核准、备案机关的监督制度，加强对项目核准、备案行为的监督检查。

各级政府及其有关部门应当依照相关法律法规及规定对企业从事固定资产投资活动实施监督管理。

任何单位和个人都有权对项目核准、备案、建设实施过程中的违法违规行为向有关部门检举。有关部门应当及时核实、处理。

第十二条 除涉及国家秘密的项目外，项目核准、备案通过全国投资项目在线审批监管平台（以下简称在线平台）实行网上受理、办理、监管和服务，实现核准、备案过程和结果的可查询、可监督。

第十三条 项目核准、备案机关以及其他有关部门统一使用在线平台生成的项目代码办理相关手续。

项目通过在线平台申报时，生成作为该项目整个建设周期身份标识的唯一项目代码。项目的审批信息、监管（处罚）信息，以及工程实施过程中的重要信息，统一汇集至项目代码，并与社会信用体系对接，作为后续监管的基础条件。

第十四条 项目核准、备案机关及有关部门应当通过在线平台公开与项目有关的发展规划、产业政策和准入标准，公开项目核准、备案等事项的办理条件、办理流程、办理时限等。

项目核准、备案机关应根据《政府信息公开条例》有关规定将核准、备案结果予以公开，不得违法违规公开重大工程的关键信息。

第十五条 企业投资建设固定资产投资项目，应当遵守国家法律法规，符合国民经济和社会发展总体规划、专项规划、区域规划、产业政策、市场准入标准、资源开发、能耗与环境管理等要求，依法履行项目核准或者备案及其他相关手续，并依法办理城乡规划、土地（海域）使用、环境保护、能源资源利用、安全生产等相关手续，如实提供相关材料，报告相关信息。

第十六条 对项目核准、备案机关实施的项目核准、备案行为，相关利害关系人有权依法申请行政复议或者提起行政诉讼。

第二章 项目核准的申请文件

第十七条 企业办理项目核准手续，应当按照国家有关要求编制项目申请报告，取得第二十二条规定依法应当附具的有关文件后，按照本办法第二十三条规定报送。

第十八条 组织编制和报送项目申请报告的项目单位，应当对项目申请报告以及依法应当附具文件的真实性、合法性和完整性负责。

第十九条 项目申请报告应当主要包括以下内容：

（一）项目单位情况；

（二）拟建项目情况，包括项目名称、建设地点、建设规模、建设内容等；

（三）项目资源利用情况分析以及对生态环境的影响分析；

（四）项目对经济和社会的影响分析。

第二十条 项目申请报告通用文本由国务院投资主管部门会同有关部门制定，主要行业的项目申请报告示范文本由相应的项目核准机关参照项目申请报告通用文本制定，明确编制内容、深度要求等。

第二十一条 项目申请报告可以由项目单位自行编写，也可以由项目单位自主委托具有相关经验和能力的工程咨询单位编写。任何单位和个人不得强制项目单位委托中介服务机构编制项目申请报告。

项目单位或者其委托的工程咨询单位应当按照项目申请报告通用文本和行业示范文本的要求编写项目申请报告。

工程咨询单位接受委托编制有关文件，应当做到依法、独立、客观、公正，对其编制的文件负责。

第二十二条 项目单位在报送项目申请报告时，应当根据国家法律法规的规定附具以下文件：

（一）城乡规划行政主管部门出具的选址意见书（仅指以划拨方式提供国有土地使用权的项目）；

（二）国土资源（海洋）行政主管部门出具的用地（用海）预审意见（国土资源主管部门明确可以不进行用地预审的情形除外）；

（三）法律、行政法规规定需要办理的其他相关手续。

第三章 项目核准的基本程序

第二十三条 地方企业投资建设应当分别由国务院投资主管部门、国务院行业管理部门核准的项目，可以分别通过项目所在地省级政府投资主管部门、行业管理部门向国务院投资主管部门、国务院行业管理部门转送项目申请报告。属于国务院投资主管部门核准权限的项目，项目所在地省级政府规定由省级政府行业管理部门转送的，可以由省级政府投资主管部门与其联合报送。

国务院有关部门所属单位、计划单列企业集团、中央管理企业投资建设应当由国务院有关部门核准的项目，直接向相应的项目核准机关报送项目申请报告，并附行业管理部门的意见。

企业投资建设应当由国务院核准的项目，按照本条第一、二款规定向国务院投资主管部门报送项目申请报告，由国务院投资主管部门审核后报国务院核准。新建运输机场项目由相关省级政府直接向国务院、中央军委报送项目申请报告。

第二十四条 企业投资建设应当由地方政府核准的项目，应当按照地方政府的有关规定，向相应的项目核准机关报送项目申请报告。

第二十五条 项目申报材料齐全、符合法定形式的，项目核准机关应当予以受理。

申报材料不齐全或者不符合法定形式的，项目核准机关应当在收到项目申报材料之日起5个工作日内一次告知项目单位补充相关文件，或对相关内容进行调整。逾期不告知的，自收到项目申报材料之日起即为受理。

项目核准机关受理或者不予受理申报材料，都应当出具加盖本机关专用印章并注明日期的书面凭证。对于受理的申报材料，书面凭证应注明项目代码，项目单位可以根据项目代码在线查询、监督核准过程和结果。

第二十六条 项目核准机关在正式受理项目申请报告后，需要评估的，应在4个工作日内按照有关规定委托具有相应资质的工程咨询机构进行评估。项目核准机关在委托评估时，应当根据项目具体情况，提出评估重点，明确评估时限。

工程咨询机构与编制项目申请报告的工程咨询机构为同一单位、存在控股、管理关系或者负责人为同一人的，该工程咨询机构不得承担该项目的评估工作。工程咨询机构与项目单位存在控股、管理关系或者负责人为同一人的，该工程咨询机构不得承担该项目单位的项目评估工作。

除项目情况复杂的，评估时限不得超过30个工作日。接受委托的工程咨询机构应当在项目核准机关规定的时间内提出评估报告，并对评估结论承担责任。项目情况复杂的，履行批准程序后，可以延长评估时限，但延长的期限不得超过60个工作日。

项目核准机关应当将项目评估报告与核准文件一并存档备查。

评估费用由委托评估的项目核准机关承担，评估机构及其工作人员不得收取项目单位的任何费用。

第二十七条 项目涉及有关行业管理部门或者项目所在地地方政府职责的，项目核准机关应当商请有关行业管理部门或地方人民政府在7个工作日内出具书面审查意见。有关行业管理部门或地方人民政府逾期没有反馈书面审查意见的，视为同意。

第二十八条 项目建设可能对公众利益构成重大影响的，项目核准机关在作出核准决定前，应当采取适当方式征求公众意见。

相关部门对直接涉及群众切身利益的用地（用海）、环境影响、移民安置、社会稳定风险等事项已经进行实质性审查并出具了相关审批文件的，项目核准机关可不再就相关内容重复征求公众意见。

对于特别重大的项目，可以实行专家评议制度。除项目情况特别复杂外，专家评议时限原则上不得超过30个工作日。

第二十九条 项目核准机关可以根据评估意见、部门意见和公众意见等，要求项目单位对相关内容进行调整，或者对有关情况和文件做进一步澄清、补充。

第三十条 项目违反相关法律法规，或者不符合发展规划、产业政策和市场准入标准要求的，项目核准机关可以不经过委托评估、征求意见等程序，直接作出不予核准的决定。

第三十一条 项目核准机关应当在正式受理申报材料后20个工作日内作出是否予以核准的决定，或向上级项目核准机关提出审核意见。项目情况复杂或者需要征求有关单位意见的，经本行政机关主要负责人批准，可以延长核准时限，但延长的时限不得超过40个工作日，并应当将延长期限的理由告知项目单位。

项目核准机关需要委托评估或进行专家评议的，所需时间不计算在前款规定的期限内。项目核准机关应当将咨询评估或专家评议所需时间书面告知项目单位。

第三十二条 项目符合核准条件的，项目核准机关应当对项目予以核准并向项目单位出具项目核准文件。项目不符合核准条件的，项目核准机关应当出具不予核准的书面通知，并说明不予核准的理由。

属于国务院核准权限的项目，由国务院投资主管部门根据国务院的决定向项目单位出具项目核准文件或者不予核准的书面通知。

项目核准机关出具项目核准文件或者不予核准的书面通知应当抄送同级行业管理、城乡规划、国土资源、水行政管理、环境保护、节能审查等相关部门和下级机关。

第三十三条 项目核准文件和不予核准书面通知的格式文本，由国务院投资主管部门制定。

第三十四条 项目核准机关应制定内部工作规则，不断优化工作流程，提高核准工作效率。

第四章 项目核准的审查及效力

第三十五条 项目核准机关应当从以下方面对项目进行审查：

（一）是否危害经济安全、社会安全、生态安全等国家安全；

（二）是否符合相关发展建设规划、产业政策和技术标准；

（三）是否合理开发并有效利用资源；

（四）是否对重大公共利益产生不利影响。

项目核准机关应当制定审查工作细则，明确审查具体内容、审查标准、审查要点、注意事项及不当行为需要承担的后果等。

第三十六条 除本办法第二十二条要求提供的项目申请报告附送文件之外，项目单位还应在开工前依法办理其他相关手续。

第三十七条 取得项目核准文件的项目，有下列情形之一的，项目单位应当及时以书面形式向原项目核准机关提出变更申请。原项目核准机关应当自受理申请之日起20个工作日内作出是否同意变更的书面决定：

（一）建设地点发生变更的；

（二）投资规模、建设规模、建设内容发生较大变化的；

（三）项目变更可能对经济、社会、环境等产生重大不利影响的；

（四）需要对项目核准文件所规定的内容进行调整的其他重大情形。

第三十八条 项目自核准机关出具项目核准文件或同意项目变更决定 2 年内未开工建设，需要延期开工建设的，项目单位应当在 2 年期限届满的 30 个工作日前，向项目核准机关申请延期开工建设。项目核准机关应当自受理申请之日起 20 个工作日内，作出是否同意延期开工建设的决定，并出具相应文件。开工建设只能延期一次，期限最长不得超过 1 年。国家对项目延期开工建设另有规定的，依照其规定。

在 2 年期限内未开工建设也未按照规定向项目核准机关申请延期的，项目核准文件或同意项目变更决定自动失效。

第五章 项目备案

第三十九条 实行备案管理的项目，项目单位应当在开工建设前通过在线平台将相关信息告知项目备案机关，依法履行投资项目信息告知义务，并遵循诚信和规范原则。

第四十条 项目备案机关应当制定项目备案基本信息格式文本，具体包括以下内容：

（一）项目单位基本情况；

（二）项目名称、建设地点、建设规模、建设内容；

（三）项目总投资额；

（四）项目符合产业政策声明。

项目单位应当对备案项目信息的真实性、合法性和完整性负责。

第四十一条 项目备案机关收到本办法第四十条规定的全部信息即为备案。项目备案信息不完整的，备案机关应当及时以适当方式提醒和指导项目单位补正。

项目备案机关发现项目属产业政策禁止投资建设或者依法应实行核准管理，以及不属于固定资产投资项目、依法应实施审批管理、不属于本备案机关权限等情形的，应当通过在线平台及时告知企业予以纠正或者依法申请办理相关手续。

第四十二条 项目备案相关信息通过在线平台在相关部门之间实现互通共享。

项目单位需要备案证明的，可以通过在线平台自行打印或者要求备案机关出具。

第四十三条 项目备案后，项目法人发生变化，项目建设地点、规模、内容发生重大变更，或者放弃项目建设的，项目单位应当通过在线平台及时告知项目备案机关，并修改相关信息。

第四十四条 实行备案管理的项目，项目单位在开工建设前还应当根据相关法律法规规定办理其他相关手续。

第六章 监督管理

第四十五条 上级项目核准、备案机关应当加强对下级项目核准、备案机关的指导和监督，及时纠正项目管理中存在的违法违规行为。

第四十六条 项目核准和备案机关、行业管理、城乡规划（建设）、国家安全、国土（海洋）资源、环境保护、节能审查、金融监管、安全生产监管、审计等部门，应当按照谁审批谁监管、谁主管谁监管的原则，采取在线监测、现场核查等方式，依法加强对项目的事中事后监管。

项目核准、备案机关应当根据法律法规和发展规划、产业政策、总量控制目标、技术政策、准入标准及相关环保要求等，对项目进行监管。

城乡规划、国土（海洋）资源、环境保护、节能审查、安全监管、建设、行业管理等部门，应当履行法律法规赋予的监管职责，在各自职责范围内对项目进行监管。

金融监管部门应当加强指导和监督，引导金融机构按照商业原则，依法独立审贷。

审计部门应当依法加强对国有企业投资项目、申请使用政府投资资金的项目以及其他公共工程项目的审计监督。

第四十七条 各级地方政府有关部门应按照相关法律法规及职责分工，加强对本行政区域内项目的监督检查，发现违法违规行为的，应当依法予以处理，并通过在线平台登记相关违法违规信息。

第四十八条 对不符合法定条件的项目予以核准，或者超越法定职权予以核准的，应依法予以撤销。

第四十九条 各级项目核准、备案机关的项目核准或备案信息，以及国土（海洋）资源、城乡规划、水行政管理、环境保护、节能审查、安全监管、建设、工商等部门的相关手续办理信息、审批结果信息、监管（处罚）信息，应当通过在线平台实现互通共享。

第五十条 项目单位应当通过在线平台如实报送项目开工建设、建设进度、竣工的基本信息。

项目开工前，项目单位应当登录在线平台报备项目开工基本信息。项目开工后，项目单位应当按年度在线报备项目建设动态进度基本信息。项目竣工验收后，项目单位应当在线报备项目竣工基本信息。

第五十一条 项目单位有下列行为之一的，相关信息列入项目异常信用记录，并纳入全国信用信息共享平台：

（一）应申请办理项目核准但未依法取得核准文件的；

（二）提供虚假项目核准或备案信息，或者未依法将项目信息告知备案机关，或者已备案项目信息变更未告知备案机关的；

（三）违反法律法规擅自开工建设的；

（四）不按照批准内容组织实施的；

（五）项目单位未按本办法第五十条规定报送项目开工建设、建设进度、竣工等基本信息，或者报送虚假信息的；

（六）其他违法违规行为。

第七章　法律责任

第五十二条 项目核准、备案机关有下列情形之一的，由其上级行政机关责令改正，对负有责任的领导人员和直接责任人员由有关单位和部门依纪依法给予处分：

（一）超越法定职权予以核准或备案的；

（二）对不符合法定条件的项目予以核准的；

（三）对符合法定条件的项目不予核准的；

（四）擅自增减核准审查条件的，或者以备案名义变相审批、核准的；

（五）不在法定期限内作出核准决定的；

（六）不依法履行监管职责或者监督不力，造成严重后果的。

第五十三条 项目核准、备案机关及其工作人员，以及其他相关部门及其工作人员，在项目核准、备案以及相关审批手续办理过程中玩忽职守、滥用职权、徇私舞弊、索贿受贿的，对负有责任的领导人员和直接责任人员依法给予处分；构成犯罪的，依法追究刑事责任。

第五十四条 项目核准、备案机关，以及国土（海洋）资源、城乡规划、水行政管理、环境保护、节能审查、安全监管、建设等部门违反相关法律法规规定，未依法履行监管职责的，对直接负责的主管人员和其他直接责任人员，依法给予处分；构成犯罪的，依法追究刑事责任。

项目所在地的地方政府有关部门不履行企业投资监管职责的，对直接负责的主管人员和其他直接责任人员，依法给予处分。

第五十五条 企业以分拆项目、隐瞒有关情况或者提供虚假申报材料等不正当手段申请核准、备案的，项目核准机关不予受理或者不予核准、备案，并给予警告。

第五十六条 实行核准管理的项目，企业未依法办理核准手续开工建设或者未按照核准的建设地点、建设规模、建设内容等进行建设的，由核准机关责令停止建设或者责令停产，对企业处项目总投资额 1‰以上 5‰以下的罚款；对直接负责的主管人员和其他直接责任人员处 2 万元以上 5 万元以下的罚款，属于国家工作人员的，依法给予处分。项目应视情况予以拆除或者补办相关手续。

以欺骗、贿赂等不正当手段取得项目核准文件，尚未开工建设的，由核准机关撤销核准文件，处项目总投资额 1‰以上 5‰以下的罚款；已经开工建设的，依照前款规定予以处罚；构成犯罪的，依法追究刑事责任。

第五十七条 实行备案管理的项目，企业未依法将项目信息或者已备案项目信息变更情况告知备案机关，或者向备案机关提供虚假信息的，由备案机关责令限期改正；逾期不改正的，处 2 万元以上 5 万元以下的罚款。

第五十八条 企业投资建设产业政策禁止投资建设项目的，由县级以上人民政府投资主管部门责令停止建设或者责令停产并恢复原状，对企业处项目总投资的，由县级以上人民政府投资主管部门责令停止建设或者责令停产并恢复原状，对企业处项目总投资额 5‰以上 10‰以下的罚款；对直接负责的主管人员和其他直接责任人员处 5 万元以上 10 万元以下的罚款，属于国家工作人员的，依法给予处分。法律、行政法规另有规定的，依照其规定。

第五十九条 项目单位在项目建设过程中不遵守国土（海洋）资源、城乡规划、环境保护、节能、安全监管、建设等方面法律法规和有关审批文件要求的，相关部门应依法予以处理。

第六十条 承担项目申请报告编写、评估任务的工程咨询评估机构及其人员、参与专家评议的专家，在编制项目申请报告、受项目核准机关委托开展评估或者参与专家评议过程中，违反从业规定，造成重大损失和恶劣影响的，依法降低或撤销工程咨询单位资格，取消主要责任人员的相关职业资格。

第八章 附 则

第六十一条 本办法所称省级政府包括各省、自治区、直辖市及计划单列市人民政府和新疆生产建设兵团。

第六十二条 外商投资项目和境外投资项目的核准和备案管理办法另行制定。

第六十三条 省级政府和国务院行业管理部门，可以按照《企业投资项目核准和备案管理条例》和本办法的规定，制订具体实施办法。

第六十四条 事业单位、社会团体等非企业组织在中国境内利用自有资金、不申请政府投资建设的固定资产投资项目，按照企业投资项目进行管理。

个人投资建设项目参照本办法的相关规定执行。

第六十五条 本办法由国家发展改革委负责解释。

第六十六条 本办法自 2017 年 4 月 8 日起施行。《政府核准投资项目管理办法》（国家发展改革委令第 11 号）同时废止。

国务院关于进一步做好利用外资工作的意见

（国发〔2019〕23 号）

各省、自治区、直辖市人民政府，国务院各部委、各直属机构：

对外开放是我国基本国策。外资在我国经济发展中发挥了独特而重要的作用，推动高质量发展、推进现代化建设必须始终高度重视利用外资。当前，国际投资格局深刻调整，我国利用外资工作面临新形势、新特点、新挑战。为深入贯彻习近平新时代中国特色社会主义思想，全面贯彻党的十九大和十九届二中、三中、四中全会精神，统筹推进“五位一体”总体布局，协调推进“四个全面”战略布局，落实党中央、国务院关于稳外资工作的决策部署，以激发市场活力、提振投资信心为出发点，以保障外商投资企业国民待遇为重点，以打造公开、透明、可预期的外商投资环境为着力点，持续深化“放管服”改革，进一步做好利用外资工作，稳定外资规模，优化外资结构，现提出以下意见。

一、深化对外开放

（一）支持外商投资新开放领域。继续压减全国和自由贸易试验区外商投资准入负面清单，全面清理取消未纳入负面清单的限制措施，保障开放举措有效实施，持续提升开放水平。（发展改革委、商务部牵头，各有关部门、各省级人民政府按职责分工负责）

（二）加快金融业开放进程。全面取消在华外资银行、证券公司、基金管理公司等金融机构业务范围限制，丰富市场供给，增强市场活力。减少外国投资者投资设立银行业、保险业机构和开展相关业务的数量型准入条件，取消外国银行来华设立外资法人银行、分行的总资产要求，取消外国保险经纪公司在华经营保险经纪业务的经营年限、总资产要求。扩大投资入股外资银行和外资保险机构的股东范围，取消中外合资银行中方唯一或主要股东必须是金融机构的要求，允许外国保险集团公司投资设立保险类机构。继续支持按照内外资一致的原则办理外资保险公司及其分支机构设立及变更等行政许可事项。2020 年取消证券公司、证券投资基金管理公司、期货公司、寿险公司外资持股比例不超过 51%的限制。（人民银行、银保监会、证监会按职责分工负责）

（三）优化汽车领域外资政策。各地区要保障内外资汽车制造企业生产的新能源汽车享受同等市场准入待遇。修订乘用车企业平均燃料消耗量与新能源汽车积分并行管理办法，在外方与中方合资伙伴协商一致后，允许外方在华投资的整车企业之间转让积分。（工业和信息化部、各省级人民政府按职责分工负责）

（四）着力营造公平经营环境。各地区、各部门要着力提高市场的公平性，及时纠正违反公平竞争的做法，着力消除妨害公平竞争的制度性障碍。统一内外资建筑业企业承揽业务范围。完善外国投资者申请从事互联网上网服务营业场所、娱乐场所经营等业务相关规定。坚持按照内外资机构同等待遇原则，开展强制性产品认证机构的资质审批工作。增加化学品物理危险性鉴定机构数量，不得针对外商投资企业设置限制性条件。（发展改革委、住房城乡建设部、商务部、文化和旅游部、应急部、市场监管总局、各省级人民政府按职责分工负责）

二、加大投资促进力度

（五）优化外商投资企业科技创新服务。加强对外商投资企业申请高新技术企业认定的指导和服务，组织开展政策专题培训，加强政策宣传，鼓励和引导外资更多投向高新技术产业。（科技部、财政部、税务总局、各省级人民政府按职责分工负责）

（六）提升自由贸易试验区建设水平。支持地方和部门聚焦市场主体期盼，提出支持自由贸易试验区进一步扩大开放和创新发展的具体措施，推进相关深层次改革事项在自由贸易试验区先行先试，充分发挥自由贸易试验区改革开放试验田作用。对有条件的自由贸易试验区下放更多省级经济管理审批权限，尤其是投资审批、市场准入等权限。（商务部牵头，发展改革委等有关部门、各有关省级人民政府按职责分工负责）

（七）提升开放平台引资质量。鼓励地方人民政府对有条件建设具有较强竞争力产业集群的国家级经济技术开发区予以支持，打造品牌化招商引资平台。建立重点企业联系制度，提供专业化、全流程服务，着力培育带动力强、辐射面广的龙头企业和产业链核心企业。在确有发展需要且符合条件的中西部地区，优先增设一批综合保税区。切实推进国家级经济技术开发区“审批不出区”、“互联网+政务服务”和“最多跑一次”改革，创新完善企业服务体系，构建一流营商环境。（财政部、工业和信息化部、商务部、海关总署、税务总局、各省级人民政府按职责分工负责）

（八）支持地方加大对外资的招商引资力度。鼓励地方政府根据当地招商工作实际，制定考核激励政策，对招商部门、团队内非公务员岗位实行更加灵活的激励措施。鼓励地方政府在法定权限内合理设定招商引资工作经费额度与标准，对出境招商活动、团组申请等予以支持。（外交部、发展改革委、财政部、人力资源社会保障部、商务部、各省级人民政府按职责分工负责）

（九）抓好政策宣传解读。各地区、各部门要通过设立投资服务平台、政策咨询窗口等方式，积极开展政策宣传，深入企业宣讲政策，了解政策实施难点、堵点，全方位回应企业诉求，依法依规支持外商投资企业享受配套优惠政策，协助企业用足用好各项政策。（各有关部门、各省级人民政府按职责分工负责）

三、深化投资便利化改革

（十）降低资金跨境使用成本。尽快出台具体措施，支持外商投资企业扩大人民币跨境使用。扩大资本项目收入支付便利化改革试点范围。推进企业发行外债登记制度改革，完善全口径跨境融资宏观审慎管理政策，支持外商投资企业自主选择借用外债模式，降低融资成本。鼓励外商投资企业资本金依法用于境内股权投资。（发展改革委、商务部、人民银行、外汇局按职责分工负责）

（十一）提高来华工作便利度。支持各地区根据本地经济发展需要，对于急需紧缺的创新创业人才、专业技能人才来华工作，可适当放宽年龄、学历或工作经历等限制。对有创新创业意愿的外国留学生，可凭中国高校毕业证书申请2年私人事务类居留许可。已连续两次申请办理工作类居留许可的外国人，可在第三次申请时按规定签发5年有效期的工作类居留许可。优化外国人申请来华工作许可办理流程，完善部门信息共享机制，探索整合外国人工作许可证和工作类居留许可。（外交部、科技部、人力资源社会保障部、移民局、各省级人民政府按职责分工负责）

（十二）优化外资项目规划用地审批程序。持续深化规划用地“放管服”改革，加快外资项目落地进度。合并规划选址和用地预审，合并建设用地规划许可和用地批准，推进多测整合、多验合一，推进信息共享，简化报件审批材料。（自然资源部牵头，发展改革委、住房城乡建设部、商务部等部门和各省级人民政府按职责分工负责）

四、保护外商投资合法权益

（十三）全面贯彻外商投资法。外商投资法及其配套法规实施后，各地区、各部门要严格贯彻落实，进一步清理相关法规规定，抓紧制定完善具体实施办法和有关司法解释，做好解读和培训工作，确保外商投资法各项制度切实有效执行。（商务部、发展改革委、最高人民法院、司法部牵头，各部门、各省级人民政府按职责分工负责）

（十四）保护外商投资企业合法权益。各地区应建立健全外商投资企业投诉受理机构，完善处理规则，规范处理程序，提高处理效率。各地区、各部门应严格遵照外商投资法、行政许可法等法律法规对外商投资实施行政许可，不得擅自改变行政许可范围、程序及标准等，行政机关及其工作人员不得通过行政许可、监督检查、行政强制等，强制或者变相强制外国投资者、外商投资企业转让技术。（商务部牵头，各部门、各省级人民政府按职责分工负责）

（十五）强化监管政策执行规范性。优化监管方式，科学合理设定环境保护、安全生产等监管执法检查频次，降低外商投资企业合规成本。地方政府应依照大气污染防治法等有关法律法规规定采取重污染天气应急措施。指导各地在市场监管领域细化、量化行政处罚自由裁量标准。（生态环境部、应急部、市场监管总局等部门和各省级人民政府按职责分工负责）

（十六）提高行政规范性文件制定透明度。各地区、各部门制定出台涉及外商投资的行政规范性文件，应当加强合法性审核。与外商投资企业生产经营活动密切相关的行政规范性文件，应当结合实际，合理确定公布到施行之间的时间，提高政策可预见性和透明度。（各部门、各省级人民政府按职责分工负责）

（十七）发挥知识产权司法保护重要作用。充分发挥财产保全、证据保全、行为保全的制度效能，提高知识产权司法救济的及时性和便利性。优化涉及外商投资企业知识产权案件中对证据形式要件的要求，适用事实推定，合理减轻外方当事人的诉讼负担。依法加强保护商业秘密、合理分配举证责任，加大民事保护和刑事保护力度。依法集中、统一审理专利无效与侵权上诉案件，进一步提升审判质效。充分尊重知识产权的市场价值，积极运用惩罚性赔偿，加大对恶意侵权行为、重复侵权行为的打击力度。进一步完善技术调查官制度，加强技术类案件的多元事实查明机制建设。加强涉及标准必要专利的案件审理，保障公平竞争市场秩序。充分发挥知识产权案件多元化调解的作用，实质性解决纠纷。进一步统一知识产权案件诉讼证据和司法裁判标准，适时出台有关司法解释，发布指导性案例，持续提升知识产权司法审判工作规范化、科学化、国际化水平。(最高人民法院负责)

(十八) 完善知识产权保护工作机制。建立健全知识产权快速协同保护和信用联合惩戒机制，持续推进知识产权纠纷仲裁调解工作，构建完善知识产权纠纷多元化解决机制。完善注册商标撤销程序。健全地理标志保护制度。完善电子商务知识产权保护机制，完善电子商务平台专利侵权判定通知、移除规则，完善电子商务领域专利执法维权协作调度机制。积极运用标准化方法，加强知识产权保护。(商务部、市场监管总局、知识产权局、各省级人民政府按职责分工负责)

(十九) 支持参与标准制定。指导各地区、各部门全面落实内外资企业公平参与我国标准化工作，鼓励外商投资企业参与我国医疗器械、食品药品、信息化产品等标准制定，提高行业标准和技术规范制修订的科学性和透明度。(市场监管总局牵头，各部门、各省级人民政府按职责分工负责)

(二十) 保障依法平等参与政府采购。各地区、各部门在政府采购信息发布、供应商条件确定、评标标准等方面，不得对外商投资企业实行歧视待遇，不得限定供应商的所有制形式、组织形式、股权结构或者投资者国别，以及产品或服务品牌等。(财政部牵头，各部门、各省级人民政府按职责分工负责)

各地区、各部门要深入贯彻党中央、国务院关于稳外资工作的部署要求，充分认识当前进一步做好利用外资工作的重要意义，提高站位，主动作为，务求实效，狠抓各项政策措施落实。涉及修订或废止行政法规、国务院文件、经国务院批准的部门规章的，由原牵头起草部门或商务部会同有关部门报请国务院修订或废止。商务部要会同有关部门加强指导和协调，重大问题及时向国务院报告。

国务院

二〇一九年十月三十日

外商投资信息报告办法

(商务部　国家市场监督管理总局令2019年第2号)

(2019年12月30日由商务部、国家市场监督管理总局发布，自2020年1月1日起施行)

第一章　总　则

第一条　为进一步扩大对外开放，提升外商投资促进、保护和管理水平，完善外商投资政策措施，改善营商环境，根据《中华人民共和国外商投资法》及《中华人民共和国外商投资法实施条例》，制定本办法。

第二条　外国投资者直接或者间接在中国境内进行投资活动，应由外国投资者或者外商投资企业根据本办法向商务主管部门报送投资信息。

第三条　商务部负责统筹和指导全国范围内外商投资信息报告工作。

县级以上地方人民政府商务主管部门以及自由贸易试验区、国家级经济技术开发区的相关机构负责本区域内外商投资信息报告工作。

第四条　外国投资者或者外商投资企业应当通过企业登记系统以及国家企业信用信息公示系统向商务主管部门报送投资信息。

市场监管部门应当及时将外国投资者、外商投资企业报送的上述投资信息推送至商务主管部门。

商务部建立外商投资信息报告系统，及时接收、处理市场监管部门推送的投资信息以及部门共享信息等。

第五条 市场监管总局统筹指导全国企业登记系统、国家企业信用信息公示系统建设，保障外商投资信息报告的实施。

第六条 各级商务主管部门和市场监管部门应当做好工作衔接。商务主管部门应当为外国投资者和外商投资企业报送投资信息提供专门指导。

第七条 外国投资者或者外商投资企业应当及时报送投资信息，遵循真实、准确、完整原则，不得进行虚假或误导性报告，不得有重大遗漏。

第二章 报告主体、内容与方式

第八条 外国投资者或者外商投资企业应当按照本办法规定通过提交初始报告、变更报告、注销报告、年度报告等方式报送投资信息。

第九条 外国投资者在中国境内设立外商投资企业，应于办理外商投资企业设立登记时通过企业登记系统提交初始报告。

外国投资者股权并购境内非外商投资企业，应在办理被并购企业变更登记时通过企业登记系统提交初始报告。

第十条 外国投资者提交初始报告，应当报送企业基本信息、投资者及其实际控制人信息、投资交易信息等信息。

第十一条 初始报告的信息发生变更，涉及企业变更登记（备案）的，外商投资企业应于办理企业变更登记（备案）时通过企业登记系统提交变更报告。

不涉及企业变更登记（备案）的，外商投资企业应于变更事项发生后20个工作日内通过企业登记系统提交变更报告。企业根据章程对变更事项作出决议的，以作出决议的时间为变更事项的发生时间；法律法规对变更事项的生效条件另有要求的，以满足相应要求的时间为变更事项的发生时间。

外商投资的上市公司及在全国中小企业股份转让系统挂牌的公司，可仅在外国投资者持股比例变化累计超过5%或者引起外方控股、相对控股地位发生变化时，报告投资者及其所持股份变更信息。

第十二条 外商投资企业提交变更报告，应当报送企业基本信息、投资者及其实际控制人信息、投资交易信息等信息的变更情况。

第十三条 外商投资企业注销或者转为内资企业的，在办理企业注销登记或者企业变更登记后视同已提交注销报告，相关信息由市场监管部门推送至商务主管部门，外商投资企业无须另行报送。

第十四条 外商投资企业应于每年1月1日至6月30日通过国家企业信用信息公示系统提交上一年度的年度报告。

当年设立的外商投资企业，自下一年起报送年度报告。

第十五条 外商投资企业提交年度报告，应当报送企业基本信息、投资者及其实际控制人信息、企业经营和资产负债等信息，涉及外商投资准入特别管理措施的，还应当报送获得相关行业许可信息。

第十六条 初始报告、变更报告和年度报告等的具体内容，按照确有必要原则，结合外商投资实际情况和企业登记注册、企业信息公示的有关规定确定，由商务部以公告形式对外发布。

第三章 信息共享、公示与更正

第十七条 商务主管部门与有关部门应当根据信息报告工作需要建立外商投资信息共享机制。

除法律、行政法规另有规定外，有关部门在履行职责过程中获取的外商投资信息，应当及时与商务主管部门共享。

第十八条 外国投资者或者外商投资企业报送的投资信息，根据《企业信息公示暂行条例》应当向社会公示或者外国投资者、外商投资企业同意公示的，将通过国家企业信用信息公示系统及外商投资信息报告系统向社会公示。

第十九条　外国投资者或者外商投资企业发现其存在未报、错报、漏报有关投资信息的，应当及时进行补报或更正。外商投资企业对《企业信息公示暂行条例》第九条所列年度报告公示信息的补报或者更正应当符合该条例有关规定。

商务主管部门发现外国投资者或者外商投资企业存在未报、错报、漏报的，应当通知外国投资者或者外商投资企业于20个工作日内进行补报或更正。

更正涉及公示事项的，更正前后的信息应当同时公示。

第四章　监督管理

第二十条　商务主管部门对外国投资者、外商投资企业遵守本办法情况实施监督检查。

商务主管部门可联合有关部门，采取抽查、根据举报进行检查、根据有关部门或司法机关的建议和反映的情况进行检查，以及依职权启动检查等方式开展监督检查。

第二十一条　商务主管部门采取抽查方式对外国投资者、外商投资企业履行信息报告义务的情况实施监督检查，应当随机抽取检查对象、随机选派执法检查人员，抽查事项及查处结果及时通过外商投资信息报告系统公示平台予以公示。

公民、法人或其他组织发现外国投资者或者外商投资企业存在违反本办法的行为的，可向商务主管部门举报。举报采取书面形式，有明确的被举报人，并提供相关事实和证据的，商务主管部门接到举报后应当依法及时处理。

其他有关部门或司法机关在履行职责的过程中，发现外国投资者或者外商投资企业有违反本办法的行为的，可向商务主管部门提出监督检查的建议，商务主管部门接到相关建议后应当依法及时处理。

对于未按本办法的规定进行报告，或曾有报告不实、对监督检查不予配合、拒不履行商务主管部门作出的行政处罚决定记录的外国投资者或者外商投资企业，商务主管部门可依职权对其启动检查。

第二十二条　商务主管部门可采取实地核查、书面检查等方式进行监督检查，可根据需要从其他部门获取信息用于核实外国投资者或者外商投资企业报送的投资信息是否真实、准确、完整、及时。商务主管部门可依法查阅或者要求被检查人提供有关材料，被检查人应当配合检查，如实提供。

第二十三条　商务主管部门实施监督检查不得妨碍被检查人正常的生产经营活动，不得接受被检查人提供的财物或者服务，不得谋取其他非法利益。

第二十四条　商务主管部门、市场监管部门应当依法保护履行职责过程中知悉的外国投资者、外商投资企业的商业秘密。

第五章　法律责任

第二十五条　外国投资者或者外商投资企业未按照本办法要求报送投资信息，且在商务主管部门通知后未按照本办法第十九条予以补报或更正的，由商务主管部门责令其于20个工作日内改正；逾期不改正的，处十万元以上三十万元以下罚款；逾期不改正且存在以下情形的，处三十万元以上五十万元以下罚款：

（一）外国投资者或者外商投资企业故意逃避履行信息报告义务，或在进行信息报告时隐瞒真实情况、提供误导性或虚假信息；

（二）外国投资者或者外商投资企业就所属行业、是否涉及外商投资准入特别管理措施、企业投资者及其实际控制人等重要信息报送错误；

（三）外国投资者或者外商投资企业未按照本办法要求报送投资信息，并因此受到行政处罚的，两年内再次违反本办法有关要求；

（四）商务主管部门认定的其他严重情形。

第二十六条　商务主管部门在监督检查中掌握的外国投资者、外商投资企业未依法履行信息报告义务的有关情况，应当记入外商投资信息报告系统，并按照国家关于信用体系建设的有关规定完善信用监管。

外国投资者、外商投资企业因违反信息报告义务受到商务主管部门行政处罚的，商务主管部门可将相关情况在外商投资信息报告系统公示平台上予以公示，并按照国家有关规定纳入信用信息系统。

商务主管部门可与市场监管、外汇、海关、税务等有关部门共享外国投资者、外商投资企业履行信息报告义务以及受到相应行政处罚的有关情况。

第二十七条 外国投资者或者外商投资企业认为外商投资信息报告系统公示平台上有关信息记录不完整或者有错误的，可提供相关证明材料并向商务主管部门申请修正。经核查属实的，予以修正。

外国投资者或者外商投资企业改正违法行为、履行相关义务后1年内未再发生违反信息报告义务行为的，可向商务主管部门申请移除外商投资信息报告系统公示平台上有关信息记录。经核查属实的，予以移除。

第六章 附 则

第二十八条 外商投资企业在中国境内投资（含多层次投资）设立企业的，在向市场监管部门办理登记备案、报送年报信息后，相关信息由市场监管部门推送至商务主管部门，上述企业无须另行报送。

第二十九条 外商投资举办的投资性公司、创业投资企业和以投资为主要业务的合伙企业在境内投资设立企业的，应当参照本办法第二章的规定报送投资信息。

第三十条 非企业形式的外商投资，应由外国投资者参照本办法第二章的规定报送投资信息，但通过部门信息共享可以获得相关信息的除外。

第三十一条 法律、行政法规规定企业设立、变更、注销登记前须行业主管部门许可的，外国投资者或者外商投资企业应当在申请登记注册时向市场监管部门提交有关批准文件。

第三十二条 外国投资者在中国境内投资银行业、证券业、保险业等金融行业，适用本办法。

第三十三条 香港特别行政区、澳门特别行政区、台湾地区投资者以及定居在国外的中国公民的投资，参照本办法报送投资信息。

第三十四条 本办法由商务部、市场监管总局负责解释。

第三十五条 本办法自2020年1月1日起实施。《外商投资企业设立及变更备案管理暂行办法》同时废止。

4.2 内外资鼓励项目

4.2.1 外商投资项目

商务部关于修改《外商投资企业设立备案申报表》《外商投资企业变更备案申报表》的公告

（商务部公告 2018 年第 41 号）

为进一步完善外商投资企业设立及变更备案管理，根据国务院《关于修改和废止部分行政法规的决定》（国务院令第 676 号）、《关于修改部分行政法规的决定》（国务院令第 690 号）、商务部《关于内地与香港、澳门〈关于建立更紧密经贸关系的安排〉投资协议》实施后有关备案工作的公告（商务部公告 2017 年第 86 号）等有关规定，对外商投资综合管理信息系统中《外商投资企业设立备案申报表》《外商投资企业变更备案申报表》进行修改。现将修改后的申报表予以公布，自公布之日起施行。

附件 1　外商投资企业设立备案申报表
附件 2　外商投资企业变更备案申报表

商务部
二〇一八年五月十四日

附件 1

外商投资企业设立备案申报表

备案编号：

<table>
<tr><td colspan="4">一、外商投资企业基本信息</td></tr>
<tr><td>企业名称</td><td>（中文）</td><td colspan="2">（英文）</td></tr>
<tr><td>注册地址</td><td>省　市　区</td><td>统计部门</td><td>（勾选统计部门）</td></tr>
<tr><td>是否位于自贸试验区内</td><td>□是（勾选片区）
□否</td><td>是否位于国家级经济技术开发区内</td><td>□是（勾选经开区）
□否</td></tr>
<tr><td>统一社会信用代码</td><td>□已领取营业执照：________</td><td>□未领取营业执照，待补充</td><td></td></tr>
<tr><td>企业类型</td><td colspan="3">□合资
□合作
□独资
□股份制：
□上市　□非上市（□公众公司　□其他）</td></tr>
<tr><td>成立方式</td><td>新设：
□普通新设
□合并新设
□分立新设</td><td colspan="2">非外商投资企业转变为外商投资企业：
□并购设立
□吸收合并
□外国投资者战略投资境内上市非外商投资企业
□境外公开发行证券（发行 H 股、N 股、S 股等）</td></tr>
<tr><td>经营期限</td><td colspan="3">（＊＊＊年或长期）</td></tr>
<tr><td>投资行业</td><td colspan="3">（从行业代码中勾选），其中主营行业为（勾选）。</td></tr>
<tr><td rowspan="5">业务类型</td><td colspan="3">□高新技术企业□研发中心（□独立法人研发中心　□非独立法人研发中心）
□功能性机构（□地区总部　□采购中心　□财务管理中心　□结算中心　□销售中心　□分拨中心　□其他：________）</td></tr>
<tr><td colspan="3">□投资性公司　□创业投资企业　□创业投资管理企业　□股权投资企业　□股权投资管理企业
□金融资产管理公司</td></tr>
<tr><td colspan="3">□境内居民返程投资　□投资性公司投资　□创业投资企业投资　□股权投资企业投资</td></tr>
<tr><td colspan="3">□类金融企业（□融资租赁企业　□商业保理企业　□小额贷款公司　□其他）</td></tr>
<tr><td colspan="3">□不涉及以上各类型</td></tr>
<tr><td colspan="4">□投资者为内地与香港、澳门《〈关于建立更紧密经贸关系的安排〉投资协议》规定的香港/澳门投资者</td></tr>
<tr><td rowspan="2">经营范围</td><td rowspan="2"></td><td colspan="2">□经营范围不涉及国家规定实施的准入特别管理措施</td></tr>
<tr><td colspan="2">□经营范围涉及国家规定实施的准入特别管理措施，但属于内地与香港、澳门《〈关于建立更紧密经贸关系的安排〉投资协议》对香港、澳门开放的领域（仅限于符合上述协议规定条件的香港、澳门投资者设立港、澳投资企业及与内地投资者设立合资、合作企业的情形）</td></tr>
<tr><td>是否属于国家规定的进口设备减免税范围</td><td colspan="3">□是：项目性质及适用产业政策条目：
□国家鼓励外商投资的产业（勾选条目）
□中西部地区外商投资优势产业（勾选条目）项目内容：________
项目投资总额（万美元）
项目执行年限：______年　项目用汇额度：______（万美元）　□否</td></tr>
</table>

续表1

<table>
<tr><td>计价币种</td><td colspan="2">（勾选币种）</td></tr>
<tr><td>总股本</td><td>股份总额：__________万股</td><td>每股票面金额：__________元原币</td></tr>
<tr><td>投资总额</td><td colspan="2">__________万元原币</td></tr>
<tr><td>注册资本</td><td colspan="2">__________万元原币</td></tr>
<tr><td rowspan="13">企业组织机构（可按实际数量下拉）</td><td colspan="2">最高权力机构：</td></tr>
<tr><td rowspan="4">董事</td><td>姓名：</td></tr>
<tr><td>国籍（或地区）：（勾选国籍（或地区））</td></tr>
<tr><td>□护照号：　　□身份证号：
□外国人永久居留身份证号：
□香港/澳门永久性居民身份证号码：
□香港/澳门居民来往内地通行证（回乡证）号码：
□台胞证号码：</td></tr>
<tr><td>产生方式：
□选举　□委派，委派方：（勾选投资者）</td></tr>
<tr><td rowspan="4">监事</td><td>姓名：</td></tr>
<tr><td>国籍（或地区）：（勾选国籍（或地区））</td></tr>
<tr><td>□护照号：　　□身份证号：
□外国人永久居留身份证号：
□香港/澳门永久性居民身份证号码：
□香港/澳门居民来往内地通行证（回乡证）号码：
□台胞证号码：</td></tr>
<tr><td>产生方式：
□选举　□委派，委派方：（勾选投资者）</td></tr>
<tr><td rowspan="4">总经理</td><td>姓名：</td></tr>
<tr><td>国籍（或地区）：（勾选国籍（或地区））</td></tr>
<tr><td>□护照号：　　□身份证号：
□外国人永久居留身份证号：
□香港/澳门永久性居民身份证号码：
□香港/澳门居民来往内地通行证（回乡证）号码：
□台胞证号码：</td></tr>
<tr><td>联系电话：</td></tr>
<tr><td rowspan="3">法定代表人</td><td>姓名：</td><td>国籍（或地区）：［勾选国籍（或地区）］</td></tr>
<tr><td rowspan="2">职务：</td><td>□护照号：　　□身份证号：
□外国人永久居留身份证号：
□香港/澳门永久性居民身份证号码：
□香港/澳门居民来往内地通行证（回乡证）号码：
□台胞证号码：</td></tr>
<tr><td>联系电话：</td></tr>
</table>

续表2

<table>
<tr><td rowspan="5">外商投资企业最终实际控制人信息（可按实际控制人数量下拉填报）</td><td>姓名/名称</td><td>（中文）</td><td>（英文）</td></tr>
<tr><td>国籍（或地区）/注册地</td><td colspan="2">[勾选国籍（或地区）]</td></tr>
<tr><td>证照号码</td><td>证件类型：（勾选证件类型）</td><td>号码：</td></tr>
<tr><td>类别</td><td colspan="2">从以下类型中勾选：
□境外上市公司
□境外自然人
□外国政府机构（含政府基金）
□国际组织
□境内上市公司
□境内自然人
□国有/集体企业
□其他：__________</td></tr>
<tr><td>实际控制方式</td><td colspan="2">从以下方式中勾选：
□单独或与关联投资者共同直接或间接持有企业50%以上股份、股权、财产份额、表决权或者其他类似权益
□单独或与关联投资者共同直接或间接持有企业股份、股权、财产份额、表决权或者其他类似权益不足50%，但所享有的表决权足以对权力机构决议产生重大影响
□对企业的经营决策、人事、财务、技术等有重大影响的其他情形（请详细说明）__________</td></tr>
<tr><td>履行公告程序有关情况的说明</td><td colspan="3">（仅限合并、分立的情形，其他情形无须填写）</td></tr>
<tr><td rowspan="3">企业联系人及联系方式</td><td>姓名：</td><td>证件类型：（勾选）号码：_____</td><td>手机：</td></tr>
<tr><td>固定电话：</td><td>传真：</td><td>电子邮件：</td></tr>
<tr><td colspan="3">联系地址：</td></tr>
<tr><td colspan="4">二、外商投资企业投资者基本信息（可按投资者数量下拉填报）</td></tr>
<tr><td>姓名/名称</td><td colspan="2">股份类型：（勾选股份类型）上市地：（勾选上市地）
（中文）</td><td>（英文）</td></tr>
<tr><td>国籍（或地区）或地址/注册地或注册地址</td><td colspan="2">国籍（或地区）或地址：（勾选国籍或地区）</td><td>注册地或注册地址：</td></tr>
<tr><td>内地与香港、澳门《〈关于建立更紧密经贸关系的安排〉投资协议》规定的香港/澳门投资者证明文件</td><td colspan="3">□已取得香港/澳门投资者证明　　证书编号：　　有效期至：
□投资者为香港/澳门永久性居民　　身份证号码：　　有效期至：　　港澳居民来往内地通行证（回乡证）号码：　　有效期至：　　或香港/澳门特别行政区护照号码：　　有效期至：</td></tr>
</table>

续表3

<table>
<tr><td>证照号码</td><td colspan="3">证件类型：（勾选证件类型）号码：______</td></tr>
<tr><td rowspan="2">认缴出资额</td><td colspan="2">持股数量：______万股出资金额：______万元原币</td><td rowspan="2">权益比例：____%</td></tr>
<tr><td colspan="2">合作条件：（合作企业投资者可以文字形式填写合作条件）</td></tr>
<tr><td>出资方式</td><td colspan="3">☐现金：______万元原币 ☐实物：______万元原币
☐无形资产：______万元原币 ☐土地使用权：______万元原币
☐股权：______万元原币 ☐其他：______万元原币</td></tr>
<tr><td>出资期限</td><td colspan="3">年 月 日前</td></tr>
<tr><td>资金来源地</td><td colspan="3">（勾选资金来源地）</td></tr>
<tr><td rowspan="2">投资者类型</td><td colspan="3">境外投资者（从以下选项勾选）：
☐境外投资者（不属于以下投资类企业）
☐境内设立的外商投资的投资性公司
☐境内设立的外商投资的创业投资企业</td></tr>
<tr><td colspan="3">境内投资者（从以下选项中勾选）：
☐境内投资者为外商投资企业或存在外商投资企业境内再投资情况
☐不存在前述情况</td></tr>
<tr><td rowspan="5">投资者最终实际控制人信息（可按实际控制人数量下拉填报）</td><td>姓名/名称</td><td>（中文）</td><td>（英文）</td></tr>
<tr><td>国籍（或地区）/注册地</td><td colspan="2">（勾选国籍（地区））</td></tr>
<tr><td>证照号码</td><td colspan="2">证件类型：（勾选证件类型） 号码：______</td></tr>
<tr><td>类别</td><td colspan="2">从以下类型中勾选：
☐境外上市公司
☐境外自然人
☐外国政府机构（含政府基金）
☐国际组织
☐境内上市公司
☐境内自然人
☐国有/集体企业
☐其他：</td></tr>
<tr><td>实际控制方式</td><td colspan="2">从以下方式中勾选：
☐单独或与关联投资者共同直接或间接持有企业50%以上股份、股权、财产份额、表决权或者其他类似权益
☐单独或与关联投资者共同直接或间接持有企业股份、股权、财产份额、表决权或者其他类似权益不足50%，但所享有的表决权足以对权力机构决议产生重大影响
☐对企业的经营决策、人事、财务、技术等有重大影响的其他情形（请详细说明）______</td></tr>
<tr><td colspan="4">三、并购设立外商投资企业交易基本情况（可按投资者数量下拉填报；仅限于外国投资者并购境内企业的情形，其他情形无须填写）</td></tr>
<tr><td>以并购方式成为股东</td><td colspan="3">☐是 ☐否</td></tr>
</table>

续表4

<table>
<tr><td>被并购方</td><td colspan="2">（如同一投资者购买企业多个股东股份，可填写多个被并购方）</td></tr>
<tr><td>不存在关联并购</td><td colspan="2">□本交易不涉及关联并购</td></tr>
<tr><td>特殊行业并购</td><td colspan="2">本交易是否涉及拥有中华老字号的境内企业：
□是　　□否</td></tr>
<tr><td>涉及国有资产情况</td><td colspan="2">本交易涉及国有资产转让：
□是　□否</td></tr>
<tr><td>被并购股权情况</td><td colspan="2">被并购方认缴出资额：　万元原币　被并购方实际出资额：　万元原币</td></tr>
<tr><td>并购支付对价</td><td colspan="2">______万元原币</td></tr>
<tr><td rowspan="4">并购支付方式</td><td colspan="2">□现金：______万元原币　　□实物：______万元原币
□无形资产：______万元原币　　□土地使用权：______万元原币</td></tr>
<tr><td rowspan="2">□股权：______万元原币</td><td>□境外上市公司股权：______万元原币</td></tr>
<tr><td>□境内公司股权：______万元原币</td></tr>
<tr><td colspan="2">□其他：______万元原币</td></tr>
<tr><td>并购方出资股权评估值</td><td colspan="2">万元原币</td></tr>
<tr><td rowspan="3">被并购股权/资产价值评估情况</td><td colspan="2">股权/资产评估值：__________万元原币（如并购支付对价低于评估值90%需作出说明）__________</td></tr>
<tr><td colspan="2">财务审计报告编号：__________</td></tr>
<tr><td colspan="2">核准/备案机构（涉及国有资产）：__________</td></tr>
<tr><td>被并购企业所投资企业情况</td><td colspan="2">被并购境内企业所投资企业是否涉及外商投资准入特别管理措施：
□是　　□否</td></tr>
<tr><td colspan="3">四、外国投资者战略投资非外商投资上市公司交易基本情况（可按投资者数量下拉填报；仅限于外国投资者战略投资非外商投资上市公司的情形，其他情形无须填写）</td></tr>
<tr><td>以战略投资方式成为股东</td><td colspan="2">□是　　□否</td></tr>
<tr><td>战略投资阶段</td><td colspan="2">□投资者首次战略投资
□投资者对其已持有股份的上市公司继续进行战略投资</td></tr>
<tr><td>不存在关联并购</td><td colspan="2">□本交易不涉及关联并购</td></tr>
<tr><td>属于《备案办法》所称战略投资范围</td><td colspan="2">□本交易属于《备案办法》所称“战略投资”范围</td></tr>
<tr><td>投资者主体性质</td><td colspan="2">□依法设立、经营的外国法人或其他组织</td></tr>
<tr><td>持股比例</td><td colspan="2">战略投资取得上市公司股份比例：______%</td></tr>
<tr><td>是否成为控股股东</td><td colspan="2">是否为被投资上市公司控股股东：
□是　　□否</td></tr>
</table>

续表5

<table>
<tr><td rowspan="3">投资方式</td><td colspan="2">□定向增发</td></tr>
<tr><td>□协议转让
□要约收购</td><td>股份转让方情况说明：________</td></tr>
<tr><td>□其他：________</td><td></td></tr>
<tr><td>特殊行业并购</td><td colspan="2">本交易是否涉及拥有中华老字号的境内企业：
□是　　□否</td></tr>
<tr><td>涉及国有资产情况</td><td colspan="2">本交易涉及国有资产转让：
□是　□否</td></tr>
<tr><td>战略投资受让金额</td><td colspan="2">______万元原币</td></tr>
<tr><td>战略投资交易对价</td><td colspan="2">______万元原币</td></tr>
<tr><td>战略投资溢折价</td><td colspan="2">______万元原币</td></tr>
<tr><td rowspan="4">交易对价支付方式</td><td colspan="2">□现金：______万元原币　______□实物：______万元原币
□无形资产：______万元原币　□土地使用权：______万元原币</td></tr>
<tr><td rowspan="2">□股权：______万元原币</td><td>□境外上市公司股权：______万元原币</td></tr>
<tr><td>□境内公司股权：______万元原币</td></tr>
<tr><td colspan="2">□其他：______万元原币</td></tr>
<tr><td>出资股权评估值</td><td colspan="2">_________万元原币</td></tr>
<tr><td>被投资上市公司所投资企业情况</td><td colspan="2">被投资上市公司所投资企业是否涉及外商投资准入特别管理措施：
□是　　□否</td></tr>
<tr><td>投资者承诺持股期</td><td colspan="2">_________月</td></tr>
<tr><td>投资者资产状况</td><td colspan="2">外国投资者自身境外实有资产总额：______（万美元）
外国投资者管理的境外实有资产总额：______（万美元）
外国投资者母公司境外实有资产总额：______（万美元）
外国投资者母公司管理的境外实有资产总额：______（万美元）</td></tr>
<tr><td colspan="3">五、备注</td></tr>
</table>

附：外商投资企业投资者填写说明（来源于“设立报告表填表说明”）：

二、外商投资企业投资者基本信息

（一）外商投资的上市公司：

1. 中国投资者：所有中国投资者信息合并报告，仅填写“姓名/名称”与“认缴出资额”两项。其中“姓名/名称”项应填写为“中方A股”；“认缴出资额”项应填写所有中国投资者合计持有的A股股份数量及其所占权益比例，并标明每股价格。

2. 外国投资者：

（1）外国投资者持有的B股、H股以及其他股份（A股除外），应分别合并报告，仅填写“姓名/名称”与“认缴出资额”两项。其中“姓名/名称”项应填写为“B股”、“H股”或“外资其他股份（A股除外）”；“认缴出资额”项应填写所有外国投资者合计持有的B股、H股或外资其他股份（A股除外）的股份数量及其所占权益比例，并标明每股价格。

（2）外国投资者持有的A股，应按单个投资者分别报告，填写“外商投资企业投资者基本信息”栏下的所有信息。应在投资者“姓名/名称”项中加注“A股”，例如“XXX公司（A股）”。

（二）外商投资的非上市公众公司：

外商投资的非上市公众公司系指在全国中小企业股份转让系统挂牌交易的公司。

1. 中国投资者：所有中国投资者信息合并报告，仅填写“姓名/名称”与“认缴出资额”两项。其中“姓名/名称”项应填写为“中方持股”；“认缴出资额”项应填写所有中国投资者合计持有的股份数量及其所占权益比例，并标明每股价格。

2. 外国投资者：外国投资者应按单个投资者分别报告，填写“外商投资企业投资者基本信息”栏下的所有信息。应在投资者“姓名/名称”项中加注“非上市公众公司股份”，例如“×××公司（非上市公众公司股份）”。

附件 2

外商投资企业变更备案申报表

备案编号：

<table>
<tr><td colspan="3">企业名称</td><td colspan="3">（中文）</td><td colspan="3">（英文）</td></tr>
<tr><td colspan="3">统一社会信用代码</td><td colspan="6"></td></tr>
<tr><td colspan="9">一、□外商投资企业基本信息变更（勾选需变更的事项请修改［变更后企业基本信息］页面的相应内容）
（□名称　□注册地址□企业类型（包括转为内资企业）□港澳投资者证明文件□经营期限　□投资行业　□业务类型　□经营范围　□是否属于国家规定的进口设备减免税范围　□投资总额□注册资本　□币种　□董事、监事、总经理等组织机构构成　□法定代表人　□最终实际控制人信息　□联系人及联系方式）</td></tr>
<tr><td colspan="9">二、□外商投资企业投资者基本信息变更（勾选需变更的事项请修改［变更后企业基本信息］页面的相应内容）
（□姓名/名称　□国籍或地址/注册地或注册地址　□证照类型及号码　□认缴出资额□出资方式　□出资期限　□资金来源地　□投资者类型□投资者最终实际控制人信息）</td></tr>
<tr><td colspan="9">三、□并购设立外商投资企业基本信息变更（勾选需变更的事项后进入系统修改设立报告表中的相应内容）
□并购支付对价　□并购支付方式　□被并购股权/资产评估值</td></tr>
<tr><td colspan="9">四、□战略投资备案信息变更（勾选需变更的事项后进入系统修改设立报告表中的相应内容）
□战略投资上市公司交易对价　□战略投资上市公司交易对价支付方式</td></tr>
<tr><td colspan="9">五、□股权、合作权益变更（填写下表，同时根据变更的实际情况，勾选填写“外商投资企业基本信息变更”、“投资者基本信息变更”或“合并、分立、终止”栏中相应信息）</td></tr>
<tr><td colspan="9">变更原因及方式：
□股权变更：
□涉及外国投资者战略投资上市公司
□不涉及外国投资者战略投资上市公司
□合作权益变更</td></tr>
<tr><td colspan="4">原投资者列表</td><td colspan="5">变更后投资者列表</td></tr>
<tr><td>名称</td><td>注册地</td><td>认缴出资额</td><td>权益比例</td><td>名称</td><td>注册地</td><td>认缴出资额</td><td>股权受让溢折价</td><td>权益比例</td></tr>
<tr><td></td><td></td><td></td><td></td><td></td><td></td><td></td><td></td><td></td></tr>
<tr><td></td><td></td><td></td><td></td><td></td><td></td><td></td><td></td><td></td></tr>
<tr><td></td><td></td><td></td><td></td><td></td><td></td><td></td><td></td><td></td></tr>
<tr><td></td><td></td><td></td><td></td><td></td><td></td><td></td><td></td><td></td></tr>
<tr><td colspan="9">六、合并、分立、终止</td></tr>
<tr><td colspan="2">□合并</td><td colspan="7">□新设合并（合并后被解散）
□吸收合并（□合并后存续　□合并后被解散）</td></tr>
<tr><td colspan="9">□分立</td></tr>
<tr><td colspan="9">□终止</td></tr>
</table>

续表

<table>
<tr><td rowspan="8">（一）合并（根据变更的情况，同时填写“外商投资企业基本信息变更”栏、“投资者基本信息变更”栏、“投资者股权变更”栏）</td><td colspan="4"></td></tr>
<tr><td>被合并企业</td><td>统一社会信用代码</td><td>合并后企业</td><td>统一社会信用代码</td></tr>
<tr><td></td><td></td><td rowspan="6"></td><td rowspan="6"></td></tr>
<tr><td></td><td></td></tr>
<tr><td></td><td></td></tr>
<tr><td></td><td></td></tr>
<tr><td></td><td></td></tr>
<tr><td></td><td></td></tr>
<tr><td rowspan="6">（二）分立（根据变更的情况，同时填写“外商投资企业基本信息变更”栏“投资者基本信息变更”栏、“投资者股权变更”栏）</td><td colspan="4"></td></tr>
<tr><td>被分立企业</td><td>统一社会信用代码</td><td>因分立而存续或新设的企业</td><td>统一社会信用代码</td></tr>
<tr><td rowspan="4"></td><td rowspan="4"></td><td></td><td></td></tr>
<tr><td></td><td></td></tr>
<tr><td></td><td></td></tr>
<tr><td></td><td></td></tr>
<tr><td>（三）终止</td><td colspan="4">□因合并或者分立需要解散
□章程规定的经营期限届满或者章程规定的其他解散事由出现，但企业通过修改章程而存续的除外
□最高权力机构决议解散（□企业发生严重亏损，无力继续经营　□因不可抗力遭受严重损失，无法继续经营　□未达经营目的，又无发展前途　□其他原因：＿＿＿＿＿）
□依法被吊销营业执照、责令关闭或者被撤销
□人民法院依法予以解散
□法律法规规定的其他解散情形（□一方不履行协议、合同、章程规定的义务，致使企业无法继续经营　□其他情形：＿＿＿＿＿）</td></tr>
<tr><td>七、外资企业财产或权益对外抵押转让</td><td colspan="4"></td></tr>
<tr><td colspan="2">□ 外资企业财产或权益对外抵押转让</td><td colspan="3">（描述）</td></tr>
<tr><td colspan="5">八、履行公告程序有关情况的说明</td></tr>
<tr><td colspan="5">（仅限合并、分立、减资的情形，其他情形无须填写）</td></tr>
<tr><td colspan="5">九、备注</td></tr>
</table>

鼓励外商投资产业目录（2020 年版）

（国家发展和改革委员会　商务部令第 38 号）

《鼓励外商投资产业目录（2020 年版）》已经 2020 年 11 月 5 日国家发展和改革委员会第 11 次委务会议审议通过和商务部审定，并经党中央、国务院同意，现予公布，自 2021 年 1 月 27 日起施行。《鼓励外商投资产业目录（2019 年版）》同时废止。

国家发展和改革委员会主任　何立峰
商务部部长　王文涛
二〇二〇年十二月二十七日

鼓励外商投资产业目录（2020 年版）

全国鼓励外商投资产业目录

一、农、林、牧、渔业

1. 木本食用油料、调料和工业原料的种植、开发、生产
2. 绿色、有机蔬菜（含食用菌、西甜瓜）、干鲜果品、茶叶栽培技术开发、种植及产品生产
3. 酿酒葡萄育种、种植、生产
4. 啤酒原料育种、种植、生产
5. 糖料、果树、牧草等农作物栽培新技术开发及产品生产
6. 高产高效青贮饲料专用植物新品种培育、开发
7. 花卉生产与苗圃基地的建设、经营
8. 橡胶、油棕、剑麻、咖啡种植
9. 芳香植物的育种、种植，精油的萃取
10. 中药材种植、养殖
11. 农作物秸秆资源综合利用、有机肥料资源的开发、生产
12. 森林资源培育（速生丰产用材林、大径级用材林、竹林、油茶等经济林、珍贵树种用材林等）
13. 林下生态种养
14. 畜禽标准化规模养殖技术开发与应用
15. 种畜禽和水产苗种繁育（不含我国特有的珍贵优良品种）
16. 防治荒漠化、水土保持和国土绿化等生态环境保护工程建设、经营
17. 水产品养殖、深水网箱养殖、工厂化水产养殖、生态型海洋增养殖

二、采矿业

18. 石油、天然气的勘探、开发和矿井瓦斯利用
19. 提高原油采收率（以工程服务形式）及相关新技术的开发与应用
20. 物探、钻井、测井、录井、井下作业等石油勘探开发新技术的开发与应用
21. 提高矿山尾矿利用率的新技术开发与应用及矿山生态恢复技术的综合应用
22. 我国紧缺矿种（如钾盐、铬铁矿等）的勘探、开采和选矿

三、制造业

（一）农副食品加工业

23. 安全高效环保饲料及饲料添加剂（含维生素、蛋氨酸），动物促生长用抗菌药物替代产品开发、生产
24. 宠物饲料、食品开发、生产
25. 水产品加工、贝类净化及加工、海藻保健食品开发
26. 蔬菜、干鲜果品、禽畜产品加工

27. 生物乙醇（不含粮食转化乙醇）的开发、生产

（二）食品制造业

28. 高温杀菌乳（130℃2 秒以上杀菌）的开发、生产

29. 奶酪和再制奶酪、奶酪调理食品生产

30. 婴幼儿配方食品、婴幼儿辅助食品、特殊医学用途配方食品及保健食品的开发、生产

31. 针对老龄人口和改善老龄人口生活品质的营养保健食品、食品添加剂和配方食品的开发、生产

32. 烘焙食品（含使用天然可可豆的巧克力及其制品）、方便食品及其相关配料的开发、生产

33. 糖果、口香糖、蜜饯、冰淇淋、膨化食品、酸奶生产

34. 森林食品加工

35. 植物蛋白仿生肉食品开发、生产

36. 天然食品添加剂、调味品、酶制剂、发酵制品、天然香料新技术开发、生产

37. 无菌液态食品包装材料的开发、生产

（三）酒、饮料和精制茶制造业

38. 果蔬饮料、蛋白饮料、茶饮料、咖啡饮料、植物饮料的开发、生产

（四）纺织业

39. 采用非织造、机织、针织、编织等工艺及多种工艺复合、长效整理等新技术，生产功能性产业用纺织品

40. 采用数字化智能化印染技术装备、染整清洁生产技术（酶处理、高效短流程前处理、针织物连续平幅前处理、低温前处理及染色、低盐或无盐染色、低尿素印花、小浴比气流或气液染色、数码喷墨印花、泡沫整理等）、功能性整理技术、新型染色加工技术、复合面料加工技术，生产高档纺织面料；智能化筒子纱染色技术装备开发与应用

41. 符合环保要求的特种动物纤维、麻纤维、桑柞蚕丝、彩色棉花、彩色桑茧丝类天然纤维的加工技术与产品生产

42. 废旧纺织品回收利用

（五）纺织服装、服饰业

43. 高支棉纱的生产

44. 采用计算机集成制造系统的服装及服装半成品生产

45. 功能性特种服装生产

（六）皮革、毛皮、羽毛及其制品和制鞋业

46. 皮革和毛皮清洁化技术加工

47. 皮革后整饰新技术加工

48. 皮革废弃物综合利用

49. 高性能弹性体鞋材生产

（七）木材加工和木、竹、藤、棕、草制品业

50. 林业三剩物，“次、小、薪”材、废旧木材和竹材的综合利用新技术、新产品开发、生产，木竹材生产污染控制治理、细微颗粒物减排与粉尘防爆技术开发与应用

（八）文教、工美、体育和娱乐用品制造业

51. 高档地毯、刺绣、抽纱产品生产

（九）石油加工、炼焦和核燃料加工业

52. 酚油加工、洗油加工、煤沥青制备高端化学品（不含改质沥青）

（十）化学原料和化学制品制造业

53. 聚氯乙烯和有机硅新型下游产品开发、生产

54. 合成材料的配套原料：过氧化氢氧化丙烯法环氧丙烷、过氧化氢氧化氯丙烯法环氧氯丙烷、萘二甲酸二甲酯（NDC）、1,4-环己烷二甲醇（CHDM）、5 万吨/年及以上丁二烯法己二腈、己二胺、高性能

聚氨酯组合料生产

55. 多乙烯多胺产品生产

56. 高碳 α 烯烃共聚茂金属聚乙烯等高端聚烯烃的开发、生产

57. 合成纤维原料生产：尼龙 66 盐、1,3-丙二醇

58. 合成橡胶生产：聚氨酯橡胶、丙烯酸酯橡胶、氯醇橡胶，以及氟橡胶、硅橡胶等特种橡胶

59. 工程塑料及塑料合金生产：6 万吨/年及以上非光气法聚碳酸酯（PC）、聚甲醛、聚苯硫醚、聚醚醚酮、聚酰亚胺、聚砜、聚醚砜、聚芳酯（PAR）、聚苯醚、聚对苯二甲酸丁二醇酯（PBT）、聚酰胺（PA）及其改性材料、液晶聚合物等产品

60. 精细化工：催化剂新产品、新技术，染（颜）料商品化加工技术，电子化学品和造纸化学品，皮革化学品（N-N 二甲基甲酰胺除外），油田助剂，表面活性剂，水处理剂，胶粘剂，密封胶、胶粘带，无机纤维、无机纳米材料生产，颜料包膜处理深加工

61. 高纯电子级氢氟酸（9N 以上）、氟化氢生产

62. 水性油墨、电子束固化紫外光固化等低挥发性油墨、环保型有机溶剂生产

63. 天然香料、合成香料、单离香料以及香料组分的中间体柠檬醛的生产

64. 高性能涂料，高固体份、无溶剂涂料及配套树脂，水性工业涂料及配套水性树脂生产

65. 高性能氟树脂、氟膜材料，医用含氟中间体，环境友好型含氟制冷剂、清洁剂、发泡剂生产

66. 氢燃料生产、储存、运输、液化

67. 大型、高压、高纯度工业气体（含电子气体）的生产和供应

68. 碳捕集、利用与封存（CCUS）项目建设和经营

69. 从磷化工、铝冶炼中回收氟资源生产

70. 林业化学产品新技术、新产品开发、生产

71. 环保用无机、有机和生物膜开发、生产

72. 新型肥料开发、生产：高浓度钾肥、复合型微生物接种剂、复合微生物肥料、秸秆及垃圾腐熟剂、特殊功能微生物制剂

73. 高效、安全、环境友好的农药新品种、新剂型、专用中间体、助剂的开发、生产，以及相关清洁生产工艺的开发与应用、定向合成法手性和立体结构农药生产

74. 生物农药及生物防治产品开发、生产：微生物杀虫剂、微生物杀菌剂、农用抗生素、生物刺激素、昆虫信息素、天敌昆虫、微生物除草剂

75. 废气、废液、废渣综合利用和处理、处置

76. 有机高分子材料生产：飞机蒙皮涂料、稀土硫化铈红色染料、无铅化电子封装材料、彩色等离子体显示屏专用系列光刻浆料、小直径大比表面积超细纤维、高精度燃油滤纸、锂离子电池隔膜、表面处理自我修复材料、超疏水纳米涂层材料

（十一）医药制造业

77. 新型化合物药物或活性成分药物的生产（包括原料药和制剂）

78. 氨基酸类：发酵法生产色氨酸、组氨酸、蛋氨酸等生产

79. 新型抗癌药物、新型心脑血管药及新型神经系统用药的开发、生产

80. 采用生物工程技术的新型药物生产

81. 艾滋病疫苗、丙肝疫苗、避孕疫苗及宫颈癌、疟疾、手足口病等新型疫苗生产

82. 海洋药物的开发、生产

83. 药品制剂生产：采用缓释、控释、靶向、透皮吸收等新技术的新剂型、新产品

84. 新型药用辅料的开发、生产

85. 动物专用抗菌原料药生产（包括抗生素、化学合成类）

86. 兽用抗菌药、驱虫药、杀虫药、抗球虫药新产品及新剂型生产

87. 新型诊断试剂的开发、生产

88. 细胞治疗药物研发与生产（禁止外商投资领域除外）

89. 疫苗、细胞治疗药物等生产用新型关键原材料、大规模细胞培养产品的开发、生产

90. 新型药用包装材料与技术的开发、生产（中性硼硅药用玻璃，化学稳定性好、可降解，具有避光、高阻隔性的功能性材料，气雾剂、粉雾剂、自我给药、预灌封、自动混药等新型包装给药系统及给药装置）

（十二）化学纤维制造业

91. 差别化、功能性聚酯（PET）的连续共聚改性［阳离子染料可染聚酯（CDP、ECDP）、碱溶性聚酯（COPET）、高收缩聚酯（HSPET）、阻燃聚酯、低熔点聚酯、非结晶聚酯、生物可降解聚酯、采用绿色催化剂生产的聚酯等］；阻燃、抗静电、抗紫外、抗菌、相变储能、光致变色、原液着色等差别化、功能性化学纤维的高效柔性化制备技术研发；智能化、超仿真等功能性化学纤维生产；原创性开发高速纺丝加工用绿色高效环保油剂生产

92. 高性能纤维及制品的开发、生产：碳纤维（CF）、芳纶（AF）、芳砜纶（PSA）、超高分子量聚乙烯纤维（UHMWPE）、聚苯硫醚纤维（PPS）、聚酰亚胺纤维（PI）、聚四氟乙烯纤维（PTFE）、聚苯并双噁唑纤维（PBO）、聚芳噁二唑纤维（POD）、玄武岩纤维（BF）、碳化硅纤维（SiCF）、聚醚醚酮纤维（PEEK）、高强型玻璃纤维（HT-AR）、聚（2,5-二羟基-1,4-苯撑吡啶并二咪唑）（PIPD）纤维

93. 纤维及非纤维用新型聚酯生产：聚对苯二甲酸丙二醇酯（PTT）、聚萘二甲酸乙二醇酯（PEN）、聚对苯二甲酸环己烷二甲醇酯（PCT）、二元醇改性聚对苯二甲酸乙二醇酯（PETG）

94. 利用新型可再生资源和绿色环保工艺生产生物质纤维，包括新溶剂法纤维素纤维（Lyocell）、以竹、麻等为原料的再生纤维素纤维、聚乳酸纤维（PLA）、甲壳素纤维、聚羟基脂肪酸酯纤维（PHA）、动植物蛋白纤维等

95. 尼龙 11、尼龙 12、尼龙 1414、尼龙 46、长碳链尼龙、耐高温尼龙等新型聚酰胺，差别化、功能性、高附加值改性尼龙（包括尼龙弹性体、共聚尼龙、尼龙工程塑料、阻燃尼龙）开发、生产

（十三）橡胶和塑料制品业

96. 有机硅制品的开发、生产、应用

97. 生物可降解塑料及其制品的开发、生产、应用

98. 新型光生态多功能宽幅农用薄膜、无污染可降解农用薄膜开发、生产

99. 废旧塑料的回收和再利用

100. 塑料软包装新技术、新产品（高阻隔、多功能膜及原料）开发、生产

（十四）非金属矿物制品业

101. 节能、环保、利废、轻质高强、高性能、多功能建筑材料开发、生产

102. 模压注塑一体化成型产品开发、生产

103. 以塑代钢、以塑代木、节能高效的化学建材品生产

104. 新型装配式建筑构件智能制造

105. 年产 1000 万平方米及以上弹性体、塑性体改性沥青防水卷材，宽幅（2 米以上）三元乙丙橡胶防水卷材及配套材料，宽幅（2 米以上）聚氯乙烯防水卷材，热塑性聚烯烃（TPO）防水卷材生产

106. 新技术功能玻璃开发、生产：屏蔽电磁波玻璃、微电子用玻璃基板、透红外线无铅硫系玻璃及制品、电子级大规格石英玻璃制品（管、板、坩埚、仪器器皿等）、光学性能优异多功能风挡玻璃（光透射率≥70%）、镀膜隐私风挡玻璃、隔音风挡玻璃、太阳能风挡玻璃、导电变色风挡玻璃、电加热风挡玻璃、抬头显示风挡玻璃、信息技术用极端材料及制品（包括波导级高精密光纤预制棒石英玻璃套管和陶瓷基板）、高纯（≥99.998%）超纯（≥99.999%）水晶原料提纯加工

107. 蓝宝石基板研发、生产

108. 薄膜电池导电玻璃、太阳能集光镜玻璃、建筑用导电玻璃生产

109. 玻璃纤维制品及特种玻璃纤维生产：超细玻璃纤维（单丝直径≤5 微米）、可降解玻璃纤维、异形截面玻璃纤维、耐碱玻璃纤维、低介电玻璃纤维、石英玻璃 纤维、高硅氧玻璃纤维、高强高弹玻璃纤

维、陶瓷纤维等及其制品

110. 光学纤维及制品生产：传像束及激光医疗光纤、超二代和三代微通道板、光学纤维面板、倒像器及玻璃光锥

111. 陶瓷原料的标准化精制、陶瓷用高档装饰材料生产

112. 水泥、电子玻璃、陶瓷、微孔炭砖等窑炉用长寿命节能环保（无铬化）耐火材料生产

113. 多孔陶瓷生产

114. 无机非金属新材料及制品生产：复合材料、特种陶瓷、特种密封材料（含高速油封材料）、特种摩擦材料（含高速摩擦制动制品）、特种胶凝材料、特种乳胶材料、水声橡胶制品、纳米材料

115. 有机—无机复合泡沫保温材料生产、建筑高性能节能保温材料、现代集中农业养殖业保温隔离材料生产

116. 高技术复合材料生产：连续纤维增强热塑性复合材料和预浸料、耐温>300℃树脂基复合材料成型用工艺辅助材料、可生物降解树脂基复合材料、增材制 造用树脂基复合材料、树脂基复合材料（包括体育用品、轻质高强交通工具部件）、特种功能复合材料及制品（包括深水及潜水复合材料制品、医用及康复用复合材料制品）、碳/碳复合材料、高性能陶瓷基复合材料及制品、金属基和玻璃基复合材料及制品、金属层状复合材料及制品、压力≥320MPa 超高压复合胶管、大型客机航空轮胎、聚酯结构发泡材料（用于轻质高强交通工具部件、风电叶片芯材、建筑建材等领域）

117. 精密高性能陶瓷原料生产：碳化硅（SiC）超细粉体（纯度>99%，平均粒径<1μm）、氮化硅（Si_3N_4）超细粉体（纯度>99%，平均粒径<1μm）、高纯超细氧化铝微粉（纯度>99.9%，平均粒径<0.5μm）、低温烧结氧化锆（ZrO_2）粉体（烧结温度<1350℃）、高纯氮化铝（AlN）粉体（纯度>99%，平均粒径<1μm）、金红石型 TiO_2 粉体（纯度>98.5%）、白炭黑（粒径<100nm）、钛酸钡（纯度>99%，粒径<1μm）

118. 高品质人工晶体及晶体薄膜制品开发、生产：高品质人工合成水晶（压电晶体及透紫外光晶体）、超硬晶体（立方氮化硼晶体）、耐高温高绝缘人工合成绝缘晶体（人工合成云母）、新型电光晶体、大功率激光晶体及大规格闪烁晶体、金刚石膜工具、厚度 0.3mm 及以下超薄人造金刚石锯片

119. 非金属矿精细加工（超细粉碎、高纯、精制、改性）

120. 超高功率石墨电极生产

121. 珠光云母生产（粒径 3~150μm）

122. 多维多向整体编制织物及仿形织物生产

123. 利用新型干法水泥窑、烧结墙体材料生产无害化处置固体废弃物

124. 建筑垃圾再生利用

125. 工业副产石膏等产业废弃物综合利用

126. 非金属矿山尾矿综合利用的新技术开发与应用及矿山生态恢复

（十五）有色金属冶炼和压延加工业

127. 高新技术有色金属材料及其产品生产：化合物半导体材料（砷化镓、磷化镓、磷化铟、氮化镓），高温超导材料，记忆合金材料（钛镍、铜基及铁基记忆合金材料），超细（纳米）碳化钙及超细（纳米）晶硬质合金，超硬复合材料，贵金属复合材料，轻金属复合材料，散热器用铝箔，中高压阴极电容铝箔，锂电池电极用铝箔，电解铜箔，大断面、复杂截面铝合金型材，铝合金精密模锻件，电气化铁路架空导线，超薄铜带，耐蚀热交换器铜合金材，高性能铜镍、铜铁合金带，铍铜带、线、管及棒加工材，耐高温抗衰钨丝，镁合金铸件，无铅焊料，镁合金及其应用产品，泡沫铝，钛合金冶炼及加工，原子能级海绵锆，钨及钼深加工产品

128. 符合稀土新材料要求的稀土高端应用产品加工

（十六）金属制品业

129. 航空、航天、船舶、汽车、摩托车轻量化及环保型新材料研发、制造（专用铝板、铝镁合金材料、摩托车铝合金车架等）

130. 轻金属半固态快速成型材料及其产品研发、制造

131. 用于包装各类粮油食品、果蔬、饮料、日化产品等内容物的金属包装制品（应为完整品，容器壁厚度小于 0.3 毫米）的制造及加工（包括制品的内外壁印涂加工）

132. 建筑用钢纤维制造

（十七）通用设备制造业

133. 高档数控机床及关键零部件制造：五轴联动数控机床、数控坐标镗铣加工中心、数控坐标磨床

134. 1000 吨及以上多工位镦锻成型机制造

135. 大型（装炉量 1 吨以上）多功能可控气氛热处理设备、程控化学热处理设备、程控多功能真空热处理设备及装炉量 500 公斤以上真空热处理设备、全纤维炉衬热处理加热炉制造

136. 报废汽车拆解、破碎及后处理分选设备制造

137. FTL 柔性生产线制造

138. 机器人及工业机器人成套系统，机器人专用高精密减速器、高性能伺服电机和驱动器、全自主编程等高性能控制器、传感器、末端执行器、工业智能网关的开发与制造

139. 高端精密工具制造、纳米复合涂层及高端加工设备生产制造

140. 亚微米级超细粉碎机制造

141. 400 吨及以上轮式、履带式起重机械制造

142. 工作压力≥35MPa 高压柱塞泵及马达、工作压力≥35MPa 低速大扭矩马达的设计与制造

143. 工作压力≥25MPa 的整体式液压多路阀，电液比例伺服元件制造

144. 阀岛、功率 0.35W 以下气动电磁阀、200Hz 以上高频电控气阀设计与制造

145. 使用温度在-120℃ 以下或 530℃ 以上的阀门生产

146. 静液压驱动装置设计、制造

147. 压力 10MPa 以上非接触式气膜密封、压力 10MPa 以上干气密封（包括实验装置）的开发、制造

148. 重复精度小于等于 0.03 度，轴向跳动小于等于 0.02mm 气动执行器设计、制造

149. 噪声与振动污染控制设备制造：声屏障、消声器、阻尼弹簧隔振器

150. 汽车用高分子材料（摩擦片、改型酚醛活塞、非金属液压总分泵等）设备开发、制造

151. 第三代及以上轿车轮毂轴承、高中档数控机床和加工中心轴承、高速线材和板材轧机轴承、高速铁路轴承、振动值 Z4 以下低噪音轴承、各类轴承的 P4 和 P2 级轴承、风力发电机组轴承、航空轴承、飞机发动机轴承及其他航空轴承、医疗 CT 机轴承、深井超深井石油钻机轴承、海洋工程轴承、电动汽车驱动电机系统高速轴承（转速≥1.2 万转/分钟）、工业机器人 RV 减速机谐波减速机轴承制造

152. 高密度、高精度、形状复杂的粉末冶金零件及汽车、工程机械等用链条的制造

153. 风电、高速列车用齿轮变速器，船用可变桨齿轮传动系统，大型、重载齿轮箱的制造

154. 耐高温绝缘材料（绝缘等级为 F、H 级）及绝缘成型件制造

155. 蓄能器胶囊、液压气动用橡塑密封件开发与制造

156. 高精度、高强度（12.9 级以上）、异形、组合类紧固件制造

157. 微型精密传动联结件（离合器）制造

158. 大型轧机连接轴制造

159. 机床、工程机械、铁路机车装备等机械设备再制造，汽车零部件再制造，医用成像设备等高端医疗器械及其关键部件再制造，复印机等办公设备再制造

160. 1000 万像素以上或水平视场角 120 度以上数字照相机及其光学镜头、光电模块的开发、制造

161. 办公机械（含工业用途）制造：多功能一体化办公设备（复印、打印、传真、扫描），打印设备，精度 2400dpi 及以上高分辨率彩色打印机头，感光鼓

162. 电影机械制造：2K、4K 数字电影放映机，数字电影摄像机，数字影像制作、编辑设备

163. 船舶污染物港口接收处置设施建设及设备制造，港口危险化学品、油品应急设施建设及设备制

造

（十八）专用设备制造业

164. 矿山无轨采、装、运设备制造：200 吨及以上机械传动矿用自卸车，移动式破碎机，5000 立方米/小时及以上斗轮挖掘机，8 立方米及以上矿用装载机，2500 千瓦以上电牵引采煤机设备等

165. 物探（不含重力、磁力测量）、测井设备制造：MEME 地震检波器，数字遥测地震仪，数字成像、数控测井系统，水平井、定向井、钻机装置及器具，MWD 随钻测井仪

166. 石油勘探、钻井、集输设备制造：工作水深大于 1500 米的浮式钻井系统和浮式生产系统及配套海底采油、集输设备

167. 页岩气装备制造

168. 口径 2 米以上深度 30 米以上大口径旋挖钻机、直径 1.2 米以上顶管机、回拖力 300 吨以上大型非开挖铺设地下管线成套设备、地下连续墙施工钻机制造

169. 520 马力及以上大型推土机设计、制造

170. 100 立方米/小时及以上规格的清淤机、1000 吨及以上挖泥船的挖泥装置设计、制造

171. 防汛堤坝用混凝土防渗墙施工装备设计、制造

172. 土木工程结构防震减灾装置制造

173. 水下土石方施工机械制造：水深 9 米以下推土机、装载机、挖掘机等

174. 公路桥梁养护、自动检测设备制造

175. 公路隧道营运监控、通风、防灾和救助系统设备制造

176. 铁路大型施工、铁路线路、桥梁、隧道维修养护机械和检查、监测设备及其关键零部件的设计、制造

177. （沥青）油毡瓦设备、镀锌钢板等金属屋顶生产设备制造

178. 环保节能型现场喷涂聚氨酯防水保温系统设备、聚氨酯密封膏配制技术与设备、改性硅酮密封膏配制技术和生产设备制造

179. 高精度带材轧机（厚度精度 10 微米）设计、制造

180. 多元素、细颗粒、难选冶金属矿产的选矿装置制造

181. 100 万吨/年及以上乙烯成套设备中的关键设备制造：年处理能力 40 万吨以上混合造粒机，直径 1000 毫米及以上螺旋卸料离心机，小流量高扬程离心泵

182. 金属制品模具（铜、铝、钛、锆的管、棒、型材挤压模具）设计、制造

183. 汽车车身外覆盖件冲压模具，汽车仪表板、保险杠等大型注塑模具，汽车及摩托车夹具、检具设计、制造

184. 汽车动力电池专用生产设备的设计、制造

185. 精密模具（冲压模具精度高于 0.02 毫米、型腔模具精度高于 0.05 毫米）设计、制造

186. 非金属制品模具设计、制造

187. 6 万瓶/小时及以上啤酒灌装设备、5 万瓶/小时及以上饮料中温及热灌装设备、3.6 万瓶/小时及以上无菌灌装设备制造

188. 氨基酸、酶制剂、食品添加剂等生产技术及关键设备制造

189. 10 吨/小时及以上的饲料加工成套设备及关键部件制造

190. 楞高 0.75 毫米及以下的轻型瓦楞纸板及纸箱设备制造

191. 单张纸多色胶印机（幅宽≥750 毫米，印刷速度：单面多色≥16000 张/小时，双面多色≥13000 张/小时）制造

192. 单幅单纸路卷筒纸平版印刷机印刷速度大于 75000 对开张/小时（787×880 毫米）、双幅单纸路卷筒纸平版印刷机印刷速度大于 170000 对开张/小时（787×880 毫米）、商业卷筒纸平版印刷机印刷速度大于 50000 对开张/小时（787×880 毫米）制造

193. 多色宽幅柔性版印刷机（印刷宽度≥1300 毫米，印刷速度≥350 米/秒），喷墨数字印刷机（出

版用：印刷速度≥150 米/分，分辨率≥600dpi；包装用：印刷速度≥30 米/分，分辨率≥1000dpi；可变数据用：印刷速度≥100 米/分，分辨率≥300dpi）制造

194. 计算机墨色预调、墨色遥控、水墨速度跟踪、印品质量自动检测和跟踪系统、无轴传动技术、速度在 75000 张/小时的高速自动接纸机、给纸机和可以自动遥控调节的高速折页机、自动套印系统、冷却装置、加硅系统、调偏装置等制造

195. 电子枪自动镀膜机制造

196. 平板玻璃深加工技术及设备制造

197. 新型造纸机械（含纸浆）等成套设备制造

198. 皮革后整饰新技术设备制造

199. 土壤污染治理及修复设备制造

200. 农产品加工及储藏新设备开发、制造：粮食、油料、蔬菜、干鲜果品、肉食品、水产品等产品的加工储藏、保鲜、分级、包装、干燥等新设备，农产品品质检测仪器设备，农产品品质无损伤检测仪器设备，流变仪，粉质仪，超微粉碎设备，高效脱水设备，五效以上高效果汁浓缩设备，粉体食品物料杀菌设备，固态及半固态食品无菌包装设备，碟片式分离离心机

201. 农业机械制造：农业设施设备（温室自动灌溉设备、营养液自动配置与施肥设备、高效蔬菜育苗设备、土壤养分分析仪器），配套发动机功率 200 千瓦以上拖拉机及配套农具，低油耗低噪音低排放柴油机，大型拖拉机配套的带有残余雾 粒回收装置的喷雾机，高性能水稻插秧机，棉花采摘机及棉花采摘台，适应多种行 距的自走式玉米联合收割机（液压驱动或机械驱动），花生收获机，油菜籽收获机，甘蔗收割机，甜菜收割机、自走式葡萄收获机

202. 林业设施设备制造：苗木花卉智能温室、精准灌溉、施肥、育苗等设备，苗木干径叶根系径流、种子活力、土壤养分等分析仪器，大功率（240kW）林地作业底盘及其配套机具，多功能整地、植树、抚育、采伐、集材等中小型机，困难立地造林机械，林地剩余物收集、打捆、木片、粉碎及其综合利用机，大中型植保与施药喷雾机，小型精准施药装备或仿生施药机器人，林木球果采集、油料果实收获机，大中型树木移植机、灌木平茬装备、高效剪枝设备，林木蓄积量快速测量设备

203. 木材加工设备制造：快速色差识别技术设备，快速实木板材量尺设备，快速结疤检测设备，实木表面缺陷检测设备，锯木制材成套装备技术，人造板材表面缺陷快速检测设备、在线质量分级设备，旋切单板质量在线检测设备，实木家具漆膜打磨粉尘处理设备、智能打磨机器人，多色自动切换喷漆机器人，家具包装、裁切、堆垛机器人，板式家具板件快速分拣设备，家具制造智能仓库

204. 林业灾情监控设备制造：林区快速救援装备、高精度导航定位设备，无人机火情、灾情监测预警设备，灭火、除虫设备

205. 农作物秸秆收集、打捆及综合利用设备制造

206. 农用废物的资源化利用及规模化畜禽养殖废物的资源化利用设备制造

207. 皮革、毛皮及其制品先进智能制造加工专用设备制造

208. 节肥、节（农）药、节水型农业技术设备制造

209. 机电井清洗设备及清洗药物生产设备制造

210. 电子内窥镜制造

211. 眼底摄影机制造

212. 医用成像设备（高场强超导型磁共振成像设备、X 线计算机断层成像设备、数字化彩色超声诊断设备等）、医疗影像智能辅助诊断系统及关键部件的制造

213. 医用超声换能器（3D）制造

214. 硼中子俘获治疗设备制造

215. 图像引导适型调强放射治疗系统制造

216. 血液透析机、血液过滤机制造

217. 全自动生化监测设备、五分类血液细胞分析仪、全自动化学发光免疫分析仪、高通量基因测序

系统制造

218. 药品质量控制新技术、新设备制造

219. 天然药物有效物质分析的新技术、提取的新工艺、新设备开发、制造

220. 生物医药配套耗材生产设备研发、制造

221. 非 PVC 医用输液袋多层共挤水冷式薄膜吹塑装备制造

222. 人工智能辅助医疗设备制造

223. 高端放射治疗设备制造

224. 高端手术器械、理疗康复设备、可穿戴智能化健康装备制造

225. 危重病用生命支持设备制造

226. 移动与远程诊疗设备制造

227. 呼吸机、ECMO、监护仪、PCR 仪制造

228. 微创手术医疗设备开发、生产：3D 成像、电子显微系统、手术机器人、机械臂等

229. 钬激光和二氧化碳激光治疗类产品的研发、生产

230. 新型支架、假体等高端植入介入设备与材料及增材制造技术开发与应用

231. 应急救援装备生产制造

232. 新型纺织机械、关键零部件及纺织检测、实验仪器开发、制造

233. 电脑提花人造毛皮机制造

234. 高新太阳能电池生产专用设备制造

235. 二氧化碳捕集、利用、封存与监测设备制造

236. 大气污染防治设备制造：耐高温及耐腐蚀滤料、低 NOx 燃烧装置、烟气脱氮催化剂及脱氮成套装置、烟气脱硫设备、烟气除尘设备、工业有机废气净化设备、柴油车排气净化装置、含重金属废气处理装置

237. 水污染防治设备制造：卧式螺旋离心脱水机、膜及膜材料、50kg/h 以上的臭氧发生器、10kg/h 以上的二氧化氯发生器、紫外消毒装置、农村小型生活污水处理设备、含重金属废水处理装置

238. 固体废物处理处置设备制造：污水处理厂污泥处置及资源利用设备、日处理量 500 吨以上垃圾焚烧成套设备、垃圾填埋渗滤液处理技术装备、垃圾填埋场防渗土工膜、建筑垃圾处理和资源化利用装备、危险废物处理装置、垃圾填埋场沼气发电装置、废钢铁处理设备、医疗废物集中处置设施

239. 铝工业赤泥综合利用设备开发、制造

240. 尾矿综合利用设备制造

241. 废旧塑料、电器、橡胶、电池回收处理再生利用设备制造

242. 废旧纺织品回收处理设备制造

243. 废旧机电产品再制造设备制造

244. 废旧轮胎综合利用装置制造

245. 余热余压余气利用设备制造

246. 水生生态系统的环境保护技术、设备制造

247. 移动式组合净水设备制造

248. 非常规水处理、重复利用设备与水质监测仪器制造

249. 工业水管网和设备（器具）的检漏设备和仪器制造

250. 日产 10 万立方米及以上海水淡化及循环冷却技术和成套设备开发、制造

251. 钢铁、造纸、纺织、石化、化工、冶金等高耗水行业节水工业设备制造

252. 特种气象观测及分析设备制造

253. 地震台站、台网和流动地震观测技术系统开发及仪器设备制造

254. 四鼓及以上子午线轮胎成型机制造

255. 滚动阻力试验机、轮胎噪音试验室制造

256. 供热计量、温控装置新技术设备制造

257. 氢能制备与储运设备及检查系统制造

258. 新型重渣油气化雾化喷嘴、漏气率 0.5%及以下高效蒸汽疏水阀、1000℃及以上高温陶瓷换热器制造

259. 海上溢油回收装置制造

260. 低浓度煤矿瓦斯和乏风利用设备制造

261. 洁净煤技术产品的开发与利用及设备制造（煤炭气化、液化、水煤浆、工业型煤）

262. 大型公共建筑、高层建筑、石油化工设施、森林、山岳、水域和地下设施消防灭火救援技术开发与设备制造

263. 智能化紧急医学救援设备制造

264. 水文监测传感器制造

265. 核反应堆主工艺设备设计、研发、制造

（十九）汽车制造业

266. 汽车发动机制造及发动机研发机构建设：升功率不低于 70 千瓦的汽油发动机、升功率不低于 50 千瓦的排量 3 升以下柴油发动机、升功率不低于 40 千瓦的排量 3 升以上柴油发动机、燃料电池和混合燃料等新能源发动机

267. 汽车关键零部件制造及关键技术研发：双离合器变速器（DCT）、无级自动变速器（CVT）、电控机械变速器（AMT）、汽油发动机涡轮增压器、黏性联轴器（四轮驱动用）、自动变速器执行器（电磁阀）、液力缓速器、电涡流缓速器、汽车安全气囊用气体发生器、燃油共轨喷射技术（最大喷射压力大于 2000 帕）、可变截面涡轮增压技术（VGT）、可变喷嘴涡轮增压技术（VNT）、达到中国第六阶段污染物排放标准的发动机排放控制装置、智能扭矩管理系统（ITM）及耦合器总成、线控转向系统、颗粒捕捉器、低地板大型客车专用车桥、吸能式转向系统、低拖滞盘式制动器总成、铝制转向节、大中型客车变频空调系统、汽车用特种橡胶配件，以及上述零部件的关键零件、部件

268. 汽车电子装置研发、制造：发动机和底盘电子控制系统及关键零部件，车载电子技术（汽车信息系统和导航系统），汽车电子总线网络技术，电子控制系 统的输入（传感器和采样系统）输出（执行器）部件，电动助力转向系统电子控制 器，嵌入式电子集成系统、电控式空气弹簧，电子控制式悬挂系统，电子气门系统装置，电子组合仪表，ABS/TCS/ESP 系统，电路制动系统（BBW），变速器电控单元（TCU），轮胎气压监测系统（TPMS），车载故障诊断仪（OBD），发动机 防盗系统，自动避撞系统，汽车、摩托车型试验及维修用检测系统，自动驾驶系统、车载电子操作系统、车载电子操作系统应用程序开发（APP）、抬头显示技术、智 能网联汽车避让转向辅助系统、碰撞报警系统（FCW）、自动制动控制系统（ABC）、自动紧急制动系统（AEB）、电子驻车制动系统（EPB）、线控制动系统、自适应巡航系统（ACC）、前视摄像系统、轮速传感器、车联网技术

269. 新能源汽车关键零部件研发、制造：能量型动力电池单体；电池正极材料（比容量≥180mAh/g，循环寿命 2000 次不低于初始放电容量的 80%）及前驱体材料，电池负极材料（比容量≥500mAh/g，循环寿命 2000 次不低于初始放电容量的 80%）、电池隔膜（厚度≤12μm，孔隙率 35%~60%）；电池管理系统，电机控制器，电动汽车电控集成；电动汽车驱动电机系统（高效区：85%工作区效率≥80%），车用 DC/DC（输入电压 100V~400V），大功率电子器件（IGBT，电压等级≥750V，电流≥300A）；插电式混合动力机电耦合驱动系统；燃料电池发动机（质量比功率≥350W/kg）、燃料电池堆（体积比功率≥3kW/L）、膜电极（铂用量≤0.3g/kW）、质子交换膜（质子电导率≥0.08S/cm）、双极板（金属双极板厚度≤1.2mm，其他双极板厚度≤1.6mm）、低铂催化剂、碳纸（电阻率≤3m Ω · cm）、空气压缩机、氢气循环泵、氢气引射器、增湿器、燃料电池控制系统、升压 DC/DC、70MPa 氢瓶、车载氢气浓度传感器；电动汽车用热泵空调；电机驱动控制专用 32 位及以上芯片（不少于 2 个硬件内核，主频不低于 180MHz，具备硬件加密等功能，芯片设计符合功能安全 ASIL C 以上要求）；一体化电驱动总成（功率密度≥2.5kW/kg）；高速减速器（最高输入转速≥12000rpm，噪声低于 75dB）

270. 车载充电机（满载输出工况下效率≥95%）、双向车载充电机、非车载充电设备（输出电压250V~950V，电压范围内效率≥88%）和高功率密度、高转换效率、高适用性无线充电、移动充电技术开发及装备制造

271. 智能汽车关键零部件研发、制造：传感器、车载芯片、中央处理器、车载操作系统和信息控制系统、车网通信系统设备、视觉识别系统、高精度定位装置、线控底盘系统；新型智能终端模块、多核异构智能计算平台技术、全天候复杂交通 场景高精度定位和地图技术、传感器融合感知技术、车用无线通信关键技术、基础 云控平台技术；新型安全隔离架构技术、软硬件协同攻击识别技术、终端芯片安全 加密和应用软件安全防护技术、无线通信安全加密技术、安全通讯及认证授权技术、数据加密技术；测试评价体系架构研发，虚拟仿真、实车道路测试等技术和验证工 具，整车级和系统级测试评价方法，测试基础数据库建设

272. 与 L3/L4/L5 自动驾驶相关的硬件制造：激光雷达，毫米波雷达

273. 充电桩、储能充电桩制造

（二十）铁路、船舶、航空航天和其他运输设备制造业

274. 达到中国摩托车第四阶段污染物排放标准的大排量（排量>250mL）摩托车发动机排放控制装置制造

275. 民用飞机设计、制造、维修：干线、支线飞机，通用飞机

276. 民用飞机零部件制造、维修

277. 民用直升机设计、制造

278. 民用直升机零部件制造

279. 地面、水面效应航行器制造及无人机、浮空器设计、制造

280. 航空发动机及零部件、航空辅助动力系统设计、制造、维修

281. 航空航天用新型材料开发、生产

282. 民用航空机载设备设计、制造

283. 航空地面设备制造：民用机场设施、民用机场运行保障设备、民用机场安全保卫设施、飞行试验地面设备、飞行模拟与训练设备、航空测试与计量设备、航空地面试验设备、机载设备综合测试设备、航空制造专用设备、航空材料试制专用设备、民用航空器地面接收及应用设备、运载火箭地面测试设备、运载火箭力学及环境实验设备

284. 民用卫星设计、制造，民用卫星有效载荷制造

285. 民用卫星零部件制造

286. 星上产品检测设备制造

287. 豪华邮轮及深水（3000 米以上）海洋工程装备的设计

288. 海底矿产资源开发装备的设计

289. 船舶低、中速柴油机及其零部件的设计

290. 船舶舱室机械的设计

291. 船舶通讯导航设备的设计

292. 游艇的设计

293. 智能船舶的设计及相关智能系统的研发

294. 客船导航和通信系统研发、制造

（二十一）电气机械和器材制造业

295. 100 万千瓦超超临界火电机组用关键辅机设备制造：安全阀、调节阀

296. 钢铁行业烧结机脱硝技术装备制造

297. 火电设备的密封件设计、制造

298. 燃煤电站、水电站设备用大型铸锻件制造

299. 水电机组用关键辅机设备制造

300. 输变电设备及关键组部件制造

301. 新能源发电成套设备或关键设备制造：光伏发电、光热发电、地热发电、潮汐发电、波浪发电、垃圾发电、沼气发电、2.5 兆瓦及以上风力发电设备

302. 斯特林发电机组制造

303. 直线和平面电机及其驱动系统开发、制造

304. 高技术绿色电池制造：动力镍氢电池、锌镍蓄电池、钠盐电池、锌银蓄电池、锂离子电池、太阳能电池、燃料电池等

305. 电动机采用直流调速技术的制冷空调用压缩机、采用 CO_2 自然工质制冷空调压缩机、应用可再生能源（空气源、水源、地源）制冷空调设备制造

306. 太阳能空调、采暖系统、太阳能干燥装置制造

307. 生物质干燥热解系统、生物质气化装置制造

308. 生物天然气原料预处理及进料、发酵、提纯、沼液处理装置制造

309. 交流调频调压牵引装置制造

310. 高压真空元件及开关设备，智能化中压开关元件及成套设备，使用环保型中压气体的绝缘开关柜，智能型（可通信）低压电器，非晶合金、卷铁芯等节能配电变压器制造

（二十二）计算机、通信和其他电子设备制造业

311. 高清数字摄录机、数字放声设备制造

312. TFT-LCD、OLED、AMOLED、激光显示、量子点、3D 显示等平板显示屏、显示屏材料制造（6 代及 6 代以下 TFT-LCD 玻璃基板除外）

313. 偏光片基膜、扩散膜研发、制造

314. 电子书材料（电子墨水屏等）的研发、制造

315. 直径 8 英寸及以上硅单晶制造

316. 直径 12 英寸及以上硅片制造

317. 大屏幕彩色投影显示器用光学引擎、光源、投影屏、高清晰度投影管和微显投影设备模块等关键件制造

318. 激光投影设备制造

319. 超高清及高新视频产品制造：4K/8K 超高清电视机、4K 摄像头、监视器以及互动式视频、沉浸式视频、VR 视频、云游戏等高新视频端到端关键软硬件等

320. 数字音、视频编解码设备，数字广播电视演播室设备，数字有线电视系统设备，数字音频广播发射设备，数字电视上下变换器，数字电视地面广播单频网（SFN）设备，卫星数字电视上行站设备制造

321. 集成电路设计，线宽 28 纳米及以下大规模数字集成电路制造，0.11 微米及以下模拟、数模集成电路制造，掩膜版制造，MEMS 和化合物半导体集成电路制造及 BGA、PGA、CSP、MCM 等先进封装与测试

322. 大中型电子计算机、万万亿次高性能计算机、便携式微型计算机、大型模拟仿真系统、工业控制机及控制器制造

323. 量子、类脑等新机理计算机系统的研发、制造

324. 超大规模集成电路制造用刻蚀机、PVD、CVD、氧化炉、清洗机、扩散炉、MFC 等开发、制造

325. 集成电路封装及测试设备制造

326. 计算机数字信号处理系统及板卡制造

327. 图形图像识别和处理系统制造

328. 大容量光、磁盘驱动器及其部件开发、制造

329. 100TB 及以上存储系统制造、8TB 及以上 SSD 固态硬盘制造及智能化存储设备制造

330. 计算机辅助设计（三维 CAD）、电子设计自动化（EDA）、辅助测试（CAT）、辅助制造（CAM）、辅助工程（CAE）系统及其他计算机应用系统制造

331. 软件产品开发、生产

332. 电子专用材料开发、制造（光纤预制棒开发与制造除外）

333. 电子专用设备、测试仪器、工模具制造

334. 新型电子元器件制造：片式元器件、敏感元器件及传感器、频率控制与选择元件、混合集成电路、电力电子器件、光电子器件、新型机电元件、高分子固体电容器、超级电容器、无源集成元件、高密度互连积层板、单层、双层及多层挠性板、刚挠印刷电路板及封装载板、高密度高细线路（线宽/线距≤0.05mm）柔性电路板等

335. 触控系统（触控屏幕、触控组件等）制造及组装

336. 虚拟现实（VR）、增强现实（AR）设备研发、制造

337. 发光效率140lm/W以上高亮度发光二极管、发光效率140lm/W以上发光二极管外延片（蓝光）、发光效率140lm/W以上且功率200mW以上白色发光管制造

338. 高密度数字光盘机用关键件开发、生产

339. 可录类光盘生产

340. 3D打印设备及其关键零部件研发、制造

341. 卫星通信系统设备制造

342. 光通信测量仪表、速率40Gbps及以上光收发器制造

343. 超宽带（UWB）通信设备制造

344. 无线局域网（含支持WAPI）、广域网设备制造

345. 100Gbps及以上速率时分复用设备（TDM）、密集波分复用设备（DWDM）、宽带无源网络设备（包括EPON、GPON、WDM-PON等）、下一代DSL芯片及设备、光交叉连接设备（OXC）、自动光交换网络设备（ASON）、40Gbps以上SDH光纤通信传输设备制造

346. 基于IPv6的下一代互联网系统设备、终端设备、检测设备、软件、芯片开发、制造

347. 第四代及第五代及后续移动通信系统手机、基站、核心网设备、光传输设备、网络检测设备开发、制造

348. 应用于第五代移动终端（手机、汽车、无人机、虚拟现实与增强显示等）的视觉传感器（数字相机、数字摄像头、3D传感器、激光雷达、毫米波雷达等）及其核心元组件（光学镜片与镜头、激光器、感光芯片、马达、光电模块等）、物联网终端的开发、制造

349. 云计算设备（包括服务器、存储设备云及云服务设备高精密机构件等）、软件和系统开发

350. 整机处理能力大于6.4Tbps（双向）的高端路由器、交换容量大于40Tbps的交换机开发、制造

351. 空中交通管制系统设备制造

352. 基于声、光、电、触控等计算机信息技术的中医药电子辅助教学设备，虚拟病理、生理模型人设备的开发、制造

353. 可穿戴智能设备、智能无人飞行器、服务消费机器人等智能消费设备制造

354. 智能家居平台系统及设备制造

（二十三）仪器仪表制造业

355. 土壤墒情监测设备制造

356. 工业过程自动控制系统与装置制造：现场总线控制系统，大型可编程控制器（PLC），两相流量计，固体流量计，新型传感器及现场测量仪表

357. 自动化、智能化、多功能材料力学性能测试仪器，工业CT、三维超声波探伤仪等无损检测设备制造

358. 大型精密仪器、高分辨率显微镜（分辨率小于200nm）开发、制造

359. 高精度数字电压表、电流表制造（显示量程七位半以上）

360. 无功功率自动补偿装置制造

361. 安全生产新仪器设备制造

362. VXI 总线式自动测试系统（符合 IEEE1155 国际规范）制造
363. 煤矿井下监测及灾害预报系统、煤炭安全检测综合管理系统开发、制造
364. 工程测量和地球物理观测设备制造
365. 环境监测仪器制造
366. 无线远传智能水表制造
367. 水库大坝安全智能监控仪器制造
368. 水文数据采集、处理与传输和防洪预警仪器及设备制造
369. 海洋勘探监测仪器和设备制造
370. 市政管网和输水管道渗漏监测仪器制造
371. 核仪器、仪表研发和制造
（二十四）废弃资源综合利用业
372. 煤炭洗选及粉煤灰（包括脱硫石膏）、煤矸石等综合利用
373. 全生物降解材料的生产
374. 废旧电器电子产品、汽车、机电设备、橡胶、金属、电池回收处理
375. 赤泥及其他冶炼废渣综合利用

四、电力、热力、燃气及水生产和供应业

376. 单机 60 万千瓦及以上超超临界机组电站的建设、经营
377. 采用背压型热电联产、热电冷多联产、30 万千瓦及以上超（超）临界热电联产机组电站的建设、经营
378. 缺水地区单机 60 万千瓦及以上大型空冷机组电站的建设、经营
379. 整体煤气化联合循环发电等洁净煤发电项目的建设、经营
380. 单机 30 万千瓦及以上采用流化床锅炉并利用煤矸石、中煤、煤泥等发电项目的建设、经营
381. 发电为主的大型水电站及抽水蓄能电站建设、经营
382. 核电站的建设、经营
383. 新能源电站（包括太阳能、风能、地热能、潮汐能、潮流能、波浪能、生物质能等）建设、经营
384. 重要负荷中心且气源有保障地区天然气调峰电站、天然气分布式能源站的建设、经营
385. 燃气发电与可再生发电互补系统开发与应用
386. 垃圾焚烧发电厂建设、经营
387. 清洁能源微电网的建设、经营
388. 使用天然气、电力和可再生能源驱动的区域供能（冷、热）项目的建设、经营
389. 海水利用（海水直接利用、海水淡化）、苦咸水利用
390. 供水厂的设计、建设、经营
391. 再生水厂的设计、建设、经营
392. 污水处理厂的设计、建设、经营
393. 机动车充电站、电池更换站建设、经营
394. 加氢站建设、经营
395. 生物天然气项目建设、经营
396. 绿色植物绝缘油的研发、应用、生产

五、交通运输、仓储和邮政业

397. 铁路干线路网及铁路专用线的建设、经营
398. 城际铁路、市域（郊）铁路、资源型开发铁路和支线铁路及其桥梁、隧道、轮渡和站场设施的

建设、经营

399. 高速铁路、城际铁路基础设施综合维修

400. 公路、独立桥梁和隧道的建设、经营

401. 公路货物运输公司

402. 港口公用码头设施的建设、经营

403. 民用机场的建设、经营（不包含空中交通管制）

404. 公共航空运输公司

405. 农、林、渔业通用航空公司

406. 国际海上运输公司

407. 邮轮旅客国际海上运输业务

408. 国际集装箱多式联运转运设施建设及快速转运换装设备、标准化运载单元的研发、推广、应用

409. 国际船舶管理机构、船员外派机构

410. 输油（气）管道、油（气）库的建设、经营（不包括航空输油管道、油库）

411. 煤炭管道运输设施的建设、经营

412. 物流业务相关仓储设施建设，特别是自动化高架立体仓储设施，包装、加工、配送业务相关的仓储一体化设施建设、经营

413. 与快递服务相关科技装备及绿色包装的研发应用、绿色物流设施设备的研发应用

414. 托盘及集装单元共用系统建设、经营

415. 农村、社区连锁配送

416. 一般商品的共同配送、鲜活农产品冷链物流和特殊药品低温配送等物流及相关技术服务的提供和运用

417. 大宗商品进出口分拨物流中心建设

六、批发和零售业

418. 跨境电子商务零售

419. 跨境电子商务供应链公司

420. 商贸企业的统一配送和分销网络建设

421. 氦气的经营

422. 汽车加气站建设、运营

七、信息传输、软件和技术服务业

423. 电子商务系统开发与应用服务，各类专业资产交易平台建设、经营

424. 在线教育、在线医疗、在线办公系统开发与应用服务

八、租赁和商务服务业

425. 国际经济、科技、环保、物流信息、商务、会计、税务咨询服务

426. 工程咨询服务

427. 以承接服务外包方式从事系统应用管理和维护、信息技术支持管理、银行后台服务、财务结算、软件开发、离岸呼叫中心、数据处理等信息技术和业务流程外包服务

428. 现代高端装备的维护与维修、数字化生产线改造与集成、专业维修服务和供应链服务

429. 会议、展览及相关服务

430. 创业投资企业

431. 知识产权服务

432. 家庭服务业

九、科学研究和技术服务业

433. 生物工程与生物医学工程技术、生物质能源开发技术研发
434. DNA 编码化合物库技术研发
435. 兽医和宠物营养科学研究、技术服务
436. 智能器件、机器人、神经网络芯片、神经元传感器等人工智能技术研发与应用
437. 同位素、辐射及激光技术研发
438. 海洋开发及海洋能开发技术、海洋化学资源综合利用技术、相关产品开发和精深加工技术、海洋医药与生化制品开发技术研发
439. 海洋监测技术（海洋浪潮、气象、环境监测）、海底探测与大洋资源勘查评价技术研发
440. 综合利用海水淡化后的浓海水制盐、提取钾、溴、镁、锂及其深加工等海水化学资源高附加值利用技术研发
441. 海上石油污染清理与生态修复技术及相关产品开发，海水富营养化防治技术、海洋生物爆发性生长灾害防治技术、海岸带生态环境修复技术研发
442. 节能环保和循环经济技术研发与应用
443. 资源再生及综合利用技术、企业生产排放物的再利用技术研发与应用
444. 环境污染治理及监测技术研发
445. 清洁生产技术开发与服务
446. 碳捕集、利用与封存（CCUS）技术开发与服务
447. 绿色建筑节地与室外环境、节能与能源利用、节水与水资源利用、节材与材料资源利用、室内环境与运行管理综合技术研发与利用
448. 放射性废物处理技术研发与应用
449. 危险废物利用处置设施专业化建设、经营和技术咨询服务
450. 化纤生产及印染加工的节能降耗、三废治理新产品和新技术
451. 磷石膏综合利用技术研发与应用
452. 防沙治沙与沙荒修复技术研发
453. 草畜平衡综合管理技术研发
454. 现代畜牧业废弃物资源化综合利用技术研发与应用
455. 农药新型施药技术研发与应用
456. 民用卫星应用技术研发
457. 检验检测认证服务
458. 研究开发中心
459. 高新技术、新产品开发与企业孵化中心
460. 第五代移动通信技术研发与应用
461. 物联网技术研发与应用
462. 区块链技术研发与应用
463. 工业设计、建筑设计、服装设计等创意产业
464. 城乡规划编制服务（城市、镇总体规划服务除外）

十、水利、环境和公共设施管理业

465. 河道、湖泊水环境治理、水生态修复和管理保护与经营
466. 城市封闭型道路的建设、经营
467. 城市地铁、轻轨等轨道交通的建设、经营
468. 垃圾处理厂，危险废物处理处置厂（焚烧厂、填埋场）及环境污染治理设施的建设、经营

469. 城市停车设施建设、经营
470. 出租车、有轨电车、公交等公共交通系统的建设、运营

十一、教育

471. 非学制类职业培训机构
472. 非学历语言类培训机构（面向学前教育、义务教育、高中阶段教育的除外）

十二、卫生和社会工作

473. 老年人、残疾人和儿童服务机构（儿童福利机构、未成年人救助保护机构、收养登记机构除外）
474. 养老机构、社区和居家养老服务
475. 医疗机构
476. 精神康复机构
477. 心理咨询机构

十三、文化、体育和娱乐业

478. 演出场所经营
479. 体育场馆经营、健身、竞赛表演及体育培训和中介服务
480. 旅游基础设施建设及旅游信息服务

中西部地区外商投资优势产业目录

山西省

1. 牧草饲料作物种植及深加工
2. 小杂粮、马铃薯种植及产品开发、生产
3. 退耕还林还草、天然林保护等国家重点生态工程后续产业开发
4. 节水灌溉和旱作节水技术、保护性耕作技术开发与应用
5. 矿区生态系统恢复与重建工程
6. 非金属矿（高岭土、石灰石、硅石、石英砂）综合利用（勘探、开采除外）
7. 石墨烯、碳纤维（复合材料）等碳系材料的生产设备（气象沉淀、碳化烧结等）的研发、制造
8. 煤层气和煤炭伴生资源综合开发利用
9. 煤制液体燃料生产
10. 焦炭副产品综合利用
11. 棉、毛、麻、丝、化纤的高档纺织、针织及服装加工生产和相关产品的研发、检测
12. 天然药、原料药、中成药的深加工（不含涉密处方）
13. 包装装潢印刷品印刷
14. 高档玻璃制品、高技术陶瓷（含工业陶瓷）技术开发和产品生产
15. 特殊品种（超白、超薄、在线 Low-E、中空、超厚）优质浮法玻璃技术开发和深加工
16. 不锈钢制品生产
17. 汽车零部件制造：六档以上自动变速箱、商用车用高功率密度驱动桥、随动前照灯系统、LED 前照灯、轻量化材料应用、离合器、液压减震器、中控盘总成、座椅、电机及控制系统、主动安全及自动驾驶控制系统、燃料电池系统
18. 高速列车用钢、非晶带材等钢铁新材料的开发、生产
19. 铝合金材料及制品生产

20. 钢丝绳芯橡胶输运带生产

21. 液压技术系统及模具生产

22. 旱地、山地中小农业机械及配套机具制造

23. 三轴以上联动的高速、精密数控机床及配套数控系统、伺服电机及驱动装置、功能部件、刀具、量具、量仪及高档磨具磨料生产

24. 大型煤矿综采设备和防爆机电产品生产

25. 核电物料转运设备及其配套件生产

26. 新型医疗器械设备及医用材料生产加工

27. 第三代及后续移动通信系统手机零部件生产

28. 洗中煤、焦炉煤气余热发电、供热等综合利用

29. 火电厂废弃物等的综合利用

30. 宽带业务和增值电信业务（限于中国入世承诺开放的电信业务）

31. 公路旅客运输公司

32. 城市燃气、热力和供排水管网建设、经营

33. 大型储能技术研发与生产应用（蓄能电池、抽水蓄能技术、空气储能技术、风电与后夜供热等）

34. 生物质能开发、生产、利用

35. 职业院校（含技工学校）

36. 艺术表演培训和中介服务及文化用品、设备等产业化开发

37. 旅游景区（点）保护、开发和经营及其配套设施建设

内蒙古自治区

1. 标准化设施蔬菜基地、集约化蔬菜育苗场建设

2. 牧草饲料作物种植和深加工

3. 绿色农畜产品（乳、肉、绒、皮毛、粮油、马铃薯、果蔬）生产加工

4. 沙生中药材、沙区生态经济林、沙区瓜果、沙区设施农业、沙料建材、沙区新能源和沙漠旅游休闲等沙产业

5. 退耕还林还草、退牧还草、天然林保护、退田还湖、退耕还湿、荒漠化防治等国家重点生态工程后续产业开发

6. 节水灌溉和旱作节水技术、保护性耕作、中低产田改造、盐碱地改良等技术开发与应用

7. 铜、铅、锌、镁、铝等有色金属精深加工

8. 非金属矿（高岭土、红柱石、膨润土、白云石、石墨、珍珠岩、沸石）综合利用、精加工及应用（勘探、开采除外）

9. 棉、毛、绒、麻、丝、化纤的高档纺织、针织及服装生产加工和相关产品的研发、检测

10. 煤层气和煤炭伴生资源综合开发利用

11. 天然气下游化工产品开发和利用（列入《天然气利用政策》限制类和禁止类的除外）

12. 利用乙烯与氯气通过氧氯化法生产30万吨/年以上PVC，废盐酸制氯气等综合利用技术开发及应用

13. 高性能硅油、硅橡胶、树脂，高品质氟树脂，高性能氟橡胶，含氟精细化学品和高品质含氟无机盐等开发、生产

14. 硅材料生产及其应用

15. 动植物药材资源开发、保护和可持续利用：内蒙古道地药材和特色蒙药材种植基地建设、濒危药用植物保育基地建设、种子种苗基地建设、道地药材提取物工厂研发中心建设

16. 少数民族特需用品、工艺美术品、包装容器材料、日用玻璃制品、代表民族特色的旅游商品纪念品生产

17. 碳纤维产品生产及其应用

18. 天然气压缩机（含煤层气压缩机）制造

19. 高性能石油和天然气用钢管特殊扣加工

20. 蒙医药、蒙医医疗设备的研究、开发

21. 汽车整车制造，专用汽车（不包括普通半挂车、自卸车、罐式车、厢式车和仓栅式汽车）制造（须执行《汽车产业投资管理规定》）

22. 汽车零部件制造：六档以上自动变速箱、商用车用高功率密度驱动桥、随动前照灯系统、LED 前照灯、轻量化材料应用（高强钢、铝镁合金、复合塑料、粉末冶金、高强度复合纤维等）、离合器、液压减震器、中控盘总成、座椅

23. 大型储能技术研发与生产应用（蓄能电池、抽水蓄能技术、空气储能技术、风电与后夜供热等）

24. 太阳能、风能发电设备及零部件制造

25. 洗中煤、焦炉煤气余热发电、供热等综合利用

26. 宽带业务和增值电信业务（限于中国入世承诺开放的电信业务）

27. 公路旅客运输公司

28. 城市燃气、热力和供排水管网建设、经营

29. 普通高中和高等教育机构

30. 动漫创作、制作及衍生品开发

31. 文化演出场所建设、艺术表演培训等服务

32. 体育场馆设施建设、体育赛事运营及体育健身休闲服务

33. 健康医疗旅游开发

34. 冰雪、森林、草原、沙漠生态旅游资源开发、建设、经营

35. 旅游景区（点）保护、开发和经营及其配套设施建设

36. 资源枯竭型城市资源精深加工和接续产业等项目

辽宁省

1. 节水灌溉和旱作节水技术、保护性耕作技术开发与应用

2. 退耕还林还草等国家重点生态工程后续产业开发

3. 镁、锆石加工及综合利用

4. 棉、毛、麻、丝、化纤的高档纺织、针织及服装加工生产和相关产品的研发、检测

5. 天然药、原料药、中成药的深加工（不含涉密处方）

6. 高性能子午线轮胎的生产：无内胎载重子午胎，低断面和扁平化（低于 55 系列）、大轮辋高性能轿车子午胎（15 寸以上），航空轮胎及农用子午胎

7. 铝合金、钛合金熔炼及精深加工

8. 不锈钢制品生产

9. 金属包装、自动化立体仓库及仓储物流设备制造

10. 环保设备（大气、污水、固废处理设备）制造及其解决方案应用

11. 智能测控装置及关键零部件制造

12. 高档数控机床伺服装置制造

13. 汽车零部件制造：六档以上自动变速箱、商用车用高功率密度驱动桥、随动前照灯系统、LED 前照灯、轻量化材料应用（高强钢、铝镁合金、复合塑料、粉末冶金、高强度复合纤维等）、离合器、液压减震器、中控盘总成、座椅、汽车主被动安全保护装置、汽车启停电机、新能源汽车驱动装置及控制系统

14. 新型医疗器械设备及医用材料生产加工

15. 高精度铜、铝及合金板带材深加工

16. 非易失性存储器的设计、研发、制造

17. 数字医疗系统、社区护理、个人健康维护相关产品开发与应用
18. 大型储能技术研发与生产应用（蓄能电池、抽水蓄能技术、空气储能技术、风电与后夜供热等）
19. 生物质能开发、生产、利用
20. 宽带业务和增值电信业务（限于中国入世承诺开放的电信业务）
21. 城市燃气、热力和供排水管网建设、经营
22. 节约用水技术改造、技术研发和推广应用
23. 数字视听与数字家庭产品开发（有线电视网络、网络视听节目服务除外）
24. 职业院校（含技工学校）
25. 旅游景区（点）保护、开发和经营及其配套设施建设
26. 资源枯竭型城市资源精深加工和接续产业等项目

吉林省

1. 节水灌溉和旱作节水技术、保护性耕作技术开发与应用
2. 谷子、高粱、燕麦、藜麦、绿豆、红小豆等杂粮杂豆农产品开发、生产
3. 人参、鹿茸、山葡萄、果仁、山野菜、蓝莓、菌类、林蛙、柞蚕、蜂蜜、五味子、蒲公英等长白山特色生态食品、饮品的开发、生产
4. 利用境外资源的木材加工
5. 饮用天然矿泉水生产
6. 硅藻土资源开发及综合利用（勘探、开采除外）
7. 棉、毛、麻、丝、化纤的高档纺织、针织及服装加工生产和相关产品的研发、检测
8. 褐煤蜡萃取
9. 动植物药材资源开发、保护和可持续利用
10. 可降解生物基材料及制品的研发和生产加工
11. 草铵膦及草铵膦中间体的开发、生产
12. 特殊品种（超白、超薄、在线 Low-E、中空、超厚）优质浮法玻璃技术开发和深加工
13. 碳纤维原丝、碳纤维生产及其生产所需辅助材料、碳纤维复合材料及其制品生产
14. 玄武岩纤维新材料的生产、开发
15. 高性能子午线轮胎的生产：无内胎载重子午胎，低断面和扁平化（低于 55 系列）、大轮辋高性能轿车子午胎（15 寸以上），航空轮胎及农用子午胎
16. 铝合金材料及制品生产
17. LED、新型元器件等节能产品生产
18. 生物医药技术开发、生产，现代中药制品生产
19. 医疗设备及关键部件开发、生产
20. 冰雪体育和旅游用品生产
21. 索道缆车、游乐设施等旅游装备制造
22. 换热器设备的生产制造
23. 汽车零部件制造：六档以上自动变速箱、商用车用高功率密度驱动桥、随动前照灯系统、LED 前照灯、轻量化材料应用（高强钢、铝镁合金、复合塑料、粉末冶金、高强度复合纤维等）、离合器、液压减震器、中控盘总成、座椅
24. 专用汽车（不包括普通半挂车、自卸车、罐式车、厢式车和仓栅式汽车）制造（须执行《汽车产业投资管理规定》）
25. 智能手机、平板电脑等智能终端产品及关键零部件的技术开发、生产
26. 生物质能开发、生产、利用
27. 宽带业务和增值电信业务（限于中国入世承诺开放的电信业务）

28. 公路旅客运输公司
29. 汽车金融服务
30. 城市燃气、热力和供排水管网建设、经营
31. 普通高中和高等教育机构
32. 动漫创作、制作及衍生品开发
33. 冰雪旅游资源开发及滑雪场、酒店等配套设施建设、经营
34. 旅游景区（点）保护、开发和经营及其配套设施建设
35. 温泉资源开发及温泉度假村建设、经营
36. 观光农业、休闲农业的开发和经营及其配套设施建设
37. 大型主题公园的建设、经营
38. 资源枯竭型城市资源精深加工和接续产业等项目

黑龙江省

1. 退耕还林还草、天然林保护等国家重点生态工程后续产业开发
2. 节水灌溉和旱作节水技术、保护性耕作技术开发与应用
3. 矿区生态系统恢复与重建工程
4. 利用境外资源的木材加工
5. 锰、铁矿石选矿及综合利用
6. 饮用天然矿泉水生产
7. 日处理甜菜3000吨及以上甜菜制糖及副产品综合利用
8. 马铃薯深加工
9. 绿色食品生产
10. 奶粉、奶油、奶酪、液态奶、功能奶等乳制品生产
11. 营养性豆奶粉、传统豆制品、功能性蛋白产品、大豆磷脂等非转基因大豆制品生产加工
12. 生物医药技术开发、生产，天然药、原料药、中成药的深加工（不含涉密处方）
13. 少数民族特需用品、工艺美术品及代表民族特色的旅游商品纪念品生产
14. 冰雪体育和旅游用品生产
15. 艺术陶瓷、日用陶瓷、工业陶瓷的研发、生产
16. 石墨的高端应用和精深加工
17. 非金属矿（高岭土、石灰石、硅石、石英砂）综合利用（勘探、开采除外）
18. 石墨烯、碳纤维（含复合材料）等碳系材料的研发生产及终端产品制造
19. 硅基及光伏新材料开发、生产
20. 钛矿冶炼及钛制品加工
21. 切削刀具、量具、刃具制造
22. 现代农业装备及配套农机具的生产：大马力拖拉机配套零部件、水稻插秧机及其他种植机械、玉米收获机、谷物联合收获机、其他收获机及配套零部件
23. 高性能子午线轮胎的生产：无内胎载重子午胎，低断面和扁平化（低于55系列）、大轮辋高性能轿车子午胎（15寸以上），航空轮胎及农用子午胎
24. 燃气轮机研发、制造
25. 专用汽车（不包括普通半挂车、自卸车、罐式车、厢式车和仓栅式汽车）制造（须执行《汽车产业投资管理规定》）
26. 汽车零部件制造：六档以上自动变速箱、商用车用高功率密度驱动桥、随动前照灯系统、LED前照灯、轻量化材料应用（高强钢、铝镁合金、复合塑料、粉末冶金、高强度复合纤维等）、离合器、液压减震器、中控盘总成、座椅

27. 医疗设备及关键部件开发、生产
28. 生物质能开发、生产、利用
29. 核电装备的生产：核电电机、电缆、核岛堆内构件等关键配套部件研发生产
30. 电网智能管理控制系统设备制造
31. 宽带业务和增值电信业务（限于中国入世承诺开放的电信业务）
32. 公路旅客运输公司
33. 普通高中和高等教育机构
34. 城市燃气、热力和供排水管网建设、经营
35. 动漫创作、制作及衍生品开发
36. 文化演出、艺术表演培训和中介服务等产业化开发
37. 体育场馆设施建设、体育赛事运营及体育健身休闲服务
38. 森林、冰雪旅游资源开发及滑雪场建设、经营
39. 温泉资源开发及温泉度假村建设、经营
40. 旅游景区（点）保护、开发和经营及其配套设施建设
41. 观光农业、休闲农业的开发和经营及配套设施建设
42. 资源枯竭型城市资源精深加工和接续产业等项目

安徽省

1. 节水灌溉和旱作节水技术、保护性耕作技术开发与应用
2. 高岭土、煤层气（瓦斯）、矿井水及天然焦等煤炭伴生资源综合利用（勘探、开采除外）
3. 非金属矿（方解石、膨润土、高岭土、凹凸棒黏土、石灰石、石英砂）综合利用（勘查、开采除外）
4. 绿色食品生产
5. 棉、毛、麻、丝、化纤的高档纺织、针织及服装加工生产和相关产品的研发、检测
6. 皮鞋、运动鞋等整鞋制造
7. 天然药、原料药、中成药的深加工（不含涉密处方）
8. 煤焦油深加工
9. 纳米材料等新材料研发、制造
10. 长寿节能环保耐火材料生产（《关于持久性有机污染物的斯德哥尔摩公约》受控物质除外）
11. 铜、锌、铝等有色金属精深加工及综合利用
12. 高档无缝钢管、石油油井管制造
13. 包装装潢印刷品印刷
14. 特殊品种（超白、超薄、在线 Low-E、中空、超厚）优质浮法玻璃技术开发和深加工
15. 利用木薯、麻风树、橡胶籽等非粮植物为原料的生物液体燃料（燃料乙醇、生物柴油）生产
16. 高性能子午线轮胎的生产：卡车轮胎、无内胎载重子午胎，低断面和扁平化（低于 55 系列）、大轮辋高性能轿车子午胎（15 寸以上），航空轮胎及农用子午胎
17. 高端医用器械、医用敷料制造
18. 汽车零部件制造：六档以上自动变速箱、商用车用高功率密度驱动桥、随动前照灯系统、LED 前照灯、轻量化材料应用（高强钢、铝镁合金、复合塑料、粉末冶金、高强度复合纤维、铝基复合材料等）、离合器、液压减震器、中控盘总成、座椅、轴承
19. 新型干法水泥成套设备制造
20. 电动叉车、30 吨以上液压挖掘机及零部件开发与制造
21. 燃气轮机研发、制造
22. 500 万吨/年及以上矿井、薄煤层综合采掘设备，1000 万吨级/年及以上大型露天矿关键装备；大

型冶金成套设备等重大技术装备用分散型控制系统（DCS）

23. 难选金属矿产选矿设备和大型冶金成套设备制造

24. 医疗设备及关键部件开发、生产

25. 符合国家1级能效或2级能效家用电器开发、生产

26. 半导体照明材料上下游产品及相关设备的研发、制造

27. 集成电路材料、装备、芯片制造及化合物半导体材料、器件研发、制造

28. 平板显示屏及上下游材料、零部件、装备的研发、制造

29. 智能语音、量子通信等设备研发、制造

30. 工程勘察设计、平面设计和自动控制系统设计等创意产业

31. 生物质能开发、生产、利用

32. 公路旅客运输公司

33. 高等教育机构

34. 职业院校（含技工学校）

35. 动漫创作、制作及衍生品开发

36. 城市燃气、热力和供排水管网建设、经营

37. 旅游景区（点）保护、开发和经营及其配套设施建设

江西省

1. 脐橙、蜜橘、甜柚、茶叶、光皮树、油茶、苎麻、竹、山药、荞头、莲、葛、花生、芝麻、艾草等特色、优势植物及道地药材和药食两用作物种植及深加工

2. 饮用天然矿泉水生产

3. 富硒农产品、食品的开发、生产

4. 铜矿选矿、伴生元素提取及精深加工及循环利用

5. 高岭土、粉石英、硅灰石、海泡石、化工用白云石等非金属矿产品精深加工

6. 氟硅有机材料研发、生产（《关于持久性有机污染物的斯德哥尔摩公约》受控物质除外）

7. 棉、毛、麻、丝、化纤的高档纺织、针织及服装加工生产和相关产品的研发、检测

8. 木质家具设计、利用境外木材资源的木质家具加工

9. 皮鞋、运动鞋等整鞋制造

10. 单条化学木浆30万吨/年及以上、化学机械木浆10万吨/年及以上、化学竹浆10万吨/年及以上的林纸一体化生产线及相应配套的纸及纸板生产线（新闻纸、铜版纸除外）建设，采用清洁生产工艺、以非木纤维为原料、单条10万吨/年及以上的纸浆生产线建设

11. 年产10万吨以上利用木薯类植物的生物液体燃料生产

12. 利用钨、镍、钴、钽、铌等稀有金属资源深加工、应用产品生产及循环利用

13. 利用乙烯与氯气通过氧氯化法生产30万吨/年以上PVC，废盐酸制氯气等综合利用技术开发与应用

14. 天然药、原料药、中成药的研发与生产（不含涉密处方），满足我国重大、多发性疾病防治需求的通用名药物首次开发和利用

15. 艺术陶瓷、日用陶瓷、工业陶瓷的研发、生产

16. 高性能子午线轮胎的生产：无内胎载重子午胎，低断面和扁平化（低于55系列）、大轮辋高性能轿车子午胎（15寸以上），航空轮胎及农用子午胎

17. 包装装潢印刷品印刷

18. 通讯终端产品及零部件的研发与生产

19. 新型电子元器件覆铜板制造

20. 汽车零部件制造：六档以上自动变速箱、商用车用高功率密度驱动桥、随动前照灯系统、LED前

照灯、轻量化材料应用（高强钢、铝镁合金、复合塑料、粉末冶金、高强度复合纤维等）、离合器、液压减震器、中控盘总成、座椅

21. 医疗设备及关键部件开发、生产
22. 空调、高效节能压缩机及零部件生产
23. 太阳能发电设备及零部件制造
24. 半导体芯片上下游产品研发与生产
25. 半导体照明材料上下游产品及相关设备的研发、制造
26. 锂电池等锂产品生产专用设备的研发、制造
27. 光学部件及镀膜技术的研发、应用及制造
28. 光伏发电系统集成技术开发与应用
29. 宽带业务和增值电信业务（限于中国入世承诺开放的电信业务）
30. 公路旅客运输公司
31. 商业连锁经营、跨区域代理经营等新型流通业
32. 动漫创作、制作及衍生品开发
33. 养生休闲服务、休闲旅游等休闲产业
34. 旅游景区（点）保护、开发和经营及其配套设施建设

河南省

1. 优质粮油、茶、柳条、大蒜、花生、菊花、金银花、树莓等优势及特色农产品和药食两用作物的种植、加工
2. 退耕还林还草、天然林保护等国家重点生态工程后续产业开发
3. 节水灌溉和旱作节水技术、保护性耕作技术开发与应用
4. 调味面、米制品生产
5. 镁、锌精深加工
6. 棉、毛、麻、丝、化纤的高档纺织、针织及服装加工生产和相关产品的研发、检测
7. 煤层气（煤矿瓦斯）抽采和利用技术产品开发、生产
8. 超硬材料产品生产
9. 铝合金材料及制品生产
10. 天然药、原料药、中成药的深加工（不含涉密处方）
11. 数字化包装装潢印刷品印刷
12. 特殊品种（超白、超薄、在线 Low-E、中空、超厚）优质浮法玻璃技术开发和深加工
13. 高性能子午线轮胎的生产：无内胎载重子午胎，低断面和扁平化（低于 55 系列）、大轮辋高性能轿车子午胎（15 寸以上），航空轮胎及农用子午胎
14. 石墨烯、碳纤维（复合材料）等碳系材料的生产设备（气象沉淀、碳化烧结等）的研发、制造，石墨烯、碳纤维（含复合材料）等碳系材料的研发生产及终端产品制造
15. 贵金属压延加工
16. 液压管材产业生产、研发、检测
17. 汽车零部件制造：六档以上自动变速箱、商用车用高功率密度驱动桥、随动前照灯系统、LED 前照灯、轻量化材料应用（高强钢、铝镁合金、复合塑料、粉末冶金、高强度复合纤维等）、离合器、液压减震器、中控盘总成、座椅
18. 新型医疗器械设备及医用材料生产加工
19. 防疫、防护产品及其生产设备的研发、生产
20. 三轴以上联动的高速、精密数控机床及配套数控系统、伺服电机及驱动装置、功能部件、刀具、量具、量仪及高档磨具磨料生产

21. 300 马力以上配备无级变速器轮式拖拉机，300 马力以上拖拉机关键零部件制造：无级变速拖拉机发动机、变速箱、液力联合控制系统、双输入双输出无级调速装置

22. 500 万吨/年及以上矿井、薄煤层综合采掘设备，1000 万吨级/年及以上大型露天矿关键装备；12000 米及以上深井钻机、极地钻机、高位移性深井沙漠钻机、沼泽难进入区域用钻机、海洋钻机、车装钻机、特种钻井工艺用钻机等钻机成套设备

23. 电能综合管理自动化设备制造

24. 智能手机、平板电脑等智能终端及关键零部件开发、生产

25. 空调、电冰箱、高效节能压缩机及零部件制造

26. 生物医药技术开发、生产

27. 生物质能开发、生产、利用

28. 宽带业务和增值电信业务（限于中国入世承诺开放的电信业务）

29. 公路货运场站设施的建设和运营

30. 公路旅客运输公司

31. 普通高中和高等教育机构

32. 职业院校（含技工学校）

33. 动漫创作、制作及衍生品开发

34. 城市燃气、热力和供排水管网建设、经营

35. 观光农业、休闲农业的开发和经营及其配套设施建设

36. 健康医疗旅游开发

37. 旅游景区（点）保护、开发和经营及其配套设施建设

湖北省

1. 农作物新品种选育和种子生产

2. 茶叶种植、加工及收购服务

3. 保护性耕作技术开发与应用

4. 饮用天然矿泉水生产

5. 富硒农产品、食品的开发、生产

6. 高档纺织品及服装工艺技术开发

7. 无纺布及医用纺织品生产

8. 动植物药材、保健品资源的开发、保护和可持续利用，植物花叶根茎产品研发、籽粒榨油深加工

9. 棉、毛、麻、丝、化纤的高档纺织、针织及服装加工生产和相关产品的研发、检测

10. 包装装潢印刷品印刷

11. 石墨烯、碳纤维（复合材料）等碳系材料的生产设备（气象沉淀、碳化烧结等）的研发、制造，石墨烯、碳纤维（含复合材料）等碳系材料的研发生产及终端产品制造

12. 铜矿及其他有色金属产品延伸加工及循环利用

13. 特殊品种（超白、超薄、在线 Low-E、中空、超厚）优质浮法玻璃技术开发和深加工

14. 空调、高效节能压缩机及零部件制造

15. 汽车零部件开发与制造：六档以上自动变速箱、商用车用高功率密度驱动桥、随动前照灯系统、LED 前照灯、轻量化材料应用（高强钢、铝镁合金、碳纤维、复合塑料、粉末冶金、高强度复合纤维等）、离合器、液压减震器、中控盘总成、座椅、燃油共轨喷射系统相关产品、涡轮增压发动机、电机及控制系统、主动安全及自动驾驶控制系统

16. 车用压缩氢气塑料内胆碳纤维全缠绕气瓶

17. 高性能子午线轮胎的生产：无内胎载重子午胎，低断面和扁平化（低于 55 系列）、大轮辋高性能轿车子午胎（15 寸以上），航空轮胎及农用子午胎

18. 三轴以上联动的高速、精密数控机床及配套数控系统、伺服电机及驱动装置、功能部件、刀具、量具、量仪及高档磨具磨料生产

19. 特种钢丝绳、钢缆（平均抗拉强度>2200MPa）制造

20. 激光医疗设备开发与制造

21. 光电子技术和产品（含光纤预制棒、半导体发光二极管 LED）开发与制造

22. 集成电路材料、装备、芯片制造及化合物半导体材料、器件研发、制造

23. 医药化工原料废气、废液、废渣的综合利用

24. 新型医疗器械设备及医用材料生产加工

25. 食品安全追溯体系开发和建设

26. 生物质能开发、生产、利用

27. 大型储能技术研发与生产应用（蓄能电池、抽水蓄能技术、空气储能技术、风电与后夜供热等）

28. 宽带业务和增值电信业务（限于中国入世承诺开放的电信业务）

29. 公路旅客运输公司

30. 光储充一体化系统、新能源汽车充电设备技术的开发与应用

31. 职业院校（含技工学校）

32. 动漫创作、制作及衍生品开发

33. 城市燃气、热力和供排水管网建设、经营

34. 旅游景区（点）保护、开发和经营及其配套设施建设

湖南省

1. 节水灌溉和旱作节水技术、保护性耕作技术开发与应用

2. 食品安全追溯体系开发和建设

3. 棉、毛、麻、丝、化纤的高档纺织、针织及服装加工生产和相关产品的研发、检测

4. 皮鞋、运动鞋等整鞋制造

5. 竹木高端环保家具、重组竹材、户外竹材、一次性餐具、竹纤维产品开发与制造

6. 高性能混凝土掺和剂

7. 锰锌精深加工

8. 铋化合物生产

9. 艺术陶瓷、日用陶瓷、工业陶瓷的研发、生产

10. 天然药、中成药的深加工（不含涉密处方）

11. 激素类药物深度开发

12. 特种（超白、超薄、在线 Low-E、中空、超厚等）优质玻璃技术开发和深加工

13. 高端建筑用热轧无缝钢管、核电用管、超临界高压锅炉用无缝钢管及成品油套管等大口径钢管材加工

14. 高性能子午线轮胎的生产：无内胎载重子午胎，低断面和扁平化（低于 55 系列）、大轮辋高性能轿车子午胎（15 寸以上），航空轮胎及农用子午胎

15. 硬质合金精深加工

16. 双金属高速锯切工具

17. 汽车零部件及汽车电子装置开发与制造：六档以上自动变速箱、商用车用高功率密度驱动桥、随动前照灯系统、LED 前照灯、轻量化材料应用（高强钢、铝镁合金、复合塑料、粉末冶金、高强度复合纤维等）、离合器、液压减震器、中 控盘总成、座椅、燃油共轨喷射系统相关产品、涡轮增压发动机、电机及控制系统、主动安全及自动驾驶控制系统

18. 三轴以上联动的高速、精密数控机床及配套数控系统、伺服电机及驱动装置、功能部件、刀具、量具、量仪及高档磨具磨料生产

19. 30 吨以上液压挖掘机、6 米及以上全断面掘进机、320 马力及以上履带推土机、6 吨及以上装载机、600 吨及以上架桥设备（含架桥机、运梁车、提梁机）、400 吨及以上履带起重机、100 吨及以上全地面起重机、钻孔 100 毫米以上凿岩台车、400 千瓦及以上砼冷热再生设备、1 米宽及以上铣刨机；关键零部件：动力换挡变速箱、湿式驱动桥、回转支承、液力变矩器、为电动叉车配套的电机、电控、压力 25 兆帕以上液压马达、泵、控制阀

20. 60C 及以上混凝土输送泵、50 米及以上混凝土泵车、混凝土布料机、混凝土搅拌运输车、混凝土喷射机械手；起升机械：塔式起重机、50 米及以上高空作业车、50 吨级以上轮胎吊；路面机械：12 米及以上沥青路面摊铺机、4 吨以上沥青混凝土搅拌设备、26 吨以上全液压压路机、垃圾收运和处理设备及系统等产品

21. 大型工程机械关键零部件制造：动力换挡变速箱、湿式驱动桥、回转支承、液力变矩器、为电动叉车配套的电机、电控、压力 25 兆帕以上液压马达、泵、控制阀

22. 油茶、竹木产业生产加工机械装备制造

23. 新型橡胶机械成套设备制造

24. 新型医疗器械设备及医用材料生产加工

25. 电子产品整机、光电子、电子材料、电子元器件、零部件的开发和制造

26. 太阳能、风能发电设备及零部件制造

27. 生物质能开发、生产、利用

28. 宽带业务和增值电信业务（限于中国入世承诺开放的电信业务）

29. 公路旅客运输公司

30. 职业院校（含技工学校）

31. 动漫创作、制作及衍生品开发

32. 城市燃气、热力和供排水管网建设、经营

33. 文化演出场所建设、艺术表演培训等服务

34. 体育场馆设施建设、体育赛事运营及体育健身休闲服务

35. 健康医疗旅游开发

36. 旅游景区（点）保护、开发和经营及其配套设施建设

广西自治区

1. 农作物新品种选育和种子生产

2. 水果、坚果、含果油、香料及饮料作物种植深加工及综合利用技术研发与应用

3. 退耕还林还草等国家重点生态工程后续产业开发

4. 动植物药材资源开发、生产

5. 营养性豆奶粉、传统豆制品、功能性蛋白产品、大豆磷脂等非转基因大豆制品生产加工

6. 日处理甘蔗 5000 吨及以上的蔗糖精深加工及副产品综合利用

7. 松香深加工

8. 木、竹、藤、金属、塑料家具的设计、制造

9. 棉、毛、麻、丝、化纤的高档纺织、针织及服装加工生产和相关产品的研发、检测

10. 单条化学木浆 30 万吨/年及以上、化学机械木浆 10 万吨/年及以上、化学竹浆 10 万吨/年及以上的林纸一体化生产线及相应配套的纸及纸板生产线（新闻纸、铜版纸除外）建设，采用清洁生产工艺、以非木纤维为原料、单条 10 万吨/年及以上的纸浆生产线建设，先进制浆、造纸设备开发与制造，无元素氯（ECF）和全无氯（TCF）化学纸浆漂白工艺开发与应用

11. 石墨烯、碳纤维（复合材料）等碳系材料的生产设备（气象沉淀、碳化烧结等）的研发、制造，石墨烯、碳纤维（含复合材料）等碳系材料的研发生产及终端产品制造

12. 碳酸钙精深加工

13. 不锈钢制品生产

14. 铜、铝合金材料及制品生产

15. 锌、锡、锑、钨、锰、铟等金属精深加工

16. 艺术陶瓷、日用陶瓷、工业陶瓷的研发、生产

17. 天然药、原料药、中成药的深加工（不含涉密处方），壮医药、壮医医疗设备的研究、开发

18. 生物医药技术开发、生产

19. 医疗器械设备的研究开发，医用材料生产加工

20. 特殊品种（超白、超薄、在线 Low-E、中空、超厚）优质浮法玻璃技术开发和深加工

21. 利用木薯、麻风树、橡胶籽等非粮植物为原料的生物液体燃料（燃料乙醇、生物柴油）生产

22. 高性能子午线轮胎的生产：无内胎载重子午胎，低断面和扁平化（低于 55 系列）、大轮辋高性能轿车子午胎（15 寸以上），航空轮胎及农用子午胎

23. 汽车整车制造，专用汽车（不包括普通半挂车、自卸车、罐式车、厢式车和仓栅式汽车）制造（须执行《汽车产业投资管理规定》）

24. 汽车零部件制造：六档以上自动变速箱、商用车用高功率密度驱动桥、随动前照灯系统、LED 前照灯、轻量化材料应用（高强钢、铝镁合金、复合塑料、粉末冶金、高强度复合纤维等）、离合器、液压减震器、中控盘总成、座椅

25. 符合非道路四阶段排放标准发动机制造

26. 甘蔗种植机、甘蔗收获机等农机具研发及制造

27. 大型工程机械关键零部件制造：动力换挡变速箱、湿式驱动桥、回转支承、液力变矩器、为电动叉车配套的电机、电控、压力 25 兆帕以上液压马达、泵、控制阀

28. 高端制药设备的开发、生产

29. 智能手机、平板电脑等智能终端产品及关键零部件的技术开发、生产

30. 药物筛选平台、临床技术转化平台、中试放大平台等药物、医疗器械产品研发和生产第三方技术平台

31. 宽带业务和增值电信业务（限于中国入世承诺开放的电信业务）

32. 公路旅客运输公司

33. 职业院校（含技工学校）

34. 城市燃气、热力和供排水管网建设、经营

35. 动漫创作、制作及衍生品开发

36. 养生休闲服务、民族文化开发、休闲旅游等休闲产业

37. 健康医疗旅游开发

38. 旅游景区（点）保护、开发和经营及其配套设施建设

海南省

1. 农作物、畜禽优良品种选育和种苗生产

2. 热带果树种苗引进、培育、经营

3. 水产品加工及副产品综合利用

4. 海防林恢复、天然林保护、节水灌溉和旱作节水等技术的开发与应用

5. 农业废弃物回收利用技术开发与应用

6. 饮用天然矿泉水生产

7. 生物医药技术开发、生产

8. 海南省中药、民族药的研发、生产

9. 海底矿物勘查、开采

10. 旅游工艺品创意设计及生产

11. 天然气下游化工产品开发和利用（列入《天然气利用政策》限制类和禁止类的除外）

12. 高性能子午线轮胎的生产：无内胎载重子午胎，低断面和扁平化（低于55系列）、大轮辋高性能轿车子午胎（15寸以上），航空轮胎及农用子午胎

13. 新能源汽车设计、研发及零部件制造

14. 防疫、防护产品及其生产设备的研发、生产

15. 邮轮的设计、制造、维修及相关基础设施设备建设和供船服务、旅游产品经营服务

16. 游艇的设计、制造、维修及相关基础设施设备建设和供船服务、旅游产品经营服务

17. 海洋工程设备研发、制造

18. 高尔夫用具制造

19. 光电子技术和产品（含光纤预制棒、半导体发光二极管LED）开发、制造

20. 智能手机、平板电脑等智能终端产品及关键零部件的技术开发、生产

21. 航天相关设备制造

22. 高端消费品经营

23. 新型离岸国际贸易（离岸转手买卖、离岸交易有关商品服务）

24. 宽带业务和增值电信业务（限于中国入世承诺开放的电信业务）

25. 公路旅客运输公司

26. 国际船舶代理、外轮理货

27. 船舶供应、第三方船舶管理、航运保险、航运仲裁、海损理算、航运交易、航运金融、航运租赁、保税仓储、国际物流配送、航运信息服务、船员服务、海事培训等航运服务业

28. 旅游、生态、文化主题酒店的建设、运营

29. 人力资源服务

30. 证券公司、期货公司、保险公司

31. 创业投资、天使投资、其他期货市场服务、资本投资服务

32. 融资租赁服务

33. 医疗设备、公务机、新能源汽车经营租赁及维修服务

34. 钻石珠宝等消费精品设计、加工、贸易

35. 旅行社

36. 职业院校（含技工学校）

37. 普通高中和高等教育机构

38. 城市燃气、热力和供排水管网建设、经营

39. 电影院的建设、经营

40. 互联网上网服务营业场所

41. 动漫创作、制作及衍生品开发

42. 演出经纪机构

43. 文艺表演团体

44. 娱乐场所经营

45. 体育健康休闲服务

46. 健康医疗旅游、体育旅游开发

47. 乡村民宿、旅居车旅游的开发和经营及配套设施建设

48. 观光农业、休闲农业的开发和经营及其配套设施建设

49. 旅游景区（点）保护、开发和经营及其配套设施建设

50. 海洋、热带雨林生态旅游资源（国家禁止外商投资的自然保护区等除外）开发、经营及其配套设施建设

重庆市

1. 农林牧渔特色产业发展、技术研发、产品加工及出口

2. 上游石油天然气（特别是四川盆地）矿权空白区域的海相页岩和湖相页岩的勘探、开采和选矿，页岩油气技术开发与应用

3. 天然气下游化工产品生产和开发（列入《天然气利用政策》限制类和禁止类的除外）

4. 聚氨酯主要原料、组合料，高性能、高附加值聚氨酯、工程塑料及下游新材料创新应用产品开发、生产

5. 天然药、原料药、中成药的深加工（不含涉密处方），中医药加工及生物成分萃取，特色原料药和中间体、海外汉方药、化学仿制药生产

6. 生物医药技术开发、生产

7. 石墨烯、碳纤维（复合材料）等碳系材料的生产设备（气象沉淀、碳化烧结等）的研发、制造，石墨烯、碳纤维（含复合材料）等碳系材料的研发生产及终端产品制造

8. 长寿节能环保耐火材料生产（《关于持久性有机污染物的斯德哥尔摩公约》受控物质除外）

9. 特殊品种（超白、超薄 、在线 Low-E、中空、超厚）优质浮法玻璃技术开发和深加工

10. 艺术陶瓷、日用陶瓷、工业陶瓷的研发、生产

11. 铝、镁精深加工

12. 环保设备（大气、污水、固废处理设备）制造及其解决方案应用

13. 排气量 250mL 及以上高性能摩托车整车制造

14. 汽车整车制造，专用汽车（不包括普通半挂车、自卸车、罐式车、厢式车和仓栅式汽车）制造（须执行《汽车产业投资管理规定》）

15. 高性能子午线轮胎的生产：无内胎载重子午胎，低断面和扁平化（低于 55 系列）、大轮辋高性能轿车子午胎（15 寸以上），航空轮胎及农用子午胎以及列入《当前优先发展的高技术产业化重点领域指南》的子午线轮胎关键原材料

16. 汽车零部件制造：满足国六排放标准及以上的增压直喷汽油机/清洁高效柴油机/驱动系统零部件（离合器、减振器、双质量飞轮）、六档以上自动变速箱（AT、DCT、AMT）、座椅、传动轴、电动转向系统零部件、新能源专用发动机/变速器；新能源车用动力锂电池、驱动电机、电控系统、电制动、电仪表、能量回 收系统、电空调、远程监控系统等关键零部件；传动/安全/车身/行驶/信息控制系统、高级驾驶辅助系统（ADAS）、自动驾驶控制系统等智能汽车关键部件；DPF、GPF、SCR 等发动机后处理系统、替代燃料发动机 ECU 控制策略及软硬件；轻量化底盘及车身；轻量化材料应用（高强钢、铝镁合金、复合塑料、粉末冶金、高强 度复合纤维等）、行业共性技术平台（汽车风洞、轻量化、全球研发中心等）建设等

17. 天然气分布式能源燃气轮机、内燃机的研发、制造

18. 太阳能发电设备及零部件制造

19. 线宽 0.25 微米以下大规模数字集成电路制造

20. 智能手机、平板电脑等智能终端产品的技术开发、生产

21. 显示屏、芯片制造用电子特气、化合物半导体、电子化学品的生产、应用

22. 新型医疗器械设备及医用材料生产加工

23. 500 千伏及以上高压直流换流变压器研发、制造

24. 三级能效以上节能环保型家电整机，压缩机、电机、变频器、液晶面板等关键零部件生产，无线输电、裸眼 3D、体感输入等新技术开发

25. 半导体照明材料上下游产品及相关设备的研发、制造

26. 二氧化碳回收、一氧化碳等特殊工业气体制备及应用

27. FINEX 技术及高速、无头连轧技术研发、应用

28. 高精度、高可靠性过程测量仪表，智能传感器制造
29. 宽带业务和增值电信业务（限于中国入世承诺开放的电信业务）
30. 普通高中和高等教育机构
31. 职业院校（含技工学校）
32. 城市燃气、热力和供排水管网建设、经营
33. 动漫创作、制作及衍生品开发
34. 旅行社经营、旅游景区（点）保护、开发和经营及其配套设施建设

四川省

1. 农林牧渔特色产业发展、技术研发、产品加工及出口（包括中药、红薯、柠檬，水果酿酒等）
2. 节水灌溉和旱作节水技术、保护性耕作技术开发与应用
3. 上游石油天然气（特别是四川盆地）矿权空白区域的海相页岩和湖相页岩的勘探、开采、选矿，页岩油气技术开发与应用
4. 饮用天然矿泉水生产
5. 棉、毛、麻、丝、化纤的高档纺织、针织及服装加工生产和相关产品的研发、检测
6. 以境外木、藤为原材料的高端家具生产
7. 体育用品及相关产品研发、制造
8. 天然药、原料药、中成药的深加工（不含涉密处方）
9. 钒钛资源综合利用新技术和新产品研发、制造
10. 天然气下游化工产品生产和开发（列入《天然气利用政策》限制类和禁止类的除外）
11. 含氟精细化学品和高品质含氟无机盐生产
12. 特殊品种（超白、超薄、在线 Low-E、中空、超厚）优质浮法玻璃技术开发和深加工
13. 石墨烯、碳纤维（含复合材料）等碳系材料的研发生产及终端产品制造
14. 石墨的高端应用和精深加工
15. 锂资源加工和相关锂产品的研发、制造
16. 汽车整车制造，专用汽车（不包括普通半挂车、自卸车、罐式车、厢式车和仓栅式汽车）制造（须执行《汽车产业投资管理规定》）
17. 高性能子午线轮胎的生产：无内胎载重子午胎，低断面和扁平化（低于 55 系列）、大轮辋高性能轿车子午胎（15 寸以上），航空轮胎及农用子午胎
18. 汽车零部件制造：六档以上自动变速箱、商用车用高功率密度驱动桥、随动前照灯系统、LED 前照灯、轻量化材料应用（高强钢、铝镁合金、复合塑料、粉末冶金、高强度复合纤维等）、离合器、液压减震器、中控盘总成、座椅
19. 30 吨以上液压挖掘机、6 米及以上全断面掘进机、320 马力及以上履带推土机、6 吨及以上装载机、600 吨及以上架桥设备（含架桥机、运梁车、提梁机）、400 吨及以上履带起重机、100 吨及以上全地面起重机、钻孔 100 毫米以上凿岩台车、400 千瓦及以上砼冷热再生设备、1 米宽及以上铣刨机；关键零部件：动力换挡变速箱、湿式驱动桥、回转支承、液力变矩器、为电动叉车配套的电机、电控、压力 25 兆帕以上液压马达、泵、控制阀
20. 太阳能发电设备及零部件制造
21. 大型储能技术研发与生产应用（蓄能电池、抽水蓄能技术、空气储能技术、风电与后夜供热等）
22. 3000kW 以上大型、重型燃气轮机高温部件及控制系统的研发、制造
23. 半导体照明材料上下游产品及相关设备的研发、制造
24. 精密电子注塑产品开发、生产
25. 液晶电视、数字电视、节能环保电冰箱、智能洗衣机等高档家用电器制造
26. TFT-LCD、OLED 等平板显示屏、显示屏材料制造

27. 智能手机、平板电脑等智能终端产品及关键零部件的技术开发、生产

28. 新型电子元器件制造：高速、敏感电子（气）连接器

29. 医疗及康复用器械、设备及关键部件的开发、生产

30. 天然气压缩机（含煤层气压缩机）制造

31. 环保设备制造及其解决方案应用

32. 工业尾矿及工业生产废弃物及低品位、复杂、难处理矿的资源化利用

33. 工业过程自动控制系统与装置制造：现场总线控制系统，可编程控制器（PLC），两相流量计，固体流量计，新型传感器及现场测量仪表

34. 宽带业务和增值电信业务（限于中国入世承诺开放的电信业务）

35. 道路运输

36. 卫生咨询、健康管理、医疗知识等医疗信息服务

37. 城市燃气、热力和供排水管网建设、经营

38. 动漫创作、制作及衍生品开发

39. 艺术表演培训和中介服务及文化用品、设备等产业化开发

40. 旅游景区（点）保护、开发和经营及其配套设施建设

贵州省

1. 茶叶的种植、开发、培育、销售、深加工及新品种的育种、推广

2. 退耕还林还草、天然林保护等国家重点生态工程后续产业开发

3. 节水灌溉和旱作节水技术开发与应用

4. 马铃薯、魔芋等产品深加工

5. 畜禽、辣椒、苦荞、山药、核桃深加工

6. 棉、毛、麻、丝、化纤的高档纺织、针织及服装加工生产和相关产品的研发、检测

7. 钛冶炼

8. 用先进技术对固定层合成氨装置进行优化节能技改项目建设、运营

9. 利用甲醇开发 M100 新型动力燃料及合成氨生产尾气发展新能源

10. 利用工业生产二氧化碳废气发展工业级、食品级二氧化碳

11. 己二酸生产

12. 采用先进技术建设 30 万吨/年及以上煤制合成氨及配套尿素项目建设、运营

13. 动植物药材资源开发、保护和可持续利用

14. 特殊品种（超白、超薄、在线 Low-E、中空、超厚）优质浮法玻璃技术开发和深加工

15. 铝等有色金属精深加工

16. 高性能铝合金系列产品开发

17. 新型短流程钢铁冶炼技术开发及应用

18. 非高炉冶炼技术（直接还原法）开发与应用

19. 磨料磨具产品生产

20. 新型凿岩钎具的开发及用钢材料生产

21. 制酒、制茶用生产设备的制造

22. 汽车整车制造，专用汽车（不包括普通半挂车、自卸车、罐式车、厢式车和仓栅式汽车）制造（须执行《汽车产业投资管理规定》）

23. 汽车零部件制造：六档以上自动变速箱、商用车用高功率密度驱动桥、随动前照灯系统、LED 前照灯、轻量化材料应用（高强钢、铝镁合金、复合塑料、粉末冶金、高强度复合纤维等）、离合器、液压减震器、中控盘总成、座椅

24. 有特色优势的特种工程机械、架桥铺路机械、破碎机械、液压基础件、数控机床、节能环保装

备、4MW 燃气轮机及以下产品的开发、制造

25. 复式永磁电机抽油机系列化产品开发、生产

26. 复杂地质条件的矿用开采、掘进、提升、井下运输等特种设备及产品的开发、制造

27. 适用于西部山区的轻便、耐用、低耗中小型耕种收和植保、节水灌溉、小型抗旱设备及粮油作物、茶叶、特色农产品等农业机械开发、制造

28. 太阳能发电设备及零部件制造

29. 宽带业务和增值电信业务（限于中国入世承诺开放的电信业务）

30. 公路旅客运输公司

31. 演出经纪机构

32. 城市燃气、热力和供排水管网建设、经营

33. 茅台生态带综合保护及赤水河流域遥感技术应用

34. 旅游景区（点）保护、开发和经营及其配套设施建设

云南省

1. 咖啡、茶叶、油茶、油桐的种植、开发、培育、销售、深加工及新品种的育种和推广
2. 新型天然橡胶开发、应用
3. 天然香料香精生产技术开发及制造
4. 退耕还林还草、天然林保护等国家重点生态工程后续产业开发
5. 高原湖泊保护、污染治理
6. 节水灌溉和旱作节水技术开发与应用
7. 有色金属精深加工
8. 水果、坚果、含油果、香料和饮料作物种植和深加工
9. 蔗糖精深加工及废糖蜜、蔗渣、蔗叶、滤泥、酒精废液等副产品综合利用
10. 营养食品、保健食品开发和生产
11. 特色食用资源开发及应用
12. 符合生态与环保要求的亚麻加工、开发及副产品综合利用
13. 利用木薯、麻风树、橡胶籽等非粮植物为原料的生物液体燃料（燃料乙醇、生物柴油）生产
14. 棉、毛、麻、丝、化纤的高档纺织、针织及服装加工生产和相关产品的研发、检测
15. 动植物药材资源开发、保护和可持续利用
16. 以境外木、藤为原料的高端家具生产
17. 包装装潢及其他印刷
18. 民族特需品、特色工艺品及包装容器材生产
19. 生物医药技术开发、生产
20. 特殊品种（超白、超薄、在线 Low-E、中空、超厚）优质浮法玻璃技术开发和深加工
21. 水电铝材、水电硅材的生产、深加工及其应用
22. 生物质能发电设备制造
23. 太阳能、风能发电设备及零部件制造
24. 汽车整车制造，专用汽车（不包括普通半挂车、自卸车、罐式车、厢式车和仓栅式汽车）制造（须执行《汽车产业投资管理规定》）
25. 宽带业务和增值电信业务（限于中国入世承诺开放的电信业务）
26. 商业连锁经营、跨区域代理经营等新型流通业
27. 观光农业、休闲农业的开发和经营及其配套设施建设
28. 民族特色文化产业、艺术表演培训、中介服务，生态旅游资源开发（自然保护区和国际重要湿地的建设、经营除外）

29. 旅游景区（点）保护、开发和经营及其配套设施建设

西藏自治区

1. 高原特色农畜产品（青稞、牛、羊等）种植、养殖及生产加工
2. 退耕还林还草、天然林保护等国家重点生态工程后续产业开发
3. 节水灌溉和旱作节水技术开发与应用
4. 盐湖资源的开发利用
5. 饮用天然矿泉水生产
6. 牛羊绒、皮革产品深加工及藏毯生产
7. 花卉与苗圃基地的建设经营
8. 林下资源的培植技术研发和林下产品深加工
9. 青稞、牧草等农作物新技术的开发利用
10. 高原特色食品资源开发利用
11. 天然药、原料药、中成药的深加工（不含涉密处方）
12. 藏药新品种、新剂型产品生产
13. 少数民族特需用品、工艺美术品、包装容器材料、日用玻璃制品及极具藏民族特色的旅游商品纪念品生产
14. 太阳能、地能、风能发电设备及零部件制造
15. 新型医疗器械设备及医用材料生产加工
16. 宽带业务和增值电信业务（限于中国入世承诺开放的电信业务）
17. 公路旅客运输公司
18. 城市燃气、热力和供排水管网建设、经营
19. 观光农业、休闲农业的开发和经营及配套设施建设
20. 旅游景区（点）保护、开发和经营及其配套设施建设

陕西省

1. 农作物新品种选育和种子生产
2. 小杂粮、马铃薯、红薯、辣椒、苦荞、山药、核桃种植及产品开发、生产及深加工
3. 中药材生产质量管理规范（GAP）生产基地建设
4. 退耕还林还草、天然林保护、水源地保护等国家重点生态工程后续产业开发
5. 节水灌溉和旱作节水技术、保护性耕作技术和设施农业技术开发与应用
6. 棉、毛、麻、丝、化纤的高档纺织、针织及服装加工生产和相关产品的研发、检测
7. 动植物药材资源开发、保护和可持续利用
8. 煤炭分制利用：煤制甲醇—烯烃及下游煤制芳烃—乙二醇聚酯生产
9. 煤炭液化制油品及化学品生产
10. 天然气下游化工产品的生产与开发（列入《天然气利用政策》限制类和禁止类的除外）
11. 特殊品种（超白、超薄、在线 Low-E、中空、超厚）优质浮法玻璃技术开发和深加工
12. 钒冶炼及钒合金制品生产加工
13. 铝、镁、钛金属精深加工
14. 动物专用抗菌原料药（包括抗生素、化学合成类）、动物疫苗生产
15. 新型医疗器械设备及医用材料生产加工
16. 防疫、防护产品及其生产设备的研发、生产
17. 配电开关控制设备制造
18. 高炉煤气能量回收透平装置设计制造

19. 汽车整车制造，专用汽车（不包括普通半挂车、自卸车、罐式车、厢式车和仓栅式汽车）制造（须执行《汽车产业投资管理规定》）

20. 汽车零部件制造：商用车用高功率密度驱动桥、随动前照灯系统、LED 前照灯、离合器、液压减震器、中控盘总成、座椅、轻量化材料应用

21. 集成电路及生产设备研发生产

22. 智能手机、平板电脑等智能终端产品及关键零部件的技术开发、生产

23. 柔性显示屏、显示屏材料生产

24. 接触显示和通讯终端产品及零部件的研发、生产

25. 商业连锁经营、跨区域代理经营等新型流通业

26. 宽带业务和增值电信业务（限于中国入世承诺开放的电信业务）

27. 公路旅客运输公司

28. 普通高中和高等教育机构

29. 职业院校（含技工学校）

30. 动漫创作、制作及衍生品开发

31. 城市燃气、热力和供排水管网建设、经营

32. 体育赛事运营及体育健身休闲服务

33. 观光农业、休闲农业的开发和经营及其配套设施建设

34. 养生休闲服务、民族文化开发、休闲旅游等休闲产业

35. 旅行社

36. 旅游景区（点）保护、开发和经营及其配套设施建设

37. 资源枯竭型城市资源精深加工和接续产业等项目

甘肃省

1. 节水灌溉和旱作节水技术、保护性耕作技术开发与应用

2. 瓜果、蔬菜、花卉种子的开发、生产

3. 马铃薯、杂粮的种植、深加工

4. 特色中药材的种植、养殖及加工，中药材生产质量管理规范（GAP）生产基地建设

5. 天然气下游化工产品生产和开发（列入《天然气利用政策》限制类和禁止类的除外）

6. 石油及化学产业的延伸加工

7. 化工原料废气、废液、废渣的综合利用

8. 生物医药及医药中间体、生物制剂的研发、生产

9. 医疗设备及关键部件开发、生产

10. 石墨烯、碳纤维（复合材料）等碳系材料的生产设备（气象沉淀、碳化烧结等）的研发、制造，石墨烯、碳纤维（含复合材料）等碳系材料的研发生产及终端产品制造

11. 铝、铜、镍等有色金属精深加工

12. 石油钻采、炼化设备等高端装备制造

13. 汽车整车制造，专用汽车（不包括普通半挂车、自卸车、罐式车、厢式车和仓栅式汽车）制造（须执行《汽车产业投资管理规定》）

14. 不锈钢制品生产

15. 高性能铝合金系列产品开发

16. 新型短流程钢铁冶炼技术开发及应用

17. 汽车零部件制造：六档以上自动变速箱、商用车用高功率密度驱动桥、随动前照灯系统、LED 前照灯、轻量化材料应用（高强钢、铝镁合金、复合塑料、粉末冶金、高强度复合纤维等）、离合器、液压减震器、中控盘总成、座椅

18. 太阳能发电及设备制造业
19. 中等职业院校（含技工学校）
20. 动漫创作、制作及衍生品开发
21. 城市燃气、热力和供排水管网建设、经营
22. 体育场馆设施建设、体育赛事运营及体育健身休闲服务
23. 养生休闲服务、休闲旅游等休闲产业
24. 旅游景区（点）保护、开发和经营及其配套设施建设

青海省

1. 高原动植物资源保护、种养与加工利用
2. 枸杞、青稞等种植及深加工
3. 饲料加工
4. 退耕还林还草、退牧还草、天然林保护、水土保持及水生态综合治理等国家重点生态工程后续产业开发（涉及自然保护区和重要湿地的建设、经营的除外）
5. 节水灌溉和旱作节水技术、保护性耕作技术、设施农业技术、光伏农业技术开发与应用
6. 有机天然农畜产品基地建设和产品精深加工
7. 长寿节能环保耐火材料生产（《关于持久性有机污染物的斯德哥尔摩公约》受控物质除外）
8. 石英、石膏等优势非金属矿产品及深加工制品（勘探、开采除外）
9. 铜、铝、镁等有色金属精深加工
10. 钛金属精深加工
11. 镍金属精深加工
12. 铝基、镁基、钛基、锂基及镍基等新型金属合金材料的研发及生产
13. 中、藏药新品种、新剂型产品生产
14. 特殊品种（超白、超薄、在线 Low-E、中空、超厚）优质浮法玻璃技术开发和深加工
15. 聚甲醛、聚苯硫醚等工程塑料生产
16. 烯烃下游精深加工产品
17. 工业尾矿及工业生产废弃物及低品位、复杂、难处理矿的资源化利用
18. 汽车整车制造，专用汽车（不包括普通半挂车、自卸车、罐式车、厢式车和仓栅式汽车）制造（须执行《汽车产业投资管理规定》）
19. 半导体照明材料上下游产品及相关设备的研发、制造
20. 太阳能、风能发电设备及零部件制造
21. 光伏发电系统集成技术开发与应用
22. 锂电产品生产及专用设备研发、制造
23. 宽带业务和增值电信业务（限于中国入世承诺开放的电信业务）
24. 公路旅客运输公司
25. 水利工程的建设和运营
26. 城市及农村燃气、热力和供排水管网建设、经营
27. 商业连锁经营、跨区域代理经营等新型流通业
28. 体育场馆设施建设、体育赛事运营及体育健身休闲服务
29. 旅游景区（点）保护、开发和经营及其配套设施建设

宁夏自治区

1. 马铃薯种子生产
2. 瓜果、蔬菜、花卉种子的选育生产

3. 退耕还林还草、退牧还草、天然林保护等国家重点生态工程后续产业开发

4. 节水灌溉和旱作节水技术、保护性耕作技术开发与应用

5. 枸杞、葡萄、马铃薯、小杂粮等种植及深加工

6. 沙生中药材、沙区生态经济林、沙区瓜果、沙区设施农业、沙料建材、沙区新能源和沙漠旅游休闲等沙产业

7. 饲料加工

8. 牛乳蛋白、干酪素等高端乳制品深加工

9. 旅游工艺品创意设计及生产

10. 高性能硅油、硅橡胶、树脂，高品质氟树脂，高性能氟橡胶，含氟精细化学品和高品质含氟无机盐等开发、生产（生产或使用《关于持久性有机污染物的斯德哥尔摩公约》受控物质的工艺除外）

11. 碳基材料、碳纤维开发、生产

12. 钽、铌等稀有金属材料的精深加工

13. 铝合金、镁合金、硅、锰合金等新材料的研发及生产

14. 高性能子午线轮胎的生产：全钢子午轮胎、无内胎载重子午胎，低断面和扁平化（低于 55 系列）、大轮辋高性能轿车子午胎（15 寸以上），航空轮胎及农用子午胎

15. 汽车整车制造，专用汽车（不包括普通半挂车、自卸车、罐式车、厢式车和仓栅式汽车）制造（须执行《汽车产业投资管理规定》）

16. 三轴以上联动的高速、精密数控机床及配套数控系统、伺服电机及驱动装置、功能部件、刀具、量具、量仪及高档磨具磨料生产

17. 500 万吨/年及以上矿井、薄煤层综合采掘设备，1000 万吨级/年及以上大型露天矿关键装备

18. 智能机器人装备的开发、生产

19. 太阳能发电系统、风力发电场建设及运营

20. 特殊环境自动控制、智能化仪器、仪表、阀门技术开发

21. 宽带业务和增值电信业务（限于中国入世承诺开放的电信业务）

22. 公路旅客运输公司

23. 普通高中和高等教育机构

24. 中等职业院校（含技工学校）

25. 旅行社

26. 城市燃气、热力和供排水管网建设、经营

27. 养生休闲服务、旅游休闲度假等休闲产业

28. 旅游景区（点）保护、开发和经营及其配套设施建设

新疆自治区（含新疆生产建设兵团）

1. 退耕还林还草、退牧还草、天然林保护等国家重点生态工程后续产业开发

2. 节水灌溉和旱作节水技术、保护性耕作技术、设施农业、有机农业的开发与应用

3. 大米、小麦粉（食品专用米、发芽糙米、留胚米、食品专用粉、全麦粉及营养强化产品等）及制品的开发、生产，传统主食工业化生产

4. 优质番茄、甜菜、香梨、葡萄、西甜瓜、红枣、核桃、杏子、石榴和枸杞等优质特色农产品的种植及深加工

5. 葡萄副产物（葡萄叶子、葡萄籽等）加工

6. 优质酿酒葡萄基地建设及葡萄酒生产

7. 高档营养配方、优质工业乳粉、奶酪、酪蛋白、奶油、炼乳、酸奶等固态、半固态乳制品生产

8. 饲料加工

9. 亚麻、沙棘、薰衣草的种植及其制品生产

10. 棉、毛、麻、丝、化纤的高档纺织、针织及服装加工生产和相关产品的研发、检测

11. 蛭石、云母、石棉、菱镁矿、石灰石、红柱石、石材等非金属矿产的综合利用（勘探、开发除外）

12. 石墨的高端应用和精深加工

13. 煤炭加工应用技术开发

14. 油气伴生资源综合利用

15. 放空天然气回收利用

16. 民族特色药用植物种植、加工和制药新工艺开发

17. 民族特需用品、工艺美术品、包装容器材料、日用玻璃制品及手工地毯、玉雕、民族刺绣等民族特色手工艺品、旅游纪念品生产

18. 特殊品种（超白、超薄、在线 Low-E、中空、超厚）优质浮法玻璃技术开发和深加工

19. 铜、锌、铝等有色金属精深加工

20. 农副产品加工设备制造

21. 汽车整车制造，专用汽车（不包括普通半挂车、自卸车、罐式车、厢式车和仓栅式汽车）制造（须执行《汽车产业投资管理规定》）

22. 杂粮加工专用设备开发、生产

23. 太阳能、风能发电设备及零部件制造

24. 石油及采矿等特种设备制造

25. 智能电网设备、电气成套控制系统设备制造

26. 小型清雪设备制造

27. 钢铁冶金固体废弃物综合利用、脱硫石膏、煤粉灰、电石渣综合利用及制品、污水净化处理成套设备制造

28. 宽带业务和增值电信业务（限于中国入世承诺开放的电信业务）

29. 公路旅客运输公司

30. 商业连锁经营、跨区域代理经营等新型流通业

31. 机械设备经营租赁

32. 城市燃气、热力和供排水管网建设、经营

33. 旅行社

34. 健康医疗旅游开发

35. 旅游景区（点）保护、开发和经营及其配套设施建设

国家发展改革委关于应对疫情进一步深化改革做好外资项目有关工作的通知

（发改外资〔2020〕343 号）

各省、自治区、直辖市及计划单列市、新疆生产建设兵团发展改革委：

为贯彻落实党中央、国务院关于统筹推进新冠肺炎疫情防控和经济社会发展的决策部署，深入实施《外商投资法》及配套法规，加大改革力度，做好当前和今后一段时期稳外资工作，促进外资基本盘稳定，现就有关事项通知如下。

一、积极帮扶外资项目和外资企业复工复产。各级发展改革委要统筹好疫情防控和复工复产，把外资项目和外资企业复工复产作为当前重要工作。对于已投产项目，要帮助协调返岗、物流、物资等问题，尽快恢复产能。对于在建项目，要做好工程建设保障、审批事项衔接，力争整体项目进度不受影响。对于前期项目，要创新工作方法，支持项目方远程办理各项手续，尽快进入实施阶段。要主动联系外资企业，协调解决复工复产障碍，各项援企政策统一适用于外资企业。对于重点外资企业要采取“一对一”精准帮扶，对于外资企业反映的产业链协同复工问题要积极响应，涉及跨省协调事项及时报告我委。

二、加强重大外资项目跟踪储备。各级发展改革委要根据职能，积极做好投资促进工作，加强与开发区、招商部门对接，完善重大外资项目跟踪储备机制。其中，对于制造业、高技术服务业总投资10亿美元以上在谈、签约、在建外资项目，如涉及国家部委协调事项的，省级发展改革委要及时向国家发展改革委申报，符合条件的将按程序纳入重大外资项目工作专班协调。技术先进、医疗防疫、关键领域或中西部地区、东北地区的项目，可适度放宽规模。

三、做好重大外资项目协调推进。纳入重大外资项目工作专班协调的项目，工作专班及有关部门将给予政策支持，会同项目所在地政府统筹推进。各级发展改革委要积极协调推进地方层面的重大外资项目，确保要素跟着项目走。利用外资重点省市发展改革委要推动建立健全地方层面的重大外资项目专班机制，制定项目清单和工作方案，加强各级联动、部门协同，建立绿色通道，推动项目尽快落地。通过重大外资项目工作以点带面，全方位提升外资项目服务水平。

四、全面落实外资准入负面清单管理制度。对于外资准入负面清单（以下简称负面清单）之外的外资项目，不得设置单独针对外资的准入限制，除《政府核准的投资项目目录》规定内外资项目均需核准的，其他外资项目由地方发展改革委实行属地化备案管理。对于负面清单之内涉及固定资产投资的外资新建项目或并购项目，根据股比、高管要求等规定，办理核准手续。其中，总投资3亿美元及以上项目由国家发展改革委核准，3亿美元以下项目由省级发展改革委核准。落户自贸试验区的外资项目，按照自贸试验区负面清单执行。

五、提高外资项目备案便利化程度。所有备案的外资项目一律实行告知性备案管理。备案机关通过全国投资项目在线审批监管平台（以下简称在线平台），在项目实施前收到项目单位提供的项目基本信息即完成备案。项目基本信息包括项目单位、项目名称、项目地点、项目内容、投资规模、投资方及国别、出资额及出资比例、符合负面清单及产业政策声明。备案证明可通过在线平台由项目单位自行打印。

六、简化外资项目核准手续。项目单位提交项目申请报告，除规定内容外，无须附企业财务报表、资金信用证明、环境影响评价审批文件、节能审查意见、国有资产出资确认文件。除法律、行政法规另有规定外，外资项目核准手续可与其他许可手续并行办理。全面推进远程办理，有条件的地方要加快完善在线平台收件、出件功能，实现无纸化办理，暂不具备条件的地方可通过邮寄方式收件、出件，实现不见面办理。疫情期间申报材料有关附件存在办理困难的项目，核准机关可实行容缺受理、先办后补。

七、优化鼓励类外资项目进口设备免税确认流程。对于属于《鼓励外商投资产业目录》范围的鼓励类外资项目，在投资总额内进口自用设备继续实行免征关税政策。限额以上的鼓励类外资项目，取消省级以下转报环节，项目单位直接向省级发展改革委提出免税申请，由省级发展改革委初审后报我委。疫情期间，对于因供应链问题暂不能确定进口设备清单的项目可容缺受理，相关材料可通过纵向网报送我委，先行启动办理程序。

八、保护外资项目合法权益。外资项目备案、核准机关应当遵循便民、高效原则，公开外资项目备案和核准的办理流程、办理条件、办理时限，不得擅自增加审核要求，不得超出办理时限，不得非法干预外商投资自主权。外资项目备案、核准机关及其工作人员不得利用行政手段强制或变相强制转让技术。对于履职过程中知悉的商业秘密，应当依法予以保密。各项支持企业和项目的政策，应当平等适用于内外资企业、内外资项目。

九、加强对外资企业的走访服务。各级发展改革委要加强与外资企业和外资企业商会沟通交流，宣传解读政策法规，听取外资企业和商会对改善本地区投资环境的建议，主动回应企业关切。要经常性走访外资企业和外资项目，深入了解生产经营和招商引资情况，加强形势分析，协调解决问题，推动完善本地区投资促进和便利化等稳外资政策措施。制定与外资有关的政策，应当以座谈会、书面等形式征求外资企业意见，充分考虑跨国投资实际情况，切实体现内外资一视同仁、平等对待。

十、完善外资项目事中事后监管。外资项目备案、核准机关要加强与同级政府有关部门的协同配合，按照谁审批谁监管、谁主管谁监管的原则，采取“双随机一公开”等方式完善项目监管，监督检查应当尽可能纳入跨部门联合抽查范围，以避免重复检查增加企业负担。省级发展改革委要通过在线方式抽查备案外资项目，加强对负面清单执行情况的监督检查，发现违反负面清单规定的情形及时上报，并依法予以处理。

十一、进一步扩大鼓励外商投资范围。近期我委将会同商务部等部门修订《鼓励外商投资产业目录》。本次修订拟进一步扩大鼓励范围，促增量和稳存量并举，聚焦促进制造业高质量发展、发挥中西部地区和东北地区承接产业转移潜力。请省级发展改革委结合本地区实际，根据招商引资情况、外资项目和外资企业诉求、产业发展方向等，会同商务等有关部门抓紧研究提出需增加的《鼓励外商投资产业目录》条目建议，于3月17日前报我委。

各级发展改革委要充分认识当前和今后一段时期稳外资的重要性，在抓好疫情防控的同时，勇于担当、善于作为，通过改革完善外资项目有关工作，努力做好稳外资工作。落实本通知的经验、问题和建议，请及时向我委报告。

国家发展改革委

二〇二〇年三月九日

海关总署关于执行《鼓励外商投资产业目录（2020年版）》有关问题的公告

（海关总署公告2021年第9号）

国家发展改革委、商务部第38号令公布了《鼓励外商投资产业目录（2020年版）》（以下简称《目录（2020年版）》），自2021年1月27日起施行。根据《国务院关于调整进口设备税收政策的通知》（国发〔1997〕37号，以下简称“国发37号文”）及相关规定，现就执行中的有关事项公告如下：

一、自2021年1月27日起，对属于《目录（2020年版）》范围的外商投资项目（包括增资项目，下同），在投资总额内进口的自用设备以及按照合同随前述设备进口的技术和配套件、备件，除相关《外商投资项目不予免税的进口商品目录》和《进口不予免税的重大技术装备和产品目录》所列商品外，按照国发37号文和海关总署公告2008年第103号及其他相关规定免征关税，照章征收进口环节增值税。

二、《目录（2020年版）》施行后，相关主管部门按照该目录出具《国家鼓励发展的内外资项目确认书》（以下简称《项目确认书》）等相关文件中，有关外商投资项目适用的产业政策条目代码、项目性质种类分别为：

（一）《目录（2020年版）》中“全国鼓励外商投资产业目录”所列条目的代码由“AA”和3位数字组成，例如，某外商投资项目适用“全国鼓励外商投资产业目录”第1条有关要求，则其适用产业政策条目及代码为“木本食用油料、调料和工业原料的种植、开发、生产（AA001）”；

（二）《目录（2020年版）》中“中西部地区外商投资优势产业目录”所列条目的代码由“W”和4位数字组成，例如，某外商投资项目适用“中西部地区外商投资优势产业目录”山西省第8条有关要求，则其适用产业政策条目及代码为“煤层气和煤炭伴生资源综合开发利用（W1408）”；

（三）外商投资项目适用《目录（2020年版）》中“全国鼓励外商投资产业目录”所列条目的，“项目性质”为“外商投资”或“外资项目内资商品”。

外商投资项目适用《目录（2020年版）》中“中西部地区外商投资优势产业目录”所列条目的，“项目性质”为“外资中西部优势产业”。

三、对于2021年1月27日以前（不含当日，下同）审批、核准或备案（以项目的审批、核准或完成备案的日期为准，下同）的外商投资项目，属于《目录（2020年版）》范围的，有关项目单位取得相关主管部门按照《目录（2020年版）》出具的《项目确认书》等相关文件的，可按规定向海关办理减免税审核确认手续。

为保持政策的连续性，对于2021年1月27日以前审批、核准或备案的外商投资项目，属于《鼓励外商投资产业目录（2019年版）》（以下简称“《目录（2019年版）》”）范围的，如项目单位取得相关主管部门2022年1月27日以前出具的《项目确认书》（按照《目录（2019年版）》）等相关文件，可按规定向海关办理减免税审核确认手续。

四、对不属于《目录（2019年版）》范围的外商投资在建项目、但属于《目录（2020年版）》范围的，该项目进口的自用设备以及按照合同随前述设备进口的技术和配套件、备件，可参照本公告第一条的规定享受进口税收优惠政策，但进口设备已经征税的，所征税款不予退还。

五、本公告自2021年1月27日起执行。

特此公告。

海关总署

二〇二一年一月二十六日

国家发展改革委关于优化办理外商投资项目《国家鼓励发展的内外资项目确认书》的通知

（发改外资〔2021〕368号）

各省、自治区、直辖市及计划单列市、新疆生产建设兵团发展改革委：

为落实外商投资法，深化外商投资管理体制改革，提升外商投资服务水平，提高外商投资项目办理《国家鼓励发展的内外资项目确认书》（以下简称项目确认书）便利度，现就有关事项通知如下：

一、对于投资总额3000万美元及以上、且3亿美元以下的鼓励类外商投资项目确认书办理，由国家发展改革委下放给省级（各省、自治区、直辖市、计划单列市及新疆生产建设兵团）发展改革部门。

二、项目单位直接向省级发展改革部门提出项目确认书办理申请，同时提供项目备案或核准文件、项目适用鼓励类产业政策条目的说明、用汇额、执行年限、进口设备清单以及其他需要提供的材料或说明。

三、省级发展改革部门对符合《国务院关于调整进口设备税收政策的通知》（国发〔1997〕37号）等规定的外商投资项目适用的鼓励类产业政策条目、项目投资总额以及用汇额等进行确认。省级发展改革部门可根据需要征求意见或开展评估，对于符合《鼓励外商投资产业目录》的项目按照统一格式（见附件1），在材料齐全后7个工作日内（不含征求意见和评估时间）出具项目确认书，并附加盖印章的进口设备清单。对于不符合的，省级发展改革部门应告知项目单位并进行说明。

四、项目单位凭发展改革部门出具的项目确认书、进口设备清单及其他相关文件，按规定向海关办理减免税相关手续。

五、对于已经确认的项目，在执行过程中确需变更项目单位、建设内容、项目投资总额、用汇额、执行年限、进口设备清单等主要事项的，由项目单位提出申请，省级发展改革部门审核同意后出具变更文件，抄送项目所在地直属海关。

六、省级发展改革部门在出具确认意见后 3 个工作日内，将确认的项目详细信息（包括项目确认书文号、项目代码、项目统一编号、项目产业政策审批条目、项目单位、项目性质、项目内容、执行年限、投资总额和用汇额）回传国家发展改革委。2021 年底前可通过全国投资项目在线审批监管平台（以下简称“在线平台”）或纵向网回传，2022 年起通过在线平台回传。

七、在本通知之前，国家发展改革委已出具项目确认书的投资总额 3 亿美元以下的外商投资项目，其尚未执行完后续批次设备进口的，项目单位凭确认意见及后续批次进口设备清单提出申请，由省级发展改革部门负责确认出具后续批次进口设备清单。此类项目如确需变更项目单位、建设内容、项目投资总额、用汇额等主要事项的，按照本通知第五条执行。

八、项目单位应确保项目的建设内容、项目投资总额、用汇额、进口设备以及其他信息真实、准确、完整。项目单位的违规行为将纳入全国信用信息共享平台。

九、省级发展改革部门应严格按照政策规定出具确认书，并尽快完善在线平台，抓紧依托在线平台实现外商投资项目确认书的线上申报、办理、进度可查询。同时，要切实加强事中事后监管。省级发展改革部门项目确认书权限不得再行下放。

十、外商投资项目适用鼓励类产业政策条目确认是政策性很强的工作。各省级发展改革部门要高度重视，做好工作衔接，加强对本通知的宣介，确保政策的稳定性和连续性。同时，要加强协调配合，对于产业条目适用存在争议的，按照《海关总署　国家发展改革委关于内外资鼓励项目免税确认审批有关问题的通知》（署税发〔2009〕290 号）规定办理。对于执行当中遇到的重大问题，及时上报国家发展改革委。

十一、有关鼓励类外商投资项目确认办理的其他事宜，继续按照《国家发展改革委关于办理外商投资项目〈国家鼓励发展的内外资项目确认书〉有关问题的通知》（发改外资〔2006〕316 号）执行。对于投资总额 3000 万美元以下的鼓励类外商投资项目确认书由省级发展改革部门按照本通知第六条要求进行信息回传，无须再向国家发展改革委备案。

十二、本通知自发布之日起执行。

附件 1　国家鼓励发展的内外资项目确认书（格式）
附件 2　项目进口设备清单（格式）

国家发展改革委
二〇二一年三月十六日

附件 1

国家鼓励发展的内外资项目确认书

（文号）

×××（项目单位）：

根据国务院国发〔1997〕37 号文的规定，兹确认：×××项目，符合国家产业政策。×××年×××月，由×××以×××号文件备案/核准（项目代码×××）。请按规定向海关办理进口设备减免税相关手续。

项目统一编号：

项目产业政策审批条目：

项目单位：

项目性质：

项目内容：
项目执行年限（起始年/截止年）：×××年/×××年
项目投资总额：　　　（按实际使用币种和金额填写，同时填写折合　　万美元）
项目用汇额：　　　　万美元

附件：×××（项目单位）×××项目进口设备清单

项目确认书出具单位（签章）
年　月　日

附件 2

文号附表

※※※ 公司（签章）　※※※　项目进口设备清单

单位：万美元

序号	进口设备名称	规格型号	台（套）数	单价	用汇额	拟进口国别/地区	备注
总计							

填表日期：　　　　联系人：　　　　电话：

省级发展改革委审核意见：
（签章）

4.2.2 外商投资项目历年有关目录

海关总署关于实施《辽宁省外商投资优势产业目录》的公告

（海关总署公告 2006 年第 61 号）

经国务院批准，国家发展改革委、商务部联合发布了《辽宁省外商投资优势产业目录》（国家发展改革委、商务部令第47号，以下简称《辽宁省外资目录》，详见附件)，同时明确《辽宁省外资目录》属于《中西部地区外商投资优势产业目录（2004年修订）》（国家发展改革委、商务部令第13号）的一部分，自2006年9月25日起施行。现就海关执行中的有关问题公告如下：

一、自2006年9月25日起，对属于《辽宁省外资目录》中的辽宁省外商投资项目（包括增资项目），在投资总额内进口自用设备，除《外商投资项目不予免税的进口商品目录》所列商品外，可凭国务院投资主管部门或辽宁省投资主管部门出具的项目确认书，按照《国务院关于调整进口设备税收政策的通知》（国发〔1997〕37号）及其他相关规定办理免征进口关税和进口环节增值税手续。

二、符合《辽宁省外资目录》规定的辽宁省外商投资在建项目，可按有关规定向国务院投资主管部门或辽宁省投资主管部门申请补办《国家鼓励发展的内外资项目确认书》，取得《国家鼓励发展的内外资项目确认书》之后，在建项目进口的自用设备可按照本公告的第一条规定享受有关进口税收优惠政策，但进口设备已经征收的税款不予退还。

三、《辽宁省外资目录》实施后，项目确认书中的“项目产业政策审批条目”编码继续沿用“G”，例如，《辽宁省外资目录》中第3项应填写为：退耕还林还草等国家重点生态工程后续产业开发（G2103）。

四、《辽宁省外资目录》中有关条目所述“经批准允许外方控股”或“经批准可享受鼓励类政策”，是指经国务院投资主管部门批准。

五、本公告未提及的其他问题，仍按照《国务院关于调整进口设备税收政策的通知》（国发〔1997〕37号）以及其他现行的相关规定执行。

特此公告。

附件　《辽宁省外商投资优势产业目录》

海关总署

二〇〇六年十月三十日

附件

辽宁省外商投资优势产业目录

1. 粮食、油料、蔬菜、水果等种子（种苗）（转基因植物种子除外）开发、生产（中方控股）
2. 肉鸡、生猪、肉牛、肉羊、奶牛、鹿和绒山羊饲养及产品深加工
3. 退耕还林还草等国家重点生态工程后续产业开发
4. 油母页岩、镁、锆石加工及综合利用（中方相对控股）
5. 高档棉、毛、麻、丝（柞蚕丝）、化纤的纺织、针织及服装加工
6. 天然药、原料药、中成药的深加工及其衍生物的生产（不包括维生素C和青霉素原料药生产及列入《外商投资产业指导目录》禁止类的项目）
7. 日产4000吨及以上水泥熟料新型干法水泥生产
8. 采用大型装备和技术（60万吨/年以上）生产以煤炭为原料的甲醇等产品
9. 百万吨乙烯及下游深加工产品生产
10. 子午线轮胎生产
11. 金属包装、自动化立体仓库及仓储物流设备制造
12. 汽车零部件、配件制造
13. 船用柴油机、辅机、零部件、配件制造
14. 数字医疗设备及关键部件开发及生产
15. 高精度铜板带材深加工

16. 钢丝连线、超细钢丝绳制造
17. 医疗机构，经批准允许外方控股
18. 城市集中供热、供气、供排水管网建设、经营，经批准允许外方控股
19. 旅游景区开发保护及其配套设施建设和经营
20. 资源枯竭型城市的精深加工和接续产业等项目，经批准可享受鼓励类政策

海关总署关于执行《外商投资产业指导目录（2007年修订）》的公告

（海关总署公告2007年第67号）

国家发展改革委、商务部以第57号令联合发布了经国务院批准的《外商投资产业指导目录（2007年修订）》[以下简称《外资目录（2007年修订）》，详见附件]，自2007年12月1日起执行。现就海关执行中的有关问题公告如下：

一、自2007年12月1日起，经国务院、省、自治区、直辖市、计划单列市的投资主管部门按管理权限核准的外商投资项目（包括增资项目），属于《外资目录（2007年修订）》鼓励类的，在投资总额内进口的自用设备及按照合同随设备进口的技术和配套件、备件，除《外商投资项目不予免税的进口商品目录》所列商品外，海关继续按照《海关总署关于贯彻〈国务院关于调整进口设备税收政策的通知〉的紧急通知》（署税〔1997〕1062号，以下简称《通知》）的有关规定办理免征进口关税和进口环节增值税的备案、审批手续。

外商投资主管部门在2007年12月1日及以后核准（以项目申请报告核准日期为准）的外商投资项目，不属于《外资目录（2007年修订）》所列鼓励类的，海关一律不予受理其项目单位减免税备案申请。

二、为保持政策的连续性，对2002年4月1日以前按照《外商投资产业指导目录（1997年版）》批准的外商投资鼓励类及限制乙类项目，以及2002年4月1日至2007年11月30日期间分别按照《外商投资产业指导目录（2002年修订）》《外商投资产业指导目录（2004年修订）》批准的外商投资鼓励类项目，海关按照《通知》和海关总署2007年第35号公告规定，办理免征进口关税和进口环节增值税的备案、审批手续。其中，2002年4月1日至2007年11月30日批准的外商投资鼓励类项目，其项目单位须于2008年12月31日前按照规定持项目确认书等有关资料向海关申请办理减免税备案手续。逾期，海关不再受理上述减免税备案申请。

三、《外资目录（2007年修订）》施行后，项目确认书中的“项目产业政策审批条目”编码为“J”，例如，第一类第1项应填写为：中低产农田改造（J0101）；第三类第（一）条第1项应填写为：生物饲料、秸秆饲料、水产饲料的开发、生产（J030101）。

特此公告。

附件　外商投资产业指导目录（2007年修订）

海关总署

二〇〇七年十一月二十六日

附件

外商投资产业指导目录（2007年修订）

鼓励外商投资产业目录

一、农、林、牧、渔业

1. 中低产农田改造
2. 木本食用油料、调料和工业原料的种植及开发、生产
3. 蔬菜（含食用菌、西甜瓜）、干鲜果品、茶叶无公害栽培技术及产品系列化开发、生产
4. 糖料、果树、牧草等农作物新技术开发、生产
5. 花卉生产与苗圃基地的建设、经营
6. 橡胶、剑麻、咖啡种植
7. 中药材种植、养殖（限于合资、合作）
8. 农作物秸秆还田及综合利用、有机肥料资源的开发生产
9. 林木（竹）营造及良种培育多倍体树木新品种和转基因树木新品种培育
10. 水产苗种繁育（不含我国特有的珍贵优良品种）
11. 防治荒漠化及水土流失的植树种草等生态环境保护工程建设、经营
12. 水产品养殖、深水网箱养殖、工厂化水产养殖、生态型海洋种养殖

二、采矿业

1. 煤层气勘探、开发和矿井瓦斯利用（限于合资、合作）
2. 石油、天然气的风险勘探、开发（限于合资、合作）
3. 低渗透油气藏（田）的开发（限于合资、合作）
4. 提高原油采收率及相关新技术的开发应用（限于合资、合作）
5. 物探、钻井、测井、录井、井下作业等石油勘探开发新技术的开发与应用（限于合作）
6. 油页岩、油砂、重油、超重油等非常规石油资源勘探、开发（限于合作）
7. 铁矿、锰矿勘探、开采及选矿煤炭及伴生资源勘探、开发
8. 提高矿山尾矿利用率的新技术开发和应用及矿山生态恢复技术的综合应用
9. 海底可燃冰勘探、开发（限于合作）

三、制造业

（一）农副食品加工业
1. 生物饲料、秸秆饲料、水产饲料的开发、生产
2. 水产品加工、贝类净化及加工、海藻功能食品开发
3. 蔬菜、干鲜果品、禽畜产品的储藏及加工

（二）食品制造业
1. 婴儿、老年食品及功能食品的开发、生产
2. 森林食品的开发、生产和加工
3. 天然食品添加剂、食品配料生产（限于合资、合作）

（三）饮料制造业
1. 果蔬饮料、蛋白饮料、茶饮料、咖啡饮料、植物饮料的开发、生产

（四）烟草制品业
1. 二醋酸纤维素及丝束加工（限于合资、合作）

2. 造纸法烟草薄片生产（限于合资、合作）

3. 过滤嘴棒加工生产（限于合资、合作）

（五）纺织业

1. 采用高新技术的产业用特种纺织生产

2. 高档织物面料的织染及后整理加工

3. 符合生态、资源综合利用与环保要求的特种天然纤维（包括除羊毛以外的其他动物纤维、麻纤维、竹纤维、桑蚕丝、彩色棉花等）产品加工

4. 采用计算机集成制造系统的服装生产

5. 高档地毯、刺绣、抽纱产品生产

（六）皮革、皮毛、羽毛（绒）及其制品业

1. 皮革和毛皮清洁化技术加工

2. 皮革后整饰新技术加工

3. 高档皮革（沙发革、汽车坐垫革）的加工

（七）木材加工及木、竹、藤、棕、草制品业

1. 林业三剩物，“次、小、薪”材和竹材的综合利用新技术、新产品开发与生产

（八）造纸及纸制品业

1. 按林纸一体化建设的单条生产线年产 30 万吨及以上规模化学木浆和单条生产线年产 10 万吨及以上规模化学机械木浆以及同步建设的高档纸及纸板生产（限于合资、合作）

（九）石油加工及炼焦业

1. 针状焦、煤焦油深加工

（十）化学原料及化学制品制造业

1. 年产 80 万吨及以上规模乙烯生产（中方相对控股）

2. 乙烯下游产品衍生物的加工制造和副产品 C4—C9 产品（丁二烯生成合成橡胶除外）的综合利用

3. 年产 20 万吨及以上聚氯乙烯树脂生产（乙烯法）

4. 钠法漂粉精、聚氯乙烯和有机硅深加工产品生产

5. 苯、甲苯、二甲苯、乙二醇等基本有机化工原料及其衍生物生产

6. 合成材料的配套原料：双酚 A 生产、过氧化氢氧化丙烯法生产环氧丙烷

7. 合成纤维原料：精对苯二甲酸、己内酰胺、尼龙 66 盐、熔纺氨纶树脂生产

8. 合成橡胶：溶液丁苯橡胶（不包括热塑性丁苯橡胶）、丁基橡胶、异戊橡胶、聚氨酯橡胶、丙烯酸橡胶、氯醇橡胶、乙丙橡胶、丁腈橡胶，以及氟橡胶、硅橡胶等特种橡胶生产

9. 工程塑料及塑料合金：聚苯醚（PPO）、工程塑料尼龙 11 和尼龙 12、聚酰亚胺、聚砜、聚芳酯（PAR）、液晶聚合物等产品生产

10. 精细化工：催化剂、助剂、添加剂新产品、新技术，染（颜）料商品化加工技术，电子、造纸用高科技化学品，食品添加剂、饲料添加剂，皮革化学品（N-N 二甲基甲酰胺除外）、油田助剂，表面活性剂，水处理剂，胶黏剂，无机纤维、无机纳米材料生产，颜料包膜处理深加工

11. 低滞后高耐磨炭黑生产

12. 环保型印刷油墨、环保型芳烃油生产

13. 天然香料、合成香料、单离香料生产

14. 高性能涂料、水性汽车涂料及配套水性树脂生产

15. 氟氯烃替代物生产

16. 有机氟系列化工产品生产（氟氯烃或氢氟氯烃、四氟乙烯除外）

17. 从磷化工、铝冶炼中回收氟资源生产

18. 大型煤化工产品生产（中方控股）

19. 林业化学产品新技术、新产品开发与生产

20. 烧碱用离子膜、无机分离膜、功能隔膜生产

21. 环保用无机、有机和生物膜开发与生产

22. 新型肥料开发与生产：生物肥料、高浓度钾肥、复合肥料、缓释可控肥料、复合型微生物接种剂、复合微生物肥料、秸秆及垃圾腐熟剂、特殊功能微生物制剂

23. 高效、安全农药新品种和高性能农药新剂型的开发与生产

24. 生物农药及生物防治产品开发与生产：微生物杀虫剂、微生物杀菌剂、农用抗生素、昆虫信息素、天敌昆虫、微生物除草剂

25. 废气、废液、废渣综合利用和处理、处置

26. 有机高分子材料生产：有机硅改性舰船外壳涂料、飞机蒙皮涂料、稀土硫化铈红色染料、无铅化电子封装材料、彩色等离子体显示屏专用系列光刻浆料、小直径大比表面积超细纤维、高精度燃油滤纸、锂离子电池隔膜、塑料加工用多功能复合助剂、柠檬酸甘油二酸酯、氟咯菌腈、氰霜唑

（十一）医药制造业

1. 新型化合物药物或活性成分药物的生产（包括原料药和制剂）

2. 氨基酸类：丝氨酸、色氨酸、组氨酸、饲料用蛋氨酸等生产

3. 新型抗癌药物、新型心脑血管药及新型神经系统用药生产

4. 新型、高效、经济的避孕药具生产

5. 采用生物工程技术的新型药物生产

6. 杂环氟化物等含氟高生理活性药品及中间体的生产

7. 基因工程疫苗生产（艾滋病疫苗、丙肝疫苗、避孕疫苗等）

8. 生物疫苗生产

9. 卡介苗和脊髓灰质炎疫苗生产

10. 海洋药物开发与生产

11. 药品制剂：采用缓释、控释、靶向、透皮吸收等新技术的新剂型、新产品生产

12. 新型药用辅料的开发及生产

13. 生物医学材料及制品（人体尸体及其标本、人体器官组织及其标本加工除外）生产

14. 兽用抗菌原料药生产（包括抗生素、化学合成类）

15. 兽用抗菌药、驱虫药、杀虫药、抗球虫药新产品及新剂型开发与生产

16. 新型诊断试剂的生产

（十二）化学纤维制造业

1. 差别化化学纤维及芳纶、碳纤维、高强高模聚乙烯、聚苯硫醚（PPS）等高新技术化纤生产

2. 新溶剂法纤维素纤维等环保型化纤的生产

3. 纤维及非纤维用新型聚酯生产：聚对苯二甲酸丙二醇酯（PTT）、聚萘二酸乙二醇酯（PEN）、聚对苯二甲酸丁二醇酯（PBT）

4. 利用可再生资源、生物质工程技术生产的新型纤维材料生产：聚乳酸纤维 PLA、生物法多元醇 PDO 纤维等

5. 单线生产能力日产 100 吨及以上聚酰胺生产

6. 子午胎用芳纶纤维及帘线生产

（十三）塑料制品业

1. 农膜新技术及新产品（光解膜、多功能膜及原料等）开发与生产

2. 废旧塑料的消解和再利用

3. 塑料软包装新技术、新产品（高阻隔、多功能膜及原料）开发与生产

（十四）非金属矿物制品业

1. 新型节能、环保建筑材料开发生产：轻质高强多功能墙体材料、高档环保型装饰装修材料、优质防水密封材料、高效保温材料

2. 以塑代钢、以塑代木、节能高效的化学建材品生产

3. 年产1000万平方米及以上弹性体、塑性体改性沥青好防水卷材，宽幅（2米以上）优质三元乙丙橡胶防水卷材及配套材料，耐久性聚氯乙烯卷材，TPO防水卷材生产

4. 屏蔽电磁波玻璃、微电子用玻璃基板、透红外线无铅玻璃、电子级大规格石英玻璃扩散管、超二代和三代微通道板、光学纤维面板和倒像器及玻璃光锥生产

5. 年产5万吨及以上玻璃纤维（池窑拉丝工艺生产线）及玻璃钢制品生产

6. 连续玻璃纤维原丝毡、玻璃纤维表面毡、微电子用玻璃纤维布及薄毡生产

7. 传像束及激光医疗光纤生产

8. 年产100万件及以上卫生瓷生产

9. 陶瓷原料的标准化精制、陶瓷用高档装饰材料生产

10. 水泥窑、高档（电子）玻璃、陶瓷、玻璃纤维、微孔炭砖等窑炉用高档耐火材料生产

11. 汽车催化装置用陶瓷载体、氮化铝（AIN）陶瓷基片、多孔陶瓷生产

12. 无机非金属材料及制品生产：人工晶体、碳/碳复合材料、特种陶瓷、特种密封材料、高速油封材料、特种胶凝材料、特种乳胶材料、水声橡胶制品、常温导热系数0.025W/mK及以下绝热材料等

13. 高技术复合材料生产：连续纤维增强热塑性复合材料和预浸料、耐温>300℃树脂基复合材料成型用工艺辅助材料、树脂基复合材料桨叶、树脂基复合材料高档体育用品、特殊性能玻璃钢管（压力>1.2MPa）、特种功能复合材料及制品、深水及潜水复合材料制品、医用及康复用复合材料制品、碳/碳复合材料及刹车片、高性能陶瓷基复合材料及制品、金属基复合材料及制品、金属层状复合材料及制品、压力≥320MPa超高压复合胶管、大型客机航空轮胎

14. 精密高性能陶瓷及功能陶瓷原料生产：碳化硅（SiC）超细粉体（纯度>99%，平均粒径<1μm）、氮化硅（Si_3N_4）超细粉体（纯度>99%，平均粒径<1μm）、高纯超细氧化铝微粉（纯度>99.9%，平均粒径<0.5μm）、低温烧结氧化锆（ZrO_2）粉体（烧结温度<1350℃）、高纯氮化铝（AlN）粉体（纯度>99%，平均粒径<1μm）、金红石型TiO_2粉体（纯度>98.5%）、白炭黑（粒径<100nm）、钛酸钡（纯度>99%，粒径<1μm）

15. 金刚石膜工具、厚度0.3mm及以下超薄人造金刚石锯片生产

16. 非金属矿精细加工（超细粉碎、高纯、精制、改性）

17. 超高功率石墨电极生产

18. 珠光云母生产（粒径3~150μm）

19. 多维多向整体编制织物及仿形织物生产

20. 利用新型干法水泥窑无害化处置可燃工业废弃物和生活垃圾

（十五）有色金属冶炼及压延加工业

1. 直径200mm以上硅单晶及抛光片、多晶硅生产

2. 高新技术有色金属材料生产：新型高性能储氢材料，锂离子电池电极材料，化合物半导体材料（砷化镓、磷化镓、磷化铟、氮化镓），高温超导材料，记忆合金材料（钛镍、铜基及铁基记忆合金材料），超细（纳米）碳化钙及超细（纳米）晶硬质合金，超硬复合材料，贵金属复合材料，散热器用铝箔，中高压阴极电容铝箔，特种大型铝合金型材，铝合金精密模锻件，电气化铁路架空导线，超薄铜带，耐蚀热交换器铜合金材，高性能铜镍、铜铁合金带，铍铜带、线、管及棒加工材，耐高温抗衰钨丝，镁合金铸件，无铅焊料，镁合金及其应用产品，泡沫铝，钛合金带材及钛焊接管，原子能级海绵锆，钨及钼深加工产品

（十六）金属制品业

1. 汽车、摩托车轻量化及环保型新材料制造（车身铝板、铝镁合金材料、摩托车铝合金车架等）

2. 建筑五金件、水暖器材及五金件开发、生产

3. 用于包装各类粮油食品、果蔬、饮料、日化产品等内容物的金属包装制品（厚度0.3毫米以下）的制造及加工（包括制品的内外壁印涂加工）

（十七）通用机械制造业

1. 高档数控机床及关键零部件制造：五轴联动数控机床、数控坐标镗铣加工中心、数控坐标磨床、五轴联动数控系统及伺服装置、精密数控加工用高速超硬刀具

2. 1000 吨及以上多工位墩锻成型机制造

3. 报废汽车拆解、破碎处理设备制造

4. FTL 柔性生产线制造

5. 垂直多关节工业机器人、焊接机器人及其焊接装置设备制造

6. 特种加工机械制造：激光切割和拼焊成套设备、激光精密加工设备、数控低速走丝电火花线切割机、亚微米级超细粉碎机

7. 300 吨及以上轮式、履带式起重机械制造（限于合资、合作）

8. 压力（35~42MPa）通轴高压柱塞泵及马达、压力（35~42MPa）低速大扭矩马达的设计与制造

9. 电液比例伺服元件制造

10. 压力（21~31.5MPa）整体多路阀、功率 0.35W 以下气动电磁阀、200Hz 以上高频电控气阀设计与制造

11. 静液压驱动装置设计与制造

12. 压力 10MPa 以上非接触式气膜密封、压力 10MPa 以上干气密封（包括实验装置）的开发与制造

13. 汽车用高分子材料（摩擦片、改型酚醛活塞、非金属液压总分泵等）设备开发与制造

14. 第三、四代轿车轮毂轴承（轴承内、外圈带法兰盘和传感器的轮毂轴承功能部件），高中档数控机床和加工中心轴承（加工中心具有三轴以上联动功能、定位重复精度为 3~4μm），高速线材、板材轧机轴承（单途线材轧机轧速 120m/s 及以上、薄板轧机加工板厚度 2mm 及以上的支承和工作辊轴承），高速铁路轴承（行驶速度大于 200km/h），振动值 Z4 以下低噪音轴承（Z4、Z4P、V4、V4P 噪音级），各类轴承的 P4、P2 级轴承制造

15. 耐高温绝缘材料（绝缘等级为 F、H 级）及绝缘成型件制造

16. 液压气动用橡塑密封件开发与制造

17. 12.9 级及以上高强度紧固件制造

18. 汽车、摩托车用精铸、精锻毛坯件制造

19. 机床、汽车零部件（五大总成除外）、工程机械再制造

（十八）专用设备制造业

1. 矿山无轨采、装、运设备制造：100 吨及以上机械传动矿用自卸车，移动式破碎机，3000 立方米/小时及以上斗轮挖掘机，5 立方米及以上矿用装载机，2000 千瓦以上电牵引采煤机设备等

2. 物探、测井设备制造：MEME 地震检波器，数字遥测地震仪，数字成像、数控测井系统，水平井、定向井、钻机装置及器具，MWD 随钻测井仪

3. 石油勘探、钻井、集输设备制造：工作水深大于 500 米的浮式钻井系统和浮式生产系统，工作水深大于 600 米的海底采油、集输设备，绞车功率大于 3000 千瓦、顶部驱动力大于 850 千瓦、钻井泵功率大于 1800 千瓦的深海用石油钻机，钻井深度 9000 米以上的陆地石油钻机和沙漠石油钻机，1000 万吨/年炼油装置用 80 吨及以上活塞力往复压缩机，数控石油深井测井仪，石油钻井泥浆固孔设备

4. 直径 6 米以上盾构机系统集成设计与制造、直径 5 米以上全断面硬岩掘进机（TBM）系统集成设计与制造、口径 1 米以上深度 30 米以上大口径旋挖钻机制造、直径 1.2 米以上顶管机设计与制造、回拖力 200 吨以上大型非开挖铺设地下管线成套设备制造、地下连续墙施工钻机制造、自动垂直钻井系统制造

5. 100 吨及以上大型吊管机、320 马力及以上大型挖沟机设计与制造

6. 接地压力 0.03MPa 及以下、功率 220 马力及以上履带推土机，520 马力及以上大型推土机设计与制造

7. 100 立方米/时及以上规格的清淤机、1000 吨及以上挖泥船的挖泥装置设计与制造

8. 防汛堤坝用混凝土防渗墙施工装备设计与制造

9. 水下土石方施工机械制造：水深 9 米以下推土机、装载机、挖掘机等

10. 公路桥梁养护、自动检测设备制造

11. 公路隧道营运监控、通风、防灾和救助系统设备制造

12. 铁路大型施工、大型养路机械和运营安全设备的设计与制造

13. （沥青）油毡瓦设备、镀锌钢板等金属屋顶生产设备制造

14. 环保节能型现场喷涂聚氨酯防水保温系统设备、聚氨酯密封膏配制技术与设备、改性硅酮密封膏配制技术和生产设备制造

15. 薄板坯连铸机、高精度带材轧机（厚度精度 10 微米）设计与制造

16. 直接还原铁和熔融还原铁设备制造

17. 50 吨以上大功率直流电弧炉制造

18. 彩色涂、镀板材设备制造

19. 多元素、细颗粒、难选冶金属矿产的选矿装置制造

20. 80 万吨/年及以上乙烯成套设备中的关键设备制造：裂解气、乙烯丙烯离心压缩机，年处理能力 10 万吨以上混合造粒机，直径 800 毫米及以上离心机，工作温度 250℃以上、工作压力 15MPa 以上的高温高压耐腐蚀泵和阀门，-55℃以下的低温及超低温泵等（限于合资、合作）

21. 大型煤化工成套设备制造（限于合资、合作）

22. 金属制品模具（如铜、铝、钛、锆的管、棒、型材挤压模具）设计、制造、修理

23. 汽车车身外覆盖件冲压模具设计与制造，汽车及摩托车夹具、检具设计与制造

24. 精度高于 0.02 毫米（含 0.02 毫米）精密冲压模具、精度高于 0.05 毫米（含 0.05 毫米）精密型腔模具、模具标准件设计与制造

25. 非金属制品模具设计与制造

26. 6 万瓶/时及以上啤酒灌装设备、5 万瓶/时及以上饮料中温及热灌装设备、3.6 万瓶/时及以上无菌灌装设备制造

27. 氨基酸、酶制剂、食品添加剂等生产技术及关键设备制造

28. 10 吨/小时及以上的饲料加工成套设备及关键部件制造

29. 楞高 0.75 毫米及以下的轻型瓦楞纸板及纸箱设备制造

30. 对开单张纸多色平版印刷机印刷速度大于 16000 对开张/时（720×1020 毫米）、对开双面印单张纸多色平版印刷机印刷速度 13000 对开张/时（720×1020 毫米）、全张幅单张纸多色平版印刷机印刷速度 13000 对开张/时（1000×1400 毫米）制造

31. 单幅单纸路卷筒纸平版印刷机印刷速度大于 75000 对开张/时（787×880 毫米）、双幅单纸路卷筒纸平版印刷机印刷速度大于 170000 对开张/时（787×880 毫米）、商业卷筒纸平版印刷机印刷速度大于 50000 对开张/时（787×880 毫米）制造

32. 速度 300 米/分钟以上、幅宽 1000 毫米以上多色柔版印刷机制造

33. 计算机墨色预调、墨色遥控、水墨速度跟踪、印品质量自动检测和跟踪系统、无轴传动技术、速度在 75000 张/时的高速自动接纸机、给纸机和可以自动遥控调节的高速折页机、自动套印系统、冷却装置、加硅系统、调偏装置等制造

34. 平板玻璃深加工技术及设备制造

35. 高技术含量的特种工业缝纫机制造

36. 新型造纸机械（含纸浆）等成套设备制造

37. 皮革后整饰新技术设备制造

38. 农产品加工及储藏新设备开发与制造：粮食、油料、蔬菜、干鲜果品、肉食品、水产品等产品的加工储藏、保鲜、分级、包装、干燥等新设备，农产品品质检测仪器设备，农产品品质无损伤检测仪器设备，流变仪，粉质仪，超微粉碎设备，高效脱水设备，五效以上高效果汁浓缩设备，粉体食品物料杀菌设备，固态及半固态食品无菌包装设备，无菌包装用包装材料、乳制品生产用直投式发酵剂、碟片式分离离

心机

39. 农业机械制造：农业设施设备（温室自动灌溉设备、营养液自动配置与施肥设备、高效蔬菜育苗设备、土壤养分分析仪器），配套发动机功率120千瓦以上拖拉机及配套农具，低油耗低噪音低排放柴油机，大型拖拉机配套的带有残余雾粒回收装置的喷雾机，高性能水稻插秧机，棉花采摘机及棉花采摘台，适应多种行距的自走式玉米联合收割机（液压驱动或机械驱动）

40. 林业机具新技术设备制造

41. 农作物秸秆还田及综合利用设备制造、稻壳综合利用设备制造

42. 农用废物的综合利用及规模化畜禽养殖废物的综合利用设备制造

43. 节肥、节（农）药、节水型农业技术设备制造

44. 机电井清洗设备及清洗药物生产设备制造

45. 电子内窥镜制造

46. 眼底摄影机制造

47. 医用成像设备（高场强超导型磁共振MRI、CT、X线计算机断层、B超等）关键部件的制造

48. 医用超声换能器（3D）制造

49. 硼中子俘获治疗设备制造

50. X射线立体定向放射治疗系统制造

51. 血液透析机、血液过滤机制造

52. 全自动酶免系统（含加样、酶标、洗板、孵育、数据后处理等部分功能）设备制造

53. 药品质量控制新技术、新设备制造

54. 中药有效物质分析的新技术、提取的新工艺、新设备开发与制造

55. 新型药品包装材料、容器及先进的制药设备制造

56. 新型纺织机械、关键零部件及纺织检测、实验仪器开发与制造

57. 电脑提花人造毛皮机制造

58. 太阳能电池生产专用设备制造

59. 污染防治设备开发与制造

60. 城市垃圾处理设备及农村有机垃圾综合利用设备制造

61. 废旧塑料、电器、橡胶、电池回收处理再生利用设备制造

62. 水生生态系统的环境保护技术、设备制造

63. 日产10万立方米及以上海水淡化及循环冷却技术和成套设备开发与制造

64. 特种气象观测及分析设备制造

65. 地震台站、台网和流动地震观测技术系统开发及仪器设备制造

66. 三鼓及以上子午线轮胎成型机制造

67. 滚动阻力试验机、轮胎噪音试验室制造

68. 供热计量、温控装置新技术设备制造

69. 氢能制备与储运设备及检查系统制造

70. 新型重渣油气化雾化喷嘴、漏气率0.5%及以下高效蒸汽疏水阀、1000℃及以上高温陶瓷换热器制造

71. 废旧轮胎综合利用装置制造

（十九）交通运输设备制造业

1. 汽车整车制造（外资比例不高于50%）及汽车研发机构建设

2. 汽车发动机制造、发动机再生制造及发动机研发机构建设：升功率不低于50千瓦的汽油发动机、升功率不低于40千瓦的排量3升以下柴油发动机、升功率不低于30千瓦的排量3升以上柴油发动机、燃料电池和混合燃料等新能源发动机制造

3. 汽车关键零部件制造及关键技术研发：盘式制动器总成、驱动桥总成、自动变速箱、柴油机燃油

泵、发动机进气增压器、黏性联轴器（四轮驱动用）、液压挺杆、电子组合仪表、车用曲轴及连杆（8升以上柴油发动机）、防抱死制动系统（ABS、ECU、阀体、传感器）、电子稳定系统（ESP）、电路制动系统（BBW）、电子制动力分配系统（EBD）、牵引力控制系统、汽车安全气囊用气体发生器、柴油电子喷射系统、燃油共轨喷射技术（最大喷射压力大于1600帕）、可变截面涡轮增压技术（VGT）、可变喷嘴涡轮增压技术（VNT）、达到中国Ⅳ阶段污染物排放标准的发动机排放控制装置、智能扭矩管理系统（ITM）及耦合器总成、线控转向系统、柴油机颗粒捕捉器、智能气缸、汽车用特种橡胶配件

4. 汽车电子装置制造与研发：发动机和底盘电子控制系统及关键零部件，车载电子技术（汽车信息系统和导航系统），汽车电子总线网络技术（限于合资），电子控制系统的输入（传感器和采样系统）输出（执行器）部件，电动助力转向系统电子控制器（限于合资），嵌入式电子集成系统（限于合资、合作）、电控式空气弹簧，电子控制式悬挂系统，电子气门系统装置，电子油门，动力电池（镍氢和锂离子）及控制系统（限于合资），一体化电机及控制系统（限于合资），轮毂电机、多功能控制器（限于合资），燃料电池堆及其零部件、车用储氢系统，汽车、摩托车型试验及维修用检测系统

5. 摩托车关键零部件制造：摩托车电控燃油喷射技术（限于合资、合作）、达到中国摩托车Ⅲ阶段污染物排放标准的发动机排放控制装置

6. 轨道交通运输设备（限于合资、合作）：高速铁路、铁路客运专线、城际铁路、干线铁路及城市轨道交通运输设备的整车和关键零部件（牵引传动系统、控制系统、制动系统）的研发、设计与制造；高速铁路、铁路客运专线、城际铁路及城市轨道交通旅客服务设施和设备的研发、设计与制造，信息化建设中有关信息系统的设计与研发；高速铁路、铁路客运专线、城际铁路的轨道和桥梁设备研发、设计与制造，轨道交通运输通信信号系统的研发、设计与制造，电气化铁路设备和器材制造、铁路噪声和振动控制技术与研发、铁路客车排污设备制造、铁路运输安全监测设备制造

7. 民用飞机设计、制造与维修：干线、支线飞机（中方控股），通用飞机（限于合资、合作）

8. 民用飞机零部件制造与维修

9. 民用直升机设计与制造：3吨级及以上（中方控股），3吨级以下（限于合资、合作）

10. 民用直升机零部件制造

11. 地面、水面效应飞机制造（中方控股）

12. 无人机、浮空器设计与制造（中方控股）

13. 航空发动机及零部件、航空辅助动力系统设计、制造与维修（限于合资、合作）

14. 民用航空机载设备设计与制造（限于合资、合作）

15. 民用运载火箭设计与制造（中方控股）

16. 航空地面设备制造：民用机场设施、民用机场运行保障设备、飞行试验地面设备、飞行模拟与训练设备、航空测试与计量设备、航空地面试验设备、机载设备综合测试设备、航空制造专用设备、航空材料试制专用设备、民用航空器地面接收及应用设备、运载火箭地面测试设备、运载火箭力学及环境实验设备

17. 航天器光机电产品、航天器温控产品、星上产品检测设备、航天器结构与机构产品制造

18. 轻型燃气轮机制造

19. 高新技术船舶及海洋工程装备的设计（限于合资、合作）

20. 船舶（含分段）及海洋工程装备的修理、设计与制造（中方控股）

21. 船舶低、中、高速柴油机的设计（限于合资、合作）

22. 船舶柴油机零部件的设计与制造（限于合资、合作）

23. 船舶低、中速柴油机及曲轴的设计与制造（中方控股）

24. 船舶舱室机械、甲板机械的设计与制造（中方相对控股）

25. 船舶通讯导航设备的设计与制造：船舶通信系统设备、船舶电子导航设备、船用雷达、电罗经自动舵、船舶内部公共广播系统等

26. 远洋捕捞渔船、游艇的设计与制造（限于合资、合作）

（二十）电气机械及器材制造业

1. 60万千瓦超临界、100万千瓦超超临界火电站用关键设备制造（限于合资、合作）：锅炉给水泵，循环水泵，工作温度400℃以上、工作压力20MPa以上的主蒸汽回路高温高压阀门

2. 百万千瓦级核电站用关键设备制造（限于合资、合作）：核Ⅰ级、核Ⅱ级泵和阀门

3. 火电站脱硫、脱硝、布袋除尘器技术及设备制造

4. 核电、火电设备的密封件设计、制造

5. 核电设备用大型铸锻件制造

6. 输变电设备（限于合资、合作）：非晶态合金变压器、500千伏及以上高压电器用大套管、高压开关用操作机构及自主型整体弧触头、直流输电用干式电抗器、6英寸直流换流阀用大功率晶阀管的设计与制造，符合欧盟RoHS指令的电器触头材料及无Pb、Cd的焊料制造

7. 新能源发电成套设备或关键设备制造（限于合资、合作）：光伏发电、地热发电、潮汐发电、波浪发电、垃圾发电、沼气发电、1.5兆瓦及以上风力发电设备

8. 斯特林发电机组制造

9. 直线和平面电机及其驱动系统开发与制造

10. 太阳能空调、采暖系统、太阳能干燥装置制造

11. 生物质干燥热解系统、生物质气化装置制造

12. 交流调频调压牵引装置制造

13. 智能化塑壳断路器（电压380V、电流1000A）、大型工程智能化柜式或抽屉式断路器、带总线式智能化电控配电成套装置制造

（二十一）通信设备、计算机及其他电子设备制造业

1. 数字摄录机、数字放声设备和数字影院制作、编辑、播放设备制造

2. TFT-LCD、PDP、OLED、FED（含SED等）平板显示屏、显示屏材料制造

3. 大屏幕彩色投影显示器用光学引擎、光源、投影屏、高清晰度投影管和微显投影设备模块等关键件制造

4. 数字音、视频编解码设备，数字广播电视演播室设备，数字有线电视系统设备，数字音频广播发射设备，数字电视上下变换器，数字电视地面广播单频网（SFN）设备，卫星数字电视上行站设备，卫星公共接收电视（SMATV）前端设备制造

5. 600万像素以上高性能数字单镜头反光照相机制造

6. 集成电路设计，线宽0.18微米及以下大规模数字集成电路制造，0.8微米及以下模拟、数模集成电路制造及BGA、PGA、CSP、MCM等先进封装与测试

7. 大中型电子计算机、百万亿次高性能计算机、便携式微型计算机、每秒一万亿次及以上高档服务器、大型模拟仿真系统、大型工业控制机及控制器制造

8. 计算机数字信号处理系统及板卡制造

9. 图形图像识别和处理系统制造

10. 大容量光、磁盘驱动器及其部件开发与制造

11. 高速、容量100TB及以上存储系统及智能化存储设备制造

12. 大幅面（幅宽900mm以上）高分辨率彩色打印设备、精度2400dbi及以上高分辨率彩色打印机机头、大幅面（幅宽900mm以上）高清晰彩色复印设备制造

13. 计算机辅助设计（三维CAD）、辅助测试（CAT）、辅助制造（CAM）、辅助工程（CAE）系统及其他计算机应用系统制造

14. 软件产品开发、生产

15. 电子专用材料开发与制造（光纤预制棒开发与制造除外）

16. 电子专用设备、测试仪器、工模具制造

17. 新型电子元器件制造：片式元器件、敏感元器件及传感器、频率控制与选择元件、混合集成电

路、电力电子器件、光电子器件、新型机电元件、高密度互连积层板、多层挠性板、刚挠印刷电路板及封装载板

18. 高技术绿色电池制造：动力镍氢电池、锌镍蓄电池、锌银蓄电池、锂离子电池、高容量全密封免维护铅酸蓄电池、太阳能电池、燃料电池、圆柱形锌空气电池等

19. 发光效率 501m/W 以上高亮度发光二极管、发光效率 501m/W 以上发光二极管外延片（蓝光）、发光效率 501m/W 以上且功率 200mW 以上白色发光管制造

20. RFID 芯片开发与制造

21. 高密度数字光盘机用关键件开发与生产

22. 只读类光盘复制和可录类光盘生产

23. 民用卫星设计与制造（中方控股）

24. 民用卫星有效载荷制造（中方控股）

25. 民用卫星零部件制造

26. 卫星通信系统设备制造

27. 卫星导航定位接收设备及关键部件制造

28. 光通信测量仪表、速率 10Gb/s 及以上光收发器制造

29. 超宽带（UWB）通信设备制造

30. 无线局域网（广域网）设备制造

31. 光交叉连接设备（OXC）、自动光交换网络设备（ASON）、40G/sSDH 以上光纤通信传输设备、光纤传输粗波分复用（CWDM）设备制造

32. 异步转移模式（ATM）及 IP 数据通信系统制造

33. 第三代及后续移动通信系统手机、基站、核心网设备以及网络检测设备开发制造

34. 高端路由器、千兆比以上网络交换机开发、制造

35. 空中交通管制系统设备制造（限于合资、合作）

（二十二）仪器仪表及文化、办公用机械制造业

1. 现场总线控制系统及关键零部件制造

2. 大型精密仪器开发与制造：包括电子显微镜、激光扫描显微镜、扫描隧道显微镜、功率 2kW 以上激光器、电子探针、光电直读光谱仪、拉曼光谱仪、质谱仪、液相色谱仪、工业色谱仪、色—质联用仪、核磁共振波谱仪、能谱仪、X 射线荧光光谱仪、衍射仪、工业 CT、大型动平衡试验机、在线机械量自动检测系统、转速 100000r/min 以上超高速离心机、大型金相显微镜、三坐标测量机、激光比长仪、电法勘探仪、500m 以上航空电法及伽马能谱测量仪器、井中重力及三分量磁力仪、高精度微伽重力及航空重力梯度测量仪器、地球化学元素野外现场快速分析仪、便携式地质雷达

3. 高精度数字电压表、电流表制造（显示量程七位半以上）

4. 无功功率自动补偿装置制造

5. 两相流量计、固体流量计制造

6. 电子枪自动镀膜机制造

7. 管电压 800 千伏及以上工业 X 射线探伤机制造

8. 安全生产及环保检测仪器新技术设备制造

9. VXI 总线式自动测试系统（符合 IEEE1155 国际规范）制造

10. 煤矿井下监测及灾害预报系统、煤炭安全检测综合管理系统开发与制造

11. 工程测量和地球物理观测设备制造：数字三角测量系统、三维地形模型数控成型系统（面积>1000×1000mm、水平误差<1mm、高程误差<0. 5mm）、超宽频带地震计（φ<5cm、频带 0. 01~50Hz、等效地动速度噪声<10~9m/s）、地震数据集合处理系统、综合井下地震和前兆观测系统、精密可控震源系统、工程加速度测量系统、高精度 GPS 接收机（精度 1mm+1ppm）、INSAR 图像接收及处理系统、INSAR 图像接收及处理系统、精度<1 微伽的绝对重力仪、卫星重力仪、采用相干或双偏振技术的多普勒天气雷达、

能见度测量仪、气象传感器（温、压、湿、风、降水、云、能见度、辐射、冻土、雪深）、防雷击系统、多级飘尘采样计、3-D 超声风速仪、高精度智能全站仪、三维激光扫描仪、钻探用高性能金刚石钻头、无合作目标激光测距仪、风廓线仪（附带 RASS）、GPS 电子探控仪系统、CO_2/H_2O 通量观测系统、边界层多普勒激光雷达、颗粒物颗粒经谱仪器（3nm~20μm）、高性能数据采集器、水下滑翔器

12. 环保检测仪器的新技术设备制造：空气质量检测、水质检测、烟气在线检测仪器的新技术设备，应急处理所需仪器和成套系统发展新型微分光学多组分析系统，自校准、组合式、低漂移、联网遥测、遥控仪器及系统等

13. 大气污染防治设备制造：耐高温及耐腐蚀滤料、燃煤电厂湿式脱硫成套设备、低 NOX 燃烧装置、烟气脱氮催化剂及脱氮成套装置、工业有机废气净化设备、柴油车排气净化装置

14. 水污染防治设备制造：卧式螺旋离心脱水机、膜及膜材料、10kg/h 以上的臭氧发生器、10kg/h 以上的二氧化氯发生器、紫外消毒装置、农村小型生活污水处理设备

15. 固体废物处理处置设备制造：垃圾填埋厂防渗土工膜、危险废物处理装置、垃圾填埋场沼气发电装置、规模化畜禽养殖废物的综合利用设备

16. 环境监测仪器制造：SO_2 自动采样器及测定仪、NOX 及 NO_2 自动采样器及测定仪、O_3 自动监测仪、CO 自动监测仪、烟气及粉尘自动采样器及测定仪、烟气自动采样器及测定仪、便携式有毒有害气体测定仪、空气中有机污染物自动分析仪、COD 自动在线监测仪、BOD 自动在线监测仪、浊度在线监测仪、DO 在线监测仪、TOC 在线监测仪、氨氮在线监测仪、辐射剂量检测仪、射线分析测试仪

17. 水文数据采集、处理与传输和防洪预警仪器及设备制造

18. 海洋勘探监测仪器和设备制造：中深海水下摄像机和水下照相机、多波束探测仪、中浅地层剖面探测仪、走航式温盐深探测仪、磁通门罗盘、液压绞车、水下密封电子连接器、效率>90%的反渗透海水淡化用能量回收装置、效率>85%的反渗透海水淡化用高压泵、反渗透海水淡化膜（脱盐率>99.7%）、日产 2 万吨以上低温多效蒸馏海水淡化装置、海洋生态系统监测浮标、剖面探测浮标、一次性使用的电导率温度和深度测量仪器（XCTD）、现场水质测量仪器、智能型海洋水质监测用化学传感器（连续工作 3~6 个月）、电磁海流计、声学多普勒海流剖面仪（自容式、直读式和船用式）、电导率温度深度剖面仪、声学应答释放器、远洋深海潮汐测量系统（布设海底）

（二十三）其他制造业

1. 洁净煤技术产品的开发利用及设备制造（煤炭气化、液化、水煤浆、工业型煤）

2. 煤炭洗选及粉煤灰（包括脱硫石膏）、煤矸石等综合利用

3. 全生物降解材料的生产

四、电力、煤气及水的生产及供应业

1. 采用整体煤气化联合循环（IGCC）、30 万千瓦及以上循环流化床、10 万千瓦及以上增压循环流化床（PFBC）洁净燃烧技术电站的建设、经营

2. 背压型热电联产电站的建设、经营

3. 发电为主水电站的建设、经营

4. 核电站的建设、经营（中方控股）

5. 新能源电站（包括太阳能、风能、磁能、地热能、潮汐能、波浪能、生物质能等）建设经营

6. 海水利用（海水直接利用、海水淡化）、工业废水处理回收利用产业化

7. 城市供水厂建设、经营

五、交通运输、仓储和邮政业

1. 铁路干线路网的建设、经营（中方控股）

2. 支线铁路、地方铁路及其桥梁、隧道、轮渡和站场设施的建设、经营（限于合资、合作）

3. 高速铁路、铁路客运专线、城际铁路基础设施综合维修（中方控股）

4. 公路、独立桥梁和隧道的建设、经营
5. 公路货物运输公司
6. 港口公用码头设施的建设、经营
7. 民用机场的建设、经营（中方相对控股）
8. 航空运输公司（中方控股）
9. 农、林、渔业通用航空公司（限于合资、合作）
10. 定期、不定期国际海上运输业务（中方控股）
11. 国际集装箱多式联运业务
12. 输油（气）管道、油（气）库的建设、经营
13. 煤炭管道运输设施的建设、经营
14. 运输业务相关的仓储设施建设、经营

六、批发和零售业

1. 一般商品的配送
2. 现代物流

七、租赁和商务服务业

1. 会计、审计（限于合作、合伙）
2. 国际经济、科技、环保信息咨询服务
3. 以承接服务外包方式从事系统应用管理和维护、信息技术支持管理、银行后台服务、财务结算、人力资源服务、软件开发、呼叫中心、数据处理等信息技术和业务流程外包服务

八、科学研究、技术服务和地质勘查业

1. 生物工程与生物医学工程技术、生物质能源开发技术
2. 同位素、辐射及激光技术
3. 海洋开发及海洋能开发技术、海洋化学资源综合利用技术、相关产品开发和精深加工技术、海洋医药与生化制品开发技术
4. 海洋监测技术（海洋浪潮、气象、环境监测）、海底探测与大洋资源勘查评价技术
5. 综合利用海水淡化后的浓海水制盐、提取钾、溴、镁、锂及其深加工等海水化学资源高附加值利用技术
6. 节约能源开发技术
7. 资源再生及综合利用技术、企业生产排放物的再利用技术开发及其应用
8. 环境污染治理及监测技术
9. 化纤生产的节能降耗、三废治理新技术
10. 防沙漠化及沙漠治理技术
11. 草畜平衡综合管理技术
12. 民用卫星应用技术
13. 研究开发中心
14. 高新技术、新产品开发与企业孵化中心

九、水利、环境和公共设施管理业

1. 综合水利枢纽的建设、经营（中方控股）
2. 城市封闭型道路建设、经营
3. 城市地铁、轻轨等轨道交通的建设、经营（中方控股）

4. 污水、垃圾处理厂，危险废物处理处置厂（焚烧厂、填埋场）及环境污染治理设施的建设、经营

十、教育

1. 高等教育机构（限于合资、合作）

十一、卫生、社会保障和社会福利业

1. 老年人、残疾人和儿童服务机构

十二、文化、体育和娱乐业

1. 演出场所经营（中方控股）
2. 体育场馆经营、健身、竞赛表演及体育培训和中介服务

限制外商投资产业目录

一、农、林、牧、渔业

1. 农作物新品种选育和种子开发生产（中方控股）
2. 珍贵树种原木加工（限于合资、合作）
3. 棉花（籽棉）加工

二、采矿业

1. 特殊和稀缺煤种勘查、开采（中方控股）
2. 重晶石勘查、开采（限于合资、合作）
3. 贵金属（金、银、铂族）勘查、开采
4. 金刚石等贵重非金属矿的勘查、开采
5. 磷矿开采、选矿
6. 硼镁石及硼镁铁矿石开采
7. 天青石开采
8. 大洋锰结核、海砂的开采（中方控股）

三、制造业

（一）农副食品加工业
1. 大豆、油菜籽食用油脂加工（中方控股），玉米深加工
2. 生物液体燃料（燃料乙醇、生物柴油）生产（中方控股）
（二）饮料制造业
1. 黄酒、名优白酒生产（中方控股）
2. 碳酸饮料生产
（三）烟草制品业
1. 打叶复烤烟叶加工生产
（四）印刷业和记录媒介的复制
1. 出版物印刷（中方控股，包装装潢印刷除外）
（五）石油加工及炼焦业
1. 年产800万吨及以下炼油厂建设、经营
（六）化学原料及化学制品制造业
1. 烧碱（氢氧化钠）、钾碱（氢氧化钾）生产

2. 感光材料生产
3. 联苯胺生产
4. 易制毒化学品生产（麻黄素、3,4-亚基二氧苯基-2-丙酮、苯乙酸、1-苯基-2-丙酮、胡椒醛、黄樟脑、异黄樟脑、醋酸酐）
5. 氟氯烃或氢氟氯烃、四氟乙烯、氟化铝、氢氟酸生产
6. 顺丁橡胶、乳液聚合丁苯橡胶、热塑性丁苯橡胶生产
7. 甲烷氯化物（一氯甲烷除外）、电石法聚氯乙烯生产
8. 硫酸法钛白粉、平炉法高锰酸钾生产
9. 硼镁铁矿石加工
10. 钡盐、锶盐生产
（七）医药制造业
1. 氯霉素、青霉素G、洁霉素、庆大霉素、双氢链霉素、丁胺卡那霉素、盐酸四环素、土霉素、麦迪霉素、柱晶白霉素、环丙氟哌酸、氟哌酸、氟嗪酸生产
2. 安乃近、扑热息痛、维生素 B_1、维生素 B_2、维生素C、维生素E、多种维生素制剂和口服钙剂生产
3. 国家计划免疫的疫苗（卡介苗和脊髓灰质炎疫苗除外）、菌苗类及抗毒素、类毒素类（白百破、麻疹、乙脑、流脑疫苗等）生产
4. 麻醉药品及一类精神药品原料药生产（中方控股）
5. 血液制品的生产
6. 非自毁式一次性注射器、输液器、输血器及血袋生产
（八）化学纤维制造业
1. 常规切片纺的化纤抽丝生产
2. 粘胶短纤维生产
（九）橡胶制品业
1. 旧轮胎翻新（子午线轮胎除外）及低性能工业橡胶配件生产
（十）有色金属冶炼及压延加工业
1. 钨、钼、锡（锡化合物除外）、锑（含氧化锑和硫化锑）等稀有金属冶炼
2. 电解铝、铜、铅、锌等有色金属冶炼
3. 稀土冶炼、分离（限于合资、合作）
（十一）金属制品业
1. 集装箱生产
（十二）通用设备制造业
1. 各类普通级（P0）轴承及零件（钢球、保持架）、毛坯制造
2. 300吨以下轮式、履带式起重机械制造（限于合资、合作）
（十三）专用设备制造业
1. 中低档B型超声显像仪制造
2. 一般涤纶长丝、短纤维设备制造
3. 320马力及以下推土机、30吨级及以下液压挖掘机、6吨级及以下轮式装载机、220马力及以下平地机、压路机、叉车、135吨级及以下非公路自卸翻斗车、路面铣平返修机械设备、园林机械和机具、商品混凝土机械（托泵、搅拌车、搅拌站、泵车）制造
（十四）交通运输设备制造业
1. 普通船舶（含分段）修理、设计与制造（中方控股）
（十五）通信设备、计算机及其他电子设备制造业
1. 卫星电视广播地面接收设施及关键件生产

2. 税控收款机产品制造

四、电力、煤气及水的生产和供应业

1. 西藏、新疆、海南等小电网范围内，单机容量30万千瓦及以下燃煤凝汽火电站、单机容量10万千瓦及以下燃煤凝汽抽汽两用机组热电联产电站的建设、经营

2. 电网的建设、经营（中方控股）

五、交通运输、仓储和邮政业

1. 铁路货物运输公司

2. 铁路旅客运输公司（中方控股）

3. 公路旅客运输公司

4. 出入境汽车运输公司

5. 水上运输公司（中方控股）

6. 摄影、探矿、工业等通用航空公司（中方控股）

7. 电信公司：增值电信业务（外资比例不超过50%），基础电信中的移动话音和数据服务（外资比例不超过49%），基础电信中的国内业务和国际业务（外资比例不超过35%，不迟于2007年12月11日允许外资比例达49%）

六、批发和零售业

1. 直销、邮购、网上销售、特许经营、委托经营、商业管理等商业公司

2. 粮食、棉花、植物油、食糖、药品、烟草、汽车、原油、农药、农膜、化肥的批发、零售、配送（设立超过30家分店、销售来自多个供应商的不同种类和品牌商品的连锁店由中方控股）

3. 音像制品（除电影外）的分销（限于合作、中方控股）

4. 商品拍卖

5. 船舶代理（中方控股）、外轮理货（限于合资、合作）

6. 成品油批发及加油站（同一外国投资者设立超过30家分店、销售来自多个供应商的不同种类和品牌成品油的连锁加油站，由中方控股）建设、经营

七、金融业

1. 银行、金融租赁公司、财务公司、信托投资公司、货币经纪公司

2. 保险公司（寿险公司外资比例不超过50%）

3. 证券公司（限于从事A股承销、B股和H股以及政府和公司债券的承销和交易，外资比例不超过1/3）、证券投资基金管理公司（外资比例不超过49%）

4. 保险经纪公司

5. 期货公司（中方控股）

八、房地产业

1. 土地成片开发（限于合资、合作）

2. 高档宾馆、别墅、高档写字楼和国际会展中心的建设、经营

3. 房地产二级市场交易及房地产中介或经纪公司

九、租赁和商务服务业

1. 法律咨询

2. 市场调查（限于合资、合作）

3. 资信调查与评级服务公司

十、科学研究、技术服务和地质勘查业

1. 测绘公司（中方控股）
2. 进出口商品检验、鉴定、认证公司
3. 摄影服务（含空中摄影等特技摄影服务，但不包括测绘航空摄影，限于合资）

十一、水利、环境和公共设施管理业

1. 大城市燃气、热力和供排水管网的建设、经营（中方控股）

十二、教育

1. 普通高中教育机构（限于合资、合作）

十三、卫生、社会保障和社会福利业

1. 医疗机构（限于合资、合作）

十四、文化、体育和娱乐业

1. 广播电视节目制作项目和电影制作项目（限于合作）
2. 电影院的建设、经营（中方控股）
3. 大型主题公园的建设、经营
4. 演出经纪机构（中方控股）
5. 娱乐场所经营（限于合资、合作）

十五、国家和我国缔结或者参加的国际条约规定限制的其他产业

禁止外商投资产业目录

一、农、林、牧、渔业

1. 我国稀有和特有的珍贵优良品种的养殖、种植（包括种植业、畜牧业、水产业的优良基因）
2. 转基因植物种子、种畜禽、水产苗种的开发、生产
3. 我国管辖海域及内陆水域水产品捕捞

二、采矿业

1. 钨、钼、锡、锑、萤石勘查、开采
2. 稀土勘查、开采、选矿
3. 放射性矿产的勘查、开采、选矿

三、制造业

（一）饮料制造业
1. 我国传统工艺的绿茶及特种茶加工（名茶、黑茶等）
（二）医药制造业
1. 列入《野生药材资源保护条例》和《中国珍稀、濒危保护植物名录》的中药材加工
2. 中药饮片的蒸、炒、炙、煅等炮炙技术的应用及中成药保密处方产品的生产
（三）有色金属冶炼及压延加工业

1. 放射性矿产的冶炼、加工

（四）专用设备制造业

1. 武器弹药制造

（五）电气机械及器材制造业

1. 开口式（即酸雾直接外排式）铅酸电池、含汞扣式氧化银电池、糊式锌锰电池、镉镍电池制造

（六）工业品及其他制造业

1. 象牙雕刻
2. 虎骨加工
3. 脱胎漆器生产
4. 珐琅制品生产
5. 宣纸、墨锭生产
6. 致癌、致畸、致突变产品和持久性有机污染物产品生产

四、电力、煤气及水的生产和供应业

1. 西藏、新疆、海南等小电网外，单机容量30万千瓦及以下燃煤凝汽火电站、单机容量10万千瓦及以下燃煤凝汽抽汽两用热电联产电站的建设、经营

五、交通运输、仓储和邮政业

1. 空中交通管制公司
2. 邮政公司

六、租赁和商务服务业

1. 社会调查

七、科学研究、技术服务和地质勘查业

1. 人体干细胞、基因诊断与治疗技术开发和应用
2. 大地测量、海洋测绘、测绘航空摄影、行政区域界线测绘、地图编制中的地形图编制、普通地图编制的导航电子地图编制

八、水利、环境和公共设施管理业

1. 自然保护区和国际重要湿地的建设、经营
2. 国家保护的原产于我国的野生动、植物资源开发

九、教育

1. 义务教育机构，军事、警察、政治和党校等特殊领域教育机构

十、文化、体育和娱乐业

1. 新闻机构
2. 图书、报纸、期刊的出版、总发行和进口业务
3. 音像制品和电子出版物的出版、制作和进口业务
4. 各级广播电台（站）、电视台（站）、广播电视频道（率）、广播电视传输覆盖网（发射台、转播台、广播电视卫星、卫星上行站、卫星收转站、微波站、监测台、有线广播电视传输覆盖网）
5. 广播电视节目制作经营公司
6. 电影制作公司、发行公司、院线公司

7. 新闻网站、网络视听节目服务、互联网上网服务营业场所、互联网文化经营
8. 录像放映公司
9. 高尔夫球场的建设、经营
10. 博彩业（含赌博类跑马场）
11. 色情业

十一、其他行业

1. 危害军事设施安全和使用效能的项目

十二、国家和我国缔结或者参加的国际条约规定禁止的其他产业

海关总署关于执行《中西部地区外商投资优势产业目录（2008 年修订）》的公告

（海关总署公告 2009 年第 4 号）

经国务院批准，国家发展改革委、商务部联合发布第 4 号令公布了《中西部地区外商投资优势产业目录（2008 年修订）》[以下简称《中西部外资目录（2008 年修订）》，详见附件]，并规定自 2009 年 1 月 1 日起施行。现就海关执行中的有关问题公告如下：

一、2009 年 1 月 1 日及以后核准（以项目的核准日期为准）属于《中西部外资目录（2008 年修订）》范围的外商投资项目（包括增资项目），享受鼓励类外商投资项目进口税收优惠政策，相关项目项下进口的自用设备以及按照合同随上述设备进口的技术和配套件、备件，按照《国务院关于调整进口设备税收政策的通知》（国发〔1997〕37 号）和海关总署公告 2008 年第 103 号的有关规定免征关税，进口环节增值税照章征收。

二、《中西部外资目录（2008 年修订）》实施后，项目确认书中的“项目产业政策审批条目”编码为“K”，例如，山西省第 2 项应填写为：退耕还林还草、天然林保护等国家重点生态工程后续产业开发（K1402），项目性质仍为“I：外资中西部优势产业、项目”。

三、对 2008 年 12 月 31 日及以前按照《中西部地区外商投资优势产业目录（2004 年修订）》（国家发展改革委、商务部令 2004 年第 13 号）或《辽宁省外商投资优势产业目录》（国家发展改革委、商务部令 2006 年第 47 号）核准的外商投资项目，相关项目项下进口的自用设备以及按照合同随上述设备进口的技术和配套件、备件可继续按照《国务院关于调整进口设备税收政策的通知》（国发〔1997〕37 号）和海关总署公告 2008 年第 103 号的有关规定执行。相关项目单位须于 2009 年 12 月 31 日以前，持投资主管部门出具的《项目确认书》（其中“项目产业政策审批条目”仍按原审批条目及编码填写）等有关资料向海关申请办理减免税备案手续。逾期，海关不再受理上述减免税备案申请。

四、对于未列入《中西部地区外商投资优势产业目录（2004 年修订）》或《辽宁省外商投资优势产业目录》的外商投资在建项目，凡符合《中西部外资目录（2008 年修订）》规定的，可按有关规定向投资主管部门申请补办《项目确认书》。在取得《项目确认书》之后，在建项目进口的自用设备以及按照合同随上述设备进口的技术和配套件、备件可参照本公告第一条的规定享受进口税收优惠政策，但进口设备已经征税的，税款不予退还。

特此公告。

附件　中西部地区外商投资优势产业目录（2008 年修订）

海关总署

二〇〇九年一月十九日

附件

中西部地区外商投资优势产业目录（2008 年修订）

山西省

1. 牧草饲料作物种植及深加工
2. 退耕还林还草、天然林保护等国家重点生态工程后续产业开发
3. 节水灌溉和旱作节水技术、保护性耕作技术开发与应用
4. 采煤矿区采空、塌陷区域生态系统恢复与重建工程
5. 硅石资源综合利用（勘探、开采除外）
6. 高岭土综合利用（勘探、开采除外）
7. 煤炭加工应用技术开发和产品生产（中方控股）
8. 煤层气下游化工产品生产和开发
9. 焦炭副产品综合利用
10. 丝绸产品深加工
11. 包装装潢印刷品印刷
12. 高档玻璃制品、高技术陶瓷（含工业陶瓷）技术开发和产品生产
13. 特殊品种（超白、超薄、在线 Low-E）优质浮法玻璃技术开发及深加工
14. 日产 4000 吨及以上水泥熟料新型干法水泥生产
15. 不锈钢制品生产
16. 精铸、精锻件技术开发及制造
17. 钢丝绳芯橡胶输运带生产
18. 液压技术系统及模具生产
19. 旱地、山地中小农业机械及配套机具制造
20. 洗中煤、焦炉煤气余热发电、供热等综合利用
21. 增值电信业务（需在我国入世承诺框架内）
22. 道路旅客运输（中方控股）
23. 城市供气、供热、供排水管网建设、经营（大城市中方控股）
24. 旅游景区（点）保护、开发和经营及其配套设施建设

内蒙古自治区

1. 退耕还林还草、退牧还草、天然林保护等国家重点生态工程后续产业开发
2. 节水灌溉和旱作节水技术、保护性耕作技术开发与应用
3. 甜菜糖精深加工及副产品综合利用
4. 铜、铅、锌、铝精深加工（勘查、开采、冶炼除外）
5. 非金属矿（红柱石、膨润土、白云石、晶质石墨、珍珠岩、沸石）综合利用及精细加工（勘探、开采除外）
6. 毛纺织、针织品高新技术产品开发

7. 煤炭加工应用技术开发和产品生产（中方控股）
8. 稀土深加工及应用产品生产
9. 天然气下游化工产品开发和利用（列入《天然气利用政策》限制类和禁止类的除外）
10. 蒙药材加工（列入《外商投资产业指导目录》限制类、禁止类的除外）
11. 以牛羊内脏为原料的生物制药产品的开发利用（列入《外商投资产业指导目录》限制类、禁止类的除外）
12. 少数民族特需用品、工艺美术品、包装容器材料及日用玻璃制品生产
13. 特殊品种（超白、超薄、在线 Low-E）优质浮法玻璃技术开发及深加工
14. 日产 4000 吨及以上水泥熟料新型干法水泥生产
15. 洗中煤、焦炉煤气余热发电、供热等综合利用
16. 增值电信业务（需在我国入世承诺框架内）
17. 道路旅客运输（中方控股）
18. 城市供气、供热、供排水管网建设、经营（大城市中方控股）
19. 冰雪、森林、草原生态旅游资源开发、建设和经营
20. 旅游景区（点）保护、开发和经营及其配套设施建设

辽宁省

1. 蔬菜、水果等种子（种苗）（转基因植物种子除外）开发、生产（中方控股）
2. 肉鸡、生猪、肉牛和肉羊饲养及产品深加工
3. 退耕还林还草等国家重点生态工程后续产业开发
4. 油母页岩、镁、锆石加工及综合利用（中方相对控股）
5. 高档棉、毛、麻、丝（柞蚕丝）、化纤的纺织、针织及服装加工
6. 天然药、原料药、中成药的深加工及其衍生物的生产（列入《外商投资产业指导目录》限制类、禁止类的除外）
7. 日产 4000 吨及以上水泥熟料新型干法水泥生产
8. 采用大型装备和技术（60 万吨/年以上）生产以煤炭为原料的甲醇等产品
9. 百万吨乙烯及下游深加工产品生产
10. 高性能子午线轮胎生产
11. 金属包装、自动化立体仓库及仓储物流设备制造
12. 汽车零部件制造（汽车变速箱，汽车发动机曲轴、连杆、缸体、缸盖，发动机电子喷射系统，汽车减振器，离合器，发动机正时链，汽车车灯，汽车仪表）
13. 船用柴油机辅机、零部件、配件制造
14. 数字医疗设备及关键部件开发及生产
15. 高精度铜板带材深加工
16. 钢丝连线、超细钢丝绳制造
17. 医疗机构（限于合资、合作）
18. 城市集中供热、供气、供排水管网建设、经营（大城市中方控股）
19. 旅游景区（点）保护、开发和经营及其配套设施建设
20. 经国家投资主管部门批准的资源枯竭型城市的精深加工和接续产业等项目

吉林省

1. 节水灌溉和旱作节水技术、保护性耕作技术开发与应用
2. 肉鸡、肉鹅、生猪、肉牛和肉羊饲养及产品深加工
3. 果仁、山野菜、菌类、林蛙、柞蚕、蜂蜜等长白山特色生态食品、饮品的开发和加工（红松籽、

松茸等国家二级保护植物除外）

4. 饮用天然矿泉水生产（中方控股）

5. 硅藻土资源开发及综合利用（勘探、开采除外）

6. 高档棉、毛、麻、化纤的纺织、针织及服装加工生产

7. 动植物药材资源开发生产（列入《外商投资产业指导目录》限制类、禁止类的除外）

8. 特殊品种（超白、超薄、在线 Low-E）优质浮法玻璃技术开发及深加工

9. 日产 4000 吨及以上水泥熟料新型干法水泥生产

10. 高性能子午线轮胎生产

11. 汽车零部件制造（汽车变速箱，汽车发动机曲轴、连杆、缸体、缸盖，发动机电子喷射系统，汽车减振器，离合器，发动机正时链，汽车车灯，汽车仪表）

12. 风力发电设备、生物质能发电设备制造（限于合资、合作）

13. 增值电信业务（需在我国入世承诺框架内）

14. 道路旅客运输（中方控股）

15. 汽车金融服务

16. 城市供气、供热、供排水管网建设、经营（大城市中方控股）

17. 职业教育机构（限于合作）

18. 医疗机构（限于合资、合作）

19. 冰雪旅游资源开发及滑雪场建设、经营

20. 旅游景区（点）保护、开发和经营及其配套设施建设

21. 经国家投资主管部门批准的资源枯竭型城市的精深加工和接续产业等项目

黑龙江省

1. 蔬菜、水果等种子（种苗）（转基因植物种子除外）开发、生产（中方控股）

2. 退耕还林还草、天然林保护等国家重点生态工程后续产业开发

3. 节水灌溉和旱作节水技术、保护性耕作技术开发与应用

4. 水利枢纽工程、水田灌区工程、旱田节水灌区工程

5. 饮用天然矿泉水生产（中方控股）

6. 甜菜制糖及副产品综合利用

7. 马铃薯深加工

8. 肉鸡、生猪、肉牛和肉羊饲养及产品加工

9. 煤炭加工应用技术开发和产品生产（中方控股）

10. 石墨产品深加工（普通功率和高功率石墨电极生产线除外）

11. 天然药、原料药、中成药的深加工及其衍生物的生产（列入《外商投资产业指导目录》限制类、禁止类的除外）

12. 特殊品种（超白、超薄、在线 Low-E）优质浮法玻璃技术开发及深加工

13. 日产 4000 吨及以上水泥熟料新型干法水泥生产

14. 切削刀具、量具、刃具制造

15. 高性能子午线轮胎生产

16. 汽车零部件制造（汽车变速箱，汽车发动机曲轴、连杆、缸体、缸盖，发动机电子喷射系统，汽车减振器，离合器，发动机正时链，汽车车灯，汽车仪表）

17. 医疗设备及关键部件开发及生产

18. 电网智能管理控制系统设备制造

19. 增值电信业务（需在我国入世承诺框架内）

20. 道路旅客运输（中方控股）

21. 职业教育机构（限于合作）
22. 医疗机构（限于合资、合作）
23. 城市供气、供热、供排水管网建设、经营（大城市中方控股）
24. 森林、冰雪旅游资源开发及滑雪场建设、经营
25. 旅游景区（点）保护、开发和经营及其配套设施建设
26. 经国家投资主管部门批准的资源枯竭型城市的精深加工和接续产业等项目

安徽省

1. 保护性耕作技术开发与应用
2. 高粱、蚕茧精深加工及综合利用
3. 高岭土、煤层气（瓦斯）、矿井水及天然焦等煤炭伴生资源综合利用（勘探、开采除外）
4. 非金属矿（方解石、膨润土、高岭土、凹凸棒黏土、石灰石、石英砂）综合利用（勘查、开采除外）
5. 高档棉、毛、麻、丝、化纤的纺织、针织及服装加工
6. 大型煤焦化-盐化一体化深加工及综合利用（中方控股）
7. 中药材、中药提取物、中成药加工及生产（列入《外商投资产业指导目录》限制类、禁止类的除外）
8. 铜、铅、锌等有色金属精深加工及综合利用（限于合资、合作）
9. 包装装潢印刷品印刷
10. 特殊品种（超白、超薄、在线 Low-E）优质浮法玻璃技术开发及深加工
11. 日产 4000 吨及以上水泥熟料新型干法水泥生产
12. 高性能子午线轮胎生产
13. 汽车零部件制造（汽车变速箱，汽车发动机曲轴、连杆、缸体、缸盖，发动机电子喷射系统，汽车减振器，离合器，发动机正时链，汽车车灯，汽车仪表）
14. 新型干法水泥成套设备制造
15. 大型制氧机、大型焦炉及重型铸钢机械产品生产
16. 大型数控锻压设备及部件开发与制造
17. 叉车、挖掘机、专用车及零部件开发与制造
18. 电冰箱、空调用高效节能压缩机、特种漆包线生产制造
19. 高性能磁性材料及器件技术开发、生产
20. 增值电信业务（需在我国入世承诺框架内）
21. 道路旅客运输（中方控股）
22. 医疗机构（限于合资、合作）
23. 职业教育机构（限于合作）
24. 城市供气、供热、供排水管网的建设、经营（大城市中方控股）
25. 旅游景区（点）保护、开发和经营及其配套设施建设

江西省

1. 铜矿选矿、伴生元素提取及精深加工
2. 高岭土、粉石英、硅灰石、海泡石、化工用白云石等非金属矿选冶、应用及深加工
3. 高档棉、毛、麻、丝、化纤的纺织、针织及服装加工
4. 稀土深加工及应用产品生产
5. 无机氯、有机氯等精细化工产品生产（高残留有机氯产品除外）
6. 天然药、原料药、中成药的深加工及其衍生物的生产（列入《外商投资产业指导目录》限制类、

禁止类的除外)

7. 高性能子午线轮胎生产

8. 包装装潢印刷品印刷

9. 日产4000吨及以上水泥熟料新型干法水泥生产

10. 汽车零部件制造(汽车变速箱,汽车发动机曲轴、连杆、缸体、缸盖,发动机电子喷射系统,汽车减振器,离合器,发动机正时链,汽车车灯,汽车仪表)

11. 医用电子类和生物医学材料类医疗器械的开发及生产

12. 空调、高效节能压缩机及零部件生产

13. LCoS、DLP、液晶等新型投影显示技术产品开发及生产

14. 增值电信业务(需在我国入世承诺框架内)

15. 道路旅客运输(中方控股)

16. 职业教育机构(限于合作)

17. 医疗机构(限于合资、合作)

18. 城市供气、供热、供排水管网建设、经营(大城市中方控股)

19. 旅游景区(点)保护、开发和经营及其配套设施建设

河南省

1. 退耕还林还草、天然林保护等国家重点生态工程后续产业开发

2. 节水灌溉和旱作节水技术、保护性耕作技术开发与应用

3. 天然碱矿开采、加工(中方控股)

4. 铝、铅、锌精深加工(勘查、开采、冶炼除外)

5. 煤炭加工应用技术开发和产品生产(中方控股)

6. 高档棉纺织及服装加工

7. 丝绸产品深加工

8. 超硬材料产品生产

9. 螺旋霉素、抗高血压药品生产

10. 天然药、原料药、中成药的深加工及其衍生物的生产(列入《外商投资产业指导目录》限制类、禁止类的除外)

11. 包装装潢印刷品印刷

12. 特殊品种(超白、超薄、在线Low-E)优质浮法玻璃技术开发及深加工

13. 日产4000吨及以上水泥熟料新型干法水泥生产

14. 汽车零部件制造(汽车变速箱,汽车发动机曲轴、连杆、缸体、缸盖,发动机电子喷射系统,汽车减振器,离合器,发动机正时链,汽车车灯,汽车仪表)

15. 大型农用机械开发和生产

16. 大型煤炭综采、石油钻采、有色轧制、新型干法水泥成套设备开发和生产

17. 电能综合管理自动化设备制造

18. LCoS、DLP、液晶等新型投影显示技术产品开发及生产

19. 增值电信业务(需在我国入世承诺框架内)

20. 道路旅客运输(中方控股)

21. 城市供气、供热、供排水管网建设、经营(大城市中方控股)

22. 旅游景区(点)保护、开发和经营及其配套设施建设

湖北省

1. 保护性耕作技术开发与应用

2. 高档纺织品及服装工艺技术开发
3. 无纺布及医用纺织品生产
4. 动植物药材资源的开发生产（列入《外商投资产业指导目录》限制类、禁止类的除外）
5. 丝绸产品深加工
6. 包装装潢印刷品印刷
7. 特殊品种（超白、超薄、在线 Low-E）优质浮法玻璃技术开发及深加工
8. 日产 4000 吨及以上水泥熟料新型干法水泥生产
9. 空调、高效节能压缩机及零部件制造
10. 汽车零部件制造（汽车变速箱，汽车发动机曲轴、连杆、缸体、缸盖，发动机电子喷射系统，汽车减振器，离合器，发动机正时链，汽车车灯，汽车仪表）
11. 数控机床关键零部件（高速主轴、刀库、动力卡盘）
12. 特种钢丝绳、钢缆制造（平均抗拉强度>2200 MPa ）
13. 激光医疗设备开发与制造
14. 光电子技术和产品（含光纤预制棒、半导体发光二极管 LED）开发
15. 增值电信业务（需在我国入世承诺框架内）
16. 道路旅客运输（中方控股）
17. 职业教育机构（限于合作）
18. 汽车加气站建设
19. 城市供气、供热、供排水管网建设、经营（大城市中方控股）
20. 旅游景区（点）保护、开发和经营及其配套设施建设

湖南省

1. 铅、锌精深加工（勘查、开采、冶炼除外）
2. 铋化合物生产（中方控股）
3. 激素类药物深度开发（列入《外商投资产业指导目录》限制类、禁止类的除外）
4. 包装装潢印刷品印刷
5. 日产 4000 吨及以上水泥熟料新型干法水泥生产
6. 大口径钢管材加工
7. 混凝土机械：混凝土输送泵、混凝土泵车、混凝土布料机、混凝土搅拌运输车；起升机械：塔式起重机、施工升降机、汽车起重机；路面机械：沥青摊铺机、路面冷铣刨机、压路机（220 马力以上）、沥青混凝土搅拌设备、平地机、加热机；环卫机械：扫路车、清洗车；土方机械：旋挖钻机、挖掘机（30 吨以上）；液压阀、液压油缸、齿轮等工程机械及关键零部件开发与制造
8. 高效叶片泵及水利机械制造
9. 双金属高速锯切工具
10. 新型橡胶机械成套设备制造
11. 增值电信业务（需在我国入世承诺框架内）
12. 道路旅客运输（中方控股）
13. 职业教育机构（限于合作）
14. 广播电视节目制作、电影制作（限于合作）
15. 城市供气、供热、供排水管网建设、经营（大城市中方控股）
16. 旅游景区（点）保护、开发和经营及其配套设施建设

广西自治区

1. 退耕还林还草等国家重点生态工程后续产业开发

2. 动植物药材资源开发生产（列入《外商投资产业指导目录》限制类、禁止类的除外）
3. 蔗糖精深加工及副产品综合利用
4. 松香深加工
5. 重晶石深加工
6. 丝绸产品深加工
7. 少数民族特需用品、民族特色工艺品及包装容器材料生产
8. 高档日用陶瓷生产
9. 特殊品种（超白、超薄、在线 Low-E）优质浮法玻璃技术开发及深加工
10. 日产 4000 吨及以上水泥熟料新型干法水泥生产
11. 高性能子午线轮胎生产
12. 汽车零部件制造（汽车变速箱，汽车发动机曲轴、连杆、缸体、缸盖，发动机电子喷射系统，汽车减振器，离合器，发动机正时链，汽车车灯，汽车仪表）
13. 大型工程机械关键零部件技术开发与制造
14. 增值电信业务（需在我国入世承诺框架内）
15. 道路旅客运输（中方控股）
16. 城市供气、供热、供排水管网建设、经营（大城市中方控股）
17. 旅游景区（点）保护、开发和经营及其配套设施建设

重庆市

1. 柑橘、生猪种养殖及深加工
2. 退耕还林还草、天然林保护等国家重点生态工程后续产业开发
3. 节水灌溉技术开发及应用
4. 高档棉、毛、苎麻、丝、竹纤维、化纤的纺织、针织及服装加工
5. 天然气下游化工产品生产和开发（列入《天然气利用政策》限制类和禁止类的除外）
6. 聚氨酯及原料、新型工程塑料生产
7. 生物基材料制造，生物基合成高分子材料，天然生物高分子材料、生物基平台化合物生产
8. 中药材、中药提取物、中成药加工及生产（列入《外商投资产业指导目录》限制类、禁止类的除外）
9. 特殊品种（超白、超薄、在线 Low-E）优质浮法玻璃技术开发及深加工
10. 日产 4000 吨及以上水泥熟料新型干法水泥生产
11. 铝精深加工（限于合资、合作）
12. 摩托车整车（外资比例不高于 50%）及零部件制造
13. 汽车零部件制造（汽车变速箱，汽车发动机曲轴、连杆、缸体、缸盖，发动机电子喷射系统，汽车减振器，离合器，发动机正时链，汽车车灯，汽车仪表）
14. 新型医疗器械产品开发及生产
15. 太阳能、风电等新型发电设备及零部件制造（限于合资、合作）
16. 线宽 0.25 微米以下大规模数字集成电路制造
17. 增值电信业务（需在我国入世承诺框架内）
18. 道路旅客运输（中方控股）
19. 城市供气、供热、供排水管网建设、经营（大城市中方控股）
20. 旅游景区（点）保护、开发和经营及其配套设施建设

四川省

1. 蔬菜、水果等种子（种苗）（转基因植物种子除外）开发、生产（中方控股）

2. 生猪、肉牛、肉羊、小家禽饲养和深加工
3. 退耕还林还草、天然林保护等国家重点生态工程后续产业开发
4. 节水灌溉和旱作节水技术、保护性耕作技术开发与应用
5. 稀土深加工及应用产品生产
6. 钒钛磁铁矿新技术、新产品开发（中方控股）
7. 天然气下游化工产品生产和开发（列入《天然气利用政策》限制类和禁止类的除外）
8. 丝绸产品深加工
9. 高性能无机氟化工产品生产（列入《外商投资产业指导目录》限制类、禁止类的除外）
10. 动植物药材资源开发生产（列入《外商投资产业指导目录》限制类、禁止类的除外）
11. 特殊品种（超白、超薄、在线 Low-E）优质浮法玻璃技术开发及深加工
12. 日产 4000 吨及以上水泥熟料新型干法水泥生产
13. 高性能子午线轮胎生产·
14. 汽车零部件制造（汽车变速箱，汽车发动机曲轴、连杆、缸体、缸盖，发动机电子喷射系统，汽车减振器，离合器，发动机正时链，汽车车灯，汽车仪表）
15. 起重机、挖掘机、装载机、液压机、混凝土机械、压路机、叉车、推土机、平地机等工程机械制造（中方控股）
16. 数字医疗设备及关键部件开发及生产
17. 天然气压缩机（含煤层气压缩机）制造
18. 增值电信业务（需在我国入世承诺框架内）
19. 道路旅客运输（中方控股）
20. 城市供气、供热、供排水管网建设、经营（大城市中方控股）
21. 旅游景区（点）保护、开发和经营及其配套设施建设

贵州省

1. 退耕还林还草、天然林保护等国家重点生态工程后续产业开发
2. 节水灌溉和旱作节水技术开发与应用
3. 马铃薯、魔芋等产品深加工
4. 禽肉（肉牛、猪肉、肉羊、畜禽）、辣椒、苦荞、山药、核桃深加工
5. 苎麻产品深加工
6. 煤炭加工应用技术开发和产品生产（中方控股）
7. 钛冶炼（中方控股）
8. 丝绸产品深加工
9. 磷、硫化工产品生产
10. 动植物药材资源开发生产（列入《外商投资产业指导目录》限制类、禁止类的除外）
11. 特殊品种（超白、超薄、在线 Low-E）优质浮法玻璃技术开发及深加工
12. 日产 4000 吨及以上水泥熟料新型干法水泥生产
13. 铝等有色金属精深加工（限于合资、合作）
14. 磨料磨具产品生产
15. 汽车零部件生产（汽车变速箱，汽车发动机曲轴、连杆、缸体、缸盖，发动机电子喷射系统，汽车减振器，离合器，发动机正时链，汽车车灯，汽车仪表）
16. 增值电信业务（需在我国入世承诺框架内）
17. 道路旅客运输（中方控股）
18. 城市供气、供热、供排水管网建设、经营（大城市中方控股）
19. 旅游景区（点）保护、开发和经营及其配套设施建设

云南省

1. 优质桑、蚕产品的开发生产
2. 退耕还林还草、天然林保护等国家重点生态工程后续产业开发
3. 节水灌溉和旱作节水技术开发与应用
4. 铜、铅、锌有色金属精深加工（勘查、开采、冶炼除外）（中方控股）
5. 特色食用资源开发及应用
6. 亚麻加工、开发及副产品综合利用
7. 煤炭加工应用技术开发和产品生产（中方控股）
8. 丝绸产品深加工
9. 磷精细化工应用技术开发和产品生产
10. 动植物药材资源开发生产（列入《外商投资产业指导目录》限制类、禁止类的除外）
11. 包装装潢印刷品印刷
12. 特殊品种（超白、超薄、在线 Low-E）优质浮法玻璃技术开发及深加工
13. 日产 4000 吨及以上水泥熟料新型干法水泥生产
14. 轻型车用柴油发动机及零部件制造
15. 增值电信业务（需在我国入世承诺框架内）
16. 道路旅客运输（中方控股）
17. 城市供气、供热、供排水管网建设、经营（大城市中方控股）
18. 旅游景区（点）保护、开发和经营及其配套设施建设

西藏自治区

1. 退耕还林还草、天然林保护等国家重点生态工程后续产业开发
2. 节水灌溉和旱作节水技术开发与应用
3. 盐湖资源的开发利用（中方控股）
4. 饮用天然矿泉水生产（中方控股）
5. 牛绒产品深加工及藏毯生产
6. 毛纺产品加工制造
7. 中药材、中药提取物、中成药加工及生产（列入《外商投资产业指导目录》限制类、禁止类的除外）
8. 藏药新品种、新剂型产品生产（列入《外商投资产业指导目录》禁止类的除外）
9. 少数民族特需用品、工艺美术品、包装容器材料及日用玻璃制品生产
10. 增值电信业务（需在我国入世承诺框架内）
11. 道路旅客运输（中方控股）
12. 城市供气、供热、供排水管网建设、经营（大城市中方控股）
13. 旅游景区（点）保护、开发和经营及其配套设施建设

陕西省

1. 马铃薯、棉花种子种苗开发生产（中方控股）
2. 退耕还林还草、天然林保护、水源地保护等国家重点生态工程后续产业开发
3. 节水灌溉和旱作节水技术、保护性耕作技术开发与应用
4. 高档棉、毛、化纤的纺织、针织及服装加工
5. 丝绸产品深加工
6. 动植物药材资源开发生产（列入《外商投资产业指导目录》限制类、禁止类的除外）

7. 天然气下游化工产品的生产与开发（列入《天然气利用政策》限制类和禁止类的除外）
8. 煤炭加工应用技术开发和产品生产（中方控股）
9. 特殊品种（超白、超薄、在线 Low-E）优质浮法玻璃技术开发及深加工
10. 日产 4000 吨及以上水泥熟料新型干法水泥生产
11. 钛金属精深加工（中方控股）
12. 高炉煤气能量回收透平装置设计制造
13. 增值电信业务（需在我国入世承诺框架内）
14. 道路旅客运输（中方控股）
15. 医疗机构（限于合资、合作）
16. 城市供气、供热、供排水管网建设、经营（大城市中方控股）
17. 旅游景区（点）保护、开发和经营及其配套设施建设

甘肃省

1. 节水灌溉和旱作节水技术、保护性耕作技术开发与应用
2. 瓜果、蔬菜、花卉种子的开发生产（中方控股）
3. 优质酿酒葡萄基地建设
4. 优质啤酒原料种植、加工
5. 天然气下游化工产品生产和开发（列入《天然气利用政策》限制类和禁止类的除外）
6. 稀土深加工及应用产品生产
7. 中药材 GAP 生产基地建设及深加工（列入《外商投资产业指导目录》限制类、禁止类的除外）
8. 铝、铜、镍等有色金属精深加工（中方控股）
9. 石油钻采、炼化设备制造
10. 输油气管道加工
11. 奈莫泵（单螺杆泵）、水泵、精细研磨机制造
12. 精密数控机床及工具制造
13. 风力、太阳能发电及设备制造业（限于合资、合作）
14. 增值电信业务（需在我国入世承诺框架内）
15. 道路旅客运输（中方控股）
16. 城市供气、供热、供排水管网建设、经营（大城市中方控股）
17. 旅游景区（点）保护、开发和经营及其配套设施建设

宁夏自治区

1. 节水灌溉和旱作节水技术、保护性耕作技术开发与应用
2. 枸杞、葡萄等种植及深加工
3. 少数民族特需用品及清真食品开发加工
4. 以发酵方式生产化学原料药及中间体、氨基酸产品开发生产
5. 碳基材料开发及生产
6. 石膏和陶瓷黏土的深加工
7. 日产 4000 吨及以上水泥熟料新型干法水泥生产
8. 钽、铌等金属精深加工（中方控股）
9. 高性能子午线轮胎生产
10. 数控机床、大型精密轴承、煤矿采掘设备、自动化仪表、大型精密铸件生产加工
11. 大型煤矿综采设备和防爆电机生产加工
12. 风能、太阳能发电设备研发及制造生产（限于合资、合作）

13. 增值电信业务（需在我国入世承诺框架内）
14. 道路旅客运输（中方控股）
15. 城市供气、供热、供排水管网建设、经营（大城市中方控股）
16. 旅游景区（点）保护、开发和经营及其配套设施建设

青海省

1. 高原动植物资源保护、种养与加工利用（列入《外商投资产业指导目录》限制类、禁止类的除外）
2. 退耕还林还草、天然林保护、水源地保护等国家重点生态工程后续产业开发
3. 节水灌溉和旱作节水技术、保护性耕作技术开发与应用
4. 有机天然农畜产品基地建设和产品精深加工
5. 牛绒产品深加工
6. 天然气下游化工产品生产和开发（列入《天然气利用政策》限制类和禁止类的除外）
7. 中、藏药新品种、新剂型产品生产（列入《外商投资产业指导目录》限制类、禁止类的除外）
8. 特殊品种（超白、超薄、在线Low-E）优质浮法玻璃技术开发及深加工
9. 日产4000吨及以上水泥熟料新型干法水泥生产
10. 增值电信业务（需在我国入世承诺框架内）
11. 道路旅客运输（中方控股）
12. 职业教育机构（限于合作）
13. 医疗机构（限于合资、合作）
14. 城市供气、供热、供排水管网建设、经营（大城市中方控股）
15. 旅游景区（点）保护、开发和经营及其配套设施建设

新疆自治区（含新疆生产建设兵团）

1. 退耕还林还草、天然林保护等国家重点生态工程后续产业开发
2. 节水灌溉和旱作节水技术、保护性耕作技术开发与应用
3. 优质番茄、特色香梨、葡萄、甜瓜、红枣和枸杞的种植及深加工
4. 优质酿酒葡萄基地建设
5. 天然香料的种植、加工
6. 甜菜糖加工及副产品综合利用
7. 亚麻种植及其制品生产
8. 高档棉毛产品升级改造
9. 丝绸产品深加工
10. 蛭石、云母、石棉、菱镁矿、石墨、石灰石、红柱石、石材等非金属矿产的综合利用（勘查、开发除外）
11. 煤炭加工应用技术开发和产品生产（中方控股）
12. 盐化工下游产品生产及开发（列入《外商投资产业指导目录》限制类、禁止类的除外）
13. 油气伴生资源综合利用
14. 放空天然气回收利用
15. 维吾尔族特色药用植物种植、加工和制药新工艺开发（列入《外商投资产业指导目录》限制类、禁止类的除外）
16. 风能、太阳能发电设备研发及制造生产（限于合资、合作）
17. 以牛羊内脏为原料的生物制药产品的开发利用
18. 少数民族特需用品、工艺美术品、包装容器材料及日用玻璃制品生产

19. 特殊品种（超白、超薄、在线 Low-E）优质浮法玻璃技术开发及深加工
20. 日产 4000 吨及以上水泥熟料新型干法水泥生产
21. 铜、铅、锌、铝等有色金属精深加工（限于合资、合作）
22. 增值电信业务（需在我国入世承诺框架内）
23. 道路旅客运输（中方控股）
24. 城市供气、供热、供排水设施建设、经营（大城市中方控股）
25. 旅游景区（点）保护、开发和经营及其配套设施建设

海关总署关于执行《外商投资产业指导目录（2011 年修订）》有关事宜的公告

（海关总署公告 2012 年第 4 号）

2011 年 12 月 24 日，国家发展改革委、商务部以第 12 号令联合公布了《外商投资产业指导目录（2011 年修订）》[以下简称《外资目录（2011 年修订）》，详见附件]，并规定自 2012 年 1 月 30 日起施行。现就海关执行中的有关问题公告如下：

一、自 2012 年 1 月 30 日起，对属于《外资目录（2011 年修订）》鼓励类范围的外商投资项目（包括增资项目），在投资总额内进口的自用设备以及按照合同随上述设备进口的技术和配套件、备件，除《外商投资项目不予免税的进口商品目录》和《进口不予免税的重大技术装备和产品目录》所列商品外，按照《国务院关于调整进口设备税收政策的通知》（国发〔1997〕37 号）、海关总署公告 2008 年第 103 号及其他相关规定免征关税，照章征收进口环节增值税。

二、《外资目录（2011 年修订）》实施后，《项目确认书》中的“项目产业政策审批条目”编码为“M”，例如，《外资目录（2011 年修订）》中鼓励类的第一类第 1 项应填写为：木本食用油料、调料和工业原料的种植及开发、生产（M 0101）；第三类第（一）条第 1 项应填写为：生物饲料、秸秆饲料、水产饲料的开发、生产（M 030101）。

三、为保持政策的连续性，对 2012 年 1 月 30 日以前（不含 1 月 30 日，下同）审批、核准或备案的外商投资项目（以项目的审批、核准或备案日期为准，下同），属于《外商投资产业指导目录（2007 年修订）》鼓励类范围的，可继续按照规定办理免征进口关税手续。但有关项目单位须于 2013 年 1 月 30 日以前，持投资主管部门出具的《项目确认书》（其中“项目产业政策审批条目”仍按原审批条目及编码填写）等有关资料向海关申请办理减免税备案手续。逾期，海关不再受理上述减免税备案申请。

对于 2012 年 1 月 30 日以前审批、核准或备案，同时属于《外资目录（2011 年修订）》鼓励类范围的外商投资项目，投资主管部门按照《外资目录（2011 年修订）》的产业政策条目出具《项目确认书》的（其中“项目产业政策审批条目”以“M”为编码），海关可予受理。

四、对于未列入《外商投资产业指导目录（2007 年修订）》的外商投资在建项目，凡符合《外资目录（2011 年修订）》鼓励类范围的，可按有关规定向投资主管部门申请补办《项目确认书》。在取得《项目确认书》之后，在建项目进口的自用设备以及按照合同随设备进口的技术和配套件、备件，可参照本公告第一条的规定享受进口税收优惠政策，但进口设备已经征税的，税款不予退还。

特此公告。

附件 外商投资产业指导目录（2011年修订）

海关总署

二〇一二年一月二十九日

附件

外商投资产业指导目录（2011年修订）

鼓励外商投资产业目录

一、农、林、牧、渔业

1. 木本食用油料、调料和工业原料的种植及开发、生产
2. 绿色、有机蔬菜（含食用菌、西甜瓜）、干鲜果品、茶叶栽培技术开发及产品生产
3. 糖料、果树、牧草等农作物栽培新技术开发及产品生产
4. 花卉生产与苗圃基地的建设、经营
5. 橡胶、油棕、剑麻、咖啡种植
6. 中药材种植、养殖（限于合资、合作）
7. 农作物秸秆还田及综合利用、有机肥料资源的开发生产
8. 林木（竹）营造及良种培育、多倍体树木新品种培育
9. 水产苗种繁育（不含我国特有的珍贵优良品种）
10. 防治荒漠化及水土流失的植树种草等生态环境保护工程建设、经营
11. 水产品养殖、深水网箱养殖、工厂化水产养殖、生态型海洋增养殖

二、采矿业

1. 煤层气勘探、开发和矿井瓦斯利用（限于合资、合作）
2. 石油、天然气的风险勘探、开发（限于合资、合作）
3. 低渗透油气藏（田）的开发（限于合资、合作）
4. 提高原油采收率及相关新技术的开发应用（限于合资、合作）
5. 物探、钻井、测井、录井、井下作业等石油勘探开发新技术的开发与应用（限于合资、合作）
6. 油页岩、油砂、重油、超重油等非常规石油资源勘探、开发（限于合资、合作）
7. 铁矿、锰矿勘探、开采及选矿
8. 提高矿山尾矿利用率的新技术开发和应用及矿山生态恢复技术的综合应用
9. 页岩气、海底天然气水合物等非常规天然气资源勘探、开发（限于合资、合作）

三、制造业

（一）农副食品加工业
1. 生物饲料、秸秆饲料、水产饲料的开发、生产
2. 水产品加工、贝类净化及加工、海藻保健食品开发
3. 蔬菜、干鲜果品、禽畜产品加工

（二）食品制造业
1. 婴儿、老年食品及保健食品的开发、生产
2. 森林食品的开发、生产
3. 天然食品添加剂、食品配料生产

（三）饮料制造业

1. 果蔬饮料、蛋白饮料、茶饮料、咖啡饮料、植物饮料的开发、生产

（四）烟草制品业

1. 二醋酸纤维素及丝束加工（限于合资、合作）

（五）纺织业

1. 采用非织造、机织、针织及其复合工艺技术的轻质、高强、耐高/低温、耐化学物质、耐光等多功能化的产业用纺织品生产

2. 采用先进节能减排技术和装备的高档织物面料的织染及后整理加工

3. 符合生态、资源综合利用与环保要求的特种天然纤维（包括山羊绒等特种动物纤维、麻纤维、蚕丝、彩色棉花等）产品加工

4. 采用计算机集成制造系统的服装生产

5. 功能性、绿色环保及特种服装生产

6. 高档地毯、刺绣、抽纱产品生产

（六）皮革、皮毛、羽毛（绒）及其制品业

1. 皮革和毛皮清洁化技术加工

2. 皮革后整饰新技术加工

3. 高档皮革加工

4. 皮革废弃物综合利用

（七）木材加工及木、竹、藤、棕、草制品业

1. 林业三剩物，“次、小、薪”材和竹材的综合利用新技术、新产品开发与生产

（八）造纸及纸制品业

1. 主要利用境外木材资源的单条生产线年产 30 万吨及以上规模化学木浆和单条生产线年产 10 万吨及以上规模化学机械木浆以及同步建设的高档纸及纸板生产（限于合资、合作）

（九）石油加工、炼焦及核燃料加工业

1. 针状焦、煤焦油深加工

（十）化学原料及化学制品制造业

1. 钠法漂粉精、聚氯乙烯和有机硅新型下游产品开发与生产

2. 合成材料的配套原料：过氧化氢氧化丙烯法环氧丙烷、甘油法环氧氯丙烷、萘二甲酸二甲酯（NDC）、1,4-环乙烷二甲醇酯（CHDM）生产

3. 合成纤维原料：己内酰胺、尼龙 66 盐、熔纺氨纶树脂、1,3-丙二醇生产

4. 合成橡胶：溶液丁苯橡胶（不包括热塑性丁苯橡胶）、高顺式丁二烯橡胶、丁基橡胶、异戊橡胶、聚氨酯橡胶、丙烯酸酯橡胶、氯醇橡胶、乙丙橡胶，以及氟橡胶、硅橡胶等特种橡胶生产

5. 工程塑料及塑料合金：6 万吨/年及以上非光气法聚碳酸酯（PC）、聚甲醛（POM）、聚酰胺（尼龙 6、尼龙 66、尼龙 11 和尼龙 12）、聚乙烯醋酸乙烯酯（EVA）、聚苯硫醚、聚醚醚酮、聚酰亚胺、聚砜、聚醚砜、聚芳酯（PAR）、液晶聚合物等产品生产

6. 精细化工：催化剂新产品、新技术，染（颜）料商品化加工技术，电子化学品和造纸化学品，食品添加剂、饲料添加剂，皮革化学品（N-N 二甲基甲酰胺除外），油田助剂，表面活性剂，水处理剂，胶黏剂，无机纤维、无机纳米材料生产，颜料包膜处理深加工

7. 环保型印刷油墨、环保型芳烃油生产

8. 天然香料、合成香料、单离香料生产

9. 高性能涂料、水性汽车涂料及配套水性树脂生产

10. 氟氯烃替代物生产

11. 高性能氟树脂、氟膜材料，医用含氟中间体，环境友好型制冷剂和清洁剂生产

12. 从磷化工、铝冶炼中回收氟资源生产

13. 林业化学产品新技术、新产品开发与生产

14. 环保用无机、有机和生物膜开发与生产

15. 新型肥料开发与生产：生物肥料、高浓度钾肥、复合肥料、缓释可控肥料、复合型微生物接种剂、复合微生物肥料、秸秆及垃圾腐熟剂、特殊功能微生物制剂

16. 高效、安全、环境友好的农药新品种、新剂型、专用中间体、助剂的开发与生产，以及相关清洁生产工艺的开发和应用（甲叉法乙草胺、胺氰法百草枯、水相法毒死蜱工艺、草甘膦回收氯甲烷工艺、定向合成法手性和立体结构农药生产、乙基氯化物合成技术）

17. 生物农药及生物防治产品开发与生产：微生物杀虫剂、微生物杀菌剂、农用抗生素、昆虫信息素、天敌昆虫、微生物除草剂

18. 废气、废液、废渣综合利用和处理、处置

19. 有机高分子材料生产：飞机蒙皮涂料、稀土硫化铈红色染料、无铅化电子封装材料、彩色等离子体显示屏专用系列光刻浆料、小直径大比表面积超细纤维、高精度燃油滤纸、锂离子电池隔膜

（十一）医药制造业

1. 新型化合物药物或活性成分药物的生产（包括原料药和制剂）

2. 氨基酸类：发酵法生产色氨酸、组氨酸、饲料用蛋氨酸等生产

3. 新型抗癌药物、新型心脑血管药及新型神经系统用药生产

4. 采用生物工程技术的新型药物生产

5. 艾滋病疫苗、丙肝疫苗、避孕疫苗及宫颈癌、疟疾、手足口病等新型疫苗生产

6. 生物疫苗生产

7. 海洋药物开发与生产

8. 药品制剂：采用缓释、控释、靶向、透皮吸收等新技术的新剂型、新产品生产

9. 新型药用辅料的开发及生产

10. 动物专用抗菌原料药生产（包括抗生素、化学合成类）

11. 兽用抗菌药、驱虫药、杀虫药、抗球虫药新产品及新剂型生产

12. 新型诊断试剂的生产

（十二）化学纤维制造业

1. 差别化化学纤维及芳纶、碳纤维、高强高模聚乙烯、聚苯硫醚（PPS）等高新技术化纤（粘胶纤维除外）生产

2. 纤维及非纤维用新型聚酯生产：聚对苯二甲酸丙二醇酯（PTT）、聚萘二酸乙二醇酯（PEN）、聚对苯二甲酸环己烷二甲醇酯（PCT）、二元醇改性聚对苯二甲酸乙二醇酯（PETG）

3. 利用新型可再生资源和绿色环保工艺生产生物质纤维，包括新溶剂法纤维素纤维（Lyocell）、以竹、麻等为原料的再生纤维素纤维、聚乳酸纤维（PLA）、甲壳素纤维、聚羟基脂肪酸酯纤维（PHA）、动植物蛋白纤维等

4. 单线生产能力日产150吨及以上聚酰胺生产

5. 子午胎用芳纶纤维及帘线生产

（十三）塑料制品业

1. 新型光生态多功能宽幅农用薄膜开发与生产

2. 废旧塑料的消解和再利用

3. 塑料软包装新技术、新产品（高阻隔、多功能膜及原料）开发与生产

（十四）非金属矿物制品业

1. 节能、环保、利废、轻质高强、高性能、多功能建筑材料开发生产

2. 以塑代钢、以塑代木、节能高效的化学建材品生产

3. 年产1000万平方米及以上弹性体、塑性体改性沥青防水卷材，宽幅（2米以上）三元乙丙橡胶防水卷材及配套材料，宽幅（2米以上）聚氯乙烯防水卷材，热塑性聚烯烃（TPO）防水卷材生产

4. 新技术功能玻璃开发生产：屏蔽电磁波玻璃、微电子用玻璃基板、透红外线无铅玻璃、电子级大规格石英玻璃制品（管、板、坩埚、仪器器皿等）、光学性能优异多功能风挡玻璃、信息技术用极端材料及制品（包括波导级高精密光纤预制棒石英玻璃套管和陶瓷基板）、高纯（≥99.998%）超纯（≥99.999%）水晶原料提纯加工

5. 薄膜电池导电玻璃、太阳能集光镜玻璃生产

6. 玻璃纤维制品及特种玻璃纤维生产：低介电玻璃纤维、石英玻璃纤维、高硅氧玻璃纤维、高强高弹玻璃纤维、陶瓷纤维等及其制品

7. 光学纤维及制品生产：传像束及激光医疗光纤、超二代和三代微通道板、光学纤维面板、倒像器及玻璃光锥

8. 陶瓷原料的标准化精制、陶瓷用高档装饰材料生产

9. 水泥、电子玻璃、陶瓷、微孔炭砖等窑炉用环保（无铬化）耐火材料生产

10. 氮化铝（AlN）陶瓷基片、多孔陶瓷生产

11. 无机非金属新材料及制品生产：复合材料、特种陶瓷、特种密封材料（含高速油封材料）、特种摩擦材料（含高速摩擦制动制品）、特种胶凝材料、特种乳胶材料、水声橡胶制品、纳米材料

12. 有机—无机复合泡沫保温材料生产

13. 高技术复合材料生产：连续纤维增强热塑性复合材料和预浸料、耐温>300℃树脂基复合材料成型用工艺辅助材料、树脂基复合材料（包括高档体育用品、轻质高强交通工具部件）、特种功能复合材料及制品（包括深水及潜水复合材料制品、医用及康复用复合材料制品）、碳/碳复合材料、高性能陶瓷基复合材料及制品、金属基和玻璃基复合材料及制品、金属层状复合材料及制品、压力≥320MPa 超高压复合胶管、大型客机航空轮胎

14. 精密高性能陶瓷原料生产：碳化硅（SiC）超细粉体（纯度>99%，平均粒径<1μm）、氮化硅（Si_3N_4）超细粉体（纯度>99%，平均粒径<1μm）、高纯超细氧化铝微粉（纯度>99.9%，平均粒径<0.5μm）、低温烧结氧化锆（ZrO_2）粉体（烧结温度<1350℃）、高纯氮化铝（AlN）粉体（纯度>99%，平均粒径<1μm）、金红石型 TiO_2 粉体（纯度>98.5%）、白炭黑（粒径<100nm）、钛酸钡（纯度>99%，粒径<1μm）

15. 高品质人工晶体及晶体薄膜制品开发生产：高品质人工合成水晶（压电晶体及透紫外光晶体）、超硬晶体（立方氮化硼晶体）、耐高温高绝缘人工合成绝缘晶体（人工合成云母）、新型电光晶体、大功率激光晶体及大规格闪烁晶体、金刚石膜工具、厚度 0.3mm 及以下超薄人造金刚石锯片

16. 非金属矿精细加工（超细粉碎、高纯、精制、改性）

17. 超高功率石墨电极生产

18. 珠光云母生产（粒径 3~150μm）

19. 多维多向整体编制织物及仿形织物生产

20. 利用新型干法水泥窑无害化处置固体废弃物

21. 建筑垃圾再生利用

22. 工业副产石膏综合利用

23. 非金属矿山尾矿综合利用的新技术开发和应用及矿山生态恢复

（十五）有色金属冶炼及压延加工业

1. 直径 200mm 以上硅单晶及抛光片生产

2. 高新技术有色金属材料生产：化合物半导体材料（砷化镓、磷化镓、磷化铟、氮化镓），高温超导材料，记忆合金材料（钛镍、铜基及铁基记忆合金材料），超细（纳米）碳化钙及超细（纳米）晶硬质合金，超硬复合材料，贵金属复合材料，散热器用铝箔，中高压阴极电容铝箔，特种大型铝合金型材，铝合金精密模锻件，电气化铁路架空导线，超薄铜带，耐蚀热交换器铜合金材，高性能铜镍、铜铁合金带，铍铜带、线、管及棒加工材，耐高温抗衰钨丝，镁合金铸件，无铅焊料，镁合金及其应用产品，泡沫铝，钛合金带材及钛焊接管，原子能级海绵锆，钨及钼深加工产品

（十六）金属制品业

1. 航空、航天、汽车、摩托车轻量化及环保型新材料研发与制造（专用铝板、铝镁合金材料、摩托车铝合金车架等）

2. 建筑五金件、水暖器材及其五金件开发、生产

3. 用于包装各类粮油食品、果蔬、饮料、日化产品等内容物的金属包装制品（厚度 0.3 毫米以下）的制造及加工（包括制品的内外壁印涂加工）

4. 节镍不锈钢制品的制造

（十七）通用设备制造业

1. 高档数控机床及关键零部件制造：五轴联动数控机床、数控坐标镗铣加工中心、数控坐标磨床、五轴联动数控系统及伺服装置、精密数控加工用高速超硬刀具

2. 1000 吨及以上多工位镦锻成型机制造

3. 报废汽车拆解、破碎及后处理分选设备制造

4. FTL 柔性生产线制造

5. 垂直多关节工业机器人、焊接机器人及其焊接装置设备制造

6. 特种加工机械制造：激光切割和拼焊成套设备、激光精密加工设备、数控低速走丝电火花线切割机、亚微米级超细粉碎机

7. 400 吨及以上轮式、履带式起重机械制造（限于合资、合作）

8. 工作压力≥35MPa 高压柱塞泵及马达、工作压力≥35MPa 低速大扭矩马达的设计与制造

9. 工作压力≥25MPa 的整体式液压多路阀，电液比例伺服元件制造

10. 阀岛、功率 0.35W 以下气动电磁阀、200Hz 以上高频电控气阀设计与制造

11. 静液压驱动装置设计与制造

12. 压力 10MPa 以上非接触式气膜密封、压力 10MPa 以上干气密封（包括实验装置）的开发与制造

13. 汽车用高分子材料（摩擦片、改型酚醛活塞、非金属液压总分泵等）设备开发与制造

14. 第三、四代轿车轮毂轴承（轴承内、外圈带法兰盘和传感器的轮毂轴承功能部件），高中档数控机床和加工中心轴承（加工中心具有三轴以上联动功能、定位重复精度为 3~4μm），高速线材、板材轧机轴承（单途线材轧机轧速 120m/s 及以上、薄板轧机加工板厚度 2mm 及以上的支承和工作辊轴承），高速铁路轴承（行驶速度大于 200km/h），振动值 Z4 以下低噪音轴承（Z4、Z4P、V4、V4P 噪音级），各类轴承的 P4、P2 级轴承，风力发电机组轴承（2 兆瓦以上风力发电机组主轴轴承、增速器轴承、发电机轴承等），航空轴承（航空发动机主轴轴承、起落架轴承、传动系统轴承、操纵系统轴承等）制造

15. 高密度、高精度、形状复杂的粉末冶金零件及汽车、工程机械等用链条的制造

16. 风电、高速列车用齿轮变速器，船用可变桨齿轮传动系统，大型、重载齿轮箱的制造

17. 耐高温绝缘材料（绝缘等级为 F、H 级）及绝缘成型件制造

18. 蓄能器胶囊、液压气动用橡塑密封件开发与制造

19. 高精度、高强度（12.9 级以上）、异形、组合类紧固件制造

20. 微型精密传动联结件（离合器）制造

21. 大型轧机连接轴制造

22. 机床、工程机械、铁路机车装备等机械设备再制造及汽车零部件再制造

（十八）专用设备制造业

1. 矿山无轨采、装、运设备制造：200 吨及以上机械传动矿用自卸车，移动式破碎机，5000 立方米/小时及以上斗轮挖掘机，8 立方米及以上矿用装载机，2500 千瓦以上电牵引采煤机设备等

2. 物探、测井设备制造：MEME 地震检波器，数字遥测地震仪，数字成像、数控测井系统，水平井、定向井、钻机装置及器具，MWD 随钻测井仪

3. 石油勘探、钻井、集输设备制造：工作水深大于 1500 米的浮式钻井系统和浮式生产系统及配套海底采油、集输设备

4. 口径 2 米以上深度 30 米以上大口径旋挖钻机、直径 1.2 米以上顶管机、回拖力 300 吨以上大型非开挖铺设地下管线成套设备、地下连续墙施工钻机制造

5. 520 马力及以上大型推土机设计与制造

6. 100 立方米/小时及以上规格的清淤机、1000 吨及以上挖泥船的挖泥装置设计与制造

7. 防汛堤坝用混凝土防渗墙施工装备设计与制造

8. 水下土石方施工机械制造：水深 9 米以下推土机、装载机、挖掘机等

9. 公路桥梁养护、自动检测设备制造

10. 公路隧道营运监控、通风、防灾和救助系统设备制造

11. 铁路大型施工、铁路线路、桥梁、隧道维修养护机械和检查、监测设备及其关键零部件的设计与制造

12. （沥青）油毡瓦设备、镀锌钢板等金属屋顶生产设备制造

13. 环保节能型现场喷涂聚氨酯防水保温系统设备、聚氨酯密封膏配制技术与设备、改性硅酮密封膏配制技术和生产设备制造

14. 高精度带材轧机（厚度精度 10 微米）设计与制造

15. 多元素、细颗粒、难选冶金属矿产的选矿装置制造

16. 100 万吨/年及以上乙烯成套设备中的关键设备制造：年处理能力 40 万吨以上混合造粒机，直径 1000 毫米及以上螺旋卸料离心机，小流量高扬程离心泵

17. 大型煤化工成套设备制造（限于合资、合作）

18. 金属制品模具（铜、铝、钛、锆的管、棒、型材挤压模具）设计、制造

19. 汽车车身外覆盖件冲压模具，汽车仪表板、保险杠等大型注塑模具，汽车及摩托车夹具、检具设计与制造

20. 汽车动力电池专用生产设备的设计与制造

21. 精密模具（冲压模具精度高于 0.02 毫米、型腔模具精度高于 0.05 毫米）设计与制造

22. 非金属制品模具设计与制造

23. 6 万瓶/小时及以上啤酒灌装设备、5 万瓶/小时及以上饮料中温及热灌装设备、3.6 万瓶/小时及以上无菌灌装设备制造

24. 氨基酸、酶制剂、食品添加剂等生产技术及关键设备制造

25. 10 吨/小时及以上的饲料加工成套设备及关键部件制造

26. 楞高 0.75 毫米及以下的轻型瓦楞纸板及纸箱设备制造

27. 单张纸多色胶印机（幅宽≥750 毫米，印刷速度：单面多色≥16000 张/小时，双面多色≥13000 张/小时）制造

28. 单幅单纸路卷筒纸平版印刷机印刷速度大于 75000 对开张/小时（787×880 毫米）、双幅单纸路卷筒纸平版印刷机印刷速度大于 170000 对开张/小时（787×880 毫米）、商业卷筒纸平版印刷机印刷速度大于 50000 对开张/小时（787×880 毫米）制造

29. 多色宽幅柔性版印刷机（印刷宽度≥1300 毫米，印刷速度≥350 米/秒），喷墨数字印刷机（出版用：印刷速度≥150 米/分，分辨率≥600dpi；包装用：印刷速度≥30 米/分，分辨率≥1000dpi；可变数据用：印刷速度≥100 米/分，分辨率≥300dpi）制造

30. 计算机墨色预调、墨色遥控、水墨速度跟踪、印品质量自动检测和跟踪系统、无轴传动技术、速度在 75000 张/小时的高速自动接纸机、给纸机和可以自动遥控调节的高速折页机、自动套印系统、冷却装置、加硅系统、调偏装置等制造

31. 电子枪自动镀膜机制造

32. 平板玻璃深加工技术及设备制造

33. 新型造纸机械（含纸浆）等成套设备制造

34. 皮革后整饰新技术设备制造

35. 农产品加工及储藏新设备开发与制造：粮食、油料、蔬菜、干鲜果品、肉食品、水产品等产品的加工储藏、保鲜、分级、包装、干燥等新设备，农产品品质检测仪器设备，农产品品质无损伤检测仪器设备，流变仪，粉质仪，超微粉碎设备，高效脱水设备，五效以上高效果汁浓缩设备，粉体食品物料杀菌设备，固态及半固态食品无菌包装设备，碟片式分离离心机

36. 农业机械制造：农业设施设备（温室自动灌溉设备、营养液自动配置与施肥设备、高效蔬菜育苗设备、土壤养分分析仪器），配套发动机功率120千瓦以上拖拉机及配套农具，低油耗低噪音低排放柴油机，大型拖拉机配套的带有残余雾粒回收装置的喷雾机，高性能水稻插秧机，棉花采摘机及棉花采摘台，适应多种行距的自走式玉米联合收割机（液压驱动或机械驱动），油菜籽收获机，甘蔗收割机，甜菜收割机

37. 林业机具新技术设备制造

38. 农作物秸秆收集、打捆及综合利用设备制造

39. 农用废物的资源化利用及规模化畜禽养殖废物的资源化利用设备制造

40. 节肥、节（农）药、节水型农业技术设备制造

41. 机电井清洗设备及清洗药物生产设备制造

42. 电子内窥镜制造

43. 眼底摄影机制造

44. 医用成像设备（高场强超导型磁共振成像设备、X线计算机断层成像设备、数字化彩色超声诊断设备等）关键部件的制造

45. 医用超声换能器（3D）制造

46. 硼中子俘获治疗设备制造

47. 图像引导适型调强放射治疗系统制造

48. 血液透析机、血液过滤机制造

49. 全自动酶免系统（含加样、酶标、洗板、孵育、数据后处理等部分功能）设备制造

50. 药品质量控制新技术、新设备制造

51. 天然药物有效物质分析的新技术、提取的新工艺、新设备开发与制造

52. 非PVC医用输液袋多层共挤水冷式薄膜吹塑装备制造

53. 新型纺织机械、关键零部件及纺织检测、实验仪器开发与制造

54. 电脑提花人造毛皮机制造

55. 太阳能电池生产专用设备制造

56. 大气污染防治设备制造：耐高温及耐腐蚀滤料、低NOx燃烧装置、烟气脱氮催化剂及脱氮成套装置、工业有机废气净化设备、柴油车排气净化装置、含重金属废气处理装置

57. 水污染防治设备制造：卧式螺旋离心脱水机、膜及膜材料、50kg/h以上的臭氧发生器、10kg/h以上的二氧化氯发生器、紫外消毒装置、农村小型生活污水处理设备、含重金属废水处理装置

58. 固体废物处理处置设备制造：污水处理厂污泥处置及资源利用设备、日处理量500吨以上垃圾焚烧成套设备、垃圾填埋渗滤液处理技术装备、垃圾填埋场防渗土工膜、建筑垃圾处理和资源化利用装备、危险废物处理装置、垃圾填埋场沼气发电装置、废钢铁处理设备、污染土壤修复设备

59. 铝工业赤泥综合利用设备开发与制造

60. 尾矿综合利用设备制造

61. 废旧塑料、电器、橡胶、电池回收处理再生利用设备制造

62. 废旧纺织品回收处理设备制造

63. 废旧机电产品再制造设备制造

64. 废旧轮胎综合利用装置制造

65. 水生生态系统的环境保护技术、设备制造

66. 移动式组合净水设备制造

67. 非常规水处理、重复利用设备与水质监测仪器

68. 工业水管网和设备（器具）的检漏设备和仪器

69. 日产10万立方米及以上海水淡化及循环冷却技术和成套设备开发与制造

70. 特种气象观测及分析设备制造

71. 地震台站、台网和流动地震观测技术系统开发及仪器设备制造

72. 三鼓及以上子午线轮胎成型机制造

73. 滚动阻力试验机、轮胎噪音试验室制造

74. 供热计量、温控装置新技术设备制造

75. 氢能制备与储运设备及检查系统制造

76. 新型重渣油气化雾化喷嘴、漏气率0.5%及以下高效蒸汽疏水阀、1000℃及以上高温陶瓷换热器制造

77. 海上溢油回收装置制造

78. 低浓度煤矿瓦斯和乏风利用设备制造

（十九）交通运输设备制造业

1. 汽车发动机制造及发动机研发机构建设：升功率不低于70千瓦的汽油发动机、升功率不低于50千瓦的排量3升以下柴油发动机、升功率不低于40千瓦的排量3升以上柴油发动机、燃料电池和混合燃料等新能源发动机

2. 汽车关键零部件制造及关键技术研发：双离合器变速器（DCT）、电控机械变速器（AMT）、汽油发动机涡轮增压器、黏性联轴器（四轮驱动用）、自动变速器执行器（电磁阀）、液力缓速器、电涡流缓速器、汽车安全气囊用气体发生器、燃油共轨喷射技术（最大喷射压力大于2000帕）、可变截面涡轮增压技术（VGT）、可变喷嘴涡轮增压技术（VNT）、达到中国Ⅴ阶段污染物排放标准的发动机排放控制装置、智能扭矩管理系统（ITM）及耦合器总成、线控转向系统、柴油机颗粒捕捉器、低地板大型客车专用车桥、吸能式转向系统、大中型客车变频空调系统、汽车用特种橡胶配件，以及上述零部件的关键零件、部件

3. 汽车电子装置制造与研发：发动机和底盘电子控制系统及关键零部件，车载电子技术（汽车信息系统和导航系统），汽车电子总线网络技术（限于合资），电子控制系统的输入（传感器和采样系统）输出（执行器）部件，电动助力转向系统电子控制器（限于合资），嵌入式电子集成系统（限于合资、合作）、电控式空气弹簧，电子控制式悬挂系统，电子气门系统装置，电子组合仪表，ABS/TCS/ESP系统，电路制动系统（BBW），变速器电控单元（TCU），轮胎气压监测系统（TPMS），车载故障诊断仪（OBD），发动机防盗系统，自动避撞系统，汽车、摩托车型试验及维修用检测系统

4. 新能源汽车关键零部件制造：能量型动力电池（能量密度≥110Wh/kg，循环寿命≥2000次，外资比例不超过50%），电池正极材料（比容量≥150mAh/g，循环寿命2000次不低于初始放电容量的80%），电池隔膜（厚度15~40μm，孔隙率40%~60%）；电池管理系统，电机管理系统，电动汽车电控集成；电动汽车驱动电机（峰值功率密度≥2.5kW/kg，高效区：65%工作区效率 ≥80%），车用DC/DC（输入电压100V~400V），大功率电子器件（IGBT，电压等级≥600V，电流≥300A）；插电式混合动力机电耦合驱动系统

5. 大排量（排量>250mL）摩托车关键零部件制造：摩托车电控燃油喷射技术（限于合资、合作）、达到中国摩托车Ⅲ阶段污染物排放标准的发动机排放控制装置

6. 轨道交通运输设备（限于合资、合作）：高速铁路、铁路客运专线、城际铁路、干线铁路及城市轨道交通运输设备的整车和关键零部件（牵引传动系统、控制系统、制动系统）的研发、设计与制造；高速铁路、铁路客运专线、城际铁路及城市轨道交通乘客服务设施和设备的研发、设计与制造，信息化建设中有关信息系统的设计与研发；高速铁路、铁路客运专线、城际铁路的轨道和桥梁设备研发、设计与制造，轨道交通运输通信信号系统的研发、设计与制造，电气化铁路设备和器材制造、铁路噪声和振动控制技术与研发、铁路客车排污设备制造、铁路运输安全监测设备制造

7. 民用飞机设计、制造与维修：干线、支线飞机（中方控股），通用飞机（限于合资、合作）

8. 民用飞机零部件制造与维修

9. 民用直升机设计与制造：3 吨级及以上（中方控股），3 吨级以下（限于合资、合作）

10. 民用直升机零部件制造

11. 地面、水面效应飞机制造（中方控股）

12. 无人机、浮空器设计与制造（中方控股）

13. 航空发动机及零部件、航空辅助动力系统设计、制造与维修（限于合资、合作）

14. 民用航空机载设备设计与制造（限于合资、合作）

15. 航空地面设备制造：民用机场设施、民用机场运行保障设备、飞行试验地面设备、飞行模拟与训练设备、航空测试与计量设备、航空地面试验设备、机载设备综合测试设备、航空制造专用设备、航空材料试制专用设备、民用航空器地面接收及应用设备、运载火箭地面测试设备、运载火箭力学及环境实验设备

16. 航天器光机电产品、航天器温控产品、星上产品检测设备、航天器结构与机构产品制造

17. 轻型燃气轮机制造

18. 豪华邮轮及深水（3000 米以上）海洋工程装备的设计（限于合资、合作）

19. 海洋工程装备（含模块）的制造与修理（中方控股）

20. 船舶低、中速柴油机及其零部件的设计（限于合资、合作）

21. 船舶低、中速柴油机及曲轴的制造（中方控股）

22. 船舶舱室机械的设计与制造（中方相对控股）

23. 船舶通讯导航设备的设计与制造：船舶通信系统设备、船舶电子导航设备、船用雷达、电罗经自动舵、船舶内部公共广播系统等

24. 游艇的设计与制造（限于合资、合作）

（二十）电气机械及器材制造业

1. 100 万千瓦超超临界火电机组用关键辅机设备制造（限于合资、合作）：安全阀、调节阀

2. 燃煤电站、钢铁行业烧结机脱硝技术装备制造

3. 火电设备的密封件设计、制造

4. 燃煤电站、水电站设备用大型铸锻件制造

5. 水电机组用关键辅机设备制造

6. 输变电设备制造（限于合资、合作）：非晶态合金变压器、500 千伏及以上高压开关用操作机构、灭弧装置、大型盆式绝缘子（1000 千伏、50 千安以上），500 千伏及以上变压器用出线装置、套管（交流 500、750、1000 千伏，直流所有规格）、调压开关（交流 500、750、1000 千伏有载、无载调压开关），直流输电用干式平波电抗器，±800 千伏直流输电用换流阀（水冷设备、直流场设备），符合欧盟 RoHS 指令的电器触头材料及无 Pb、Cd 的焊料

7. 新能源发电成套设备或关键设备制造：光伏发电、地热发电、潮汐发电、波浪发电、垃圾发电、沼气发电、2.5 兆瓦及以上风力发电设备

8. 额定功率 350MW 及以上大型抽水蓄能机组制造（限于合资、合作）：水泵水轮机及调速器、大型变速可逆式水泵水轮机组、发电电动机及励磁、启动装置等附属设备

9. 斯特林发电机组制造

10. 直线和平面电机及其驱动系统开发与制造

11. 高技术绿色电池制造：动力镍氢电池、锌镍蓄电池、锌银蓄电池、锂离子电池、太阳能电池、燃料电池等（新能源汽车能量型动力电池除外）

12. 电动机采用直流调速技术的制冷空调用压缩机、采用 CO_2 自然工质制冷空调压缩机、应用可再生能源（空气源、水源、地源）制冷空调设备制造

13. 太阳能空调、采暖系统、太阳能干燥装置制造

14. 生物质干燥热解系统、生物质气化装置制造

15. 交流调频调压牵引装置制造

（二十一）通信设备、计算机及其他电子设备制造业

1. 高清数字摄录机、数字放声设备制造

2. TFT-LCD、PDP、OLED 等平板显示屏、显示屏材料制造（6 代及 6 代以下 TFT-LCD 玻璃基板除外）

3. 大屏幕彩色投影显示器用光学引擎、光源、投影屏、高清晰度投影管和微显投影设备模块等关键件制造

4. 数字音、视频编解码设备，数字广播电视演播室设备，数字有线电视系统设备，数字音频广播发射设备，数字电视上下变换器，数字电视地面广播单频网（SFN）设备，卫星数字电视上行站设备，卫星公共接收电视（SMATV）前端设备制造

5. 集成电路设计，线宽 0.18 微米及以下大规模数字集成电路制造，0.8 微米及以下模拟、数模集成电路制造，MEMS 和化合物半导体集成电路制造及 BGA、PGA、CSP、MCM 等先进封装与测试

6. 大中型电子计算机、百万亿次高性能计算机、便携式微型计算机、每秒一万亿次及以上高档服务器、大型模拟仿真系统、大型工业控制机及控制器制造

7. 计算机数字信号处理系统及板卡制造

8. 图形图像识别和处理系统制造

9. 大容量光、磁盘驱动器及其部件开发与制造

10. 高速、容量 100TB 及以上存储系统及智能化存储设备制造

11. 计算机辅助设计（三维 CAD）、辅助测试（CAT）、辅助制造（CAM）、辅助工程（CAE）系统及其他计算机应用系统制造

12. 软件产品开发、生产

13. 电子专用材料开发与制造（光纤预制棒开发与制造除外）

14. 电子专用设备、测试仪器、工模具制造

15. 新型电子元器件制造：片式元器件、敏感元器件及传感器、频率控制与选择元件、混合集成电路、电力电子器件、光电子器件、新型机电元件、高分子固体电容器、超级电容器、无源集成元件、高密度互连积层板、多层挠性板、刚挠印刷电路板及封装载板

16. 触控系统（触控屏幕、触控组件等）制造

17. 发光效率 100lm/W 以上高亮度发光二极管、发光效率 1001m/W 以上发光二极管外延片（蓝光）、发光效率 1001m/W 以上且功率 200mW 以上白色发光管制造

18. 高密度数字光盘机用关键件开发与生产

19. 只读类光盘复制和可录类光盘生产

20. 民用卫星设计与制造（中方控股）

21. 民用卫星有效载荷制造（中方控股）

22. 民用卫星零部件制造

23. 卫星通信系统设备制造

24. 卫星导航定位接收设备及关键部件制造

25. 光通信测量仪表、速率 10Gb/s 及以上光收发器制造

26. 超宽带（UWB）通信设备制造

27. 无线局域网（含支持 WAPI）、广域网设备制造

28. 40Gbps 及以上速率时分复用设备（TDM）、密集波分复用设备（DWDM）、宽带无源网络设备（包括 EPON、GPON、WDM-PON 等）、下一代 DSL 芯片及设备、光交叉连接设备（OXC）、自动光交换网络设备（ASON）、40G/sSDH 以上光纤通信传输设备制造

29. 基于 IPv6 的下一代互联网系统设备、终端设备、检测设备、软件、芯片开发与制造

30. 第三代及后续移动通信系统手机、基站、核心网设备以及网络检测设备开发与制造

31. 高端路由器、千兆比以上网络交换机开发与制造

32. 空中交通管制系统设备制造（限于合资、合作）

（二十二）仪器仪表及文化、办公用机械制造业

1. 工业过程自动控制系统与装置制造：现场总线控制系统，大型可编程控制器（PLC），两相流量计，固体流量计，新型传感器及现场测量仪表

2. 大型精密仪器开发与制造：电子显微镜、激光扫描显微镜、扫描隧道显微镜、电子探针、大型金相显微镜，光电直读光谱仪、拉曼光谱仪，质谱仪、色谱—质谱联用仪、核磁共振波谱仪、能谱仪、X射线荧光光谱仪、衍射仪，工业CT、450kV工业X射线探伤机、大型动平衡试验机、在线机械量自动检测系统、三坐标测量机、激光比长仪，电法勘探仪、500m以上航空电法及伽马能谱测量仪器、井中重力及三分量磁力仪、高精度微伽重力及航空重力梯度测量仪器，光栅尺、编码器

3. 高精度数字电压表、电流表制造（显示量程七位半以上）

4. 无功功率自动补偿装置制造

5. 安全生产新仪器设备制造

6. VXI总线式自动测试系统（符合IEEE1155国际规范）制造

7. 煤矿井下监测及灾害预报系统、煤炭安全检测综合管理系统开发与制造

8. 工程测量和地球物理观测设备制造：数字三角测量系统、三维地形模型数控成型系统（面积>1000×1000mm、水平误差<1mm、高程误差<0.5mm）、超宽频带地震计（φ<5cm、频带0.01~50Hz、等效地动速度噪声<10~9m/s）、地震数据集合处理系统、综合井下地震和前兆观测系统、精密可控震源系统、工程加速度测量系统、高精度GPS接收机（精度1mm+1ppm）、INSAR图像接收及处理系统、INSAR图像接收及处理系统、精度<1微伽的绝对重力仪、卫星重力仪、采用相干或双偏振技术的多普勒天气雷达、能见度测量仪、气象传感器（温、压、湿、风、降水、云、能见度、辐射、冻土、雪深）、防雷击系统、多级飘尘采样计、3-D超声风速仪、高精度智能全站仪、三维激光扫描仪、钻探用高性能金刚石钻头、无合作目标激光测距仪、风廓线仪（附带RASS）、GPS电子探控仪系统、CO_2/H_2O通量观测系统、边界层多普勒激光雷达、颗粒物颗粒经谱仪器（3nm~20μm）、高性能数据采集器、水下滑翔器

9. 环境监测仪器制造：SO_2自动采样器及测定仪、NOX及NO_2自动采样器及测定仪、O_3自动监测仪、CO自动监测仪、烟气及Pm2.5粉尘采样器及采样切割器、便携式有毒有害气体测定仪、空气中有机污染物自动分析仪、COD自动在线监测仪、BOD自动在线监测仪、浊度在线监测仪、DO在线监测仪、TOC在线监测仪、氨氮在线监测仪、辐射剂量检测仪、射线分析测试仪、重金属在线监测设备、在线生物毒性水质预警监控设备

10. 水文数据采集、处理与传输和防洪预警仪器及设备制造

11. 海洋勘探监测仪器和设备制造：中深海水下摄像机和水下照相机、多波束探测仪、中浅地层剖面探测仪、走航式温盐深探测仪、磁通门罗盘、液压绞车、水下密封电子连接器、效率>90%的反渗透海水淡化用能量回收装置、海洋生态系统监测浮标、剖面探测浮标、一次性使用的电导率温度和深度测量仪器（XCTD）、现场水质测量仪器、智能型海洋水质监测用化学传感器（连续工作3~6个月）、电磁海流计、声学多普勒海流剖面仪（自容式、直读式和船用式）、电导率温度深度剖面仪、声学应答释放器、远洋深海潮汐测量系统（布设海底）

12. 1000万像素以上数字照相机制造

13. 办公机械制造：多功能一体化办公设备（复印、打印、传真、扫描），彩色打印设备，精度2400dpi及以上高分辨率彩色打印机头，感光鼓

14. 电影机械制造：2K、4K数字电影放映机，数字电影摄像机，数字影像制作、编辑设备

（二十三）工艺品及其他制造业

1. 洁净煤技术产品的开发利用及设备制造（煤炭气化、液化、水煤浆、工业型煤）

2. 煤炭洗选及粉煤灰（包括脱硫石膏）、煤矸石等综合利用

3. 全生物降解材料的生产
4. 废旧电器电子产品、汽车、机电设备、橡胶、金属、电池回收处理

四、电力、煤气及水的生产和供应业

1. 采用整体煤气化联合循环（IGCC）、30 万千瓦及以上循环流化床、10 万千瓦及以上增压循环流化床（PFBC）洁净燃烧技术电站的建设、经营
2. 背压型热电联产电站的建设、经营
3. 发电为主水电站的建设、经营
4. 核电站的建设、经营（中方控股）
5. 新能源电站（包括太阳能、风能、地热能、潮汐能、波浪能、生物质能等）建设、经营
6. 海水利用（海水直接利用、海水淡化）
7. 供水厂建设、经营
8. 再生水厂建设、运营
9. 机动车充电站、电池更换站建设、经营

五、交通运输、仓储和邮政业

1. 铁路干线路网的建设、经营（中方控股）
2. 支线铁路、地方铁路及其桥梁、隧道、轮渡和站场设施的建设、经营（限于合资、合作）
3. 高速铁路、铁路客运专线、城际铁路基础设施综合维修（中方控股）
4. 公路、独立桥梁和隧道的建设、经营
5. 公路货物运输公司
6. 港口公用码头设施的建设、经营
7. 民用机场的建设、经营（中方相对控股）
8. 航空运输公司（中方控股）
9. 农、林、渔业通用航空公司（限于合资、合作）
10. 定期、不定期国际海上运输业务（中方控股）
11. 国际集装箱多式联运业务
12. 输油（气）管道、油（气）库的建设、经营
13. 煤炭管道运输设施的建设、经营
14. 自动化高架立体仓储设施、运输业务相关的仓储设施建设、经营

六、批发和零售业

1. 一般商品的共同配送、鲜活农产品低温配送等现代物流及相关技术服务
2. 农村连锁配送
3. 托盘及集装单元共用系统建设、经营

七、租赁和商务服务业

1. 会计、审计（限于合作、合伙）
2. 国际经济、科技、环保、物流信息咨询服务
3. 以承接服务外包方式从事系统应用管理和维护、信息技术支持管理、银行后台服务、财务结算、人力资源服务、软件开发、离岸呼叫中心、数据处理等信息技术和业务流程外包服务
4. 创业投资企业
5. 知识产权服务
6. 家庭服务业

八、科学研究、技术服务和地质勘查业

1. 生物工程与生物医学工程技术、生物质能源开发技术
2. 同位素、辐射及激光技术
3. 海洋开发及海洋能开发技术、海洋化学资源综合利用技术、相关产品开发和精深加工技术、海洋医药与生化制品开发技术
4. 海洋监测技术（海洋浪潮、气象、环境监测）、海底探测与大洋资源勘查评价技术
5. 综合利用海水淡化后的浓海水制盐、提取钾、溴、镁、锂及其深加工等海水化学资源高附加值利用技术
6. 海上石油污染清理与生态修复技术及相关产品开发，海水富营养化防治技术，海洋生物爆发性生长灾害防治技术，海岸带生态环境修复技术
7. 节能技术开发与服务
8. 资源再生及综合利用技术、企业生产排放物的再利用技术开发及其应用
9. 环境污染治理及监测技术
10. 化纤生产及印染加工的节能降耗、三废治理新技术
11. 防沙漠化及沙漠治理技术
12. 草畜平衡综合管理技术
13. 民用卫星应用技术
14. 研究开发中心
15. 高新技术、新产品开发与企业孵化中心

九、水利、环境和公共设施管理业

1. 综合水利枢纽的建设、经营（中方控股）
2. 城市封闭型道路建设、经营
3. 城市地铁、轻轨等轨道交通的建设、经营（中方控股）
4. 污水、垃圾处理厂，危险废物处理处置厂（焚烧厂、填埋场）及环境污染治理设施的建设、经营

十、教育

1. 高等教育机构（限于合资、合作）
2. 职业技能培训

十一、卫生、社会保障和社会福利业

1. 老年人、残疾人和儿童服务机构

十二、文化、体育和娱乐业

1. 演出场所经营（中方控股）
2. 体育场馆经营、健身、竞赛表演及体育培训和中介服务

限制外商投资产业目录

一、农、林、牧、渔业

1. 农作物新品种选育和种子生产（中方控股）
2. 珍贵树种原木加工（限于合资、合作）

3. 棉花（籽棉）加工

二、采矿业

1. 特殊和稀缺煤类勘查、开采（中方控股）
2. 重晶石勘查、开采（限于合资、合作）
3. 贵金属（金、银、铂族）勘查、开采
4. 金刚石、高铝耐火黏土、硅灰石、石墨等重要非金属矿的勘查、开采
5. 磷矿、锂矿和硫铁矿的开采、选矿，盐湖卤水资源的提炼
6. 硼镁石及硼镁铁矿石开采
7. 天青石开采
8. 大洋锰结核、海砂的开采（中方控股）

三、制造业

（一）农副食品加工业

1. 豆油、菜籽油、花生油、棉籽油、茶籽油、葵花籽油、棕榈油等食用油脂加工（中方控股），大米、面粉加工，玉米深加工

2. 生物液体燃料（燃料乙醇、生物柴油）生产（中方控股）

（二）饮料制造业

1. 黄酒、名优白酒生产（中方控股）

（三）烟草制品业

1. 打叶复烤烟叶加工生产

（四）印刷业和记录媒介的复制

1. 出版物印刷（中方控股）

（五）石油加工、炼焦及核燃料加工业

1. 1000万吨/年以下常减压炼油、150万吨/年以下催化裂化、100万吨/年以下连续重整（含芳烃抽提）、150万吨/年以下加氢裂化生产

（六）化学原料及化学制品制造业

1. 纯碱、烧碱以及规模以下或采用落后工艺的硫酸、硝酸、钾碱生产

2. 感光材料生产

3. 联苯胺生产

4. 易制毒化学品生产（麻黄素、3,4-亚基二氧苯基-2-丙酮、苯乙酸、1-苯基-2-丙酮、胡椒醛、黄樟脑、异黄樟脑、醋酸酐）

5. 氟化氢等低端氟氯烃或氟氯化合物生产

6. 丁二烯橡胶（高顺式丁二烯橡胶除外）、乳液聚合丁苯橡胶、热塑性丁苯橡胶生产

7. 乙炔法聚氯乙烯以及规模以下乙烯和后加工产品生产

8. 采用落后工艺、含有有害物质、规模以下颜料和涂料生产

9. 硼镁铁矿石加工

10. 资源占用大、环境污染严重、采用落后工艺的无机盐生产

（七）医药制造业

1. 氯霉素、青霉素G、洁霉素、庆大霉素、双氢链霉素、丁胺卡那霉素、盐酸四环素、土霉素、麦迪霉素、柱晶白霉素、环丙氟哌酸、氟哌酸、氟嗪酸生产

2. 安乃近、扑热息痛、维生素B_1、维生素B_2、维生素C、维生素E、多种维生素制剂和口服钙剂生产

3. 纳入国家免疫规划的疫苗品种生产

4. 麻醉药品及一类精神药品原料药生产（中方控股）
5. 血液制品的生产
（八）化学纤维制造业
1. 常规切片纺的化纤抽丝生产
2. 粘胶纤维生产
（九）有色金属冶炼及压延加工业
1. 钨、钼、锡（锡化合物除外）、锑（含氧化锑和硫化锑）等稀有金属冶炼
2. 电解铝、铜、铅、锌等有色金属冶炼
3. 稀土冶炼、分离（限于合资、合作）
（十）通用设备制造业
1. 各类普通级（P0）轴承及零件（钢球、保持架）、毛坯制造
2. 400 吨以下轮式、履带式起重机械制造（限于合资、合作）
（十一）专用设备制造业
1. 一般涤纶长丝、短纤维设备制造
2. 320 马力及以下推土机、30 吨级及以下液压挖掘机、6 吨级及以下轮式装载机、220 马力及以下平地机、压路机、叉车、135 吨级及以下电力传动非公路自卸翻斗车、60 吨级及以下液力机械传动非公路自卸翻斗车、沥青混凝土搅拌与摊铺设备和高空作业机械、园林机械和机具、商品混凝土机械（托泵、搅拌车、搅拌站、泵车）制造
（十二）交通运输设备制造业
1. 船舶（含分段）的修理、设计与制造（中方控股）
（十三）通信设备、计算机及其他电子设备制造业
1. 卫星电视广播地面接收设施及关键件生产

四、电力、煤气及水的生产和供应业

1. 小电网范围内，单机容量 30 万千瓦及以下燃煤凝汽火电站、单机容量 10 万千瓦及以下燃煤凝汽抽汽两用机组热电联产电站的建设、经营
2. 电网的建设、经营（中方控股）
3. 城市人口 50 万以上的城市燃气、热力和供排水管网的建设、经营（中方控股）

五、交通运输、仓储和邮政业

1. 铁路货物运输公司
2. 铁路旅客运输公司（中方控股）
3. 公路旅客运输公司
4. 出入境汽车运输公司
5. 水上运输公司（中方控股）
6. 摄影、探矿、工业等通用航空公司（中方控股）
7. 电信公司：增值电信业务（外资比例不超过 50%），基础电信业务（外资比例不超过 49%）

六、批发和零售业

1. 直销、邮购、网上销售
2. 粮食收购，粮食、棉花、植物油、食糖、烟草、原油、农药、农膜、化肥的批发、零售、配送（设立超过 30 家分店、销售来自多个供应商的不同种类和品牌商品的连锁店由中方控股）
3. 大型农产品批发市场建设、经营
4. 音像制品（除电影外）的分销（限于合作）

5. 船舶代理（中方控股）、外轮理货（限于合资、合作）

6. 成品油批发及加油站（同一外国投资者设立超过 30 家分店、销售来自多个供应商的不同种类和品牌成品油的连锁加油站，由中方控股）建设、经营

七、金融业

1. 银行、财务公司、信托公司、货币经纪公司
2. 保险公司（寿险公司外资比例不超过 50%）
3. 证券公司（限于从事 A 股承销、B 股和 H 股以及政府和公司债券的承销和交易，外资比例不超过 1/3）、证券投资基金管理公司（外资比例不超过 49%）
4. 保险经纪公司
5. 期货公司（中方控股）

八、房地产业

1. 土地成片开发（限于合资、合作）
2. 高档宾馆、高档写字楼和国际会展中心的建设、经营
3. 房地产二级市场交易及房地产中介或经纪公司

九、租赁和商务服务业

1. 法律咨询
2. 市场调查（限于合资、合作）
3. 资信调查与评级服务公司

十、科学研究、技术服务和地质勘查业

1. 测绘公司（中方控股）
2. 进出口商品检验、鉴定、认证公司
3. 摄影服务（含空中摄影等特技摄影服务，但不包括测绘航空摄影，限于合资）

十一、教育

1. 普通高中教育机构（限于合作）

十二、文化、体育和娱乐业

1. 广播电视节目、电影的制作业务（限于合作）
2. 电影院的建设、经营（中方控股）
3. 大型主题公园的建设、经营
4. 演出经纪机构（中方控股）
5. 娱乐场所经营（限于合资、合作）

十三、国家和我国缔结或者参加的国际条约规定限制的其他产业

禁止外商投资产业目录

一、农、林、牧、渔业

1. 我国稀有和特有的珍贵优良品种的研发、养殖、种植以及相关繁殖材料的生产（包括种植业、畜牧业、水产业的优良基因）

2. 转基因生物研发和转基因农作物种子、种畜禽、水产苗种生产
3. 我国管辖海域及内陆水域水产品捕捞

二、采矿业

1. 钨、钼、锡、锑、萤石勘查、开采
2. 稀土勘查、开采、选矿
3. 放射性矿产的勘查、开采、选矿

三、制造业

（一）饮料制造业
1. 我国传统工艺的绿茶及特种茶加工（名茶、黑茶等）
（二）医药制造业
1. 列入《野生药材资源保护条例》和《中国珍稀、濒危保护植物名录》的中药材加工
2. 中药饮片的蒸、炒、炙、煅等炮制技术的应用及中成药保密处方产品的生产
（三）有色金属冶炼及压延加工业
1. 放射性矿产的冶炼、加工
（四）专用设备制造业
1. 武器弹药制造
（五）电气机械及器材制造业
1. 开口式（即酸雾直接外排式）铅酸电池、含汞扣式氧化银电池、含汞扣式碱性锌锰电池、糊式锌锰电池、镉镍电池制造
（六）工业品及其他制造业
1. 象牙雕刻
2. 虎骨加工
3. 脱胎漆器生产
4. 珐琅制品生产
5. 宣纸、墨锭生产
6. 致癌、致畸、致突变产品和持久性有机污染物产品生产

四、电力、煤气及水的生产和供应业

1. 小电网外，单机容量30万千瓦及以下燃煤凝汽火电站、单机容量10万千瓦及以下燃煤凝汽抽汽两用热电联产电站的建设、经营

五、交通运输、仓储和邮政业

1. 空中交通管制公司
2. 邮政公司、信件的国内快递业务

六、租赁和商务服务业

1. 社会调查

七、科学研究、技术服务和地质勘查业

1. 人体干细胞、基因诊断与治疗技术开发和应用
2. 大地测量、海洋测绘、测绘航空摄影、行政区域界线测绘、地形图和普通地图编制、导航电子地图编制

八、水利、环境和公共设施管理业

1. 自然保护区和国际重要湿地的建设、经营
2. 国家保护的原产于我国的野生动、植物资源开发

九、教育

1. 义务教育机构，军事、警察、政治和党校等特殊领域教育机构

十、文化、体育和娱乐业

1. 新闻机构
2. 图书、报纸、期刊的出版业务
3. 音像制品和电子出版物的出版、制作业务
4. 各级广播电台（站）、电视台（站）、广播电视频道（率）、广播电视传输覆盖网（发射台、转播台、广播电视卫星、卫星上行站、卫星收转站、微波站、监测台、有线广播电视传输覆盖网）
5. 广播电视节目制作经营公司
6. 电影制作公司、发行公司、院线公司
7. 新闻网站、网络视听节目服务、互联网上网服务营业场所、互联网文化经营（音乐除外）
8. 高尔夫球场、别墅的建设、经营
9. 博彩业（含赌博类跑马场）
10. 色情业

十一、其他行业

1. 危害军事设施安全和使用效能的项目

十二、国家和我国缔结或者参加的国际条约规定禁止的其他产业

注：1.《内地与香港关于建立更紧密经贸关系的安排》及其补充协议、《内地与澳门关于建立更紧密经贸关系的安排》及其补充协议、《海峡两岸经济合作框架协议》及其补充协议、我国与有关国家签订的自由贸易区协议另有规定的，从其规定。

2. 国务院专项规定或产业政策另有规定的，从其规定。

公布《中西部地区外商投资优势产业目录（2013年修订）》[①]

（国家发展和改革委员会　商务部令第1号）

《中西部地区外商投资优势产业目录（2013年修订）》已经国务院批准，现予以发布，自2013年6月10日起施行。2008年12月23日国家发展改革委、商务部发布的《中西部地区外商投资优势产业目录（2008年修订）》（国家发展改革委、商务部令2008年第4号）同时废止。

根据《指导外商投资方向规定》（国务院令2002年第346号）的规定，属于本目录的外商投资项目，

① 本文件的中西部地区外商投资优势产业目录（2013年修订）略，详见海关总署公告2013年第50号。

享受鼓励类外商投资项目优惠政策。符合本目录规定的外商投资在建项目，可按照本目录的有关政策执行。

国家发展改革委
商务部
二○一三年五月九日

海关总署关于执行《中西部地区外商投资优势产业目录（2013年修订）》的公告

（海关总署公告2013年第50号）

经国务院批准，国家发展改革委、商务部联合发布第1号令，公布了《中西部地区外商投资优势产业目录（2013年修订）》[以下简称《中西部外资目录（2013年修订）》，详见附件]，规定自2013年6月10日起施行。现就海关执行中的有关问题公告如下：

一、2013年6月10日及以后核准（以项目的核准日期为准）的属于《中西部外资目录（2013年修订）》范围的外商投资项目（包括增资项目），享受鼓励类外商投资项目进口税收优惠政策；相关项目项下进口的自用设备以及按照合同随上述设备进口的技术和配套件、备件，按照《国务院关于调整进口设备税收政策的通知》（国发〔1997〕37号，以下简称《通知》）和海关总署公告2008年第103号的有关规定，免征关税，进口环节增值税照章征收。

二、《中西部外资目录（2013年修订）》实施后，项目确认书中的“项目产业政策审批条目”编码为“P”。例如，山西省第7项应填写为：“煤层气和煤炭伴生资源综合开发利用（P1407）”，项目性质仍为“I：外资中西部优势产业、项目”。

三、对2013年6月9日及以前按照《中西部地区外商投资优势产业目录（2008年修订）》[国家发展改革委、商务部令2008年第4号，以下简称《中西部外资目录（2008年修订）》]核准的外商投资项目，相关项目项下进口的自用设备以及按照合同随上述设备进口的技术和配套件、备件，可继续按照《通知》和海关总署公告2008年第103号的有关规定执行。有关项目单位须于2014年6月30日以前（含当日），持投资主管部门出具的《国家鼓励发展的内外资项目确认书》（其中“项目产业政策审批条目”仍按原审批条目及编码填写）等有关资料，向海关申请办理减免税备案手续。逾期，海关不再受理上述减免税备案申请。

四、对于未列入《中西部外资目录（2008年修订）》的外商投资在建项目，凡符合《中西部外资目录（2013年修订）》规定的，可按有关规定向投资主管部门申请补办《国家鼓励发展的内外资项目确认书》。在取得《国家鼓励发展的内外资项目确认书》之后，在建项目进口的自用设备以及按照合同随上述设备进口的技术和配套件、备件，可参照本公告第一条的规定享受进口税收优惠政策，但进口设备已经征税的，税款不予退还。

特此公告。

附件 中西部地区外商投资优势产业目录（2013年修订）

海关总署
二〇一三年八月二十日

附件

中西部地区外商投资优势产业目录（2013年修订）

A 山西 B 内蒙古 C 辽宁 D 吉林 E 黑龙江 F 安徽 G 江西 H 河南 I 湖北 J 湖南 K 广西 L 重庆 M 四川 N 贵州 O 云南 P 西藏 Q 陕西 R 甘肃 S 宁夏 T 青海 U 新疆 V 海口

A 山西省

1. 牧草饲料作物种植及深加工
2. 小杂粮、马铃薯种植及产品开发、生产
3. 退耕还林还草、天然林保护等国家重点生态工程后续产业开发
4. 节水灌溉和旱作节水技术、保护性耕作技术开发与应用
5. 采煤矿区采空、塌陷区域生态系统恢复与重建工程
6. 非金属矿（高岭土、石灰石、硅石、石英砂）综合利用（勘探、开采除外）
7. 煤层气和煤炭伴生资源综合开发利用
8. 焦炭副产品综合利用
9. 高档棉、毛、麻、丝、化纤的纺织、针织及服装加工生产
10. 天然药、原料药、中成药的深加工（列入《外商投资产业指导目录》限制类、禁止类的除外）
11. 包装装潢印刷品印刷
12. 高档玻璃制品、高技术陶瓷（含工业陶瓷）技术开发和产品生产
13. 特殊品种（超白、超薄、在线Low-E、中空、超厚）优质浮法玻璃技术开发及深加工
14. 不锈钢制品生产
15. 高速列车用钢、非晶带材等钢铁新材料
16. 铝合金材料及制品生产
17. 钢丝绳芯橡胶输运带生产
18. 液压技术系统及模具生产
19. 旱地、山地中小农业机械及配套机具制造
20. 三轴以上联动的高速、精密数控机床及配套数控系统、伺服电机及驱动装置、功能部件、刀具、量具、量仪及高档磨具磨料生产
21. 大型煤矿综采设备和防爆机电产品生产
22. 第三代及后续移动通信系统手机零部件生产
23. 洗中煤、焦炉煤气余热发电、供热等综合利用
24. 云计算、物联网、移动互联网等新一代信息技术开发、应用
25. 宽带业务和增值电信业务（需在我国入世承诺框架内）
26. 公路旅客运输公司
27. 城市燃气、热力和供排水管网建设、经营（人口50万以上城市中方控股）
28. 医疗和养老服务机构
29. 艺术表演培训和中介服务及文化用品、设备等产业化开发
30. 旅游景区（点）保护、开发和经营及其配套设施建设

B　内蒙古自治区

1. 绿色农畜产品（乳、肉、绒、皮毛、马铃薯、蔬菜）生产及加工（列入《外商投资产业指导目录》限制类、禁止类的除外）
2. 松香深加工
3. 盐湖生物养殖加工与综合利用
4. 退耕还林还草、退牧还草、天然林保护等国家重点生态工程后续产业开发
5. 节水灌溉和旱作节水技术、保护性耕作、中低产田改造等技术开发与应用
6. 日处理甜菜3000吨及以上甜菜糖精深加工及副产品综合利用
7. 优质酿酒葡萄基地建设
8. 铜、铅、锌、镁等金属精深加工（限于合资、合作）
9. 非金属矿（高岭土、红柱石、膨润土、白云石、晶质石墨、珍珠岩、沸石）综合利用及精细加工（勘探、开采除外）
10. 毛纺织、针织品高新技术产品开发
11. 煤层气和煤炭伴生资源综合开发利用
12. 稀土高端应用产品加工
13. 天然气下游化工产品开发和利用（列入《天然气利用政策》限制类和禁止类的除外）
14. 利用乙烯与氯气通过氧氯化法生产30万吨/年以上PVC，废盐酸制氯气等综合利用技术开发及利用
15. 高性能硅油、硅橡胶、树脂，高品质氟树脂，高性能氟橡胶，含氟精细化学品和高品质含氟无机盐等
16. 硅材料及其应用
17. 动植物药材资源开发、保护和可持续利用（列入《外商投资产业指导目录》限制类、禁止类的除外）
18. 少数民族特需用品、工艺美术品、包装容器材料及日用玻璃制品生产
19. 特殊品种（超白、超薄、在线Low-E、中空、超厚）优质浮法玻璃技术开发及深加工
20. 碳纤维产品生产及其应用
21. 天然气压缩机（含煤层气压缩机）制造
22. 汽车整车制造（外资比例不高50%），专用汽车（不包括普通半挂车、自卸车、罐式车、厢式车和仓栅式汽车）制造（外资比例不高于50%）
23. 大型储能技术研发与生产应用（蓄能电池、抽水蓄能技术、空气储能技术、风电与后夜供热等）
24. 太阳能发电设备及零部件制造
25. 洗中煤、焦炉煤气余热发电、供热等综合利用
26. 宽带业务和增值电信业务（需在我国入世承诺框架内）
27. 公路旅客运输公司
28. 城市燃气、热力和供排水管网建设、经营（人口50万以上城市中方控股）
29. 医疗和养老服务机构
30. 广播电视节目、电影的制作业务（限于合作）
31. 冰雪、森林、草原生态旅游资源开发、建设和经营
32. 旅游景区（点）保护、开发和经营及其配套设施建设

C　辽宁省

1. 肉鸡、生猪、肉牛和肉羊饲养及产品深加工
2. 节水灌溉和旱作节水技术、保护性耕作技术开发与应用
3. 退耕还林还草等国家重点生态工程后续产业开发
4. 镁、锆石加工及综合利用（中方相对控股）

5. 高档棉、毛、麻、丝、化纤的纺织、针织及服装加工生产

6. 天然药、原料药、中成药的深加工（列入《外商投资产业指导目录》限制类、禁止类的除外）

7. 高性能子午线轮胎的生产。包括无内胎载重子午胎，低断面和扁平化（低于55系列）、大轮辋高性能轿车子午胎（15寸以上），航空轮胎及农用子午胎的生产

8. 金属包装、自动化立体仓库及仓储物流设备制造

9. 汽车零部件制造：六挡以上自动变速箱、商用车用高功率密度驱动桥、随动前照灯系统、LED前照灯、轻量化材料应用（高强钢、铝镁合金、复合塑料、粉末冶金、高强度复合纤维等）、离合器、液压减震器、中控盘总成、座椅

10. 飞行员培训、航空俱乐部（限于合资、合作）

11. 医疗设备及关键部件开发及生产

12. 高精度铜、铝及合金板带材深加工

13. 大型储能技术研发与生产应用（蓄能电池、抽水蓄能技术、空气储能技术、风电与后夜供热等）

14. 宽带业务和增值电信业务（需在我国入世承诺框架内）

15. 城市燃气、热力和供排水管网建设、经营（人口50万以上城市中方控股）

16. 医疗和养老服务机构

17. 旅游景区（点）保护、开发和经营及其配套设施建设

18. 经国家投资主管部门批准的资源枯竭型城市的精深加工和接续产业等项目

D 吉林省

1. 节水灌溉和旱作节水技术、保护性耕作技术开发与应用

2. 肉鸡、肉鹅、生猪、肉牛、肉羊和梅花鹿饲养及产品深加工

3. 人参、鹿茸、山葡萄、果仁、山野菜、菌类、林蛙、柞蚕、蜂蜜等长白山特色生态食品、饮品的开发和加工

4. 饮用天然矿泉水生产（中方控股）

5. 硅藻土资源开发及综合利用（勘探、开采除外）

6. 高档棉、毛、麻、丝、化纤的纺织、针织及服装加工生产

7. 褐煤蜡萃取

8. 动植物药材资源开发、保护和可持续利用（列入《外商投资产业指导目录》限制类、禁止类的除外）

9. 特殊品种（超白、超薄、在线Low-E、中空、超厚）优质浮法玻璃技术开发及深加工

10. 碳纤维原丝、碳纤维生产及其生产所需辅助材料、碳纤维复合材料及其制品生产

11. 高性能子午线轮胎的生产。包括无内胎载重子午胎，低断面和扁平化（低于55系列）、大轮辋高性能轿车子午胎（15寸以上），航空轮胎及农用子午胎的生产

12. 医疗设备及关键部件开发及生产

13. 汽车零部件制造：六挡以上自动变速箱、商用车用高功率密度驱动桥、随动前照灯系统、LED前照灯、轻量化材料应用（高强钢、铝镁合金、复合塑料、粉末冶金、高强度复合纤维等）、离合器、液压减震器、中控盘总成、座椅

14. 生物质能发电设备制造（限于合资、合作）

15. 宽带业务和增值电信业务（需在我国入世承诺框架内）

16. 公路旅客运输公司

17. 汽车金融服务

18. 城市燃气、热力和供排水管网建设、经营（人口50万以上城市中方控股）

19. 医疗和养老服务机构

20. 动漫创作、制作（广播影视动漫制作业务限于合作）及衍生品开发

21. 冰雪旅游资源开发及滑雪场建设、经营
22. 旅游景区（点）保护、开发和经营及其配套设施建设
23. 经国家投资主管部门批准的资源枯竭型城市的精深加工和接续产业等项目

E 黑龙江省

1. 退耕还林还草、天然林保护等国家重点生态工程后续产业开发
2. 节水灌溉和旱作节水技术、保护性耕作技术开发与应用
3. 利用境外资源的木材加工
4. 饮用天然矿泉水生产（中方控股）
5. 日处理甜菜3000吨及以上甜菜制糖及副产品综合利用
6. 马铃薯深加工
7. 肉鹅、肉鸡、生猪、肉牛和肉羊饲养及产品加工
8. 天然药、原料药、中成药的深加工（列入《外商投资产业指导目录》限制类、禁止类的除外）
9. 特殊品种（超白、超薄、在线Low-E、中空、超厚）优质浮法玻璃技术开发及深加工
10. 硅基及光伏新材料
11. 钛矿冶炼及钛制品加工（限于合资、合作）
12. 切削刀具、量具、刃具制造
13. 高性能子午线轮胎的生产。包括无内胎载重子午胎，低断面和扁平化（低于55系列）、大轮辋高性能轿车子午胎（15寸以上），航空轮胎及农用子午胎的生产
14. 汽车零部件制造：六挡以上自动变速箱、商用车用高功率密度驱动桥、随动前照灯系统、LED前照灯、轻量化材料应用（高强钢、铝镁合金、复合塑料、粉末冶金、高强度复合纤维等）、离合器、液压减震器、中控盘总成、座椅
15. 医疗设备及关键部件开发及生产
16. 电网智能管理控制系统设备制造
17. 宽带业务和增值电信业务（需在我国入世承诺框架内）
18. 公路旅客运输公司
19. 医疗和养老服务机构
20. 城市燃气、热力和供排水管网建设、经营（人口50万以上城市中方控股）
21. 动漫创作、制作（广播影视动漫制作业务限于合作）及衍生品开发
22. 森林、冰雪旅游资源开发及滑雪场建设、经营
23. 旅游景区（点）保护、开发和经营及其配套设施建设
24. 经国家投资主管部门批准的资源枯竭型城市的精深加工和接续产业等项目

F 安徽省

1. 节水灌溉和旱作节水技术、保护性耕作技术开发与应用
2. 高岭土、煤层气（瓦斯）、矿井水及天然焦等煤炭伴生资源综合利用（勘探、开采除外）
3. 非金属矿（方解石、膨润土、高岭土、凹凸棒黏土、石灰石、石英砂）综合利用（勘查、开采除外）
4. 高档棉、毛、麻、丝、化纤的纺织、针织及服装加工生产
5. 天然药、原料药、中成药的深加工（列入《外商投资产业指导目录》限制类、禁止类的除外）
6. 铜、锌、铝等有色金属精深加工及综合利用（限于合资、合作）
7. 高档无缝钢管、石油油井管制造
8. 包装装潢印刷品印刷
9. 特殊品种（超白、超薄、在线Low-E、中空、超厚）优质浮法玻璃技术开发及深加工

10. 利用木薯、麻风树、橡胶籽等非粮植物为原料的生物液体燃料（燃料乙醇、生物柴油）生产（中方控股）

11. 高性能子午线轮胎的生产。包括无内胎载重子午胎，低断面和扁平化（低于55系列）、大轮辋高性能轿车子午胎（15寸以上），航空轮胎及农用子午胎的生产

12. 汽车零部件制造：六挡以上自动变速箱、商用车用高功率密度驱动桥、随动前照灯系统、LED前照灯、轻量化材料应用（高强钢、铝镁合金、复合塑料、粉末冶金、高强度复合纤维等）、离合器、液压减震器、中控盘总成、座椅

13. 新型干法水泥成套设备制造

14. 电动叉车、30吨以上液压挖掘机及零部件开发与制造

15. 500万吨/年及以上矿井、薄煤层综合采掘设备，1000万吨级/年及以上大型露天矿关键装备；大型冶金成套设备等重大技术装备用分散型控制系统（DCS）

16. 医疗设备及关键部件开发及生产

17. 家用电器、家电用板材及零部件制造

18. 半导体照明材料上下游产品及相关设备的研发与制造

19. 大型、高压、高纯度工业气体的生产和供应

20. 宽带业务和增值电信业务（需在我国入世承诺框架内）

21. 公路旅客运输公司

22. 水上运输公司（中方控股）

23. 医疗和养老服务机构

24. 动漫创作、制作（广播影视动漫制作业务限于合作）及衍生品开发

25. 城市燃气、热力和供排水管网建设、经营（人口50万以上城市中方控股）

26. 旅游景区（点）保护、开发和经营及其配套设施建设

G 江西省

1. 脐橙、苎麻、竹、山药、莲、葛等特色、优势植物种植及深加工

2. 铜矿选矿、伴生元素提取及精深加工（限于合资、合作）及循环利用

3. 高岭土、粉石英、硅灰石、海泡石、化工用白云石等非金属矿选冶、应用及深加工

4. 高档棉、毛、麻、丝、化纤的纺织、针织及服装加工生产

5. 利用境外钨、镍、钴、钽、铌等稀有金属资源深加工、应用产品生产及循环利用

6. 利用乙烯与氯气通过氧氯化法生产30万吨/年以上PVC，废盐酸制氯气等综合利用技术开发及利用

7. 稀土高端应用产品加工

8. 天然药、原料药、中成药的深加工（列入《外商投资产业指导目录》限制类、禁止类的除外）

9. 艺术陶瓷、日用陶瓷、工业陶瓷、特种陶瓷等高技术陶瓷的研发与生产

10. 高性能子午线轮胎的生产。包括无内胎载重子午胎，低断面和扁平化（低于55系列）、大轮辋高性能轿车子午胎（15寸以上），航空轮胎及农用子午胎的生产

11. 包装装潢印刷品印刷

12. 汽车零部件制造：六挡以上自动变速箱、商用车用高功率密度驱动桥、随动前照灯系统、LED前照灯、轻量化材料应用（高强钢、铝镁合金、复合塑料、粉末冶金、高强度复合纤维等）、离合器、液压减震器、中控盘总成、座椅

13. 医疗设备及关键部件开发及生产

14. 空调、高效节能压缩机及零部件生产

15. 太阳能发电设备及零部件制造

16. 半导体照明材料上下游产品及相关设备的研发与制造

17. 锂电池等锂产品生产专用设备的研发与制造
18. 光学部件及镀膜技术的研发、应用及制造
19. 宽带业务和增值电信业务（需在我国入世承诺框架内）
20. 公路旅客运输公司
21. 医疗和养老服务机构
22. 城市燃气、热力和供排水管网建设、经营（人口 50 万以上中方控股）
23. 动漫创作、制作（广播影视动漫制作业务限于合作）及衍生品开发
24. 旅游景区（点）保护、开发和经营及其配套设施建设

H 河南省

1. 生猪、肉牛、肉羊、小家禽饲养
2. 退耕还林还草、天然林保护等国家重点生态工程后续产业开发
3. 节水灌溉和旱作节水技术、保护性耕作技术开发与应用
4. 镁、锌精深加工（限于合资、合作）
5. 高档棉、毛、麻、丝、化纤的纺织、针织及服装加工生产
6. 煤层气（煤矿瓦斯）抽采和利用技术产品开发与生产
7. 超硬材料产品生产
8. 铝合金材料及制品生产
9. 天然药、原料药、中成药的深加工（列入《外商投资产业指导目录》限制类、禁止类的除外）
10. 包装装潢印刷品印刷
11. 特殊品种（超白、超薄、在线 Low-E、中空、超厚）优质浮法玻璃技术开发及深加工
12. 高性能子午线轮胎的生产。包括无内胎载重子午胎，低断面和扁平化（低于 55 系列）、大轮辋高性能轿车子午胎（15 寸以上），航空轮胎及农用子午胎的生产
13. 汽车零部件制造：六挡以上自动变速箱、商用车用高功率密度驱动桥、随动前照灯系统、LED 前照灯、轻量化材料应用（高强钢、铝镁合金、复合塑料、粉末冶金、高强度复合纤维等）、离合器、液压减震器、中控盘总成、座椅
14. 三轴以上联动的高速、精密数控机床及配套数控系统、伺服电机及驱动装置、功能部件、刀具、量具、量仪及高档磨具磨料生产
15. 300 马力以上配备无级变速器轮式拖拉机，300 马力以上拖拉机关键零部件：无级变速拖拉机发动机、变速箱、液力联合控制系统、双输入双输出无级调速装置
16. 500 万吨/年及以上矿井、薄煤层综合采掘设备，1000 万吨级/年及以上大型露天矿关键装备；12000 米及以上深井钻机、极地钻机、高位移性深井沙漠钻机、沼泽难进入区域用钻机、海洋钻机、车装钻机、特种钻井工艺用钻机等钻机成套设备
17. 电能综合管理自动化设备制造
18. LCoS、DLP、液晶等新型投影显示技术产品开发及生产
19. 空调、电冰箱、高效节能压缩机及零部件制造
20. 宽带业务和增值电信业务（需在我国入世承诺框架内）
21. 公路旅客运输公司
22. 医疗和养老服务机构
23. 城市燃气、热力和供排水管网建设、经营（人口 50 万以上城市中方控股）
24. 旅游景区（点）保护、开发和经营及其配套设施建设

I 湖北省

1. 保护性耕作技术开发与应用

2. 高档纺织品及服装工艺技术开发

3. 无纺布及医用纺织品生产

4. 动植物药材资源的开发、保护和可持续利用（列入《外商投资产业指导目录》限制类、禁止类的除外）

5. 高档棉、毛、麻、丝、化纤的纺织、针织及服装加工生产

6. 包装装潢印刷品印刷

7. 特殊品种（超白、超薄、在线 Low-E、中空、超厚）优质浮法玻璃技术开发及深加工

8. 空调、高效节能压缩机及零部件制造

9. 汽车零部件制造：六挡以上自动变速箱、商用车用高功率密度驱动桥、随动前照灯系统、LED 前照灯、轻量化材料应用（高强钢、铝镁合金、复合塑料、粉末冶金、高强度复合纤维等）、离合器、液压减震器、中控盘总成、座椅

10. 高性能子午线轮胎的生产。包括无内胎载重子午胎，低断面和扁平化（低于 55 系列）、大轮辋高性能轿车子午胎（15 寸以上），航空轮胎及农用子午胎的生产

11. 三轴以上联动的高速、精密数控机床及配套数控系统、伺服电机及驱动装置、功能部件、刀具、量具、量仪及高档磨具磨料生产

12. 特种钢丝绳、钢缆（平均抗拉强度>2200MPa）制造

13. 激光医疗设备开发与制造

14. 光电子技术和产品（含光纤预制棒、半导体发光二极管 LED）开发

15. 宽带业务和增值电信业务（需在我国入世承诺框架内）

16. 公路旅客运输公司

17. 汽车加气站建设和经营

18. 医疗和养老服务业

19. 城市燃气、热力和供排水管网建设、经营（人口 50 万以上城市中方控股）

20. 旅游景区（点）保护、开发和经营及其配套设施建设

J 湖南省

1. 蔬菜、水果、畜禽产品的生产及深加工

2. 锌精深加工（限于合资、合作）

3. 铋化合物生产（中方控股）

4. 艺术陶瓷、日用陶瓷、工业陶瓷、特种陶瓷等高技术陶瓷的研发与生产

5. 激素类药物深度开发（列入《外商投资产业指导目录》限制类、禁止类的除外）

6. 包装装潢印刷品印刷

7. 大口径钢管材加工

8. 硬质合金精深加工

9. 30 吨以上液压挖掘机、6 米及以上全断面掘进机、320 马力及以上履带推土机、6 吨及以上装载机、600 吨及以上架桥设备（含架桥机、运梁车、提梁机）、400 吨及以上履带起重机、100 吨及以上全地面起重机、钻孔 100 毫米以上凿岩台车、400 千瓦及以上砼冷热再生设备、1 米宽及以上铣刨机；关键零部件：动力换挡变速箱、湿式驱动桥、回转支承、液力变矩器、为电动叉车配套的电机、电控、压力 25 兆帕以上液压马达、泵、控制阀

10. 60C 及以上混凝土输送泵、50 米及以上混凝土泵车、混凝土布料机、混凝土搅拌运输车、混凝土喷射机械手；起升机械：塔式起重机、50 米及以上高空作业车、50 吨级以上轮胎吊；路面机械：12 米及以上沥青路面摊铺机、4 吨以上沥青混凝土搅拌设备、26 吨以上全液压压路机、垃圾收运和处理设备及系统等产品

11. 大型工程机械关键零部件：动力换挡变速箱、湿式驱动桥、回转支承、液力变矩器、为电动叉车

配套的电机、电控、压力25兆帕以上液压马达、泵、控制阀

12. 新型橡胶机械成套设备制造

13. 消费类电子产品整机、光电子、电子材料、电子元器件的开发和制造

14. 宽带业务和增值电信业务（需在我国入世承诺框架内）

15. 公路旅客运输公司

16. 广播电视节目、电影制作业务（限于合作）

17. 医疗和养老服务机构

18. 城市燃气、热力和供排水管网建设、经营（人口50万以上城市中方控股）

19. 旅游景区（点）保护、开发和经营及其配套设施建设

K 广西自治区

1. 退耕还林还草等国家重点生态工程后续产业开发

2. 动植物药材资源开发生产（列入《外商投资产业指导目录》限制类、禁止类的除外）

3. 日处理甘蔗5000吨及以上的蔗糖精深加工及副产品综合利用

4. 单线5万立方米/年以上的普通刨花板、高中密度纤维板生产装置；单线5万立方米/年以上的木质刨花板生产装置；5万立方米/年以上的胶合板和细木工板生产线

5. 松香深加工

6. 锌、锡、锑、钨、锰等金属精深加工（限于合资、合作）

7. 少数民族特需用品、民族特色工艺品及包装容器材料生产

8. 艺术陶瓷、日用陶瓷、工业陶瓷、特种陶瓷等高技术陶瓷的研发与生产

9. 特殊品种（超白、超薄、在线Low-E、中空、超厚）优质浮法玻璃技术开发及深加工

10. 利用木薯、麻风树、橡胶籽等非粮植物为原料的生物液体燃料（燃料乙醇、生物柴油）生产（中方控股）

11. 高性能子午线轮胎的生产。包括无内胎载重子午胎，低断面和扁平化（低于55系列）、大轮辋高性能轿车子午胎（15寸以上），航空轮胎及农用子午胎的生产

12. 汽车整车制造（外资比例不高于50%），专用汽车（不包括普通半挂车、自卸车、罐式车、厢式车和仓栅式汽车）制造（外资比例不高于50%）

13. 汽车零部件制造：六挡以上自动变速箱、商用车用高功率密度驱动桥、随动前照灯系统、LED前照灯、轻量化材料应用（高强钢、铝镁合金、复合塑料、粉末冶金、高强度复合纤维等）、离合器、液压减震器、中控盘总成、座椅

14. 大型工程机械关键零部件：动力换挡变速箱、湿式驱动桥、回转支承、液力变矩器、为电动叉车配套的电机、电控、压力25兆帕以上液压马达、泵、控制阀

15. 宽带业务和增值电信业务（需在我国入世承诺框架内）

16. 公路旅客运输公司

17. 水上运输公司（中方控股）

18. 医疗和养老服务机构

19. 城市燃气、热力和供排水管网建设、经营（人口50万以上城市中方控股）

20. 文化演出场所的建设、经营（中方控股）

21. 旅游景区（点）保护、开发和经营及其配套设施建设

L 重庆市

1. 动植物优良品种选育、繁育、保种、开发及产品深加工（列入《外商投资产业指导目录》限制类和禁止类的除外）

2. 退耕还林还草、天然林保护等国家重点生态工程后续产业开发

3. 节水灌溉技术开发及应用

4. 高档棉、毛、麻、丝、化纤的纺织、针织及服装加工生产

5. 天然气下游化工产品生产和开发（列入《天然气利用政策》限制类和禁止类的除外）

6. 高性能、高附加值聚氨酯和工程塑料产品开发和生产

7. 铝、镁精深加工（限于合资、合作）

8. 排气量250mL及以上高性能摩托车整车（外资比例不高于50%）

9. 汽车整车制造（外资比例不高于50%），专用汽车（不包括普通半挂车、自卸车、罐式车、厢式车和仓栅式汽车）制造（外资比例不高于50%）

10. 高性能子午线轮胎的生产。包括无内胎载重子午胎，低断面和扁平化（低于55系列）、大轮辋高性能轿车子午胎（15寸以上），航空轮胎及农用子午胎以及列入《当前优先发展的高技术产业化重点领域指南》的子午线轮胎关键原材料生产

11. 汽车零部件制造：六挡以上自动变速箱、商用车用高功率密度驱动桥、随动前照灯系统、LED前照灯、轻量化材料应用（高强钢、铝镁合金、复合塑料、粉末冶金、高强度复合纤维等）、离合器、液压减震器、中控盘总成、座椅

12. 太阳能发电设备及零部件制造

13. 线宽0.25微米以下大规模数字集成电路制造

14. 500千伏及以上高压直流换流变压器研发及制造

15. 三级能效以上节能环保型家电整机，压缩机、电机、变频器、液晶面板等关键零部件生产，无线输电、裸眼3D、体感输入等新技术开发

16. 半导体照明材料上下游产品及相关设备的研发与制造

17. 二氧化碳回收、一氧化碳等特殊工业气体制备及应用

18. FINEX技术及高速、无头连轧

19. 宽带业务和增值电信业务（需在我国入世承诺框架内）

20. 公路旅客运输公司

21. 医疗和养老服务机构

22. 城市燃气、热力和供排水管网建设、经营（人口50万以上城市中方控股）

23. 旅游景区（点）保护、开发和经营及其配套设施建设

M 四川省

1. 红薯及非粮作物加工和副产物综合利用

2. 生猪、肉牛、肉羊、小家禽畜（含高原畜产品）饲养和深加工

3. 退耕还林还草、天然林保护等国家重点生态工程后续产业开发

4. 节水灌溉和旱作节水技术、保护性耕作技术开发与应用

5. 葡萄酒及特色水果酿酒

6. 利用木薯、麻风树、橡胶籽等非粮植物为原料的生物液体燃料（燃料乙醇、生物柴油）生产（中方控股）

7. 高档棉、毛、麻、丝、化纤的纺织、针织及服装加工生产

8. 以境外木、藤为原材料的高端家具生产

9. 稀土高端应用产品加工

10. 钒钛资源综合利用新技术和新产品开发（限于合资、合作）

11. 天然气下游化工产品生产和开发（列入《天然气利用政策》限制类和禁止类的除外）

12. 含氟精细化学品和高品质含氟无机盐生产

13. 动植物药材资源开发、保护及可持续利用（列入《外商投资产业指导目录》限制类、禁止类的除外）

14. 包装装潢印刷品印刷

15. 特殊品种（超白、超薄、在线 Low-E、中空、超厚）优质浮法玻璃技术开发及深加工

16. 汽车整车制造（外资比例不高于 50%），专用汽车（不包括普通半挂车、自卸车、罐式车、厢式车和仓栅式汽车）制造（外资比例不高于 50%）

17. 高性能子午线轮胎的生产。包括无内胎载重子午胎，低断面和扁平化（低于 55 系列）、大轮辋高性能轿车子午胎（15 寸以上），航空轮胎及农用子午胎的生产

18. 汽车零部件制造：六挡以上自动变速箱、商用车用高功率密度驱动桥、随动前照灯系统、LED 前照灯、轻量化材料应用（高强钢、铝镁合金、复合塑料、粉末冶金、高强度复合纤维等）、离合器、液压减震器、中控盘总成、座椅

19. 30 吨以上液压挖掘机、6 米及以上全断面掘进机、320 马力及以上履带推土机、6 吨及以上装载机、600 吨及以上架桥设备（含架桥机、运梁车、提梁机）、400 吨及以上履带起重机、100 吨及以上全地面起重机、钻孔 100 毫米以上凿岩台车、400 千瓦及以上砼冷热再生设备、1 米宽及以上铣刨机；关键零部件：动力换挡变速箱、湿式驱动桥、回转支承、液力变矩器、为电动叉车配套的电机、电控、压力 25 兆帕以上液压马达、泵、控制阀

20. 太阳能发电设备及零部件制造

21. 大型储能技术研发与生产应用（蓄能电池、抽水蓄能技术、空气储能技术、风电与后夜供热等）

22. 3000kW 以上大型、重型燃气轮机高温部件及控制系统研发制造

23. 半导体照明材料上下游产品及相关设备的研发与制造

24. 精密电子注塑产品开发及生产

25. 液晶电视、数字电视、节能环保电冰箱、智能洗衣机等高档家用电器制造

26. 医疗设备及关键部件开发及生产

27. 天然气压缩机（含煤层气压缩机）制造

28. 物流业务相关的仓储设施建设和商贸服务

29. 宽带业务和增值电信业务（需在我国入世承诺框架内）

30. 公路旅客运输公司

31. 医疗和养老服务机构

32. 城市燃气、热力和供排水管网建设、经营（人口 50 万以上城市中方控股）

33. 动漫创作、制作（广播影视动漫制作业务限于合作）及衍生品开发

34. 艺术表演培训和中介服务及文化用品、设备等产业化开发

35. 旅游景区（点）保护、开发和经营及其配套设施建设

N 贵州省

1. 退耕还林还草、天然林保护等国家重点生态工程后续产业开发

2. 节水灌溉和旱作节水技术开发与应用

3. 马铃薯、魔芋等产品深加工

4. 畜禽、辣椒、苦荞、山药、核桃深加工

5. 高档棉、毛、麻、丝、化纤的纺织、针织及服装加工生产

6. 钛冶炼（限于合资、合作）

7. 用先进技术对固定层合成氨装置进行优化节能技改

8. 利用甲醇开发 M100 新型动力燃料及合成氨生产尾气发展新能源

9. 利用工业生产二氧化碳废气发展工业级、食品级二氧化碳

10. 己二酸生产

11. 采用先进技术建设 30 万吨/年及以上煤制合成氨及配套尿素项目

12. 动植物药材资源开发、保护和可持续利用（列入《外商投资产业指导目录》限制类、禁止类的除外）

13. 特殊品种（超白、超薄、在线 Low-E、中空、超厚）优质浮法玻璃技术开发及深加工

14. 铝等有色金属精深加工（限于合资、合作）

15. 高性能铝合金系列产品开发

16. 新型短流程钢铁冶炼技术开发及应用

17. 非高炉冶炼技术（直接还原）

18. 磨料磨具产品生产

19. 新型凿岩钎具的开发及用钢材料生产

20. 汽车整车制造（外资比例不高于 50%），专用汽车（不包括普通半挂车、自卸车、罐式车、厢式车和仓栅式汽车）制造（外资比例不高于 50%）

21. 汽车零部件制造：六挡以上自动变速箱、商用车用高功率密度驱动桥、随动前照灯系统、LED 前照灯、轻量化材料应用（高强钢、铝镁合金、复合塑料、粉末冶金、高强度复合纤维等）、离合器、液压减震器、中控盘总成、座椅

22. 有特色优势的特种工程机械、架桥铺路机械、破碎机械、液压基础件、数控机床、节能环保装备、4MW 燃气轮机及以下产品等开发及制造

23. 复式永磁电机抽油机系列化开发和产业化

24. 复杂地质条件的矿用开采、掘进、提升、井下运输等特种设备及产品的开发与制造

25. 适用于西部山区的轻便、耐用、低耗中小型耕种收和植保、节水灌溉、小型抗旱设备及粮油作物、茶叶、特色农产品等农业机械开发与制造

26. 太阳能发电设备及零部件制造

27. 宽带业务和增值电信业务（需在我国入世承诺框架内）

28. 公路旅客运输公司

29. 医疗和养老服务机构

30. 城市燃气、热力和供排水管网建设、经营（人口 50 万以上城市中方控股）

31. 茅台生态带综合保护及赤水河流域遥感技术应用示范

32. 旅游景区（点）保护、开发和经营及其配套设施建设

O 云南省

1. 退耕还林还草、天然林保护等国家重点生态工程后续产业开发

2. 节水灌溉和旱作节水技术开发与应用

3. 铜、锌有色金属精深加工（限于合资、合作）

4. 特色食用资源开发及应用

5. 符合生态与环保要求的亚麻加工、开发及副产品综合利用

6. 利用木薯、麻风树、橡胶籽等非粮植物为原料的生物液体燃料（燃料乙醇、生物柴油）生产（中方控股）

7. 高档棉、毛、麻、丝、化纤的纺织、针织及服装加工生产

8. 动植物药材资源开发、保护和可持续利用（列入《外商投资产业指导目录》限制类、禁止类的除外）

9. 包装装潢印刷品印刷

10. 特殊品种（超白、超薄、在线 Low-E、中空、超厚）优质浮法玻璃技术开发及深加工

11. 汽车整车制造（外资比例不高于 50%），专用汽车（不包括普通半挂车、自卸车、罐式车、厢式车和仓栅式汽车）制造（外资比例不高于 50%）

12. 宽带业务和增值电信业务（需在我国入世承诺框架内）

13. 公路旅客运输公司

14. 医疗和养老服务机构

15. 城市燃气、热力和供排水管网建设、经营（人口50万以上城市中方控股）

16. 广播电视节目、电影的制作业务（限于合作）

17. 旅游景区（点）保护、开发和经营及其配套设施建设

P　西藏自治区

1. 退耕还林还草、天然林保护等国家重点生态工程后续产业开发

2. 节水灌溉和旱作节水技术开发与应用

3. 盐湖资源的开发利用（中方控股）

4. 饮用天然矿泉水生产（中方控股）

5. 牛羊绒、皮革产品深加工及藏毯生产

6. 花卉与苗圃基地的建设经营

7. 林下资源的培植技术研发和林下产品深加工

8. 青稞、牧草等农作物新技术的开发利用

9. 高原特色食品资源开发利用

10. 天然药、原料药、中成药的深加工（列入《外商投资产业指导目录》限制类、禁止类的除外）

11. 藏药新品种、新剂型产品生产（列入《外商投资产业指导目录》禁止类的除外）

12. 少数民族特需用品、工艺美术品、包装容器材料、日用玻璃制品及极具藏民族特色的旅游商品纪念品生产

13. 物流业务相关的仓储设施建设和商贸服务

14. 宽带业务和增值电信业务（需在我国入世承诺框架内）

15. 公路旅客运输公司

16. 医疗和养老服务机构

17. 城市燃气、热力和供排水管网建设、经营（人口50万以上城市中方控股）

18. 旅游景区（点）保护、开发和经营及其配套设施建设

Q　陕西省

1. 退耕还林还草、天然林保护、水源地保护等国家重点生态工程后续产业开发

2. 节水灌溉和旱作节水技术、保护性耕作技术开发与应用

3. 高档棉、毛、麻、丝、化纤的纺织、针织及服装加工生产

4. 动植物药材资源开发、保护和可持续利用（列入《外商投资产业指导目录》限制类、禁止类的除外）

5. 天然气下游化工产品的生产与开发（列入《天然气利用政策》限制类和禁止类的除外）

6. 特殊品种（超白、超薄、在线Low-E、中空、超厚）优质浮法玻璃技术开发及深加工

7. 钛金属精深加工（限于合资、合作）

8. 高炉煤气能量回收透平装置设计制造

9. 大型、高压、高纯度工业气体的生产和供应

10. 汽车整车制造（外资比例不高于50%），专用汽车（不包括普通半挂车、自卸车、罐式车、厢式车和仓栅式汽车）制造（外资比例不高于50%）

11. 一般商品的批发、零售（列入《外商投资产业指导目录》限制类、禁止类的除外）

12. 宽带业务和增值电信业务（需在我国入世承诺框架内）

13. 公路旅客运输公司

14. 医疗和养老服务机构

15. 城市燃气、热力和供排水管网建设、经营（人口50万以上城市中方控股）

16. 旅游景区（点）保护、开发和经营及其配套设施建设

R 甘肃省

1. 节水灌溉和旱作节水技术、保护性耕作技术开发与应用
2. 瓜果、蔬菜、花卉种子的开发生产（中方控股）
3. 优质酿酒葡萄基地建设
4. 优质啤酒原料种植、加工
5. 天然气下游化工产品生产和开发（列入《天然气利用政策》限制类和禁止类的除外）
6. 稀土高端应用产品加工
7. 铝、铜、镍等有色金属精深加工（限于合资、合作）
8. 汽车整车制造（外资比例不高于50%），专用汽车（不包括普通半挂车、自卸车、罐式车、厢式车和仓栅式汽车）制造（外资比例不高于50%）
9. 三轴以上联动的高速、精密数控机床及配套数控系统、伺服电机及驱动装置、功能部件、刀具、量具、量仪及高档磨具磨料
10. 太阳能发电及设备制造业
11. 宽带业务和增值电信业务（需在我国入世承诺框架内）
12. 公路旅客运输公司
13. 医疗和养老服务机构
14. 城市燃气、热力和供排水管网建设、经营（人口50万以上城市中方控股）
15. 旅游景区（点）保护、开发和经营及其配套设施建设

S 宁夏回族自治区

1. 节水灌溉和旱作节水技术、保护性耕作技术开发与应用
2. 枸杞、葡萄等种植及深加工
3. 沙生中药材、沙区生态经济林、沙区瓜果、沙区设施农业、沙料建材、沙区新能源和沙漠旅游休闲等沙产业
4. 少数民族特需用品及清真食品开发加工
5. 碳基材料开发及生产
6. 石膏和陶瓷黏土的深加工
7. 钽、铌等金属精深加工（中方控股）
8. 氢氧化镍生产及深加工
9. 铝合金、镁合金等材料的研发及生产
10. 熔体直纺及切片纺彩色涤纶的研发及生产
11. 高性能子午线轮胎的生产。包括无内胎载重子午胎，低断面和扁平化（低于55系列）、大轮辋高性能轿车子午胎（15寸以上），航空轮胎及农用子午胎的生产
12. 汽车整车制造（外资比例不高于50%），专用汽车（不包括普通半挂车、自卸车、罐式车、厢式车和仓栅式汽车）制造（外资比例不高于50%）
13. 三轴以上联动的高速、精密数控机床及配套数控系统、伺服电机及驱动装置、功能部件、刀具、量具、量仪及高档磨具磨料
14. 500万吨/年及以上矿井、薄煤层综合采掘设备，1000万吨级/年及以上大型露天矿关键装备
15. 太阳能发电设备研发及制造生产
16. 宽带业务和增值电信业务（需在我国入世承诺框架内）
17. 公路旅客运输公司
18. 医疗和养老服务机构
19. 城市燃气、热力和供排水管网建设、经营（人口50万以上城市中方控股）

20. 旅游景区（点）保护、开发和经营及其配套设施建设

T　青海省

1. 高原动植物资源保护、种养与加工利用（列入《外商投资产业指导目录》限制类、禁止类的除外）

2. 退耕还林还草、天然林保护、水源地保护等国家重点生态工程后续产业开发

3. 节水灌溉和旱作节水技术、保护性耕作技术开发与应用

4. 有机天然农畜产品基地建设和产品精深加工

5. 铜、铝、镁等有色金属精深加工（限于合资、合作）

6. 中、藏药新品种、新剂型产品生产（列入《外商投资产业指导目录》限制类、禁止类的除外）

7. 特殊品种（超白、超薄、在线 Low-E、中空、超厚）优质浮法玻璃技术开发及深加工

8. 聚甲醛、聚苯硫醚等工程塑料生产

9. 工业尾矿及工业生产废弃物及低品位、复杂、难处理矿的资源化利用

10. 汽车整车制造（外资比例不高于 50%），专用汽车（不包括普通半挂车、自卸车、罐式车、厢式车和仓栅式汽车）制造（外资比例不高于 50%）

11. 宽带业务和增值电信业务（需在我国入世承诺框架内）

12. 公路旅客运输公司

13. 医疗和养老服务机构

14. 城市燃气、热力和供排水管网建设、经营（人口 50 万以上城市中方控股）

15. 体育竞赛表演、体育场馆设施建设及运营，大众体育健身休闲服务

16. 旅游景区（点）保护、开发和经营及其配套设施建设

U　新疆自治区（含新疆生产建设兵团）

1. 退耕还林、退牧还草、天然林保护等国家重点生态工程后续产业开发

2. 节水灌溉和旱作节水技术、保护性耕作技术、设施农业、有机农业的开发与应用

3. 优质番茄、甜菜、香梨、葡萄、西甜瓜、红枣、核桃、杏子、石榴和枸杞等优质特色农产品的种植及深加工

4. 优质酿酒葡萄基地建设及葡萄酒生产

5. 亚麻、沙棘、薰衣草的种植及其制品生产

6. 高档棉、毛、麻、丝、化纤的纺织、针织及服装加工生产

7. 蛭石、云母、石棉、菱镁矿、石墨、石灰石、红柱石、石材等非金属矿产的综合利用（勘探、开发除外）

8. 煤炭加工应用技术开发（中方控股）

9. 油气伴生资源综合利用

10. 放空天然气回收利用

11. 民族特色药用植物种植、加工和制药新工艺开发（列入《外商投资产业指导目录》限制类、禁止类的除外）

12. 民族特需用品、工艺美术品、包装容器材料及日用玻璃制品生产

13. 特殊品种（超白、超薄、在线 Low-E、中空、超厚）优质浮法玻璃技术开发及深加工

14. 直径 200mm 以上硅单晶及抛光片、多晶硅生产

15. 铜、锌、铝等有色金属精深加工（限于合资、合作）

16. 汽车整车制造（外资比例不高于 50%），专用汽车（不包括普通半挂车、自卸车、罐式车、厢式车和仓栅式汽车）制造（外资比例不高于 50%）

17. 石油及采矿等特种设备制造

18. 智能电网设备、电气成套控制系统设备制造

19. 小型清雪设备制造

20. 小电网范围内，单机容量30万千瓦及以下燃煤凝汽火电站、单机容量10万千瓦及以下燃煤凝汽抽汽两用热电联产电站的建设、经营

21. 宽带业务和增值电信业务（需在我国入世承诺框架内）

22. 公路旅客运输公司

23. 医疗和养老服务机构

24. 城市燃气、热力和供排水设施建设、经营（人口50万以上城市中方控股）

25. 旅游景区（点）保护、开发和经营及其配套设施建设

V 海南省

1. 畜、禽规模化养殖

2. 海防林恢复、天然林保护、节水灌溉和旱作节水等技术、开发与应用

3. 日处理甘蔗5000吨及以上蔗糖精深加工及副产品综合利用

4. 饮用天然矿泉水生产（中方控股）

5. 海南省中药、民族药的研发、生产（列入《外商投资产业指导目录》限制类、禁止类的除外）

6. 天然气下游化工产品开发和利用（列入《天然气利用政策》限制类和禁止类的除外）

7. 锆、钛精深加工（限于合资、合作）

8. 高性能子午线轮胎的生产。包括无内胎载重子午胎，低断面和扁平化（低于55系列）、大轮辋高性能轿车子午胎（15寸以上），航空轮胎及农用子午胎的生产

9. 包装装潢印刷品印刷

10. 邮轮制造（中方控股）

11. 深水海洋工程设备制造

12. 高尔夫用具制造

13. 宽带业务和增值电信业务（需在我国入世承诺框架内）

14. 公路旅客运输公司

15. 船舶代理（中方控股）、外轮理货（限于合资、合作）

16. 医疗和养老服务机构

17. 城市燃气、热力和供排水管网建设、经营（人口50万以上城市中方控股）

18. 电影院的建设、经营（中方控股）

19. 广播电视节目制作、电影制作（限于合作）

20. 观光农业、休闲农业的开发和经营及其配套设施建设

21. 旅游景区（点）保护、开发和经营及其配套设施建设

22. 海洋、热带雨林生态旅游资源（国家禁止外商投资的自然保护区等除外）开发、经营及其配套设施建设（中方控股）

海关总署关于执行《外商投资产业指导目录（2015年修订）》的公告

（海关总署公告2015年第29号）

国家发展改革委、商务部第22号令公布了《外商投资产业指导目录（2015年修订）》（详见附件），并规定自2015年4月10日起施行。现就海关执行中的有关问题公告如下：

一、自2015年4月10日起，对属于《外商投资产业指导目录（2015年修订）》鼓励类范围的外商投资项目（包括增资项目），在投资总额内进口的自用设备以及按照合同随上述设备进口的技术和配套件、备件，除《外商投资项目不予免税的进口商品目录》和《进口不予免税的重大技术装备和产品目录》所列商品外，按照《国务院关于调整进口设备税收政策的通知》（国发〔1997〕37号）、海关总署公告2008年第103号及其他相关规定，免征关税，照章征收进口环节增值税。

二、为保持政策的连续性，对2015年4月10日以前（不含4月10日，下同）审批、核准或备案的外商投资项目（以项目的审批、核准或备案日期为准，下同），属于《外商投资产业指导目录（2011年修订）》鼓励类范围的，可继续按照规定办理免征进口关税手续。但有关项目单位须于2016年4月10日以前，向海关申请办理减免税备案手续。逾期，海关不再受理上述减免税备案申请。

对于2015年4月10日以前审批、核准或备案，同时属于《外商投资产业指导目录（2015年修订）》鼓励类范围的外商投资项目，有关项目单位按相关规定向海关申请办理减免税备案手续的，海关可予受理。

三、对于不属于《外商投资产业指导目录（2011年修订）》鼓励类范围的外商投资在建项目，凡符合《外商投资产业指导目录（2015年修订）》鼓励类范围的，在有关项目单位按相关规定向海关申请办理减免税相关手续后，在建项目进口的自用设备以及按照合同随上述设备进口的技术和配套件、备件，可参照本公告第一条的规定享受进口税收优惠政策。对于自2015年4月10日（含4月10日）至本公告发布之日期间，上述有关在建项目项下进口设备已经征税的，税款可以退还；自本公告发布之日起，进口设备已经征税的，税款不予退还。

特此公告。

附件　《外商投资产业指导目录（2015年修订）》

海关总署

二〇一五年六月十八日

附件

外商投资产业指导目录（2015 年修订）

鼓励外商投资产业目录

一、农、林、牧、渔业

1. 木本食用油料、调料和工业原料的种植及开发、生产
2. 绿色、有机蔬菜（含食用菌、西甜瓜）、干鲜果品、茶叶栽培技术开发及产品生产
3. 糖料、果树、牧草等农作物栽培新技术开发及产品生产
4. 花卉生产与苗圃基地的建设、经营
5. 橡胶、油棕、剑麻、咖啡种植
6. 中药材种植、养殖
7. 农作物秸秆还田及综合利用、有机肥料资源的开发生产
8. 水产苗种繁育（不含我国特有的珍贵优良品种）
9. 防治荒漠化及水土流失的植树种草等生态环境保护工程建设、经营
10. 水产品养殖、深水网箱养殖、工厂化水产养殖、生态型海洋增养殖

二、采矿业

11. 石油、天然气（含油页岩、油砂、页岩气、煤层气等非常规油气）的勘探、开发和矿井瓦斯利用（限于合资、合作）
12. 提高原油采收率（以工程服务形式）及相关新技术的开发应用
13. 物探、钻井、测井、录井、井下作业等石油勘探开发新技术的开发与应用
14. 提高矿山尾矿利用率的新技术开发和应用及矿山生态恢复技术的综合应用
15. 我国紧缺矿种（如钾盐、铬铁矿等）的勘探、开采和选矿

三、制造业

（一）农副食品加工业

16. 绿色无公害饲料及添加剂开发
17. 水产品加工、贝类净化及加工、海藻保健食品开发
18. 蔬菜、干鲜果品、禽畜产品加工

（二）食品制造业

19. 婴儿、老年食品及保健食品的开发、生产
20. 森林食品的开发、生产
21. 天然食品添加剂、天然香料新技术开发与生产

（三）酒、饮料和精制茶制造业

22. 果蔬饮料、蛋白饮料、茶饮料、咖啡饮料、植物饮料的开发、生产

（四）纺织业

23. 采用非织造、机织、针织及其复合工艺技术的轻质、高强、耐高/低温、耐化学物质、耐光等多功能化的产业用纺织品生产
24. 采用先进节能减排技术和装备的高档织物印染及后整理加工
25. 符合生态、资源综合利用与环保要求的特种天然纤维（包括山羊绒等特种动物纤维、竹纤维、麻纤维、蚕丝、彩色棉花等）产品加工

（五）纺织服装、服饰业

26. 采用计算机集成制造系统的服装生产

27. 功能性特种服装生产

（六）皮革、毛皮、羽毛及其制品和制鞋业

28. 皮革和毛皮清洁化技术加工

29. 皮革后整饰新技术加工

30. 皮革废弃物综合利用

（七）木材加工和木、竹、藤、棕、草制品业

31. 林业三剩物，“次、小、薪”材和竹材的综合利用新技术、新产品开发与生产

（八）文教、工美、体育和娱乐用品制造业

32. 高档地毯、刺绣、抽纱产品生产

（九）石油加工、炼焦和核燃料加工业

33. 酚油加工、洗油加工、煤沥青高端化利用（不含改质沥青）

（十）化学原料和化学制品制造业

34. 聚氯乙烯和有机硅新型下游产品开发与生产

35. 合成材料的配套原料：过氧化氢氧化丙烯法环氧丙烷、萘二甲酸二甲酯（NDC）、1,4-环己烷二甲醇（CHDM）、5万吨/年及以上丁二烯法己二腈、己二胺生产

36. 合成纤维原料：尼龙66盐、1,3-丙二醇生产

37. 合成橡胶：异戊橡胶、聚氨酯橡胶、丙烯酸酯橡胶、氯醇橡胶，以及氟橡胶、硅橡胶等特种橡胶生产

38. 工程塑料及塑料合金：6万吨/年及以上非光气法聚碳酸酯（PC）、均聚法聚甲醛、聚苯硫醚、聚醚醚酮、聚酰亚胺、聚砜、聚醚砜、聚芳酯（PAR）、聚苯醚及其改性材料、液晶聚合物等产品生产

39. 精细化工：催化剂新产品、新技术，染（颜）料商品化加工技术，电子化学品和造纸化学品，皮革化学品（N-N二甲基甲酰胺除外），油田助剂，表面活性剂，水处理剂，胶粘剂，无机纤维、无机纳米材料生产，颜料包膜处理深加工

40. 环保型印刷油墨、环保型芳烃油生产

41. 天然香料、合成香料、单离香料生产

42. 高性能涂料，高固体份、无溶剂涂料，水性工业涂料及配套水性树脂生产

43. 高性能氟树脂、氟膜材料，医用含氟中间体，环境友好型含氟制冷剂、和清洁剂、发泡剂生产

44. 从磷化工、铝冶炼中回收氟资源生产

45. 林业化学产品新技术、新产品开发与生产

46. 环保用无机、有机和生物膜开发与生产

47. 新型肥料开发与生产：高浓度钾肥、复合型微生物接种剂、复合微生物肥料、秸秆及垃圾腐熟剂、特殊功能微生物制剂

48. 高效、安全、环境友好的农药新品种、新剂型、专用中间体、助剂的开发与生产，以及相关清洁生产工艺的开发和应用（甲叉法乙草胺、水相法毒死蜱工艺、草甘膦回收氯甲烷工艺、定向合成法手性和立体结构农药生产、乙基氯化物合成技术）

49. 生物农药及生物防治产品开发与生产：微生物杀虫剂、微生物杀菌剂、农用抗生素、昆虫信息素、天敌昆虫、微生物除草剂

50. 废气、废液、废渣综合利用和处理、处置

51. 有机高分子材料生产：飞机蒙皮涂料、稀土硫化铈红色染料、无铅化电子封装材料、彩色等离子体显示屏专用系列光刻浆料、小直径大比表面积超细纤维、高精度燃油滤纸、锂离子电池隔膜、表面处理自我修复材料、超疏水纳米涂层材料

（十一）医药制造业

52. 新型化合物药物或活性成分药物的生产（包括原料药和制剂）

53. 氨基酸类：发酵法生产色氨酸、组氨酸、蛋氨酸等生产

54. 新型抗癌药物、新型心脑血管药及新型神经系统用药的开发及生产

55. 采用生物工程技术的新型药物生产

56. 艾滋病疫苗、丙肝疫苗、避孕疫苗及宫颈癌、疟疾、手足口病等新型疫苗生产

57. 海洋药物的开发及生产

58. 药品制剂：采用缓释、控释、靶向、透皮吸收等新技术的新剂型、新产品生产

59. 新型药用辅料的开发及生产

60. 动物专用抗菌原料药生产（包括抗生素、化学合成类）

61. 兽用抗菌药、驱虫药、杀虫药、抗球虫药新产品及新剂型生产

62. 新型诊断试剂的开发及生产

（十二）化学纤维制造业

63. 差别化化学纤维及芳纶、碳纤维、高强高模聚乙烯、聚苯硫醚（PPS）等高新技术化纤（粘胶纤维除外）生产

64. 纤维及非纤维用新型聚酯生产：聚对苯二甲酸丙二醇酯（PTT）、聚萘二甲酸乙二醇酯（PEN）、聚对苯二甲酸环己烷二甲醇酯（PCT）、二元醇改性聚对苯二甲酸乙二醇酯（PETG）

65. 利用新型可再生资源和绿色环保工艺生产生物质纤维，包括新溶剂法纤维素纤维（Lyocell）、以竹、麻等为原料的再生纤维素纤维、聚乳酸纤维（PLA）、甲壳素纤维、聚羟基脂肪酸酯纤维（PHA）、动植物蛋白纤维等

66. 尼龙 11、尼龙 1414、尼龙 46、长碳链尼龙、耐高温尼龙等新型聚酰胺开发与生产

67. 子午胎用芳纶纤维及帘线生产

（十三）橡胶和塑料制品业

68. 新型光生态多功能宽幅农用薄膜开发与生产

69. 废旧塑料的回收和再利用

70. 塑料软包装新技术、新产品（高阻隔、多功能膜及原料）开发与生产

（十四）非金属矿物制品业

71. 节能、环保、利废、轻质高强、高性能、多功能建筑材料开发生产

72. 以塑代钢、以塑代木、节能高效的化学建材品生产

73. 年产 1000 万平方米及以上弹性体、塑性体改性沥青防水卷材，宽幅（2 米以上）三元乙丙橡胶防水卷材及配套材料，宽幅（2 米以上）聚氯乙烯防水卷材，热塑性聚烯烃（TPO）防水卷材生产

74. 新技术功能玻璃开发生产：屏蔽电磁波玻璃、微电子用玻璃基板、透红外线无铅玻璃、电子级大规格石英玻璃制品（管、板、坩埚、仪器器皿等）、光学性能优异多功能风挡玻璃、信息技术用极端材料及制品（包括波导级高精密光纤预制棒石英玻璃套管和陶瓷基板）、高纯（≥99.998%）超纯（≥99.999%）水晶原料提纯加工

75. 薄膜电池导电玻璃、太阳能集光镜玻璃、建筑用导电玻璃生产

76. 玻璃纤维制品及特种玻璃纤维生产：低介电玻璃纤维、石英玻璃纤维、高硅氧玻璃纤维、高强高弹玻璃纤维、陶瓷纤维等及其制品

77. 光学纤维及制品生产：传像束及激光医疗光纤、超二代和三代微通道板、光学纤维面板、倒像器及玻璃光锥

78. 陶瓷原料的标准化精制、陶瓷用高档装饰材料生产

79. 水泥、电子玻璃、陶瓷、微孔炭砖等窑炉用环保（无铬化）耐火材料生产

80. 氮化铝（AlN）陶瓷基片、多孔陶瓷生产

81. 无机非金属新材料及制品生产：复合材料、特种陶瓷、特种密封材料（含高速油封材料）、特种

摩擦材料（含高速摩擦制动制品）、特种胶凝材料、特种乳胶材料、水声橡胶制品、纳米材料

82. 有机—无机复合泡沫保温材料生产

83. 高技术复合材料生产：连续纤维增强热塑性复合材料和预浸料、耐温>300℃树脂基复合材料成型用工艺辅助材料、树脂基复合材料（包括体育用品、轻质高强交通工具部件）、特种功能复合材料及制品（包括深水及潜水复合材料制品、医用及康复用复合材料制品）、碳/碳复合材料、高性能陶瓷基复合材料及制品、金属基和玻璃基复合材料及制品、金属层状复合材料及制品、压力≥320MPa 超高压复合胶管、大型客机航空轮胎

84. 精密高性能陶瓷原料生产：碳化硅（SiC）超细粉体（纯度>99%，平均粒径<1μm）、氮化硅（Si_3N_4）超细粉体（纯度>99%，平均粒径<1μm）、高纯超细氧化铝微粉（纯度>99.9%，平均粒径<0.5μm）、低温烧结氧化锆（ZrO_2）粉体（烧结温度<1350℃）、高纯氮化铝（AlN）粉体（纯度>99%，平均粒径<1μm）、金红石型 TiO_2 粉体（纯度>98.5%）、白炭黑（粒径<100nm）、钛酸钡（纯度>99%，粒径<1μm）

85. 高品质人工晶体及晶体薄膜制品开发生产：高品质人工合成水晶（压电晶体及透紫外光晶体）、超硬晶体（立方氮化硼晶体）、耐高温高绝缘人工合成绝缘晶体（人工合成云母）、新型电光晶体、大功率激光晶体及大规格闪烁晶体、金刚石膜工具、厚度 0.3mm 及以下超薄人造金刚石锯片

86. 非金属矿精细加工（超细粉碎、高纯、精制、改性）

87. 超高功率石墨电极生产

88. 珠光云母生产（粒径 3~150μm）

89. 多维多向整体编制织物及仿形织物生产

90. 利用新型干法水泥窑无害化处置固体废弃物

91. 建筑垃圾再生利用

92. 工业副产石膏综合利用

93. 非金属矿山尾矿综合利用的新技术开发和应用及矿山生态恢复

（十五）有色金属冶炼和压延加工业

94. 直径 200mm 以上硅单晶及抛光片生产

95. 高新技术有色金属材料生产：化合物半导体材料（砷化镓、磷化镓、磷化铟、氮化镓），高温超导材料，记忆合金材料（钛镍、铜基及铁基记忆合金材料），超细（纳米）碳化钙及超细（纳米）晶硬质合金，超硬复合材料，贵金属复合材料，轻金属复合材料及异种材结合，散热器用铝箔，中高压阴极电容铝箔，特种大型铝合金型材，铝合金精密模锻件，电气化铁路架空导线，超薄铜带，耐蚀热交换器铜合金材，高性能铜镍、铜铁合金带，铍铜带、线、管及棒加工材，耐高温抗衰钨丝，镁合金铸件，无铅焊料，镁合金及其应用产品，泡沫铝，钛合金冶炼及加工，原子能级海绵锆，钨及钼深加工产品

（十六）金属制品业

96. 航空、航天、汽车、摩托车轻量化及环保型新材料研发与制造（专用铝板、铝镁合金材料、摩托车铝合金车架等）

97. 轻金属半固态快速成型材料研发与制造

98. 用于包装各类粮油食品、果蔬、饮料、日化产品等内容物的金属包装制品（厚度 0.3 毫米以下）的制造及加工（包括制品的内外壁印涂加工）

99. 节镍不锈钢制品的制造

（十七）通用设备制造业

100. 高档数控机床及关键零部件制造：五轴联动数控机床、数控坐标镗铣加工中心、数控坐标磨床、五轴联动数控系统及伺服装置、精密数控加工用高速超硬刀具

101. 1000 吨及以上多工位镦锻成型机制造

102. 报废汽车拆解、破碎及后处理分选设备制造

103. FTL 柔性生产线制造

104. 垂直多关节工业机器人、焊接机器人及其焊接装置设备制造

105. 特种加工机械制造：激光切割和拼焊成套设备、激光精密加工设备、数控低速走丝电火花线切割机、亚微米级超细粉碎机

106. 400 吨及以上轮式、履带式起重机械制造

107. 工作压力≥35MPa 高压柱塞泵及马达、工作压力≥35MPa 低速大扭矩马达的设计与制造

108. 工作压力≥25MPa 的整体式液压多路阀，电液比例伺服元件制造

109. 阀岛、功率 0.35W 以下气动电磁阀、200Hz 以上高频电控气阀设计与制造

110. 静液压驱动装置设计与制造

111. 压力 10MPa 以上非接触式气膜密封、压力 10MPa 以上干气密封（包括实验装置）的开发与制造

112. 汽车用高分子材料（摩擦片、改型酚醛活塞、非金属液压总分泵等）设备开发与制造

113. 第三代及以上轿车轮毂轴承、高中档数控机床和加工中心轴承、高速线材和板材轧机轴承、高速铁路轴承、振动值 Z4 以下低噪音轴承、各类轴承的 P4 和 P2 级轴承、风力发电机组轴承、航空轴承制造

114. 高密度、高精度、形状复杂的粉末冶金零件及汽车、工程机械等用链条的制造

115. 风电、高速列车用齿轮变速器，船用可变桨齿轮传动系统，大型、重载齿轮箱的制造

116. 耐高温绝缘材料（绝缘等级为 F、H 级）及绝缘成型件制造

117. 蓄能器胶囊、液压气动用橡塑密封件开发与制造

118. 高精度、高强度（12.9 级以上）、异形、组合类紧固件制造

119. 微型精密传动联结件（离合器）制造

120. 大型轧机连接轴制造

121. 机床、工程机械、铁路机车装备等机械设备再制造及汽车零部件再制造

122. 1000 万像素以上数字照相机制造

123. 办公机械制造：多功能一体化办公设备（复印、打印、传真、扫描），彩色打印设备，精度 2400dpi 及以上高分辨率彩色打印机头，感光鼓

124. 电影机械制造：2K、4K 数字电影放映机，数字电影摄像机，数字影像制作、编辑设备

（十八）专用设备制造业

125. 矿山无轨采、装、运设备制造：200 吨及以上机械传动矿用自卸车，移动式破碎机，5000 立方米/小时及以上斗轮挖掘机，8 立方米及以上矿用装载机，2500 千瓦以上电牵引采煤机设备等

126. 物探（不含重力、磁力测量）、测井设备制造：MEME 地震检波器，数字遥测地震仪，数字成像、数控测井系统，水平井、定向井、钻机装置及器具，MWD 随钻测井仪

127. 石油勘探、钻井、集输设备制造：工作水深大于 1500 米的浮式钻井系统和浮式生产系统及配套海底采油、集输设备

128. 口径 2 米以上深度 30 米以上大口径旋挖钻机、直径 1.2 米以上顶管机、回拖力 300 吨以上大型非开挖铺设地下管线成套设备、地下连续墙施工钻机制造

129. 520 马力及以上大型推土机设计与制造

130. 100 立方米/小时及以上规格的清淤机、1000 吨及以上挖泥船的挖泥装置设计与制造

131. 防汛堤坝用混凝土防渗墙施工装备设计与制造

132. 水下土石方施工机械制造：水深 9 米以下推土机、装载机、挖掘机等

133. 公路桥梁养护、自动检测设备制造

134. 公路隧道营运监控、通风、防灾和救助系统设备制造

135. 铁路大型施工、铁路线路、桥梁、隧道维修养护机械和检查、监测设备及其关键零部件的设计与制造

136. （沥青）油毡瓦设备、镀锌钢板等金属屋顶生产设备制造

137. 环保节能型现场喷涂聚氨酯防水保温系统设备、聚氨酯密封膏配制技术与设备、改性硅酮密封

膏配制技术和生产设备制造

138. 高精度带材轧机（厚度精度10微米）设计与制造

139. 多元素、细颗粒、难选冶金属矿产的选矿装置制造

140. 100万吨/年及以上乙烯成套设备中的关键设备制造：年处理能力40万吨以上混合造粒机，直径1000毫米及以上螺旋卸料离心机，小流量高扬程离心泵

141. 金属制品模具（铜、铝、钛、锆的管、棒、型材挤压模具）设计、制造

142. 汽车车身外覆盖件冲压模具，汽车仪表板、保险杠等大型注塑模具，汽车及摩托车夹具、检具设计与制造

143. 汽车动力电池专用生产设备的设计与制造

144. 精密模具（冲压模具精度高于0.02毫米、型腔模具精度高于0.05毫米）设计与制造

145. 非金属制品模具设计与制造

146. 6万瓶/小时及以上啤酒灌装设备、5万瓶/小时及以上饮料中温及热灌装设备、3.6万瓶/小时及以上无菌灌装设备制造

147. 氨基酸、酶制剂、食品添加剂等生产技术及关键设备制造

148. 10吨/小时及以上的饲料加工成套设备及关键部件制造

149. 楞高0.75毫米及以下的轻型瓦楞纸板及纸箱设备制造

150. 单张纸多色胶印机（幅宽≥750毫米，印刷速度：单面多色≥16000张/小时，双面多色≥13000张/小时）制造

151. 单幅单纸路卷筒纸平版印刷机印刷速度大于75000对开张/小时（787×880毫米）、双幅单纸路卷筒纸平版印刷机印刷速度大于170000对开张/小时（787×880毫米）、商业卷筒纸平版印刷机印刷速度大于50000对开张/小时（787×880毫米）制造

152. 多色宽幅柔性版印刷机（印刷宽度≥1300毫米，印刷速度≥350米/秒），喷墨数字印刷机（出版用：印刷速度≥150米/分，分辨率≥600dpi；包装用：印刷速度≥30米/分，分辨率≥1000dpi；可变数据用：印刷速度≥100米/分，分辨率≥300dpi）制造

153. 计算机墨色预调、墨色遥控、水墨速度跟踪、印品质量自动检测和跟踪系统、无轴传动技术、速度在75000张/小时的高速自动接纸机、给纸机和可以自动遥控调节的高速折页机、自动套印系统、冷却装置、加硅系统、调偏装置等制造

154. 电子枪自动镀膜机制造

155. 平板玻璃深加工技术及设备制造

156. 新型造纸机械（含纸浆）等成套设备制造

157. 皮革后整饰新技术设备制造

158. 农产品加工及储藏新设备开发与制造：粮食、油料、蔬菜、干鲜果品、肉食品、水产品等产品的加工储藏、保鲜、分级、包装、干燥等新设备，农产品品质检测仪器设备，农产品品质无损伤检测仪器设备，流变仪，粉质仪，超微粉碎设备，高效脱水设备，五效以上高效果汁浓缩设备，粉体食品物料杀菌设备，固态及半固态食品无菌包装设备，碟片式分离离心机

159. 农业机械制造：农业设施设备（温室自动灌溉设备、营养液自动配置与施肥设备、高效蔬菜育苗设备、土壤养分分析仪器），配套发动机功率120千瓦以上拖拉机及配套农具，低油耗低噪音低排放柴油机，大型拖拉机配套的带有残余雾粒回收装置的喷雾机，高性能水稻插秧机，棉花采摘机及棉花采摘台，适应多种行距的自走式玉米联合收割机（液压驱动或机械驱动），花生收获机，油菜籽收获机，甘蔗收割机，甜菜收割机

160. 林业机具新技术设备制造

161. 农作物秸秆收集、打捆及综合利用设备制造

162. 农用废物的资源化利用及规模化畜禽养殖废物的资源化利用设备制造

163. 节肥、节（农）药、节水型农业技术设备制造

164. 机电井清洗设备及清洗药物生产设备制造

165. 电子内窥镜制造

166. 眼底摄影机制造

167. 医用成像设备（高场强超导型磁共振成像设备、X 线计算机断层成像设备、数字化彩色超声诊断设备等）关键部件的制造

168. 医用超声换能器（3D）制造

169. 硼中子俘获治疗设备制造

170. 图像引导适型调强放射治疗系统制造

171. 血液透析机、血液过滤机制造

172. 全自动生化监测设备、五分类血液细胞分析仪、全自动化学发光免疫分析仪、高通量基因测序系统制造

173. 药品质量控制新技术、新设备制造

174. 天然药物有效物质分析的新技术、提取的新工艺、新设备开发与制造

175. 非 PVC 医用输液袋多层共挤水冷式薄膜吹塑装备制造

176. 新型纺织机械、关键零部件及纺织检测、实验仪器开发与制造

177. 电脑提花人造毛皮机制造

178. 太阳能电池生产专用设备制造

179. 大气污染防治设备制造：耐高温及耐腐蚀滤料、低 NOx 燃烧装置、烟气脱氮催化剂及脱氮成套装置、工业有机废气净化设备、柴油车排气净化装置、含重金属废气处理装置

180. 水污染防治设备制造：卧式螺旋离心脱水机、膜及膜材料、50kg/h 以上的臭氧发生器、10kg/h 以上的二氧化氯发生器、紫外消毒装置、农村小型生活污水处理设备、含重金属废水处理装置

181. 固体废物处理处置设备制造：污水处理厂污泥处置及资源利用设备、日处理量 500 吨以上垃圾焚烧成套设备、垃圾填埋渗滤液处理技术装备、垃圾填埋场防渗土工膜、建筑垃圾处理和资源化利用装备、危险废物处理装置、垃圾填埋场沼气发电装置、废钢铁处理设备、污染土壤修复设备

182. 铝工业赤泥综合利用设备开发与制造

183. 尾矿综合利用设备制造

184. 废旧塑料、电器、橡胶、电池回收处理再生利用设备制造

185. 废旧纺织品回收处理设备制造

186. 废旧机电产品再制造设备制造

187. 废旧轮胎综合利用装置制造

188. 水生生态系统的环境保护技术、设备制造

189. 移动式组合净水设备制造

190. 非常规水处理、重复利用设备与水质监测仪器

191. 工业水管网和设备（器具）的检漏设备和仪器

192. 日产 10 万立方米及以上海水淡化及循环冷却技术和成套设备开发与制造

193. 特种气象观测及分析设备制造

194. 地震台站、台网和流动地震观测技术系统开发及仪器设备制造

195. 四鼓及以上子午线轮胎成型机制造

196. 滚动阻力试验机、轮胎噪音试验室制造

197. 供热计量、温控装置新技术设备制造

198. 氢能制备与储运设备及检查系统制造

199. 新型重渣油气化雾化喷嘴、漏气率 0.5%及以下高效蒸汽疏水阀、1000℃及以上高温陶瓷换热器制造

200. 海上溢油回收装置制造

201. 低浓度煤矿瓦斯和乏风利用设备制造

202. 洁净煤技术产品的开发利用及设备制造（煤炭气化、液化、水煤浆、工业型煤）

203. 大型公共建筑、高层建筑、石油化工设施、森林、山岳、水域和地下设施消防灭火救援技术开发与设备制造

（十九）汽车制造业

204. 汽车发动机制造及发动机研发机构建设：升功率不低于 70 千瓦的汽油发动机、升功率不低于 50 千瓦的排量 3 升以下柴油发动机、升功率不低于 40 千瓦的排量 3 升以上柴油发动机、燃料电池和混合燃料等新能源发动机

205. 汽车关键零部件制造及关键技术研发：双离合器变速器（DCT）、无级自动变速器（CVT）、电控机械变速器（AMT）、汽油发动机涡轮增压器、黏性联轴器（四轮驱动用）、自动变速器执行器（电磁阀）、液力缓速器、电涡流缓速器、汽车安全气囊用气体发生器、燃油共轨喷射技术（最大喷射压力大于 2000 帕）、可变截面涡轮增压技术（VGT）、可变喷嘴涡轮增压技术（VNT）、达到中国Ⅴ阶段污染物排放标准的发动机排放控制装置、智能扭矩管理系统（ITM）及耦合器总成、线控转向系统、柴油机颗粒捕捉器、低地板大型客车专用车桥、吸能式转向系统、大中型客车变频空调系统、汽车用特种橡胶配件，以及上述零部件的关键零件、部件

206. 汽车电子装置制造与研发：发动机和底盘电子控制系统及关键零部件，车载电子技术（汽车信息系统和导航系统），汽车电子总线网络技术（限于合资），电子控制系统的输入（传感器和采样系统）输出（执行器）部件，电动助力转向系统电子控制器（限于合资），嵌入式电子集成系统、电控式空气弹簧，电子控制式悬挂系统，电子气门系统装置，电子组合仪表，ABS/TCS/ESP 系统，电路制动系统（BBW），变速器电控单元（TCU），轮胎气压监测系统（TPMS），车载故障诊断仪（OBD），发动机防盗系统，自动避撞系统，汽车、摩托车型试验及维修用检测系统

207. 新能源汽车关键零部件制造：能量型动力电池（能量密度≥110Wh/kg，循环寿命≥2000 次，外资比例不超过 50%），电池正极材料（比容量≥150mAh/g，循环寿命 2000 次不低于初始放电容量的 80%），电池隔膜（厚度 15～40μm，孔隙率 40%～60%）；电池管理系统，电机管理系统，电动汽车电控集成；电动汽车驱动电机（峰值功率密度≥2.5kW/kg，高效区：65%工作区效率≥80%），车用 DC/DC（输入电压 100V～400V），大功率电子器件（IGBT，电压等级≥600V，电流≥300A）；插电式混合动力机电耦合驱动系统

（二十）铁路、船舶、航空航天和其他运输设备制造业

208. 达到中国摩托车Ⅲ阶段污染物排放标准的大排量（排量>250mL）摩托车发动机排放控制装置制造

209. 轨道交通运输设备（限于合资、合作）

210. 民用飞机设计、制造与维修：干线、支线飞机（中方控股），通用飞机（限于合资、合作）

211. 民用飞机零部件制造与维修

212. 民用直升机设计与制造（3 吨级及以上需中方控股）

213. 民用直升机零部件制造

214. 地面、水面效应飞机制造及无人机、浮空器设计与制造（中方控股）

215. 航空发动机及零部件、航空辅助动力系统设计、制造与维修

216. 民用航空机载设备设计与制造

217. 航空地面设备制造：民用机场设施、民用机场运行保障设备、飞行试验地面设备、飞行模拟与训练设备、航空测试与计量设备、航空地面试验设备、机载设备综合测试设备、航空制造专用设备、航空材料试制专用设备、民用航空器地面接收及应用设备、运载火箭地面测试设备、运载火箭力学及环境实验设备

218. 航天器光机电产品、航天器温控产品、星上产品检测设备、航天器结构与机构产品制造

219. 轻型燃气轮机制造

220. 豪华邮轮及深水（3000米以上）海洋工程装备的设计

221. 海洋工程装备（含模块）的制造与修理（中方控股）

222. 船舶低、中速柴油机及其零部件的设计

223. 船舶低、中速柴油机及曲轴的制造（中方控股）

224. 船舶舱室机械的设计与制造

225. 船舶通讯导航设备的设计与制造：船舶通信系统设备、船舶电子导航设备、船用雷达、电罗经自动舵、船舶内部公共广播系统等

226. 游艇的设计与制造

（二十一）电气机械和器材制造业

227. 100万千瓦超超临界火电机组用关键辅机设备制造：安全阀、调节阀

228. 燃煤电站、钢铁行业烧结机脱硝技术装备制造

229. 火电设备的密封件设计、制造

230. 燃煤电站、水电站设备用大型铸锻件制造

231. 水电机组用关键辅机设备制造

232. 输变电设备制造

233. 新能源发电成套设备或关键设备制造：光伏发电、地热发电、潮汐发电、波浪发电、垃圾发电、沼气发电、2.5兆瓦及以上风力发电设备

234. 额定功率350MW及以上大型抽水蓄能机组制造：水泵水轮机及调速器、大型变速可逆式水泵水轮机组、发电电动机及励磁、启动装置等附属设备

235. 斯特林发电机组制造

236. 直线和平面电机及其驱动系统开发与制造

237. 高技术绿色电池制造：动力镍氢电池、锌镍蓄电池、锌银蓄电池、锂离子电池、太阳能电池、燃料电池等（新能源汽车能量型动力电池除外）

238. 电动机采用直流调速技术的制冷空调用压缩机、采用CO_2自然工质制冷空调压缩机、应用可再生能源（空气源、水源、地源）制冷空调设备制造

239. 太阳能空调、采暖系统、太阳能干燥装置制造

240. 生物质干燥热解系统、生物质气化装置制造

241. 交流调频调压牵引装置制造

（二十二）计算机、通信和其他电子设备制造业

242. 高清数字摄录机、数字放声设备制造

243. TFT-LCD、PDP、OLED等平板显示屏、显示屏材料制造（6代及6代以下TFT-LCD玻璃基板除外）

244. 大屏幕彩色投影显示器用光学引擎、光源、投影屏、高清晰度投影管和微显投影设备模块等关键件制造

245. 数字音、视频编解码设备，数字广播电视演播室设备，数字有线电视系统设备，数字音频广播发射设备，数字电视上下变换器，数字电视地面广播单频网（SFN）设备，卫星数字电视上行站设备制造

246. 集成电路设计，线宽28纳米及以下大规模数字集成电路制造，0.11微米及以下模拟、数模集成电路制造，MEMS和化合物半导体集成电路制造及BGA、PGA、CSP、MCM等先进封装与测试

247. 大中型电子计算机、万万亿次高性能计算机、便携式微型计算机、大型模拟仿真系统、大型工业控制机及控制器制造

248. 计算机数字信号处理系统及板卡制造

249. 图形图像识别和处理系统制造

250. 大容量光、磁盘驱动器及其部件开发与制造

251. 高速、容量100TB及以上存储系统及智能化存储设备制造

252. 计算机辅助设计（三维 CAD）、电子设计自动化（EDA）、辅助测试（CAT）、辅助制造（CAM）、辅助工程（CAE）系统及其他计算机应用系统制造

253. 软件产品开发、生产

254. 电子专用材料开发与制造（光纤预制棒开发与制造除外）

255. 电子专用设备、测试仪器、工模具制造

256. 新型电子元器件制造：片式元器件、敏感元器件及传感器、频率控制与选择元件、混合集成电路、电力电子器件、光电子器件、新型机电元件、高分子固体电容器、超级电容器、无源集成元件、高密度互连积层板、多层挠性板、刚挠印刷电路板及封装载板

257. 触控系统（触控屏幕、触控组件等）制造

258. 发光效率 140lm/W 以上高亮度发光二极管、发光效率 140lm/W 以上发光二极管外延片（蓝光）、发光效率 140lm/W 以上且功率 200mW 以上白色发光管制造

259. 高密度数字光盘机用关键件开发与生产

260. 可录类光盘生产

261. 民用卫星设计与制造、民用卫星有效载荷制造（中方控股）

262. 民用卫星零部件制造

263. 卫星通信系统设备制造

264. 光通信测量仪表、速率 40Gb/s 及以上光收发器制造

265. 超宽带（UWB）通信设备制造

266. 无线局域网（含支持 WAPI）、广域网设备制造

267. 100Gbps 及以上速率时分复用设备（TDM）、密集波分复用设备（DWDM）、宽带无源网络设备（包括 EPON、GPON、WDM-PON 等）、下一代 DSL 芯片及设备、光交叉连接设备（OXC）、自动光交换网络设备（ASON）、40G/sSDH 以上光纤通信传输设备制造

268. 基于 IPv6 的下一代互联网系统设备、终端设备、检测设备、软件、芯片开发与制造

269. 第三代及后续移动通信系统手机、基站、核心网设备以及网络检测设备开发与制造

270. 高端路由器、千兆比以上网络交换机开发与制造

271. 空中交通管制系统设备制造

272. 基于声、光、电、触控等计算机信息技术的中医药电子辅助教学设备，虚拟病理、生理模型人设备的开发与制造

（二十三）仪器仪表制造业

273. 工业过程自动控制系统与装置制造：现场总线控制系统，大型可编程控制器（PLC），两相流量计，固体流量计，新型传感器及现场测量仪表

274. 大型精密仪器开发与制造

275. 高精度数字电压表、电流表制造（显示量程七位半以上）

276. 无功功率自动补偿装置制造

277. 安全生产新仪器设备制造

278. VXI 总线式自动测试系统（符合 IEEE1155 国际规范）制造

279. 煤矿井下监测及灾害预报系统、煤炭安全检测综合管理系统开发与制造

280. 工程测量和地球物理观测设备制造

281. 环境监测仪器制造

282. 水文数据采集、处理与传输和防洪预警仪器及设备制造

283. 海洋勘探监测仪器和设备制造

（二十四）废弃资源综合利用业

284. 煤炭洗选及粉煤灰（包括脱硫石膏）、煤矸石等综合利用

285. 全生物降解材料的生产

286. 废旧电器电子产品、汽车、机电设备、橡胶、金属、电池回收处理

四、电力、热力、燃气及水生产和供应业

287. 单机60万千瓦及以上超超临界机组电站的建设、经营

288. 采用背压（抽背）型热电联产、热电冷多联产、30万千瓦及以上热电联产机组电站的建设、经营

289. 缺水地区单机60万千瓦及以上大型空冷机组电站的建设、经营

290. 整体煤气化联合循环发电等洁净煤发电项目的建设、经营

291. 单机30万千瓦及以上采用流化床锅炉并利用煤矸石、中煤、煤泥等发电项目的建设、经营

292. 发电为主水电站的建设、经营

293. 核电站的建设、经营（中方控股）

294. 新能源电站（包括太阳能、风能、地热能、潮汐能、潮流能、波浪能、生物质能等）建设、经营

295. 电网的建设、经营（中方控股）

296. 海水利用（海水直接利用、海水淡化）

297. 供水厂建设、经营

298. 再生水厂建设、经营

299. 污水处理厂建设、经营

300. 机动车充电站、电池更换站建设、经营

五、交通运输、仓储和邮政业

301. 铁路干线路网的建设、经营（中方控股）

302. 城际铁路、市域（郊）铁路、资源型开发铁路和支线铁路及其桥梁、隧道、轮渡和站场设施的建设、经营

303. 高速铁路、铁路客运专线、城际铁路基础设施综合维修

304. 公路、独立桥梁和隧道的建设、经营

305. 公路货物运输公司

306. 港口公用码头设施的建设、经营

307. 民用机场的建设、经营（中方相对控股）

308. 航空运输公司（中方控股，且一家外商及其关联企业投资比例不得超过25%）

309. 农、林、渔业通用航空公司（限于合资、合作）

310. 定期、不定期国际海上运输业务（限于合资、合作）

311. 国际集装箱多式联运业务

312. 输油（气）管道、油（气）库的建设、经营

313. 煤炭管道运输设施的建设、经营

314. 自动化高架立体仓储设施，包装、加工、配送业务相关的仓储一体化设施建设、经营

六、批发和零售业

315. 一般商品的共同配送、鲜活农产品和特殊药品低温配送等物流及相关技术服务

316. 农村连锁配送

317. 托盘及集装单元共用系统建设、经营

七、租赁和商务服务业

318. 会计、审计（首席合伙人需具有中国国籍）

319. 国际经济、科技、环保、物流信息咨询服务

320. 以承接服务外包方式从事系统应用管理和维护、信息技术支持管理、银行后台服务、财务结算、软件开发、离岸呼叫中心、数据处理等信息技术和业务流程外包服务

321. 创业投资企业

322. 知识产权服务

323. 家庭服务业

八、科学研究和技术服务业

324. 生物工程与生物医学工程技术、生物质能源开发技术

325. 同位素、辐射及激光技术

326. 海洋开发及海洋能开发技术、海洋化学资源综合利用技术、相关产品开发和精深加工技术、海洋医药与生化制品开发技术

327. 海洋监测技术（海洋浪潮、气象、环境监测）、海底探测与大洋资源勘查评价技术

328. 综合利用海水淡化后的浓海水制盐、提取钾、溴、镁、锂及其深加工等海水化学资源高附加值利用技术

329. 海上石油污染清理与生态修复技术及相关产品开发，海水富营养化防治技术，海洋生物爆发性生长灾害防治技术，海岸带生态环境修复技术

330. 节能环保技术开发与服务

331. 资源再生及综合利用技术、企业生产排放物的再利用技术开发及其应用

332. 环境污染治理及监测技术

333. 化纤生产及印染加工的节能降耗、三废治理新技术

334. 防沙漠化及沙漠治理技术

335. 草畜平衡综合管理技术

336. 民用卫星应用技术

337. 研究开发中心

338. 高新技术、新产品开发与企业孵化中心

339. 物联网技术开发与应用

340. 工业设计、建筑设计、服装设计等创意产业

九、水利、环境和公共设施管理业

341. 综合水利枢纽的建设、经营（中方控股）

342. 城市封闭型道路建设、经营

343. 城市地铁、轻轨等轨道交通的建设、经营

344. 垃圾处理厂，危险废物处理处置厂（焚烧厂、填埋场）及环境污染治理设施的建设、经营

十、教育

345. 非学制类职业培训机构

十一、卫生和社会工作

346. 老年人、残疾人和儿童服务机构

347. 养老机构

十二、文化、体育和娱乐业

348. 演出场所经营

349. 体育场馆经营、健身、竞赛表演及体育培训和中介服务

限制外商投资产业目录

一、农、林、牧、渔业

1. 农作物新品种选育和种子生产（中方控股）

二、采矿业

2. 特殊和稀缺煤类勘查、开采（中方控股）
3. 贵金属（金、银、铂族）勘查、开采
4. 石墨勘查、开采
5. 锂矿开采、选矿

三、制造业

6. 豆油、菜籽油、花生油、棉籽油、茶籽油、葵花籽油、棕榈油等食用油脂加工（中方控股），大米、面粉、原糖加工，玉米深加工
7. 生物液体燃料（燃料乙醇、生物柴油）生产（中方控股）
8. 出版物印刷（中方控股）
9. 钨、钼、锡（锡化合物除外）、锑（含氧化锑和硫化锑）等稀有金属冶炼
10. 稀土冶炼、分离（限于合资、合作）
11. 汽车整车、专用汽车和摩托车制造：中方股比不低于50%，同一家外商可在国内建立两家（含两家）以下生产同类（乘用车类、商用车类、摩托车类）整车产品的合资企业，如与中方合资伙伴联合兼并国内其他汽车生产企业可不受两家的限制
12. 船舶（含分段）的修理、设计与制造（中方控股）
13. 卫星电视广播地面接收设施及关键件生产

四、电力、热力、燃气及水生产和供应业

14. 小电网范围内，单机容量30万千瓦及以下燃煤凝汽火电站、单机容量10万千瓦及以下燃煤凝汽抽汽两用机组热电联产电站的建设、经营
15. 城市人口50万以上的城市燃气、热力和供排水管网的建设、经营（中方控股）

五、交通运输、仓储和邮政业

16. 铁路旅客运输公司（中方控股）
17. 公路旅客运输公司
18. 水上运输公司（中方控股）
19. 公务飞行、空中游览、摄影、探矿、工业等通用航空公司（中方控股）

六、信息传输、软件和信息技术服务业

20. 电信公司：增值电信业务（外资比例不超过50%，电子商务除外），基础电信业务（外资比例不超过49%）

七、批发和零售业

21. 粮食收购，粮食、棉花批发，大型农产品批发市场建设、经营

22. 船舶代理（中方控股）、外轮理货（限于合资、合作）

23. 加油站（同一外国投资者设立超过30家分店、销售来自多个供应商的不同种类和品牌成品油的连锁加油站，由中方控股）建设、经营

八、金融业

24. 银行（单个境外金融机构及被其控制或共同控制的关联方作为发起人或战略投资者向单个中资商业银行投资入股比例不得超过20%，多个境外金融机构及被其控制或共同控制的关联方作为发起人或战略投资者投资入股比例合计不得超过25%，投资农村中小金融机构的境外金融机构必须是银行类金融机构）

25. 保险公司（寿险公司外资比例不超过50%）

26. 证券公司（设立时限于从事人民币普通股、外资股和政府债券、公司债券的承销与保荐，外资股的经纪，政府债券、公司债券的经纪和自营；设立满2年后符合条件的公司可申请扩大业务范围；外资比例不超过49%）、证券投资基金管理公司（外资比例不超过49%）

27. 期货公司（中方控股）

九、租赁和商务服务业

28. 市场调查（限于合资、合作，其中广播电视收听、收视调查要求中方控股）

29. 资信调查与评级服务公司

十、科学研究和技术服务业

30. 测绘公司（中方控股）

十一、教育

31. 高等教育机构（限于合作、中方主导[①]）

32. 普通高中教育机构（限于合作、中方主导）

33. 学前教育机构（限于合作、中方主导）

十二、卫生和社会工作

34. 医疗机构（限于合资、合作）

十三、文化、体育和娱乐业

35. 广播电视节目、电影的制作业务（限于合作）

36. 电影院的建设、经营（中方控股）

37. 大型主题公园的建设、经营

38. 演出经纪机构（中方控股）

十四、国家法律法规和我国缔结或者参加的国际条约规定限制的其他产业

禁止外商投资产业目录

一、农、林、牧、渔业

1. 我国稀有和特有的珍贵优良品种的研发、养殖、种植以及相关繁殖材料的生产（包括种植业、畜

① 中方主导是指校长或者主要行政负责人应当具有中国国籍，中外合作办学机构的理事会、董事会或者联合管理委员会的中方组成人员不得少于1/2（下同）。

牧业、水产业的优良基因）

2. 农作物、种畜禽、水产苗种转基因品种选育及其转基因种子（苗）生产

3. 我国管辖海域及内陆水域水产品捕捞

二、采矿业

4. 钨、钼、锡、锑、萤石勘查、开采

5. 稀土勘查、开采、选矿

6. 放射性矿产的勘查、开采、选矿

三、制造业

（一）医药制造业

7. 列入《野生药材资源保护管理条例》和《中国稀有濒危保护植物名录》的中药材加工

8. 中药饮片的蒸、炒、炙、煅等炮制技术的应用及中成药保密处方产品的生产

（二）石油加工、炼焦和核燃料加工业

9. 放射性矿产冶炼、加工，核燃料生产

（三）专用设备制造业

10. 武器弹药制造

（四）其他制造业

11. 象牙雕刻

12. 虎骨加工

13. 宣纸、墨锭生产

四、电力、热力、燃气及水生产和供应业

14. 大电网范围内，单机容量 30 万千瓦及以下燃煤凝汽火电站、单机容量 20 万千瓦及以下燃煤凝汽抽汽两用热电联产电站的建设、经营

五、交通运输、仓储和邮政业

15. 空中交通管制

16. 邮政公司、信件的国内快递业务

六、批发和零售业

17. 烟叶、卷烟、复烤烟叶及其他烟草制品的批发、零售

七、租赁和商务服务业

18. 社会调查

19. 中国法律事务咨询（提供有关中国法律环境影响的信息除外）

八、科学研究和技术服务业

20. 人体干细胞、基因诊断与治疗技术开发和应用

21. 大地测量、海洋测绘、测绘航空摄影、行政区域界线测绘、地形图、世界政区地图、全国政区地图、省级及以下政区地图、全国性教学地图、地方性教学地图和真三维地图编制、导航电子地图编制，区域性的地质填图、矿产地质、地球物理、地球化学、水文地质、环境地质、地质灾害、遥感地质等调查

九、水利、环境和公共设施管理业

22. 自然保护区和国际重要湿地的建设、经营

23. 国家保护的原产于我国的野生动、植物资源开发

十、教育

24. 义务教育机构，军事、警察、政治和党校等特殊领域教育机构

十一、文化、体育和娱乐业

25. 新闻机构
26. 图书、报纸、期刊的出版业务
27. 音像制品和电子出版物的出版、制作业务
28. 各级广播电台（站）、电视台（站）、广播电视频道（率）、广播电视传输覆盖网（发射台、转播台、广播电视卫星、卫星上行站、卫星收转站、微波站、监测台、有线广播电视传输覆盖网）
29. 广播电视节目制作经营公司
30. 电影制作公司、发行公司、院线公司
31. 新闻网站、网络出版服务、网络视听节目服务、互联网上网服务营业场所、互联网文化经营（音乐除外）
32. 经营文物拍卖的拍卖企业、文物商店
33. 高尔夫球场、别墅的建设

十二、其他行业

34. 危害军事设施安全和使用效能的项目
35. 博彩业（含赌博类跑马场）
36. 色情业

十三、国家法律法规和我国缔结或者参加的国际条约规定禁止的其他产业

注：《内地与香港关于建立更紧密经贸关系的安排》及其补充协议、《内地与澳门关于建立更紧密经贸关系的安排》及其补充协议、《海峡两岸经济合作框架协议》及其后续协议、我国与有关国家签订的自由贸易区协议、投资协定另有规定的，从其规定。

外商投资产业指导目录（2017年修订）

（国家发展和改革委员会　商务部令2017年第4号）

（2017年6月28日由国家发展改革委、商务部发布，自2017年7月28日起施行。2015年3月10日国家发展改革委、商务部发布的《外商投资产业指导目录（2015年修订）》同时废止）

鼓励外商投资产业目录

一、农、林、牧、渔业

1. 木本食用油料、调料和工业原料的种植及开发、生产

2. 绿色、有机蔬菜（含食用菌、西甜瓜）、干鲜果品、茶叶栽培技术开发及产品生产
3. 糖料、果树、牧草等农作物栽培新技术开发及产品生产
4. 花卉生产与苗圃基地的建设、经营
5. 橡胶、油棕、剑麻、咖啡种植
6. 中药材种植、养殖
7. 农作物秸秆资源综合利用、有机肥料资源的开发生产
8. 水产苗种繁育（不含我国特有的珍贵优良品种）
9. 防治荒漠化及水土流失的植树种草等生态环境保护工程建设、经营
10. 水产品养殖、深水网箱养殖、工厂化水产养殖、生态型海洋增养殖

二、采矿业

11. 石油、天然气的勘探、开发和矿井瓦斯利用
12. 提高原油采收率（以工程服务形式）及相关新技术的开发应用
13. 物探、钻井、测井、录井、井下作业等石油勘探开发新技术的开发与应用
14. 提高矿山尾矿利用率的新技术开发和应用及矿山生态恢复技术的综合应用
15. 我国紧缺矿种（如钾盐、铬铁矿等）的勘探、开采和选矿

三、制造业

（一）农副食品加工业
16. 安全高效环保饲料及饲料添加剂（含蛋氨酸）开发及生产
17. 水产品加工、贝类净化及加工、海藻保健食品开发
18. 蔬菜、干鲜果品、禽畜产品加工
（二）食品制造业
19. 婴幼儿配方食品、特殊医学用途配方食品及保健食品的开发、生产
20. 森林农产品加工
21. 天然食品添加剂、天然香料新技术开发与生产
（三）酒、饮料和精制茶制造业
22. 果蔬饮料、蛋白饮料、茶饮料、咖啡饮料、植物饮料的开发、生产
（四）纺织业
23. 采用非织造、机织、针织及其复合工艺技术的轻质、高强、耐高/低温、耐化学物质、耐光等多功能化的产业用纺织品生产
24. 采用先进节能减排技术和装备的高档织物印染及后整理加工
25. 符合生态、资源综合利用与环保要求的特种天然纤维（包括山羊绒等特种动物纤维、竹纤维、麻纤维、蚕丝、彩色棉花等）产品加工
（五）纺织服装、服饰业
26. 采用计算机集成制造系统的服装生产
27. 功能性特种服装生产
（六）皮革、毛皮、羽毛及其制品和制鞋业
28. 皮革和毛皮清洁化技术加工
29. 皮革后整饰新技术加工
30. 皮革废弃物综合利用
（七）木材加工和木、竹、藤、棕、草制品业
31. 林业三剩物，“次、小、薪”材和竹材的综合利用新技术、新产品开发与生产
（八）文教、工美、体育和娱乐用品制造业

32. 高档地毯、刺绣、抽纱产品生产

（九）石油加工、炼焦和核燃料加工业

33. 酚油加工、洗油加工、煤沥青高端化利用（不含改质沥青）

（十）化学原料和化学制品制造业

34. 聚氯乙烯和有机硅新型下游产品开发与生产

35. 合成材料的配套原料：过氧化氢氧化丙烯法环氧丙烷、过氧化氢氧化氯丙烯法环氧氯丙烷、萘二甲酸二甲酯（NDC）、1,4-环己烷二甲醇（CHDM）、5万吨/年及以上丁二烯法己二腈、己二胺生产

36. 合成纤维原料：尼龙66盐、1,3-丙二醇生产

37. 合成橡胶：聚氨酯橡胶、丙烯酸酯橡胶、氯醇橡胶，以及氟橡胶、硅橡胶等特种橡胶生产

38. 工程塑料及塑料合金：6万吨/年及以上非光气法聚碳酸酯（PC）、均聚法聚甲醛、聚苯硫醚、聚醚醚酮、聚酰亚胺、聚砜、聚醚砜、聚芳酯（PAR）、聚苯醚及其改性材料、液晶聚合物等产品生产

39. 精细化工：催化剂新产品、新技术，染（颜）料商品化加工技术，电子化学品和造纸化学品，皮革化学品（N-N二甲基甲酰胺除外），油田助剂，表面活性剂，水处理剂，胶粘剂，无机纤维、无机纳米材料生产，颜料包膜处理深加工

40. 水性油墨、电子束固化紫外光固化等低挥发性油墨、环保型有机溶剂生产

41. 天然香料、合成香料、单离香料生产

42. 高性能涂料，高固体份、无溶剂涂料，水性工业涂料及配套水性树脂生产

43. 高性能氟树脂、氟膜材料，医用含氟中间体，环境友好型含氟制冷剂、清洁剂、发泡剂生产

44. 从磷化工、铝冶炼中回收氟资源生产

45. 林业化学产品新技术、新产品开发与生产

46. 环保用无机、有机和生物膜开发与生产

47. 新型肥料开发与生产：高浓度钾肥、复合型微生物接种剂、复合微生物肥料、秸秆及垃圾腐熟剂、特殊功能微生物制剂

48. 高效、安全、环境友好的农药新品种、新剂型、专用中间体、助剂的开发与生产，以及相关清洁生产工艺的开发和应用（甲叉法乙草胺、水相法毒死蜱工艺、草甘膦回收氯甲烷工艺、定向合成法手性和立体结构农药生产、乙基氯化物合成技术）

49. 生物农药及生物防治产品开发与生产：微生物杀虫剂、微生物杀菌剂、农用抗生素、昆虫信息素、天敌昆虫、微生物除草剂

50. 废气、废液、废渣综合利用和处理、处置

51. 有机高分子材料生产：飞机蒙皮涂料、稀土硫化铈红色染料、无铅化电子封装材料、彩色等离子体显示屏专用系列光刻浆料、小直径大比表面积超细纤维、高精度燃油滤纸、锂离子电池隔膜、表面处理自我修复材料、超疏水纳米涂层材料

（十一）医药制造业

52. 新型化合物药物或活性成分药物的生产（包括原料药和制剂）

53. 氨基酸类：发酵法生产色氨酸、组氨酸、蛋氨酸等生产

54. 新型抗癌药物、新型心脑血管药及新型神经系统用药的开发及生产

55. 采用生物工程技术的新型药物生产

56. 艾滋病疫苗、丙肝疫苗、避孕疫苗及宫颈癌、疟疾、手足口病等新型疫苗生产

57. 海洋药物的开发及生产

58. 药品制剂：采用缓释、控释、靶向、透皮吸收等新技术的新剂型、新产品生产

59. 新型药用辅料的开发及生产

60. 动物专用抗菌原料药生产（包括抗生素、化学合成类）

61. 兽用抗菌药、驱虫药、杀虫药、抗球虫药新产品及新剂型生产

62. 新型诊断试剂的开发及生产

（十二）化学纤维制造业

63. 差别化化学纤维及芳纶、碳纤维、高强高模聚乙烯、聚苯硫醚（PPS）等高新技术化纤（粘胶纤维除外）生产

64. 纤维及非纤维用新型聚酯生产：聚对苯二甲酸丙二醇酯（PTT）、聚萘二甲酸乙二醇酯（PEN）、聚对苯二甲酸环已烷二甲醇酯（PCT）、二元醇改性聚对苯二甲酸乙二醇酯（PETG）

65. 利用新型可再生资源和绿色环保工艺生产生物质纤维，包括新溶剂法纤维素纤维（Lyocell）、以竹、麻等为原料的再生纤维素纤维、聚乳酸纤维（PLA）、甲壳素纤维、聚羟基脂肪酸酯纤维（PHA）、动植物蛋白纤维等

66. 尼龙 11、尼龙 12、尼龙 1414、尼龙 46、长碳链尼龙、耐高温尼龙等新型聚酰胺开发与生产

67. 子午胎用芳纶纤维及帘线生产

（十三）橡胶和塑料制品业

68. 新型光生态多功能宽幅农用薄膜开发与生产

69. 废旧塑料的回收和再利用

70. 塑料软包装新技术、新产品（高阻隔、多功能膜及原料）开发与生产

（十四）非金属矿物制品业

71. 节能、环保、利废、轻质高强、高性能、多功能建筑材料开发生产

72. 以塑代钢、以塑代木、节能高效的化学建材品生产

73. 年产 1000 万平方米及以上弹性体、塑性体改性沥青防水卷材，宽幅（2 米以上）三元乙丙橡胶防水卷材及配套材料，宽幅（2 米以上）聚氯乙烯防水卷材，热塑性聚烯烃（TPO）防水卷材生产

74. 新技术功能玻璃开发生产：屏蔽电磁波玻璃、微电子用玻璃基板、透红外线无铅硫系玻璃及制品、电子级大规格石英玻璃制品（管、板、坩埚、仪器器皿等）、光学性能优异多功能风挡玻璃、信息技术用极端材料及制品（包括波导级高精密光纤预制棒石英玻璃套管和陶瓷基板）、高纯（≥99.998%）超纯（≥99.999%）水晶原料提纯加工

75. 薄膜电池导电玻璃、太阳能集光镜玻璃、建筑用导电玻璃生产

76. 玻璃纤维制品及特种玻璃纤维生产：低介电玻璃纤维、石英玻璃纤维、高硅氧玻璃纤维、高强高弹玻璃纤维、陶瓷纤维等及其制品

77. 光学纤维及制品生产：传像束及激光医疗光纤、超二代和三代微通道板、光学纤维面板、倒像器及玻璃光锥

78. 陶瓷原料的标准化精制、陶瓷用高档装饰材料生产

79. 水泥、电子玻璃、陶瓷、微孔炭砖等窑炉用环保（无铬化）耐火材料生产

80. 多孔陶瓷生产

81. 无机非金属新材料及制品生产：复合材料、特种陶瓷、特种密封材料（含高速油封材料）、特种摩擦材料（含高速摩擦制动制品）、特种胶凝材料、特种乳胶材料、水声橡胶制品、纳米材料

82. 有机—无机复合泡沫保温材料生产

83. 高技术复合材料生产：连续纤维增强热塑性复合材料和预浸料、耐温>300℃树脂基复合材料成型用工艺辅助材料、树脂基复合材料（包括体育用品、轻质高强交通工具部件）、特种功能复合材料及制品（包括深水及潜水复合材料制品、医用及康复用复合材料制品）、碳/碳复合材料、高性能陶瓷基复合材料及制品、金属基和玻璃基复合材料及制品、金属层状复合材料及制品、压力≥320MPa 超高压复合胶管、大型客机航空轮胎

84. 精密高性能陶瓷原料生产：碳化硅（SiC）超细粉体（纯度>99%，平均粒径<1um）、氮化硅（Si_3N_4）超细粉体（纯度>99%，平均粒径<1um）、高纯超细氧化铝微粉（纯度>99.9%，平均粒径<0.5um）、低温烧结氧化锆（ZrO_2）粉体（烧结温度<1350℃）、高纯氮化铝（AIN）粉体（纯度>99%，平均粒径<1um）、金红石型 TiO_2粉体（纯度>98.5%）、白炭黑（粒径<100nm）、钛酸钡（纯度>99%，粒径<1um）

85. 高品质人工晶体及晶体薄膜制品开发生产：高品质人工合成水晶（压电晶体及透紫外光晶体）、超硬晶体（立方氮化硼晶体）、耐高温高绝缘人工合成绝缘晶体（人工合成云母）、新型电光晶体、大功率激光晶体及大规格闪烁晶体、金刚石膜工具、厚度 0.3mm 及以下超薄人造金刚石锯片

86. 非金属矿精细加工（超细粉碎、高纯、精制、改性）

87. 超高功率石墨电极生产

88. 珠光云母生产（粒径 3~150um）

89. 多维多向整体编制织物及仿形织物生产

90. 利用新型干法水泥窑无害化处置固体废弃物

91. 建筑垃圾再生利用

92. 工业副产石膏等产业废弃物综合利用

93. 非金属矿山尾矿综合利用的新技术开发和应用及矿山生态恢复

（十五）有色金属冶炼和压延加工业

94. 直径 200mm 以上硅单晶及抛光片生产

95. 高新技术有色金属材料生产：化合物半导体材料（砷化镓、磷化镓、磷化铟、氮化镓），高温超导材料，记忆合金材料（钛镍、铜基及铁基记忆合金材料），超细（纳米）碳化钙及超细（纳米）晶硬质合金，超硬复合材料，贵金属复合材料，轻金属复合材料及异种材结合，散热器用铝箔，中高压阴极电容铝箔，特种大型铝合金型材，铝合金精密模锻件，电气化铁路架空导线，超薄铜带，耐蚀热交换器铜合金材，高性能铜镍、铜铁合金带，铍铜带、线、管及棒加工材，耐高温抗衰钨丝，镁合金铸件，无铅焊料，镁合金及其应用产品，泡沫铝，钛合金冶炼及加工，原子能级海绵锆，钨及钼深加工产品

（十六）金属制品业

96. 航空、航天、汽车、摩托车轻量化及环保型新材料研发与制造（专用铝板、铝镁合金材料、摩托车铝合金车架等）

97. 轻金属半固态快速成型材料研发与制造

98. 用于包装各类粮油食品、果蔬、饮料、日化产品等内容物的金属包装制品（应为完整品，容器壁厚度小于 0.3 毫米）的制造及加工（包括制品的内外壁印涂加工）

99. 节镍不锈钢制品的制造

（十七）通用设备制造业

100. 高档数控机床及关键零部件制造：五轴联动数控机床、数控坐标镗铣加工中心、数控坐标磨床

101. 1000 吨及以上多工位镦锻成型机制造

102. 报废汽车拆解、破碎及后处理分选设备制造

103. FTL 柔性生产线制造

104. 垂直多关节工业机器人、焊接机器人及其焊接装置设备制造

105. 亚微米级超细粉碎机制造

106. 400 吨及以上轮式、履带式起重机械制造

107. 工作压力≥35MPa 高压柱塞泵及马达、工作压力≥35MPa 低速大扭矩马达的设计与制造

108. 工作压力≥25MPa 的整体式液压多路阀，电液比例伺服元件制造

109. 阀岛、功率 0.35W 以下气动电磁阀、200Hz 以上高频电控气阀设计与制造

110. 静液压驱动装置设计与制造

111. 压力 10MPa 以上非接触式气膜密封、压力 10MPa 以上干气密封（包括实验装置）的开发与制造

112. 汽车用高分子材料（摩擦片、改型酚醛活塞、非金属液压总分泵等）设备开发与制造

113. 第三代及以上轿车轮毂轴承、高中档数控机床和加工中心轴承、高速线材和板材轧机轴承、高速铁路轴承、振动值 Z4 以下低噪音轴承、各类轴承的 P4 和 P2 级轴承、风力发电机组轴承、航空轴承制造

114. 高密度、高精度、形状复杂的粉末冶金零件及汽车、工程机械等用链条的制造

115. 风电、高速列车用齿轮变速器，船用可变桨齿轮传动系统，大型、重载齿轮箱的制造

116. 耐高温绝缘材料（绝缘等级为 F、H 级）及绝缘成型件制造

117. 蓄能器胶囊、液压气动用橡塑密封件开发与制造

118. 高精度、高强度（12.9 级以上）、异形、组合类紧固件制造

119. 微型精密传动联结件（离合器）制造

120. 大型轧机连接轴制造

121. 机床、工程机械、铁路机车装备等机械设备再制造，汽车零部件再制造，医用成像设备关键部件再制造，复印机等办公设备再制造

122. 1000 万像素以上或水平视场角 120 度以上数字照相机及其光学镜头、光电模块的开发与制造

123. 办公机械（含工业用途）制造：多功能一体化办公设备（复印、打印、传真、扫描），打印设备，精度 2400dpi 及以上高分辨率彩色打印机头，感光鼓

124. 电影机械制造：2K、4K 数字电影放映机，数字电影摄像机，数字影像制作、编辑设备

（十八）专用设备制造业

125. 矿山无轨采、装、运设备制造：200 吨及以上机械传动矿用自卸车，移动式破碎机，5000 立方米/小时及以上斗轮挖掘机，8 立方米及以上矿用装载机，2500 千瓦以上电牵引采煤机设备等

126. 物探（不含重力、磁力测量）、测井设备制造：MEME 地震检波器，数字遥测地震仪，数字成像、数控测井系统，水平井、定向井、钻机装置及器具，MWD 随钻测井仪

127. 石油勘探、钻井、集输设备制造：工作水深大于 1500 米的浮式钻井系统和浮式生产系统及配套海底采油、集输设备

128. 口径 2 米以上深度 30 米以上大口径旋挖钻机、直径 1.2 米以上顶管机、回拖力 300 吨以上大型非开挖铺设地下管线成套设备、地下连续墙施工钻机制造

129. 520 马力及以上大型推土机设计与制造

130. 100 立方米/小时及以上规格的清淤机、1000 吨及以上挖泥船的挖泥装置设计与制造

131. 防汛堤坝用混凝土防渗墙施工装备设计与制造

132. 水下土石方施工机械制造：水深 9 米以下推土机、装载机、挖掘机等

133. 公路桥梁养护、自动检测设备制造

134. 公路隧道营运监控、通风、防灾和救助系统设备制造

135. 铁路大型施工、铁路线路、桥梁、隧道维修养护机械和检查、监测设备及其关键零部件的设计与制造

136. （沥青）油毡瓦设备、镀锌钢板等金属屋顶生产设备制造

137. 环保节能型现场喷涂聚氨酯防水保温系统设备、聚氨酯密封膏配制技术与设备、改性硅酮密封膏配制技术和生产设备制造

138. 高精度带材轧机（厚度精度 10 微米）设计与制造

139. 多元素、细颗粒、难选冶金属矿产的选矿装置制造

140. 100 万吨/年及以上乙烯成套设备中的关键设备制造：年处理能力 40 万吨以上混合造粒机，直径 1000 毫米及以上螺旋卸料离心机，小流量高扬程离心泵

141. 金属制品模具（铜、铝、钛、锆的管、棒、型材挤压模具）设计、制造

142. 汽车车身外覆盖件冲压模具，汽车仪表板、保险杠等大型注塑模具，汽车及摩托车夹具、检具设计与制造

143. 汽车动力电池专用生产设备的设计与制造

144. 精密模具（冲压模具精度高于 0.02 毫米、型腔模具精度高于 0.05 毫米）设计与制造

145. 非金属制品模具设计与制造

146. 6 万瓶/小时及以上啤酒灌装设备、5 万瓶/小时及以上饮料中温及热灌装设备、3.6 万瓶/小时

及以上无菌灌装设备制造

147. 氨基酸、酶制剂、食品添加剂等生产技术及关键设备制造

148. 10 吨/小时及以上的饲料加工成套设备及关键部件制造

149. 楞高 0.75 毫米及以下的轻型瓦楞纸板及纸箱设备制造

150. 单张纸多色胶印机（幅宽≥750 毫米，印刷速度：单面多色≥16000 张/小时，双面多色≥13000 张/小时）制造

151. 单幅单纸路卷筒纸平版印刷机印刷速度大于 75000 对开张/小时（787×880 毫米）、双幅单纸路卷筒纸平版印刷机印刷速度大于 170000 对开张/小时（787×880 毫米）、商业卷筒纸平版印刷机印刷速度大于 50000 对开张/小时（787×880 毫米）制造

152. 多色宽幅柔性版印刷机（印刷宽度≥1300 毫米，印刷速度≥350 米/秒），喷墨数字印刷机（出版用：印刷速度≥150 米/分，分辨率≥600dpi；包装用：印刷速度≥30 米/分，分辨率≥1000dpi；可变数据用：印刷速度≥100 米/分，分辨率≥300dpi）制造

153. 计算机墨色预调、墨色遥控、水墨速度跟踪、印品质量自动检测和跟踪系统、无轴传动技术、速度在 75000 张/小时的高速自动接纸机、给纸机和可以自动遥控调节的高速折页机、自动套印系统、冷却装置、加硅系统、调偏装置等制造

154. 电子枪自动镀膜机制造

155. 平板玻璃深加工技术及设备制造

156. 新型造纸机械（含纸浆）等成套设备制造

157. 皮革后整饰新技术设备制造

158. 农产品加工及储藏新设备开发与制造：粮食、油料、蔬菜、干鲜果品、肉食品、水产品等产品的加工储藏、保鲜、分级、包装、干燥等新设备，农产品品质检测仪器设备，农产品品质无损伤检测仪器设备，流变仪，粉质仪，超微粉碎设备，高效脱水设备，五效以上高效果汁浓缩设备，粉体食品物料杀菌设备，固态及半固态食品无菌包装设备，碟片式分离离心机

159. 农业机械制造：农业设施设备（温室自动灌溉设备、营养液自动配置与施肥设备、高效蔬菜育苗设备、土壤养分分析仪器），配套发动机功率 200 千瓦以上拖拉机及配套农具，低油耗低噪音低排放柴油机，大型拖拉机配套的带有残余雾粒回收装置的喷雾机，高性能水稻插秧机，棉花采摘机及棉花采摘台，适应多种行距的自走式玉米联合收割机（液压驱动或机械驱动），花生收获机，油菜籽收获机，甘蔗收割机，甜菜收割机

160. 林业机具新技术设备制造

161. 农作物秸秆收集、打捆及综合利用设备制造

162. 农用废物的资源化利用及规模化畜禽养殖废物的资源化利用设备制造

163. 节肥、节（农）药、节水型农业技术设备制造

164. 机电井清洗设备及清洗药物生产设备制造

165. 电子内窥镜制造

166. 眼底摄影机制造

167. 医用成像设备（高场强超导型磁共振成像设备、X 线计算机断层成像设备、数字化彩色超声诊断设备等）关键部件的制造

168. 医用超声换能器（3D）制造

169. 硼中子俘获治疗设备制造

170. 图像引导适型调强放射治疗系统制造

171. 血液透析机、血液过滤机制造

172. 全自动生化监测设备、五分类血液细胞分析仪、全自动化学发光免疫分析仪、高通量基因测序系统制造

173. 药品质量控制新技术、新设备制造

174. 天然药物有效物质分析的新技术、提取的新工艺、新设备开发与制造

175. 非 PVC 医用输液袋多层共挤水冷式薄膜吹塑装备制造

176. 新型纺织机械、关键零部件及纺织检测、实验仪器开发与制造

177. 电脑提花人造毛皮机制造

178. 太阳能电池生产专用设备制造

179. 大气污染防治设备制造：耐高温及耐腐蚀滤料、低 NOx 燃烧装置、烟气脱氮催化剂及脱氮成套装置、烟气脱硫设备、烟气除尘设备、工业有机废气净化设备、柴油车排气净化装置、含重金属废气处理装置

180. 水污染防治设备制造：卧式螺旋离心脱水机、膜及膜材料、50kg/h 以上的臭氧发生器、10kg/h 以上的二氧化氯发生器、紫外消毒装置、农村小型生活污水处理设备、含重金属废水处理装置

181. 固体废物处理处置设备制造：污水处理厂污泥处置及资源利用设备、日处理量 500 吨以上垃圾焚烧成套设备、垃圾填埋渗滤液处理技术装备、垃圾填埋场防渗土工膜、建筑垃圾处理和资源化利用装备、危险废物处理装置、垃圾填埋场沼气发电装置、废钢铁处理设备、污染土壤修复设备

182. 铝工业赤泥综合利用设备开发与制造

183. 尾矿综合利用设备制造

184. 废旧塑料、电器、橡胶、电池回收处理再生利用设备制造

185. 废旧纺织品回收处理设备制造

186. 废旧机电产品再制造设备制造

187. 废旧轮胎综合利用装置制造

188. 水生生态系统的环境保护技术、设备制造

189. 移动式组合净水设备制造

190. 非常规水处理、重复利用设备与水质监测仪器

191. 工业水管网和设备（器具）的检漏设备和仪器

192. 日产 10 万立方米及以上海水淡化及循环冷却技术和成套设备开发与制造

193. 特种气象观测及分析设备制造

194. 地震台站、台网和流动地震观测技术系统开发及仪器设备制造

195. 四鼓及以上子午线轮胎成型机制造

196. 滚动阻力试验机、轮胎噪音试验室制造

197. 供热计量、温控装置新技术设备制造

198. 氢能制备与储运设备及检查系统制造

199. 新型重渣油气化雾化喷嘴、漏气率 0.5%及以下高效蒸汽疏水阀、1000℃及以上高温陶瓷换热器制造

200. 海上溢油回收装置制造

201. 低浓度煤矿瓦斯和乏风利用设备制造

202. 洁净煤技术产品的开发利用及设备制造（煤炭气化、液化、水煤浆、工业型煤）

203. 大型公共建筑、高层建筑、石油化工设施、森林、山岳、水域和地下设施消防灭火救援技术开发与设备制造

204. 智能化紧急医学救援设备制造

205. 水文监测传感器制造

（十九）汽车制造业

206. 汽车发动机制造及发动机研发机构建设：升功率不低于 70 千瓦的汽油发动机、升功率不低于 50 千瓦的排量 3 升以下柴油发动机、升功率不低于 40 千瓦的排量 3 升以上柴油发动机、燃料电池和混合燃料等新能源发动机

207. 汽车关键零部件制造及关键技术研发：双离合器变速器（DCT）、无级自动变速器（CVT）、电

控机械变速器（AMT）、汽油发动机涡轮增压器、黏性联轴器（四轮驱动用）、自动变速器执行器（电磁阀）、液力缓速器、电涡流缓速器、汽车安全气囊用气体发生器、燃油共轨喷射技术（最大喷射压力大于2000帕）、可变截面涡轮增压技术（VGT）、可变喷嘴涡轮增压技术（VNT）、达到中国第五阶段污染物排放标准的发动机排放控制装置、智能扭矩管理系统（ITM）及耦合器总成、线控转向系统、颗粒捕捉器、低地板大型客车专用车桥、吸能式转向系统、大中型客车变频空调系统、汽车用特种橡胶配件，以及上述零部件的关键零件、部件

208. 汽车电子装置制造与研发：发动机和底盘电子控制系统及关键零部件，车载电子技术（汽车信息系统和导航系统），汽车电子总线网络技术，电子控制系统的输入（传感器和采样系统）输出（执行器）部件，电动助力转向系统电子控制器，嵌入式电子集成系统、电控式空气弹簧，电子控制式悬挂系统，电子气门系统装置，电子组合仪表，ABS/TCS/ESP 系统，电路制动系统（BBW），变速器电控单元（TCU），轮胎气压监测系统（TPMS），车载故障诊断仪（OBD），发动机防盗系统，自动避撞系统，汽车、摩托车型试验及维修用检测系统

209. 新能源汽车关键零部件制造：电池隔膜（厚度 15~40um，孔隙率 40%~60%）；电池管理系统，电机管理系统，电动汽车电控集成；电动汽车驱动电机（峰值功率密度≥2. 5kW/kg，高效区：65%工作区效率≥80%），车用 DC/DC（输入电压 100V~400V），大功率电子器件（IGBT，电压等级≥600V，电流≥300A）；插电式混合动力机电耦合驱动系统；燃料电池低铂催化剂、复合膜、膜电极、增湿器控制阀、空压机、氢气循环泵、70MPa 氢瓶

（二十）铁路、船舶、航空航天和其他运输设备制造业

210. 达到中国摩托车第四阶段污染物排放标准的大排量（排量>250mL）摩托车发动机排放控制装置制造

211. 民用飞机设计、制造与维修：干线、支线飞机，通用飞机

212. 民用飞机零部件制造与维修

213. 民用直升机设计与制造

214. 民用直升机零部件制造

215. 地面、水面效应航行器制造及无人机、浮空器设计与制造

216. 航空发动机及零部件、航空辅助动力系统设计、制造与维修

217. 民用航空机载设备设计与制造

218. 航空地面设备制造：民用机场设施、民用机场运行保障设备、飞行试验地面设备、飞行模拟与训练设备、航空测试与计量设备、航空地面试验设备、机载设备综合测试设备、航空制造专用设备、航空材料试制专用设备、民用航空器地面接收及应用设备、运载火箭地面测试设备、运载火箭力学及环境实验设备

219. 民用卫星设计与制造，民用卫星有效载荷制造

220. 民用卫星零部件制造

221. 星上产品检测设备制造

222. 豪华邮轮及深水（3000 米以上）海洋工程装备的设计

223. 船舶低、中速柴油机及其零部件的设计

224. 船舶舱室机械的设计

225. 船舶通讯导航设备的设计

226. 游艇的设计

（二十一）电气机械和器材制造业

227. 100 万千瓦超超临界火电机组用关键辅机设备制造：安全阀、调节阀

228. 钢铁行业烧结机脱硝技术装备制造

229. 火电设备的密封件设计、制造

230. 燃煤电站、水电站设备用大型铸锻件制造

231. 水电机组用关键辅机设备制造

232. 输变电设备制造

233. 新能源发电成套设备或关键设备制造：光伏发电、地热发电、潮汐发电、波浪发电、垃圾发电、沼气发电、2.5 兆瓦及以上风力发电设备

234. 斯特林发电机组制造

235. 直线和平面电机及其驱动系统开发与制造

236. 高技术绿色电池制造：动力镍氢电池、锌镍蓄电池、锌银蓄电池、锂离子电池、太阳能电池、燃料电池等（新能源汽车能量型动力电池除外）

237. 电动机采用直流调速技术的制冷空调用压缩机、采用 CO_2 自然工质制冷空调压缩机、应用可再生能源（空气源、水源、地源）制冷空调设备制造

238. 太阳能空调、采暖系统、太阳能干燥装置制造

239. 生物质干燥热解系统、生物质气化装置制造

240. 交流调频调压牵引装置制造

（二十二）计算机、通信和其他电子设备制造业

241. 高清数字摄录机、数字放声设备制造

242. TFT-LCD、PDP、OLED 等平板显示屏、显示屏材料制造（6 代及 6 代以下 TFT-LCD 玻璃基板除外）

243. 大屏幕彩色投影显示器用光学引擎、光源、投影屏、高清晰度投影管和微显投影设备模块等关键件制造

244. 数字音、视频编解码设备，数字广播电视演播室设备，数字有线电视系统设备，数字音频广播发射设备，数字电视上下变换器，数字电视地面广播单频网（SFN）设备，卫星数字电视上行站设备制造

245. 集成电路设计，线宽 28 纳米及以下大规模数字集成电路制造，0.11 微米及以下模拟、数模集成电路制造，MEMS 和化合物半导体集成电路制造及 BGA、PGA、FPGA、CSP、MCM 等先进封装与测试

246. 大中型电子计算机、万万亿次高性能计算机、便携式微型计算机、大型模拟仿真系统、大型工业控制机及控制器制造

247. 计算机数字信号处理系统及板卡制造

248. 图形图像识别和处理系统制造

249. 大容量光、磁盘驱动器及其部件开发与制造

250. 高速、容量 100TB 及以上存储系统及智能化存储设备制造

251. 计算机辅助设计（三维 CAD）、电子设计自动化（EDA）、辅助测试（CAT）、辅助制造（CAM）、辅助工程（CAE）系统及其他计算机应用系统制造

252. 软件产品开发、生产

253. 电子专用材料开发与制造（光纤预制棒开发与制造除外）

254. 电子专用设备、测试仪器、工模具制造

255. 新型电子元器件制造：片式元器件、敏感元器件及传感器、频率控制与选择元件、混合集成电路、电力电子器件、光电子器件、新型机电元件、高分子固体电容器、超级电容器、无源集成元件、高密度互连积层板、多层挠性板、刚挠印刷电路板及封装载板

256. 触控系统（触控屏幕、触控组件等）制造

257. 虚拟现实（VR）、增强现实（AR）设备研发与制造

258. 发光效率 140lm/W 以上高亮度发光二极管、发光效率 140lm/W 以上发光二极管外延片（蓝光）、发光效率 140lm/W 以上且功率 200mW 以上白色发光管制造

259. 高密度数字光盘机用关键件开发与生产

260. 可录类光盘生产

261. 3D 打印设备关键零部件研发与制造

262. 卫星通信系统设备制造
263. 光通信测量仪表、速率 40Gbps 及以上光收发器制造
264. 超宽带（UWB）通信设备制造
265. 无线局域网（含支持 WAPI）、广域网设备制造
266. 100Gbps 及以上速率时分复用设备（TDM）、密集波分复用设备（DWDM）、宽带无源网络设备(包括 EPON、GPON、WDM-PON 等)、下一代 DSL 芯片及设备、光交叉连接设备（OXC）、自动光交换网络设备（ASON）、40Gbps 以上 SDH 光纤通信传输设备制造
267. 基于 IPv6 的下一代互联网系统设备、终端设备、检测设备、软件、芯片开发与制造
268. 第四代及后续移动通信系统手机、基站、核心网设备以及网络检测设备开发与制造
269. 整机处理能力大于 6.4Tbps（双向）的高端路由器、交换容量大于 40Tbps 的交换机开发与制造
270. 空中交通管制系统设备制造
271. 基于声、光、电、触控等计算机信息技术的中医药电子辅助教学设备，虚拟病理、生理模型人设备的开发与制造
（二十三）仪器仪表制造业
272. 工业过程自动控制系统与装置制造：现场总线控制系统，大型可编程控制器（PLC），两相流量计，固体流量计，新型传感器及现场测量仪表
273. 大型精密仪器、高分辨率显微镜（分辨率小于 200nm）开发与制造
274. 高精度数字电压表、电流表制造（显示量程七位半以上）
275. 无功功率自动补偿装置制造
276. 安全生产新仪器设备制造
277. VXI 总线式自动测试系统（符合 IEEE1155 国际规范）制造
278. 煤矿井下监测及灾害预报系统、煤炭安全检测综合管理系统开发与制造
279. 工程测量和地球物理观测设备制造
280. 环境监测仪器制造
281. 水文数据采集、处理与传输和防洪预警仪器及设备制造
282. 海洋勘探监测仪器和设备制造
（二十四）废弃资源综合利用业
283. 煤炭洗选及粉煤灰（包括脱硫石膏)、煤矸石等综合利用
284. 全生物降解材料的生产
285. 废旧电器电子产品、汽车、机电设备、橡胶、金属、电池回收处理

四、电力、热力、燃气及水生产和供应业

286. 单机 60 万千瓦及以上超超临界机组电站的建设、经营
287. 采用背压型热电联产、热电冷多联产、30 万千瓦及以上热电联产机组电站的建设、经营
288. 缺水地区单机 60 万千瓦及以上大型空冷机组电站的建设、经营
289. 整体煤气化联合循环发电等洁净煤发电项目的建设、经营
290. 单机 30 万千瓦及以上采用流化床锅炉并利用煤矸石、中煤、煤泥等发电项目的建设、经营
291. 发电为主水电站的建设、经营
292. 核电站的建设、经营
293. 新能源电站（包括太阳能、风能、地热能、潮汐能、潮流能、波浪能、生物质能等）建设、经营
294. 电网的建设、经营
295. 海水利用（海水直接利用、海水淡化）
296. 供水厂建设、经营

297. 再生水厂建设、经营
298. 污水处理厂建设、经营
299. 机动车充电站、电池更换站建设、经营
300. 加氢站建设、经营

五、交通运输、仓储和邮政业

301. 铁路干线路网的建设、经营
302. 城际铁路、市域（郊）铁路、资源型开发铁路和支线铁路及其桥梁、隧道、轮渡和站场设施的建设、经营
303. 高速铁路、城际铁路基础设施综合维修
304. 公路、独立桥梁和隧道的建设、经营
305. 公路货物运输公司
306. 港口公用码头设施的建设、经营
307. 民用机场的建设、经营
308. 公共航空运输公司
309. 农、林、渔业通用航空公司
310. 国际海上运输公司
311. 国际集装箱多式联运业务
312. 输油（气）管道、油（气）库的建设、经营
313. 煤炭管道运输设施的建设、经营
314. 自动化高架立体仓储设施，包装、加工、配送业务相关的仓储一体化设施建设、经营

六、批发和零售业

315. 一般商品的共同配送、鲜活农产品和特殊药品低温配送等物流及相关技术服务
316. 农村连锁配送
317. 托盘及集装单元共用系统建设、经营

七、租赁和商务服务业

318. 国际经济、科技、环保、物流信息咨询服务
319. 以承接服务外包方式从事系统应用管理和维护、信息技术支持管理、银行后台服务、财务结算、软件开发、离岸呼叫中心、数据处理等信息技术和业务流程外包服务
320. 创业投资企业
321. 知识产权服务
322. 家庭服务业

八、科学研究和技术服务业

323. 生物工程与生物医学工程技术、生物质能源开发技术
324. 同位素、辐射及激光技术
325. 海洋开发及海洋能开发技术、海洋化学资源综合利用技术、相关产品开发和精深加工技术、海洋医药与生化制品开发技术
326. 海洋监测技术（海洋浪潮、气象、环境监测）、海底探测与大洋资源勘查评价技术
327. 综合利用海水淡化后的浓海水制盐、提取钾、溴、镁、锂及其深加工等海水化学资源高附加值利用技术
328. 海上石油污染清理与生态修复技术及相关产品开发，海水富营养化防治技术，海洋生物爆发性

生长灾害防治技术，海岸带生态环境修复技术

329. 节能环保技术开发与服务
330. 资源再生及综合利用技术、企业生产排放物的再利用技术开发及其应用
331. 环境污染治理及监测技术
332. 化纤生产及印染加工的节能降耗、三废治理新技术
333. 防沙漠化及沙漠治理技术
334. 草畜平衡综合管理技术
335. 民用卫星应用技术
336. 研究开发中心
337. 高新技术、新产品开发与企业孵化中心
338. 物联网技术开发与应用
339. 工业设计、建筑设计、服装设计等创意产业九、水利、环境和公共设施管理业

九、水利、环境和公共设施管理业

340. 城市封闭型道路的建设、经营
341. 城市地铁、轻轨等轨道交通的建设、经营
342. 垃圾处理厂，危险废物处理处置厂（焚烧厂、填埋场）及环境污染治理设施的建设、经营
343. 城市停车设施建设、经营

十、教育

344. 非学制类职业培训机构

十一、卫生和社会工作

345. 老年人、残疾人和儿童服务机构
346. 养老机构

十二、文化、体育和娱乐业

347. 演出场所经营
348. 体育场馆经营、健身、竞赛表演及体育培训和中介服务

外商投资准入特别管理措施

（外商投资准入负面清单）

说　明

一、外商投资准入特别管理措施（外商投资准入负面清单）统一列出股权要求、高管要求等外商投资准入方面的限制性措施。内外资一致的限制性措施以及不属于准入范畴的限制性措施，不列入外商投资准入特别管理措施（外商投资准入负面清单）。

二、境外投资者不得作为个体工商户、个人独资企业投资人、农民专业合作社成员，从事经营活动。

三、境外投资者不得从事外商投资准入特别管理措施（外商投资准入负面清单）中的禁止类项目；从事限制类有外资比例要求的项目，不得设立外商投资合伙企业。

四、境内公司、企业或自然人以其在境外合法设立或控制的公司并购与其有关联关系的境内公司，涉及外商投资项目和企业设立及变更事项的，按现行规定办理。

五、鼓励外商投资产业目录与外商投资准入特别管理措施（外商投资准入负面清单）重合的条目，

享受鼓励类政策，同时须遵循相关准入规定。

六、《内地与香港关于建立更紧密经贸关系的安排》及其补充协议和服务贸易协议、《内地与澳门关于建立更紧密经贸关系的安排》及其补充协议和服务贸易协议、《海峡两岸经济合作框架协议》及其后续协议、我国与有关国家签订的自由贸易区协议和投资协定、我国参加的国际条约、我国法律法规另有规定的，从其规定。

七、境外服务提供者在中国境内提供新闻、文化服务（包括与互联网相关的新闻、文化服务），须履行相关审批和安全评估、高管要求的，按照现行相关规定执行。

第一部分　限制外商投资产业目录

1. 农作物新品种选育和种子生产（中方控股）

2. 石油、天然气（含煤层气，油页岩、油砂、页岩气等除外）的勘探、开发（限于合资、合作）

3. 特殊和稀缺煤类勘查、开采（中方控股）

4. 石墨勘查、开采

5. 出版物印刷（中方控股）

6. 稀土冶炼、分离（限于合资、合作），钨冶炼

7. 汽车整车、专用汽车制造：中方股比不低于 50%，同一家外商可在国内建立两家及两家以下生产同类（乘用车类、商用车类）整车产品的合资企业，如与中方合资伙伴联合兼并国内其他汽车生产企业以及建立生产纯电动汽车整车产品的合资企业可不受两家的限制

8. 船舶（含分段）的设计、制造与修理（中方控股）

9. 干线、支线飞机设计、制造与维修，3 吨级及以上直升机设计与制造，地面、水面效应航行器制造及无人机、浮空器设计与制造（中方控股）

10. 通用飞机设计、制造与维修（限于合资、合作）

11. 卫星电视广播地面接收设施及关键件生产

12. 核电站的建设、经营（中方控股）

13. 电网的建设、经营（中方控股）

14. 城市人口 50 万以上的城市燃气、热力和供排水管网的建设、经营（中方控股）

15. 铁路干线路网的建设、经营（中方控股）

16. 铁路旅客运输公司（中方控股）

17. 国内水上运输公司（中方控股），国际海上运输公司（限于合资、合作）

18. 民用机场的建设、经营（中方相对控股）

19. 公共航空运输公司（中方控股，且一家外商及其关联企业投资比例不得超过 25%，法定代表人须具有中国国籍）

20. 通用航空公司（法定代表人须具有中国国籍，其中农、林、渔业通用航空公司限于合资，其他通用航空公司限于中方控股）

21. 电信公司：限于 WTO 承诺开放的业务，增值电信业务（外资比例不超过 50%，电子商务除外），基础电信业务（中方控股）

22. 稻谷、小麦、玉米收购、批发

23. 船舶代理（中方控股）

24. 加油站（同一外国投资者设立超过 30 家分店、销售来自多个供应商的不同种类和品牌成品油的连锁加油站，由中方控股）建设、经营

25. 银行（单个境外金融机构及被其控制或共同控制的关联方作为发起人或战略投资者向单个中资商业银行投资入股比例不得超过 20%，多个境外金融机构及被其控制或共同控制的关联方作为发起人或战略投资者投资入股比例合计不得超过 25%；投资农村中小金融机构的境外金融机构必须是银行类金融机构；设立外国银行分行、外商独资银行、中外合资银行的境外投资者、唯一或控股股东必须为境外商业银

行，非控股股东可以为境外金融机构）

26. 保险公司（寿险公司外资比例不超过 50%）

27. 证券公司（设立时限于从事人民币普通股、外资股和政府债券、公司债券的承销与保荐，外资股的经纪，政府债券、公司债券的经纪和自营；设立满 2 年后符合条件的公司可申请扩大业务范围；中方控股）、证券投资基金管理公司（中方控股）

28. 期货公司（中方控股）

29. 市场调查（限于合资、合作，其中广播电视收听、收视调查要求中方控股）

30. 测绘公司（中方控股）

31. 学前、普通高中和高等教育机构（限于中外合作办学、中方主导*）

32. 医疗机构（限于合资、合作）

33. 广播电视节目、电影的制作业务（限于合作）

34. 电影院的建设、经营（中方控股）

35. 演出经纪机构（中方控股）

*中方主导是指校长或者主要行政负责人应当具有中国国籍，中外合作办学机构的理事会、董事会或者联合管理委员会的中方组成人员不得少于 1/2。

第二部分　禁止外商投资产业目录

1. 我国稀有和特有的珍贵优良品种的研发、养殖、种植以及相关繁殖材料的生产（包括种植业、畜牧业、水产业的优良基因）

2. 农作物、种畜禽、水产苗种转基因品种选育及其转基因种子（苗）生产

3. 我国管辖海域及内陆水域水产品捕捞

4. 钨、钼、锡、锑、萤石勘查、开采

5. 稀土勘查、开采、选矿

6. 放射性矿产的勘查、开采、选矿

7. 中药饮片的蒸、炒、炙、煅等炮制技术的应用及中成药保密处方产品的生产

8. 放射性矿产冶炼、加工，核燃料生产

9. 武器弹药制造

10. 宣纸、墨锭生产

11. 空中交通管制

12. 邮政公司、信件的国内快递业务

13. 烟叶、卷烟、复烤烟叶及其他烟草制品的批发、零售

14. 社会调查

15. 中国法律事务咨询（提供有关中国法律环境影响的信息除外）

16. 人体干细胞、基因诊断与治疗技术开发和应用

17. 大地测量、海洋测绘、测绘航空摄影、地面移动测量、行政区域界线测绘、地形图、世界政区地图、全国政区地图、省级及以下政区地图、全国性教学地图、地方性教学地图和真三维地图编制、导航电子地图编制，区域性的地质填图、矿产地质、地球物理、地球化学、水文地质、环境地质、地质灾害、遥感地质等调查

18. 国家保护的原产于我国的野生动、植物资源开发

19. 义务教育机构

20. 新闻机构（包括但不限于通讯社）

21. 图书、报纸、期刊的编辑、出版业务

22. 音像制品和电子出版物的编辑、出版、制作业务

23. 各级广播电台（站）、电视台（站）、广播电视频道（率）、广播电视传输覆盖网（发射台、转播

台、广播电视卫星、卫星上行站、卫星收转站、微波站、监测台、有线广播电视传输覆盖网)，广播电视视频点播业务和卫星电视广播地面接收设施安装服务

24. 广播电视节目制作经营（含引进业务）公司

25. 电影制作公司、发行公司、院线公司

26. 互联网新闻信息服务、网络出版服务、网络视听节目服务、互联网上网服务营业场所、互联网文化经营（音乐除外）、互联网公众发布信息服务

27. 经营文物拍卖的拍卖企业、文物商店

28. 人文社会科学研究机构

备注：《外商投资产业指导目录（2017 年修订）》所称的“以上”“以下”，不包括本数；所称的“及以上”“及以下”，包括本数。

海关总署关于执行《外商投资产业指导目录（2017 年修订）》有关问题的公告

（海关总署公告 2017 年第 30 号）

国家发展改革委、商务部第 4 号令公布了《外商投资产业指导目录（2017 年修订）》，并规定自 2017 年 7 月 28 日起施行。现就海关执行中的有关问题公告如下：

一、自 2017 年 7 月 28 日起，对属于《外商投资产业指导目录（2017 年修订）》鼓励类范围的外商投资项目（包括增资项目），在投资总额内进口的自用设备以及按照合同随上述设备进口的技术和配套件、备件，除《外商投资项目不予免税的进口商品目录》和《进口不予免税的重大技术装备和产品目录》所列商品外，按照《国务院关于调整进口设备税收政策的通知》（国发〔1997〕37 号）和海关总署公告 2008 年第 103 号及其他相关规定免征关税，照章征收进口环节增值税。

二、《外商投资产业指导目录（2017 年修订）》施行后，投资主管部门按照该目录出具的《国家鼓励发展的内外资项目确认书》、外商投资企业设立（增资）批复或备案回执等相关文件中的“项目产业政策条目”编码由“S”和 4 位数字组成。例如，《外商投资产业指导目录（2017 年修订）》中鼓励外商投资产业目录第 1 项应填写为：木本食用油料、调料和工业原料的种植及开发、生产（S0001）；第 16 项应填写为：安全高效环保饲料及添加剂（含蛋氨酸）开发及生产（S0016）。

三、为保持政策的连续性，对 2017 年 7 月 28 日以前（不含当日，下同）审批、核准或备案（以项目的审批、核准或完成备案日期为准，下同）的外商投资项目（包括增资项目），属于《外商投资产业指导目录（2015 年修订）》鼓励类范围的，在投资总额内进口的自用设备以及按照合同随上述设备进口的技术和配套件、备件，可继续按照相关规定办理免征进口关税、照章征收进口环节增值税手续。但有关项目单位须于 2018 年 8 月 1 日以前，持投资主管部门出具的《国家鼓励发展的内外资项目确认书》、外商投资企业设立（增资）批复或备案回执等相关文件［上述文件中“项目产业政策条目”仍按适用《外商投资产业指导目录（2015 年修订）》的条目及编码填写］及其他有关材料，按规定向海关申请办理减免税备案手续。逾期，海关不再受理上述减免税备案申请。

对于 2017 年 7 月 28 日以前审批、核准或备案的外商投资项目（包括增资项目），同时属于《外商投资产业指导目录（2017 年修订）》鼓励类范围的，有关项目单位持投资主管部门按照《外商投资产业指导目录（2017 年修订）》出具的《国家鼓励发展的内外资项目确认书》、企业设立（增资）批复或备案回执等相关文件及材料，按规定向海关申请办理减免税备案手续的，海关可予受理。

四、对不属于《外商投资产业指导目录（2015 年修订）》鼓励类范围的外商投资在建项目，但属于《外商投资产业指导目录（2017 年修订）》鼓励类范围的，项目单位按规定向海关申请办理减免税相关手续后，在建项目进口的自用设备以及按照合同随上述设备进口的技术和配套件、备件，可参照本公告第一条的规定享受进口税收优惠政策，但进口设备已经征税的，税款不予退还。

特此公告。

海关总署

二〇一七年七月十八日

中西部地区外商投资优势产业目录（2017 年修订）

（国家发展和改革委员会　商务部令 2017 年第 46 号）

（2017 年 2 月 17 日由国家发展和改革委员会、商务部发布，自 2017 年 3 月 20 日起施行。2013 年 5 月 9 日国家发展和改革委员会、商务部发布的《中西部地区外商投资优势产业目录（2013 年修订）》（国家发展和改革委员会、商务部令 2013 年第 1 号）同时废止。根据《指导外商投资方向规定》（国务院令 2002 年第 346 号）的规定，属于本目录的外商投资项目，享受鼓励类外商投资项目优惠政策。符合本目录规定的外商投资在建项目，可按照本目录的有关政策执行）

山西省

1. 牧草饲料作物种植及深加工
2. 小杂粮、马铃薯种植及产品开发、生产
3. 畜禽规模化养殖、病死畜无害化处理（列入《外商投资产业指导目录》限制类、禁止类的除外）
4. 退耕还林还草、天然林保护等国家重点生态工程后续产业开发
5. 节水灌溉和旱作节水技术、保护性耕作技术开发与应用
6. 矿区生态系统恢复与重建工程
7. 非金属矿（高岭土、石灰石、硅石、石英砂）综合利用（勘探、开采除外）
8. 煤层气和煤炭伴生资源综合开发利用
9. 焦炭副产品综合利用
10. 高档棉、毛、麻、丝、化纤的纺织、针织及服装加工生产
11. 天然药、原料药、中成药的深加工（列入《外商投资产业指导目录》限制类、禁止类的除外）
12. 包装装潢印刷品印刷
13. 大型、高压、高纯度工业气体的生产和供应
14. 高档玻璃制品、高技术陶瓷（含工业陶瓷）技术开发和产品生产
15. 特殊品种（超白、超薄、在线 Low-E、中空、超厚）优质浮法玻璃技术开发及深加工
16. 不锈钢制品生产
17. 高速列车用钢、非晶带材等钢铁新材料
18. 铝合金材料及制品生产

19. 钢丝绳芯橡胶输运带生产

20. 液压技术系统及模具生产

21. 旱地、山地中小农业机械及配套机具制造

22. 三轴以上联动的高速、精密数控机床及配套数控系统、伺服电机及驱动装置、功能部件、刀具、量具、量仪及高档磨具磨料生产

23. 大型煤矿综采设备和防爆机电产品生产

24. 新型医疗器械设备及医用材料生产加工

25. 第三代及后续移动通信系统手机零部件生产

26. 洗中煤、焦炉煤气余热发电、供热等综合利用

27. 火电厂废弃物等的综合利用

28. 物流业务相关的仓储设施建设和商贸服务

29. 宽带业务和增值电信业务（需在我国入世承诺框架内）

30. 公路旅客运输公司

31. 城市燃气、热力和供排水管网建设、经营（人口50万以上城市中方控股）

32. 中等高等职业院校（含技工院校，高等职业院校限于合作、中方主导）

33. 医疗机构（限于合资、合作）

34. 汽车加气站、充电设施建设和运营

35. 艺术表演培训和中介服务及文化用品、设备等产业化开发

36. 旅游景区（点）保护、开发和经营及其配套设施建设

内蒙古自治区

1. 标准化设施蔬菜基地、集约化蔬菜育苗场建设

2. 绿色农畜产品（乳、肉、绒、皮毛、粮油、马铃薯、果蔬）生产及加工（列入《外商投资产业指导目录》限制类、禁止类的除外）

3. 退耕还林还草、退牧还草、天然林保护、退田还湖、退耕还湿、沙漠治理等国家重点生态工程后续产业开发

4. 节水灌溉和旱作节水技术、保护性耕作、中低产田改造、盐碱地改良等技术开发与应用

5. 铜、铅、锌、镁、铝等有色金属精深加工

6. 非金属矿（高岭土、红柱石、膨润土、白云石、石墨、珍珠岩、沸石）综合利用、精加工及应用（勘探、开采除外）

7. 毛纺织、针织品高新技术产品开发

8. 煤层气和煤炭伴生资源综合开发利用

9. 稀土高端应用产品加工

10. 天然气下游化工产品开发和利用（列入《天然气利用政策》限制类和禁止类的除外）

11. 利用乙烯与氯气通过氧氯化法生产30万吨/年以上PVC，废盐酸制氯气等综合利用技术开发及利用

12. 大型、高压、高纯度工业气体的生产和供应

13. 高性能硅油、硅橡胶、树脂，高品质氟树脂，高性能氟橡胶，含氟精细化学品和高品质含氟无机盐等

14. 硅材料生产及其应用

15. 动植物药材资源开发、保护和可持续利用：内蒙古道地药材和特色蒙药材种植基地建设、濒危药用植物保育基地建设、种子种苗基地建设、道地药材提取物工厂研发中心建设（列入《外商投资产业指导目录》限制类、禁止类的除外）

16. 少数民族特需用品、工艺美术品、包装容器材料及日用玻璃制品及代表民族特色的旅游商品纪念

品生产

17. 碳纤维产品生产及其应用

18. 天然气压缩机（含煤层气压缩机）制造

19. 蒙医药、蒙医医疗设备研究与开发

20. 汽车整车制造（外资比例不高于50%），专用汽车（不包括普通半挂车、自卸车、罐式车、厢式车和仓栅式汽车）制造（外资比例不高于50%）

21. 汽车零部件制造：六档以上自动变速箱、商用车用高功率密度驱动桥、随动前照灯系统、LED前照灯、轻量化材料应用（高强钢、铝镁合金、复合塑料、粉末冶金、高强度复合纤维等）、离合器、液压减震器、中控盘总成、座椅

22. 智能机器人研发与制造

23. 大型储能技术研发与生产应用（蓄能电池、抽水蓄能技术、空气储能技术、风电与后夜供热等）

24. 太阳能、风能发电设备及零部件制造

25. 洗中煤、焦炉煤气余热发电、供热等综合利用

26. 宽带业务和增值电信业务（需在我国入世承诺框架内）

27. 公路旅客运输公司

28. 汽车加气站、充电设施建设和运营

29. 城市燃气、热力和供排水管网建设、经营（人口50万以上城市中方控股）

30. 高等教育、普通高中教育、学前教育机构（限于合作，中方主导）

31. 医疗机构（限于合资、合作）

32. 动漫创作、制作（广播影视动漫制作业务限于合作）及衍生品开发（音像制品和电子出版物的出版、制作业务除外）

33. 文化演出场所建设、艺术表演培训等服务

34. 体育场馆设施建设、体育产业运营及体育健身休闲服务

35. 健康医疗旅游开发

36. 冰雪、森林、草原、沙漠生态旅游资源开发、建设和经营

37. 旅游景区（点）保护、开发和经营及其配套设施建设

辽宁省

1. 肉鸡、生猪、肉牛和肉羊饲养及产品深加工

2. 节水灌溉和旱作节水技术、保护性耕作技术开发与应用

3. 退耕还林还草等国家重点生态工程后续产业开发

4. 镁、锆石加工及综合利用

5. 高档棉、毛、麻、丝、化纤的纺织、针织及服装加工生产

6. 天然药、原料药、中成药的深加工（列入《外商投资产业指导目录》限制类、禁止类的除外）

7. 高性能子午线轮胎的生产。包括无内胎载重子午胎，低断面和扁平化（低于55系列）、大轮辋高性能轿车子午胎（15寸以上），航空轮胎及农用子午胎的生产

8. 金属包装、自动化立体仓库及仓储物流设备制造

9. 环保设备（大气、污水、固废处理设备）制造及其解决方案应用

10. 智能测控装置及关键零部件制造

11. 智能机器人研发与制造

12. 汽车零部件制造：六档以上自动变速箱、商用车用高功率密度驱动桥、随动前照灯系统、LED前照灯、轻量化材料应用（高强钢、铝镁合金、复合塑料、粉末冶金、高强度复合纤维等）、离合器、液压减震器、中控盘总成、座椅、汽车主被动安全保护装置、汽车启停电机、新能源汽车驱动装置及控制系统

13. 医疗设备及关键部件开发及生产

14. 高精度铜、铝及合金板带材深加工
15. 非易失性存储器设计、研发及制造
16. 数字医疗系统、社区护理、个人健康维护相关产品开发和应用
17. 大型储能技术研发与生产应用（蓄能电池、抽水蓄能技术、空气储能技术、风电与后夜供热等）
18. 生物质能开发、生产和利用
19. 宽带业务和增值电信业务（需在我国入世承诺框架内）
20. 城市燃气、热力和供排水管网建设、经营（人口 50 万以上城市中方控股）
21. 大型农产品批发市场建设、经营
22. 加气站建设、经营
23. 医疗机构（限于合资、合作）
24. 数字视听与数字家庭产品（有线电视网络、网络视听节目服务除外）
25. 旅游景区（点）保护、开发和经营及其配套设施建设
26. 经国家投资主管部门批准的资源枯竭型城市资源精深加工和接续产业等项目

吉林省

1. 节水灌溉和旱作节水技术、保护性耕作技术开发与应用
2. 肉鸡、肉鹅、生猪、肉牛、肉羊和梅花鹿饲养及产品深加工
3. 人参、鹿茸、山葡萄、果仁、山野菜、菌类、林蛙、柞蚕、蜂蜜等长白山特色生态食品、饮品的开发和加工
4. 饮用天然矿泉水生产
5. 硅藻土资源开发及综合利用（勘探、开采除外）
6. 高档棉、毛、麻、丝、化纤的纺织、针织及服装加工生产
7. 褐煤蜡萃取
8. 动植物药材资源开发、保护和可持续利用（列入《外商投资产业指导目录》限制类、禁止类的除外）
9. 特殊品种（超白、超薄、在线 Low-E、中空、超厚）优质浮法玻璃技术开发及深加工
10. 碳纤维原丝、碳纤维生产及其生产所需辅助材料、碳纤维复合材料及其制品生产
11. 玄武岩纤维新材料的生产、开发
12. 高性能子午线轮胎的生产。包括无内胎载重子午胎，低断面和扁平化（低于 55 系列）、大轮辋高性能轿车子午胎（15 寸以上），航空轮胎及农用子午胎的生产
13. 蓝宝石基板、LED 节能产品
14. 医疗设备及关键部件开发及生产
15. 冰雪体育和旅游用品生产
16. 索道缆车、游乐设施等旅游装备制造
17. 换热器设备的生产制造
18. 汽车零部件制造：六档以上自动变速箱、商用车用高功率密度驱动桥、随动前照灯系统、LED 前照灯、轻量化材料应用（高强钢、铝镁合金、复合塑料、粉末冶金、高强度复合纤维等）、离合器、液压减震器、中控盘总成、座椅
19. 专用汽车（不包括普通半挂车、自卸车、罐式车、厢式车和仓栅式汽车）制造（外资比例不高于 50%）
20. 生物质能开发、生产和利用
21. 宽带业务和增值电信业务（需在我国入世承诺框架内）
22. 公路旅客运输公司
23. 智能物流港、内陆港的建设、经营

24. 汽车金融服务

25. 城市燃气、热力和供排水管网建设、经营（人口 50 万以上城市中方控股）

26. 医疗机构（限于合资、合作）

27. 动漫创作、制作（广播影视动漫制作业务限于合作）及衍生品开发（音像制品和电子出版物的出版、制作业务除外）

28. 冰雪旅游资源开发及滑雪场建设、经营

29. 旅游景区（点）保护、开发和经营及其配套设施建设

30. 经国家投资主管部门批准的资源枯竭型城市资源精深加工和接续产业等项目

黑龙江省

1. 退耕还林还草、天然林保护等国家重点生态工程后续产业开发

2. 节水灌溉和旱作节水技术、保护性耕作技术开发与应用

3. 利用境外资源的木材加工

4. 饮用天然矿泉水生产

5. 日处理甜菜 3000 吨及以上甜菜制糖及副产品综合利用

6. 马铃薯深加工

7. 肉鹅、肉鸡、生猪、肉牛和肉羊饲养及产品加工

8. 绿色食品加工

9. 营养性豆奶粉、传统豆制品、功能性蛋白产品、大豆磷脂等非转基因大豆制品生产和加工

10. 天然药、原料药、中成药的深加工（列入《外商投资产业指导目录》限制类、禁止类的除外）

11. 冰雪体育和旅游用品生产

12. 工艺陶瓷生产

13. 石墨的高端应用和精深加工

14. 硅基及光伏新材料

15. 钛矿冶炼及钛制品加工

16. 切削刀具、量具、刃具制造

17. 智能机器人研发与制造

18. 现代农业装备及配套农机具的生产：大马力拖拉机配套零部件、水稻插秧机及其他种植机械、玉米收获机、谷物联合收获机、其他收获机及配套零部件

19. 高性能子午线轮胎的生产。包括无内胎载重子午胎，低断面和扁平化（低于 55 系列）、大轮辋高性能轿车子午胎（15 寸以上），航空轮胎及农用子午胎的生产

20. 燃气轮机研发与制造

21. 汽车零部件制造：六档以上自动变速箱、商用车用高功率密度驱动桥、随动前照灯系统、LED 前照灯、轻量化材料应用（高强钢、铝镁合金、复合塑料、粉末冶金、高强度复合纤维等）、离合器、液压减震器、中控盘总成、座椅

22. 医疗设备及关键部件开发及生产

23. 生物质能开发、生产和利用

24. 核电装备的生产：核电电机、电缆、核岛堆内构件等关键配套部件研发生产

25. 电网智能管理控制系统设备制造

26. 宽带业务和增值电信业务（需在我国入世承诺框架内）

27. 公路旅客运输公司

28. 大型农产品批发市场建设、经营

29. 医疗机构（限于合资、合作）

30. 城市燃气、热力和供排水管网建设、经营（人口 50 万以上城市中方控股）

31. 动漫创作、制作（广播影视动漫制作业务限于合作）及衍生品开发（音像制品和电子出版物的出版、制作业务除外）

32. 森林、冰雪旅游资源开发及滑雪场建设、经营

33. 旅游景区（点）保护、开发和经营及其配套设施建设

34. 经国家投资主管部门批准的资源枯竭型城市资源精深加工和接续产业等项目

安徽省

1. 节水灌溉和旱作节水技术、保护性耕作技术开发与应用

2. 高岭土、煤层气（瓦斯）、矿井水及天然焦等煤炭伴生资源综合利用（勘探、开采除外）

3. 非金属矿（方解石、膨润土、高岭土、凹凸棒黏土、石灰石、石英砂）综合利用（勘查、开采除外）

4. 高档棉、毛、麻、丝、化纤的纺织、针织及服装加工生产

5. 皮鞋、运动鞋等整鞋制造

6. 天然药、原料药、中成药的深加工（列入《外商投资产业指导目录》限制类、禁止类的除外）

7. 煤焦油深加工

8. 纳米材料等新材料研发与制造

9. 耐火材料生产

10. 铜、锌、铝等有色金属精深加工及综合利用

11. 高档无缝钢管、石油油井管制造

12. 包装装潢印刷品印刷

13. 特殊品种（超白、超薄、在线 Low-E、中空、超厚）优质浮法玻璃技术开发及深加工

14. 利用木薯、麻风树、橡胶籽等非粮植物为原料的生物液体燃料（燃料乙醇、生物柴油）生产（中方控股）

15. 智能机器人研发与制造

16. 高性能子午线轮胎的生产。包括无内胎载重子午胎，低断面和扁平化（低于 55 系列）、大轮辋高性能轿车子午胎（15 寸以上），航空轮胎及农用子午胎的生产

17. 汽车用钢、线材、棒材开发与制造

18. 汽车零部件制造：六档以上自动变速箱、商用车用高功率密度驱动桥、随动前照灯系统、LED 前照灯、轻量化材料应用（高强钢、铝镁合金、复合塑料、粉末冶金、高强度复合纤维等）、离合器、液压减震器、中控盘总成、座椅

19. 新型干法水泥成套设备制造

20. 电动叉车、30 吨以上液压挖掘机及零部件开发与制造

21. 燃气轮机研发与制造

22. 500 万吨/年及以上矿井、薄煤层综合采掘设备，1000 万吨级/年及以上大型露天矿关键装备；大型冶金成套设备等重大技术装备用分散型控制系统（DCS）

23. 难选金属矿产选矿设备和大型冶金成套设备制造

24. 医疗设备及关键部件开发及生产

25. 家用电器、家电用板材及零部件制造

26. 半导体照明材料上下游产品及相关设备的研发与制造

27. 智能语音、量子通信等设备研发与制造

28. 工程勘察设计、平面设计和自动控制系统设计等创意产业

29. 大型、高压、高纯度工业气体的生产和供应

30. 公路旅客运输公司

31. 水上运输公司（中方控股）

32. 高等教育机构（限于合作、中方主导）

33. 动漫创作、制作（广播影视动漫制作业务限于合作）及衍生品开发（音像制品和电子出版物的出版、制作业务除外）

34. 城市燃气、热力和供排水管网建设、经营（人口 50 万以上城市中方控股）

35. 旅游景区（点）保护、开发和经营及其配套设施建设

江西省

1. 脐橙、蜜橘、油茶、苎麻、竹、山药、荞头、莲、葛等特色、优势植物及道地药材和药食两用作物种植及深加工

2. 铜矿选矿、伴生元素提取及精深加工及循环利用

3. 高岭土、粉石英、硅灰石、海泡石、化工用白云石等非金属矿产品精深加工

4. 高档棉、毛、麻、丝、化纤的纺织、针织及服装加工生产

5. 利用境外木材资源的木质家具设计、加工

6. 皮鞋、运动鞋等整鞋制造

7. 利用钨、镍、钴、钽、铌等稀有金属资源深加工、应用产品生产及循环利用

8. 利用乙烯与氯气通过氧氯化法生产 30 万吨/年以上 PVC，废盐酸制氯气等综合利用技术开发及利用

9. 稀土高端应用产品加工

10. 天然药、原料药、中成药的研发与生产（列入《外商投资产业指导目录》限制类、禁止类的除外），满足我国重大、多发性疾病防治需求的通用名药物首次开发和利用

11. 艺术陶瓷、日用陶瓷、工业陶瓷、特种陶瓷等高技术陶瓷的研发与生产

12. 高性能子午线轮胎的生产。包括无内胎载重子午胎，低断面和扁平化（低于 55 系列）、大轮辋高性能轿车子午胎（15 寸以上），航空轮胎及农用子午胎的生产

13. 包装装潢印刷品印刷

14. 智能机器人研发与制造

15. 触控显示和通讯终端产品及零部件的研发与生产

16. 汽车零部件制造：六档以上自动变速箱、商用车用高功率密度驱动桥、随动前照灯系统、LED 前照灯、轻量化材料应用（高强钢、铝镁合金、复合塑料、粉末冶金、高强度复合纤维等）、离合器、液压减震器、中控盘总成、座椅

17. 医疗设备及关键部件开发及生产

18. 空调、高效节能压缩机及零部件生产

19. 太阳能发电设备及零部件制造

20. 半导体照明材料上下游产品及相关设备的研发与制造

21. 锂电池等锂产品生产专用设备的研发与制造

22. 光学部件及镀膜技术的研发、应用及制造

23. 宽带业务和增值电信业务（需在我国入世承诺框架内）

24. 公路旅客运输公司

25. 加气站建设、经营

26. 医疗机构（限于合资、合作）

27. 动漫创作、制作（广播影视动漫制作业务限于合作）及衍生品开发（音像制品和电子出版物的出版、制作业务除外）

28. 旅游景区（点）保护、开发和经营及其配套设施建设

河南省

1. 生猪、肉牛、肉羊、小家禽饲养

2. 优质粮油、茶、柳条等种植与加工（列入《外商投资产业指导目录》限制类、禁止类的除外）

3. 退耕还林还草、天然林保护等国家重点生态工程后续产业开发

4. 节水灌溉和旱作节水技术、保护性耕作技术开发与应用

5. 镁、锌精深加工

6. 高档棉、毛、麻、丝、化纤的纺织、针织及服装加工生产

7. 煤层气（煤矿瓦斯）抽采和利用技术产品开发与生产

8. 超硬材料产品生产

9. 铝合金材料及制品生产

10. 天然药、原料药、中成药的深加工（列入《外商投资产业指导目录》限制类、禁止类的除外）

11. 数字化包装装潢印刷品印刷

12. 特殊品种（超白、超薄、在线 Low-E、中空、超厚）优质浮法玻璃技术开发及深加工

13. 高性能子午线轮胎的生产。包括无内胎载重子午胎，低断面和扁平化（低于 55 系列）、大轮辋高性能轿车子午胎（15 寸以上），航空轮胎及农用子午胎的生产

14. 大型、高压、高纯度工业气体的生产和供应

15. 汽车零部件制造：六档以上自动变速箱、商用车用高功率密度驱动桥、随动前照灯系统、LED 前照灯、轻量化材料应用（高强钢、铝镁合金、复合塑料、粉末冶金、高强度复合纤维等）、离合器、液压减震器、中控盘总成、座椅

16. 三轴以上联动的高速、精密数控机床及配套数控系统、伺服电机及驱动装置、功能部件、刀具、量具、量仪及高档磨具磨料生产

17. 300 马力以上配备无级变速器轮式拖拉机，300 马力以上拖拉机关键零部件：无级变速拖拉机发动机、变速箱、液力联合控制系统、双输入双输出无级调速装置

18. 500 万吨/年及以上矿井、薄煤层综合采掘设备，1000 万吨级/年及以上大型露天矿关键装备；12000 米及以上深井钻机、极地钻机、高位移性深井沙漠钻机、沼泽难进入区域用钻机、海洋钻机、车装钻机、特种钻井工艺用钻机等钻机成套设备

19. 电能综合管理自动化设备制造

20. 智能手机、平板电脑等智能终端产品的技术开发及生产

21. 空调、电冰箱、高效节能压缩机及零部件制造

22. 生物医药技术开发与生产

23. 生物质能开发、生产和利用

24. 宽带业务和增值电信业务（需在我国入世承诺框架内）

25. 城市公共停车设施建设、经营

26. 公路货运场站设施的建设和运营

27. 大型农产品批发市场建设、经营

28. 公路旅客运输公司

29. 医疗机构（限于合资、合作）

30. 动漫创作、制作（广播影视动漫制作业务限于合作）及衍生品开发（音像制品和电子出版物的出版、制作业务除外）

31. 城市燃气、热力和供排水管网建设、经营（人口 50 万以上城市中方控股）

32. 旅游景区（点）保护、开发和经营及其配套设施建设

湖北省

1. 农作物新品种选育和种子生产（中方控股）

2. 保护性耕作技术开发与应用

3. 饮用天然矿泉水生产

4. 高档纺织品及服装工艺技术开发

5. 无纺布及医用纺织品生产

6. 动植物药材、保健品资源的开发、保护和可持续利用，植物花叶根茎产品研发、籽粒榨油深加工（列入《外商投资产业指导目录》限制类、禁止类的除外）

7. 高档棉、毛、麻、丝、化纤的纺织、针织及服装加工生产

8. 包装装潢印刷品印刷

9. 特殊品种（超白、超薄、在线 Low-E、中空、超厚）优质浮法玻璃技术开发及深加工

10. 空调、高效节能压缩机及零部件制造

11. 汽车零部件开发与制造：六档以上自动变速箱、商用车用高功率密度驱动桥、随动前照灯系统、LED 前照灯、轻量化材料应用（高强钢、铝镁合金、碳纤维、复合塑料、粉末冶金、高强度复合纤维等）、离合器、液压减震器、中控盘总成、座椅、燃油共轨喷射系统相关产品、涡轮增压发动机、动力电池、电机及控制系统、主动安全及自动驾驶控制系统

12. 高性能子午线轮胎的生产。包括无内胎载重子午胎，低断面和扁平化（低于 55 系列）、大轮辋高性能轿车子午胎（15 寸以上），航空轮胎及农用子午胎的生产

13. 三轴以上联动的高速、精密数控机床及配套数控系统、伺服电机及驱动装置、功能部件、刀具、量具、量仪及高档磨具磨料生产

14. 特种钢丝绳、钢缆（平均抗拉强度>2200MPa）制造

15. 激光医疗设备开发与制造

16. 光电子技术和产品（含光纤预制棒、半导体发光二极管 LED）开发与制造

17. 医药化工原料废气、废液、废渣的综合利用

18. 食品安全追溯体系开发和建设

19. 生物质能开发、生产和利用

20. 大型储能技术研发与生产应用（蓄能电池、抽水蓄能技术、空气储能技术、风电与后夜供热等）

21. 宽带业务和增值电信业务（需在我国入世承诺框架内）

22. 公路旅客运输公司

23. 汽车加气站、充电设施建设和运营

24. 物流业务相关的仓储设施建设和商贸服务

25. 医疗机构（限于合资、合作）

26. 动漫创作、制作（广播影视动漫制作业务限于合作）及衍生品开发（音像制品和电子出版物的出版、制作业务除外）

27. 城市燃气、热力和供排水管网建设、经营（人口 50 万以上城市中方控股）

28. 旅游景区（点）保护、开发和经营及其配套设施建设

湖南省

1. 蔬菜、水果、畜禽产品的生产及深加工

2. 高档棉、毛、麻、丝、化纤的纺织、针织及服装加工生产

3. 皮鞋、运动鞋等整鞋制造

4. 高性能混凝土掺和剂

5. 锌精深加工

6. 铋化合物生产

7. 艺术陶瓷、日用陶瓷、工业陶瓷、特种陶瓷等高技术陶瓷的研发与生产

8. 天然药、中成药的深加工（列入《外商投资产业指导目录》限制类、禁止类的除外）

9. 激素类药物深度开发（列入《外商投资产业指导目录》限制类、禁止类的除外）

10. 高端建筑用热轧无缝钢管、核电用管、超临界高压锅炉用无缝钢管及成品油套管等大口径钢管材

加工

11. 硬质合金精深加工

12. 双金属高速锯切工具

13. 汽车零部件制造：六档以上自动变速箱、商用车用高功率密度驱动桥、随动前照灯系统、LED前照灯、轻量化材料应用（高强钢、铝镁合金、复合塑料、粉末冶金、高强度复合纤维等）、离合器、液压减震器、中控盘总成、座椅

14. 30吨以上液压挖掘机、6米及以上全断面掘进机、320马力及以上履带推土机、6吨及以上装载机、600吨及以上架桥设备（含架桥机、运梁车、提梁机）、400吨及以上履带起重机、100吨及以上全地面起重机、钻孔100毫米以上凿岩台车、400千瓦及以上砼冷热再生设备、1米宽及以上铣刨机；关键零部件：动力换挡变速箱、湿式驱动桥、回转支承、液力变矩器、为电动叉车配套的电机、电控、压力25兆帕以上液压马达、泵、控制阀

15. 60C及以上混凝土输送泵、50米及以上混凝土泵车、混凝土布料机、混凝土搅拌运输车、混凝土喷射机械手；起升机械：塔式起重机、50米及以上高空作业车、50吨级以上轮胎吊；路面机械：12米及以上沥青路面摊铺机、4吨以上沥青混凝土搅拌设备、26吨以上全液压压路机、垃圾收运和处理设备及系统等产品

16. 大型工程机械关键零部件：动力换挡变速箱、湿式驱动桥、回转支承、液力变矩器、为电动叉车配套的电机、电控、压力25兆帕以上液压马达、泵、控制阀

17. 新型橡胶机械成套设备制造

18. 电子产品整机、光电子、电子材料、电子元器件、零部件的开发和制造

19. 智能机器人研发与制造

20. 太阳能发电设备及零部件制造

21. 宽带业务和增值电信业务（需在我国入世承诺框架内）

22. 公路旅客运输公司

23. 医疗机构（限于合资、合作）

24. 物流业务相关的仓储设施建设和商贸服务

25. 动漫创作、制作（广播影视动漫制作业务限于合作）及衍生品开发（音像制品和电子出版物的出版、制作业务除外）

26. 城市燃气、热力和供排水管网建设、经营（人口50万以上城市中方控股）

27. 旅游景区（点）保护、开发和经营及其配套设施建设

广西自治区

1. 农作物新品种选育和种子生产（中方控股）
2. 退耕还林还草等国家重点生态工程后续产业开发
3. 动植物药材资源开发生产（列入《外商投资产业指导目录》限制类、禁止类的除外）
4. 日处理甘蔗5000吨及以上的蔗糖精深加工及副产品综合利用
5. 松香深加工
6. 高档棉、毛、麻、丝、化纤的纺织、针织及服装加工生产
7. 石墨烯技术研发及应用
8. 稀土高端应用产品加工
9. 不锈钢制品生产
10. 铜、铝合金材料及制品生产
11. 锌、锡、锑、钨、锰等金属精深加工
12. 艺术陶瓷、日用陶瓷、工业陶瓷、特种陶瓷等高技术陶瓷的研发与生产
13. 特殊品种（超白、超薄、在线Low-E、中空、超厚）优质浮法玻璃技术开发及深加工

14. 利用木薯、麻风树、橡胶籽等非粮植物为原料的生物液体燃料（燃料乙醇、生物柴油）生产（中方控股）

15. 高性能子午线轮胎的生产。包括无内胎载重子午胎，低断面和扁平化（低于55系列）、大轮辋高性能轿车子午胎（15寸以上），航空轮胎及农用子午胎的生产

16. 汽车整车制造（外资比例不高于50%），专用汽车（不包括普通半挂车、自卸车、罐式车、厢式车和仓栅式汽车）制造（外资比例不高于50%）

17. 汽车零部件制造：六档以上自动变速箱、商用车用高功率密度驱动桥、随动前照灯系统、LED前照灯、轻量化材料应用（高强钢、铝镁合金、复合塑料、粉末冶金、高强度复合纤维等）、离合器、液压减震器、中控盘总成、座椅

18. 甘蔗种植机、甘蔗收获机等农机具研发及制造

19. 大型工程机械关键零部件：动力换挡变速箱、湿式驱动桥、回转支承、液力变矩器、为电动叉车配套的电机、电控、压力25兆帕以上液压马达、泵、控制阀

20. 宽带业务和增值电信业务（需在我国入世承诺框架内）

21. 公路旅客运输公司

22. 水上运输公司（中方控股）

23. 汽车加气站、充电设施建设和经营

24. 物流业务相关的仓储设施建设和商贸服务

25. 会展服务业

26. 医疗机构（限于合资、合作）

27. 城市燃气、热力和供排水管网建设、经营（人口50万以上城市中方控股）

28. 动漫创作、制作（广播影视动漫制作业务限于合作）及衍生品开发（音像制品和电子出版物的出版、制作业务除外）

29. 养生休闲服务、民族文化开发、休闲旅游等休闲产业

30. 旅游景区（点）保护、开发和经营及其配套设施建设

海南省

1. 农作物、畜禽优良品种选育和种苗生产（中方控股）

2. 畜、禽规模化养殖

3. 水产品加工及副产品综合利用

4. 海防林恢复、天然林保护、节水灌溉和旱作节水等技术、开发与应用

5. 饮用天然矿泉水生产

6. 海南省中药、民族药的研发、生产（列入《外商投资产业指导目录》限制类、禁止类的除外）

7. 旅游工艺品创意设计及生产

8. 天然气下游化工产品开发和利用（列入《天然气利用政策》限制类和禁止类的除外）

9. 锆、钛精深加工

10. 高性能子午线轮胎的生产。包括无内胎载重子午胎，低断面和扁平化（低于55系列）、大轮辋高性能轿车子午胎（15寸以上），航空轮胎及农用子午胎的生产

11. 邮轮制造

12. 深水海洋工程设备制造

13. 高尔夫用具制造

14. 光电子技术和产品（含光纤预制棒、半导体发光二极管LED）开发与制造

15. 宽带业务和增值电信业务（需在我国入世承诺框架内）

16. 公路旅客运输公司

17. 国际航线邮轮服务

18. 船舶代理（中方控股）、外轮理货（限于合资、合作）

19. 大型农产品批发市场建设、经营

20. 国际会议展览业

21. 旅行社

22. 高等教育机构、普通高中教育机构、学前教育机构（限于合作、中方主导）

23. 医疗机构（限于合资、合作）

24. 城市燃气、热力和供排水管网建设、经营（人口 50 万以上城市中方控股）

25. 电影院的建设、经营（中方控股）

26. 动漫创作、制作（广播影视动漫制作业务限于合作）及衍生品开发（音像制品和电子出版物的出版、制作业务除外）

27. 演出经纪机构（中方控股）

28. 观光农业、休闲农业的开发和经营及其配套设施建设

29. 旅游景区（点）保护、开发和经营及其配套设施建设

30. 海洋、热带雨林生态旅游资源（国家禁止外商投资的自然保护区等除外）开发、经营及其配套设施建设

重庆市

1. 农林牧渔特色产业发展、技术研发、产品加工及出口（列入《外商投资产业指导目录》限制类、禁止类的除外）

2. 天然气下游化工产品生产和开发（列入《天然气利用政策》限制类和禁止类的除外）

3. 大型、高压、高纯度工业气体的生产和供应

4. 高性能、高附加值聚氨酯和工程塑料产品开发和生产

5. 石墨烯、碳纤维（复合材料）等碳系材料的生产设备（气象沉淀、碳化烧结等）的研发制造，石墨烯、碳纤维（含复合材料）等碳系材料的研发生产及终端产品制造

6. 铝、镁精深加工

7. 页岩气装备制造和油气技术工程服务

8. 智能机器人研发与制造

9. 环保设备（大气、污水、固废处理设备）制造及其解决方案应用

10. 排气量 250mL 及以上高性能摩托车整车（外资比例不高于 50%）

11. 汽车整车制造（外资比例不高于 50%），专用汽车（不包括普通半挂车、自卸车、罐式车、厢式车和仓栅式汽车）制造（外资比例不高于 50%）

12. 高性能子午线轮胎的生产。包括无内胎载重子午胎，低断面和扁平化（低于 55 系列）、大轮辋高性能轿车子午胎（15 寸以上），航空轮胎及农用子午胎以及列入《当前优先发展的高技术产业化重点领域指南》的子午线轮胎关键原材料生产

13. 汽车零部件制造：满足国六排放标准及以上的增压直喷汽油机/清洁高效柴油机、六档以上自动变速箱（AT、DCT、AMT）、新能源专用发动机/变速器；新能源车用动力锂电池、驱动电机、电控系统、电制动、电转向、电仪表、能量回收系统、电空调、远程监控系统等关键零部件；传动/安全/车身/行驶/信息控制系统、高级驾驶辅助系统（ADAS）、自动驾驶系统等智能汽车关键部件；DPF、GPF、SCR 等发动机后处理系统、替代燃料发动机 ECU 控制策略及软硬件、全新新能源汽车/轻量化底盘及车身；行业精密生产装备和相关基础设施生产制造；轻量化材料应用（高强钢、铝镁合金、复合塑料、粉末冶金、高强度复合纤维等）、行业共性技术平台（汽车风洞、智能网联汽车测试评价、安全测试评价、轻量化、行业数据库、全球研发中心等）建设等。

14. 天然气分布式能源燃气轮机、内燃机研发及制造

15. 太阳能发电设备及零部件制造

16. 线宽 0.25 微米以下大规模数字集成电路制造

17. 智能手机、平板电脑等智能终端产品的技术开发及生产

18. 新型医疗器械设备及医用材料生产加工

19. 500 千伏及以上高压直流换流变压器研发及制造

20. 三级能效以上节能环保型家电整机，压缩机、电机、变频器、液晶面板等关键零部件生产，无线输电、裸眼 3D、体感输入等新技术开发

21. 半导体照明材料上下游产品及相关设备的研发与制造

22. 二氧化碳回收、一氧化碳等特殊工业气体制备及应用

23. FINEX 技术及高速、无头连轧

24. 会展服务业

25. 物流业务相关的仓储设施建设和商贸服务

26. 跨境电子商务零售中心和大宗商品进出口分拨物流中心建设

27. 宽带业务和增值电信业务（需在我国入世承诺框架内）

28. 高等教育机构、普通高中教育机构、学前教育机构（限于合作、中方主导）

29. 医疗机构（限于合资、合作）

30. 城市燃气、热力和供排水管网建设、经营（人口 50 万以上城市中方控股）

31. 动漫创作、制作（广播影视动漫制作业务限于合作）及衍生品开发（音像制品和电子出版物的出版、制作业务除外）

32. 旅游景区（点）保护、开发和经营及其配套设施建设

四川省

1. 红薯及非粮作物加工和副产物综合利用

2. 畜禽产品加工

3. 节水灌溉和旱作节水技术、保护性耕作技术开发与应用

4. 葡萄酒及特色水果酿酒

5. 利用木薯、麻风树、橡胶籽等非粮植物为原料的生物液体燃料（燃料乙醇、生物柴油）生产（中方控股）

6. 高档棉、毛、麻、丝、化纤的纺织、针织及服装加工生产

7. 以境外木、藤为原材料的高端家具生产

8. 稀土高端应用产品加工

9. 钒钛资源综合利用新技术和新产品开发

10. 天然气下游化工产品生产和开发（列入《天然气利用政策》限制类和禁止类的除外）

11. 含氟精细化学品和高品质含氟无机盐生产

12. 特殊品种（超白、超薄、在线 Low-E、中空、超厚）优质浮法玻璃技术开发及深加工

13. 石墨的高端应用和精深加工

14. 大型、高压、高纯度工业气体的生产和供应

15. 智能机器人研发与制造

16. 汽车整车制造（外资比例不高于 50%），专用汽车（不包括普通半挂车、自卸车、罐式车、厢式车和仓栅式汽车）制造（外资比例不高于 50%）

17. 高性能子午线轮胎的生产。包括无内胎载重子午胎，低断面和扁平化（低于 55 系列）、大轮辋高性能轿车子午胎（15 寸以上），航空轮胎及农用子午胎的生产

18. 汽车零部件制造：六档以上自动变速箱、商用车用高功率密度驱动桥、随动前照灯系统、LED 前照灯、轻量化材料应用（高强钢、铝镁合金、复合塑料、粉末冶金、高强度复合纤维等）、离合器、液压减震器、中控盘总成、座椅

19. 30 吨以上液压挖掘机、6 米及以上全断面掘进机、320 马力及以上履带推土机、6 吨及以上装载机、600 吨及以上架桥设备（含架桥机、运梁车、提梁机）、400 吨及以上履带起重机、100 吨及以上全地面起重机、钻孔 100 毫米以上凿岩台车、400 千瓦及以上砼冷热再生设备、1 米宽及以上铣刨机；关键零部件：动力换挡变速箱、湿式驱动桥、回转支承、液力变矩器、为电动叉车配套的电机、电控、压力 25 兆帕以上液压马达、泵、控制阀

20. 太阳能发电设备及零部件制造

21. 大型储能技术研发与生产应用（蓄能电池、抽水蓄能技术、空气储能技术、风电与后夜供热等）

22. 3000kW 以上大型、重型燃气轮机高温部件及控制系统研发制造

23. 半导体照明材料上下游产品及相关设备的研发与制造

24. 精密电子注塑产品开发及生产

25. 液晶电视、数字电视、节能环保电冰箱、智能洗衣机等高档家用电器制造

26. TFT-LCD、OLED 等平板显示屏、显示屏材料制造

27. 医疗设备及关键部件开发及生产

28. 天然气压缩机（含煤层气压缩机）制造

29. 环保设备（大气、污水、固废处理设备）制造及其解决方案应用

30. 物流业务相关的仓储设施建设和商贸服务

31. 跨境电子商务零售中心和大宗商品进出口分拨物流中心建设

32. 宽带业务和增值电信业务（需在我国入世承诺框架内）

33. 道路运输

34. 医疗机构（限于合资、合作）

35. 卫生咨询、健康管理、医疗知识等医疗信息服务

36. 城市燃气、热力和供排水管网建设、经营（人口 50 万以上城市中方控股）

37. 动漫创作、制作（广播影视动漫制作业务限于合作）及衍生品开发（音像制品和电子出版物的出版、制作业务除外）

38. 艺术表演培训和中介服务及文化用品、设备等产业化开发

39. 旅游景区（点）保护、开发和经营及其配套设施建设

贵州省

1. 退耕还林还草、天然林保护等国家重点生态工程后续产业开发

2. 节水灌溉和旱作节水技术开发与应用

3. 马铃薯、魔芋等产品深加工

4. 畜禽、辣椒、苦荞、山药、核桃深加工

5. 高档棉、毛、麻、丝、化纤的纺织、针织及服装加工生产

6. 钛冶炼

7. 用先进技术对固定层合成氨装置进行优化节能技改

8. 利用甲醇开发 M100 新型动力燃料及合成氨生产尾气发展新能源

9. 利用工业生产二氧化碳废气发展工业级、食品级二氧化碳

10. 己二酸生产

11. 采用先进技术建设 30 万吨/年及以上煤制合成氨及配套尿素项目

12. 动植物药材资源开发、保护和可持续利用（列入《外商投资产业指导目录》限制类、禁止类的除外）

13. 特殊品种（超白、超薄、在线 Low-E、中空、超厚）优质浮法玻璃技术开发及深加工

14. 铝等有色金属精深加工

15. 高性能铝合金系列产品开发

16. 新型短流程钢铁冶炼技术开发及应用

17. 非高炉冶炼技术（直接还原法）

18. 大型、高压、高纯度工业气体的生产和供应

19. 磨料磨具产品生产

20. 新型凿岩钎具的开发及用钢材料生产

21. 汽车整车制造（外资比例不高于50%），专用汽车（不包括普通半挂车、自卸车、罐式车、厢式车和仓栅式汽车）制造（外资比例不高于50%）

22. 汽车零部件制造：六档以上自动变速箱、商用车用高功率密度驱动桥、随动前照灯系统、LED前照灯、轻量化材料应用（高强钢、铝镁合金、复合塑料、粉末冶金、高强度复合纤维等）、离合器、液压减震器、中控盘总成、座椅

23. 有特色优势的特种工程机械、架桥铺路机械、破碎机械、液压基础件、数控机床、节能环保装备、4MW燃气轮机及以下产品等开发及制造

24. 复式永磁电机抽油机系列化开发和产业化

25. 复杂地质条件的矿用开采、掘进、提升、井下运输等特种设备及产品的开发与制造

26. 适用于西部山区的轻便、耐用、低耗中小型耕种收和植保、节水灌溉、小型抗旱设备及粮油作物、茶叶、特色农产品等农业机械开发与制造

27. 太阳能发电设备及零部件制造

28. 宽带业务和增值电信业务（需在我国入世承诺框架内）

29. 公路旅客运输公司

30. 医疗机构（限于合资、合作）

31. 演出经纪机构（中方控股）

32. 城市燃气、热力和供排水管网建设、经营（人口50万以上城市中方控股）

33. 茅台生态带综合保护及赤水河流域遥感技术应用示范

34. 旅游景区（点）保护、开发和经营及其配套设施建设

云南省

1. 猪、牛、羊及小家禽畜（含高原畜产品）饲养和深加工

2. 新型天然橡胶开发与应用

3. 天然香料香精生产技术开发及制造

4. 退耕还林还草、天然林保护等国家重点生态工程后续产业开发

5. 节水灌溉和旱作节水技术开发与应用

6. 有色金属精深加工

7. 特色食用资源开发及应用

8. 符合生态与环保要求的亚麻加工、开发及副产品综合利用

9. 利用木薯、麻风树、橡胶籽等非粮植物为原料的生物液体燃料（燃料乙醇、生物柴油）生产（中方控股）

10. 高档棉、毛、麻、丝、化纤的纺织、针织及服装加工生产

11. 动植物药材资源开发、保护和可持续利用（列入《外商投资产业指导目录》限制类、禁止类的除外）

12. 以境外木、藤为原料的高端家具生产

13. 民族特需品、特色工艺品及包装容器材生产

14. 工业大麻加工开发及副产品综合利用

15. 生物医药技术开发与生产

16. 特殊品种（超白、超薄、在线Low-E、中空、超厚）优质浮法玻璃技术开发及深加工

17. 生物质能发电设备制造
18. 太阳能、风能发电设备及零部件制造
19. 汽车整车制造（外资比例不高于50%），专用汽车（不包括普通半挂车、自卸车、罐式车、厢式车和仓栅式汽车）制造（外资比例不高于50%）
20. 宽带业务和增值电信业务（需在我国入世承诺框架内）
21. 大型农产品批发市场建设、经营
22. 汽车加气站、充电设施建设和经营
23. 物流业务相关的仓储设施建设和商贸服务
24. 医疗机构（限于合资、合作）
25. 民族特色文化产业、艺术表演培训、中介服务，生态旅游资源开发（自然保护区和国际重要湿地的建设、经营除外）
26. 旅游景区（点）保护、开发和经营及其配套设施建设

西藏自治区

1. 退耕还林还草、天然林保护等国家重点生态工程后续产业开发
2. 节水灌溉和旱作节水技术开发与应用
3. 盐湖资源的开发利用
4. 饮用天然矿泉水生产
5. 牛羊绒、皮革产品深加工及藏毯生产
6. 花卉与苗圃基地的建设经营
7. 林下资源的培植技术研发和林下产品深加工
8. 青稞、牧草等农作物新技术的开发利用
9. 高原特色食品资源开发利用
10. 天然药、原料药、中成药的深加工（列入《外商投资产业指导目录》限制类、禁止类的除外）
11. 藏药新品种、新剂型产品生产（列入《外商投资产业指导目录》禁止类的除外）
12. 少数民族特需用品、工艺美术品、包装容器材料、日用玻璃制品及极具藏民族特色的旅游商品纪念品生产
13. 物流业务相关的仓储设施建设和商贸服务
14. 宽带业务和增值电信业务（需在我国入世承诺框架内）
15. 公路旅客运输公司
16. 医疗机构（限于合资、合作）
17. 城市燃气、热力和供排水管网建设、经营（人口50万以上城市中方控股）
18. 旅游景区（点）保护、开发和经营及其配套设施建设

陕西省

1. 退耕还林还草、天然林保护、水源地保护等国家重点生态工程后续产业开发
2. 节水灌溉和旱作节水技术、保护性耕作技术开发与应用
3. 清真食品开发加工
4. 高档棉、毛、麻、丝、化纤的纺织、针织及服装加工生产
5. 动植物药材资源开发、保护和可持续利用（列入《外商投资产业指导目录》限制类、禁止类的除外）
6. 天然气下游化工产品的生产与开发（列入《天然气利用政策》限制类和禁止类的除外）
7. 特殊品种（超白、超薄、在线Low-E、中空、超厚）优质浮法玻璃技术开发及深加工
8. 钒冶炼及钒合金制品生产加工

9. 钛金属精深加工

10. 高炉煤气能量回收透平装置设计制造

11. 大型、高压、高纯度工业气体的生产和供应

12. 汽车零部件制造：商用车用高功率密度驱动桥、随动前照灯系统、LED 前照灯、离合器、液压减震器、中控盘总成、座椅、轻量化材料应用

13. 汽车整车制造（外资比例不高于 50%），专用汽车（不包括普通半挂车、自卸车、罐式车、厢式车和仓栅式汽车）制造（外资比例不高于 50%）

14. 智能制造及系统集成服务

15. 集成电路及生产设备研发生产

16. 智能手机、平板电脑等智能终端产品及关键零部件的技术开发及生产

17. 一般商品的批发、零售（列入《外商投资产业指导目录》限制类、禁止类的除外）

18. 汽车加气站、充电设施建设和运营

19. 宽带业务和增值电信业务（需在我国入世承诺框架内）

20. 公路旅客运输公司

21. 中等高等职业院校（含技工院校，高等职业院校限于合作、中方主导）

22. 医疗机构（限于合资、合作）

23. 动漫创作、制作（广播影视动漫制作业务限于合作）及衍生品开发（音像制品和电子出版物的出版、制作业务除外）

24. 城市燃气、热力和供排水管网建设、经营（人口 50 万以上城市中方控股）

25. 旅游景区（点）保护、开发和经营及其配套设施建设

26. 经国家投资主管部门批准的资源枯竭型城市资源精深加工和接续产业等项目

甘肃省

1. 节水灌溉和旱作节水技术、保护性耕作技术开发与应用

2. 瓜果、蔬菜、花卉种子的开发生产（中方控股）

3. 优质酿酒葡萄基地建设

4. 优质啤酒原料种植、加工

5. 特色中药材的种植、养殖及加工（列入《外商投资产业指导目录》限制类、禁止类的除外）

6. 天然气下游化工产品生产和开发（列入《天然气利用政策》限制类和禁止类的除外）

7. 稀土高端应用产品加工

8. 铝、铜、镍等有色金属精深加工

9. 石油钻采、炼化设备等高端装备制造

10. 汽车整车制造（外资比例不高于 50%），专用汽车（不包括普通半挂车、自卸车、罐式车、厢式车和仓栅式汽车）制造（外资比例不高于 50%）

11. 三轴以上联动的高速、精密数控机床及配套数控系统、伺服电机及驱动装置、功能部件、刀具、量具、量仪及高档磨具磨料

12. 太阳能发电及设备制造业

13. 宽带业务和增值电信业务（需在我国入世承诺框架内）

14. 公路旅客运输公司

15. 医疗机构（限于合资、合作）

16. 电影院的建设、经营（中方控股）

17. 城市燃气、热力和供排水管网建设、经营（人口 50 万以上城市中方控股）

18. 旅游景区（点）保护、开发和经营及其配套设施建设

青海省

1. 高原动植物资源保护、种养与加工利用（列入《外商投资产业指导目录》限制类、禁止类的除外）
2. 退耕还林还草、退牧还草、天然林保护、水土保持及水生态综合治理等国家重点生态工程后续产业开发（涉及自然保护区和重要湿地的建设、经营的除外）
3. 节水灌溉和旱作节水技术、保护性耕作技术、设施农业技术、光伏农业技术开发与应用
4. 有机天然农畜产品基地建设和产品精深加工（《外商投资产业指导目录》限制类、禁止类除外）
5. 铜、铝、镁等有色金属精深加工
6. 中、藏药新品种、新剂型产品生产（列入《外商投资产业指导目录》限制类、禁止类的除外）
7. 特殊品种（超白、超薄、在线 Low-E、中空、超厚）优质浮法玻璃技术开发及深加工
8. 聚甲醛、聚苯硫醚等工程塑料生产
9. 工业尾矿及工业生产废弃物及低品位、复杂、难处理矿的资源化利用
10. 汽车整车制造（外资比例不高于 50%），专用汽车（不包括普通半挂车、自卸车、罐式车、厢式车和仓栅式汽车）制造（外资比例不高于 50%）
11. 半导体照明材料上下游产品及相关设备的研发与制造
12. 太阳能、风能发电设备及零部件制造
13. 锂电产品生产及专用设备研发与制造
14. 宽带业务和增值电信业务（需在我国入世承诺框架内）
15. 公路旅客运输公司
16. 医疗机构（限于合资、合作）
17. 水利工程的建设和运营（综合水利枢纽中方控股）
18. 城市及农村燃气、热力和供排水管网建设、经营（人口 50 万以上城市中方控股）
19. 体育场馆设施建设、体育产业运营及体育健身休闲服务
20. 旅游景区（点）保护、开发和经营及其配套设施建设

宁夏自治区

1. 马铃薯种子生产（中方控股）
2. 瓜果、蔬菜、花卉种子的选育生产（中方控股）
3. 退耕还林还草、退牧还草、天然林保护等国家重点生态工程后续产业开发
4. 节水灌溉和旱作节水技术、保护性耕作技术开发与应用
5. 枸杞、葡萄、马铃薯等种植及深加工
6. 沙生中药材、沙区生态经济林、沙区瓜果、沙区设施农业、沙料建材、沙区新能源和沙漠旅游休闲等沙产业
7. 牛羊的养殖及饲料加工（列入《外商投资产业指导目录》限制类、禁止类的除外）
8. 牛乳蛋白、干酪素等高端乳制品深加工
9. 少数民族特需用品及清真食品开发加工
10. 碳基材料开发及生产
11. 石膏和陶瓷黏土的深加工
12. 采用节能低成本工艺的多晶硅生产
13. 钽、铌等金属精深加工
14. 氢氧化镍生产及深加工
15. 铝合金、镁合金等材料的研发及生产
16. 熔体直纺及切片纺彩色涤纶的研发及生产

17. 高性能子午线轮胎的生产。包括无内胎载重子午胎，低断面和扁平化（低于55系列）、大轮辋高性能轿车子午胎（15寸以上），航空轮胎及农用子午胎的生产

18. 汽车整车制造（外资比例不高于50%），专用汽车（不包括普通半挂车、自卸车、罐式车、厢式车和仓栅式汽车）制造（外资比例不高于50%）

19. 三轴以上联动的高速、精密数控机床及配套数控系统、伺服电机及驱动装置、功能部件、刀具、量具、量仪及高档磨具磨料

20. 500万吨/年及以上矿井、薄煤层综合采掘设备，1000万吨级/年及以上大型露天矿关键装备

21. 宽带业务和增值电信业务（需在我国入世承诺框架内）

22. 公路旅客运输公司

23. 旅行社

24. 医疗机构（限于合资、合作）

25. 城市燃气、热力和供排水管网建设、经营（人口50万以上城市中方控股）

26. 旅游景区（点）保护、开发和经营及其配套设施建设

新疆自治区（含新疆生产建设兵团）

1. 退耕还林还草、退牧还草、天然林保护等国家重点生态工程后续产业开发

2. 节水灌溉和旱作节水技术、保护性耕作技术、设施农业、有机农业的开发与应用

3. 优质番茄、甜菜、香梨、葡萄、西甜瓜、红枣、核桃、杏子、石榴和枸杞等优质特色农产品的种植及深加工

4. 优质酿酒葡萄基地建设及葡萄酒生产

5. 亚麻、沙棘、薰衣草的种植及其制品生产

6. 高档棉、毛、麻、丝、化纤的纺织、针织及服装加工生产

7. 蛭石、云母、石棉、菱镁矿、石灰石、红柱石、石材等非金属矿产的综合利用（勘探、开发除外）

8. 石墨的高端应用和精深加工

9. 煤炭加工应用技术开发

10. 油气伴生资源综合利用

11. 放空天然气回收利用

12. 民族特色药用植物种植、加工和制药新工艺开发（列入《外商投资产业指导目录》限制类、禁止类的除外）

13. 民族特需用品、工艺美术品、包装容器材料及日用玻璃制品生产

14. 特殊品种（超白、超薄、在线Low-E、中空、超厚）优质浮法玻璃技术开发及深加工

15. 直径200mm以上硅单晶及抛光片、多晶硅生产

16. 铜、锌、铝等有色金属精深加工

17. 汽车整车制造（外资比例不高于50%），专用汽车（不包括普通半挂车、自卸车、罐式车、厢式车和仓栅式汽车）制造（外资比例不高于50%）

18. 石油及采矿等特种设备制造

19. 智能电网设备、电气成套控制系统设备制造

20. 小型清雪设备制造

21. 宽带业务和增值电信业务（需在我国入世承诺框架内）

22. 公路旅客运输公司

23. 商业连锁经营、跨区域代理经营等新型流通业

24. 农产品批发市场建设、经营

25. 医疗机构（限于合资、合作）

26. 城市燃气、热力和供排水设施建设、经营（人口50万以上城市中方控股）

27. 旅游景区（点）保护、开发和经营及其配套设施建设

海关总署关于执行《中西部地区外商投资优势产业目录（2017年修订）》的公告

（海关总署公告2017年第14号）

国家发展改革委、商务部第46号令公布了《中西部地区外商投资优势产业目录（2017年修订）》，并规定自2017年3月20日起施行。现就海关执行中的有关问题公告如下：

一、自2017年3月20日（含当日）起，对属于《中西部地区外商投资优势产业目录（2017年修订）》范围的外商投资项目（包括增资项目），在投资总额内进口的自用设备以及按照合同随上述设备进口的技术和配套件、备件，按照《国务院关于调整进口设备税收政策的通知》（国发〔1997〕37号）和海关总署公告2008年第103号及其他有关规定，除《外商投资项目不予免税的进口商品目录》和《进口不予免税的重大技术装备和产品目录》所列商品外，免征进口关税，进口环节增值税照章征收。

二、《中西部地区外商投资优势产业目录（2017年修订）》实施后，投资主管部门按照该目录出具的《国家鼓励发展的内外资项目确认书》、外商投资企业设立（增资）批复或备案回执等相关文件中的“项目产业政策条目”编码为“R”。例如，山西省第8项应填写为：“煤层气和煤炭伴生资源综合开发利用（R1408）”，项目性质仍为“I：外资中西部优势产业、项目”；有关项目单位持上述相关文件及其他有关材料，按规定向海关申请办理减免税相关手续。

三、为保持政策的连续性，对于2017年3月20日以前（不含当日）核准或备案（以项目核准或完成备案日期为准，下同）的外商投资项目（包括增资项目），属于《中西部地区外商投资优势产业目录（2013年修订）》范围的，在投资总额内进口的自用设备以及按照合同随上述设备进口的技术和配套件、备件，可继续按照相关规定办理免征进口关税、照章征收进口环节增值税手续。但有关项目单位须于2018年3月31日以前（含当日），持投资主管部门出具的《国家鼓励发展的内外资项目确认书》、外商投资企业设立（增资）批复或备案回执等相关文件［上述文件中“项目产业政策条目”仍按适用《中西部地区外商投资优势产业目录（2013年修订）》的条目及编码填写］及其他有关材料，按规定向海关申请办理减免税备案手续。逾期，海关不再受理。

对于2017年3月20日以前（不含当日）核准或备案的外商投资项目（包括增资项目），同时属于《中西部地区外商投资优势产业目录（2017年修订）》范围的，有关项目单位持投资主管部门按照《中西部地区外商投资优势产业目录（2017年修订）》出具的《国家鼓励发展的内外资项目确认书》、企业设立（增资）批复或备案回执等相关文件及其他有关材料，按规定向海关申请办理减免税备案手续的，海关可予受理。

四、对于不属于《中西部地区外商投资优势产业目录（2013年修订）》范围的外商投资在建项目，凡属于《中西部地区外商投资优势产业目录（2017年修订）》范围的，在有关项目单位按规定向海关申请办理减免税相关手续后，在建项目进口的自用设备以及按照合同随上述设备进口的技术和配套件、备件，可参照本公告第一条的规定享受进口税收优惠政策，但进口设备已经征税的，税款不予退还。

特此公告。

海关总署

二〇一七年三月十七日

鼓励外商投资产业目录（2019 年版）

（国家发展和改革委员会　商务部令第 27 号）

《鼓励外商投资产业目录（2019 年版）》已经党中央、国务院同意，现予以发布，自 2019 年 7 月 30 日起施行。国家发展和改革委员会、商务部 2017 年 6 月 28 日发布的《外商投资产业指导目录（2017 年修订）》鼓励类和 2017 年 2 月 17 日发布的《中西部地区外商投资优势产业目录（2017 年修订）》同时废止。

国家发展和改革委员会主任　何立峰

商务部部长　钟　山

二〇一九年六月三十日

鼓励外商投资产业目录（2019 年版）

全国鼓励外商投资产业目录

一、农、林、牧、渔业

1. 木本食用油料、调料和工业原料的种植及开发、生产
2. 绿色、有机蔬菜（含食用菌、西甜瓜）、干鲜果品、茶叶栽培技术开发、种植及产品生产
3. 酿酒葡萄育种、种植、生产
4. 啤酒原料育种、种植、生产
5. 糖料、果树、牧草等农作物栽培新技术开发及产品生产
6. 高产高效青贮饲料专用植物新品种培育及开发
7. 花卉生产与苗圃基地的建设、经营
8. 橡胶、油棕、剑麻、咖啡种植
9. 中药材种植、养殖
10. 农作物秸秆资源综合利用、有机肥料资源的开发、生产
11. 森林资源培育（速生丰产用材林、竹林、油茶等经济林、珍贵树种用材林等）
12. 畜禽标准化规模养殖技术开发与应用
13. 水产苗种繁育（不含我国特有的珍贵优良品种）
14. 防治荒漠化、水土保持和国土绿化等生态环境保护工程建设、经营
15. 水产品养殖、深水网箱养殖、工厂化水产养殖、生态型海洋增养殖

二、采矿业

16. 石油、天然气的勘探、开发和矿井瓦斯利用
17. 提高原油采收率（以工程服务形式）及相关新技术的开发与应用
18. 物探、钻井、测井、录井、井下作业等石油勘探开发新技术的开发与应用
19. 提高矿山尾矿利用率的新技术开发与应用及矿山生态恢复技术的综合应用

20. 我国紧缺矿种（如钾盐、铬铁矿等）的勘探、开采和选矿

三、制造业

（一）农副食品加工业

21. 安全高效环保饲料及饲料添加剂（含蛋氨酸），动物促生长用抗菌药物替代产品开发、生产

22. 水产品加工、贝类净化及加工、海藻保健食品开发

23. 蔬菜、干鲜果品、禽畜产品加工

24. 生物乙醇（不含粮食转化乙醇）的开发、生产

（二）食品制造业

25. 婴幼儿配方食品、婴幼儿谷类辅助食品、特殊医学用途配方食品及保健食品的开发、生产

26. 针对老龄人口和改善老龄人口生活品质的营养保健食品、食品添加剂和配方食品的开发、生产

27. 烘焙食品（含使用天然可可豆的巧克力及其制品）、方便食品及其相关配料的开发、生产

28. 森林食品加工

29. 天然食品添加剂、调味品、发酵制品、天然香料新技术开发、生产

30. 无菌液态食品包装材料的开发、生产

（三）酒、饮料和精制茶制造业

31. 果蔬饮料、蛋白饮料、茶饮料、咖啡饮料、植物饮料的开发、生产

（四）纺织业

32. 采用编织、非织造布复合、多层在线复合、长效多功能整理等高新技术生产轻质、高强、耐高/低温、耐化学物质、耐光等多功能化的产业用纺织品

33. 采用先进节能减排技术和装备的高档织染及后整理加工

34. 符合生态、资源综合利用与环保要求的特种天然纤维（包括山羊绒等特种动物纤维、竹纤维、麻纤维、蚕丝、彩色棉花等）产品加工

35. 废旧纺织品回收利用

（五）纺织服装、服饰业

36. 采用计算机集成制造系统的服装生产

37. 功能性特种服装生产

（六）皮革、毛皮、羽毛及其制品和制鞋业

38. 皮革和毛皮清洁化技术加工

39. 皮革后整饰新技术加工

40. 皮革废弃物综合利用

（七）木材加工和木、竹、藤、棕、草制品业

41. 林业三剩物，“次、小、薪”材、废旧木材和竹材的综合利用新技术、新产品开发、生产，木竹材生产污染控制治理、细微颗粒物减排与粉尘防爆技术开发与应用

（八）文教、工美、体育和娱乐用品制造业

42. 高档地毯、刺绣、抽纱产品生产

（九）石油加工、炼焦和核燃料加工业

43. 酚油加工、洗油加工、煤沥青高端化利用（不含改质沥青）

（十）化学原料和化学制品制造业

44. 聚氯乙烯和有机硅新型下游产品开发、生产

45. 合成材料的配套原料：过氧化氢氧化丙烯法环氧丙烷、过氧化氢氧化氯丙烯法环氧氯丙烷、萘二甲酸二甲酯（NDC）、1,4-环己烷二甲醇（CHDM）、5 万吨/年及以上丁二烯法己二腈、己二胺、高性能聚氨酯组合料生产

46. 高碳α烯烃共聚茂金属聚乙烯等高端聚烯烃的开发、生产

47. 合成纤维原料：尼龙66盐、1，3-丙二醇生产

48. 差别化、功能性聚酯（PET）的连续共聚改性［阳离子染料可染聚酯（CDP、ECDP）、碱溶性聚酯（COPET）、高收缩聚酯（HSPET）、阻燃聚酯、低熔点聚酯等］，熔体直纺在线添加等连续化工艺生产差别化、功能性纤维（抗静电、抗紫外、有色纤维等），智能化、超仿真等差别化、功能性聚酯（PET）及纤维生产，腈纶、锦纶、氨纶、粘胶纤维等其他化学纤维品种的差别化、功能性改性纤维生产

49. 合成橡胶：聚氨酯橡胶、丙烯酸酯橡胶、氯醇橡胶，以及氟橡胶、硅橡胶等特种橡胶生产

50. 工程塑料及塑料合金：6万吨/年及以上非光气法聚碳酸酯（PC）、聚甲醛、聚苯硫醚、聚醚醚酮、聚酰亚胺、聚砜、聚醚砜、聚芳酯（PAR）、聚苯醚、聚对苯二甲酸丁二醇酯（PBT）、聚酰胺（PA）及其改性材料、液晶聚合物等产品生产

51. 精细化工：催化剂新产品、新技术，染（颜）料商品化加工技术，电子化学品和造纸化学品，皮革化学品（N-N二甲基甲酰胺除外），油田助剂，表面活性剂，水处理剂，胶粘剂、密封胶，无机纤维、无机纳米材料生产，颜料包膜处理深加工

52. 水性油墨、电子束固化紫外光固化等低挥发性油墨、环保型有机溶剂生产

53. 天然香料、合成香料、单离香料生产

54. 高性能涂料，高固体份、无溶剂涂料及配套树脂，水性工业涂料及配套水性树脂生产

55. 高性能氟树脂、氟膜材料，医用含氟中间体，环境友好型含氟制冷剂、清洁剂、发泡剂生产

56. 氢燃料生产、储存、运输、液化

57. 大型、高压、高纯度工业气体（含电子气体）的生产和供应

58. 从磷化工、铝冶炼中回收氟资源生产

59. 林业化学产品新技术、新产品开发、生产

60. 环保用无机、有机和生物膜开发、生产

61. 新型肥料开发、生产：高浓度钾肥、复合型微生物接种剂、复合微生物肥料、秸秆及垃圾腐熟剂、特殊功能微生物制剂

62. 高效、安全、环境友好的农药新品种、新剂型、专用中间体、助剂的开发、生产，以及相关清洁生产工艺的开发与应用、定向合成法手性和立体结构农药生产、乙基氯化物合成技术

63. 生物农药及生物防治产品开发、生产：微生物杀虫剂、微生物杀菌剂、农用抗生素、生物刺激素、昆虫信息素、天敌昆虫、微生物除草剂

64. 废气、废液、废渣综合利用和处理、处置

65. 有机高分子材料生产：飞机蒙皮涂料、稀土硫化铈红色染料、无铅化电子封装材料、彩色等离子体显示屏专用系列光刻浆料、小直径大比表面积超细纤维、高精度燃油滤纸、锂离子电池隔膜、表面处理自我修复材料、超疏水纳米涂层材料

（十一）医药制造业

66. 新型化合物药物或活性成分药物的生产（包括原料药和制剂）

67. 氨基酸类：发酵法生产色氨酸、组氨酸、蛋氨酸等生产

68. 新型抗癌药物、新型心脑血管药及新型神经系统用药的开发、生产

69. 采用生物工程技术的新型药物生产

70. 艾滋病疫苗、丙肝疫苗、避孕疫苗及宫颈癌、疟疾、手足口病等新型疫苗生产

71. 海洋药物的开发、生产

72. 药品制剂：采用缓释、控释、靶向、透皮吸收等新技术的新剂型、新产品生产

73. 新型药用辅料的开发、生产

74. 动物专用抗菌原料药生产（包括抗生素、化学合成类）

75. 兽用抗菌药、驱虫药、杀虫药、抗球虫药新产品及新剂型生产

76. 新型诊断试剂的开发、生产

77. 疫苗、细胞治疗药物等生产用新型关键原材料、大规模细胞培养产品的开发、生产

78. 新型药用包装材料与技术的开发、生产（中性硼硅药用玻璃，化学稳定性好、可降解，具有避光、高阻隔性的功能性材料，气雾剂、粉雾剂、自我给药、预灌封、自动混药等新型包装给药系统及给药装置）

（十二）化学纤维制造业

79. 差别化化学纤维及芳纶、碳纤维、高强高模聚乙烯、聚苯硫醚（PPS）等高新技术化纤（粘胶纤维除外）生产

80. 纤维及非纤维用新型聚酯生产：聚对苯二甲酸丙二醇酯（PTT）、聚萘二甲酸乙二醇酯（PEN）、聚对苯二甲酸环己烷二甲醇酯（PCT）、二元醇改性聚对苯二甲酸乙二醇酯（PETG）

81. 利用新型可再生资源和绿色环保工艺生产生物质纤维，包括新溶剂法纤维素纤维（Lyocell）、以竹、麻等为原料的再生纤维素纤维、聚乳酸纤维（PLA）、甲壳素纤维、聚羟基脂肪酸酯纤维（PHA）、动植物蛋白纤维等

82. 尼龙 11、尼龙 12、尼龙 1414、尼龙 46、长碳链尼龙、耐高温尼龙等新型聚酰胺开发、生产

83. 子午胎用芳纶纤维及帘线生产

（十三）橡胶和塑料制品业

84. 生物可降解塑料及其制品的开发、生产与应用

85. 新型光生态多功能宽幅农用薄膜、无污染可降解农用薄膜开发、生产

86. 废旧塑料的回收和再利用

87. 塑料软包装新技术、新产品（高阻隔、多功能膜及原料）开发、生产

（十四）非金属矿物制品业

88. 节能、环保、利废、轻质高强、高性能、多功能建筑材料开发、生产

89. 以塑代钢、以塑代木、节能高效的化学建材品生产

90. 年产 1000 万平方米及以上弹性体、塑性体改性沥青防水卷材，宽幅（2 米以上）三元乙丙橡胶防水卷材及配套材料，宽幅（2 米以上）聚氯乙烯防水卷材，热塑性聚烯烃（TPO）防水卷材生产

91. 新技术功能玻璃开发、生产：屏蔽电磁波玻璃、微电子用玻璃基板、透红外线无铅硫系玻璃及制品、电子级大规格石英玻璃制品（管、板、坩埚、仪器器皿等）、光学性能优异多功能风挡玻璃（光透射率≥70%）、信息技术用极端材料及制品（包括波导级高精密光纤预制棒石英玻璃套管和陶瓷基板）、高纯（≥99.998%）超纯（≥99.999%）水晶原料提纯加工

92. 蓝宝石基板研发和生产

93. 薄膜电池导电玻璃、太阳能集光镜玻璃、建筑用导电玻璃生产

94. 玻璃纤维制品及特种玻璃纤维生产：低介电玻璃纤维、石英玻璃纤维、高硅氧玻璃纤维、高强高弹玻璃纤维、陶瓷纤维等及其制品

95. 光学纤维及制品生产：传像束及激光医疗光纤、超二代和三代微通道板、光学纤维面板、倒像器及玻璃光锥

96. 陶瓷原料的标准化精制、陶瓷用高档装饰材料生产

97. 水泥、电子玻璃、陶瓷、微孔炭砖等窑炉用环保（无铬化）耐火材料生产

98. 多孔陶瓷生产

99. 无机非金属新材料及制品生产：复合材料、特种陶瓷、特种密封材料（含高速油封材料）、特种摩擦材料（含高速摩擦制动制品）、特种胶凝材料、特种乳胶材料、水声橡胶制品、纳米材料

100. 有机—无机复合泡沫保温材料生产

101. 高技术复合材料生产：连续纤维增强热塑性复合材料和预浸料、耐温>300℃树脂基复合材料成型用工艺辅助材料、可生物降解树脂基复合材料、增材制 造用树脂基复合材料、树脂基复合材料（包括体育用品、轻质高强交通工具部件）、特种功能复合材料及制品（包括深水及潜水复合材料制品、医用及康复用复合材料

制品）、碳/碳复合材料、高性能陶瓷基复合材料及制品、金属基和玻璃基复合材料及制品、金属层

状复合材料及制品、压力≥320MPa 超高压复合胶管、大型客机航空轮胎

102. 精密高性能陶瓷原料生产：碳化硅（SiC）超细粉体（纯度>99%，平均粒径<1μm）、氮化硅（Si_3N_4）超细粉体（纯度>99%，平均粒径<1μm）、高纯超细氧化铝微粉（纯度>99.9%，平均粒径<0.5μm）、低温烧结氧化锆（ZrO_2）粉体（烧结温度<1350℃）、高纯氮化铝（AlN）粉体（纯度>99%，平均粒径<1μm）、金红石型 TiO_2 粉体（纯度>98.5%）、白炭黑（粒径<100nm）、钛酸钡（纯度>99%，粒径<1μm）

103. 高品质人工晶体及晶体薄膜制品开发、生产：高品质人工合成水晶（压电晶体及透紫外光晶体）、超硬晶体（立方氮化硼晶体）、耐高温高绝缘人工合成绝缘晶体（人工合成云母）、新型电光晶体、大功率激光晶体及大规格闪烁晶体、金刚石膜工具、厚度 0.3mm 及以下超薄人造金刚石锯片

104. 非金属矿精细加工（超细粉碎、高纯、精制、改性）

105. 超高功率石墨电极生产

106. 珠光云母生产（粒径 3~150μm）

107. 多维多向整体编制织物及仿形织物生产

108. 利用新型干法水泥窑、烧结墙体材料生产无害化处置固体废弃物

109. 建筑垃圾再生利用

110. 工业副产石膏等产业废弃物综合利用

111. 非金属矿山尾矿综合利用的新技术开发与应用及矿山生态恢复

（十五）有色金属冶炼和压延加工业

112. 高新技术有色金属材料及其产品生产：化合物半导体材料（砷化镓、磷化镓、磷化铟、氮化镓），高温超导材料，记忆合金材料（钛镍、铜基及铁基记忆合金材料），超细（纳米）碳化钙及超细（纳米）晶硬质合金，超硬复合材料，贵金属复合材料，轻金属复合材料，散热器用铝箔，中高压阴极电容铝箔，锂电池电极用铝箔，电解铜箔，大断面、复杂截面铝合金型材，铝合金精密模锻件，电气化铁路架空导线，超薄铜带，耐蚀热交换器铜合金材，高性能铜镍、铜铁合金带，铍铜带、线、管及棒加工材，耐高温抗衰钨丝，镁合金铸件，无铅焊料，镁合金及其应用产品，泡沫铝，钛合金冶炼及加工，原子能级海绵锆，钨及钼深加工产品

113. 符合稀土新材料要求的稀土高端应用产品加工

（十六）金属制品业

114. 航空、航天、船舶、汽车、摩托车轻量化及环保型新材料研发与制造（专用铝板、铝镁合金材料、摩托车铝合金车架等）

115. 轻金属半固态快速成型材料及其产品研发与制造

116. 用于包装各类粮油食品、果蔬、饮料、日化产品等内容物的金属包装制品（应为完整品，容器壁厚度小于 0.3 毫米）的制造及加工（包括制品的内外壁印涂加工）

（十七）通用设备制造业

117. 高档数控机床及关键零部件制造：五轴联动数控机床、数控坐标镗铣加工中心、数控坐标磨床

118. 1000 吨及以上多工位镦锻成型机制造

119. 报废汽车拆解、破碎及后处理分选设备制造

120. FTL 柔性生产线制造

121. 机器人及工业机器人成套系统，机器人专用高精密减速器、高性能伺服电机和驱动器、全自主编程等高性能控制器、传感器、末端执行器的开发与制造

122. 亚微米级超细粉碎机制造

123. 400 吨及以上轮式、履带式起重机械制造

124. 工作压力≥35MPa 高压柱塞泵及马达、工作压力≥35MPa 低速大扭矩马达的设计与制造

125. 工作压力≥25MPa 的整体式液压多路阀，电液比例伺服元件制造

126. 阀岛、功率 0.35W 以下气动电磁阀、200Hz 以上高频电控气阀设计与制造

127. 静液压驱动装置设计与制造

128. 压力10MPa以上非接触式气膜密封、压力10MPa以上干气密封（包括实验装置）的开发与制造

129. 汽车用高分子材料（摩擦片、改型酚醛活塞、非金属液压总分泵等）设备开发与制造

130. 第三代及以上轿车轮毂轴承、高中档数控机床和加工中心轴承、高速线材和板材轧机轴承、高速铁路轴承、振动值Z4以下低噪音轴承、各类轴承的P4和P2级轴承、风力发电机组轴承、航空轴承制造

131. 高密度、高精度、形状复杂的粉末冶金零件及汽车、工程机械等用链条的制造

132. 风电、高速列车用齿轮变速器，船用可变桨齿轮传动系统，大型、重载齿轮箱的制造

133. 耐高温绝缘材料（绝缘等级为F、H级）及绝缘成型件制造

134. 蓄能器胶囊、液压气动用橡塑密封件开发与制造

135. 高精度、高强度（12.9级以上）、异形、组合类紧固件制造

136. 微型精密传动联结件（离合器）制造

137. 大型轧机连接轴制造

138. 机床、工程机械、铁路机车装备等机械设备再制造，汽车零部件再制造，医用成像设备关键部件再制造，复印机等办公设备再制造

139. 1000万像素以上或水平视场角120度以上数字照相机及其光学镜头、光电模块的开发与制造

140. 办公机械（含工业用途）制造：多功能一体化办公设备（复印、打印、传真、扫描），打印设备，精度2400dpi及以上高分辨率彩色打印机头，感光鼓

141. 电影机械制造：2K、4K数字电影放映机，数字电影摄像机，数字影像制作、编辑设备

（十八）专用设备制造业

142. 矿山无轨采、装、运设备制造：200吨及以上机械传动矿用自卸车，移动式破碎机，5000立方米/小时及以上斗轮挖掘机，8立方米及以上矿用装载机，2500千瓦以上电牵引采煤机设备等

143. 物探（不含重力、磁力测量）、测井设备制造：MEME地震检波器，数字遥测地震仪，数字成像、数控测井系统，水平井、定向井、钻机装置及器具，MWD随钻测井仪

144. 石油勘探、钻井、集输设备制造：工作水深大于1500米的浮式钻井系统和浮式生产系统及配套海底采油、集输设备

145. 页岩气装备制造

146. 口径2米以上深度30米以上大口径旋挖钻机、直径1.2米以上顶管机、回拖力300吨以上大型非开挖铺设地下管线成套设备、地下连续墙施工钻机制造

147. 520马力及以上大型推土机设计与制造

148. 100立方米/小时及以上规格的清淤机、1000吨及以上挖泥船的挖泥装置设计与制造

149. 防汛堤坝用混凝土防渗墙施工装备设计与制造

150. 土木工程结构防震减灾装置制造

151. 水下土石方施工机械制造：水深9米以下推土机、装载机、挖掘机等

152. 公路桥梁养护、自动检测设备制造

153. 公路隧道营运监控、通风、防灾和救助系统设备制造

154. 铁路大型施工、铁路线路、桥梁、隧道维修养护机械和检查、监测设备及其关键零部件的设计与制造

155. （沥青）油毡瓦设备、镀锌钢板等金属屋顶生产设备制造

156. 环保节能型现场喷涂聚氨酯防水保温系统设备、聚氨酯密封膏配制技术与设备、改性硅酮密封膏配制技术和生产设备制造

157. 高精度带材轧机（厚度精度10微米）设计与制造

158. 多元素、细颗粒、难选冶金属矿产的选矿装置制造

159. 100 万吨/年及以上乙烯成套设备中的关键设备制造：年处理能力 40 万吨以上混合造粒机，直径 1000 毫米及以上螺旋卸料离心机，小流量高扬程离心泵

160. 金属制品模具（铜、铝、钛、锆的管、棒、型材挤压模具）设计、制造

161. 汽车车身外覆盖件冲压模具，汽车仪表板、保险杠等大型注塑模具，汽车及摩托车夹具、检具设计与制造

162. 汽车动力电池专用生产设备的设计与制造

163. 精密模具（冲压模具精度高于 0.02 毫米、型腔模具精度高于 0.05 毫米）设计与制造

164. 非金属制品模具设计与制造

165. 6 万瓶/小时及以上啤酒灌装设备、5 万瓶/小时及以上饮料中温及热灌装设备、3.6 万瓶/小时及以上无菌灌装设备制造

166. 氨基酸、酶制剂、食品添加剂等生产技术及关键设备制造

167. 10 吨/小时及以上的饲料加工成套设备及关键部件制造

168. 楞高 0.75 毫米及以下的轻型瓦楞纸板及纸箱设备制造

169. 单张纸多色胶印机（幅宽≥750 毫米，印刷速度：单面多色≥16000 张/小时，双面多色≥13000 张/小时）制造

170. 单幅单纸路卷筒纸平版印刷机印刷速度大于 75000 对开张/小时（787×880 毫米）、双幅单纸路卷筒纸平版印刷机印刷速度大于 170000 对开张/ 小时（787×880 毫米）、商业卷筒纸平版印刷机印刷速度大于 50000 对开张/ 小时（787×880 毫米）制造

171. 多色宽幅柔性版印刷机（印刷宽度≥1300 毫米，印刷速度≥350 米/秒），喷墨数字印刷机（出版用：印刷速度≥150 米/分，分辨率≥600dpi；包装用：印刷速度≥30 米/ 分，分辨率≥1000dpi；可变数据用：印刷速度≥100 米/ 分，分辨率≥300dpi）制造

172. 计算机墨色预调、墨色遥控、水墨速度跟踪、印品质量自动检测和跟踪系统、无轴传动技术、速度在 75000 张/小时的高速自动接纸机、给纸机和可以自动遥控调节的高速折页机、自动套印系统、冷却装置、加硅系统、调偏装置等制造

173. 电子枪自动镀膜机制造

174. 平板玻璃深加工技术及设备制造

175. 新型造纸机械（含纸浆）等成套设备制造

176. 皮革后整饰新技术设备制造

177. 土壤污染治理及修复设备制造

178. 农产品加工及储藏新设备开发与制造：粮食、油料、蔬菜、干鲜果品、肉食品、水产品等产品的加工储藏、保鲜、分级、包装、干燥等新设备，农产品品质检测仪器设备，农产品品质无损伤检测仪器设备，流变仪，粉质仪，超微粉碎设备，高效脱水设备，五效以上高效果汁浓缩设备，粉体食品物料杀菌设备，固态及半固态食品无菌包装设备，碟片式分离离心机

179. 农业机械制造：农业设施设备（温室自动灌溉设备、营养液自动配置与施肥设备、高效蔬菜育苗设备、土壤养分分析仪器），配套发动机功率 200 千瓦以上拖拉机及配套农具，低油耗低噪音低排放柴油机，大型拖拉机配套的带有残余雾 粒回收装置的喷雾机，高性能水稻插秧机，棉花采摘机及棉花采摘台，适应多种行 距的自走式玉米联合收割机（液压驱动或机械驱动），花生收获机，油菜籽收获机，甘蔗收割机，甜菜收割机

180. 林业设施设备制造：苗木花卉智能温室、精准灌溉、施肥、育苗等设备，苗木干径叶根系径流、种子活力、土壤养分等分析仪器，大功率（240kW）林地作业底盘及其配套机具，多功能整地、植树、抚育、采伐、集材等中小型机，困难立地造林机械，林地剩余物收集、打捆、木片、粉碎及其综合利用机，大中型植保与施药喷雾机，小型精准施药装备或仿生施药机器人，林木球果采集、油料果实收获机，大中型树木移植机、灌木平茬装备、高效剪枝设备，林木蓄积量快速测量设备

181. 木材加工设备制造：快速色差识别技术设备，快速实木板材量尺设备，快速结疤检测设备，实

木表面缺陷检测设备，锯木制材成套装备技术，人造板材表面缺陷快速检测设备、在线质量分级设备，旋切单板质量在线检测设备，实木家具漆膜打磨粉尘处理设备、智能打磨机器人，多色自动切换喷漆机器人，家具包装、裁切、堆垛机器人，板式家具板件快速分拣设备，家具制造智能仓库

182. 林业灾情监控设备制造：林区快速救援装备、高精度导航定位设备，无人机火情、灾情监测预警设备，灭火、除虫设备

183. 农作物秸秆收集、打捆及综合利用设备制造

184. 农用废物的资源化利用及规模化畜禽养殖废物的资源化利用设备制造

185. 节肥、节（农）药、节水型农业技术设备制造

186. 机电井清洗设备及清洗药物生产设备制造

187. 电子内窥镜制造

188. 眼底摄影机制造

189. 医用成像设备（高场强超导型磁共振成像设备、X 线计算机断层成像设备、数字化彩色超声诊断设备等）关键部件的制造

190. 医用超声换能器（3D）制造

191. 硼中子俘获治疗设备制造

192. 图像引导适型调强放射治疗系统制造

193. 血液透析机、血液过滤机制造

194. 全自动生化监测设备、五分类血液细胞分析仪、全自动化学发光免疫分析仪、高通量基因测序系统制造

195. 药品质量控制新技术、新设备制造

196. 天然药物有效物质分析的新技术、提取的新工艺、新设备开发与制造

197. 生物医药配套耗材生产设备研发、制造

198. 非 PVC 医用输液袋多层共挤水冷式薄膜吹塑装备制造

199. 应急救援装备生产制造

200. 新型纺织机械、关键零部件及纺织检测、实验仪器开发与制造

201. 电脑提花人造毛皮机制造

202. 高新太阳能电池生产专用设备制造

203. 二氧化碳捕集、利用、封存与监测设备制造

204. 大气污染防治设备制造：耐高温及耐腐蚀滤料、低 NOx 燃烧装置、烟气脱氮催化剂及脱氮成套装置、烟气脱硫设备、烟气除尘设备、工业有机废气净化设备、柴油车排气净化装置、含重金属废气处理装置

205. 水污染防治设备制造：卧式螺旋离心脱水机、膜及膜材料、50kg/h 以上的臭氧发生器、10kg/h 以上的二氧化氯发生器、紫外消毒装置、农村小型生活污水处理设备、含重金属废水处理装置

206. 固体废物处理处置设备制造：污水处理厂污泥处置及资源利用设备、日处理量 500 吨以上垃圾焚烧成套设备、垃圾填埋渗滤液处理技术装备、垃圾填埋场防渗土工膜、建筑垃圾处理和资源化利用装备、危险废物处理装置、垃圾填埋场沼气发电装置、废钢铁处理设备

207. 铝工业赤泥综合利用设备开发与制造

208. 尾矿综合利用设备制造

209. 废旧塑料、电器、橡胶、电池回收处理再生利用设备制造

210. 废旧纺织品回收处理设备制造

211. 废旧机电产品再制造设备制造

212. 废旧轮胎综合利用装置制造

213. 余热余压余气利用设备制造

214. 水生生态系统的环境保护技术、设备制造

215. 移动式组合净水设备制造

216. 非常规水处理、重复利用设备与水质监测仪器

217. 工业水管网和设备（器具）的检漏设备和仪器

218. 日产 10 万立方米及以上海水淡化及循环冷却技术和成套设备开发与制造

219. 钢铁、造纸、纺织、石化、化工、冶金等高耗水行业节水工业设备制造

220. 特种气象观测及分析设备制造

221. 地震台站、台网和流动地震观测技术系统开发及仪器设备制造

222. 四鼓及以上子午线轮胎成型机制造

223. 滚动阻力试验机、轮胎噪音试验室制造

224. 供热计量、温控装置新技术设备制造

225. 氢能制备与储运设备及检查系统制造

226. 新型重渣油气化雾化喷嘴、漏气率 0.5%及以下高效蒸汽疏水阀、1000℃及以上高温陶瓷换热器制造

227. 海上溢油回收装置制造

228. 低浓度煤矿瓦斯和乏风利用设备制造

229. 洁净煤技术产品的开发与利用及设备制造（煤炭气化、液化、水煤浆、工业型煤）

230. 大型公共建筑、高层建筑、石油化工设施、森林、山岳、水域和地下设施消防灭火救援技术开发与设备制造

231. 智能化紧急医学救援设备制造

232. 水文监测传感器制造

233. 核反应堆主工艺设备设计、研发和制造

（十九）汽车制造业

234. 汽车发动机制造及发动机研发机构建设：升功率不低于 70 千瓦的汽油发动机、升功率不低于 50 千瓦的排量 3 升以下柴油发动机、升功率不低于 40 千瓦的排量 3 升以上柴油发动机、燃料电池和混合燃料等新能源发动机

235. 汽车关键零部件制造及关键技术研发：双离合器变速器（DCT）、无级自动变速器（CVT）、电控机械变速器（AMT）、汽油发动机涡轮增压器、黏性联轴器（四轮驱动用）、自动变速器执行器（电磁阀）、液力缓速器、电涡流缓速器、汽车安全气囊用气体发生器、燃油共轨喷射技术（最大喷射压力大于 2000 帕）、可变截面涡轮增压技术（VGT）、可变喷嘴涡轮增压技术（VNT）、达到中国第六阶段污染物排放标准的发动机排放控制装置、智能扭矩管理系统（ITM）及耦合器总成、线控转向系统、颗粒捕捉器、低地板大型客车专用车桥、吸能式转向系统、大中型客车变频空调系统、汽车用特种橡胶配件，以及上述零部件的关键零件、部件

236. 汽车电子装置制造与研发：发动机和底盘电子控制系统及关键零部件，车载电子技术（汽车信息系统和导航系统），汽车电子总线网络技术，电子控制系 统的输入（传感器和采样系统）输出（执行器）部件，电动助力转向系统电子控制 器，嵌入式电子集成系统、电控式空气弹簧，电子控制式悬挂系统，电子气门系统装置，电子组合仪表，ABS/TCS/ESP 系统，电路制动系统（BBW），变速器电控单元（TCU），轮胎气压监测系统（TPMS），车载故障诊断仪（OBD），发动机 防盗系统，自动避撞系统，汽车、摩托车型试验及维修用检测系统，自动驾驶系统、车载电子操作系统、车载电子操作系统应用程序开发（APP）、抬头显示技术、智 能网联汽车避让转向辅助系统、碰撞报警系统（FCW）、自动制动控制系统（ABC）、自动紧急制动系统（AEB）、车联网技术

237. 新能源汽车关键零部件制造及研发：能量型动力电池单体；电池正极材料（比容量≥180mAh/g，循环寿命 2000 次不低于初始放电容量的 80%），电池负极材料（比容量≥500mAh/g,循环寿命 2000 次不低于初始放电容量的 80%）、电池隔膜（厚度≤12μm，孔隙率 35%～60%）；电池管理系统，电机控制器，电动汽车电控集成；电动汽车驱动电机系统（高效区：85%工作区效率≥80%），车用 DC/DC（输入电压

100V~400V)，大功率电子器件（IGBT，电压等级≥750V，电流≥300A）；插电式混合动力机电耦合驱动系统；燃料电池发动机（质量比功率≥350W/kg）、燃料电池堆（体积比功率≥3kW/L）、膜电极（铂用量≤0.3g/kW）、质子交换膜（质子电导率≥0.08S/cm）、双极板（金属双极板厚度≤1.2mm，其他双极板厚度≤1.6mm）、低铂催化剂、碳纸（电阻率≤3mΩ·cm）、空气压缩机、氢气循环泵、氢气引射器、增湿器、燃料电池控制系统、升压 DC/DC、70MPa 氢瓶、车载氢气浓度传感器；电动汽车用热泵空调；电机驱动控制专用 32 位及以上芯片（不少于 2 个硬件内核，主频不低于 180MHz，具备硬件加密等功能，芯片设计符合功能安全 ASIL C 以上要求）；一体化电驱动总成（功率密度≥2.5kW/kg）；高速减速器(最高输入转速≥12000rpm，噪声低于 75dB)

238. 车载充电机（满载输出工况下效率≥95%）、双向车载充电机、非车载充电设备（输出电压250V~950V，电压范围内效率≥88%）和高功率密度、高转换效率、高适用性无线充电、移动充电技术开发及装备制造

239. 智能汽车关键零部件制造及研发：传感器、车载芯片、中央处理器、车载操作系统和信息控制系统、车网通信系统设备、视觉识别系统、高精度定位装置、线控底盘系统；新型智能终端模块、多核异构智能计算平台技术、全天候复杂交通 场景高精度定位和地图技术、传感器融合感知技术、车用无线通信关键技术、基础 云控平台技术；新型安全隔离架构技术、软硬件协同攻击识别技术、终端芯片安全 加密和应用软件安全防护技术、无线通信安全加密技术、安全通讯及认证授权技术、数据加密技术；测试评价体系架构研发，虚拟仿真、实车道路测试等技术和验证工 具，整车级和系统级测试评价方法，测试基础数据库建设

（二十）铁路、船舶、航空航天和其他运输设备制造业

240. 达到中国摩托车第四阶段污染物排放标准的大排量（排量>250mL）摩托车发动机排放控制装置制造

241. 民用飞机设计、制造与维修：干线、支线飞机，通用飞机

242. 民用飞机零部件制造与维修

243. 民用直升机设计与制造

244. 民用直升机零部件制造

245. 地面、水面效应航行器制造及无人机、浮空器设计与制造

246. 航空发动机及零部件、航空辅助动力系统设计、制造与维修

247. 航空航天用新型材料开发、生产

248. 民用航空机载设备设计与制造

249. 航空地面设备制造：民用机场设施、民用机场运行保障设备、飞行试验地面设备、飞行模拟与训练设备、航空测试与计量设备、航空地面试验设备、机载设备综合测试设备、航空制造专用设备、航空材料试制专用设备、民用航空器地面接收及应用设备、运载火箭地面测试设备、运载火箭力学及环境实验设备

250. 民用卫星设计与制造，民用卫星有效载荷制造

251. 民用卫星零部件制造

252. 星上产品检测设备制造

253. 豪华邮轮及深水（3000 米以上）海洋工程装备的设计

254. 海底矿产资源开发装备的设计

255. 船舶低、中速柴油机及其零部件的设计

256. 船舶舱室机械的设计

257. 船舶通讯导航设备的设计

258. 游艇的设计

259. 智能船舶的设计及相关智能系统的研发

（二十一）电气机械和器材制造业

260. 100 万千瓦超超临界火电机组用关键辅机设备制造：安全阀、调节阀

261. 钢铁行业烧结机脱硝技术装备制造

262. 火电设备的密封件设计、制造

263. 燃煤电站、水电站设备用大型铸锻件制造

264. 水电机组用关键辅机设备制造

265. 输变电设备及关键组部件制造

266. 新能源发电成套设备或关键设备制造：光伏发电、光热发电、地热发电、潮汐发电、波浪发电、垃圾发电、沼气发电、2.5 兆瓦及以上风力发电设备

267. 斯特林发电机组制造

268. 直线和平面电机及其驱动系统开发与制造

269. 高技术绿色电池制造：动力镍氢电池、锌镍蓄电池、钠盐电池、锌银蓄电池、锂离子电池、太阳能电池、燃料电池等

270. 电动机采用直流调速技术的制冷空调用压缩机、采用 CO_2 自然工质制冷空调压缩机、应用可再生能源（空气源、水源、地源）制冷空调设备制造

271. 太阳能空调、采暖系统、太阳能干燥装置制造

272. 生物质干燥热解系统、生物质气化装置制造

273. 交流调频调压牵引装置制造

（二十二）计算机、通信和其他电子设备制造业

274. 高清数字摄录机、数字放声设备制造

275. TFT-LCD、OLED、AMOLED、激光显示、量子点、3D 显示等平板显示屏、显示屏材料制造（6 代及 6 代以下 TFT-LCD 玻璃基板除外）

276. 电子书材料（电子墨水屏等）的研发与制造

277. 直径 200mm 以上硅单晶及抛光片生产

278. 300mm 以上大硅片的制造

279. 大屏幕彩色投影显示器用光学引擎、光源、投影屏、高清晰度投影管和微显投影设备模块等关键件制造

280. 数字音、视频编解码设备，数字广播电视演播室设备，数字有线电视系统设备，数字音频广播发射设备，数字电视上下变换器，数字电视地面广播单频网（SFN）设备，卫星数字电视上行站设备制造

281. 集成电路设计，线宽 28 纳米及以下大规模数字集成电路制造，0.11 微米及以下模拟、数模集成电路制造，MEMS 和化合物半导体集成电路制造及 BGA、PGA、FPGA、CSP、MCM 等先进封装与测试

282. 大中型电子计算机、万万亿次高性能计算机、便携式微型计算机、大型模拟仿真系统、工业控制机及控制器制造

283. 量子、类脑等新机理计算机系统的研究与制造

284. 超大规模集成电路制造用刻蚀机、PVD、CVD、氧化炉、清洗机、扩散炉、MFC 等

285. 芯片封装设备制造

286. 计算机数字信号处理系统及板卡制造

287. 图形图像识别和处理系统制造

288. 大容量光、磁盘驱动器及其部件开发与制造

289. 100TB 及以上存储系统制造、8TB 及以上 SSD 固态硬盘制造及智能化存储设备制造

290. 计算机辅助设计（三维 CAD）、电子设计自动化（EDA）、辅助测试（CAT）、辅助制造（CAM）、辅助工程（CAE）系统及其他计算机应用系统制造

291. 软件产品开发、生产

292. 电子专用材料开发与制造（光纤预制棒开发与制造除外）

293. 电子专用设备、测试仪器、工模具制造

294. 新型电子元器件制造：片式元器件、敏感元器件及传感器、频率控制与选择元件、混合集成电路、电力电子器件、光电子器件、新型机电元件、高分子固体电容器、超级电容器、无源集成元件、高密度互连积层板、单层、双层及多层挠性板、刚挠印刷电路板及封装载板、高密度高细线路（线宽/线距≤0.05mm）柔性电路板

295. 触控系统（触控屏幕、触控组件等）制造及组装

296. 虚拟现实（VR）、增强现实（AR）设备研发与制造

297. 发光效率 140lm/W 以上高亮度发光二极管、发光效率 140lm/W 以上发光二极管外延片（蓝光）、发光效率 140lm/W 以上且功率 200mW 以上白色发光管制造

298. 高密度数字光盘机用关键件开发、生产

299. 可录类光盘生产

300. 3D 打印设备及其关键零部件研发与制造

301. 卫星通信系统设备制造

302. 光通信测量仪表、速率 40Gbps 及以上光收发器制造

303. 超宽带（UWB）通信设备制造

304. 无线局域网（含支持 WAPI）、广域网设备制造

305. 100Gbps 及以上速率时分复用设备（TDM）、密集波分复用设备（DWDM）、宽带无源网络设备（包括 EPON、GPON、WDM-PON 等）、下一代 DSL 芯片及设备、光交叉连接设备（OXC）、自动光交换网络设备（ASON）、40Gbps 以上 SDH 光纤通信传输设备制造

306. 基于 IPv6 的下一代互联网系统设备、终端设备、检测设备、软件、芯片开发与制造

307. 第四代及后续移动通信系统手机、基站、核心网设备以及网络检测设备开发与制造

308. 应用于第五代移动终端（手机、汽车、无人机、虚拟现实与增强显示等）的视觉传感器（数字相机、数字摄像头、3D 传感器、激光雷达、毫米波雷达等）及其核心元组件（光学镜片与镜头、激光器、感光芯片、马达、光电模块等）的开发与制造

309. 云计算设备、软件和系统开发

310. 整机处理能力大于 6.4Tbps（双向）的高端路由器、交换容量大于 40Tbps 的交换机开发与制造

311. 空中交通管制系统设备制造

312. 基于声、光、电、触控等计算机信息技术的中医药电子辅助教学设备，虚拟病理、生理模型人设备的开发与制造

（二十三）仪器仪表制造业

313. 土壤墒情监测设备制造

314. 工业过程自动控制系统与装置制造：现场总线控制系统，大型可编程控制器（PLC），两相流量计，固体流量计，新型传感器及现场测量仪表

315. 大型精密仪器、高分辨率显微镜（分辨率小于 200nm）开发与制造

316. 高精度数字电压表、电流表制造（显示量程七位半以上）

317. 无功功率自动补偿装置制造

318. 安全生产新仪器设备制造

319. VXI 总线式自动测试系统（符合 IEEE1155 国际规范）制造

320. 煤矿井下监测及灾害预报系统、煤炭安全检测综合管理系统开发与制造

321. 工程测量和地球物理观测设备制造

322. 环境监测仪器制造

323. 无线远传智能水表制造

324. 水库大坝安全智能监控仪器制造

325. 水文数据采集、处理与传输和防洪预警仪器及设备制造

326. 海洋勘探监测仪器和设备制造
327. 市政管网和输水管道渗漏监测仪器制造
328. 核仪器、仪表研发和制造
（二十四）废弃资源综合利用业
329. 煤炭洗选及粉煤灰（包括脱硫石膏）、煤矸石等综合利用
330. 全生物降解材料的生产
331. 废旧电器电子产品、汽车、机电设备、橡胶、金属、电池回收处理
332. 赤泥及其他冶炼废渣综合利用

四、电力、热力、燃气及水生产和供应业

333. 单机 60 万千瓦及以上超超临界机组电站的建设、经营
334. 采用背压型热电联产、热电冷多联产、30 万千瓦及以上超（超）临界热电联产机组电站的建设、经营
335. 缺水地区单机 60 万千瓦及以上大型空冷机组电站的建设、经营
336. 整体煤气化联合循环发电等洁净煤发电项目的建设、经营
337. 单机 30 万千瓦及以上采用流化床锅炉并利用煤矸石、中煤、煤泥等发电项目的建设、经营
338. 发电为主的大型水电站及抽水蓄能电站建设、经营
339. 核电站的建设、经营
340. 新能源电站（包括太阳能、风能、地热能、潮汐能、潮流能、波浪能、生物质能等）建设、经营
341. 重要负荷中心且气源有保障地区天然气调峰电站、天然气分布式能源站的建设、经营
342. 燃气发电与可再生发电互补系统开发与应用
343. 电网的建设、经营
344. 使用天然气、电力和可再生能源驱动的区域供能（冷、热）项目的建设、经营
345. 海水利用（海水直接利用、海水淡化）、苦咸水利用
346. 供水厂建设、经营
347. 再生水厂建设、经营
348. 污水处理厂建设、经营
349. 机动车充电站、电池更换站建设、经营
350. 加氢站建设、经营

五、交通运输、仓储和邮政业

351. 铁路干线路网及铁路专用线的建设、经营
352. 城际铁路、市域（郊）铁路、资源型开发铁路和支线铁路及其桥梁、隧道、轮渡和站场设施的建设、经营
353. 高速铁路、城际铁路基础设施综合维修
354. 公路、独立桥梁和隧道的建设、经营
355. 公路货物运输公司
356. 港口公用码头设施的建设、经营
357. 民用机场的建设、经营
358. 公共航空运输公司
359. 农、林、渔业通用航空公司
360. 国际海上运输公司
361. 国际集装箱多式联运业务

362. 输油（气）管道、油（气）库的建设、经营
363. 煤炭管道运输设施的建设、经营
364. 自动化高架立体仓储设施，包装、加工、配送业务相关的仓储一体化设施建设、经营
365. 与快递服务相关科技装备及绿色包装研发应用

六、批发和零售业

366. 一般商品的共同配送、鲜活农产品冷链物流和特殊药品低温配送等物流及相关技术服务的提供和运用
367. 农村连锁配送
368. 托盘及集装单元共用系统建设、经营

七、信息传输、软件和技术服务业

369. 电子商务系统开发与应用服务

八、租赁和商务服务业

370. 国际经济、科技、环保、物流信息、商务、会计、税务咨询服务
371. 工程咨询服务
372. 以承接服务外包方式从事系统应用管理和维护、信息技术支持管理、银行后台服务、财务结算、软件开发、离岸呼叫中心、数据处理等信息技术和业务流程外包服务
373. 创业投资企业
374. 知识产权服务
375. 家庭服务业

九、科学研究和技术服务业

376. 生物工程与生物医学工程技术、生物质能源开发技术
377. 智能器件、机器人、神经网络芯片、神经元传感器等人工智能技术开发与应用
378. 同位素、辐射及激光技术
379. 海洋开发及海洋能开发技术、海洋化学资源综合利用技术、相关产品开发和精深加工技术、海洋医药与生化制品开发技术
380. 海洋监测技术（海洋浪潮、气象、环境监测）、海底探测与大洋资源勘查评价技术
381. 综合利用海水淡化后的浓海水制盐、提取钾、溴、镁、锂及其深加工等海水化学资源高附加值利用技术
382. 海上石油污染清理与生态修复技术及相关产品开发，海水富营养化防治技术，海洋生物爆发性生长灾害防治技术，海岸带生态环境修复技术
383. 节能环保和循环经济技术开发与应用
384. 资源再生及综合利用技术、企业生产排放物的再利用技术开发与应用
385. 环境污染治理及监测技术
386. 清洁生产技术开发与服务
387. 碳捕集、利用与封存（CCUS）技术开发与服务
388. 绿色建筑节地与室外环境、节能与能源利用、节水与水资源利用、节材与材料资源利用、室内环境与运行管理综合技术开发与利用
389. 放射性废物处理技术开发与应用
390. 化纤生产及印染加工的节能降耗、三废治理新技术
391. 磷石膏综合利用技术开发与应用

392. 防沙治沙与沙荒修复技术
393. 草畜平衡综合管理技术
394. 现代畜牧业废弃物资源化综合利用技术开发与应用
395. 农药新型施药技术开发与应用
396. 民用卫星应用技术
397. 检验检测认证服务
398. 研究开发中心
399. 高新技术、新产品开发与企业孵化中心
400. 物联网技术开发与应用
401. 工业设计、建筑设计、服装设计等创意产业
402. 城乡规划编制服务（城市、镇总体规划服务除外）

十、水利、环境和公共设施管理业

403. 河道、湖泊水环境治理、水生态修复和管理保护与经营
404. 城市封闭型道路的建设、经营
405. 城市地铁、轻轨等轨道交通的建设、经营
406. 垃圾处理厂，危险废物处理处置厂（焚烧厂、填埋场）及环境污染治理设施的建设、经营
407. 城市停车设施建设、经营
408. 出租车、有轨电车、公交等公共交通系统的建设及运营

十一、教育

409. 非学制类职业培训机构

十二、卫生和社会工作

410. 老年人、残疾人和儿童服务机构
411. 养老机构
412. 医疗机构

十三、文化、体育和娱乐业

413. 演出场所经营
414. 体育场馆经营、健身、竞赛表演及体育培训和中介服务
415. 旅游基础设施建设及旅游信息服务

中西部地区外商投资优势产业目录

山西省

1. 牧草饲料作物种植及深加工
2. 小杂粮、马铃薯种植及产品开发、生产
3. 退耕还林还草、天然林保护等国家重点生态工程后续产业开发
4. 节水灌溉和旱作节水技术、保护性耕作技术开发与应用
5. 矿区生态系统恢复与重建工程
6. 非金属矿（高岭土、石灰石、硅石、石英砂）综合利用（勘探、开采除外）
7. 煤层气和煤炭伴生资源综合开发利用

8. 煤制液体燃料生产

9. 焦炭副产品综合利用

10. 棉、毛、麻、丝、化纤的高档纺织、针织及服装加工生产和相关产品的研发、检测

11. 天然药、原料药、中成药的深加工

12. 包装装潢印刷品印刷

13. 高档玻璃制品、高技术陶瓷（含工业陶瓷）技术开发和产品生产

14. 特殊品种（超白、超薄、在线 Low-E、中空、超厚）优质浮法玻璃技术开发及深加工

15. 不锈钢制品生产

16. 汽车零部件制造：六档以上自动变速箱、商用车用高功率密度驱动桥、随动前照灯系统、LED 前照灯、轻量化材料应用、离合器、液压减震器、中控盘总成、座椅、电机及控制系统、主动安全及自动驾驶控制系统、燃料电池系统

17. 高速列车用钢、非晶带材等钢铁新材料的开发、生产

18. 铝合金材料及制品生产

19. 钢丝绳芯橡胶输运带生产

20. 液压技术系统及模具生产

21. 旱地、山地中小农业机械及配套机具制造

22. 三轴以上联动的高速、精密数控机床及配套数控系统、伺服电机及驱动装置、功能部件、刀具、量具、量仪及高档磨具磨料生产

23. 大型煤矿综采设备和防爆机电产品生产

24. 核电物料转运设备及其配套件生产

25. 新型医疗器械设备及医用材料生产加工

26. 第三代及后续移动通信系统手机零部件生产

27. 洗中煤、焦炉煤气余热发电、供热等综合利用

28. 火电厂废弃物等的综合利用

29. 物流业务相关的仓储设施建设和商贸服务

30. 宽带业务和增值电信业务（限于中国入世承诺开放的电信业务）

31. 公路旅客运输公司

32. 城市燃气、热力和供排水管网建设、经营

33. 中等高等职业院校（含技工院校）

34. 汽车加气站建设和运营

35. 艺术表演培训和中介服务及文化用品、设备等产业化开发

36. 旅游景区（点）保护、开发和经营及其配套设施建设

内蒙古自治区

1. 标准化设施蔬菜基地、集约化蔬菜育苗场建设

2. 绿色农畜产品（乳、肉、绒、皮毛、粮油、马铃薯、果蔬）生产及加工

3. 退耕还林还草、退牧还草、天然林保护、退田还湖、退耕还湿、荒漠化防治等国家重点生态工程后续产业开发

4. 节水灌溉和旱作节水技术、保护性耕作、中低产田改造、盐碱地改良等技术开发与应用

5. 铜、铅、锌、镁、铝等有色金属精深加工

6. 非金属矿（高岭土、红柱石、膨润土、白云石、石墨、珍珠岩、沸石）综合利用、精加工及应用（勘探、开采除外）

7. 棉、毛、绒、麻、丝、化纤的高档纺织、针织及服装生产加工和相关产品的研发、检测

8. 煤层气和煤炭伴生资源综合开发利用

9. 天然气下游化工产品开发和利用（列入《天然气利用政策》限制类和禁止类的除外）

10. 利用乙烯与氯气通过氧氯化法生产30万吨/年以上PVC，废盐酸制氯气等综合利用技术开发及利用

11. 高性能硅油、硅橡胶、树脂，高品质氟树脂，高性能氟橡胶，含氟精细化学品和高品质含氟无机盐等开发、生产

12. 硅材料生产及其应用

13. 动植物药材资源开发、保护和可持续利用：内蒙古道地药材和特色蒙药材种植基地建设、濒危药用植物保育基地建设、种子种苗基地建设、道地药材提取物工厂研发中心建设

14. 少数民族特需用品、工艺美术品、包装容器材料及日用玻璃制品及代表民族特色的旅游商品纪念品生产

15. 碳纤维产品生产及其应用

16. 天然气压缩机（含煤层气压缩机）制造

17. 蒙医药、蒙医医疗设备研究与开发

18. 汽车整车制造，专用汽车（不包括普通半挂车、自卸车、罐式车、厢式车和仓栅式汽车）制造（须执行《汽车产业投资管理规定》）

19. 汽车零部件制造：六档以上自动变速箱、商用车用高功率密度驱动桥、随动前照灯系统、LED前照灯、轻量化材料应用（高强钢、铝镁合金、复合塑料、粉末冶金、高强度复合纤维等）、离合器、液压减震器、中控盘总成、座椅

20. 大型储能技术研发与生产应用（蓄能电池、抽水蓄能技术、空气储能技术、风电与后夜供热等）

21. 太阳能、风能发电设备及零部件制造

22. 洗中煤、焦炉煤气余热发电、供热等综合利用

23. 宽带业务和增值电信业务（限于中国入世承诺开放的电信业务）

24. 公路旅客运输公司

25. 汽车加气站建设和运营

26. 城市燃气、热力和供排水管网建设、经营

27. 学前、普通高中和高等教育机构

28. 动漫创作、制作及衍生品开发

29. 文化演出场所建设、艺术表演培训等服务

30. 体育场馆设施建设、体育赛事运营及体育健身休闲服务

31. 健康医疗旅游开发

32. 冰雪、森林、草原、沙漠生态旅游资源开发、建设和经营

33. 旅游景区（点）保护、开发和经营及其配套设施建设

辽宁省

1. 节水灌溉和旱作节水技术、保护性耕作技术开发与应用

2. 退耕还林还草等国家重点生态工程后续产业开发

3. 镁、锆石加工及综合利用

4. 棉、毛、麻、丝、化纤的高档纺织、针织及服装加工生产和相关产品的研发、检测

5. 天然药、原料药、中成药的深加工

6. 高性能子午线轮胎的生产：无内胎载重子午胎，低断面和扁平化（低于55系列）、大轮辋高性能轿车子午胎（15寸以上），航空轮胎及农用子午胎

7. 金属包装、自动化立体仓库及仓储物流设备制造

8. 环保设备（大气、污水、固废处理设备）制造及其解决方案应用

9. 智能测控装置及关键零部件制造

10. 高档数控机床伺服装置制造

11. 汽车零部件制造：六档以上自动变速箱、商用车用高功率密度驱动桥、随动前照灯系统、LED 前照灯、轻量化材料应用（高强钢、铝镁合金、复合塑料、粉末冶金、高强度复合纤维等）、离合器、液压减震器、中控盘总成、座椅、汽车主被动安全保护装置、汽车启停电机、新能源汽车驱动装置及控制系统

12. 医疗设备及关键部件开发、生产

13. 高精度铜、铝及合金板带材深加工

14. 非易失性存储器设计、研发及制造

15. 数字医疗系统、社区护理、个人健康维护相关产品开发与应用

16. 大型储能技术研发与生产应用（蓄能电池、抽水蓄能技术、空气储能技术、风电与后夜供热等）

17. 生物质能开发、生产和利用

18. 宽带业务和增值电信业务（限于中国入世承诺开放的电信业务）

19. 城市燃气、热力和供排水管网建设、经营

20. 汽车加气站建设和运营

21. 节约用水技术改造、技术研发和推广应用

22. 数字视听与数字家庭产品（有线电视网络、网络视听节目服务除外）

23. 旅游景区（点）保护、开发和经营及其配套设施建设

24. 经国家投资主管部门批准的资源枯竭型城市资源精深加工和接续产业等项目

吉林省

1. 节水灌溉和旱作节水技术、保护性耕作技术开发与应用

2. 谷子、高粱、燕麦、藜麦、绿豆、红小豆等杂粮杂豆农产品开发、生产

3. 人参、鹿茸、山葡萄、果仁、山野菜、蓝莓、菌类、林蛙、柞蚕、蜂蜜等长白山特色生态食品、饮品的开发和加工

4. 饮用天然矿泉水生产

5. 硅藻土资源开发及综合利用（勘探、开采除外）

6. 棉、毛、麻、丝、化纤的高档纺织、针织及服装加工生产和相关产品的研发、检测

7. 褐煤蜡萃取

8. 动植物药材资源开发、保护和可持续利用

9. 草铵膦及草铵膦中间体的开发、生产

10. 特殊品种（超白、超薄、在线 Low-E、中空、超厚）优质浮法玻璃技术开发及深加工

11. 碳纤维原丝、碳纤维生产及其生产所需辅助材料、碳纤维复合材料及其制品生产

12. 玄武岩纤维新材料的生产、开发

13. 高性能子午线轮胎的生产：无内胎载重子午胎，低断面和扁平化（低于 55 系列）、大轮辋高性能轿车子午胎（15 寸以上），航空轮胎及农用子午胎

14. 铝合金材料及制品生产

15. LED、新型元器件等节能产品

16. 现代中药制品生产

17. 医疗设备及关键部件开发、生产

18. 冰雪体育和旅游用品生产

19. 索道缆车、游乐设施等旅游装备制造

20. 换热器设备的生产制造

21. 汽车零部件制造：六档以上自动变速箱、商用车用高功率密度驱动桥、随动前照灯系统、LED 前照灯、轻量化材料应用（高强钢、铝镁合金、复合塑料、粉末冶金、高强度复合纤维等）、离合器、液压减震器、中控盘总成、座椅

22. 专用汽车（不包括普通半挂车、自卸车、罐式车、厢式车和仓栅式汽车）制造（须执行《汽车产业投资管理规定》）

23. 生物质能开发、生产和利用

24. 宽带业务和增值电信业务（限于中国入世承诺开放的电信业务）

25. 公路旅客运输公司

26. 汽车金融服务

27. 城市燃气、热力和供排水管网建设、经营

28. 学前、普通高中和高等教育机构

29. 动漫创作、制作及衍生品开发

30. 冰雪旅游资源开发及滑雪场、酒店等配套设施建设、经营

31. 旅游景区（点）保护、开发和经营及其配套设施建设

32. 温泉资源开发及温泉度假村建设、经营

33. 观光农业、休闲农业的开发和经营及其配套设施建设

34. 大型主题公园的建设、经营

35. 经国家投资主管部门批准的资源枯竭型城市资源精深加工和接续产业等项目

黑龙江省

1. 退耕还林还草、天然林保护等国家重点生态工程后续产业开发
2. 节水灌溉和旱作节水技术、保护性耕作技术开发与应用
3. 矿区生态系统恢复与重建工程
4. 利用境外资源的木材加工
5. 饮用天然矿泉水生产
6. 日处理甜菜 3000 吨及以上甜菜制糖及副产品综合利用
7. 马铃薯深加工
8. 绿色食品生产
9. 营养性豆奶粉、传统豆制品、功能性蛋白产品、大豆磷脂等非转基因大豆制品生产和加工
10. 天然药、原料药、中成药的深加工
11. 少数民族特需用品、工艺美术品及代表民族特色的旅游商品纪念品生产
12. 冰雪体育和旅游用品生产
13. 工艺陶瓷生产
14. 石墨的高端应用和精深加工
15. 非金属矿（高岭土、石灰石、硅石、石英砂）综合利用（勘探、开采除外）
16. 硅基及光伏新材料开发、生产
17. 钛矿冶炼及钛制品加工
18. 切削刀具、量具、刃具制造
19. 现代农业装备及配套农机具的生产：大马力拖拉机配套零部件、水稻插秧机及其他种植机械、玉米收获机、谷物联合收获机、其他收获机及配套零部件
20. 高性能子午线轮胎的生产：无内胎载重子午胎，低断面和扁平化（低于 55 系列）、大轮辋高性能轿车子午胎（15 寸以上），航空轮胎及农用子午胎
21. 燃气轮机研发与制造
22. 汽车零部件制造：六档以上自动变速箱、商用车用高功率密度驱动桥、随动前照灯系统、LED 前照灯、轻量化材料应用（高强钢、铝镁合金、复合塑料、粉末冶金、高强度复合纤维等）、离合器、液压减震器、中控盘总成、座椅
23. 医疗设备及关键部件开发、生产

24. 生物质能开发、生产和利用
25. 核电装备的生产：核电电机、电缆、核岛堆内构件等关键配套部件研发生产
26. 电网智能管理控制系统设备制造
27. 宽带业务和增值电信业务（限于中国入世承诺开放的电信业务）
28. 公路旅客运输公司
29. 汽车加气站建设和运营
30. 物流业务相关的仓储设施建设和商贸服务
31. 跨境电子商务零售中心和大宗商品进出口分拨物流中心建设
32. 学前、普通高中和高等教育机构
33. 城市燃气、热力和供排水管网建设、经营
34. 动漫创作、制作及衍生品开发
35. 文化演出、艺术表演培训和中介服务等产业化开发
36. 体育场馆设施建设、体育赛事运营及体育健身休闲服务
37. 森林、冰雪旅游资源开发及滑雪场建设、经营
38. 旅游景区（点）保护、开发和经营及其配套设施建设
39. 观光农业、休闲农业的开发和经营及配套设施建设
40. 经国家投资主管部门批准的资源枯竭型城市资源精深加工和接续产业等项目

安徽省

1. 节水灌溉和旱作节水技术、保护性耕作技术开发与应用
2. 高岭土、煤层气（瓦斯）、矿井水及天然焦等煤炭伴生资源综合利用（勘探、开采除外）
3. 非金属矿（方解石、膨润土、高岭土、凹凸棒黏土、石灰石、石英砂）综合利用（勘查、开采除外）
4. 绿色食品生产
5. 棉、毛、麻、丝、化纤的高档纺织、针织及服装加工生产和相关产品的研发、检测
6. 皮鞋、运动鞋等整鞋制造
7. 天然药、原料药、中成药的深加工
8. 煤焦油深加工
9. 纳米材料等新材料研发与制造
10. 耐火材料生产
11. 铜、锌、铝等有色金属精深加工及综合利用
12. 高档无缝钢管、石油油井管制造
13. 包装装潢印刷品印刷
14. 特殊品种（超白、超薄、在线 Low-E、中空、超厚）优质浮法玻璃技术开发及深加工
15. 利用木薯、麻风树、橡胶籽等非粮植物为原料的生物液体燃料（燃料乙醇、生物柴油）生产
16. 高性能子午线轮胎的生产：卡车轮胎、无内胎载重子午胎，低断面和扁平化（低于 55 系列）、大轮辋高性能轿车子午胎（15 寸以上），航空轮胎及农用子午胎
17. 汽车零部件制造：六档以上自动变速箱、商用车用高功率密度驱动桥、随动前照灯系统、LED 前照灯、轻量化材料应用（高强钢、铝镁合金、复合塑料、粉末冶金、高强度复合纤维、铝基复合材料等）、离合器、液压减震器、中控盘总成、座椅
18. 新型干法水泥成套设备制造
19. 电动叉车、30 吨以上液压挖掘机及零部件开发与制造
20. 燃气轮机研发与制造
21. 500 万吨/年及以上矿井、薄煤层综合采掘设备，1000 万吨级/年及以上大型露天矿关键装备；大

型冶金成套设备等重大技术装备用分散型控制系统（DCS）

22. 难选金属矿产选矿设备和大型冶金成套设备制造

23. 医疗设备及关键部件开发、生产

24. 家用电器、家电用板材及零部件制造

25. 半导体照明材料上下游产品及相关设备的研发与制造

26. 集成电路材料、装备、芯片制造及化合物半导体材料、器件研发、制造

27. 平板显示屏及上下游材料、零部件、装备的研发与制造

28. 智能语音、量子通信等设备研发与制造

29. 工程勘察设计、平面设计和自动控制系统设计等创意产业

30. 生物质能开发、生产和利用

31. 公路旅客运输公司

32. 高等教育机构

33. 动漫创作、制作及衍生品开发

34. 城市燃气、热力和供排水管网建设、经营

35. 旅游景区（点）保护、开发和经营及其配套设施建设

江西省

1. 脐橙、蜜橘、甜柚、茶叶、光皮树、油茶、苎麻、竹、山药、荞头、莲、葛等特色、优势植物及道地药材和药食两用作物种植及深加工

2. 饮用天然矿泉水生产

3. 铜矿选矿、伴生元素提取及精深加工及循环利用

4. 高岭土、粉石英、硅灰石、海泡石、化工用白云石等非金属矿产品精深加工

5. 棉、毛、麻、丝、化纤的高档纺织、针织及服装加工生产和相关产品的研发、检测

6. 木质家具设计、利用境外木材资源的木质家具加工

7. 皮鞋、运动鞋等整鞋制造

8. 单条化学木浆 30 万吨/年及以上、化学机械木浆 10 万吨/年及以上、化学竹浆 10 万吨/年及以上的林纸一体化生产线及相应配套的纸及纸板生产线（新闻纸、铜版纸除外）建设，采用清洁生产工艺、以非木纤维为原料、单条 10 万吨/年及以上的纸浆生产线建设

9. 年产 10 万吨以上利用木薯类植物的生物液体燃料生产

10. 利用钨、镍、钴、钽、铌等稀有金属资源深加工、应用产品生产及循环利用

11. 利用乙烯与氯气通过氧氯化法生产 30 万吨/年以上 PVC，废盐酸制氯气等综合利用技术开发及利用

12. 天然药、原料药、中成药的研发与生产，满足我国重大、多发性疾病防治需求的通用名药物首次开发和利用

13. 艺术陶瓷、日用陶瓷、工业陶瓷、特种陶瓷等高技术陶瓷的研发与生产

14. 高性能子午线轮胎的生产：无内胎载重子午胎，低断面和扁平化（低于 55 系列）、大轮辋高性能轿车子午胎（15 寸以上），航空轮胎及农用子午胎

15. 包装装潢印刷品印刷

16. 通讯终端产品及零部件的研发与生产

17. 新型电子元器件覆铜板制造

18. 汽车零部件制造：六档以上自动变速箱、商用车用高功率密度驱动桥、随动前照灯系统、LED 前照灯、轻量化材料应用（高强钢、铝镁合金、复合塑料、粉末冶金、高强度复合纤维等）、离合器、液压减震器、中控盘总成、座椅

19. 医疗设备及关键部件开发、生产

20. 空调、高效节能压缩机及零部件生产
21. 太阳能发电设备及零部件制造
22. 半导体芯片上下游产品研发与生产
23. 半导体照明材料上下游产品及相关设备的研发与制造
24. 锂电池等锂产品生产专用设备的研发与制造
25. 光学部件及镀膜技术的研发、应用及制造
26. 宽带业务和增值电信业务（限于中国入世承诺开放的电信业务）
27. 公路旅客运输公司
28. 汽车加气站建设和运营
29. 物流业务相关的仓储设施建设和商贸服务
30. 动漫创作、制作及衍生品开发
31. 养生休闲服务、休闲旅游等休闲产业
32. 旅游景区（点）保护、开发和经营及其配套设施建设

河南省

1. 优质粮油、茶、柳条等种植与加工
2. 退耕还林还草、天然林保护等国家重点生态工程后续产业开发
3. 节水灌溉和旱作节水技术、保护性耕作技术开发与应用
4. 镁、锌精深加工
5. 棉、毛、麻、丝、化纤的高档纺织、针织及服装加工生产和相关产品的研发、检测
6. 煤层气（煤矿瓦斯）抽采和利用技术产品开发、生产
7. 超硬材料产品生产
8. 铝合金材料及制品生产
9. 天然药、原料药、中成药的深加工
10. 数字化包装装潢印刷品印刷
11. 特殊品种（超白、超薄、在线 Low-E、中空、超厚）优质浮法玻璃技术开发及深加工
12. 高性能子午线轮胎的生产：无内胎载重子午胎，低断面和扁平化（低于 55 系列）、大轮辋高性能轿车子午胎（15 寸以上），航空轮胎及农用子午胎
13. 汽车零部件制造：六档以上自动变速箱、商用车用高功率密度驱动桥、随动前照灯系统、LED 前照灯、轻量化材料应用（高强钢、铝镁合金、复合塑料、粉末冶金、高强度复合纤维等）、离合器、液压减震器、中控盘总成、座椅
14. 三轴以上联动的高速、精密数控机床及配套数控系统、伺服电机及驱动装置、功能部件、刀具、量具、量仪及高档磨具磨料生产
15. 300 马力以上配备无级变速器轮式拖拉机，300 马力以上拖拉机关键零部件制造：无级变速拖拉机发动机、变速箱、液力联合控制系统、双输入双输出无级调速装置
16. 500 万吨/年及以上矿井、薄煤层综合采掘设备，1000 万吨级/年及以上大型露天矿关键装备；12000 米及以上深井钻机、极地钻机、高位移性深井沙漠钻机、沼泽难进入区域用钻机、海洋钻机、车装钻机、特种钻井工艺用钻机等钻机成套设备
17. 电能综合管理自动化设备制造
18. 智能手机、平板电脑等智能终端产品的技术开发、生产
19. 空调、电冰箱、高效节能压缩机及零部件制造
20. 生物医药技术开发、生产
21. 生物质能开发、生产和利用
22. 宽带业务和增值电信业务（限于中国入世承诺开放的电信业务）

23. 城市公共停车设施建设、经营
24. 公路货运场站设施的建设和运营
25. 汽车加气站建设和运营
26. 公路旅客运输公司
27. 跨境电子商务零售中心和大宗商品进出口分拨物流中心建设
28. 物流业务相关的仓储设施建设和商贸服务
29. 学前、普通高中和高等教育机构
30. 中等高等职业院校（含技工院校）
31. 动漫创作、制作及衍生品开发
32. 城市燃气、热力和供排水管网建设、经营
33. 观光农业、休闲农业的开发和经营及其配套设施建设
34. 健康医疗旅游开发
35. 旅游景区（点）保护、开发和经营及其配套设施建设

湖北省

1. 农作物新品种选育和种子生产
2. 茶叶种植、加工及收购服务
3. 保护性耕作技术开发与应用
4. 饮用天然矿泉水生产
5. 高档纺织品及服装工艺技术开发
6. 无纺布及医用纺织品生产
7. 动植物药材、保健品资源的开发、保护和可持续利用，植物花叶根茎产品研发、籽粒榨油深加工
8. 棉、毛、麻、丝、化纤的高档纺织、针织及服装加工生产和相关产品的研发、检测
9. 包装装潢印刷品印刷
10. 铜矿及其他有色金属产品延伸加工及循环利用
11. 特殊品种（超白、超薄、在线 Low-E、中空、超厚）优质浮法玻璃技术开发及深加工
12. 空调、高效节能压缩机及零部件制造
13. 汽车零部件开发与制造：六档以上自动变速箱、商用车用高功率密度驱动桥、随动前照灯系统、LED 前照灯、轻量化材料应用（高强钢、铝镁合金、碳纤维、复合塑料、粉末冶金、高强度复合纤维等）、离合器、液压减震器、中控盘总成、座椅、燃油共轨喷射系统相关产品、涡轮增压发动机、电机及控制系统、主动安全及自动驾驶控制系统
14. 车用压缩氢气塑料内胆碳纤维全缠绕气瓶
15. 高性能子午线轮胎的生产：无内胎载重子午胎，低断面和扁平化（低于 55 系列）、大轮辋高性能轿车子午胎（15 寸以上），航空轮胎及农用子午胎
16. 三轴以上联动的高速、精密数控机床及配套数控系统、伺服电机及驱动装置、功能部件、刀具、量具、量仪及高档磨具磨料生产
17. 特种钢丝绳、钢缆（平均抗拉强度>2200MPa）制造
18. 激光医疗设备开发与制造
19. 光电子技术和产品（含光纤预制棒、半导体发光二极管 LED）开发与制造
20. 医药化工原料废气、废液、废渣的综合利用
21. 食品安全追溯体系开发和建设
22. 生物质能开发、生产和利用
23. 大型储能技术研发与生产应用（蓄能电池、抽水蓄能技术、空气储能技术、风电与后夜供热等）
24. 宽带业务和增值电信业务（限于中国入世承诺开放的电信业务）

25. 公路旅客运输公司

26. 汽车加气站建设和运营

27. 物流业务相关的仓储设施建设和商贸服务

28. 动漫创作、制作及衍生品开发

29. 城市燃气、热力和供排水管网建设、经营

30. 旅游景区（点）保护、开发和经营及其配套设施建设

湖南省

1. 蔬菜、水果、畜禽产品的生产及深加工

2. 节水灌溉和旱作节水技术、保护性耕作技术开发与应用

3. 食品安全追溯体系开发和建设

4. 棉、毛、麻、丝、化纤的高档纺织、针织及服装加工生产和相关产品的研发、检测

5. 皮鞋、运动鞋等整鞋制造

6. 竹木家具制造

7. 高性能混凝土掺和剂

8. 锰锌精深加工

9. 铋化合物生产

10. 艺术陶瓷、日用陶瓷、工业陶瓷、特种陶瓷等高技术陶瓷的研发与生产

11. 天然药、中成药的深加工

12. 激素类药物深度开发

13. 特种（超白、超薄、在线 Low-E、中空、超厚等）优质玻璃技术开发及深加工

14. 高端建筑用热轧无缝钢管、核电用管、超临界高压锅炉用无缝钢管及成品油套管等大口径钢管材加工

15. 新型装配式建筑构件智能制造

16. 高性能子午线轮胎的生产：无内胎载重子午胎，低断面和扁平化（低于 55 系列）、大轮辋高性能轿车子午胎（15 寸以上），航空轮胎及农用子午胎

17. 硬质合金精深加工

18. 双金属高速锯切工具

19. 汽车零部件及汽车电子装置开发与制造：六档以上自动变速箱、商用车用高功率密度驱动桥、随动前照灯系统、LED 前照灯、轻量化材料应用（高强钢、铝镁合金、复合塑料、粉末冶金、高强度复合纤维等）、离合器、液压减震器、中 控盘总成、座椅、燃油共轨喷射系统相关产品、涡轮增压发动机、电机及控制系统、主动安全及自动驾驶控制系统

20. 三轴以上联动的高速、精密数控机床及配套数控系统、伺服电机及驱动装置、功能部件、刀具、量具、量仪及高档磨具磨料生产

21. 30 吨以上液压挖掘机、6 米及以上全断面掘进机、320 马力及以上履带推土机、6 吨及以上装载机、600 吨及以上架桥设备（含架桥机、运梁车、提梁机）、400 吨及以上履带起重机、100 吨及以上全地面起重机、钻孔 100 毫米以上凿岩台车、400 千瓦及以上砼冷热再生设备、1 米宽及以上铣刨机；关键零部件：动力换挡变速箱、湿式驱动桥、回转支承、液力变矩器、为电动叉车配套的电机、电控、压力 25 兆帕以上液压马达、泵、控制阀

22. 60C 及以上混凝土输送泵、50 米及以上混凝土泵车、混凝土布料机、混凝土搅拌运输车、混凝土喷射机械手；起升机械：塔式起重机、50 米及以上高空作业车、50 吨级以上轮胎吊；路面机械：12 米及以上沥青路面摊铺机、4 吨以上沥青混凝土搅拌设备、26 吨以上全液压压路机、垃圾收运和处理设备及系统等产品

23. 大型工程机械关键零部件：动力换挡变速箱、湿式驱动桥、回转支承、液力变矩器、为电动叉车

配套的电机、电控、压力25兆帕以上液压马达、泵、控制阀

24. 新型橡胶机械成套设备制造
25. 电子产品整机、光电子、电子材料、电子元器件、零部件的开发和制造
26. 太阳能发电设备及零部件制造
27. 宽带业务和增值电信业务（限于中国入世承诺开放的电信业务）
28. 公路旅客运输公司
29. 汽车加气站建设和运营
30. 物流业务相关的仓储设施建设和商贸服务
31. 动漫创作、制作及衍生品开发
32. 城市燃气、热力和供排水管网建设、经营
33. 文化演出场所建设、艺术表演培训等服务
34. 体育场馆设施建设、体育赛事运营及体育健身休闲服务
35. 健康医疗旅游开发
36. 旅游景区（点）保护、开发和经营及其配套设施建设

广西自治区

1. 农作物新品种选育和种子生产
2. 退耕还林还草等国家重点生态工程后续产业开发
3. 动植物药材资源开发、生产
4. 营养性豆奶粉、传统豆制品、功能性蛋白产品、大豆磷脂等非转基因大豆制品生产和加工
5. 日处理甘蔗5000吨及以上的蔗糖精深加工及副产品综合利用
6. 松香深加工
7. 棉、毛、麻、丝、化纤的高档纺织、针织及服装加工生产和相关产品的研发、检测
8. 石墨烯技术研发及应用
9. 不锈钢制品生产
10. 铜、铝合金材料及制品生产
11. 锌、锡、锑、钨、锰、铟等金属精深加工
12. 艺术陶瓷、日用陶瓷、工业陶瓷、特种陶瓷等高技术陶瓷的研发与生产
13. 生物医药技术开发、生产
14. 医疗器械设备研究与开发，医用材料生产与加工
15. 特殊品种（超白、超薄、在线Low-E、中空、超厚）优质浮法玻璃技术开发及深加工
16. 利用木薯、麻风树、橡胶籽等非粮植物为原料的生物液体燃料（燃料乙醇、生物柴油）生产
17. 高性能子午线轮胎的生产：无内胎载重子午胎，低断面和扁平化（低于55系列）、大轮辋高性能轿车子午胎（15寸以上），航空轮胎及农用子午胎
18. 汽车整车制造，专用汽车（不包括普通半挂车、自卸车、罐式车、厢式车和仓栅式汽车）制造（须执行《汽车产业投资管理规定》）
19. 汽车零部件制造：六档以上自动变速箱、商用车用高功率密度驱动桥、随动前照灯系统、LED前照灯、轻量化材料应用（高强钢、铝镁合金、复合塑料、粉末冶金、高强度复合纤维等）、离合器、液压减震器、中控盘总成、座椅
20. 甘蔗种植机、甘蔗收获机等农机具研发及制造
21. 大型工程机械关键零部件：动力换挡变速箱、湿式驱动桥、回转支承、液力变矩器、为电动叉车配套的电机、电控、压力25兆帕以上液压马达、泵、控制阀
22. 宽带业务和增值电信业务（限于中国入世承诺开放的电信业务）
23. 公路旅客运输公司

24. 汽车加气站建设和运营
25. 物流业务相关的仓储设施建设和商贸服务
26. 会展服务业
27. 中等高等职业院校（含技工院校）
28. 城市燃气、热力和供排水管网建设、经营
29. 动漫创作、制作及衍生品开发
30. 养生休闲服务、民族文化开发、休闲旅游等休闲产业
31. 健康医疗旅游开发
32. 旅游景区（点）保护、开发和经营及其配套设施建设

海南省

1. 农作物、畜禽优良品种选育和种苗生产
2. 水产品加工及副产品综合利用
3. 海防林恢复、天然林保护、节水灌溉和旱作节水等技术、开发与应用
4. 饮用天然矿泉水生产
5. 海南省中药、民族药的研发、生产
6. 海底矿物勘查、开采
7. 旅游工艺品创意设计及生产
8. 天然气下游化工产品开发和利用（列入《天然气利用政策》限制类和禁止类的除外）
9. 高性能子午线轮胎的生产：无内胎载重子午胎，低断面和扁平化（低于55系列）、大轮辋高性能轿车子午胎（15寸以上），航空轮胎及农用子午胎
10. 邮轮制造
11. 游艇的设计、制造和维修
12. 深水海洋工程设备制造
13. 高尔夫用具制造
14. 光电子技术和产品（含光纤预制棒、半导体发光二极管LED）开发与制造
15. 智能手机、平板电脑等智能终端产品及关键零部件的技术开发、生产
16. 航天相关设备制造
17. 宽带业务和增值电信业务（限于中国入世承诺开放的电信业务）
18. 公路旅客运输公司
19. 国际航线邮轮服务
20. 国际船舶代理、外轮理货
21. 国际会议展览业
22. 旅行社
23. 学前、普通高中和高等教育机构
24. 城市燃气、热力和供排水管网建设、经营
25. 第三方船舶管理
26. 汽车加气站建设和运营
27. 物流业务相关的仓储设施建设和商贸服务
28. 跨境电子商务零售中心和大宗商品进出口分拨物流中心建设
29. 电影院的建设、经营
30. 互联网上网服务营业场所
31. 动漫创作、制作及衍生品开发
32. 演出经纪机构

33. 文艺表演团体
34. 演出场所经营
35. 娱乐场所经营
36. 健康医疗旅游、体育旅游开发
37. 乡村民宿、旅居车旅游的开发和经营及配套设施建设
38. 观光农业、休闲农业的开发和经营及其配套设施建设
39. 旅游景区（点）保护、开发和经营及其配套设施建设
40. 海洋、热带雨林生态旅游资源（国家禁止外商投资的自然保护区等除外）开发、经营及其配套设施建设

重庆市

1. 农林牧渔特色产业发展、技术研发、产品加工及出口
2. 天然气下游化工产品生产和开发（列入《天然气利用政策》限制类和禁止类的除外）
3. 聚氨酯主要原料、组合料，高性能、高附加值聚氨酯、工程塑料及下游新材料创新应用产品开发和生产
4. 石墨烯、碳纤维（复合材料）等碳系材料的生产设备（气象沉淀、碳化烧结等）的研发制造，石墨烯、碳纤维（含复合材料）等碳系材料的研发生产及终端产品制造
5. 铝、镁精深加工
6. 页岩气装备制造和油气技术工程服务
7. 环保设备（大气、污水、固废处理设备）制造及其解决方案应用
8. 排气量 250mL 及以上高性能摩托车整车
9. 汽车整车制造，专用汽车（不包括普通半挂车、自卸车、罐式车、厢式车和仓栅式汽车）制造（须执行《汽车产业投资管理规定》）
10. 高性能子午线轮胎的生产：无内胎载重子午胎，低断面和扁平化（低于 55 系列）、大轮辋高性能轿车子午胎（15 寸以上），航空轮胎及农用子午胎以及列入《当前优先发展的高技术产业化重点领域指南》的子午线轮胎关键原材料
11. 汽车零部件制造：满足国六排放标准及以上的增压直喷汽油机/清洁高效柴油机/驱动系统零部件（离合器、减振器、双质量飞轮）、六档以上自动变速箱（AT、DCT、AMT）、座椅、传动轴、电动转向系统零部件、新能源专用发动机/变速器；新能源车用动力锂电池、驱动电机、电控系统、电制动、电仪表、能量回 收系统、电空调、远程监控系统等关键零部件；传动/安全/车身/行驶/信息控制系统、高级驾驶辅助系统（ADAS）、自动驾驶控制系统等智能汽车关键部件；DPF、GPF、SCR 等发动机后处理系统、替代燃料发动机 ECU 控制策略及软硬件、全新新能源汽车/轻量化底盘及车身；行业精密生产装备和相关基础设施生产制造；轻 量化材料应用（高强钢、铝镁合金、复合塑料、粉末冶金、高强度复合纤维等）、行业共性技术平台（汽车风洞、智能网联汽车测试评价、安全测试评价、轻量化、行业数据库、全球研发中心等）建设等
12. 天然气分布式能源燃气轮机、内燃机研发及制造
13. 太阳能发电设备及零部件制造
14. 线宽 0.25 微米以下大规模数字集成电路制造
15. 智能手机、平板电脑等智能终端产品的技术开发、生产
16. 显示屏、芯片制造用电子特气、化合物半导体、电子化学品生产与应用
17. 新型医疗器械设备及医用材料生产加工
18. 500 千伏及以上高压直流换流变压器研发及制造
19. 三级能效以上节能环保型家电整机，压缩机、电机、变频器、液晶面板等关键零部件生产，无线输电、裸眼 3D、体感输入等新技术开发

20. 半导体照明材料上下游产品及相关设备的研发与制造
21. 二氧化碳回收、一氧化碳等特殊工业气体制备及应用
22. FINEX 技术及高速、无头连轧
23. 高精度、高可靠性过程测量仪表，智能传感器
24. 会展服务业
25. 物流业务相关的仓储设施建设和商贸服务
26. 跨境电子商务零售中心和大宗商品进出口分拨物流中心建设
27. 宽带业务和增值电信业务（限于中国入世承诺开放的电信业务）
28. 学前、普通高中和高等教育机构
29. 城市燃气、热力和供排水管网建设、经营
30. 动漫创作、制作及衍生品开发
31. 旅行社经营、旅游景区（点）保护、开发和经营及其配套设施建设

四川省

1. 农林牧渔特色产业发展、技术研发、产品加工及出口（包括中药、红薯、柠檬，水果酿酒等）
2. 节水灌溉和旱作节水技术、保护性耕作技术开发与应用
3. 饮用天然矿泉水生产
4. 棉、毛、麻、丝、化纤的高档纺织、针织及服装加工生产和相关产品的研发、检测
5. 以境外木、藤为原材料的高端家具生产
6. 钒钛资源综合利用新技术和新产品研发制造
7. 天然气下游化工产品生产和开发（列入《天然气利用政策》限制类和禁止类的除外）
8. 含氟精细化学品和高品质含氟无机盐生产
9. 特殊品种（超白、超薄、在线 Low-E、中空、超厚）优质浮法玻璃技术开发及深加工
10. 石墨的高端应用和精深加工
11. 汽车整车制造，专用汽车（不包括普通半挂车、自卸车、罐式车、厢式车和仓栅式汽车）制造（须执行《汽车产业投资管理规定》）
12. 高性能子午线轮胎的生产：无内胎载重子午胎，低断面和扁平化（低于 55 系列）、大轮辋高性能轿车子午胎（15 寸以上），航空轮胎及农用子午胎
13. 汽车零部件制造：六档以上自动变速箱、商用车用高功率密度驱动桥、随动前照灯系统、LED 前照灯、轻量化材料应用（高强钢、铝镁合金、复合塑料、粉末冶金、高强度复合纤维等）、离合器、液压减震器、中控盘总成、座椅
14. 30 吨以上液压挖掘机、6 米及以上全断面掘进机、320 马力及以上履带推土机、6 吨及以上装载机、600 吨及以上架桥设备（含架桥机、运梁车、提梁机）、400 吨及以上履带起重机、100 吨及以上全地面起重机、钻孔 100 毫米以上凿岩台车、400 千瓦及以上砼冷热再生设备、1 米宽及以上铣刨机；关键零部件：动力换挡变速箱、湿式驱动桥、回转支承、液力变矩器、为电动叉车配套的电机、电控、压力 25 兆帕以上液压马达、泵、控制阀
15. 太阳能发电设备及零部件制造
16. 大型储能技术研发与生产应用（蓄能电池、抽水蓄能技术、空气储能技术、风电与后夜供热等）
17. 3000kW 以上大型、重型燃气轮机高温部件及控制系统研发制造
18. 半导体照明材料上下游产品及相关设备的研发与制造
19. 精密电子注塑产品开发、生产
20. 液晶电视、数字电视、节能环保电冰箱、智能洗衣机等高档家用电器制造
21. TFT-LCD、OLED 等平板显示屏、显示屏材料制造
22. 智能手机、平板电脑等智能终端产品及关键零部件的技术开发、生产

23. 新型电子元器件制造：高速、敏感电子（气）连接器制造和开发
24. 医疗及康复用器械、设备及关键部件开发、生产
25. 天然气压缩机（含煤层气压缩机）制造
26. 环保设备制造及其解决方案应用
27. 工业尾矿及工业生产废弃物及低品位、复杂、难处理矿的资源化利用
28. 工业过程自动控制系统与装置制造：现场总线控制系统，可编程控制器（PLC），两相流量计，固体流量计，新型传感器及现场测量仪表
29. 物流业务相关的仓储设施建设和商贸服务
30. 跨境电子商务零售中心和大宗商品进出口分拨物流中心建设
31. 宽带业务和增值电信业务（限于中国入世承诺开放的电信业务）
32. 道路运输
33. 卫生咨询、健康管理、医疗知识等医疗信息服务
34. 城市燃气、热力和供排水管网建设、经营
35. 动漫创作、制作及衍生品开发
36. 艺术表演培训和中介服务及文化用品、设备等产业化开发
37. 旅游景区（点）保护、开发和经营及其配套设施建设

贵州省

1. 退耕还林还草、天然林保护等国家重点生态工程后续产业开发
2. 节水灌溉和旱作节水技术开发与应用
3. 马铃薯、魔芋等产品深加工
4. 畜禽、辣椒、苦荞、山药、核桃深加工
5. 棉、毛、麻、丝、化纤的高档纺织、针织及服装加工生产和相关产品的研发、检测
6. 钛冶炼
7. 用先进技术对固定层合成氨装置进行优化节能技改
8. 利用甲醇开发 M100 新型动力燃料及合成氨生产尾气发展新能源
9. 利用工业生产二氧化碳废气发展工业级、食品级二氧化碳
10. 己二酸生产
11. 采用先进技术建设 30 万吨/年及以上煤制合成氨及配套尿素项目
12. 动植物药材资源开发、保护和可持续利用
13. 特殊品种（超白、超薄、在线 Low-E、中空、超厚）优质浮法玻璃技术开发及深加工
14. 铝等有色金属精深加工
15. 高性能铝合金系列产品开发
16. 新型短流程钢铁冶炼技术开发及应用
17. 非高炉冶炼技术（直接还原法）
18. 磨料磨具产品生产
19. 新型凿岩钎具的开发及用钢材料生产
20. 汽车整车制造，专用汽车（不包括普通半挂车、自卸车、罐式车、厢式车和仓栅式汽车）制造（须执行《汽车产业投资管理规定》）
21. 汽车零部件制造：六档以上自动变速箱、商用车用高功率密度驱动桥、随动前照灯系统、LED 前照灯、轻量化材料应用（高强钢、铝镁合金、复合塑料、粉末冶金、高强度复合纤维等）、离合器、液压减震器、中控盘总成、座椅
22. 有特色优势的特种工程机械、架桥铺路机械、破碎机械、液压基础件、数控机床、节能环保装备、4MW 燃气轮机及以下产品等开发及制造

23. 复式永磁电机抽油机系列化开发和产业化

24. 复杂地质条件的矿用开采、掘进、提升、井下运输等特种设备及产品的开发与制造

25. 适用于西部山区的轻便、耐用、低耗中小型耕种收和植保、节水灌溉、小型抗旱设备及粮油作物、茶叶、特色农产品等农业机械开发与制造

26. 太阳能发电设备及零部件制造

27. 宽带业务和增值电信业务（限于中国入世承诺开放的电信业务）

28. 公路旅客运输公司

29. 演出经纪机构

30. 城市燃气、热力和供排水管网建设、经营

31. 茅台生态带综合保护及赤水河流域遥感技术应用示范

32. 旅游景区（点）保护、开发和经营及其配套设施建设

云南省

1. 咖啡、茶叶、油茶的种植、开发、培育、销售、深加工及新品种的育种和推广

2. 新型天然橡胶开发与应用

3. 天然香料香精生产技术开发及制造

4. 退耕还林还草、天然林保护等国家重点生态工程后续产业开发

5. 高原湖泊保护、污染治理

6. 节水灌溉和旱作节水技术开发与应用

7. 有色金属精深加工

8. 水果、坚果、含油果、香料和饮料作物种植和深加工

9. 营养食品、保健食品开发和生产

10. 特色食用资源开发及应用

11. 符合生态与环保要求的亚麻加工、开发及副产品综合利用

12. 利用木薯、麻风树、橡胶籽等非粮植物为原料的生物液体燃料（燃料乙醇、生物柴油）生产

13. 棉、毛、麻、丝、化纤的高档纺织、针织及服装加工生产和相关产品的研发、检测

14. 动植物药材资源开发、保护和可持续利用

15. 以境外木、藤为原料的高端家具生产

16. 包装装潢及其他印刷

17. 民族特需品、特色工艺品及包装容器材生产

18. 工业大麻加工开发及副产品综合利用

19. 生物医药技术开发、生产

20. 特殊品种（超白、超薄、在线 Low-E、中空、超厚）优质浮法玻璃技术开发及深加工

21. 生物质能发电设备制造

22. 太阳能、风能发电设备及零部件制造

23. 汽车整车制造，专用汽车（不包括普通半挂车、自卸车、罐式车、厢式车和仓栅式汽车）制造（须执行《汽车产业投资管理规定》）

24. 宽带业务和增值电信业务（限于中国入世承诺开放的电信业务）

25. 汽车加气站建设和运营

26. 物流业务相关的仓储设施建设和商贸服务

27. 民族特色文化产业、艺术表演培训、中介服务，生态旅游资源开发（自然保护区和国际重要湿地的建设、经营除外）

28. 旅游景区（点）保护、开发和经营及其配套设施建设

西藏自治区

1. 退耕还林还草、天然林保护等国家重点生态工程后续产业开发
2. 节水灌溉和旱作节水技术开发与应用
3. 盐湖资源的开发利用
4. 饮用天然矿泉水生产
5. 牛羊绒、皮革产品深加工及藏毯生产
6. 花卉与苗圃基地的建设经营
7. 林下资源的培植技术研发和林下产品深加工
8. 青稞、牧草等农作物新技术的开发利用
9. 高原特色食品资源开发利用
10. 天然药、原料药、中成药的深加工
11. 藏药新品种、新剂型产品生产
12. 少数民族特需用品、工艺美术品、包装容器材料、日用玻璃制品及极具藏民族特色的旅游商品纪念品生产
13. 物流业务相关的仓储设施建设和商贸服务
14. 宽带业务和增值电信业务（限于中国入世承诺开放的电信业务）
15. 公路旅客运输公司
16. 城市燃气、热力和供排水管网建设、经营
17. 跨境电子商务零售中心和大宗商品进出口分拨物流中心建设
18. 观光农业、休闲农业的开发和经营及配套设施建设
19. 旅游景区（点）保护、开发和经营及其配套设施建设

陕西省

1. 农作物新品种选育和种子生产
2. 小杂粮、马铃薯、红薯、辣椒、苦荞、山药、核桃种植及产品开发、生产及深加工
3. 退耕还林还草、天然林保护、水源地保护等国家重点生态工程后续产业开发
4. 节水灌溉和旱作节水技术、保护性耕作技术和设施农业技术开发与应用
5. 棉、毛、麻、丝、化纤的高档纺织、针织及服装加工生产和相关产品的研发、检测
6. 动植物药材资源开发、保护和可持续利用
7. 煤炭分制利用：煤制甲醇—烯烃及下游煤制芳烃—乙二醇聚酯生产
8. 煤炭液化制油品及化学品生产
9. 天然气下游化工产品的生产与开发（列入《天然气利用政策》限制类和禁止类的除外）
10. 特殊品种（超白、超薄、在线 Low-E、中空、超厚）优质浮法玻璃技术开发及深加工
11. 钒冶炼及钒合金制品生产加工
12. 铝、镁、钛金属精深加工
13. 动物专用抗菌原料药（包括抗生素、化学合成类）、动物疫苗生产
14. 新型医疗器械设备及医用材料生产加工
15. 高炉煤气能量回收透平装置设计制造
16. 汽车整车制造，专用汽车（不包括普通半挂车、自卸车、罐式车、厢式车和仓栅式汽车）制造（须执行《汽车产业投资管理规定》）
17. 汽车零部件制造：商用车用高功率密度驱动桥、随动前照灯系统、LED 前照灯、离合器、液压减震器、中控盘总成、座椅、轻量化材料应用
18. 集成电路及生产设备研发生产

19. 智能手机、平板电脑等智能终端产品及关键零部件的技术开发、生产
20. 柔性显示屏、显示屏材料生产
21. 接触显示和通讯终端产品及零部件的研发与生产
22. 汽车加气站建设和运营
23. 宽带业务和增值电信业务（限于中国入世承诺开放的电信业务）
24. 公路旅客运输公司
25. 跨境电子商务零售中心和大宗商品进出口分拨物流中心建设
26. 学前、普通高中和高等教育机构
27. 中等高等职业院校（含技工院校）
28. 动漫创作、制作及衍生品开发
29. 城市燃气、热力和供排水管网建设、经营
30. 体育赛事运营及体育健身休闲服务
31. 观光农业、休闲农业的开发和经营及其配套设施建设
32. 养生休闲服务、民族文化开发、休闲旅游等休闲产业
33. 旅行社
34. 旅游景区（点）保护、开发和经营及其配套设施建设
35. 经国家投资主管部门批准的资源枯竭型城市资源精深加工和接续产业等项目

甘肃省

1. 节水灌溉和旱作节水技术、保护性耕作技术开发与应用
2. 瓜果、蔬菜、花卉种子的开发、生产
3. 特色中药材的种植、养殖及加工，中药材 GAP 生产基地建设
4. 天然气下游化工产品生产和开发（列入《天然气利用政策》限制类和禁止类的除外）
5. 石油及化学产业的延伸加工
6. 化工原料废气、废液、废渣的综合利用
7. 医疗设备及关键部件开发、生产
8. 铝、铜、镍等有色金属精深加工
9. 石油钻采、炼化设备等高端装备制造
10. 汽车整车制造，专用汽车（不包括普通半挂车、自卸车、罐式车、厢式车和仓栅式汽车）制造（须执行《汽车产业投资管理规定》）
11. 不锈钢制品生产
12. 高性能铝合金系列产品开发
13. 新型短流程钢铁冶炼技术开发及应用
14. 汽车零部件制造：六档以上自动变速箱、商用车用高功率密度驱动桥、随动前照灯系统、LED 前照灯、轻量化材料应用（高强钢、铝镁合金、复合塑料、粉末冶金、高强度复合纤维等）、离合器、液压减震器、中控盘总成、座椅
15. 太阳能发电及设备制造业
16. 中等职业院校（含技工院校）
17. 动漫创作、制作及衍生品开发
18. 城市燃气、热力和供排水管网建设、经营
19. 物流业务相关的仓储设施建设和商贸服务
20. 旅游景区（点）保护、开发和经营及其配套设施建设

青海省

1. 高原动植物资源保护、种养与加工利用

2. 退耕还林还草、退牧还草、天然林保护、水土保持及水生态综合治理等国家重点生态工程后续产业开发（涉及自然保护区和重要湿地的建设、经营的除外）

3. 节水灌溉和旱作节水技术、保护性耕作技术、设施农业技术、光伏农业技术开发与应用

4. 有机天然农畜产品基地建设和产品精深加工

5. 耐火材料生产

6. 石英、石膏等优势非金属矿产品及深加工制品（勘探、开采除外）

7. 铜、铝、镁等有色金属精深加工

8. 钛金属精深加工

9. 铝基、镁基、钛基、锂基及镍基等新型金属合金材料的研发及生产

10. 中、藏药新品种、新剂型产品生产

11. 特殊品种（超白、超薄、在线 Low-E、中空、超厚）优质浮法玻璃技术开发及深加工

12. 聚甲醛、聚苯硫醚等工程塑料生产

13. 烯烃下游精深加工产品

14. 工业尾矿及工业生产废弃物及低品位、复杂、难处理矿的资源化利用

15. 汽车整车制造，专用汽车（不包括普通半挂车、自卸车、罐式车、厢式车和仓栅式汽车）制造（须执行《汽车产业投资管理规定》）

16. 半导体照明材料上下游产品及相关设备的研发与制造

17. 太阳能、风能发电设备及零部件制造

18. 光伏发电系统集成技术开发与应用

19. 锂电产品生产及专用设备研发与制造

20. 宽带业务和增值电信业务（限于中国入世承诺开放的电信业务）

21. 公路旅客运输公司

22. 水利工程的建设和运营

23. 城市及农村燃气、热力和供排水管网建设、经营

24. 体育场馆设施建设、体育赛事运营及体育健身休闲服务

25. 旅游景区（点）保护、开发和经营及其配套设施建设

宁夏自治区

1. 马铃薯种子生产

2. 瓜果、蔬菜、花卉种子的选育生产

3. 退耕还林还草、退牧还草、天然林保护等国家重点生态工程后续产业开发

4. 节水灌溉和旱作节水技术、保护性耕作技术开发与应用

5. 枸杞、葡萄、马铃薯等种植及深加工

6. 沙生中药材、沙区生态经济林、沙区瓜果、沙区设施农业、沙料建材、沙区新能源和沙漠旅游休闲等沙产业

7. 饲料加工

8. 牛乳蛋白、干酪素等高端乳制品深加工

9. 特种陶瓷生产加工（含碳化硅、氮化硅、碳化硼等）

10. 碳基材料、碳纤维开发、生产

11. 采用节能低成本工艺的多晶硅、单晶硅生产

12. 半导体材料（含半导体晶片、晶圆等）的生产及加工

13. 钽、铌等稀有金属材料的精深加工

14. 铝合金、镁合金、硅、锰合金等新材料的研发及生产

15. 高性能子午线轮胎的生产：全钢子午轮胎、无内胎载重子午胎，低断面和扁平化（低于 55 系

列)、大轮辋高性能轿车子午胎(15 寸以上),航空轮胎及农用子午胎

16. 汽车整车制造,专用汽车(不包括普通半挂车、自卸车、罐式车、厢式车和仓栅式汽车)制造(须执行《汽车产业投资管理规定》)

17. 三轴以上联动的高速、精密数控机床及配套数控系统、伺服电机及驱动装置、功能部件、刀具、量具、量仪及高档磨具磨料生产

18. 500 万吨/年及以上矿井、薄煤层综合采掘设备,1000 万吨级/年及以上大型露天矿关键装备

19. 太阳能发电系统、风力发电场建设及运营

20. 特殊环境自动控制、智能化仪器、仪表、阀门技术开发

21. 宽带业务和增值电信业务(限于中国入世承诺开放的电信业务)

22. 公路旅客运输公司

23. 旅行社

24. 城市燃气、热力和供排水管网建设、经营

25. 旅游景区(点)保护、开发和经营及其配套设施建设

新疆自治区(含新疆生产建设兵团)

1. 退耕还林还草、退牧还草、天然林保护等国家重点生态工程后续产业开发

2. 节水灌溉和旱作节水技术、保护性耕作技术、设施农业、有机农业的开发与应用

3. 营养健康型大米、小麦粉(食品专用米、发芽糙米、留胚米、食品专用粉、全麦粉及营养强化产品等)及制品的开发、生产,传统主食工业化生产

4. 优质番茄、甜菜、香梨、葡萄、西甜瓜、红枣、核桃、杏子、石榴和枸杞等优质特色农产品的种植及深加工

5. 优质酿酒葡萄基地建设及葡萄酒生产

6. 高档营养配方、优质工业乳粉、奶酪、酪蛋白、奶油、炼乳、酸奶等固态、半固态乳制品生产

7. 饲料加工

8. 亚麻、沙棘、薰衣草的种植及其制品生产

9. 棉、毛、麻、丝、化纤的高档纺织、针织及服装加工生产和相关产品的研发、检测

10. 蛭石、云母、石棉、菱镁矿、石灰石、红柱石、石材等非金属矿产的综合利用(勘探、开发除外)

11. 石墨的高端应用和精深加工

12. 煤炭加工应用技术开发

13. 油气伴生资源综合利用

14. 放空天然气回收利用

15. 民族特色药用植物种植、加工和制药新工艺开发

16. 民族特需用品、工艺美术品、包装容器材料、日用玻璃制品及手工地毯、玉雕、民族刺绣等民族特色手工艺品、旅游纪念品生产

17. 特殊品种(超白、超薄、在线 Low-E、中空、超厚)优质浮法玻璃技术开发及深加工

18. 直径 200mm 以上硅单晶及抛光片、多晶硅生产

19. 铜、锌、铝等有色金属精深加工

20. 汽车整车制造,专用汽车(不包括普通半挂车、自卸车、罐式车、厢式车和仓栅式汽车)制造(须执行《汽车产业投资管理规定》)

21. 杂粮加工专用设备开发、生产

22. 太阳能、风能发电设备及零部件制造

23. 石油及采矿等特种设备制造

24. 智能电网设备、电气成套控制系统设备制造

25. 小型清雪设备制造

26. 钢铁冶金固体废弃物综合利用、脱硫石膏、煤粉灰、电石渣综合利用及制品、污水净化处理成套设备制造

27. 宽带业务和增值电信业务（限于中国入世承诺开放的电信业务）

28. 公路旅客运输公司

29. 商业连锁经营、跨区域代理经营等新型流通业

30. 物流业务相关的仓储设施建设和商贸服务

31. 跨境电子商务零售中心和大宗商品进出口分拨物流中心建设

32. 城市燃气、热力和供排水管网建设、经营

33. 旅游景区（点）保护、开发和经营及其配套设施建设

海关总署关于执行《鼓励外商投资产业目录（2019年版）》有关问题的公告

（海关总署公告2019年第125号）

国家发展和改革委、商务部第27号令公布了《鼓励外商投资产业目录（2019年版）》，规定自2019年7月30日起施行。现就海关执行中的有关问题公告如下：

一、自2019年7月30日起，对属于《鼓励外商投资产业目录（2019年版）》范围的外商投资项目（包括增资项目，下同），在投资总额内进口的自用设备以及按照合同随上述设备进口的技术和配套件、备件，除相关《外商投资项目不予免税的进口商品目录》和《进口不予免税的重大技术装备和产品目录》所列商品外，按照《国务院关于调整进口设备税收政策的通知》（国发〔1997〕37号）和海关总署公告2008年第103号及其他相关规定免征关税，照章征收进口环节增值税。

二、《鼓励外商投资产业目录（2019年版）》施行后，投资主管部门按照该目录出具的《国家鼓励发展的内外资项目确认书》以及商务主管部门按照该目录出具的外商投资企业设立（增资）批复或外商投资企业设立（变更）备案回执等相关文件中，有关外商投资项目适用的产业政策条目代码、项目性质种类分别为：

（一）《鼓励外商投资产业目录（2019年版）》中“全国鼓励外商投资产业目录”所列条目的代码由“T”和4位数字组成，例如，某外商投资项目适用“全国鼓励外商投资产业目录”第1条有关要求，则其适用产业政策条目及代码为“木本食用油料、调料和工业原料的种植及开发、生产（T0001）”；

（二）《鼓励外商投资产业目录（2019年版）》中“中西部地区外商投资优势产业目录”所列条目的代码由“U”和4位数字组成，例如，某外商投资项目适用“中西部地区外商投资优势产业目录”山西省第7条有关要求，则其适用产业政策条目及代码为“煤层气和煤炭伴生资源综合开发利用（U1407）”；

（三）外商投资项目适用《鼓励外商投资产业目录（2019年版）》中“全国鼓励外商投资产业目录”所列条目的，“项目性质”为“中外合资”、“中外合作”、“外商独资”或“外资项目内资商品”。

外商投资项目适用《鼓励外商投资产业目录（2019年版）》中“中西部地区外商投资优势产业目录”所列条目的，“项目性质”为“外资中西部优势产业”。

三、为保持政策的连续性，对2019年7月30日以前（不含当日，下同）审批、核准或备案（以项目的审批、核准或完成备案的日期为准，下同）的外商投资项目，属于《外商投资产业指导目录（2017年修订）》鼓励类或者《中西部地区外商投资优势产业目录（2017年修订）》范围的，在投资总额内进

口的自用设备以及按照合同随上述设备进口的技术和配套件、备件，可继续按照相关规定办理免征进口关税、照章征收进口环节增值税手续。但有关项目单位须取得投资主管部门于2020年8月1日以前出具的《国家鼓励发展的内外资项目确认书》、商务主管部门于2020年8月1日以前出具的外商投资企业设立（增资）批复或外商投资企业设立（变更）备案回执等相关文件（上述文件中“项目产业政策条目”或“适用产业政策条目”仍按项目适用的《外商投资产业指导目录（2017年修订）》鼓励类或《中西部地区外商投资优势产业目录（2017年修订）》有关条目及代码填写），按规定向海关办理减免税审核确认手续。

对于2019年7月30日以前审批、核准或备案的外商投资项目，同时属于《鼓励外商投资产业目录（2019年版）》范围的，有关项目单位取得投资主管部门按照《鼓励外商投资产业目录（2019年版）》出具的《国家鼓励发展的内外资项目确认书》、商务主管部门按照《鼓励外商投资产业目录（2019年版）》出具的外商投资企业设立（增资）批复或外商投资企业设立（变更）备案回执等相关文件的，可按规定向海关办理减免税审核确认手续。

四、对不属于《外商投资产业指导目录（2017年修订）》鼓励类、《中西部地区外商投资优势产业目录（2017年修订）》范围的外商投资在建项目，但属于《鼓励外商投资产业目录（2019年版）》范围的，该项目进口的自用设备以及按照合同随上述设备进口的技术和配套件、备件，可参照本公告第一条的规定享受进口税收优惠政策，但进口设备已经征税的，所征税款不予退还。

特此公告。

海关总署

二〇一九年七月二十四日

4.2.3 国内投资项目

财政部　国家发展改革委　海关总署　国家税务总局关于调整《国内投资项目不予免税的进口商品目录》的公告

（财政部　国家发展改革委　海关总署　国家税务总局公告2012年第83号）

为加快转变经济发展方式、推动产业结构调整和优化升级，积极鼓励企业引进国内不能生产的先进技术设备，统筹兼顾对外开放和国内发展，促进先进技术引进和企业自主创新，财政部、国家发展改革委、海关总署、国家税务总局在广泛收集、整理各地方、有关部门、行业协会、企业意见的基础上，针对《国内投资项目不予免税的进口商品目录（2008年调整）》（以下简称《2008年目录》）执行中存在的问题，对《2008年目录》中的部分条目进行了调整，形成了《国内投资项目不予免税的进口商品目录（2012年调整）》（以下简称《2012年目录》），现将有关事项公告如下：

一、根据近年来国内装备制造水平和相关产业发展的变化，对《2008年目录》中部分条目所列技术规格进行了相关调整。另外，根据《中华人民共和国进出口税则》对《2008年目录》中部分条目所列税则号列进行了相应调整和修正，同时对部分商品的名称等内容进行了调整和修正，调整后形成的《2012

年目录》详见附件。

二、《2012 年目录》自 2013 年 1 月 1 日起执行，即 2013 年 1 月 1 日及以后新批准的国内投资项目(以项目的审批、核准或备案日期为准，下同)，其进口设备一律按照《2012 年目录》执行。

为保证老项目顺利实施，对 2013 年 1 月 1 日以前批准的国内投资项目，其进口设备在 2013 年 6 月 30 日及以前申报进口的，仍按照《2008 年目录》执行。但对于有关进口设备按照《2008 年目录》审核不符合免税条件的，而按照《2012 年目录》审核符合免税条件的，自 2013 年 1 月 1 日起，可以按照《2012 年目录》执行。货物已经征税进口的，不再予以调整。自 2013 年 7 月 1 日起，国内投资项目项下申报进口的设备一律按照《2012 年目录》执行。

三、现行政策对国内投资项目项下进口设备的免税条件另有规定的，有关进口设备仍需执行相关规定。但此前公布实施的《进口不予免税的重大技术装备和产品目录（2012 年修订）》中相关装备和产品的技术指标与《2012 年目录》不一致的，以《2012 年目录》所列技术规格为准，并自 2013 年 1 月 1 日起一并调整。

附件　国内投资项目不予免税的进口商品目录（2012 年修订）

财政部
国家发展改革委
海关总署
国家税务总局
二〇一二年十二月二十四日

附件

国内投资项目不予免税的进口商品目录（2012 年调整）

编号	税则号列	设备名称	技术规格	备注
通用设备				
一		**柴油机**		
1	840820　840890	柴油机（船用柴油机见后）	额定功率≤450kW	技术规格调整
二		**泵（核级泵除外）**		
1	84131100　84131900	计量泵	流量≤8200L/h	
2	841350	往复泵	所有规格	
3	841360	回转泵	所有规格	
4	841370	离心泵	所有规格	技术规格调整
5	84138100	大型污水泵	流量≤6.0m^3/s，扬程≤21m	
6	84138100	电磁泵、喷射泵、乳化液泵、气体压力泵	所有规格	
7	84138200	液体提升机	所有规格	
8	84141000	真空泵	所有规格	
9	84142000	手动或脚踏式空气泵	所有规格	
三		**风机、压缩机**		
1	84145990	轴流式风机	所有规格	

续表1

编号	税则号列	设备名称	技术规格	备注
2	84145930	离心式风机	流量≤1800m^3/min，压升≤19kPa	
3	84148090　841430	轴流压缩机	流量≤10000m^3/min，轴功率≤51000kW	
4	841430　84148090	离心式压缩机	流量≤5000m^3/min，出口压力≤20MPa	技术规格调整
5	84148090	螺杆压缩机	流量≤2500m^3/min，功率≤3000kW	新增条目
四		制冷装置		
1	84186920　84186990	冷水机组	所有规格	
2	84186920	离心式制冷机组	输出功率≤3000kW	
3	84186920	螺杆式制冷机组	所有规格	
五		气体分离装置及关键设备		
1	84196011　84196019	制氧机	制氧量≤100000Nm^3/h（Nm^3/h指名义工况下立方米每小时，即标立方）	技术规格调整
2	84194020	气体分离设备用精馏塔	所有规格	
3	84195000	气体分离设备用板翅式换热器	所有规格	
4	84213990	气体分离设备用分子筛吸附器	所有规格	
5	84798999	气体分离设备用膨胀机	流量≤40000Nm^3/h，进口压力≤5MPa（Nm^3/h指名义工况下立方米每小时，即标立方）	税号调整
六		分离设备		
1	84212199　84212200　84212990	真空带式过滤机	过滤面积≤160m^2	技术规格调整，税号调整
2	84211920　84211990	固液、液液分离机	所有规格	
3	842119	螺旋沉降式离心机	转鼓直径≤1000mm	技术规格调整
4	842119	活塞推料离心机	转鼓直径≤1000mm	技术规格调整
5	84212990	真空转鼓滤碱机	所有规格	
6	84212990	转台式过滤机	过滤面积≤160m^2	技术规格调整
7	84212990　84213990	盘式过滤机	过滤面积≤200m^2	技术规格调整
8	84212	液体过滤、净化机及反渗透装置（除以上分离设备以外）	单台液体处理量≤200t/h	
七		起重机械		
1	84251100　84251900	提升机	滚筒直径≤5.5m	
2	84253190	电动葫芦	所有规格	
3	84261120　84261190	单梁起重机	所有规格	

续表2

编号	税则号列	设备名称	技术规格	备注
4	84261120　84261190	双梁桥式起重机	①冶金用：起重量≤450t； ②其他：起重量≤1200t	技术规格调整
5	84261200	带胶轮移动式吊运架及跨运车	所有规格	
6	84262000	塔式起重机	所有规格	技术规格调整
7	84263000	门座式起重机（门座式轮胎起重机见下）	所有规格	
8	84263000	门座式轮胎起重机	起重量≤50t	
9	84264910	履带式起重机	起重量≤1600t	技术规格调整，重大技术装备进口不予免税目录同类指标一并调整
10	84283200	斗式提升机	所有规格	
11	84253190	水利启闭机	所有规格	
12	84281090	升船机	所有规格	
13	84261930	龙门式起重机	起重量≤1200t	新增条目，重大技术装备进口不予免税目录一并调整
八		**钻采设备**		
1	84304111　84304119 85015　85016　8502 85371090	陆地石油及天然气钻探机（采矿钻机、工程钻机、其他钻探机见后）	钻探深度≤12000m	设备名称变更、技术规格调整
2	84306990	修井机	额定载荷≤315t	技术规格调整
3	84798999	采油气井口装置	①双油管压力≤70MPa； ②单油管压力≤105MPa	税号调整
4	84137099　84138100	钻井泵（泥浆泵）	所有规格	新增条目
5	90158000	钻井参数仪	所有规格	新增条目
6	8413	抽油泵	所有规格	技术规格调整，设备类别调整
7	84314310	抽油杆	所有规格	技术规格调整，设备类别调整
8	84798999	抽油机	所有规格	税号调整，设备类别调整
九		**草坪、公园、运动场机动割草机**		
1	84331100　84331900	草坪、公园、运动场机动割草机	所有规格	
十		**机床及锻压、铸造设备**		
（一）		非数控机床		
1	8456　8457　8458 8459　8460　8461 8462　8463　8464 8465	非数控机床	所有规格	
（二）		数控机床		

续表3

编号	税则号列	设备名称	技术规格	备注
1	84561000	数控激光加工机	≤4 轴联动	技术规格调整
2	84569010 84615000	数控切割机	①等离子切割机：板厚≤40mm；②水切割机：<4 轴联动，切割金属厚度≤200mm；③其他数控切割机：所有规格	技术规格调整
3	84571030	龙门式加工中心	<5 轴联动，重复定位精度≥0.006mm/2m，快速移动速度X、Y<50m/min	技术规格调整
4	84563010	数控电加工机床	①数控电火花成形机床：加工表面粗糙度 Ra≥0.2μm，型腔截面和深度尺寸精度≥±3μm；②数控线切割机床：切割效率≤300mm²/min，加工表面粗糙度 Ra≥0.2μm，切割尺寸精度≥±2μm；③数控电解加工机床：<5 轴联动；④用于冷轧辊表面加工的电火花毛化机床：表面粗糙度均值偏差>±5%	技术规格调整，重大技术装备进口不予免税目录指标一并调整
5	84571010 84571020 84571090	钻削加工中心（龙门加工中心除外）	所有规格	设备名称调整，税号调整
6	84571010 84571020 84571090	镗铣加工中心（龙门加工中心、车铣复合加工中心除外）	①工作台宽度≤630mm 的镗铣加工中心：< 4 轴联动（必须满足）；快移速度≤60m/min，重复定位精度≥0.0025mm；②630mm<工作台宽度≤1250mm 的镗铣加工中心：< 4 轴联动；快移速度≤40m/min，重复定位精度≥0.003mm；③工作台宽度>1250mm 的镗铣加工中心：<4 轴联动；快移速度≤20m/min，重复定位精度≥0.004mm	设备名称调整，税号调整，技术规格调整，重大技术装备进口不予免税目录指标一并调整
7	84571090 84589100	车铣、铣车复合加工中心（复合机床）	回转直径≤630mm；重复定位精度≥0.004mm	新增条目，重大技术装备进口不予免税目录一并调整
8	84581100 84589100	车削中心（铣车复合加工中心除外）	重复定位精度≥0.002mm，主轴端径向圆跳动≥0.0005mm，加工圆度>4×10⁻⁶×Dmm（D为最大加工工件直径）	设备名称调整，重大技术装备进口不予免税目录名称一并调整
9	84581100	数控重型卧式车床、重型卧式车削中心	最大加工工件直径 D≤8000mm，工件长度≤25000mm，加工圆度≥4×10⁻⁶×Dmm（D为最大加工工件直径），定位精度>0.01mm/2m	技术规格调整，重大技术装备进口不予免税目录指标一并调整

续表4

编号	税则号列	设备名称	技术规格	备注
10	84589100	数控重型立式车床、重型立式车削中心	① D < 5m：定位精度 > 0.015mm/2m，联动轴数 < 4 轴，加工圆度>0.005mm；② 5m ≤ D < 10m：定位精度 > 0.015mm/2m，联动轴数 < 4 轴，加工圆度>0.01mm；③ D ≥ 10m：定位精度 > 0.015mm/2m，联动轴数 < 4 轴，加工圆度>0.015mm（D 为最大加工工件直径）	技术规格调整，重大技术装备进口不予免税目录指标一并调整
11	84581100 84589100	数控车床	重复定位精度>0.001mm，加工圆度≥$3\times10^{-6}\times$Dmm（D 为最大加工工件直径），主轴端径向圆跳动≥0.0005mm	技术规格调整
12	84581100 84589100	数控不落轮车床	最大切削面积<$10mm^2$/刀架；踏面径向跳动>0.1mm；内侧面端跳>0.1mm；同轴轮内径差>0.1mm	新增条目
13	84596110	数控龙门铣床	工作台宽度<5000mm，重复定位精度≥0.006mm/2m，<4 轴联动	技术规格调整
14	84595100 84596190	数控铣床（数控龙门铣床除外）	定位精度>0.004mm（全程），重复定位精度>0.002mm，≤ 5 轴联动	技术规格调整
15	84602110 84602120 84602190	数控重型磨床	最大加工工件直径 D ≤ 2500mm，微量进给 > 0.0001mm，重复定位精度> 0.005mm，加工圆度>3×10^{-6} ×Dmm	技术规格调整，重大技术装备进口不予免税目录指标一并调整
16	84601100	数控平面磨床（含成形磨、导轨磨）	定位精度>0.003mm/2m，重复定位精度>0.0015mm/2m，龙门宽≤3500mm，平面度> 0.003mm/3000mm	设备名称调整，技术规格调整
17	84602110 84602120 84602190 84603100	数控磨床（含内圆、外圆、端面外圆、万能、无心、轴承、刃磨等）	定位精度>0.004mm，重复定位精度>0.002mm，加工圆度 >$3\times10^{-6}\times$Dmm（D 为最大加工工件直径），砂轮线速度≤ 60m/s	设备名称调整，技术规格调整，重大技术装备进口不予免税目录指标一并调整
18	846021	数控凸轮轴磨床	工件最大回转直径≤250mm，砂轮线速度≤60m/s（单砂轮），凸轮轮廓精度>0.01mm	技术规格调整，重大技术装备进口不予免税目录指标一并调整
19	846021	数控曲轴磨床	工件回转直径≤630mm，砂轮线速度≤60m/s，定位精度> 0.005mm，重复定位精度> 0.002mm	技术规格调整，重大技术装备进口不予免税目录指标一并调整

续表5

编号	税则号列	设备名称	技术规格	备注
20	84602190	数控立式磨床	定位精度>0.005mm，重复定位精度>0.003mm，圆度>$3\times10^{-6}\times$Dmm（D为最大加工工件直径）	新增条目，重大技术装备进口不予免税目录一并调整
21	84614010	数控重型滚齿机	精度等级>6级；联动轴数≤3轴；立式：工件直径<8000mm，卧式：工件直径<2000mm	技术规格调整，重大技术装备进口不予免税目录同类指标一并调整
22	84614010	数控齿轮加工机床	工件直径：10～2000mm且模数：1～24mm，≤3轴联动，精度等级>5级（齿轮磨床>4级）	技术规格调整，重大技术装备进口不予免税目录指标一并调整
23	84614010	数控插齿机	≤3轴联动，精度等级>5级	新增条目，重大技术装备进口不予免税目录一并调整
24	84614010	数控齿条加工机床	工件长度≤2000mm，精度等级>5级	新增条目，重大技术装备进口不予免税目录一并调整
25	84593100	数控铣镗床	镗杆直径≤260mm，加工孔同轴度≥0.008mm/500mm，重复定位精度≥0.006mm/2m，≤4轴联动	设备名称调整，技术规格调整，重大技术装备进口不予免税目录同类指标一并调整
26	84594010　84602190	数控坐标镗床、数控坐标磨床	坐标定位精度≥0.0015mm	技术规格调整
27	84572000　84573000	组合机床	加工精度为IT5级及以下（注：I-国际；T-允差；级的数值越小精度越高），同轴度≥0.01mm/500mm，平面度≥0.01mm/1000mm，直线度≥0.008mm/1000mm，平行度≥0.008mm/1000mm	技术规格调整，重大技术装备进口不予免税目录同类指标一并调整
28	84592100　84594010	数控深孔钻镗床（含数控深孔镗床）	镗孔直径≤1250mm，镗孔深度≤20000mm，钻孔直径≤110mm，孔的直线度≥0.10mm/1000mm	新增条目
29	84604010	数控珩磨机床（深孔珩磨机床见下）	孔径圆度>0.002mm，孔的直线度>0.002mm/200mm，珩孔表面粗糙度Ra≥0.05μm	新增条目
30	84604010	深孔珩磨机床	珩磨直径≤800mm，珩孔深度≤15000mm，珩孔表面粗糙度Ra≥0.1μm	新增条目
31	84614010	数控重型磨齿机	齿轮直径≤8m，精密>5级	新增条目，重大技术装备进口不予免税目录一并调整
（三）		压力成形机械		

续表6

编号	税则号列	设备名称	技术规格	备注
1	84621010 84621090	锻造用压力机	所有规格	技术规格调整，重大技术装备进口不予免税目录指标一并调整
2	84621010 84621090 84624111 84624119	冲压机床	所有规格（热压塑成型冲压机床除外）	技术规格调整，重大技术装备进口不予免税目录同类指标一并调整
3	84621090	空气锤	所有规格	
4	84622110 84622910	矫直（平）机	所有规格	技术规格调整
5	84622190 84622990	折弯压力机	所有规格	
6	84622190 84622990 84798999	开卷机	所有规格	
7	84622190 84622990	弯管机	所有规格	
8	84622990	三辊四辊卷板机	所有规格	技术规格调整
9	84622190 84622990	折边机	所有规格	
10	84623110 84623120 84623190	数控板带剪切机床	所有规格	技术规格调整
11	84623190 84623990	棒料剪断机	所有规格	技术规格调整
12	84624190 84624900	联合冲剪机	板厚≤30mm，冲孔力<120t	
13	84649090	金刚石成型液压机	所有规格	技术规格调整
14	84629110 84629190	单柱、双柱、四柱万能液压机	所有规格	技术规格调整
15	84629110 84629190 84629910 84629990	立式、卧式冷挤压机	所有规格	
16	84629110 84629190 84629910 84629990	开式双点压力机	所有规格	
17	84629110 84629190 84629910 84629990	闭式四点多连杆压力机	所有规格	税号调整，重大技术装备进口不予免税目录一并调整
18	84629190	双动薄板拉伸液压机	所有规格	技术规格调整
19	84629190	校正压装液压机	所有规格	技术规格调整
20	84629190	磨具制品液压机	所有规格	技术规格调整
21	846291 8479	打包压块液压机	所有规格	
22	84629110 84629190 8479	单动薄板冲压液压机	所有规格	技术规格调整
23	84629910 8479	开式固定台压力机	所有规格	
24	84629910 8479	开式可倾压力机	所有规格	
25	84629910 8479	开式底传动压力机	所有规格	
26	84629910 8479	闭式单点压力机	所有规格	技术规格调整
27	84629910 8479	闭式双点压力机	所有规格	技术规格调整

续表7

编号	税则号列	设备名称	技术规格	备注
28	84629910　8479	双动拉伸压力机	所有规格	技术规格调整
29	84629910　8479	双盘摩擦压力机	所有规格	技术规格调整
30	84629910　8479	电动螺旋压力机	公称压力≤8000t	技术规格调整，重大技术装备进口不予免税目录同类指标一并调整
31	84621010　84621090 84624111　84624119 84629910　8479	高速精密压力机（滑块行程次数至少到200次/分）	①公称压力T<200t：冲速<800次/分钟，综合间隙>0.2mm，下死点精度：纵向>0.005mm且前后左右>0.002mm；②200t≤公称压力T<400t：冲速<500次/分钟，综合间隙>0.3mm，下死点精度：纵向>0.2mm且前后左右>0.02mm；③公称压力T≥400t：冲速≤350次/分，综合间隙≥0.45mm，下死点精度：纵向>0.3mm且前后左右>0.03mm	技术规格调整，重大技术装备进口不予免税目录同类指标一并调整
32	84624111	数控冲模回转头压力机（包括转塔冲床）	公称压力≤60t，加工精度>±0.05mm，板料最大移动速度<140m/min，最高冲压频率≤1000次/分	技术规格调整，重大技术装备进口不予免税目录指标一并调整
33	84629910　8479	封头旋压机	所有规格	
34	84629190　84629910 84629990	粉末成形压力机	所有规格（加工硬质合金且加工精度<0.01mm的除外）	技术规格调整，重大技术装备进口不予免税目录同类指标一并调整
35	84629910	旋压机（强力压旋）	所有规格	技术规格调整
36	84629990	自动冷墩机	所有规格	
37	84659900　84793000	热压机（用于木材、建材装潢材料加工）	公称压力≤2000t	
38	84622190　8479	数控滚轮式收口工作站（包括封头旋压工作站）	加工工件直径≤400mm，主轴转速≤400rpm，加工工件长度≤2m	
39	84633000	自动搓丝机	所有规格	
40	84633000	自动卷簧机	所有规格	
41	84633000　84639000	辗环机	直径≤8000mm	技术规格调整，重大技术装备进口不予免税目录同类指标一并调整
42	84624119	多工位板材成型机械压力机及自动化送料装置	公称压力≤5000t或整机节拍≤45次/分	新增条目，重大技术装备进口不予免税目录一并调整
43	84624119	多工位机械式热模锻压力机及自动化送料装置	公称压力≤1600t	新增条目，重大技术装备进口不予免税目录一并调整

续表8

编号	税则号列	设备名称	技术规格	备注
44	84624119	多工位机械式温锻压力机及自动化送料装置	公称压力≤1000t	新增条目，重大技术装备进口不予免税目录一并调整
45	84624119	多工位机械式冷锻压力机及自动化送料装置	公称压力≤1000t	新增条目，重大技术装备进口不予免税目录一并调整
46	84624119	级进模压力机及自动化送料装置	公称压力≤2500t或整机节拍≤50次/分	新增条目，重大技术装备进口不予免税目录一并调整
(四)		木工机械		
1	84659100	木工锯床	所有规格	
2	84659200	单面木工压刨床	所有规格	
3	84659200	多面木工刨床	刨削宽度≤630mm，工件厚度≤300mm	
4	84659200	木工平刨床	所有规格	
5	84659200	木工镂铣床	所有规格	
6	84659200	木工铣床	所有规格	
7	84659200	木工仿形铣床	所有规格	
8	84659200	四面木工铣床	所有规格	
9	84659200	数控镂铣机	三维及以下	
10	84659300	木工磨光机	砂带宽度×砂带长度≤930×2100mm	
11	84659500	木工单排钻孔机	所有规格	
12	84659500	木工多排钻孔机	所有规格	
13	84659500	木工榫槽机	榫槽尺寸长×宽≤200×22mm，榫头深度≤120mm	
14	84659900	木工车床	所有规格	
15	84659900 84651000	木工多用机床	锯片直径≤400mm，平刨宽度≤400mm	
16	84659900	木工封边机	封边高度≤60mm，封边带厚度≤15mm	
(五)		铸造机械		
1	84543010	冷室压铸机	卧式：合型力≤3000t； 立式：合型力≤800t	技术规格调整
2	84543090	热室压铸机	合型力≤160t	
3	84543090	离心铸造机	每循环≥120s	
4	84543090	低压铸造机（热融式）	坩埚容量≤500kg	
5	84741000	筛砂机	生产率≤140m^3/h	
6	84741000	永磁分离设备	生产率≤180m^3/h	
7	847420	破碎机	生产率≤120m^3/h	

续表9

编号	税则号列	设备名称	技术规格	备注
8	84743900	辗轮式混砂机	混砂能力<100t/h	
9	84743900	间歇式碗形混砂机	生产率≤10t/h	
10	84743900	树脂砂连续式混砂机	生产率≤30t/h	
11	84743900	搅拌冷却机	生产率≤120t/h	
12	84748090	松砂机	所有规格	
13	84748090 84743900	树脂砂再生设备	生产率≤25t/h	
14	84741000	电磁分离设备	所有规格	
15	84748090	震压造型机	所有规格	
16	84748090	热芯盒射芯机	制芯能力≤60L	
17	84748090	冷芯盒射芯机	制芯能力≤60L	
18	84748090	多用射芯机	制芯能力≤60L	
19	84748090	抛砂机	所有规格	
20	84748020 84748090	水平有箱造型线（机）	砂箱尺寸（长边）≤1800mm：生产率<100 型/小时；砂箱尺寸（长边）>1800mm：生产率<60 型/小时	
21	84748020 84748090	水平脱箱造型线（机）	砂箱尺寸（长边）≤650mm：生产率<120 型/小时；砂箱尺寸（长边）>650mm：生产率<90 型/小时	
22	84748020 84748090	垂直无箱造型线（机）	砂箱尺寸（长边）>750mm：生产率<280 型/小时；砂箱尺寸（长边）≤750mm：生产效率<400 型/小时	
23	84748090	振动落砂机	载荷<40t	技术规格调整
24	84743000 84798990	抛丸清理机	①机械手式抛丸清理机，循环周期≥60 秒；②步进式悬挂抛丸清理机循环周期≥180 秒。	技术规格调整
（六）		量具量仪		
1	90173000	游标卡尺、千分尺、百分表	所有规格	
2	90318090	齿轮测量机（带有齿轮整体误差功能见后）	模数≤20mm，外圆直径≤2000mm，齿宽≤350mm，测量齿轮精度等级为>3 级（级数越小精度越高）	设备名称调整，技术规格调整
3	90318090	齿轮整体误差测量仪	模数≤10mm，外圆直径≤450mm，齿宽≤200mm	
4	90318090	锥齿轮测量仪	大齿外径≤500mm，小齿外径≤257mm	
5	90318090	滚刀测量仪	滚刀模数≤20mm，直径≤80mm	

续表10

编号	税则号列	设备名称	技术规格	备注
6	90318020	三坐标测量机	X、Y、Z ≤ 3000 × 3000 × 2000mm，单轴精度≥（1+L/400）μm，空间精度≥（1.2+L/300）μm，探测精度≥1μm（注：L单位mm）	
7	90318090	圆度仪	可测外圆直径≤450mm，可测度高≤700mm，测量分辨率>0.01μm	
8	90318090	表面粗糙度仪	二维、三维粗糙度仪的传感器分辨率≥1.0nm	技术规格调整
9	90314910 90314990 90318090	形面轮廓测量仪	一维、二维分辨率 Ra ≥ 1.0nm，三维分辨率≥10nm	
10	90318090	刀具预调仪	所有规格	
11	90318090	数显测高仪	所有规格	
十一		车辆		
1	87章	车辆	所有汽车、摩托车整车（本目录所列87章税号中可以免税的规格部分除外）、成套散件	
2	87011000	手扶拖拉机	所有规格	
3	87013000	履带式拖拉机	额定功率≤132.3kW（180马力）	技术规格调整，重大技术装备进口不予免税目录指标一并调整
4	87019011	轮式拖拉机	额定功率≤147.1kW（200马力）	技术规格调整，重大技术装备进口不予免税目录指标一并调整
5	87051021 87051022 87051023	全路面起重机	最大起重量≤1200t	技术规格调整，重大技术装备进口不予免税目录指标一并调整
6	87051091 87051092 87051093	其他汽车起重机	最大起重量≤220t	技术规格调整，重大技术装备进口不予免税目录指标一并调整
7	87053010 87053090	消防车	登高平台救火车：载人作业高度≤68m；其他：所有规格	技术规格调整
8	87042 87043	吸引压送罐车	压送能力垂直高度≤20m，工作温度≤140℃	
9	87059090	冶金工业举升台车（框架车）	总重≤80t	
10	87059090 8427	高空作业车及作业平台（包括屈伸臂式和直伸臂式）	作业高度≤40m（臂高）	设备名称调整，技术规格调整，税号调整
11	87059090 8427	垂直升降式高空作业车及作业平台	作业高度≤30m（臂高）	设备名称调整，技术规格调整，税号调整
12	87041030	非公路电动轮自卸车	载重量≤400t	技术规格调整，重大技术装备进口不予免税目录指标一并调整

续表11

编号	税则号列	设备名称	技术规格	备注
13	87041090	机械传动非公路刚性自卸车	所有规格	
14	87059090	非公路洒水车	容量≤80m^3	
15	87041090	非公路铰接式自卸车	载重≤60t	
16	87059080　84253190	测井绞车	陆上：功率<300马力，测井深度≤7000m；海上：功率<2000马力	技术规格调整
17	87059080	压裂车	工作压力≤105MPa	
18	87059080	混砂车	输砂量≤3.5m^3/min	
19	87059080	石油测井车	测井深度≤10000m	技术规格调整
20	87059090	桥梁检测车	检测臂作业长度≤22m	技术规格调整
21	87041090	井下运矿车	装载量≤18t	
22	87059090	炸药装药车	载重≤15t	
23	87091910	混合动力牵引车	整机重量≤10t	新增条目
十二		**其他交通设备**		
（一）		轨道机车、车辆		
1	8601　8602　8603　8605　8606	轨道机车、车辆	所有规格	
2	86040099	大型轨道式架桥机	载重吊装重量≤1600t	
3	8604	捣固车（含捣稳车）	自行速度≤100km/h，连挂运行速度≤120km/h，作业效率≤2.4km/h（48镐）或≤1.8km/h（32镐）	新增条目
4	86040099	稳定车	自行速度≤80km/h，连挂运行速度≤120km/h，作业效率≤2.5km/h	新增条目
5	86040012	钢轨/道岔打磨车	打磨作业效率≤15km/h，自走行速度≤100km/h，连挂速度≤120km/h	新增条目
6	86040099	大修列车	作业速度≤1.1km/h，换枕效率≤20根/分，连挂速度≤120km/h	新增条目
7	86040099	路基处理车	作业速度≤80m/h，自走行速度≤20km/h，连挂速度≤100km/h	新增条目
8	86040099	清筛机	自运行速度≤80km/h，连挂运行速度≤100km/h，作业效率≤650m^3/h	新增条目
9	86040099	物料运输车	空车最高连挂运行速度≤120km/h且重车最高连挂运行速度≤100km/h且额定载重≤95吨	新增条目
10	86040099	配渣车	所有规格	新增条目
11	86040099	焊轨车	所有规格	新增条目

续表12

编号	税则号列	设备名称	技术规格	备注
12	86040011 86040019 86040099	其他轨道校正、检查车、查道车	所有规格	新增条目，重大技术装备进口不予免税目录同类商品名称一并调整
（二）		飞机及地面专用车辆、设备		
1	88章	飞机	所有飞机整机	
2	87059051	飞机地面电源车或电源机组（输出频率400Hz）	所有规格	新增条目
3	850440	飞机地面静变电源（用于飞机的频率为400Hz的静止式频率变换器）	所有规格	新增条目
4	87059060 84158	飞机地面空调车或空调调温机组	所有规格	新增条目
5	87091110 87091910	飞机牵引车（有拖把）	所有规格	新增条目
6	87059060	飞机加油车（罐式及管线式）	所有规格	新增条目
7	87059070	跑道除冰雪车或设备	所有规格	新增条目
8	87091110 87091910	行李牵引车	所有规格	新增条目
9	84797100	旅客登机桥	所有规格	新增条目
10	87059090	飞机启动气源车	所有规格	新增条目
11	84144000	飞机启动气源机组	所有规格	新增条目
12	87059060	飞机除冰车	所有规格	新增条目
（三）		船舶装备		
1	89章	船舶及浮动结构件	所有船舶整船及浮动结构件（生产率在4000m^3/h及以上的绞吸挖泥船、泥舱容量在20000m^3以上的耙吸挖泥船除外）	技术规格调整，重大技术装备进口不予免税目录同类指标一并调整
十三		**仪器仪表**		
（一）		计量设备		
1	84233020	定量分选秤	X级系列（相当于静态精度低于或等于1/5000），Y级系列（相当于静态精度低于或等于1/3000，最大称量≥10kg）（注：数值越小，静态精确度越高）	
2	84233010 84233030 84233090	其他定量秤	准确等级低于或等于X（0.5）级，静态准确度低于或等于1/3000（注：数值越小，静态准确度越高）	
（二）		光学仪器		
1	9011	复式光学显微镜	所有规格	

续表13

编号	税则号列	设备名称	技术规格	备注
2	90152000	经纬仪	精度≥±2s（注：一测回标准偏差：水平方向大于、等于±2秒。数值越小，指标越高）	技术规格调整
3	90151000	测距仪	测距精度≥±3mm（注：测距精度：大于、等于±3mm，数值越小，精度越高）	技术规格调整
4	90153000	水准仪	精度≥±1mm（注：精度指仪器每公里往返测量高差偶然误差大于、等于±1mm，数值越小，精度越高）	技术规格调整
（三）		气象仪器		
1	9015	气象测试仪器和系统	常规用地面测风、气压、温度、湿度、降水、能见度测量仪器，六要素以下的自动气象站	
（四）		实验仪器		
1	9016	天平	所有规格	技术规格调整
2	90291090	转速、扭矩等多参数动力机械性能自动测试仪器设备	所有规格	设备名称调整
3	90312000	机械式、液压式、电磁式、电液式振动试验台	所有规格	新增条目（条目拆分）
4	8419 84798990 8514	环境实验箱	所有规格	设备名称调整
（五）		试验机		
1	902410 90248000	金属材料、非金属材料、复合材料试验机（棉花综合检测仪除外）	所有规格	设备名称调整
2	90221920 90222910 90222990 9031803	无损探伤检测设备（包括射线检测、磁粉检测、渗透检测、涡流检测、超声检测设备）	所有规格（450kV以上X光探伤机除外；声发射、光全息照相、红外热成像、微波检测设备除外）	设备名称调整，技术规格调整、税号调整
3	90248000	棉花综合检测仪	检测速度<700样/8小时 测试光源：白炽灯	
4	90311000	平衡试验机	所有规格（其中：测量精度<2克厘米且进给速度≥500mm/min的曲轴动平衡机除外）	
（六）		自动化仪表及系统		
1	84714991	分散型工业过程控制设备（DCS）	所有规格	
2	85371011	可编程控制器（PLC）	所有规格	技术规格调整
3	90251100 90251910 90251990	温度测量仪表	所有规格	

续表14

编号	税则号列	设备名称	技术规格	备注
4	9026 90318090	压力、物位、流量测量仪表	所有规格	技术规格调整
5	902820	液量计	所有规格	
6	84818021 84818029 84818031 84818039 84818040	调节阀、开关阀	所有规格（公称通径大于400mm，或者公称压力大于PN16MPa，或者温度范围高于530℃的调节阀除外）	设备名称变更，税号调整
7	8412 8483 8501 8537 8425 8481 8505	执行器（包括电动执行器、气动执行器；含电机、减速器、控制电路等）	电动执行器推力≤15000 N·m，气动执行器：所有规格。	技术规格调整，税号调整
（七）		分析仪器		
1	90272011 90272012	气、液相色谱仪	所有规格	
2	90273000	傅立叶红外光谱仪	分辨率≥0.1波数（注：数值越小，分辨率越高）	
3	90273000 90275000	近红外、紫外、原子吸收、原子发射、荧光等光谱仪器（包括全自动生化分析仪）	所有规格	
4	90273000	光电直读光谱仪	所有规格	技术规格调整
5	90278012	气体色谱质谱联用仪	质量范围≤1100amu（注：amu为原子质量单位）	新增条目
6	90278019	等离子质谱仪	质量范围≤300amu（注：amu为原子质量单位）	新增条目
7	90271000	光学式气体分析仪器	所有规格	
8	90278099	Ph计	被测溶液温度在100℃以下	
9	90275000 90278099	粉质、粒度检测仪器	所有规格	
10	90278099	BOD/COD/TOC水质多参数检测仪器	所有规格（核电用除外）	技术规格调整
11	90271000	汽车尾气分析仪	所有规格	
（八）		电工仪器仪表		
1	9028301	电度表	所有规格	技术规格调整
2	90283090	电度表检验装置	所有规格	
3	9028	工业用安装式开关板表	所有规格	
4	9030	数字式电工测量仪表	所有规格	技术规格调整
5	90303 90283090	其他电工仪表	所有规格	
（九）		电子仪器仪表		
1	85432090	数字合成信号发生器	扫频频率范围：250kHz ~ 1024MHz	设备名称变更
2	85432090	微波合成扫频信号发生器	扫频频率范围：10MHz ~ 40GHz	技术规格调整

续表15

编号	税则号列	设备名称	技术规格	备注
3	85432090	毫米波合成扫频信号发生器	扫频频率范围≤67GHz	技术规格调整
4	90302010 90302090	数字存储示波器	带宽≤1000MHz，存储能力≤1Mbit/ch，采样率≤5Gbit/s	技术规格调整
5	85158000	光纤熔接机	单芯熔接损耗≥0.01dB	
6	85158000	带状光纤熔接机	带状12芯熔接损耗≥0.07dB	
7	85158000	保偏光纤熔接机	偏熔接损耗≥0.05dB，消光比≤80dB	技术规格调整
8	90314990 90318010 90318090	光时域反射计	动态范围≤40dB，波长：0.85μm或1.35μm或1.55μm	
9	90314990 90318090	光功率计	波长范围0.4~1.75μm，测量光功率范围：-90dBm~+10dBm	
10	85176229	可编程光衰减器	波长范围1.2~1.65μm，最大衰减≤60dB	
11	90308990 90318010	误码仪	PDH速率：1~4次群，或连续速率：50b/s~50Mb/s	
12	90318010	SDH/PDH数字传输分析仪	PDH速率：1~4次群，SDH速率：155.52Mb/s或622.080Mb/s或2.5Gb/s	
13	90308990 903040	电信/数据通信分析仪	连续速率：50b/s~2.048Mb/s；固定速率：2.048Mb/s或622.080Mb/s	
14	90308990 903040	微波矢量网络分析仪	频率范围：45MHz~18GHz，动态范围：< 65 dB，不确定度 > 0.8 dB，相位：0~360相位精度> 1.5度	技术规格调整
15	90308990 903040	毫米波矢量网络分析仪	频率范围：< 30 GHz，动态范围：< 40 dB，不确定度 > 0.8 dB，相位：0~360相位精度> 5度	技术规格调整
16	90308990 903040	脉冲矢量网络分析仪	频率范围45MHz~40GHz	技术规格调整
17	90308990 903040	宽带射频一体化矢量网络分析仪	频率范围：30kHz~6GHz	
18	90308990 903040	标量网络分析仪	频率范围10MHz~110GHz	
19	90308990 903040	射频频谱分析仪	频率范围：<6GHz，动态范围：< 90dB，噪声电平 > -100dBm	技术规格调整
20	90308990 903040	高性能微波频谱分析仪	频率范围30Hz~50GHz	技术规格调整
21	90308990 903040	谐波混频器	频率范围≤110GHz	技术规格调整
22	90308990 903040	微波功率计	频率范围9kHz~40GHz，最大测量功率100W	

续表16

编号	税则号列	设备名称	技术规格	备注
23	90308990　903040	微波毫米波天线、RCS、T/R组件测试系统	频率范围：45MHz~40GHz	
24	90308990　903040	数字微波通信综合测试仪	频率范围：9kHz~26.5GHz	
25	90308990　903040	全自动数字失真度测量仪	频率范围：10Hz~110kHz，不平衡：20Hz~40KHz，平衡失真度测量范围：100~0.005%	
26	90303320　90303900 90308410　90308910	电感电容电阻测试仪（LCR）	频率范围：20Hz~5MHz（测试频率\电平不连续可调）	技术规格调整
27	903031　903032	台式数字万用表	测量精度：六位半以下	技术规格调整
28	90304010　90304090	视音频测试仪	所有规格	
29	90303310　90303390 90303900	高频毫伏表	频率范围：10kHz~2000MHz	
30	90304090	调幅/调频广播测试仪	所有规格	
31	90304090	数字电视场强仪	所有规格	
32	90318090	空气粒子计数器	0.5μm~10μm	技术规格调整
33	90304090	DVB-T/S/C制式数字电视发射系统测试仪	所有规格	
34	85432010　85432090	DVB-T（H）制式数字电视测试信号源	所有规格	
35	85432010　85432090	数字电视集中信号源	所有规格	
36	85432010　85432090	数字电视TS流信号发生器	所有规格	
37	90303390　90303900 90304090	智能电声测试仪	频率范围：20Hz~20kHz	
38	90318010	光纤通话机	波长范围：0.4μm~1.75μm，动态范围≤35dBm	
39	90308490　90308990	电能质量分析仪	频率范围：45Hz~500Hz，测量范围：AC：600Vrms 500Arms，DC：300V、2500A	
40	90230000	电磁物理教学仪器	所有规格	
41	850440	电子稳压电源	所有规格	
42	90303190　8543	电子负载	所有规格	
43	90303190　90303390 90308990	电路板在线测试仪	所有规格	技术规格调整
44	90251910	回流焊温度曲线测试仪	测温范围：0℃~400℃，记录时间：10min	
45	90303190　90304090 90308990	全自动干扰场强测试接收机	频率范围：150kHz~30MHz，分辨率：1Hz，过载系数：≥30dB，镜频抑制：>60dB，中频衰减：>60dB	

续表17

编号	税则号列	设备名称	技术规格	备注
46	85432010 85432090	低失真低频信号发生器	频率5Hz~110kHz：失真20Hz~20kHz≤0.005%；其余频段≤0.01%	
47	85432010 85432090	数字合成标准高频信号发生器	频率范围：5kHz~50MHz，最小分辨率：0.1Hz，频率稳定度：≥0.1ppm	技术规格调整
48	85432010 85432090 90304010 90304090	数字合成函数信号发生器/频率计数器	输出频率：1μHz~50MHz	技术规格调整
49	90304010 90304090	多功能（通用）频率计数器	测频范围：0.001Hz ~110GHz，测周范围：100ns~1000s，频率稳定度≥1PPm	技术规格调整
50	90303390 90303900	数字射频电压—功率表	频率范围：10kHz~2GHz，射频探头：10kHz~1GHz，功率<1W	技术规格调整
51	90304090 90308490	噪声系数分析仪	频率范围：10MHz~40GHz	新增条目
十四		**文化办公设备、电器**		
1	85258022 85258029	数字照相机	所有规格	
2	85258012 85258013 85258032 85258033 85258039	摄像机及视频摄录一体机	所有规格	
3	9002 9001	光学元件	所有规格	
4	9006（其中90061010、90061090、90063000除外）	照相机（不包括制版照相机和特种照相机）、闪光灯	所有规格	
5	90072090	胶片式放映机	胶片宽度为70mm、35mm、16mm放映机	
6	90071010 90071090	电影摄影机	胶片宽度为16mm、35mm摄影机	税号调整
7	90085040	照片放大机及缩片机	所有规格	税号调整
8	8443	复印设备（包括多功能一体机）	所有规格	
9	9010	洗印设备	所有规格	
10	90106000	银幕	所有规格	
11	90101010 90101020 90101091 90101099	彩色扩印设备	所有规格	
12	8415	空调器	所有规格	
13	84181010 84181020 84181030 84182110 84182120 84182130 84182910 84182920 84182990 84183021 84183029 84184021 84184029 84185000	电冰箱、电冰柜	所有规格	

续表18

编号	税则号列	设备名称	技术规格	备注
14	84213910　84213990	空气净化设备	≤100 级	
15	84501110　84501120 84501190　84501200 84501900　84502000 84511000	洗衣机	所有规格	
16	84690011　84690012 84690020　84690030	打字机及文字处理器	所有规格	
17	84701000　84702100 84702900	电子计算器	所有规格	
18	84713000　84714140 84714940　84715040 852351　84716050 84716060　84716090 84716071　84716072 84717090　85286100	微型计算机及外设	所有规格	
19	85284100　85285110 85285190	显示器	所有规格	
20	844331　844332	打印机	所有规格	税号调整
21	85171100　85171210 85171220　85171290	电话机（包括手机、对讲机）	所有规格	
22	84433290　84433110 84433190　84433290	传真机	所有规格	
23	85181000　85182100 85182200　85182900 85183000　85184000 85185000　8519 8527	音响设备	所有规格	
24	85211011　85211019 85219090　85219011 85219012　85219019	录像机	所有规格	
25	85211020　852190	放像机	所有规格	
26	85234100　85234910 85234920　85234990	光盘（已录入技术信息的光盘除外）	所有规格	税号调整
27	8528	电视机	所有规格	
十五		**包装机械**		
1	84222000	瓶子或其他容器的洗涤、干燥设备	所有规格（生产效率≥600罐/小时且以轧盖方式封口的金属瓶包装洗涤干燥设备除外）	技术规格调整
2	84223010　84223090	玻璃瓶灌装设备	能力<48000 瓶/小时（容量按 250mL 计）	技术规格调整
3	84223090	贴标机	所有规格	
4	8419　85437099	瓶子或其他容器的杀菌设备	所有规格	

续表19

编号	税则号列	设备名称	技术规格	备注
5	84223010 84223090	易拉罐灌装设备	能力<600罐/分钟（容量按350mL计）	技术规格调整
6	84223010	聚酯瓶饮料灌装设备	能力≤48000瓶/小时（瓶容积以550mL计）	技术规格调整
7	84223090 84224000 8462	生产三片罐的设备［包括圆盘剪（纵横剪）、电阻焊、补涂机、烘干固化装置、滚筋机、提升装置、翻边缩颈组合机、封罐机、检漏机、全内喷机等］	能力≤39000罐/小时	设备名称调整，技术规格调整
8	84391000 84392000 84393000	瓦楞板生产设备	速度≤300m/min，板宽≤2.5m	技术规格调整
9	84412000	纸塑复合水泥袋生产成套设备	能力≤300袋/分钟	设备名称调整
10	84418010	纸塑铝软包装制袋设备	所有规格	
11	84418090	模切机	单张走纸：生产速度<9000张/小时；连续模切：生产速度<200米/分钟	技术规格调整
12	84224000	热收缩包装机	能力≤40000件（瓶、袋、管）/小时	新增条目
13	847740 84223010 84223030	塑料杯成型充填包装机	能力≤48000件/小时（容积以250mL计）	新增条目
14	84223010 84223030 84223090	黏流体灌装设备（黏流体指酱类、油类、膏类、黏稠洗涤用品等产品）	油类灌装设备：能力≤6000件/小时（容积以5L计）；其他黏流体灌装设备：能力≤24000管（瓶、袋、件）/小时（容积以200mL计）	新增条目
15	84413010 84413090 84414000 84418090	纸箱成型、封箱设备	能力≤60箱/小时（箱容积以$1m^3$计）	新增条目
十六		工程机械		
1	84134000	拖式、车载式混凝土泵	所有规格	
2	84264110	轮胎式起重机	最大起重量≤100吨	技术规格调整
3	84271010 84271020	堆垛机	所有规格	
4	84271090	电瓶叉车	所有规格	
5	84272010	集装箱叉车	所有规格	
6	84264190	集装箱正面吊	所有规格	
7	84272090	内燃叉车	所有规格	
8	84279000	其他装有升降或搬运装置的工作车	所有规格	
9	84292010 84292090	平地机	所有规格	
10	84293010 84293090	自行式铲运机	所有规格	
11	84293010 84293090	拖式铲运机	所有规格	

续表20

编号	税则号列	设备名称	技术规格	备注
12	84294011 84294019	压路机	所有规格	
13	84295100 84295290 84295900	装载机	所有规格	
14	84295211	轮胎式挖掘机	整机重量≤36t	技术规格调整，重大技术装备进口不予免税目录指标一并调整
15	84295212	履带式挖掘机	整机重量≤120t	
16	84295900	挖掘装载机	所有规格	技术规格调整，重大技术装备进口不予免税目录指标一并调整
17	84301000	筒式柴油打桩机	所有规格	
18	84301000	液压打桩锤	整机重量≤25t（船用≤18t）	技术规格调整
19	842952 84305090 84306990 84314100	连续墙液压抓斗	斗宽≤1.2m	
20	84306919 84306911	水平定向钻	所有规格	
21	84303100	全断面掘进机	刀盘直径≤15m	技术规格调整
22	84304121 84304122 84304129	钻探机	所有规格	
23	843050 84306911 84306919	旋挖钻机	钻孔直径≤3m，动力头标准扭矩≤350kN·m	
24	84306911 84306919	工程钻机（竖井钻机见后）	钻孔直径≤3.5m	设备名称变更
25	84743100	混凝土或砂浆搅拌机器	所有规格	
26	84743200	矿物与沥青的混合搅拌设备	所有规格	
27	84791021	沥青混凝土摊铺机	所有规格	
28	84791022	稳定土路面拌合机	拌合宽度≤3m	
29	84791022	稳定土路面摊铺机	宽≤7.5m，厚≤350mm	
30	84791029	滑模式水泥摊铺机	最大铺宽≤9.75m	
31	84791090	高等级公路稀浆封层机	料仓≤$10m^3$，制浆≤3t	
32	84791090	沥青路面铣刨机	所有规格	技术规格调整
33	84261990	架桥机成套设备（含运梁车、提梁机、架桥机）	所有规格	新增条目
34	84791029	碎石摊铺机	所有规格	新增条目
35	84291100 84291190 84291910 84291990	推土机	额定功率≤520马力	新增条目，重大技术装备进口不予免税目录一并调整
十七		**模具**		**新增类别**
1	82072010 82072090 82073000 8480	模具	所有规格的模具（本目录所列82073000和8480税号项下具体列明可以免税的部分模具除外）	新增条目

续表21

编号	税则号列	设备名称	技术规格	备注
2	82073000	乘用车车身侧围外板模具	所有规格（拉延模和翻边整形模的型面贴合率>80%/cm^{2}的除外）	新增条目
3	82073000	乘用车车身侧围内板和加强版模具	所有规格（采用整体拼装工艺和拉延模和翻边整形模的型面贴合率>80%/cm^2 的除外）	新增条目
4	82073000	乘用车车身翼子板模具、弧线型整体尾门内外板模具	所有规格（拉延模的型面贴合率>80%/cm^2 和重点匹配区域的型面贴合率>85%/cm^2 的除外）	新增条目
5	82073000	乘用车车身车顶模具	所有规格（采用激光焊接工艺和拉延模和翻边整形模的型面贴合率>80%/cm^2 的除外）	新增条目
6	82073000	乘用车车身四门及发动机仓盖模具	所有规格（采用激光焊接工艺或加工工件内外板为铝合金材料的除外）	新增条目
7	82073000	乘用车车身冲压件热成型模具	所有规格（加工工件抗拉强度≥1000MPa 以及屈服强度≥500MPa 的模具除外）	新增条目
8	82073000	乘用车车身冲压件内高压成型模具	所有规格（加工工件为变截面的除外）	新增条目
9	82073000	多工位级进冲压模具	所有规格（精度≤±0.001mm 的多工位级进冲压模具除外）	新增条目
10	82073000	高速冲压模具	所有规格（与速度≥3000 转/分的高速冲床配套的冲压模具除外）	新增条目
11	84807190　84807900	塑料模具	所有规格（为锁紧力>3000t 的注塑机配套的注塑模具和精度<±0.003mm 的塑料模具除外）	新增条目
12	84801000	铸造模具	所有规格（镁合金压铸模具和为锁紧力>3000t 的压铸机配套的铝合金压铸模具除外）	新增条目
十八		**其他通用设备**		
1	84281010　84281090	电梯	所有规格	
2	84284000	自动扶梯	所有规格	
3	84284000	自动人行道	所有规格	
4	84283300	行李输送机	所有规格	
5	8539　85437099	紫外线消毒设备	所有规格	

续表22

编号	税则号列	设备名称	技术规格	备注
6	84238110 84238290	电子计价秤	所有规格	
7	84238210 84238910	电子汽车衡	所有规格	
8	84238990	电子平台秤	所有规格	
十九	84~90章	二手机电设备	所有规格	
二十	《中华人民共和国进出口税则》中第1章至第83章、第91章至第97章所有税号（82073000税号所列商品除外）	其他	所有规格	商品名称调整
专用设备				
二十一		船用设备		
（一）		船用柴油机及配套件		
1	84081000	低速柴油机（<300转/min）	缸径≤980mm	技术规格调整
2	84081000	中速柴油机（300~1000转/min）	缸径：160~460mm	技术规格调整
3	84081000	高速柴油机（>1000转/min）	功率≤2000kW	
4	84148030	废气涡轮增压器	压比≤4.5，流量≤$20m^3/S$	
（二）		辅机		
1	8426	船用吊机	起吊重量：单吊≤450t；双吊≤800t	技术规格调整
2	84021200 84021900	船用锅炉	蒸发量≤45t/h，工作压力≤3MPa	
3	84021190 84021200 84021900	废气锅炉	传热面积≤$300m^2$，工作压力≤0.7MPa	
4	84161000	船用锅炉燃烧器	转杯式、蒸汽雾化式：燃油黏度≤$2398\times10^{-6}m^2/s$（测量温度：50℃）	
5	84178090	船用焚烧炉	热容量≤1300000kcal/h	
6	84212199	船用生活污水处理装置	污水处理量≤80000升/天	
7	84248991	原油洗舱机	流量≤$140m^3$，有效射程≤36m	技术规格调整
8	84251100 84251900	船用救生艇降放装置	绞车工作负荷≤170kN	
9	84253190 84253990	船用起锚机、船用组合锚绞机	锚链直径≤162mm	技术规格调整
10	84261910 8426192 8425	船用起货绞机	负载≤150kN	
11	84253190 84253990	船用系泊绞车	负载≤400kN	
12	84798910	船用柱塞式舵机	转舵扭矩≤350t·m	

续表23

编号	税则号列	设备名称	技术规格	备注
13	84798999 8481	液压遥控阀及指示器系统	压力≤0.3MPa，输出扭矩≤12500Nm（TELFON 型式除外）	
14	84798200	船用混油装置	仅限动态恒压混合方式，最高黏度≤7×10^{-4} m^2/s（测量温度：100℃）	
15	8481	船用碟阀	200mm<口径≤1600mm，工作压力≤1.6MPa；50mm≤口径≤200mm，工作压力≤2.0MPa	技术规格调整
16	84814000	船用安全阀、截止阀	口径40~200mm，工作压力≤4MPa	新增条目
17	84813000	船用止回阀	口径40~400mm，工作压力≤4MPa	新增条目
18	84834090	船用齿轮箱	扭矩≤346kN·m	
19	84871000	船用定距浆	螺旋桨直径≤12m	技术规格调整
20	84871000	主推进可调桨	螺旋桨直径≤10400mm	
21	84871000	侧向推进器	螺旋桨直径≤3300mm	
22	84871000	全回转推进器	螺旋桨直径≤3900mm	
23	85016100 85016200 85016300 85016410	船用无刷三相同步发电机	中高压发电机≤10000kW，低压发电机≤2300kW	技术规格调整
24	85318090 85437099 8537 9032	船用机舱报警/控制装置	所有规格	
25	85269200	船用主机遥控装置	所有规格	
26	90278099	油分浓度计	测量范围≤30ppm，测量精度≥±5ppm	
27	84798910	船用转叶式舵机	扭矩≤1600kNm	新增条目
二十二		**农业机械**		
1	84248100	微灌、滴灌设备	所有规格	
2	84248100	喷灌设备	所有规格	
3	84335100	谷物联合收割机	额定功率≤147.1kW（200马力）	拆分条目，技术规格调整
4	84335100	玉米联合收割机	8行及以下自走式	拆分条目，技术规格调整
5	84335100	全喂入履带式水稻联合收割机	额定功率≤88.2kW（120马力）	技术规格调整
6	84335100	半喂入水稻联合收割机	收获行数≤6行	技术规格调整，重大技术装备进口不予免税目录指标一并调整
7	84335990	牵引式青饲料收割机	所有规格	
8	84335300	马铃薯联合收获机	收获行数≤4行	技术规格调整

续表24

编号	税则号列	设备名称	技术规格	备注
9	84335990	自走式青贮饲料收获机	额定功率≤260kW	
10	84323021	马铃薯种植机	播种行数≤4 行	税号调整
11	84323011	大型小麦免耕播种机	播种行数≤19 行	税号调整
12	84323011	水稻覆土直播机	播种行数≤6 行	税号调整
13	84335920	采棉机	采收行数≤6 行	技术规格调整
二十三		**轻工机械**		
（一）		真空制盐部分设备		
1	8413	制盐用循环泵	生产能力≤800000 吨/年的真空盐厂用循环泵	设备名称变更，技术规格调整
2	84211910　84211990　84211920	制盐用离心机	能力≤40t/h	设备名称变更，技术规格调整
3	84193990	制盐用沸腾干燥床	能力≤15t/h	设备名称变更
（二）		脂肪醇聚氧乙烯醚成套技术装备		
1	8413　84198990　84798999	AEO3、AEO7、AEO9、AEO11 乙氧基化反应器、反应循环泵	所有规格	税号调整
2	842139　84798999	排气吸收塔	所有规格	税号调整
（三）		烷基苯磺酸及盐、醇醚硫酸盐成套设备		
1	84195000　84198990	SO_2—SO_3 转化塔	所有规格	
2	84195000　84198990	空气冷却器	所有规格	
3	84178090	燃硫炉	所有规格	
4	84198990	磺化反应器	能力≤1. 6t/h	
（四）		合成脂肪醇成套技术设备		
1	84198990　84798999	C12—C15 洗涤剂醇反应器	所有规格	税号调整
2	84798999　84198990	脂肪醇反应器	所有规格	税号调整
3	84198910	脂肪醇加氢反应器	所有规格	
4	84198990　84213990　84798999	反应器产品脱气器	所有规格	税号调整
（五）		人造板设备		
1	84193200	人造板干燥机	所有规格	设备名称变更
2	84193200　8465　84793000	人造板成套设备（包括热压机或压机、砂光机、预压机、纵横锯边机、干燥机、涂胶机、刨片机、拼板机、旋切机、铺装机等）	能力≤200000 立方厘米/年	设备名称变更
3	8465	人造板削片机	所有规格	设备名称变更
4	8465	人造板刨片机	所有规格	设备名称变更

续表25

编号	税则号列	设备名称	技术规格	备注
5	84793000	人造板压机	能力≤100000立方厘米/年	设备名称变更
6	84793000	人造板热压机	所有规格	设备名称变更
7	84798200	人造板混合搅拌机	所有规格	设备名称变更
8	84798999	人造板铺装机	所有规格	设备名称变更，税号调整
（六）		其他		
1	841350	双缸泥浆泵	所有规格	
2	84193990　84198990	管式蒸发器、板式蒸发器	所有规格	设备名称变更
3	84194010　84194020　84194090　84198990　84211910　84211920　84211990　84212199　84213990　84741000　84798999	萃取设备，反应釜，浓缩设备，离心萃取机，管式分离机，三足式离心机，刮刀卸料离心机，上悬式离心机，离心卸料离心机，翻斗真空过滤机，叶滤机，筒式过滤机，板框、厢式压滤机	①板框、厢式压滤机：滤版尺寸200~2000mm，过滤面积≤1200平方米； ②其余：所有规格	设备名称变更，技术规格调整，税号调整
4	84198990	制浆用横管连续蒸煮器	所有规格	技术规格调整
5	84242000	合成洗衣粉成套技术设备	≤7t/h的喷粉设备（含前后配粉）	
6	84383000	糖化设备	100000t以下糖化锅（D5850，D6450），过滤槽（D8800），澄清槽（D6000）	
7	84392000	浆板机	纸制品幅宽<6600mm，设计车速<200m/min	技术规格调整
8	84392000	造纸成套设备（不含配套的复卷机、压光机）	纸制品幅宽<5000mm，设计车速<800m/min	技术规格调整，税号调整
9	84411000	切纸机	所有规格	
10	84531000	制皮革用片皮机	工作宽度≤2100mm	
11	84531000	制皮革用震荡拉软机	工作宽度≤2400mm	
12	84391000　84729030	废纸粉碎机	所有规格（钱币粉碎机除外）	
13	84741000	振动筛（洗煤设备用见后）	所有规格	
14	84748090	液压压砖机	压力<5000吨	
15	84752919	六组单滴料制瓶机	EF型六组单滴料制瓶机：4.25英寸，5英寸，5.5英寸	
16	84775900	人造革生产设备	所有规格	
17	84798990　84798999	三聚磷酸钠（STTP）成套设备	热法磷酸工艺技术	税号调整
18	84384000	不锈钢发酵罐（带加热、搅拌装置）	所有规格	设备名称变更，税号调整
19	842120　842130	食品用水平圆盘式过滤机	盘径≤1200mm	新增条目
20	842120　842130	食品用烛式过滤机	所有规格	新增条目

续表26

编号	税则号列	设备名称	技术规格	备注
21	84798999	锌锰糊式电池生产设备	生产 R20、R14、R6、R03 型的全套设备	税号调整
22	84798999	含汞碱锰电池生产设备	一次或二次各型号碱锰电池设备	税号调整
23	84798999	汞电池生产设备	所有规格	税号调整
24	84798999	可充镉镍电池生产设备	所有规格	税号调整
二十四		**建材设备**		
（一）		水泥		
1	84178030	水泥回转窑	所有规格	
2	84198990	篦冷机	所有规格	
3	84223021　84223029	水泥包装机	所有规格	
（二）		玻璃		
1	84171000　84752990	浮法玻璃生产线	生产线日产量≤900 吨/天，其中：混合机容积≤5250L，投料机投料口≤12m，热端设备产量≤900 吨/天；其他设备：所有规格	设备名称变更
（三）		其他		
1	84178090	耐火材料生产设备	所有规格	
2	84418090	改性沥青卷材设备	产量≤1000 万平方米/年，按一年 250 天，每天两班，每班 8 小时计算	
3	84178090　84641010 84641020　84641090 84642090　84649090	建筑陶瓷生产线	生产能力<300 万平方米/年	税号调整
4	8474	压砖机	所有规格	
5	84748090	加气混凝土设备	200000 立方米/年以下	
6	84748090	混凝土砌块（砖）生产设备（不包括劈裂、抛丸等制品二次深加工设备）	年单班（按 8 小时、250 天计）混凝土砌块（砖）产量≤30000m^3、混凝土路面砖产量≤150000m^2	
7	84748090	纤维增强板生产设备	所有规格	
8	84742090	高速细碎对辊机	对辊间隙>1mm	
9	84748090	双级真空挤砖机	所有规格	
10	84233030	浮法玻璃原料称量系统	所有规格	
11	84178090	浮法玻璃熔窑 L 型、双 J 型吊墙，卡脖吊墙	所有规格	
二十五		**化工设备**		
1	84198910	加氢反应器、精制反应器	所有规格	
2	84178090	轻质纯碱煅烧炉	Φ≤3600mm	

续表27

编号	税则号列	设备名称	技术规格	备注
3	84178090	重质纯碱煅烧炉	Φ≤3200mm	
4	84193990	磷铵造粒机	240000 吨/年及以下	
5	84193990	回转干燥器	240000 吨/年及以下磷铵装置用	
6	84198990 84798999	高压冷凝器	所有规格	税号调整，重大技术装备进口不予免税目录同类税号一并调整
7	84195000	块孔石墨换热器	所有规格	
8	84198990 84798999	阳极保护冷却器	200000 吨/年及以下硫酸生产线用	税号调整，重大技术装备进口不予免税目录同类税号一并调整
9	84195000 84778000	胶片冷却装置	密炼机用≤400L	
10	84198990	氨合成塔	合成塔直径≤Φ2800mm	
11	84198990	尿素合成塔（CO_2 汽提法）	内径×壁厚×总长≤Φ2800×122×36118mm	
12	84198990	尿素合成塔（氨气提法）	内径×壁厚×总长≤Φ2200×109×46880mm	
13	84198990	二氧化碳汽提法工艺汽提塔	内径×壁厚×总长≤Φ2350×28×11815mm	
14	84198990	碳化塔	所有规格	
15	84198990	PVC 及烯烃聚合釜	所有规格	
16	84223030 84223090	纯碱包装机	所有规格	
17	84223030 84223090	颗粒体物料包装机	≤800 包/单秤/小时（50 千克/包）	技术规格调整，重大技术装备进口不予免税目录指标一并调整
18	84772010	混炼挤压造粒机组	产量≤25 万吨/年	设备名称变更，技术规格调整，重大技术装备进口不予免税目录同类指标一并调整
19	84772090	橡胶螺杆挤出机	单螺杆直径≤250mm；双螺杆单根直径≤200mm；三复合螺杆及以上单根最大直径≤150mm	技术规格调整，重大技术装备进口不予免税目录同类指标一并调整
20	84775900	机械式轮胎定型硫化机	模腔直径≤150 英寸	技术规格调整，重大技术装备进口不予免税目录指标一并调整
21	84775900	平板硫化机	热板规格<2200mm×10000mm	
22	84775900	液压硫化机	模腔直径≤2400mm	技术规格调整
23	84775900	斜胶轮胎成型机	所有规格	
24	84778000	密闭式炼胶机	密炼室容积≤400L	
25	84778000	双辊开放式炼胶机、压片机	直径≤660mm	

续表28

编号	税则号列	设备名称	技术规格	备注
26	84778000	橡胶压延机	辊长 < 1730mm 的四辊、三辊、二辊压延机	
27	8424　84798999	高压洗涤器	容器外壳直径≤2830mm	税号调整
28	84198990　84798999	磷酸生产设备（包括塔、罐、动设备、静设备等）	所有规格	税号调整
29	85433000	离子膜电解槽	所有规格	
30	90248000	耐久性能试验机	载重胎最高时速≤150km，轿车胎时速≤240km	
31	84148090　840681　84068200	乙烯裂解气压缩机及配套工业汽轮机	年产量≤120 万吨	技术规格调整
32	84148090　840681　84068200	乙烯制冷压缩机及配套工业汽轮机	年产量≤120 万吨	技术规格调整
33	84148090　840681　84068200	丙烯制冷压缩机及配套工业汽轮机	年产量≤120 万吨	技术规格调整
34	84186920　84148090　84798999	聚乙烯配套用循环气压缩机（离心式）及其膨胀机	年产量≤40 万吨	税号调整
35	84148090	聚乙烯配套用往复式压缩机（迷宫密封式）	年产量≤45 万吨	技术规格调整
36	84137010	离心式急冷油泵	所有规格	
37	84137010	离心式急冷水泵	所有规格	
38	84195000	板翅式换热器冷箱（含乙烯冷箱）	所有规格	设备名称变更，税号调整，技术规格调整
39	8418　84195000	电站和石化空冷器（含加氢装置空冷器）	所有规格	设备名称变更，税号调整
40	84068200　84143014　84148090	硝酸装置四合一机组（包括汽轮机、空气压缩机、尾气透平、氮氧合物压缩机）	年产量≤60 万吨	技术规格调整
41	84198990	PTA 氧化反应器	单机年产≤120 万吨	技术规格调整，税号调整，重大技术装备进口不予免税目录同类指标一并调整
42	84068200　84148090	PTA 工艺空气压缩机机组（包括蒸汽轮机、离心压缩机）	单机年产≤100 万吨	技术规格调整
43	84193990	PTA 蒸汽回转干燥机	单机年产≤120 万吨	技术规格调整
44	84798200	PTA 搅拌机	单机年产≤100 万吨	新增条目
45	84148090	循环氢离心压缩机组	所有规格	新增条目
46	84148090　84183	二、四、六列往复式新氢压缩机组	轴功率≤8000kW	新增条目
47	84148090	长输管道压缩机组	轴功率≤30MW	新增条目

续表29

编号	税则号列	设备名称	技术规格	备注
48	85015300	管道压缩机用高速变频防爆电机	输出功率≤25MW	新增条目
49	84148090	炼油用大型无油原料气往复压缩机	所有规格	新增条目
50	84137010 84137090	加氢进料泵	所有规格	新增条目
51	84068200 84068110	工业汽轮机	输出功率≤100000kW	新增条目
52	8481	地面安装高压大口径全锻焊管道球阀	公称通径≤48英寸（48″）、压力等级≤900磅(class900LB)	新增条目
53	8481	埋地安装高压大口径大锻焊管道球阀	公称通径≤48英寸（48″）、压力等级≤900磅(class900LB)	新增条目
54	84714991	千万吨级炼油装置DCS集散控制系统	所有规格	新增条目
二十六		**石油天然气设备**		
1	85015100 85015200 85015300	井下马达（螺杆钻具）	所有规格	
2	90158000	地震检波器	所有规格	
二十七		**印刷设备**		
（一）		单张纸胶印机		
1	84431200 84431311 84431312 84431319	单张纸胶印机	对开单张纸单面多色胶印机：速度≤17000张/小时，纸张尺寸<720×1020mm；对开单张纸双面多色胶印机：速度≤13000张/小时，纸张尺寸<720×1020mm；全张及超全张单张纸单面多色胶印机：速度≤13000张/小时，纸张尺寸<1000×1400mm；四色以下所有规格	技术规格调整
（二）		卷筒纸胶印机		
1	84431100	商用卷筒纸胶印机	印刷速度：单转筒≤45000对开张/小时（印刷速度指单纸路、单幅的印刷张数），幅宽<889mm	技术规格调整
2	84431100	报纸用卷筒纸胶印机	单幅机：幅宽<787mm，印刷速度≤75000对开张/小时；双幅机：幅宽<1562mm，印刷速度≤140000对开张/小时(印刷速度指单纸路、单幅的印刷张数)	技术规格调整
3	84431100	书刊用卷筒纸胶印机	所有规格	
4	84431100	表格用卷筒纸胶印机	所有规格	

续表30

编号	税则号列	设备名称	技术规格	备注
（三）		其他印刷设备		
1	84431600	柔版印刷机	卫星式：速度≤350米/分；其他：所有规格	技术规格调整
2	84431700	凹版印刷机	所有规格	
3	84431400 84431500	凸版印刷机	所有规格	
二十八		食品机械		
1	84211100	奶油分离器	所有规格	
2	84198990	乳品加工用超高温灭菌设备	生产处理量≤12t/h	技术规格调整
3	84193990	乳品加工用喷雾式干燥器	生产处理量≤6t/h	
4	84223010	乳品加工用自动化灌装设备	塑料瓶生产处理量≤10t/h；其他瓶或盒生产处理量≤6t/h	技术规格调整
5	84342000	乳品加工专用机械	所有规格	设备名称变更
6	84351000	带式榨汁机	能力≤20t/h	技术规格调整
7	84381000	方便面生产设备	能力≤35000包/小时（单机能力）	技术规格调整
8	84381000	滚切饼干生产设备机	能力≤1400kg/h	技术规格调整
9	84385000	肉鸡屠宰生产设备	能力≤12000只/小时	技术规格调整
10	84385000	鸭鹅屠宰生产设备	能力≤7000只/小时	技术规格调整
11	84385000	生猪屠宰设备	能力≤600头/小时	
12	84385000	香肠、火腿肠生产设备	所有规格	技术规格调整
12	84385000	斩拌机	能力≤650千克/锅	技术规格调整
13	84385000	嫩化机	能力≤6000kg/h	技术规格调整
14	84385000	乳化机	能力≤6t/h	技术规格调整
15	84385000	肉丸机	能力≤1000个/分钟	技术规格调整
16	84385000	绞肉机	能力≤8t/h	技术规格调整
17	84385000	真空滚揉机	能力≤3000千克/次	技术规格调整
18	84385000	真空灌肠机	能力≤6t/h	技术规格调整
19	84386000	水果、坚果或蔬菜加工机械	所有规格	设备名称变更
20	84388000	紫菜加工机械	所有规格	
二十九		药品生产、包装机械		
1	84192000 85437099	灭菌器具	所有规格（连续式、旋转式灭菌器，蒸汽—空气混合型灭菌器，过氧化氢灭菌器具除外）	技术规格调整
2	84192000 84222000 84223030	小容量注射剂洗、烘、灌封设备（水针封装机械）	≤36000瓶/小时（每瓶按2mL计，吹灌封塑料包装一体机除外，全过程无菌灌装玻璃瓶设备除外）	设备名称变更，技术规格调整
3	84224000	硬胶囊充填机	≤7200粒/小时	技术规格调整

续表31

编号	税则号列	设备名称	技术规格	备注
4	84223090	西林瓶贴签机	所有规格	
5	84621010　84621090	药用铝制易开盖生产线	所有规格	
6	90248000	玻璃药瓶应力检测用数显扭力扳手	所有规格	
7	84222000	药品生产用洗涤、过滤、干燥三合一机器	过滤面积≤$6m^2$	设备名称变更，技术规格调整
8	84222000　84212199 84212990　84193990	药品生产用其他洗涤、过滤、干燥机器	所有规格	技术规格调整，税号调整
9	84798200	总混合器	所有规格	
10	84798999	压片机	≤500000 片/小时	技术规格调整，税号调整
11	84798999	制粒机	所有规格	税号调整
12	84752919　84752990	玻璃安瓿制造机	所有规格（立式机除外）	设备名称变更
13	84798200　84224000	栓剂包装生产设备	所有规格	
14	84201000	药品抛光机	所有规格	
15	84388000　84798999	空心胶囊生产线（生产线主要工艺：占胶，烘干，脱模，切割）	所有规格	税号调整
16	84388000　84223030 84798999	软胶囊制造机（制造机主要生产工艺：灌装生产，包装）	所有规格	税号调整
17	84223030	大容量注射剂塑料瓶灌装生产线	≤ 8000 瓶/小时（每瓶按500mL计）	新增条目
18	84223030　84224000	大容量注射剂软袋灌装生产线	≤ 8000 袋/小时（每瓶按500mL计）	新增条目
19	84193990	冻干机	所有规格（带自动进出料功能的冻干机除外）	新增条目
20	84798999　84743900	包衣机	≤800 千克/批	新增条目
21	85141090	细胞培养器	所有规格	新增条目
22	84194090	制药用热压式蒸馏水机	出水量≤5t/h	新增条目
23	90248000	各类药瓶盖及塞用撕拉力、折断力、穿刺力检测仪	所有规格	
24	90314910　90314990	医用胶囊药瓶等玻璃制品缺陷检查用光学投影数显测量仪	所有规格	
25	90314990　90318090	药用玻璃瓶用数显底厚仪	所有规格	
26	90314990　90318090	壁厚仪	所有规格	
27	90248000　90318090	药用瓶耐内压力检测用线性增压内压力试验机	所有规格	
三十		**塑料加工设备**		
（一）		塑料制品液压机		

续表32

编号	税则号列	设备名称	技术规格	备注
1	8477	塑料制品液压机	所有规格	
（二）		注塑（射）机		
1	84771010	注塑（射）机	锁模力≤6000t（制品重量的重复误差<0.3%的精密注塑机、4色及以上注塑机、锁模力>550t的电动注塑机除外）	技术规格调整
（三）		塑料挤出机		
1	84772010	同向平行双螺杆混炼造粒机	螺杆直径≤320mm	技术规格调整
2	84772010	异向平行双螺杆混炼造粒机	螺杆直径≤450mm	技术规格调整
3	84772090	异向平行双螺杆挤压成型机	螺杆直径≤100mm	
4	84772090	吹塑薄膜挤出机	薄膜层数≤9层	技术规格调整
5	84772090	单螺杆异型材塑料挤出成型机	所有规格	
6	84772090	锥形双螺杆异形塑料挤出成型机（含排气式）	螺杆大端直径≤92mm	
7	84772090　84778000	平膜塑料挤出机	薄膜层数≤7层	设备名称变更，技术规格调整
8	84772090	单螺杆挤管机	螺杆直径≤200mm	
9	84772090	塑钢门窗挤出机	螺杆直径≤200mm	
10	84772090	锥形双螺杆排气式塑料挤出机	螺杆大端直径≤92mm	
11	84772090	单螺杆排气式塑料挤出机	螺杆直径≤150mm	
12	84772090	塑料发泡挤出机	所有规格	新增条目
13	84772090	塑料网材挤出机	所有规格	新增条目
14	84772090　847740	塑料土工格栅挤出成型机组（包括挤出机、机头、冷却成型机）	所有规格	新增条目
15	84772090　847740	塑料双壁波纹管挤出成型机组（包括挤出机、机头、冷却成型机）	双壁波纹管直径≤2m	新增条目
16	84772010　84772090	其他未列名的塑料挤出机（含造粒机）	所有规格	
17	84198990　85437099	废塑料杀菌机	所有规格	
18	84778000	废塑料颜色分选机	所有规格	
19	84778000	废塑料杂质分选机	所有规格	
（四）		塑料中空吹塑成型机		
1	84774010	塑料中空吹塑成型机	产量≤48000瓶（件）/小时（瓶容积以550mL计）	技术规格调整，税号调整

续表33

编号	税则号列	设备名称	技术规格	备注
2	84774010	塑料多层中空吹塑成型机	≤6层	技术规格调整，税号调整
3	84774010	塑料一步法注拉吹中空吹塑成型机	容量≤50L	税号调整
（五）		其他塑料加工机械		
1	84193990 84211990 84772010 84772090 84774010 84774020 84774090 84775900 84778000 84798999	木塑复合材料生产及成型机组	所有规格	税号调整
2	84211990 84772010 84772090 84774010 84774020 84774090 84775090 84778000 84193990 84798999	废塑料回收与利用机组	所有规格	税号调整
3	84223030 84223090 84224000	塑封机	所有规格（半导体行业用塑封机除外）	设备名称变更，技术规格调整
4	84223030 84223090 84224000 84798999	覆膜机	所有规格	税号调整
三十一		**仓储及停车场设备**		
1	84798992	自动化立体仓储成套设备	所有规格	税号调整
2	84798992	立体停车场设备	所有规格	税号调整
三十二		**环保设备**		
（一）		大气污染防治设备		
1	84211990	离心式除尘器	所有规格	
2	84213910 84213990	油烟、油雾净化装置	所有规格	
3	84213921	静电除尘器	所有规格	技术规格调整
4	84213922 84213924	袋式除尘器（含电袋式）	过滤面积≤25000m^2，长期使用温度≤280℃	设备名称变更，税号调整
5	84213990	废气（活性炭）吸附装置	所有规格（流化床、移动床、固定床活性炭吸附装置除外）	技术规格调整
6	841381 84213940 842119 84213990 847439 84818040	电站烟气脱硫专用设备（包括循环浆液泵、水力旋流分离器、除雾器、烟气挡板门、脱硫增压风机、搅拌器等）	单机容量≤1000MW 火电机组	技术规格调整，税号调整
7	842139	燃煤电站烟气脱硝成套设备（吸收剂系统、催化反应设备、监测控制系统、空气稀释系统和吹灰系统）	所有规格	新增条目
8	9026 9027	烟气在线监测设备	所有规格	
9	9026 9027	空气质量自动监测设备	所有规格	

续表34

编号	税则号列	设备名称	技术规格	备注
（二）		污废水处理和资源综合利用设备		
1	84212199　84212910　84212990	带式污泥浓缩压滤一体机	带宽≤3m，滤饼含水率≥70%	税号调整
2	84212910	板框、箱式、带式压滤机	所有规格	
3	84211990	螺旋离心浓缩机	转鼓直径≤1m，处理能力≤$8m^3/h$	
4	84212199	栅条式格栅除污机	所有规格	税号调整
5	84212199	固定式平面机械格栅除污机	所有规格	税号调整
6	84212910	螺旋栅渣压滤机	排渣量 < $4m^3$	
7	84283990	无轴螺旋栅渣输送机	所有规格	
8	84798999	节能曝气机	服务面积≤$4.2m^2$	税号调整
9	84798999	盘式橡胶曝气机	所有规格	税号调整
10	84798999	剪切式转盘曝气机	直径≤1400mm	税号调整
11	84798999	水平轴转刷曝气机	直径≤1000mm，L≤10m	税号调整
12	84798999	转刷曝气机	所有规格	税号调整
13	84798999	刮泥机	所有规格	税号调整
14	84798999	平流式行车除砂机	所有规格	税号调整
15	84798999	竖轴式表面曝气机	叶轮最大直径≤4m	技术规格调整，税号调整
16	84212990	转盘式膜反应分离器	所有规格	新增条目
17	84212990	转盘式微滤机	所有规格	新增条目
18	84213990	煤气综合利用脱酸塔	所有规格	新增条目
19	84213990	煤气综合利用喷淋式饱和器	所有规格	新增条目
（三）		固体废物处理设备		
1	84178090　842139	生活垃圾焚烧炉及其烟气净化装置	处理能力≤600吨/天（烟气净化装置除外）	技术规格调整
三十三		**矿冶、港口机械**		
（一）		露天矿设备		
1	84283300	排土机	出力≤$4500m^3/h$	
2	84305020　84305090　84306990　842952	矿用挖掘机	所有规格	技术规格调整
（二）		洗煤设备		
1	84211990	沉降离心机	所有规格	技术规格调整
2	84212910　84741000	压滤机	所有规格	技术规格调整
3	84212990　84741000	盘式过滤机	所有规格	技术规格调整
4	84741000	振动筛	所有规格	技术规格调整

续表35

编号	税则号列	设备名称	技术规格	备注
5	84741000	跳汰机	所有规格	技术规格调整
6	84742010	双齿辊破碎机	所有规格	技术规格调整
(三)		选矿设备		
1	84212990 84741000	过滤机（圆盘式、带式）	所有规格	
2	84305031 84305039	牙轮钻机	所有规格	技术规格调整
3	84741000	浮选机	所有规格	技术规格调整
4	84741000	磁选机	所有规格	
5	84742090	旋回破碎机	所有规格	技术规格调整
6	84742090	圆锥破碎机	所有规格	技术规格调整
7	84742020	球磨机	所有规格	
8	84741000 84798999	浓缩机	所有规格	技术规格调整，税号调整
9	84798999	旋流器	所有规格	技术规格调整，税号调整
(四)		装卸机械		
1	84261910 84283	散料装船机	装卸能力≤6000t/h	
2	84261910 84261921 84261929	岸边集装箱起重机	起重量≤40. 5t	
3	84261921	抓斗卸船机	装卸能力≤2100t/h	
4	84261929 84283200	链斗式连续卸船机	卸货量≤1600t/h	
5	84263000	多用途门座起重机	所有规格	
6	84283300 84283910 4283920 84283990	装车机、卸车机	所有规格	
7	84289090	飞机集装单元装载机	最大装载重量≤14t	
8	84289010	翻车机（单翻、双翻、三翻、四翻）	所有规格	设备名称变更
9	842710 84289031	堆取料机	臂式：堆取能力≤4000t/h；门式：堆取能力≤3000t/h	税号调整
10	8609	集装箱	所有规格	税号调整
(五)		开采设备		
1	84253110 84253190 84253910 84253990	绞车（卷扬机）	所有规格	
2	84306911	竖井钻机	钻孔直径≤13m，深度≤1000m	新增条目
3	84251100 84251900	提升机	卷筒直径≤5. 5m	
4	84253110 84253910	井下防爆卷扬机	卷筒直径≤3m	
5	84798999	液压支架	所有规格	税号调整

续表36

编号	税则号列	设备名称	技术规格	备注
6	84798999	巷道装药器	容量≤700L	税号调整
7	84303100　84303900	采煤机	电牵引采煤机：装机功率≤2200千瓦；其他采煤机：所有规格	
（六）		索道及输送机		
1	84283300	固定式带式输送机	所有规格	
2	84283300	管状带式输送机	管径≤850mm	
3	84283300	移动式带式输送机	输送能力≤2500t/h，单点机头驱动长度≤2500m	
4	84283300	波状挡边带式输送机（大倾角带式输送机）	带宽≤2m	
5	84283910　84283920　84283990	混匀取料机	所有规格	
6	84283990	刮板输送机	单电机功率≤1000kW	
7	84283990	刮板转载机	单电机功率≤1000kW	
8	84283910	埋刮板输送机	槽宽≤1.25m，输送能力≤2000t/h	
9	84283910	悬挂及地面链式输送机	所含设备所有规格	
10	84283920　84283990	滚道输送机（包括辊式）	所有规格	
11	84283990	螺旋输送机	所有规格	
12	84286010	货运架空索道	运货能力≤600t/h	
13	84286021　84286029	客运架空索道	所有规格	
（七）		破磨设备		
1	84742010　84742020　84742090	破碎机（站）	所有规格	
2	84742010　84742020　84742090	磨粉机	所有规格	
3	84742090	辊压机	所有规格	
三十四		纺织机械		
1	84440020	涤纶短丝纺丝机	纺丝机速度≤1500m/min，生产线日产量≤200t	
2	84440030	粘胶连续纺丝机	纺速≤140m/min	
3	84451111	棉纺清梳联合机	单机产量≤120kg/h	
4	84451112	往复式抓棉机	所有规格	
5	84451310	棉纺并条机	所有规格	
6	84451210	棉纺精梳机	生产速度≤500钳次/分钟	技术规格调整
7	84451321	棉纺粗纱机	所有规格	
8	84451900	开棉机	所有规格	

续表37

编号	税则号列	设备名称	技术规格	备注
9	84451900	混棉机	所有规格	
10	84451900	清棉机	所有规格	
11	84451900	清梳联棉箱	单机产量≤100kg/h	
12	84452041	棉纺环锭细纱机	所有规格	
13	84454010	自动络筒机	所有规格（细络联形式的除外）	
14	84459010	整经机	直接整经机速度≤1000m/min；分条整经机速度≤800m/min	
15	84459020	浆纱机	车速≤80m/min	
16	84463020	剑杆织机	普通剑杆织机：引纬速度<900m/min；毛巾用剑杆织机：转速<400r/min；地毯用剑杆织机：转速<140r/min	
17	84463030	片梭织机	引纬速度<1400m/min	
18	84463040	喷水织机	引纬速度<1800m/min	
19	84463050	喷气织机	所有规格	
20	84471100 84471200	圆纬针织机	筒径≤34英寸，机号≤28针/英寸	
21	84471100 84471200	圆织机	四梭圆织机	
22	84471100 84471200	电子提花圆纬针织机	筒径≤30英寸，机号≤24针/英寸	
23	84481100	多臂机（装置）	用于喷气、喷水织机：转速<800r/min；用于剑杆织机：转速<500r/min	
三十五		**电子、通信设备**		
1	8443	油墨打标志机	打印精度：一致性≥±0.1mm，生产效率≤480条/小时（DIP16），轨道宽度调整范围：19~51mm	
2	8443 8456 84798999	激光打标志机	定位精度：一致性≥±0.05mm；打印效率：UPH≤800条；标刻范围：≤220×110mm	税号调整
3	84649019 84649090 84561000 8486	划片机	适用片径：≤150mm	税号调整
4	84709000 84705010 84705090	销售点终端出纳机（POS）、自动收款机	所有规格	
5	85176236	路由器	所有规格	
6	84729010	自动柜员机	所有规格	

续表38

编号	税则号列	设备名称	技术规格	备注
7	84861010 84862010 84863010	氧化/扩散炉	适用片径：≤200mm；工作温度：500℃～1200℃；恒温区长度：900mm；氧化层均匀性：±2%；	
8	85153190 84864022	半自动金（铝）丝焊接机	所有规格	
9	85153190 84864022	全自动金（铝）丝焊接机	金丝焊接机焊接速度≤13线/s；铝丝焊接机焊接速度≤2线/s	技术规格调整
10	85176211 85176212 85176219	程控交换机	所有规格	
11	8517	数字移动通信设备	所有规格	
12	85176221	光端机及脉冲编码调制设备	＜140MB/s	
13	85176222	波分复用光传输系统及设备	所有规格	
14	85176229	数字同步系列光纤通信系统及设备	<140MB/s	
15	85176231	时钟同步网设备	所有规格	
16	85176232	以太网交换机	所有规格	
17	85176233	IP 电话设备	所有规格	
18	85176239	综合业务数字网络（ISDN）系统及设备	所有规格	
19	85176239	有线用户接入网系统设备	所有规格	
20	85176239	异步转移模式宽带节点机	所有规格	
21	85176239	7号信令网设备	所有规格	
22	85176239	IP 业务网络接入服务器设备	所有规格	
23	85176239	智能网系统及设备	所有规格	设备名称变更
24	85255000	广播电视用无线电广播电视发送设备	中波、短波广播发射机、调频广播发射机、电视发射机、差转机：所有规格	
25	85176190 85176910	无线寻呼系统（85176190 仅指无线寻呼系统基地）	所有规格	
26	85176292 85176293	无线用户接入网系统设备	所有规格	
27	85176190	短波通信设备	调幅、调频、单边带、自适应、跳频信号	
28	85176190	超短波通信电台	VHF/UHF 对讲机	
29	85176190	数字同步系列微波通信系统及设备	所有规格	
30	85287110	彩色卫星电视接收机（含天线和高频头）	所有规格	
31	84862050 84863090	离子注入机	束流≤1mA，能量≤200keV；注片直径≤150mm	

续表39

编号	税则号列	设备名称	技术规格	备注
32	85447000 90011000	光缆	所有规格	
33	84862031 84862039 84863031 84863039	单面接触/接近曝光机	适用片径≤4英寸，曝光不均匀性≥±4%，曝光分辨率≥2μm，对准精度≥1μm	
34	84862031 84862039 84863031 84863039	双面接触/接近曝光机	适用片径≤4英寸，曝光不均匀性≥±4%，曝光分辨率≥5μm，对准精度≥3μm	
35	90302010	示波器（模拟）	频率≤100MHz	
36	90308990	自动探针测试台	适用片径≤6英寸，工作台定位精度≥0.01mm，工作台重复精度≥0.003mm，Z向行程：0~3mm（可调），Z向重复精度≥0.002mm	技术规格调整
37	90312000	振动测试设备	所有规格	新增条目
38	90312000	冲击测试设备	所有规格	新增条目
39	84864022	高精外接驱动电路焊接机	所有规格	新增条目
40	84863029	无铅回流焊机	所有规格	新增条目
41	84864039	自动化物料系统	所有规格	新增条目
三十六		**冶金设备**		
（一）		炼铁设备		
1	84178010	炼焦炉设备	所有规格	技术规格调整
2	84178090	球团、烧结设备	所有规格	设备名称变更，技术规格调整
3	84178090	高炉	容积≤4000m^3	
4	841459	高炉用鼓风机	流量≤12000Nm^3/min，功率≤70000kW	新增条目
（二）		炼钢设备		
1	84541000	炼钢转炉	所有规格	设备名称变更，技术规格调整
2	85141090 85142000	炼钢电炉	所有规格	设备名称变更，技术规格调整，重大技术装备进口不予免税目录一并调整
3	84542010 84542090	炉外精炼设备	所有规格	新增条目
（三）		连铸设备		
1	84543021 84543022 84543029 84543090	普通钢方坯、圆坯连铸机；合金钢方坯连铸机；板坯连铸机	所有规格（厚度>400mm厚板坯连铸机、厚度≤45mm薄带坯连铸机除外）	技术规格调整
（四）		轧钢设备（含有色轧机）		
1	84551010	无缝管轧机	直径≤340mm	技术规格调整

续表40

编号	税则号列	设备名称	技术规格	备注
2	84552110　84552210	冷、热连轧板带轧机	热连轧机：板宽≤2.5m；冷连轧机：板宽≤2.3m	技术规格调整
3	84552110	中板轧机	板宽≤5m	技术规格调整
4	84552120	型钢轧机	所有规格	设备名称变更
5	84552130	线材轧机	所有规格	
6	84552190	初轧开坯机	所有规格	
7	84552190	条杆轧机（含半连轧、连轧机组）	所有规格	设备名称变更
（五）		焊接机械		
1	85152110　85152190 85152900	电阻焊机	所有规格（线性摩擦焊除外）	新增条目，重大技术装备进口不予免税目录一并新增
2	85153110　85153190 85153900	电弧焊机	所有规格（数字化焊机除外）	新增条目，重大技术装备进口不予免税目录一并新增
3	85153110	螺旋焊管机	所有规格	
4	85152110　85152900 85153190　85153900 85158000	高频直缝焊管机组（主要包括：开卷机，夹送矫平机，剪切对焊机，卧式螺旋活套，铣边机，成型机，定径机，飞锯机，平头倒棱机，铣切锯机，水压试验机，钢管矫直机，测长、称重、喷码装置、高频焊机、中频感应加热装置等）	产品直径≤711mm	设备名称变更，技术规格调整，重大技术装备进口不予免税目录同类指标一并调整
（六）		金属制品加工设备		
1	84631020　84633000 84794000　84798190	拉丝制绳设备	所含设备所有规格	
（七）		其他设备		
1	84051000　84798999	煤气炉中的各种常压水冷、空冷煤气炉，单段与两段炉，固定床加压气化炉（鲁奇式）	所有规格	税号调整
三十七		**发电设备及输变电设备**		
（一）		核电设备		
1	84137099	反应堆主冷却剂泵（包括电机、变频器、开关）	二代加核电用反应堆主冷却剂泵：所有规格；三代核电用反应堆主冷却剂泵：功率≤5000kW	新增条目
2	85044020　85044090 85371090	核岛直流不间断电源（包括逆变器/UPS/充电器等）	所有规格（核安全等级为1E级或RCCE标准K3及以上的除外）	新增条目
3	84195000	非能动余热排出热交换器	所有规格（核一级的除外）	新增条目
4	84014090	核反应堆压力容器安全壳	所有规格	新增条目

续表41

编号	税则号列	设备名称	技术规格	备注
5	84269900	核反应堆厂房环形吊车	所有规格	新增条目
6	84137099	主给水泵组（含电机）	单级叶轮扬程低于500m	新增条目
7	8413	核级泵（上充泵/辅助给水泵/余热排出泵/水压试验泵/堆芯补水泵，含电机）	核安全三级及以下	新增条目
8	84714991	DCS仪控设备	所有规格（具有核电安全级或核抗震1级和2级的DCS仪控设备除外）	新增条目
9	90251910　90328100　85365000	核级温度传感器/温度开关/核级压力开关、差压开关	所有规格（核安全等级为1E级或RCCE标准K3及以上的除外）	新增条目
10	85044019	励磁系统设备	磁场额定电流≤9000A；额定电压≤500V	新增条目，重大技术装备进口不予免税目录一并新增
11	84194090　84798999	放射性废物处理设备（包括脱气塔、蒸发器）	核安全三级及以下	新增条目
12	85446012　85444921	K1类及K3类或AP10001E级大截面动力电缆	单芯截面小于400mm^{2}或耐受辐照剂量低于80Mrad	新增条目
13	84212990	核岛安全壳过滤排放系统	气溶胶滞留能力≤80kg，气溶胶滞留率≤99.9%，元素碘滞留率≤99%，有机碘滞留率≤80%，碘挥发>0.1%	新增条目
14	84212990	核岛辅助水过滤器	过滤颗粒度大于200微米	新增条目
15	84014020　84014090　84289090	乏燃料贮存格架	所有规格（覆盖中子吸收材料的除外）	新增条目
16	84798999	核岛液压阻尼器	所有规格（主回路阻尼器和蒸发器阻尼器除外）	新增条目
（二）		火力发电设备		
1	84021110　84021190　84021200　84021900　84022000	电站用锅炉	蒸发量≤3600t/h	设备名称变更
2	84041010	电站用锅炉辅助设备	所有规格	设备名称变更
3	84068110　84068120　84068130　84068200	电站用汽轮机	所有规格	技术规格调整
4	84138100	锅炉给水泵（组）	配套≤1000MW火电机组	技术规格调整
5	84138100	凝结水泵	所有规格	
6	84138100	循环水泵	所有规格	技术规格调整
7	84138100	锅炉强制循环泵	所有规格	技术规格调整

续表42

编号	税则号列	设备名称	技术规格	备注
11	84818010 84813000 84818040	火电机组用高温高压阀门（闸阀、截止阀、止回阀）	闸阀：公称通径 DN≤600mm（24″）；压力等级≤4500Lb 截止阀：公称通径 DN≤80mm（3″）；压力≤4500Lb 止回阀：公称通径 DN≤600mm（24″）；压力≤4500Lb	新增条目
8	84163000 84798999	输配煤、制粉及气力除灰、除渣、输灰成套设备（包括煤粉计量系统）	所有规格	税号调整
9	84798999	锅炉给水、凝结水、软化水处理设备	所有规格	税号调整
10	84814000	锅炉安全阀	压力≤25.4MPa，温度≤517℃	技术规格调整
11	85016100 85016200 85016300 85016410 85016420 85016430	交流发电机	单机容量≤1200MW	
12	85023900	火力发电机组	所有规格	技术规格调整
（三）		余热锅炉		
1	84021900 84021190 84021200	余热锅炉	所有规格	
（四）		燃油燃气锅炉		
1	84031010 84031090 8402	燃油燃气锅炉	所有规格	
（五）		水力发电设备		
1	84101100 84101200 84101310 84101320 84101330 84101390	水轮机	混流式、轴流式、贯流式：所有规格；蓄能式≤300MW，水头＜700m；冲击式≤180MW，水头<800m	技术规格调整，重大技术装备进口不予免税目录指标一并调整
2	8501 85023900	水轮发电机	与混流式水轮机配套的所有规格的发电机；与轴流式水轮机配套的所有规格的发电机；与≤75MW 贯流式水轮机配套的发电机；与≤300MW 蓄能机组水轮机配套的发电机；与≤180MW 冲击式水轮机配套的发电机	技术规格调整，重大技术装备进口不予免税目录同类指标一并调整
（六）		燃气轮机及其发电机组		
1	84118100 84118200 85023900	燃气轮机及其发电机组	所有规格	设备名称变更，税号调整
2	84118100 84118200 85023900	低热值（燃烧热量低于1150大卡）煤气燃气轮机及其发电机组	输出功率≤200MW	技术规格调整，税号调整
（七）		内燃机发电机组		

续表43

编号	税则号列	设备名称	技术规格	备注
1	85021100 85021200 85021310 85021320 85022000	内燃机发电机组	所有规格	
(八)		输电设备		
1	8504	换流变压器（直流）	电压≤±500kV	
2	85045000	平波电抗器（直流）	所有规格	
3	85351000 85352100 85352900 85359000 85361000 86362000 85363000 85371090 85372010 85372090	控制保护设备	所有规格	设备名称变更
4	85359000	换流阀（直流）	所有规格	
5	85437099	滤波装置（直流）	所有规格	
6	85461000 854620 85469000	悬式绝缘子	所有规格	
7	8504	变压器（交流）	电压≤1100kV	
8	8504	互感器（交流）	电压≤1100kV	
9	85045000	电抗器（交流）	电压≤1100kV	
10	8535 8536 8537	六氟化硫断路器（交流）	所有规格	
11	85352100 85352900 85372090	高压断路器（油、六氟化硫、真空，交流）	电压≤1100kV	
12	85372010 85372090	全封闭组合电器	电压≤1100kV	
13	85442000 854442 854449 854460	电缆	所有规格（电力电缆除外）	设备名称变更，技术指标调整
14	8544	电力电缆	交联聚乙烯绝缘电缆电压220kV及以下；其他电缆：所有规格（电压220kV及以上的海底电力电缆除外）	
15	8544	电线	所有规格	
(九)		电动机及发电机（不包括发电机组）		
1	8501	电动机及发电机（不包括发电机组）	所有规格	
(十)		电力电子设备		
1	850440 8543	整流、调压装置	所有规格	税号调整
2	85413000	晶闸管（包括大功率可控硅元件）	所有规格	
3	85437099 8504	静止无功补偿装置（交流）	所有规格	
4	85437099 8532	串联补偿装置（交流）	所有规格	
5	85321000	电力电容器	电压≤1100kV	

续表44

编号	税则号列	设备名称	技术规格	备注
6	8535 8536 853710 85372090	低压电器	所有规格	
7	85354000	避雷器	所有规格	
8	85359000 85363000	继电保护装置	所有规格	
9	85371090 85372090	船用配电箱、主配电盘、应急配电盘、岸电箱、分配电盘	交流电压≤1100V	
10	85371090	其他配电箱、配电盘、配电柜、配电板、配电台等	所有规格	
11	85371090	充放电盘、电工试验板、组合启动器、单体启动器	所有规格	
（十一）		新能源、可再生能源设备		
1	84079010 85023900	天然气、沼气发动机及发电机组	所有规格	设备名称变更
2	84335990 8402 85023900	农林废弃物燃烧气化装置及发电机组	所有规格	
3	85023100	风力发电机组整机	单机≤3MW	技术规格调整
4	85044091 85044099	逆电器	所有规格	
5	8507	蓄电池	所有规格	
6	85414020 85013100 85437099	太阳能光伏系统及电池组件	所有规格	税号调整
7	85371090	充电控制器	所有规格	
8	84123900	大型高炉煤气余压透平发电装置（TRT）	额定功率≤40000kW	新增条目
9	84079010 85023900	瓦斯发电机组	所有规格	新增条目
10	85023900	双燃料发动机	额定功率≤500kW	新增条目
（十二）		晶硅太阳能电池片生产设备		
1	8464 8465 84861030	多线锯开（切）方机	所有规格	新增条目
2	8464 8465 84861030	多线锯切片机	硅棒尺寸≤210mm×210mm×300mm（210mm为截面尺寸，300mm为棒长）	新增条目
3	8464 8465 84861020	磨床（含磨面、滚圆、倒角）	所有规格	新增条目
4	84862010 85141010 85141090	扩散炉	所有规格	新增条目
5	8421 84861090	清洗甩干设备	所有规格	新增条目
三十八		**安全、消防设备**		
1	85311000	防盗或防火报警器及类似装置	所有规格	

续表45

编号	税则号列	设备名称	技术规格	备注
2	85311000	智能化火灾报警灭火系统	所有规格	
3	90221910	低剂量 X 射线安全检查设备	X 射线发生器管电压≤420kV	
4	90230000	模拟驾驶设备	所有规格	
5	9031	机动车安全检测设备	所有规格	设备名称变更
三十九		医疗设备		
1	90181100	心电图记录仪	所有规格	
2	90181210	B 型超声波诊断仪	所有规格	
3	90181291　90181299	其他超声波扫描装置	所有规格	
4	901813	核磁共振成像装置	所有规格	税号调整
5	90181400　90181990	其他电气诊断装置（包括 PET、ECT）	所有规格	
6	90181930	病员监护仪	所有规格	
7	90182000	医用紫外线及红外线装置	所有规格	
8	90184100	牙钻机	所有规格	
9	90184910	装有牙科设备的牙科用椅	所有规格	
10	90184990	牙科用其他仪器及器具	所有规格	
11	90185000	眼科用其他仪器及器具	所有规格	
12	90189010	听诊器	所有规格	
13	90189020	血压测量仪器及设备	所有规格	
14	90189030	内窥镜	所有规格	
15	90189040	肾脏透析设备（人工肾）	所有规格	
16	90189050	透热疗法设备	所有规格	
17	90189060	输血设备	所有规格	
18	90189070	麻醉设备	所有规格	
19	90222100	医用加速器及钴 60 治疗机	所有规格	
20	90189090	后装机	所有规格	
21	90189090	体外震波碎石治疗机	所有规格	
22	90191010	按摩器	所有规格	
23	90191090	机械疗法器具，心理功能测验仪	所有规格	
24	90192000	臭氧治疗器，氧气治疗器，医用高压氧舱等	所有规格	
25	90213100	人造关节	所有规格	
26	90221200	X 射线断层检查仪	所有规格	
27	90221300	牙科用 X 射线设备	所有规格	
28	90221400	其他医疗用 X 射线的设备	所有规格	
29	90222100	医疗用 α、β、γ 射线设备	所有规格	

续表46

编号	税则号列	设备名称	技术规格	备注
四十		煤化工设备		
1	841350	往复式水煤浆隔膜泵	所有规格	技术规格调整
2	84198910	煤液化加氢反应器	所有规格	税号调整，重大技术装备进口不予免税目录同类指标一并调整
3	84194020 84143014 84148090 84068200	大型空分设备（包括精馏塔、含冷箱；氧气压缩机、空气压缩机组、增压机组，含蒸汽轮机或电机）	制氧量≤100000Nm^3/h	设备名称变更，技术规格调整，税号调整，重大技术装备进口不予免税目录同类指标一并调整
4	84143014 84068200	合成氨及尿素装置［包括合成气压缩机、原料压缩机、氨冷冻压缩机、空气压缩机、尿素（CO_2）压缩机组，含蒸汽轮机；液氮洗冷箱］	合成氨年产量≤50万吨；尿素年产量≤80万吨	设备名称变更，技术规格调整，税号调整，重大技术装备进口不予免税目录同类指标一并调整
5	84051000	煤化工汽化炉	所有规格	

说明：

1. 本目录不含符合《当前国家重点鼓励发展的产业、产品和技术目录》《产业结构调整指导目录》中鼓励类投资项目按合同随设备进口的技术及配件、备件。

2. 对“生产线”及“成套设备”内含的本目录所列设备，如符合“功能机组”规定的，按《中华人民共和国进出口税则》第16类类注四和第91章章注三的规定归类，否则，应分别归类。本目录列名的“……生产线……成套设备……系统”的全部设备，无论成套或单独进口其中某一台，都受本目录限制。

3. 凡本目录中未注明“所有税号”的，即仅指该类中的列名商品。

4. 未列入本目录的商品，但其他政策法规已明确规定不予免税的，应照章征税。

5. 本目录所列商品的税则号列，如与海关商品归类的原则不一致的，由国务院关税税则委员会办公室商海关总署关税司调整。

6. 本目录对所列商品的行业分类，主要为查找方便。在实际执行中，进口本目录中的列名商品，一律不予免税。

产业结构调整指导目录（2019年本）

（国家发展和改革委员会令第29号）

《产业结构调整指导目录（2019年本）》已经2019年8月27日第2次委务会议审议通过，现予公布，自2020年1月1日起施行。《产业结构调整指导目录（2011年本）（修正）》同时废止。

附件　产业结构调整指导目录（2019年本）

主任　何立峰

二〇一九年十月三十日

产业结构调整指导目录（2019 年本）

第一类　鼓励类

一、农林业

1. 农田建设与保护工程（含高标准农田建设、农田水利建设、高效节水灌溉、农田整治等），土地综合整治

2. 农产品及农作物种子基地建设

3. 蔬菜、瓜果、花卉设施栽培（含无土栽培）先进技术开发与应用，优质、高产、高效标准化栽培技术开发与应用

4. 畜禽标准化规模养殖技术开发与应用

5. 重大病虫害及动物疫病防治

6. 动植物（含野生）优良品种选育、繁育、保种和开发，生物育种，种子（种苗）生产、加工、包装、检验、鉴定技术和仓储、运输设备的开发与应用

7. 旱作节水农业、保护性耕作、生态农业建设、耕地质量建设、新开耕地快速培肥、水肥一体化技术开发与应用

8. 生态种（养）技术开发与应用

9. 全生物降解地膜农田示范与应用及受污染耕地风险管控与修复

10. 获得绿色食品生产资料标志的饲料、饲料添加剂、肥料、农药、兽药等优质安全环保农业投入品及绿色食品生产允许使用的食品添加剂开发

11. 内陆流域性大湖资源增殖保护工程

12. 远洋渔业、人工鱼礁、渔政渔港工程

13. 牛羊胚胎（体内）及精液工厂化生产

14. 农业生物技术开发与应用

15. 耕地保养管理与土、肥、水速测技术开发与应用

16. 农、林作物、畜禽和渔业种质资源保护地、保护区建设；动植物种质资源收集、保存、鉴定、开发与应用

17. 农作物秸秆综合利用（秸秆肥料化利用，秸秆饲料化利用，秸秆能源化利用，秸秆基料化利用，秸秆原料化利用等）

18. 农村可再生资源综合利用开发工程（沼气工程、生物天然气工程、“三沼”综合利用、沼气发电，生物质能清洁供热，秸秆气化清洁能源利用工程，废弃菌棒利用，太阳能利用）

19. 草原、森林灾害综合治理工程

20. 退耕还林还草、退牧还草及天然草原植被恢复工程，优质高产牧草人工种植与加工

21. 动物疫病新型诊断试剂、疫苗及低毒低残留兽药（含兽用生物制品）新工艺、新技术开发与应用

22. 天然橡胶及杜仲种植生产

23. 无公害农产品及其产地环境的有害元素监测技术开发与应用

24. 有机废弃物无害化处理及有机肥料产业化技术开发与应用

25. 农牧渔产品无公害、绿色生产技术开发与应用

26. 农林牧渔产品储运、保鲜、加工与综合利用

27. 防护林工程，天然林等自然资源保护工程，森林抚育、低质低效林改造工程

28. 国家储备林建设、特色经济林建设，碳汇林建设、植树种草工程及林草种苗工程，油茶、油棕等木本粮油基地建设，生物质能源林定向培育与产业化

29. 水土流失综合治理工程，荒漠化、石漠化防治及防沙治沙工程

30. 海洋、森林、野生动植物、湿地、荒漠、草原等自然保护区建设及生态示范工程
31. 固沙、保水、改土新材料生产
32. 抗盐与耐旱植物培植
33. 竹藤、花卉基地建设、产品开发及精深加工
34. 林木、草原基因资源保护工程，野生经济林树种保护、改良及开发利用
35. 珍稀濒危野生动植物和古树名木保护工程
36. 次小薪材、沙生灌木及三剩物深加工与产品开发
37. 野生动植物培植、驯养繁育基地及疫源疫病监测预警体系建设
38. 道地中药材及优质、丰产、濒危或紧缺动植物药材的种植（养殖），香料、野生花卉等林下资源人工培育与开发
39. 木、竹、草（包括秸秆）人造板及其复合材料技术开发及应用
40. 松脂林建设、林产化学品深加工
41. 人工增雨防雹等人工影响天气技术开发与应用
42. 数字（信息）农业、林草技术开发与应用
43. 农业农村环境保护与治理技术开发与应用
44. 淡水与海水健康养殖及产品深加工，淡水与海水渔业资源增殖与保护，海洋牧场
45. 生态清洁型小流域建设及面源污染防治
46. 粮油干燥节能设备、农户绿色储粮生物技术、驱鼠技术、农户新型储粮仓（彩钢板组合仓、钢骨架矩形仓、钢网式干燥仓、热浸镀锌钢板仓等）推广应用
47. 农作物、林木害虫密度自动监测技术开发与应用
48. 气象卫星工程（卫星研制、生产及配套软件系统、地面接收处理设备、卫星遥感应用技术）和气象信息服务
49. 农业生产数字化改造和智慧农业工程
50. 乡村厕所废物废水以及餐厨废物废水的收集处理与生态农业联合经营
51. 面向资源化的乡村生活废水、生活废物、畜禽粪便、农业废弃物与农田面源污染协同综合治理
52. 休闲农业和乡村旅游精品工程
53. 畜禽养殖废弃物处理和资源化利用（畜禽粪污肥料化、能源化、基料化和垫料化利用，病死畜禽无害化处理）
54. 数字农村建设和信息进村入户工程
55. “互联网+”农产品出村进城工程
56. 木材及木（竹）质材料节能、节材、环保加工技术开发与利用
57. 湿态酒精糟（WDGS）的应用、生物质液体有机肥的应用

二、水利

1. 江河湖海堤防建设及河道治理工程
2. 跨流域调水工程
3. 城乡供水水源工程
4. 农村饮水安全工程
5. 蓄滞洪区建设
6. 江河湖库清淤疏浚工程
7. 病险水库、水闸除险加固工程
8. 堤坝隐患监测与修复技术开发与应用
9. 城市积涝预警和防洪工程
10. 出海口门整治工程

11. 综合利用水利枢纽工程

12. 淤地坝工程

13. 水利工程用土工合成材料及新型材料开发制造

14. 灌区及配套设施建设、改造

15. 高效输配水、节水灌溉技术推广应用

16. 灌溉排水泵站更新改造工程

17. 水利血吸虫病防治工程

18. 山洪地质灾害防治工程（山洪地质灾害防治区监测预报预警体系建设及山洪沟、泥石流沟和滑坡治理等）

19. 水生态系统及地下水保护与修复工程

20. 水源地保护工程（水源地保护区划分、隔离防护、水土保持、水资源保护、水生态环境修复及有关技术开发推广）

21. 水土流失监测预报自动化系统开发与应用

22. 防洪调动自动化系统开发、洪水风险图编制技术及应用（大江大河中下游及重点防洪区、防洪保护区等特定地区洪涝灾害信息专题地图）

23. 水资源管理信息系统建设

24. 水文站网基础设施以及水文水资源监测能力建设

25. 非常规水源开发利用

三、煤炭

1. 煤田地质及地球物理勘探
2. 矿井灾害（瓦斯、煤尘、矿井水、火、围岩、地温、冲击地压等）防治
3. 型煤及水煤浆技术开发与应用
4. 煤炭共伴生资源加工与综合利用
5. 煤层气勘探、开发、利用和煤矿瓦斯抽采、利用
6. 煤矸石、煤泥、洗中煤等低热值燃料综合利用
7. 管道输煤
8. 煤炭清洁高效洗选技术开发与应用
9. 地面沉陷区治理、矿井水资源保护与利用
10. 煤电一体化建设
11. 提高资源回收率的采煤方法、工艺开发与应用
12. 矿井采空区、建筑物下、铁路等基础设施下、水体下采用煤矸石等物质填充采煤技术开发与应用
13. 井下救援技术及特种装备开发与应用
14. 煤矿生产过程综合监控技术、装备开发与应用
15. 大型煤炭储运中心、煤炭交易市场建设及储煤场地环保改造
16. 新型矿工避险自救器材开发与应用
17. 煤矿智能化开采技术及煤矿机器人研发应用
18. 煤炭清洁高效利用技术

四、电力

1. 大中型水力发电及抽水蓄能电站
2. 单机 60 万千瓦及以上超超临界机组电站建设
3. 采用背压（抽背）型热电联产、热电冷多联产、30 万千瓦及以上超（超）临界热电联产机组
4. 缺水地区单机 60 万千瓦及以上大型空冷机组电站建设

5. 重要用电负荷中心且天然气充足地区天然气调峰发电项目
6. 30 万千瓦及以上循环流化床、增压流化床、整体煤气化联合循环发电等洁净煤发电
7. 单机 30 万千瓦及以上采用流化床锅炉并利用煤矸石、中煤、煤泥等发电
8. 500 千伏及以上交、直流输变电
9. 燃煤发电机组超低排放技术
10. 电网改造与建设，增量配电网建设
11. 继电保护技术、电网运行安全监控信息技术开发与应用
12. 大型电站及大电网变电站集约化设计和自动化技术开发与应用
13. 跨区电网互联工程技术开发与应用
14. 输变电节能、环保技术推广应用
15. 降低输、变、配电损耗技术开发与应用
16. 分布式供电及并网（含微电网）技术推广应用
17. 燃煤发电机组多污染物协同治理
18. 火力发电废烟气脱硝催化剂再生及低温催化剂开发生产
19. 水力发电中低温水恢复措施工程、过鱼措施工程技术开发与应用
20. 大容量电能储存技术开发与应用
21. 电动汽车充电设施
22. 乏风瓦斯发电技术及开发利用
23. 垃圾焚烧发电成套设备
24. 分布式能源
25. 高效电能替代技术及设备
26. 燃煤耦合生物质发电
27. 火力发电机组灵活性改造
28. 智慧能源系统

五、新能源

1. 太阳能热发电集热系统、太阳能光伏发电系统集成技术开发应用、逆变控制系统开发制造
2. 氢能、风电与光伏发电互补系统技术开发与应用
3. 太阳能建筑一体化组件设计与制造
4. 高效太阳能热水器及热水工程，太阳能中高温利用技术开发与设备制造
5. 生物质纤维素乙醇、生物燃油（柴油、汽油、航空煤油）等非粮生物质燃料生产技术开发与应用
6. 生物质直燃、气化发电技术开发与设备制造
7. 农林生物质资源收集、运输、储存技术开发与设备制造；农林生物质成型燃料加工设备、锅炉和炉具制造
8. 以农作物秸秆、畜禽粪便、生活垃圾、工业有机废弃物、有机污水污泥等各类城乡有机废弃物为原料的大型沼气和生物天然气生产成套设备
9. 沼气发电机组、沼气净化设备、沼气管道供气、装罐成套设备制造
10. 海洋能、地热能利用技术开发与设备制造
11. 5MW 及以上海上风电机组技术开发与设备制造
12. 海上风电场建设与设备及海底电缆制造
13. 能源路由、能源交易等能源互联网技术与设备
14. 高效制氢、运氢及高密度储氢技术开发应用及设备制造，加氢站及车用清洁替代燃料加注站
15. 移动新能源技术开发及应用
16. 传统能源与新能源发电互补技术开发及应用

六、核能

1. 铀矿地质勘查和铀矿采冶、铀精制、铀转化
2. 先进核反应堆及多用途模块化小型堆建造与技术开发
3. 核电站建设
4. 高性能核燃料元件、MOX 元件、金属元件制造
5. 乏燃料后处理
6. 同位素、加速器及辐照应用技术开发
7. 先进的铀同位素分离技术开发与设备制造
8. 辐射防护技术开发与监测设备制造
9. 核安保关键系统开发与设备制造
10. 核设施退役及放射性废物治理
11. 核电站延寿及退役技术和设备
12. 核电站应急抢险技术和设备
13. 核能综合利用（供暖、供汽、海水淡化等）

七、石油、天然气

1. 常规石油、天然气勘探与开采
2. 页岩气、页岩油、致密油、油砂、天然气水合物等非常规资源勘探开发
3. 原油、天然气、液化天然气、成品油的储运和管道输送设施、网络和液化天然气加注设施建设
4. 油气伴生资源综合利用
5. 油气田提高采收率技术、安全生产保障技术、生态环境恢复与污染防治工程技术开发利用
6. 放空天然气回收利用与装置制造
7. 天然气分布式能源技术开发与应用
8. 石油储运设施挥发油气回收技术开发与应用
9. 液化天然气技术、装备开发与应用
10. 油气回收自动监控设备

八、钢铁

1. 黑色金属矿山接替资源勘探及关键勘探技术开发，低品位难选矿综合选别和利用技术，高品质铁精矿绿色高效智能化生产技术与装备

2. 焦炉加热精准控制、焦炉烟气脱硫脱硝副产物资源化利用、脱硫废液资源化利用、焦化废水深度处理回用、煤焦油炭基材料、煤沥青制针状焦、焦炉煤气高附加值利用、荒煤气和循环氨水等余热回收、低阶粉煤干燥成型-干馏一体化等先进技术的研发和应用、综合污水深度处理回用、冷轧废水深度处理回用、烧结烟气脱硫废水处理回用等技术研发和应用

3. 非高炉炼铁技术

4. 高性能轴承钢，高性能齿轮用钢，高性能冷镦钢，高性能合金弹簧钢，先进轨道交通装备用钢，节能与新能源汽车用钢，低铁损高磁感取向电工钢，高性能工模具钢，建筑结构用高强度抗震钢筋、钢板及型钢，超高强度桥梁缆索用钢，高性能管线钢，高性能耐磨钢，高性能耐蚀钢，高强度高韧性工程机械用钢，海洋工程装备及高技术船舶用钢，电力装备用特殊钢，油气钻采集输用高品质特殊钢，高性能不锈钢，高温合金，高延性冷轧带肋钢筋，非调质钢，汽车等机械行业用高强钢，高纯度、高品质合金粉末，复合钢材，半导体用高纯高性能钢

5. 在线热处理、在线性能控制、在线强制冷却的新一代热机械控制加工（TMCP）工艺、铸坯直接轧制、无头轧制、超快速冷却、节能高效轧制及后续处理等技术应用

6. 直径 600 毫米及以上超高功率电极、高炉用微孔和超微孔碳砖、特种石墨（高强、高密、高纯、高模量）、石墨（质）化阴极、内串石墨化炉开发与生产，环保均质化凉料设备开发与生产应用

7. 焦炉、高炉、热风炉用长寿节能环保耐火材料生产工艺，精炼钢用低碳、无碳耐火材料、保温材料和高效连铸用功能环保性耐火材料生产工艺

8. 钢铁产品全流程质量管控技术

9. 利用钢铁生产设备处理社会废弃物（不含危险废物）

10. 钢铁行业超低排放技术，以及副产物资源化、再利用化技术

11. 冶金固体废弃物（含冶金矿山废石、尾矿，钢铁厂产生的各类尘、泥、渣、铁皮等）综合利用先进工艺技术；冶金废液（含废水、废酸、废油等）循环利用工艺技术与设备

12. 钢铁与相关产业间可循环流程工艺技术开发与应用

13. 带式焙烧等高效球团矿生产工艺技术，高炉高比例球团冶炼工艺技术

九、有色金属

1. 有色金属现有矿山接替资源勘探开发，紧缺资源的深部及难采矿床开采

2. 高效、低耗、低污染、新型冶炼技术开发

3. 高效、节能、低污染、规模化再生资源回收与综合利用。(1) 废杂有色金属回收利用。(2) 有价元素的综合利用。(3) 赤泥及其他冶炼废渣综合利用。(4) 高铝粉煤灰提取氧化铝。(5) 钨冶炼废渣的减量化、资源化和无害化利用处置

4. 信息、新能源有色金属新材料生产。 (1) 信息：直径 200mm 以上的硅单晶及抛光片、直径 125mm 以上直拉或直径 50mm 以上水平生长化合物半导体材料、铝铜硅钨钼稀土等大规格高纯靶材、超高纯稀有金属及靶材、高端电子级多晶硅、超大规模集成电路铜镍硅和铜铬锆引线框架材料、电子焊料等。(2) 新能源：核级海绵锆及锆材、高容量长寿命二次电池电极材料、前驱体材料

5. 交通运输、高端制造及其他领域有色金属新材料。(1) 交通运输：抗压强度不低于 500MPa、导电率不低于 80%IACS 的铜合金精密带材和超长线材制品等高强高导铜合金、交通运输工具主承力结构用的新型高强、高韧、耐蚀铝合金材料及大尺寸制品（航空用铝合金抗压强度不低于 650MPa，高速列车用铝合金抗压强度不低于 500MPa)、高性能镁合金及其制品。(2) 高端制造及其他领域：用于航空航天、核工业、医疗等领域高性能钨材料及钨基复合材料，高性能超细、超粗、复合结构硬质合金材料及深加工产品，蜂窝陶瓷载体及稀土催化材料，低模量钛合金材料及记忆合金等生物医用材料，耐腐蚀热交换器用铜合金及钛合金材料，3D 打印用高端金属粉末材料，高品质稀土磁性材料、储氢材料、光功能材料、合金材料、特种陶瓷材料、助剂及高端应用

6. 新能源、半导体照明、电子领域用连续性金属卷材、真空镀膜材料、高性能铜箔材料

十、黄金

1. 黄金深部（1000 米及以下）探矿与开采

2. 从尾矿及废石中回收黄金

3. 黄金冶炼有价元素高效综合利用［难处理矿石选冶回收率≥75%；低品位矿石选冶回收率≥65%（不含堆浸）；当黄金与其他矿物共生时，综合利用率≥70%；当黄金与其他矿物伴生时，综合利用率≥50%］

十一、石化化工

1. 高标准油品生产技术开发与应用，煤经甲醇制对二甲苯

2. 硫、钾、硼、锂、溴等短缺化工矿产资源勘探开发及综合利用，磷矿选矿尾矿综合利用技术开发与应用，中低品位磷矿、萤石矿采选与利用，磷矿、萤石矿伴生资源综合利用

3. 零极距、氧阴极等离子膜烧碱电解槽节能技术、废盐酸制氯气等综合利用技术、铬盐清洁生产新

工艺的开发和应用，全封闭高压水淬渣及无二次污染磷泥处理黄磷生产工艺，气动流化塔生产高锰酸钾，全热能回收热法磷酸生产，大型脱氟磷酸钙生产装置

4. 10 万吨/年及以上离子交换法双酚 A、15 万吨/年及以上直接氧化法环氧丙烷、20 万吨/年及以上共氧化法环氧丙烷、万吨级己二腈生产装置，万吨级脂肪族异氰酸酯生产技术开发与应用

5. 优质钾肥及各种专用肥、水溶肥、液体肥、中微量元素肥、硝基肥、缓控释肥的生产，磷石膏综合利用技术开发与应用

6. 高效、安全、环境友好的农药新品种、新剂型、专用中间体、助剂的开发与生产，定向合成法手性和立体结构农药生产，生物农药新产品、新技术的开发与生产

7. 水性木器、工业、船舶用涂料，高固体分、无溶剂、辐射固化涂料，低 VOCs 含量的环境友好、资源节约型涂料，用于大飞机、高铁等重点领域的高性能防腐涂料生产；单线产能 3 万吨/年及以上氯化法钛白粉生产

8. 高固着率、高色牢度、高提升性、高匀染性、高重现性、低沾污性以及低盐、低温、小浴比染色用和湿短蒸轧染用的活性染料，高超细旦聚酯纤维染色性、高洗涤牢度、高染着率、高光牢度和低沾污性（尼龙、氨纶）、高耐碱性、低毒低害环保型、小浴比染色用的分散染料，聚酰胺纤维、羊毛和皮革染色用高耐洗、高氯漂、高匀染、高遮盖力的酸性染料，高色牢度、功能性还原染料，高色牢度、功能性、低芳胺、无重金属、易分散、原浆着色的有机颜料，采用上述染料、颜料生产的水性液态着色剂

9. 染料、有机颜料及其中间体清洁生产、本质安全的新技术（包括发烟硫酸连续磺化、连续硝化、连续酰化、连续萃取、连续加氢还原、连续重氮偶合等连续化工艺，催化、三氧化硫磺化、绝热硝化、定向氯化、组合增效、溶剂反应、过氧化氢氧化、循环利用等技术，以及取代光气等剧毒原料的适用技术，膜过滤和原浆干燥技术）的开发和应用

10. 乙烯-乙烯醇共聚树脂、聚偏氯乙烯等高性能阻隔树脂，聚异丁烯、乙烯-辛烯共聚物、茂金属聚乙烯等特种聚烯烃，高碳 α 烯烃等关键原料的开发与生产，液晶聚合物、聚苯硫醚、聚苯醚、芳族酮聚合物、聚芳醚醚腈等工程塑料生产以及共混改性、合金化技术开发和应用，高吸水性树脂、导电性树脂和可降解聚合物的开发与生产，长碳链尼龙、耐高温尼龙等新型聚酰胺开发与生产

11. 5 万吨/年及以上溴化丁基橡胶、溶聚丁苯橡胶、稀土顺丁橡胶，丙烯酸酯橡胶，固含量大于 60% 的丁苯胶乳、异戊二烯胶乳开发与生产；合成橡胶化学改性技术开发与应用；聚丙烯热塑性弹性体（PTPE）、热塑性聚酯弹性体（TPEE）、氢化苯乙烯-异戊二烯热塑性弹性体（SEPS）、动态全硫化热塑性弹性体（TPV）、有机硅改性热塑性聚氨酯弹性体等热塑性弹性体材料开发与生产

12. 改性型、水基型胶粘剂和新型热熔胶，环保型吸水剂、水处理剂，分子筛固汞、无汞等新型高效、环保催化剂和助剂，纳米材料，功能性膜材料，超净高纯试剂、光刻胶、电子气、高性能液晶材料等新型精细化学品的开发与生产

13. 苯基氯硅烷、乙烯基氯硅烷等新型有机硅单体，苯基硅油、氨基硅油、聚醚改性型硅油等，苯基硅橡胶、苯撑硅橡胶等高性能硅橡胶及杂化材料，甲基苯基硅树脂等高性能树脂，三乙氧基硅烷等高效偶联剂

14. 全氟烯醚等特种含氟单体，聚全氟乙丙烯、聚偏氟乙烯、聚三氟氯乙烯、乙烯-四氟乙烯共聚物等高品质氟树脂，氟醚橡胶、氟硅橡胶、四丙氟橡胶、高含氟量 246 氟橡胶等高性能氟橡胶，含氟润滑油脂，消耗臭氧潜能值（ODP）为零、全球变暖潜能值（GWP）低的消耗臭氧层物质（ODS）替代品，全氟辛基磺酰化合物（PFOS）和全氟辛酸（PFOA）及其盐类的替代品和替代技术开发和应用，含氟精细化学品和高品质含氟无机盐

15. 高性能子午线轮胎〔包括无内胎载重子午胎、巨型工程子午胎（49 寸以上），低断面和扁平化（低于 55 系列）〕及智能制造技术与装备，航空轮胎、农用子午胎及配套专用材料和设备生产，新型天然橡胶开发与应用

16. 生物高分子材料、填料、试剂、芯片、干扰素、传感器、纤维素生化产品开发与生产

17. 四氯化碳、四氯化硅、甲基三氯硅烷、三甲基氯硅烷等副产物的综合利用，二氧化碳的捕获与应

用

十二、建材

1. 利用不低于 2000 吨/日（含）新型干法水泥窑或不低于 6000 万块/年（含）新型烧结砖瓦生产线协同处置废弃物，水泥窑协同处置垃圾焚烧飞灰使用水洗工艺脱盐预处理；新型干法水泥窑生产硫（铁）铝酸盐水泥、铝酸盐水泥、白色硅酸盐水泥等特种水泥工艺技术及产品的研发与应用；新型静态水泥熟料煅烧工艺技术的研发与应用；新型干法水泥窑替代燃料技术、烟气二氧化碳捕集纯化技术的研发与应用；水泥外加剂的开发与应用；粉磨系统节能改造（水泥立磨、生料辊压机终粉磨等）；水泥包装自动插袋机、包装机、装车机开发与应用

2. 规模不超过 150 吨/日（含）的电子信息产业用超薄基板玻璃、触控玻璃、高铝盖板玻璃、载板玻璃、导光板玻璃生产线、技术装备和产品；高硼硅玻璃，微晶玻璃；交通工具和太阳能装备用铝硅酸盐玻璃；大尺寸（1 平方米及以上）铜铟镓硒和碲化镉等薄膜光伏电池背电极玻璃；节能、安全、显示、智能调控等功能玻璃产品及技术装备；连续自动化真空玻璃生产线；玻璃熔窑用全氧/富氧燃烧技术；一窑多线平板玻璃生产技术与装备；玻璃熔窑用低导热熔铸锆刚玉、长寿命（12 年及以上）无铬碱性高档耐火材料

3. 适用于装配式建筑的部品化建材产品；低成本相变储能墙体材料及墙体部件；光伏建筑一体化部品部件；岩棉复合材料制品/部品；气凝胶节能材料；A 级阻燃保温材料制品，建筑用复合真空绝热保温材料，保温、装饰等功能一体化复合板材，桥梁隧道、地下管廊、岛礁设施、海工设施等领域用长寿命防水防腐阻燃复合材料，改性沥青防水卷材、高分子防水卷材、水性或高固含量防水涂料等新型建筑防水材料；功能型装饰装修材料及制品，绿色无醛人造板以及路面砖（板）、路面透水砖（板）、广场透水砖（板）、装饰砖（砌块）、仿古砖、护坡生态砖（砌块）、水工生态砖（砌块）等绿色建材产品技术开发与生产应用

4. 陶瓷集中制粉、陶瓷园区清洁煤制气生产技术开发与应用；单块面积大于 1.62 平方米（含）的陶瓷板生产线和工艺装备技术开发与应用；利用尾矿、废弃物等生产的轻质发泡陶瓷隔墙板及保温板材生产线和工艺装备技术开发与应用

5. 一次冲洗用水量 6 升及以下的坐便器、蹲便器，节水型生活用水器具及节水控制设备，智能坐便器、卫浴集成系统，满足装配式要求的整体卫浴部品开发与生产

6. 8 万吨/年及以上无碱玻璃纤维粗纱（单丝直径>9 微米）池窑拉丝技术，5 万吨/年及以上无碱玻璃纤维细纱（单丝直径≤9 微米）池窑拉丝技术，超细、高强高模、耐碱、低介电、高硅氧、可降解、异形截面等高性能玻璃纤维及玻纤制品技术开发与生产；玄武岩纤维池窑拉丝技术；碳化硅纤维、复合纤维；航空航天、环保、海工、电工电子、交通、能源、建筑、物联网、畜牧养殖等领域用热塑性、热固性复合材料产品及其高效成型制备工艺和装备；树脂基复合材料废弃物回收利用技术与装备；20 万吨/年及以上矿物原料粉体加工生产线

7. 使用合成矿物纤维、芳纶纤维等作为增强材料的无石棉摩擦、密封材料新工艺、新产品开发与生产

8. 信息、新能源、国防、航天航空等领域用高品质人工晶体材料、制品和器件，功能性人造金刚石材料生产装备技术开发；高纯石英原料（纯度大于等于 99.999%）、半导体用高端石英坩埚、化学气相合成石英玻璃等制造技术开发与生产；航天航空等领域所需的特种玻璃制造技术开发与生产；高纯纳米级球形硅微粉与高纯工业硅的生产、应用及其技术装备开发与应用

9. 石墨烯材料生产及应用开发；环境治理、节能储能、电子信息、保温隔热、农业用等非金属矿物功能材料生产及其技术装备开发应用；矿物超细材料加工在线检测与控制智能化生产线；非金属矿开采、加工、贸易、应用、投资等产业大数据平台技术开发和建设

10. 30 万平方米/年及以上超薄复合石材生产；机械化石材矿山开采；矿石碎料和板材边角料、石粉综合利用生产及工艺装备开发；无机人造石的生产，采用无毒或低毒树脂的树脂基人造石的生产

11. 利用矿山尾矿、建筑废弃物、工业废弃物、江河湖（渠）海淤泥以及农林剩余物等二次资源生产建材及其工艺技术装备开发

12. 精细陶瓷粉体、适用于增材制造的陶瓷前驱体及陶瓷短切纤维；陶瓷球、陶瓷阀门、陶瓷螺杆等精密成型的陶瓷部件；陶瓷膜、蜂窝陶瓷、泡沫陶瓷；陶瓷基板、陶瓷绝缘部件、电子陶瓷材料及部件；连续陶瓷纤维及纤维增强陶瓷基复合材料；医用精细陶瓷材料及部件；陶瓷墨水材料；精密研磨及抛光用陶瓷材料等工业陶瓷技术开发与生产应用；信息、新能源、国防、航空航天等领域用高性能陶瓷的制造技术开发与生产

13. 储料区、主机搅拌楼、物料输送系统等主要生产区域实现全封闭，并配置主动式收尘、降尘设备，采用信息化集成管理系统进行运营管理，具备消纳城市固废能力的智能化预拌混凝土生产线；海洋工程用混凝土、轻质高强混凝土、超高性能混凝土、混凝土自修复材料的开发和应用

14. 用于工程或装备的建材产品质量追溯体系开发与应用

十三、医药

1. 拥有自主知识产权的新药开发和生产，天然药物开发和生产，满足我国重大、多发性疾病防治需求的通用名药物首次开发和生产，药物新剂型、新辅料、儿童药、短缺药的开发和生产，药物生产过程中的膜分离、超临界萃取、新型结晶、手性合成、酶促合成、连续反应、系统控制等技术开发与应用，基本药物质量和生产技术水平提升及降低成本，原料药生产节能降耗减排技术、新型药物制剂技术开发与应用

2. 重大疾病防治疫苗、抗体药物、基因治疗药物、细胞治疗药物、重组蛋白质药物、核酸药物，大规模细胞培养和纯化技术、大规模药用多肽和核酸合成、抗体偶联、无血清无蛋白培养基培养、发酵、纯化技术开发和应用，纤维素酶、碱性蛋白酶、诊断用酶等酶制剂，采用现代生物技术改造传统生产工艺

3. 新型药用包装材料与技术的开发和生产（中性硼硅药用玻璃，化学稳定性好、可降解、具有高阻隔性的功能性材料，气雾剂、粉雾剂、自我给药、预灌封、自动混药等新型包装给药系统及给药装置）

4. 濒危稀缺药用动植物人工繁育技术开发，实验动物标准化养殖及动物实验服务，先进农业技术在中药材规范化种植、养殖中的应用，中药质量控制新技术开发和应用，中药现代剂型的工艺技术，中药饮片炮制技术传承与创新，中药经典名方的开发与生产，中药创新药物的研发与生产，中成药二次开发和生产，民族药物开发和生产

5. 新型医用诊断设备和试剂、数字化医学影像设备，人工智能辅助医疗设备，高端放射治疗设备，电子内窥镜、手术机器人等高端外科设备，新型支架、假体等高端植入介入设备与材料及增材制造技术开发与应用，危重病用生命支持设备，移动与远程诊疗设备，新型基因、蛋白和细胞诊断设备

6. 高端制药设备开发与生产，透皮吸收、粉雾剂等新型制剂生产设备，大规模生物反应器及附属系统，蛋白质高效分离和纯化设备，中药高效提取设备，药品连续化生产技术及装备

十四、机械

1. 高档数控机床及配套数控系统：五轴及以上联动数控机床，数控系统，高精密、高性能的切削刀具、量具量仪和磨料磨具

2. 大型发电机组、大型石油化工装置、大型冶金成套设备等重大技术装备用分散型控制系统（DCS），现场总线控制系统（FCS），新能源发电控制系统

3. 具备运动控制功能和远程 IO 的可编程控制系统（PLC），输入输出点数 512 个以上，拥有独立的软件系统、独立的通信协议、兼容多种通用通信协议、支持实时多任务、拥有多样化编程语言、拥有可定制化指令集等

4. 数字化、智能化、网络化工业自动检测仪表，原位在线成分分析仪器，电磁兼容检测设备，智能电网用智能电表（具有发送和接收信号、自诊断、数据处理功能），具有无线通信功能的低功耗各类智能传感器，可加密传感器，核级监测仪表和传感器

5. 用于辐射、有毒、可燃、易爆、重金属、二噁英等检测分析的仪器仪表，水质、烟气、空气检测

仪器；药品、食品、生化检验用高端质谱仪、色谱仪、光谱仪、X 射线仪、核磁共振波谱仪、自动生化检测系统及自动取样系统和样品处理系统

6. 科学研究、智能制造、测试认证用测量精度达到微米以上的多维几何尺寸测量仪器，自动化、智能化、多功能材料力学性能测试仪器，工业 CT、三维超声波探伤仪等无损检测设备，用于纳米观察测量的分辨率高于 3.0 纳米的电子显微镜

7. 城市智能视觉监控、视频分析、视频辅助刑事侦查技术设备

8. 矿井灾害（瓦斯、煤尘、矿井水、火、围岩噪声、振动等）监测仪器仪表和安全报警系统

9. 综合气象观测仪器装备（地面、高空、海洋气象观测仪器装备，专业气象观测、大气成分观测仪器装备，气象雷达及耗材等）、移动应急气象观测系统、移动应急气象指挥系统、气象计量检定设备、气象观测仪器装备运行监控系统

10. 水文数据采集仪器及设备、水文仪器计量检定设备

11. 地震、地质灾害监测仪器仪表

12. 海洋观测、探测、监测技术系统及仪器设备

13. 数字多功能一体化办公设备（复印、打印、传真、扫描）、数字照相机、数字电影放映机等现代文化办公设备

14. 时速 200 公里以上动车组轴承，轴重 23 吨及以上大轴重重载铁路货车轴承，大功率电力/内燃机车轴承，使用寿命 240 万公里以上的新型城市轨道交通轴承，使用寿命 25 万公里以上轻量化、低摩擦力矩汽车轴承及单元，耐高温（400℃以上）汽车涡轮、机械增压器轴承，P4、P2 级数控机床轴承，2 兆瓦（MW）及以上风电机组用各类精密轴承，使用寿命大于 5000 小时盾构机等大型施工机械轴承，P5 级、P4 级高速精密冶金轧机轴承，飞机发动机轴承及其他航空轴承，医疗 CT 机轴承，深井超深井石油钻机轴承，海洋工程轴承，电动汽车驱动电机系统高速轴承（转速≥1.2 万转/分钟），工业机器人 RV 减速机谐波减速机轴承，以及上述轴承的零件

15. 单机容量 80 万千瓦及以上混流式水力发电设备（水轮机、发电机及调速器、励磁等附属设备），单机容量 35 万千瓦及以上抽水蓄能、5 万千瓦及以上贯流式和 10 万千瓦及以上冲击式水力发电设备及其关键配套辅机

16. 60 万千瓦及以上超临界、超超临界火电机组用发电机保护断路器、泵、阀等关键配套辅机、部件

17. 60 万千瓦及以上超临界参数循环流化床锅炉

18. 燃气轮机高温部件（300MW 以上重型燃机用转子体锻件、大型高温合金轮盘、缸体、叶片等）及控制系统

19. 60 万千瓦及以上发电设备用转子（锻造、焊接）、转轮、叶片、泵、阀、主轴护环等关键铸件、锻件

20. 高强度、高塑性球墨铸铁件；高性能蠕墨铸铁件；高精度、高压、大流量液压铸件；有色合金特种铸造工艺铸件；高强钢锻件；耐高温、耐低温、耐腐蚀、耐磨损等高性能，轻量化新材料铸件、锻件；高精度、低应力机床铸件、锻件；汽车、能源装备、轨道交通装备、航空航天、军工、海洋工程装备关键铸件、锻件

21. 500 千伏（kV）及以上超高压、特高压交直流输电设备及关键部件：变压器（出线装置、套管、调压开关），开关设备（灭弧装置、液压操作机构、大型盆式绝缘子），高强度支柱绝缘子和空心绝缘子，悬式复合绝缘子，绝缘成型件，特高压避雷器、直流避雷器，电控、光控晶闸管，换流阀（平波电抗器、水冷设备），控制和保护设备，直流场成套设备等

22. 高压真空元件及开关设备，智能化中压开关元件及成套设备，使用环保型中压气体的绝缘开关柜，智能型（可通信）低压电器，非晶合金、卷铁芯等节能配电变压器

23. 二代改进型、三代、四代核电设备及关键部件，多用途模块化小型堆设备及关键部件；2.5 兆瓦以上风电设备整机及 2.0 兆瓦以上风电设备控制系统、变流器等关键零部件；各类晶体硅和薄膜太阳能光伏电池生产设备；海洋能（潮汐、海浪、洋流）发电设备

24. 直接利用高炉铁液生产铸铁件的短流程熔化工艺与装备；铝合金集中熔炼短流程铸造工艺与装备；铸造用高纯生铁、铸造用超高纯生铁生产工艺与装备；黏土砂高紧实度造型自动生产线及配套砂处理系统；自硬砂高效成套设备及配套砂处理系统；消失模/V 法/实型成套技术与装备；外热送风水冷长炉龄大吨位（10 吨/小时以上）冲天炉；外热风冲天炉余热利用技术与装备；大型压铸机（合模力 3500 吨以上）；自动化智能制芯中心；壳型、精密组芯造型、硅溶胶熔模、压铸、半固态、挤压、差压、调压等特种铸造技术与装备；应用于铸造生产的 3D 打印和砂型切削快速成型技术与装备；自动浇注机；铸件在线检测技术与装备；铸件高效自动化清理成套设备；铸造专用机器人的制造与应用

25. 铸造用树脂砂、黏土砂等干（热）法再生回用技术应用；环保树脂、无机黏结剂造型和制芯技术的应用

26. 高速精密压力机（180~2500kN，2000~750 次/分钟）、黑色金属液压挤压机（150 毫米/秒以上）、轻合金液压挤压机（10 毫米/秒以下）、高速精密剪切机（2000kN 以上，70~80 次/分钟，断面斜度 1.5°以下）、内高压成形机（10000kN 以上）、大型折弯机（60000kN 以上）、数字化钣金加工中心（柔性制造中心/柔性制造系统）、高速强力旋压机（径向旋压力/每轮：1000kN，轴向旋压力/每轮：800kN，主轴转矩：240kN · m，主轴最高转速：95 转/分钟）、数控多工位冲压机（替换为伺服多工位压力机）、大公称压力冷/温锻压力机（有效公称力行程 25mm 以上，公称力 10000kN 以上）、4 工位以上自动温/热锻造压力机（公称力 16000kN 以上）；伺服多工位压力机（12000~30000kN）、大型伺服压力机（8000~25000kN）、级进模压力机（6000~16000kN）、复合驱动热成型压力机（公称力≥12000kN，对称连杆增力机构，行程次数 14~18 次/分钟，滑块行程 1100mm，滑块调节量 500mm，下行最大速度 1000mm/s，回程最大速度 1000mm/s，连杆增力系数≥6）、高速复合传动压力机智能化冲压线（公称力≥30600kN，复合油缸驱动对称连杆增力机构，单机连续行程次数≥12 次/分钟，生产线节拍 6~8 件/分钟）、新一代飞机蒙皮综合拉形智能化成套装备研发与制造〔最大拉伸力≥15MN，板料厚度≤10mm，钳口最大开口度≤80mm，钳口极限负载系数（单位宽度最大拉伸力）≥63kN/mm，主缸拉伸位置同步精度±0.5mm，延伸量控制精度≤0.2%〕；航空航天大型及超大型钣金零件充液成形工艺及装备（大涵道比发动机进气道整体唇口制造技术）：（设备公称力 200MN，拉深吨位 16000T，压边吨位 4000T，滑块行程 3000mm，工作台面尺寸 5000mm×5000mm，液室压力 10MPa，液室容积 6000L，排水量 4300L）；径向锻造机（精锻机）和旋锻机（630~22000kN）；脉动挤压机（振动挤压机） （630~22000kN），高速镦锻机（100 件/分钟，锻件重量 1.6kg 以上）

27. 乙烯裂解三机，40 万吨级（聚丙烯等）挤压造粒机组，50 万吨级合成气、氨、氧压缩机等关键设备

28. 大型风力发电密封件（使用寿命 7 年以上，工作温度-45~100℃）；核电站主泵机械密封（适用压力≥17 兆帕，工作温度 26.7~73.9℃）；盾构机主轴承密封（使用寿命 5000 小时）；轿车动力总成系统以及传动系统旋转密封；石油钻井、测井设备密封（适用压力≥105 兆帕）；液压支架密封件；高 PV 值旋转动密封件；超大直径（≥2 米）机械密封；航天用密封件（工作温度-54~275℃，线速度≥150 米/秒）；高压液压元件密封件（适用压力≥31.5 兆帕）；高精密液压铸件（流道尺寸精度≤0.25 毫米，疲劳性能测试≥200 万次）

29. 高性能无石棉密封材料（耐热温度 500℃，抗拉强度≥20 兆帕）；高性能碳石墨密封材料（耐热温度 350℃，抗压强度≥270 兆帕）；高性能无压烧结碳化硅材料［弯曲强度≥200 兆帕，热导率≥130 瓦/米 · 开尔文（W/m · K）］

30. 智能焊接设备，激光焊接和切割、电子束焊接等高能束流焊割设备，搅拌摩擦、复合热源等焊接设备，数字化、大容量逆变焊接电源

31. 大型模具（下底板半周长度冲压模>2500 毫米，下底板半周长度型腔模>1400 毫米）、精密模具（冲压模精度≤0.02 毫米，型腔模精度≤0.05 毫米）、多工位自动深拉伸模具、多工位自动精冲模具

32. 大型（装炉量 1 吨以上）多功能可控气氛热处理设备、程控化学热处理设备、程控多功能真空热处理设备及装炉量 500 公斤以上真空热处理设备、全纤维炉衬热处理加热炉

33. 合金钢、不锈钢、耐候钢高强度紧固件、钛合金、铝合金紧固件和精密紧固件；航空、航天、高铁、发动机等用弹簧；高精度传动联结件，大型轧机联结轴；新型粉末冶金零件：高密度（≥7.0 克/立方厘米）、高精度、形状复杂结构件；高速列车、飞机摩擦装置；含油轴承；动车组用齿轮变速箱，船用可变桨齿轮传动系统、2.0 兆瓦以上风电用变速箱、冶金矿山机械用变速箱；汽车动力总成、工程机械、大型农机用链条；重大装备和重点工程配套基础零部件

34. 海水淡化设备

35. 机器人及集成系统：特种服务机器人、医疗康复机器人、公共服务机器人、个人服务机器人、人机协作机器人、双臂机器人、弧焊机器人、重载 AGV、专用检测与装配机器人集成系统等。机器人用关键零部件：高精密减速器、高性能伺服电机和驱动器、全自主编程等高性能控制器、传感器、末端执行器等。机器人共性技术：检验检测与评定认证、智能机器人操作系统、智能机器人云服务平台

36. 500 万吨/年及以上矿井、薄煤层综合采掘设备，1000 万吨级/年及以上大型露天矿关键装备

37. 18MW 及以上集成式压缩机组、直径 1200 毫米及以上的天然气输气管线配套压缩机、燃气轮机、阀门等关键设备；单线 260 万吨/年及以上天然气液化配套的压缩机及驱动机械、低温设备等；大型输油管线配套的 3000 立方米/小时及以上输油泵等关键设备

38. 单张纸多色胶印机（幅宽≥750 毫米，印刷速度：单面多色≥16000 张/小时，双面多色≥13000 张/小时）；商业卷筒纸胶印机（幅宽≥787 毫米，印刷速度≥7 米/秒，套印精度≤0.1 毫米）；报纸卷筒纸胶印机（印刷速度：单纸路单幅机≥75000 张/小时，双纸路双幅机≥15 万张/小时，套印精度≤0.1 毫米）；多色宽幅柔性版印刷机（印刷宽度≥1300 毫米，印刷速度≥400 米/分钟）；机组式柔性版印刷机（印刷速度≥250 米/分钟）；环保多色卷筒料凹版印刷机（印刷速度≥300 米/分钟，套印精度≤0.1 毫米）；喷墨数字印刷机（出版用：印刷速度≥150 米/分钟，分辨率≥600dpi；包装用：印刷速度≥30 米/分，分辨率≥1000dpi；可变数据用：印刷速度≥100 米/分钟，分辨率≥300dpi）；CTP 直接制版机（成像速度≥35 张/小时，版材幅宽≥750 毫米，重复精度 0.01 毫米，分辨率≥3000dpi）；无轴数控平压平烫印机（烫印速度≥1 万张/小时，加工精度 0.05 毫米）

39. 100 马力以上、配备有动力换挡变速箱或无级变速箱、总线控制系统、安全驾驶室、动力输出轴有 2 个以上转速、液压输出点不少于 3 组的两轮或四轮驱动的轮式拖拉机、履带式拖拉机。配套动力 50 马力以上的中耕型拖拉机、果园用拖拉机、高地隙拖拉机（最低离地高度 40 厘米以上）

40. 100 马力以上拖拉机配套农机具：保护性耕作所需要的深松机、联合整地机和整地播种联合作业机等，常规农业作业所需要的单体幅宽≥40 厘米的铧式犁、圆盘耙、谷物条播机、中耕作物精密播种机、中耕机、免耕播种机、大型喷雾（喷粉）机等

41. 100 马力以上拖拉机关键零部件：动力换挡变速箱，液压机械无级变速箱、一体式泵马达、轮式拖拉机用带轮边制动和限滑式差速锁的前驱动桥，ABS 制动系统，电动拖拉机电池、电机及其控制系统，离合器，液压泵、液压油缸、各种阀及液压输出阀等封闭式液压系统，闭心变量、负载传感的电控液压提升器，电控系统，液压转向机构等

42. 农作物移栽机械：乘坐式盘土机动高速水稻插秧机（每分钟插次 350 次以上，每穴 3~5 株，适应行距 20~30 厘米，株距可调，适应株距 12~22 厘米）；盘土式机动水稻摆秧机（乘坐式或手扶式，适应行距为 20~30 厘米，株距可调，适应株距为 12~22 厘米）等

43. 农业收获机械：自走式谷物联合收割机（喂入量 6 千克/秒以上）；自走式半喂入水稻联合收割机（4 行以上，配套发动机 44 千瓦以上）；自走式玉米联合收割机（3~6 行，摘穗型，带有剥皮装置，以及茎秆粉碎还田装置或茎秆切碎收集装置）；穗茎兼收玉米收获机（摘穗剥皮、茎秆切碎回收），自走式玉米籽粒联合收获机（4 行以上，籽粒直收型）；自走式大麦、草苜蓿、玉米、高粱等青贮饲料收获机（配套动力 147 千瓦以上，茎秆切碎长度 10~60 毫米，“具有金属探测、石块探测安全装置及籽粒破碎功能”）；棉花采摘机（3 行以上，自走式或拖拉机背负式，摘花装置为机械式或气力式，适应棉珠高度 35~160 厘米，装有籽棉集装箱和自动卸棉装置）；马铃薯收获机（自走式或拖拉机牵引式，2 行以上，行距可调，带有去土装置和收集装置，最大挖掘深度 35 厘米），甘蔗收获机（自走式或拖拉机背负式，配

套功率 58 千瓦以上，宿根破碎率≤18%，损失率≤7%）；残膜回收与茎秆粉碎联合作业机；牧草收获机械（自走式牧草收割机、悬挂式割草压扁机、指盘式牧草搂草机、牧草捡拾压捆机等）；自走式薯类收获机械；杂交构树联合收获机械

44. 节水灌溉设备：各种大中型喷灌机、各种类型微滴灌设备等；抗洪排涝设备（排水量 1500 立方米/小时以上，扬程 5~20 米，功率 1500 千瓦以上，效率 60%以上，可移动）

45. 沼气发生设备：沼气发酵及储气一体化（储气容积 300~2000 立方米系列产品）、沼液抽渣设备（抽吸量 1 立方米/分钟以上）等

46. 大型施工机械：30 吨以上液压挖掘机、6 米及以上全断面掘进机、320 马力及以上履带推土机、6 吨及以上装载机、600 吨及以上架桥设备（含架桥机、运梁车、提梁机）、400 吨及以上履带起重机、100 吨及以上全地面起重机、25 吨及以上集装箱正面吊、1000 吨/米及以上塔式起重机、钻孔 100 毫米以上凿岩台车、1 米宽及以上铣刨机、75 吨及以上矿用车、220 马力及以上平地机、18 吨及以上振动液压式压路机、9 米及以上摊铺机、1 米及以上铣刨机、20 吨及以上集装箱叉车、8 吨及以上内燃叉车、3 吨及以上电瓶叉车、40 米及以上砼泵车、8 立方米及以上砼搅拌车、90 立方米/时及以上砼搅拌站、400 千瓦及以上砼冷热再生设备、2000 毫米及以上旋挖钻机、400 毫米及以上地下连续墙开挖设备；关键零部件：动力换挡变速箱、湿式驱动桥、回转支承、液力变矩器、为电动叉车配套的电机、电控、压力 25 兆帕以上液压马达、泵、控制阀

47. 智能物流与仓储装备、信息系统，智能物料搬运装备，智能港口装卸设备，农产品智能物流装备等

48. 非道路移动机械用高可靠性、低排放、低能耗的内燃机：寿命指标（重型 8000~12000 小时，中型 5000~7000 小时，轻型 3000~4000 小时）、排放指标（符合欧ⅢB、欧Ⅳ、欧Ⅴ、国三、国四排放指标要求）；影响非道路移动机械用内燃机动力性、经济性、环保性的燃油系统、增压系统、排气后处理系统（均包括电子控制系统）

49. 制冷空调设备及关键零部件：热泵、复合热源（空气源与太阳能）热泵热水机、二级能效及以上制冷空调压缩机、微通道和降膜换热技术与设备、电子膨胀阀和两相流喷射器及其关键零部件；使用环保制冷剂（ODP 为 0、GWP 值较低）的制冷空调压缩机

50. 12000 米及以上深井钻机、极地钻机、高位移性深井沙漠钻机、沼泽难进入区域用钻机、海洋钻机、车装钻机、特种钻井工艺用钻机等钻机成套设备

51. 危险废物（含医疗废物）集中处理设备

52. 大型高效二板注塑机（合模力 1000 吨以上）、全电动塑料注射成型机（注射量 1000 克以下）、节能型塑料橡胶注射成型机（能耗 0.4 千瓦时/千克以下）、高速节能塑料挤出机组（生产能力 30~3000 公斤/小时，能耗 0.35 千瓦时/千克以下）、微孔发泡塑料注射成型机（合模力 60~1000 吨，注射量 30~5000 克，能耗 0.4 千瓦时/千克以下）、大型双螺杆挤出造粒机组（生产能力 30~60 万吨/年）、大型对位芳纶反应挤出机组（生产能力 1.4 万吨/年以上）、碳纤维预浸胶机组（生产能力 60 万米/年以上；幅宽 1.2 米以上）、纤维增强复合材料在线混炼注塑成型设备（合模力 200~6800 吨，注射量 600~85000 克）

53. 纳滤膜和反渗透膜纯水装备

54. 安全饮水设备：组合式一体化净水器（处理量 100~2500 吨/小时）

55. 大气污染治理装备：燃煤发电机组脱硫、脱硝、除尘等超低排放成套技术装备；钢铁炉窑烟气细颗粒物预荷电袋式除尘技术装备；焦炉烟气 SDA 脱硫+SCR 脱硝技术装备；电解铝烟气氧化铝脱氟除尘技术装备；钢铁烧结烟气干法脱硫除尘成套装备；袋式除尘器；电袋复合除尘技术装备（颗粒物排放浓度<10 毫克/立方米）；催化裂化再生烟气除尘脱硫技术装备；VOCs 吸附回收装置；VOCs 焚烧装置；炉窑、料场的无组织排放控制技术装备；饮食业油烟净化设备

56. 污水防治技术设备：城镇污水处理成套装备（除磷脱氮）；污泥水解厌氧消化技术装备；污泥干燥焚烧技术装备（减渣量 90% 以上）；浸没式膜生物反应器（COD 去除率 90%以上）；陶瓷真空过滤机

（真空度：0.09~0.098 兆帕，孔隙：0.2~20 微米）；超生耦合法和生物膜法处理高浓度有机废水技术装备；油污水、化学品洗舱水处置技术装备

57. 固体废物防治技术设备：生活垃圾清洁焚烧技术装备（助燃煤量 20%以下）；厨余垃圾集中无害化处理技术装备（利用率 95%以上）；垃圾填埋渗滤液和臭气处理技术装备（处理量 50 吨/天以上）；生活垃圾自动化分选技术装备（分选率 80%以上）；建筑垃圾处理和再利用工艺技术装备（处理量 100 吨/小时以上）；工业危险废弃物处置处理技术装备（处理率 90%以上）；油田钻井废弃物处理处置技术与成套装备（减容 50%以上，处理率 70%以上）；医疗废物清洁焚烧、高温蒸煮无害化处理技术装备（处理量 150 千克/ 小时以上，燃烧效率 70%以上）以及医疗废物微波、化学消毒处理技术装备；畜禽粪污集中处理技术装备（处理量 20 吨/天以上）

58. 土壤修复技术装备：破碎筛分一体机、气味抑制设备、直接热解吸设备、间接热解吸设备、土壤淋洗设备、土壤改良机、直推式钻探与采样设备

59. 撬毛台车、天井钻机钻、多功能破碎清塞机、双系统制动静液压四驱地下矿用多功能服务车、矿用便携式气体检测仪、井下近矿体帷幕注浆技术、井下电机车远程操控技术、膏体及高浓度尾矿充填技术与装备、切割井钻机

60. 热泵（地源、水源、空气源等）技术开发与装备制造

61. 智能配电网核心设备电力电子变压器技术开发与生产

62. 噪声与振动污染控制设备：声屏障、消声器、阻尼弹簧隔振器

63. 增材制造装备和专用材料

十五、城市轨道交通装备

1. 城市轨道交通减震、降噪技术应用

2. 自动售检票系统（AFC），车门、站台屏蔽门、车钩系统、风挡系统，火灾报警和自动灭火系统

3. 以无线通信为基础的信号系统［含自动列车监控系统（ATS）、列车自动保护装置（ATP）、自动列车运行装置（ATO）］

4. 轨道车辆交流牵引传动系统、制动系统及核心元器件（含 IGCT、IGBT、SiC 元器件），网络控制系统，永磁牵引电机，直流高速开关、真空断路器（GIS）、新型智能开关器件

5. 车体、转向架、齿轮箱及车内装饰材料轻量化应用

6. 城轨列车再生制动吸收装置、能量回馈、能量储存系统

7. 轨道交通用检测试验仪器和监控系统

8. 全自动运行系统（FAO），基于车车通信的列车自主运行系统（TACS），智能运维系统

9. 城市轨道交通牵引供电系统（基于 25kV 交流牵引供电制式的城轨线路）

10. 磁悬浮列车，胶轮轨道交通技术装备

十六、汽车

1. 汽车关键零部件：汽油机增压器、电涡流缓速器、液力缓速器、随动前照灯系统、LED 前照灯、数字化仪表、电控系统执行机构用电磁阀、低地板大型客车专用车桥、空气悬架、吸能式转向系统、大中型客车变频空调、高强度钢车轮、商用车盘式制动器、商用车轮胎爆胎应急防护装置、转向轴式电动助力转向系统（C-EPS）、转向齿条式电动助力转向系统（R-EPS）、怠速启停系统、高效高可靠性机电耦合系统；双离合器变速器（DCT）、电控机械变速器（AMT）、7 挡及以上自动变速器（7 挡及以上 AT）、无级自动变速器（CVT）；高效柴油发动机颗粒捕捉器；电控高压共轨喷射系统及其喷油器；高效增压系统（最高综合效率≥55%）；废气再循环系统；电制动、电动转向及其关键零部件

2. 轻量化材料应用：高强度钢（符合 GB/T 20564《汽车用高强度冷连轧钢板及钢带》标准或 GB/T 34566《汽车用热冲压钢板及钢带》标准）、铝合金、镁合金、复合塑料、粉末冶金、高强度复合纤维等；先进成形技术应用：3D 打印成型、激光拼焊板的扩大应用、内高压成形、超高强度钢板（强度≥

980MPa、强塑积 20~50GPa·%）热成形、柔性滚压成形等；环保材料应用：水性涂料、无铅焊料等

3. 新能源汽车关键零部件：高安全性能量型动力电池单体（能量密度≥300Wh/kg，循环寿命≥1800次）；电池正极材料（比容量≥180mAh/g，循环寿命 2000 次不低于初始放电容量的 80%），电池负极材料（比容量≥500mAh/g，循环寿命 2000 次不低于初始放电容量的 80%），电池隔膜（厚度≤12μm，孔隙率 35%~60%，拉伸强度 MD≥800kgf/cm^2，TD≥800kgf/cm^2）；电池管理系统，电机控制器，电动汽车电控集成；电动汽车驱动电机系统（高效区：85% 工作区效率≥80%），车用 DC/DC（输入电压 100~400V），大功率电子器件（IGBT，电压等级≥750V，电流≥300A）；插电式混合动力机电耦合驱动系统；燃料电池发动机（质量比功率≥350W/kg）、燃料电池堆（体积比功率≥3kW/L）、膜电极（铂用量≤0.3g/kW）、质子交换膜（质子电导率≥0.08S/cm）、双极板（金属双极板厚度≤1.2mm，其他双极板厚度≤1.6mm）、低铂催化剂、碳纸（电阻率≤3MΩ·cm）、空气压缩机、氢气循环泵、氢气引射器、增湿器、燃料电池控制系统、升压 DC/DC、70MPa 氢瓶、车载氢气浓度传感器；电动汽车用热泵空调；电机驱动控制专用 32 位及以上芯片（不少于 2 个硬件内核，主频不低于 180MHz，具备硬件加密等功能，芯片设计符合功能安全 ASIL C 以上要求）；一体化电驱动总成（功率密度≥2.5kW/kg）；高速减速器（最高输入转速≥12000rpm，噪声<75dB）

4. 车载充电机（满载输出工况下效率≥95%）、双向车载充电机、非车载充电设备（输出电压 250~950V，电压范围内效率≥88%）；高功率密度、高转换效率、高适用性无线充电、移动充电技术及装备，快速充电及换电设施

5. 汽车电子控制系统：发动机控制系统（ECU）、变速箱控制系统（TCU）、制动防抱死系统（ABS）、牵引力控制（ASR）、电子稳定控制（ESC）、网络总线控制、车载故障诊断仪（OBD）、电控智能悬架、电子驻车系统、电子油门、车道保持辅助系统（LKA）、自动紧急制动系统（AEBS）、电控制动系统（EBS）、载货汽车用轴荷自动测量系统等

6. 智能汽车、新能源汽车及关键零部件、高效车用内燃机研发能力建设

7. 智能汽车关键零部件及技术：传感器、车载芯片、中央处理器、车载操作系统和信息控制系统、车网通信系统设备、视觉识别系统、高精度定位装置、线控底盘系统、智能车用安全玻璃；新型智能终端模块、多核异构智能计算平台技术、全天候复杂交通场景高精度定位和地图技术、传感器融合感知技术、车用无线通信关键技术、基础云控平台技术；新型安全隔离架构技术、软硬件协同攻击识别技术、终端芯片安全加密和应用软件安全防护技术、无线通信安全加密技术、安全通讯及认证授权技术、数据加密技术；测试评价体系架构研发，虚拟仿真、实车道路测试等技术和验证工具，整车级和系统级测试评价方法，测试基础数据库建设

十七、船舶

1. 散货船、油船、集装箱船适应绿色、环保、安全要求的优化升级，以及满足国际造船新规范、新标准的船型开发建造

2. 10 万立方米以上液化天然气运输船、1.5 万立方米以上液化石油气船、万箱以上集装箱船、5000 车位及以上汽车运输船、豪华客滚船、IMO Ⅱ 型以上化学品船、大中型豪华邮轮、2000 车位以上汽车滚装船、3000 米车道以上的货物滚装船、LNG 加注船、牲畜运输船、甲醇（乙烷）运输船、油电混合动力船、电池驱动船及多用途船、极地邮轮、极地运输船舶、极地多用途船、极地物探船等高技术、高附加值船舶

3. 大型远洋捕捞加工渔船、1 万立方米以上耙吸式挖泥船、火车渡轮、科学考察船、破冰船、海洋调查船、甲板运输船、海洋监管船等特种船舶及其专用设备

4. 小水线面双体船、水翼船、地效应船、气垫船、穿浪船等高性能船舶

5. 120 米及以上水深自升式钻井平台、1500 米及以上深钻井船、1500 米及以上水深半潜式钻井平台等主流海洋移动钻井平台（船舶）；15 万吨及以上浮式生产储卸装置（FPSO）、1500 米水深半潜式生产平台、立柱式生产平台（SPAR）、张力腿平台（TLP）、LNG-FPSO、边际油田型浮式生产储油装置等浮

式生产系统；万马力水级深水三用工作船、1500 米水深大型起重铺管船、1500 米水深工程勘察船、高性能物探船、5 万吨及以上半潜运输船、海上风车安装船、浮式储存及电气化装置（FSRU）、深水动力定位原油输送装置、超深水海工作业船、深远海大型养殖装备、起重能力 1 万吨以上的重吊船、天然气水合物钻采船装备、海底金属矿产资源勘探开发装备、岛礁重载建设平台、海上油田设施拆解装置等海洋工程作业船和辅助船

6. 动力定位系统、FPSO 单点系泊系统、大型海洋平台电站集成系统、主动力及传动系统、钻井平台升降系统、水下油气生产系统等通用和专用海洋工程配套设备

7. 游艇开发制造及配套产业

8. 智能环保型船用中低速柴油机及其关键零部件、大型甲板机械、船用锅炉、油水分离机、海水淡化装置、压载水处理系统、船舶使用岸电技术及设备、液化天然气船用双燃料发动机、吊舱推进器、直翼舵桨推进装置、大型高效喷水推进装置、大功率中高压发电机、船舶通讯导航及自动化系统、综合电力推进系统及关键设备、船舶尾气处理装置、余热回收系统、双金属气阀、大型船用垃圾焚烧炉、生活污水处理系统、货油系统等关键船用配套设备

9. 海底采矿机器人、海底挖沟机等海底矿产资源开发装备及深海采矿系统、深海立管相关配套系统和设备，水下潜器、机器人及探测观测设备

10. 精度管理控制、数字化造船、单元组装、预舾装和模块化、先进涂装、高效焊接技术应用、超高压水除锈装置、激光焊接机器人、智能化分段流水线、船舶小组立焊接生产线、船舶中组立焊接工作站、船舶分段智能涂装机器人、船舶管子加工生产线、船舶船体小构件自由边打磨生产线

11. 高技术高附加值船舶、海洋工程装备的修理与改装以及爬壁机器人、高压智能清洗机器人等绿色环保修船技术应用

12. 智能船舶、无人船艇开发和相关智能系统及设备开发，船舶全寿命安全运行监管技术装备开发

13. 安全节能环保内河、江海联运及沿海船舶开发制造

14. “胀断连杆”生产制造

15. 纯电动和天然气船舶；替代燃料、混合动力、纯电动、燃料电池等机动车船技术；混合动力、插电式混合动力专用发动机，优化动力总成系统匹配

十八、航空航天

1. 干线、支线、通用飞机及零部件开发制造
2. 航空发动机开发制造
3. 机载设备、任务设备、空管设备和地面保障设备系统开发制造
4. 直升机总体、旋翼系统、传动系统开发制造
5. 航空航天用新型材料开发生产
6. 航空航天用燃气轮机制造
7. 卫星、运载火箭及零部件制造
8. 航空、航天技术应用及系统软硬件产品、终端产品开发生产
9. 航空器地面模拟训练系统、试验系统开发制造
10. 航空器地面维修、维护、检测设备开发制造
11. 卫星地面和应用系统建设及设备制造
12. 航空器专用应急救援装备开发与应用
13. 航空器、设备及零件维修
14. 先进卫星载荷研制及生产
15. 无人机总体、材料、通信、控制系统等开发制造
16. 民用飞机、直升机的设计
17. 航空航天用太阳能电池开发生产

十九、轻工

1. 单条化学木浆 30 万吨/年及以上、化学机械木浆 10 万吨/年及以上、化学竹浆 10 万吨/年及以上的林纸一体化生产线及相应配套的纸及纸板生产线（新闻纸、铜版纸除外）建设；采用清洁生产工艺、以非木纤维为原料、单条10 万吨/年及以上的纸浆生产线建设；先进制浆、造纸设备开发与制造；无元素氯（ECF）和全无氯（TCF）化学纸浆漂白工艺开发及应用

2. 非金属制品精密模具设计、制造

3. 生物可降解塑料及其系列产品开发、生产与应用，农用塑料节水器材和长寿命（三年及以上）功能性农用薄膜的开发、生产

4. 新型塑料建材（高气密性节能塑料窗、大口径排水排污管道、抗冲击改性聚氯乙烯管、地源热泵系统用聚乙烯管、非开挖用塑料管材、复合塑料管材、塑料检查井）；防渗土工膜；塑木复合材料和分子量≥200 万的超高分子量聚乙烯管材及板材生产

5. 动态塑化和塑料拉伸流变塑化的技术应用及装备制造；应用电磁感应加热和伺服驱动系统的塑料加工装备

6. 应用于工业、医学、电子、航空航天等领域的特种陶瓷生产及技术、装备开发；陶瓷清洁生产及综合利用技术开发

7. 高效节能缝制机械（采用嵌入式数字控制、无油或微油润滑等先进技术）及关键零部件开发制造

8. 用于制笔、钟表等行业的多工位组合机床研发与制造

9. 高新、数字、智能印刷技术及高清晰度制版系统开发与应用

10. 少数民族特需用品制造

11. 真空镀铝、喷镀氧化硅、聚乙烯醇（PVA）涂布型薄膜、功能性聚酯（PET）薄膜、定向聚苯乙烯（OPS）薄膜及纸塑基多层共挤或复合等新型包装材料

12. 二色及二色以上金属板印刷、配套光固化（UV）、薄板覆膜和高速食品饮料罐加工及配套设备制造

13. 锂二硫化铁、锂亚硫酰氯等新型锂原电池；锂离子电池、氢镍电池、新型结构（双极性、铅布水平、卷绕式、管式等）密封铅蓄电池、铅碳电池、超级电池、燃料电池、锂/氟化碳电池等新型电池和超级电容器

14. 锂离子电池用三元和多元、磷酸铁锂等正极材料、中间相炭微球和硅碳等负极材料、单层与三层复合锂离子电池隔膜、氟代碳酸乙烯酯（FEC）等电解质与添加剂；废旧电池资源化和绿色循环生产工艺及其装备制造

15. 铅蓄电池自动化、智能化生产线；锂离子电池自动化、智能化生产成套制造装备；碱性锌锰电池 600 只/分钟以上自动化、智能化生产成套制造装备

16. 制革及毛皮加工清洁生产、皮革后整饰新技术开发及关键设备制造、含铬皮革固体废弃物综合利用；皮革及毛皮加工废液的循环利用，三价铬污泥综合利用；无灰膨胀（助）剂、无氨脱灰（助）剂、无盐浸酸（助）剂、高吸收铬鞣（助）剂、天然植物鞣剂、水性涂饰（助）剂等高档皮革用功能性化工产品开发、生产与应用

17. 高效节能电光源（高、低气压放电灯和固态照明产品）技术开发、产品生产及固汞生产工艺应用；废旧灯管回收再利用

18. 符合国家 1 级能效或 2 级能效家用电器开发与生产

19. 多效、节能、节水、环保型表面活性剂、助剂和洗涤剂的开发与生产

20. 采用新型制冷剂替代氢氯氟烃-22（HCFC-22 或 R22）的空调器开发、制造，采用新型发泡剂替代氢氯氟烃-141b（HCFC-141b）的家用电器生产，采用新型发泡剂替代氢氯氟烃-141b（HCFC-141b）的硬质聚氨酯泡沫的生产与应用

21. 节能环保型玻璃窑炉（含全电熔、电助熔、全氧燃烧技术、NO_x 产生浓度≤1200mg/m^3 的低氮燃

烧技术）的设计、应用；玻璃熔窑 DCS 节能自动控制技术

22. 轻量化玻璃瓶罐（轻量化度≤1.0）工艺技术和关键装备的开发与生产

23. 水性油墨、紫外光固化油墨、植物油油墨等节能环保型油墨生产

24. 天然食品添加剂、天然香料新技术开发与生产

25. 先进的食品生产设备研发与制造；食品质量与安全监测（检测）仪器、设备的研发与生产

26. 热带果汁、浆果果汁、谷物饮料、本草饮料、茶浓缩液、茶粉、植物蛋白饮料等高附加价值植物饮料的开发生产与加工原料基地建设；果渣、茶渣等的综合开发与利用

27. 营养健康型大米、小麦粉（食品专用米、发芽糙米、留胚米、食品专用粉、全麦粉及营养强化产品等）及制品的开发生产；传统主食工业化生产；杂粮加工专用设备开发与生产；粮油加工副产物（稻壳、米糠、麸皮、胚芽、饼粕等）综合利用关键技术开发应用

28. 菜籽油生产线：采用膨化、负压蒸发、热能自平衡利用、低消耗蒸汽真空系统等技术，油菜籽主产区日处理油菜籽 400 吨及以上、吨料溶剂消耗 1.5 公斤以下（其中西部地区日处理油菜籽 200 吨及以上、吨料溶剂消耗 2 公斤以下）；花生油生产线：花生主产区日处理花生 200 吨及以上，吨料溶剂消耗 2 公斤以下；棉籽油生产线：棉籽产区日处理棉籽 300 吨及以上，吨料溶剂消耗 2 公斤以下；米糠油生产线：采用分散快速膨化，集中制油、精炼技术；玉米胚芽油生产线；油茶籽、核桃等木本油料和胡麻、芝麻、葵花籽、牡丹籽等小品种油料加工生产线以及利用超临界二氧化碳萃取工艺技术生产植物油

29. 采用发酵法工艺生产小品种氨基酸（赖氨酸、谷氨酸、苏氨酸除外），以糖蜜为原料年产 8000 吨及以上酵母制品及酵母衍生制品，新型酶制剂和复合型酶制剂、多元糖醇及生物法化工多元醇、功能性发酵制品（功能性糖类、功能性红曲、发酵法抗氧化和复合功能配料、活性肽、微生态制剂）等开发、生产、应用。酵素生产工艺技术开发及工业化、规范化生产

30. 畜禽骨、血、羽毛及内脏等副产物综合利用与无害化处理

31. 搪瓷静电粉、搪瓷预磨粉的技术研发和生产

32. 冷凝式燃气热水器、使用聚能燃烧技术的燃气灶具等高效节能环保型燃气具的开发与制造

二十、纺织

1. 差别化、功能性聚酯（PET）的连续共聚改性〔阳离子染料可染聚酯（CDP、ECDP）、碱溶性聚酯（COPET）、高收缩聚酯（HSPET）、阻燃聚酯、低熔点聚酯、非结晶聚酯、生物可降解聚酯、采用绿色催化剂生产的聚酯等〕；阻燃、抗静电、抗紫外、抗菌、相变储能、光致变色、原液着色等差别化、功能性化学纤维的高效柔性化制备技术；智能化、超仿真等功能性化学纤维生产；原创性开发高速纺丝加工用绿色高效环保油剂

2. 聚对苯二甲酸丙二醇酯（PTT）、聚萘二甲酸乙二醇酯（PEN）、聚对苯二甲酸丁二醇酯（PBT）、聚丁二酸丁二酯（PBS）、聚对苯二甲酸环己烷二甲醇酯（PCT）、生物基聚酰胺、生物基呋喃环等新型聚酯和纤维的开发、生产与应用

3. 采用绿色、环保工艺与装备生产新溶剂法纤维素纤维（Lyocell）、细菌纤维素纤维、以竹、麻等新型可再生资源为原料的再生纤维素纤维、聚乳酸纤维（PLA）、海藻纤维、壳聚糖纤维、聚羟基脂肪酸酯纤维（PHA）、动植物蛋白纤维

4. 高性能纤维及制品的开发、生产、应用［碳纤维（CF）（拉伸强度≥4200MPa，弹性模量≥230GPa）、芳纶（AF）、芳砜纶（PSA）、超高分子量聚乙烯纤维（UHMWPE）（纺丝生产装置单线能力≥300 吨/年，断裂强度≥40cN/dtex，初始模量≥1800cN/dtex）、聚苯硫醚纤维（PPS）、聚酰亚胺纤维（PI）、聚四氟乙烯纤维（PTFE）、聚苯并双噁唑纤维（PBO）、聚芳噁二唑纤维（POD）、玄武岩纤维（BF）、碳化硅纤维（SiCF）、聚醚醚酮纤维（PEEK）、高强型玻璃纤维（HT-AR）、聚 2，5-二羟基-1，4-苯撑吡啶并二咪唑纤维（PIPD）等］

5. 符合环保要求的特种动物纤维、麻纤维、桑柞茧丝、彩色棉花、彩色桑茧丝类天然纤维的加工技术与产品

6. 建立智能化纺纱工厂，采用智能化、连续化纺纱成套装备（清梳联、粗细联、细络联及数控单机及喷气涡流纺、高速转杯纺等短流程先进纺纱设备），生产高品质纱线；采用高速数控无梭织机、自动穿经机、全成形电脑横机、高速电脑横机、高速经编机等新型数控装备，生产高支、高密、提花等高档机织、针织纺织品

7. 采用数字化智能化印染技术装备、染整清洁生产技术（酶处理、高效短流程前处理、针织物连续平幅前处理、低温前处理及染色、低盐或无盐染色、低尿素印花、小浴比气流或气液染色、数码喷墨印花、泡沫整理等）、功能性整理技术、新型染色加工技术、复合面料加工技术，生产高档纺织面料；智能化筒子纱染色技术装备开发与应用

8. 采用非织造、机织、针织、编织等工艺及多种工艺复合、长效整理等新技术，生产功能性产业用纺织品

9. 智能化、高效率、低能耗纺织机械，关键专用基础件、计量、检测仪器及试验装备开发与制造

10. 高档地毯、抽纱、刺绣产品生产

11. 数字化、网络化、智能化服装生产技术和装备开发、应用

12. 纺织行业生物脱胶、无聚乙烯醇（PVA）浆料上浆、少水无水节能印染加工、“三废”高效治理与资源回收再利用技术的推广与应用

13. 废旧纺织品回收再利用技术、设备的研发和应用，利用聚酯回收材料生产涤纶工业丝、差别化和功能性涤纶长丝、非织造材料等高附加值产品

二十一、建筑

1. 建筑隔震减震结构体系及产品研发与推广
2. 智能建筑产品与设备的生产制造与集成技术研究
3. 集中供热系统计量与调控技术、产品的研发与推广
4. 高强、高性能结构材料与体系的应用
5. 太阳能热利用及光伏发电应用一体化建筑
6. 先进适用的建筑成套技术、产品和住宅部品研发与推广
7. 钢结构住宅集成体系及技术研发与推广
8. 节能建筑、绿色建筑、装配式建筑技术、产品的研发与推广
9. 工厂化全装修技术推广
10. 移动式应急生活供水系统开发与应用
11. 建筑信息模型（BIM）相关技术开发与应用
12. 既有房屋建筑抗震加固技术研发与工程应用
13. 装配式钢结构绿色建筑技术体系的研发及推广

二十二、城镇基础设施

1. 城市高精度导航、高精度遥感影像和三维数据生产及关键技术开发
2. 依托基础地理信息资源的城市立体管理信息系统
3. 城市公共交通建设
4. 城市道路及智能交通体系建设
5. 城市交通管制系统技术开发及设备制造
6. 城市及市域轨道交通新线建设（含轻轨、有轨电车）
7. 城镇安全饮水工程、供水水源及净水厂工程
8. 城镇地下管道共同沟建设，地下管网地理信息系统
9. 城镇供排水管网工程、管网排查、检测及修复与改造工程、非开挖施工与修复技术，供水管网听漏检漏设备、相关技术开发和设备生产

10. 城市燃气工程
11. 城镇集中供热建设和改造工程
12. 城市雨水收集利用工程
13. 城镇园林绿化及生态小区建设
14. 既有停车设施改造；停车楼、地下停车场、机械式立体停车库等集约化的停车设施建设；停车场配建电动车充电设施
15. 城市建设管理信息化技术应用
16. 城市生态系统关键技术应用
17. 城市节水技术开发与应用
18. 城市照明智能化、绿色照明产品及系统技术开发与应用
19. 再生水利用技术与工程
20. 城市供水、排水、燃气塑料管道应用工程
21. 城市应急与后备水源建设工程
22. 沿海城镇海水供水管网及海水淡化工程
23. 城市积涝监测预警技术开发与应用，城市排水防涝工程
24. 海绵城市建设关键技术产品开发与应用
25. 合流制溢流污染、初期雨水等快速净化装备、分散净化设施
26. 基于大数据、物联网、GIS 等为基础的城市信息模型（CIM）相关技术开发与应用

二十三、铁路

1. 铁路新线建设
2. 既有铁路改扩建及铁路专用线建设
3. 客运专线、高速铁路系统技术开发与建设
4. 铁路行车及客运、货运安全保障系统技术与装备，铁路列车运行控制与车辆控制系统开发建设
5. 铁路运输信息系统开发与建设
6. 7200 千瓦及以上交流传动电力机车、6000 马力及以上交流传动内燃机车、时速 200 公里以上动车组、海拔 3000 米以上高原机车、高原动车组、大型专用货车、机车车辆特种救援设备
7. 干线轨道车辆交流牵引传动系统、制动系统及核心元器件（含 IGCT、IGBT 元器件）
8. 时速 200 公里及以上铁路接触网、道岔、扣配件、牵引供电设备
9. 电气化铁路牵引供电功率因数补偿技术应用
10. 大型养路机械、铁路工程建设机械装备、线桥隧检测设备
11. 行车调度指挥自动化技术开发
12. 混凝土结构物修补和提高耐久性技术、材料开发
13. 铁路旅客列车集便器及污物地面接收、处理工程
14. 铁路 GSM-R 通信信号系统
15. LTE-R 等铁路宽带通信系统开发与建设
16. 数字铁路与智能运输开发与建设
17. 时速在 300 公里及以上高速铁路或客运专线减震降噪技术应用
18. 城际、市域（郊）铁路

二十四、公路及道路运输（含城市客运）

1. 国家高速公路网项目建设
2. 国省干线改造升级
3. 汽车客货运站、城市公交站

4. 高速公路不停车收费系统相关技术开发与应用
5. 公路智能运输、快速客货运输、公路甩挂运输系统开发与建设
6. 公路管理服务、应急保障系统开发与建设
7. 公路工程新材料开发与生产
8. 公路集装箱和厢式运输
9. 特大跨径桥梁修筑和养护维修技术应用
10. 长大隧道修筑和维护技术应用
11. 农村客货运输网络开发与建设
12. 农村公路建设
13. 城际快速系统开发与建设
14. 出租汽车服务调度信息系统开发与建设
15. 高速公路车辆应急疏散通道建设
16. 低噪音路面技术开发
17. 高速公路快速修筑与维护技术和材料开发与应用
18. 城市公交
19. 运营车辆安全监控记录系统开发与应用
20. 公路主干线交通安全和治安管控装备及技术开发和应用

二十五、水运

1. 深水泊位（沿海万吨级、内河千吨级及以上）建设
2. 沿海深水航道和内河高等级航道及通航建筑物建设，西部地区、贫困地区内河航道建设
3. 沿海陆岛交通运输码头建设
4. 大型港口装卸自动化工程
5. 海运电子数据交换系统应用
6. 水上交通安全监管和救助系统建设
7. 内河船型标准化
8. 老港区技术改造工程
9. 船舶污染物港口接收处置设施建设及设备制造，港口危险化学品、油品应急设施建设及设备制造
10. 内河自卸式集装箱船运输系统
11. 水上高速客运
12. 港口龙门吊油改电节油改造工程
13. 水上滚装多式联运
14. 水运行业信息系统建设
15. 国际邮轮运输及邮轮母港建设

二十六、航空运输

1. 机场及配套设施建设与运营
2. 公共航空运输
3. 通用航空
4. 空中交通管制和通信导航监视系统建设
5. 航空计算机管理及其网络系统开发与建设
6. 航空油料加油服务及设施建设
7. 海上空中监督巡逻和搜救服务及设施建设，小型航空器应急起降场地建设

二十七、综合交通运输

1. 综合交通枢纽建设与改造
2. 综合交通枢纽便捷换乘及行李捷运系统建设
3. 综合交通枢纽运营管理信息系统建设与应用
4. 综合交通枢纽诱导系统建设
5. 综合交通枢纽一体化服务设施建设
6. 综合交通枢纽防灾救灾及应急疏散系统
7. 综合交通枢纽便捷货运换装系统建设
8. 旅客联程运输设施设备、票务一体化、联运产品的研发推广应用

二十八、信息产业

1. 2.5GB/s 及以上光同步传输系统建设
2. 155MB/s 及以上数字微波同步传输设备制造及系统建设
3. 卫星通信系统、地球站设备制造及建设
4. 网管监控、时钟同步、计费等通信支撑网建设
5. 窄带物联网（NB-IoT）、宽带物联网（eMTC）等物联网（传感网）、智能网等新业务网设备制造与建设
6. 物联网（传感网）等新业务网设备制造与建设
7. 宽带网络设备制造与建设
8. 数字蜂窝移动通信网建设
9. IP 业务网络建设
10. 基于 IPv6 的下一代互联网技术研发及服务，网络设备、芯片、系统以及相关测试设备的研发和生产
11. 卫星数字电视广播系统建设
12. 增值电信业务平台建设
13. 32 波及以上光纤波分复用传输系统设备制造
14. 10GB/s 及以上数字同步系列光纤通信系统设备制造
15. 支撑通信网的路由器、交换机、基站等设备
16. 同温层通信系统设备制造
17. 数字移动通信、移动自组网、接入网系统、数字集群通信系统及路由器、网关等网络设备制造
18. 大中型电子计算机、百万亿次高性能计算机、便携式微型计算机、每秒一万亿次及以上高档服务器、大型模拟仿真系统、大型工业控制机及控制器制造
19. 集成电路设计，线宽 0.8 微米以下集成电路制造，及球栅阵列封装（BGA）、插针网格阵列封装（PGA）、芯片规模封装（CSP）、多芯片封装（MCM）、栅格阵列封装（LGA）、系统级封装（SIP）、倒装封装（FC）、晶圆级封装（WLP）、传感器封装（MEMS）等先进封装与测试
20. 集成电路装备制造
21. 新型电子元器件（片式元器件、频率元器件、混合集成电路、电力电子器件、光电子器件、敏感元器件及传感器、新型机电元件、高密度印刷电路板和柔性电路板等）制造
22. 半导体、光电子器件、新型电子元器件（片式元器件、电力电子器件、光电子器件、敏感元器件及传感器、新型机电元件、高频微波印制电路板、高速通信电路板、柔性电路板、高性能覆铜板等）等电子产品用材料
23. 软件开发生产（含民族语言信息化标准研究与推广应用）
24. 数字化系统（软件）开发及应用：智能设备嵌入式软件、集散式控制系统（DCS）、可编程逻辑

控制器（PLC）、数据采集与监控（SCADA）、先进控制系统（APC）等工业控制系统；制造执行系统（MES），计算机辅助设计（CAD）、辅助工程（CAE）、工艺规划（CAPP）、产品全生命周期管理（PLM）、工业云平台、工业 APP 等工业软件；能源管理系统（EMS）、建筑信息模型（BIM）系统等专用系统

25. 半导体照明设备，光伏太阳能设备，片式元器件设备，新型动力电池设备，表面贴装设备（含钢网印刷机、自动贴片机、无铅回流焊、光电自动检查仪）等

26. 打印机（含高速条码打印机）和海量存储器等计算机外部设备

27. 薄膜场效应晶体管 LCD（TFT-LCD）、有机发光二极管（OLED）、电子纸显示、激光显示、3D 显示等新型平板显示器件、液晶面板产业用玻璃基板、电子及信息产业用盖板玻璃等关键部件及关键材料

28. 新型（非色散）单模光纤及光纤预制棒制造

29. 高密度数字激光视盘播放机盘片制造

30. 只读光盘和可记录光盘复制生产

31. 音视频编解码设备、音视频广播发射设备、数字电视演播室设备、数字电视系统设备、数字电视广播单频网设备、数字电视接收设备、数字摄录机、数字录放机、数字电视产品

32. 网络安全产品、数据安全产品，网络监察专用设备开发制造

33. 智能移动终端产品及关键零部件的技术开发和制造

34. 多普勒雷达技术及设备制造

35. 医疗电子、健康电子、生物电子、汽车电子、电力电子、金融电子、航空航天仪器仪表电子、图像传感器、传感器电子等产品制造

36. 无线局域网技术开发、设备制造

37. 电子商务和电子政务系统开发与应用服务

38. 卫星导航芯片、系统技术开发与设备制造

39. 应急广播电视系统建设

40. 量子通信设备

41. 薄膜晶体管液晶显示（TFT-LCD）、发光二极管（LED）及有机发光二极管显示（OLED）、电子纸显示、激光显示、3D 显示等新型显示器件生产专用设备

42. 半导体照明衬底、外延、芯片、封装及材料（含高效散热覆铜板、导热胶、导热硅胶片）等

43. 数字音乐、手机媒体、动漫游戏等数字内容产品的开发系统

44. 防伪技术开发与运用

45. 核电仪控系统核心芯片及相关软件

46. 大数据、云计算、信息技术服务及国家允许范围内的区块链信息服务

47. 工业互联网网络、平台、安全硬件设备制造与软件系统开发及集成创新应用，工业互联网设备安全、控制安全、网络安全、平台安全和数据安全相关技术产品研发及应用，工业互联网网络建设与改造，标识解析体系建设与推广，工业云服务平台建设及应用

48. 宽带数字集群设备、采用时分双工（TDD）方式载波聚合的 230MHz 频段宽带无线数据传输设备等下一代专网通信设备，基于 LTE-V2X 无线通信技术的车联网直连通信设备等车联网无线通信设备

49. 灾害现场信息空地一体化获取技术研究与集成应用

50. 量子、类脑等新机理计算机系统的研究与制造

51. 先进的各类太阳能光伏电池及高纯晶体硅材料（多晶硅的综合电耗低于 65kWh/kg，单晶硅光伏电池的转换效率大于 22.5%，多晶硅电池的转化效率大于 21.5%，碲化镉电池的转化效率大于 17%，铜铟镓硒电池转化效率大于 18%）

二十九、现代物流业

1. 煤炭、粮食、棉花、铁矿石、化肥、石油等重要商品现代化物流设施建设

2. 农产品物流配送设施建设，农产品、食品、药品冷链物流，食品、药品物流质量安全控制技术服务

3. 现代供应链创新与应用

4. 多式联运转运设施建设，多式联运快速转运换装设备、标准化运载单元的研发推广应用

5. 标准托盘和 600mm×400mm 包装基础模数推广应用，环保型、可循环利用型材质托盘的制造和使用

6. 物流信息服务技术、货物跟踪识别定位技术、智能仓储分拣配送技术、物流信息安全技术的研发与应用

7. 应急物流、逆向物流、绿色物流设施建设和运营

8. 物流公共信息平台开发及建设

9. 物流枢纽建设与运营

10. 城市物流所需的公共仓储，车辆停靠、装卸、充电等配套设施建设

三十、金融服务业

1. 农村金融服务体系建设

2. 债券发行、交易服务体系建设

3. 农业保险、责任保险、信用保险、商业健康保险、财产保险

4. 普惠金融产品研发和应用

5. 知识产权、收益权等无形资产贷款质押业务开发

6. 信用卡及网络服务

7. 人民币跨境结算、清算体系建设

8. 金融监管技术开发与应用

9. 创业投资

10. 金融机构的金融科技产品研发、应用和服务输出

11. 绿色金融服务体系建设

12. 开放银行体系安全防护

13. 融资担保服务、融资租赁服务

14. 资产证券化、不动产投资信托基金（REITs）等盘活存量资产的金融工具和金融产品开发应用

三十一、科技服务业

1. 工业设计、气象、生物、新材料、新能源、节能、环保、测绘、海洋等专业科技服务，标准化服务、计量测试、质量认证和检验检测服务、科技普及

2. 在线数据与交易处理、IT 设施管理和数据中心服务，移动互联网服务，因特网会议电视及图像等电信增值服务

3. 行业（企业）管理和信息化解决方案开发、基于网络的软件服务平台、软件开发和测试服务、信息系统集成、咨询、运营维护和数据挖掘等服务业务

4. 数字音乐、手机媒体、网络出版等数字内容服务，地理、国际贸易等领域信息资源开发服务

5. 数字化技术、高拟真技术、高速计算技术等新兴文化科技支撑技术建设及服务

6. 分析、试验、测试以及相关技术咨询与研发服务，智能产品整体方案、人机工程设计、系统仿真等设计服务

7. 在线数据处理和数据安全服务，数据恢复和灾备服务，信息安全防护、网络安全应急支援服务，云计算安全服务，大数据安全服务，信息安全风险评估、认证与咨询服务，信息装备和软件安全评测服务，密码技术产品测试认证服务，信息系统等级保护安全方案设计服务

8. 科技信息交流、文献信息检索、技术咨询、技术孵化、科技成果评估、科技成果转移转化服务和

科技鉴证等服务

9. 知识产权代理、转让、登记、鉴定、检索、分析、评估、运营、认证、咨询和相关投融资服务

10. 国家级工程（技术）研究中心、国家产业创新中心、国家农业高新技术产业示范、国家农业科技园区、国家认定的企业技术中心、国家实验室、国家重点实验室、国家重大科技基础设施、高新技术创业服务中心、绿色技术创新基地平台、新产品开发设计中心、科教基础设施、产业集群综合公共服务平台、中试基地、实验基地建设

11. 信息技术外包、业务流程外包、知识流程外包等技术先进型服务

12. 智能制造系统集成应用体验验证服务

13. 工业服务：现代高端装备的维护与维修、数字化生产线改造与集成、工业服务网络平台、工业电商、智能装备远程运维管理系统、智慧工厂设备监测诊断平台、预测性维护系统、专业维修服务和供应链服务、工业管理服务［包括设备运维管理咨询、设备运维与管理服务、工业 APP 和设备管理软件（SaaS）］、数据及数字化服务（PaaS、IaaS、数据分析服务和其他创新数据服务）

14. 网络安全集成、安全维护、安全运营、风险评估、教育培训、咨询、应急响应等安全服务

15. 云计算数据中心的建设、维护、租赁等

16. 信息系统集成和物联网技术服务、运营维护服务、信息处理和存储支持服务、信息技术咨询服务、数字内容服务及其他信息技术服务

三十二、商务服务业

1. 经济、管理、信息、会计、税务、审计、法律、节能、环保等咨询与服务
2. 工程咨询服务（包括规划咨询、项目咨询、评估咨询、全过程工程咨询）
3. 资信调查与评级等信用服务体系建设
4. 资产评估、校准、检测、检验等服务
5. 产权交易服务平台
6. 广告创意、策划、设计、制作、代理、发布等广告服务
7. 会展服务（不含会展场馆建设）
8. 供应链管理服务（指基于现代信息技术对供应链中的物流、商流、信息流和资金流进行设计、规划控制和优化，将单一、分散的订单管理、采购执行、报关退税、物流管理、资金融通、数据管理、贸易商务、结算等进行一体化整合的服务）

三十三、商贸服务业

1. 现代化的农产品、生产资料市场流通设施建设
2. 种子、种苗、种畜禽和鱼苗（种）、化肥、农药、农机具、农膜等农资连锁经营及综合服务
3. 面向农村的日用品、药品、出版物等生活用品连锁经营
4. 农产品拍卖服务
5. 商贸企业的统一配送和分销网络建设
6. 利用信息技术改造提升传统商品交易市场
7. 旧货市场建设
8. 现代化二手车交易服务体系建设
9. 新农村现代流通服务网络工程建设，农资物联网应用与示范项目建设

三十四、旅游业

1. 旅游商品、旅游纪念品、旅游装备设备，以及休闲、登山、滑雪、潜水、探险等各类户外活动用品开发与营销服务

2. 文化旅游、健康旅游、乡村旅游、生态旅游、海洋旅游、森林旅游、草原旅游、工业旅游、体育

旅游、红色旅游、民族风情游及其他旅游资源综合开发、基础设施建设及信息等服务

三十五、邮政业

1. 邮政储蓄网络建设
2. 邮政综合业务网建设
3. 邮件处理自动化工程
4. 寄递渠道安全监管、邮件快件时限监测、消费者申诉、满意度调查与公示、邮编及行业资费查询等公共服务和市场监管功能等邮政业公共服务信息平台建设
5. 城乡快递营业网点、门店等快递服务网点和智能快件（信包）箱、快递末端综合服务场所建设
6. 城市、区域内和区域间的快件分拣中心、转运中心、集散中心、处理枢纽等快递处理设施建设
7. 快件跟踪查询、自动分拣、运递调度、快递客服呼叫中心等快递信息系统开发与应用
8. 数据采集、集装容器、智能终端、智能化仓储、自动分拣、机械化装卸、冷链快递、AGV、无人机、无人车和绿色包装等快递技术装备的研发与应用
9. 邮件快件运输与交通运输网络融合及多式联运、运营平台等技术开发与应用

三十六、教育

1. 学前教育
2. 特殊教育
3. 职业教育
4. “互联网+”教育，远程教育

三十七、卫生健康

1. 预防保健、卫生应急、卫生监督服务设施建设
2. 计划生育、优生优育、生殖健康咨询与服务
3. “互联网+”医疗健康服务、医疗大数据应用
4. 卫生咨询、医疗知识等医疗信息服务和健康管理服务
5. 医疗卫生服务设施建设
6. 传染病、儿童、精神卫生专科医院和康复医院（中心）、护理院（中心、站）、安宁疗护中心、全科医疗设施建设与服务
7. 心理咨询服务
8. 中医养生保健服务

三十八、文化

1. 公共文化、文化艺术、新闻出版、广播电视电影、网络视听、文化遗产保护利用及设施建设
2. 文化创意设计服务，数字文化创意（含数字文化创意技术装备、数字文化创意软件、数字文化创意内容制作、新型媒体服务、数字文化创意内容应用服务），动漫创作、制作、传播、出版、衍生产品开发
3. 广播影视制作、发行、交易、播映、出版、衍生品开发，网络视听节目技术服务、开发
4. 新闻出版内容监管技术、版权保护技术、出版物的生产技术、出版物发行技术开发与应用，电子纸、阅读器等新闻出版新载体的技术开发、应用和产业化
5. 电影数字化服务和监管技术开发及应用
6. 非物质文化遗产保护与振兴，民族和民间艺术、传统工艺美术保护与发展，国家历史文化名城（镇、村）和文化街区、中国少数民族特色村镇保护，中华老字号的保护与发展，民族文化艺术精品的国际营销与推广

7. 文化信息资源共享工程，智慧博物馆建设，传统媒体和新兴媒体融合发展、智慧广电建设、移动多媒体广播电视、广播电视数字化、有线无线卫星广播电视网智能协同覆盖、全国有线电视网络智能化建设和互联互通平台建设

8. 语言文字技术开发与应用

9. 演艺业

三十九、体育

1. 体育管理活动
2. 体育竞赛表演活动
3. 体育健身休闲活动
4. 体育场地和设施管理
5. 体育经纪与代理、广告与会展、表演与设计服务
6. 体育教育与培训
7. 体育传媒与信息服务
8. 体育旅游、健康与康复、金融与资产管理服务
9. 体育用品及相关产品研发及制造
10. 体育用品及相关产品销售、出租与贸易代理
11. 体育场地设施建设

四十、养老与托育服务

1. 长期照护服务机构（包括养老院、老年养护院、农村养老设施等）
2. 社区养老服务骨干网
3. 养老金融产品服务业
4. 助餐助行
5. 老年教育
6. 康养旅居
7. 养老服务实训教育
8. 康复辅助器具配置服务（租赁）机构
9. 居家适老化建设及改造工程
10. 老年人力资源开发
11. 老年人健康管理和体育健身
12. 智慧健康和养老
13. 儿童早期发展（智力开发、膳食营养、心理健康）
14. 婴幼儿保育教育培训
15. 婴幼儿照护服务机构（中心）
16. 婴幼儿健康管理
17. 家庭养育支援及育儿指导

四十一、家政

1. 社区家政服务
2. 员工制家政服务
3. 家政职业教育和技能培训
4. 家政综合信息服务
5. 家政服务措施（家政服务网点）建设与运营管理

6. 家政服务标准化建设

四十二、其他服务业

1. 保障性住房建设与管理
2. 物业服务
3. 老年人、未成年人活动场所
4. 城乡社区基础服务设施及综合服务网点建设
5. 开发区、产业集聚区配套公共服务平台建设与服务
6. 社区照料服务
7. 再生资源回收利用网络体系建设
8. 婚庆服务业
9. 基层就业和社会保障服务设施建设
10. 农民工留守家属服务设施建设
11. 社会保障一卡通工程
12. 工伤康复中心建设
13. 租赁住房建设、运营和管理
14. 消费者权益保护服务

四十三、环境保护与资源节约综合利用

1. 矿山生态环境恢复工程
2. 海洋环境保护及科学开发、海洋生态修复
3. 微咸水、苦咸水、劣质水、海水的开发利用及海水淡化综合利用工程
4. 消耗臭氧层物质替代品开发与利用
5. 区域性废旧汽车、废旧电器电子产品、废旧船舶、废钢铁、废旧木材、废旧橡胶等资源循环利用基地建设
6. 流出物辐射环境监测技术工程
7. 环境监测体系工程
8. 危险废物（医疗废物）及含重金属废物安全处置技术设备开发制造及处置中心建设及运营；放射性废物、核设施退役工程安全处置技术设备开发制造及处置中心建设
9. 流动污染源（机车、船舶、汽车等）监测与防治技术
10. 城市交通噪声与振动控制技术应用
11. 电网、信息系统电磁辐射控制技术开发与应用
12. 削减和控制二噁英排放的技术开发与应用
13. 持久性有机污染物类产品的替代品开发与应用
14. 废弃持久性有机污染物类产品处置技术开发与应用
15. “三废”综合利用与治理技术、装备和工程
16. “三废”处理用生物菌种和添加剂开发与生产
17. 含汞废物的汞回收处理技术、含汞产品的替代品开发与应用
18. 废水零排放，重复用水技术应用
19. 高效、低能耗污水处理与再生技术开发
20. 城镇垃圾、农村生活垃圾、农村生活污水、污泥及其他固体废弃物减量化、资源化、无害化处理和综合利用工程
21. 废物填埋防渗技术与材料
22. 节能、节水、节材环保及资源综合利用等技术开发、应用及设备制造；为用户提供节能、环保、

资源综合利用咨询、设计、评估、检测、审计、认证、诊断、融资、改造、运行管理等服务

23. 高效、节能、环保采矿、选矿技术（药剂）；低品位、复杂、难处理矿开发及综合利用技术与设备

24. 共生、伴生矿产资源综合利用技术及有价元素提取

25. 尾矿、废渣等资源综合利用及配套装备制造

26. 再生资源、建筑垃圾资源化回收利用工程和产业化

27. 废旧木材、废旧电器电子产品、废印刷电路板、废旧电池、废旧船舶、废旧农机、废塑料、废旧纺织品及纺织废料和边角料、废（碎）玻璃、废橡胶、废弃油脂等废旧物资等资源循环再利用技术、设备开发及应用

28. 废旧汽车、工程机械、矿山机械、机床产品、农业机械、船舶等废旧机电产品及零部件再利用、再制造，墨盒、有机光导鼓的再制造（再填充），退役民用大型飞机及发动机、零部件拆解、再利用、再制造

29. 综合利用技术设备：4000 马力以上废钢破碎生产线；废塑料复合材料回收处理成套装备（回收率 95%以上）；轻烃类石化副产物综合利用技术装备；生物质能技术装备（发电、制油、沼气）；硫回收装备（低温克劳斯法）

30. 含持久性有机污染物土壤修复技术的研发与应用

31. 削减和控制重金属排放的技术开发与应用

32. 工业难降解有机废水处理技术

33. 有毒、有机废气、恶臭高效处理技术

34. 餐厨废弃物资源化利用技术开发及设施建设

35. 碳捕集、利用与封存技术装备

36. 冰蓄冷技术及其成套设备制造

37. 电动汽车废旧动力蓄电池回收利用：梯级利用、再生利用等；废旧动力蓄电池回收利用技术装备：自动化拆解技术装备；自动化快速分选成组技术装备；电池剩余寿命及一致性评估技术装备；残余价值评估技术装备；梯次利用技术装备；正极、负极、隔膜、电解液高效再生利用及无害化处理技术装备

38. 废弃木质材料回收工程

39. 垃圾分类技术、设备、设施

40. 环境污染第三方治理

41. 挥发性有机物减量化、资源化和末端治理及监测技术

42. 废硫酸裂解回收技术

43. 工业副产盐资源化利用

44. 离子型稀土原矿绿色高效浸萃一体化技术

45. 余热回收利用先进工艺技术与设备

四十四、公共安全与应急产品

1. 气象、地震、地质、海洋、水旱灾害、城市及森林火灾灾害监测预警技术开发与应用
2. 生物灾害、动物疫情监测预警技术开发与应用
3. 堤坝、尾矿库安全自动监测报警技术开发与应用
4. 煤炭、矿山等安全生产监测报警技术开发与应用
5. 公共交通工具事故预警技术开发与应用
6. 水、土壤、空气污染物快速监测技术与产品
7. 食品药品安全快速检验技术、仪器设备开发及应用
8. 重大流行病、新发传染病检测试剂和仪器
9. 公共场所体温异常人员快速筛查设备

10. 交通安全、城市公共安全、恐怖袭击安全、网络与信息系统安全、警用安全、特种设备安全、工程施工安全、火灾、重大危险源安全监控监测预警系统、产品技术开发与应用

11. 放射性、毒品等违禁品、核生化恐怖源等危险物品快速探测检测技术与产品

12. 危险化学品安全监测技术开发与应用

13. 应急抢险救援人员防护用品开发与应用

14. 家用应急防护产品

15. 雷电灾害新型防护技术开发与应用

16. 矿山、工程和危险化学品安全生产避险产品及设施

17. 突发事件现场信息快速测绘、存储、传输等技术及产品

18. 生命探测装备

19. 智能化、大型、特种、无人化、高性能消防灭火救援装备

20. 建（构）筑物全地形废墟救援设备

21. 应急通信、应急指挥、应急发电与电力恢复、后勤保障等全地形高机动性多功能应急救援特种车辆及设备

22. 侦检、破拆、救生、照明、排烟、堵漏、输转、洗消、提升、投送等高效救援产品

23. 航空应急救援器材及装备

24. 道路应急抢通装备及设施

25. 公共交通设施除冰雪机械及环保型除雪剂开发与应用

26. 水上（水下及深海）应急救援技术与装备

27. 车载、港口等危险化学品、油品应急设施建设及设备

28. 海上溢油及有毒有害物质泄漏应急处置技术和装备

29. 有毒有害液体快速吸纳处理技术装备、移动式医疗废物快速处理装置、危险废物特性鉴别专用仪器等突发环境灾难应急环保技术装备

30. 航空应急医疗系统，机动医疗救护系统，卫生应急消毒供应装备，生命支持、治疗、监护一体化急救与后送平台

31. 防控突发公共卫生和生物事件疫苗和药品

32. 反恐行动技术装备与侦控技术；反恐综合作战平台技术，反核恐怖机器人，应急防爆车，中型反恐排爆机器人，防爆拖车，爆炸物销毁器等

33. 紧急医疗、交通救援、工程抢险、安全生产、航空救援、网络与信息安全等应急救援社会化服务

34. 应急物流设施及服务

35. 应急咨询、评估、培训、租赁和保险服务

36. 应急物资储备基础设施建设

37. 应急救援基地、公众应急体验基础设施建设

38. 新型防火涂料、防火材料、阻火抑爆装置、建筑耐火构件

39. 森林、草原火灾自动监测报警技术开发与应用

40. 基于北斗导航卫星的安全监测系统

41. 矿山数字化技术开发与应用，安全生产模拟实训技术开发与应用，细粒尾矿模袋法堆坝安全技术

42. 地震灾害信息快速获取技术开发与应用，地震活动断层探测技术开发及应用

43. 煤矿突水水源快速判别技术开发与应用

44. 消防产品质量快速检测设备

45. 农产品及其产地环境的有害元素监测技术开发与应用

46. 生产生活用水快速安全监测设备

47. 特殊工种保护产品

48. 重要基础设施安全、社会公共安全、农林气象、生物灾害防范防护技术开发及应用

49. 煤矿瓦斯、热动力、水害等重大灾害应急救援及危险化学品风险监测、安全防控和应急处置成套技术与装备

50. 大型、多功能型工程抢险装备

51. 防汛抢险专用器材和装备

52. 人工影响天气作业系统

53. 核事故应急处置技术及装备

54. 疫情疫病检疫处置技术及装备

55. 特种设备事故救援技术与装备

56. 水旱灾害应急监测技术装备

57. 洪水干旱灾害风险智能辨识技术装备

58. 防汛抢险自组网集群应急通信技术装备

59. 抗旱应急找水打井技术装备

60. 台风风险区划图编制技术及应用

61. 重大灾害事故应急救援基地化后勤保障重点技术装备

62. 重大事故灾害智能无人应急救援关键技术装备

63. 高原高寒地区灾害现场安置装备关键技术与装备研究应用

64. 雨雪冰冻灾害高效智能除冰除雪装备

65. 复杂环境轻型模块工程抢险装备

66. 大型高尾矿库溃坝灾害防控关键技术研究及应用示范

67. 防洪抗旱应急设施建设

68. 防汛抗旱新技术新产品开发与应用

69. 热转印标识牌生产开发与应用

四十五、民爆产品

1. 安全环保节能型工业炸药及无雷管感度的散装工业炸药；现场混装生产方式；采用乳胶基质集中制备、远程配送的现场混装生产方式；地下矿山、大型硐室、公路铁路隧道等工程应用现场混装炸药技术；民爆科研、生产、爆破服务“一体化”模式；退役火（炸）药在工业炸药中的应用，特殊用途炸药

2. 工业炸药智能化生产工艺技术及装备，工业炸药无人化车间；生产线在线监测、故障自诊断技术；现场混装生产方式的高精度装药计量技术、在线参数检测技术；现场混装生产方式全流程智能化管控平台；生产、销售（包括仓储）的信息化、可视化智能网络监管平台；废危险物料及不合格品安全、环保回收再利用的工艺技术及装备

3. 新型起爆器材；数码电子雷管；工业雷管成品防殉爆安全技术和基础雷管集约化生产、远程配送安全包装方式；数码电子雷管的电子引火元件（含电子控制模块和点火元件）集中生产远程配送模式；装药量系列化的工业导爆索

4. 高危生产工序的模块化、自动化、连续化设备，安全环保型的废品（料）销毁处理装备；火工药剂、产品的智能化生产工艺和装备，工业雷管生产线无人化车间；生产过程质量控制点工艺参数、人、机、料、环等数据的自动采集、存储和溯源分析系统；无职业危害、安全环保、信息化程度高的产品性能检测方法；工业导爆索生产过程炸药添加药、收线、盘卷、封尾、包装的自动化装备

5. 起爆具生产工艺自动化；可定期失效的稳定可控的震源药柱产品，含水炸药等在震源药柱中的应用；系列化、通用化的射孔弹产品；可靠、多样、高效、环保的人工影响天气用燃爆器材；退役火（炸）药在工业炸药制品中的应用

6. 工艺流程数据可视、生产数据在线采集、安全参数自动检测的工业炸药制品生产工艺；起爆具制造中，本质安全水平高，连续化、智能化的熔化、混药、浇注、退模等工序的工艺装备；震源药柱自动装药、自动装配的工艺装备；射孔弹自动装药、自动压制的工艺装备

7. 危险工房操作人员总人数不大于 3 人的工业炸药生产线；起爆具生产实现智能化，熔混注工房无固定作业人员，单个退模检验包装工房操作人员总人数不大于 5 人（含）的生产线；震源药柱生产实现连续化、自动化、信息化、柔性化的智能制造，1.1 级单个危险工房操作人员人数不大于 5 人的生产线；射孔弹生产实现自动化、智能化，危险工房操作人员人数不大于 6 人的生产线；人工影响天气用燃爆器材生产实现自动化、智能化，危险工房操作人员人数不大于 5 人的生产线；海上救生烟火信号等烟火信息弹制造实现药剂制备、装药工序的自动化，装配工序的机械化，人机隔离，危险工房操作人员人数不大于 5 人的生产线

四十六、人力资源和人力资本服务业

1. 人力资源与人力资本信息化建设
2. 人力资源服务与人力资本服务产业园和平台建设
3. 人力资源招聘、就业和创业指导，人力资源和社会保障事务代理，人力资源培训、劳务派遣、人力资源测评、人力资源管理咨询、人力资源服务外包、高级人才寻访、人力资源信息软件服务等人力资源服务业
4. 人力资本价值评估、评测和交易，人力资本价值统计、分析和应用，人力资本形成过程中的投资活动
5. 人力资本金融创新平台建设
6. 人力资源与人力资本市场及配套服务设施建设
7. 农村劳动力转移就业服务平台建设

四十七、人工智能

1. 人工智能芯片
2. 工业互联网、公共系统、数字化软件、智能装备系统集成化技术及应用
3. 网络基础设施、大数据基础设施、高效能计算基础设施等智能化基础设施
4. 虚拟现实（VR）、增强现实（AR）、语音语义图像识别、多传感器信息融合等技术的研发与应用
5. 无人自主系统等典型行业应用系统
6. 人工智能标准测试及知识产权服务平台
7. 智能制造关键技术装备，智能制造工厂、园区改造
8. 智能人机交互系统
9. 可穿戴设备、智能机器人、智能家居
10. 智能医疗，医疗影像辅助诊断系统
11. 智能安防，视频图像身份识别系统
12. 智能交通，智能运载工具
13. 智能教育
14. 智慧城市
15. 智能农业

第二类 限制类

一、农林业

1. 天然草场超载放牧
2. 单线 5 万立方米/年以下的普通刨花板、高中密度纤维板生产装置
3. 单线 3 万立方米/年以下的木质刨花板生产装置
4. 1000 吨/年以下的松香生产项目

5. 兽用粉剂/散剂/预混剂生产线项目（持有新兽药证书的品种和自动化密闭式高效率混合生产工艺除外）

6. 转瓶培养生产方式的兽用细胞苗生产线项目（持有新兽药证书的品种和采用新技术的除外）

7. 松脂初加工项目

8. 以优质林木为原料的一次性木制品与木制包装的生产和使用以及木竹加工综合利用率偏低的木竹加工项目

9. 1 万立方米/年以下的胶合板和细木工板生产线

10. 珍稀植物和古树的根雕制造业

11. 以野外资源为原料的珍贵濒危野生动植物加工

12. 不符合生态养殖要求的湖泊、水库投饵网箱养殖

13. 不利于生态环境保护的开荒性农业开发项目

14. 缺水地区、国家生态脆弱区纸浆原料林基地建设

15. 不符合国家规划及产业政策的粮食转化乙醇、食用植物油料转化生物燃料项目

16. 破坏林地、湿地、草地的开发项目

二、煤炭

1. 低于 30 万吨/年的煤矿（其中山西、内蒙古、陕西低于 120 万吨/年，宁夏低于 60 万吨/年），低于 90 万吨/年的煤与瓦斯突出矿井

2. 采用非机械化开采工艺的煤矿项目

3. 煤炭资源回收率达不到国家规定要求的煤矿项目

4. 未按国家规定程序报批矿区总体规划的煤矿项目

5. 井下回采工作面超过 2 个的煤矿项目

6. 开采深度超过《煤矿安全规程》规定的煤矿、产品质量达不到《商品煤质量管理暂行办法》要求的煤矿、开采技术和装备列入《煤炭生产技术与装备政策导向（2014 年版）》限制目录且无法实施技术改造的煤矿

三、电力

1. 大电网覆盖范围内，发电煤耗高于 300 克标准煤/千瓦时的湿冷发电机组，发电煤耗高于 305 克标准煤/千瓦时的空冷发电机组

2. 无下泄生态流量的引水式水力发电

四、石化化工

1. 新建 1000 万吨/年以下常减压、150 万吨/年以下催化裂化、100 万吨/年以下连续重整（含芳烃抽提）、150 万吨/年以下加氢裂化生产装置

2. 新建 80 万吨/年以下石脑油裂解制乙烯、13 万吨/年以下丙烯腈、100 万吨/年以下精对苯二甲酸、20 万吨/年以下乙二醇、20 万吨/年以下苯乙烯（干气制乙苯工艺除外）、10 万吨/年以下己内酰胺、乙烯法醋酸、30 万吨/年以下羰基合成法醋酸、天然气制甲醇（CO_2含量 20%以上的天然气除外），100 万吨/年以下煤制甲醇生产装置，丙酮氰醇法甲基丙烯酸甲酯、粮食法丙酮/丁醇、氯醇法环氧丙烷和皂化法环氧氯丙烷生产装置，300 吨/年以下皂素（含水解物）生产装置

3. 新建 7 万吨/年以下聚丙烯、20 万吨/年以下聚乙烯、乙炔法聚氯乙烯、起始规模小于 30 万吨/年的乙烯氧氯化法聚氯乙烯、10 万吨/年以下聚苯乙烯、20 万吨/年以下丙烯腈-丁二烯-苯乙烯共聚物（ABS）、3 万吨/年以下普通合成胶乳-羧基丁苯胶（含丁苯胶乳）生产装置，新建、改扩建氯丁橡胶类、丁苯热塑性橡胶类、聚氨酯类和聚丙烯酸酯类中溶剂型通用胶粘剂生产装置

4. 新建纯碱（井下循环制碱、天然碱除外）、烧碱（废盐综合利用的离子膜烧碱装置除外）、30 万吨/年以

下硫磺制酸（单项金属离子≤100ppb 的电子级硫酸除外）、20 万吨/年以下硫铁矿制酸、常压法及综合法硝酸、电石（以大型先进工艺设备进行等量替换的除外）、单线产能 5 万吨/年以下氢氧化钾生产装置

5. 新建三聚磷酸钠、六偏磷酸钠、三氯化磷、五硫化二磷、磷酸氢钙、氯酸钠、少钙焙烧工艺重铬酸钠、电解二氧化锰、碳酸钙、无水硫酸钠（盐业联产及副产除外）、碳酸钡、硫酸钡、氢氧化钡、氯化钡、硝酸钡、碳酸锶、白炭黑（气相法除外）、氯化胆碱生产装置

6. 新建黄磷，起始规模小于 3 万吨/年、单线产能小于 1 万吨/ 年氰化钠（折 100%），单线产能 5000 吨/年以下碳酸锂、氢氧化锂，干法氟化铝及单线产能 2 万吨/年以下无水氟化铝或中低分子比冰晶石生产装置

7. 新建以石油、天然气为原料的氮肥，采用固定层间歇气化技术合成氨，磷铵生产装置，铜洗法氨合成原料气净化工艺

8. 新建高毒、高残留以及对环境影响大的农药原药［包括氧乐果、水胺硫磷、甲基异柳磷、甲拌磷、特丁磷、杀扑磷、溴甲烷、灭多威、涕灭威、克百威、敌鼠钠、敌鼠酮、杀鼠灵、杀鼠醚、溴敌隆、溴鼠灵、肉毒素、杀虫双、灭线磷、磷化铝，有机氯类、有机锡类杀虫剂，福美类杀菌剂，复硝酚钠（钾）、氯磺隆、胺苯磺隆、甲磺隆等］生产装置

9. 新建草甘膦、毒死蜱（水相法工艺除外）、三唑磷、百草枯、百菌清、阿维菌素、吡虫啉、乙草胺（甲叉法工艺除外）、氯化苦生产装置

10. 新建硫酸法钛白粉、铅铬黄、1 万吨/年以下氧化铁系颜料、溶剂型涂料（鼓励类的涂料品种和生产工艺除外）、含异氰脲酸三缩水甘油酯（TGIC）的粉末涂料生产装置

11. 新建染料、染料中间体、有机颜料、印染助剂生产装置（鼓励类及采用鼓励类技术的除外）

12. 新建氟化氢（HF，企业下游深加工产品配套自用、电子级及湿法磷酸配套除外），新建初始规模小于 20 万吨/年、单套规模小于 10 万吨/年的甲基氯硅烷单体生产装置，10 万吨/年以下（有机硅配套除外）和 10 万吨/年及以上、没有副产四氯化碳配套处置设施的甲烷氯化物生产装置，没有副产三氟甲烷配套处置设施的二氟一氯甲烷生产装置，可接受用途的全氟辛基磺酸及其盐类和全氟辛基磺酰氟（其余为淘汰类）、全氟辛酸（PFOA），六氟化硫（SF6，高纯级除外），特定豁免用途的六溴环十二烷（其余为淘汰类）生产装置

13. 新建斜交轮胎和力车胎（含手推车胎）、锦纶帘线、3 万吨/年以下钢丝帘线、再生胶（常压连续脱硫工艺除外）、橡胶塑解剂五氯硫酚、橡胶促进剂二硫化四甲基秋兰姆（TMTD）生产装置

五、信息产业

1. 激光视盘机生产线（VCD 系列整机产品）

六、钢铁

1. 钢铁联合企业未同步配套建设干熄焦、装煤、推焦除尘装置的炼焦项目；独立焦化企业未同步配套建设装煤、推焦除尘装置的炼焦项目

2. 180 平方米以下烧结机（铁合金烧结机、铸造用生铁烧结机除外）

3. 有效容积 400 立方米以上 1200 立方米以下炼钢用生铁高炉；1200 立方米及以上但达不到环保、能耗、安全等强制性标准的炼钢用生铁高炉

4. 公称容量 30 吨以上 100 吨以下炼钢转炉；公称容量 100 吨及以上但达不到环保、能耗、安全等强制性标准的炼钢转炉

5. 公称容量 30 吨以上 100 吨（合金钢 50 吨）以下电弧炉；公称容量 100 吨（合金钢 50 吨）及以上但达不到环保、能耗、安全等强制性标准的电弧炉

6. 1450 毫米以下热轧带钢（不含特殊钢）项目

7. 30 万吨/年及以下热镀锌板卷项目

8. 20 万吨/年及以下彩色涂层板卷项目

9. 含铬质耐火材料

10. 普通功率和高功率石墨电极压型设备、焙烧设备和生产线

11. 直径 600 毫米以下或 2 万吨/年以下的超高功率石墨电极生产线

12. 8 万吨/年以下预焙阳极（炭块）、2 万吨/年以下普通阴极炭块、4 万吨/年以下炭电极生产线

13. 单机 120 万吨/年以下的球团设备（铁合金、铸造用生铁球团除外）

14. 顶装焦炉炭化室高度<6.0 米、捣固焦炉炭化室高度<5.5 米，100 万吨/年以下焦化项目；热回收焦炉捣固煤饼体积<35 立方米，企业生产能力<100 万吨/年（铸造焦<60 万吨/年）焦化项目；半焦炉单炉生产能力<10 万吨/年，企业生产能力<100 万吨/年焦化项目

15. 3000 千伏安及以上，未采用热装热兑工艺的中低碳锰铁、电炉金属锰和中低微碳铬铁精炼电炉

16. 300 立方米以下锰铁高炉；300 立方米及以上，但焦比高于 1320 千克/吨的锰铁高炉；规模小于 10 万吨/年的锰铁高炉企业

17. 1.25 万千伏安以下的硅钙合金和硅钙钡铝合金矿热电炉；1.25 万千伏安及以上，但硅钙合金电耗高于 11000 千瓦时/吨的矿热电炉

18. 1.65 万千伏安以下硅铝合金矿热电炉；1.65 万千伏安及以上，但硅铝合金电耗高于 9000 千瓦时/吨的矿热电炉

19. 2×2.5 万千伏安以下普通铁合金矿热电炉（中西部具有独立运行的小水电及矿产资源优势的国家确定的重点贫困地区，矿热电炉容量<2×1.25 万千伏安）；2×2.5 万千伏安及以上，但变压器未选用有载电动多级调压的三相或三个单相节能型设备，未实现工艺操作机械化和控制自动化，硅铁电耗高于 8500 千瓦时/吨，工业硅电耗高于 12000 千瓦时/吨，电炉锰铁电耗高于 2600 千瓦时/吨，硅锰合金电耗高于 4200 千瓦时/吨，高碳铬铁电耗高于 3200 千瓦时/吨，硅铬合金电耗高于 4800 千瓦时/吨的普通铁合金矿热电炉

20. 间断浸出、间断送液的电解金属锰浸出工艺；1 万吨/年以下电解金属锰单条生产线（一台变压器），电解金属锰生产总规模为 3 万吨/年以下的企业

21. 厂区内无配套炼钢工序的独立热轧生产线

七、有色金属

1. 新建、扩建钨金属储量小于 1 万吨、年开采规模小于 30 万吨矿石量的钨矿开采项目（现有钨矿山的深部和边部资源开采扩建项目除外），钨、钼、锡、锑冶炼项目（符合国家环保节能等法律法规要求的项目除外）以及氧化锑、铅锡焊料生产项目，稀土采选、冶炼分离项目（符合稀土开采、冶炼分离总量控制指标要求的稀土企业集团项目除外）

2. 单系列 10 万吨/年规模以下粗铜冶炼项目（再生铜项目及氧化矿直接浸出项目除外）

3. 电解铝项目（产能置换项目除外）

4. 单系列 5 万吨/年规模以下铅冶炼项目（不新增产能的技改和环保改造项目除外）

5. 单系列 10 万吨/年规模以下锌冶炼项目（直接浸出除外）

6. 镁冶炼项目（综合利用项目和先进节能环保工艺技术改造项目除外）

7. 10 万吨/年以下的独立铝用炭素项目

8. 新建单系列生产能力 5 万吨/年及以下、改扩建单系列生产能力 2 万吨/年及以下，以及资源利用、能源消耗、环境保护等指标达不到行业准入条件要求的再生铅项目

9. 新建、扩建原生汞矿开采项目

八、黄金

1. 日处理金精矿 200 吨（不含）以下的原料自供能力不足 50%（不含）的独立氰化项目（生物氰化提金工艺除外）

2. 日处理矿石 300 吨（不含）以下的无配套采矿系统的独立黄金选矿厂项目

3. 日处理金精矿 200 吨（不含）以下的无配套采矿系统的独立黄金冶炼厂火法冶炼项目

4. 1500 吨/日（不含）以下的无配套采矿系统的独立堆浸场项目

5. 日处理岩金矿石 300 吨（不含）以下的露天采选项目、100 吨（不含）以下的地下采选项目

6. 年处理砂金矿砂 30 万（不含）立方米以下的砂金开采项目

7. 在林区、基本农田、河道中开采砂金项目

九、建材

1. 2000 吨/日（不含）以下新型干法水泥熟料生产线（特种水泥生产线除外），60 万吨/年（不含）以下水泥粉磨站

2. 150 万平方米/年及以下的建筑陶瓷（不包括建筑琉璃制品）生产线

3. 60 万件/年（不含）以下的隧道窑卫生陶瓷生产线

4. 3000 万平方米/年（不含）以下的纸面石膏板生产线（西藏除外）

5. 中碱玻璃纤维池窑法拉丝生产线；单窑规模小于 8 万吨/年（不含）的无碱玻璃纤维粗纱池窑拉丝生产线；中碱、无碱、耐碱玻璃球窑生产线；中碱、无碱玻璃纤维代铂坩埚拉丝生产线

6. 黏土空心砖生产线（陕西、青海、甘肃、新疆、西藏、宁夏除外）

7. 15 万平方米/年（不含）以下的石膏（空心）砌块生产线、单班 5 万立方米/年（不含）以下的混凝土小型空心砌块以及单班 15 万平方米/年（不含）以下的混凝土铺地砖固定式生产线、5 万立方米/年（不含）以下的人造轻集料（陶粒）生产线

8. 15 万立方米/年（不含）以下的加气混凝土生产线

9. 6000 万标砖/年（不含）以下的烧结砖及烧结空心砌块生产线

10. 3 万吨/年以下岩（矿）棉制品生产线和 8000 吨/年以下玻璃棉制品生产线

11. 100 万米/年及以下预应力高强混凝土离心桩生产线

12. 预应力钢筒混凝土管（简称 PCCP 管）生产线（PCCP-L 型：年设计生产能力≤50 千米；PCCP-E 型：年设计生产能力≤30 千米）

十、医药

1. 新建、扩建古龙酸和维生素 C 原粉（包括药用、食品用、饲料用、化妆品用）生产装置，新建药品、食品、饲料、化妆品等用途的维生素 B_1、维生素 B_2、维生素 B_{12}、维生素 E 原料生产装置

2. 新建青霉素工业盐、6-氨基青霉烷酸（6-APA）、化学法生产 7-氨基头孢烷酸（7-ACA）、化学法生产 7-氨基-3-去乙酰氧基头孢烷酸（7-ADCA）、青霉素 V、氨苄青霉素、羟氨苄青霉素、头孢菌素 c 发酵、土霉素、四环素、氯霉素、安乃近、扑热息痛、林可霉素、庆大霉素、双氢链霉素、丁胺卡那霉素、麦迪霉素、柱晶白霉素、环丙氟哌酸、氟哌酸、氟嗪酸、利福平、咖啡因、柯柯豆碱生产装置

3. 新建紫杉醇（配套红豆杉种植除外）、植物提取法黄连素（配套黄连种植除外）生产装置

4. 新建、改扩建药用丁基橡胶塞、二步法生产输液用塑料瓶生产装置

5. 新建及改扩建原料含有尚未规模化种植或养殖的濒危动植物药材的产品生产装置

6. 新建、改扩建充汞式玻璃体温计、血压计生产装置、银汞齐齿科材料，新建 2 亿支/年以下一次性注射器、输血器、输液器生产装置

十一、机械

1. 2 臂及以下凿岩台车制造项目

2. 装岩机（立爪装岩机除外）制造项目

3. 3 立方米及以下小矿车制造项目

4. 直径 2.5 米及以下绞车制造项目

5. 直径 3.5 米及以下矿井提升机制造项目

6. 40 平方米及以下筛分机制造项目

7. 直径 700 毫米及以下旋流器制造项目

8. 800 千瓦及以下采煤机制造项目

9. 斗容 3.5 立方米及以下矿用挖掘机制造项目

10. 矿用搅拌、浓缩、过滤设备（加压式除外）制造项目

11. 仓栅车、栏板车、自卸车和普通厢式车等普通运输类专用汽车和普通运输类挂车企业项目；三轮汽车、低速电动车

12. 单缸柴油机制造项目

13. 配套单缸柴油机的皮带传动小四轮拖拉机，配套单缸柴油机的手扶拖拉机，滑动齿轮换档、排放达不到要求的 50 马力以下轮式拖拉机

14. 30 万千瓦级及以下常规燃煤火力发电设备制造项目（综合利用机组除外）

15. 6 千伏及以上（陆上用）干法交联电力电缆制造项目

16. 非数控金属切削机床制造项目

17. 6300 千牛及以下普通机械压力机制造项目

18. 非数控剪板机、折弯机、弯管机制造项目

19. 普通高速钢钻头、铣刀、锯片、丝锥、板牙项目

20. 棕刚玉、绿碳化硅、黑碳化硅等烧结块项目

21. 直径 450 毫米以下且磨削速度 40 米/秒以下的各种结合剂砂轮（钢轨打磨砂轮除外）

22. 直径 400 毫米及以下人造金刚石切割锯片制造项目

23. P0 级、直径 60 毫米以下普通微小型轴承制造项目

24. 220 千伏及以下电力变压器（非晶合金、卷铁芯等节能配电变压器除外）

25. 220 千伏及以下高、中、低压开关柜制造项目（使用环保型中压气体的绝缘开关柜以及用于爆炸性环境的防爆型开关柜除外）

26. 酸性碳钢焊条制造项目

27. 民用普通电度表制造项目

28. 8.8 级以下普通低档标准紧固件制造项目

29. 一般用途固定往复活塞空气压缩机（驱动电动机功率 560 千瓦及以下、额定排气压力 1.25 兆帕及以下）制造项目

30. 普通运输集装干箱项目

31. 56 英寸及以下单级中开泵制造项目

32. 通用类 10 兆帕及以下中低压碳钢阀门制造项目

33. 5 吨/小时及以下短炉龄冲天炉

34. 有色合金六氯乙烷精炼、镁合金 SF_6保护

35. 冲天炉熔化采用冶金焦

36. 无旧砂再生的水玻璃砂造型制芯工艺

37. 盐浴氮碳、硫氮碳共渗炉及盐

38. 电子管高频感应加热设备

39. 亚硝酸盐缓蚀、防腐剂

40. 铸/锻造用燃油加热炉

41. 锻造用燃煤加热炉

42. 手动燃气锻造炉

43. 蒸汽锤

44. 弧焊变压器

45. 含铅和含镉钎料

46. 全断面掘进机整机组装项目

47. 万吨级以上自由锻造液压机项目

48. 使用淘汰类和限制类设备及工艺生产的铸件、锻件；不采用自动化造型设备的黏土砂型铸造项目、水玻璃熔模精密铸造项目、规模小于 20 万吨/年的离心球墨铸铁管项目、规模小于 3 万吨/年的离心灰铸铁管项目

49. 动圈式和抽头式手工焊条弧焊机

50. Y 系列（IP44）三相异步电动机（机座号 80~355）及其派生系列，Y2 系列（IP54）三相异步电动机（机座号 63~355）

51. 背负式手动压缩式喷雾器

52. 背负式机动喷雾喷粉机

53. 手动插秧机

54. 青铜制品的茶叶加工机械

55. 双盘摩擦压力机

56. 含铅粉末冶金件

57. 出口船舶分段建造项目

十二、轻工

1. 聚氯乙烯普通人造革生产线

2. 年加工生皮能力 20 万标张牛皮以下的生产线，年加工蓝湿皮能力 10 万标张牛皮以下的生产线

3. 以含氢氯氟烃（HCFCs）为制冷剂、发泡剂、灭火剂、溶剂、清洗剂、加工助剂等受控用途的聚氨酯泡沫塑料生产线、连续挤出聚苯乙烯泡沫塑料（XPS）生产线以及冰箱、冰柜、汽车空调器、工业商业用冷藏、制冷设备生产线

4. 聚氯乙烯（PVC）食品保鲜包装膜

5. 普通照明白炽灯

6. 最高转速低于 4000 针/分钟的平缝机（不含厚料平缝机）和最高转速低于 5000 针/分钟的包缝机

7. 电子计价秤（准确度低于最大称量的 1/3000，称量≤15 千克）、电子皮带秤（准确度低于最大称量的 5/1000）、电子吊秤（准确度低于最大称量的 1/1000，称量≤50 吨）、弹簧度盘秤（准确度低于最大称量的 1/400，称量≤8 千克）

8. 电子汽车衡（准确度低于最大称量的 1/3000，称量≤300 吨）、电子静态轨道衡（准确度低于最大称量的 1/3000，称量≤150 吨）、电子动态轨道衡（准确度低于最大称量的 1/500，称量≤150 吨）

9. 玻璃保温瓶胆生产线

10. 3 万吨/年及以下的玻璃瓶罐生产线

11. 以人工操作方式制备玻璃配合料及秤量

12. 未达到日用玻璃行业清洁生产评价指标体系规定指标的玻璃窑炉

13. 羰基合成法及齐格勒法生产的脂肪醇产品

14. 热法生产三聚磷酸钠生产线

15. 单层喷枪洗衣粉生产工艺及装备、1.6 吨/小时以下规模磺化装置

16. 100 万吨/年以下北方海盐项目；南方海盐盐场项目；60 万吨/年以下矿（井）盐项目

17. 单色金属板胶印机

18. 单条化学木浆 30 万吨/年以下、化学机械木浆 10 万吨/年以下、化学竹浆 10 万吨/年以下的生产线

19. 原糖加工项目及日处理甘蔗 5000 吨（云南地区 3000 吨）、日处理甜菜 3000 吨以下的项目

20. 酒精生产线

21. 糖精等化学合成甜味剂生产线

22. 大豆压榨及浸出项目（黑龙江、吉林、内蒙古大豆主产区除外）；东、中部地区单线日处理油菜籽、棉籽200吨及以下，花生100吨及以下的油料加工项目；西部地区单线日处理油菜籽、棉籽、花生等油料100吨及以下的加工项目

23. 年加工玉米45万吨以下、绝干收率在98%以下玉米淀粉（蜡质玉米、高直链玉米等特种玉米年加工规模1万吨以下）

24. 年屠宰生猪15万头及以下、肉牛1万头及以下、肉羊15万只及以下、活禽1000万只及以下的屠宰建设项目（少数民族地区除外）

25. 3000吨/年及以下的西式肉制品加工项目

26. 年产2000吨（折干）及以下酵母制品

27. 冷冻海水鱼糜生产线

28. 铅酸蓄电池生产中铸板、制粉、输粉、灌粉、和膏、涂板、刷板、配酸灌酸、外化成、称板、包板等人工作业工艺

29. 采用外化成工艺生产铅酸蓄电池

30. 年产5万吨以下柠檬酸生产线

31. 10万吨/年及以下赖氨酸、苏氨酸生产线；20万吨/年及以下谷氨酸生产线

十三、纺织

1. 单线产能小于20万吨/年的常规聚酯（PET）连续聚合生产装置
2. 常规聚酯的对苯二甲酸二甲酯（DMT）法生产工艺
3. 半连续纺粘胶长丝生产线
4. 间歇式氨纶聚合生产装置
5. 常规化纤长丝用锭轴长1200毫米及以下的半自动卷绕设备
6. 粘胶板框式过滤机
7. 单线产能≤1000吨/年、幅宽≤2米的常规丙纶纺粘法非织造布生产线
8. 25公斤/小时以下梳棉机
9. 200钳次/分钟以下的棉精梳机
10. 5万转/分钟以下自排杂气流纺设备
11. FA502、FA503细纱机
12. 入纬率小于600米/分钟的剑杆织机，入纬率小于700米/分钟的喷气织机，入纬率小于900米/分钟的喷水织机
13. 采用聚乙烯醇浆料（PVA）上浆工艺及产品（涤棉产品，纯棉的高支高密产品除外）
14. 吨原毛洗毛用水超过20吨的洗毛工艺与设备
15. 双宫丝和柞蚕丝的立式缫丝工艺与设备
16. 绞纱染色工艺
17. 亚氯酸钠漂白设备
18. 普通涤纶载体染色

十四、烟草

1. 烟草制品加工项目

十五、民爆产品

1. 非人机隔离的非连续化、自动化雷管装配生产线
2. 非连续化、自动化炸药生产线
3. 高污染的起爆药生产线

4. 高能耗、高污染、低性能工业粉状炸药生产线
5. 危险等级为 1.1 级的危险品生产厂房现场操作人员总人数大于 5 人的炸药生产线
6. 危险等级为 1.1 级的危险品生产厂房现场操作人员人数大于 9 人的炸药制品生产线
7. 与雷管近距离接触的作业人员数量（含原材料和半成品作业人员，不含成品运送人员）大于 5 人的基础雷管装填生产线

十六、其他

1. 用地红线宽度（包括绿化带）超过下列标准的城市主干道路项目：小城市和重点镇 40 米，中等城市 55 米，大城市 70 米（200 万人口以上特大城市主干道路确需超过 70 米的，城市总体规划中应有专项说明）
2. 用地面积超过下列标准的城市游憩集会广场项目：小城市和重点镇 1 公顷，中等城市 2 公顷，大城市 3 公顷，200 万人口以上特大城市 5 公顷
3. 别墅类房地产开发项目
4. 高尔夫球场项目
5. 赛马场项目
6. 4 档及以下机械式车用自动变速箱（AT）
7. 排放标准国三及以下的机动车用发动机
8. 不符合《大气污染防治法》《水污染防治法》《固体废物污染环境防治法》《节约能源法》《安全生产法》《产品质量法》《土地管理法》《职业病防治法》等国家法律法规，不符合国家安全、环保、能耗、质量方面强制性标准，不符合国际环境公约等要求的工艺、技术、产品、装备

第三类　淘汰类

注：条目后括号内年份为淘汰期限，淘汰期限为 2020 年 12 月 31 日是指应于 2020 年 12 月 31 日前淘汰，其余类推；有淘汰计划的条目，根据计划进行淘汰；未标淘汰期限或淘汰计划的条目为国家产业政策已明令淘汰或立即淘汰。

一、落后生产工艺装备

（一）农林业
1. 湿法纤维板生产工艺
2. 滴水法松香生产工艺
3. 农村传统老式炉灶炕
4. 以木材、伐根为主要原料的土法活性炭生产
5. 超过生态承载力的旅游活动和药材等林产品采集
6. 严重缺水地区建设灌溉型造纸原料林基地
7. 种植前溴甲烷土壤熏蒸工艺
（二）煤炭
1. 与大型煤矿井田平面投影重叠的小煤矿
2. 山西、内蒙古、陕西、宁夏 30 万吨/年以下（不含 30 万吨/年），河北、辽宁、吉林、黑龙江、江苏、安徽、山东、河南、甘肃、青海、新疆 15 万吨/年以下（不含 15 万吨/年），其他地区 9 万吨/年及以下（含 9 万吨/年）的煤矿；长期停产停建的 30 万吨/年以下（不含 30 万吨/年）“僵尸企业”煤矿；30 万吨/年以下（不含 30 万吨/年）冲击地压、煤与瓦斯突出等灾害严重煤矿。属于满足林区、边远山区居民生活用煤需要或承担特殊供应任务且符合资源、环保、安全、技术、能耗等标准的煤矿，经省级人民政府批准，可以暂时保留或推迟退出
3. 既无降硫措施又无达标排放用户的高硫煤炭（含硫高于 3%）生产矿井，不能就地使用的高灰煤炭

（灰分高于 40%）生产矿井以及高砷煤炭（动力用煤中砷含量超过 80μg/g，炼焦用煤中砷含量超过 35μg/g）生产煤矿

4. 6AM、φM-2. 5、PA-3 型煤用浮选机

5. PB2、PB3、PB4 型矿用隔爆高压开关

6. PG-27 型真空过滤机

7. X-1 型箱式压滤机

8. ZYZ、ZY3 型液压支架

9. 不能实现洗煤废水闭路循环的选煤工艺、不能实现粉尘达标排放的干法选煤设备

10. 开采范围与自然保护区、风景名胜区、饮用水水源保护区重叠的煤矿（根据法律法规及国家有关文件要求进行淘汰）

（三）电力

1. 不达标的单机容量 30 万千瓦级及以下的常规燃煤火电机组（综合利用机组除外）、以发电为主的燃油锅炉及发电机组

（四）石化化工

1. 200 万吨/年及以下常减压装置（青海格尔木、新疆泽普装置除外），采用明火高温加热方式生产油品的釜式蒸馏装置，废旧橡胶和塑料土法炼油工艺，焦油间歇法生产沥青，2. 5 万吨/年及以下的单套粗（轻）苯精制装置，5 万吨/年及以下的单套煤焦油加工装置

2. 10 万吨/年以下的硫铁矿制酸和硫磺制酸（边远地区除外），平炉氧化法高锰酸钾，隔膜法烧碱生产装置（作为废盐综合利用的可以保留），平炉法和大锅蒸发法硫化碱生产工艺，芒硝法硅酸钠（泡花碱）生产工艺，间歇焦炭法二硫化碳工艺

3. 单台产能 5000 吨/年以下和不符合准入条件的黄磷生产装置，有钙焙烧铬化合物生产装置，单线产能 3000 吨/年以下普通级硫酸钡、氢氧化钡、氯化钡、硝酸钡生产装置，产能 1 万吨/年以下氯酸钠生产装置，单台炉容量小于 1. 25 万千伏安的电石炉及开放式电石炉，高汞催化剂（氯化汞含量 6. 5%以上）和使用高汞催化剂的乙炔法聚氯乙烯生产装置，使用汞或汞化合物的甲醇钠、甲醇钾、乙醇钠、乙醇钾、聚氨酯、乙醛、烧碱、生物杀虫剂和局部抗菌剂生产装置，氨钠法及氰熔体氰化钠生产工艺

4. 单线产能 1 万吨/年以下三聚磷酸钠、0. 5 万吨/年以下六偏磷酸钠、0. 5 万吨/年以下三氯化磷、3 万吨/年以下饲料磷酸氢钙、5000 吨/年以下工艺技术落后和污染严重的氢氟酸、5000 吨/年以下湿法氟化铝及敞开式结晶氟盐生产装置

5. 单线产能 0. 3 万吨/年以下氰化钠（100%氰化钠）、1 万吨/ 年以下氢氧化钾、1. 5 万吨/年以下普通级白炭黑、2 万吨/年以下普通级碳酸钙、10 万吨/年以下普通级无水硫酸钠（盐业联产及副产除外）、0. 3 万吨/年以下碳酸锂和氢氧化锂、2 万吨/年以下普通级碳酸钡、1. 5 万吨/年以下普通级碳酸锶生产装置

6. 半水煤气氨水液相脱硫、天然气常压间歇转化工艺制合成氨、一氧化碳常压变化及全中温变换（高温变换）工艺、没有配套硫磺回收装置的湿法脱硫工艺，没有配套建设吹风气余热回收、造气炉渣综合利用装置的固定层间歇式煤气化装置，没有配套工艺冷凝液水解解析装置的尿素生产设施

7. 钠法百草枯生产工艺，敌百虫碱法敌敌畏生产工艺，小包装（1 公斤及以下）农药产品手工包（灌）装工艺及设备，雷蒙机法生产农药粉剂，以六氯苯为原料生产五氯酚（钠）装置

8. 用火直接加热的涂料用树脂、四氯化碳溶剂法制取氯化橡胶生产工艺，100 吨/年以下皂素（含水解物）生产装置，盐酸酸解法皂素生产工艺及污染物排放不能达标的皂素生产装置，铁粉还原法工艺[4,4-二氨基二苯乙烯-二磺酸（DSD 酸）、2-氨基-4-甲基-5- 氯苯磺酸（CLT 酸）、1-氨基-8-萘酚-3,6-二磺酸（H 酸）三种产品暂缓执行]

9. 50 万条/年及以下的斜交轮胎和以天然棉帘子布为骨架的轮胎、1. 5 万吨/年及以下的干法造粒炭黑（特种炭黑和半补强炭黑除外）、3 亿只/年以下的天然胶乳安全套，橡胶硫化促进剂 N-氧联二（1,2-亚乙基）-2-苯并噻唑次磺酰胺（NOBS）和橡胶防老剂 D 生产装置

10. 氯氟烃（CFCs）、含氢氯氟烃（HCFCs，作为自身下游化工产品的原料且不对外销售的除外），用于清洗的1,1,1-三氯乙烷（甲基氯仿），主产四氯化碳（CTC）、以四氯化碳（CTC）为加工助剂的所有产品，以PFOA为加工助剂的含氟聚合物生产工艺，含滴滴涕的涂料、采用滴滴涕为原料非封闭生产三氯杀螨醇生产装置（根据国家履行国际公约总体计划要求进行淘汰）

（五）钢铁

1. 土法炼焦（含改良焦炉）；单炉产能7.5万吨/年以下或无煤气、焦油回收利用和污水处理达不到焦化行业准入条件的半焦（兰炭）生产装置

2. 炭化室高度小于4.3米焦炉（3.8米及以上捣固焦炉除外）；未配套干熄焦装置的钢铁企业焦炉

3. 土烧结矿

4. 热烧结矿

5. 钢铁生产用环形烧结机、90平方米以下烧结机、8平方米以下球团竖炉；铁合金生产用24平方米以下带式锰矿、铬矿烧结机

6. 400立方米及以下炼钢用生铁高炉（河北2020年底前淘汰450立方米及以下炼钢用生铁高炉），200立方米及以下铁合金生产用高炉（其中锰铁高炉为100立方米及以下），200立方米及以下铸造用生铁高炉（其中配套“短流程”铸造工艺的铸造用生铁高炉为100立方米及以下）

7. 用于熔化废钢的工频和中频感应炉（根据法律法规和国家取缔“地条钢”有关要求淘汰）

8. 30吨及以下炼钢转炉（不含铁合金转炉）（河北2020年底前淘汰40吨及以下炼钢转炉，其中生产特殊质量合金钢的转炉除外）

9. 30吨及以下炼钢电弧炉（不含机械铸造，特殊质量合金钢，高温合金、精密合金等特殊合金材料用电弧炉）

10. 化铁炼钢

11. 复二重线材轧机

12. 横列式线材轧机

13. 横列式棒材及型材轧机（不含生产高温合金的轧机）

14. 叠轧薄板轧机

15. 普钢初轧机及开坯用中型轧机

16. 热轧窄带钢轧机

17. 三辊劳特式中板轧机

18. 直径76毫米以下热轧无缝管机组

19. 三辊式型线材轧机（不含特殊钢生产）

20. 环保不达标的冶金炉窑

21. 手工操作的土沥青焦油浸渍装置，矿石原料与固体原料混烧、自然通风、手工操作的土竖窑，以煤直接为燃料、烟尘净化不能达标的倒焰窑

22. 6300千伏安及以下铁合金矿热电炉，3000千伏安以下铁合金半封闭直流电炉、铁合金精炼电炉（钨铁、钒铁等特殊品种的电炉除外）

23. 蒸汽加热混捏、倒焰式焙烧炉、艾奇逊交流石墨化炉、1万千伏安及以下三相桥式整流艾奇逊直流石墨化炉及其并联机组

24. 单机产能1万吨及以下的冷轧带肋钢筋生产装备（高延性冷轧带肋钢筋生产装备除外）

25. 生产预应力钢丝的单罐拉丝机生产装备

26. 预应力钢材生产消除应力处理的铅淬火工艺

27. 煅烧石灰土窑

28. 每炉单产5吨以下的钛铁熔炼炉、用反射炉焙烧钼精矿的钼铁生产线及用反射炉还原、煅烧红矾钠、铬酐生产金属铬的生产线

29. 燃煤倒焰窑耐火材料及原料制品生产线

30. 钢铁行业用一段式固定煤气发生炉项目（不含粉煤气化炉）

31. 电解金属锰用 6000 千伏安及以下的整流变压器、有效容积 170 立方米及以下的化合槽

32. 企业生产能力<40 万吨/年热回收焦炉；未同步配套建设热能回收装置的焦炉

33. 还原二氧化锰用反射炉（包括硫酸锰厂用反射炉、矿粉厂用反射炉等）

34. 电解金属锰一次压滤用除高压隔膜压滤机以外的板框、箱式压滤机

35. 有效容积 18 立方米及以下轻烧反射窑

36. 有效容积 30 立方米及以下重烧镁砂竖窑

（六）有色金属

1. 采用马弗炉、马槽炉、横罐、小竖罐等进行焙烧、简易冷凝设施进行收尘等落后方式炼锌或生产氧化锌工艺装备

2. 采用铁锅和土灶、蒸馏罐、坩埚炉及简易冷凝收尘设施等落后方式炼汞

3. 采用土坑炉或坩埚炉焙烧、简易冷凝设施收尘等落后方式炼制氧化砷或金属砷工艺装备

4. 铝自焙电解槽及 160kA 以下预焙槽

5. 鼓风炉、电炉、反射炉炼铜工艺及设备

6. 烟气制酸干法净化和热浓酸洗涤技术

7. 采用地坑炉、坩埚炉、赫氏炉等落后方式炼锑

8. 采用烧结锅、烧结盘、简易高炉等落后方式炼铅工艺及设备

9. 利用坩埚炉熔炼再生铝合金、再生铅的工艺及设备

10. 铝用湿法氟化盐项目

11. 1 万吨/年以下的再生铝、再生铅项目

12. 再生有色金属生产中采用直接燃煤的反射炉项目

13. 铜线杆（黑杆）生产工艺

14. 未配套制酸及尾气吸收系统的烧结机炼铅工艺

15. 烧结—鼓风炉炼铅工艺

16. 无烟气治理措施的再生铜焚烧工艺及设备

17. 50 吨以下传统固定式反射炉再生铜生产工艺及设备

18. 4 吨以下反射炉再生铝生产工艺及设备

19. 离子型稀土矿堆浸和池浸工艺

20. 独居石单一矿种开发项目

21. 稀土氯化物电解制备金属工艺项目

22. 湿法生产电解用氟化稀土生产工艺

23. 2 万吨（REO）/年以下混合型稀土矿山开发项目；5000 吨（REO）/年以下的氟碳铈矿稀土矿山开发项目；500 吨（REO）/年以下的离子型稀土矿山开发项目

24. 2000 吨（REO）/年以下的稀土分离项目

25. 1500 吨/年以下、电解槽电流小于 5000A、电流效率低于 85%的轻稀土金属冶炼项目

26. 原生汞矿开采（2032 年 8 月 16 日）

（七）黄金

1. 混汞提金工艺

2. 小氰化池浸工艺、土法冶炼工艺

3. 无环保措施提取线路板中金、银、钯等贵重金属

4. 日处理能力 50 吨（不含）以下采选项目

5. 整体矿石汞齐化；露天焚烧汞合金或经过加工的汞合金；在居民区焚烧汞合金；在没有首先去除汞的情况下，对添加了汞的沉积物、矿石或尾矿石进行氰化物浸出

（八）建材

1. 干法中空窑（生产铝酸盐水泥等特种水泥除外），水泥机立窑，立波尔窑、湿法窑

2. 直径 3 米（不含）以下水泥粉磨设备（生产特种水泥除外）

3. 无覆膜塑编水泥包装袋生产线

4. 平拉工艺平板玻璃生产线（含格法）

5. 100 万平方米/年（不含）以下的建筑陶瓷砖、20 万件/年（不含）以下卫生陶瓷生产线

6. 建筑卫生陶瓷（不包括建筑琉璃制品）土窑、倒焰窑、多孔窑、煤烧明焰隧道窑、隔焰隧道窑、匣钵装卫生陶瓷隧道窑

7. 建筑陶瓷砖成型用的摩擦压砖机

8. 玻璃纤维陶土坩埚拉丝生产工艺与装备

9. 1000 万平方米/年（不含）以下的纸面石膏板生产线

10. 500 万平方米/年（不含）以下的改性沥青类防水卷材生产线；500 万平方米/年（不含）以下沥青复合胎柔性防水卷材生产线；100 万卷/年（不含）以下沥青纸胎油毡生产线

11. 石灰土立窑

12. 砖瓦轮窑（2020 年 12 月 31 日）以及立窑、无顶轮窑、马蹄窑等土窑

13. 普通挤砖机

14. SJ1580-3000 双轴、单轴制砖搅拌机

15. SQP400500-700500 双辊破碎机

16. 1000 型普通切条机

17. 100 吨以下盘转式压砖机

18. 手工制作墙板生产线

19. 简易移动式砼砌块成型机、附着式振动成型台

20. 单班 1 万立方米/年以下的混凝土砌块固定式成型机、单班 10 万平方米/年以下的混凝土铺地砖固定式成型机

21. 人工浇筑、非机械成型的石膏（空心）砌块生产工艺

22. 真空加压法和气炼一步法石英玻璃生产工艺装备

23. 生产人造金刚石用 6×6 兆牛顿六面顶小型压机

24. 手工切割加气混凝土生产线、非蒸压养护加气混凝土生产线

25. 非烧结、非蒸压粉煤灰砖生产线

26. 装饰石材矿山硐室爆破开采技术、吊索式大理石土拉锯、移动式小型圆盘锯

（九）医药

1. 手工胶囊填充工艺

2. 软木塞烫蜡包装药品工艺

3. 不符合 GMP 要求的安瓿拉丝灌封机

4. 塔式重蒸馏水器

5. 无净化设施的热风干燥箱

6. 环境、职业健康和安全不能达到国家标准的原料药生产装置

7. 铁粉还原法对乙酰氨基酚（扑热息痛）、咖啡因装置

8. 使用氯氟烃（CFCs）作为气雾剂、推进剂、抛射剂或分散剂的医药用品生产工艺（根据国家履行国际公约总体计划要求进行淘汰）

（十）机械

1. 热处理铅浴炉（用于金属丝绳及其制品的有铅液覆盖剂和负压抽风除尘环保设施的在线热处理铅浴生产线除外）

2. 热处理氯化钡盐浴炉（高温氯化钡盐浴炉暂缓淘汰）

3. TQ60、TQ80 塔式起重机
4. QT16、QT20、QT25 井架简易塔式起重机
5. KJ1600/1220 单筒提升绞机
6. 3000 千伏安以下普通棕刚玉冶炼炉
7. 4000 千伏安以下固定式棕刚玉冶炼炉
8. 3000 千伏安以下碳化硅冶炼炉
9. 强制驱动式简易电梯
10. 以氯氟烃（CFCs）作为膨胀剂的烟丝膨胀设备生产线
11. 砂型铸造黏土烘干砂型及型芯
12. 焦炭炉熔化有色金属
13. 砂型铸造油砂制芯
14. 重质砖炉衬台车炉
15. 中频发电机感应加热电源
16. 燃煤火焰反射加热炉
17. 铸/锻件酸洗工艺
18. 位式交流接触器温度控制柜
19. 插入电极式盐浴炉
20. 动圈式和抽头式硅整流弧焊机
21. 磁放大器式弧焊机
22. 无法安装安全保护装置的冲床
23. 无磁轭（≥0.25 吨）铝壳中频感应电炉
24. 无芯工频感应电炉

（十一）船舶

1. 废旧船舶滩涂拆解工艺
2. 船长大于 90 米的海洋钢质船舶以及船长大于 120 米的内河钢质船舶的整体建造工艺

（十二）轻工

1. 单套 10 万吨/年以下的真空制盐装置、20 万吨/年以下的湖盐和 30 万吨/年以下的北方海盐生产设施
2. 利用矿盐卤水、油气田水且采用平锅、滩晒制盐的生产工艺与装置
3. 2 万吨/年及以下的南方海盐生产装置
4. 超薄型（厚度低于 0.025 毫米）塑料购物袋生产
5. 年加工生皮能力 5 万标张牛皮、年加工蓝湿皮能力 3 万标张牛皮以下的制革生产线
6. 300 吨/年以下的油墨生产总装置（利用高新技术、无污染的除外）
7. 含苯类溶剂型油墨生产
8. 石灰法地池制浆设备（宣纸除外）
9. 5.1 万吨/年以下的化学木浆生产线
10. 单条 3.4 万吨/年以下的非木浆生产线
11. 单条 1 万吨/年及以下、以废纸为原料的制浆生产线
12. 幅宽在 1.76 米及以下并且车速为 120 米/分以下的文化纸生产线
13. 幅宽在 2 米及以下并且车速为 80 米/分以下的白板纸、箱板纸及瓦楞纸生产线
14. 以氯氟烃（CFCs）为制冷剂和发泡剂的冰箱、冰柜、汽车空调器、工业商业用冷藏、制冷设备生产线
15. 以氯氟烃（CFCs）为发泡剂的聚氨酯、聚乙烯、聚苯乙烯泡沫塑料生产
16. 以四氯化碳（CTC）为清洗剂的生产工艺

17. 以三氟三氯乙烷（CFC-113）和甲基氯仿（TCA）为清洗剂和溶剂的生产工艺

18. 脂肪酸法制叔胺工艺，发烟硫酸磺化工艺，搅拌釜式乙氧基化工艺

19. 印铁制罐行业中的锡焊工艺

20. 燃煤和燃发生炉煤气的坩埚玻璃窑，直火式、无热风循环的玻璃退火炉

21. 机械定时行列式制瓶机

22. 生产能力 150 瓶/分钟以下（瓶容在 250 毫升及以下）的碳酸饮料生产线

23. 日处理原料乳能力（两班）20 吨以下浓缩、喷雾干燥等设施；200 千克/小时以下的手动及半自动液体乳灌装设备

24. 3 万吨/年以下酒精生产线（废糖蜜制酒精除外）

25. 等电离交工艺的谷氨酸生产线，5 万吨/年以下味精生产装置

26. 传统钙盐法柠檬酸生产装置

27. 年处理 15 万吨以下、总干物收率 97%以下的湿法玉米淀粉生产线（特种玉米淀粉生产线除外）

28. 桥式劈半锯、敞式生猪烫毛机等生猪屠宰设备

29. 猪、牛、羊、禽手工屠宰工艺

30. 小麦粉增白剂（过氧化苯甲酰、过氧化钙）的添加工艺

31. 元素氯漂白制浆工艺

32. 铅蓄电池生产用开放式熔铅锅、开口式铅粉机

33. 管式铅蓄电池干式灌粉工艺

34. 添加白砒、三氧化二锑、含铅、含氟（全电熔窑除外）、铬矿渣及其他有害原辅材料的玻璃配合料

（十三）纺织

1. 使用时间达到 30 年的棉纺、毛纺、麻纺设备、机织设备

2. 辊长 1000 毫米以下的皮辊轧花机，锯片片数在 80 以下的锯齿轧花机，压力吨位在 400 吨以下的皮棉打包机（不含 160 吨、200 吨短绒棉花打包机）

3. ZD647、ZD721 型自动缫丝机，D101A 型自动缫丝机，ZD681 型立缫机，DJ561 型绢精纺机，K251、K251A 型丝织机等丝绸加工设备

4. Z114 型小提花机

5. GE186 型提花毛圈机

6. Z261 型人造毛皮机

7. 未经改造的 74 型染整设备

8. 蒸汽加热敞开无密闭的印染平洗槽

9. R531 型酸性粘胶纺丝机

10. 4 万吨/年及以下粘胶常规短纤维生产线

11. 湿法氨纶生产工艺

12. 二甲基甲酰胺（DMF）溶剂法氨纶及腈纶生产工艺

13. 硝酸法腈纶常规纤维生产工艺及装置

14. 常规聚酯（PET）间歇法聚合生产工艺及设备

15. 常规涤纶长丝锭轴长 900 毫米及以下的半自动卷绕设备

16. 使用年限超过 15 年的国产和使用年限超过 20 年的进口印染前处理设备、拉幅和定形设备、圆网和平网印花机、连续染色机

17. 使用年限超过 15 年的浴比大于 1∶10 的棉及化纤间歇式染色设备

18. 使用直流电机驱动的印染生产线

19. 印染用铸铁结构的蒸箱和水洗设备，铸铁墙板无底蒸化机，汽蒸预热区短的 L 型退煮漂履带汽蒸箱

20. 螺杆挤出机直径小于或等于 90mm，2000 吨/年以下的涤纶再生纺短纤维生产装置

（十四）印刷

1. 全部铅排、铅印工艺

2. 全部铅印机及相关辅机

3. 照相制版机

4. ZD201、ZD301 型系列单字铸字机

5. TH1 型自动铸条机、ZT102 型系列铸条机

6. ZDK101 型字模雕刻机

7. KMD101 型字模刻刀磨床

8. AZP502 型半自动汉文手选铸排机、ZSY101 型半自动汉文铸排机、TZP101 型外文条字铸排机、ZZP101 型汉文自动铸排机

9. QY401 、2QY404 型系列电动铅印打样机，QYSH401 、2QY401、DY401 型手动式铅印打样机

10. YX01、YX02、YX03 型系列压纸型机，HX01、HX02、HX03、HX04 型系列烘纸型机

11. PZB401 型平铅版铸版机，YZB02、YZB03、YZB04、YZB05、YZB06、YZB07 型系列铅版铸版机

12. JB01 型平铅版浇版机

13. RQ02、RQ03、RQ04 型系列铅泵熔铅炉

14. BB01 型刨版机，YGB02、YGB03、YGB04、YGB05 型圆铅版刮版机，YTB01 型圆铅版镗版机，YJB02 型圆铅版锯版机，YXB04、YXB05、YXB302 型系列圆铅版修版机

15. P401、P402 型系列四开平压印刷机，P801、P802、P803、P804 型系列八开平压印刷机

16. PE802 型双合页印刷机

17. TE102、TE105、TE108 型系列全张自动二回转平台印刷机

18. TY201 型对开单色一回转平台印刷机，TY401 型四开单色一回转平台印刷机

19. TY4201 型四开一回转双色印刷机

20. TT201、TZ201、DT201 型对开手动续纸停回转平台印刷机

21. TT202 型对开自动停回转平台印刷机，TT402、TT403、TT405、DT402 型四开自动停回转平台印刷机，TZ202 型对开半自动停回转平台印刷机，TZ401、TZS401、DT401 型四开半自动停回转平台印刷机

22. TR801 型系列立式平台印刷机

23. LP1101、LP1103 型系列平板纸全张单面轮转印刷机，LP1201 型平板纸全张双面轮转印刷机，LP4201 型平板纸四开双色轮转印刷机

24. LSB201（880mm×1230mm）及 LS201、LS204（787mm×1092mm）型系列卷筒纸书刊转轮印刷机

25. LB203、LB205、LB403 型卷筒纸报版轮转印刷机，LB2405、LB4405 型卷筒纸双层二组报版轮转印刷机，LBS201 型卷筒纸书、报二用轮转印刷机

26. K. M. T 型自动铸字排版机，PH-5 型汉字排字机

27. 球震打样制版机（DIA PRESS 清刷机）

28. 1985 年前生产的手动照排机、国产制版照相机

29. 离心涂布机

30. J1101 系列全张单色胶印机（印刷速度每小时 5000 张及以下）

31. J2101、PZ1920 系列对开单色胶印机（印刷速度每小时 4000 张及以下），PZ1615 系列四开单色胶印机（印刷速度每小时 4000 张及以下），YPS1920 系列双面单色胶印机（印刷速度每小时 4000 张及以下）

32. W1101 型全张自动凹版印刷机、AJ401 型卷筒纸单面四色凹版印刷机

33. DJ01 型平装胶订联动机，PRD-01、PRD-02 型平装胶订联动机，DBT-01 型平装有线订、包、烫联动机

34. 溶剂型即涂覆膜机、承印物无法降解和回收的各类覆膜机

35. QZ101、QZ201、QZ301、QZ401 型切纸机

36. MD103A 型磨刀机

（十五）民爆产品

1. 密闭式包装型乳化炸药基质冷却机

2. 密闭式包装型乳化炸药低温敏化机

3. 小直径手工单头炸药装药机

4. 轴承包覆在药剂中的混药、输送等炸药设备

5. 起爆药干燥工序采用蒸汽烘房干燥的工艺

6. 延期元件（体）制造工序采用手工装药的工艺

7. 雷管装填、装配工序及工序间的传输无可靠防殉爆措施的工艺

8. 导爆管制造工序加药装置无可靠防爆设施的生产线

9. 危险作业场所未实现远程视频监视的工业炸药和工业雷管生产线

10. 危险作业场所未实现远程视频监视的导爆索生产线

11. 采用传统轮碾方式的炸药制药工艺

12. 起爆药生产废水达不到《兵器工业水污染排放标准火工药剂》（GB14470.2）要求排放的生产工艺

13. 乳化器出药温度大于 130℃的乳化工艺

14. 小直径含水炸药装药效率低于 1200kg/h、小直径粉状炸药装药效率低于 800kg/h 的装药机

15. 有固定操作人员的场所，噪声超过 85 分贝以上的炸药设备

16. 全电阻极差大于 1.5Ω 的电雷管（钢芯脚线长度 2m）生产技术

17. 装箱产品下线未实现生产数据在线采集、及时传输的生产线

18. 全电阻极差大于 1.0Ω 的电雷管（钢芯脚线长度 2m）生产工艺

19. 工序间无可靠防传爆措施的导爆索生产线

20. 制索工序无药量在线检测、自动联锁保护装置的导爆索生产线

21. 最大不发火电流小于 0.25A 的普通型电雷管生产工艺

22. 雷管装填工序未实现人机隔离的生产工艺

23. 雷管卡口、检查工序间需人工传送产品的生产工艺

24. 年产 1 万吨及以下的低水平工业炸药生产线

（十六）消防

1. 火灾探测器手工插焊电子元器件生产工艺

（十七）采矿

1. 集中铲装作业时人工装卸矿岩

2. 未安装捕尘装置的干式凿岩作业

3. 主要无轨运输巷道及露天采场采用人力或畜力运输矿岩

4. 地下矿山使用非阻燃电缆、风筒和输送带

5. 地下矿山主要井巷使用木支护

6. 地下矿山采用空场法采矿（无底柱采矿法）采场内人工装运作业

7. 地下矿山采用横撑支柱采矿法

8. 露天矿山采用扩壶爆破

9. 露天矿山采用掏底崩落、掏挖开采、不分层的“一面墙”开采

10. 露天矿山使用爆破方式对大块矿岩进行二次破碎

（十八）其他

1. 含有毒有害氰化物电镀工艺（电镀金、银、铜基合金及予镀铜打底工艺除外）

2. 含氰沉锌工艺

3. 实体坝连岛技术

4. 超过生态承载力的旅游活动和药材等林产品采集

5. 不符合国家现行城市生活垃圾、医疗废物和工业废物焚烧相关污染控制标准、工程技术标准以及设备标准的小型焚烧炉

6. 不符合《大气污染防治法》《水污染防治法》《固体废物污染环境防治法》《节约能源法》《安全生产法》《产品质量法》《土地管理法》《职业病防治法》等国家法律法规，不符合国家安全、环保、能耗、质量方面强制性标准，不符合国际环境公约等要求的工艺、技术、产品、装备

二、落后产品

（一）石化化工

1. 改性淀粉、改性纤维、多彩内墙（树脂以硝化纤维素为主，溶剂以二甲苯为主的 O/W 型涂料）、氯乙烯-偏氯乙烯共聚乳液外墙、焦油型聚氨酯防水、水性聚氯乙烯焦油防水、聚乙烯醇及其缩醛类内外墙（106、107 涂料等）、聚醋酸乙烯乳液类（含乙烯/醋酸乙烯酯共聚物乳液）外墙涂料

2. 有害物质含量超标准的内墙、溶剂型木器、玩具、汽车、外墙涂料，含双对氯苯基三氯乙烷、三丁基锡、全氟辛酸及其盐类、全氟辛烷磺酸、红丹等有害物质的涂料

3. 在还原条件下会裂解产生 24 种有害芳香胺的偶氮染料（非纺织品用的领域暂缓）、九种致癌性染料（用于与人体不直接接触的领域暂缓）

4. 含苯类、苯酚、苯甲醛和二（三）氯甲烷的脱漆剂，立德粉，聚氯乙烯建筑防水接缝材料（焦油型），107 胶，瘦肉精，多氯联苯（变压器油）

5. 高毒农药产品：六六六、二溴乙烷、丁酰肼、敌枯双、除草醚、杀虫脒、毒鼠强、氟乙酰胺、氟乙酸钠、二溴氯丙烷、治螟磷（苏化 203）、磷胺、甘氟、毒鼠硅、甲胺磷、对硫磷、甲基对硫磷、久效磷、硫环磷（乙基硫环磷）、福美胂、福美甲胂及所有砷制剂、汞制剂、铅制剂、10%草甘膦水剂，甲基硫环磷、磷化钙、磷化锌、苯线磷、地虫硫磷、磷化镁、硫线磷、蝇毒磷、治螟磷、特丁硫磷、三氯杀螨醇

6. 根据国家履行国际公约总体计划要求进行淘汰的产品：氯丹、七氯、溴甲烷、滴滴涕、六氯苯、灭蚁灵、林丹、毒杀芬、艾氏剂、狄氏剂、异狄氏剂、硫丹、氟虫胺、十氯酮、α-六氯环己烷、β-六氯环己烷、多氯联苯、五氯苯、六溴联苯、四溴二苯醚和五溴二苯醚、六溴二苯醚和七溴二苯醚、六溴环十二烷（特定豁免用途为限制类）、全氟辛基磺酸及其盐类和全氟辛基磺酰氟（可接受用途为限制类）

7. 软边结构自行车胎，以棉帘线为骨架材料的普通输送带和以尼龙帘线为骨架材料的普通 V 带，轮胎、自行车胎、摩托车胎手工刻花硫化模具

（二）铁路

1. G60 型、G17 型罐车

2. P62 型棚车

3. K13 型矿石车

4. U60 型水泥车

5. N16 型、N17 型平车

6. L17 型粮食车

7. C62A 型、C62B 型敞车

8. 轨道平车（载重 40 吨及以下）

（三）钢铁

1. 热轧硅钢片

2. 普通松弛级别的钢丝、钢绞线

3. 热轧钢筋：牌号 HRB335、HPB235

4. 使用工频或中频感应炉熔化废钢生产的钢坯（锭），及以其为原料生产的钢材产品（根据国家法律

法规和国家取缔“地条钢”有关要求淘汰）

（四）有色金属

1. 铜线杆（黑杆）

（五）建材

1. 使用非耐碱玻纤或非低碱水泥生产的玻纤增强水泥（GRC）空心条板

2. 陶土坩埚拉丝玻璃纤维和制品及其增强塑料（玻璃钢）制品

3. 25A 空腹钢窗

4. S-2 型混凝土轨枕

5. 一次冲洗最大用水量 8 升以上的坐便器

6. 角闪石石棉（即蓝石棉）

7. 非机械生产的中空玻璃、双层双框各类门窗及单腔结构型的塑料门窗

8. 采用二次加热复合成型工艺生产的聚乙烯丙纶类复合防水卷材、聚乙烯丙纶复合防水卷材（聚乙烯芯材厚度在 0.5mm 以下）；棉涤玻纤（高碱）网格复合胎基材料、聚氯乙烯防水卷材（S 型）

9. 石棉绒质离合器面片、合成火车闸瓦，石棉软木湿式离合器面片

（六）医药

1. 铅锡软膏管、单层聚烯烃软膏管（肛肠、腔道给药除外）

2. 安瓿灌装注射用无菌粉末

3. 药用天然胶塞

4. 非易折安瓿

5. 输液用聚氯乙烯（PVC）软袋（不包括腹膜透析液、冲洗液用）

（七）机械

1. T100、T100A 推土机

2. ZP-II、ZP-III 干式喷浆机

3. WP-3 挖掘机

4. 0.35 立方米以下的气动抓岩机

5. 矿用钢丝绳冲击式钻机

6. БY-40 石油钻机

7. 直径 1.98 米水煤气发生炉

8. CER 膜盒系列

9. 热电偶（分度号 LL-2、LB-3、EU-2、EA-2、CK）

10. 热电阻（分度号 BA、BA2、G）

11. DDZ-I 型电动单元组合仪表

12. GGP-01A 型皮带秤

13. BLR-31 型称重传感器

14. WFT-081 辐射感温器

15. WDH-1E、WDH-2E 光电温度计，PY5 型数字温度计

16. BC 系列单波纹管差压计，LCH-511、YCH-211、LCH-311、YCH-311、LCH-211、YCH-511 型环称式差压计

17. EWC-01A 型长图电子电位差计

18. XQWA 型条形自动平衡指示仪

19. ZL3 型 X-Y 记录仪

20. DBU-521，DBU-521C 型液位变送器

21. YB 系列（机座号 63~355mm，额定电压 660V 及以下）、YBF 系列（机座号 63~160mm，额定电压 380、660V 或 380/660V）、YBK 系列（机座号 100~355mm，额定电压 380/660V、660/1140V）隔爆型

三相异步电动机

22. DZ10 系列塑壳断路器、DW10 系列框架断路器

23. CJ8 系列交流接触器

24. QC10、QC12、QC8 系列起动器

25. JR0、JR9、JR14、JR15、JR16-A、B、C、D 系列热继电器

26. 以焦炭为燃料的有色金属熔炼炉

27. GGW 系列中频无心感应熔炼炉

28. B 型、BA 型单级单吸悬臂式离心泵系列

29. F 型单级单吸耐腐蚀泵系列

30. JD 型长轴深井泵

31. KDON-3200/3200 型蓄冷器全低压流程空分设备、KDON-1500/1500 型蓄冷器（管式）全低压流程空分设备、KDON-1500/1500 型管板式全低压流程空分设备、KDON-6000/6600 型蓄冷器流程空分设备

32. 3W-0.9/7（环状阀）空气压缩机

33. C620、CA630 普通车床

34. C616、C618、C630、C640、C650 普通车床

35. X920 键槽铣床

36. B665、B665A、B665-1 牛头刨床

37. D6165、D6185 电火花成型机床

38. D5540 电脉冲机床

39. J53-400、J53-630、J53-1000 双盘摩擦压力机

40. Q11-1.6×1600 剪板机

41. Q51 汽车起重机

42. TD62 型固定带式输送机

43. 3 吨直流架线式井下矿用电机车

44. A571 单梁起重机

45. 快速断路器：DS3-10、DS3-30、DS3-50（1000、3000、5000A）、DS10-10、DS10-20、DS10-30（1000、2000、3000A）

46. SX 系列箱式电阻炉

47. 单相电度表：DD1、DD5、DD5-2、DD5-6、DD9、DD10、DD12、DD14、DD15、DD17、DD20、DD28

48. SL7-30/10~SL7-1600/10、S7-30/10~S7-1600/10 配电变压器

49. 刀开关：HD6、HD3-100、HD3-200、HD3-400、HD3-600、HD3-1000、HD3-1500

50. GC 型低压锅炉给水泵，DG270-140、DG500-140、DG375-185 锅炉给水泵

51. 热动力式疏水阀：S15H-16、S19-16、S19-16C、S49H-16、S49-16C、S19H-40、S49H-40、S19H-64、S49H-64

52. 固定炉排燃煤锅炉（双层固定炉排锅炉除外）

53. L-10/8、L-10/7 型动力用往复式空气压缩机

54. 8-18 系列、9-27 系列高压离心通风机

55. X52、X62W 320×150 升降台铣床

56. J31-250 机械压力机

57. TD60、TD62、TD72 型固定带式输送机

58. E135 二冲程中速柴油机（包括 2、4、6 缸三种机型），4146 柴油机

59. TY1100 型单缸立式水冷直喷式柴油机

60. 165 单缸卧式蒸发水冷、预燃室柴油机

61. 含汞开关和继电器

62. 燃油助力车

63. 低于国二排放的车用发动机

64. 机动车制动用含石棉材料的摩擦片

65. 非定型竖井罐笼，Φ1.2 米以下（不含 Φ1.2 米）用于升降人员的提升绞车，KJ 型矿井提升机，JKA 型矿井提升机，XKT 型矿井提升机，JTK 型矿用提升绞车，带式制动矿用提升绞车，TKD 型提升机电控装置及使用继电器结构原理的提升机电控装置，专门用于运输人员、油料的无轨胶轮车使用的干式制动器，无稳压装置的中深孔凿岩设备

66. 每小时 10 蒸吨及以下燃煤锅炉

67. 国三及以下排放标准营运柴油货车，采用稀薄燃烧技术和“油改气”的老旧燃气车辆

（八）船舶

1. 采用整体造船法建造的钢制运输船舶

2. 不符合规范的改装船舶和已到报废期限的船舶

3. 单壳油船

4. 挂桨机船及其发动机

（九）轻工

1. 汞电池（氧化汞原电池及电池组、锌汞电池）

2. 含汞糊式锌锰电池、含汞纸板锌锰电池、含汞圆柱形碱锰电池、含汞扣式碱锰电池

3. 含汞浆层纸、含汞锌粉

4. 开口式普通铅蓄电池、干式荷电铅蓄电池

5. 含镉高于 0.002%的铅蓄电池

6. 含砷高于 0.1%的铅蓄电池

7. 民用镉镍电池

8. 直排式燃气热水器

9. 螺旋升降式（铸铁）水嘴

10. 用于凹版印刷的苯胺油墨

11. 进水口低于溢流口水面、上导向直落式便器水箱配件

12. 铸铁截止阀

13. 半自动（卧式）工业用洗衣机

14. 开启式四氯乙烯干洗机和普通封闭式四氯乙烯干洗机，分体式石油干洗机和普通封闭式石油干洗机

15. 烷基酚聚氧乙烯醚（包括壬基酚聚氧乙烯醚、辛基酚聚氧乙烯醚和十二烷基酚聚氧乙烯醚等）的生产和使用

16. 一次性发泡塑料餐具、一次性塑料棉签（2020 年 12 月 31 日）；含塑料微珠的日化用品（到 2020 年 12 月 31 日禁止生产，到 2022 年 12 月 31 日禁止销售）；厚度低于 0.025 毫米的超薄型塑料袋、厚度低于 0.01 毫米的聚乙烯农用地膜

17. 用于电子显示的冷阴极荧光灯和外置电极荧光灯：（1）长度较短（≤500 毫米）且单支含汞量超过 3.5 毫克。（2）中等长度（>500 毫米且≤1500 毫米）且单支含汞量超过 5 毫克。（3）长度较长（>1500 毫米）且单支含汞量超过 13 毫克（2020 年 12 月 31 日）

18. 化妆品（含汞量超过百万分之一），包括亮肤肥皂和乳霜，不包括以汞为防腐剂且无有效安全替代防腐剂的眼部化妆品（2020 年 12 月 31 日）

19. 生产含汞的气压计、湿度计、压力表、温度计（体温计除外）等非电子测量仪器（无法获得适当无汞替代品、安装在大型设备中或用于高精度测量的非电子测量设备除外）（2020 年 12 月 31 日）

20. 含汞体温计和含汞血压计（2025 年 12 月 31 日）

21. 含汞电池，不包括含汞量低于 2%的扣式锌氧化银电池以及含汞量低于 2%的扣式锌空气电池（2020 年 12 月 31 日）

22. 用于普通照明用途的不超过 30 瓦且单支含汞量超过 5 毫克的紧凑型荧光灯（2020 年 12 月 31 日）

23. 用于普通照明用途的直管型荧光灯：（1）低于 60 瓦且单支含汞量超过 5 毫克的直管型荧光灯（使用三基色荧光粉）。（2）低于 40 瓦（含 40 瓦）且单支含汞量超过 10 毫克的直管型荧光灯（使用卤磷酸盐荧光粉）（2020 年 12 月 31 日）

24. 用于普通照明用途的高压汞灯（2020 年 12 月 31 日）

25. 以一氟二氯乙烷（HCFC-141b）为发泡剂生产冰箱冷柜产品、冷藏集装箱产品、电热水器产品

26. 含二甲苯麝香的日用香精

（十）消防

1. 二氟一氯一溴甲烷灭火剂（简称 1211 灭火剂）

2. 三氟一溴甲烷灭火剂（简称 1301 灭火剂）（原料及必要用途除外）

3. 简易式 1211 灭火器

4. 手提式 1211 灭火器

5. 推车式 1211 灭火器

6. 手提式化学泡沫灭火器

7. 手提式酸碱灭火器

8. 简易式 1301 灭火器（必要用途除外）

9. 手提式 1301 灭火器（必要用途除外）

10. 推车式 1301 灭火器（必要用途除外）

11. 管网式 1211 灭火系统

12. 悬挂式 1211 灭火系统

13. 柜式 1211 灭火系统

14. 管网式 1301 灭火系统（必要用途除外）

15. 悬挂式 1301 灭火系统（必要用途除外）

16. 柜式 1301 灭火系统（必要用途除外）

17. PVC 衬里消防水带

（十一）民爆产品

1. 不满足国内公共安全全生命周期管控标准要求的工业雷管

2. 导火索

3. 铵梯炸药

4. 纸壳雷管

（十二）其他

1. 59、69、72、TF-3 型防毒面具

2. ZH15 隔绝式化学氧自救器，一氧化碳过滤式自救器

3. 不符合《大气污染防治法》《水污染防治法》《固体废物污染环境防治法》《节约能源法》《安全生产法》《产品质量法》《土地管理法》《职业病防治法》等国家法律法规，不符合国家安全、环保、能耗、质量方面强制性标准，不符合国际环境公约等要求的工艺、技术、产品、装备

海关总署关于执行《产业结构调整指导目录（2019年本）》的公告

（海关总署公告2019年第196号）

2019年10月30日，国家发展改革委第29号令公布了《产业结构调整指导目录（2019年本）》，规定自2020年1月1日起施行。现就海关执行中的有关问题公告如下：

一、自2020年1月1日起，对属于《产业结构调整指导目录（2019年本）》鼓励类范围的国内投资项目，在投资总额内进口的自用设备以及按照合同随上述设备进口的技术和配套件、备件，除相关《国内投资项目不予免税的进口商品目录》和《进口不予免税的重大技术装备和产品目录》所列商品外，按照《国务院关于调整进口设备税收政策的通知》（国发〔1997〕37号）和海关总署公告2008年第103号及其他相关规定免征关税，照章征收进口环节增值税。

二、《产业结构调整指导目录（2019年本）》施行后，投资主管部门按照该目录出具的《国家鼓励发展的内外资项目确认书》，以及直属海关确认投资总额在5000万元及以上国内投资项目适用产业政策条目时按照该目录出具的《适用鼓励类产业政策条目确认通知单》中，“项目产业政策条目”或“项目适用产业政策条目”的内容为有关投资项目适用的《产业结构调整指导目录（2019年本）》中“第一类 鼓励类”所列产业政策条目（代码由“V”和4位数字组成）；“项目性质”为“国内投资鼓励项目（M）”。例如，某国内投资项目适用《产业结构调整指导目录（2019年本）》“第一类 鼓励类”所列产业政策条目第一项第1条有关要求，则其适用的产业政策条目及代码为“农田建设与保护工程（含高标准农田建设、农田水利建设、高效节水灌溉、农田整治等），土地综合整治（V0101）”。

三、为保持政策的连续性，对于2020年1月1日以前（不含当日，下同）审批、核准或备案的国内投资项目（以项目的审批、核准或完成备案的日期为准，下同），属于《产业结构调整指导目录（2011年本）（修正）》鼓励类范围的，在投资总额内进口的自用设备以及按照合同随上述设备进口的技术和配套件、备件，可继续按照相关规定办理免征关税、照章征收进口环节增值税手续。但有关项目单位应取得投资主管部门出具的《国家鼓励发展的内外资项目确认书》或直属海关出具的《适用鼓励类产业政策条目确认通知单》（上述文件应于2021年1月1日以前出具，其中“项目产业政策条目”或“项目适用产业政策条目”仍按项目适用的《产业结构调整指导目录（2011年本）（修正）》中有关条目及代码填写），按规定向海关办理减免税审核确认手续。

对于2020年1月1日以前审批、核准或备案的国内投资项目，同时属于《产业结构调整指导目录（2019年本）》鼓励类范围，有关项目单位取得投资主管部门按照《产业结构调整指导目录（2019年本）》出具的《国家鼓励发展的内外资项目确认书》或直属海关按照《产业结构调整指导目录（2019年本）》出具的《适用鼓励类产业政策条目确认通知单》的，可按规定向海关办理减免税审核确认手续。

四、对不属于《产业结构调整指导目录（2011年本）（修正）》鼓励类范围的国内投资在建项目，但属于《产业结构调整指导目录（2019年本）》鼓励类范围的，该项目进口的自用设备以及按照合同随上述设备进口的技术和配套件、备件，可参照本公告第一条的规定享受进口税收优惠政策，但进口设备已经征税的，所征税款不予退还。

特此公告。

海关总署

二〇一九年十二月十一日

西部地区鼓励类产业目录（2020 年本）

（国家发展和改革委员会令第 40 号）

《西部地区鼓励类产业目录（2020 年本）》已经 2020 年 11 月 5 日国家发展和改革委员会第 11 次委务会议审议通过，并经国务院同意，现予发布，自 2021 年 3 月 1 日起施行。国家发展和改革委员会 2014 年发布的《西部地区鼓励类产业目录》（国家发展和改革委员会令 2014 年第 15 号）同时废止。

主任　何立峰

二〇二一年一月十八日

西部地区鼓励类产业目录（2020 年本）

为推进西部大开发形成新格局，促进西部地区产业结构调整和特色优势产业发展，制定本目录。

本目录共包括两部分，一是国家现有产业目录中的鼓励类产业，二是西部地区新增鼓励类产业。

在符合市场准入政策的前提下，本目录原则上适用于在西部地区生产经营的各类企业，其中外商投资企业按照《鼓励外商投资产业目录》执行。

一、国家现有产业目录中的鼓励类产业

（一）《产业结构调整指导目录（2019 年本）》（国家发展改革委令 2019 年第 29 号）中的鼓励类产业。

（二）《鼓励外商投资产业目录（2020 年版）》（国家发展改革委、商务部令 2020 年第 38 号）中的产业。

以上目录如修订，按新修订版本执行。

二、西部地区新增鼓励类产业

西部地区新增鼓励类产业按省、自治区、直辖市分列，原则上适用于在相应省、自治区、直辖市生产经营的内资企业，并根据实际情况适时修订；如所列产业被国家相关产业目录明确为限制、淘汰、禁止等类型产业，其鼓励类属性自然免除。

（一）重庆市

1. 电弧炉短流程炼钢（《产业结构调整指导目录》限制类、淘汰类项目除外）；高强度建筑用钢，汽车、电子信息、装备、轨道交通、航空航天等产业用金属材料；铸锻轻合金材料；镁合金深加工产品；金属基粉体及表面处理新材料；锰基等新材料（《产业结构调整指导目录》限制类、淘汰类项目除外）

2. 化工新材料生产（《产业结构调整指导目录》限制类、淘汰类项目除外）

3. 锶矿（天青石）等金属矿精深加工；毒重石、岩盐、萤石、重晶石等非金属矿精深加工；高性能玻璃纤维及复合材料（《产业结构调整指导目录》限制类、淘汰类项目除外）；年生产能力 1000 万吨及以上机制砂石项目

4. 新型节能、隔音、防火门窗及配件的开发与生产

5. 节能环保材料预制装配式建筑构部件生产

6. 核设备、高精密核仪器、仪表的开发制造

7. 压缩天然气（CNG）汽车加气站成套设备及装置（汽车储气钢瓶、压缩机、储气罐、深度脱水装置、脱硫罐、冷凝管、油水分离器等）研发及制造

8. 矿山安全仪器、矿山应急救援装备研发及制造

9. 高压输变电及控制设备的研发及制造

10. 达到一级能效的压缩机、电机、变频器、磁控管等家用电器关键零部件制造

11. 钟表计时、珠宝加工等精密加工产业技术开发及设备制造

12. VR/AR/MR 等沉浸式互动式娱乐设施设备、数字舞台灯光、智能影音、内河游艇、数字印刷、玩具、文化用品等文化旅游装备及用品研发制造

13. 汽车整车、专用车（不包括仓栅车、栏板车、自卸车、普通厢式车、普通挂车）及零部件制造

14. 适用于丘陵山区的微耕机、拖拉机、农作物种植收获等中小型农具、农田建设所需农用工程机械及相关零部件的研发和制造

15. 摩托车整车及重要零部件制造

16. 船用齿轮箱和船用油泵油嘴、增压器、连杆、薄壁轴瓦、喷射控制单元等关键零部件研发生产，铸锻一体化工艺大抓力船锚生产

17. 氧化铁（Fe_2O_3）含量不超过 0.02%的高档玻璃器皿生产

18. 教具教学仪器开发及生产

19. 公路、铁路客货运输

20. 笔记本电脑、通信产品整机和关键零部件的研发及制造

21. 三网融合类业务平台、通信、有线电视网络升级改造及设备制造

22. 5G、移动互联网、物联网、工业互联网、大数据、人工智能、区块链、绿色数据中心建设及运营

23. 风力、太阳能发电场建设及运营

24. 仓储、货代、船代、包装、装卸、搬运、流通加工、集拼集散、配送、多式联运服务、供应链服务以及单证、数据和信息处理等现代物流项目；口岸物流设施建设及运营；村级快递物流综合服务站建设及运营

25. 服务“三农”、小微企业、个体工商户的小额贷款金融服务

26. 服务外包、非金融机构支付服务

27. 城市及农村生活污水、黑臭水体、生活垃圾、畜禽粪便治理及厕所革命等城乡人居环境整治相关技术开发及应用

28. 医疗机构经营

29. 艺术及技能培训（音乐、演艺、美术、设计和传统手工艺）

30. 工业企业场址污染治理及修复技术研发及应用

31. 工业余热、余压、压差、发生气综合利用技术开发及应用

32. 再生铝、铝加工项目（《产业结构调整指导目录》限制类、淘汰类项目除外）

33. 特种陶瓷、日用陶瓷、卫生陶瓷、建筑陶瓷、陈设艺术陶瓷制造（《产业结构调整指导目录》限制类、淘汰类项目除外）

34. 电梯制造（《产业结构调整指导目录》限制类、淘汰类项目除外）

35. 化妆品制造（《产业结构调整指导目录》限制类、淘汰类项目除外）

36. 苗医药研发、生产、销售

37. 通过仿制药质量和疗效一致性评价的通用名药物的开发和生产

38. 新型化合物药物或活性成分药物、高附加值制剂产品的原料药及其关键中间体开发和生产

39. 药物筛选平台、临床技术转化平台、安全评价中心、中试放大平台、工程转化中心、研发定制平台、委托生产平台、公共检测中心等满足药物及医疗器械产品研发和生产所需的第三方技术服务平台

40. 富硒特色农产品开发

41. 园林绿化苗木生产

42. 影视节目、电竞、音乐、网络文学、知识付费、沉浸式互动式场景等数字内容创作生产、文化 IP 产业；数字媒体、数字出版、短视频、直播、网络表演等信息服务、数字营销、在线文化娱乐服务

43. 互联网生产服务、生活服务、科技创新、公共服务等平台建设

44. 特色地质文化村旅游开发；观光旅游、休闲度假、森林康养、温泉康养等服务

45. 页岩气开采地下水污染防治环保技术开发及应用

（二）四川省

1. 农产品质量安全检测技术研发、应用及设备制造

2. 农产品产地贮存、保鲜、烘干等初加工设施建设与运营（《产业结构调整指导目录》限制类、淘汰类项目除外）

3. 高效太阳能电池组件技术开发及生产

4. 核级石墨开发及生产

5. 高品质钛原料先进制造技术及应用（CaO+MgO≤1.5%）；6 万吨/年及以上钛渣生产技术（电炉容量≥25000kVA）；钛材深加工及产品应用；氯化法钛白粉生产及配套氯碱生产、高盐废水处理（《产业结构调整指导目录》限制类、淘汰类项目除外）

6. 钒钛磁铁矿规模化高效清洁分离提取技术开发及应用（钒钛磁铁矿开采回采率、选矿回收率、综合利用率需符合国家有关标准）

7. 钨钼制品及钨钼丝材

8. 4 万吨/年及以上炭黑新工艺开发及应用

9. 3000 吨/年及以上氧化钒清洁生产技术开发及应用（废水、废渣零排放）；钒制品先进制造技术开发及应用（钒基合金、钒基功能材料、钒精细化工产品）

10. 石墨烯和纳米碳材料、细结构石墨、生物炭、锂电池负极等新型碳材料的开发及生产

11. 生物乙醇制乙烯（以粮食为原料的除外）

12. 高精密核仪器、仪表开发制造

13. 压缩天然气（CNG）汽车加气站成套设备及装置（CNG 汽车储气钢瓶、压缩机、高压地下储气井、储气罐、深度脱水装置、脱硫罐、冷凝管、油水分离器等）制造与应用，液化天然气（LNG）汽车加气站成套设备及装置制造与应用

14. 无线电测试仪器、无线电监测系统或设备的研发、生产

15. 火力发电、水泥、钢铁等选择性催化还原法（SCR）脱硝催化剂及 SCR 烟气脱硝设备生产

16. 种子生产加工机械、烘干设备制造

17. 适用于丘陵山区的微耕机、拖拉机、农作物种植收获等中小型农具、农田建设所需农用工程机械及相关零部件的研发和制造

18. 汽车整车、专用车与零部件及配件制造（《产业结构调整指导目录》限制类、淘汰类项目除外）

19. 教育技术装备开发及生产

20. 公路旅客运输，水路、铁路货物运输；仓储、运输、货代、包装、装卸、搬运、流通加工、配送、信息处理等一体化服务；村级快递物流综合服务站建设及运营

21. 宽带网络建设及运营

22. 中药溯源电子码技术开发及应用

23. 服务外包

24. 服务“三农”、小微企业、个体工商户的小额贷款金融服务

25. 金融现代化技术开发及应用（移动支付、电子票据、金融 IC 卡等）

26. 医疗机构经营

27. 飞行员培训

28. 工业节能降耗技术开发及应用（余热、余压、压差、发生气综合利用等）

29. 核、化学、生物等领域的侦察、防护、消洗等防化应急装备开发制造

30. 农村生活污水治理、生活垃圾治理、畜禽粪便处理及厕所革命等农村人居环境整治相关技术开发及应用；高寒地区生活污水处理相关技术开发及应用；轻钢装配式和现代夯土技术等新型农房建造技术推广应用

31. 钒钛磁铁矿高炉—转炉冶炼工艺（钒钛磁铁矿入炉比列≥60%）（《产业结构调整指导目录》限制类、淘汰类项目除外）

32. 电子束辐照加工

33. 口腔科用设备及器具制造

34. 康复辅具器具制造

35. 页岩气装备制造和油气技术工程服务

36. 节能环保型建筑用铝合金模板产品开发、生产和应用

37. 高性能稀土永磁、发光、催化、合金等稀土功能材料及器件的开发、生产及应用

38. 40MW 及以上燃气轮机及关键辅机研发制造，分布式能源用小型燃气轮机研发及装备制造

39. 智能化绿色化纺织服装加工

40. 硅光集成电路芯片、光分路器、光纤活动连接器、光电收发模块、光网络设备的研发和生产

41. 彩灯设计与制作

42. 科技推广与创业孵化服务

43. 茶叶种植及深加工

44. 果酒制造，糯红高粱种植

45. 木材储备加工交易、竹产品的生产及深加工，特色经济林产品生产及加工

46. 森林康养基地建设与服务

47. 藏医药、彝医药研发、生产、销售

48. 动植物药材资源的保护和可持续利用（《产业结构调整指导目录》限制类、淘汰类项目除外）

49. 移动电信服务（5G）

50. 测绘地理信息服务

51. 风力、太阳能发电场建设及运营

52. 安全玻璃、节能玻璃等高端玻璃深加工

（三）贵州省

1. 大功率液压台车用凿岩钎具及钎具用钢生产

2. 优碳钢钢丝（强度≥1670N/mm^2）及其制品生产

3. 锰深加工新产品开发及生产（《产业结构调整指导目录》限制类、淘汰类项目除外）

4. 铝及铝精深加工（《产业结构调整指导目录》限制类、淘汰类项目除外）

5. 钛金属冶炼新工艺技术开发（直接用高钛渣、金红石电解生产金属钛），钛材深加工及含钛精细化学品新产品开发及生产

6. 钒深加工的先进工艺技术装备及新产品开发

7. 高性能镁合金开发及生产

8. “磷—电—化”一体化资源综合利用、精细磷化工（《产业结构调整指导目录》限制类、淘汰类项目除外）

9. 重晶石精深加工新产品开发及生产

10. 白云石精细加工及综合开发利用

11. 己二酸与尼龙 66 生产

12. 天然植物精细化工产品的开发（香精、香料、化学药、化工产品中间体）

13. 动植物药材资源的保护和可持续利用（《产业结构调整指导目录》限制类、淘汰类项目除外）

14. 高压柱塞式液压泵、液压马达等液压基础件研发及制造

15. 液力变速器研发及制造

16. 大型萃取装置（容器容积 50~3500L，压力等级 9.8~35Mpa，温度等级 10~85℃）研发及制造

17. 适用于山区的轻便、耐用、低耗中小型耕种收机械研发及制造

18. 粉煤灰储运及利用成套设备制造

19. 汽车整车制造，专用汽车（不包括普通挂车、自卸车、罐式车、厢式车和仓栅式汽车）制造，汽车零部件研发及制造

20. 民族工艺品加工生产

21. 公路旅客、公路货物运输

22. 宽带网络建设及运营

23. 服务“三农”、小微企业、个体工商户的小额贷款金融服务

24. 服务外包

25. 医疗、康养机构经营

26. 彝医药、苗医药研发、生产、销售

27. 农林特产品、竹产品生产及深加工；食用菌种植及菌种培育，茶叶、蔬菜、刺梨、中药材、辣椒、水果、石斛、油茶种植及加工；生态畜牧、生态渔业

28. 高品质易切削钢

29. 膜用新材料研发制造及膜元件自动化生产

30. 煤炭地下气化开采技术开发与应用，煤炭地下气化发电成套设备制造

31. 煤炭开采 110/N00 工法配套智能化装备研发应用

32. 玄武岩纤维及后制品研发生产

33. 石材加工生产

34. 风力、太阳能发电场建设及运营

35. 跨境贸易、国际物流、货运代理、跨境电商、外贸综合服务等产业；仓储、运输、货代、包装、装卸、搬运、流通加工、配送、信息处理等一体化服务；村级快递物流综合服务站建设及运营

36. 氢加工制造、氢能燃料电池制造、输氢管道和加氢站建设

37. 民族特色食品生产及加工

38. 芳香植物种植、观光及产品加工

39. 工业节能降耗技术开发及应用

40. 蛋白桑、蛋白菊种植推广

41. 农林渔牧技术推广服务

42. 农村生活污水治理、生活垃圾治理、畜禽粪便处理及厕所革命等农村人居环境整治相关技术开发及应用

43. 笔记本电脑、通信产品整机和关键零部件的研发及制造

44. 20MW 以下小型、微型燃气轮机研发及装备制造

45. 电梯制造（《产业结构调整指导目录》限制类、淘汰类项目除外）

（四）云南省

1. 花卉、绿化和观赏苗木培育

2. 高效太阳能电池组件技术开发及制造

3. 有色金属产品开发及精深加工（《产业结构调整指导目录》限制类、淘汰类项目除外）

4. 矿产资源综合利用及装备制造；园区资源利用高效化改造（详见《绿色产业指导目录》2019 年版相关解释说明）

5. 石油精细化工产品开发及生产（《产业结构调整指导目录》限制类、淘汰类项目除外）

6. 水溶性肥料、微量元素肥料、微生物肥料等新型肥料的开发及生产

7. 生物乙醇制乙烯（以粮食为原料的除外）

8. 绿色建筑材料制造、绿色建材认证推广

9. 城镇供水管网分区计量漏损控制建设和运营

10. 工业固体废物无害化处理处置、综合利用及装备制造

11. 锅炉（窑炉）节能改造和能效提升

12. 特殊环境（高原、湿热、高寒、重污染等环境）用发输变电、供配电及控制设备、高原型电工电器产品、中小水电成套设备研发及制造、智能化大型高效泵、城市排涝装备项目

13. 先进适用的制药及生物制剂成套设备制造（《产业结构调整指导目录》限制类、淘汰类项目除外）

14. 适用于高原山区的拖拉机、中耕机、微耕机以及水稻、玉米、马铃薯、甘蔗收割机等现代农机具的开发及制造

15. 汽车整车制造，专用汽车（不包括普通挂车、自卸车、厢式车和仓栅式汽车）制造

16. 蔗糖精深加工及废糖蜜、蔗渣、蔗叶、滤泥、酒精废液等副产品的综合利用（《产业结构调整指导目录》限制类、淘汰类项目除外）

17. 民族工艺品加工生产

18. 公路旅客运输

19. 宽带网络建设及运营

20. 口岸物流设施（物流仓库、堆场、装卸搬运工具、多式联运转运设施以及物流信息平台等）建设及经营；村级快递物流综合服务站建设及运营

21. 服务“三农”、小微企业、个体工商户的小额贷款金融服务

22. 服务外包

23. 医疗机构经营

24. 森林康养基地建设与服务

25. 轧钢氧化皮生产磁性材料

26. 高原湖泊水污染治理技术开发及应用

27. 工业节能降耗技术开发及应用（余热、余压、余气等利用）

28. 农村生活污水治理、生活垃圾治理、畜禽粪便处理及厕所革命等农村人居环境整治相关技术开发及应用

29. 水污染防治装备制造

30. 绿色铝产业（生产、精深加工及其应用）（《产业结构调整指导目录》限制类、淘汰类项目除外）

31. 绿色硅产业（生产、精深加工及其应用）

32. 铁皮石斛、油桐培育、种植、加工等，绿色有机茶、蔬菜、特色水果、优质中药材、咖啡等高原特色农业，竹产品的生产及深加工

33. 优质酿酒葡萄种植与酿造，青稞种植与食品深加工

34. 猪、牛、羊及小家禽畜（含高原畜产品）饲养和深加工；云南高原特色水产养殖和加工

35. 互联网、物联网技术服务，工业控制计算机及系统制造、通信系统设备制造

36. 在边境县市进行边境贸易进出口产品加工（《产业结构调整指导目录》限制类、淘汰类项目除外）

37. 有机垃圾生物式处理设备和移动式破碎筛分系统

38. 生产天然橡胶深加工产品如浅色标准胶、子午线轮胎专用胶、恒粘胶、高等级轮胎专用胶、脱蛋白橡胶系列产品，大型子午线轮胎生产线，特种专用天然橡胶或胶乳产品的研制与开发

39. 联合疫苗产业

40. 民族地区院内制剂产业

41. 藏医药、傣医药、彝医药研发、生产、销售

42. 种桑养蚕，各类丝胶蛋白产品、蚕蛹深加工产品等综合利用产品的生产；茧丝绸深加工

43. 滇中锂资源开发利用及产业链发展

44. 跨境电子商务零售中心和大宗商品进出口分拨物流中心建设
45. 核桃生产和初加工一体化成套机械设备及标准化技术研发和推广
46. 超高清视频产业制造：4K/8K 超高清电视机、4K 摄像头、监视器等制造
47. 风力、太阳能发电场建设及运营

（五）西藏自治区

1. 特色农林畜产品生产及加工
2. 高寒冻土地带可燃冰勘探和开发利用研究
3. 太阳能光伏发电系统检测、建设及运营，风力发电场建设及运营
4. 盐湖资源综合开发利用（《产业结构调整指导目录》限制类、淘汰类项目除外）
5. 西藏特色食品加工、饮品加工（《产业结构调整指导目录》限制类、淘汰类项目除外）
6. 民族工艺品加工生产
7. 公路旅客运输
8. 宽带网络建设及运营
9. 口岸物流设施（物流仓库、堆场、装卸搬运工具、多式联运转运设施以及物流信息平台等）建设及经营；村级快递物流综合服务站建设及运营
10. 医疗机构经营
11. 农村生活污水治理、生活垃圾治理、畜禽粪便处理及厕所革命等农村人居环境整治相关技术开发及应用
12. 三网融合类业务平台、通信、有线电视网络升级改造及设备制造
13. 藏医药研发、生产、销售
14. 服务“三农”、小微企业、专合组织的小额贷款金融服务
15. 特色产品溯源技术开发及应用
16. 食饮品外包装生产加工
17. 节能服务业
18. 天然饮用水（矿泉水）
19. 边贸产业（边贸市场建设、边贸企业培育）建设与发展
20. 在边境县市进行边境贸易进出口产品加工（《产业结构调整指导目录》限制类、淘汰类项目除外）
21. 科学研究和决策评价服务业
22. 自然资源及测绘地理信息技术开发和应用
23. 地质灾害勘查、监测、治理技术开发及应用
24. 利用太阳能和风能公路照明
25. 城镇道路桥梁和供水、供暖、污水垃圾处理等市政公用设施运营
26. 西藏乡土树种科研
27. 服务外包
28. 新型建材及装配式建筑材料研究、开发和应用
29. 新型墙体材料（《产业结构调整指导目录》限制类、淘汰类项目除外）
30. 石材开发（《产业结构调整指导目录》限制类、淘汰类项目除外）
31. 沙生植物种植与加工
32. 酒、饮料和精制茶制造，皮革及其制品制造和制鞋业，木材加工业，家具制造业，印刷和记录媒介复制业
33. 电力、热力、燃气及水生产和供应业
34. 居民服务、修理和其他服务业
35. 农、林、牧、渔产品批发，食品、饮料及烟草制品批发，纺织、服装及家庭用品批发，文化、体

育用品及器材批发，医药及医疗器材批发，矿产品、建材及化工产品批发；综合零售，食品、饮料及烟草制品专门零售，纺织、服装及日用品专门零售，文化、体育用品及器材专门零售，医药及医疗器材专门零售

36. 初等教育、中等教育、高等教育、技能培训、教育辅助等教育服务业

37. 广播电视集成播控、录音制作、文艺创作与表演、文物保护、艺术表演场馆、图书馆与档案馆、博物馆、烈士陵园、纪念馆、群众文体活动等文化艺术服务业

38. 体育组织、体育场地设施管理、健身休闲活动等体育服务业

39. 住宿和餐饮业

40. 民族演艺服饰、乐器设计、生产和销售

41. 房屋、土木工程建筑业、建筑安装业、建筑装饰、装修和其他建筑业

（六）陕西省

1. 多元素共生矿资源综合利用

2. 高性能镁合金开发及生产、钛材深加工

3. 大型炼油、乙烯、芳烃生产装置生产的有机化工原料就地深加工（《产业结构调整指导目录》限制类、淘汰类项目除外），新型、环保型油田化学品（二氧化碳及新型试剂驱油驱气）技术开发及生产，均聚甲醛、6 万吨/年及以上二甲基甲酰胺、6 万吨/ 年及以上聚乙烯醇等精细化工产品生产

4. 生物法、化学法生产可降解材料，包括聚乳酸、丙内酯基可降解材料、聚丁二酸丁二醇酯、聚羟基烷酸等，以及可降解高分子材料与淀粉共混的环境友好材料，新型炭质吸附材料，生物化学品等

5. 百万吨级大型乙烯、百万吨级大型芳烃、千万吨级大型炼油等重大煤化工、石油化工、电站用装备关键用泵、控制阀、调节阀的研发及制造

6. 高效微排放燃煤锅炉、高效煤泥复合循环流化床工业蒸汽/ 热水锅炉、烟气余热锅炉、全自动燃气（油）热水/蒸汽锅炉等锅炉的制造（优于国家标准）

7. 超越一级能效的微耗电冷暖空调系统

8. 汽车整车研发及制造，专用汽车（不包括普通挂车、自卸车、罐式车、厢式车和仓栅式汽车）研发及制造，汽车零部件研发及制造

9. 适用于丘陵山区的微耕机、拖拉机、农作物种植收获等中小型农具、农田建设所需农用工程机械及相关零部件的研发和制造

10. 教具教学仪器及文化健康用品开发及生产

11. 宽带网络建设及运营

12. 5G、人工智能、物联网、工业互联网建设

13. 仓储、运输、货代、包装、装卸、搬运、流通加工、配送、信息处理等服务；村级快递物流综合服务站建设及运营

14. 医疗机构经营

15. 艺术及技能培训（音乐、演艺、美术设计、服装设计和传统手工艺）

16. 地质灾害勘查、监测、治理技术开发及装备制造

17. 再生水、雨水、矿井疏干水等非常规水处理利用与分配工程建设及运营、节水产品研发、制造与推广、水资源循环利用与节水

18. 棚室栽培等设施农业，苹果、茶叶、小杂粮、魔芋、食用菌等区域特色产品种植、生产、加工，奶山羊养殖及羊乳深加工制造，林产品生产及深加工

19. 服务“三农”、小微企业、个体工商户的小额贷款金融服务

20. 服务外包

21. 物流业相关的仓储设施建设和商贸服务、农产品物流业

22. 北斗卫星导航及时空信息产业、遥感、通信、导航等卫星应用服务，雷达、通信、导航专用设备研制生产

23. 核、化学、生物等领域的侦察、防护、洗消等防化应急装备开发制造

24. 矿山安全仪器、矿山应急救援装备研发及制造

25. 复合材料加工设备

26. 陆上风电机组设备制造

27. 高掺量粉煤灰建材制品生产：粉煤灰70%及以上掺量生产烧结砖、85%及以上掺量生产陶粒制品、25%及以上掺量生产混凝土、30%及以上掺量生产其他建材产品（水泥除外）

28. 工业节能降耗技术开发及应用（余热、余压、压差、发生气等）

29. 石油、天然气、电力等能源储备设施和系统建设及运营，天然气调峰工厂、应急储气调峰设施建设及运营

30. 化工新材料、高端专用化学品的制造及深加工

31. 风电、光伏、氢能、地热等新能源及相关装置制造产业；太阳能光伏发电系统检测、建设及运营；风力发电场建设及运营；地热能勘探、开发和利用；地热、氢能等新能源产业运营服务

32. 300万吨/年及以上（焦煤150万吨/年及以上）安全高效煤矿（含矿井、露天）建设与生产，安全高产高效采煤技术开发利用

33. 进行煤炭分质利用，生产烯烃系、芳烃系及烯烃、芳烃结合产品

34. 第三代化合物半导体、高功率半导体激光器芯片研发及生产，化合物半导体外延生长及芯片生产

35. 无石棉纤维增强硅酸钙板（轻质墙板、预涂装饰板、外墙保湿一体板等）体系产品的研发制造

36. 国土空间环境污染修复技术研发及装备制造、矿山地质环境治理技术开发及应用

37. 半导体材料、新型光伏材料等电子材料的研制和生产，大 功率金属氧化物半导体场效应晶体管（MOSFEF）和绝缘栅双极型晶体管（IGBT）器件的设计制造，低温共烧陶瓷（LTCC）滤波器、多芯片组件（MCM）、厚膜通信电源、压电驱动器等产品的研发制造

38. 汽车用机械式变速箱、电控机械式自动变速箱（AMT）、新能源变速箱、动力换挡变速箱、液压机械无级变速器（CVT）等，盘式制动器、离合器、同步器、取力器、齿轮、锻件、铸件等汽车零部件，RV减速器，商用车制动防抱死系统（ABS）、胎温胎压监测系统（TPMS）、驱动防滑转（ASR）、电子制动系统（EBS）、驾驶辅助系统（ADAS）等汽车电子产品制造

39. 对污水污泥的处理和处置，及其净化后的利用活动，固体废物治理、危险废物治理，农村生活污水治理、生活垃圾治理、畜禽粪便处理及厕所革命等农村人居环境整治相关技术开发及应用

40. 农用地、生态用地、污染土地、废弃工矿用地等土地整治、修复、评估技术开发及应用

41. 信创产业（国产化）软硬件研发、适配及应用

42. 商业航天及相关配套

43. 新一代航天运载火箭发动机研制、测运控系统建设等，空间飞行器有效载荷及电子系统与设备

44. 复合材料、激光防护材料的研制与生产

45. 半导体、集成电路、连接器、传感器、人工智能处理器、新型电子元器件、高端芯片研制生产

46. 煤层气燃气电站、箱式移动电站等新能源装备研制

47. 机器人及关键零部件制造，工业机器人、工业机器人精密谐波减速器、电动舵机系统、永磁交流伺服电机、高精度直驱力矩电机、无刷旋转变压器等智能设备研制

48. 核辐射加工、核辐照产业、放射性同位素生产与研发、轻型辐射屏蔽材料、核级锆材等研发生产

49. 新能源材料、钛/锆/镍/镁/锂等特种合金材料、特种非金属材料、特种橡胶材料、高硅氧玻璃纤维、高温合金、3D打印材料、超导材料、特种陶瓷、石墨烯、吸波材料、含能材料等新材料研制生产

（七）甘肃省

1. 优质酿酒葡萄种植与酿造

2. 太阳能发电系统建设及运营

3. 风力发电场建设及运营

4. 利用天然气替代化工及有色金属材料深加工中使用的重油、柴油、煤技术开发及应用（天然气产

业政策限制、禁止类项目除外）

5. 高温气冷堆炭堆内构件及涉核炭—石墨材料开发及生产

6. 节能环保大型矿热炉用炭材料开发及生产

7. 高性能镁、钛合金开发及生产

8. 镍铜钴及贵金属粉体材料开发及生产

9. 镍钴二次电池材料开发及生产

10. 羰基冶金技术及羰基镍开发及生产

11. 电子级氟化氢（HF）生产（《产业结构调整指导目录》限制类、淘汰类项目除外）

12. 石棉湿法浮选改性工艺应用（《产业结构调整指导目录》限制类、淘汰类项目除外）

13. 石墨烯和纳米碳材料、细结构石墨、生物炭、锂电池负极等新型碳材料的开发及生产

14. 高掺量粉煤灰建材制品生产：粉煤灰70%及以上掺量生产烧结砖、85%及以上掺量生产陶粒制品、25%及以上掺量生产混凝土、30%及以上掺量生产其他建材产品（水泥除外）（《产业结构调整指导目录》限制类、淘汰类项目除外）

15. 300 万吨/年及以上（焦煤 150 万吨/年及以上）安全高效煤矿（含矿井、露天）建设与生产，安全高产高效采煤技术开发利用

16. 种子生产加工机械、烘干设备制造

17. 高性能真空设备制造：真空获得类、真空材料表面改性类、真空炉类、低温贮运容器类、真空专用设备

18. 重离子治癌设备研发及制造

19. 余热余能利用锅炉、生物质锅炉、垃圾焚烧处理锅炉及高参数大容量高效节能锅炉（窑炉）制造

20. 绿色镀膜成套装备研发及制造：真空离子镀膜、磁控溅射镀膜、蒸镀膜、离子注入、离子清洁等装备

21. 高效电机及其控制系统制造（额定功率 0.55~355kW，额定电压 690V 及以下的低压三相异步电动机；额定功率 355~25000kW，额定电压 6kV 或 10kV 的高压三相异步电动机；高效永磁伺服电机）

22. 电网系统节电设备制造（比同类产品空载损耗下降 10%~20%，负载损耗下降 5%）

23. 太阳能多热源蔬菜低温联合干燥技术开发及应用

24. 公路旅客运输

25. 宽带网络建设及运营

26. 服务“三农”、小微企业、个体工商户的小额贷款金融服务

27. 服务外包

28. 医疗机构经营

29. 体育竞赛表演、体育场馆（高尔夫球场、赛马场除外）设施建设及运营，大众体育健身休闲服务

30. 文化资源数字化、网络化展示平台研发及应用

31. 粉煤灰生产新型油田固井减轻剂

32. 高炉解毒铬浸出残渣技术开发及应用

33. 藏医药研发、生产、销售，天然药、原料药、中成药的深加工（《产业结构调整指导目录》限制类、淘汰类项目除外）

34. 林产品的生产及深加工

35. 农村生活污水治理、生活垃圾治理、畜禽粪便处理及厕所革命等农村人居环境整治相关技术开发及应用

36. 村级快递物流综合服务站建设及运营

37. 沙漠灾害综合治理

38. 单台 100 万吨/年及以上焦炉及焦炉煤气循环利用项目

39. 废钢、废铜、废铝以及稀有金属再生资源回收利用体系建设（《产业结构调整指导目录》限制

类、淘汰类项目除外）

40. 石油、天然气、电力等能源储备设施和系统建设及运营

41. 年产1000万吨及以上的超大型机制砂石生产

42. 有机过氧化物生产（《产业结构调整指导目录》限制类、淘汰类项目除外）

（八）青海省

1. 沙生植物种植与加工

2. 太阳能发电系统建设及运营

3. 风力发电场建设及运营

4. 钾、钠、镁、锂、硼、锶、溴、碘、铷、铯等盐湖资源综合利用、系列产品开发及副产物利用（《产业结构调整指导目录》限制类、淘汰类项目除外）

5. 稀盐酸脱析制氯化氢

6. 六水氯化镁（$MgCl_2 \cdot 6H_2O$）连续脱水制无水氯化镁

7. 高性能镁合金开发及生产

8. 石棉湿法浮选改性工艺应用

9. 以各类无机盐产品生产过程中所产生的固体废弃物、副产物为主的循环利用

10. 地下深层承压卤水资源勘探、研究及开发

11. 道路安全维护、养护设备研发及制造

12. 汽车整车制造，专用汽车（不包括普通挂车、自卸车、罐式车、厢式车和仓栅式汽车）制造

13. 民族工艺品加工生产

14. 公路旅客、公路货物运输

15. 宽带网络建设及运营

16. 医疗机构经营

17. 工业余热发电技术应用改造

18. 农村生活污水治理、生活垃圾治理、畜禽粪便处理及厕所革命等农村人居环境整治相关技术开发及应用

19. 服务“三农”、小微企业、个体工商户的小额贷款金融服务

20. 村级快递物流综合服务站建设及运营

21. AAA级及以上旅游景区、星级酒店、旅行社的运营

22. 林草特色种植业、特色养殖业、林下经济产业、林产品的生产及深加工

23. 藏医药、蒙医药研发、生产、销售

24. 光伏设备及元器件制造

25. 新能源汽车充电站、充电桩建设

26. 石油、天然气、电力等能源储备设施和系统建设及运营

27. 高端、大规模集成电路用材料、电子特气及电子化学品

28. 服务外包

29. 移动互联网、物联网、工业互联网、人工智能、区块链建设及运营

30. 电子信息制造业

31. 小型家用电器、消费电子产品制造

32. 枸杞、沙棘、红景天、青稞、藜麦、奶制品等特色食品的生产和加工

（九）宁夏回族自治区

1. 地方特色优势农林产品（包括枸杞，优质高端乳品，优质肉牛肉羊，硒砂瓜、供港蔬菜等特色果蔬，水稻、小麦、玉米、土豆等优质粮食）的生产及深加工

2. 300万吨/年及以上（焦煤150万吨/年及以上）安全高效煤矿（含矿井、露天）建设与生产；安全高产高效采煤技术开发利用及煤田火灾防治新技术装备研究与应用

3. 太阳能发电系统建设及运营

4. 风力发电场建设及运营

5. 硅系、锰系铁合金新产品（高纯硅铁、低钛微铝硅铁、高硅微碳锰、高硅硅锰、氮化硅铁、硅钙合金、硅钡铝合金等）的开发与生产，低硒锰片、脱氢锰片、氮化锰、低硫锰片、低氧化锰片的开发及生产（《产业结构调整指导目录》限制类、淘汰类项目除外）

6. 符合国家重要用途钢丝绳标准（GB 8918—2006）、直径在20~60mm的钢丝绳制品开发及生产

7. 钽、铌、铍、钛等稀有金属材料新产品、新工艺技术开发及生产

8. 多层陶瓷电容器用镍粉开发及生产

9. 高性能镁合金开发及生产

10. 20万吨/年及以上醋酸乙烯、6万吨/年及以上聚乙烯醇、10万吨/年及以上聚碳酸酯（PC）、6万吨/年及以上环氧乙烷、6万吨/年及以上聚甲醛、双加压法硝酸生产工艺、电子级高纯化学品生产，单套装置5万吨/年及以上使用回转窑的石灰氮、使用液下投料低温循环分离法1万吨/年及以上单氰胺、2万吨/年及以上双氰胺生产（《产业结构调整指导目录》限制类、淘汰类项目除外）

11. 高掺量粉煤灰建材制品生产：粉煤灰70%及以上掺量生产烧结砖、85%及以上掺量生产陶粒制品、25%及以上掺量生产混凝土、30%及以上掺量生产其他建材产品（《产业结构调整指导目录》限制类、淘汰类项目除外）

12. 大型煤化工、石油化工、火电核电站、油气储运、海洋工程等领域用耐高压、耐高低温、低噪音等高端智能控制阀和智能定位器的研发及制造

13. 轨道交通牵引、制动、信号、供电、载荷等关键零部件，包括电力电子牵引变压器、电抗器、合金枕梁、制动盘、电气化铁路地面变电站用牵引变压器、车载牵引变压器等研发生产

14. 汽车整车制造（《产业结构调整指导目录》限制类、淘汰类项目除外）

15. 煤炭气化及尾气综合利用、液化合成等洁净煤技术开发及设备制造

16. 食品加工

17. 民族工艺品加工生产

18. 公路旅客运输

19. 宽带网络建设及运营

20. 氮化铝粉、氮化铝陶瓷基片、氮化硅、氮化硅陶瓷制品的生产

21. 医疗机构经营

22. 矿热炉节能减排技术改造和余热发电回收利用

23. 服务“三农”、小微企业、个体工商户的小额贷款金融服务

24. 服务外包

25. 农村生活污水治理、生活垃圾治理、畜禽粪便处理及厕所革命等农村人居环境整治相关技术开发及应用

26. 村级快递物流综合服务站建设及运营

27. 石油、天然气、电力等能源储备设施和系统建设及运营

28. 高性能铝合金产品开发及生产

29. 生物发酵、化学合成氨基酸及相关衍生物的开发及生产

30. 模块化、物联网、系统化、智慧化电能表、水表、燃气表、热量表的研发及生产

31. 与动车轴承、轨道交通轴承、高铁轴承等精密轴承生产配套的专用数控加工机床、锻造辗环成套装备、轴承/齿轮模压淬火成套设备，用于精密零件的表面清洗、毛刺清理及吹干的通过式清洗机的研发及生产

32. 高原型智能化中低压配网成套开关设备、预制式箱式变电站/紧凑型箱式变电站、高压真空断路器及高原型高压真空断路器、低压微型断路器的研发及生产

33. 太阳能光热回转驱动减速器、光伏跟踪系统减速器、风能用偏航、变桨减速器的研发及生产

34. IGBT 逆变电源焊机、等离子切割机的研发及生产

35. 千万吨级综采设备配套用采煤机、刮板输送机、皮带输送机、防爆电机的研发生产；与综采设备配套的铸造、焊接中部槽、链环、减速机、托辊；煤矿机械再制造（《产业结构调整指导目录》限制类、淘汰类项目除外）

36. 养殖成套装备：包括全混合自动化日粮饲料制备、搅拌、青贮取料、撒料等成套装备；饲舍垫料抛撒、铺沙、粪便清理装备；智能精准配料系统装备；智能化成套饲料混合装备；水稻、小麦、玉米等主要农作物精量播种机械的研发及生产

37. 无机房乘用电梯及载货、医用、观光电梯，自动扶梯、自动人行道的研发及生产

38. 优质酿酒葡萄种植与酿造

39. 节能环保大型矿热炉用炭材料开发及生产

（十）新疆维吾尔自治区（含新疆生产建设兵团）

1. 葡萄酒和饮料生产（《产业结构调整指导目录》限制类、淘汰类项目除外）

2. 单层厚度 50 米及以上巨厚煤层开采技术开发及应用

3. 风力、光伏发电场建设及运营，太阳能发电系统制造

4. 300 万吨/年及以上（焦煤 150 万吨/年及以上）安全高效煤矿（含矿井、露天）建设与生产，安全高产高效采煤技术开发利用

5. 铁、锰、铜、镍、铅、锌、钨（锡）、锑、稀有金属勘探、有序开采、精深加工、加工新技术开发及应用，废铁、废钢、废铜、废铝以及稀有金属再生资源回收利用体系建设及运营（《产业结构调整指导目录》限制类、淘汰类项目除外）

6. 大型炼油、乙烯、芳烃生产装置生产的有机化工原料就地深加工（《产业结构调整指导目录》限制类、淘汰类项目除外）

7. 风电机组控制系统，风电机组用新型发电机、高速叶片、全功率变流器、变桨控制器、增速齿轮箱、主轴、轴承等关键部件，海上风电工程施工机械研发及制造

8. 轴承、齿轮等通用基础件制造

9. 金属切割及焊接设备制造

10. 建材机械及关键零部件制造

11. 塑料板、管及型材制造

12. 高压输变电及控制设备研发及制造，电线、电缆、光缆、电工器材制造、电容器及其配套设备制造，家用电力器具制造，电子产品及其零部件的组装、加工及销售

13. 钒钛磁铁矿开发、选冶联合工艺生产、综合利用及深加工

14. 干空气能应用装备研发及制造

15. 铸造、锻造、热处理、表面处理等基础工艺专业化服务（《产业结构调整指导目录》限制类、淘汰类项目除外）

16. 小麦、玉米、棉花、大麦、豆类、番茄、辣椒、甜菜、红枣、啤酒花等农林作物种植及精深加工、采收机械化技术开发及应用

17. 乳制品的开发和生产

18. 方便食品、保健食品、调味品、生物发酵制品的生产

19. 棉秆采收专用设备研发及制造

20. 节水器材、种子加工、肥料、高效低毒农药、农牧机械加工组装等农业资料和农用化工产品制造

21. 汽车整车制造、专用汽车制造、汽车关键零部件生产（《产业结构调整指导目录》限制类、淘汰类项目除外）

22. 日处理甜菜 3000 吨及以上食糖生产线；甜菜糖精深加工及废糖蜜、甜菜渣等副产品的综合利用（《产业结构调整指导目录》限制类、淘汰类项目除外）

23. 具有地方特色工艺美术产品研发设计及制造

24. 演艺设备和乐器制造及销售

25. 公路旅客运输，公路、铁路货物运输及多式联运

26. 宽带网络建设及运营

27. 口岸物流设施（物流仓库、堆场、装卸搬运工具、多式联运转运设施以及物流信息平台等）建设及经营；仓储、货代、包装、装卸、搬运、流通加工、配送、信息处理等服务；村级快递物流综合服务站建设及运营

28. 服务“三农”、小微企业、个体工商户的小额贷款金融服务

29. 服务外包

30. 医疗机构经营

31. 艺术及技能培训（民族音乐、演艺、美术、设计和传统手工艺）

32. 粮、棉秸秆、果木等农、林副产物资源综合利用技术开发及应用

33. 城镇、农村（含兵团团场、连队）生活污水治理、生活垃圾治理、畜禽粪便处理及厕所革命等农村人居环境整治相关技术开发及应用

34. 花卉、沙生植物种植与加工，林产品的生产及深加工

35. 维医药、蒙医药研发、生产、销售，医疗卫生产品生产

36. 节水型渔业养殖及盐碱地渔农综合利用生态养殖模式示范与应用

37. 冷水鱼养殖开发与应用

38. 石油、天然气、电力等能源储备设施和系统建设及运营，储能电池材料、储能电池、储能电源系统及其关键部件、装备的开发与生产

39. 5G 移动互联网、物联网、工业互联网、大数据、云计算、人工智能、区块链建设及运营；网络技术；互联网生产服务、生活服务、科技创新、公共服务等平台建设及运营

40. 城镇智慧市政信息化技术、智慧社区（小区）信息化技术研发与应用

41. 纺织服装产业，可带动群众就业的假发、梭织、针织、服装、家纺、毛巾、手套、织袜、制鞋、手工地毯、机织地毯以及刺绣产品的设计与生产（《产业结构调整指导目录》限制类、淘汰类项目除外）

42. 幅宽 3.2 米及以上年生产规模 8 万吨及以上的白板纸、箱板纸及瓦楞纸生产线

43. 节能高效型三聚氰胺生产技术及其下游产品的开发和应用

44. 30 万吨/年及以上羰基法合成醋酸技术及其下游产品的研发及应用

45. 碳酸二甲酯（DMC）开发与生产

46. 聚己二酸对苯二甲酸丁二醇酯（PBAT）生物可降解聚合物的生产及其可降解塑料制品、农用地膜的研发及应用

47. 新型环保建材生产，废弃物烧结新型墙体、部件及道路用建材生产

48. 1 万吨/年及以上甲硫醇硫化法生产二甲基二硫及其深加工产业

49. 工业设计软件、基础数据库、资源信息库、成果展示库和快速模具手板打印中心、工程实验室服务平台等信息技术产品的研究开发、建设与推广应用

50. 煤制聚甲醛、煤经甲醇制烯烃、合成气制草酸酯、草酸酯加氢、合成气一步法制乙二醇等煤制乙二醇产业技术升级示范应用（《产业结构调整指导目录》限制类、淘汰类项目除外）

51. 农林产品产地贮存、保鲜、烘干等初加工设施建设和运营（《产业结构调整指导目录》限制类、淘汰类项目除外）

52. 畜禽产品开发及精深加工

53. 农用滴灌带、地膜回收再利用技术研发与应用

54. 高纯铝生产及其深加工，铝基结构材料、变形材料（高性能合金、航空航天用合金、型材及配件等）、铝基电子电工功能材料（电子铝箔、电极箔、LED 蓝宝石用粉体、半导体、液晶面板、芯片用材料、光伏导电银工粉体等）研发及生产，再生铝及铝的固废循环利用及处理（《产业结构调整指导目录》限制类、淘汰类项目除外）

55. 现代马文化产业

56. 在边境县市进行边境贸易进出口产品加工（《产业结构调整指导目录》限制类、淘汰类项目除外）

（十一）内蒙古自治区

1. 沙生植物种植与加工，林产品的生产及深加工

2. 兽用药品制造、饲用微生物添加剂开发及生产（《产业结构调整指导目录》限制类、淘汰类项目除外）

3. 蒙医药研发、生产、销售

4. 有机—无机复混肥料生产，有机肥料生产

5. 太阳能发电系统建设及运营

6. 风力发电场建设及运营

7. 高性能稀土永磁、催化、抛光、合金、储氢、发光等稀土功能材料、器件开发及生产，稀土钢开发及应用；高纯稀土化合物、高纯稀土金属、稀土助剂的开发及生产

8. 锗、铀等新材料研发及应用：重水堆、压水堆、气冷堆系列民用核电燃料组件制造、钍资源开发利用、高纯锗及光纤通信生产

9. 6 万吨/年及以上聚甲醛、6 万吨/年及以上二甲基甲酰胺、6 万吨/年及以上聚乙烯醇等精细化工产品生产

10. 15 万吨/年及以上单套无水煤焦油深加工

11. 300 万吨/年及以上（焦煤 150 万吨/年及以上）安全高效煤矿（含矿井、露天）建设与生产，安全高产高效采煤技术开发利用

12. 无汞催化剂聚氯乙烯生产技术开发及应用

13. 六氟乙烷等精细氟化工产品生产（《产业结构调整指导目录》限制类、淘汰类项目除外）

14. 石墨烯和纳米碳材料、细结构石墨、生物炭、锂电池负极等新型碳材料开发及生产；先进高分子材料、石墨新材料、高端金属材料、高性能纤维及复合材料等新材料产业（生产、精深加工及其应用）

15. 煤系高岭土替代高铝矾土系列耐火材料产品及其他非金属耐火材料及制品生产

16. 大口径高压厚壁锅炉管生产

17. 磁感应强度 0.3T 及以上的稀土永磁核磁共振影像设备的研发及制造

18. 牧区户用小型风机制造

19. 汽车整车制造，专用汽车（不包括普通挂车、自卸车、厢式车和仓栅式汽车）制造

20. 90 吨及以上非公路矿用自卸车制造（《产业结构调整指导目录》限制类、淘汰类项目除外）

21. 毛绒棉纺织加工

22. 民族工艺品加工生产

23. 公路旅客运输，公路、铁路货物运输及多式联运

24. 宽带网络建设及运营

25. 进口木材加工

26. 口岸物流设施（物流仓库、堆场、装卸搬运工具、多式联运转运设施以及物流信息平台等）建设及经营；村级快递物流综合服务站建设及运营

27. 服务“三农”、小微企业、个体工商户的小额贷款金融服务

28. 服务外包

29. 医疗机构经营

30. 飞行员培训

31. 农村生活污水治理、生活垃圾治理、畜禽粪便处理及厕所革命等农村人居环境整治相关技术开发及应用

32. 传统蒙古包、蒙古族服装服饰的传承创新与开发应用

33. 新建 120 万吨/年及以上天然碱综合开发利用项目

34. 石油、天然气、电力等能源储备设施和系统建设及运营，电储能技术开发与应用

35. 5G 网络建设及运营，5G 技术开发及应用

36. 人工智能技术开发及应用

37. 在边境县市进行边境贸易进出口产品加工（《产业结构调整指导目录》限制类、淘汰类项目除外）

38. 电子信息制造产业（新型显示除外），软件与信息服务业

39. 铝后加工产业链配套项目（《产业结构调整指导目录》限制类、淘汰类项目除外）

40. 现代马文化产业

41. 氢加工制造、氢能燃料电池制造、输氢管道和加氢站建设

（十二）广西壮族自治区

1. 农产品质量安全检测新技术开发及应用

2. 铜、铝、钨、镁、锡、铟、锌、铅、锑、稀土等高性能新材料开发及精深加工（《产业结构调整指导目录》限制类、淘汰类项目除外）

3. 低品位难处理铝土矿综合利用

4. 生物乙醇制乙烯（以粮食为原料的除外）

5. 精细化工产品开发及生产（《产业结构调整指导目录》限制类、淘汰类项目除外）

6. 以锰矿为原料生产高纯硫酸锰、碳酸锰、四氧化三锰、锰酸锂以及电解金属锰为原料的电器元件、无汞碱锰电池、锂锰电池、不锈钢制品的先进生产技术开发及生产

7. 压缩天然气（CNG）汽车加气站成套设备及装置（CNG 汽车储气钢瓶、长管玻璃纤维缠绕气瓶、压缩机、高压地下储气井、储气罐、深度脱水装置、脱硫罐、冷凝管、油水分离器等）制造，液化天然气（LNG）加气站成套设备（含 LNG 储罐）及装置制造

8. 甘蔗种植机、收获机、剥叶机等中小型农机具研发及制造

9. 1.8 吨及以上挖掘机、1.6 吨及以上装载机、45 吨正面吊、电动叉车和 3 吨及以上内燃叉车、牵引车等工业车辆，应用 AI 技术、5G 技术、无人驾驶技术或新能源技术的工程机械产品，液压压路机、液压摊铺机、平地机、矿山机械制造（磨粉机、选粉机成套装备）和移动破碎筛分设备，挖掘机用回转减速机总成、行走减速机总成、装载机用驱动桥、装载机用动力换挡变速箱、装载机用铸造件、平地机驱动桥、推土机传动系统及元部件（变矩器、变速箱、中间传动总成、终传动总成）、工程机械用液压元件、液压管路和液压成套设备，工程机械电控系统制造（《产业结构调整指导目录》限制类、淘汰类项目除外）

10. 汽车整车制造，专用汽车（不包括普通挂车、自卸车、罐式车、厢式车和仓栅式汽车）制造，关键汽车零部件及配件制造

11. 适用于丘陵和山区的拖拉机及农作物种植、收获等中小型农机具，农村水利、田间道路建设等农用工程机械及其关键零部件的研发和制造

12. 蚕茧丝绸、纺织及印染、服装精深加工

13. 民族工艺品加工生产、民族传统手工艺人才培训、民族艺术文化培训

14. 蔗糖精深加工及废糖蜜、蔗渣、蔗叶、滤泥、酒精废液等副产品的综合利用和热电联产，蔗渣制浆造纸副产品及废液利用（《产业结构调整指导目录》限制类、淘汰类项目除外）

15. 桑蚕产业资源循环综合利用

16. 仓储、运输、货代、包装、装卸、搬运、流通加工、配送、信息处理等一体化服务；村级快递物流综合服务站建设及运营

17. 服务“三农”、小微企业、个体工商户的小额贷款金融服务

18. 城市水系淤泥综合利用

19. 工业余热、余压、压差、发生气综合利用技术开发及应用

20. 内燃机及其零部件产品研发和制造（《产业结构调整指导目录》限制类、淘汰类项目除外）

21. 船用配套设备制造

22. 电线、电缆、光缆、电工器材制造，电容器及其配套设备制造

23. 橡胶加工专用设备制造（高性能子午线轮胎及智能制造技术与装备、节能、环保型橡胶机械成套设备制造）

24. 乙烯、丙烯、烷烃等有机化工原料生产及下游精深加工；盐化工（《产业结构调整指导目录》限制类、淘汰类项目除外）

25. 高岭土、大理石、花岗岩、膨润土等特色矿物资源的综合开发、利用及精深加工（《产业结构调整指导目录》限制类、淘汰类项目除外）

26. 超细重钙、改性重钙、超细轻钙、改性轻钙、纳米钙等高端碳酸钙生产、下游精深加工及配套产业（《产业结构调整指导目录》限制类、淘汰类项目除外）

27. 纳米碳材料、细结构石墨、生物炭、锂电池负极等新型碳材料开发及生产

28. 高端优质浮法玻璃、电子玻璃、汽车和光伏玻璃生产及下游精深加工

29. 电弧炉短流程炼钢及工艺（《产业结构调整指导目录》限制类、淘汰类项目除外）

30. 林木深加工及家具生产（《产业结构调整指导目录》限制类、淘汰类项目除外）

31. 康养基地建设与服务

32. 深度节能（氧化铝综合回收率达到 80%、吨氧化铝综合能耗低于 380 千克标准煤、吨氧化铝新水消耗低于 3 吨）的氧化铝及其制品

33. 偏析法生产精铝技术，高纯铝生产技术

34. 笔记本电脑、通信产品整机及关键零部件的研发及制造

35. 生物芯片及相关数据获取、处理设备和软件的开发及制造

36. 风力、太阳能发电场建设及运营

37. 农产品贮存、保鲜、烘干、加工设备研发生产，设施建设与运营（《产业结构调整指导目录》限制类、淘汰类项目除外）

38. 农村生活污水治理、生活垃圾治理、畜禽粪便处理及厕所革命等农村人居环境整治相关技术开发及应用

39. 茶叶和代用茶制造业

40. 广西特色优势农产品生产、初加工及精深加工

41. 高端医药及医疗器材生产及现代医药物流，壮瑶等民族药及民族医疗器械研发生产

42. 文化创意产业

43. 跨境贸易、国际物流、货运代理、跨境电商、外贸综合服务、市场采购贸易

44. 服务外包

45. 农村道路旅客运输

46. 在边境县市进行边境贸易进出口产品加工（《产业结构调整指导目录》限制类、淘汰类项目除外）

关于印发《海南自由贸易港鼓励类产业目录（2020 年本）》的通知

（发改地区规〔2021〕120 号）

海南省人民政府：

经国务院同意，现将《海南自由贸易港鼓励类产业目录（2020 年本）》（以下简称《目录》）印发你省，请遵照执行。

在执行过程中，如不能准确判定企业主营业务是否属于《目录》，可由你省税务等部门提请省发展改革部门出具意见；关于离岸新型国际贸易的范围，由财政部、税务总局商有关部门进行解释。

国家发展改革委
财政部
国家税务总局
二〇二一年一月二十七日

海南自由贸易港鼓励类产业目录（2020 年本）

为贯彻落实《海南自由贸易港建设总体方案》要求，加快推进海南自由贸易港建设，结合海南省实际，制定本目录。

本目录共包括两部分，一是国家现有产业目录中的鼓励类产业，二是海南自由贸易港新增鼓励类产业。

本目录适用于在海南自由贸易港生产经营的企业，其中外商投资企业按照《鼓励外商投资产业目录（2019 年版）》执行。

本目录自 2020 年 1 月 1 日起施行，有效期截至 2024 年 12 月 31 日。根据海南自由贸易港建设需要，适时对本目录进行修订。

一、国家现有产业目录中的鼓励类产业

（一）《产业结构调整指导目录（2019 年本）》（国家发展改革委令 2019 年第 29 号）中的鼓励类产业。

（二）《鼓励外商投资产业目录（2019 年版）》（国家发展改革委、商务部令 2019 年第 27 号）中的产业。

以上目录如有修订，按新修订版本执行。

二、海南自由贸易港新增鼓励类产业

（一）农、林、牧、渔业

1. 水产品质量安全保障体系建设与运营

2. 热带经济林基地建设

3. 动植物药材资源的保护和可持续利用（《产业结构调整指导目录（2019 年）》限制类、淘汰类项

目除外）

（二）制造业

4. 深远海养殖、加工产业及装备示范应用

5. 深海鱼油、蛋白粉、甲壳素提取等水产品加工

6. 红酒、牛羊肉、牛奶、冻品、燕窝等进口食品的深加工制造

7. 热带农林产品精深加工

8. 使用进口原料生产药品、化妆品，进口农林产品深加工制造（国家实行配额管理的商品除外）

9. 机制砂生产（年生产 100 万立方米机制砂以上的建筑石料机制砂一体化生产）

10. 海砂淡化（海水淡化和海砂淡化一体化生产，年生产规模为 300 万立方米以上的海砂淡化生产）

11. 游艇、邮轮研发、制造、维修保养及配套产业，新能源清洁能源动力船舶研发与建造

12. 低硫油、生物质油的调制与应用

13. 生物质材料研发与应用

14. 已建的中、大型或新建的大型炼油、乙烯、芳烃、天然气化工生产装置生产的有机化工原料深加工（《产业结构调整指导目录（2019 年）》限制类、淘汰类项目除外）

15. 化妆品（含汞量不超过百万分之一）开发、生产

16. 新能源汽车制造（按照《汽车产业投资管理规定》等执行）

17. 摩托车整车及重要零部件制造

18. 教具教学仪器开发及生产

19. 建筑与海洋防护用环保涂料

20. 海洋可再生能源装备研发及制造

21. 航天食品、航天生物医药、航天医学研究及应用

22. 深远海搜救打捞装备和技术研发应用

23. 特种干式变压器、电抗器、变流器、无功补偿及电源成套设备和超滤膜净水设备的研发与制造

24. 传统工艺品设计加工生产

25. 拥有自主知识产权的医疗仪器设备及器械研发与生产

26. 精密机械手表、机械时钟及零部件制造，智能手表及零部件制造

27. 宝玉石加工和珠宝首饰镶嵌制造

28. 海洋石油勘探、开发、生产相关的设备研发、制造、检验、维修、销售及配套产业

29. 航空飞行器、航空发动机、航空机载产品的研发、制造与维修保养等运营服务及其配套产业

30. 航天器及其地面设施研发、制造、维修、保养，太空资源勘测与应用

（三）建筑业

31. 港口码头建设及养护

32. 沿海深水航道、防波堤和内河航道、通航建筑物建设及养护

33. 江河湖库水系连通及农村水系综合整治工程

34. 海底光缆建设及养护

35. 沿海公共锚地建设及养护

36. 生物多样性保护工程建设

37. 海洋环境治理、生态修复及生态示范工程建设

38. 运动船艇码头等户外运动基础设施建设

39. 可再生能源建筑一体化应用技术研发、生产及示范工程

40. 海洋石油天然气工程

（四）批发和零售业

41. 农林产品贸易营销中心建设

42. 品牌体验店、品牌直销购物中心、连锁便利店、目录商店、主题商城、大型综合批发市场、专业

商品批发市场等商贸设施建设及信息化改造，无界零售平台及技术研发

43. 农林产品进超市系列化服务

44. 大宗商品贸易（国家实行配额管理的商品除外）

45. 贸易经纪、代理与服务

46. 离岸新型国际贸易

47. 种业国际贸易

48. 拍卖公司建设与运营

（五）交通运输、仓储和邮政业

49. 公路旅客运输，邮轮、游艇、游船产业及服务

50. 铁路客货运输，铁水联运及粤海轮渡铁路客货运输，高速铁路快件运输

51. 农林渔产品、食品、药品仓储保鲜冷链物流集配中心

52. 船舶登记、管理、维修、保养、检验检测和相关服务，邮轮与国际航运、飞机物资供应业务，船用燃油和天然气、船用产品、物料供应等船舶供应，航运航空保税燃油和保税 LNG 加注服务

53. 水上客货运输及辅助业务，港口装卸、仓储、拖轮、理货业务，邮轮港口业务、邮轮运输业务

54. 国际无船承运人业务

55. 国际寄递物流

56. 国际航空货运服务

57. 国际航线挂靠、集装箱中转业务、集装箱拆拼箱

58. 国际航空器和航材物流、交易市场及衍生业务

59. 通航短途运输

60. 全球集拼分拨系统研发及运营管理

61. 国际货代、船代、报关、报检等相关代理业务

62. 仓储、运输、货代、船代、拣选、包装、装卸、分拣、搬运、流通加工、配送、逆向物流、信息处理等一体化服务

（六）住宿和餐饮业

63. 酒店、特色化中小型家庭旅馆、乡村民宿

64. 分时度假、在线租赁、房屋分享等各类共享型居住产品开发与推广

65. 特色餐饮品牌化建设及连锁化经营

（七）信息传输、软件和信息技术服务业

66. 5G 和 6G 技术开发及商业化应用

67. 通用或高端通用处理器、存储器和操作系统、数据库等基础软硬件研发及应用

68. 软硬件产品测试验证工具研发和应用

69. 互联网信息服务

70. 互联网平台

71. 电子商务（含跨境电子商务）

72. 工业软件

73. 开源软件社区

74. 量子信息技术开发及应用

75. 车联网及自动驾驶技术研发及测试、应用

76. 北斗卫星导航应用

77. 电子竞技线上服务平台建设

78. 生物芯片及相关数据获取、处理设备的开发和制造

79. 网络和数据安全技术产品研发及应用、网络和数据安全服务

80. 数据资产确权、登记和交易技术与方法应用

81. 动漫及游戏制作、发行、交易、衍生品开发

（八）金融业

82. 个人征信、企业征信、信用评级、增信等金融中介服务业务

83. 金融资讯和金融数据等金融信息服务业务

84. 跨境投融资双向开放服务体系建设

85. 国际能源、航运、大宗商品、产权、股权等国际现货交易场所、国际现货清算所和国际知识产权交易所建设

86. 现货（含仓单）、保单、价格（指数）和相关场外衍生品等的交易、融资、清（结）算、交收（割）、风险管理、信息服务等相关业务

87. 服务“三农”、小型微型企业、小微企业主、个体工商户的小额贷款金融服务

88. 航运相关金融服务

89. 金融管理部门批准设立并实施监管的机构的金融科技产品研发、应用和服务输出

90. 人身保险、再保险、相互保险、自保，保险中介业务

（九）租赁和商务服务业

91. 航运仲裁、航运经纪、航运咨询、海损理算、航运交易、航运信息服务、船员服务、海事培训、船舶交易、船舶租赁等航运服务业

92. 展览服务，质检技术服务

93. 钻石、珠宝、金银类金属首饰等消费精品贸易、设计和加工技术及相关服务

94. 专业社会组织和人才中介服务机构培育、中小企业社会化服务体系建设

95. 跨国公司区域总部

96. 国际化会展设施投资、建设与运营

97. 企业数字化转型服务

98. 服务外包

99. 海洋石油勘探、开发、生产业务相关设备、仪器、物业租赁

（十）科学研究和技术服务业

100. 中医药服务标准、知识产权推广与应用

101. 种业检测检疫、种业生物技术开发监管体系建设与运营

102. 深远海服务保障基地建设

103. 智慧海洋与海洋信息服务

104. 商业航天发射、商业卫星测控等服务

105. 航空人员培训、航空航天科普、航空航天文创

106. 科技服务体系建设、科技普及设施建设与经营

107. 国内外科研机构或基地及其分支机构、国际科技创新机构建设与运营

108. 资源库（馆、中心）、科学数据中心建设与运营

109. 动植物遗传工程及基因库建设

110. 工业设计服务

111. 农林产品商标品牌建设

112. 国际知识产权（版权）贸易

113. 海洋石油勘探、开发、生产相关的研发和技术服务

（十一）水利、环境和公共设施管理业

114. 绿色港口建设，港口船舶 LNG 加注、岸电标准和供应服务体系，港口和船舶岸电改造及建设，港口船舶应用新能源清洁能源技术开发及应用

115. 救助与打捞基地建设、救助飞行基地建设、救助打捞人员培训、智能航运测试与示范

116. 节能节水、低碳循环、治污减排、监测监控等核心节能环保技术工艺、成套产品研发与产业化

117. 节能环保技术与产品开发、节能环保工程设计与施工和运营、节能诊断与环境监测咨询等服务

118. 天然气热电联产

119. 直供电、储能、氢能、LNG 中转站投资运营

（十二）教育

120. 高等教育

121. 国际教育

122. 职业技能培训、体校及体育培训、文化艺术培训

（十三）卫生和社会工作

123. 高端专业医疗、康复、护理等医疗卫生服务

124. 第三方医疗检测等中介服务及机构，医疗质量、医疗服务能力评价

125. 高端医疗装备、新药品应用

126. 中医药服务贸易

127. 再生医学服务

128. 热带病研究、诊断与防治

129. 医疗机构经营

130. 绿色道地药材和特色健康产品的交易平台

131. 先进适用的制药及生物制剂成套设备制造

（十四）文化、体育和娱乐业

132. 文物保护利用及相关服务、文物拍卖业务

133. 出版物展示、交易和发行网点（实体书店）建设

134. 国际艺术品展示交易拍卖

135. 智能体育及电子竞技

136. 文化贸易、交流合作

137. 旅行社及旅游旅行代理服务

138. 文化和旅游宣传推广及目的地营销

139. 线上旅游服务

140. 休闲渔业

141. 演出经纪服务，演出场所、娱乐场所经营

142. 中医药健康旅游基地、森林康养基地、森林体验基地、国家森林步道、自驾车营地（含房车）、商务宿营地、农林旅游景区

143. 城市综合体概念的旅游社区、旅游度假区、主题公园、景区景点建设、历史文化街区、旅游演艺

4.2.4 国内投资项目历年有关目录

海关总署关于执行《产业结构调整指导目录（2005年本）》的公告

（海关总署公告2006年第7号）

经国务院批准，国家发展改革委以《中华人民共和国国家发展改革委令（第40号）》发布了《产业结构调整指导目录（2005年本）》（以下简称《产业指导目录》，详见附件），并规定自2005年12月2日起执行。现就海关执行中的有关问题公告如下：

一、自2005年12月2日起，对属于《产业指导目录》鼓励类范围的国内投资项目，在投资总额内进口的自用设备，除《国内投资项目不予免税的进口商品目录》所列商品外，可凭投资主管部门出具的项目确认书，按照《国务院关于调整进口设备税收政策的通知》（国发〔1997〕37号）及其他相关规定办理免征进口关税和进口环节增值税手续。

二、《产业指导目录》实施后，项目确认书中的“项目产业政策审批条目”编码为“I”，例如，《产业指导目录》中鼓励类的第一类第1项应填写为：粮食中低产田综合治理与稳产高产基本农田建设（I0101）；第六类第2项应填写为：天然气水合物勘探开发（I0602）。

三、为保持政策的连续性，对2005年12月2日（不含12月2日）以前审批、核准或备案的国内投资项目（以项目的审批、核准或备案日期为准），符合《当前国家重点鼓励发展的产业、产品和技术目录（2000年修订）》的，可按照原有关规定继续办理免征进口关税和进口环节增值税手续。有关项目单位须于2006年12月31日前，持投资主管部门出具的项目确认书（其中“项目产业政策审批条目”仍按原审批条目及编码填写）等有关资料向海关申请办理减免税备案手续。逾期，海关不再受理上述减免税备案申请。

四、有关投资主管部门已出具的国内投资项目的项目确认书需要变更的，应由原项目确认书的出具单位以函的形式进行变更，不再采取在原项目确认书复印件上变更的方式。对于仍在原项目确认书复印件上进行变更的，海关不予认可。

特此公告。

附件　产业结构调整指导目录（2005年本）

海关总署

二○○六年二月九日

附件

产业结构调整指导目录（2005 年本）

第一类 鼓励类

一、农林业

1. 粮食中低产田综合治理与稳产高产基本农田建设
2. 国家级农产品基地建设
3. 蔬菜、花卉无土栽培
4. 优质、高产、高效标准化栽培和养殖技术开发及应用
5. 重大病虫害及动物疾病防治
6. 农作物、家畜、家禽及水生动植物、野生动植物遗传工程及基因库建设
7. 动植物优良品种选育、繁育、保种和开发
8. 种（苗）脱毒技术开发及应用
9. 旱作节水农业、保护性耕作、生态农业建设、耕地质量建设以及新开耕地快速培肥技术开发
10. 生态种（养）技术开发与应用
11. 农用薄膜无污染降解技术及农田土壤重金属降解技术开发及应用
12. 绿色无公害饲料及添加剂研究开发
13. 内陆流域性大湖资源增殖保护工程
14. 远洋渔业
15. 奶牛养殖
16. 牛羊胚胎（体内）及精液工厂化生产
17. 农业克隆技术研发
18. 耕地保养管理与土、肥、水速测技术开发
19. 农、林作物种质资源保护地、保护区建设以及种质资源收集、保存、鉴定、开发和应用
20. 农作物秸秆还田与综合利用（包括青贮饲料、秸秆氨化养牛、还田、气化、培育食用菌等）
21. 农村可再生资源综合利用开发工程（沼气工程、生态家园等）
22. 平垸行洪退田还湖恢复工程
23. 食（药）用菌菌种培育
24. 草原、森林灾害综合治理工程
25. 利用非耕地的退耕（牧）还林（草）及天然草原植被恢复工程
26. 动物疫病的新型诊断试剂、疫苗及低毒低残留新药开发
27. 高产牧草人工种植
28. 天然橡胶种植生产
29. 无公害农产品及其产地环境的有害元素监测技术开发及应用
30. 有机废弃物无害化处理及有机肥料产业化技术开发及应用
31. 农牧渔产品的无公害、绿色生产技术开发及应用
32. 农林牧渔产品储运、保鲜、加工及综合利用
33. 天然林等自然资源保护工程
34. 植树种草工程及林木种苗工程
35. 水土保持综合技术开发及应用
36. 生态系统恢复与重建工程
37. 森林、野生动植物、湿地、荒漠、草原等类型自然保护区建设及生态示范工程

38. 防护林工程
39. 石漠化防治及防沙治沙工程
40. 固沙、保水、改土新材料生产
41. 抗盐与耐旱植物的培植
42. 速生丰产林工程、工业原料林工程及名特优新经济林建设
43. 竹藤基地建设及竹藤新产品生产技术开发
44. 中幼林抚育工程
45. 野生经济林树种保护、改良及开发利用
46. 珍稀濒危野生动植物保护工程
47. 林业基因资源保护工程
48. 次小薪材、沙生灌木和三剩物的深度加工及系列产品开发
49. 野生动植物种源繁育、培植基地及疫源疫病监测预警体系建设
50. 地道中药材和优质、丰产、濒危或紧缺动植物药材的种（养）殖
51. 香料、野生花卉等林下资源的人工培育及开发
52. 木基复合材料的技术开发
53. 竹质工程材料、植物纤维工程材料生产及综合利用
54. 林产化学品深加工
55. 人工增雨防雹等人工影响天气技术开发和应用

二、水利

1. 大江、大河、大湖治理及干支流控制性工程
2. 跨流域调水工程
3. 水资源短缺地区水源工程
4. 农村人畜饮水及改水工程
5. 蓄滞洪区安全建设
6. 海堤防维护及建设
7. 江河湖库清淤疏浚工程
8. 病险水库和堤防除险加固工程
9. 堤坝隐患监测与修复技术开发应用
10. 城市积涝预警和防洪工程
11. 出海口门整治工程
12. 综合利用水利枢纽工程
13. 牧区水利工程
14. 淤地坝工程
15. 水利工程用土工合成材料及新型材料开发制造
16. 大中型灌区改造及配套设施建设
17. 防洪抗旱应急设施建设
18. 高效输配水、节水灌溉技术及设备制造
19. 水情水质自动监测及防洪调度自动化系统开发
20. 水文数据采集仪器及设备制造

三、煤炭

1. 煤田地质及地球物理勘探
2. 120 万吨/年及以上的高产高效煤矿（含矿井、露天）、高效选煤厂建设

3. 矿井灾害（瓦斯、煤尘、矿井水、火、围岩等）防治
4. 工业及生活用环保型煤开发及生产
5. 水煤浆技术开发及应用
6. 煤炭气化、液化技术开发及应用
7. 煤层气勘探、开发和矿井瓦斯利用
8. 低热值燃料（含煤矸石）及煤矿伴生资源开发利用及设备制造
9. 管道输煤
10. 煤炭高效洗选脱硫技术开发及应用
11. 节水型选煤工程技术开发及应用
12. 地面沉陷区治理、矿井水资源保护及利用
13. 煤电、煤焦化（焦炉煤气、煤焦油深加工）一体化建设
14. 提高资源回收率的采煤方法、工艺开发应用及装备制造

四、电力

1. 水力发电
2. 单机 60 万千瓦及以上超临界、超超临界机组电站建设
3. 采用 30 万千瓦及以上集中供热机组的热电联产，以及热、电、冷多联产
4. 缺水地区单机 60 万千瓦及以上大型空冷机组电站建设
5. 风力发电及太阳能、地热能、海洋能、生物质能等可再生能源开发利用
6. 燃气蒸汽联合循环发电
7. 30 万千瓦及以上循环流化床、增压流化床、整体煤气化联合循环发电等洁净煤发电
8. 单机 20 万千瓦及以上采用流化床锅炉并利用煤矸石或劣质煤发电
9. 500 千伏及以上交、直流输变电
10. 投运发电机组脱硫改造
11. 城乡电网改造及建设
12. 继电保护技术、电网运行安全监控信息技术开发
13. 大型电站及大电网变电站集约化设计和自动化技术开发
14. 跨区电网互联工程技术开发
15. 输变电新技术推广应用
16. 降低输、变、配电损耗技术开发及应用
17. 分散供电技术开发及应用

五、核能

1. 铀矿地质勘查和铀矿采冶
2. 低温核供热堆、快中子增殖堆、聚变堆、先进研究堆、高温气冷堆
3. 核电站建设
4. 高性能核燃料元件制造
5. 乏燃料后处理
6. 核分析、核探测仪器仪表制造
7. 同位素、加速器及辐照应用技术开发
8. 先进的铀同位素分离技术开发
9. 辐射防护技术开发与监测设备制造
10. 核设施实体保护仪器仪表开发

六、石油、天然气

1. 石油、天然气勘探及开采
2. 天然气水合物勘探开发
3. 原油、天然气、成品油的储运和管道输送设施及网络建设
4. 油气伴生资源综合利用
5. 提高油气田采收率、生产安全保障技术和设施、生态环境恢复与污染防治工程技术开发和应用
6. 放空天然气回收利用

七、钢铁

1. 黑色金属矿山接替资源勘探及关键勘探技术开发
2. 炭化室高度6米以上、宽500毫米以上配干熄焦、装煤、推焦除尘装置的新一代大容积机械化焦炉建设
3. 煤捣固炼焦、配型煤炼焦工艺技术应用
4. 干法熄焦、导热油换热技术应用
5. 120万吨/年以上大型链篦机回转窑和带式球团焙烧机等氧化球团生产
6. 15万吨/年及以上直接还原法炼铁
7. 先进适用的熔融还原技术开发及应用
8. 废钢加工处理（分类、剪切和打包，不含炼钢）
9. 合金钢大方坯、大型板坯、圆坯、异型坯及近终型连铸技术开发及应用
10. 现代化热轧宽带钢轧机关键技术开发应用及关键部件制造
11. 薄板坯连铸连轧关键技术开发应用及关键部件制造
12. 高强度钢生产
13. 高速重载铁路用钢生产
14. 石油开采用油井管、电站用高压锅炉管及油、气等长距离输送用钢管生产
15. H形钢、400MPa及以上螺纹钢筋生产
16. 冷连轧宽带钢关键技术开发应用及关键部件制造
17. 冷轧硅钢片生产
18. 控制轧制、控制冷却工艺技术应用
19. 直径550毫米以上超高功率石墨电极生产
20. 大型高炉用微孔、超微孔炭砖生产
21. 优质合成、不定形耐火材料生产
22. 铁合金新工艺、新技术开发应用
23. 全燃煤气热电联产
24. 蓄热式燃烧技术应用
25. 冶金综合自动化技术应用

八、有色金属

1. 有色金属矿山接替资源勘探及关键勘探技术开发
2. 铜、铝、铅、锌、镍大中型矿山建设
3. 紧缺资源的深部及难采矿床开采
4. 硫化矿物无污染强化熔炼工艺开发及应用
5. 高效萃取设备和工艺技术开发
6. 高精铜板、带、箔、管材生产及技术开发

7. 高精铝板、带、箔及高速薄带铸轧生产技术开发与设备制造
8. 轨道交通用高性能金属材料制造
9. 有色金属复合材料技术开发及应用
10. 高性能、高精度硬质合金及深加工产品和陶瓷材料生产
11. 稀有、稀土金属深加工及其应用
12. 锡化合物、锑化合物（不含氧化锑）生产
13. 高性能磁性材料制造
14. 超细粉体材料、电子浆料及其制品生产
15. 非晶合金薄带制造
16. 新型刹车材料制造
17. 高品质镁合金铸造及板、管、型材加工技术开发
18. 有色金属生产过程检测和控制技术开发
19. 焙烧、热压预氧化和细菌氧化提金工艺技术开发及应用

九、化工

1. 化工原料矿产资源勘探及大中型化工原料矿山建设
2. 资源节约和环保型氮肥装置建设以及原料本地化、经济化改造
3. 优质磷复肥、钾肥及各种专用复合肥生产
4. 高效、低毒、安全新品种农药及中间体开发生产
5. 用清洁生产技术建设和改造无机化工生产装置
6. 环保型涂料生产
7. 新型生物化工产品、专用精细化学品和膜材料生产
8. 新型高效、无污染催化剂开发及生产
9. 有机硅、有机氟及高性能无机氟化工产品生产
10. 无机纳米及功能性材料生产
11. 新型染料及其中间体开发及生产
12. 大型芳烃生产装置建设
13. 提高油品质量的炼油及节能降耗装置改造
14. 大型乙烯建设（东部及沿海 80 万吨/年及以上、西部 60 万吨/年及以上）及现有乙烯改扩建
15. 大型合成树脂及合成树脂新工艺、新产品开发
16. 大型己内酰胺、乙二醇、丙烯腈的生产技术开发和成套设备制造
17. 大型合成橡胶、合成胶乳和热塑性弹性体先进工艺开发、新产品制造
18. 新型环保型油剂、助剂等纺织专用化学品生产
19. 复合材料、功能性高分子材料、工程塑料及低成本化、新型塑料合金生产
20. 采用先进工艺技术的大型基本有机化工原料生产
21. 高等级道路沥青、聚合物改性沥青和特种沥青生产
22. 低硫含酸重质原油综合利用
23. 合成树脂加工用新型助剂、新型吸附剂、高性能添加剂和复配技术开发
24. 20 万吨/年及以上氧氯化法制聚氯乙烯
25. 氯化法钛白粉生产
26. 高等级子午线轮胎及配套专用材料、设备生产
27. 醇醚燃料生产

十、建材

1. 日产 4000 吨及以上（西部地区日产 2000 吨及以上）熟料新型干法水泥生产及装备和配套材料开

发

2. 新型节能环保墙体材料、绝热隔音材料、防水材料和建筑密封材料、建筑涂料开发生产

3. 优质环保型摩擦与密封材料生产

4. 3万吨/年及以上无碱玻璃纤维池窑拉丝技术和高性能玻璃纤维及制品技术开发与生产

5. 优质节能复合门窗及五金配件生产

6. 新型管材（含管件）技术开发制造

7. 优质浮法玻璃生产技术、装备和节能、安全平板玻璃深加工技术开发

8. 一次冲洗用水量6升及以下的坐便器、节水型小便、蹲便器及节水控制设备开发生产

9. 高新技术和环保产业需求的高纯、超细、改性等精细加工矿物材料生产及其技术装备开发制造

10. 新型干法水泥和新型墙体材料等建材产品生产中消纳工业废弃物、城市垃圾和污泥的无害化与资源化关键技术及装备开发

11. 玻璃纤维增强塑料制品（玻璃钢）机械化成型技术开发

12. 散装水泥装备技术开发

13. 高性能混凝土用外加剂技术开发与生产

14. 50万吨/年及以上人工砂生产线及其技术装备开发生产

15. 100万吨/年及以上大型水泥粉磨站建设

16. 20万立方米/年以上大型石材荒料、30万平方米/年以上超薄复合石材生产

17. 高品质人工晶体材料生产技术开发

十一、医药

1. 具有自主知识产权的新药开发与生产

2. 重大传染病防治疫苗和药物开发与生产

3. 新型诊断试剂及生物芯片技术开发与生产

4. 新型计划生育药物及器具开发与生产（含第三代孕激素的避孕药，第三代宫内节育器等）

5. 天然药物、海洋药物开发与生产

6. 制剂新辅料开发与生产

7. 关键医药中间体开发与生产

8. 医药生物工程新技术、新产品开发

9. 新型药物制剂技术开发与应用

10. 大规模药用多肽和核酸合成、发酵生产、纯化技术开发和应用

11. 药物生产中的膜技术、超临界萃取技术、手性技术及自控技术等开发和应用

12. 原料药清洁生产工艺开发与应用

13. 新型药用包装材料及其技术开发

14. 中药现代化（濒危稀缺药用动植物人工繁育技术开发；先进农业技术在中药材规范化种植、养殖中的应用；中药有效成分的提取、纯化、质量控制新技术开发和应用；中药现代剂型的工艺技术、生产过程控制技术和装备的开发与应用；中药饮片创新技术开发和产业化）

15. 少数民族医药开发生产

16. 数字化医学影像产品及医疗信息技术开发与制造

17. 早期诊断医疗仪器设备开发制造

18. 微创外科和介入治疗装备及器械开发制造

19. 医疗急救及康复工程技术装置开发生产

20. 实验动物养殖

21. 微生物开发利用

十二、机械

1. 数控机床关键零部件及刀具制造
2. 三轴以上联动的高速、精密数控机床，数控系统及交流伺服装置、直线电机制造
3. 新型传感器开发及制造
4. 轿车轴承、铁路轴承、精密轴承、低噪音轴承制造
5. 转轮直径 8.5 米及以上混流、轴流式水电设备及其关键配套辅机制造
6. 大型贯流及抽水蓄能水电机组及其关键配套辅机制造
7. 60 万千瓦及以上超临界及超超临界火电机组成套设备技术开发、设备制造及其关键配套辅机制造
8. 30 万千瓦及以上循环流化床锅炉制造
9. 40 万千瓦级以上燃气、蒸汽联合循环设备制造
10. 大型、精密、专用铸锻件技术开发及设备制造
11. 500 千伏及以上超高压交、直流输变电成套设备制造
12. 清洁能源发电设备制造（核电、风力发电、太阳能、潮汐等）
13. 30 万吨/年及以上合成氨成套设备制造
14. 60 万吨/年及以上乙烯成套设备制造技术开发及应用
15. 集散型（DCS）控制系统及智能化现场仪表开发及制造
16. 精密仪器开发及制造
17. 新型液压、气动、密封元器件及装置制造
18. 自动化焊接设备技术开发及设备制造
19. 大型、精密模具及汽车模具设计与制造
20. 可控气氛及大型真空热处理技术开发及设备制造
21. 安全生产及环保检测仪器设计制造
22. 城市垃圾处理设备制造
23. 粉煤灰储运、利用成套设备制造
24. 废旧电器、塑料、废旧橡胶回收利用设备制造
25. 海水淡化和海水直接利用设备制造
26. 工业机器人及其成套系统开发制造
27. 500 万吨/年及以上矿井综合采掘、装运成套设备及大型煤矿洗选机械设备制造
28. 2000 万吨级/年及以上大型露天矿成套设备制造
29. 大型油气集输设备制造
30. 自动化高速多色成套印刷设备制造
31. 种、肥、水、药高效施用和保护性耕作等农机具制造
32. 5 吨/时以上种子加工成套设备开发制造
33. 禽、畜类自动化养殖成套设备制造
34. 设施农业设备制造
35. 农、林、渔、畜产品深加工及资源综合利用设备制造
36. 秸秆综合利用关键设备制造
37. 农业（棉花、水稻、小麦、玉米、豆类、薯类、草饲料等）收获机械制造
38. 营林及人工植被工业化生产设备制造技术开发
39. 大型工程施工机械及关键零部件开发及制造
40. 电控内燃机及关键零部件技术开发与制造
41. 蓄冷（热）技术开发及设备制造
42. 大型能量回收装置成套设备设计制造

43. 7000米及以上深井钻机成套设备设计制造
44. 高性能清淤设备制造
45. 医疗废物集中处理设备制造
46. 自动气象站系统技术开发及设备制造
47. 特种气象观测及分析设备制造
48. 地震台站、台网和流动地震观测技术系统开发及仪器设备制造
49. 地质灾害监测治理新技术及设备研发
50. 有害气体净化设备制造
51. 食品质量安全检验检测相关技术及设备
52. 报废汽车拆解、破碎处理设备制造

十三、汽车

1. 汽车、摩托车整车及发动机、关键零部件系统设计开发
2. 自动变速箱、重型汽车变速箱等汽车关键零部件及具有自主产权（品牌）的先进、适用汽车、发动机制造
3. 汽车轻量化及环保型新材料制造
4. 汽车重要部件的精密锻压、多工位压力成型及铸造
5. 汽车、摩托车型式试验及维修用检测系统开发制造
6. 压缩天然气、氢燃料、合成燃料、液化石油气、醇醚类燃料汽车和混合动力汽车、电动汽车、燃料电池汽车等新能源汽车整车及关键零部件开发及制造
7. 先进的小排量经济型乘用车、集装箱运输车、多轴大型专用车辆
8. 先进的轿车用柴油发动机开发制造
9. 城市用低底盘公共汽车开发制造

十四、船舶

1. 高技术、高性能、特种船舶和10万吨级及以上大型船舶设计及制造
2. 万吨级及以上客船、客滚船、滚装船、客箱船、火车渡船制造
3. 5000立方米及以上液化石油气（LPG）、液化天然气（LNG）船制造
4. 3000标准箱（TEU）及以上集装箱船制造
5. 船用动力系统、电站、特辅机制造
6. 大型远洋渔船及海上钻井船、钻采平台、海上浮式生产储油轮等海洋工程装备设计制造
7. 船舶控制与自动化、通讯导航、仪器仪表等船用设备制造

十五、航空航天

1. 飞机及零部件开发制造
2. 航空发动机开发制造
3. 机载设备系统开发制造
4. 直升机总体、旋翼系统、传动系统开发制造
5. 航空航天用新型材料开发及生产
6. 航空航天用燃气轮机制造
7. 卫星、运载火箭及零部件制造
8. 航空、航天技术应用及系统软硬件产品、终端产品开发生产
9. 航空器地面模拟训练系统开发制造
10. 航空器地面维修、维护、检测设备开发制造

11. 卫星地面系统建设及设备制造

十六、轻工

1. 符合经济规模的林纸一体化木浆、纸和纸板生产
2. 高新技术制浆造纸机械成套设备开发制造
3. 非金属制品模具设计、加工、制造
4. 生物可降解塑料及其系列产品开发
5. 农用塑料节水器材和农用多层薄膜开发、生产
6. 高技术陶瓷（含工业陶瓷）产品及装备技术开发
7. 陶瓷清洁生产技术开发及应用
8. 光、机、电子一体缝制机械及特种工业缝纫机开发制造
9. 天然香料、合成香料新技术开发和产品制造
10. 新型、生态型（易降解、易回收、可复用）包装材料研发、生产
11. 新型塑料保温板、大口径塑料管材（直径0.5米以上）、超低噪音排水塑料管、防渗土工膜、医用塑料等新型塑料产品开发、制造
12. 高新、数字印刷技术及高清晰度制版系统开发及应用
13. 高技术绿色电池产品制造（无汞碱锰电池、氢镍电池、锂离子电池、高容量密封型免维护铅酸蓄电池、燃料电池、锌空气电池、太阳能电池）
14. 少数民族特需用品制造
15. 天然食品添加剂原料及生产技术开发应用
16. 无元素氯（ECF）和全无氯（TCF）化学纸浆漂白工艺开发及应用

十七、纺织

1. 高档纺织品生产、印染和后整理加工
2. 采用化纤高仿真加工技术生产高档化纤面料
3. 各种差别化、功能化化学纤维、高技术纤维生产
4. 纤维及非纤维用新型聚酯（聚对苯二甲酸丙二醇酯、聚萘二酸乙二醇酯、聚对苯二甲酸丁二醇酯等）生产
5. 符合生态、资源综合利用与环保要求的特种天然纤维（包括除羊毛以外的其他动物纤维、麻纤维、竹纤维、桑蚕丝、彩色棉花等）产品加工
6. 采用高新技术的产业用特种纺织品生产
7. 新型高技术纺织机械及关键零部件制造
8. 高档地毯、抽纱、刺绣产品生产
9. 采用计算机集成制造系统的高档服装生产
10. 利用可再生资源的新型纤维（聚乳酸纤维、溶剂法纤维素纤维、动植物蛋白纤维等）生产
11. 纺织、纺机企业生产所需检测、试验仪器开发制造

十八、建筑

1. 节能省地型建筑暨绿色建筑的开发
2. 高层建筑与空间结构技术开发
3. 低噪声建筑施工机具开发与制造
4. 住宅高性能外围护结构材料与部件制造
5. 新型建筑结构系统开发
6. 建筑隔震减震结构体系及产品研发与推广

7. 建筑节水、节能、节地及节材关键技术开发
8. 智能建筑产品与设备的生产制造与集成技术研究
9. 居住及公共建筑集中采暖按热量计量技术应用
10. 商品混凝土、商品砂浆及其施工技术开发

十九、城市基础设施及房地产

1. 城市基础空间信息数据生产及关键技术开发
2. 城市公共交通建设
3. 城市道路及智能交通体系建设
4. 城市交通管制系统技术开发及设备制造
5. 城镇地下管道共同沟建设
6. 城镇供排水管网工程、供水水源及净水厂工程
7. 城镇燃气工程
8. 城镇集中供热建设和改造工程
9. 城市雨水收集利用工程
10. 节能、低污染取暖设备制造
11. 城镇园林绿化及生态小区建设
12. 城市立体停车场建设
13. 先进适用的建筑成套技术、产品和住宅部品研发和推广
14. 燃气汽车加气站工程
15. 城市建设管理信息化技术开发
16. 城市生态系统关键技术开发
17. 城际快速、城市轨道交通（经国家批准）系统开发、建设及车辆制造
18. 城市节水技术开发与应用
19. 城市照明智能化、绿色照明产品及系统技术开发
20. 国家住宅示范工程建设

二十、铁路

1. 铁路新线建设
2. 既有线路提速及扩能
3. 客运专线、高速铁路系统技术开发及建设
4. 机车同步操纵、列车电空制动（ECP）、25 吨及以上轴重货运重载技术开发
5. 铁路行车及客运、货运安全保障系统技术与装备开发
6. 编组站自动化、装卸作业机械化设备制造
7. 铁路运输信息系统开发
8. 铁路集装箱运输系统开发与建设
9. 交流传动机车、动车组、高原机车、机车车辆救援设备制造及技术开发
10. 交流传动核心元器件制造（含 IGCT、IGBT 元器件）
11. 时速 200 公里及以上铁路接触网、道岔、牵引供电技术开发与设备制造
12. 电气化铁路牵引供电功率因数补偿技术开发
13. 铁路线路检测、机车车辆监测技术开发与设备制造
14. 大型养路机械、多用途养路机械、轨道检测设备、工务专用设备开发制造
15. 行车调度指挥自动化技术开发
16. 混凝土结构物修补和提高耐久性技术、材料开发

17. 高速磁悬浮交通系统技术及材料开发与应用
18. 铁路旅客列车集便器及污物地面接收、处理工程

二十一、公路

1. 国道主干线、西部开发公路干线、国家高速公路网项目建设
2. 公路智能运输系统开发与建设
3. 公路快速客货运输系统开发与建设
4. 公路管理信息系统开发与建设
5. 公路工程新材料开发及生产
6. 公路工程及养护新型机械设备设计制造
7. 公路集装箱和厢式运输
8. 特大跨径桥梁修筑和养护技术开发
9. 长大隧道修筑和维护技术开发
10. 农村客货运输网络开发与建设
11. 农村公路建设

二十二、水运

1. 深水泊位（沿海万吨级、内河千吨级）建设
2. 出海深水航道及内河干线航道建设、通航建筑物建设
3. 大型港口装卸自动化工程
4. 海运电子数据交换系统开发
5. 水上安全保障系统和救助打捞装备建设与开发
6. 内河航运及船型标准化
7. 港口、深水航道及航电枢纽建设所需特种工程机械设备设计制造
8. 集装箱多式联运及水上集装箱运输
9. 水上高速客运
10. 原油、成品油、天然气船舶运输
11. 船舶溢油监测及应急消除系统建设开发
12. 水上滚装多式联运及水路大宗散货运输
13. 水运行业信息系统建设
14. 国际邮轮运输

二十三、航空运输

1. 机场建设
2. 公共航空运输
3. 通用航空
4. 空中交通管制和通讯导航系统建设
5. 航空器维修
6. 航空计算机管理及其网络系统开发与建设
7. 航空油料设施建设
8. 航空特种车辆、货场设备、仓储设备、货物集装器、高性能机场安检设备、高性能机场消防设备开发与制造
9. 海上空中监督巡逻和搜救设施建设

二十四、信息产业

1. 2.5GB/S 及以上光同步传输系统建设
2. 155MB/S 及以上数字微波同步传输设备制造及系统建设
3. 卫星通信系统、地球站设备制造及建设
4. 网管监控、七号信令、时钟同步、计费等通信支撑网建设
5. 数据通信网设备制造及建设
6. 智能网等新业务网设备制造及建设
7. 宽带网络设备制造及建设
8. 数字蜂窝移动通信网建设
9. IP 业务网络建设
10. 邮政储蓄网络建设
11. 邮政综合业务网建设
12. 邮件处理自动化工程
13. 卫星数字电视广播系统建设
14. 增值电信业务平台建设
15. 32 波及以上光纤波分复用传输系统设备制造
16. 10GB/S 及以上数字同步系列光纤通信系统设备制造
17. 支撑通讯网的新技术设备制造
18. 同温层通信系统设备制造
19. 数字移动通信（含 GSM-R）、接入网系统、数字集群通信系统及路由器、网关等网络设备制造
20. 大中型电子计算机及高性能微机、工作站、服务器设备制造
21. 线宽 1.2 微米以下大规模集成电路设计、制造
22. 大规模集成电路装备制造
23. 新型电子元器件（片式元器件、频率元器件、混合集成电路、电力电子器件、光电子器件、敏感元器件及传感器、新型机电元件、高密度印刷电路板和柔性电路板等）制造
24. 电子专用材料制造
25. 软件开发生产
26. 计算机辅助设计（CAD）、辅助测试（CAT）、辅助制造（CAM）、辅助工程（CAE）系统开发生产
27. 电子专用设备、仪器、工模具制造
28. 大容量光、磁盘驱动器及其部件和数字产品用存储卡制造
29. 新型显示器件、中高分辨率彩色显像管/显示管及玻壳制造及技术开发
30. 新型（非色散）单模光纤及光纤预制棒制造
31. 数字音视频广播系统设备制造
32. 高密度数字激光视盘播放机盘片制造
33. 只读光盘和可记录光盘复制生产
34. 数字摄录机、数字录放机、数字电视产品制造
35. 普通纸传真机制造
36. 信息安全产品、网络监察专用设备开发制造
37. 数字多功能电话机制造
38. 6 英寸及以上单晶硅、多晶硅及晶片制造
39. 多普勒雷达技术及设备制造
40. 汽车电子产品制造
41. 医疗电子产品制造

42. 金融电子设备制造及系统建设
43. 无线局域网（Wi-Fi 短距离无线通信技术等）技术开发、设备制造
44. 电子商务和电子政务系统开发
45. 卫星导航系统技术开发及设备制造

二十五、其他服务业

1. 电子商务、现代物流服务体系建设及以连锁经营形式发展的中小超市、便利店、专业店等新型零售业态
2. 粮食、棉花、食糖、食用油、化肥、石油等重要商品的现代化仓储等物流设施建设
3. 现代化的农产品市场流通设施及农产品贸工农一体化设施建设
4. 闲置设备、旧货、旧机动车调剂交易市场建设
5. 中小企业社会化服务体系建设
6. 农、林业社会化服务体系建设
7. 租赁服务
8. 后勤社会化服务
9. 城市社区服务网点建设
10. 房地产中介服务、物业管理服务
11. 社会化养老服务
12. 残疾人服务设施建设
13. 基本医疗、计划生育、预防保健服务设施建设
14. 血站建设
15. 远程医疗服务
16. 文化艺术、新闻出版、广播影视、大众文化、科普、体育设施建设及产业化运营
17. 文物保护及设施建设
18. 幼儿教育、义务教育、高中教育、高等教育、职业技术教育及特殊教育
19. 远程教育系统建设
20. 未成年人活动场所及儿童社会福利设施建设
21. 旅游基础设施建设及旅游信息服务系统开发
22. 工业旅游、农业旅游、森林旅游、生态旅游及其他旅游资源综合开发项目建设
23. 信用卡及其网络服务
24. 旅游商品、纪念品开发
25. 就业创业咨询、辅导、中介及培训服务
26. 国家级工程（技术）研究中心、国家认定的企业技术中心、重点实验室、高新技术创业服务中心、新产品开发设计中心、科研中试基地、实验基地建设
27. 科学普及、技术推广、科技交流、技术咨询、知识产权及气象、环保、测绘、地震、海洋、技术监督等科技服务
28. 经济、规划、工程、管理、会计、审计、法律、环保等咨询服务
29. 科学仪器、实验动物、化学试剂、文献信息等科研支撑条件共建共享服务
30. 商品质量认证和质量检测
31. 防伪技术开发和运用
32. 资信调查与评级服务体系建设
33. 动漫制作

二十六、环境保护与资源节约综合利用

1. 矿山生态环境恢复工程

2. 海洋开发及海洋环境保护
3. 生物多样性保护工程
4. 微咸水、劣质水、海水的开发利用及海水淡化工程
5. 消耗臭氧层物质替代品开发与利用
6. 医疗废物处置中心建设
7. 危险废弃物处理中心建设
8. 区域性废旧汽车处理中心建设
9. 流出物辐射环境监测技术工程
10. 环境监测体系工程和新型环保技术开发应用
11. 放射性废物及其他危险废物安全处置技术及设备开发、制造
12. 流动污染源（火车、船舶、汽车等）防治技术开发及应用
13. 城市交通噪声与振动控制及材料生产
14. 电网、信息系统电磁辐射控制技术开发
15. 削减和控制二噁英排放的技术开发与应用
16. 持久性有机污染物类产品的替代品开发与应用
17. 废弃持久性有机污染物类产品处置技术开发与应用
18. “三废”综合利用及治理工程
19. “三废”处理用生物菌种和添加剂开发及生产
20. 含汞废物的汞回收处理技术开发应用及成套设备制造
21. 重复用水技术开发及设备制造与使用
22. 高效、低能耗污水处理与再生技术开发及设备制造
23. 城镇垃圾及其他固体废弃物减量化、资源化、无害化处理和综合利用工程
24. 废物填埋防渗膜生产
25. 新型水处理药剂开发及生产
26. 煤气、烟气除尘、脱硫、脱硝技术及装置开发、成套设备制造
27. 墙体吸收噪声技术与材料开发
28. 交流变频调速节能技术开发及应用
29. 机动车、内燃机车节油技术开发及应用
30. 新型节能环保家用电器和关键零部件生产及技术开发
31. 节水、节能产品生产
32. 用水监测仪器开发、生产
33. 新型节能照明产品、生产技术开发和配套的材料、设备技术开发
34. 节能、节水、环保及资源综合利用等技术开发、应用及设备制造
35. 日产2000吨及以上熟料新型干法水泥生产余热发电
36. 高炉、转炉、焦炉煤气回收及综合利用
37. 高能耗、污染重的石油、石化、化工行业节能、环保改造
38. 高效、节能采矿、选矿技术（药剂）及设备开发、成套设备制造
39. 多元素共生矿资源综合利用
40. 低品位、复杂、难处理矿开发及综合利用
41. 尾矿、废渣等资源综合利用
42. 再生资源回收利用产业化

第二类　限制类

一、农林业

1. 天然草场超载放牧
2. 单线 5 万立方米/年以下的高中密度纤维板项目
3. 单线 3 万立方米/年以下的木质刨花板项目
4. 1000 吨/年以下的松香生产项目

二、煤炭

1. 单井井型低于以下规模的煤矿项目：山西、陕西、内蒙古 30 万吨/年；新疆、甘肃、宁夏、青海、北京、河北、东北及华东地区 15 万吨/年；西南和中南地区 9 万吨/年；开采极薄煤层 3 万吨/年
2. 采用非机械化开采工艺的煤矿项目
3. 设计的煤炭资源回收率达不到国家规定要求的煤矿项目
4. 未经国家或省（区、市）煤炭行业管理部门批准矿区总体规划的煤矿项目

三、电力

1. 除西藏、新疆、海南等小电网外，单机容量在 30 万千瓦及以下的常规燃煤火电机组
2. 除西藏、新疆、海南等小电网外，发电煤耗高于 300 克标准煤/千瓦时的发电机组，空冷机组发电煤耗高于 305 克标准煤/千瓦时的发电机组

四、石油、天然气和化工

1. 10 万吨/年以下及 DMT 法聚酯装置
2. 7 万吨/年以下聚丙烯装置（连续法及间歇法）
3. 10 万吨/年以下丙烯腈装置
4. 10 万吨/年以下 ABS 树脂装置（本体连续法除外）
5. 60 万吨/年以下乙烯装置
6. 800 万吨/年以下常减压炼油装置
7. 50 万吨/年以下催化裂化装置、40 万吨/年以下连续重整装置、80 万吨/年以下加氢裂化装置、80 万吨/年以下延迟焦化装置
8. 20 万吨/年以下聚乙烯装置
9. 20 万吨/年以下乙烯氧氯化法聚氯乙烯装置、12 万吨/年以下电石法聚氯乙烯装置
10. 20 万吨/年以下苯乙烯装置（干气制乙苯工艺除外）
11. 10 万吨/年以下聚苯乙烯装置
12. 22.5 万吨/年以下精对苯二甲酸装置
13. 20 万吨/年以下环氧乙烷/乙二醇装置
14. 10 万吨/年以下己内酰胺装置
15. 20 万吨/年以下乙烯法醋酸装置、10 万吨/年以下羰基合成法醋酸装置
16. 100 万吨/年以下氨碱装置
17. 30 万吨/年以下联碱装置
18. 20 万吨/年以下硫磺制酸装置、10 万吨/年以下硫铁矿制酸装置
19. 常压法及综合法硝酸装置
20. 以石油（高硫石油焦除外）为原料的化肥生产项目
21. 硫酸法钛白粉生产线（产品质量达到国际标准，废酸、亚铁能够综合利用，并实现达标排放的除

外）

22. 1000吨/年以下铅铬黄生产线

23. 5000吨/年及以下氧化铁红颜料装置

24. 2.5万千伏安以下（能力小于4.5万吨）及2.5万千伏安以上环保、能耗等达不到准入要求的电石矿热炉项目

25. 5000吨/年以下的电解二氧化锰生产线

26. 15万吨/年以下烧碱装置

27. 2万吨/年以下氢氧化钾装置

28. 单线2万吨/年以下或有钙焙烧铬化合物生产装置

29. 氯化汞触媒项目

30. 单套1万吨/年以下无水氟化氢（HF）生产装置（配套自用和电子高纯氟化氢除外）

31. 单套反应釜6000吨/年以下、后处理3万吨/年以下的F22生产装置（作为原料进行深加工除外）

32. 2万吨/年以下的（甲基）有机硅单体生产装置

33. 8万吨/年以下的甲烷氯化物生产项目（不包括为有机硅配套的一氯甲烷生产项目）

34. 8万吨/年及以上、对副产的全部四氯化碳没有配套处置设施的甲烷氯化物生产项目

35. 斜交轮胎项目

36. 力车胎项目（手推车胎）

37. 高毒农药原药（甲胺磷、对硫磷、甲基对硫磷、久效磷、氧化乐果、水胺硫磷、甲基异柳磷、甲拌磷、甲基硫环磷、乙基硫环磷、特丁磷、杀扑磷、溴甲烷、灭多威、涕灭威、克百威、磷化锌、敌鼠钠、敌鼠酮、杀鼠灵、杀鼠醚、溴敌隆、溴鼠灵）生产项目

38. 以滴滴涕为原料的生产三氯杀螨醇项目

39. 以六氯苯为原料的生产五氯酚钠项目

40. 林丹生产项目

41. 300吨/年以下皂素（含水解物）生产装置（综合利用除外）

五、信息产业

1. 激光视盘机生产线（VCD系列整机产品）

2. 模拟CRT黑白及彩色电视机项目

六、钢铁

1. 钢铁企业和缺水地区，未同步配套建设干熄焦、装煤、推焦除尘装置的焦炉项目

2. 180平方米以下烧结机项目

3. 有效容积1000立方米以下或1000立方米及以上，未同步配套煤粉喷吹装置、除尘装置、余压发电装置，能源消耗、新水耗量等达不到标准的炼铁高炉项目

4. 公称容量120吨以下或公称容量120吨及以上，未同步配套煤气回收、除尘装置，能源消耗、新水耗量等达不到标准的炼钢转炉项目

5. 公称容量70吨以下或公称容量70吨及以上，未同步配套烟尘回收装置，能源消耗、新水耗量等达不到标准的电炉项目

6. 800毫米以下热轧带钢（不含特殊钢）项目

7. 25万吨/年及以下热镀锌板卷项目

8. 10万吨/年及以下彩色涂层板卷项目

9. 2.5万千伏安以下、2.5万千伏安及以上环保、能耗等达不到准入要求的铁合金矿热电炉项目（中西部具有独立运行的小水电及矿产资源优势的国家确定的重点贫困地区，单台矿热电炉容量≥1.25万千伏安）

10. 含铬质耐火材料生产线

11. 普通功率和高功率石墨电极生产线
12. 直径550毫米以下及2万吨/年以下的超高功率石墨电极生产线
13. 5万吨/年以下炭块、4万吨/年以下炭电极生产线
14. 一段式固定煤气发生炉项目（不含粉煤气气化炉）

七、有色金属

1. 钨、钼、锡、锑及稀土矿开采、冶炼项目以及氧化锑、铅锡焊料生产项目（改造项目除外）
2. 单系列10万吨/年规模以下粗铜冶炼项目
3. 电解铝项目（淘汰自焙槽生产能力置换项目及环保改造项目除外）
4. 单系列5万吨/年规模及以下铅冶炼项目
5. 单系列10万吨/年规模以下锌冶炼项目
6. 镁冶炼项目（综合利用项目除外）
7. 4吨以下的再生铝反射炉项目
8. 再生有色金属生产中采用直接燃煤的反射炉项目
9. 铝用湿法氟化盐项目
10. 10万吨/年以下的独立铝用炭素项目
11. 离子型稀土矿原矿池浸工艺项目
12. 1万吨/年以下的再生铅项目

八、黄金

1. 日处理金精矿50吨以下的独立氰化项目
2. 日处理矿石100吨以下，无配套采矿系统的独立黄金选矿厂项目
3. 日处理金精矿50吨以下的火法冶炼项目
4. 处理矿石5万吨/年以下的独立堆浸场项目（青藏高原除外）
5. 日处理岩金矿石50吨以下的采选项目
6. 处理砂金矿砂20万立方米/年以下的砂金开采项目
7. 在林区、农田、河道中开采黄金项目

九、建材

1. 非浮法及日熔化量500吨以下普通浮法平板玻璃生产线
2. 100万平方米/年及以下的建筑陶瓷砖生产线
3. 50万件/年以下的隧道窑卫生陶瓷生产线
4. 水泥机立窑、干法中空窑、立波尔窑、湿法窑；新建日产1500吨及以下熟料新型干法水泥生产线
5. 2000万平方米/年以下的纸面石膏板生产线
6. 沥青纸胎油毡生产线，500万平方米/年以下的改性沥青防水卷材生产线，沥青复合胎柔性防水卷材生产线，聚乙烯膜层厚度在0.5毫米以下的聚乙烯丙纶复合防水卷材生产线
7. 中碱玻璃球生产线、铂金坩埚球法拉丝玻璃纤维生产线
8. 实心黏土砖生产项目
9. 15万平方米/年以下的石膏（空心）砌块生产线、单班年生产能力小于2.5万立方米混凝土小型空心砌块以及单班年生产能力小于15万平方米混凝土铺地砖固定式生产线、5万立方米/年以下人造轻集料（陶粒）生产线
10. 10万立方米/年以下的加气混凝土生产线
11. 3000万标砖/年以下的煤矸石、页岩烧结实心砖生产线
12. 5000吨/年以下岩（矿）棉生产线

十、医药

1. 维生素 C 原料项目
2. 青霉素原料药项目
3. 一次性注射器、输血器、输液器项目
4. 药用丁基橡胶塞项目
5. 无新药、新技术应用的各种剂型扩大加工能力的项目（填充液体的硬胶囊除外）
6. 原料为濒危、紧缺动植物药材，且尚未规模化种植或养殖的产品生产能力扩大项目
7. 使用氯氟烃（CFCs）作为气雾剂推进剂的医药用品生产项目
8. 充汞式玻璃体温计项目
9. 充汞式血压计项目
10. 银汞齐齿科材料项目

十一、机械

1. 2 臂及以下凿岩台车制造项目
2. 装岩机（立爪装岩机除外）制造项目
3. 3 立方米及以下小矿车制造项目
4. 直径 2.5 米及以下绞车制造项目
5. 直径 3.5 米及以下矿井提升机制造项目
6. 40 平方米及以下筛分机制造项目
7. 直径 700 毫米及以下旋流器制造项目
8. 800 千瓦及以下采煤机制造项目
9. 斗容 3.5 立方米及以下矿用挖掘机制造项目
10. 矿用搅拌、浓缩、过滤设备（加压式除外）制造项目
11. 农用运输车项目（三轮汽车、低速载货车）
12. 单缸柴油机制造项目（先进的第二代单缸机除外）
13. 50 马力及以下拖拉机制造项目
14. 30 万千瓦及以下常规燃煤火力发电设备制造项目（综合利用机组除外）
15. 电线、电缆制造项目（特种电缆及 500 千伏及以上超高压电缆除外）
16. 普通金属切削机床制造项目（数控机床除外）
17. 普通电火花加工机床和线切割加工机床制造项目（数控机床除外）
18. 6300 千牛及以下普通机械压力机制造项目（数控压力机除外）
19. 普通剪板机、折弯机、弯管机制造项目
20. 普通高速钢钻头、铣刀、锯片、丝锥、板牙项目
21. 棕刚玉、绿碳化硅、黑碳化硅等烧结块及磨料制造项目
22. 直径 400 毫米及以下各种结合剂砂轮制造项目
23. 直径 400 毫米及以下人造金刚石切割锯片制造项目
24. 普通微小型球轴承制造项目
25. 10~35 千伏树脂绝缘干式变压器制造项目
26. 220 千伏及以下高、中、低压开关柜制造项目
27. 普通电焊条制造项目
28. 民用普通电度表制造项目
29. 8.8 级以下普通低档标准紧固件制造项目
30. 100 立方米及以下活塞式动力压缩机制造项目

31. 普通运输集装干箱项目
32. 20立方米以下螺杆压缩机制造项目
33. 56英寸及以下单级中开泵制造项目
34. 通用类10兆帕及以下中低压碳钢阀门制造项目

十二、船舶

1. 未列入国家船舶工业中长期规划的民用大型造船设施项目（指船坞、船台宽度大于或等于42米，能够建造单船10万载重吨级及以上的船坞、船台及配套造船设施）
2. 未列入国家船舶工业中长期规划的船用柴油机制造项目

十三、轻工

1. 达不到国家《家用电冰箱耗电量限定值及能源效率等级》标准的冷藏箱、冷冻箱、冷藏冷冻箱（电冰箱、冷柜）项目
2. 达不到国家《电动洗衣机耗电量限定值及能源效率等级》标准的洗衣机项目
3. 达不到国家《房间空气调节器能效限定值及能效等级》标准的空调器项目
4. 低档纸及纸板生产项目
5. 聚氯乙烯普通人造革生产线
6. 超薄型（厚度低于0.015毫米）塑料袋生产线
7. 年加工皮革10万张（折牛皮标张）以下的制革项目
8. 生产速度低于1500只/时的单螺旋灯丝白炽灯生产线
9. 普通中速工业平缝机系列生产线
10. 普通中速工业包缝机系列生产线
11. 电子计价秤项目（准确度低于最大称量的1/3000，称量≤15千克）
12. 电子汽车衡项目（准确度低于最大称量的1/3000，称量≤300吨）
13. 电子静态轨道衡项目（准确度低于最大称量的1/3000，称量≤150吨）
14. 电子动态轨道衡项目（准确度低于最大称量的1/500，称量≤150吨）
15. 电子皮带秤项目（准确度低于最大称量的5/1000）
16. 电子吊秤项目（准确度低于最大称量的1/1000，称量≤50吨）
17. 弹簧度盘秤项目（准确度低于最大称量的1/400，称量≤8千克）
18. 二片铝质易拉罐项目
19. 普通真空保温瓶玻璃瓶胆生产线
20. 2万吨/年以下的玻璃瓶罐生产线
21. 合成脂肪醇项目（含羰基合成醇、齐格勒醇，不含油脂加氢醇）
22. 3万吨/年以下三聚磷酸钠生产线
23. 糊式锌锰电池项目
24. 镉镍电池项目
25. 开口式普通铅酸蓄电池项目
26. 2000吨/年以下牙膏项目
27. 原糖生产项目
28. 北方海盐100万吨/年以下项目；南方海盐新建盐场项目；矿（井）盐60万吨/年以下的项目；湖盐20万吨/年以下的项目
29. 白酒生产线
30. 酒精生产线（燃料乙醇项目除外）
31. 使用传统工艺、技术的味精生产线

32. 糖精等化学合成甜味剂生产线

十四、纺织

1. 74 型染整生产线

十五、烟草

1. 卷烟加工项目（改造项目除外）

十六、消防

1. 火灾自动报警设备项目
2. 灭火器项目
3. 碳酸氢钠干粉（BC）灭火剂项目
4. 防火门项目
5. 消防水带项目
6. 消防栓（室内外）项目
7. 普通消防车（罐类、专项类）项目

十七、其他

1. 用地红线宽度（包括绿化带）超过下列标准的城市主干道路项目：小城市和重点镇 40 米，中等城市 55 米，大城市 70 米（200 万人口以上特大城市主干道路确需超过 70 米的，城市总体规划中应有专项说明）
2. 用地面积超过下列标准的城市游憩集会广场项目：小城市和重点镇 1 公顷，中等城市 2 公顷，大城市 3 公顷，200 万人口以上特大城市 5 公顷
3. 别墅类房地产开发项目
4. 高尔夫球场项目
5. 赛马场项目

第三类　淘汰类

注：条目后括号内年份为淘汰期限，淘汰期限为 2006 年是指应于 2006 年底前淘汰，其余类推；有淘汰计划的条目，根据计划进行淘汰；未标淘汰期限或淘汰计划的条目为国家产业政策已明令淘汰或立即淘汰。

一、落后生产工艺装备

（一）农林业
1. 湿法纤维板生产工艺（2006 年）
2. 滴水法松香生产工艺（2006 年）

（二）煤炭
1. 未按批准的矿区规划确定的井田范围和井型而建设的煤矿
2. 没有采矿许可证、安全生产许可证、营业执照、矿长资格证、煤炭生产许可证的煤矿
3. 国有煤矿矿区范围（国有煤矿采矿登记确认的范围）内的各类小煤矿
4. 单井井型低于 3 万吨/年规模的矿井（极薄煤层除外）（2007 年）
5. 既无降硫措施，又无达标排放用户的高硫煤炭（含硫高于 3%）生产矿井
6. 不能就地使用的高灰煤炭（灰分高于 40%）生产矿井
7. 6AM、φM-2.5、PA-3 型煤用浮选机
8. PB2、PB3、PB4 型矿用隔爆高压开关

9. PG-27 型真空过滤机

10. X-1 型箱式压滤机

11. ZYZ、ZY3 型液压支架

12. 木支架

（三）电力

1. 大电网覆盖范围内，服役期满的单机容量在 10 万千瓦以下的常规燃煤凝汽火电机组

2. 单机容量 5 万千瓦及以下的常规小火电机组

3. 以发电为主的燃油锅炉及发电机组（5 万千瓦及以下）

（四）石油、天然气和化工

1. 没有取得采矿许可证的油气田，不符合国家油气资源整体开发规划的油气田

2. 安全环保达不到国家标准的成品油生产装置

3. 100 万吨/年及以下生产汽煤柴油的小炼油生产装置（2005 年）

4. 4 万吨/年以下的硫铁矿制酸生产装置（2005 年）

5. 50 万条/年及以下的斜交轮胎，或以天然棉帘子布为骨架的轮胎生产线

6. 1 万吨/年及以下的干法造粒炭黑生产装置

7. 1000 吨/年以下黄磷生产线

8. 单线 1 万吨/年以下有钙焙烧铬化合物生产线（2006 年）

9. 土法炼油

10. 汞法烧碱

11. 5000 千伏安以下（1 万吨/年以下）电石炉及开放式电石炉

12. 排放不达标的电石炉

13. 铁粉还原法工艺

14. 生产氰化钠的氨钠法及氰熔体工艺

15. 高中温钠法百草枯生产工艺

16. 农药产品手工包（灌）装设备

17. 石墨阳极隔膜法烧碱

18. KDON-6000/6600 型蓄冷器流程空分设备

19. 直接火加热涂料用树脂生产工艺

20. 氯氟烃（CFCs）生产装置（根据国家履行国际公约总体计划要求进行淘汰）

21. 主产四氯化碳（CTC）生产工艺（根据国家履行国际公约总体计划要求进行淘汰）

22. 四氯化碳（CTC）为加工助剂的所有产品的生产工艺（根据国家履行国际公约总体计划要求进行淘汰）

23. CFC-113 为加工助剂的含氟聚合物生产工艺（根据国家履行国际公约总体计划要求进行淘汰）

24. 用于清洗的 1,1,1-三氯乙烷（甲基氯仿）生产装置（根据国家履行国际公约总体计划要求进行淘汰）

25. 甲基溴生产装置（根据国家履行国际公约总体计划要求进行淘汰）

26. 100 吨/年以下皂素（含水解物）生产装置（2007 年）

27. 盐酸酸解法皂素生产工艺及污染物排放不能达标的皂素生产装置（2006 年）

28. 含滴滴涕的油漆生产工艺（根据国家履行国际公约总体计划要求进行淘汰）

29. 采用滴滴涕为原料非封闭生产三氯杀螨醇工艺（根据国家履行国际公约总体计划要求进行淘汰）

（五）钢铁

1. 土法炼焦（含改良焦炉）

2. 炭化室高度小于 4.3 米焦炉（3.2 米及以上捣固焦炉除外）（2007 年，西部地区 2009 年）

3. 土烧结矿

4. 热烧结矿
5. 30平方米以下烧结机（2005年）
6. 100立方米及以下高炉
7. 100~200立方米（含200立方米）高炉（不含铁合金高炉）（2005年）
8. 200~300立方米（含300立方米）高炉（不含专业铸铁管厂高炉）（2007年）
9. 生产地条钢、钢锭或连铸坯的工频和中频感应炉
10. 15吨及以下转炉（不含铁合金转炉）
11. 10吨及以下电炉（不含机械铸造电炉）
12. 化铁炼钢
13. 15~20吨转炉（不含铁合金转炉）（2005年）
14. 20吨转炉（不含铁合金转炉）（2006年）
15. 10~20吨电炉（不含高合金钢和机械铸造电炉）（2005年）
16. 20吨电炉（不含高合金钢和机械铸造电炉）（2006年）
17. 复二重线材轧机
18. 横列式线材轧机
19. 横列式小型轧机
20. 叠轧薄板轧机
21. 普钢初轧机及开坯用中型轧机
22. 热轧窄带钢轧机
23. 三辊劳特式中板轧机
24. 直径76毫米以下热轧无缝管机组
25. 三辊式型线材轧机（不含特殊钢生产）（2005年）
26. 环保不达标的冶金炉窑（2005年）
27. 手工操作的土沥青焦油浸渍装置，矿石原料与固体原料混烧、自然通风、手工操作的土竖窑，以煤为燃料、烟尘净化不能达标的倒焰窑（2005年）
28. 3200千伏安及以下矿热电炉、3000千伏安以下半封闭直流还原电炉、3000千伏安以下精炼电炉（硅钙合金、电炉金属锰、硅铝合金、硅钙钡铝、钨铁、钒铁等特殊品种的电炉除外）
29. 5000千伏安以下的铁合金矿热电炉（2005年）
30. 蒸汽加热混捏、倒焰式焙烧炉、交流石墨化炉、3340千伏安以下石墨化炉及其并联机组、最大输出电流5万安以下的石墨化炉（2005年）

（六）有色金属

1. 未经国务院主管部门批准，无采矿许可证的钨、锡、锑、离子型稀土等国家规定实行保护性开采的特定矿种的矿山采选项目
2. 未经国务院主管部门批准建设的钨、锡、锑、离子型稀土冶炼项目及钨加工（含硬质合金）项目
3. 采用马弗炉、马槽炉、横罐、小竖罐等进行焙烧、简易冷凝设施进行收尘等落后方式炼锌或生产氧化锌制品
4. 采用铁锅和土灶、蒸馏罐、坩埚炉及简易冷凝收尘设施等落后方式炼汞
5. 采用土坑炉或坩埚炉焙烧、简易冷凝设施收尘等落后方式炼制氧化砷或金属砷制品
6. 铝自焙电解槽
7. 炉床面积1.5平方米及以下密闭鼓风炉炼铜工艺及设备
8. 炉床面积1.5~10平方米密闭鼓风炉炼铜工艺及设备（2006年）
9. 10平方米及以上密闭鼓风炉炼铜工艺及设备（2007）
10. 电炉、反射炉炼铜工艺及设备（2006）
11. 烟气制酸干法净化和热浓酸洗涤技术

12. “二人转”式有色金属轧机（2006年）
13. 采用地坑炉、坩埚炉、赫氏炉等落后方式炼锑
14. 采用烧结锅、烧结盘、简易高炉等落后方式炼铅工艺及设备
15. 利用坩埚炉熔炼再生铝合金、再生铅的工艺（2005年）
（七）黄金
1. 混汞提金工艺
2. 小池浸、小堆浸、小冶炼工艺
3. 未经国务院主管部门批准，无开采黄金矿产批准书、采矿许可证的采选项目
（八）建材
1. 六机及以下垂直引上平板玻璃生产线
2. 平板玻璃普通平拉工艺生产线及日熔化量100吨以下的“格法”平拉生产线
3. 窑径2.2米及以下水泥机械化立窑生产线
4. 无覆膜塑编水泥包装袋生产线
5. 70万平方米/年以下的中低档建筑陶瓷砖、20万件/年以下低档卫生陶瓷生产线
6. 400万平方米/年及以下的纸面石膏板生产线
7. 200万平方米/年以下的改性沥青防水卷材生产线（2006年）
8. 窑径2.5米及以下水泥干法中空窑（生产特种水泥除外）
9. 直径1.83米以下水泥粉磨设备
10. 水泥土（蛋）窑、普通立窑
11. 建筑卫生陶瓷土窑、倒焰窑、多孔窑、煤烧明焰隧道窑、隔焰隧道窑、匣钵装卫生陶瓷隧道窑
12. 建筑陶瓷砖成型用的摩擦压砖机
13. 石灰土立窑
14. 陶土坩埚玻璃纤维拉丝生产工艺与装备
15. 砖瓦18门以下轮窑以及立窑、无顶轮窑、马蹄窑等土窑
16. 400型及以下普通挤砖机
17. 450型普通挤砖机（2006年）
18. SJ1580-3000双轴、单轴搅拌机
19. SQP400500-700500双辊破碎机
20. 1000型普通切条机
21. 100吨以下盘转式压砖机
22. 手工制作墙板生产线
23. 简易移动式砼砌块成型机、附着式振动成型台（2005年）
24. 单班1万立方米/年以下的混凝土砌块固定式成型机、单班10万平方米/年以下的混凝土铺地砖固定式成型机
25. 人工浇筑、非机械成型的石膏（空心）砌块生产工艺
26. 100万卷/年以下沥青纸胎油毡生产线
27. 真空加压法和气炼一步法石英玻璃生产工艺装备
28. 6×600吨六面顶小型压机生产人造金刚石
29. 手工切割、非蒸压养护加气混凝土生产线
30. 无采矿许可证或不符合环保、安全生产要求的非机械化非金属矿开采
（九）医药
1. 手工胶囊填充工艺
2. 软木塞烫蜡包装药品工艺
3. 不符合GMP要求的安瓿拉丝灌封机

4. 塔式重蒸馏水器
5. 无净化设施的热风干燥箱
6. 劳动保护、三废治理不能达到国家标准的原料药生产装置（2006 年）
（十）机械
1. 热处理铅浴炉
2. 热处理氯化钡盐浴炉（高温氯化钡盐浴炉，暂缓淘汰）
3. TQ60、TQ80 塔式起重机
4. QT16、QT20、QT25 井架简易塔式起重机
5. KJ1600/1220 单筒提升绞机
6. 3000 千伏安以下普通棕刚玉冶炼炉
7. 3000 千伏安以下碳化硅冶炼炉
8. 强制驱动式简易电梯
9. 以氯氟烃（CFCs）作为膨胀剂的烟丝膨胀设备生产线（根据国家履行国际公约总体计划要求进行淘汰）
（十一）轻工
1. 5 万吨/年及以下的真空制盐、湖盐和北方海盐生产装置
2. 利用矿盐卤水、油气田水且采用平锅、滩晒制盐生产装置
3. 1 万吨/年及以下的南方海盐生产装置
4. 年加工皮革 3 万张（折牛皮标张）以下的制革生产装置
5. 300 吨/年以下的油墨生产装置（利用高新技术、无污染的除外）
6. 每分钟生产能力小于 100 瓶（瓶容在 250 毫升及以下）的碳酸饮料生产线
7. 1.7 万吨/年以下的化学制浆生产线
8. 3.4 万吨/年以下的草浆生产装置（2007 年）
9. 以氯氟烃（CFCs）为发泡剂的聚氨酯泡沫塑料产品、聚乙烯、聚苯乙烯挤出泡沫塑料生产工艺（根据国家履行国际公约总体计划要求进行淘汰）
10. 以氯氟烃（CFCs）为发泡剂或制冷剂的冰箱、冰柜、汽车空调器、工业商业用冷藏、制冷设备生产线（根据国家履行国际公约总体计划要求进行淘汰）
11. 四氯化碳（CTC）为清洗剂的生产工艺（根据国家履行国际公约总体计划要求进行淘汰）
12. CFC-113 为清洗剂的生产工艺（根据国家履行国际公约总体计划要求进行淘汰）
13. 甲基氯仿（TCA）为清洗剂的生产工艺（根据国家履行国际公约总体计划要求进行淘汰）
14. 自行车盐浴焊接炉
15. 印铁制罐行业中的锡焊工艺
16. 火柴排梗、卸梗生产工艺
17. 火柴理梗机、排梗机、卸梗机
18. 冲击式制钉机
19. 打击式金属丝网织机
（十二）纺织
1. 建国前[①]生产的细纱机
2. 所有“1”字头细纱机
3. 1979 年及以前生产的 A512、A513 系列细纱机
4. B581、B582 型精纺细纱机
5. BC581、BC582 型粗纺细纱机

① 编者注：指中华人民共和国成立前。

6. B591 绒线细纱机
7. 使用期限超过 20 年的各类国产毛纺细纱机
8. B601、B601A 型毛捻线机
9. 辊长 1000 毫米以下的皮辊轧花机（长绒棉种子加工除外）
10. 锯片在 80 以下的锯齿轧花机
11. 压力吨位在 200 吨以下的皮棉打包机（不含 160 吨短绒棉花打包机）
12. 1332SD 络筒机
13. BC272、BC272B 型分条梳毛机
14. B701A 型绒线摇绞机
15. B311C、B311C（CZ）、B311C（DJ）型精梳机
16. 1511M-105 织机
17. K251、K251A 型丝织机
18. Z114 型小提花机
19. GE186 型提花毛圈机
20. Z261 型人造毛皮机
21. LMH551 型平网印花机
22. LMH571 型圆网印花机
23. LMH303、303B、304、304B-160 型热熔染色机
24. LMH731-160 型热风布铗拉幅机
25. LMH722M-180、LMH722D-180 型短环烘燥定型机
26. ZD647、ZD721 型自动缫丝机
27. D101A 型自动缫丝机
28. ZD681 型立缫机
29. DJ561 型绢精纺机

（十三）印刷

1. 全部铅排工艺
2. 全部铅印工艺
3. ZD201、ZD301 型系列单字铸字机
4. TH1 型自动铸条机
5. ZT102 型系列铸条机
6. ZDK101 型字模雕刻机
7. KMD101 型字模刻刀磨床
8. AZP502 型半自动汉文手选铸排机
9. ZSY101 型半自动汉文铸排机
10. TZP101 型外文条字铸排机
11. ZZP101 型汉文自动铸排机
12. QY401、2QY404 型系列电动铅印打样机
13. QYSH401、2QY401、DY401 型手动式铅印打样机
14. YX01、YX02、YX03 型系列压纸型机
15. HX01、HX02、HX03、HX04 型系列烘纸型机
16. PZB401 型平铅版铸版机
17. JB01 型平铅版浇版机
18. YZB02、YZB03、YZB04、YZB05、YZB06、YZB07 型系列铅版铸版机
19. RQ02、RQ03、RQ04 型系列铅泵熔铅炉

20. BB01 型刨版机
21. YGB02、YGB03、YGB04、YGB05 型圆铅版刮版机
22. YTB01 型圆铅版镗版机
23. YJB02 型圆铅版锯版机
24. YXB04、YXB05、YXB302 型系列圆铅版修版机
25. P401、P402 型系列四开平压印刷机
26. P801、P802、P803、P804 型系列八开平压印刷机
27. PE802 型双合页印刷机
28. TE102、TE105、TE108 型系列全张自动二回转平台印刷机
29. TY201 型对开单色一回转平台印刷机
30. TY401 型四开单色一回转平台印刷机
31. TY4201 型四开一回转双色印刷机
32. TT201、TZ201、DT201 型对开手动续纸停回转平台印刷机
33. TT202 型对开自动停回转平台印刷机
34. TZ202 型对开半自动停回转平台印刷机
35. TZ401、TZS401、DT401 型四开半自动停回转平台印刷机
36. TT402、TT403、TT405、DT402 型四开自动停回转平台印刷机
37. TR801 型系列立式平台印刷机
38. LP1101、LP1103 型系列平板纸全张单面轮转印刷机
39. LP1201 型平板纸全张双面轮转印刷机
40. LP4201 型平板纸四开双色轮转印刷机
41. LSB201（880 毫米×1230 毫米）及 LS201、LS204（787 毫米×1092 毫米）型系列卷筒纸书刊转轮印刷机
42. LB203、LB205、LB403 型卷筒纸报版轮转印刷机
43. LB2405、LB4405 型卷筒纸双层二组报版轮转印刷机
44. LBS201 型卷筒纸书、报二用轮转印刷机
45. K. M. T 型自动铸字排版机
46. PH-5 型汉字排字机
47. 球震打样制版机（DIAPRESS 清刷机）
48. 1985 年前生产的国产制版照相机
49. 1985 年前生产的手动照排机
50. 离心涂布机
51. J1101 系列全张单色胶印机（印刷速度每小时 4000 张及以下）
52. J2101、PZ1920 系列对开单色胶印机（印刷速度每小时 4000 张及以下）
53. PZ1615 系列四开单色胶印机（印刷速度每小时 4000 张及以下）
54. YPS1920 系列双面单色胶印机（印刷速度每小时 4000 张及以下）
55. W1101 型全张自动凹版印刷机
56. AJ401 型卷筒纸单面四色凹版印刷机
57. DJ01 型平装胶订联动机
58. PRD-01、PRD-02 型平装胶订联动机
59. DBT-01 型平装有线订、包、烫联动机
60. 溶剂型即涂覆膜机
61. QZ101、QZ201、QZ301、QZ401 型切纸机
62. MD103A 型磨刀机

（十四）消防

1. 火灾探测器手工插焊电子元器件生产工艺

（十五）其他

1. 含氰电镀工艺（电镀金、银、铜基合金及予镀铜打底工艺，暂缓淘汰）

2. 含氰沉锌工艺

二、落后产品

（一）石油、天然气和化工

1. 多氯联苯（农药）

2. 除草醚（农药）

3. 杀虫脒（农药）

4. 氯丹（农药）

5. 七氯（农药）

6. 毒鼠强（农药）

7. 氟乙酰胺（农药）

8. 氟乙酸钠（农药）

9. 二溴氯丙烷（农药）

10. 治螟磷（苏化 203）（农药）

11. 磷胺（农药）

12. 甘氟、毒鼠硅（农药）

13. 107 涂料

14. 改性淀粉涂料

15. 改性纤维涂料

16. 挥发性有机物含量超过 200 克/升或游离甲醛含量超过 0.1 克/千克的室内装修装饰用的水性涂料（含建筑物、木器家具用）

17. 可溶性金属铅含量超过 90 毫克/千克、或镉含量超过 75 毫克/千克、或铬含量超过 60 毫克/千克、或汞含量超过 60 毫克/千克的室内装修装饰用涂料（含建筑物、木器家具用）

18. 挥发性有机物含量超过 700 克/升或游离异氰酸酯含量超过 0.7%的室内装修装饰用的溶剂型木器家具涂料

19. 聚乙烯醇水玻璃内墙涂料（106 内墙涂料）

20. 多彩内墙涂料（树脂以硝化纤维素为主，溶剂以二甲苯为主的 O/W 型涂料）

21. 氯乙烯—偏氯乙烯共聚乳液外墙涂料

22. 焦油型聚氨酯防水涂料

23. 水性聚氯乙烯焦油防水涂料

24. 聚乙烯醇及其缩醛类内外墙涂料

25. 聚醋酸乙烯乳液类（含 EVA 乳液）外墙涂料

26. 聚氯乙烯建筑防水接缝材料（焦油型）

27. 联苯胺和联苯胺型偶氮染料

28. 软边结构自行车胎

29. 滴滴涕（根据国家履行国际公约总体计划要求进行淘汰）

30. 六氯苯（根据国家履行国际公约总体计划要求进行淘汰）

31. 灭蚁灵（根据国家履行国际公约总体计划要求进行淘汰）

（二）铁路

1. C50 型敞车

2. P50 型棚车

3. N60 型平车

4. G50 型轻油罐车

5. 东风 1、2、3 型内燃机车

（三）钢铁

1. 工频炉和中频炉等生产的地条钢，工频炉和中频炉生产的钢锭或连铸坯，及以其为原料生产的钢材产品

2. 热轧硅钢片

3. 25A 空腹钢窗料

4. I 级螺纹钢筋产品（2005 年）

（四）有色金属

1. 铜线杆（黑杆）

（五）建材

1. 使用非耐碱玻纤或非低碱水泥生产的玻纤增强水泥（GRC）空心条板

2. 陶土坩埚拉丝玻璃纤维增强塑料（玻璃钢）制品

3. 25A 空腹钢窗

4. S-2 型混凝土轨枕

5. 一次冲洗用水量 9 升以上的便器

6. 角闪石石棉（即蓝石棉）

7. 普通双层玻璃塑料门窗及单腔结构型的塑料门窗

8. 采用二次加热复合成型工艺生产的聚乙烯丙纶类复合防水卷材、棉涤玻纤网格（高碱）复合胎、聚氯乙烯防水卷材（S 型）

（六）医药

1. 铅锡软膏管

2. 粉针剂包装用安瓿

3. 药用天然胶塞［其中注射剂：注射用青霉素（钠盐、钾盐）、基础输液立即淘汰，其余大容量注射剂淘汰期限为：2005 年年底］

4. 直颈安瓿

（七）机械

1. T100、T100A 推土机

2. ZP-II、ZP-III 干式喷浆机

3. WP-3 挖掘机

4. 0.35 立方米以下的气动抓岩机

5. 矿用钢丝绳冲击式钻机

6. БY-40 石油钻机

7. 直径 1.98 米水煤气发生炉

8. CER 膜盒系列

9. 热电偶（分度号 LL-2、LB-3、EU-2、EA-2、CK）

10. 热电阻（分度号 BA、BA2、G）

11. DDZ-I 型电动单元组合仪表

12. GGP-01A 型皮带秤

13. BLR-31 型称重传感器

14. WFT-081 辐射感温器

15. WDH-1E、WDH-2E 光电温度计

16. BC 系列单波纹管差压计
17. LCH-511、YCH-211、LCH-311、YCH-311、LCH-211、YCH-511 型环称式差压计
18. EWC-01A 型长图电子电位差计
19. PY5 型数字温度计
20. XQWA 型条形自动平衡指示仪
21. ZL3 型 X-Y 记录仪
22. DBU-521，DBU-521C 型液位变送器
23. JO2、JO3 系列小型异步电动机
24. JDO2、JDO3 系列变极、多速三相异步电动机
25. YB 系列隔爆型三相异步电动机（机座号 63—355mm，电压 660 伏及以下）
26. DZ10 系列塑壳断路器
27. DW10 系列框架断路器
28. CJ8 系列交流接触器
29. QC10、QC12、QC8 系列启动器
30. JR0、JR9、JR14、JR15、JR16-A、B、C、D 系列热继电器
31. 电动机驱动旋转直流弧焊机全系列
32. GGW 系列中频无心感应熔炼炉
33. B 型、BA 型单级单吸悬臂式离心泵系列
34. F 型单级单吸耐腐蚀泵系列
35. GC 型低压锅炉给水泵
36. JD 型长轴深井泵
37. KDON-3200/3200 型蓄冷器全低压流程空分设备
38. KDON-1500/1500 型蓄冷器（管式）全低压流程空分设备
39. KDON-1500/1500 型管板式全低压流程空分设备
40. 3W-0.9/7（环状阀）空气压缩机
41. C620、CA630 普通车床
42. X920 键槽铣床
43. B665、B665A、B665-1 牛头刨床
44. D6165 电火花成型机床
45. D6185 电火花成型机床
46. D5540 电脉冲机床
47. J53-400 双盘摩擦压力机
48. J53-630 双盘摩擦压力机
49. J53-1000 双盘摩擦压力机
50. Q11-1.6×1600 剪板机
51. Q51 汽车起重机
52. TD62 型固定带式输送机
53. 3 吨直流架线式井下矿用电机车
54. A571 单梁起重机
55. 4146 柴油机
56. 快速断路器：DS3-10、DS3-30、DS3-50（1000、3000、5000A）、DS10-10、DS10-20、DS10-30（1000、2000、3000A）
57. BX1-135、BX2-500 交流弧焊机
58. AX1-500、AP-1000 直流弧焊电动发电机

59. SX 系列箱式电阻炉

60. 单相电度表：DD1、DD5、DD5-2、DD5-6、DD9、DD10、DD12、DD14、DD15、DD17、DD20、DD28

61. SL7-30/10~SL7-1600/10、S7-30/10~S7-1600/10 配电变压器

62. 刀开关：HD6、HD3-100、HD3-200、HD3-400、HD3-600、HD3-1000、HD3-1500

63. 锅炉给水泵：DG270-140、DG500-140、DG375-185

64. 热动力式疏水阀：S15H-16、S19-16、S19-16C、S49H-16、S49-16C、S19H-40、S49H-40、S19H-64、S49H-64

65. 0.4~0.7 吨/时立式水管固定炉排锅炉（双层固定炉排锅炉除外）

66. 动力用往复式空气压缩机：1-10/8、1-10/7 型

67. 高压离心通风机：8-18 系列、9-27 系列

68. X52、X62W 320×150 升降台铣床

69. J31-250 机械压力机

70. TD60、TD72 型固定带式输送机

71. 以未安装燃油量限制器（简称限油器）的单缸柴油机为动力装置的农用运输车（指生产与销售）

72. E135 二冲程中速柴油机（包括 2、4、6 缸三种机型）

73. TY1100 型单缸立式水冷直喷式柴油机

74. 165 单缸卧式蒸发水冷、预燃室柴油机

75. 非法改装车辆和已到报废期限的车辆

（八）轻工

1. 汞电池（氧化汞原电池及电池组、锌汞电池）

2. 一次性发泡塑料餐具

3. 直排式燃气热水器

4. 含重铬酸钾火柴

5. 螺旋升降式（铸铁）水嘴

6. 用于凹版印刷的苯胺油墨

7. 进水口低于溢流口水面、上导向直落式便器水箱配件

8. 铸铁截止阀

（九）纺织

1. H112、H112A 型毛分条整经机

2. B751 型绒线成球机

3. 1332 系列络筒机

（十）消防

1. 二氟一氯一溴甲烷灭火剂（简称 1211 灭火剂）（2005 年）

2. 三氟一溴甲烷灭火剂（简称 1301 灭火剂）（2010 年）

3. 简易式 1211 灭火器

4. 手提式 1211 灭火器（2005 年）

5. 推车式 1211 灭火器（2005 年）

6. 手提式化学泡沫灭火器

7. 手提式酸碱灭火器

（十一）其他

1. 59、69、72、TF-3 型防毒面具

海关总署关于《产业结构调整指导目录（2011 年本）》在执行中有关问题的公告

（海关总署公告 2011 年第 36 号）

2011 年 3 月 27 日，国家发展改革委以中华人民共和国国家发展改革委令第 9 号公布了《产业结构调整指导目录（2011 年本）》（以下简称《产业指导目录（2011 年本）》，详见附件），并规定自 2011 年 6 月 1 日起施行。现就海关执行中的有关问题公告如下：

一、自 2011 年 6 月 1 日起，对属于《产业指导目录（2011 年本）》鼓励类范围的国内投资项目，在投资总额内进口的自用设备，除《国内投资项目不予免税的进口商品目录》和《进口不予免税的重大技术装备和产品目录》所列商品外，按照《国务院关于调整进口设备税收政策的通知》（国发〔1997〕37 号）、海关总署公告 2008 年第 103 号及其他相关规定免征关税，照章征收进口环节增值税。

二、《产业指导目录（2011 年本）》实施后，《项目确认书》中的“项目产业政策审批条目”编码为“L”，例如，《产业指导目录（2011 年本）》中鼓励类的第一类第 1 项应填写为：中低产田综合治理与稳产高产基本农田建设（L0101）；第七类第 4 项应填写为：油气伴生资源综合利用（L0704）。

三、为保持政策的连续性，对 2011 年 6 月 1 日以前（不含 6 月 1 日，下同）审批、核准或备案的国内投资项目（以项目的审批、核准或备案日期为准，下同），属于《产业结构调整指导目录（2005 年本）》鼓励类范围的，可继续按照规定办理免征进口关税手续。但有关项目单位须于 2012 年 6 月 1 日以前，持投资主管部门出具的《项目确认书》（其中“项目产业政策审批条目”仍按原审批条目及编码填写）等有关资料向海关申请办理减免税备案手续。逾期，海关不再受理上述减免税备案申请。

对于 2011 年 6 月 1 日以前审批、核准或备案，同时属于《产业指导目录（2011 年本）》鼓励类范围的国内投资项目，投资主管部门按照《产业指导目录（2011 年本）》的产业政策条目出具《项目确认书》的（其中“项目产业政策审批条目”以“L”为编码），海关可予受理。

四、对于未列入《产业结构调整指导目录（2005 年本）》的国内投资在建项目，凡符合《产业指导目录（2011 年本）》鼓励类范围的，可按有关规定向投资主管部门申请补办《项目确认书》。在取得《项目确认书》之后，在建项目进口的自用设备以及按照合同随设备进口的技术和配套件、备件，可参照本公告第一条的规定享受进口税收优惠政策，但进口设备已经征税的，税款不予退还。

特此公告。

附件　产业结构调整指导目录（2011 年本）（略）

海关总署

二〇一一年五月二十六日

公布关于修改《产业结构调整指导目录（2011年本）》有关条款的决定

（国家发展和改革委员会令第21号）

为更好地适应转变经济发展方式的需要，根据《国务院关于发布实施〈促进产业结构调整暂行规定〉的决定》（国发〔2005〕40号），我委会同国务院有关部门对《产业结构调整指导目录（2011年本）》有关条目进行了调整，形成了《国家发展改革委关于修改〈产业结构调整指导目录（2011年本）〉有关条款的决定》，现予公布，自2013年5月1日起施行。法律、行政法规和国务院文件对产业结构调整另有规定的，从其规定。

二〇一三年二月十六日

国家发展改革委关于修改《产业结构调整指导目录（2011年本）》有关条款的决定

一、鼓励类“四、电力”第3项“采用30万千瓦及以上集中供热机组的热电联产，以及热、电、冷多联产”修改为“采用背压（抽背）型热电联产、热电冷多联产、30万千瓦及以上热电联产机组”。

二、鼓励类“五、新能源”增加“海上风电机组技术开发与设备制造”作为第11项。

三、鼓励类“五、新能源”增加“海上风电场建设与设备制造”作为第12项。

四、鼓励类“六、核能”增加“核电站应急抢险技术和设备”作为第12项。

五、鼓励类“十九、轻工”第15项“二色及二色以上金属板印刷机及配套光固化（UV）设备；高速食品饮料罐制造生产线及配套设备；高速金属薄板覆膜设备及覆膜铁食品饮料罐加工设备”修改为“二色及二色以上金属板印刷、配套光固化（UV）、薄板覆膜和高速食品饮料罐加工及配套设备制造”。

六、鼓励类“二十、纺织”第1项“差别化、功能性聚酯（PET）的连续共聚改性［阳离子染料可染聚酯（CDP、ECDP）、碱溶性聚 酯（COPET）、高收缩聚酯（HSPET）、阻燃聚酯、低熔点聚酯等］；熔体直纺在线添加等连续化工艺生产差别化、功能性纤维（抗静电、抗紫外、有色纤维等）；智能化、超仿真等差别化、功能性聚酯（PET）及纤维生产；腈纶、锦纶、氨纶、粘胶纤维等其他化学纤维品种的差别化、功能性改性纤维生产”修改为“差别化、功能性聚酯（PET）的连续共聚改性［阳离子染料可染聚酯（CDP、ECDP）、碱溶性聚酯（COPET）、高收缩聚酯（HSPET）、阻燃聚酯、低熔点聚酯等］；熔体直纺在线添加等连续化工艺生产差别化、功能性纤维（抗静电、抗紫外、有色纤维等）；智能化、超仿真等差别化、功能性聚酯（PET）及纤维生产（东部地区限于技术改造）腈纶、锦纶、氨纶、粘胶纤维等其他化学纤维品种的差别化、功能性改性纤维生产”

七、鼓励类“二十、纺织”第6项“采用紧密纺、低扭矩纺、赛络纺、嵌入式纺纱等高速、新型纺纱技术生产多品种纤维混纺纱线及采用自动络筒、细络联、集体落纱等自动化设备生产高品质纱线”修改为“采用紧密纺、低扭矩纺、赛络纺、嵌入式纺纱 等高速、新型纺纱技术生产多品种纤维混纺纱线及采用自动络筒、细络联、集体落纱等自动化设备生产高品质纱线（东部地区限于技术改造，新建和扩建除外）”。

八、鼓励类“三十二、商务服务业”第2项“经济、管理、信息、会计、税务、审计、法律、节能、环保等咨询与服务”修改为“经济、管理、信息、会计、税务、鉴证（含审计服务）、法律、节能、环保等咨询与服务”。

九、鼓励类“三十九、公共安全与应急产品”第19项“大型公共建筑、高层建筑、森林、水上和地下设施消防灭火救援技术与产品”修改为“大型公共建筑、高层建筑、石油化工设施、森林、山岳、水域和地下设施消防灭火救援技术与产品”。

十、鼓励类“三十九、公共安全与应急产品”第22项“破拆、切割、疏堵、提升、投送等高效救援产品”修改为“侦检、破拆、救生、照明、排烟、堵漏、输转、洗消、提升、投送等高效救援产品”。

十一、鼓励类“三十九、公共安全与应急产品”增加“登高 平台消防车、举高喷射消防车、机场消防车、森林消防车、城市轨道交通专用消防车”作为第44项。

十二、鼓励类“三十九、公共安全与应急产品”增加“具有 灭火、侦查、排烟、救助等功能的消防机器人”作为第45项。

十三、鼓励类“三十九、公共安全与应急产品”增加“公称 直径≥150mm的消防水带、人工合成橡胶衬里消防水带”作为第46项。

十四、鼓励类“三十九、公共安全与应急产品”增加“水性钢结构防火涂料、预制组合式钢结构防火构件”作为第47项。

十五、鼓励类“三十九、公共安全与应急产品”增加“不 燃外保温材料、阻燃制品”作为第48项。

十六、鼓励类“三十九、公共安全与应急产品”增加“用于 哈龙替代的合成类气体灭火剂、泡沫灭火剂氟表面活性剂替代物、建筑外保温材料高效灭火剂、无磷类阻燃剂、塑胶及合成类纺织品高效灭火剂、金属火灾专用灭火剂”作为第49项。

十七、鼓励类“三十九、公共安全与应急产品”增加“洁净 气体灭火系统、探火管灭火装置、风力发电装置专用灭火系统”作为第50项。

十八、鼓励类“三十九、公共安全与应急产品”增加“使用 节能环保新型光源的消防应急照明和疏散指示产品”作为第51项。

十九、限制类“三、电力”第3项“直接向江河排放冷却水的火电机组”删除。

二十、限制类“十一、机械”第15项“电线、电缆制造项目（用于新能源、信息产业、航天航空、轨道交通、海洋工程领域的特种电线电缆除外）”修改为“6千伏及以上（陆上用）干法交联电力电缆制造项目”。

二十一、限制类“十一、机械”第25项“220千伏及以下 高、中、低压开关柜制造项目（使用环保型中压气体的绝缘开关柜除外）”修改为“220千伏及以下高、中、低压开关柜制造项 目（使用环保型中压气体的绝缘开关柜以及用于爆炸性环境的防爆型开关柜除外）”。

二十二、限制类“十三、纺织”第1项“单线产能小于10万吨/年的常规聚酯（PET）连续聚合生产装置”修改为“单线产能小于20万吨/年的常规聚酯（PET）连续聚合生产装置”。

二十三、限制类“十五、消防”第1项“火灾自动报警设备”修改为“火灾报警控制器（包括联动型、独立型、区域型、集中型、集中区域兼容型）、消防联动控制器、点型感烟/温火灾探测器（独立式除外）、点型红外/紫外火焰探测器（独立式除外）、手动火灾报警按钮”。

二十四、限制类“十五、消防”第2项“灭火器项目”修改为“干粉灭火器、二氧化碳灭火器”。

二十五、限制类“十五、消防”第3项“碳酸氢钠干粉（BC）和环保型水系灭火剂”修改为“碳酸氢钠干粉灭火剂（BC）、磷酸铵盐干粉灭火剂（ABC）”。

二十六、限制类“十五、消防”第4项“防火门项目”修改 为“防火阀门（包括防火阀、排烟阀、排烟防火阀）、木质防火 门、采用酸洗磷化生产工艺的钢质和钢木质防火门、新建初始规模小于6万平方米/年的防火卷帘项目”。

二十七、限制类“十五、消防”第5项“消防水带项目”修改为“天然橡胶有衬里消防水带、无衬里消防水带、消防软管盘、消防湿水带、PVC衬里消防水带”。

二十八、限制类“十五、消防”第6项“消防栓（室内外）项目”修改为“室内消火栓、室外消火栓、消防水泵接合器的翻砂生产、加工、装配工艺”。

二十九、限制类“十五、消防”第7项“普通消防车（罐类、专项类）项目”修改为“水罐消防车、泡沫消防车、供水消防车、供液消防车、泵浦类消防车”。

三十、限制类“十五、消防”增加“防火封堵材料、溶剂型钢结构防火涂料、饰面型防火涂料、电缆防火涂料”作为第8项。

三十一、淘汰类“一、落后生产工艺装备”“（三）电力”第3项“以发电为主的燃油锅炉及发电机组（5万千瓦及以下）”修改为“以发电为主的燃油锅炉及发电机组”。

三十二、淘汰类“一、落后生产工艺装备”“（四）石化”第10项“氯氟烃（CFCs）、含氢氯氟烃（HCFCs）、用于清洗的1,1,1-三氯乙烷（甲基氯仿）、主产四氯化碳（CTC）、以四氯化碳（CTC）为加工助剂的所有产品、以PFOA为加工助剂的含氟聚合物、含滴滴涕的油漆、采用滴滴涕为原料非封闭生产三氯杀螨醇生产装置（根据国家履行国际公约总体计划要求进行淘汰）”修改为“氯氟烃（CFCs）、含氢氯氟烃（HCFCs）、用于清洗的1,1,1-三氯乙烷（甲基氯仿）、主产四氯化碳（CTC）、以四氯化碳（CTC）为加工助剂的所有产品、以PFOA为加工助剂的含氟聚合物、含滴滴涕的涂料、采用滴滴涕为原料非封闭生产三氯杀螨醇生产装（根据国家履行国际公约总体计划要求进行淘汰）”。

三十三、淘汰类“一、落后生产工艺装备”“（五）钢铁”第24项“冷轧带肋钢筋生产装备”修改为“单机产能1万吨及以下的冷轧带肋钢筋生产装备（2012年，高延性冷轧带肋钢筋生产装备除外）”。

三十四、淘汰类“一、落后生产工艺装备”“（十二）轻工”第5项“直接接触饮料和食品的聚氯乙烯（PVC）包装制品”删除。

三十五、淘汰类“一、落后生产工艺装备”“（十七）其他”第1项“含氰电镀工艺（电镀金、银、铜基合金及予镀铜打底工艺，暂缓淘汰）”修改为“含有毒有害氰化物电镀工艺［氰化金钾电镀金及氰化亚金钾镀金（2014年）；银、铜基合金及予镀铜 打底工艺（暂缓淘汰）］”。

三十六、淘汰类“二、落后产品”“（九）轻工”第6项“一次性发泡塑料餐具”删除。

附件

产业结构调整指导目录（2011年本）（修正）

（2011年3月27日国家发展改革委令第9号公布，根据2013年2月16日国家发展改革委令第21号公布的《国家发展改革委关于修改〈产业结构调整指导目录（2011年本）〉有关条款的决定》修正）

第一类　鼓励类；第二类　限制类；第三类　淘汰类

第一类　鼓励类

一、农林业

1. 中低产田综合治理与稳产高产基本农田建设
2. 农产品基地建设
3. 蔬菜、瓜果、花卉设施栽培（含无土栽培）先进技术开发与应用
4. 优质、高产、高效标准化栽培技术开发与应用
5. 畜禽标准化规模养殖技术开发与应用
6. 重大病虫害及动物疫病防治
7. 农作物、家畜、家禽及水生动植物、野生动植物遗传工程及基因库建设
8. 动植物（含野生）优良品种选育、繁育、保种和开发；生物育种；种子生产、加工、贮藏及鉴定
9. 种（苗）脱毒技术开发与应用
10. 旱作节水农业、保护性耕作、生态农业建设、耕地质量建设及新开耕地快速培肥技术开发与应用
11. 生态种（养）技术开发与应用

12. 农用薄膜无污染降解技术及农田土壤重金属降解技术开发与应用
13. 绿色无公害饲料及添加剂开发
14. 内陆流域性大湖资源增殖保护工程
15. 远洋渔业、渔政渔港工程
16. 牛羊胚胎（体内）及精液工厂化生产
17. 农业生物技术开发与应用
18. 耕地保养管理与土、肥、水速测技术开发与应用
19. 农、林作物和渔业种质资源保护地、保护区建设；动植物种质资源收集、保存、鉴定、开发与应用
20. 农作物秸秆还田与综合利用（青贮饲料，秸秆氨化养牛、还田，秸秆沼气及热解、气化，培育食用菌，固化成型燃料，秸秆人造板，秸秆纤维素燃料乙醇、非粮饲料资源开发利用等）
21. 农村可再生资源综合利用开发工程（沼气工程、“三沼”综合利用、沼气灌装提纯等）
22. 平垸行洪退田还湖恢复工程
23. 食（药）用菌菌种培育
24. 草原、森林灾害综合治理工程
25. 利用非耕地的退耕（牧）还林（草）及天然草原植被恢复工程
26. 动物疫病新型诊断试剂、疫苗及低毒低残留兽药（含兽用生物制品）新工艺、新技术开发与应用
27. 优质高产牧草人工种植与加工
28. 天然橡胶及杜仲种植生产
29. 无公害农产品及其产地环境的有害元素监测技术开发与应用
30. 有机废弃物无害化处理及有机肥料产业化技术开发与应用
31. 农牧渔产品无公害、绿色生产技术开发与应用
32. 农林牧渔产品储运、保鲜、加工与综合利用
33. 天然林等自然资源保护工程
34. 碳汇林建设、植树种草工程及林木种苗工程
35. 水土流失综合治理技术开发与应用
36. 生态系统恢复与重建工程
37. 海洋、森林、野生动植物、湿地、荒漠、草原等自然保护区建设及生态示范工程
38. 防护林工程
39. 石漠化防治及防沙治沙工程
40. 固沙、保水、改土新材料生产
41. 抗盐与耐旱植物培植
42. 速生丰产林工程、工业原料林工程、珍贵树种培育及名特优新经济林建设
43. 竹藤基地建设、竹藤精深加工产品及竹副产品开发
44. 森林抚育、低产林改造工程
45. 野生经济林树种保护、改良及开发利用
46. 珍稀濒危野生动植物保护工程
47. 林业基因资源保护工程
48. 次小薪材、沙生灌木及三剩物深加工与产品开发
49. 野生动植物培植、驯养繁育基地及疫源疫病监测预警体系建设
50. 道地中药材及优质、丰产、濒危或紧缺动植物药材的种植（养殖）
51. 香料、野生花卉等林下资源人工培育与开发
52. 木基复合材料及结构用人造板技术开发
53. 木质复合材料、竹质工程材料生产及综合利用

54. 松脂林建设、林产化学品深加工
55. 人工增雨防雹等人工影响天气技术开发与应用
56. 数字（信息）农业技术开发与应用
57. 农业环境与治理保护技术开发与应用
58. 海水养殖及产品深加工，海洋渔业资源增殖与保护
59. 生态清洁型小流域建设及面源污染防治
60. 农田主要机耕道（桥）建设
61. 油茶、油棕等木本粮油基地建设
62. 生物质能源林定向培育与产业化
63. 粮油干燥节能设备、农户绿色储粮生物技术、驱鼠技术、农户新型储粮仓（彩钢板组合仓、钢骨架矩形仓、钢网式干燥仓、热浸镀锌钢板仓等）推广应用
64. 农作物、林木害虫密度自动监测技术开发与应用
65. 森林、草原火灾自动监测报警技术开发与应用
66. 气象卫星工程（卫星研制、生产及配套软件系统、地面接收处理设备等）和气象信息服务

二、水利

1. 江河堤防建设及河道、水库治理工程
2. 跨流域调水工程
3. 城乡供水水源工程
4. 农村饮水安全工程
5. 蓄滞洪区建设
6. 海堤建设
7. 江河湖库清淤疏浚工程
8. 病险水库、水闸除险加固工程
9. 堤坝隐患监测与修复技术开发与应用
10. 城市积涝预警和防洪工程
11. 出海口门整治工程
12. 综合利用水利枢纽工程
13. 牧区水利工程
14. 淤地坝工程
15. 水利工程用土工合成材料及新型材料开发制造
16. 灌区改造及配套设施建设
17. 防洪抗旱应急设施建设
18. 高效输配水、节水灌溉技术推广应用
19. 水情水质自动监测及防洪调度自动化系统开发
20. 水文应急测报、旱情监测基础设施建设
21. 灌溉排水泵站更新改造工程
22. 水利血吸虫病防治工程（采用护坡、吹填、隔离沟、涵闸改造、设置沉螺池、抬洲降滩等防螺灭螺工程措施和疫情监测、防治宣教等措施）
23. 农田水利设施建设工程（灌排渠道、涵闸、泵站建设等）
24. 防汛抗旱新技术新产品开发与应用
25. 山洪地质灾害防治工程（山洪地质灾害防治区监测预报预警体系建设及山洪沟、泥石流沟和滑坡治理等）
26. 水生态系统及地下水保护与修复工程

27. 水源地保护工程（水源地保护区划分、隔离防护、水土保持、水资源保护、水生态环境修复及有关技术开发推广）

28. 水土流失监测预报自动化系统（水土流失数据采集存储、智能传输、数据分析处理、科学预测预报、数据库管理一体化）开发与应用

29. 洪水风险图编制技术及应用（大江大河中下游及重点防洪区、防洪保护区等特定地区洪涝灾害信息专题地图）

30. 水资源管理信息系统建设（以水源、取水、输水、供水、用水、耗水和排水等水资源开发利用主要环节的监测及大江大河行政边界控制断面、地下水超采区监测为基础，以国家电子政务外网和国家防汛指挥系统骨干网为依托，以水资源业务应用系统为核心的综合管理信息系统）

31. 水文站网基础设施建设及其仪器设备开发与应用

三、煤炭

1. 煤田地质及地球物理勘探
2. 120 万吨/年及以上高产高效煤矿（含矿井、露天）、高效选煤厂建设
3. 矿井灾害（瓦斯、煤尘、矿井水、火、围岩、地温、冲击地压等）防治
4. 型煤及水煤浆技术开发与应用
5. 煤炭共伴生资源加工与综合利用
6. 煤层气勘探、开发、利用和煤矿瓦斯抽采、利用
7. 煤矸石、煤泥、洗中煤等低热值燃料综合利用
8. 管道输煤
9. 煤炭高效洗选脱硫技术开发与应用
10. 选煤工程技术开发与应用
11. 地面沉陷区治理、矿井水资源保护与利用
12. 煤电一体化建设
13. 提高资源回收率的采煤方法、工艺开发与应用
14. 矿井采空区矸石回填技术开发与应用
15. 井下救援技术及特种装备开发与应用
16. 煤矿生产过程综合监控技术、装备开发与应用
17. 大型煤炭储运中心、煤炭交易市场建设
18. 矿井进出人员自动监控记录系统开发与应用
19. 新型矿工避险自救器材开发与应用
20. 建筑物下、铁路等基础设施下、水体下采用煤矸石等物质充填采煤技术开发与应用

四、电力

1. 水力发电
2. 单机 60 万千瓦及以上超临界、超超临界机组电站建设
3. 采用背压（抽背）型热电联产、热电冷多联产、30 万千瓦及以上热电联产机组
4. 缺水地区单机 60 万千瓦及以上大型空冷机组电站建设
5. 重要用电负荷中心且天然气充足地区天然气调峰发电项目
6. 30 万千瓦及以上循环流化床、增压流化床、整体煤气化联合循环发电等洁净煤发电
7. 单机 30 万千瓦及以上采用流化床锅炉并利用煤矸石、中煤、煤泥等发电
8. 500 千伏及以上交、直流输变电
9. 在役发电机组脱硫、脱硝改造
10. 电网改造与建设

11. 继电保护技术、电网运行安全监控信息技术开发与应用
12. 大型电站及大电网变电站集约化设计和自动化技术开发与应用
13. 跨区电网互联工程技术开发与应用
14. 输变电节能、环保技术推广应用
15. 降低输、变、配电损耗技术开发与应用
16. 分布式供电及并网技术推广应用
17. 燃煤发电机组脱硫、脱硝及复合污染物治理
18. 火力发电脱硝催化剂开发生产
19. 水力发电中低温水恢复措施工程、过鱼措施工程技术开发与应用
20. 大容量电能储存技术开发与应用
21. 电动汽车充电设施
22. 乏风瓦斯发电技术及开发利用
23. 垃圾焚烧发电成套设备
24. 分布式电源

五、新能源

1. 太阳能热发电集热系统、太阳能光伏发电系统集成技术开发应用、逆变控制系统开发制造
2. 风电与光伏发电互补系统技术开发与应用
3. 太阳能建筑一体化组件设计与制造
4. 高效太阳能热水器及热水工程，太阳能中高温利用技术开发与设备制造
5. 生物质纤维素乙醇、生物柴油等非粮生物质燃料生产技术开发与应用
6. 生物质直燃、气化发电技术开发与设备制造
7. 农林生物质资源收集、运输、储存技术开发与设备制造；农林生物质成型燃料加工设备、锅炉和炉具制造
8. 以畜禽养殖场废弃物、城市填埋垃圾、工业有机废水等为原料的大型沼气生产成套设备
9. 沼气发电机组、沼气净化设备、沼气管道供气、装罐成套设备制造
10. 海洋能、地热能利用技术开发与设备制造
11. 海上风电机组技术开发与设备制造
12. 海上风电场建设与设备制造

六、核能

1. 铀矿地质勘查和铀矿采冶、铀精制、铀转化
2. 先进核反应堆建造与技术开发
3. 核电站建设
4. 高性能核燃料元件制造
5. 乏燃料后处理
6. 同位素、加速器及辐照应用技术开发
7. 先进的铀同位素分离技术开发与设备制造
8. 辐射防护技术开发与监测设备制造
9. 核设施实体保护仪器仪表开发
10. 核设施退役及放射性废物治理
11. 核电站延寿及退役技术和设备
12. 核电站应急抢险技术和设备

七、石油、天然气

1. 常规石油、天然气勘探与开采
2. 页岩气、油页岩、油砂、天然气水合物等非常规资源勘探开发
3. 原油、天然气、液化天然气、成品油的储运和管道输送设施及网络建设
4. 油气伴生资源综合利用
5. 油气田提高采收率技术、安全生产保障技术、生态环境恢复与污染防治工程技术开发利用
6. 放空天然气回收利用与装置制造
7. 天然气分布式能源技术开发与应用
8. 石油储运设施挥发油气回收技术开发与应用
9. 液化天然气技术开发与应用

八、钢铁

1. 黑色金属矿山接替资源勘探及关键勘探技术开发

2. 煤调湿、风选调湿、捣固炼焦、配型煤炼焦、干法熄焦、导热油换热、焦化废水深度处理回用、煤焦油精深加工、苯加氢精制、煤沥青制针状焦、焦油加氢处理、焦炉煤气高附加值利用 等先进技术的研发与应用

3. 非高炉炼铁技术

4. 先进压水堆核电管、百万千瓦火电锅炉管、耐蚀耐压耐温油井管、耐腐蚀航空管、高耐腐蚀化工管生产

5. 高性能、高质量及升级换代钢材产品技术开发与应用。包括 600 兆帕级及以上高强度汽车板、油气输送高性能管线钢、高强度船舶用宽厚板、海洋工程用钢、420 兆帕级及以上建筑和桥梁等结构用中厚板、高速重载铁路用钢、低铁损高磁感硅钢、耐腐蚀耐磨损钢材、节约合金资源不锈钢（现代铁素体不锈钢、双相不锈钢、含氮不锈钢）、高性能基础件（高性能齿轮、12.9 级及以上螺栓、高强度弹簧、长寿命轴承等）用特殊钢棒线材、高品质 特钢锻轧材（工模具钢、不锈钢、机械用钢等）等

6. 在线热处理、在线性能控制、在线强制冷却的新一代热机械控制加工（TMCP）工艺技术应用

7. 直径 600 毫米及以上超高功率电极、高炉用微孔和超微孔碳砖、特种石墨（高强、高密、高纯、高模量）、石墨（质）化阴极、内串石墨化炉开发与生产

8. 焦炉、高炉、热风炉用长寿节能环保耐火材料生产工艺；精炼钢用低碳、无碳耐火材料和高效连铸用功能环保性耐火材料生产工艺

9. 生产过程在线质量检测技术应用

10. 利用钢铁生产设备处理社会废弃物

11. 烧结烟气脱硫、脱硝、脱二噁英等多功能干法脱除，以及副产物资源化、再利用化技术

12. 难选贫矿、(共) 伴生矿综合利用先进工艺技术

13. 冶金固体废弃物（含冶金矿山废石、尾矿，钢铁厂产生的各类尘、泥、渣、铁皮等）综合利用先进工艺技术

14. 利用低品位锰矿冶炼铁合金的新工艺技术，以及高效利用红土镍矿炼精制镍铁的回转窑—矿热炉（RKEF）工艺技术

15. 冶金废液（含废水、废酸、废油等）循环利用工艺技术与设备

16. 新一代钢铁可循环流程（在做好钢铁产业内部循环的基础上，发展钢铁与电力、化工、装备制造等相关产业间的横向、纵向物流和能流的循环流程）工艺技术开发与应用

17. 高炉、转炉煤气干法除尘

九、有色金属

1. 有色金属现有矿山接替资源勘探开发，紧缺资源的深部及难采矿床开采

2. 高效、低耗、低污染、新型冶炼技术开发

3. 高效、节能、低污染、规模化再生资源回收与综合利用。(1) 废杂有色金属回收 (2) 有价元素的综合利用 (3) 赤泥及其他冶炼废渣综合利用 (4) 高铝粉煤灰提取氧化铝

4. 信息、新能源有色金属新材料生产。(1) 信息：直径200mm以上的硅单晶及抛光片、直径125mm以上直拉或直径50mm以上水平生长化合物半导体材料、铝铜硅钨钼等大规格高纯靶材、超大规模集成电路铜镍硅和铜铬锆引线框架材料、电子焊料等。(2) 新能源：核级海绵锆及锆材、高容量长寿命二次电池电极材料

5. 交通运输、高端制造及其他领域有色金属新材料生产。(1) 交通运输：抗压强度不低于500MPa、导电率不低于80%IACS的铜合金精密带材和超长线材制品等高强高导铜合金、交通运输工具主承力结构用的新型高强、高韧、耐蚀铝合金材料及大尺寸制品（航空用铝合金抗压强度不低于650MPa，高速列车用铝合金抗压强度不低于500MPa）。(2) 高端制造及其他领域：高性能纳米硬质合金刀具和大晶粒硬质合金盾构刀具及深加工产品、稀土及贵金属催化剂材料、低模量钛合金材及记忆合金等生物医用材料、耐蚀热交换器用铜合金及钛合金材料、高性能稀土磁性材料和储氢材料及高端应用

十、黄金

1. 黄金深部（1000米以下）探矿与开采
2. 从尾矿及废石中回收黄金

十一、石化化工

1. 含硫含酸重质、劣质原油炼制技术，高标准油品生产技术开发与应用

2. 硫、钾、硼、锂等短缺化工矿产资源勘探开发及综合利用，中低品位磷矿采选与利用，磷矿伴生资源综合利用

3. 零极距、氧阴极等离子膜烧碱电解槽节能技术、废盐酸制氯气等综合利用技术、铬盐清洁生产新工艺的开发和应用，气动流化塔生产高锰酸钾，全热能回收热法磷酸生产，大型脱氟磷酸钙生产装置

4. 20万吨/年及以上合成气制乙二醇、10万吨/年及以上离 子交换法双酚A、15万吨/年及以上直接氧化法环氧丙烷、20万吨 /年及以上共氧化法环氧丙烷、5万吨/年及以上丁二烯法己二腈生产装置，万吨级脂肪族异氰酸酯生产技术开发与应用

5. 优质钾肥及各种专用肥、缓控释肥的生产，氮肥企业节能减排和原料结构调整，磷石膏综合利用技术开发与应用，10万吨/年及以上湿法磷酸净化生产装置

6. 高效、安全、环境友好的农药新品种、新剂型（水基化剂型等）、专用中间体、助剂（水基化助剂等）的开发与生产，甲叉法乙草胺、水相法毒死蜱工艺、草甘膦回收氯甲烷工艺、定向合成法手性和立体结构农药生产、乙基氯化物合成技术等清洁生产工艺的开发和应用，生物农药新产品、新技术的开发与生产

7. 水性木器、工业、船舶涂料，高固体分、无溶剂、辐射固化、功能性外墙外保温涂料等环境友好、资源节约型涂料生产；单线产能3万吨/年及以上、并以二氧化钛含量不小于90%的富钛料（人造金红石、天然金红石、高钛渣）为原料的氯化法钛白粉生产

8. 高固着率、高色牢度、高提升性、高匀染性、高重现性、低沾污性以及低盐、低温、小浴比染色用和湿短蒸轧染用的活性染料，高超细旦聚酯纤维染色性、高洗涤牢度、高染着率、高光牢度和低沾污性（尼龙、氨纶）、小浴比染色用的分散染料，用于聚酰胺纤维、羊毛和皮革染色的不含金属的弱酸性染料，高耐晒牢度、高耐气候牢度有机颜料的开发与生产

9. 染料及染料中间体清洁生产、本质安全的新技术（包括催化、三氧化硫磺化、连续硝化、绝热硝化、定向氯化、组合增效、溶剂反应、循环利用等技术，以及取代光气等剧毒原料的适用技术，膜过滤和原浆干燥技术）的开发与应用

10. 乙烯—乙烯醇树脂（EVOH）、聚偏氯乙烯等高性能阻隔树脂，聚异丁烯（PI）、聚乙烯辛烯

(POE) 等特种聚烯烃开发与生产

11. 6万吨/年及以上非光气法聚碳酸酯生产装置，液晶聚合物（LCP）等工程塑料生产以及共混改性、合金化技术开发和应用，吸水性树脂、导电性树脂和可降解聚合物的开发与生产，尼龙11、尼龙1414、尼龙46、长碳链尼龙、耐高温尼龙等新型聚酰胺开发与生产

12. 3万吨/年及以上丁基橡胶、乙丙橡胶、异戊橡胶，溶聚丁苯橡胶、稀土系顺丁橡胶、丙烯酸酯橡胶及低多芳含量填充油 、丁苯橡胶等生产装置，合成橡胶化学改性技术开发与应用

13. 聚丙烯热塑性弹性体（PTPE）、热塑性聚酯弹性体（TPEE）、苯乙烯—异戊二烯—苯乙烯热塑性嵌段共聚物（SIS）、热塑性聚氨 酯弹性体等热塑性弹性体材料开发与生产

14. 改性型、水基型胶黏剂和新型热熔胶，环保型吸水剂、水处理剂，分子筛固汞、无汞等新型高效、环保催化剂和助剂，安全型食品添加剂、饲料添加剂，纳米材料，功能性膜材料，超净高纯试剂、光刻胶、电子气、高性能液晶材料等新型精细化学品的开发与生产

15. 苯基氯硅烷、乙烯基氯硅烷等新型有机硅单体，苯基硅油、氨基硅油、聚醚改性型硅油等，苯基硅橡胶、苯撑硅橡胶等高性能橡胶及杂化材料，甲基苯基硅树脂等高性能树脂，三乙氧基硅烷等系列高效偶联剂

16. 全氟烯醚等特种含氟单体，聚全氟乙丙烯、聚偏氟乙烯、聚三氟氯乙烯、乙烯—四氟乙烯共聚物等高品质氟树脂，氟醚橡胶、氟硅橡胶、四丙氟橡胶、高含氟量246氟橡胶等高性能氟橡胶，含氟润滑油脂，消耗臭氧潜能值（ODP）为零、全球变暖潜能值（GWP）低的消耗臭氧层物质（ODS）替代品，全氟辛基磺酰化合物（PFOS）和全氟辛酸（PFOA）及其盐类替代品和替代技术的开发和应用，含氟精细化学品和高品质含氟无机盐

17. 高性能子午线轮胎［包括无内胎载重子午胎，低断面和扁平化（低于55系列）、大轮辋高性能轿车子午胎（15寸以上），航空轮胎及农用子午胎］及配套专用材料、设备生产，新型天然橡胶开发与应用

18. 生物高分子材料、填料、试剂、芯片、干扰素、传感器、纤维素酶、碱性蛋白酶、诊断用酶等酶制剂、纤维素生化产品开发与生产

19. 四氯化碳、四氯化硅、一甲基氯硅烷、三甲级氯硅烷等副产物综合利用，二氧化碳的捕获与应用

十二、建材

1. 利用现有2000吨/日及以上新型干法水泥窑炉处置工业废弃物、城市污泥和生活垃圾，纯低温余热发电；粉磨系统等节能改造

2. 电子工业用超薄（1.3mm以下）、太阳能产业用超白（折合5mm厚度可见光透射率>90%）、在线镀膜玻璃和低辐射等特殊浮法玻璃生产线；现有浮法生产线采用纯氧燃烧技术、低温余热发电技术；玻璃熔窑用高档耐火材料；玻璃深加工工艺装备技术开发与应用

3. 新型墙体和屋面材料、绝热隔音材料、建筑防水和密封等材料的开发与生产

4. 150万平方米/年及以上、厚度小于6毫米的陶瓷板生产线和工艺装备技术开发与应用

5. 一次冲洗用水量6升及以下的坐便器、蹲便器、节水型小便器及节水控制设备开发与生产

6. 5万吨/年及以上无碱玻璃纤维池窑拉丝技术和高性能玻璃纤维及制品技术开发与生产

7. 使用合成矿物纤维、芳纶纤维等作为增强材料的无石棉摩擦、密封材料新工艺、新产品开发与生产

8. 信息、新能源、国防、航天航空等领域用高品质人工晶体材料、制品和器件生产装备技术开发；高纯石英原料、石英玻璃材料及其制品制造技术开发与生产；航天航空等领域所需的特种玻璃制造技术开发与生产

9. 高新技术领域需求的高纯、超细、改性等精细加工的高岭土、石墨、硅藻土等非金属矿深加工材料生产及其技术装备开发与制造

10. 30万平方米/年以上超薄复合石材生产；机械化石材矿山开采；矿石碎料和板材边角料综合利用

生产及工艺装备开发

11. 废矿石、尾矿和建筑废弃物的综合利用

12. 农用田间建设材料技术开发与生产

13. 利用工业副产石膏生产新型墙体材料及技术装备开发与制造

14. 应急安置房屋开发与生产

十三、医药

1. 拥有自主知识产权的新药开发和生产，天然药物开发和生产，新型计划生育药物（包括第三代孕激素的避孕药）开发和生产，满足我国重大、多发性疾病防治需求的通用名药物首次开发和生产，药物新剂型、新辅料的开发和生产，药物生产过程中的膜分离、超临界萃取、新型结晶、手性合成、酶促合成、生物转化、自控等技术开发与应用，原料药生产节能降耗减排技术、新型药物制剂技术开发与应用

2. 现代生物技术药物、重大传染病防治疫苗和药物、新型诊断试剂的开发和生产，大规模细胞培养和纯化技术、大规模药用多肽和核酸合成、发酵、纯化技术开发和应用，采用现代生物技术改造传统生产工艺

3. 新型药用包装材料及其技术开发和生产（一级耐水药用玻璃，可降解材料，具有避光、高阻隔性、高透过性的功能性材料，新型给药方式的包装；药包材无苯油墨印刷工艺等）

4. 濒危稀缺药用动植物人工繁育技术及代用品开发和生产，先进农业技术在中药材规范化种植、养殖中的应用，中药有效成分的提取、纯化、质量控制新技术开发和应用，中药现代剂型的工艺技术、生产过程控制技术和装备的开发与应用，中药饮片创 新技术开发和应用，中成药二次开发和生产

5. 民族药物开发和生产

6. 新型医用诊断医疗仪器设备、微创外科和介入治疗装备及 器械、医疗急救及移动式医疗装备、康复工程技术装置、家用医疗器械、新型计划生育器具（第三代宫内节育器）、新型医用材料、人工器官及关键元器件的开发和生产，数字化医学影像产品及医疗信息技术的开发与应用

7. 实验动物标准化养殖及动物实验服务

8. 基本药物质量和生产技术水平提升及降低成本

十四、机械

1. 三轴以上联动的高速、精密数控机床及配套数控系统、伺服电机及驱动装置、功能部件、刀具、量具、量仪及高档磨具磨料

2. 大型发电机组、大型石油化工装置、大型冶金成套设备等重大技术装备用分散型控制系统（DCS），现场总线控制系统（FCS），新能源发电控制系统

3. 输入输出点数 512 个以上的可编程控制系统（PLC）

4. 数字化、智能化、网络化工业自动检测仪表与传感器，原位在线成分分析仪器，具有无线通信功能的低功耗智能传感器，电磁兼容检测设备，智能电网用智能电表（具有发送和接收信号、自诊断、数据处理功能），光纤传感器

5. 用于辐射、有毒、可燃、易爆、重金属、二噁英等检测分析的仪器仪表，水质、烟气、空气检测仪器，药品检验用质量数 大于 1000 原子质量单位（amu）的质谱仪，色质联用仪以及相关 的自动取样系统和样品处理系统

6. 科学研究用测量精度达到微米以上的多维几何尺寸测量仪器，自动化、智能化、多功能材料力学性能测试仪器，工业 CT、三维超声波探伤仪等无损检测设备，用于纳米观察测量的分辨率高于 3.0 纳米的电子显微镜

7. 城市智能视觉监控、视频分析、视频辅助刑事侦查技术设备

8. 矿井灾害（瓦斯、煤尘、矿井水、火、围岩等）监测仪器仪表和系统

9. 综合气象观测仪器装备（地面、高空、海洋气象观测仪器装备及耗材，专业气象观测、大气成分

观测仪器装备及耗材，气象雷达等）、移动应急气象观测系统、移动应急气象指挥系统、气象计量检定设备、气象维修维护设备、气象观测仪器装备运行监控系统

10. 水文数据采集仪器及设备、水文仪器计量检定设备

11. 地震、地质灾害观测仪器仪表

12. 海洋观测、探测、监测技术系统及仪器设备

13. 数字多功能一体化办公设备（复印、打印、传真、扫描）、数字照相机、数字电影放映机等现代文化办公设备

14. 时速 200 公里以上动车组轴承，轴重大于 30 吨重载铁路货车轴承，使用寿命 200 万公里以上的新型城市轨道交通轴承，使用寿命 25 万公里以上汽车轮毂轴承单元，耐高温（400℃以上）汽车涡轮、机械增压器轴承，P4 级、P2 级数控机床轴承，2 兆瓦（MW）及以上风电机组用各类精密轴承，使用寿命大于 5000 小时盾构机等大型施工机械轴承，P5 级、P4 级高速精密冶金轧机轴承，飞机及发动机轴承，医疗 CT 机轴承，以及上述轴承零件

15. 单机容量 80 万千瓦及以上混流式水力发电设备（水轮机、发电机及调速器、励磁等附属设备），单机容量 35 万千瓦及以上抽水蓄能、5 万千瓦及以上贯流式和 10 万千瓦及以上冲击式水力发电设备及其关键配套辅机

16. 60 万千瓦及以上超临界、超超临界火电机组用发电机保护断路器、泵、阀等关键配套辅机、部件

17. 60 万千瓦及以上超临界参数循环流化床锅炉

18. 燃气轮机高温部件及控制系统

19. 60 万千瓦及以上发电设备用转子（锻造、焊接）、转轮、叶片、泵、阀、主轴护套等关键铸锻件

20. 耐高低温、耐腐蚀、耐磨损精密铸锻件

21. 500 千伏（kV）及以上超高压、特高压交直流输电设备及关键部件：变压器（出线装置、套管、调压开关），开关设备（灭弧装置、液压操作机构、大型盆式绝缘子），高强度支柱绝缘子和空心绝缘子，悬式复合绝缘子，绝缘成型件，特高压避雷器、直流避雷器，电控、光控晶闸管，换流阀（平波电抗器、水冷设备），控制和保护设备，直流场成套设备等

22. 高压真空元件及开关设备，智能化中压开关元件及成套设备，使用环保型中压气体的绝缘开关柜，智能型（可通信）低压电器，非晶合金、卷铁芯等节能配电变压器

23. 二代改进型、三代核电设备及关键部件；2.5 兆瓦以上风电设备整机及 2.0 兆瓦以上风电设备控制系统、变流器等关键零 部件；各类晶体硅和薄膜太阳能光伏电池生产设备；海洋能（潮汐、海浪、洋流）发电设备

24. 直接利用高炉铁液生产铸铁件的短流程熔化工艺与装备；黏土砂静压造型主机；外热送风水冷长炉龄大吨位（15 吨/小时以 上）冲天炉；大型压铸机（合模力 3500 吨以上）；差压铸造机；自动浇注机；铸造专用机器人的制造与应用

25. 树脂砂、铸造黏土砂等干（热）法再生回用技术应用

26. 高速精密压力机（180~2500 千牛，2000~750 次/分钟）、黑色金属液压挤压机（150 毫米/秒以上）、轻合金液压挤压机（10 毫米/秒以下）、高速精密剪切机（2000 千牛以上，70~80 次/分，断面斜度 1.5O 以下）、内高压成形机（10000 千牛以上）、大型折弯 机（60000 千牛以上）、数字化钣金加工中心（柔性制造中心/柔性 制造系统）、高速强力旋压机（径向旋压力/每轮：1000 千牛，轴向旋压力/每轮：800 千牛，主轴转矩：240 千牛·米，主轴最高转速：95 转/分钟）、数控多工位冲压机、大公称压力冷/温锻压力机（有效公称力行程 25 毫米以上，公称力 10000 千牛以上）、4 工位以上自动温/热锻造压力机（公称力 16000 千牛以上）

27. 乙烯裂解三机，40 万吨级（聚丙烯等）挤压造粒机组，50 万吨级合成气、氨、氧压缩机等关键设备

28. 大型风力发电密封件（使用寿命 7 年以上，工作温度-45 ℃~100℃）；核电站主泵机械密封（适用压力≥17 兆帕，工作温度 26.7℃~73.9℃）；盾构机主轴承密封（使用寿命 5000 小时）；轿车动力总成

系统以及传动系统旋转密封；石油钻井、测井设备密封（适用压力≥105 兆帕）；液压支架密封件；高 PV 值旋转动密封件；超大直径（≥2 米）机械密封；航天用密封件（工作温度-54℃～275℃，线速度≥150 米/秒）；高压液压元件密封件（适用压力≥31.5 兆帕）；高精密液压铸件（流道尺寸精度≤0.25 毫米，疲劳性能测试≥200 万次）

29. 高性能无石棉密封材料（耐热温度 500℃，抗拉强度≥20 兆帕）；高性能碳石墨密封材料（耐热温度 350℃，抗压强度≥270 兆帕）；高性能无压烧结碳化硅材料［弯曲强度≥200 兆帕，热导率≥130 瓦/米·开尔文（w/m·K）］

30. 智能焊接设备，激光焊接和切割、电子束焊接等高能束 流焊割设备，搅拌摩擦、复合热源等焊接设备，数字化、大容量逆变焊接电源

31. 大型（下底板半周长度冲压模>2500 毫米，下底板半周长度型腔模>1400 毫米）、精密（冲压模精度≤0.02 毫米，型腔模精度≤0.05 毫米）模具

32. 大型（装炉量 1 吨以上）多功能可控气氛热处理设备、程控化学热处理设备、程控多功能真空热处理设备及装炉量 500 公斤以上真空热处理设备、全纤维炉衬热处理加热炉

33. 高强度（12.9 级以上）、异形及钛合金紧固件，航空、航天、发动机等用弹簧，微型精密传动联结件（离合器），大型轧机联结轴；新型粉末冶金零件：高密度（≥7.0 克/立方厘米）、高精度、形状复杂结构件；高速列车、飞机摩擦装置；含油轴承；动车组用齿轮变速箱，船用可变桨齿轮传动系统、2.0 兆瓦以上风电用变速箱、冶金矿山机械用变速箱；汽车动力总成、工程机械、大型农机用链条

34. 海水淡化设备

35. 机器人及工业机器人成套系统

36. 500 万吨/年及以上矿井、薄煤层综合采掘设备，1000 万吨级/年及以上大型露天矿关键装备

37. 直径 1200 毫米及以上的天然气输气管线配套压缩机、燃气轮机、阀门等关键设备；单线 260 万吨/年及以上天然气液化配套的压缩机及驱动机械、低温设备等；大型输油管线配套的 3000 立方米/小时及以上的输油泵等关键设备

38. 单张纸多色胶印机（幅宽≥750 毫米，印刷速度：单面多色≥16000 张/小时，双面多色≥13000 张/小时）；商业卷筒纸胶印机（幅宽≥787 毫米，印刷速度≥7 米/秒，套印精度≤0.1 毫米）；报纸卷筒纸胶印机（印刷速度：单纸路单幅机≥75000 张/小时，双纸路双幅机≥150000 张/小时，套印精度≤0.1 毫米）；多色宽幅柔性版印刷机（印刷宽度≥1300 毫米，印刷速度≥350 米/分）；机组式柔性版印刷机（印刷速度≥150 米/分）；环保多色卷筒料凹版印刷机（印刷速度≥300 米/分，套印精度≤0.1 毫米）；喷墨数字印刷机（出版用：印刷速度≥150 米/分，分辨率≥600dpi；包装用：印刷速度≥30 米/分，分辨率≥1000dpi；可变数据用：印刷速度≥100 米/分，分辨率≥300dpi）；CTP 直接制版机（成像速度≥15 张/小时，版材幅宽≥750 毫米，重复精度 0.025 毫米，分辨率 3000dpi）；无轴数控平压平烫印机（烫印速度≥10000 张/小时，加工精度 0.05 毫米）

39. 100 马力以上、配备有动力换挡变速箱或全同步器换挡变速箱、总线控制系统、安全驾驶室、动力输出轴有 2 个以上转速、液压输出点不少于 3 组的两轮或四轮驱动的轮式拖拉机、履带式拖拉机

40. 100 马力以上拖拉机配套农机具：保护性耕作所需要的深松机、联合整地机和整地播种联合作业机等，常规农业作业所需要的单体幅宽≥40 厘米的铧式犁、圆盘耙、谷物条播机、中耕作物精密播种机、中耕机、免耕播种机、大型喷雾（喷粉）机等

41. 100 马力以上拖拉机关键零部件：动力换挡变速箱，轮式拖拉机用带差速锁的前驱动桥，离合器，液压泵、液压油缸、各种阀及液压输出阀等封闭式液压系统，闭心变量、负载传感的电 控液压提升器，电控系统，轮辋及辐板，液压转向机构等

42. 农作物移栽机械：乘坐式盘土机动高速水稻插秧机（每分钟插次 350 次以上，每穴 3～5 株，适应行距 20～30 厘米，株距可调，适应株距 12～22 厘米）；盘土式机动水稻摆秧机（乘坐式或手扶式，适应行距为 20～30 厘米，株距可调，适应株距为 12～22 厘米）等

43. 配套动力 50 马力以上的棉田中耕型拖拉机、果园用高地隙拖拉机（最低离地高度 40 厘米以上）

44. 牧草收获机械：自走式牧草收割机、指盘式牧草搂草机、牧草捡拾压捆机等

45. 农业收获机械：自走式谷物联合收割机（喂入量6千克/秒以上）；自走式半喂入水稻联合收割机（4行以上，配套发动机44千瓦以上）；自走式玉米联合收割机（3~6行，摘穗型，带有剥皮装置，以及茎秆粉碎还田装置或茎秆切碎收集装置）；自走式大麦、草苜蓿、玉米、高粱等青贮饲料收获机（配套动力147千瓦以上，茎干切碎长度10~60毫米，带有去石去铁安全装置）；棉花采摘机（3行以上，自走式或拖拉机背负式，摘花装置为机械 式或气力式，适应棉株高度35~160厘米，装有籽棉集装箱和自动卸棉装置）；马铃薯收获机（自走式或拖拉机牵引式，2行以上，行距可调，带有去土装置和收集装置，最大挖掘深度35厘米）；甘蔗收获机（自走式或拖拉机背负式，配套功率58千瓦以上，宿根破碎率≤18%，损失率≤7%）；残膜回收与茎秆粉碎联合作业机

46. 节水灌溉设备：各种大中型喷灌机、各种类型微滴灌设备等；抗洪排涝设备（排水量1500立方米/小时以上，扬程5~20米，功率1500千瓦以上，效率60%以上，可移动）

47. 沼气发生设备：沼气发酵及储气一体化（储气容积300~2000立方米系列产品）、沼液抽渣设备（抽吸量1立方米/分钟以上）等

48. 大型施工机械：30吨以上液压挖掘机、6米及以上全断面掘进机、320马力及以上履带推土机、6吨及以上装载机、600吨及以上架桥设备（含架桥机、运梁车、提梁机）、400吨及以上履带起重机、100吨及以上全地面起重机、钻孔100毫米以上凿岩台车、400千瓦及以上砼冷热再生设备、1米宽及以上铣刨机；关键零部件：动力换挡变速箱、湿式驱动桥、回转支承、液力变矩器、为电动叉车配套的电机、电控、压力25兆帕以上液压马达、泵、控制阀

49. 自动化物流系统装备、信息系统

50. 非道路移动机械用高可靠性、低排放、低能耗的内燃机：寿命指标（重型8000~12000小时，中型5000~7000小时，轻型3000~4000小时）、排放指标（符合欧ⅢA、欧ⅢB排放指标要求）；影响非道路移动机械用内燃机动力性、经济性、环保性的燃油系统、增压系统、排气后处理系统（均包括电子控制系统）

51. 制冷空调设备及关键零部件：热泵、复合热源（空气源与太阳能）热泵热水机、二级能效及以上制冷空调压缩机、微通道和降膜换热技术与设备、电子膨胀阀和两相流喷射器；使用环保制冷剂（ODP为0. GWP值较低）的制冷空调压缩机

52. 12000米及以上深井钻机、极地钻机、高位移性深井沙漠 钻机、沼泽难进入区域用钻机、海洋钻机、车装钻机、特种钻井工艺用钻机等钻机成套设备

53. 危险废物（含医疗废物）集中处理设备

54. 大型高效二板注塑机（合模力1000吨以上）、全电动塑料注射成型机（注射量1000克以下）、节能型塑料橡胶注射成型机（能耗0.4千瓦时/千克以下）、高速节能塑料挤出机组（生产能力：30~3000公斤/小时，能耗0.35千瓦时/千克以下）、微孔发泡塑料注射成型机（合模力：60~1000吨，注射量：30~5000克，能耗0.4千瓦时/千克以下）、大型双螺杆挤出造粒机组（生产能力：30~60万吨/年）、大型对位芳纶反应挤出机组（生产能力1.4万吨/年以上）、碳纤维预浸胶机组（生产能力60万米/年以上；幅宽1.2米以上）

55. 涂装用纳米过滤和反向渗透纯水装备

56. 安全饮水设备：组合式一体化净水器（处理量100~2500吨/小时）

57. 大气污染治理装备：300兆瓦以上燃煤电站烟气SCR脱硝技术装备（脱氮效率90%以上，催化剂使用寿命16000小时以上）；钢铁烧结烟气循环流化床干法脱硫除尘成套装备（钙硫比：1.2~1.3）；1000兆瓦超超临界机组配套电除尘技术装备；电袋复合除尘技术装备（烟尘排放浓度<30毫克/立方米）；1000兆瓦超超临界以上机组脱硫氧化多级离心鼓风机（风量≥450立方米/分钟、升压≥14000毫米水柱）；等离子体废气净化机（废气去除率>95%）

58. 污水防治技术设备：20万吨/日城市污水处理成套装备（除磷脱氮）；污泥干燥焚烧技术装备（减渣量90%以上）；浸没式膜生物反应器（COD去除率90%以上）；陶瓷真空过滤机（真空度：0.09~

0.098 兆帕，孔隙：0.2 微米~20 微米）；中小城镇一体化污水处理成套技术装备；超生耦合法和生物膜法处理高浓度有机废水技术装备

59. 固体废物防治技术设备：生活垃圾清洁焚烧技术装备（助燃煤量 20%以下）；厨余垃圾集中无害化处理技术装备（利用率 95%以上）；垃圾填埋渗滤液和臭气处理技术装备（处理量 50 吨/天以上）；生活垃圾自动化分选技术装备（分选率 80%以上）；建筑垃圾处理和再利用工艺技术装备（处理量 100 吨/小时以上）；工业危险废弃物处置处理技术装备（处理率 90%以上）；油田钻井废弃物处理处置技术与成套装备（减容 50%以上，处理率 70%以上）；医疗废物清洁焚烧、高温蒸煮无害化处理技术装备（处理量 150 千克/小时以上，燃烧效率 70%以上）

60. 土壤修复技术装备

十五、城市轨道交通装备

1. 城市轨道交通减震、降噪技术应用
2. 自动售检票系统（AFC），车门、站台屏蔽门、车钩系统
3. 城市轨道交通火灾报警和自动灭火系统
4. 数字轨道电路及以无线通信为基础的信号系统［含自动列车监控系统（ATS）、列车自动保护装置（ATP）、自动列车运行装 置（ATO）］
5. 直流高速开关、真空断路器（GIS）供电系统成套设备关 键部件
6. 轨道车辆交流牵引传动系统、制动系统及核心元器件（含 IGCT、IGBT 元器件）
7. 城轨列车网络控制系统及运行控制系统
8. 车体、转向架、齿轮箱及车内装饰材料轻量化应用
9. 城轨列车再生制动吸收装置

十六、汽车

1. 汽车关键零部件：汽油机增压器、电涡流缓速器、轮胎气压监测系统（TPMS）、随动前照灯系统、LED 前照灯、数字化仪表、电控系统执行机构用电磁阀、低地板大型客车专用车桥、空气悬架、吸能式转向系统、大中型客车变频空调、高强度钢车轮、载重车后盘式制动器
2. 双离合器变速器（DCT）、电控机械变速器（AMT）
3. 轻量化材料应用：高强度钢、铝镁合金、复合塑料、粉末冶金、高强度复合纤维等；先进成形技术应用：激光拼焊板的扩大应用、内高压成形、超高强度钢板热成形、柔性滚压成形等；环保材料应用：水性涂料、无铅焊料等
4. 高效柴油发动机（3L 以下升功率≥50 kW/L，3L 以上升功率≥40 kW/L）；后处理系统（包括颗粒捕捉器、氧化型催化器、还原型催化器）；电控直列式喷油泵、电控高压共轨喷射系统、电控高压单体泵以及喷油器、喷油嘴
5. 高效汽油发动机（自然吸气汽油机升功率≥60kW/L，涡轮增压汽油机升功率≥70kW/L）
6. 新能源汽车关键零部件：能量型动力电池组（能量密度≥110Wh/kg，循环寿命 ≥2000 次），电池正极材料（比容量 ≥150mAh/g，循环寿命 2000 次不低于初始放电容量的 80%），电池隔膜（厚度 15~40μm，孔隙率 40%~60%）；电池管理系统，电机管理系统，电动汽车电控集成；电动汽车驱动电机（峰值功率密度≥2.5kW/kg，高效区：65%工作区效率≥80%），车用 DC/DC（输入电压 100V~400V），大功率电子器件（IGBT，电压等级≥600V，电流≥300A）；插电式混合动力机电耦合驱动系统
7. 车载充电机、非车载充电设备
8. 电动空调、电制动、电动转向；怠速起停系统
9. 汽车电子控制系统：发动机控制系统（ECU）、变速箱控制系统（TCU）、制动防抱死系统（ABS）、牵引力控制（ASR）、电子 稳定控制（ESP）、网络总线控制、车载故障诊断仪（OBD）、电控智能悬架、电子驻车系统、自动避撞系统、电子油门等

10. 汽车产品开发、试验、检测设备及设施建设

十七、船舶

1. 散货船、油船、集装箱船适应绿色、环保、安全要求的优化升级，以及满足国际造船新规范、新标准的船型开发建造

2. 10 万立方米以上液化天然气船、1.5 万立方米以上液化石油气船、万箱以上集装箱船、5000 车位及以上汽车运输船、豪华客滚船、IMO Ⅱ型以上化学品船、豪华邮轮等高技术、高附加值船舶

3. 大型远洋捕捞加工渔船、1 万立方米以上耙吸式挖泥船、火车渡轮、科学考察船、破冰船、海洋调查船、海洋监管船等特种船舶及其专用设备

4. 小水线面双体船、水翼船、地效应船、气垫船、穿浪船等高性能船舶

5. 120 米及以上水深自升式钻井平台、1500 米及以上深钻井船、1500 米及以上水深半潜式钻井平台等主流海洋移动钻井平台（船舶）；15 万吨及以上浮式生产储卸装置（FPSO）、1500 米水深半潜式生产平台、立柱式生产平台（SPAR）、张力腿平台（TLP）、LNG-FPSO、边际油田型浮式生产储油装置等浮式生产系统；万马力水级深水三用工作船、1500 米水深大型起重铺管船、1500 米水深工程勘察船、高性能物探船、5 万吨及以上半潜运输船、海上风车安装船等海洋工程作业船和辅助船

6. 动力定位系统、FPSO 单点系泊系统、大型海洋平台电站集成系统、主动力及传动系统、钻井平台升降系统、采油系统等通用和专用海洋工程配套设备

7. 豪华游艇开发制造及配套产业

8. 智能环保型船用中低速柴油机及其关键零部件、大型甲板机械、船用锅炉、油水分离机、海水淡化装置、压载水处理系统、船舶使用岸电技术及设备、液化天然气船用双燃料发动机、吊舱推进器、大型高效喷水推进装置、大功率中高压发电机、船舶通讯导航及自动化系统等关键船用配套设备

9. 水下潜器、机器人及探测观测设备

10. 精度管理控制、数字化造船、单元组装、预舾装和模块化、先进涂装、高效焊接技术应用

11. 高技术高附加值船舶、海洋工程装备的修理与改装

十八、航空航天

1. 干线、支线、通用飞机及零部件开发制造

2. 航空发动机开发制造

3. 机载设备、任务设备、空管设备和地面保障设备系统开发制造

4. 直升机总体、旋翼系统、传动系统开发制造

5. 航空航天用新型材料开发生产

6. 航空航天用燃气轮机制造

7. 卫星、运载火箭及零部件制造

8. 航空、航天技术应用及系统软硬件产品、终端产品开发生产

9. 航空器地面模拟训练系统开发制造

10. 航空器地面维修、维护、检测设备开发制造

11. 卫星地面和应用系统建设及设备制造

12. 航空器专用应急救援装备开发与应用

13. 航空器、设备及零件维修

14. 先进卫星载荷研制及生产

十九、轻工

1. 单条化学木浆 30 万吨/年及以上、化学机械木浆 10 万吨/ 年及以上、化学竹浆 10 万吨/年及以上的林纸一体化生产线及相应配套的纸及纸板生产线（新闻纸、铜版纸除外）建设；采用清洁生产工艺、

以非木纤维为原料、单条10万吨/年及以上的纸浆生产线建设

2. 先进制浆、造纸设备开发与制造

3. 无元素氯（ECF）和全无氯（TCF）化学纸浆漂白工艺开发及应用

4. 非金属制品精密模具设计、制造

5. 生物可降解塑料及其系列产品开发、生产与应用

6. 农用塑料节水器材和长寿命（三年及以上）功能性农用薄膜的开发、生产

7. 新型塑料建材（高气密性节能塑料窗、大口径排水排污管道、抗冲击改性聚氯乙烯管、地源热泵系统用聚乙烯管、非开挖用塑料管材、复合塑料管材、塑料检查井）；防渗土工膜；塑木复合材料和分子量≥200万的超高分子量聚乙烯管材及板材生产

8. 动态塑化和塑料拉伸流变塑化的技术应用及装备制造；应用电磁感应加热和伺服驱动系统的塑料加工装备

9. 应用于工业、医学、电子、航空航天等领域的特种陶瓷生产及技术、装备开发；陶瓷清洁生产及综合利用技术开发

10. 高效节能缝制机械（采用嵌入式数字控制、无油或微油润滑等先进技术）及关键零部件开发制造

11. 用于制笔、钟表等行业的多工位组合机床研发与制造

12. 高新、数字印刷技术及高清晰度制版系统开发与应用

13. 少数民族特需用品制造

14. 真空镀铝、喷镀氧化硅、聚乙烯醇（PVA）涂布型薄膜、功能性聚酯（PET）薄膜、定向聚苯乙烯（OPS）薄膜及纸塑基多层共挤或复合等新型包装材料

15. 二色及二色以上金属板印刷、配套光固化（UV）、薄板覆膜和高速食品饮料罐加工及配套设备制造

16. 锂二硫化铁、锂亚硫酰氯等新型锂原电池；锂离子电池、氢镍电池、新型结构（卷绕式、管式等）密封铅蓄电池等动力电池；储能用锂离子电池和新型大容量密封铅蓄电池；超级电池和超级电容器

17. 锂离子电池用磷酸铁锂等正极材料、中间相炭微球和钛酸锂等负极材料、单层与三层复合锂离子电池隔膜、氟代碳酸乙烯酯（FEC）等电解质与添加剂；废旧铅酸蓄电池资源化无害化回收，年回收能力5万吨以上再生铅工艺装备系统制造

18. 先进的各类太阳能光伏电池及高纯晶体硅材料（单晶硅光伏电池的转化效率大于17%，多晶硅电池的转化效率大于16%，硅基薄膜电池转化效率大于7%，碲化镉电池的转化效率大于9%，铜铟镓硒电池转化效率大于12%）

19. 锂离子电池自动化生产成套装备制造；碱性锌锰电池600只/分钟以上自动化生产成套装备制造

20. 制革及毛皮加工清洁生产、皮革后整饰新技术开发及关键设备制造、皮革废弃物综合利用；皮革铬鞣废液的循环利用，三价铬污泥综合利用；无灰膨胀（助）剂、无氨脱灰（助）剂、无盐浸酸（助）剂、高吸收铬鞣（助）剂、天然植物鞣剂、水性涂饰（助）剂等高档皮革用功能性化工产品开发、生产与应用

21. 高效节能电光源（高、低气压放电灯和固态照明产品）技术开发、产品生产及固汞生产工艺应用；废旧灯管回收再利用

22. 高效节能家电开发与生产

23. 多效、节能、节水、环保型表面活性剂和浓缩型合成洗涤剂的开发与生产

24. 采用新型制冷剂替代氢氯氟烃-22（HCFC-22或R22）的空调器开发、制造，采用新型发泡剂替代氢氯氟烃-141b（HCFC-141b）的家用电器生产，采用新型发泡剂替代氢氯氟烃-141b（HCFC-141b）的硬质聚氨酯泡沫的生产与应用

25. 节能环保型玻璃窑炉（含全电熔、电助熔、全氧燃烧技术）的设计、应用；废（碎）玻璃回收再利用

26. 轻量化玻璃瓶罐（轻量化度L≤1.0的一次性使用小口径玻璃瓶）工艺技术和关键装备的开发与

生产

27. 水性油墨、紫外光固化油墨、植物油油墨等节能环保型油墨生产

28. 天然食品添加剂、天然香料新技术开发与生产

29. 先进的食品生产设备研发与制造；食品质量与安全监测（检测）仪器、设备的研发与生产

30. 热带果汁、浆果果汁、谷物饮料、本草饮料、茶浓缩液、茶粉、植物蛋白饮料等高附加价值植物饮料的开发生产与加工原料基地建设；果渣、茶渣等的综合开发与利用

31. 营养健康型大米、小麦粉（食品专用米、发芽糙米、留胚米、食品专用粉、全麦粉及营养强化产品等）及制品的开发生产；传统主食工业化生产；杂粮加工专用设备开发与生产

32. 粮油加工副产物（稻壳、米糠、麸皮、胚芽、饼粕等）综合利用关键技术开发应用

33. 菜籽油生产线：采用膨化、负压蒸发、热能自平衡利用、低消耗蒸汽真空系统等技术，油菜籽主产区日处理油菜籽 400 吨及以上、吨料溶剂消耗 1.5 公斤以下（其中西部地区日处理油菜籽 200 吨及以上、吨料溶剂消耗 2 公斤）以下；花生油生产线：花生主产区日处理花生 200 吨及以上，吨料溶剂消耗 2 公斤以下；棉籽油生产线：棉籽产区日处理棉籽 300 吨及以上，吨料溶剂消耗 2 公斤以下；米糠油生产线：采用分散快速膨化，集中制油、精炼技术；玉米胚芽油生产线；油茶籽、核桃等木本油料和胡麻、芝麻、葵花籽等小品种油料加工生产线

34. 发酵法工艺生产小品种氨基酸（赖氨酸、谷氨酸除外），新型酶制剂（糖化酶、淀粉酶除外）、多元醇、功能性发酵制品（功能性糖类、真菌多糖、功能性红曲、发酵法抗氧化和复合功能配 料、活性肽、微生态制剂）等生产

35. 薯类变性淀粉

36. 畜禽骨、血及内脏等副产物综合利用与无害化处理

37. 采用生物发酵技术生产优质低温肉制品

38. 搪瓷静电粉和预磨粉等高科技新型搪瓷瓷釉、静电搪瓷关键装备、0.3 毫米及以下的薄钢板平板搪瓷的开发与生产

39. 冷凝式燃气热水器、使用聚能燃烧技术的燃气灶具等高效节能环保型燃气具的开发与制造

二十、纺织

1. 差别化、功能性聚酯（PET）的连续共聚改性［阳离子染料可染聚酯（CDP、ECDP）、碱溶性聚酯（COPET）、高收缩聚酯（HSPET）、阻燃聚酯、低熔点聚酯等］；熔体直纺在线添加等连续化工艺生产差别化、功能性纤维（抗静电、抗紫外、有色纤维等）；智能化、超仿真等差别化、功能性聚酯（PET）及纤维生产（东部地区限于技术改造）腈纶、锦纶、氨纶、粘胶纤维等其他化学纤维品种的差别化、功能性改性纤维生产

2. 聚对苯二甲酸丙二醇酯（PTT）、聚萘二甲酸乙二醇酯（PEN）、聚对苯二甲酸丁二醇酯（PBT）、聚丁二酸丁二酯（PBS）、聚对苯二甲酸环己烷二甲醇酯（PCT）等新型聚酯和纤维的开发、生产与应用

3. 采用绿色 、环保工艺与装备生产新溶剂法纤维素纤维（Lyocell）、细菌纤维素纤维、以竹、麻等新型可再生资源为原料的再生纤维素纤维、聚乳酸纤维（PLA）、海藻纤维、甲壳素纤维、聚羟基脂肪酸酯纤维（PHA）、动植物蛋白纤维等生物质纤维

4. 有机和无机高性能纤维及制品的开发与生产［碳纤维（CF）（拉伸强度≥4200MPa，弹性模量≥240GPa）、芳纶（AF）、芳砜纶（PSA）、高强高模聚乙烯（超高分子量聚乙烯）纤维（UHMWPE）（纺丝生产装置单线能力≥300 吨/年）、聚苯硫醚纤维（PPS）、聚酰亚胺纤维（PI）、聚四氟乙烯纤维（PT-FE）、聚苯并双噁唑纤维（PBO）、聚芳噁二唑纤维（POD）、玄武岩纤维（BF）、碳化硅纤维（SiCF）、高强型玻璃纤维（HT-AR）等］

5. 符合生态、资源综合利用与环保要求的特种动物纤维、麻纤维、竹原纤维、桑柞茧丝、彩色棉花、彩色桑茧丝类天然纤维的加工技术与产品

6. 采用紧密纺、低扭矩纺、赛络纺、嵌入式纺纱等高速、新型纺纱技术生产多品种纤维混纺纱线及

采用自动络筒、细络联、集体落纱等自动化设备生产高品质纱线（东部地区限于技术改造，新建和扩建除外）

7. 采用高速机电一体化无梭织机、细针距大园机等先进工艺和装备生产高支、高密、提花等高档机织、针织纺织品

8. 采用酶处理、高效短流程前处理、冷轧堆前处理及染色、短流程湿蒸轧染、气流染色、小浴比染色、涂料印染、数码喷墨印花、泡沫整理等染整清洁生产技术和防水防油防污、阻燃、抗静电及多功能复合等功能性整理技术生产高档纺织面料

9. 采用编织、非织造布复合、多层在线复合、长效多功能整理等高新技术，生产满足国民经济各领域需求的产业用纺织品

10. 新型高技术纺织机械、关键专用基础件和计量、检测、试验仪器的开发与制造

11. 高档地毯、抽纱、刺绣产品生产

12. 服装企业计算机集成制造及数字化、信息化、自动化技术和装备的应用

13. 纺织行业生物脱胶、无聚乙烯醇（PVA）浆料上浆、少水无水节能印染加工、“三废”高效治理与资源回收再利用技术的推广与应用

14. 废旧纺织品回收再利用技术与产品生产，聚酯回收材料生产涤纶工业丝、差别化和功能性涤纶长丝等高附加价值产品

二十一、建筑

1. 建筑隔震减震结构体系及产品研发与推广
2. 智能建筑产品与设备的生产制造与集成技术研究
3. 集中供热系统计量与调控技术、产品的研发与推广
4. 高强、高性能结构材料与体系的应用
5. 太阳能热利用及光伏发电应用一体化建筑
6. 先进适用的建筑成套技术、产品和住宅部品研发与推广
7. 钢结构住宅集成体系及技术研发与推广
8. 预制装配式整体卫生间和厨房标准化、模数化技术开发与推广
9. 工厂化全装修技术推广
10. 移动式应急生活供水系统开发与应用

二十二、城市基础设施

1. 城市基础空间信息数据生产及关键技术开发
2. 依托基础地理信息资源的城市立体管理信息系统
3. 城市公共交通建设
4. 城市道路及智能交通体系建设
5. 城市交通管制系统技术开发及设备制造
6. 城市及市域轨道交通新线建设
7. 城镇安全饮水工程
8. 城镇地下管道共同沟建设
9. 城镇供排水管网工程、供水水源及净水厂工程
10. 城市燃气工程
11. 城镇集中供热建设和改造工程
12. 城市雨水收集利用工程
13. 城镇园林绿化及生态小区建设
14. 城市立体停车场建设

15. 城市建设管理信息化技术应用
16. 城市生态系统关键技术应用
17. 城市节水技术开发与应用
18. 城市照明智能化、绿色照明产品及系统技术开发与应用
19. 再生水利用技术与工程
20. 城市下水管线非开挖施工技术开发与应用
21. 城市供水、排水、燃气塑料管道应用工程
22. 城市应急与后备水源建设工程
23. 沿海城镇海水供水管网及海水净水厂工程
24. 城市积涝预警技术开发与应用

二十三、铁路

1. 铁路新线建设
2. 既有铁路改扩建
3. 客运专线、高速铁路系统技术开发与建设
4. 铁路行车及客运、货运安全保障系统技术与装备，铁路列车运行控制与车辆控制系统开发建设
5. 铁路运输信息系统开发与建设
6. 7200千瓦及以上交流传动电力机车、6000马力及以上交流传动内燃机车、时速200公里以上动车组、海拔3000米以上高原机车、大型专用货车、机车车辆特种救援设备
7. 干线轨道车辆交流牵引传动系统、制动系统及核心元器件（含IGCT、IGBT元器件）
8. 时速200公里及以上铁路接触网、道岔、扣配件、牵引供电设备
9. 电气化铁路牵引供电功率因数补偿技术应用
10. 大型养路机械、铁路工程建设机械装备、线桥隧检测设备
11. 行车调度指挥自动化技术开发
12. 混凝土结构物修补和提高耐久性技术、材料开发
13. 铁路旅客列车集便器及污物地面接收、处理工程
14. 铁路GSM-R通信信号系统
15. 铁路宽带通信系统开发与建设
16. 数字铁路与智能运输开发与建设
17. 时速在300公里及以上高速铁路或客运专线减震降噪技术应用
18. 城际轨道交通建设

二十四、公路及道路运输（含城市客运）

1. 西部开发公路干线、国家高速公路网项目建设
2. 国省干线改造升级
3. 汽车客货运站、城市公交站
4. 高速公路不停车收费系统相关技术开发与应用
5. 公路智能运输、快速客货运输、公路甩挂运输系统开发与建设
6. 公路管理服务、应急保障系统开发与建设
7. 公路工程新材料开发与生产
8. 公路集装箱和厢式运输
9. 特大跨径桥梁修筑和养护维修技术应用
10. 长大隧道修筑和维护技术应用
11. 农村客货运输网络开发与建设

12. 农村公路建设
13. 城际快速系统开发与建设
14. 出租汽车服务调度信息系统开发与建设
15. 高速公路车辆应急疏散通道建设
16. 低噪音路面技术开发
17. 高速公路快速修筑与维护技术和材料开发与应用
18. 城市公交
19. 运营车辆安全监控记录系统开发与应用

二十五、水运

1. 深水泊位（沿海万吨级、内河千吨级及以上）建设
2. 沿海深水航道和内河高等级航道及通航建筑物建设
3. 沿海陆岛交通运输码头建设
4. 大型港口装卸自动化工程
5. 海运电子数据交换系统应用
6. 水上交通安全监管和救助系统建设
7. 内河船型标准化
8. 老港区技术改造工程
9. 港口危险化学品、油品应急设施建设及设备制造
10. 内河自卸式集装箱船运输系统
11. 水上高速客运
12. 港口龙门吊油改电节油改造工程
13. 水上滚装多式联运
14. 水运行业信息系统建设
15. 国际邮轮运输及邮轮母港建设

二十六、航空运输

1. 机场建设
2. 公共航空运输
3. 通用航空
4. 空中交通管制和通讯导航系统建设
5. 航空计算机管理及其网络系统开发与建设
6. 航空油料设施建设
7. 海上空中监督巡逻和搜救设施建设
8. 小型航空器应急起降场地建设

二十七、综合交通运输

1. 综合交通枢纽建设与改造
2. 综合交通枢纽便捷换乘及行李捷运系统建设
3. 综合交通枢纽运营管理信息系统建设与应用
4. 综合交通枢纽诱导系统建设
5. 综合交通枢纽一体化服务设施建设
6. 综合交通枢纽防灾救灾及应急疏散系统
7. 综合交通枢纽便捷货运换装系统建设

8. 集装箱多式联运系统建设

二十八、信息产业

1. 2.5GB/S 及以上光同步传输系统建设
2. 155MB/S 及以上数字微波同步传输设备制造及系统建设
3. 卫星通信系统、地球站设备制造及建设
4. 网管监控、时钟同步、计费等通信支撑网建设
5. 数据通信网设备制造及建设
6. 物联网（传感网）、智能网等新业务网设备制造与建设
7. 宽带网络设备制造与建设
8. 数字蜂窝移动通信网建设
9. IP 业务网络建设
10. 下一代互联网网络设备、芯片、系统以及相关测试设备的研发和生产
11. 卫星数字电视广播系统建设
12. 增值电信业务平台建设
13. 32 波及以上光纤波分复用传输系统设备制造
14. 10GB/S 及以上数字同步系列光纤通信系统设备制造
15. 支撑通信网的路由器、交换机、基站等设备
16. 同温层通信系统设备制造
17. 数字移动通信、接入网系统、数字集群通信系统及路由器、网关等网络设备制造
18. 大中型电子计算机、百万亿次高性能计算机、便携式微型计算机、每秒一万亿次及以上高档服务器、大型模拟仿真系统、大型工业控制机及控制器制造
19. 集成电路设计，线宽 0.8 微米以下集成电路制造，及球栅阵列封装（BGA）、插针网格阵列封装（PGA）、芯片规模封装（CSP）、多芯片封装（MCM）等先进封装与测试
20. 集成电路装备制造
21. 新型电子元器件（片式元器件、频率元器件、混合集成电路、电力电子器件、光电子器件、敏感元器件及传感器、新型机电元件、高密度印刷电路板和柔性电路板等）制造
22. 半导体、光电子器件、新型电子元器件等电子产品用材料
23. 软件开发生产（含民族语言信息化标准研究与推广应用）
24. 计算机辅助设计（CAD）、辅助测试（CAT）、辅助制造（CAM）、辅助工程（CAE）系统开发生产
25. 半导体照明设备，光伏太阳能设备，片式元器件设备，新型动力电池设备，表面贴装设备（含钢网印刷机、自动贴片机、无铅回流焊、光电自动检查仪）等
26. 打印机（含高速条码打印机）和海量存储器等计算机外部设备
27. 薄膜场效应晶体管 LCD（TFT-LCD）、等离子显示屏（PDP）、有机发光二极管（OLED）、激光显示、3D 显示等新型平板显示器件及关键部件
28. 新型（非色散）单模光纤及光纤预制棒制造
29. 高密度数字激光视盘播放机盘片制造
30. 只读光盘和可记录光盘复制生产
31. 音视频编解码设备、音视频广播发射设备、数字电视演播室设备、数字电视系统设备、数字电视广播单频网设备、数字电视接收设备、数字摄录机、数字录放机、数字电视产品
32. 信息安全产品、网络监察专用设备开发制造
33. 数字多功能电话机制造
34. 多普勒雷达技术及设备制造
35. 医疗电子、金融电子、航空航天仪器仪表电子、传感器电子等产品制造

36. 无线局域网技术开发、设备制造
37. 电子商务和电子政务系统开发与应用服务
38. 卫星导航系统技术开发与设备制造
39. 应急广播电视系统建设
40. 量子通信设备
41. TFT-LCD、PDP、OLED、激光显示、3D 显示等新型平板显示器件生产专用设备
42. 半导体照明衬底、外延、芯片、封装及材料等
43. 数字音乐、手机媒体、动漫游戏等数字内容产品的开发系统
44. 防伪技术开发与运用

二十九、现代物流业

1. 粮食、棉花、食用油、食糖、化肥、石油等重要商品现代化物流设施建设
2. 农产品物流配送（含冷链）设施建设，食品物流质量安全控制技术服务
3. 药品物流配送（含冷链）技术应用和设施建设，药品物流质量安全控制技术服务
4. 出版物等文化产品供应链管理技术服务
5. 实现港口与铁路、铁路与公路、民用航空与地面交通等多式联运物流节点设施建设与经营
6. 第三方物流服务设施建设
7. 仓储和转运设施设备、运输工具、物流器具的标准化改造
8. 自动识别和标识技术、电子数据交换技术、可视化技术、货物跟踪和快速分拣技术、移动物流信息服务技术、全球定位系统、地理信息系统、道路交通信息通信系统、智能交通系统、物流信息系统安全技术及立体仓库技术的研发与应用
9. 应急物流设施建设
10. 物流公共信息平台建设
11. 海港空港、产业聚集区、商贸集散地的物流中心建设

三十、金融服务业

1. 信用担保服务体系建设
2. 农村金融服务体系建设
3. 债券发行、交易服务体系建设
4. 农业保险、责任保险、信用保险
5. 金融产品研发和应用
6. 知识产权、收益权等无形资产贷款质押业务开发
7. 信用卡及网络服务
8. 人民币跨境结算、清算体系建设
9. 信贷、保险、证券统计数据信息系统建设
10. 金融监管技术开发与应用
11. 创业投资

三十一、科技服务业

1. 工业设计、气象、生物、新材料、新能源、节能、环保、测绘、海洋等专业科技服务，商品质量认证和质量检测服务、科技普及
2. 在线数据与交易处理、IT 设施管理和数据中心服务，移动互联网服务，因特网会议电视及图像等电信增值服务
3. 行业（企业）管理和信息化解决方案开发、基于网络的软件服务平台、软件开发和测试服务、信

息系统集成、咨询、运营维护和数据挖掘等服务业务

4. 数字音乐、手机媒体、网络出版等数字内容服务，地理、国际贸易等领域信息资源开发服务

5. 数字化技术、高拟真技术、高速计算技术等新兴文化科技支撑技术建设及服务

6. 分析、试验、测试以及相关技术咨询与研发服务，智能产品整体方案、人机工程设计、系统仿真等设计服务

7. 数据恢复和灾备服务，信息安全防护、网络安全应急支援服务，云计算安全服务、信息安全风险评估与咨询服务，信息装备和软件安全评测服务，密码技术产品测试服务，信息系统等级保护安全方案设计服务

8. 科技信息交流、文献信息检索、技术咨询、技术孵化、科技成果评估和科技鉴证等服务

9. 知识产权代理、转让、登记、鉴定、检索、评估、认证、咨询和相关投融资服务

10. 国家级工程（技术）研究中心、国家工程实验室、国家认定的企业技术中心、重点实验室、高新技术创业服务中心、新产品开发设计中心、科研中试基地、实验基地建设

11. 信息技术外包、业务流程外包、知识流程外包等技术先进型服务

三十二、商务服务业

1. 租赁服务

2. 经济、管理、信息、会计、税务、鉴证（含审计服务）、法律、节能、环保等咨询与服务

3. 工程咨询服务（包括规划编制与咨询、投资机会研究、可行性研究、评估咨询、工程勘察设计、招标代理、工程和设备监理、工程项目管理等）

4. 资信调查与评级等信用服务体系建设

5. 资产评估、校准、检测、检验等服务

6. 产权交易服务平台

7. 广告创意、广告策划、广告设计、广告制作

8. 就业和创业指导、网络招聘、培训、人员派遣、高级人才访聘、人员测评、人力资源管理咨询、人力资源服务外包等人力资源服务业

9. 人力资源市场及配套服务设施建设

10. 农村劳动力转移就业服务平台建设

11. 会展服务（不含会展场馆建设）

三十三、商贸服务业

1. 现代化的农产品、生产资料市场流通设施建设

2. 种子、种苗、种畜禽和鱼苗（种）、化肥、农药、农机具、农膜等农资连锁经营

3. 面向农村的日用品、药品、出版物等生活用品连锁经营

4. 农产品拍卖服务

5. 商贸企业的统一配送和分销网络建设

6. 利用信息技术改造提升传统商品交易市场

7. 旧货市场建设

8. 现代化二手车交易服务体系建设

三十四、旅游业

1. 休闲、登山、滑雪、潜水、探险等各类户外活动用品开发与营销服务

2. 乡村旅游、生态旅游、森林旅游、工业旅游、体育旅游、红色旅游、民族风情游及其他旅游资源综合开发服务

3. 旅游基础设施建设及旅游信息服务

4. 旅游商品、旅游纪念品开发及营销

三十五、邮政业

1. 邮政储蓄网络建设
2. 邮政综合业务网建设
3. 邮件处理自动化工程
4. 邮政普遍服务基础设施台账、快递企业备案许可、邮（快）件时限监测、消费者申诉、满意度调查与公示、邮编及行业资费查询等公共服务和市场监管功能等邮政业公共服务信息平台建设
5. 城乡快递营业网点、门店等快递服务网点建设
6. 城市、区域内和区域间的快件分拣中心、转运中心、集散中心、处理枢纽等快递处理设施建设
7. 快件跟踪查询、自动分拣、运递调度、快递客服呼叫中心等快递信息系统开发与应用
8. 快件分拣处理、数据采集、集装容器等快递技术、装备开发与应用
9. 邮件、快件运输与交通运输网络融合技术开发

三十六、教育、文化、卫生、体育服务业

1. 学前教育
2. 特殊教育
3. 职业教育
4. 远程教育
5. 文化艺术、新闻出版、广播影视、大众文化、科普设施建设
6. 文物保护及设施建设
7. 文化创意设计服务
8. 文化信息资源共享工程
9. 广播影视制作、发行、交易、播映、出版、衍生品开发
10. 动漫创作、制作、传播、出版、衍生产品开发
11. 移动多媒体广播电视、广播影视数字化、数字电影服务监管技术及应用
12. 网络视听节目技术服务、开发
13. 广播电视村村通工程、农村电影放映工程
14. 社区书屋、农家书屋、阅报栏等基本新闻出版服务设施建设
15. 新闻出版内容监管技术、版权保护技术、出版物的生产技术、出版物发行技术开发与应用
16. 电子纸、阅读器等新闻出版新载体的技术开发、应用和产业化
17. 语言文字技术开发与应用
18. 基层公共文化设施建设
19. 非物质文化遗产保护与开发
20. 民族和民间艺术、传统工艺美术保护与发展
21. 国家历史文化名城（镇、村）和文化街区保护
22. 演艺业
23. 民族文化艺术精品的国际营销与推广
24. 预防保健、卫生应急、卫生监督服务设施建设
25. 计划生育、优生优育、生殖健康咨询与服务
26. 全科医疗服务
27. 远程医疗服务
28. 卫生咨询、健康管理、医疗知识等医疗信息服务
29. 医疗卫生服务设施建设

30. 传染病、儿童、精神卫生专科医院和护理院（站）设施建设与服务
31. 心理咨询服务
32. 残疾人社会化、专业化康复服务和托养服务
33. 体育竞赛表演、体育场馆设施建设及运营、大众体育健身休闲服务
34. 体育经纪、培训、信息咨询服务
35. 中华老字号的保护与发展

三十七、其他服务业

1. 保障性住房建设与管理
2. 物业服务
3. 老年人、未成年人活动场所
4. 城乡社区基础服务设施及综合服务网点建设
5. 儿童福利、优抚收养性社会福利机构及相关配套服务设施建设
6. 救助管理站及相关配套设施建设
7. 公共殡葬服务设施建设
8. 开发区、产业集聚区配套公共服务平台建设与服务
9. 家政服务
10. 养老服务
11. 社区照料服务
12. 病患陪护服务
13. 再生资源回收利用网络体系建设
14. 婚庆服务业
15. 基层就业和社会保障服务设施建设
16. 农民工留守家属服务设施建设
17. 社会保障一卡通工程
18. 工伤康复中心建设

三十八、环境保护与资源节约综合利用

1. 矿山生态环境恢复工程
2. 海洋环境保护及科学开发
3. 微咸水、苦咸水、劣质水、海水的开发利用及海水淡化工程
4. 消耗臭氧层物质替代品开发与利用
5. 区域性废旧汽车、废旧电器电子产品、废旧船舶、废钢铁、废旧木材等资源循环利用基地建设
6. 流出物辐射环境监测技术工程
7. 环境监测体系工程
8. 危险废弃物（放射性废物、核设施退役工程、医疗废物、含重金属废弃物）安全处置技术设备开发制造及处置中心建设
9. 流动污染源（机车、船舶、汽车等）监测与防治技术
10. 城市交通噪声与振动控制技术应用
11. 电网、信息系统电磁辐射控制技术开发与应用
12. 削减和控制二噁英排放的技术开发与应用
13. 持久性有机污染物类产品的替代品开发与应用
14. 废弃持久性有机污染物类产品处置技术开发与应用
15. “三废”综合利用及治理工程

16. “三废”处理用生物菌种和添加剂开发与生产
17. 含汞废物的汞回收处理技术、含汞产品的替代品开发与应用
18. 重复用水技术应用
19. 高效、低能耗污水处理与再生技术开发
20. 城镇垃圾及其他固体废弃物减量化、资源化、无害化处理和综合利用工程
21. 废物填埋防渗技术与材料
22. 新型水处理药剂开发与生产
23. 节能、节水、节材环保及资源综合利用等技术开发、应用及设备制造
24. 高效、节能采矿、选矿技术（药剂）
25. 鼓励推广共生、伴生矿产资源中有价元素的分离及综合利用技术
26. 低品位、复杂、难处理矿开发及综合利用
27. 尾矿、废渣等资源综合利用
28. 再生资源回收利用产业化
29. 废旧电器电子产品、废印刷电路板、废旧电池、废旧船舶、废旧农机、废塑料、废橡胶、废弃油脂等再生资源循环利用技术与设备开发
30. 废旧汽车、工程机械、矿山机械、机床产品、农业机械、船舶等废旧机电产品及零部件再利用、再制造，墨盒、有机光导鼓的再制造（再填充）
31. 综合利用技术设备：4000 马力以上废钢破碎生产线；废塑料复合材料回收处理成套装备（回收率 95%以上）；轻烃类石化副产物综合利用技术装备；生物质能技术装备（发电、制油、沼气）；硫回收装备（低温克劳斯法）
32. 含持久性有机污染物土壤修复技术的研发与应用
33. 削减和控制重金属排放的技术开发与应用
34. 工业难降解有机废水处理技术
35. 有毒、有机废气、恶臭处理技术
36. 高效、节能、环保采选矿技术
37. 为用户提供节能诊断、设计、融资、改造、运行管理等服务
38. 餐厨废弃物资源化利用技术开发及设施建设
39. 碳捕获、存储及利用技术装备
40. 冰蓄冷技术及其成套设备制造

三十九、公共安全与应急产品

1. 地震、海啸、地质灾害监测预警技术开发与应用
2. 生物灾害、动物疫情监测预警技术开发与应用
3. 堤坝、尾矿库安全自动监测报警技术开发与应用
4. 煤炭、矿山等安全生产监测报警技术开发与应用
5. 公共交通工具事故预警技术开发与应用
6. 水、土壤、空气污染物快速监测技术与产品
7. 食品药品安全快速检测仪器
8. 新发传染病检测试剂和仪器
9. 公共场所体温异常人员快速筛查设备
10. 城市公共安全监测预警平台技术
11. 毒品等违禁品、核生化恐怖源探测技术与产品
12. 易燃、易爆、强腐蚀性、放射性等危险物品快速检测技术与产品
13. 应急救援人员防护用品开发与应用

14. 社会群体个人防护用品开发与应用
15. 雷电灾害新型防护技术开发与应用
16. 矿井等特殊作业场所应急避险设施
17. 突发事件现场信息探测与快速获取技术及产品
18. 生命探测仪器
19. 大型公共建筑、高层建筑、石油化工设施、森林、山岳、水域和地下设施消防灭火救援技术与产品
20. 起重、挖掘、钻凿等应急救援特种工程机械
21. 通信指挥、电力恢复、后勤保障等应急救援特种车辆
22. 侦检、破拆、救生、照明、排烟、堵漏、输转、洗消、提升、投送等高效救援产品
23. 应急物资投放伞具和托盘器材
24. 因灾损毁交通设施应急抢通装备及器材开发与应用
25. 公共交通设施除冰雪机械及环保型除雪剂开发与应用
26. 港口漂浮物应急打捞清理装备制造
27. 港口危险化学品、油品应急设施建设及设备制造
28. 船舶海上溢油应急处置装备
29. 突发环境灾难应急环保技术装备：热墙式沥青路面地热再生设备（再生深度：0~60 毫米）；无辐射高速公路雾雪屏蔽器；有毒有害液体快速吸纳处理技术装备；移动式医疗垃圾快速处理装置；移动式小型垃圾清洁处理装备；人畜粪便无害化快速处理装置；禽类病原体无害化快速处理装置；危险废物特性鉴别专用仪器
30. 应急发电设备
31. 应急照明器材及灯具
32. 生命支持、治疗、监护一体化急救与后送平台
33. 机动医疗救护系统
34. 防控突发公共卫生和生物事件疫苗和药品
35. 饮用水快速净化装置
36. 应急通信技术与产品
37. 应急决策指挥平台技术开发与应用
38. 反恐技术与装备
39. 交通、社区等应急救援社会化服务
40. 应急物流设施及服务
41. 应急咨询、培训、租赁和保险服务
42. 应急物资储备基础设施建设
43. 应急救援基地、公众应急体验基础设施建设
44. 登高平台消防车、举高喷射消防车、机场消防车、森林消防车、城市轨道交通专用消防车
45. 具有灭火、侦查、排烟、救助等功能的消防机器人
46. 公称直径≥150mm 的消防水带、人工合成橡胶衬里消防水带
47. 水性钢结构防火涂料、预制组合式钢结构防火构件
48. 不燃外保温材料、阻燃制品
49. 用于哈龙替代的合成类气体灭火剂、泡沫灭火剂氟表面活性剂替代物、建筑外保温材料高效灭火剂、无磷类阻燃剂、塑胶及合成类纺织品高效灭火剂、金属火灾专用灭火剂
50. 洁净气体灭火系统、探火管灭火装置、风力发电装置专用灭火系统
51. 使用节能环保新型光源的消防应急照明和疏散指示产品

四十、民爆产品

1. 炸药现场混装作业方式和低感度散装炸药
2. 电子延期雷管
3. 刚性药头雷管
4. 高穿深石油射孔弹
5. 具有高分辨率的震源药柱
6. 复合型导爆管
7. 适用于不同使用需要的系列导爆索
8. 高性能安全型工业炸药
9. 连续化、自动化工业炸药雷管生产线、自动化装药、包装技术与设备
10. 先进的人工影响天气用燃爆器材

第二类　限制类

一、农林业

1. 天然草场超载放牧
2. 单线 5 万立方米/年以下的普通刨花板、高中密度纤维板生产装置
3. 单线 3 万立方米/年以下的木质刨花板生产装置
4. 1000 吨/年以下的松香生产项目
5. 兽用粉剂/散剂/预混剂生产线项目（持有新兽药证书的品种和自动化密闭式高效率混合生产工艺除外）
6. 转瓶培养生产方式的兽用细胞苗生产线项目（持有新兽药证书的品种和采用新技术的除外）
7. 松脂初加工项目
8. 以优质林木为原料的一次性木制品与木制包装的生产和使用以及木竹加工综合利用率偏低的木竹加工项目
9. 1 万立方米/年以下的胶合板和细木工板生产线
10. 珍稀植物的根雕制造业
11. 以野外资源为原料的珍贵濒危野生动植物加工
12. 湖泊、水库投饵网箱养殖
13. 不利于生态环境保护的开荒性农业开发项目
14. 缺水地区、国家生态脆弱区纸浆原料林基地建设
15. 粮食转化乙醇、食用植物油料转化生物燃料项目
16. 在林地上从事工业和房地产开发的项目

二、煤炭

1. 单井井型低于以下规模的煤矿项目：山西、内蒙古、陕西 120 万吨/年；重庆、四川、贵州、云南 15 万吨/年；福建、江西、湖北、湖南、广西 9 万吨/年；其他地区 30 万吨/年
2. 采用非机械化开采工艺的煤矿项目
3. 设计的煤炭资源回收率达不到国家规定要求的煤矿项目
4. 未按国家规定程序报批矿区总体规划的煤矿项目
5. 井下回采工作面超过 2 个的新建煤矿项目

三、电力

1. 小电网外，单机容量 30 万千瓦及以下的常规燃煤火电机组

2. 小电网外，发电煤耗高于 300 克标准煤/千瓦时的湿冷发电机组，发电煤耗高于 305 克标准煤/千瓦时的空冷发电机组

3. 无下泄生态流量的引水式水力发电

四、石化化工

1. 新建 1000 万吨/年以下常减压、150 万吨/年以下催化裂化、100 万吨/年以下连续重整（含芳烃抽提）、150 万吨/年以下加氢裂化生产装置

2. 新建 80 万吨/年以下石脑油裂解制乙烯、13 万吨/年以下丙烯腈、100 万吨/年以下精对苯二甲酸、20 万吨/年以下乙二醇、20 万吨/年以下苯乙烯（干气制乙苯工艺除外）、10 万吨/年以下己内酰胺、乙烯法醋酸、30 万吨/年以下羰基合成法醋酸、天然气制甲醇、100 万吨/年以下煤制甲醇生产装置（综合利用除外），丙酮氰醇法丙烯酸、粮食法丙酮/丁醇、氯醇法环氧丙烷和皂化法环氧氯丙烷生产装置，300 吨/年以下皂素（含水解物，综合利用除外）生产装置

3. 新建 7 万吨/年以下聚丙烯（连续法及间歇法）、20 万吨/年以下聚乙烯、乙炔法聚氯乙烯、起始规模小于 30 万吨/年的乙烯氧氯化法聚氯乙烯、10 万吨/年以下聚苯乙烯、20 万吨/年以下丙烯腈/丁二烯/苯乙烯共聚物（ABS，本体连续法除外）、3 万吨/年以下普通合成胶乳—羧基丁苯胶（含丁苯胶乳）生产装置，新建、改扩建溶剂型氯丁橡胶类、丁苯热塑性橡胶类、聚氨酯类和聚丙烯酸酯类等通用型胶黏剂生产装置

4. 新建纯碱、烧碱、30 万吨/年以下硫磺制酸、20 万吨/年以下硫铁矿制酸、常压法及综合法硝酸、电石（以大型先进工艺设备进行等量替换的除外）、单线产能 5 万吨/年以下氢氧化钾生产装置

5. 新建三聚磷酸钠、六偏磷酸钠、三氯化磷、五硫化二磷、饲料磷酸氢钙、氯酸钠、少钙焙烧工艺重铬酸钠、电解二氧化锰、普通级碳酸钙、无水硫酸钠（盐业联产及副产除外）、碳酸钡、硫酸钡、氢氧化钡、氯化钡、硝酸钡、碳酸锶、白炭黑（气相法除外）、氯化胆碱生产装置

6. 新建黄磷，起始规模小于 3 万吨/年、单线产能小于 1 万吨/年氰化钠（折 100%），单线产能 5 千吨/年以下碳酸锂、氢氧化锂，单线产能 2 万吨/年以下无水氟化铝或中低分子比冰晶石生产装置

7. 新建以石油（高硫石油焦除外）、天然气为原料的氮肥，采用固定层间歇气化技术合成氨，磷铵生产装置，铜洗法氨合成原料气净化工艺

8. 新建高毒、高残留以及对环境影响大的农药原药［包括氧乐果、水胺硫磷、甲基异柳磷、甲拌磷、特丁磷、杀扑磷、溴甲烷、灭多威、涕灭威、克百威、敌鼠钠、敌鼠酮、杀鼠灵、杀鼠醚、溴敌隆、溴鼠灵、肉毒素、杀虫双、灭线磷、硫丹、磷化铝、三氯杀螨醇，有机氯类、有机锡类杀虫剂，福美类杀菌剂，复硝酚钠（钾）等］生产装置

9. 新建草甘膦、毒死蜱（水相法工艺除外）、三唑磷、百草枯、百菌清、阿维菌素、吡虫啉、乙草胺（甲叉法工艺除外）生产装置

10. 新建硫酸法钛白粉、铅铬黄、1 万吨/年以下氧化铁系颜料、溶剂型涂料（不包括鼓励类的涂料品种和生产工艺）、含异氰 脲酸三缩水甘油酯（TGIC）的粉末涂料生产装置

11. 新建染料、染料中间体、有机颜料、印染助剂生产装置（不包括鼓励类的染料产品和生产工艺）

12. 新建氟化氢（HF）（电子级及湿法磷酸配套除外），新建初始规模小于 20 万吨/年、单套规模小于 10 万吨/年的甲基氯硅烷单体生产装置，10 万吨/年以下（有机硅配套除外）和 10 万吨/年及以上、没有副产四氯化碳配套处置设施的甲烷氯化物生产装置，全氟辛基磺酰化合物（PFOS）和全氟辛酸（PFOA），六氟化硫（SF6）（高纯级除外）生产装置

13. 新建斜交轮胎和力车胎（手推车胎）、锦纶帘线、3 万吨/年以下钢丝帘线、常规法再生胶（动态连续脱硫工艺除外）、橡胶塑解剂五氯硫酚、橡胶促进剂二硫化四甲基秋兰姆（TMTD）生产装置

五、信息产业

1. 激光视盘机生产线（VCD 系列整机产品）
2. 模拟 CRT 黑白及彩色电视机项目

六、钢铁

1. 未同步配套建设干熄焦、装煤、推焦除尘装置的炼焦项目
2. 180 平方米以下烧结机（铁合金烧结机除外）
3. 有效容积 400 立方米以上 1200 立方米以下炼铁高炉；1200 立方米及以上但未同步配套煤粉喷吹装置、除尘装置、余压发电装置，能源消耗大于 430 公斤标煤/吨、新水耗量大于 2.4 立方米 /吨等达不到标准的炼铁高炉
4. 公称容量 30 吨以上 100 吨以下炼钢转炉；公称容量 100 吨及以上但未同步配套煤气回收、除尘装置，新水耗量大于 3 立方米/吨等达不到标准的炼钢转炉
5. 公称容量 30 吨以上 100 吨（合金钢 50 吨）以下电炉；公称容量 100 吨（合金钢 50 吨）及以上但未同步配套烟尘回收装置，能源消耗大于 98 公斤标煤/吨、新水耗量大于 3.2 立方米/吨等达不到标准的电炉
6. 1450 毫米以下热轧带钢（不含特殊钢）项目
7. 30 万吨/年及以下热镀锌板卷项目
8. 20 万吨/年及以下彩色涂层板卷项目
9. 含铬质耐火材料
10. 普通功率和高功率石墨电极压型设备、焙烧设备和生产线
11. 直径 600 毫米以下或 2 万吨/年以下的超高功率石墨电极生产线
12. 8 万吨/年以下预焙阳极（炭块）、2 万吨/年以下普通阴极炭块、4 万吨/年以下炭电极生产线
13. 单机 120 万吨/年以下的球团设备（铁合金球团除外）
14. 顶装焦炉炭化室高度<6.0 米、捣固焦炉炭化室高度<5.5 米，100 万吨/年以下焦化项目，热回收焦炉的项目，单炉 7.5 万吨/年以下、每组 30 万吨/年以下、总年产 60 万吨以下的半焦（兰炭）项目
15. 3000 千伏安及以上，未采用热装热兑工艺的中低碳锰铁、电炉金属锰和中低微碳铬铁精炼电炉
16. 300 立方米以下锰铁高炉；300 立方米及以上，但焦比高于 1320 千克/吨的锰铁高炉；规模小于 10 万吨/年的高炉锰铁企业
17. 1.25 万千伏安以下的硅钙合金和硅钙钡铝合金矿热电炉；1.25 万千伏安及以上，但硅钙合金电耗高于 11000 千瓦时/吨的矿热电炉
18. 1.65 万千伏安以下硅铝合金矿热电炉；1.65 万千伏安及以上，但硅铝合金电耗高于 9000 千瓦时/吨的矿热电炉
19. 2×2.5 万千伏安以下普通铁合金矿热电炉（中西部具有独立运行的小水电及矿产资源优势的国家确定的重点贫困地区，矿热电炉容量<2×1.25 万千伏安）；2×2.5 万千伏安及以上，但变压器未选用有载电动多级调压的三相或三个单相节能型设备，未实现工艺操作机械化和控制自动化，硅铁电耗高于 8500 千瓦时/吨，工业硅电耗高于 12000 千瓦时/吨，电炉锰铁电耗高于 2600 千瓦时/吨，硅锰合金电耗高于 4200 千瓦时/吨，高碳铬铁电耗高于 3200 千瓦时/吨，硅铬合金电耗高于 4800 千瓦时/吨的普通铁合金矿热电炉
20. 间断浸出、间断送液的电解金属锰浸出工艺；10000 吨/年以下电解金属锰单条生产线（一台变压器），电解金属锰生产总规模为 30000 吨/年以下的企业

七、有色金属

1. 新建、扩建钨、钼、锡、锑开采、冶炼项目，稀土开采、选矿、冶炼、分离项目以及氧化锑、铅

锡焊料生产项目

2. 单系列10万吨/年规模以下粗铜冶炼项目

3. 电解铝项目（淘汰落后生产能力置换项目及优化产业布局项目除外）

4. 铅冶炼项目（单系列5万吨/年规模及以上，不新增产能的技改和环保改造项目除外）

5. 单系列10万吨/年规模以下锌冶炼项目（直接浸出除外）

6. 镁冶炼项目（综合利用项目除外）

7. 10万吨/年以下的独立铝用炭素项目

8. 新建单系列生产能力5万吨/年及以下、改扩建单系列生产能力2万吨/年及以下，以及资源利用、能源消耗、环境保护等指标达不到行业准入条件要求的再生铅项目

八、黄金

1. 日处理金精矿100吨以下，原料自供能力不足50%的独立氰化项目

2. 日处理矿石200吨以下，无配套采矿系统的独立黄金选矿厂项目

3. 日处理金精矿100吨以下的火法冶炼项目

4. 年处理矿石10万吨以下的独立堆浸场项目（东北、华北、西北）、年处理矿石20万吨以下的独立堆浸场项目（华东、中南、西南）

5. 日处理岩金矿石100吨以下的采选项目

6. 年处理砂金矿砂30万立方米以下的砂金开采项目

7. 在林区、基本农田、河道中开采砂金项目

九、建材

1. 2000吨/日以下熟料新型干法水泥生产线，60万吨/年以下水泥粉磨站

2. 普通浮法玻璃生产线

3. 150万平方米/年及以下的建筑陶瓷生产线

4. 60万件/年以下的隧道窑卫生陶瓷生产线

5. 3000万平方米/年以下的纸面石膏板生产线

6. 中碱玻璃球生产线、铂金坩埚球法拉丝玻璃纤维生产线

7. 黏土空心砖生产线（陕西、青海、甘肃、新疆、西藏、宁夏除外）

8. 15万平方米/年以下的石膏（空心）砌块生产线、单班2.5万立方米/年以下的混凝土小型空心砌块以及单班15万平方米/年以下的混凝土铺地砖固定式生产线、5万立方米/年以下的人造轻集料（陶粒）生产线

9. 10万立方米/年以下的加气混凝土生产线

10. 3000万标砖/年以下的煤矸石、页岩烧结实心砖生产线

11. 10000吨/年以下岩（矿）棉制品生产线和8000吨/年以下玻璃棉制品生产线

12. 100万米/年及以下预应力高强混凝土离心桩生产线

13. 预应力钢筒混凝土管（简称PCCP管）生产线：PCCP-L型：年设计生产能力≤50千米，PCCP-E型：年设计生产能力≤30千米

十、医药

1. 新建、扩建古龙酸和维生素C原粉（包括药用、食品用和饲料用、化妆品用）生产装置，新建药品、食品、饲料、化妆品等用途的维生素B_1、维生素B_2、维生素B_{12}（综合利用除外）、维生素E原料生产装置

2. 新建青霉素工业盐、6-氨基青霉烷酸（6-APA）、化学法生产7-氨基头孢烷酸（7-ACA）、7-氨基-3-去乙酰氧基头孢烷酸（7-ADCA）、青霉素V、氨苄青霉素、羟氨苄青霉素、头孢菌素c发酵、土霉素、四环素、氯霉素、安乃近、扑热息痛、林可霉素、庆大霉素、双氢链霉素、丁胺卡那霉素、麦迪霉

素、柱晶白霉素、环丙氟哌酸、氟哌酸、氟嗪酸、利福平、咖啡因、柯柯豆碱生产装置

3. 新建紫杉醇（配套红豆杉种植除外）、植物提取法黄连素（配套黄连种植除外）生产装置

4. 新建、改扩建药用丁基橡胶塞、二步法生产输液用塑料瓶生产装置

5. 新开办无新药证书的药品生产企业

6. 新建及改扩建原料含有尚未规模化种植或养殖的濒危动植物药材的产品生产装置

7. 新建、改扩建充汞式玻璃体温计、血压计生产装置、银汞齐齿科材料、新建 2 亿支/年以下一次性注射器、输血器、输液器生产装置

十一、机械

1. 2 臂及以下凿岩台车制造项目

2. 装岩机（立爪装岩机除外）制造项目

3. 3 立方米及以下小矿车制造项目

4. 直径 2.5 米及以下绞车制造项目

5. 直径 3.5 米及以下矿井提升机制造项目

6. 40 平方米及以下筛分机制造项目

7. 直径 700 毫米及以下旋流器制造项目

8. 800 千瓦及以下采煤机制造项目

9. 斗容 3.5 立方米及以下矿用挖掘机制造项目

10. 矿用搅拌、浓缩、过滤设备（加压式除外）制造项目

11. 低速汽车（三轮汽车、低速货车）（自 2015 年起执行与轻型卡车同等的节能与排放标准）

12. 单缸柴油机制造项目

13. 配套单缸柴油机的皮带传动小四轮拖拉机，配套单缸柴油机的手扶拖拉机，滑动齿轮换挡、排放达不到要求的 50 马力以下轮式拖拉机

14. 30 万千瓦及以下常规燃煤火力发电设备制造项目（综合利用、热电联产机组除外）

15. 6 千伏及以上（陆上用）干法交联电力电缆制造项目

16. 非数控金属切削机床制造项目

17. 6300 千牛及以下普通机械压力机制造项目

18. 非数控剪板机、折弯机、弯管机制造项目

19. 普通高速钢钻头、铣刀、锯片、丝锥、板牙项目

20. 棕刚玉、绿碳化硅、黑碳化硅等烧结块及磨料制造项目

21. 直径 450 毫米以下的各种结合剂砂轮（钢轨打磨砂轮除外）

22. 直径 400 毫米及以下人造金刚石切割锯片制造项目

23. P0 级、直径 60 毫米以下普通微小型轴承制造项目

24. 220 千伏及以下电力变压器（非晶合金、卷铁芯等节能配电变压器除外）

25. 220 千伏及以下高、中、低压开关柜制造项目（使用环保型中压气体的绝缘开关柜以及用于爆炸性环境的防爆型开关柜除外）

26. 酸性碳钢焊条制造项目

27. 民用普通电度表制造项目

28. 8.8 级以下普通低档标准紧固件制造项目

29. 驱动电动机功率 560 千瓦及以下、额定排气压力 1.25 兆帕及以下，一般用固定的往复活塞空气压缩机制造项目

30. 普通运输集装干箱项目

31. 56 英寸及以下单级中开泵制造项目

32. 通用类 10 兆帕及以下中低压碳钢阀门制造项目

33. 5 吨/小时及以下短炉龄冲天炉

34. 有色合金六氯乙烷精炼、镁合金 SF6 保护

35. 冲天炉熔化采用冶金焦

36. 无再生的水玻璃砂造型制芯工艺

37. 盐浴氮碳、硫氮碳共渗炉及盐

38. 电子管高频感应加热设备

39. 亚硝酸盐缓蚀、防腐剂

40. 铸/锻造用燃油加热炉

41. 锻造用燃煤加热炉

42. 手动燃气锻造炉

43. 蒸汽锤

44. 弧焊变压器

45. 含铅和含镉钎料

46. 新建全断面掘进机整机组装项目

47. 新建万吨级以上自由锻造液压机项目

48. 新建普通铸锻件项目

49. 动圈式和抽头式手工焊条弧焊机

50. Y 系列（IP44）三相异步电动机（机座号 80~355）及其派生系列，Y2 系列（IP54）三相异步电动机（机座号 63~355）

51. 背负式手动压缩式喷雾器

52. 背负式机动喷雾喷粉机

53. 手动插秧机

54. 青铜制品的茶叶加工机械

55. 双盘摩擦压力机

56. 含铅粉末冶金件

57. 出口船舶分段建造项目

十二、轻工

1. 聚氯乙烯普通人造革生产线

2. 年加工生皮能力 20 万标张牛皮以下的生产线，年加工蓝湿皮能力 10 万标张牛皮以下的生产线

3. 超薄型（厚度低于 0.015 毫米）塑料袋生产

4. 新建以含氢氯氟烃（HCFCs）为发泡剂的聚氨酯泡沫塑料生产线、连续挤出聚苯乙烯泡沫塑料（XPS）生产线

5. 聚氯乙烯（PVC）食品保鲜包装膜

6. 普通照明白炽灯、高压汞灯

7. 最高转速低于 4000 针/分的平缝机（不含厚料平缝机）和最高转速低于 5000 针/分的包缝机

8. 电子计价秤（准确度低于最大称量的 1/3000，称量≤15 千克）、电子皮带秤（准确度低于最大称量的 5/1000）、电子吊秤（准确度低于最大称量的 1/1000，称量≤50 吨）、弹簧度盘秤（准确度低于最大称量的 1/400，称量≤8 千克）

9. 电子汽车衡（准确度低于最大称量的 1/3000，称量≤300 吨）、电子静态轨道衡（准确度低于最大称量的 1/3000，称量≤150 吨）、电子动态轨道衡（准确度低于最大称量的 1/500，称量≤150 吨）

10. 玻璃保温瓶胆生产线

11. 3 万吨/年及以下的玻璃瓶罐生产线

12. 以人工操作方式制备玻璃配合料及称量

13. 未达到日用玻璃行业清洁生产评价指标体系规定指标的玻璃窑炉
14. 生产能力小于 18000 瓶/时的啤酒灌装生产线
15. 羰基合成法及齐格勒法生产的脂肪醇产品
16. 热法生产三聚磷酸钠生产线
17. 单层喷枪洗衣粉生产工艺及装备、1.6 吨/小时以下规模磺化装置
18. 糊式锌锰电池、镉镍电池
19. 牙膏生产线
20. 100 万吨/年以下北方海盐项目；新建南方海盐盐场项目；60 万吨/年以下矿（井）盐项目
21. 单色金属板胶印机
22. 新建单条化学木浆 30 万吨/年以下、化学机械木浆 10 万吨/年以下、化学竹浆 10 万吨/年以下的生产线；新闻纸、铜版纸生产线
23. 元素氯漂白制浆工艺
24. 原糖加工项目及日处理甘蔗 5000 吨（云南地区 3000 吨）、日处理甜菜 3000 吨以下的新建项目
25. 白酒生产线
26. 酒精生产线
27. 5 万吨/年及以下且采用等电离交工艺的味精生产线
28. 糖精等化学合成甜味剂生产线
29. 浓缩苹果汁生产线
30. 大豆压榨及浸出项目（黑龙江、吉林、内蒙古大豆主产区除外）；东、中部地区单线日处理油菜籽、棉籽 200 吨及以下，花生 100 吨及以下的油料加工项目；西部地区单线日处理油菜籽、棉籽、花生等油料 100 吨及以下的加工项目
31. 年加工玉米 30 万吨以下、绝干收率在 98%以下玉米淀粉湿法生产线
32. 年屠宰生猪 15 万头及以下、肉牛 1 万头及以下、肉羊 15 万只及以下、活禽 1000 万只及以下的屠宰建设项目（少数民族地区除外）
33. 3000 吨/年及以下的西式肉制品加工项目
34. 2000 吨/年及以下的酵母加工项目
35. 冷冻海水鱼糜生产线

十三、纺织

1. 单线产能小于 20 万吨/年的常规聚酯（PET）连续聚合生产装置
2. 常规聚酯的对苯二甲酸二甲酯（DMT）法生产工艺
3. 半连续纺粘胶长丝生产线
4. 间歇式氨纶聚合生产装置
5. 常规化纤长丝用锭轴长 1200 毫米及以下的半自动卷绕设备
6. 粘胶板框式过滤机
7. 单线产能≤1000 吨/年、幅宽≤2 米的常规丙纶纺粘法非织造布生产线
8. 25 公斤/小时以下梳棉机
9. 200 钳次/分钟以下的棉精梳机
10. 5 万转/分钟以下自排杂气流纺设备
11. FA502. FA503 细纱机
12. 入纬率小于 600 米/分钟的剑杆织机，入纬率小于 700 米 /分钟的喷气织机，入纬率小于 900 米/分钟的喷水织机
13. 采用聚乙烯醇浆料（PVA）上浆工艺及产品（涤棉产品，纯棉的高支高密产品除外）
14. 吨原毛洗毛用水超过 20 吨的洗毛工艺与设备

15. 双宫丝和柞蚕丝的立式缫丝工艺与设备
16. 绞纱染色工艺
17. 亚氯酸钠漂白设备

十四、烟草

1. 卷烟加工项目

十五、消防

1. 火灾报警控制器（包括联动型、独立型、区域型、集中型、集中区域兼容型）、消防联动控制器、点型感烟/温火灾探测器（独立式除外）、点型红外/紫外火焰探测器（独立式除外）、手动火灾报警按钮
2. 干粉灭火器、二氧化碳灭火器
3. 碳酸氢钠干粉灭火剂（BC）、磷酸铵盐干粉灭火剂（ABC）
4. 防火阀门（包括防火阀、排烟阀、排烟防火阀）、木质防火门、采用酸洗磷化生产工艺的钢质和钢木质防火门、新建初始规模小于 6 万平方米/年的防火卷帘项目
5. 天然橡胶有衬里消防水带、无衬里消防水带、消防软管卷盘、消防湿水带、PVC 衬里消防水带
6. 室内消火栓、室外消火栓、消防水泵接合器的翻砂生产、加工、装配工艺
7. 水罐消防车、泡沫消防车、供水消防车、供液消防车、泵浦类消防车
8. 防火封堵材料、溶剂型钢结构防火涂料、饰面型防火涂料、电缆防火涂料

十六、民爆产品

1. 非人机隔离的非连续化、自动化雷管装配生产线
2. 非连续化、自动化炸药生产线
3. 高污染的起爆药生产线
4. 高能耗、高污染、低性能工业粉状炸药生产线

十七、其他

1. 用地红线宽度（包括绿化带）超过下列标准的城市主干道 路项目：小城市和重点镇 40 米，中等城市 55 米，大城市 70 米（200 万人口以上特大城市主干道路确需超过 70 米的，城市总体规划中应有专项说明）
2. 用地面积超过下列标准的城市游憩集会广场项目：小城市 和重点镇 1 公顷，中等城市 2 公顷，大城市 3 公顷，200 万人口以上特大城市 5 公顷
3. 别墅类房地产开发项目
4. 高尔夫球场项目
5. 赛马场项目
6. 4 挡及以下机械式车用自动变速箱（AT）
7. 排放标准国三及以下的机动车用发动机

第三类　淘汰类

注：条目后括号内年份为淘汰期限，淘汰期限为 2011 年是指应于 2011 年底前淘汰，其余类推；有淘汰计划的条目，根据计划进行淘汰；未标淘汰期限或淘汰计划的条目为国家产业政策已明令淘汰或立即淘汰。

一、落后生产工艺装备

（一）农林业

1. 湿法纤维板生产工艺

2. 滴水法松香生产工艺
3. 农村传统老式炉灶炕
4. 以木材、伐根为主要原料的活性炭生产以及氯化锌法活性炭生产工艺
5. 超过生态承载力的旅游活动和药材等林产品采集
6. 严重缺水地区建设灌溉型造纸原料林基地
7. 种植前溴甲烷土壤熏蒸工艺
（二）煤炭
1. 国有煤矿矿区范围（国有煤矿采矿登记确认的范围）内的各类小煤矿
2. 单井井型低于 3 万吨/年规模的矿井
3. 既无降硫措施，又无达标排放用户的高硫煤炭（含硫高于 3%）生产矿井
4. 不能就地使用的高灰煤炭（灰分高于 40%）生产矿井
5. 6AM、φM-2.5. PA-3 型煤用浮选机
6. PB2、PB3、PB4 型矿用隔爆高压开关
7. PG-27 型真空过滤机
8. X-1 型箱式压滤机
9. ZYZ、ZY3 型液压支架
10. 木支架
11. 不能实现洗煤废水闭路循环的选煤工艺、不能实现粉尘达标排放的干法选煤设备
（三）电力
1. 大电网覆盖范围内，单机容量在 10 万千瓦以下的常规燃煤火电机组
2. 单机容量 5 万千瓦及以下的常规小火电机组
3. 以发电为主的燃油锅炉及发电机组
4. 大电网覆盖范围内，设计寿命期满的单机容量 20 万千瓦以下的常规燃煤火电机组
（四）石化化工

1. 200 万吨/年及以下常减压装置（2013 年，青海格尔木、新疆泽普装置除外），废旧橡胶和塑料土法炼油工艺，焦油间歇法生产沥青

2. 10 万吨/年以下的硫铁矿制酸和硫磺制酸（边远地区除外），平炉氧化法高锰酸钾，隔膜法烧碱（2015 年）生产装置，平炉法和大锅蒸发法硫化碱生产工艺，芒硝法硅酸钠（泡花碱）生产工艺

3. 单台产能 5000 吨/年以下和不符合准入条件的黄磷生产装置，有钙焙烧铬化合物生产装置（2013 年），单线产能 3000 吨/年以下普通级硫酸钡、氢氧化钡、氯化钡、硝酸钡生产装置，产能 1 万吨/年以下氯酸钠生产装置，单台炉容量小于 12500 千伏安的电石炉及开放式电石炉，高汞催化剂（氯化汞含量 6.5%以上）和使用高汞催化剂的乙炔法聚氯乙烯生产装置（2015 年），氨钠法及氰熔体氰化钠生产工艺

4. 单线产能 1 万吨/年以下三聚磷酸钠、0.5 万吨/年以下六偏磷酸钠、0.5 万吨/年以下三氯化磷、3 万吨/年以下饲料磷酸氢钙、5000 吨/年以下工艺技术落后和污染严重的氢氟酸、5000 吨/年以下湿法氟化铝及敞开式结晶氟盐生产装置

5. 单线产能 0.3 万吨/年以下氰化钠（100%氰化钠）、1 万吨/年以下氢氧化钾、1.5 万吨/年以下普通级白炭黑、2 万吨/年以下普通级碳酸钙、10 万吨/年以下普通级无水硫酸钠（盐业联产及副产除外）、0.3 万吨/年以下碳酸锂和氢氧化锂、2 万吨/年以下普通级碳酸钡、1.5 万吨/年以下普通级碳酸锶生产装置

6. 半水煤气氨水液相脱硫、天然气常压间歇转化工艺制合成氨、一氧化碳常压变化及全中温变换（高温变换）工艺、没有配套硫磺回收装置的湿法脱硫工艺，没有配套建设吹风气余热回收、造气炉渣综合利用装置的固定层间歇式煤气化装置

7. 钠法百草枯生产工艺，敌百虫碱法敌敌畏生产工艺，小包装（1 公斤及以下）农药产品手工包（灌）装工艺及设备，雷蒙机法生产农药粉剂，以六氯苯为原料生产五氯酚（钠）装置

8. 用火直接加热的涂料用树脂、四氯化碳溶剂法制取氯化橡胶生产工艺，100 吨/年以下皂素（含水解物）生产装置，盐酸酸解法皂素生产工艺及污染物排放不能达标的皂素生产装置，铁粉还原法工艺[4,4-二氨基二苯乙烯-二磺酸（DSD 酸）、2-氨基-4-甲基-5-氯苯磺酸（CLT 酸）、1-氨基-8-萘酚-3,6-二磺酸（H 酸）三种产品暂缓执行]

9. 50 万条/年及以下的斜交轮胎和以天然棉帘子布为骨架的轮胎、1.5 万吨/年及以下的干法造粒炭黑（特种炭黑和半补强炭黑除外）、3 亿只/年以下的天然胶乳安全套，橡胶硫化促进剂 N-氧联二（1,2-亚乙基）-2-苯并噻唑次磺酰胺（NOBS）和橡胶防老剂 D 生产装置

10. 氯氟烃（CFCs）、含氢氯氟烃（HCFCs）、用于清洗的 1,1,1-三氯乙烷（甲基氯仿）、主产四氯化碳（CTC）、以四氯化碳（CTC）为加工助剂的所有产品、以 PFOA 为加工助剂的含氟聚合物、含滴滴涕的涂料、采用滴滴涕为原料非封闭生产三氯杀螨醇生产装置（根据国家履行国际公约总体计划要求进行淘汰）

（五）钢铁

1. 土法炼焦（含改良焦炉）；单炉产能 5 万吨/年以下或无煤气、焦油回收利用和污水处理达不到准入条件的半焦（兰炭）生产装置

2. 炭化室高度小于 4.3 米焦炉（3.8 米及以上捣固焦炉除外）（西部地区 3.8 米捣固焦炉可延期至 2011 年）；无化产回收的单一炼焦生产设施

3. 土烧结矿

4. 热烧结矿

5. 90 平方米以下烧结机（2013 年）、8 平方米以下球团竖炉；铁合金生产用 24 平方米以下带式锰矿、铬矿烧结机

6. 400 立方米及以下炼铁高炉（铸造铁企业除外，但需提供企业工商局注册证明、三年销售凭证和项目核准手续等），200 立方米及以下铁合金、铸铁管生产用高炉

7. 用于地条钢、普碳钢、不锈钢冶炼的工频和中频感应炉

8. 30 吨及以下转炉（不含铁合金转炉）

9. 30 吨及以下电炉（不含机械铸造电炉）

10. 化铁炼钢

11. 复二重线材轧机

12. 横列式线材轧机

13. 横列式棒材及型材轧机

14. 叠轧薄板轧机

15. 普钢初轧机及开坯用中型轧机

16. 热轧窄带钢轧机

17. 三辊劳特式中板轧机

18. 直径 76 毫米以下热轧无缝管机组

19. 三辊式型线材轧机（不含特殊钢生产）

20. 环保不达标的冶金炉窑

21. 手工操作的土沥青焦油浸渍装置，矿石原料与固体原料混烧、自然通风、手工操作的土竖窑，以煤直接为燃料、烟尘净化不能达标的倒焰窑

22. 6300 千伏安以下铁合金矿热电炉，3000 千伏安以下铁合金半封闭直流电炉、铁合金精炼电炉（钨铁、钒铁等特殊品种的 电炉除外）

23. 蒸汽加热混捏、倒焰式焙烧炉、艾奇逊交流石墨化炉、10000 千伏安及以下三相桥式整流艾奇逊直流石墨化炉及其并联机组

24. 单机产能 1 万吨及以下的冷轧带肋钢筋生产装备（2012 年，高延性冷轧带肋钢筋生产装备除外）

25. 生产预应力钢丝的单罐拉丝机生产装备

26. 预应力钢材生产消除应力处理的铅淬火工艺

27. 2.5 万吨/年及以下的单套粗（轻）苯精制装置（酸洗蒸馏法苯加工工艺及装置）

28. 5 万吨/年及以下的单套煤焦油加工装置（2012 年）

29. 100 立方米及以下铁合金锰铁高炉

30. 煅烧石灰土窑

31. 每炉单产 5 吨以下的钛铁熔炼炉、用反射炉焙烧钼精矿的钼铁生产线及用反射炉还原、煅烧红矾钠、铬酐生产金属铬的生产线

32. 燃煤倒焰窑耐火材料及原料制品生产线

33. 单条生产线规模小于 20 万吨的铸铁管项目

34. 环形烧结机

35. 一段式固定煤气发生炉项目（不含粉煤气化炉）

36. 电解金属锰用 5000 千伏安及以下的整流变压器、150 立 方米以下的化合槽（2011 年），化合槽有效容积 150 立方米以下的 生产设备

37. 单炉产能 7.5 万吨/年以下的半焦（兰炭）生产装置（2012 年）

38. 未达到焦化行业准入条件要求的热回收焦炉（2012 年）

39. 6300 千伏安铁合金矿热电炉（2012 年）（国家贫困县、利用独立运行的小水电，2014 年）

40. 还原二氧化锰用反射炉（包括硫酸锰厂用反射炉、矿粉厂用反射炉等）

41. 电解金属锰一次压滤用除高压隔膜压滤机以外的板框、箱式压滤机

42. 电解金属锰用 5000 千伏安以上、6000 千伏安及以下的整流变压器；150 立方米以上、170 立方米及以下的倾倒槽（2014 年）

43. 有效容积 18 立方米及以下轻烧反射窑

44. 有效容积 30 立方米及以下重烧镁砂竖窑

（六）有色金属

1. 采用马弗炉、马槽炉、横罐、小竖罐等进行焙烧、简易冷凝设施进行收尘等落后方式炼锌或生产氧化锌工艺装备

2. 采用铁锅和土灶、蒸馏罐、坩埚炉及简易冷凝收尘设施等落后方式炼汞

3. 采用土坑炉或坩埚炉焙烧、简易冷凝设施收尘等落后方式炼制氧化砷或金属砷工艺装备

4. 铝自焙电解槽及 100KA 及以下预焙槽（2011 年）

5. 鼓风炉、电炉、反射炉炼铜工艺及设备（2011 年）

6. 烟气制酸干法净化和热浓酸洗涤技术

7. 采用地坑炉、坩埚炉、赫氏炉等落后方式炼锑

8. 采用烧结锅、烧结盘、简易高炉等落后方式炼铅工艺及设备

9. 利用坩埚炉熔炼再生铝合金、再生铅的工艺及设备

10. 铝用湿法氟化盐项目

11. 1 万吨/年以下的再生铝、再生铅项目

12. 再生有色金属生产中采用直接燃煤的反射炉项目

13. 铜线杆（黑杆）生产工艺

14. 未配套制酸及尾气吸收系统的烧结机炼铅工艺

15. 烧结—鼓风炉炼铅工艺

16. 无烟气治理措施的再生铜焚烧工艺及设备

17. 50 吨以下传统固定式反射炉再生铜生产工艺及设备

18. 4 吨以下反射炉再生铝生产工艺及设备

19. 离子型稀土矿堆浸和池浸工艺

20. 独居石单一矿种开发项目

21. 稀土氯化物电解制备金属工艺项目

22. 氨皂化稀土萃取分离工艺项目

23. 湿法生产电解用氟化稀土生产工艺

24. 矿石处理量 50 万吨/年以下的轻稀土矿山开发项目；1500 吨（REO）/年以下的离子型稀土矿山开发项目（2013 年）

25. 2000 吨（REO）/年以下的稀土分离项目

26. 1500 吨/年以下、电解槽电流小于 5000A、电流效率低于 85%的轻稀土金属冶炼项目

（七）黄金

1. 混汞提金工艺

2. 小氰化池浸工艺、土法冶炼工艺

3. 无环保措施提取线路板中金、银、钯等贵重金属

4. 日处理能力 50 吨以下采选项目

（八）建材

1. 窑径 3 米及以上水泥机立窑（2012 年）、干法中空窑（生产高铝水泥、硫铝酸盐水泥等特种水泥除外）、立波尔窑、湿法窑

2. 直径 3 米以下水泥粉磨设备

3. 无覆膜塑编水泥包装袋生产线

4. 平拉工艺平板玻璃生产线（含格法）

5. 100 万平方米/年以下的建筑陶瓷砖、20 万件/年以下低档卫生陶瓷生产线

6. 建筑卫生陶瓷土窑、倒焰窑、多孔窑、煤烧明焰隧道窑、隔焰隧道窑、匣钵装卫生陶瓷隧道窑

7. 建筑陶瓷砖成型用的摩擦压砖机

8. 陶土坩埚玻璃纤维拉丝生产工艺与装备

9. 1000 万平方米/年以下的纸面石膏板生产线

10. 500 万平方米/年以下的改性沥青类防水卷材生产线；500 万平方米/年以下沥青复合胎柔性防水卷材生产线；100 万卷/年以下沥青纸胎油毡生产线

11. 石灰土立窑

12. 砖瓦 24 门以下轮窑以及立窑、无顶轮窑、马蹄窑等土窑（2011 年）

13. 普通挤砖机

14. SJ1580-3000 双轴、单轴制砖搅拌机

15. SQP400500-700500 双辊破碎机

16. 1000 型普通切条机

17. 100 吨以下盘转式压砖机

18. 手工制作墙板生产线

19. 简易移动式砼砌块成型机、附着式振动成型台

20. 单班 1 万立方米/年以下的混凝土砌块固定式成型机、单班 10 万平方米/年以下的混凝土铺地砖固定式成型机

21. 人工浇筑、非机械成型的石膏（空心）砌块生产工艺

22. 真空加压法和气炼一步法石英玻璃生产工艺装备

23. 6×600 吨六面顶小型压机生产人造金刚石

24. 手工切割加气混凝土生产线、非蒸压养护加气混凝土生产线

25. 非烧结、非蒸压粉煤灰砖生产线

26. 装饰石材矿山硐室爆破开采技术、吊索式大理石土拉锯

（九）医药

1. 手工胶囊填充工艺

2. 软木塞烫蜡包装药品工艺

3. 不符合 GMP 要求的安瓿拉丝灌封机

4. 塔式重蒸馏水器

5. 无净化设施的热风干燥箱

6. 劳动保护、三废治理不能达到国家标准的原料药生产装置

7. 铁粉还原法对乙酰氨基酚（扑热息痛）、咖啡因装置

8. 使用氯氟烃（CFCs）作为气雾剂、推进剂、抛射剂或分散剂的医药用品生产工艺（根据国家履行国际公约总体计划要求进行淘汰）

（十）机械

1. 热处理铅浴炉

2. 热处理氯化钡盐浴炉（高温氯化钡盐浴炉暂缓淘汰）

3. TQ60、TQ80 塔式起重机

4. QT16、QT20、QT25 井架简易塔式起重机

5. KJ1600/1220 单筒提升绞机

6. 3000 千伏安以下普通棕刚玉冶炼炉

7. 4000 千伏安以下固定式棕刚玉冶炼炉

8. 3000 千伏安以下碳化硅冶炼炉

9. 强制驱动式简易电梯

10. 以氯氟烃（CFCs）作为膨胀剂的烟丝膨胀设备生产线

11. 砂型铸造黏土烘干砂型及型芯

12. 焦炭炉熔化有色金属

13. 砂型铸造油砂制芯

14. 重质砖炉衬台车炉

15. 中频发电机感应加热电源

16. 燃煤火焰反射加热炉

17. 铸/锻件酸洗工艺

18. 用重质耐火砖作为炉衬的热处理加热炉

19. 位式交流接触器温度控制柜

20. 插入电极式盐浴炉

21. 动圈式和抽头式硅整流弧焊机

22. 磁放大器式弧焊机

23. 无法安装安全保护装置的冲床

24. 黏土砂干型/芯铸造工艺

25. 无磁轭（≥0.25 吨）铝壳中频感应电炉（2015 年）

26. 无芯工频感应电炉

（十一）船舶

1. 废旧船舶滩涂拆解工艺

2. 船长大于 80 米的船舶整体建造工艺

（十二）轻工

1. 单套 10 万吨/年以下的真空制盐装置、20 万吨/年以下的湖盐和 30 万吨/年以下的北方海盐生产设施

2. 利用矿盐卤水、油气田水且采用平锅、滩晒制盐的生产工艺与装置

3. 2 万吨/年及以下的南方海盐生产装置

4. 超薄型（厚度低于 0.025 毫米）塑料购物袋生产

5. 年加工生皮能力 5 万标张牛皮、年加工蓝湿皮能力 3 万标张牛皮以下的制革生产线

6. 300 吨/年以下的油墨生产总装置（利用高新技术、无污染的除外）

7. 含苯类溶剂型油墨生产

8. 石灰法地池制浆设备（宣纸除外）

9. 5.1 万吨/年以下的化学木浆生产线

10. 单条 3.4 万吨/年以下的非木浆生产线

11. 单条 1 万吨/年及以下、以废纸为原料的制浆生产线

12. 幅宽在 1.76 米及以下并且车速为 120 米/分以下的文化纸生产线

13. 幅宽在 2 米及以下并且车速为 80 米/分以下的白板纸、箱板纸及瓦楞纸生产线

14. 以氯氟烃（CFCs）为制冷剂和发泡剂的冰箱、冰柜、汽车空调器、工业商业用冷藏、制冷设备生产线

15. 以氯氟烃（CFCs）为发泡剂的聚氨酯、聚乙烯、聚苯乙烯泡沫塑料生产

16. 四氯化碳（CTC）为清洗剂的生产工艺

17. 以三氟三氯乙烷（CFC-113）和甲基氯仿（TCA）为清洗剂和溶剂的生产工艺

18. 脂肪酸法制叔胺工艺，发烟硫酸磺化工艺，搅拌釜式乙氧基化工艺

19. 自行车盐浴焊接炉

20. 印铁制罐行业中的锡焊工艺

21. 燃煤和燃发生炉煤气的坩埚玻璃窑，直火式、无热风循环的玻璃退火炉

22. 机械定时行列式制瓶机

23. 生产能力 12000 瓶/时以下的玻璃瓶啤酒灌装生产线

24. 生产能力 150 瓶/分钟以下（瓶容在 250 毫升及以下）的碳酸饮料生产线

25. 日处理原料乳能力（两班）20 吨以下浓缩、喷雾干燥等设施；200 千克/小时以下的手动及半自动液体乳灌装设备

26. 3 万吨/年以下酒精生产线（废糖蜜制酒精除外）

27. 3 万吨/年以下味精生产装置

28. 2 万吨/年及以下柠檬酸生产装置

29. 年处理 10 万吨以下、总干物收率 97%以下的湿法玉米淀粉生产线

30. 桥式劈半锯、敞式生猪烫毛机等生猪屠宰设备

31. 猪、牛、羊、禽手工屠宰工艺

32. 小麦粉增白剂（过氧化苯甲酰、过氧化钙）的添加工艺

（十三）纺织

1. “1”字头成卷、梳棉、清花、并条、粗纱、细纱设备，1332 系列络筒机，1511 型有梭织机，“1”字头整经、浆纱机等全部“1”字头的纺纱织造设备

2. A512、A513 系列细纱机

3. B581、B582 型精纺细纱机，BC581、BC582 型粗纺细纱机，B591 绒线细纱机，B601、B601A 型毛捻线机，BC272、BC272B 型粗梳毛纺梳毛机，B751 型绒线成球机，B701A 型绒线摇绞机，B250、B311、B311C、B311C（CZ）、B311C（DJ）型精梳机，H112、H112A 型毛分条整经机、H212 型毛织机等毛纺织设备

4. 1990 年以前生产、未经技术改造的各类国产毛纺细纱机

5. 辊长 1000 毫米以下的皮辊轧花机，锯片片数在 80 以下的锯齿轧花机，压力吨位在 400 吨以下的皮棉打包机（不含 160 吨、200 吨短绒棉花打包机）

6. ZD647、ZD721 型自动缫丝机，D101A 型自动缫丝机，ZD681 型立缫机，DJ561 型绢精纺机，K251、K251A 型丝织机等丝绸加工设备

7. Z114 型小提花机

8. GE186 型提花毛圈机
9. Z261 型人造毛皮机
10. 未经改造的 74 型染整设备
11. 蒸汽加热敞开无密闭的印染平洗槽
12. R531 型酸性粘胶纺丝机
13. 2 万吨/年及以下粘胶常规短纤维生产线
14. 湿法氨纶生产工艺
15. 二甲基甲酰胺（DMF）溶剂法氨纶及腈纶生产工艺
16. 硝酸法腈纶常规纤维生产工艺及装置
17. 常规聚酯（PET）间歇法聚合生产工艺及设备
18. 常规涤纶长丝锭轴长 900 毫米及以下的半自动卷绕设备
19. 使用年限超过 15 年的国产和使用年限超过 20 年的进口印染前处理设备、拉幅和定形设备、圆网和平网印花机、连续染色机
20. 使用年限超过 15 年的浴比大于 1∶10 的棉及化纤间歇式染色设备
21. 使用直流电机驱动的印染生产线
22. 印染用铸铁结构的蒸箱和水洗设备，铸铁墙板无底蒸化机，汽蒸预热区短的 L 型退煮漂履带汽蒸箱
23. 螺杆挤出机直径小于或等于 90mm，2000 吨/年以下的涤纶再生纺短纤维生产装置

（十四）印刷

1. 全部铅排、铅印工艺
2. 全部铅印机及相关辅机
3. 照相制版机
4. ZD201、ZD301 型系列单字铸字机
5. TH1 型自动铸条机、ZT102 型系列铸条机
6. ZDK101 型字模雕刻机
7. KMD101 型字模刻刀磨床
8. AZP502 型半自动汉文手选铸排机、ZSY101 型半自动汉文铸排机、TZP101 型外文条字铸排机、ZZP101 型汉文自动铸排机
9. QY401、2QY404 型系列电动铅印打样机，QYSH401、2QY401、DY401 型手动式铅印打样机
10. YX01、YX02、YX03 型系列压纸型机，HX01、HX02、HX03、HX04 型系列烘纸型机
11. PZB401 型平铅版铸版机，YZB02、YZB03、YZB04、YZB05、YZB06、YZB07 型系列铅版铸版机
12. JB01 型平铅版浇版机
13. RQ02、RQ03、RQ04 型系列铅泵熔铅炉
14. BB01 型刨版机，YGB02、YGB03、YGB04、YGB05 型圆铅版刮版机，YTB01 型圆铅版镗版机，YJB02 型圆铅版锯版机，YXB04、YXB05、YXB302 型系列圆铅版修版机
15. P401、P402 型系列四开平压印刷机，P801、P802、P803、P804 型系列八开平压印刷机
16. PE802 型双合页印刷机
17. TE102、TE105、TE108 型系列全张自动二回转平台印刷机
18. TY201 型对开单色一回转平台印刷机，TY401 型四开单色一回转平台印刷机
19. TY4201 型四开一回转双色印刷机
20. TT201、TZ201、DT201 型对开手动续纸停回转平台印刷机
21. TT202 型对开自动停回转平台印刷机，TT402、TT403、TT405、DT402 型四开自动停回转平台印刷机，TZ202 型对开半自动停回转平台印刷机，TZ401、TZS401、DT401 型四开半自动停回转平台印刷机
22. TR801 型系列立式平台印刷机

23. LP1101、LP1103 型系列平板纸全张单面轮转印刷机，LP1201 型平板纸全张双面轮转印刷机，LP4201 型平板纸四开双色轮转印刷机

24. LSB201（880 毫米×1230 毫米）及 LS201、LS204（787 毫米×1092 毫米）型系列卷筒纸书刊转轮印刷机

25. LB203、LB205、LB403 型卷筒纸报版轮转印刷机，LB2405、LB4405 型卷筒纸双层二组报版轮转印刷机，LBS201 型卷筒纸书报二用轮转印刷机

26. K、M、T 型自动铸字排版机，PH-5 型汉字排字机

27. 球震打样制版机（DIA PRESS 清刷机）

28. 1985 年前生产的手动照排机、国产制版照相机

29. 离心涂布机

30. J1101 系列全张单色胶印机（印刷速度每小时 5000 张及以下）

31. J2101、PZ1920 系列对开单色胶印机（印刷速度每小时 4000 张及以下），PZ1615 系列四开单色胶印机（印刷速度每小时 4000 张及以下），YPS1920 系列双面单色胶印机（印刷速度每小时 4000 张及以下）

32. W1101 型全张自动凹版印刷机、AJ401 型卷筒纸单面四色凹版印刷机

33. DJ01 型平装胶订联动机，PRD-01、PRD-02 型平装胶订联动机，DBT-01 型平装有线订、包、烫联动机

34. 溶剂型即涂覆膜机、承印物无法降解和回收的各类覆膜机

35. QZ101、QZ201、QZ301、QZ401 型切纸机

36. MD103A 型磨刀机

（十五）民爆产品

1. 密闭式包装型乳化炸药基质冷却机

2. 密闭式包装型乳化炸药低温敏化机

3. 小直径手工单头炸药装药机

4. 轴承包覆在药剂中的混药、输送等炸药设备

5. 起爆药干燥工序采用蒸汽烘房干燥的工艺

6. 延期元件（体）制造工序采用手工装药的工艺

7. 雷管装填、装配工序及工序间的传输无可靠防殉爆措施的工艺

8. 导爆管制造工序加药装置无可靠防爆设施的生产线

9. 危险作业场所未实现远程视频监视的工业炸药和工业雷管生产线

10. 危险作业场所未实现远程视频监视的导爆索生产线

11. 采用传统轮碾方式的炸药制药工艺

12. 起爆药生产废水达不到《兵器工业水污染排放标准火工药剂》（GB14470.2）要求排放的生产工艺

13. 乳化器出药温度大于 130℃ 的乳化工艺

14. 小直径含水炸药装药效率低于 1200kg/h、小直径粉状炸药装药效率低于 800kg/h 的装药机

15. 有固定操作人员的场所，噪声超过 85 分贝以上的炸药设备

16. 全电阻极差大于 1.5Ω 的电雷管（钢芯脚线长度 2m）生产技术（2013 年）

17. 装箱产品下线未实现生产数据在线采集、及时传输的生产线（2013 年）

18. 全电阻极差大于 1.0Ω 的电雷管（钢芯脚线长度 2m）生产工艺（2015 年）

19. 工序间无可靠防传爆措施的导爆索生产线（2013 年）

20. 制索工序无药量在线检测、自动联锁保护装置的导爆索生产线（2013 年）

21. 最大不发火电流小于 0.25A 的普通型电雷管生产工艺（2015 年）

22. 雷管装填工序未实现人机隔离的生产工艺（2015 年）

23. 雷管卡口、检查工序间需人工传送产品的生产工艺（2015 年）

（十六）消防

1. 火灾探测器手工插焊电子元器件生产工艺

（十七）其他

1. 含有毒有害氰化物电镀工艺［氰化金钾电镀金及氰化亚金钾镀金（2014 年）；银、铜基合金及予镀铜打底工艺（暂缓淘汰）］

2. 含氰沉锌工艺

3. 实体坝连岛技术

4. 超过生态承载力的旅游活动和药材等林产品采集

5. 不符合国家现行城市生活垃圾、医疗废物和工业废物焚烧相关污染控制标准、工程技术标准以及设备标准的小型焚烧炉

二、落后产品

（一）石化化工

1. 改性淀粉、改性纤维、多彩内墙（树脂以硝化纤维素为主，溶剂以二甲苯为主的 O/W 型涂料）、氯乙烯—偏氯乙烯共聚乳液外墙、焦油型聚氨酯防水、水性聚氯乙烯焦油防水、聚乙烯醇及其缩醛类内外墙（106、107 涂料等）、聚醋酸乙烯乳液类（含乙烯/ 醋酸乙烯酯共聚物乳液）外墙涂料

2. 有害物质含量超标准的内墙、溶剂型木器、玩具、汽车、外墙涂料，含双对氯苯基三氯乙烷、三丁基锡、全氟辛酸及其盐类、全氟辛烷磺酸、红丹等有害物质的涂料

3. 在还原条件下会裂解产生 24 种有害芳香胺的偶氮染料（非纺织品用的领域暂缓）、9 种致癌性染料（用于与人体不直接接触的领域暂缓）

4. 含苯类、苯酚、苯甲醛和二（三）氯甲烷的脱漆剂，立德粉，聚氯乙烯建筑防水接缝材料（焦油型），107 胶，瘦肉精，多氯联苯（变压器油）

5. 高毒农药产品：六六六、二溴乙烷、丁酰肼、敌枯双、除草醚、杀虫脒、毒鼠强、氟乙酰胺、氟乙酸钠、二溴氯丙烷、治螟磷（苏化 203）、磷胺、甘氟、毒鼠硅、甲胺磷、对硫磷、甲基对硫磷、久效磷、硫环磷（乙基硫环磷）、福美胂、福美甲胂及所有砷制剂、汞制剂、铅制剂、10% 草甘膦水剂、甲基硫环磷、磷化钙、磷化锌、苯线磷、地虫硫磷、磷化镁、硫线磷、蝇毒磷、治螟磷、特丁硫磷（2011 年）

6. 根据国家履行国际公约总体计划要求进行淘汰农药产品：氯丹、七氯、溴甲烷、滴滴涕、六氯苯、灭蚁灵、林丹、毒杀芬、艾氏剂、狄氏剂、异狄氏剂

7. 软边结构自行车胎，以棉帘线为骨架材料的普通输送带和以尼龙帘线为骨架材料的普通 V 带，轮胎、自行车胎、摩托车胎手工刻花硫化模具

（二）铁路

1. G60 型、G17 型罐车

2. P62 型棚车

3. K13 型矿石车

4. U60 型水泥车

5. N16 型、N17 型平车

6. L17 型粮食车

7. C62A 型、C62B 型敞车

8. 轨道平车（载重 40 吨及以下）

（三）钢铁

1. 热轧硅钢片

2. 普通松弛级别的钢丝、钢绞线

3. 热轧钢筋：牌号 HRB335、HPB235

（四）有色金属

1. 铜线杆（黑杆）

（五）建材

1. 使用非耐碱玻纤或非低碱水泥生产的玻纤增强水泥（GRC）空心条板

2. 陶土坩埚拉丝玻璃纤维和制品及其增强塑料（玻璃钢）制品

3. 25A 空腹钢窗

4. S-2 型混凝土轨枕

5. 一次冲洗用水量 9 升以上的便器

6. 角闪石石棉（即蓝石棉）

7. 非机械生产中空玻璃，双层双框各类门窗及单腔结构型的塑料门窗

8. 采用二次加热复合成型工艺生产的聚乙烯丙纶类复合防水卷材、聚乙烯丙纶复合防水卷材（聚乙烯芯材厚度在 0.5mm 以下）；棉涤玻纤（高碱）网格复合胎基材料、聚氯乙烯防水卷材（S 型）

9. 石棉绒质离合器面片、合成火车闸瓦、石棉软木湿式离合器面片

（六）医药

1. 铅锡软膏管、单层聚烯烃软膏管（肛肠、腔道给药除外）

2. 安瓿灌装注射用无菌粉末

3. 药用天然胶塞

4. 非易折安瓿

5. 输液用聚氯乙烯（PVC）软袋（不包括腹膜透析液、冲洗液用）

（七）机械

1. T100、T100A 推土机

2. ZP-Ⅱ、ZP-Ⅲ干式喷浆机

3. WP-3 挖掘机

4. 0.35 立方米以下的气动抓岩机

5. 矿用钢丝绳冲击式钻机

6. БY-40 石油钻机

7. 直径 1.98 米水煤气发生炉

8. CER 膜盒系列

9. 热电偶（分度号 LL-2、LB-3、EU-2、EA-2、CK）

10. 热电阻（分度号 BA、BA2、G）

11. DDZ-I 型电动单元组合仪表

12. GGP-01A 型皮带秤

13. BLR-31 型称重传感器

14. WFT-081 辐射感温器

15. WDH-1E、WDH-2E 光电温度计，PY5 型数字温度计

16. BC 系列单波纹管差压计，LCH-511、YCH-211、LCH-311、YCH-311、LCH-211、YCH-511 型环称式差压计

17. EWC-01A 型长图电子电位差计

18. XQWA 型条形自动平衡指示仪

19. ZL3 型 X-Y 记录仪

20. DBU-521、DBU-521C 型液位变送器

21. YB 系列（机座号 63~355mm，额定电压 660V 及以下）、YBF 系列（机座号 63~160mm，额定电压 380/660V 或 380/660V）、YBK 系列（机座号 100~355mm，额定电压 380/660V、660/1140V）隔爆型三相异步电动机

22. DZ10 系列塑壳断路器、DW10 系列框架断路器
23. CJ8 系列交流接触器
24. QC10、QC12、QC8 系列启动器
25. JR0、JR9、JR14、JR15、JR16-A、B、C、D 系列热继电器
26. 以焦炭为燃料的有色金属熔炼炉
27. GGW 系列中频无心感应熔炼炉
28. B 型、BA 型单级单吸悬臂式离心泵系列
29. F 型单级单吸耐腐蚀泵系列
30. JD 型长轴深井泵
31. KDON-3200/3200 型蓄冷器全低压流程空分设备、KDON-1500/1500 型蓄冷器（管式）全低压流程空分设备、KDON-1500/1500 型管板式全低压流程空分设备、KDON-6000/6600 型蓄冷器流程空分设备
32. 3W-0.9/7（环状阀）空气压缩机
33. C620、CA630 普通车床
34. C616、C618、C630、C640、C650 普通车床（2015 年）
35. X920 键槽铣床
36. B665、B665A、B665-1 牛头刨床
37. D6165、D6185 电火花成型机床
38. D5540 电脉冲机床
39. J53-400、J53-630、J53-1000 双盘摩擦压力机
40. Q11-1.6×1600 剪板机
41. Q51 汽车起重机
42. TD62 型固定带式输送机
43. 3 吨直流架线式井下矿用电机车
44. A571 单梁起重机
45. 快速断路器：DS3-10、DS3-30、DS3-50（1000、3000、5000A）、DS10-10、DS10-20、DS10-30（1000、2000、3000A）
46. SX 系列箱式电阻炉
47. 单相电度表：DD1、DD5、DD5-2、DD5-6、DD9、DD10、DD12、DD14、DD15、DD17、DD20、DD28
48. SL7-30/10~SL7-1600/10、S7-30/10~S7-1600/10 配电变压器
49. 刀开关：HD6、HD3-100、HD3-200、HD3-400、HD3-600、HD3-1000、HD3-1500
50. GC 型低压锅炉给水泵，DG270-140、DG500-140、DG375-185 锅炉给水泵
51. 热动力式疏水阀：S15H-16、S19-16、S19-16C、S49H-16、S49-16C、S19H-40、S49H-40、S19H-64、S49H-64
52. 固定炉排燃煤锅炉（双层固定炉排锅炉除外）
53. 1-10/8、1-10/7 型动力用往复式空气压缩机
54. 8-18 系列、9-27 系列高压离心通风机
55. X52、X62W320×150 升降台铣床
56. J31-250 机械压力机
57. TD60、TD62、TD72 型固定带式输送机
58. 以未安装燃油量限制器（简称限油器）的单缸柴油机为动力装置的农用运输车（指生产与销售）
59. E135 二冲程中速柴油机（包括 2、4、6 缸三种机型），TY1100 型单缸立式水冷直喷式柴油机，165 单缸卧式蒸发水冷、预燃室柴油机，4146 柴油机
60. TY1100 型单缸立式水冷直喷式柴油机

61. 165 单缸卧式蒸发水冷、预燃室柴油机
62. 含汞开关和继电器
63. 燃油助力车
64. 低于国二排放的车用发动机
65. 机动车制动用含石棉材料的摩擦片

（八）船舶

1. 采用整体造船法建造的钢制运输船舶
2. 不符合规范的改装船舶和已到报废期限的船舶
3. 单壳油船
4. 挂桨机船及其发动机

（九）轻工

1. 汞电池（氧化汞原电池及电池组、锌汞电池）
2. 开口式普通铅酸电池
3. 含汞高于 0.0001%的圆柱形碱锰电池
4. 含汞高于 0.0005%的扣式碱锰电池（2015 年）
5. 含镉高于 0.002%的铅酸蓄电池（2013 年）
6. 直排式燃气热水器
7. 螺旋升降式（铸铁）水嘴
8. 用于凹版印刷的苯胺油墨
9. 进水口低于溢流口水面、上导向直落式便器水箱配件
10. 铸铁截止阀
11. 添加白砒、三氧化二锑、含铅、含氟、铬矿渣等辅助原料玻璃配合料
12. 半自动（卧式）工业用洗衣机
13. 开启式四氯乙烯干洗机和普通封闭式四氯乙烯干洗机，分体式石油干洗机和普通封闭式石油干洗机

（十）消防

1. 二氟一氯一溴甲烷灭火剂（简称 1211 灭火剂）
2. 三氟一溴甲烷灭火剂（简称 1301 灭火剂）（原料及必要用途除外）
3. 简易式 1211 灭火器
4. 手提式 1211 灭火器
5. 推车式 1211 灭火器
6. 手提式化学泡沫灭火器
7. 手提式酸碱灭火器
8. 简易式 1301 灭火器（必要用途除外）
9. 手提式 1301 灭火器（必要用途除外）
10. 推车式 1301 灭火器（必要用途除外）
11. 管网式 1211 灭火系统
12. 悬挂式 1211 灭火系统
13. 柜式 1211 灭火系统
14. 管网式 1301 灭火系统（必要用途除外）
15. 悬挂式 1301 灭火系统（必要用途除外）
16. 柜式 1301 灭火系统（必要用途除外）

（十一）民爆产品

1. 火雷管
2. 导火索

3. 铵梯炸药
4. 纸壳雷管（2011 年）
（十二）其他
1. 59、69、72、TF-3 型防毒面具

海关总署关于执行《产业结构调整指导目录（2011 年本）（修正）》的公告

（海关总署公告 2013 年第 18 号）

2013 年 2 月 16 日，国家发展改革委第 21 号令公布了《产业结构调整指导目录（2011 年本）（修正）》（详见附件），并规定自 2013 年 5 月 1 日起施行。现就海关执行中的有关问题公告如下：

一、自 2013 年 5 月 1 日起，对属于《产业结构调整指导目录（2011 年本）（修正）》鼓励类范围的国内投资项目，在投资总额内进口的自用设备，除《国内投资项目不予免税的进口商品目录》和《进口不予免税的重大技术装备和产品目录》所列商品外，按照《国务院关于调整进口设备税收政策的通知》（国发〔1997〕37 号）、海关总署公告 2008 年第 103 号及其他相关规定免征关税，照章征收进口环节增值税。

二、《产业结构调整指导目录（2011 年本）（修正）》实施后，《项目确认书》中的“项目产业政策审批条目”编码为“N”，例如，《产业结构调整指导目录（2011 年本）（修正）》中鼓励类的第一类第 1 项应填写为：中低产田综合治理与稳产高产基本农田建设（N0101）；第七类第 4 项应填写为：油气伴生资源综合利用（N0704）。

三、为保持政策的连续性，对于 2013 年 5 月 1 日以前（不含 5 月 1 日，下同）审批、核准或备案的国内投资项目（以项目的审批、核准或备案日期为准，下同），属于《产业结构调整指导目录（2011 年本）》鼓励类范围的，可继续按照相关规定办理免征进口关税手续。但有关项目单位须于 2014 年 5 月 1 日以前，持投资主管部门出具的《项目确认书》（其中“项目产业政策审批条目”仍按原审批条目及编码填写）等有关资料向海关申请办理减免税备案手续。逾期，海关不再受理上述减免税备案申请。

对于 2013 年 5 月 1 日以前审批、核准或备案，同时属于《产业结构调整指导目录（2011 年本）（修正）》鼓励类范围的国内投资项目，投资主管部门按照《产业结构调整指导目录（2011 年本）（修正）》的产业政策条目出具《项目确认书》的（其中“项目产业政策审批条目”以“N”为编码），海关可予受理减免税备案申请。

四、对于未列入《产业结构调整指导目录（2011 年本）》的国内投资在建项目，凡符合《产业结构调整指导目录（2011 年本）（修正）》鼓励类范围的，可按有关规定向投资主管部门申请补办《项目确认书》。在取得《项目确认书》之后，在建项目进口的自用设备以及按照合同随设备进口的技术和配套件、备件，可参照本公告第一条的规定享受进口税收优惠政策，但进口设备已经征税的，税款不予退还。

特此公告。

附件　产业结构调整指导目录（2011 年本）（修正）（略）

海关总署

二〇一三年四月二日

西部地区鼓励类产业目录（2014 年本）

（国家发展和改革委员会令第 15 号）

为深入实施西部大开发战略，促进西部地区产业结构调整和特色优势产业发展，特制订本目录。

本目录共包括两部分，一是国家现有产业目录中的鼓励类产业，二是西部地区新增鼓励类产业。

本目录原则上适用于在西部地区生产经营的各类企业。其中外商投资企业按照《外商投资产业指导目录》和《中西部地区外商投资优势产业目录》执行。

一、国家现有产业目录中的鼓励类产业

（一）《产业结构调整指导目录（2011 年本）（修正）》（国家发展改革委令 2013 年第 21 号）中的鼓励类产业。

（二）《外商投资产业指导目录（2011 年修订）》（国家发展改革委、商务部令 2011 年第 12 号）中的鼓励类产业。

（三）《中西部地区外商投资优势产业目录（2013 年修订）》（国家发展改革委、商务部令 2013 年第 1 号）中的西部地区产业。

以上目录如修订，按新修订版本执行。

二、西部地区新增鼓励类产业

西部地区新增鼓励类产业按省、自治区、直辖市分列，并根据实际情况适时修订。

（一）重庆市

1. 黑色、有色金属精深加工：家电、信息产业用材料；汽车用高强度/高精度宽板、铸锻轻合金材料；镁合金深加工产品；金属基粉体及表面处理新材料；锰基等新材料

2. 工程塑料、化工新材料生产（《产业结构调整指导目录》限制类、淘汰类项目除外）

3. 天青石等非金属矿精深加工

4. 新型节能、隔音、防火门窗及配件的开发与生产

5. 节能环保材料预制装配式建筑构部件生产

6. 核设备、高精密核仪器、仪表的开发制造

7. 压缩天然气（CNG）汽车加气站成套设备及装置（汽车储气钢瓶、压缩机、储气罐、深度脱水装置、脱硫罐、冷凝管、油水分离器等）研发及制造

8. 高压输变电及控制设备的研发及制造

9. 达到一级能效的压缩机、电机、变频器、磁控管等家用电器关键零部件制造

10. 淡水源、土壤源、污水源等热泵技术开发及设备制造

11. 钟表计时、珠宝加工等精密加工产业技术开发及设备制造

12. 大型游乐设施制造

13. 汽车整车、专用车（不包括普通挂车、自卸车、罐式车、厢式车和仓栅式汽车）制造

14. 摩托车整车及重要零部件制造

15. 船用齿轮箱和船用油泵油嘴、增压器、连杆、薄壁轴瓦、喷射控制单元等关键零部件研发生产，

铸锻一体化工艺大抓力船锚生产

16. 氧化铁（Fe_2O_3）含量不超过0.02%的高档玻璃器皿生产

17. 教具教学仪器开发及生产

18. 农村居民供水工程（包括城市供水设施向农村延伸）建设及经营

19. 公路旅客运输

20. 民用机场运营（与机场运行直接相关的生产经营活动）

21. 笔记本电脑、通信产品整机和关键零部件的研发及制造

22. 云计算解决方案研发及应用服务

23. 三网融合类业务平台、通信、有线电视网络升级改造及设备制造

24. 宽带网络建设及运营

25. 仓储、运输、货代、包装、装卸、搬运、流通加工、配送、信息处理等一体化服务

26. 服务“三农”、小型微型企业、个体工商户的小额贷款金融服务

27. 金融外包服务、非金融机构支付服务

28. 医疗机构经营

29. 艺术及技能培训（音乐、演艺、美术、设计和传统手工艺）

30. 工业企业场址污染治理及修复技术研发及应用

31. 工业余热、余压、压差、发生气综合利用技术开发及应用

32. 农村生活污水、垃圾及畜禽粪便处理等环保技术开发及应用

（二）四川省

1. 农产品质量安全检测技术研发、应用及设备制造

2. 农产品产地贮存、保鲜、烘干等初加工设施建设与运营（《产业结构调整指导目录》限制类、淘汰类项目除外）

3. 高效太阳能电池组件技术开发及生产

4. 核级石墨开发及生产

5. 高品质钛原料先进制造技术及应用（CaO+MgO≤1.5%）；6万吨/年以上钛渣生产技术（电炉容量≥25000kVA）

6. 钒钛磁铁矿高效清洁分离提取技术开发及应用（钒钛磁铁矿开采回采率、选矿回收率、综合利用率需符合国家有关标准）

7. 钛材深加工

8. 4万吨/年以上炭黑新工艺开发及应用

9. 3000吨/年以上氧化钒清洁生产技术开发及应用（废水、废渣零排放）；钒制品先进制造技术开发及应用（钒基合金、钒基功能材料、钒精细化工产品）

10. 1万吨/年以上专用钛白先进制造技术开发及应用（化纤、造纸、油墨、塑料专用，限于对现有装置改造）

11. 石墨烯和纳米碳材料、细结构石墨、生物炭、锂电池负极等新型碳材料的开发及生产

12. 生物乙醇制乙烯（以粮食为原料的除外）

13. 高精密核仪器、仪表开发制造

14. 压缩天然气（CNG）汽车加气站成套设备及装置（CNG汽车储气钢瓶、压缩机、高压地下储气井、储气罐、深度脱水装置、脱硫罐、冷凝管、油水分离器等）制造与应用，液化天然气（LNG）汽车加气站成套设备及装置制造与应用

15. 无线电测试仪器开发制造

16. 火力发电、水泥、钢铁等选择性催化还原法（SCR）脱硝催化剂及SCR烟气脱硝设备生产

17. 大型游乐设施制造

18. 种子生产加工机械、烘干设备制造

19. 城市轨道和地铁车辆修理组装
20. 汽车整车制造，专用汽车（不包括普通挂车、自卸车、罐式车、厢式车和仓栅式汽车）制造
21. 教具教学仪器开发及生产
22. 农村居民供水工程（包括城市供水设施向农村延伸）建设及经营
23. 公路旅客运输
24. 民用机场运营（与机场运行直接相关的生产经营活动）
25. 三网融合类业务平台、通信、有线电视网络升级改造及设备制造
26. 宽带网络建设及运营
27. 云计算解决方案研发及应用服务
28. 中药溯源电子码技术开发及应用
29. 金融外包服务
30. 服务“三农”、小型微型企业、个体工商户的小额贷款金融服务
31. 金融现代化技术开发及应用（移动支付、电子票据、金融 IC 卡等）
32. 医疗机构经营
33. 飞行员培训
34. 工业余热、余压、压差、发生气综合利用技术开发及应用
35. 核、化学、生物等领域的侦察、防护、消洗等防化应急装备开发制造
36. 农村生活污水、垃圾及畜禽粪便处理等环保技术开发及应用

（三）贵州省

1. 大功率液压台车用凿岩钎具及钎具用钢生产
2. 优碳钢钢丝（强度≥1670N/mm^2）及其制品生产
3. 锰深加工新产品开发及生产（《产业结构调整指导目录》限制类、淘汰类项目除外）
4. 高性能铝合金产品开发及生产
5. 钛金属冶炼新工艺技术开发（直接用高钛渣、金红石电解生产金属钛）
6. 钛材深加工及含钛精细化学品新产品开发及生产
7. 钒深加工的先进工艺技术装备及新产品开发
8. 高性能镁合金开发及生产
9. “磷—电—化”一体化资源综合利用（《产业结构调整指导目录》限制类、淘汰类项目除外）
10. 重晶石精深加工新产品开发及生产
11. 白云石精细加工及综合开发利用
12. 己二酸与尼龙 66 生产
13. 天然植物精细化工产品的开发（香精、香料、化学药、化工产品中间体）
14. 动植物药材资源的保护和可持续利用（《产业结构调整指导目录》限制类、淘汰类项目除外）
15. 高压柱塞式液压泵、液压马达等液压基础件研发及制造
16. 4MW 以上燃气轮机研发及制造
17. 液力变速器研发及制造
18. 大型萃取装置（容器容积 50~3500L，压力等级 9.8~35Mpa，温度等级 10~85℃）研发及制造
19. 适用于山区的轻便、耐用、低耗中小型耕种收机械研发及制造
20. 粉煤灰储运及利用成套设备制造
21. 汽车整车制造，专用汽车（不包括普通挂车、自卸车、罐式车、厢式车和仓栅式汽车）制造
22. 民族工艺品加工生产
23. 农村居民供水工程（包括城市供水设施向农村延伸）建设及经营
24. 公路旅客运输
25. 民用机场运营（与机场运行直接相关的生产经营活动）

26. 宽带网络建设及运营
27. 云计算解决方案研发及应用服务
28. 服务“三农”、小微型企业、个体工商户的小额贷款金融服务
29. 金融外包服务
30. 医疗机构经营
31. 农村生活污水、垃圾及畜禽粪便处理等环保技术开发及应用

（四）云南省

1. 花卉和观赏苗木培育
2. 依托分布式电源的智能微电网技术开发及应用
3. 高效太阳能电池组件技术开发及制造
4. 强度大于500MPa的抗震钢筋（HRB500E）生产
5. 工业硅生产中生物质炭替代传统还原剂的技术优化研究及应用
6. 铅基合金、锌基合金新产品的开发及深加工
7. 稀贵金属综合回收利用及深加工
8. 海绵钛生产的新技术、新工艺开发及深加工
9. 钛材、钛合金新产品开发及生产
10. 石油精细化工产品开发及生产（《产业结构调整指导目录》中限制类、淘汰类项目除外）
11. 水溶性肥料、微量元素肥料、微生物肥料等新型肥料的开发及生产
12. 生物乙醇制乙烯（以粮食为原料的除外）
13. 高掺量粉煤灰建材制品生产：粉煤灰70%及以上掺量生产烧结砖、85%及以上掺量生产陶粒制品、25%及以上掺量生产混凝土、30%及以上掺量生产其他建材产品（水泥除外）
14. 新型保温隔热技术和材料（蒸汽蓄热技术、蓄热式调温空气燃烧技术、微纳米高温远红外节能涂料、供热管网保温等）开发及生产
15. 特殊环境（高原、湿热、高寒、重污染等环境）用发输变电、供配电及控制设备、高原型电工电器产品、中小水电成套设备研发及制造
16. 先进适用的制药及生物制剂成套设备制造
17. 适用于高原山区的拖拉机、中耕机、微耕机以及水稻、玉米、马铃薯、甘蔗收割机等现代农机具的开发及制造
18. 汽车整车制造，专用汽车（不包括普通挂车、自卸车、罐式车、厢式车和仓栅式汽车）制造
19. 蔗糖精深加工及废糖蜜、蔗渣、蔗叶、滤泥、酒精废液等副产品的综合利用（《产业结构调整指导目录》限制类、淘汰类项目除外）
20. 民族工艺品加工生产
21. 农村居民供水工程（包括城市供水设施向农村延伸）建设及经营
22. 公路旅客运输
23. 民用机场运营（与机场运行直接相关的生产经营活动）
24. 云计算解决方案研发及应用服务
25. 宽带网络建设及运营
26. 口岸物流设施（物流仓库、堆场、装卸搬运工具、多式联运转运设施以及物流信息平台等）建设及经营
27. 服务“三农”、小型微型企业、个体工商户的小额贷款服务
28. 艺术及技能培训（音乐、演艺、美术、设计、珠宝玉石鉴定和传统手工艺）
29. 医疗机构经营
30. 轧钢氧化皮生产磁性材料
31. 高原湖泊水污染治理技术开发及应用

32. 工业余热、余压、压差、发生气综合利用技术开发及应用

33. 农村生活污水、垃圾及畜禽粪便处理等环保技术开发及应用

（五）西藏自治区

1. 特色农畜产品生产及加工

2. 高寒冻土地带可燃冰勘探和开发利用研究

3. 太阳能光伏发电系统检测、建设及运营

4. 盐湖资源综合开发利用（《产业结构调整指导目录》限制类、淘汰类项目除外）

5. 西藏特色食品加工、饮品加工（《产业结构调整指导目录》限制类、淘汰类项目除外）

6. 民族工艺品加工生产

7. 农村居民供水工程（包括城市供水设施向农村延伸）建设及经营

8. 公路旅客运输

9. 民用机场运营（与机场运行直接相关的生产经营活动）

10. 宽带网络建设及运营

11. 口岸物流设施（物流仓库、堆场、装卸搬运工具、多式联运转运设施以及物流信息平台等）建设及经营

12. 医疗机构经营

13. 农村生活污水、垃圾及畜禽粪便处理等环保技术开发及应用

（六）陕西省

1. 背压式热电联产机组建设及运营

2. 多元素共生矿资源综合利用

3. 高性能镁合金开发及生产

4. 钛材深加工

5. 大型炼油、乙烯、芳烃生产装置生产的有机化工原料就地深加工（《产业结构调整指导目录》限制类、淘汰类项目除外）

6. 新型、环保型油田化学品（二氧化碳及新型试剂驱油驱气）技术开发及生产

7. 6万吨/年及以上聚甲醛、6万吨/年及以上二甲基甲酰胺、6万吨/年及以上聚乙烯醇等精细化工产品生产

8. 新型混凝土（纤维混凝土、透水混凝土、植生混凝土、再生骨料混凝土、废橡胶粉混凝土）的开发及生产

9. 高效生物反应器，高密度培养技术，佐剂、悬浮培养、发酵培养等生物制品开发及生产

10. 生物芯片及相关数据获取、处理设备和软件的开发及制造

11. 利用生物质生产聚乳酸、聚羟基烷酸、聚氨基酸和聚有机酸等生物可降解材料，可降解高分子材料与淀粉共混的环境友好材料，新型炭质吸附材料，生物化学品（包括生物乙烯，乳酸、1,3-丙二醇、丁醇系列产品，丁二酸、琥珀酸以及各种具有特定性能的有机酸产品，各种溶剂和医药中间体等）

12. 百万吨级大型乙烯、千万吨级大型炼油等重大煤化工、石油化工、电站用装备关键用泵、控制阀、调节阀的研发及制造

13. 液力缓速器研发及制造

14. 透平机械装置转子用叶片辊模锻技术和叶轮真空处理技术开发及应用

15. 高精密核仪器、仪表的开发制造

16. 工业流程节能环保能效综合利用成套设备制造及系统服务：大型等温型高效节能成套设备及系统服务、大型硝酸装置能效综合利用成套设备及系统服务、大型高效轴流压缩机成套装置技术开发制造、工业驱动高效节能成套设备及系统服务、高效节能能量回收成套设备及系统服务

17. 高效微排放燃煤锅炉制造（优于国家标准）

18. 淡水源、土壤源、污水源等热泵技术开发及设备制造

19. 专为农村市场研制、超越一级能效的微耗电冷暖空调系统
20. 大型游乐设施制造
21. 城市轨道和地铁车辆修理及来件组装
22. 汽车整车制造，专用汽车（不包括普通挂车、自卸车、罐式车、厢式车和仓栅式汽车）制造
23. 清水模板、塑钢模板、复合式组合模板等新型模板开发及生产
24. 教具教学仪器开发及生产
25. 农村居民供水工程（包括城市供水设施向农村延伸）建设及经营
26. 公路旅客运输
27. 民用机场运营（与机场运行直接相关的生产经营活动）
28. 三网融合类业务平台、通信、有线电视网络升级改造及设备制造
29. 宽带网络建设及运营
30. 大型或超大型数据中心建设及运营
31. 仓储、运输、货代、包装、装卸、搬运、流通加工、配送、信息处理等一体化服务
32. 服务“三农”、小型微型企业、个体工商户的小额贷款金融服务
33. 医疗机构经营
34. 文化资源数字化、网络化展示平台研发及应用
35. 艺术及技能培训（音乐、演艺、美术、设计和传统手工艺）
36. 地质灾害勘查、监测、治理技术开发及应用
37. 农村生活污水、垃圾及畜禽粪便处理等环保技术开发及应用

（七）甘肃省

1. 优质酿酒葡萄种植与酿造
2. 背压式热电联产机组建设及运营
3. 太阳能发电系统建设及运营
4. 风力发电场建设及运营
5. 利用天然气替代化工及有色金属材料深加工中使用的重油、柴油、煤技术开发及应用（天然气产业政策限制、禁止类项目除外）
6. 高温气冷堆炭堆内构件及涉核炭—石墨材料开发及生产
7. 节能环保大型矿热炉用炭材料开发及生产
8. 高性能镁、钛合金开发及生产
9. 镍铜钴及贵金属粉体材料开发及生产
10. 镍钴二次电池材料开发及生产
11. 羰基冶金技术及羰基镍开发及生产
12. 电子级氟化氢（HF）生产
13. 石棉湿法浮选改性工艺应用
14. 石墨烯和纳米碳材料、细结构石墨、生物炭、锂电池负极等新型碳材料的开发及生产
15. 高掺量粉煤灰建材制品生产：粉煤灰70%及以上掺量生产烧结砖、85%及以上掺量生产陶粒制品、25%及以上掺量生产混凝土、30%及以上掺量生产其他建材产品（水泥除外）
16. 种子生产加工机械、烘干设备制造
17. 高性能真空设备制造：真空获得类、真空材料表面改性类、真空炉类、低温贮运容器类、真空专用设备
18. 重离子治癌设备研发及制造
19. 余热余能利用锅炉、生物质锅炉、垃圾焚烧处理锅炉及高参数大容量高效节能锅炉（窑炉）制造
20. 绿色镀膜成套装备研发及制造：真空离子镀膜、磁控溅射镀膜、蒸镀膜、离子注入、离子清洁等装备

21. 高效电机及其控制系统制造（额定功率0.55kW~355kW，额定电压690V及以下的低压三相异步电动机；额定功率355kW~25000kW，额定电压6kV或10kV的高压三相异步电动机；高效永磁伺服电机）

22. 电网系统节电设备制造（比同类产品空载损耗下降10%~20%，负载损耗下降5%）

23. 汽车整车制造，专用汽车（不包括普通挂车、自卸车、罐式车、厢式车和仓栅式汽车）制造

24. 清真食品加工

25. 太阳能多热源蔬菜低温联合干燥技术开发及应用

26. 农村居民供水工程（包括城市供水设施向农村延伸）建设及经营

27. 公路旅客运输

28. 民用机场运营（与机场运行直接相关的生产经营活动）

29. 宽带网络建设及运营

30. 服务“三农”、小型微型企业、个体工商户的小额贷款金融服务

31. 医疗机构经营

32. 文化资源数字化、网络化展示平台研发及应用

33. 粉煤灰生产新型油田固井减轻剂

34. 高炉解毒铬浸出残渣技术开发及应用

35. 农村生活污水、垃圾及畜禽粪便处理等环保技术开发及应用

（八）青海省

1. 沙生植物种植与加工

2. 背压式热电联产机组建设及运营

3. 太阳能发电系统建设及运营

4. 风力发电场建设及运营

5. 钾、钠、镁、锂、硼、锶、溴、碘、铷、铯等盐湖资源综合利用、系列产品开发及副产物利用（《产业结构调整指导目录》限制类、淘汰类项目除外）

6. 单线年产5万吨以上氢氧化钾生产

7. 稀盐酸脱析制氯化氢

8. 六水氯化镁（$MgCl_2 \cdot 6H_2O$）连续脱水制无水氯化镁

9. 高性能镁合金开发及生产

10. 石棉湿法浮选改性工艺应用

11. 以各类无机盐产品生产过程中所产生的固体废弃物、副产物为主的循环利用

12. 地下深层承压卤水资源勘探、研究及开发

13. 道路安全维护、养护设备研发及制造

14. 城镇地下大口径管道（共同沟）清淤设备研发及制造

15. 汽车整车制造，专用汽车（不包括普通挂车、自卸车、罐式车、厢式车和仓栅式汽车）制造

16. 清真食品加工

17. 民族工艺品加工生产

18. 农村居民供水工程（包括城市供水向农村延伸）建设及经营

19. 公路旅客运输

20. 民用机场运营（与机场运行直接相关的生产经营活动）

21. 宽带网络建设及运营

22. 医疗机构经营

23. 飞行员培训

24. 工业余热发电技术应用改造

25. 农村生活污水、垃圾及畜禽粪便处理等环保技术开发及应用

（九）宁夏回族自治区

1. 优质酿酒葡萄种植与酿造
2. 安全高产高效采煤技术开发利用及煤田火灾防治新技术装备研究与应用
3. 背压式热电联产机组建设及运营
4. 太阳能发电系统建设及运营
5. 风力发电场建设及运营
6. 依托分布式能源的智能微电网技术开发及应用
7. 微合金钢炉料和特殊硅合金等新产品开发及生产
8. 符合国家重要用途钢丝绳标准（GB 8918—2006）、直径在20~60mm的钢丝绳制品开发及生产
9. 钽、铌、铍、钛等稀有金属材料新产品、新工艺技术开发及生产
10. 多层陶瓷电容器用镍粉、高性能靶材开发及生产
11. 高性能镁合金开发及生产
12. 20万吨/年及以上醋酸乙烯、6万吨/年以上聚乙烯醇、3万吨以上石灰氮、氰胺系列产品生产
13. 高掺量粉煤灰建材制品生产：粉煤灰70%及以上掺量生产烧结砖、85%及以上掺量生产陶粒制品、25%及以上掺量生产混凝土、30%及以上掺量生产其他建材产品（水泥除外）
14. 30/52（年产30万吨合成氨、52万吨尿素）以上大型化肥、百万吨级大型乙烯、千万吨级大型炼油等重大煤化工、石油化工、电站装备关键用泵、控制阀、调节阀的研发及制造
15. 电气化铁路牵引变压器制造
16. 汽车整车制造，专用汽车（不包括普通挂车、自卸车、罐式车、厢式车和仓栅式汽车）制造
17. 煤炭气化、液化等洁净煤技术开发及设备制造
18. 枸杞制品（枸杞汁、枸杞果酒、枸杞油胶囊及其他枸杞保健食品）加工与生产
19. 清真食品加工
20. 民族工艺品加工生产
21. 牛乳蛋白、干酪素等高端乳制品深加工
22. 熔体直纺及切片纺彩色涤纶的开发及生产
23. 农村居民供水工程（包括城市供水设施向农村延伸）建设及经营
24. 公路旅客运输
25. 民用机场运营（与机场运行直接相关的生产经营活动）
26. 宽带网络建设及运营
27. 大型或超大型数据中心建设及运营
28. 医疗机构经营
29. 针对穆斯林地区和阿拉伯国家的软件外包及文化创意产业
30. 矿热炉节能减排技术改造和余热发电回收利用
31. 农村生活污水、垃圾及畜禽粪便处理等环保技术开发及应用

（十）新疆维吾尔自治区（含新疆生产建设兵团）

1. 荒漠地带500亩以上生物质能源植物栽培及利用
2. 优质酿酒葡萄种植与酿造
3. 单层厚度50米以上巨厚煤层开采技术开发及应用
4. 背压式热电联产机组建设及运营
5. 风力发电场建设及运营
6. 太阳能发电系统建设及运营
7. 依托分布式能源的智能微电网技术开发及应用
8. 铀矿采冶设备研发与制造、原地浸出采铀技术开发及应用
9. 稀有金属矿山勘探、有序开采及加工新技术开发及应用

10. 聚合物改性沥青生产

11. 大型炼油、乙烯、芳烃生产装置生产的有机化工原料就地深加工（《产业结构调整指导目录》限制类、淘汰类项目除外）

12. 无汞催化剂聚氯乙烯生产技术开发及应用

13. 6万吨/年及以上聚甲醛、10万吨/年及以上天然气制合成油（GTL）

14. 3000万标砖/年及以上的煤矸石、页岩等非黏土烧结多孔砖和空心砖生产

15. 配套有节能环保设施的石灰气烧竖窑、双燃料竖窑，带煤粉制备系统、以煤粉为燃料的竖窑，直径2.5米及以上石灰回转窑以及规模为10万吨/年及以上的碳石混烧机械化立窑建设及运营

16. 风电机组控制系统，风电机组用新型发电机、高速叶片、全功率变流器、变浆控制器、增速齿轮箱、主轴、轴承等关键部件，海上风电工程施工机械研发及制造

17. 干空气能应用装备研发及制造

18. 铸造、锻造、热处理、表面处理等基础工艺专业化服务（《产业结构调整指导目录》限制类、淘汰类项目除外）

19. 棉花、小麦、豆类、番茄、辣椒、甜菜、红枣等农作物种植、采收机械化技术开发及应用

20. 棉秆采收专用设备研发及制造

21. 大型游乐设施制造

22. 汽车整车制造、专用汽车制造

23. 膨润土、蛭石等特色非金属矿物材料的开采、深加工及其技术装备研发及制造

24. 第三代半导体碳化硅晶片开发及生产

25. 日处理甜菜3000吨以上食糖生产线

26. 氧化铁（Fe_2O_3）含量不超过0.02%的高档玻璃器皿生产

27. 教具教学仪器研发生产

28. 民族工艺品加工生产

29. 民族演艺服饰、乐器设计、生产和销售

30. 农村居民供水工程（包括城市供水设施向农村延伸）建设及经营

31. 公路旅客运输

32. 民用机场运营（与机场运行直接相关的生产经营活动）

33. 宽带网络建设及运营

34. 口岸物流设施（物流仓库、堆场、装卸搬运工具、多式联运转运设施以及物流信息平台等）建设及经营

35. 服务“三农”、小型微型企业、个体工商户的小额贷款金融服务

36. 医疗机构经营

37. 艺术及技能培训（民族音乐、演艺、美术、设计和传统手工艺）

38. 工业余热、余压、压差、发生气综合利用技术开发及应用

39. 粮、棉秸秆、果木等农、林副产物资源综合利用技术开发及应用

40. 农村（含兵团团场、连队）生活污水、垃圾及畜禽粪便处理等环保技术开发及应用

（十一）内蒙古自治区

1. 沙生植物种植与加工

2. 复合活菌制剂、饲用微生物添加剂开发及生产

3. 有机—无机混合肥料生产

4. 背压式热电联产机组建设及运营

5. 太阳能发电系统建设及运营

6. 风力发电场建设及运营

7. 依托分布式能源的智能微电网技术开发及应用

8. 高油微藻生物质发电

9. 高性能稀土永磁、发光、储氢、催化材料开发及生产

10. 锗、铀等新材料研发及应用：重水堆、压水堆、气冷堆系列民用核电燃料组件制造、钍资源开发利用、高纯锗及光纤通信生产

11. 6万吨/年及以上聚甲醛、6万吨/年及以上二甲基甲酰胺、6万吨/年及以上聚乙烯醇等精细化工产品生产

12. 15万吨/年及以上单套无水煤焦油深加工

13. 无汞催化剂聚氯乙烯生产技术开发及应用

14. 六氟乙烷等精细氟化工产品生产（《产业结构调整指导目录》限制类、淘汰类项目除外）

15. 石墨烯和纳米碳材料、细结构石墨、生物炭、锂电池负极等新型碳材料开发及生产

16. 煤系高岭土替代高铝矾土系列耐火材料产品及其他非金属耐火材料及制品生产

17. 大口径高压厚壁锅炉管生产

18. 磁感应强度0.3T以上的稀土永磁核磁共振影像设备的研发及制造

19. 牧区户用小型风机制造

20. 汽车整车制造，专用汽车（不包括普通挂车、自卸车、厢式车和仓栅式汽车）制造

21. 300吨及以上非公路矿用自卸车制造

22. 毛绒棉纺织加工

23. 民族工艺品加工生产

24. 农村居民供水工程（包括城市供水设施向农村延伸）建设及经营

25. 公路旅客运输

26. 民用机场运营（与机场运行直接相关的生产经营活动）

27. 宽带网络建设及运营

28. 大型或超大型数据中心建设及运营

29. 口岸物流设施（物流仓库、堆场、装卸搬运工具、多式联运转运设施以及物流信息平台等）建设及经营

30. 医疗机构经营

31. 飞行员培训

32. 农村生活污水、垃圾及畜禽粪便处理等环保技术开发及应用

（十二）广西壮族自治区

1. 农作物套种技术与秋冬种技术开发及应用

2. 农产品质量安全检测新技术开发及应用

3. 高性能稀土永磁、发光、储氢、催化材料开发及生产

4. 低品位难处理铝土矿综合利用

5. 高性能铝合金深加工产品技术开发及生产

6. 高纯铟及铟基合金材料技术开发及生产

7. 锡基合金新材料开发及深加工

8. 生物乙醇制乙烯（以粮食为原料的除外）

9. 石油精细化工产品开发及生产（《产业结构调整指导目录》中限制类、淘汰类项目除外）

10. 电解金属锰为原料的电器元件、无汞碱锰电池、锂锰电池、不锈钢制品的先进生产技术开发及生产

11. 压缩天然气（CNG）汽车加气站成套设备及装置（CNG汽车储气钢瓶、长管玻璃纤维缠绕气瓶、压缩机、高压地下储气井、储气罐、深度脱水装置、脱硫罐、冷凝管、油水分离器等）制造，液化天然气（LNG）加气站成套设备（含LNG储罐）及装置制造

12. 甘蔗种植机等中小型农机具研发及制造

13. 15吨及以上挖掘机、3吨及以上装载机、电动叉车及3吨及以上内燃叉车，液压压路机、液压摊铺机、平地机，装载机用驱动桥，工程机械用液压元件、液压管路和液压成套设备，工程机械电控系统制造

14. 汽车整车制造，专用汽车（不包括普通挂车、自卸车、罐式车、厢式车和仓栅式汽车）制造

15. 适用于丘陵和山区的拖拉机及农作物种植、收获等中小型农机具，农村水利、田间道路建设等农用工程机械及其关键零部件的研发和制造

16. 蚕茧丝绸及印染、服装精深加工

17. 民族工艺品加工生产

18. 废糖蜜、蔗渣、蔗叶、滤泥、酒精废液等副产品的综合利用（《产业结构调整指导目录》限制类、淘汰类项目除外）

19. 利用木质废弃物生产定向结构板材技术开发及应用

20. 桑蚕产业资源循环综合利用

21. 农村居民供水工程（包括城市供水设施向农村延伸）建设及经营

22. 公路旅客运输

23. 民用机场运营（与机场运行直接相关的生产经营活动）

24. 宽带网络建设及运营

25. 云计算解决方案研发及应用服务

26. 口岸物流设施（物流仓库、堆场、装卸搬运工具、多式联运转运设施以及物流信息平台等）建设及经营

27. 医疗机构经营

28. 艺术及技能培训（音乐、演艺、美术、设计和传统手工艺）

29. 服务“三农”、小型微型企业、个体工商户的小额贷款金融服务

30. 城市水系淤泥综合利用

31. 工业余热、余压、压差、发生气综合利用技术开发及应用

32. 农村生活污水、垃圾及畜禽粪便沼气化处理等环保技术开发及应用

4.2.5 历年不予免税进口商品目录

海关总署关于修订《国内投资项目不予免税的进口商品目录》的公告

（海关总署公告2007年第19号）

经国务院有关部门共同研究修订的《国内投资项目不予免税的进口商品目录（2006年修订）》已经财政部对外发布，并于2007年3月1日起实施。为保证相关政策的平稳过渡，对2007年2月28日及以前批准的国内投资项目项下在2007年12月31日及以前申报进口的设备，仍按照2002年调整后的《国内投资项目不予免税的进口商品目录（2000年修订）》（以下简称《2000年不予免税商品目录》）执行。

为此，根据2007年版《中华人民共和国进出口税则》的税目调整情况，针对原《2000年不予免税商品目录》在实施中存在的问题，对原《2000年不予免税商品目录》进行了调整（详见附件1、2）。经商财政部，现将有关事宜公告如下：

一、此次调整，除根据上述税则税目的调整及原《2000年不予免税商品目录》所列税则号列不够准确等情况调整了相关商品的税则号列外，同时对其中个别商品的名称等内容进行了适当修正。

二、自2007年5月25日起，对于仍需按照《2000年不予免税商品目录》执行的，应以此次调整后的《2000年不予免税商品目录》为准。对于本公告发布前海关已出具的《进出口货物征免税证明》尚在有效期内的，仍然继续有效。货物已经征税或免税进口的，不再予以调整。

三、执行此次调整后的《2000年不予免税商品目录》的有关问题，仍按照《国务院关于调整进口设备税收政策的通知》（国发〔1997〕37号）、《海关总署关于贯彻〈国务院关于调整进口设备税收政策的通知〉的紧急通知》（署税〔1997〕1062号）和《海关总署关于执行〈国内投资项目不予免税的进口商品目录（2006年修订）〉的有关问题的通知》（署税发〔2007〕90号）的有关规定执行。

四、自2007年5月25日起，原《2000年不予免税商品目录》同时废止。

特此公告。

附件1 《国内投资项目不予免税的进口商品目录（2000年修订）》2007年调整对照表（略）

附件2 《国内投资项目不予免税的进口商品目录（2000年修订）》（2007年调整）（略）

海关总署

二〇〇七年五月十六日

财政部　国家发展改革委　海关总署　国家税务总局关于调整《国内投资项目不予免税的进口商品目录》有关事项的公告

（财政部　国家发展改革委　海关总署　国家税务总局公告2008年第39号）

财政部、国家发展改革委、海关总署、国家税务总局在广泛收集、整理各部门、行业协会、企业意见的基础上，针对《国内投资项目不予免税的进口商品目录（2006年修订）》（以下简称《目录》）执行中存在的问题，共同对《目录》中的部分条目进行了调整，现将有关事项公告如下：

一、根据近年来国内装备制造水平的变化，对《目录》中部分条目所列技术规格进行了相关调整。另外，根据《中华人民共和国进出口税则》对《目录》中部分条目所列税则号列进行了相应调整和修正，同时对其中个别商品的名称等内容进行了调整和修正（详见附件）。

二、调整后《目录》自2008年12月15日起执行，即2008年12月15日及以后新批准的国内投资项目（以项目的审批、核准或备案日期为准，下同），其进口设备一律按照调整后的《目录》执行。

为保证《目录》调整前审批的老项目顺利实施，对2008年12月15日以前批准的国内投资项目，其进口设备在2009年6月30日及以前申报进口的，仍按照调整前《目录》执行。但对于有关进口设备按照调整前《目录》审核不符合免税条件，而按照调整后《目录》审核符合免税条件的，自2008年12月15日起，可以按照调整后《目录》执行。货物已经征税进口的，不再予以调整。

自2009年7月1日起，国内投资项目项下申报进口的设备一律按照调整后《目录》执行。

三、现行政策对国内投资项目项下进口设备的免税条件另有规定的，有关进口设备仍需执行相关规定。

附件 国内投资项目不予免税的进口商品目录（2008 年调整）（略）

财政部
国家发展改革委
海关总署
国家税务总局
二〇〇八年十二月九日

4.3 自有资金项目

海关总署关于进一步鼓励外商投资有关进口税收政策的通知

（署税〔1999〕791 号）

广东分署，各直属海关、院校：

根据国务院指示精神，为了鼓励外商投资，决定进一步扩大对外商投资企业的进口税收优惠政策，经商外经贸部、国家经贸委、财政部，现就有关问题通知如下：

一、对已设立的鼓励类和限制乙类外商投资企业、外商投资研究开发中心、先进技术型和产品出口型外商投资企业（以下简称五类企业）技术改造，在原批准的生产经营范围内进口国内不能生产或性能不能满足需要的自用设备及其配套的技术、配件、备件，可按《国务院关于调整进口设备税收政策的通知》（国发〔1997〕37 号）的规定免征进口关税和进口环节税。

（一）享受本条免税优惠政策应符合以下条件：

1. 资金来源应是五类企业投资总额以外的自有资金（具体是指企业储备基金、发展基金、折旧和税后利润，下同）；

2. 进口商品用途：在原批准的生产经营范围内，对本企业原有设备更新（不包括成套设备和生产线）或维修；

3. 进口商品范围：国内不能生产或性能不能满足需要的设备（即不属于《国内投资项目不予免税的进口商品目录》的商品），以及与上述设备配套的技术、配件、备件（包括随设备进口或单独进口的）。

（二）征免税手续办理程序：

1. 进口证明的出具：由有关部门根据本条第（一）款第 1、2 点的规定出具《外商投资企业进口更新设备、技术及配备件证明》（格式见附件 1），其中：鼓励类、限制乙类外商投资企业由原出具项目确认书的部门出具（1997 年 12 月 31 日以前批准设立的上述企业由原审批部门出具）；外商投资研究开发中心由原审批部门［具体部门详见本通知第二条第（一）款第1点］出具；产品出口型企业和先进技术型企业由颁发《外商投资产品出口企业确认书》和《外商投资先进技术企业确认书》的外经贸部或省、自治区、直辖市、计划单列市的外经贸厅局出具。

2. 征免税证明的办理：企业所在地直属海关凭企业提交的上述进口证明、合同和进口许可证明等有关资料，并审核进口商品范围符合本条第（一）款第3点的规定后出具征免税证明。

（三）特殊规定：

1. 凡五类企业超出本条第（一）款第2点界定范围进行技术改造的，其进口证明应由国家或省级经贸委按审批权限出具《技术改造项目确认登记证明》（格式见附件2）。

2. 五类企业利用自有资金进行设备更新维修或技术改造，需进口属于《国内投资项目不予免税的进口商品目录》内的商品，如确属国内同类产品的性能不能满足需要的，由归口管理该类产品的国家行业主管部门审核并出具《外商投资企业设备更新或技术改造进口国内不能生产的同类设备证明》（格式见附件3），直属海关凭上述证明和《外商投资企业进口更新设备、技术及配备件证明》或《技术改造项目确认登记证明》及合同和进口许可证明等有关资料办理设备及配套技术的免税审批手续。

二、外商投资设立的研究开发中心，在投资总额内进口国内不能生产或性能不能满足需要的自用设备及其配套的技术、配件、备件，可按《国务院关于调整进口设备税收政策的通知》（国发〔1997〕37号）的规定免征进口关税和进口环节税。

（一）享受本条免税优惠政策应符合以下条件：

1. 享受单位应是经国家计委、国家经贸委、外经贸部以及各省、自治区、直辖市、计划单列市计委、经贸委、外经贸厅局批准，设立在外商投资企业内部或单独设立的专门从事产品或技术开发的研究机构；

2. 资金来源限于在投资总额内；

3. 进口商品范围：国内不能生产或性能不能满足需要的自用设备（指不属于《外商投资项目不予免税的进口商品目录》中的商品）及其配套的技术、配件、备件，但仅限于不构成生产规模的实验室或中试范畴，也不包括船舶、飞机、特种车辆和施工机械等。

（二）征免税手续办理程序：

1. 项目确认书的出具：按照上述研究机构的审批权限由国家计委、国家经贸委、对外经贸部以及各省、自治区、直辖市、计划单列市计委、经贸委、外经贸厅局按照本条第（一）款第1、2点的规定出具外商投资研究开发中心项目确认书。项目确认书的格式和内容与署税〔1997〕1062号文所附《国家鼓励发展的内外资项目确认书》相同。

2. 征免税证明的办理：企业所在地直属海关凭上述项目确认书及有关资料，比照署税〔1997〕1062号文的规定办理。

三、对符合中西部省、自治区、直辖市利用外资优势产业和优势项目目录（由国务院批准后另行发布，下同）的项目，在投资总额内进口国内不能生产或性能不能满足需要的自用设备及其配套的技术、配件、备件，除国发〔1997〕37号文规定的《外商投资项目不予免税的进口商品目录》外，免征进口关税和进口环节税。有关手续比照署税〔1997〕1062号文对外商投资项目的有关规定办理。

四、对符合中西部省、自治区、直辖市利用外资优势产业和优势项目目录的项目，在投资总额外利用自有资金进口享受税收优惠政策商品范围及免税手续比照本通知第一条对五类企业的有关规定办理。

五、符合本通知规定免税进口的货物为海关监管货物，企业不能擅自出售和转让。设备更新或技术改造而被替换的设备，如在本企业内继续使用，海关按监管年限进行管理，在监管年限内出售和转让给其他可享受进口设备税收优惠政策企业的，可免予补税，否则应照章征税。

六、企业所在地直属海关与进口地海关要加强联系配合，提高办事效率，直属海关经审核无误出具《进口货物征免税证明》后，尽快通知进口地海关办理免税验放。如企业所在地系非直属海关所在地，可由所在地处级海关受理初审，报送直属海关核准，出具征免税证明。总署将组织力量，尽快补充和调整《减免税管理系统》，将此项税收优惠政策纳入计算机管理。

七、此项税收优惠政策涉及的部门多、政策性强，各海关要认真学习领会文件精神，严格遵照执行，不得擅自扩大免税范围。要主动与地方政府和有关主管部门联系，做好宣传工作。

八、本通知自1999年9月1日起实施，但已征收的税款不予退还。在此日期以后报关进口，尚未办结征税手续的，接本通知的规定办结免税手续后，予以免税结案，已征收的保证金准予退还。

执行中的问题和情况，请及时报总署关税征管司。

附件1　外商投资企业进口更新设备、技术及配备件证明

附件2　技术改造项目确认登记证明

附件3　外商投资企业设备更新或技术改造进口国内不能生产的同类设备证明

一九九九年十一月二十二日

附件1

外商投资企业进口更新设备、技术及配备件证明

编号：

海关：

兹证明__________（企业名称）利用投资总额以外的自有资金对原有设备进行更新或维修，请按海关总署署税〔1999〕791号文的规定，办理免征进口关税和进口环节税有关手续。

资金性质：

企业自有资金总额：　　　　　　　　万元人民币

进口更新设备、技术及配备件用汇额：　　　　万美元

附　进口更新设备、技术及配备件清单

备注：

审批部门（司局级印章）

年　月　日

附件2

技术改造项目确认登记证明

编号：

海关：

根据国务院有关规定以及海关总署署税〔1999〕791号文的规定，兹证明：本项目经__________以__________号文于____年____月____日批准可行性研究报告，请按规定办理进口设备减免税手续。

项目单位：

项目性质：

项目内容：

项目投资额：　　　　　万元人民币

其中自有资金：　　　　万元人民币

项目用汇额：　　　　　万美元

备注：

审批部门（盖章）

年　月　日

附件 3

外商投资企业设备更新或技术改造进口国内不能生产的同类设备证明

编号：

海关：

兹证明__________（企业名称）在本企业设备更 新或技术改造中进口的设备（详见所附清单），价值__________（外币），目前在国内不能生产或同类产品中性能不能满足需要，请按海关总署署税〔1999〕791 号文的规定办理免征进口环节税有关手续。

附　进口国内不能生产的同类设备清单

国家行业主管部门　司局（盖章）

年　月　日

4.4 贷款项目

财政部关于颁发《关于利用国际金融组织贷款和外国政府贷款项目国际招标国内中标机电设备进口零部件免征关税的暂行办法》的通知

（财税〔2000〕1 号）

海关总署：

经国务院批准。现将《关于利用国际金融组织贷款和外国政府贷款项目国际招标国内中标机电设备进口零部件免征关税的暂行办法》发给你署，请通知有关海关执行。

附件：关于利用国际金融组织贷款和外国政府贷款项目国际招标国内中标机电设备进口零部件免征关税的暂行办法

附件

关于利用国际金融组织贷款和外国政府贷款项目国际招标国内中标机电设备进口零部件免征关税的暂行办法

关于利用国际金融组织贷款和外国政府贷款项目国际招标国内中标机电设备进口零部件免征关税的暂行办法

一、为了鼓励国内机电制造企业积极参与利用国际金融组织贷款和外国政府贷款项目采购设备的国际招标活动，平衡国内外中标设备的税收负担，特制定本办法。

二、前款所述的国际金融组织贷款和外国政府贷款，是指世界银行贷款、亚洲开发银行贷款、日本海外经济协力基金贷款（OECF）、日本输入银行资金协力贷款，以及上述组织的赠款。

三、在利用上述贷款项目的国际招标中，国内中标单位（以下简称“中标单位”）为生产中标机电设备而进行国内不能生产或性能不能满足需要的零部件免征进口关税，照章征收进口环节增值税和消费税。

中标机电设备是指，在国际招标中国内企业直接中标、中外联合中标生产的机电设备，以及中标的境外企业、国内企业将中标项目再分包给国内其他企业制造的机电设备，不包括《外商投资项目不予免税的进口商品目录》中所规定的设备。生产这类设备的企业称“进口单位”。

四、免税审批程序

1.“中标单位”凭国家评标委员会出具的《国家评标委员会审议评标结果通知》（包括《中标产品清单》）和《中标通知书》向国家机械工业局提交（属电子产品的向国家信息产业部提交）《中标设备进口国内不能生产零部件申请表》（式样见附表1，以下简称《申请表》），《申请表》必须列明中标的设备名称，需进口零部件的名称、数量、金额以及相应的各项技术指标等。

2. 国家信息产业部和国家机械工业局接到《申请表》后，须组织有关专家进行审核，对按照中标设备的技术性能等指标所需进口的零部件确属国内不能生产或性能不能满足需要的，在五个工作日之内，为“进口单位”出具《国内中标设备进口国内不能生产的零部件证明书》（式样见附表2，以下简称《证明书》）并加盖“国家信息产业部（或国家机械工业局）进口零部件审批专用章”（以下简称“专用章”），同时将《证明书》副本抄送财政部、海关总署和“进口单位”所在地直属海关。

3. 对国家实行进口配额管理的商品，“进口单位”须在提出《机电产品进口申请表》的同时提交《证明书》复印件，按产品所属进口管理目录，到相应机电产品管理机构办理进口手续。

4.“进口单位”在进口零部件报关时，必须向进口地海关提交加盖“专用章”的《证明书》（原件）、《国家评标委员会审议评标结果通知》（复印件）和《中标通知书》（复印件）。有关具体免税办法由海关总署拟定。

五、管理及处罚

1. 海关依据《中华人民共和国海关法》的有关规定，依法对免税进口的零部件实行监管。

2.“进口单位”进口免征关税的零部件，必须全部用于生产中标机电设备，如转手倒卖或移作他用，按《中华人民共和国海关法》的有关规定实施处罚。

六、本办法自一九九九年十月一日起执行。

财政部　海关总署　国家税务总局关于外国政府贷款和国际金融组织贷款项目进口设备增值税政策的通知

（财关税〔2009〕63号）

各省、自治区、直辖市、计划单列市财政厅（局）、国家税务局，新疆生产建设兵团财务局，海关总署广东分署、各直属海关：

经国务院批准，自2009年1月1日起，对按有关规定其增值税进项税额无法抵扣的外国政府和国际金融组织贷款项目进口的自用设备，继续按《国务院关于调整进口设备税收政策的通知》（国发〔1997〕37号）中的相关规定执行，即除《外商投资项目不予免税的进口商品目录》所列商品外，免征进口环节增值税。

外国政府贷款和国际金融组织贷款项目单位利用外国政府贷款和国际金融组织贷款项目进口的设备，申请免征进口环节增值税的，按如下方式办理手续：

一、对于附件1所列贷款项目单位可以按相关规定到海关直接办理免征进口环节增值税的手续。

二、对于附件1所列的贷款项目单位以外的其他外国政府贷款和国际金融组织贷款项目单位，首先需经主管国家税务局审核后报地（市）级国税主管机关认定其购置设备缴纳的增值税进项税额因不属于增值税一般纳税人或该项目项下进口设备完全用于增值税免税业务等因素而无法抵扣，并为其出具税务确认书（税务确认书格式见附件2）后，方可按相关规定到海关办理进口设备免征进口环节增值税的手续。

三、2009年1月1日以后进口的外国政府和国际金融组织贷款项目项下设备，符合本通知上述免税条件和相关要求的，在补办海关免税审批手续后，已征收的进口环节增值税准予退还。但对于按照重大技术装备专项进口税收政策有关进口整机征收关税和进口环节增值税的规定，外国政府和国际金融组织贷款项目项下进口属于专项政策规定征税范围内的设备不能享受本通知免征进口环节增值税的待遇，已征收的进口环节增值税不予退还。

附件1　部分外国政府贷款和国际金融组织贷款项目单位清单
附件2　外国政府贷款和国际金融组织贷款项目单位税务确认书（格式）

二○○九年十一月十六日

附件1

部分外国政府贷款和国际金融组织贷款项目单位清单

贷款项目	项目单位
污水处理、再生水项目（不包括自来水项目）	污水处理厂
环境综合治理、环境监测、生物资源保护项目（不包括固体废物焚烧发电项目）	地方政府环保部门，包括环保局、环保监测站、建设与环境资源局、市政管理委员会、自然环境管理部门
公安、消防、气象、防洪项目	公安、消防、气象、防洪部门，包括公安局、交警支队、消防局、消防支队、气象局、防洪指挥部
教育培训、人才培养项目	教育部门、高等院校、技术学院、中等职业学校
文化遗产保护项目	地方政府文化保护部门、文物局、文物保护单位
交通项目	交通管理部门、铁道部、铁路局、航道局、民航总局、市交通委员会、市交通指挥控制中心
医疗卫生项目	各级公共卫生机构，包括各级公立医院疾控中心
广播电视、邮电项目	广播电视、邮电部门，包括电视台、广播电视中心、邮电局
农产品种植、林业产品种植、畜牧养殖、农机服务项目（不包括农林产品加工项目）	地方政府农业部门、农业综合开发办、农垦局、农机局、畜牧局、林业部门、扶贫办
其他外国政府贷款和国际金融组织贷款项目	政府部门

附件 2

外国政府贷款和国际金融组织贷款项目单位
税务确认书（格式）

编号：

（贷款项目单位）：

根据《财政部海关总署国家税务总局关于外国政府和国际金融组织贷款项目进口设备增值税政策的通知》（财关税〔2009〕63 号）规定以及财政部对备选贷款项目的批复（批复文件号），兹确认承接外国政府贷款和国际金融组织贷款项目的（贷款项目单位名称）因□属于非增值税一般纳税人□（贷款项目具体名称）项下进口设备完全用于增值税免税业务□其他原因（填写具体原因及增值税的有关规定），其增值税进项税额不能抵扣。

××省、自治区、直辖市、计划单列市
××地区（市）国家税务局

抄送：国家税务总局

注：

1. 其他原因应以《中华人民共和国增值税暂行条例》、《中华人民共和国增值税暂行条例实施细则》以及财政部和国家税务总局出台的相关规定为依据。

2. 确认书 式四联，第 联留存，第二联由项日单位交海关办理进口免税手续，第三联项目承接单位存档，第四联送国家税务总局。

海关总署关于外国政府贷款和国际金融组织贷款项目进口设备办理退还增值税手续有关事宜的公告

（海关总署公告 2010 年第 61 号）

经国务院批准，自 2009 年 1 月 1 日起，对按有关规定其增值税进项税额无法抵扣的外国政府和国际金融组织贷款项目（以下简称国外贷款项目）进口的自用设备，继续按照《国务院关于调整进口设备税收政策的通知》（国发〔1997〕37 号）的相关规定免征进口环节增值税。为此，《财政部、海关总署、国家税务总局关于外国政府贷款和国际金融组织贷款项目进口设备增值税政策的通知》（财关税〔2009〕63 号，以下简称《通知》）对相关政策及执行中有关事宜予以明确。现就符合《通知》规定准予退还已征收进口环节增值税的国外贷款项目项下进口设备，申请办理退还进口环节增值税手续的有关事宜公告如下：

一、对于符合《通知》规定的进口设备免征进口环节增值税条件和要求的国外贷款项目，有关项目单位要求退还该项目项下进口设备已征收的进口环节增值税的，应按以下程序办理：

（一）有关项目单位应持本公告规定的相关材料向项目单位所在地海关（以下简称主管海关）申请办理免征进口环节增值税认定手续；

（二）主管海关经审核确认后，出具《外国政府贷款和国际金融组织贷款项目项下进口设备符合免征进口环节增值税条件的认定证明》（格式详见附件，以下简称《免税认定证明》）；

（三）有关项目单位凭主管海关出具的《免税认定证明》向原进口地海关申请办理退还进口环节增值税的手续。

二、有关项目单位应于2010年11月30日前向主管海关提出办理免征进口环节增值税认定手续申请，并在《免税认定证明》的有效期内向原进口地海关申请办理退税手续；逾期，主管海关和原进口地海关均不再受理。

三、有关项目单位进口国外贷款项目项下设备时已取得《进出口货物征免税证明》（以下简称《征免税证明》）并免征进口关税的，在向主管海关申请办理免征进口环节增值税认定手续时，应提交下列材料：

（一）办理免征进口环节增值税认定的书面申请（加盖企业公章；《通知》附件1所列的贷款项目单位，应说明具体项目属于《通知》附件1所列贷款项目的类别）；

（二）《征免税证明》第三联（进口单位留存联）复印件；

（三）经海关和国库经收处（银行）盖章的《海关专用缴款书》复印件（加盖企业公章）；

（四）进口货物报关单（付汇证明联）复印件；

（五）《通知》附件1所列贷款项目单位以外的其他国外贷款项目单位，应提供地（市）级国税主管机关出具的《外国政府贷款和国际金融组织贷款项目单位税务确认书》（格式见《通知》附件2）；

（六）主管海关认为需要提供的其他材料。

四、有关项目单位进口国外贷款项目项下设备时未向海关申请办理免征进口关税手续的，在向主管海关申请办理免征进口环节增值税认定手续时，除需提交本公告第三条所列材料（不包括《征免税证明》）外，还需提交办理国外贷款项目进口设备减免税审批申请所需的相关材料。

五、主管海关在受理上述免征进口环节增值税认定申请后，对经审核符合《通知》规定的免税条件和相关政策要求的，出具《免税认定证明》（一张进口货物报关单对应一张《免税认定证明》）。

六、对于相关设备进口时未申请办理免征进口关税手续且已照章征收进口关税和进口环节增值税的，主管海关在出具《免税认定证明》时，应同时按照《中华人民共和国海关进出口货物减免税管理办法》（海关总署令第179号）的相关规定办理有关国外贷款项目的减免税备案手续，但不出具《征免税证明》，之前已征收的进口关税亦不予退还。

七、有关项目单位向原进口地海关申请办理国外贷款项目项下进口设备退还进口环节增值税手续时，除应提交主管海关出具的《免税认定证明》外，还应提交国外贷款项目项下进口设备的进口货物报关单（付汇证明联）复印件、《海关专用缴款书》原件和复印件、进口合同复印件等相关材料。进口地海关审核相关单证无误后，向有关项目单位出具《收入退还书》。

八、本公告内容自发布之日起实施。

特此公告。

附件　外国政府贷款和国际金融组织贷款项目项下进口设备符合免征进口环节增值税条件的认定证明（格式）

海关总署

二〇一〇年九月十九日

附件

外国政府贷款和国际金融组织贷款项目项下进口设备
符合免征进口环节增值税条件的认定证明（格式）

编号：

（国外贷款项目单位）：

根据《财政部、海关总署、国家税务总局关于外国政府贷款和国际金融组织贷款项目进口设备增值税政策的通知》（财关税〔2009〕63号）及相关规定，你单位提交的免税认定申请（《进口货物报关单》

编号：　　　　，《征免税证明》编号：　　　　　　　　，《海关专用缴款书》编号：　　　　)，经审核，□全部商品/□其中第　　　　　　　　　　项商品符合免征进口环节增值税条件。

请你单位在有效期内持凭本认定证明到进口地海关办理有关国外贷款项目项下设备退还进口环节增值税手续。

海关（盖章）

年　月　日

注：

1. 本认定证明有效期：自签章之日起3个月内有效。

2. 认定证明一式三联，第一联由主管海关留存，第二联由国外贷款项目单位交由进口地海关办理退还进口环节增值税手续，第三联由国外贷款项目单位留存。

3. 之前未向海关申请办理免征关税手续的，不用填写《征免税证明》编号。

4.5 管理要求

4.5.1 外商投资项目

海关总署　国家发展改革委　财政部　商务部
关于外商投资项目进口税收优惠政策的联合公告

（海关总署　国家发展改革委　财政部　商务部公告2007年第35号）

为保证外商投资项目进口税收优惠政策的正确实施，营造规范、统一、公平的贸易环境，保障外商投资企业的合法权益，针对海关在执行相关进口税收优惠政策中遇到的问题，经研究，现将有关政策适用问题明确如下：

一、关于外商投资项目适用进口税收优惠政策问题：

根据外商投资的法律法规规定，在中国境内依法设立，并领取中华人民共和国外商投资企业批准证书和外商投资企业营业执照等有关法律文件的中外合资经营企业、中外合作经营企业和外资企业（以下统称外商投资企业），所投资的项目符合《外商投资产业指导目录》中鼓励类或《中西部地区外商投资优势产业目录》的产业条目的，其在投资总额内进口的自用设备及随设备进口的配套技术、配件、备件（以下简称自用设备），除《外商投资项目不予免税的进口商品目录》所列商品外，免征关税和进口环节增值税。

2002年4月1日以前批准的外商投资限制乙类项目，以及1996年4月1日以前批准的外商投资项目，仍可享受上述外商投资项目进口税收优惠政策。但以上外商投资项目（包括鼓励类项目），其项目单位须于2007年12月31日前按照现行规定持项目确认书或其他相关资料向海关申请办理减免税备案手续，并于2010年12月31日前向海关申请办理项目项下进口自用设备的减免税审批手续。逾期，海关不再受理上述减免税备案和审批申请。个别投资规模大，建设期长的外商投资项目，经海关总署商原出具项目确认书的国务院有关主管部门同意，可适当延长办理减免税审批手续的时限。

二、关于外商投资股份有限公司适用进口税收优惠政策问题：

（一）中外投资者采取发起或募集方式在境内设立外商投资股份有限公司，或已设立的外商投资有限责任公司转变为外商投资股份有限公司，并且外资股比不低于25%，所投资的项目符合《外商投资产业指导目录》中鼓励类或《中西部地区外商投资优势产业目录》的产业条目的，其在投资总额内进口的自用设备，可以享受外商投资项目进口税收优惠政策。

（二）内资有限责任公司和股份有限公司转变为外资股比不低于25%的外商投资股份有限公司并且同时增资，所投资的项目符合《外商投资产业指导目录》中鼓励类或《中西部地区外商投资优势产业目录》的产业条目的，其增资部分对应的进口自用设备可享受外商投资项目进口税收优惠政策。但原项目（不含增资部分）项下进口的自用设备不能享受外商投资项目进口税收优惠政策。

（三）境内内资企业发行B股或发行海外股（H股、N股、S股、T股或红筹股）转化为外商投资股份有限公司，其投资项目一般不享受外商投资项目进口税收优惠政策。此类外商投资股份有限公司所投资的项目符合《外商投资产业指导目录》中鼓励类或《中西部地区外商投资优势产业目录》的产业条目的，其在投资总额内进口的自用设备，除《国内投资项目不予免税的进口商品目录》所列商品外，可以免征关税和进口环节增值税。此前已经国务院特别批准按国内投资产业政策管理的此类外商投资股份有限公司，仍按原规定执行。

三、关于外国投资者的投资比例低于25%的外商投资企业的进口税收政策适用问题：

（一）外国投资者的投资比例低于25%的外商投资企业，所投资的项目符合《外商投资产业指导目录》中鼓励类或《中西部地区外商投资优势产业目录》的产业条目的，其在投资总额内进口的自用设备，除《国内投资项目不予免税的进口商品目录》所列商品外，可以免征关税和进口环节增值税。

（二）持有外商投资企业批准证书的A股上市公司（以下简称外商投资上市公司）股权分置改革方案实施后，因增发新股或原外资法人股股东出售股份，使外资股比低于25%的，其投资项目不能享受外商投资项目进口税收优惠政策；之后即使原外资法人股股东通过回购股份等方式，使外资股比再次不低于25%的，其投资项目仍然不能享受外商投资项目进口税收优惠政策。对于股权分置改革方案实施后，外商投资上市公司增发新股，或原外资法人股股东出售股份，但外资股比不低于25%，所投资的项目符合《外商投资产业指导目录》中鼓励类或《中西部地区外商投资优势产业目录》的产业条目的，其在投资总额内进口的自用设备仍可享受外商投资项目进口税收优惠政策。

（三）外国投资者的投资比例低于25%的外商投资企业不能享受外商投资项目进口税收优惠政策，因此，此类企业不属于《海关总署关于进一步鼓励外商投资有关进口税收政策的通知》（署税〔1999〕791号）中规定的可享受有关税收优惠政策范围，不能利用自有资金免税进口自用设备。

四、关于外商投资企业境内再投资项目的进口税收政策适用问题：

（一）外商投资企业向中西部地区再投资设立的企业或其通过投资控股的公司，注册资本中外资比例不低于25%，并取得外商投资企业批准证书，所投资的项目符合《外商投资产业指导目录》中鼓励类或《中西部地区外商投资优势产业目录》的产业条目的，其在投资总额内进口的自用设备，可享受外商投资项目进口税收优惠政策。

（二）外商投资企业向中西部以外地区再投资设立的企业，以及向中西部地区再投资设立的外资比例低于25%的企业（上述企业包括直接或间接含有外资成分的公司），所投资的项目仍按外商投资产业政策管理，其中符合《外商投资产业指导目录》中鼓励类或《中西部地区外商投资优势产业目录》的产业条目的，其在投资总额内进口的自用设备，除《国内投资项目不予免税的进口商品目录》所列商品外，可以免征关税和进口环节增值税。

五、本公告自2007年7月20日起执行。此前有关文件规定与本公告不一致的，以本公告为准。

特此公告。

海关总署
国家发展改革委
财政部
商务部
二〇〇七年七月十三日

海关总署关于废止《中华人民共和国海关对外商投资企业进出口货物监管和征免税办法》的决定的令

（海关总署令第201号）

《海关总署关于废止〈中华人民共和国海关对外商投资企业进出口货物监管和征免税办法〉的决定》已于2010年11月15日经海关总署署务会议审议通过，现予公布，自2011年3月1日起施行。

署长　盛光祖
二〇一〇年十二月十五日

海关总署关于废止《中华人民共和国海关对外商投资企业进出口货物监管和征免税办法》的决定

为适应经济社会发展需要，现决定废止1992年9月1日以海关总署第29号令公布的《中华人民共和国海关对外商投资企业进出口货物监管和征免税办法》。

本决定自2011年3月1日起生效。

财政部　海关总署　国家税务总局关于赣州市执行西部大开发税收政策问题的通知

（财税〔2013〕4号）

江西省财政厅、国家税务局、地方税务局，海关总署广东分署、各直属海关：

为贯彻落实《国务院关于支持赣南等原中央苏区振兴发展的若干意见》（国发〔2012〕21号）关于赣州市执行西部大开发政策的规定，现将赣州市执行西部大开发税收政策问题通知如下：

一、对赣州市内资鼓励类产业、外商投资鼓励类产业及优势产业的项目在投资总额内进口的自用设备，在政策规定范围内免征关税。

二、自2012年1月1日至2020年12月31日，对设在赣州市的鼓励类产业的内资企业和外商投资企业减按15%的税率征收企业所得税。

鼓励类产业的内资企业是指以《产业结构调整指导目录》中规定的鼓励类产业项目为主营业务，且其主营业务收入占企业收入总额70%以上的企业。

鼓励类产业的外商投资企业是指以《外商投资产业指导目录》中规定的鼓励类项目和《中西部地区外商投资优势产业目录》中规定的江西省产业项目为主营业务，且其主营业务收入占企业收入总额70%以上的企业。

三、本通知自2012年1月1日起执行。

二〇一三年一月十日

国家发展改革委关于做好贯彻落实《政府核准的投资项目目录（2016年本）》有关外资工作的通知

（发改外资规〔2017〕111号）

各省、自治区、直辖市及计划单列市、新疆生产建设兵团发展改革委：

为贯彻落实《国务院关于发布政府核准的投资项目目录（2016年本）的通知》（国发〔2016〕72号）要求，进一步做好外商投资项目核准和备案管理工作，现将有关事项通知如下：

一、实行核准制的外商投资项目的范围为：

（一）《外商投资产业指导目录》中总投资（含增资）3亿美元及以上限制类项目，由我委核准，其中总投资（含增资）20亿美元及以上项目报国务院备案。

（二）《外商投资产业指导目录》中总投资（含增资）3亿美元以下限制类项目，由省级政府核准。

（三）前两项规定之外的属于《政府核准的投资项目目录（2016年本）》第一至十项所列的外商投资项目，按照《政府核准的投资项目目录（2016年本）》第一至十项的规定核准。

二、核准范围之外且不属于《外商投资产业指导目录》中禁止类的外商投资项目，由地方发展改革部门备案。

三、各级发展改革部门要贯彻落实国务院深化投资体制改革精神，进一步加强吸引外资工作，在外商投资管理中做好简政放权、放管结合、优化服务工作，简化核准和备案程序，营造良好的外商投资环境，提高利用外资水平和质量。

四、各级发展改革部门要抓紧规范和完善投资项目在线审批监管平台（简称在线平台），加强应用和管理，全面依托在线平台办理外商投资项目核准、备案手续，将外商投资项目核准、备案的相关政策及办事指南等通过在线平台公开，及时为企业提供相关咨询服务。同时，按照地方平台与中央平台的对接要求，及时、准确交换外商投资数据。

国家发展改革委

二〇一七年一月十四日

4.5.2 国内投资鼓励项目

海关总署 国家发展改革委关于调整投资总额在5000万元及以上内资鼓励类项目减免税确认有关工作的通知

（署税发字〔2017〕116号）

广东分署、各直属海关；各省、自治区、直辖市、计划单列市发展改革委、经信委（经贸委、经委、工信委），新疆生产建设兵团发展改革委：

为贯彻落实国务院简政放权部署，国家发展改革委和海关总署决定，简化投资总额在5000万元及以上内资鼓励类项目（以下称限上鼓励类项目）免税确认流程。自2018年1月1日起，国家发展改革委对限上鼓励类项目不再以《国家鼓励发展的内外资项目确认书》汇总表的形式确认，改由海关直接审核企业申请材料，对于符合产业政策的企业进口自用设备，办理减免税手续。现将相关事宜通知如下。

一、实行备案管理或核准、审批的项目，属于《产业结构调整指导目录》（以下简称《产业目录》）鼓励类范围且需要免税进口自用设备的，项目单位应当在项目备案基本信息格式文本、项目申请报告或者可行性研究报告中注明项目适用的鼓励类产业政策条目。

二、海关凭上述项目的备案证明、核准批复文件或者可研批复文件等材料以及其他申请材料，对照《产业目录》进行审核，对于符合产业政策的项目，办理限上鼓励类项目进口设备减免税手续。

三、限上鼓励类项目单位应在设备进口前，到项目所在地直属海关（以下称“主管直属海关”）办理项目适用产业政策确认手续，提交以下材料：

（一）企业营业执照或者事业单位法人证书等材料；

（二）项目申请报告或者可行性研究报告之一；

（三）项目备案证明、核准批复文件或者可研批复文件之一；

（四）进口设备清单；

（五）海关认为需要提供的其他材料。

四、主管直属海关经审核认为材料不齐全有效或不符合规定的，应自收到申请材料之日起3个工作日内通知项目单位补正；自收到符合规定的材料之日起10个工作日内，完成项目适用产业政策确认并告知项目单位办理进口设备减免税手续。

五、主管直属海关对限上鼓励类项目适用产业政策条目有疑问的，应自收到材料之日起10个工作日内报送海关总署，海关总署函请国家发展改革委解释认定。

国家发展改革委应自收到来函之日起20个工作日内，将认定结果函告海关总署。

六、限上鼓励类项目发生以下情形的，项目单位应于有关情形发生后10个工作日内向主管直属海关报告：

（一）项目核准机关撤销已核准项目的；

（二）项目备案机关纠正已备案项目的；

（三）项目审批机关撤销已审批项目的。

七、限上鼓励类项目发生以下情形的，项目单位应于有关情形发生后10个工作日内向主管直属海关重新办理项目适用产业政策确认手续：

（一）项目核准机关变更已核准项目或者不同意项目延期开工申请的；

（二）项目备案机关变更已备案项目，或者告知项目单位重新办理核准、备案或者审批手续的；

（三）项目审批机关变更已批准项目的。

八、各直属海关针对限上鼓励类项目适用产业政策确认工作，应学习掌握政策，加强风险防控，执行好进口设备税收优惠政策。海关总署定期将限上鼓励类项目适用产业政策确认情况报国家发改委备案。

九、政府投资主管部门负责投资项目的备案、核准和审批管理，对投资项目履行综合管理职责，根据法律法规和发展规划、产业政策、总量控制目标、技术政策、准入标准及相关环保要求等，对项目进行监管。上级政府投资主管部门应加强对下级项目备案、核准、审批机关的指导和监督，及时纠正项目管理中存在的违法违规行为。

十、2017年12月31日前备案、核准或者审批的限上鼓励类项目（以项目备案、核准或者审批日期为准），各地方发展改革部门参照《海关总署办公厅、国家发展改革委办公厅关于已凭税款担保先予放行的限额以上内资鼓励类项目进口设备减免税手续有关问题的通知》（署办发〔2016〕50号）规定，于2018年4月30日前一并报国家发展改革委。在国家发展改革委回复地方发展改革部门（抄送直属海关）审核意见后，项目单位向海关办理有关进口设备的减免税手续。

十一、各级政府投资主管部门和各直属海关应加强联系配合，加强政策和作业流程调整的宣传和指导。执行中如遇问题，请及时反馈国家发展改革委（发展规划司）和海关总署（关税征管司）。

特此通知。

海关总署

国家发展改革委

二〇一七年十二月二十九日

5 农林牧渔

5.1 种子、种源、军警用工作犬

财政部　海关总署　国家税务总局关于“十四五”期间种用野生动植物种源和军警用工作犬进口税收政策的通知

（财关税〔2021〕28 号）

各省、自治区、直辖市、计划单列市财政厅（局），新疆生产建设兵团财政局，海关总署广东分署、各直属海关，国家税务总局各省、自治区、直辖市、计划单列市税务局，财政部各地监管局，国家税务总局驻各地特派员办事处：

为加强物种资源保护，支持军警用工作犬进口利用，现将有关进口税收政策及管理措施通知如下：

一、自 2021 年 1 月 1 日至 2025 年 12 月 31 日，对具备研究和培育繁殖条件的动植物科研院所、动物园、植物园、专业动植物保护单位、养殖场、种植园进口的用于科研、育种、繁殖的野生动植物种源，以及军队、公安、安全部门（含缉私警察）进口的军警用工作犬、工作犬精液及胚胎，免征进口环节增值税。

二、《进口种用野生动植物种源免税商品清单》由林草局会同财政部、海关总署、税务总局另行制定印发，并适时动态调整。

三、申请免税进口野生动植物种源的单位，应向林草局提出申请，林草局会同财政部、海关总署、税务总局确定进口单位名单后，由林草局函告海关总署（需注明批次），抄送财政部、税务总局。

林草局函告的第一批名单，以及林草局会同财政部、海关总署、税务总局另行制定印发的第一批《进口种用野生动植物种源免税商品清单》，自 2021 年 1 月 1 日起实施，至第一批名单印发之日后 30 日内已征的应免税款，准予退还。以后批次的名单、清单，自印发之日后第 20 日起实施。

四、申请免税进口军警用工作犬（税则号列 01061910）、工作犬精液（税则号列 05119910）及胚胎（税则号列 05119920）的单位，应向公安部、安全部或中央军委政治工作部（以下称主管部门）提出申请，主管部门确定进口单位名单后，出具有关工作犬和工作犬精液及胚胎属于免税范围的确认文件。有关确认文件格式由主管部门向海关总署备案。自 2021 年 1 月 1 日起至本通知印发之日后 30 日内已征的应免税款，准予退还。

五、取得免税资格的进口单位应按照海关有关规定，办理相关种用野生动植物种源和军警用工作犬的减免税手续。本通知第三、四条规定的已征应免税款，依进口单位申请准予退还。其中，已征税进口且尚未申报增值税进项税额抵扣的，应事先取得主管税务机关出具的《“十四五”期间种用野生动植物种源和军警用工作犬进口税收政策项下进口商品已征进口环节增值税未抵扣情况表》（见附件），向海关申请办理退还已征进口环节增值税手续。

六、进口单位发生名称、经营范围变更等情形的，应在政策有效期内及时将有关变更情况说明分别报送本通知第三、四条中确定该进口单位名单的相关部门。相关部门确定变更后的单位自变更登记之日起能否继续享受政策，确定结果每年至少分两批函告海关总署（并注明变更登记日期），抄送财政部、税务总局。

七、进口单位应按有关规定使用免税进口商品，如违反规定，将免税进口野生动植物种源和军警用工作犬相关商品擅自转让、移作他用或者进行其他处置，被依法追究刑事责任的，在本通知剩余有效期限内停止享受政策。

八、免税进口单位如存在以虚假情况获得免税资格，经林草局或主管部门查实后，函告海关总署，抄送财政部、税务总局，自函告之日起，该单位在本通知剩余有效期限内停止享受政策。

九、财政等有关部门及其工作人员在政策执行过程中，存在违反执行免税政策规定的行为，以及滥用职权、玩忽职守、徇私舞弊等违法违纪行为的，依照国家有关规定追究相应责任；涉嫌犯罪的，依法追究刑事责任。

十、林草局、主管部门加强政策执行情况评估。

附件　“十四五”期间种用野生动植物种源和军警用工作犬进口税收政策项下进口商品已征进口环节增值税未抵扣情况表

财政部
海关总署
国家税务总局
二〇二一年四月十二日

附件

“十四五”期间种用野生动植物种源和军警用工作犬进口税收政策项下进口商品已征进口环节增值税未抵扣情况表

编号：主管税务机关代码+四位流水号

<table>
<tr><td rowspan="2">纳税人名称</td><td rowspan="2" colspan="2"></td><td>纳税人识别号或
统一社会信用代码</td><td colspan="2"></td></tr>
<tr><td>企业海关代码</td><td colspan="2"></td></tr>
<tr><td>申报进口时间</td><td colspan="5">年　　月　　日</td></tr>
<tr><td>海关进口增值税
专用缴款书</td><td colspan="5">海关报关单（编号：______）、海关进口增值税专用缴款书（凭证号：______），进口环节增值税税款金额为（大写）______，¥______元。</td></tr>
<tr><td>进项税款抵扣情况</td><td colspan="5">经审核，该纳税人上述海关进口增值税专用缴款书税额尚未申报抵扣。</td></tr>
<tr><td>其他需要说明的事项</td><td colspan="5"></td></tr>
<tr><td colspan="2">审核意见：
审核人：
年　　月　　日</td><td colspan="2">复核意见：
复核人：
年　　月　　日</td><td colspan="2">局长意见：
局领导：　　（局章）
年　　月　　日</td></tr>
</table>

财政部　海关总署　国家税务总局关于“十四五”期间种子种源进口税收政策的通知

（财关税〔2021〕29号）

各省、自治区、直辖市、计划单列市财政厅（局），新疆生产建设兵团财政局，海关总署广东分署、各直属海关，国家税务总局各省、自治区、直辖市、计划单列市税务局，财政部各地监管局，国家税务总局驻各地特派员办事处：

为提高农业质量效益和竞争力，支持引进和推广良种，现将有关进口税收政策通知如下：

一、自2021年1月1日至2025年12月31日，对符合《进口种子种源免征增值税商品清单》的进口种子种源免征进口环节增值税。

二、《进口种子种源免征增值税商品清单》由农业农村部会同财政部、海关总署、税务总局、林草局另行制定印发，并根据农林业发展情况动态调整。

三、第一批印发的《进口种子种源免征增值税商品清单》自2021年1月1日起实施，至该清单印发之日后30日内已征应免税款，准予退还。申请退税的进口单位，应当事先取得主管税务机关出具的《“十四五”期间种子种源进口税收政策项下进口商品已征进口环节增值税未抵扣情况表》（见附件），向海关申请办理退还已征进口环节增值税手续。

四、以后批次印发的清单，自印发之日后第20日起实施。

五、对本政策项下进口的种子种源，海关不再按特定减免税货物进行后续监管。

六、农业农村部、林草局加强政策执行情况评估。

七、财政等有关部门及其工作人员在政策执行过程中，存在违反执行免税政策规定的行为，以及滥用职权、玩忽职守、徇私舞弊等违法违纪行为的，依照国家有关规定追究相应责任；涉嫌犯罪的，依法追究刑事责任。

附件　“十四五”期间种子种源进口税收政策项下进口商品已征进口环节增值税未抵扣情况表

财政部
海关总署
国家税务总局
二〇二一年四月二十一日

附件

“十四五”期间种子种源进口税收政策项下进口商品已征进口环节增值税未抵扣情况表

编号：主管税务机关代码+四位流水号

<table>
<tr><td rowspan="2">纳税人名称</td><td rowspan="2" colspan="2"></td><td colspan="2">纳税人识别号或
统一社会信用代码</td><td></td></tr>
<tr><td colspan="2">企业海关代码</td><td></td></tr>
<tr><td>申报进口时间</td><td colspan="5">年　　月　　日</td></tr>
<tr><td>海关进口增值税
专用缴款书</td><td colspan="5">海关报关单（编号：______）、海关进口增值税专用缴款书（凭证号：______），进口环节增值税税款金额为（大写）______，¥______元。</td></tr>
<tr><td>进项税款抵扣情况</td><td colspan="5">经审核，该纳税人上述海关进口增值税专用缴款书税额尚未申报抵扣。</td></tr>
<tr><td>其他需要说明的事项</td><td colspan="5"></td></tr>
<tr><td colspan="2">审核意见：
审核人：
年　　月　　日</td><td colspan="2">复核意见：
复核人：
年　　月　　日</td><td colspan="2">局长意见：
局领导：　　（局章）
年　　月　　日</td></tr>
</table>

国家林业和草原局　财政部　海关总署　国家税务总局
关于印发《进口种用野生动植物种源免税商品清单》的通知

（林规发〔2021〕52号）

各省、自治区、直辖市、计划单列市林业和草原主管部门、财政厅（局），新疆生产建设兵团林业和草原局、财政局，海关总署广东分署、各直属海关，国家税务总局各省、自治区、直辖市、计划单列市税务局，国家林业和草原局各有关派出机构，财政部各地监管局，国家税务总局驻各地特派员办事处：

为落实《财政部　海关总署　税务总局关于“十四五”期间种用野生动植物种源和军警用工作犬进口税收政策的通知》（财关税〔2021〕28号）的要求，国家林业和草原局会同财政部、海关总署、税务总局共同制定了《进口种用野生动植物种源免税商品清单》（第一批），现予以公布，自2021年1月1日起实施。

特此通知。

附件　进口种用野生动植物种源免税商品清单（第一批）

国家林业和草原局

财政部

海关总署

国家税务总局

二〇二一年六月四日

附件

进口种用野生动植物种源免税商品清单（第一批）

序号	税则号列	商品名称
1	ex01012100	改良种用濒危野马
2	ex01013010	改良种用的濒危野驴
3	ex01023100	改良种用濒危水牛
4	ex01029010	改良种用濒危野牛
5	ex01031000	改良种用的鹿豚、姬猪
6	01061110	改良种用灵长目哺乳动物（包括人工驯养、繁殖的）
7	01061211	改良种用鲸、海豚及鼠海豚（鲸目哺乳动物）；改良种用海牛及儒艮（海牛目哺乳动物）（包括人工驯养、繁殖的）
8	01061221	改良种用海豹、海狮及海象（鳍足亚目哺乳动物）（包括人工驯养、繁殖的）
9	ex01061310	改良种用濒危骆驼及其他濒危骆驼科动物（包括人工驯养、繁殖的）
10	ex01061410	改良种用濒危野兔（包括人工驯养、繁殖的）
11	ex01061910	其他改良种用濒危哺乳动物（包括人工驯养、繁殖的）
12	01062011	改良种用鳄鱼苗（包括人工驯养、繁殖的）
13	01062019	其他改良种用爬行动物（包括人工驯养、繁殖的）
14	01063110	改良种用猛禽（包括人工驯养、繁殖的）
15	01063210	改良种用鹦形目的鸟（包括人工驯养、繁殖的）
16	ex01063310	改良种用濒危鸵鸟（包括人工驯养、繁殖的）
17	ex01063910	其他改良种用濒危鸟（包括人工驯养、繁殖的）
18	ex01064910	其他改良种用濒危昆虫（包括人工驯养、繁殖的）
19	ex01069019	其他改良种用濒危动物（包括人工驯养、繁殖的）
20	03019912	鲟鱼鱼苗
21	ex03076010	濒危蜗牛及螺种苗，海螺除外
22	ex03077110	砗磲的种苗
23	ex03079110	其他濒危软体动物的种苗
24	ex03081110	暗色刺参的种苗
25	ex03089011	活、鲜或冷的其他濒危水生无脊椎动物的种苗（甲壳动物及软体动物除外）
26	ex04071900	其他孵化用受精濒危禽蛋
27	ex05111000	濒危野生牛的精液
28	ex05119111	濒危鱼的受精卵
29	ex05119910	濒危野生动物精液（牛的精液除外）
30	ex05119920	濒危野生动物胚胎
31	ex06011091	种用休眠的兰花块茎（包括球茎、根颈及根茎）；种用休眠其他濒危植物鳞茎等（包括球茎. 根颈、根茎、鳞茎、块茎、块根）
32	ex06029091	种用兰花、红豆杉苗木、其他濒危植物种用苗木
33	ex12071010	种用濒危棕榈果及棕榈仁

注：1. 税则号列为 2021 年《中华人民共和国进出口税则》中所列税则号列；

2. 税则号列前无“ex”的，商品名称以《中华人民共和国进出口税则》中商品名称为准；

3. 税则号列前有“ex”的，商品名称以上表为准。

关税征管司关于执行“十四五”期间野生动植物种源和军警用工作犬税收政策的通知

（税管函〔2021〕44号）

广东分署，各直属海关：

为落实《财政部　海关总署　国家税务总局关于“十四五”期间种用野生动植物种源和军警用工作犬进口税收政策的通知》（财关税〔2021〕28号，以下简称《通知》），现将政策执行中有关事项通知如下：

一、具备研究和培育繁殖条件的动植物科研院所、动物园、植物园、专业动植物保护单位、养殖场、种植园（以下简称“野生动植物进口单位”）名单，由林草局会同财政部、海关总署、税务总局确定后函告总署，总署转发各直属海关执行。

《进口种用野生动植物种源免税商品清单》（以下简称《商品清单》）由林草局会同财政部、海关总署、税务总局制定印发。

公安部、安全部或中央军委政治部（以下简称“主管部门”）确定进口军警用工作犬、工作犬精液及胚胎（以下简称“工作犬相关商品”）进口单位名单，并对有关单位进口属于免税范围的工作犬相关商品出具确认函（样式见附件）。

二、种用野生动植物种源和工作犬相关商品进口单位的主管海关，应对照野生动植物进口单位名单和《商品清单》等相关材料，对野生动植物进口单位的减免税审核确认申请进行审核；对照主管部门出具的确认函等相关材料，对工作犬相关商品进口单位的减免税审核确认申请进行审核。经审核，对符合免税条件的，出具《海关进出口货物征免税确认通知书》（以下简称《征免税通知书》）。

上述减免税审核确认手续纳入减免税系统管理，征免性质为：进口种用野生动植物和军警用工作犬（简称“野生动植物”，代码815），监管方式为：一般贸易（代码0110）、其他进出口免费（代码3339）。

三、野生动植物进口单位发生名称、经营范围变更等情形，林草局确定该单位自变更登记之日起能否继续享受政策，并将确定结果和变更登记日期函告总署，总署转发各直属海关执行。

对于经确定继续享受政策的进口单位，自变更登记之日起继续享受免税政策；对于经林草局确定不能继续享受政策的进口单位，自变更登记之日起停止享受免税政策。在总署转发林草局函告前，主管海关可依有关进口单位申请，办理有关货物凭税款担保先予放行手续。

四、对申报日期在2021年1月1日至第一批野生动植物进口单位名单印发之日后30日（含当日）期间内的，列入第一批进口单位名单内的单位已缴纳的应免税款，依申请可准予退还。进口单位在取得主管税务机关出具的《“十四五”期间种用野生动植物种源和军警用工作犬进口税收政策项下进口商品已征进口环节增值税未抵扣情况表》（以下简称《未抵扣情况表》）后，向主管海关办理减免税审核确认手续，凭《征免税通知书》及有关材料，于第一批名单和第一批《商品清单》后印发者的印发之日起6个月内，向申报地海关提交退税申请。

五、对申报日期在2021年1月1日至《通知》印发之日后30日（含当日）期间内的，取得主管部门确认函的工作犬相关商品，进口单位已缴纳的应免税款依其申请可准予退还。进口单位在取得主管税务机关出具的《未抵扣情况表》后，向主管海关办理减免税审核确认手续，凭《征免税通知书》及有关材料，于本通知印发之日起6个月内，向申报地海关提交退税申请。

六、请各海关及时将本通知有关规定告知相关进口单位，执行中如遇问题，请及时向关税征管司反映。

特此通知。

附件 进口军警用工作犬相关商品确认函

关税司
二〇二一年五月十一日

附件

进口军警用工作犬相关商品确认函

（样式）

编号：

××海关：

根据工作需要，××（减免税申请人名称）拟进口 □ 军警用工作犬 □ 工作犬精液及胚胎（勾选进口商品）（详见附表）。经审核，上述工作犬相关商品属于《财政部 海关总署 国家税务总局关于“十四五”期间种用野生动植物种源和军警用工作犬进口税收政策的通知》（财关税〔2021〕28 号）规定的免税商品范围。

上述商品进口时间：20××年×月×日至20××年×月×日。

附表：进口军警用工作犬相关商品清单

主管业务部门（签章）
20××年××月××日

进口军警用工作犬相关商品清单

编号：

减免税申请人				
联系人		电话		
境内收货人				
联系人		电话		
商品名称	品种（规格）	数量	单位	备注
合计货值（美元）				
兹申明以上内容属实。 主管业务部门（签章） 20××年××月××日 经办人姓名： 电话：				

注：1. 本清单编号与《确认函》编号一致。2. 本清单一式三份，主管业务部门、海关、进口单位各执一份。机打出具，字迹清楚，涂改、手写无效。

农业农村部　财政部　海关总署　国家税务总局　国家林业和草原局关于发布《进口种子种源免征增值税商品清单》（第一批）的公告

（农业农村部　财政部　海关总署　国家税务总局　国家林业和草原局公告第505号）

根据《财政部、海关总署、税务总局关于“十四五”期间种子种源进口税收政策的通知》（财关税〔2021〕29号），农业农村部会同财政部、海关总署、税务总局、国家林草局制定了《进口种子种源免征增值税商品清单》（第一批），现予发布，自2021年1月1日起实施，至该清单印发之日后30日内已征收应免税款，准予退还。以后批次印发的清单，自印发之日后第20日起实施。

申请退税的进口单位，应当事先取得主管税务机关出具的《“十四五”期间种子种源进口税收政策项下进口商品已征进口环节增值税未抵扣情况表》，向海关申请办理退还已征收进口环节增值税手续。

特此公告。

附件：进口种子种源免征增值税商品清单（第一批）

农业农村部　财政部　海关总署
国家税务总局　国家林业和草原局
二〇二一年十二月十日

附件

进口种子种源免征增值税商品清单（第一批）

序号	税则号列	商品描述
一、种子（苗）		
1	06011010	番红花球茎
2	06011021	种用百合球茎
3	ex06011091	种用休眠的鳞茎、块茎、块根、球茎、根颈及根茎（濒危除外）
4	ex06012000	生长或开花的鳞茎、块茎、块根、球茎、根颈及根茎；菊苣植物及其根（濒危除外）
5	ex06021000	无根插枝及接穗（濒危除外）
6	06022010	食用水果或食用坚果的种用苗木
7	ex06029091	其他种用苗木（濒危除外）
8	07131010	种用豌豆
9	07133310	种用芸豆
10	07135010	种用蚕豆

续表1

序号	税则号列	商品描述
11	07139010	其他种用干豆
12	10031000	种用大麦
13	10041000	种用燕麦
14	10051000	种用玉米
15	10071000	种用高粱
16	ex12040000	亚麻种子
17	12051010	种用低芥子酸油菜子
18	12059010	种用其他油菜子
19	12073010	种用蓖麻子
20	12077010	种用甜瓜子
21	ex12079910	大麻子
22	12091000	糖甜菜子
23	12092910	甜菜子，糖甜菜子除外
24	12092990	其他饲料植物种子
25	ex12093000	草本花卉植物种子（濒危除外）
26	12099100	蔬菜种子
27	ex12099900	黄麻种子、红麻种子、柴胡种子、当归种子、白芷种子、林木种子（濒危除外）
		二、种畜（禽）
28	ex01012100	改良种用马（濒危野马除外）
29	ex01013010	改良种用驴（濒危野驴除外）
30	01022100	改良种用家牛
31	ex01023100	改良种用水牛（濒危水牛除外）
32	ex01031000	改良种用猪（鹿豚、姬猪除外）
33	01041010	改良种用绵羊
34	01042010	改良种用山羊
35	01051110	重量不超过 185 克的改良种用鸡
36	01051210	重量不超过 185 克的改良种用火鸡
37	01051310	重量不超过 185 克的改良种用鸭
38	01051410	重量不超过 185 克的改良种用鹅
39	01051510	重量不超过 185 克的改良种用珍珠鸡
40	01059410	重量大于 185 克的改良种用鸡
41	01059910	重量大于 185 克的改良种用其他家禽
42	ex01061310	改良种用骆驼及其他骆驼科动物（濒危骆驼及其他濒危骆驼科动物除外）
43	ex01061410	改良种用家兔及野兔（濒危除外）
44	ex01061910	改良种用梅花鹿、马鹿、驯鹿、水貂、银狐、北极狐、貉（濒危除外）
45	ex01063310	改良种用鸵鸟，鸸鹋（濒危鸵鸟除外）

续表2

序号	税则号列	商品描述
46	ex01063910	改良种用鸽、鹌鹑
47	01064110	改良种用蜂
48	ex04071100	孵化用受精的鸡的蛋（濒危除外）
49	ex04071900	其他孵化用受精禽蛋（濒危禽蛋除外）
50	ex05111000	牛的精液（濒危野牛的精液除外）
51	ex05119910	其他动物精液（牛的精液和其他濒危动物精液除外）
52	ex05119920	猪、牛、山羊、绵羊胚胎（濒危除外）
		三、鱼种（苗）
53	ex03011100	淡水鱼观赏鱼种苗（濒危除外）
54	ex03011900	非淡水观赏鱼种苗（濒危除外）
55	03019110	鳟鱼鱼苗
56	ex03019210	鳗鱼（鳗鲡属）鱼苗（濒危除外）
57	ex03019310	鲤属鱼鱼苗
58	03019410	大西洋及太平洋蓝鳍金枪鱼鱼苗
59	03019510	南方蓝鳍金枪鱼鱼苗
60	03019911	鲈鱼鱼苗
61	03019919	其他鱼苗
62	ex03029100	鲜、冷的鱼卵（濒危除外）
63	ex03039100	冻的鱼卵（濒危除外）
64	03063110	岩礁虾及其他龙虾种苗
65	03063210	螯龙虾（螯龙虾属）种苗
66	03063310	蟹种苗
67	03063510	冷水小虾及对虾（长额虾属、褐虾）种苗
68	03063610	其他小虾及对虾种苗
69	03063910	其他甲壳动物种苗
70	ex03063990	其他甲壳动物的卵
71	03071110	牡蛎（蚝）种苗
72	ex03072110	扇贝（包括海扇）种苗（濒危除外）
73	03073110	贻贝种苗
74	03074210	墨鱼及鱿鱼种苗
75	ex03076010	蜗牛及螺种苗，海螺除外（濒危除外）
76	ex03077110	蛤、鸟蛤及舟贝种苗（濒危除外）
77	03078110	鲍鱼（鲍属）种苗
78	03078210	凤螺（凤螺属）种苗
79	ex03081110	海参（仿刺参、海参纲）种苗（濒危除外）
80	03082110	海胆种苗

续表3

序号	税则号列	商品描述
81	03083011	海蜇（海蜇属）种苗
82	ex03089011	其他水生无脊椎动物的种苗（甲壳动物及软体动物和其他濒危水生无脊椎动物除外）
83	ex05119111	鱼的受精鱼卵或发眼卵（濒危除外）
84	ex12122110	不超过 10 厘米的海带种苗及其配子或孢子
85	ex12122132	不超过 10 厘米的裙带菜种苗及其配子或孢子
86	ex12122142	不超过 5 厘米的紫菜种苗及其配子或孢子
87	ex12122169	麒麟菜种苗及其配子或孢子
88	ex12122179	江蓠种苗及其配子或孢子
89	ex12122190	其他适合供人食用的藻类（石花菜、羊栖菜、苔菜等）种苗及其配子或孢子

注：商品范围以税则号列为准；税则号列前有“ex”的，商品范围以具体描述为准。

关税征管司关于执行“十四五”期间种子种源进口税收政策有关问题的通知

（税管函〔2021〕148 号）

广东分署，各直属海关：

为落实《财政部 海关总署 税务总局关于“十四五”期间种子种源进口税收政策的通知》（财关税〔2021〕29 号，以下简称《通知》），现将政策执行中有关事项通知如下：

一、“十四五”期间种子种源进口税收政策不限定享惠的种子种源进口单位。《进口种子种源免征增值税商品清单》（以下简称《商品清单》）由农业农村部会同财政部、海关总署、税务总局、林草局制定印发。

二、对于 2021 年 1 月 1 日至 2021 年 12 月 31 日申报进口《商品清单》所列商品的，进口单位应向主管海关办理减免税审核确认手续。主管海关对照《商品清单》对进口单位的减免税申请进行审核，符合规定的，予以免征进口环节增值税，照章征收关税；不符合规定的照章征收关税和进口环节增值税。减免税审核确认手续纳入减免税系统管理，征免性质为：进口种子种源（简称：种子种源，代码：811）；对应监管方式为：一般贸易（代码：0110）。

三、2022 年版《商品名称及编码协调制度》将于 2022 年 1 月 1 日起实施，《商品清单》中税则号列将相应调整，由农业部牵头另行公布。

对于 2022 年 1 月 1 日至 2025 年 12 月 31 日申报进口《商品清单》所列商品的，进口单位无需在货物申报进口前向主管海关办理减免税审核确认手续，应按规定直接向申报地海关办理进口货物申报手续，免征进口环节增值税，照章征收关税；进口货物报关单的监管方式栏填写“一般贸易”（代码：0110），征免性质栏填写“种子种源”（代码：811）。

四、对于 2021 年 1 月 1 日至第一批《商品清单》印发之后 30 日内申报进口属于《商品清单》范围的种子种源，已征的应免进口环节增值税依进口单位申请准予退还。申请退税的进口单位取得主管税务机关出具的《“十四五”期间种子种源进口税收政策项下进口商品已征进口环节增值税未抵扣情况表》后，于第一批《商品清单》印发之日后6个月内向主管海关办理减免税审核确认手续。

五、对于2021年1月1日至第一批《商品清单》印发之后10个工作日内申报进口，已凭税款担保进口的种子种源，进口单位应向主管海关办理减免税审核确认手续，取得《征免税确认通知书》后，向申报地海关办理征免税及担保核销手续。

六、免征进口环节增值税的种子种源办结进口放行手续后，海关不再按特定减免税货物进行后续监管。

各海关在执行中如遇有问题，请及时向总署（关税司）反映。

特此通知。

关税司

二〇二一年十二月二十二日

5.2 自捕水产品

海关总署　农业部关于印发《远洋渔业企业运回自捕水产品不征税的暂行管理办法》的通知

（署税〔2000〕260号）

北京、天津、石家庄、大连、上海、南京、杭州、宁波、福州、厦门、青岛、广州、深圳、汕头、湛江、海口海关：

为更好地贯彻执行国家对远洋渔业企业运回自捕水产品的原产地规则，加强对远洋渔业企业的管理，根据《国务院办公厅转发农业部关于当前调整农业生产结构若干意见的通知》（国办发〔1999〕68号）中关于继续执行对远洋渔业企业在公海或按照有关协议规定在国外海域捕获并运回国内销售的自捕水产品及其加工制品，不征收关税和进口环节增值税的有关规定，海关总署和农业部联合制定了《远洋渔业企业运回自捕水产品不征税的暂行管理办法》（以下简称《暂行管理办法》），现随文下发，请遵照执行。

此项工作政策性和技术性都很强，各有关部门要认真学习文件规定，积极研究实施意见。为方便企业、提高工作效率，有关企业可径向所在地海关申请办理，直属海关使用《减免税管理系统》进行审批。远洋渔业企业所在地直属海关和进口地海关要加强联系配合，共同做好对自捕水产品原产地的认定工作。各有关省、市渔业主管部门要加强对所属远洋渔业企业的监督和管理，各远洋渔业企业要严格遵守本《暂行管理办法》。执行中如有问题，请及时报海关总署关税征管司和农业部渔业局。

附件　远洋渔业企业运回自捕水产品不征税的暂行管理办法

二〇〇〇年五月二十九日

附件

远洋渔业企业运回自捕水产品不征税的暂行管理办法

第一条 为加强远洋渔业管理，维护国家利益和远洋渔业企业及从业人员的合法权益，更好地贯彻执行国家制定的原产地规定，根据《中华人民共和国海关法》和《中华人民共和国渔业法》等有关规定，制定本暂行管理办法。

第二条 本暂行管理办法所称的贯彻执行国家制定的原产地规定是指，我国远洋渔业企业在公海或按照有关协议规定，在国外海域捕获并运回国内销售的自捕水产品（及其加工制品），视同国内产品不征收进口关税和进口环节增值税。

第三条 海关负责远洋渔业企业自捕水产品运回国内的原产地认定，农业部协助对远洋渔业企业运回自捕水产品进行监督管理。远洋渔业企业必须经农业部批准，获得“农业部远洋渔业企业资格证书”方能享受国家上述政策。

第四条 农业部将获得“农业部远洋渔业企业资格证书”的企业名单、远洋渔业企业生产区域、船名船号和主要捕捞品种等情况送海关总署备案，并由海关总署通知有关直属海关。获得“农业部远洋渔业企业资格证书”的企业应将企业印章印模、法人代表或委托人的印章印模和拥有远洋捕捞船舶的数量、船名船号、吨位等情况向企业所在地直属海关备案。海关将远洋渔业企业运回自捕水产品不征税的工作纳入《减免税管理系统》管理。

第五条 远洋渔业企业办理自捕水产品不征税手续程序：

（一）远洋渔业企业运回自捕水产品前，应向所在地直属海关（若企业所在地非直属海关所在地，可向所在地处级海关）提交以下单证：

1. 工商管理部门核发的远洋渔业企业营业执照（正本复印件）；
2. 农业部核发的远洋渔业企业资格证书（正本复印件）；
3. 《远洋渔业企业运回自捕水产品申报单》（第一联）；
4. 农业部批准从事远洋捕捞生产的有效批件（正本复印件）

（二）企业所在地直属海关（若企业所在地处级海关接受初审，需报直属海关核准）经审核无误后，出具《进口货物免税证明》（备注栏内注明船名船号），通知进口地海关。

（三）企业持《进口货物征免税证明》、《中华人民共和国海关进口货物报关单》及进口货物舱单或提单等单证到进口地海关办理报关手续。

（四）进口地海关凭企业所在地直属海关签章的《进口货物征免税证明》，对企业申报的自捕水产品进行原产地查验，无误后办理不征税验放手续。

第六条 《远洋渔业企业运回自捕水产品申报单》（见附件一）一式四联，第一联报直属海关（或所在地处级海关）办理有关手续；第二联报送农业部渔业局；第三联报送企业所在地的省级渔业主管部门；第四联由申报企业留存。该《申报单》须加盖企业印章，企业法人代表或委托人须在“郑重声明”栏中签字，并承担法律责任。

第七条 远洋渔业企业必须遵守国家法律法规，严禁将从境外购进或串换的水产品作为自捕水产品申报入境。严禁以自捕水产品名义运回龙虾、象拔蚌、甲鱼、海藻和鲜活的鲑鱼、虾、蟹、贝类水产品。如确有自捕运回的，由农业部认定后书面通知海关总署，由海关总署通知有关海关审核验放。

第八条 各省级渔业主管部门负责对辖区内远洋渔业企业报送的《远洋渔业企业运回自捕水产品申报单》进行日常监督管理工作；并于每季度前的5个工作日内将上季度《远洋渔业企业运回的自捕水产品审核情况汇总表》（见附件二）填报农业部渔业局。

第九条 农业部渔业局每季度前15个工作日内将上季度运回自捕水产品的情况汇总后送海关总署关税征管司备查。并同时向所有的远洋渔业企业公布，以建立企业间相互监督与举报制度。

第十条 农业部和海关总署将不定期对有关远洋渔业企业的自捕水产品运回情况进行检查。

第十一条 对维护国家和行业利益，如实举报远洋渔业企业违规行为的有功人员将视情况予以奖励。

对违反本暂行管理办法的远洋渔业企业，将按有关规定进行处理。

第十二条 本办法自2000年7月1日起实施。

第十三条 本办法由海关总署和农业部负责解释。

附件1 《远洋渔业企业运回自捕水产品申报单》(略)

附件2 《远洋渔业企业运回的自捕水产品审核情况汇总表》(略)

5.3 部分进口饲料

财政部关于干玉米酒糟进口环节增值税政策有关问题的通知

(财关税〔2017〕32号)

海关总署：

自2017年12月20日起，对干玉米酒糟(ex23033000)免征进口环节增值税。

财政部

二〇一七年十一月十四日

5.4 化 肥

财政部 海关总署 国家税务总局
关于对化肥恢复征收增值税政策的通知

（财税〔2015〕90号）

各省、自治区、直辖市、计划单列市财政厅（局）、国家税务局，海关总署广东分署、各直属海关，新疆生产建设兵团财务局：

为优化农业生产投入结构，促进农业可持续发展，经国务院批准，化肥增值税优惠政策停止执行。现就有关政策明确如下：

一、自2015年9月1日起，对纳税人销售和进口化肥统一按13%税率征收国内环节和进口环节增值税。钾肥增值税先征后返政策同时停止执行。

二、化肥的具体范围，仍然按照《国家税务总局关于印发〈增值税部分货物征税范围注释〉的通知》（国税发〔1993〕151号）的规定执行。进口环节恢复征收增值税的化肥税号见附件。

三、财政部、国家税务总局《关于若干农业生产资料征免增值税政策的通知》（财税〔2001〕113号）第一条第2项和第4项“化肥”的规定、《财政部、国家税务总局关于进口化肥税收政策问题的通知》（财税〔2002〕44号）、《财政部、国家税务总局关于钾肥增值税有关问题的通知》（财税〔2004〕197号）、《财政部、国家税务总局关于暂免征收尿素产品增值税的通知》（财税〔2005〕87号）、《财政部、国家税务总局关于免征磷酸二铵增值税的通知》（财税〔2007〕171号）自2015年9月1日起停止执行。

附件 进口环节恢复征收增值税的化肥税号

财政部
海关总署
国家税务总局
二〇一五年八月十日

附件

进口环节恢复征收增值税的化肥税号

序号	税号	化肥名称
1	28342110	肥料用硝酸钾
2	31042090	其他氯化钾
3	31043000	硫酸钾
4	31052000	含氮、磷、钾三种肥效元素的肥料
5	31053000	磷酸氢二铵
6	31056000	含磷、钾两种肥效元素的肥料

6 能源与资源

6.1 能源勘探开发

财政部 海关总署 国家税务总局关于“十四五”期间能源资源勘探开发利用进口税收政策通知

（财关税〔2021〕17号）

各省、自治区、直辖市、计划单列市财政厅（局）、发展改革委，海关总署广东分署、各直属海关，国家税务总局各省、自治区、直辖市、计划单列市税务局，各省、自治区、直辖市能源局，新疆生产建设兵团财政局、发展改革委，财政部各地监管局，国家税务总局驻各地特派员办事处：

为完善能源产供储销体系，加强国内油气勘探开发，支持天然气进口利用，现将有关进口税收政策通知如下：

一、对在我国陆上特定地区（具体区域见附件）进行石油（天然气）勘探开发作业的自营项目，进口国内不能生产或性能不能满足需求的，并直接用于勘探开发作业的设备（包括按照合同随设备进口的技术资料）、仪器、零附件、专用工具，免征进口关税；在经国家批准的陆上石油（天然气）中标区块（对外谈判的合作区块视为中标区块）内进行石油（天然气）勘探开发作业的中外合作项目，进口国内不能生产或性能不能满足需求的，并直接用于勘探开发作业的设备（包括按照合同随设备进口的技术资料）、仪器、零附件、专用工具，免征进口关税和进口环节增值税。

二、对在我国海洋（指我国内海、领海、大陆架以及其他海洋资源管辖海域，包括浅海滩涂，下同）进行石油（天然气）勘探开发作业的项目（包括1994年12月31日之前批准的对外合作“老项目”），以及海上油气管道应急救援项目，进口国内不能生产或性能不能满足需求的，并直接用于勘探开发作业或应急救援的设备（包括按照合同随设备进口的技术资料）、仪器、零附件、专用工具，免征进口关税和进口环节增值税。

三、对在我国境内进行煤层气勘探开发作业的项目，进口国内不能生产或性能不能满足需求的，并直接用于勘探开发作业的设备（包括按照合同随设备进口的技术资料）、仪器、零附件、专用工具，免征进口关税和进口环节增值税。

四、对经国家发展改革委核（批）准建设的跨境天然气管道和进口液化天然气接收储运装置项目，以及经省级政府核准的进口液化天然气接收储运装置扩建项目进口的天然气（包括管道天然气和液化天然气，下同），按一定比例返还进口环节增值税。具体返还比例如下：

（一）属于2014年底前签订且经国家发展改革委确定的长贸气合同项下的进口天然气，进口环节增值税按70%的比例予以返还。

（二）对其他天然气，在进口价格高于参考基准值的情况下，进口环节增值税按该项目进口价格和参考基准值的倒挂比例予以返还。倒挂比例的计算公式为：倒挂比例=（进口价格-参考基准值）/进口价格×100%，相关计算以一个季度为一周期。

五、本通知第一条、第二条、第三条规定的设备（包括按照合同随设备进口的技术资料）、仪器、零附件、专用工具的免税进口商品清单，由工业和信息化部会同财政部、海关总署、税务总局、国家能源局另行制定并联合印发。第一批免税进口商品清单自 2021 年 1 月 1 日实施，至第一批免税进口商品清单印发之日后 30 日内已征应免税款，依进口单位申请准予退还。以后批次的免税进口商品清单，自印发之日后第 20 日起实施。

六、符合本通知第一条、第二条、第三条规定并取得免税资格的单位可向主管海关提出申请，选择放弃免征进口环节增值税，只免征进口关税。有关单位主动放弃免征进口环节增值税后，36 个月内不得再次申请免征进口环节增值税。

七、“十四五”期间能源资源勘探开发利用进口税收政策管理办法由财政部会同有关部门另行制定印发。

八、本通知有效期为 2021 年 1 月 1 日至 2025 年 12 月 31 日。

附件　享受能源资源勘探开发利用进口税收政策的陆上特定地区

财政部
海关总署
国家税务总局

二〇二一年四月十二日

附件

享受能源资源勘探开发利用进口税收政策的陆上特定地区

所在地区	地域名称	分布地区
新疆维吾尔自治区	塔克拉玛干沙漠	塔里木盆地
	古尔班通古特沙漠	准噶尔盆地
	库姆塔格沙漠	新疆东部地区
	库木库里沙漠	阿尔金山山间盆地
	鄯善库姆塔格沙漠	吐鲁番盆地
	阿克别勒沙漠	焉耆盆地
	霍城沙漠	伊犁霍城
	福海沙漠	艾比湖东南
	乌苏沙漠	额尔齐斯河南侧
	布尔津—哈巴河—吉木乃沙漠	
内蒙古自治区	巴丹吉林沙漠	
	腾格里沙漠	
	乌兰布和沙漠	
	库布齐沙漠	
	毛乌素沙漠	
	浑善达克沙地	
	科尔沁沙地	
	呼伦贝尔沙地	

续表

所在地区	地域名称	分布地区
青海省	柴达木盆地沙漠及戈壁荒沙漠	柴达木盆地
西藏自治区	藏北戈壁荒漠区	藏北

财政部　国家发展改革委　工业和信息化部　海关总署　国家税务总局　国家能源局关于“十四五”期间能源资源勘探开发利用进口税收政策管理办法的通知

（财关税〔2021〕18号）

各省、自治区、直辖市、计划单列市财政厅（局）、发展改革委、工业和信息化主管部门，海关总署广东分署、各直属海关，国家税务总局各省、自治区、直辖市、计划单列市税务局，各省、自治区、直辖市能源局，新疆生产建设兵团财政局、发展改革委、工业和信息化局，财政部各地监管局，国家税务总局驻各地特派员办事处：

为落实《财政部　海关总署　税务总局关于“十四五”期间能源资源勘探开发利用进口税收政策的通知》（财关税〔2021〕17号，以下简称《通知》），特制定本办法。

一、关于石油（天然气）、煤层气勘探开发作业项目和海上油气管道应急救援项目的免税规定

（一）对可享受政策的有关单位，分别按下列规定执行：

1. 自然资源部作为石油（天然气）、煤层气地质调查工作有关项目的项目主管单位，依据有关项目确认文件以及《通知》第五条规定的免税进口商品清单，向项目执行单位出具《能源资源勘探开发利用进口税收政策项下有关项目及进口商品确认表》（以下简称《确认表》，见附件1）。

中国石油天然气集团有限公司、中国石油化工集团有限公司、中国海洋石油集团有限公司作为石油（天然气）、煤层气勘探开发作业的项目主管单位，依据有关部门出具的项目确认文件，以及《通知》第五条规定的免税进口商品清单，确认勘探开发项目、项目执行单位、项目执行单位在项目主管单位取得油气矿业权之日后进口的商品，出具《确认表》。

中国海洋石油集团有限公司作为海上油气管道应急救援项目的项目主管单位，依据有关部门出具的项目确认文件，以及《通知》第五条规定的免税商品清单，确认海上油气管道应急救援项目、项目执行单位、项目执行单位在海上油气管道应急救援项目批准之日后进口的商品，出具《确认表》。

2. 其他已依法取得油气矿业权并按《通知》第一条、第二条、第三条规定开展石油（天然气）、煤层气勘探开发作业项目的企业，应在每年4月底前向财政部提出享受政策的申请，并附企业基本情况、开展石油（天然气）、煤层气勘探开发作业项目的基本情况。财政部会同自然资源部、海关总署、税务总局确定该企业作为项目主管单位后，财政部将项目主管单位及项目清单函告海关总署，抄送自然资源部、税务总局、项目主管单位。项目主管单位依据《通知》第五条规定的免税商品清单，确认项目执行单位、项目执行单位在项目主管单位取得油气矿业权之日后进口的商品，出具《确认表》。

（二）符合本条第一项的项目执行单位，凭《确认表》等有关材料，按照海关规定向海关申请办理进口商品的减免税手续。

（三）项目执行单位发生名称、经营范围变更等情形的，应在政策有效期内及时将有关变更情况说明

报送项目主管单位，并退回已开具的《确认表》。项目主管单位确认变更后的项目执行单位自变更登记之日起能否按《通知》规定继续享受政策，对符合规定的项目执行单位重新出具《确认表》，并在其中“项目执行单位名称、经营范围变更等情况说明”栏，填写变更内容及变更时间。

（四）《通知》第五条规定的免税商品清单，可根据产业发展情况等适时调整。

（五）《通知》第五条规定的已征应免税款，依项目执行单位申请准予退还。其中，已征税进口且尚未申报增值税进项税额抵扣的，应事先取得主管税务机关出具的《能源资源勘探开发利用进口税收政策项下进口商品已征进口环节增值税未抵扣情况表》（见附件2），向海关申请办理退还已征进口关税和进口环节增值税手续；已申报增值税进项税额抵扣的，仅向海关申请办理退还已征进口关税手续。

（六）石油（天然气）、煤层气勘探开发作业和海上油气管道应急救援项目的项目主管单位应加强政策执行情况的管理监督，并于每年3月底前将上一年度政策执行情况汇总报财政部、工业和信息化部、海关总署、税务总局、国家能源局。

（七）项目执行单位应严格按照《通知》规定使用免税进口商品，如违反规定，将免税进口商品擅自转让、移作他用或者进行其他处置，被依法追究刑事责任的，在《通知》剩余有效期内，停止享受政策。

（八）项目执行单位如存在以虚报信息等获得免税资格的，经项目主管单位或有关部门查实后，由项目主管单位函告海关总署，自函告之日起，该项目执行单位在《通知》剩余有效期内停止享受政策。

二、关于天然气进口环节增值税先征后返规定。

（一）符合《通知》第四条规定的项目所进口的天然气，相关进口企业可申请办理天然气进口环节增值税返还。

（二）2020年12月31日前已按《财政部　海关总署　国家税务总局关于对2011—2020年期间进口天然气及2010年底前“中亚气”项目进口天然气按比例返还进口环节增值税有关问题的通知》（财关税〔2011〕39号）享受了天然气进口环节增值税返还的项目，自2021年1月1日起按《通知》规定享受进口环节增值税返还。对于上述项目在2020年12月31日及以前申报进口的天然气的进口环节增值税返还，仍按财关税〔2011〕39号文件及相关规定办理。国家发展改革委、国家能源局将上述项目名称和项目主管单位函告财政部、海关总署、税务总局，并抄送项目所在地财政部监管局、发展改革委、能源局、直属海关。

（三）自2021年1月1日起，对符合《通知》规定的跨境天然气管道和进口液化天然气接收储运装置的新增项目，以及省级政府核准的进口液化天然气接收储运装置新增扩建项目，在项目建成投产后，国家发展改革委、国家能源局将新增项目和新增扩建项目的名称、项目主管单位和享受政策的起始日期，函告财政部、海关总署、税务总局，并抄送新增项目和新增扩建项目所在地财政部监管局、发展改革委、能源局、直属海关。

（四）项目主管单位发生变更的，国家发展改革委、国家能源局应在政策有效期内及时将项目名称、变更后的项目主管单位、变更日期函告财政部、海关总署、税务总局，并抄送项目所在地财政部监管局、发展改革委、能源局、直属海关。

（五）本条第二、三、四项所述的项目主管单位，依据有关部门出具的天然气项目确认文件，对符合《通知》规定的项目、进口企业和进口数量进行确认，并出具《享受能源资源勘探开发利用进口税收政策的进口天然气项目及企业确认书》（以下简称《确认书》，见附件3）。

（六）《通知》第四条第一项中的长贸气合同清单，由国家发展改革委函告财政部、海关总署、税务总局，抄送财政部各地监管局、有关企业。

（七）《通知》第四条第二项中的进口价格，是指以单个项目计算，一个季度内（即1—3月、4—6月、7—9月或10—12月，具体进口时间以进口报关单上列示的“申报日期”为准，下同）进口价格的算术平均值；参考基准值是指同一季度内参考基准值的算术平均值。

在计算进口价格的算术平均值时，应将同一季度内同一企业在同一项目下进口的符合《通知》第四条第二项的天然气均包含在内。管道天然气的进口价格为实际进口管道天然气单位体积进口完税价格的算术平均值。液化天然气的进口价格为实际进口液化天然气单位热值进口价格的算术平均值。

参考基准值由国家发展改革委、国家能源局确定并函告财政部、海关总署、税务总局，抄送财政部各地监管局、海关总署广东分署和各直属海关，告知相关企业。

（八）天然气进口企业应在每季度末结束后的三个月内，统一、集中将上一季度及以前尚未报送的税收返还申请材料报送纳税地海关。申请材料应包括《确认书》，分项目填报的《长贸气进口环节增值税先征后返统计表》（见附件4）、《管道天然气（不含长贸气）进口环节增值税先征后返统计表》（见附件5）或《液化天然气（不含长贸气）进口环节增值税先征后返统计表》（见附件6）。具体税收返还依照《财政部　中国人民银行 海关总署关于印发〈进口税收先征后返管理办法〉的通知》（财预〔2014〕373号）的有关规定执行。

（九）天然气进口企业如存在以虚报信息等获得进口税收返还资格的，经项目主管单位或有关部门查实后，由项目主管单位函告海关总署，自函告之日起，该天然气进口企业在《通知》剩余有效期内停止享受政策。

三、财政等有关部门及其工作人员在政策执行过程中，存在违反政策规定的行为，以及滥用职权、玩忽职守、徇私舞弊等违法违纪行为的，依照国家有关规定追究相应责任；涉嫌犯罪的，依法追究刑事责任。

四、本办法有效期为2021年1月1日至2025年12月31日。

附件1　能源资源勘探开发利用进口税收政策项下有关项目及进口商品确认表
附件2　能源资源勘探开发利用进口税收政策项下进口商品已征进口环节增值税未抵扣情况表
附件3　享受能源资源勘探开发利用进口税收政策的进口天然气项目及企业确认书
附件4　长贸气进口环节增值税先征后返统计表
附件5　管道天然气（不含长贸气）进口环节增值税先征后返统计表
附件6　液化天然气（不含长贸气）进口环节增值税先征后返统计表

财政部　国家发展改革委　工业和信息化部
海关总署　国家税务总局　国家能源局
二〇二一年四月十六日

附件1

能源资源勘探开发利用进口税收政策项下有关项目及进口商品确认表

编号：

陆上特定地区名称： 自营项目　□中外合作项目　□	能源勘探开发项目名称：
海洋开采地区名称：	
煤层气开采地区名称：	
海上油气管道应急救援地区名称：	海上油气管道应急救援项目名称：
申请免税项目执行单位名称：地址： 邮编：	项目执行单位经办人姓名：联系电话：
项目执行单位名称、经营范围变更等情况说明：	
项目确认文件名及文号/项目代码：	
申报进口口岸：	项目所在地海关/项目执行单位所在地海关：
进口货物收货人名称：	

续表

<table>
<tr><td colspan="3">进口货物名称：</td></tr>
<tr><td>进口合同号：</td><td>进口货物金额（含币种）：</td><td>进口货物数量：</td></tr>
<tr><td colspan="3">备注：</td></tr>
<tr><td>申请免税政策依据：</td><td colspan="2">项目主管单位办理部门的审核签章：
进口单位及其申请免税进口的上述货物符合能源资源勘探开发利用进口税收政策的有关规定。
年　月　日</td></tr>
<tr><td colspan="3">填表说明：
1. 本表由各项目主管单位负责印制，如实填报，一次性使用，内容不得涂改，复印件无效。如“进口货物名称”栏不能填写详尽的，应附盖有项目主管单位办理部门签章的进口商品清单，本表和所附清单应加盖骑缝章。
2. 本表“项目确认文件名及文号/项目代码”栏，应如实填写有关部门出具的以下文件名及文号或项目代码：自然资源部所属单位勘探项目的确认文件；其他单位自营石油（天然气）勘探项目的矿业权证，自营石油（天然气）开发项目的项目代码，中外合作开采石油（天然气）项目的项目代码；煤层气矿业权证以及煤层气勘探开发项目的确认文件；海上油气管道应急救援项目的确认文件。
3. 本表编号由项目主管单位办理部门按年份、顺序编号。
4. 本表一式三联，第一联由海关留存，第二联由各项目主管单位留存，第三联由申请免税项目执行单位留存。</td></tr>
</table>

进口商品清单

（编号：　　　　　）

商品名称	规格型号	税则号列	金额（含币种）	数量

填表说明：《进口商品清单》的编号应填写与相应的《能源资源勘探开发利用进口税收政策项下有关项目及进口商品确认表》相同的编号。

附件2

能源资源勘探开发利用进口税收政策项下进口商品已征进口环节增值税未抵扣情况表

编号：主管税务机关代码+四位流水号

<table>
<tr><td rowspan="2">纳税人名称</td><td rowspan="2" colspan="2"></td><td colspan="2">纳税人识别号或
统一社会信用代码</td><td></td></tr>
<tr><td colspan="2">企业海关代码</td><td></td></tr>
<tr><td>申报进口时间</td><td colspan="5">年　　月　　日</td></tr>
<tr><td>海关进口增值税
专用缴款书</td><td colspan="5">海关报关单（编号：______）、海关进口增值税专用缴款书（凭证号：______），进口环节增值税税款金额为（大写）______，￥______元。</td></tr>
<tr><td>进项税款抵扣情况</td><td colspan="5">经审核，该纳税人上述海关进口增值税专用缴款书税额尚未申报抵扣。</td></tr>
<tr><td>其他需要说明的事项</td><td colspan="5"></td></tr>
<tr><td colspan="2">审核意见：
审核人：
年　月　日</td><td colspan="2">复核意见：
复核人：
年　月　日</td><td colspan="2">局长意见：
局领导：　　（局章）
年　月　日</td></tr>
</table>

附件 3

享受能源资源勘探开发利用进口税收政策的进口天然气项目及企业确认书

编号：

<table>
<tr><td>享受能源资源勘探开发利用进口税收政策的进口天然气项目名称：
管道天然气 □液化天然气 □</td><td>进口天然气项目所在地：</td></tr>
<tr><td>项目建设核（批）准文件及文号：</td><td>本次申请进口环节增值税返还的天然气进口时间：______年第______季度</td></tr>
<tr><td>进口企业名称：
地址：
邮编：</td><td>进口企业经办人姓名：
联系电话：</td></tr>
<tr><td>进口企业名称、经营范围变更等情况说明：</td><td>进口企业享受政策的起始时间：</td></tr>
<tr><td>申报进口口岸：</td><td>项目所在地海关：</td></tr>
<tr><td colspan="2">本次申请进口环节增值税返还的天然气进口数量
长贸气：______________立方米（管道天然气）______________吨（液化天然气）
其他天然气：__________立方米（管道天然气）__________吨（液化天然气）</td></tr>
<tr><td>长贸气进口合同编号：
其他天然气进口合同编号：</td><td>报关单号（可另附页）：</td></tr>
<tr><td colspan="2">备注：</td></tr>
<tr><td>申请进口环节增值税返还的依据：</td><td>项目主管单位办理部门的审核签章：
进口企业及其申请进口环节增值税返还的上述货物符合能源资源勘探开发利用进口税收政策的有关规定。
年 月 日</td></tr>
<tr><td colspan="2">填表说明：
1. 确认书由各项目主管单位负责印制，如实填报，一次性使用，内容不得涂改，复印件无效。
2. 确认书中“项目建设核（批）准文件及文号”栏，应如实填写有关部门出具的跨境天然气管道和进口液化天然气接收储运装置项目文件情况。
3. 确认书中“本次申请进口环节增值税返还的天然气进口数量”依据有关进口报关单上列示的“数量”计算填写。
4. 确认书编号由项目主管单位办理部门按年份、顺序编号。
5. 确认书一式五联，第一联由财政部各地监管局留存、第二联由纳税地直属海关留存，第三联由纳税地海关留存，第四联由各项目主管单位留存，第五联由进口企业留存。</td></tr>
</table>

附件 4

长贸气进口环节增值税先征后返统计表

企业名称：　　　　项目名称：　　　　本次进口所属时间：　　年　　月至　　月

批次/船次	海关专用缴款书号	进口数量（立方米或吨）	进口增值税（元）	进口增值税合计（元）	返还比例（%）	返还税款（元）	备注
数据来源	海关专用缴款书	报关单	海关专用缴款书	测算	固定值	测算	
	A	B	C	D=C1+C2+…Cn	E	F=D×E	
1					70%		
2							
…							
n							

注：本表中的长贸气是指 2014 年底前签订且经国家发展改革委确定的长贸气合同项下的进口天然气。海关审核意见：

（海关单证专用章）

年　　月　　日

申请单位（盖章）：　　　　负责人：　　　　填表人（签字）：　　　　年　　月　　日

附件 5

管道天然气（不含长贸气）进口环节增值税先征后返统计表

企业名称：　　　　项目名称：　　　　本次进口所属时间：　　年　　月至　　月

批次	进口完税价格（元）	进口增值税（元）	进口数量（立方米）	进口管道天然气单位立方米价格（元/立方米）	进口管道天然气单位立方米价格算术平均值（元/立方米）	参考基准值（元/立方米）	倒挂比例（%）	进口增值税合计（元）	返还税款（元）	备注
数据来源	海关专用缴款书	海关专用缴款书	报关单	测算	测算	标准值	测算	测算	测算	
	A	B	C	D=A/C	E=（D1+D2+…Dn）/n	F	G=（E-F）/E	H=B1+B2+…Bn	I=G×H	
1										
2										
…										
n										

注：本表中的长贸气是指 2014 年底前签订且经国家发展改革委确定的长贸气合同项下的进口天然气。海关审核意见：

（海关单证专用章）

年　　月　　日

申请单位（盖章）：　　　　负责人：　　　　填表人（签字）：　　年　　月　　日

附件 6

液化天然气（不含长贸气）进口环节增值税先征后返统计表

企业名称：　　　　项目名称：　　　　本次进口所属时间：　年　　月至　　月

船次	进口完税价格（元）	进口增值税（元）	进口数量（吨）	进口热值（GJ）	进口液化天然气单位热值价格（元/GJ）	进口液化天然气单位热值价格算术平均值（元/GJ）	参考基准值（元/GJ）	倒挂比例（%）	进口增值税合计（元）	返还税款（元）	备注
数据来源	海关专用缴款书	海关专用缴款书	报关单	海关认可的第三方检测报告	测算	测算	标准值	测算	测算	测算	
	A	B	C	D	E=A/D	F=（E1+E2+…En）/n	G	H=（F−G）/F	I=B1+B2+…Bn	J=H×I	
1											
2											
…											
n											

注：本表中的长贸气是指 2014 年底前签订且经国家发展改革委确定的长贸气合同项下的进口天然气。海关审核意见：（海关单证专用章）

年　　月　　日

申请单位（盖章）：　　　　负责人：　　　　填表人（签字）：　年　　月　　日

关税征管司关于执行“十四五”期间能源资源勘探开发利用进口税收政策的通知

（税管函〔2021〕61 号）

广东分署，各直属海关：

为落实《财政部　海关总署　税务总局关于“十四五”期间能源资源勘探开发利用进口税收政策的通知》（财关税〔2021〕17 号，以下简称《通知》）和《财政部　国家发展改革委　工业和信息化部　海关总署　税务总局　国家能源局关于“十四五”期间能源资源勘探开发利用进口税收政策管理办法的通知》（财关税〔2021〕18 号，以下简称《管理办法》），现将政策执行有关事项通知如下。

一、《通知》第一至三条规定的设备（包括按照合同随设备进口的技术资料）、仪器、零附件、专用工具的免税进口商品清单（以下简称“免税商品清单”），由工业和信息化部会同财政部、海关总署、税务总局、国家能源局制定并联合印发。

二、《管理办法》第一条第一款所列项目主管单位确定本领域符合政策的能源资源勘探开发作业项目或海上油气管道应急救援项目名称、项目执行单位、项目执行单位在该项目项下进口商品，出具《能源资源勘探开发利用进口税收政策项下有关项目及进口商品确认表》（以下简称《确认表》）。

有关项目主管单位出具《确认表》的具体部门及其印章印模将另行通知。

三、项目执行单位应向项目（包括能源资源勘探开发作业项目和海上油气管道应急救援项目，下同）所在地海关（以下简称“主管海关”）办理减免税审核确认手续。对于项目由项目执行单位的非法人分支机构实施，免税进口商品由项目执行单位统一管理的，应向项目执行单位所在地海关（以下简称“主管海关”）办理减免税审核确认手续。按前述原则确定的主管海关应填写在《确认表》“项目所在地海关/项目执行单位所在地海关”栏中。

四、项目执行单位的主管海关应对照免税商品清单、《确认表》等相关材料，对项目执行单位的减免税审核确认申请进行审核。经审核，对符合免税范围的进口商品，根据项目的不同，免征关税，或免征关税和进口环节增值税，制发《海关进出口货物征免税确认通知书》（以下简称《征免税通知书》）。对于超出免税范围的，照章征收关税和进口环节增值税。

五、上述减免税审核确认手续纳入减免税系统管理。石油（天然气）勘探开发作业项目项下进口商品的征免性质为“海洋石油”（代码 606）或“陆上石油”（代码 608）；煤层气勘探开发作业项目项下进口商品的征免性质为“勘探开发煤层气”（代码 605）；海上应急救援项目项下进口商品的征免性质为“海上应急救援（代码 610）”，征免性质对应监管方式详见附件。

六、项目执行单位发生更名、经营范围变更等情形的，项目主管单位应当确认变更后的项目执行单位能否按《通知》规定继续享受政策。如果符合规定继续享受政策，应对该项目执行单位截至变更登记之日未申报使用的《确认表》进行重新出具，并在“项目执行单位名称、经营范围变更等情况说明”栏注明变更情况；如果该项目执行单位不能继续享受政策，项目主管单位应收回截至变更登记之日未申报使用的《确认表》。

对于项目执行单位已凭有关《确认表》向主管海关办理减免税审核确认手续的，项目执行单位应向主管海关办理相应《征免税通知书》的变更或作废手续。

七、石油（天然气）勘探开发作业项目免税进口商品的后续管理规定：

（一）经主管海关审核同意，有关海洋石油（天然气）勘探开发作业项目执行单位，可以对外租赁方式或承包工程出口方式将免税进口海油工程船舶及随船设备、物资出境作业。有关海关应建立免税进口商品租赁出境作业登记管理制度，加强后续监管。

海油工程船舶以对外承包工程方式出境和复运进境涉及的海关监管及税收征管问题，和中外合作海洋石油（天然气）勘探开发作业项目作业权转移涉及的免税进口商品监管问题，按现行相关规定办理。

（二）对中外合作石油（天然气）勘探开发作业项目合同期结束时，外方合作者将其尚在海关监管期限内的免税进口设备、仪器、零附件、专用工具（以下简称“免税设备”）转至中方项目单位继续使用并符合政策规定的，可按规定办理减免税后续管理相关手续。其中：对用于陆上特定地区自营项目且符合免税商品清单的，免征关税，补征相应进口环节增值税；对用于其他石油（天然气）勘探开发作业项目且符合免税商品清单的，免征关税和进口环节增值税；对不符合免税商品清单范围的，按规定补征相应税款。

八、对于项目执行单位在 2021 年 1 月 1 日至第一批免税商品清单印发之日后 30 日期间申报进口的商品，已缴纳的应免税款依申请可准予退还。有关项目执行单位应于第一批免税商品清单印发之日起 3 个月内，向主管海关办理减免税审核确认手续。其中，申请退还进口环节增值税的，应事先取得主管税务机关出具的《能源资源勘探开发利用进口税收政策项下进口商品已征进口环节增值税未抵扣情况表》。

项目执行单位凭主管海关制发的《征免税通知书》及相关材料，向申报地海关办理退税事宜。

九、天然气进口环节增值税的先征后返应按以下规定办理：

（一）天然气进口企业向海关办理天然气进口环节增值税先征后返手续，应取得《管理办法》第二条第二至四款所述主管单位（以下简称“天然气项目主管单位”）出具的《享受能源资源勘探开发利用进口税收政策的进口天然气项目及企业确认书》（以下简称《确认书》）。

（二）天然气进口企业向海关办理返税手续时，应将该企业在每个退税期间（一个季度）内同一项目下所有批次进口天然气的税收返还申请材料报送纳税地海关，随附加盖企业公章的液化天然气船次清单或管道天然气批次清单，并分别填报《长贸气进口环节增值税先征后返统计表》或《管道天然气（不含长贸气）进口环节增值税先征后返统计表》《液化天然气（不含长贸气）进口环节增值税先征后返统计表》（以下统称《统计表》）。《统计表》中的数据（包括计算过程的中间数据）保留至小数点后两位；液化天然气热值数据应依据海关认可的第三方检测报告，报告中热值计量参比条件为 101.325kPa、15℃，单位为 GJ；管道天然气的进口数量以海关认可的天然气交接计量站的计量结果为准。

（三）纳税地海关应按《管理办法》规定，对天然气进口企业的申请材料进行审核。对于天然气项目主管单位、项目名称属于国家发展改革委、国家能源局函告范围，申请返税天然气的申报进口日期在政策有效期内且在国家发展改革委、国家能源局函告享受政策起始日期后的，按《财政部 中国人民银行 海关总署关于印发〈进口税收先征后返管理办法〉的通知》（财预〔2014〕373 号）规定，办理进口环节增值税先征后返手续。对于天然气进口企业申请返还《通知》第四条（一）长贸气相应税款的，《确认书》中长贸气进口合同编号应符合国家发展改革委函告范围。

十、请各海关将本通知的有关规定告知相关进口单位，执行中如遇有问题，请及时向关税征管司反映。

特此通知。

附件 征免性质对应监管方式

关税司

二〇二一年六月十五日

附件

征免性质对应监管方式

序号	征免性质	监管方式
1	海洋石油（代码 606）、陆上石油（代码 608）、海上应急救援（代码 610）	一般贸易（代码 0110）、暂时进出货物（代码 2600）、租赁贸易（代码 1523）、租赁不满一年（代码 1500）、租赁征税（代码 9800）、对外承包出口（代码 3422）、退运货物（代码 4561）、其他进出口免费（代码 3339）。
2	勘探开发煤层气（代码 605）	一般贸易（代码 0110）、暂时进出货物（代码 2600）、租赁贸易（代码 1523）、租赁不满一年（代码 1500）、租赁征税（代码 9800）、其他进出口免费（代码 3339）。

6.2 黄金、铂金、钻石

海关总署关于对进口黄金和黄金矿砂免征进口环节增值税有关问题的公告

（海关总署公告2003年第29号）

接财政部通知，自2003年1月1日起，对进口黄金（含标准黄金）和黄金矿砂（含伴生矿）免征进口环节增值税。现就有关问题公告如下：

一、免征进口环节增值税的货品范围：

（一）黄金是指海关商品编号71081100、71081200、71081300项下的货物；黄金矿砂是指海关商品编号26169000项下的部分货物，商品应符合原冶金工业部金精矿标准YB2430-88的规定，进口时应按商品编号26169000.10（黄金矿砂）申报；26169000项下的其他货物，按商品编号26169000.90（其他贵金属矿砂及其精矿）申报。

（二）黄金伴生矿仅指海关商品编号26030000（铜精矿）的黄金伴生矿，对其中黄金价值部分免征进口环节增值税，非黄金价值部分照章征收进口环节增值税。

前述货品的黄金成分在合同中必须单独作价，进口时应对该批货物按商品编号26030000.10（铜矿砂及其精矿中的黄金价值部分）和26030000.90（铜矿砂及其精矿中的非黄金价值部分）在同一报关单内分项申报，数量也按价值同比例分拆。应计入完税价格的其他费用按两者的价值比例分摊。

二、海关对进口铜精矿所含的黄金伴生矿实行价格预审核制度。进口货物收货人需在进口前填写《进口货物价格申报单》，并书面说明作价情况，同时向海关提交以下有关单证：

（一）分别列明矿砂所含黄金及其他成分各自比例或含量的商检证书；

（二）单独列明矿砂所含黄金成分价值的合同或发票；

（三）海关需要的其他相关证明文件。

三、进口合同中黄金未单独作价或进口货物收货人提供的文件中无法说明黄金伴生矿价值的铜精矿，按其他铜精矿填报，并按进口总价征收进口环节增值税。进口时暂时无法提供上述第二条所列单证的，可先按其他铜精矿全额征收保证金。

四、对于2003年1月1日后进口应予免征进口环节增值税的黄金矿砂（含伴生矿）已予征税的，海关按本公告有关规定审核属实的，可凭主管税务部门不予抵扣的证明，对不予抵扣黄金的增值税予以退还。

特此公告。

海关总署

二〇〇三年四月二十一日

海关总署关于对进口铂金及其制品的税收政策进行调整的公告

（海关总署公告2003年第37号）

广东分署、天津、上海特派办、各直属海关、院校：

经国务院批准，自2003年5月1日起，对进口铂金及其制品的税收政策进行调整。现将有关税收政策调整的具体情况公告如下：

一、进口铂金免征进口环节增值税，具体税号范围是71101100、71101910、71101990。

二、进口铂金首饰的消费税由在进口环节征收改为在零售环节征收。具体税号范围是71131991、71131999，海关执行时应该按归类原则包括所有铂、铱、锇、钯、铑、钌含量在2%以上的铂族贵金属首饰。

三、5月1日后进口铂金征收的进口环节增值税、进口铂金首饰征收的消费税准予退还。

特此公告。

海关总署

二〇〇三年六月四日

财政部　海关总署　国家税务总局关于调整钻石及上海钻石交易所有关税收政策的通知

（财税〔2006〕65号）

各省、自治区、直辖市、计划单列市财政厅（局）、国家税务局，新疆生产建设兵团财务局，海关广东分署、天津、上海特派办、各直属海关：

为规范国内钻石市场，平衡同类商品税收负担，经国务院批准，将钻石及上海钻石交易所有关税收政策通知如下：

一、纳税人自上海钻石交易所销往国内市场的毛坯钻石，免征进口环节增值税；纳税人自上海钻石交易所销往国内市场的成品钻石，进口环节增值税实际税负超过4%的部分由海关实行即征即退。进入国内环节，纳税人凭海关开具的完税凭证注明的增值税额抵扣进项税金。

纳税人自上海钻石交易所销往国内市场的钻石实行进口环节增值税免征和即征即退政策后，销往国内市场的钻石，在出上海钻石交易所时，海关按照现行规定依法实施管理。

二、出口企业出口的以下钻石产品免征增值税，相应的进项税额不予退税或抵扣，须转入成本。具体产品的范围是：税则序列号为71021000、71023100、71023900、71042010、71049091、71051010、71131110、71131911、71131991、71132010、71162000。

各地税务机关要注意含有钻石的产品的出口动态，凡发现企业出口产品含钻石且价值比重较大，同时不属于以上所列产品范围，以及执行中发现其他问题的，应及时报告财政部、国家税务总局。

三、对国内钻石开采企业通过上海钻石交易所销售的自产毛坯钻石实行免征增值税政策；不通过上海钻石交易所销售的，照章征收增值税。

四、对国内加工的成品钻石，通过上海钻石交易所销售的，在国内销售环节免征增值税；不通过上海钻石交易所销售的，在国内销售环节按17%的税率征收增值税。

对国内加工的成品钻石，进入上海钻石交易所时视同出口，不予退税，自上海钻石交易所再次进入国内市场，其进口环节增值税实际税负超过4%的部分，由海关实行即征即退。

五、对上海钻石交易所取得的交易手续费收入、会员缴纳的年费收入照章征收营业税。

六、关于上海钻石交易所的保税政策和钻石的其他税收政策，仍按现行规定执行。

七、进口环节增值税即征即退的具体操作办法由海关总署制定；对钻石的国内环节的增值税征收管理办法及增值税专用发票管理办法由国家税务总局另行制定。

八、对以一般贸易方式报关进口的工业用钻，不再集中到上海钻石交易所海关办理报关手续、实行统一管理，照章征收进口关税和进口环节增值税（具体商品范围见附件）。

本通知自2006年7月1日起执行。

附件　工业用钻范围

二○○六年六月七日

附件

工业用钻范围

税则号列	货品名称	调整后税收政策
71022100	未加工或简单加工的工业用钻石	不再集中通过上海钻石交易所海关报关进口，照章征收进口关税和进口增值税。
71022900	其他工业用钻石	
71049011	其他工业用合成或再造的钻石	
71051020	人工合成的钻石粉末	

海关总署关于进口铅矿砂及其精矿享受黄金伴生矿税收优惠政策事宜的公告

（海关总署公告2007年第14号）

2003年，为贯彻国务院关于黄金体制改革的决定要求，海关总署发布了关于免征进口黄金（含标准黄金）和黄金矿砂（含伴生矿）进口环节增值税的公告（海关总署2003年第29号公告）。其中明确黄金伴生矿仅指《中华人民共和国进出口税则》中税则号列26030000（铜矿砂及其精矿）的黄金伴生矿，同时作出了相关管理规定。

根据上述关于黄金和黄金矿砂的进口税收政策和近年来我国铅工业发展的情况及存在的问题，经研究，自2007年4月1日起，进口铅矿砂及其精矿享受黄金伴生矿税收优惠政策，即进口铅矿砂及其精矿中所含的黄金价值部分免征进口环节增值税，非黄金价值部分照章征收进口环节增值税。现就有关事项公告如下：

一、上述享受进口税收优惠政策的铅矿砂及其精矿是指税则号列26070000项下的货物。

二、进口货物收货人在向海关申报进口上述铅矿砂及其精矿时，其中所含黄金价值部分的商品编码应填报为2607000001，非黄金价值部分的商品编码应填报为2607000090。

三、其他相关事项，按照海关总署2003年第29号公告的有关规定办理。

特此公告。

海关总署

二〇〇七年三月三十日

海关总署关于部分黄金伴生矿进口税收优惠政策有关问题的公告

（海关总署公告2007年第60号）

2003年，为贯彻国务院关于黄金体制改革的决定要求，海关总署发布了关于免征进口黄金（含标准黄金）和黄金矿砂（含伴生矿）进口环节增值税的公告（海关总署2003年第29号公告）。其中明确黄金伴生矿仅指《中华人民共和国进出口税则》中税则号列26030000（铜矿砂及其精矿）的黄金伴生矿，同时作出了相关管理规定。2007年3月，海关总署发布了2007年第14号公告，明确进口税则号列26070000项下的铅矿砂及其精矿，也可以享受黄金伴生矿税收优惠政策。

根据上述关于黄金和黄金矿砂的进口税收政策和近年来我国镍、钴及锑工业发展的情况，经研究决定，自2007年12月1日起，进口镍矿砂、钴矿砂、锑矿砂及它们的精矿享受黄金伴生矿税收优惠政策，即进口上述货物中所含的黄金价值部分免征进口环节增值税，非黄金价值部分照章征收进口环节增值税。现就有关事项公告如下：

一、上述享受进口税收优惠政策的镍矿砂及其精矿是指税则号列26040000项下的货物；钴矿砂及其精矿是指税则号列26050000项下的货物；锑矿砂及其精矿是指税则号列26171090项下的货物，不包括税则号列26171010所列的生锑。

二、进口货物收货人在向海关申报进口上述镍矿砂及其精矿时，其中所含黄金价值部分的商品编码应填报为2604000001，非黄金价值部分的商品编码应填报为2604000090。

进口上述钴矿砂及其精矿时，其中所含黄金价值部分的商品编码应填报为2605000001，非黄金价值部分的商品编码应填报为2605000090。

进口上述锑矿砂及其精矿时，其中所含黄金价值部分的商品编码应填报为2617109001，非黄金价值部分的商品编码应填报为2617109090。

三、其他相关事项，按照海关总署2003年第29号公告的有关规定办理。

特此公告。

海关总署

二〇〇七年十一月十六日

海关总署关于进口粗铜中含金部分免征进口环节增值税有关问题的公告

（海关总署公告2009年第69号）

经国务院批准，自2009年11月1日起，对进口粗铜中所含的黄金价值部分免征进口环节增值税，非黄金价值部分仍照章征收进口环节增值税。现就有关事项公告如下：

一、享受上述进口税收优惠政策的粗铜仅指归入税则号列74020000项下的锭状未精炼铜。

二、进口锭状未精炼铜的进口货物收货人，需在相关货物申报进口前先就作价情况向海关提交书面说明并提交以下有关单证，方能享受上述进口税收优惠政策：

（一）分别列明锭状未精炼铜所含黄金及其他成分各自比例或含量的商检证书；

（二）单独列明锭状未精炼铜所含黄金成分价值的合同或发票；

（三）海关需要的其他相关证明文件。

三、进口货物收货人在向海关申报进口锭状未精炼铜时，其中所含黄金价值部分的商品编码应填报为7402000001，非黄金价值部分的商品编码应填报为7402000090。进口货物收货人向海关申报进口税则号列74020000项下其他商品时，商品编码应填报为7402000090。

四、上述锭状未精炼铜的黄金成分在合同中必须单独作价，进口时应对该批货物按商品编码7402000001（锭状未精炼铜中的黄金价值部分）和7402000090（锭状未精炼铜中的非黄金价值部分）在同一报关单内分项申报。申报数量应分别按照有关商检证书认定的黄金成分和其他成分的比例或含量分拆计算的数量填写；运输及相关费用、保险费一律计入商品编码7402000090项下非黄金价值部分的完税价格中。

五、对于不能提供本公告第二条所列单证的，进口锭状未精炼铜按商品编码7402000090填报，并按进口总价征收进口环节增值税；暂时无法提供本公告第二条所列单证的，进口时可先按进口总价缴纳全额保证金后放行货物。

六、自2009年11月1日起，海关总署公告2003年第29号、2007年第14号和第60号规定的黄金伴生矿，在向海关申报进口时有关事先提交相关单证、分项数量填报、完税价格计算等事项也按照本公告第二条和第四条的有关规定执行。

特此公告。

海关总署

二〇〇九年十月三十日

中华人民共和国海关对上海钻石交易所监管办法

（海关总署第152号令）

（2006年9月11日由海关总署发布，根据2018年5月29日海关总署第240号令《海关总署关于修改部分规章的决定》修正）

第一章 总 则

第一条 为了规范海关对上海钻石交易所的监管，根据《中华人民共和国海关法》和其他有关法律、行政法规，制定本办法。

第二条 上海钻石交易所（以下简称交易所）是经国务院批准设立办理钻石进出口和钻石交易手续的海关特殊监管区域。

海关在交易所设立机构，并依法行使职权，对该区域实行封闭式管理。

第三条 交易所内可以开展钻石进出口贸易、存储、展示、委托加工和经海关批准的其他相关业务。

第四条 以一般贸易方式进出口钻石的，应当在交易所海关机构（以下简称交易所海关）办理进出口报关手续。

以加工贸易方式进出口钻石的，应当按照《中华人民共和国海关对加工贸易货物监管办法》办理进出口报关手续。加工贸易项下钻石转内销的，应当参照前款规定在交易所海关办理报关手续。

以一般贸易方式进出口工业用钻，即税号71022100、71022900、71049011、71051020项下钻石的，不集中在交易所海关办理报关手续，依法征收关税和进口环节增值税。

第五条 海关依法对进出交易所的钻石进行查验。查验时，钻石所有人或者受委托随身携带钻石进出口的交易所会员（以下简称会员）应当到场，并负责开拆和重封钻石的包装。查验后，海关应当出具《钻石进/出所核准单》，《钻石进/出所核准单》应当分别由钻石所有人或者会员、验核人和海关查验人员签字确认。

第六条 未办理海关手续的钻石以及国家禁止进出口的货物、物品，不得进出交易所。

第二章 对交易所及其会员的管理

第七条 会员应当持有关主管部门的批准文件等材料向交易所海关办理有关登记手续。

会员经登记后，可以办理交易所与所外境内之间的钻石进出口报关手续，也可以办理交易所与境外之间的钻石进出备案手续。

第八条 会员应当依照法律、行政法规等规定建立专门账册，记录钻石的进出口、库存、展示、委托加工等业务开展情况。

第九条 海关可以对交易所内钻石及其存放场所实施检查。

海关可以依法对交易所及其会员实施稽查，可以查阅、复制与进出口或者交易等行为有关的合同、发票、账册、结付汇凭证、业务函电等书面资料和电子数据。

第十条 海关对交易所实行计算机联网管理。交易所及其会员应当建立符合海关监管要求的计算机管理系统并与海关联网。

第三章 对交易所与境外之间钻石进出的监管

第十一条 从境外进入交易所和从交易所出境的钻石，由会员或者由其委托海关准予注册登记的报关企业（以下简称报关企业）向交易所海关备案，填报《中华人民共和国海关进境货物备案清单》或者《中华人民共和国海关出境货物备案清单》（以下简称备案清单），并按照规定交验有关单证。

第十二条 钻石从境外直接进入交易所的，海关不征收进口关税、进口环节增值税、消费税。

第十三条 钻石从交易所出境的，海关不出具办理出口退税手续的有关单证。

第十四条 钻石从境外以货运方式进入交易所的，会员或者报关企业应当向交易所海关办理提前报关手续，向入境地海关办理转关运输手续。未办妥提前报关手续的，应当按照直转方式办理转关运输手续。

第十五条 钻石从交易所以货运方式出境的，应当按照出口转关运输方式办理自交易所至出境地海关的手续。

第十六条 随身携带钻石进境的，应当向交易所海关提前申报，并凭交易所海关出具的备案清单到进境地海关办理钻石入境手续。携带进境的钻石经进境地海关施用关封后，应当到交易所海关办理报关手续。

第四章 对交易所与所外境内之间钻石进出的监管

第十七条 钻石从交易所进入所外境内的，由会员或者报关企业向交易所海关办理进口报关和纳税手续。

钻石从交易所进入所外境内的，免征进口关税，进口环节消费税移至消费环节由国家税务机关征收；毛坯钻石免征进口环节增值税，成品钻石进口环节增值税实际税负超过4%的部分由海关实行即征即退，即征即退具体办法由海关总署授权上海海关制定。

第十八条 钻石因展示等业务需要临时进入所外境内的，应当向交易所海关提出申请，经海关批准后比照海关对暂时进口货物的管理规定办理有关手续。

第十九条 钻石从所外境内进入交易所的，由会员或者报关企业向交易所海关办理出口报关手续。

第二十条 交易所与所外境内之间的钻石进出，由交易所海关作单项统计。

第五章 对钻石加工的管理

第二十一条 会员将交易所内钻石委托海关特殊监管区域企业加工的，由海关按照保税区或者出口加工区的有关规定实施监管。

依照前款规定开展钻石加工业务的，加工期限不得超过6个月；有特殊情况需要延长期限的，可以向交易所海关申请延期一次，延长期限不得超过6个月。

第二十二条 会员将交易所内钻石委托非海关特殊监管区域企业加工的，应当按照加工贸易的有关规定办理海关手续。

第二十三条 国内企业直接承接国外钻石加工业务的，应当按照加工贸易规定办理。

第二十四条 加工贸易项下钻石（包括加工完毕的成品镶嵌钻石饰品）内销的，加工贸易企业应当向交易所海关办理内销报关手续。主管海关凭进口报关单及有关单证办理加工贸易核销手续。加工贸易项下钻石（包括加工完毕的成品镶嵌钻石饰品）出口至交易所的，由加工贸易企业向交易所海关办理出口报关手续，主管海关凭出口报关单及有关单证办理加工贸易核销手续。

第六章 附 则

第二十五条 本办法下列用语的含义：

钻石，是指《中华人民共和国进出口税则》第71章7102、7104项下不论是否加工、但未镶嵌的天然或者合成钻石，及7105项下天然或者合成的钻石粉末。

验核人，是指国家珠宝玉石质量监督检验中心专业工作人员。

第二十六条 公民、法人或者其他组织不得以边境小额贸易方式进口或者出口钻石。

第二十七条 违反本办法，构成走私或者违反海关监管规定行为的，由海关依照《中华人民共和国海关法》和《中华人民共和国海关行政处罚实施条例》的有关规定予以处理；构成犯罪的，依法追究刑事责任。

第二十八条 本办法所规定的文书由海关总署另行制定并且发布。

第二十九条 本办法由海关总署负责解释。

第三十条 本办法自公布之日起施行。2002 年 4 月 29 日起实施的《中华人民共和国海关对上海钻石交易所钻石监管办法》同时废止。

海关总署关于明确进口黄金税收政策中黄金矿砂执行现行金精矿标准的公告

（海关总署公告 2021 年第 79 号）

2013 年，为实施黄金进口税收政策，海关总署发布 2013 年第 16 号公告，明确将海关总署 2003 年第 29 号公告中有关黄金矿砂标准调整为工业和信息化部修订后的金精矿标准。近日工业和信息化部再次修订金精矿标准，海关总署 2003 年第 29 号公告中有关黄金矿砂应相应执行现行金精矿标准。

本公告自发布之日起施行，海关总署 2013 年第 16 号公告同时废止。

特此公告。

海关总署

二〇二一年十月九日

7 装备制造

7.1 重大技术装备

财政部 工业和信息化部 海关总署 国家税务总局 国家能源局关于印发《重大技术装备进口税收政策管理办法》的通知

（财关税〔2020〕2号）

各省、自治区、直辖市、计划单列市财政厅（局）、工业和信息化主管部门，新疆生产建设兵团财政局，海关总署广东分署、各直属海关，国家税务总局各省、自治区、直辖市、计划单列市税务局，财政部各地监管局，国家税务总局驻各地特派员办事处：

为继续支持我国重大技术装备制造业发展，财政部会同工业和信息化部、海关总署、税务总局、能源局制定了《重大技术装备进口税收政策管理办法》(见附件)，现予印发，自印发之日起实施。《财政部 国家发展改革委 工业和信息化部 海关总署 国家税务总局 国家能源局关于调整重大技术装备进口税收政策的通知》(财关税〔2014〕2号）和《财政部 国家发展改革委 工业和信息化部 海关总署 国家税务总局 国家能源局关于调整重大技术装备进口税收政策有关目录及规定的通知》（财关税〔2015〕51号）同时废止。

附件 重大技术装备进口税收政策管理办法

财政部 工业和信息化部 海关总署
国家税务总局 国家能源局
二〇二〇年一月八日

附件

重大技术装备进口税收政策管理办法

第一条 为提高我国企业的核心竞争力及自主创新能力，促进装备制造业的发展，贯彻落实国务院关于装备制造 业振兴规划和加快振兴装备制造业有关调整进口税收政策的决定，制定本办法。

第二条 工业和信息化部会同财政部、海关总署、税务总局、能源局制定《国家支持发展的重大技术装备和产品目录》和《重大技术装备和产品进口关键零部件及原材料商品目录》后公布执行。对符合规定条件的企业及核电项目业主为生产国家支持发展的重大技术装备或产品而确有必要进口的部分关键零部件及原材料，免征关税和进口环节增值税。

第三条 对国内已能生产的重大技术装备和产品，由工业和信息化部会同财政部、海关总署、税务总局、能源局制定《进口不予免税的重大技术装备和产品目录》后公布执行。对按照或比照《国务院关于调整进口设备税收政策的通知》（国发〔1997〕37 号）规定享受进口税收优惠政策的下列项目和企业，进口《进口不予免税的重大技术装备和产品目录》中自用设备以及按照合同随上述设备进口的技术及配套件、备件，照章征收进口税收：

（一）国家鼓励发展的国内投资项目和外商投资项目；

（二）外国政府贷款和国际金融组织贷款项目；

（三）由外商提供不作价进口设备的加工贸易企业；

（四）中西部地区外商投资优势产业项目；

（五）《海关总署关于进一步鼓励外商投资有关进口税收政策的通知》（署税〔1999〕791 号）规定的外商投资企业和外商投资设立的研究中心利用自有资金进行技术改造项目。

第四条　工业和信息化部会同财政部、海关总署、税务总局、能源局核定企业及核电项目业主免税资格，每年对新申请享受进口税收政策的企业及核电项目业主进行认定，每三年对已享受进口税收政策企业及核电项目业主进行复核。

第五条　取得免税资格的企业及核电项目业主可向主管海关提出申请，选择放弃免征进口环节增值税，只免征进口关税。企业及核电项目业主主动放弃免征进口环节增值税后，36 个月内不得再次申请免征进口环节增值税。

第六条　取得免税资格的企业及核电项目业主应按照《中华人民共和国海关进出口货物减免税管理办法》（海关总署第 179 号令）及海关有关规定办理有关重大技术装备或产品进口关键零部件及原材料的减免税手续。

第七条　财政部、工业和信息化部、海关总署、税务总局、能源局等有关部门及其工作人员在政策执行过程中，存在违反执行免税政策规定的行为，以及滥用职权、玩忽职守、徇私舞弊等违法违纪行为的，按照《中华人民共和国预算法》《中华人民共和国公务员法》《中华人民共和国监察法》《财政违法行为处罚处分条例》等国家有关规定追究相应责任；涉嫌犯罪的，依法移送司法机关处理。

第八条　工业和信息化部根据本办法另行制定并颁布实施《重大技术装备进口税收政策管理办法实施细则》。

工业和信息化部　财政部　海关总署　国家税务总局　国家能源局关于印发《重大技术装备进口税收政策管理办法实施细则》的通知

（工信部联财〔2020〕118 号）

各省、自治区、直辖市及计划单列市、新疆生产建设兵团工业和信息化主管部门、财政厅（局），海关总署广东分署、各直属海关，国家税务总局各省、自治区、直辖市、计划单列市税务局，财政部各地监管局，国家税务总局驻各地特派员办事处：

为支持我国重大技术装备制造业发展，按照《财政部　工业和信息化部　海关总署　税务总局　能源局关于印发〈重大技术装备进口税收政策管理办法〉的通知》（财关税〔2020〕2 号）有关要求，工业和信息化部、财政部、海关总署、税务总局、能源局制定了《重大技术装备进口税收政策管理办法实施细则》，现予印发，自 2020 年 8 月 1 日起实施。

《关于调整重大技术装备进口税收政策受理程序等事项的通知》（工信厅联财〔2016〕40号）同时废止。

附件 重大技术装备进口税收政策管理办法实施细则

工业和信息化部 财政部 海关总署
国家税务总局 能源局
二〇二〇年七月二十四日

附件

重大技术装备进口税收政策管理办法实施细则

第一章 总 则

第一条 为落实重大技术装备进口税收政策，根据《财政部 工业和信息化部 海关总署 税务总局 能源局关于印发〈重大技术装备进口税收政策管理办法〉的通知》（财关税〔2020〕2号）制定本细则。

第二条 工业和信息化部会同财政部、海关总署、税务总局、能源局制定和修改本细则，省级工业和信息化主管部门（含计划单列市，下同）会同同级财政厅（局）、各直属海关、省级税务机关按照本细则做好相关工作。

第三条 申请享受重大技术装备进口税收政策的企业一般应为生产国家支持发展的重大技术装备或产品的企业，承诺具备较强的设计研发和生产制造能力以及专业比较齐全的技术人员队伍，并应当同时满足以下条件：

（一）独立法人资格；

（二）不存在违法和严重失信行为；

（三）具有核心技术和知识产权；

（四）申请享受政策的重大技术装备和产品应符合《国家支持发展的重大技术装备和产品目录》有关要求。

申请享受重大技术装备进口税收政策的核电项目业主应为核电领域承担重大技术装备依托项目的业主。

第二章 免税资格申请程序

第四条 新申请享受政策的企业和核电项目业主免税资格的认定工作每年组织1次。

第五条 新申请享受政策的企业和核电项目业主，应按照下年1月1日执行有效的重大技术装备进口税收政策有关目录，于当年8月1日至8月31日提交《享受重大技术装备进口税收政策申请报告》（见附件1）。其中，地方企业通过企业所在地省级工业和信息化主管部门向工业和信息化部报送申请报告；中央企业集团下属企业、核电项目业主通过中央企业集团向工业和信息化部报送申请报告。

第六条 省级工业和信息化主管部门、中央企业集团收到申请报告后，应对照附件1有关要求，审核申请报告是否规范、完整，材料是否有效。其中，省级工业和信息化主管部门应会同企业所在地直属海关、省级财政厅（局）、省级税务机关对申请报告进行审核。申请报告不符合规定的，省级工业和信息化主管部门、中央企业集团应当一次性告知企业和核电项目业主需要补正的材料，企业和核电项目业主应在5个工作日内提交补正材料。企业和核电项目业主未按照规定报送申请报告或补正材料的，省级工业和信息化主管部门和中央企业集团不予受理。

第七条 省级工业和信息化主管部门、中央企业集团应于每年9月30日前，将审核后的申请报告报送工业和信息化部。

第八条 工业和信息化部收到申请报告后，应会同财政部、海关总署、税务总局、能源局组织相关行业专家，对照本细则第三条的规定，通过书面审核和答辩等形式，对企业和核电项目业主的免税资格进行认定，形成专家评审意见。

第九条 工业和信息化部会同财政部、海关总署、税务总局、能源局根据专家评审意见，共同研究确定下年度新享受政策的企业和核电项目业主名单及其享受政策时间、免税资格复核时间，由工业和信息化部于每年 11 月 30 日前函告海关总署，抄送税务总局、能源局、省级工业和信息化主管部门、中央企业集团。名单中的企业和核电项目业主自下年度 1 月 1 日起享受政策。

第十条 省级工业和信息化主管部门、中央企业集团应将新享受政策的企业和核电项目业主名单等信息分别告知相关企业和核电项目业主。

第十一条 特殊情况下，新享受政策的企业和核电项目业主名单未能在下年度 1 月 1 日前印发，新申请享受政策的企业和核电项目业主可凭工业和信息化部开具的《申请享受重大技术装备进口税收政策受理通知书》（见附件 2），向主管海关申请办理有关零部件及原材料凭税款担保先予放行手续。

第三章 免税资格复核程序

第十二条 对已享受政策的企业和核电项目业主的免税资格每三年集中进行一次复核。

第十三条 企业和核电项目业主应按照下年 1 月 1 日执行有效的重大技术装备进口税收政策有关目录，于其免税资格复核当年的 8 月 1 日至 8 月 31 日提交《享受重大技术装备进口税收政策复核报告》（见附件 3）。其中，地方企业通过企业所在地省级工业和信息化主管部门向工业和信息化部报送复核报告；中央企业集团下属企业、核电项目业主通过中央企业集团向工业和信息化部报送复核报告。

第十四条 省级工业和信息化主管部门、中央企业集团收到复核报告后，应对照附件 3 有关要求，审核复核报告是否规范、完整，材料是否有效。其中，省级工业和信息化主管部门应会同企业所在地直属海关、省级财政厅（局）、省级税务机关对复核报告进行审核。复核报告不符合规定的，省级工业和信息化主管部门、中央企业集团应当一次性告知企业和核电项目业主需要补正的材料，企业和核电项目业主应在 5 个工作日内提交补正材料。企业和核电项目业主未按照规定提交复核报告或补正材料的，视同放弃免税资格，自下年度 1 月 1 日起停止享受政策。

第十五条 省级工业和信息化主管部门、中央企业集团应于当年 9 月 30 日前，将审核后的复核报告报送工业和信息化部。

第十六条 工业和信息化部收到复核报告后，应会同财政部、海关总署、税务总局、能源局组织相关行业专家，对照本细则第三条的规定，通过书面评审和答辩等形式，对已享受政策的企业和核电项目业主的免税资格进行复核，形成专家评审意见。

第十七条 工业和信息化部会同财政部、海关总署、税务总局、能源局根据专家评审意见，共同研究确定继续享受政策的企业和核电项目业主名单及其继续享受政策时间、下一次免税资格复核时间，以及停止享受政策的企业和核电项目业主名单，由工业和信息化部于当年 11 月 30 日前函告海关总署，并抄送税务总局、能源局、省级工业和信息化主管部门、中央企业集团。继续享受政策名单中的企业和核电项目业主自下年度 1 月 1 日起享受政策。

第十八条 省级工业和信息化主管部门、中央企业集团应将继续享受政策、停止享受政策的企业和核电项目业主名单等信息分别告知相关企业和核电项目业主。

第十九条 已享受政策企业和核电项目业主于每年 3 月 1 日前将《享受重大技术装备进口税收政策年度执行情况表》（见附件 4）报送省级工业和信息化主管部门或中央企业集团。省级工业和信息化主管部门或中央企业集团汇总后，于每年 3 月 31 日前报送工业和信息化部。

第二十条 已享受政策的企业和核电项目业主发生名称、公司类型、经营范围等信息变更，应在完成变更登记之日起一个月内，将有关变更情况说明通过省级工业和信息化部门或中央企业集团报送工业和信息化部。工业和信息化部应会同财政部、海关总署、税务总局、能源局确定变更后的企业和核电项目业主是否继续享受政策；不符合条件的，自变更登记之日起不再享受政策。工业和信息化部将确认结果（对停止享受政策的，应注明停止享受政策时间）函告海关总署，并抄送税务总局。

第四章 目录制修订事项

第二十一条 《国家支持发展的重大技术装备和产品目录》《重大技术装备和产品进口关键零部件、

原材料商品目录》和《进口不予免税的重大技术装备和产品目录》应适时调整。调整内容包括：增加或删除国家支持发展的重大技术装备和产品，增加或删除重大技术装备和产品进口关键零部件、原材料，增加或调整进口不予免税的重大技术装备和产品，调整国家支持发展的重大技术装备和产品的技术规格、销售业绩、执行年限等，调整重大技术装备和产品进口关键零部件、原材料的单机用量、执行年限等。

第二十二条 《国家支持发展的重大技术装备和产品目录》增加及保留的重大技术装备和产品，应符合产业发展方向和目录规定的领域。《重大技术装备和产品进口关键零部件、原材料商品目录》增加及保留的关键零部件、原材料，应为生产国家支持发展的重大技术装备和产品而确有必要进口的关键零部件、原材料。《进口不予免税的重大技术装备和产品目录》增加的重大技术装备和产品，应为国内已能生产的重大技术装备和产品。

第二十三条 企业和核电项目业主如对相关目录提出修订建议，可向省级工业和信息化主管部门、有关行业协会或中央企业集团报送《重大技术装备进口税收政策有关目录修订建议报告》（见附件5）。

第二十四条 省级工业和信息化主管部门、有关行业协会、中央企业集团应对企业和核电项目业主提交的目录修订建议进行筛选和汇总，于当年3月31日前将目录修订建议汇总表和修订建议报告报送工业和信息化部。

第二十五条 财政部、海关总署、税务总局、能源局可按职责分工对目录提出修订建议，于当年3月31日前将修订建议函告工业和信息化部。

第二十六条 工业和信息化部会同财政部、海关总署、税务总局、能源局组织相关行业专家，开展目录修订评审，由工业和信息化部网上公示后（公示时间一般不少于10个工作日），按程序发布新修订的目录。

第五章 其他事项

第二十七条 2020年已享受政策的企业和核电项目业主（不含2020年新享受政策企业和核电项目业主）应于2020年8月31日前按规定提交免税资格复核报告。以后的免税资格复核工作每3年开展1次，即2022年对2020年至2022年享受政策企业和核电项目业主的免税资格进行复核，2025年对2023年至2025年享受政策企业和核电项目业主的免税资格进行复核，以此类推。

第二十八条 工业和信息化部会同有关部门适时对企业和核电项目业主执行政策情况进行监督检查和评估。享受政策的企业和核电项目业主如违反规定，将免税进口的零部件、原材料擅自转让、移作他用或者进行其他处置，被依法追究刑事责任的，从违法行为发现之日起停止享受政策。

第二十九条 享受政策的企业和核电项目业主如存在被列入失信联合惩戒名单等失信情况，由工业和信息化部会同相关部门研究企业是否能继续享受免税政策。不能继续享受免税政策的，由工业和信息化部将企业名单及停止享受政策时间等信息函告海关总署，并抄送税务总局、能源局、省级工业和信息化主管部门、中央企业集团。

第三十条 对于企业和核电项目业主存在以虚报情况获得免税资格的，取消免税资格并按有关法律法规和规定处理。

第三十一条 省级工业和信息化主管部门、中央企业集团应做好政策解读和业务辅导；对于政策实施过程中存在的问题，可及时向工业和信息化部、海关总署等相关部门反映。

第三十二条 本细则由工业和信息化部会同财政部、海关总署、税务总局、能源局负责解释。

第三十三条 本细则自2020年8月1日起实施。

附件1 享受重大技术装备进口税收政策申请报告

附件2 申请享受重大技术装备进口税收政策受理通知书

附件3 享受重大技术装备进口税收政策复核报告

附件4 享受重大技术装备进口税收政策年度执行情况表

附件5 重大技术装备进口税收政策有关目录修订建议报告

附件 1

享受重大技术装备进口税收政策申请报告

（20××年）

企业名称：（填写企业名称全称，加盖公章）

申请享受政策的重大技术装备和产品领域：________

（按照《国家支持发展的重大技术装备和产品目录》中有关条目填写）

企业所在地：省（市、区）、县（区）

企业联系人：（包括两名联系人姓名、所在部门及职务、办公电话、手机、传真）

年　　月

填写说明

一、企业和核电项目业主第一次申请享受重大技术装备进口税收政策时，应填写本申请报告。如《国家支持发展的重大技术装备和产品目录》中相关装备或产品技术规格提高，也应填写本申请报告，重新申请免税资格。

二、请严格按照要求填写各项内容，提供相关材料。

三、报告由申请享受政策单位编写，地方企业报送所属省、自治区、直辖市、计划单列市工业和信息化主管部门，中央企业报送中央企业集团。

四、报告中第一次出现特定用语、专业术语或外文名词时，要写清全称和缩写，再出现同一词时可以使用缩写。

五、填报格式说明：请用 A4 幅面编辑，正文字体为 4 号仿宋体，单倍行距。一级标题 3 号黑体，二级标题 3 号楷体。

六、报告纸质版一式三份，电子版（光盘）两份。报告原则上不超过 150 页。

一、基本信息

（一）申请享受重大技术装备进口税收政策企业基本信息表

<table>
<tr><th>类别</th><th>序号</th><th colspan="2">栏目</th><th>简要说明</th><th>备注</th></tr>
<tr><td rowspan="12">基本情况</td><td rowspan="5">1</td><td colspan="2">统一社会信用代码</td><td></td><td></td></tr>
<tr><td colspan="2">企业名称</td><td></td><td></td></tr>
<tr><td colspan="2">企业类别</td><td>（中央企业/地方企业）</td><td></td></tr>
<tr><td colspan="2">企业性质</td><td></td><td></td></tr>
<tr><td colspan="2">主管海关</td><td></td><td></td></tr>
<tr><td>2</td><td colspan="2">最近三年是否存在违法或严重失信行为</td><td></td><td></td></tr>
<tr><td rowspan="3">3</td><td colspan="2">生产制造能力情况</td><td></td><td rowspan="3">核电项目业主可不填写</td></tr>
<tr><td colspan="2">企业设计研发情况</td><td></td></tr>
<tr><td colspan="2">核心技术成果和知识产权情况</td><td></td></tr>
<tr><td rowspan="2">4</td><td rowspan="2">企业研发技术人员</td><td>人数</td><td></td><td></td></tr>
<tr><td>占企业职工的比例</td><td></td><td></td></tr>
</table>

续表

类别	序号	栏目	简要说明	备注
申请情况	1	装备或产品在《国家支持发展的重大技术装备和产品目录》所在条目		
	2	以往年度符合技术规格要求的重大技术装备合同生产和销售情况		核电项目业主请填写相关技术装备合同订单情况

（二）重大技术装备或产品销售合同汇总表

序号	装备或产品对应条目	合同（项目）签订时间	合同（项目）编号	合同（项目）名称	技术规格	装备或产品销售数量	销售金额（人民币）
1							
合计							
2							
合计							
…		…	…	…	…	…	…

注：请提供过去三年相关装备或产品销售合同的汇总。装备或产品名称应按照《国家支持发展的重大技术装备和产品目录》中有关条目填写。装备或产品的技术规格和销售业绩要求应达到《国家支持发展的重大技术装备和产品目录》有关规定。核电项目业主应填写采购重大技术装备或产品的有关情况。同一装备或产品对应的销售合同按照签订时间依次填写。

二、申报书内容

（一）基本情况

企业股权结构、注册资本以及经营范围、基本财务状况。核电项目业主应就依托项目的申报、核准基本情况，以及进口招投标情况进行简要说明。

（二）生产制造能力和销售情况

过去三年内申请享受政策的重大技术装备或产品的生产和销售情况，包括产能、产量、国内销售量和销售额、出口销售量和销售额及上述指标同比变化情况。核电项目业主应说明企业采购重大技术装备或产品的有关情况。

（三）设计研发能力和知识产权情况

与申请享受政策的装备或产品相关的设计研发能力、设计研发技术人员情况、核心技术和知识产权、技术成果、与上游相关配套企业合作研发等有关情况。核电项目业主还应该说明企业联合科研院所等单位共同推进重大技术装备或产品的设计研发制造情况、企业设计研发技术人员及其占企业职工的比例。

（四）申请享受政策情况

未来三年需要进口的原材料和零部件的情况说明，包括进口的必要性，进口原材料和零部件名称、进口单价、进口国家或地区等。

三、有关附件

（一）与申请享受政策的装备或产品相关的核心技术和知识产权说明材料。核电项目业主提供采购装备或产品的核心技术和知识产权说明材料。

（二）与申请享受政策的装备或产品相关的研究成果和获奖情况说明材料。

（三）与上述表（二）《重大技术装备或产品销售合同汇总表》对应的销售合同主要页（包含买卖双方、装备名称、数量、规格、买卖双方签字盖章页、签订合同日期等信息）复印件。核电项目业主应提供国家有关部门对依托项目的审核批准文件，重大技术装备或产品的采购合同主要页复印件及其汇总统计表。

四、声明

本单位承诺：上述信息准确，材料真实有效，所有承诺诚信可靠。如有失实，愿意承担相关责任。

单位盖章
年　　月　　日

附件2

申请享受重大技术装备进口税收政策受理通知书

工信财装备受理〔20××〕号

××××××××：

你公司于　　年　　月　　日提交的申请享受“××××××”文所规定的政策申请材料（　　　　　领域，　　　　　产品）予以受理。

你公司可凭本通知书到主管海关申请凭税款担保先予办理有关零部件及原材料放行手续。

特此通知。

工业和信息化部财务司（盖章）
年　　月　　日

联系人：__________　　电话：__________

通信地址：北京市西长安街13号工业和信息化部财务司　　邮编：100804

抄送：海关总署关税征管司、××海关。

附件3

享受重大技术装备进口税收政策复核报告

（20××~20××年）

企业名称：（填写企业名称全称，加盖公章）

享受政策的重大技术装备和产品领域：__________

（按照《国家支持发展的重大技术装备和产品目录》中有关条目填写）

企业所在地：省（市、区）、县（区）

企业联系人：（包括两名联系人姓名、所在部门及职务、办公电话、手机、传真）

年　　月

填写说明

一、已享受政策企业和核电项目业主在免税资格复核时填写该报告。第一次复核的企业和核电项目业主，填写首次获得免税资格年度至本次复核年度的相关数据；不是第一次复核的企业和核电项目业主，填写过去三年（含本年）的相关数据。

二、请严格按照要求填写各项内容，提供相关材料。

三、报告由申请享受政策单位编写，地方企业报送所属省、自治区、直辖市、计划单列市工业和信息化主管部门，中央企业报送中央企业集团。

四、报告中第一次出现特定用语、专业术语或外文名词时，要写清全称和缩写，再出现同一词时可以使用缩写。

五、填报格式说明：请用 A4 幅面编辑，正文字体为 4 号仿宋体，单倍行距。一级标题 3 号黑体，二级标题 3 号楷体。

六、报告纸质版一式三份，电子件（光盘）两份。报告原则上不超过 150 页。

一、基本信息

（一）过去三年（含本年）企业享受政策基本情况

类别	基本信息	简要说明	备注
企业基本情况	统一社会信用代码		
	是否存在违法或严重失信行为		
	企业名称		
	企业类别	（中央企业/地方企业）	
	企业性质		
	主管海关		
相关装备或产品销售情况	装备或产品所对应目录条目		
	过去三年相关装备或产品销售数量及金额合计（万元）		核电项目业主填写采购装备或产品情况
享受政策情况	首次享受政策时间		
	上次免税资格复核时间		
	前两年实际免税进口零部件、原材料货值合计（万美元）		
	本年度 1~6 月免税进口零部件、原材料货值合计（万美元）		
	前两年免税进口零部件和原材料减免税额合计（万元）		
	本年度 1~6 月免税进口零部件和原材料减免税额合 计（万元）		

注：装备或产品名称应按照《 国家支持发展的重大技术装备和产品目录》中有关条目填写。涉及不同年度的数据，应按年度分别填写。第一次复核企业和核电项目业主仅填写首次获得免税资格年度至本次复核年度的数据。

（二）过去三年（含本年）重大技术装备或产品销售合同汇总表

序号	装备或产品对应条目	合同（项目）签订时间	合同（项目）编号	合同（项目）名称	技术规格	装备或产品销售数量	销售金额（人民币）
1							
合计							
2	…	…	…	…	…	…	…
总计							

注：请提供上两个年度及本年度 1~6 月已签订的装备或产品销售合同的汇总。第一次复核企业和核电项目业主仅填写首次获得免税资格年度至本次复核年度的数据。装备或产品名称应按照《 国家支持发展的重大技术装备和产品目录》中有关条目填写。装备或产品的技术规格和销售业绩要求应达到《 国家支持发展的重大技术装备和产品目录》有关规定。核电项目业主应填写企业采购重大技术装备或产品有关情况。同一装备或产品对应的销售合同按照签订时间依次填写。

（三）过去三年（含本年）免税进口零部件及原材料汇总表

序号	装备或产品对应条目	一级部件名称	二级部件名称	进口时间	进口单价（美元）	进口数量	减免关税税额（万元）	减免税进口增值税税额（万元）
1								
2								
…	…	…	…		…	…		

注：装备或产品名称、一级部件名称、二级部件名称应按照《国家支持发展的重大技术装备和产品目录》《重大技术装备和产品进口关键零部件及原材料商品目录》中有关条目填写。同一装备或产品对应的一级、二级部件应按照进口时间依次填写。第一次复核企业和核电项目业主仅填写首次获得免税资格年度至本次复核年度的数据。

二、申报内容

（一）企业基本情况

企业股权结构以及经营范围，企业过去三年（含本年）主营业收入、利润额及利润率，以及上述指标的变化等基本财务状况。

（二）企业享受政策情况

获得免税资格的起始时间；前两年和本年1~6月享受政策的情况，包括进口零部件和原材料的免税货值；实际减免税额，包括实际减免关税和进口环节增值税金额；上述指标的同比增长（下降）率等。第一次复核企业和核电项目业主提供首次获得免税资格年度至本次复核年度的相关数据。

（三）重大技术装备生产制造和销售业绩提升情况

生产制造能力提升情况，包括：过去三年（含今年）相关装备或 产品的产量或产能及同比变化，产品技术规格提升情况，新建或扩建 生产制造车间等情况。销售业绩提升情况，包括：过去三年（含今年）相关装备或产品的销售数量和金额（含税），国内销售量和金额（含 税），出口销售量和金额，以及上述指标同比变化等；相关装备或产 品的销售单价、毛利率及上述指标同比变化；重大技术装备或产品产 生的经济效益和社会效益等情况。核电项目业主可不提供该部分内容。第一次复核企业和核电项目业主提供首次获得免税资格年度至本次 复核年度的相关数据。

（四）重大技术装备设计研发能力提升情况

包括：过去三年（含今年）的科研设备投入变化情况；科研经费支出变化情况，设计研发人员人数及占企业职工比重变化等；新参与的相关科研成果、新获得的国家技术发明、科技进步奖项等情况；新增加的知识产权情况；设计研发零部件及原材料情况或与其他供应商合作设计研发零部件及原材料情况，进口零部件和原材料占总成本比重变化情况；其他设计研发能力提升情况。核电项目业主应填写推进重大技术装备或产品及其零部件设计、研发、应用等方面情况。第一次复核企业和核电项目业主提供首次获得免税资格年度至本次复核年度的相关数据。

三、相关附件

（一）与上述表（二）《过去三年（含本年）重大技术装备或产品销售合同汇总表》对应的销售合同主要页（包含买卖双方、装备名称、数量、规格、买卖双方签字盖章页、签订合同日期等信息）复印件。核电项目业主提供重大技术装备采购合同主要页复印件。

（二）过去三年（含本年）新获得的与申请享受政策的装备或产品相关的技术进展、获奖情况、科研成果、知识产权等说明材料。

四、声明

本单位承诺：上述信息准确，材料真实有效，所有承诺诚信可靠。如有失实，愿意承担相关责任。

单位盖章

年　月　日

附件 4

享受重大技术装备进口税收政策年度执行情况表

（20××年）

企业名称：（加盖公章）：

类别	基本信息	简要说明	备注
企业基本情况	统一社会信用代码		
	是否存在违法和严重失信行为		
	企业类别	（中央/地方企业）	
	企业性质		
	企业地址		
	主管海关		
	企业联系人及联系方式		
享受政策情况	装备或产品所对应目录条目		
	首次享受政策时间		
	装备或产品的销售数量及金额合计（万元）		核电项目业主填写采购装备或产品情况
	享受免税政策的进口零部件和原材料的货值合计（万美元）		
	进口零部件和原材料减免税额合计（万元）		
	进口零部件和原材料减免关税税额合计（万元）		
	进口零部件和原材料减免增值税额合计（万元）		

注：

1. 已享受政策企业每年按规定填写该表格。

2. 装备或产品名称应按照《国家支持发展的重大技术装备和产品目录》有关条目填写。涉及不同装备和产品，应分不同表格填写。

3. 企业应如实填写相关数据，于每年 3 月 1 日前将本表纸质版一式三份（加盖公章）报送所属省、自治区、直辖市、计划单列市工业和信息化主管部门或中央企业集团。

附件 5

重大技术装备进口税收政策有关目录修订建议报告

单位名称：（填写名称全称，加盖公章）

单位联系人：（填写联系人姓名、部门及职务，联系方式）

年　月

填写说明

一、报告中第一次出现特定用语、专业术语或外文名词时，要写清全称和缩写，再出现同一词时可以使用缩写。

二、涉及两个或两个以上领域的装备或产品，报告应分开填写。

三、有关文件或材料应为原件或者加盖有效印章的复印件。

四、报告纸质版一式三份，电子版（光盘）两份。

五、报告正文格式说明：请用A4幅面编辑，正文字体为4号仿宋体，单倍行距。一级标题3号黑体，二级标题3号楷体。

一、企业基本情况

包括名称、类型、经营范围、企业所在地、生产制造能力和销售产品情况等。

二、建议修订的重大技术装备和产品情况

具体说明重大技术装备或产品的名称、技术规格、研制情况、承接合同情况及合同进展情况、国内外同类装备或产品研制情况及主要研制单位情况、国内外技术水平差别等。

三、建议修订的进口零部件、原材料情况

具体说明进口零部件、原材料的名称、技术规格、单机用量和进口价格、国内生产情况（生产能力、生产单位），国外厂商情况，进口的理由等。

四、建议修订的理由

逐条具体列明修订目录的理由。

五、附表

表1　国家支持发展的重大技术装备和产品目录修订意见汇总表

报送单位：(加盖公章)

编号	单位名称	装备名称	技术规格要求	销售业绩要求	执行年限	修订说明	修订理由
（填写重大技术装备所在领域）							

填表说明：1.“装备名称”应选用通用性名称；2.“技术规格要求”应选择3~5个代表技术先进性的参数；3.“修订说明”应明确意见为新增、删除、调整技术规格要求、调整销售业绩要求、调整执行年限或其他。

表 2　重大技术装备和产品进口关键零部件、原材料商品目录修订意见汇总表

报送单位：(加盖公章)

单位名称	设备名称	一级部件	二级部件	单机用量	税则号列	执行年限	零部件、原材料技术规格要求	国内企业研制情况	进口国家和企业	修订说明	修订理由
(填写重大技术装备所在领域)											

填表说明："修订说明"应明确意见为新增、删除、调整执行年限或其他。

表 3　进口不予免税的重大技术装备和产品目录修订意见汇总表

报送单位：(加盖公章)

编号	单位名称	税则号列	设备名称	技术规格	国内企业研制情况	修订说明	修订理由
(填写重大技术装备所在领域)							

填表说明："修订说明"应明确意见为新增、调整技术规格或其他。

海关总署办公厅关于明确《重大技术装备和产品进口关键零部件、原材料商品目录（2019 年修订）》中高压发生器技术规格的通知

（署办税函〔2020〕11 号）

广东分署，各直属海关：

近日，工业和信息化部办公厅来函，明确《重大技术装备和产品进口关键零部件、原材料商品目录（2019 年修订）》（财关税〔2019〕38 号附件 2）"第十五类：电子信息及生物医疗装备（二）数字化医疗影像设备、生物工程和医疗生产专用设备"项下"2. X 射线计算机断层摄影设备"的一级部件"高压发生器（80kW）"，是指功率 80kW 及以上的高压发生器。

特此通知。

海关总署办公厅
二〇二〇年五月十一日

财政部　工业和信息化部　海关总署　国家税务总局　国家能源局关于适当延长《进口不予免税的重大技术装备和产品目录（2018年修订）》适用时间的通知

（财关税〔2020〕28号）

各省、自治区、直辖市、计划单列市财政厅（局）、工业和信息化主管部门，新疆生产建设兵团财政局，海关总署广东分署、各直属海关，国家税务总局各省、自治区、直辖市、计划单列市税务局，财政部各地监管局，国家税务总局驻各地特派员办事处：

为支持相关企业积极应对新冠肺炎疫情不利影响，适当延长《进口不予免税的重大技术装备和产品目录（2018年修订）》的适用时间，对《财政部　工业和信息化部　海关总署　税务总局　能源局关于调整重大技术装备进口税收政策有关目录的通知》（财关税〔2019〕38号）中的通知事项第二项修订如下：

一、将“对2019年12月31日前（含12月31日）批准的上述项目和企业在2020年6月30日前（含6月30日）进口设备”中的“在2020年6月30日前（含6月30日）”修改为“在2020年12月31日前（含12月31日）”。

二、将“自2020年7月1日起对上述项目和企业进口《进口不予免税的重大技术装备和产品目录（2019年修订）》中所列设备”中的“自2020年7月1日起”修改为“自2021年1月1日起”。

财政部　工业和信息化部　海关总署
国家税务总局　能源局
二〇二〇年六月二十四日

海关总署关于执行重大技术装备进口税收政策有关事项的通知

（署税发〔2020〕224号）

广东分署，各直属海关：

为继续支持我国重大技术装备制造业发展，财政部会同工业和信息化部、海关总署、税务总局、能源局制定了《重大技术装备进口税收政策管理办法》（财关税〔2020〕2 号文件印发，以下简称《管理办法》），工业和信息化部根据《管理办法》有关规定，会同相关部门制定了《重大技术装备进口税收政策管理办法实施细则》（工信部联财〔2020〕118 号文件印发）。为认真落实重大技术装备进口税收政策，现就政策执行中的有关事项明确如下：

一、经认定的具有免税资格的企业和核电项目业主名单（包括新享受政策、复核后或发生变更情形后继续享受政策的企业和核电项目业主名单）及其享受政策的起止时间、免税资格复核年度（以下统称“享受政策名单”），以及复核后或发生变更情形后停止享受政策、存在被列入失信联合惩戒名单等失信情况而不能继续享受政策的企业和核电项目业主名单及其停止享受政策的时间（以下统称“停止享受政策名单”），在工业和信息化部函告海关总署后，总署转发各直属海关执行。

上述停止享受政策的企业和核电项目业主在停止享受政策之日（含当日）后，向海关申报进口已享受政策的有关商品，应按规定补缴相关税款。

二、对享受政策名单内的企业和核电项目业主，为生产名单中相应的国家支持发展的重大技术装备和产品，在享受政策期限内申报进口当年度适用的《重大技术装备和产品进口关键零部件、原材料商品目录》（以下简称《零部件、原材料目录》）中相应的执行年限内的商品，免征关税和进口环节增值税。

对享受政策名单内的企业和核电项目业主申请只免征进口关税、自愿放弃免征进口环节增值税的，主管海关可以受理，并按规定为其办理减免税审核确认手续。但企业和业主在主动放弃免征进口环节增值税后的 36 个月内，如果再次申请免征进口环节增值税，主管海关不予受理。

三、主管海关应对照总署转发的享受政策名单、停止享受政策名单以及当年度适用的《国家支持发展的重大技术装备和产品目录》（以下简称《装备和产品目录》）和《零部件、原材料目录》，按规定对有关企业或核电项目业主进口的有关商品是否符合免税条件进行审核确认。

（一）对于《零部件、原材料目录》同时列名了一级部件和二级部件项下商品的，仅进口的二级部件项下商品可予免税；仅列名了一级部件项下商品而未列名二级部件项下商品的，进口一级部件项下商品可予免税。

（二）对于以散件形式（即未组装成一级部件或二级部件整机）进口的多个部件，其中组装后能构成《零部件、原材料目录》所列一级部件或二级部件的整机特征的有关进口部件，可予免税。

各直属海关可结合工作实际和企业诉求，对《装备和产品目录》《零部件、原材料目录》提出修订建议，于当年 2 月 28 日前报送总署（关税司）。

四、符合下列情形之一的，有关企业或核电项目业主可向主管海关申请办理有关货物凭税款担保先予放行手续：

（一）新享受政策的企业或核电项目业主名单在下年度 1 月 1 日前未印发，企业和业主可凭工业和信息化部开具的《申请享受重大技术装备进口税收政策受理通知书》向海关申请办理；

（二）复核后继续享受政策的企业或核电项目业主名单在下年度 1 月 1 日前未印发，上一享受政策期限内已享受政策的企业和核电项目业主可直接向海关申请办理；

（三）具有免税资格的企业和核电项目业主发生企业名称、公司类型、经营范围等信息变更，自完成变更登记之日起，可向海关申请办理；

（四）享受政策的企业和核电项目业主向海关报告其存在被列入失信联合惩戒名单等失信情形，自其报告之日起，可向海关申请办理。

五、重大技术装备进口税收政策项下进口有关商品的减免税审核确认手续纳入减免税管理系统管理。征免性质为：生产重大技术装备进口关键零部件及原材料（简称：重大技术装备，代码：408）。

享受政策名单中有关企业或核电项目业主首次向主管海关办理减免税审核确认手续时，《进出口货物征免税申请表》相关信息栏目填制要求如下：

（一）“减免税申请人名称”栏目填写享受政策名单内企业或核电项目业主名称；

（二）“项目名称”栏目填写享受政策名单中相应的重大技术装备和产品名称；

（三）“立项日期”栏目填写享受政策名单内企业或核电项目业主具备免税资格的起始时间；

（四）“开始日期”栏目填写向海关申请办理减免税审核确认手续的日期；

（五）“结束日期”栏目填写享受政策名单内企业或核电项目业主免税资格的截止时间；

（六）对于系统未提示必须填写的其他栏目可以不填写。

六、对按照或比照《国务院关于调整进口设备税收政策的通知》（国发〔1997〕37 号）规定享受进口税收优惠政策的项目和企业［包括国家鼓励发展的国内投资项目和外商投资项目；外国政府贷款和国际金融组织贷款项目；由外商提供不作价进口设备的加工贸易企业；中西部地区外商投资优势产业项目；《海关总署关于进一步鼓励外商投资有关进口税收政策的通知》（署税〔1999〕791 号）规定的外商投资企业和外商投资设立的研究开发中心利用自有资金进行技术改造项目］进口属于《进口不予免税的重大技术装备和产品目录》（以下简称《重装不免目录》）中自用设备以及按照合同随上述设备进口的技术及配套件、备件，照章征收进口税。

（一）对于在工作原理、结构、用途、功能、性能、限定的技术指标等方面与《重装不免目录》中列名商品相同的进口设备，不论用于何种行业均不予免税。对于在工作原理、结构、用途、功能、性能上与《重装不免目录》列名商品明显不同的进口设备，可认定为不属于《重装不免目录》所列商品。

（二）对于《重装不免目录》中有两项及以上技术指标的商品，如进口相关设备有两项及以上的技术指标优于《重装不免目录》中相应商品的限定技术规格的，可认定为不属于《重装不免目录》所列商品。

（三）《重装不免目录》中同时列明了设备名称和税则号列，对因年度税则税目调整使得《重装不免目录》中所列税则号列不够准确或设备名称和对应的税则号列不一致的，应以设备的名称为准。

（四）《重装不免目录》列名的“……生产线”“……成套设备”“……系统”包含其全部组成设备，无论进口成套或部分设备，都受《重装不免目录》限制。上述生产线、成套设备或系统的组成设备成套进口并符合商品归类原则“功能机组”定义的，应一并按“功能机组”归入相应税则号列，如其技术规格优于《重装不免目录》列名商品的，则按“功能机组”归类的该成套进口组成设备符合免税条件；按照商品归类原则各组成设备应分别归类的，如该生产线、成套设备或系统的技术规格优于《重装不免目录》列名商品的，则分别归类的各组成设备也符合免税条件。

（五）《重装不免目录》中技术规格栏目中的“以上”“以下”均不含本数。技术规格栏目中以两项及以上指标相乘形式表示的，进口设备相应的各单项技术指标必须分别优于所列指标，才符合免税条件。

七、重大技术装备进口税收政策项下免税进口的零部件、原材料属于海关监管货物，在海关监管年限内，未经海关审核同意，不得擅自转让、移作他用或进行其他处置。

在海关监管年限内，上述有关零部件、原材料全部被装配或制造为《装备和产品目录》所列装备和产品之日起，自动解除监管。企业和核电项目业主应如实记录零部件、原材料使用有关情况，能够与所装配或制造的装备和产品形成对应关系，并在向主管海关报告减免税货物使用状况时报告相关情况。

享受政策的企业和核电项目业主如违反规定，将免税进口的零部件、原材料擅自转让、移作他用或者进行其他处置，被依法追究刑事责任的，从违法行为发现之日起停止享受政策。在违法行为性质最终确定前，海关不予受理该企业或核电项目业主办理进口有关零部件、原材料减免税审核确认手续的申请，但可凭其提供的税款担保办理有关零部件、原材料先予放行手续。待违法行为性质确定后，按规定处理。

八、请各直属海关加强政策宣传解读，将本通知有关规定告知相关企业和核电项目业主，并结合本关区工作实际细化落实有关措施。对于政策执行中存在的问题，请及时向总署（关税司）反映。

《海关总署关于执行重大技术装备进口税收政策有关问题的通知》（署税发〔2014〕180 号）和《海关总署关于修订执行重大技术装备进口税收政策有关条款的通知》（署税函〔2016〕119 号）自本通知印发之日同时废止。

特此通知。

海关总署

二〇二〇年十二月二十四日

工业和信息化部　财政部　海关总署　国家税务总局 国家能源局关于调整重大技术装备进口税收政策有关目录的通知

（工信部联重装〔2021〕198号）

各省、自治区、直辖市及计划单列市、新疆生产建设兵团工业和信息化主管部门、财政厅（局），海关总署广东分署、各直属海关，国家税务总局各省、自治区、直辖市、计划单列市税务局，各省、自治区、直辖市能源局，财政部各地监管局，国家税务总局驻各地特派员办事处：

根据《财政部 工业和信息化部 海关总署 税务总局 能源局关于印发〈重大技术装备进口税收政策管理办法〉的通知》（财关税〔2020〕2号）和《工业和信息化部　财政部　海关总署　税务总局　能源局关于印发〈重大技术装备进口税收政策管理办法实施细则〉的通知》（工信部联财〔2020〕118号）有关要求，结合国内外形势变化，工业和信息化部、财政部、海关总署、国家税务总局、国家能源局对重大技术装备进口税收政策有关目录进行了修订。有关事项通知如下：

一、《国家支持发展的重大技术装备和产品目录（2021年版）》（附件1）、《重大技术装备和产品进口关键零部件、原材料商品目录（2021年版）》（附件2）和《进口不予免税的重大技术装备和产品目录（2021年版）》（附件3）自2022年1月1日起执行。

二、对2021年12月31日前（含12月31日）批准的按照或比照《国务院关于调整进口设备税收政策的通知》（国发〔1997〕37号）规定享受进口税收优惠政策的项目和企业，在2022年6月30日前（含6月30日）进口设备，继续按照《财政部 工业和信息化部 海关总署 税务总局 能源局关于调整重大技术装备进口税收政策有关目录的通知》（财关税〔2019〕38号）和《财政部 国家发展改革委 海关总署 国家税务总局关于调整〈国内投资项目不予免税的进口商品目录〉的公告》（2012年第83号）执行。

三、对2021年12月31日前（含12月31日），举办的中国国际进口博览会、中国国际服务贸易交易会以及中西部地区国际性展会展期内销售的进口展品税收优惠政策项下的国际性展会，展期内销售的进口展品继续按照财关税〔2019〕38号文执行；2022年1月1日以后举办的，按本通知执行。

四、附件1和附件2中所列销售业绩要求仅用于确定免税企业名单。附件2中列明执行年限的进口关键零部件、原材料，免税执行期限截至该年度12月31日（含）。附件2和附件3中所列税则号列仅供参考，具体商品范围以设备名称及技术规格要求为准。

五、如遇目录列明商品范围理解不清等特殊事项，企业及有关单位可通过省级工业和信息化主管部门报工业和信息化部，工业和信息化部、财政部、海关总署、国家税务总局、国家能源局共同解释。

六、自2022年1月1日起，《财政部 工业和信息化部 海关总署 税务总局 能源局关于调整重大技术装备进口税收政策有关目录的通知》（财关税〔2019〕38号）予以废止。

附件：1　国家支持发展的重大技术装备和产品目录（2021年版）
　　　2　重大技术装备和产品进口关键零部件、原材料商品目录（2021年版）
　　　3　进口不予免税的重大技术装备和产品目录（2021年版）

工业和信息化部　财政部　海关总署
国家税务总局　国家能源局
2021年12月10日

附件 1

国家支持发展的重大技术装备和产品目录

（2021 年版）

编号	设备名称	技术规格要求	销售业绩要求
一	**大型清洁高效发电装备**		
（一）	核电机组（三代核电机组）		
1	核岛设备：反应堆压力容器、蒸汽发生器、稳压器、反应堆堆内构件、核燃料元件、乏燃料处理设备	额定功率≥1000MWe	持有合同订单
2	常规岛设备：主给水泵组	额定功率≥1000MWe；耦合器额定功率≥7000kW	持有合同订单
3	核主泵电机	额定功率≥1000MWe；额定电压≥10kV	持有合同订单
（二）	燃气-蒸汽联合循环机组		
1	燃气轮机	E 级、F 级、H 级	持有合同订单
（三）	大型水力发电机组		
1	水轮发电机组	额定功率≥700MW	持有合同订单
（四）	大功率风力发电机组		
1	风力发电机组：整机、发电机、变流器	单机额定功率≥5MW	持有合同订单
二	**超、特高压输变电设备**		
（一）	直流输变电设备		
1	直流换流变压器	电压等级：±800kV 及以上	持有合同订单
（二）	交流输变电设备		
1	气体绝缘金属封闭开关设备	电压等级≥1100kV	持有合同订单
三	**大型石油及石化装备**		
（一）	乙烯成套设备		
1	乙烯、丙烯、裂解气压缩机	年产量≥140 万吨	持有合同订单
（二）	橡塑机械		
1	混炼挤压造粒机组	年产量≥20 万吨	持有合同订单
2	道路相变自调温材料混炼挤出成套装置	年产量≥5 万吨	持有合同订单
（三）	天然气管道运输和液化储运装备		
1	天然气输送用一体式压缩机	额定功率≥10MW	持有合同订单
（四）	油气钻采装备		
1	不压井作业装备	提升能力≥70t	持有合同订单
2	水下生产系统脐带缆	工作压力≥3000psi	持有合同订单

续表1

编号	设备名称	技术规格要求	销售业绩要求
四	**大型煤化工设备（无）**		
五	**大型冶金成套设备（无）**		
六	**大型矿山设备**		
（一）	大型非公路矿用自卸车		
1	电动轮非公路矿用自卸车	额定装载重量≥220t	持有合同订单
（二）	大型煤炭采掘设备		
1	矿山特种钻机车（用于煤层气、页岩气开采对接井及矿山应急救援）	最大提升力≥600kN；输出转矩：12500～30000N·m	持有合同订单
2	掘锚一体机	截割宽度≥4200mm；截割高度≥2400mm；截割能力：20～25t/min；装运能力：25～35t/min	持有合同订单
七	**大型船舶、海洋工程设备**		
（一）	大型高技术、高附加值船舶		
1	中型邮轮	船长≥200m；最大载客≥650人；客房≥250间；满足SRtP、USCG、USPH等规范要求	持有合同订单
2	新型潜航器支持母船	船长≥110m；最大作业排水量≥10000t；载荷下潜收放能力≥400t；DP2级及以上动力定位	持有合同订单
（二）	大功率柴油机及其他船用关键配套设备		
1	天然气及双燃料发动机	功率≥1000kW；缸径≥200mm	持有合同订单
2	柱塞式舵机	工作扭矩：314～9810kN·m；转舵角度：±35°/±45°；转舵速度≥65°/28s	年销售量≥80台
八	**高速铁路、城市轨道交通设备**		
（一）	大功率交流传动电力/内燃机车		
1	大功率交流传动电力机车转向架	单轴功率≥1200kW	持有合同订单
2	大功率内燃机车转向架	柴油机装车功率≥3200kW	持有合同订单
九	**大型环保及资源综合利用设备（无）**		
十	**大型施工机械和基础设施专用设备**		
（一）	大型、新型施工机械		
1	大型全断面隧道掘进机	刀盘直径≥6m	持有合同订单
2	越野轮胎起重机	最大起重量≥60t	持有合同订单
3	混凝土泵车	臂架长度≥56m	年销售量≥100台
4	液压挖掘机	整机重量≥45t；双臂轮履复合救援液压挖掘机整机重量≥20t	年销售量≥80台（双臂轮履救援液压挖掘机、整机重量≥90t液压挖掘机为持有合同订单）
5	铣刨机	铣刨宽度≥2m	持有合同订单
6	履带式全地形工程车	满载重量≥13t；最高公路行驶速度≥60km/h	持有合同订单
7	举高消防车	工作高度>40m	持有合同订单

续表2

编号	设备名称	技术规格要求	销售业绩要求
8	集装箱正面吊/堆高机	最大起重量≥45t	持有合同订单
9	旋挖钻机	钻孔直径≥2800mm；动力头扭矩≥280kN·m	持有合同订单
10	全电脑凿岩台车	最大作业高度≥11300mm；最大作业宽度≥16600mm；最大钻孔深度≥30m；凿岩机冲击功率≥30kW	持有合同订单
十一	**重大工程自动化控制系统和关键精密测试仪器（无）**		
十二	**大型、精密、高速数控设备、数控系统、功能部件与基础制造装备（无）**		
十三	**新型纺织机械**		
（一）	棉纺成套设备		
1	自动络筒机	卷绕速度≥2100m/min	年销售量≥50台
2	全自动转杯纺纱机	转杯转速≥18万转/分钟；纺纱速度≥300m/min	年销售量≥30台
（二）	非织造布成套设备		
1	纺熔复合非织造布成套设备	幅宽≥1.6m	持有合同订单
十四	**新型、大马力农业装备**		
1	大马力轮式拖拉机	发动机额定功率≥260马力；动力换挡或CVT换挡；有卫星导航接口	年销售量≥50台
2	自走式喷杆喷雾机	药箱容积≥2000L	持有合同订单
3	自走式玉米、小麦联合收获机	玉米联合收获机采收行数≥6行；小麦联合收获机喂入量≥12kg/s	年销售量≥100台
十五	**电子信息及生物医疗设备**		
（一）	半导体发光二极管（LED）生产设备、集成电路关键设备、电子元器件生产设备、材料基因设备		
1	半导体发光二极管生产设备		
（1）	金属有机化学气相沉积设备	可配置单片6英寸或8英寸四腔系统，可改造升级8×6英寸多片四腔系统；外延厚度和材料组成均匀性STD≤1%；电子迁移率≥1900cm$^{2/Vs}$	持有合同订单
（2）	高亮度LED步进投影光刻机	分辨率：0.7~2μm；适应2~6英寸多种基底的曝光；可监测基底翘曲值；多种背面对准配置	持有合同订单
2	集成电路关键设备		
（1）	氧化炉	硅片直径：300mm；线宽≤28nm	持有合同订单
（2）	高密度等离子刻蚀机	硅片直径：300mm；线宽≤55nm	持有合同订单
（3）	薄膜沉积设备：化学气相沉积设备、物理气相沉积设备和原子层沉积设备	硅片直径：300mm；线宽≤28nm	持有合同订单
（4）	涂胶显影机	硅片直径：300mm；线宽≤28nm	持有合同订单
（5）	快速热退火设备	硅片直径：300mm；线宽≤28nm	持有合同订单
（6）	湿法清洗机	硅片直径：300mm；线宽≤28nm	持有合同订单
（7）	晶圆缺陷自动检测设备	可用于300mm晶圆；镜头倍率：1X、2X、3.5X、5X、10X、20X	持有合同订单

续表3

编号	设备名称	技术规格要求	销售业绩要求
(8)	离子注入机	硅片直径：300mm；线宽≤28nm	持有合同订单
(9)	集成电路自动化测试及分选设备	数字信号通道≥1024；最高测试速率≥200Mbps；电源信号通道≥128；继电器控制信号通道≥256；生产效率≥9000片/小时；Jam≤1/5000；可搭配模拟模块、射频模块、高压模块、图像处理模块等处理不同信号类型的模块，以及机器视觉检测模块、多种不同进料出料模块	持有合同订单
(10)	前道铜互连电镀设备	应用于45nm至14nm铜互连电镀工艺	持有合同订单
(11)	化学机械抛光机	硅片直径：300mm；线宽≤28nm	持有合同订单
(12)	先进封装电镀设备	应用于先进封装电镀工艺	持有合同订单
3	电子元器件生产设备		
(1)	片式多层陶瓷电容器丝网印刷机	印刷速度≥5m/min；印刷宽度：150~600mm；印刷直线度≤0.1mm；印刷间距波动范围≤0.2mm；电极厚度范围：0.6~1.5μm；收卷整齐度≤0.5mm；有张力控制系统、边缘纠偏系统、数据采集系统	持有合同订单
(2)	片式多层陶瓷电容器自动分选机	处理电容尺寸：0201至1206；最大处理能力≥12000只/分钟	持有合同订单
(3)	低温共烧陶瓷光刻工艺硬质玻纤板印刷生产线	玻纤板正面尺寸≥160mm×160mm，厚度≤2.0mm；涂刮机构全程采用电机调整水平，调整步距≤0.01mm；印刷工作台表面与网框底面的平行度≤30μm；印刷工作台表面与印刷头的平行度≤30μm；生产效率≥15秒/片；视觉辅助对位精度≤3μm；膜厚极差：±3μm	持有合同订单
4	材料基因设备		
(1)	高通量材料芯片表征系统	X射线能量范围：2.1~30keV；光斑尺寸≤500μm（X射线表征）；空间分辨率≤100μm（热学或磁学表征）；极限分辨率≤0.5GHz（弹性模量表征）	持有合同订单
(2)	高通量材料芯片制备系统	成分分辨率≤1%；薄膜厚度不均匀性≤3%；薄膜厚度可控精度≤1nm	持有合同订单
（二）	高端医疗装备		
1	超导磁共振成像系统	磁场强度≥1.5T；冷头类型：4K；谱仪通道数≥16	年销售量≥10台
2	X射线计算机断层摄影设备	CT排数≥64排；CT球管热容量≥5M；高压发生器功率≥100kW	年销售量≥30台
3	正电子发射及X射线计算机断层成像扫描系统	晶体条横截面≤4.5mm×5.0mm；CT排数≥64排；CT球管热容量≥5M	持有合同订单
4	医用电子直线加速器	X射线最高能量≥6MV；剂量率≥400cGy/min；多叶准直器最小叶片宽度≤5mm；具有影像引导、动态调强功能	持有合同订单

续表4

编号	设备名称	技术规格要求	销售业绩要求
5	血液透析机	透析液流量：300～800mL/min；透析液温度控制精度：±0.5℃；透析液电导率控制精度：±0.1mS/cm；超滤脱水控制精度：±30mL/h；具有在线血液透析滤过功能	年销售量≥1000台
6	超导磁体	磁场强度≥1.5T；冷头类型：4K	年销售量≥10台
7	数字减影血管造影系统	高压发生器功率≥100kW；X射线管电流≥1000mA；探测器像素尺寸≤160μm	年销售量≥10台
8	小型集成化质子治疗系统	能量切换速度≤100ms；最大能量≥230MeV；剂量率≥2Gy/min/L；超导同步回旋加速器磁场强度≥8T	持有合同订单
（三）	医药成套设备		
1	灌装设备	工作环境：B+A级洁净区；灌装精度：±1%（2mL以上灌装量）	年销售量≥160台
2	冻干机	极限真空压力≤0.5Pa，压力可调；真空泄漏率≤10mbar·m$^{3/s}$；冷阱最低温度≤-75℃；板层温度均匀一致性≤2℃	年销售量≥150台
十六	**民用飞机及发动机、机载设备**		
（一）	固定翼飞机与直升机、机载设备		
1	50座级涡桨支线飞机	最大起飞重量≥20t	持有合同订单
2	70座级涡桨支线飞机（总装及机体结构）	最大起飞重量≥26.5t	
3	新型涡扇支线飞机（总装及机体结构）	最大起飞重量≥43t	持有合同订单
4	19座级双发涡桨通用飞机	最大起飞重量≥5.5t；获得CAAC型号合格证	持有合同订单
5	4吨级民用直升机	最大起飞重量≥3.1t；获得CAAC型号合格证	持有合同订单
6	7吨级民用直升机	最大起飞重量≥6.7t	
7	13吨级民用直升机	最大起飞重量≥13t；获得CAAC型号合格证	持有合同订单
8	大型水陆两栖飞机（总装及机体结构）	最大起飞重量≥53.5t	
9	大型客机（总装及机体结构）	最大起飞重量≥75t	持有合同订单
10	复合材料初级教练机	最大起飞重量≥1t	持有合同订单
11	复合材料中级教练机	最大起飞重量≥1.9t	持有合同订单
（二）	发动机、机载设备		
1	涡轴发动机	起飞功率≥1240kW；最大连续功率≥1100kW；基准重量≤230kg	
2	7吨级民用直升机尾传动系统	功率≥550kW	
3	压燃式航空活塞发动机	起飞功率≥100马力；最大连续功率≥100马力；基准重量≤200kg	持有合同订单

附件 2

重大技术装备和产品进口关键零部件、原材料商品目录

（2021 年版）

一、大型清洁高效发电装备

设备名称	技术规格要求	销售业绩要求	一级部件	二级部件	单机免税用量（供参考）	税则号列（供参考）	执行年限
（一）核电机组（三代核电机组）							
1．核岛设备							
（1）反应堆压力容器	额定功率≥1000MWe	持有合同订单	堆内仪表测量管、检漏管、喇叭口		11套	73044190 75089090 73072900 84014090	
			控制棒驱动机构适配器（包括法兰座、袖套、贯穿件延伸段和导向罩）		69套	85044020 85489000 84014090 73269010	
			紧固件（包括主螺栓、起吊导向管、导向栓、塞孔盖）		62套	84014090 73044190 7318	
（2）蒸汽发生器			带整体支架的管嘴堵板、堵头		2套	84199090	
（3）稳压器			喷淋头		1套	84014090 85169090 84248999	
（4）反应堆堆内构件			钴基焊材		0.2吨	38109000 72209000 83113000 81059000	
（5）核燃料元件			高硼靶材		5吨	28459000 84013090	
			毒物碳化硼铝板		100吨	28499090 84013090	
（6）乏燃料处理设备			乏燃料贮存格架	硼钢管	20吨	72269191	
			乏燃料贮存、运输容器	硼铝板	0.8吨	76061259	
2．常规岛设备							
（1）主给水泵组	额定功率≥1000MWe；耦合器额定功率≥7000kW	持有合同订单	耦合器		1套	84836000	
3．核主泵电机							
（1）核主泵电机	额定功率≥1000MWe；额定电压≥10kV	持有合同订单	油润滑轴承、水润滑轴承、石墨轴瓦		1套	84833000	

续表 1

设备名称	技术规格要求	销售业绩要求	一级部件	二级部件	单机免税用量（供参考）	税则号列（供参考）	执行年限
（二）燃气-蒸汽联合循环机组							
1．燃气轮机	E级、F级、H级	持有合同订单	透平		1套	84119990	
			可燃气体检测装置		1套	90271000	
			燃烧室	瓦块	2吨	84119990	
				瓦块挂钩	0.5吨	84119990	
			点火装置		1套	84119990	
			进气导叶执行机构		1个	85437090 84123900 84119990	
			排气扩散段及膨胀节		1套	84119990	
			天然气系统	燃气阀	1台	8481803990	
（三）大型水力发电机组							
1．水轮发电机组	额定功率≥700MW	持有合同订单	发电机电气制动开关		1套	8536	2022
（四）大功率风力发电机组							
1．风力发电机组	单机额定功率≥5MW	持有合同订单	整机控制器（接口电压≥690VAC）		3个	85371011 90328990 85371090	2022
			变流器（额定电流≥4000A）		3个	85044091	2022
			主轴承		1套	84822000	2022
2．发电机	为单机额定功率≥5MW的整机配套	持有合同订单	轴承		1套	84821020	2022
3．变流器	为单机额定功率≥5MW的整机配套	持有合同订单	功率模块及元件		156个	85044091	

续表 2

二、超、特高压输变电设备							
设备名称	技术规格要求	销售业绩要求	一级部件	二级部件	单机免税用量（供参考）	税则号列（供参考）	执行年限
（一）直流输变电设备							
1．直流换流变压器	电压等级：±800kV及以上	持有合同订单	硅胶套管		2～4支	85469000 3917	2022
			有载开关		2～4台	85372010 85372090 85365000	
			绝缘出线装置（±1100kV及以上）		1套	85049019	
（二）交流输变电设备							
1．气体绝缘金属封闭开关设备	电压等级≥1100kV	持有合同订单	绝缘拉杆		100～200个/间隔	85479090 85472000	

续表 3

三、大型石油及石化装备							
设备名称	技术规格要求	销售业绩要求	一级部件	二级部件	单机免税用量（供参考）	税则号列（供参考）	执行年限
（一）乙烯成套设备							
1．乙烯、丙烯、裂解气压缩机	年产量≥140万吨	持有合同订单	主轴锻件		4件	73259910	2022
			叶轮锻件		2件	84149090	2022
（二）橡塑机械							
1．混炼挤压造粒机组	年产量≥20万吨	持有合同订单	在线熔指测量仪		1套	90278099	
			振动分筛机		1套	84741000	2022
2．道路相变自调温材料混炼挤出成套装置	年产量≥5万吨	持有合同订单	高温熔压传感器		15个	90262090	
（三）天然气管道运输和液化储运装备							
1．天然气输送用一体式压缩机	额定功率≥10MW	持有合同订单	磁悬浮轴承		4个	84833000	2022
			联轴器		1个	84836000	2022
			高速电机	转子和定子	1套	85030090	2022
（四）油气钻采装备							
1．不压井作业装备	提升能力≥70t	持有合同订单	不压井防喷器		1台	84314320	2023
2．水下生产系统脐带缆	工作压力≥3000psi	持有合同订单	脐带缆用大长度超双相无缝不锈钢管（S32750）		6～12公里/每公里脐带缆	73044190	2022

续表 4

设备名称	技术规格要求	销售业绩要求	一级部件	二级部件	单机免税用量（供参考）	税则号列（供参考）	执行年限
四、大型煤化工设备（无）							
五、大型冶金成套设备（无）							
六、大型矿山设备							
（一）大型非公路矿用自卸车							
1．电动轮非公路矿用自卸车	额定装载重量≥220t	持有合同订单	交流传动系统	控制柜	1套	85372090 85371090	2022
（二）大型煤炭采掘设备							
1．矿山特种钻机车（用于煤层气、页岩气开采对接井及矿山应急救援）	最大提升力≥600kN；输出转矩：12500～30000N·m	持有合同订单	动力系统	柴油机	1套	84082010	2022
				分动箱	1套	87089960	2022
				进气关断阀	1套	84814300	2022
			控制系统	测斜定向仪	1套	90158000	2022
2．掘锚一体机	截割宽度≥4200mm；截割高度≥2400mm；截割能力：20～25t/min；装运能力：25～35t/min	持有合同订单	截割装置	截割减速机	1套	84834090 84834020	2022

续表 5

七、大型船舶、海洋工程设备							
设备名称	技术规格要求	销售业绩要求	一级部件	二级部件	单机免税用量（供参考）	税则号列（供参考）	执行年限
（一）大型高技术、高附加值船舶							
1．中型邮轮	船长≥200m；最大载客≥650人；客房≥250间；满足SRtP、USCG、USPH等规范要求	持有合同订单	电力包		1 船套	85371019 85381090	
			撤离系统		1 船套	85437099	
			邮轮自动化系统		1 船套	90328990 85311000	
2．新型潜航器支持母船	船长≥110m；最大作业排水量≥10000t；载荷下潜收放能力≥400t；DP2级及以上动力定位	持有合同订单	电力推进系统		1船套	85021320 85021310 84871000 85437099 85015300 98537109	2023
（二）大功率柴油机及其他船用关键配套设备							
1．天然气及双燃料发动机	功率≥1000kW；缸径≥200mm	持有合同订单	燃气系统		1套	84099910	2023
			活塞总成		8套	84099910	2023
			监测系统		1套	90328990	2023
2．柱塞式舵机	工作扭矩：314～9810 kN·m；转舵角度：±35°/±45°；转舵速度≥65°/28s	年销售量≥80台	液压泵组		1套	84138100	2023

续表 6

八、高速铁路、城市轨道交通设备							
设备名称	技术规格要求	销售业绩要求	一级部件	二级部件	单机免税用量（供参考）	税则号列（供参考）	执行年限
（一）大功率交流传动电力/内燃机车							
1．大功率交流传动电力机车转向架	单轴功率≥1200kW	持有合同订单	轴箱轴承		6～72套	84825000 84822000	2022
2．大功率内燃机车转向架	柴油机装车功率≥3200kW	持有合同订单	轴箱轴承		12套	84825000 84822000	2022

续表 7

<table>
<tr><td colspan="8">九、大型环保及资源综合利用设备（无）</td></tr>
<tr><td colspan="8">十、大型施工机械和基础设施专用设备</td></tr>
<tr><th>设备名称</th><th>技术规格要求</th><th>销售业绩要求</th><th>一级部件</th><th>二级部件</th><th>单机免税用量（供参考）</th><th>税则号列（供参考）</th><th>执行年限</th></tr>
<tr><td colspan="8">（一）大型、新型施工机械</td></tr>
<tr><td rowspan="7">1. 大型全断面隧道掘进机</td><td rowspan="7">刀盘直径≥6m</td><td rowspan="7">持有合同订单</td><td rowspan="2">主驱动</td><td>主轴承（轴承直径≥ 3m）及其密封</td><td>主轴承1个
密封16个</td><td>8482 8483</td><td>2022</td></tr>
<tr><td>主驱动减速机</td><td>1～20个</td><td>84834020 84834090 84839000</td><td>2022</td></tr>
<tr><td>除尘系统（仅TBM）</td><td>干式除尘器</td><td>1～2套</td><td>85371090</td><td>2023</td></tr>
<tr><td>同步注浆系统</td><td>双柱塞泵及同步控制装置</td><td>2～3套</td><td>84134000 84743100 84138100</td><td>2023</td></tr>
<tr><td>豆砾石注入系统</td><td>注入泵</td><td>2个</td><td>84134000</td><td>2022</td></tr>
<tr><td>液压系统</td><td>液压泵、站、马达和阀件</td><td>1套</td><td>84122910 84122990 84135030 8481</td><td>2023</td></tr>
<tr style="display:none"></tr>
<tr><td rowspan="3">2. 越野轮胎起重机</td><td rowspan="3">最大起重量≥60t</td><td rowspan="3">持有合同订单</td><td>动力系统</td><td>柴油机</td><td>1台</td><td>84089092 84089093</td><td>2022</td></tr>
<tr><td rowspan="2">传动系统</td><td>变速箱</td><td>1台</td><td>84834090</td><td>2023</td></tr>
<tr><td>驱动转向桥</td><td>2个</td><td>84314920</td><td>2023</td></tr>
<tr><td>3. 混凝土泵车</td><td>臂架长度≥56m</td><td>年销售量≥100台</td><td>底盘</td><td></td><td>1台</td><td>87042300 87089960 87054000</td><td>2022</td></tr>
<tr><td rowspan="8">4. 液压挖掘机</td><td rowspan="8">整机重量≥45t；双臂轮履复合救援液压挖掘机整机重量≥20t</td><td rowspan="7">年销售量≥80台（双臂轮履救援液压挖掘机、整机重量≥90t液压挖掘机为持有合同订单）</td><td>动力系统</td><td>柴油机</td><td>1台</td><td>84089092 84089093</td><td>2022</td></tr>
<tr><td rowspan="6">传动和液压系统</td><td>回转/行走机构</td><td>4台</td><td>84834090 84834020</td><td>2023</td></tr>
<tr><td>液压马达</td><td>4台</td><td>84122910</td><td>2023</td></tr>
<tr><td>液压阀</td><td>13个</td><td>84812010</td><td>2023</td></tr>
<tr><td>液压泵</td><td>1套</td><td>84136060 84135039</td><td>2022</td></tr>
<tr><td>电控电磁阀</td><td>1套</td><td>84818021</td><td>2022</td></tr>
<tr style="display:none"></tr>
<tr><td></td><td>电控系统</td><td>控制器</td><td>1个</td><td>90328990</td><td>2022</td></tr>
</table>

续表 8

设备名称	技术规格要求	销售业绩要求	一级部件	二级部件	单机免税用量（供参考）	税则号列（供参考）	执行年限
5．铣刨机	铣刨宽度≥2m	持有合同订单	动力系统	柴油机	1台	84089092 84089093	2022
6．履带式全地形工程车	满载重量≥13t；最高公路行驶速度≥60km/h	持有合同订单	动力系统	柴油机	1台	84089090	2022
			行走系统总成		1套	87087010	2023
			电控系统	可编程控制器	2个	85371011	2023
7．举高消防车	工作高度>40m	持有合同订单	底盘		1台	87042300	2022
8．集装箱正面吊/堆高机	最大起重量≥45t	持有合同订单	驱动机构	驱动桥	2根	84312010	2023
9．旋挖钻机	钻孔直径≥2800mm；动力头扭矩≥280kN·m	持有合同订单	液压系统	液压泵	1台	84136090	2023
10．全电脑凿岩台车	最大作业高度≥11300mm；最大作业宽度≥16600mm；最大钻孔深度≥30m；凿岩机冲击功率≥30kW	持有合同订单	传动装置	变矩器	1套	8483	2023
				齿轮箱	1套	8483	2023
			液压系统	液压阀	152件	8481	2023
			工作装置	钻臂	3套	84314999	2023
				凿岩机头	3台	84314999	2023
				工作平台	1套	84314999	2023

续表 9

十一、重大工程自动化控制系统和关键精密测试仪器（无）

十二、大型、精密、高速数控设备、数控系统、功能部件与基础制造装备（无）

十三、新型纺织机械

设备名称	技术规格要求	销售业绩要求	一级部件	二级部件	单机免税用量（供参考）	税则号列（供参考）	执行年限
（一）棉纺成套设备							
1. 自动络筒机	卷绕速度≥2100m/min	年销售量≥50台	电子清纱器		60～72件	84483920	2023
			空气捻接器		60～72件	84483930	2023
			槽筒		60～72件	84483990	2023
			超高速长度测量装置		60～72件	90314990	2022
2. 全自动转杯纺纱机	转杯转速≥18万转/分钟；纺纱速度≥300m/min	年销售量≥30台	单锭纺纱磁悬浮电机		24～768件	85013100	2023
			纺杯		24～768件	84483910	2023
			单锭驱动分梳辊		24～768件	84483990	2022
			电子清纱器		24～768件	84483920	2023
			单锭驱动卷绕筒		24～768件	84483990	2022
			单锭驱动导纱装置		24～768件	84483990	2022
			落纱装置		2～6件	84482090	2022
			分段电子系统		23套	90328990	2023
（二）非织造布成套设备							
1. 纺熔复合非织造布成套设备	幅宽≥1.6m	持有合同订单	熔喷纺丝装置		1～4套	8448 8449	2023

续表 10

十四、新型、大马力农业装备							
设备名称	技术规格要求	销售业绩要求	一级部件	二级部件	单机免税用量（供参考）	税则号列（供参考）	执行年限
1．大马力轮式拖拉机	发动机额定功率≥260马力；动力换挡或CVT换挡；有卫星导航接口	年销售量≥50台	变速箱总成		1件	87084010	2023
			离合器		1件	87089310	2023
			液压提升器		1件	84138200	2022
2．自走式喷杆喷雾机	药箱容积≥2000L	持有合同订单	车架总成		1件	87060090	
3．自走式玉米、小麦联合收获机	玉米联合收获机采收行数≥6行；小麦联合收获机喂入量≥12kg/s	年销售量≥100台	液压机械无级变速器		1套	84138100 84834090	

续表 11

十五、电子信息及生物医疗设备							
设备名称	技术规格要求	销售业绩要求	一级部件	二级部件	单机免税用量（供参考）	税则号列（供参考）	执行年限
（一）半导体发光二极管（LED）生产设备、集成电路关键设备、电子元器件生产设备、材料基因设备							
1. 半导体发光二极管生产设备							
（1）金属有机化学气相沉积设备	可配置单片6英寸或8英寸四腔系 统，可改造升级8×6英寸多片四腔系统；外延厚度和材料组成均匀性STD≤1%；电子迁移率≥1900cm²/Vs	持有合同订单	工艺气体分配传输系统	气体质量流量计	36个	90268000	2022
				动态压力控制器	13个	90322000	2022
			石墨盘		28套	68151000	2022
			气体分析仪		2个	90271000 85311000	2022
			气体浓度计		4个	90278099	2023
			磁流体转动真空密封装置		1个	84836000 84842000 84798999	2022
（2）高亮度LED步进投影光刻机	分辨率：0.7～2μm；适应2～6英寸多种基底的曝光；可监测基底翘曲值；多种背面对准配置	持有合同订单	光学元件	光学镜片、衍射光学元件、滤光片、棱镜、滤波片、反射镜、照明透镜、投影透镜、镜轴、微透镜阵列、椭球反射镜、光阑	90个	90029090 90019090	2023
			金属陶瓷零件	陶瓷底座、陶瓷导轨	10个	81130090	2023
			直线电机	伺服电机、微型电机	40台	85013100 85013200 85015200 85011099	2023
			精密运动平台	光学平台、精密位移台、精密气浮旋转台	4套	90312000	2023
			硅片装载单元	硅片装载台、硅片传送台、旋转升降台、硅片预对准装置	6台	84864039	2023

续表 12

设备名称	技术规格要求	销售业绩要求	一级部件	二级部件	单机免税用量（供参考）	税则号列（供参考）	执行年限
			光学测量装置	激光双频干涉仪、光束质量分析器、镜面定位装置、光学对心装置、光学检测器、光学分析装置、信号源分析装置、发光分光分析装置、光学轮廓装置、颗粒分析装置	10台	90314990 90275000 90314100 90308200	2023
			干涉仪测量系统	激光双频干涉仪	2台	90308200 90314990	2023
2．集成电路关键设备							
（1）氧化炉	硅片直径：300mm；线宽≤28nm	持有合同订单	硅片传输系统		1套	84864039	2022
			源温控制器		4套	90328990	2022
（2）高密度等离子刻蚀机	硅片直径：300mm；线宽≤55nm	持有合同订单	硅片传输系统		1～2个	84864039	2022
			硅片传输机械手		1～2个	84864039 84869010 84289090	2022
			射频电源		6～8个	85437099	2022
			射频匹配器		6～8个	85437099	2022
			真空泵（分子泵）		3～4个	84141000	2022
			真空阀门		10～12个	84818039	2022
			真空压力计		18～24个	90262090	2022
			终点检测系统		3～4个	90314100	2022
			质量流量控制器		50～66个	84818039	2022
			静电卡盘		3～4个	84869099	2022
（3）薄膜沉积设备：化学气相沉积设备、物理气相沉积设备和原子层沉积设备	硅片直径：300mm；线宽≤28nm	持有合同订单	射频电源		4～12台	85044099	2022
			真空泵（分子泵、干泵）		7～8个	84148040 84149090	2022
			硅片传输系统		1套	84864031 84864030	2022
			射频匹配器		6个	85437099	2022
			硅片传输机械手		1个	84864039	2022
			氟离子发生器		3个	85437099	2022

续表 13

设备名称	技术规格要求	销售业绩要求	一级部件	二级部件	单机免税用量（供参考）	税则号列（供参考）	执行年限
			加热盘		6个	85168000	2022
（4）涂胶显影机	硅片直径：300mm；线宽≤28nm	持有合同订单	机械手		4个	84864031	2022
			晶圆自动传输装置		4个	84864039	2022
（5）快速热退火设备	硅片直径：300mm；线宽≤28nm	持有合同订单	硅片传输系统		1套	84864039	2022
			半导体晶片生产用石英制品（熔融石英）		2～20个	70200013	2022
			卤钨灯		112个	85392190	2022
（6）湿法清洗机	硅片直径：300mm；线宽≤28nm	持有合同订单	声波换能器		2台	84862090	2022
（7）晶圆缺陷自动检测设备	可用于300mm晶圆；镜头倍率：1X、2X、3.5X、5X、10X、20X	持有合同订单	光学元件	光学镜片、衍射光学元件、滤光片、棱镜、滤波片、反射镜	45个	90029090 90019090	2023
			精密运动平台	光学平台、精密位移台、精密气浮旋转台	1套	90312000	2023
			光学测量装置	深紫外激光器	16台	90132000	2023
（8）离子注入机	硅片直径：300mm；线宽≤28nm	持有合同订单	高压电源		11套	85044014 85044015	2022
			自动硅片搬运机器人		2个	84864031	2022
			隔离变压器		1个	85043290	2022
			质量流量计		8个	90269000	2022
（9）集成电路自动化测试及分选设备	数字信号通道≥1024；最高测试速率≥200Mbps；电源信号通道≥128；继电器控制信号通道≥256；生产效率≥9000片/小时；Jam≤1/5000；可搭配模拟模块、射频模块、高压模块、图像处理模块等处理不同信号类型的模块，以及机器视觉检测模块、多种不同进料出料模块	持有合同订单	混合信号模块		1套	90319000	2022
			通讯模块		1套	90319000	2022
			高精度高速数据采集卡		1台	90308490	2022

续表 14

设备名称	技术规格要求	销售业绩要求	一级部件	二级部件	单机免税用量（供参考）	税则号列（供参考）	执行年限
（10）前道铜互连电镀设备	应用于45nm至14nm铜互连电镀工艺	持有合同订单	硅片传输机械手		2套	84864031	2022
			电磁泵		12个	84137010	2022
			手动阀、隔膜阀、组合阀		160个	84812020	2022
			除气装置		10套	84212990	2022
			加热器		6个	85161090	2022
（11）化学机械抛光机	硅片直径：300mm；线宽≤28nm	持有合同订单	超声流量控制器		46件	9032899090	2023
			保持环		300件	8486909900	2023
			气膜		100件	84869099	2023
			电机		40台	8501109990	2023
			直线运动模组		4件	8487900000	2023
			高精度丝杠		4件	8483401000	2023
（12）先进封装电镀设备	应用于先进封装电镀工艺	持有合同订单	硅片传输机械手		2套	84864031	2022
			电磁泵		12个	84137010	2022
			真空泵		1个	84141000	2022
			阀	手动阀、隔膜阀、组合阀	160个	84812020	2022
			除气装置		10套	84212990	2022
			加热器		6个	85161090	2022
3．电子元器件生产设备							
（1）片式多层陶瓷电容器丝网印刷机	印刷速度≥5m/min；印刷宽度：150～600mm；印刷直线度≤0.1mm；印刷间距波动范围≤0.2mm；电极厚度范围：0.6～1.5μm； 收卷整齐度≤0.5mm；有张力控制系统、边缘纠偏系统、数据采集系统	持有合同订单	减速机		2件	84834090	2022
			风机		5件	84145930	2022
			滑轨		9件	84439990	2022

续表 15

设备名称	技术规格要求	销售业绩要求	一级部件	二级部件	单机免税用量（供参考）	税则号列（供参考）	执行年限
（2）片式多层陶瓷电容器自动分选机	处理电容尺寸：0201至1206；最大处理能力≥12000只/分钟	持有合同订单	错误检出模块		1个	90309000	2022
			电极模块	电极架组件	1套	90309000	2022
				电极板	1块	90309000	2022
				电极站	13～17个	90309000	2022
				电极插针	78～136条	90309000	2022
				固定电极	78～136个	90309000	2022
			测试模块	测试头配件	13～17套	90309000	2022
				测试盘基座	1个	90309000	2022
			分类模块	分类板	1个	90309000	2022
				分选板	1个	90309000	2022
（3）低温共烧陶瓷光刻工艺硬质玻纤板印刷生产线	玻纤板正面尺寸≥160mm×160mm，厚度≤2.0mm；涂刮机构全程采用电机调整水平，调整步距≤0.01mm；印刷工作台表面与网框底面的平行度≤30μm；印刷工作台表面与印刷头的平行度≤30μm；生产效率≥15秒/片；视觉辅助对位精度≤3μm；膜厚极差：±3μm	持有合同订单	自动化印刷机气动模块	直线运动气缸模组	80套	84123100	2022
			自动化印刷机除静电模块	离子发生器	20套	84213990	2022
			称重机承重模块	电子秤	2套	90160090	2022
			马达		5套	85011099 85011091	2022

续表 16

设备名称	技术规格要求	销售业绩要求	一级部件	二级部件	单机免税用量（供参考）	税则号列（供参考）	执行年限
4．材料基因设备							
（1）高通量材料芯片表征系统	X射线能量范围：2.1～30keV；光斑尺寸≤500μm（X射线表征）；空间分辨率≤100μm（热学或磁学表征）；极限分辨率≤0.5GHz（弹性模量表征）	持有合同订单	光源	多靶材微聚焦X射线光源、精细阳极靶X射线光源、超连续谱激光光源、微聚焦激光驱动宽带光源、超快光参量啁啾脉冲放大光源、超窄线宽连续激光器	7个	90223000 90132000	2022
			光学元件	双抛物面反射式聚焦镜	6个	90029090 90019090	2022
			光学测量装置	色散式吸收谱晶体分析仪、高分辨精细结构吸收谱探测器、混合像素阵列X射线探测器、高精度索拉狭缝测角仪、高灵敏可见-近红外CCD光谱探测器、高灵敏度中红外InAsSb光谱探测器、法布里-珀罗干涉仪、拉曼光谱仪、高分辨率太赫兹时域光谱仪、超快光电探测器、硅漂移能量散射阵列探测器	29个	90301000 90314100 90314920 90314990 90273000 90275000	2022
			防辐射、减震及电气组件		1套	78041900 90229090 85363000 85371011	2022

续表 17

设备名称	技术规格要求	销售业绩要求	一级部件	二级部件	单机免税用量（供参考）	税则号列（供参考）	执行年限
			精密运动平台	高精度五轴样品台、超高精度五轴样品台、光学平台、超高真空线性位移台	6个	90312000	2022
			冷阴极离子溅射源		1个	85439090	2022
			混合域示波器		1个	90302090	2022
			残余气体分析仪		1个	90271000	2022
			低温部件	低温样品台、磁场低温部件	2套	84186990 84189991	2022
			光学调制部件	高分辨双晶单色器、可调光学延迟线套件、真空紫外单色器、真空紫外光弹调制器、MgF_2起偏/检偏器	9套	90229090 90132000 90273000 90275000 90119000	2022
			可调制激光加热器		1个	90132000	2022
（2）高通量材料芯片制备系统	成分分辨率≤1%；薄膜厚度不均匀性≤3%；薄膜厚度可控精度≤1nm	持有合同订单	电源	射频电源、微波电源	2个	85044015 85044099 85437099	2022
			流量计和控制器		4个	90268010	2022
			掩模板		6个	90029090	2022
			运动平台	传感器、磁力耦合	8个	85013100 85013200	2022
			电子束蒸发源		2个	84199090	2022
			离子源		2个	85439090 84799090	2022
			残余气体分析仪		1个	90271000	2022
（二）高端医疗装备							
1. 超导磁共振成像系统	磁场强度≥1.5T；冷头类型：4K；谱仪通道数≥16	年销售量≥10台	4K冷头		1套	84186990	2023
			心电电极		1套	90181390	2023
			滑环		1个	85369090	2023
			滚珠轴承		1套	8482	2023

续表 18

设备名称	技术规格要求	销售业绩要求	一级部件	二级部件	单机免税用量（供参考）	税则号列（供参考）	执行年限
2．X射线计算机断层摄影设备	CT排数≥64排；CT球管热容量≥5M；高压发生器功率≥100kW	年销售量≥30台	高压发生器		1个	90229090	2023
			闪烁体		21～106片	90229090	2023
			X射线管散热器		1套	90229090	2023
			防散射栅格		1套	90229090	2023
			X射线球管组件	靶盘	1个	90223000	
3．正电子发射及X射线计算机断层成像扫描系统	晶体条横截面≤4.5mm×5.0mm；CT排数≥64排；CT球管热容量≥5M	持有合同订单	硅光电转换芯片		8000个	85408900	2023
4．医用电子直线加速器	X射线最高能量≥6MV；剂量率≥400cGy/min；多叶准直器最小叶片宽度≤5mm；具有影像引导、动态调强功能	持有合同订单	磁控管及配件		1套	85407100	2023
			固态调制器		1套	90229090	2023
			数字影像探测器		1套	90330000	2023
5．血液透析机	透析液流量：300～800mL/min；透析液温度控制精度：±0.5℃；透析液电导率控制精度：±0.1mS/cm；超滤脱水控制精度：±30mL/h；具有在线血液透析滤过功能	年销售量≥1000台	电磁阀		24个	84818021	2022
			齿轮泵		3个	84136021	2022
			陶瓷压力传感器		4个	90269000	2022
6．超导磁体	磁场强度≥1.5T；冷头类型：4K	年销售量≥10台	4K冷头		1套	84186990	2023
7．数字减影血管造影系统	高压发生器功率≥100kW；X射线管电流≥1000mA；探测器像素尺寸≤160μm	年销售量≥10台	高压发生器		1套	90229090	2023
			平板探测器		1套	90229090	2023
			超导同步回旋加速器		1套	85431000	
			扫描磁铁		1套	85051190	

续表 19

设备名称	技术规格要求	销售业绩要求	一级部件	二级部件	单机免税用量（供参考）	税则号列（供参考）	执行年限
8．小型集成化质子治疗系统	能量切换速度≤100ms；　最大能量≥ 230MeV；剂量率≥2Gy/min/L；超导同步回旋加速器磁场强度≥8T	持有合同订单	扫描磁铁电源		2台	85044014	
			射程调节器		1套	90328990	
			6自由度机器人治疗床		1套	90229090	
（三）医药成套设备							
1．灌装设备	工作环境：B+A级洁净区；灌装精度：±1%（2mL以上灌装量）	年销售量 ≥ 160台	称重天平		2～8台	90160090	2023
			称重体系		2～8台	84238190	2023
2．冻干机	极限真空压力≤0.5Pa，压力可调；真空泄漏率≤10mbar·m³/s；　冷阱最低温度≤-75℃；板层温度均匀一致性≤2℃	年销售量 ≥ 150台	螺杆压缩机		2～3个	84143015	2023
			金属软管		14～24根	83071000	2023

续表 20

十六、民用飞机及发动机、机载设备*															
设备名称	一级部件	二级部件	单机免税用量（供参考）											税则号列（供参考）	执行年限
			涡桨支线飞机		新型涡扇支线飞机	19座级双发涡桨通用飞机	民用直升机			大型水陆两栖飞机	大型客机	复合材料初级教练机	复合材料中级教练机		
			50座级	70座级			4吨级	7吨级	13吨级						
（一）固定翼飞机与直升机、机载设备															
动力装置	发动机		2台	2台	2台	2台	2台		3台		2台	1台		8407 8411	
	辅助动力装置	辅助动力装置本体及安装附件	1套	1套	1套				1台		1套			8411 9032 8481 7326 8419 9026 9025 8544 8421 8412 4016 8803 8503	
		辅助动力装置消音器		1套	1套						1套			8411	
		风门作动器、控制器及配套电缆		1套	1套						1套			8501 9032 8544 8503	
		减震系统	2套	1套		8套								8411 8803 8483	
		发动机操纵组件	2套	1套		1套	1套	1套	1套	1套				8411 8803 7312 7326 7318	
		进气道及组件			2套		2套				2套			8411 8803 7318 7326	
		反推罩组件、风扇罩组件、安装包、冷却风扇			2套		2套				2套			8411 8803 7318 7326	

备注：*“十六、民用飞机及发动机、机载设备”领域内单机免税用量为空白的不享受进口免税。

续表 21

设备名称	一级部件	二级部件	单机免税用量（供参考）											税则号列（供参考）	执行年限
			涡桨支线飞机		新型涡扇支线飞机	19座级双发涡桨通用飞机	民用直升机			大型水陆两栖飞机	大型客机	复合材料初级教练机	复合材料中级教练机		
			50座级	70座级			4吨级	7吨级	13吨级						
	发动机安装件	发动机安装附件		1套	1套	4套					1套	4套		8411 9026 8544 7326 9025 8421 8536 9031 7312 8529 9032 8803 4009	
		发动机操纵台										1套		9032	
		发动机振动监控仪及配套电缆			1套		1套							9032 8544	
		发动机接口控制单元			1套		3套				1套			8536 9029 9032	
螺旋桨	螺旋桨及组件		2套	2套		2套						1套		8803 8536 3923 8412 8413 9107 8531 8411 8543 8529 9032 9029 8205	
显示和记录	显示系统										1套			8803 8537 9031 8531 9104 9032 8443 8529 8414 8528 8536 7326 8543 9025 9026 8302 8471 8519 8523	
	记录系统										1套			8529 9032 8803 8543 8537 9014 8519	

续表22

设备名称	一级部件	二级部件	单机免税用量（供参考）											税则号列（供参考）	执行年限
			涡桨支线飞机		新型涡扇支线飞机	19座级双发涡桨通用飞机	民用直升机			大型水陆两栖飞机	大型客机	复合材料初级教练机	复合材料中级教练机		
			50座级	70座级			4吨级	7吨级	13吨级						
通讯系统	高频通信系统										1套			8517 8529 8544 8526 8543 8522 8536 8525 8803 8414 9014 9032 8518 7616 7318 8538	
	甚高频通信系统										1套			8529 8517 9032 9014 8536 8414 8526 8803 8544 8525 8543 8518 8302 4016 7616 8538 7318	
	机内通话设备										1套			8523 8518 8803 8536 8531 9032	
	通讯管理系统										1套			8543 8529 8523 8537 9032 8803 8536 8517 8544 8525 8302 7326 4016 8538 8518	
	雷达应答系统										1套			8526 8536 8544 8529	
	雷达高度表系统										1套			8529 8517 8526 9014 4016 8803 8536 8544 7326 8302 8525 8538 7318	

续表 23

设备名称	一级部件	二级部件	单机免税用量（供参考）											税则号列（供参考）	执行年限
			涡浆支线飞机		新型涡扇支线飞机	19座级双发涡浆通用飞机	民用直升机			大型水陆两栖飞机	大型客机	复合材料初级教练机	复合材料中级教练机		
			50座级	70座级			4吨级	7吨级	13吨级						
导航系统	气象雷达及安装附件										1套			8526 8529 8536 8803 8538 8302 7318 8544 9032 8517	
	地形预警/空中防撞系统										1套			9032 8529 8536 8544 8526 4016 8518 8528 3923 8803 8525 8471 7326 8538 7318 8302 8519 8523 9405	
	甚高频导航系统										1套			8526 9405 8536 8529 9014 9032 8539 8803 8544 8517 8518 8471 7616 7318 7326 8547 8538 9031 8543 9015	
	全球定位系统										1套			8526 8536 8529 7616 9014 8803	
	大气数据系统										1套			8536 8531 8543 8532 8803 8302 9032 8471 9014 9025 8544 7326 9015 9026 9029 7318 8538 8529 9027 7608 9031	

续表 24

设备名称	一级部件	二级部件	单机免税用量（供参考）											税则号列（供参考）	执行年限
			涡桨支线飞机		新型涡扇支线飞机	19座级双发涡桨通用飞机	民用直升机			大型水陆两栖飞机	大型客机	复合材料初级教练机	复合材料中级教练机		
			50座级	70座级			4吨级	7吨级	13吨级						
	姿态航向系统										2套			8538 8302 9014 9029 9025 8803 9015 9026 9032 8526 8536 7616 7326	
	导航系统组件	综合无线电导航设备、天线、安装架及附件									20套			9014	
		惯性测量单元									2套			9014	
自动驾驶系统	自动驾驶仪												1套	8536 7318 9032 9027 8483 8803 8414 9014 8537 8529 8486 7312 8302 8544 7326 7616	
	舵机												3套	8803 8479 9014 8536 9032 9026	
主旋翼	自动倾斜器及轴承						1套	1套	1套					8482	
	伺服操纵系统							4套						8484 7616 7320	
	主旋翼桨叶	旋翼包铁						25件						8803	
		阻尼器组件						15套						8483 4016 7320	
	主旋翼桨毂	轴承						30套						8482	
		变距拉杆						20套						8803	

续表 25

设备名称	一级部件	二级部件	单机免税用量（供参考）											税则号列（供参考）	执行年限
			涡桨支线飞机		新型涡扇支线飞机	19座级双发涡桨通用飞机	民用直升机			大型水陆两栖飞机	大型客机	复合材料初级教练机	复合材料中级教练机		
			50座级	70座级			4吨级	7吨级	13吨级						
主旋翼传动	发动机输入轴							2件						8483	
	主减速器及安装件							1件						8803	
	旋翼刹车							1套						8481 8479 9026 9032 9031 8803 7312 8536	
尾桨	尾桨叶							3套						8803	
	尾桨毂							1套						8803	
	飞行控制系统及其安装附件、安装工具			1套	1套	1套	1套				1套	1套	1套	7312 8482 9032 8412 8501 8803 8537 7307 7616 9031 8481 3926 8536 8409 3917 7318 9014	
	飞行控制系统及其安装附件、安装工具	推拉钢索						1套						7312 3917 7318	
	襟/缝翼控制系统				1套						1套	1套	1套	8501 8537 8412 9031 8483 8803 7616	

续表 26

设备名称	一级部件	二级部件	单机免税用量（供参考）											税则号列（供参考）	执行年限
			涡桨支线飞机		新型涡扇支线飞机	19座级双发涡桨通用飞机	民用直升机			大型水陆两栖飞机	大型客机	复合材料初级教练机	复合材料中级教练机		
			50座级	70座级			4吨级	7吨级	13吨级						
飞行操纵系统	失速保护系统				1套							1套		8479 9032 9014	
	驾驶舱操控系统及其安装附件、安装工具				1套						1套	1套	1套	8501 8803 8536 8537 7326 7318	
	飞行操控系统组件	模式控制、作动系统、液压系统组件									1套	1套	1套	8537 9014 9032 8473 4016 3917 7318 7307 7326 7301 8541 8542 8412 8483 8481 9026 3926 7320 9310 8021 9010 7318 9090 8534 9013 8803	
		飞行模式控制板用液晶屏组件/显示板卡组件									2套			9013	
		数据采集卡									10套			9032	
		压力传感器			10套						8套			9026	
信息系统	航电综合信息系统	航电综合信息系统零组件									1套		1套	8542 8517 8529 9032 8803 8537 8543 8536 8541 7616 8538	
		视频监控系统组件									19套			8525 8543	
		驾驶舱打印机									2台			8443	

续表 27

设备名称	一级部件	二级部件	单机免税用量（供参考）											税则号列（供参考）	执行年限
			涡桨支线飞机		新型涡扇支线飞机	19座级双发涡桨通用飞机	民用直升机			大型水陆两栖飞机	大型客机	复合材料初级教练机	复合材料中级教练机		
			50座级	70座级			4吨级	7吨级	13吨级						
电源系统	主电源系统										1套			8501 8536 8537 8504 8507 9030 8511 9032	
	应急发电系统										1套			8502 8412 8803 8413 7312 8537 9032 7616	
	电源系统组件	交/直流发电机系统				2套		1套			2套		1套	8511 8501 9032 8536 8544 8803 8522 7608 7306 8419	
		交/直流配电系统				3套		1套			2套		1套	8421 8504 8515 8507 8537 9032 8535 8536 8533 8413 8531 8517 8529 8544 8803 8511 8506	
		蓄电池				1套					5套		2套	8507 8519 8523 8504 9032	
	电气系统组件	电气附件						1套					1套	8536	

续表 28

设备名称	一级部件	二级部件	单机免税用量（供参考） 涡桨支线飞机 50座级	涡桨支线飞机 70座级	新型涡扇支线飞机	19座级双发涡桨通用飞机	民用直升机 4吨级	民用直升机 7吨级	民用直升机 13吨级	大型水陆两栖飞机	大型客机	复合材料初级教练机	复合材料中级教练机	税则号列（供参考）	执行年限
燃油系统	燃油系统及组件							1套			1套			3917 3923 7307 7608 7609 7616 8309 8412 8413 8414 8415 8419 8421 8479 8481 8501 8531 8536 8537 8544 8803 9017 9025 9026 9031 9032	
起落架系统	主起落架系统				1套			1套			1套	1套	1套	8803 8412 8544 7320 4012 7326 8482 7616 4016 7318	
	前起落架系统				1套			1套			1套	1套	1套	8803 7320 8412 8427 8205 3926	
	收放及位置和警告组件				1套						1套			8803 7312 8481 8479 9026 9032 9031	
	刹车装置				1套			1套			1套			8481 8479 9026 9032 9031 8803 7312 8536	
	转弯装置及组件										1套			8803 9032 8481 9029 8536 9026	
	座舱压力控制系统			1套							1套			8481 8803 9032 9026	

续表 29

设备名称	一级部件	二级部件	单机免税用量（供参考）											税则号列（供参考）	执行年限
			涡桨支线飞机		新型涡扇支线飞机	19座级双发涡桨通用飞机	民用直升机			大型水陆两栖飞机	大型客机	复合材料初级教练机	复合材料中级教练机		
			50座级	70座级			4吨级	7吨级	13吨级						
环控系统	高低压通气管路系统	高低压通气管路									1套			8803 7019 4016 7318 7326 3926 7307 8481 8419 8414 8418 8424 9025 9032 8421 9014 8536 9026 7608 7306 9029 9031	
		高压空气管路									1套			7304 7326 8803 7616 4009 4016	
		低压空气管路									1套			7019 8803 7016 4009 4016	
		引气泄露探测系统									1套			8544 7326 9032 8536 9025 9026	
	空调系统	空调系统及组件									6套		1套	8415 8536 3917 8418 9025 8481 8421 8419 8414 8424 9032 8307 8803 7326 7307 4016 7318 9026 9029 7608 8531 8411 7019 9031 8514	
		通气调节组件									2套			9025 8414 9026 8481 9032 8036 8536 8531	

续表 30

设备名称	一级部件	二级部件	单机免税用量（供参考）											税则号列（供参考）	执行年限
			涡桨支线飞机		新型涡扇支线飞机	19座级双发涡桨通用飞机	民用直升机			大型水陆两栖飞机	大型客机	复合材料初级教练机	复合材料中级教练机		
			50座级	70座级			4吨级	7吨级	13吨级						
防/灭火系统	防火系统			1套	1套	1套					1套			9031 8536 8531 9032 8537 7318 4016 7326 8544 8424 8481 8803 8538 8539 4009 7307 3917	
液压系统	液压系统		1套	1套	1套		2套	3套			1套	1套	1套	9026 8412 8479 8419 9032 8413 8481 7326 8803 4016 7318 7616 8536 8309 8411 7303 8421 7310 7307 3923	
	液压动力源组件					1套	1套					1套		8412	
	液压系统组件		1套	3套			2套	3套		1套	32套	1套	1套	8412 9026 3917 8536 8414 8481 7326 8803 9025 9032	
滑油系统	滑油散热器		1套	1套		2套						1套		8411 3917 4009	
	传感器		1套			4套						1套	1套	9026 9025 8503 8481	

续表 31

设备名称	一级部件	二级部件	单机免税用量（供参考）											税则号列（供参考）	执行年限
			涡桨支线飞机		新型涡扇支线飞机	19座级双发涡桨通用飞机	民用直升机			大型水陆两栖飞机	大型客机	复合材料初级教练机	复合材料中级教练机		
			50座级	70座级			4吨级	7吨级	13吨级						
防冰与防雨系统	引气和防冰系统		1套	1套	1套		1套				1套	1套		8803 8481 9025 8419 9026 9032 7307 3926 8636 9107 8516 8479 8512 4016	
饮用水/污水	废水系统										1套			7310 8481 7324 8414 9032 8531 8536 8803 7019 8479	
	水系统										1套			7310 8414 8481 8536 8537 7326 8516 4016 9032 7019 9026 8421 3917	
舱门	舱门及组件										2套		1套	8803 8482 8302 4016 7320 3920 4008	
应急设备	应急定位发射机及组件										1套		1套	8526 8544 8803 8543 8525 8536 8517 8537 8529 8531 8506 8507 9014	
	飞行急救设备		1套		1套		1套	1套	1套		1套	1套	1套	3006 9405 7616 8513 8201 8907 8518 7310	
氧气系统	机组氧气设备		1套	1套	1套					1套	1套			9026 9004 7412 8419 7616 8481 7613 7609 9032 8536 8803 9020 6815 7318 7311 3923 8302 7307 8310 7304 7411 7608 3917 9025 4009 8543 9031 8307	
	乘客氧气设备		1套	1套							68套			7311 7326 9020 7318 8536 8481 8419 9018 8803 3923	

续表 32

设备名称	一级部件	二级部件	单机免税用量（供参考）											税则号列（供参考）	执行年限
			涡桨支线飞机		新型涡扇支线飞机	19座级双发涡浆通用飞机	民用直升机			大型水陆两栖飞机	大型客机	复合材料初级教练机	复合材料中级教练机		
			50座级	70座级			4吨级	7吨级	13吨级						
	金属材料	铝、铝合金（型材、板、棒、管、丝、蜂窝、锻件，其中合金成分为Cu：2.0～2.6、Mg：1.9～2.6、Zn：5.7～6.7的7050铝合金板材和锻件制品，合金成分为Cu：2.0～2.6、Mg：1.8～2.3、Zn：7.6～8.4、厚度为19.05mm～25.4mm的7055-T7751铝合金板材制品，合金成分为Cu：1.9～2.5、Mg：2.0～2.7、Zn：5.9～6.9、厚度≤6.35mm的7150-T77511铝合金型材制品除外）	7260kg	39000kg	73804kg	17652kg	540kg	9974kg	3540kg	228913kg	297630kg	300kg		7604 7605 7606 7607 7608 7609 7610 8803 7224 7419 7614 7616 7412	
		钢、不锈钢（板、棒、管、丝、丸、锻件）	1000kg	12040kg	9404kg	1808kg	300kg	2640kg		58000kg	10561kg	380kg		7306 7304 7312 7223 7222 7205 7225 7229 7307 7314 7326 7219 7228 7226 8311 7202 7208 7209 7210 7211 7212 7214 7215 7217 7220 7221 7227 7305 7306 7600	
		碳化钨粉末			70kg					20kg	610kg			8113 8101	

续表 33

设备名称	一级部件	二级部件	单机免税用量（供参考）											税则号列（供参考）	执行年限
			涡桨支线飞机		新型涡扇支线飞机	19座级双发涡桨通用飞机	民用直升机			大型水陆两栖飞机	大型客机	复合材料初级教练机	复合材料中级教练机		
			50座级	70座级			4吨级	7吨级	13吨级						
总装及机体结构	标准件（平垫圈除外）、轴承		109473件	673014件	545239件	13620件	3960件	530239件	46882件	681000件	1965626件	4000件	11000件	7318 7317 8482 8544 7415 7616 4016 7508 7307 8483 8803 7326 3926 8536 8108 7609 4008 8302 8301 8546 3917 3923 7419 8536 8538 8543 8547 7412 8308 7505 7413 7312 8535 9031 7224 7325 7604 7608 7610 3215 3402 3403 3405 3811 3814 3815 3824 3908 3916 3921 3909 5602 5902 5603 5403 5911 4107 7314 3919 8481 7320	
		胶、密封剂									4980 kg			2902 2924 3214 3403 3506 3811 3812 3814 3907 3926	

续表 34

设备名称	一级部件	二级部件	单机免税用量（供参考）											税则号列（供参考）	执行年限
			涡浆支线飞机		新型涡扇支线飞机	19座级双发涡浆通用飞机	民用直升机			大型水陆两栖飞机	大型客机	复合材料初级教练机	复合材料中级教练机		
			50座级	70座级			4吨级	7吨级	13吨级						
	化工材料	漆、涂料及配套溶剂									9540 kg			3206 3208 3210 3403 3814 3824 3911	
		橡胶（板、棒、管、型材）									4692平方英寸			4005	
	复合材料	预浸料、纤维制品、树脂类材料									80200 m^2		400kg	6815 7019 6307 5603 5403 3920 3919 5911 3921 9612 4015 7616 3920 5602 5903 6805	
		胶膜、膜材料									39309 m^2		8000m^2	3920 3919 3506 5603 3921 5906 7804 4811 5906 7607	
		内饰材料									1689 m^2			3920 3921 4107 7019 6815 9025 7616 3907 4823 8803	

续表 35

设备名称	一级部件	二级部件	单机免税用量（供参考）											税则号列（供参考）	执行年限
			涡桨支线飞机		新型涡扇支线飞机	19座级双发涡桨通用飞机	民用直升机			大型水陆两栖飞机	大型客机	复合材料初级教练机	复合材料中级教练机		
			50座级	70座级			4吨级	7吨级	13吨级						
		蜂窝芯									2308 m^2			4823 3920 7616 3921 7606 7610 7604 7610 7604 7608 7609 4016 4007 4008 4009 4006 3916 3926 3917 3907 3919 3923 4008	
	装配用成品件	风挡玻璃组件、舷窗组件	1套	1套	1套			14套		1套	1套	1套	1套	7318 4016 8535 9031 8481 8803 4008 8302 7020 7007	
		电子元器件									4345件			4016 3917 7318 7307 7326 7301 8541 8542 8544 8533 8536 8537 8538 8539 8532 8518 8307 8301 8302 8108 8522 8481 8501 8803 9015 9026 9029 9032 9405 7616 7317 8482 7415 4008 8535 8504 8543 9025	
		密封件									9000件			4016 3926	
			拉杆、套筒								78件			8803	

续表 36

设备名称	技术规格要求	销售业绩要求	一级部件	二级部件	单机免税用量（供参考）	税则号列（供参考）	执行年限
（二）发动机、机载设备							
1．涡轴发动机	起飞功率≥1240kW；最大连续功率≥1100kW；基准重量≤230kg		热端部件成套散件		1套	8411 8419	2023
			高强耐热合金铸锻件毛坯	高压涡轮机匣毛坯铸件、中间机匣毛坯锻件、一级离心叶轮毛坯铸件、二级离心叶轮毛坯锻件、附件前机匣毛坯铸件、动力涡轮轴毛坯铸件、回流器毛坯锻件、轴承轴毛坯、回流器盖板毛坯锻件、进气机匣毛坯铸件、动力涡轮包容机匣毛坯锻件、前轴颈毛坯、后安装节毛坯、一级扩压器毛坯锻件、扭矩管毛坯锻件、接口板毛坯铸件、二级扩压器盖板毛坯锻件、二级扩压器毛坯锻件、一级扩压器盖板毛坯锻件、第二级叶轮罩毛坯锻件、第一级叶轮罩毛坯锻件	21件	75051200 81089010 76042990 72189900 84119910	
			成附件	轴承	18件	8482	
				功能性结构件（包括进气、格栅、窥视孔堵盖、保护罩、内侧弹簧、外侧弹簧）	14件	84119910 73269019 84119910 75089080	
				燃油及滑油系统附件（包括滑油泵、磁性密封组件、燃滑油散热器、滑油泵转接座、燃油滤旁通阀及堵塞指示器、油位指示器、加油口盖、滑油滤旁通阀、放油活门、转接座、加油滤网、排放阀组件、滤网盖、节流嘴）	19件	73269019 76169910 84195000 84219990 84842000 8411 8413 8481	
			标准件	C型密封圈、螺母、托板自锁螺母组件、螺套、卡箍、螺堵、卡箍衬套、销、安装节、堵头、螺栓、螺钉、螺帽、电缆支架、铆钉、卡带、快卸接头、垫圈、挡圈、O型密封圈、C型环、活塞环/片/垫片、密封垫、热塑管	40kg	7616 7606 7318 7326 7307 4016 3926 3917	

续表 37

设备名称	技术规格要求	销售业绩要求	一级部件	二级部件	单机免税用量（供参考）	税则号列（供参考）	执行年限
2．7吨级民用直升机尾传动系统	功率≥550kW		减速器	金属材料（铝/铝合金/钢/钛合金型材、板、棒、管、丝、铸锻件、毛坯）	1134kg	7604 7606 7219 7220 7222 7224 7228 7326 7616 8108	
				成品件（动密封、调整垫、堵头、传感器、滑套、锁紧环等）	8kg	8484 8803 9033 9025 8543	
				轴承	11套	8482	
				非金属材料（漆、润滑剂、密封剂、胶黏剂等）	100kg	3208 3403 3506	
			尾传动轴组件		5套	8803 8483	
3．压燃式航空活塞发动机	起飞功率≥100马力；最大连续功率≥100马力；基准重量≤200kg	持有合同订单	SKD组件		1套	84089092	
			高精度双冗余燃油电控系统及子件	起动机及发电机	1套	85115010 85114010 85118000 85022000	
				标准件	1套	73181590 73182200 73269019 73181510 73269010 73072900 73079900 74152100 76161000 73079900 84841000 74152100	
				燃油电控系统	1套	73269019 84133030 84099199 73269019 84133029 84091000	
				线束、阻尼器、油管	1套	85443090 40091100 39173200	
				传感器	1套	90292090 90251910 90318090 90262090 90261000	
			高性能进排气系统及子件	增压器及附件	1套	84148030 84818021	
			高可靠性传动系统及子件	减速箱	1套	84834090	
				飞轮总成	1套	84835000 40103100	

附件3

进口不予免税的重大技术装备和产品目录

（2021年版）

编号	设备名称	技术规格要求	税则号列（供参考）
一	大型清洁高效发电装备		
1	反应堆主冷却剂泵（含电机、变频器、开关）	所有规格	84137099
2	核岛直流不间断电源（包括逆变器、电源、充电器等）	所有规格（核安全等级为1E级或RCCE标准K3及以上的除外）	85044020　85044090　85371090
3	非能动余热排出热交换器	所有规格	84195000
4	核反应堆压力容器安全壳	所有规格	84014090
5	核反应堆厂房环形吊车	所有规格	84269900
6	主给水泵组（含电机）	所有规格	84137099
7	核级泵（包括上充泵、辅助给水泵、余热排出泵、水压试验泵、堆芯补水泵，含电机）	所有规格	8413
8	核级温度传感器/温度开关/压力开关/差压开关	所有规格（核安全等级为1E级或RCCE标准K3及以上的除外）	90251910　90328100　85365000
9	放射性废物处理设备（包括脱气塔、蒸发器）	核安全三级及以下	84194090　84798999
10	K1类、K3类、AP10001E级大截面动力电缆	单芯截面≤400mm²或耐受辐照剂量≤80Mrad	85446012　85444921
11	核岛安全壳过滤排放系统	气溶胶滞留能力≤80kg；气溶胶滞留率≤99.9%；元素碘滞留率≤99%；有机碘滞留率≤80%；有机碘挥发≥0.1%	84212990
12	核岛辅助水过滤器	所有规格	84212990
13	乏燃料贮存格架	所有规格（覆盖中子吸收材料的除外）	84014020　84014090　84289090
14	核岛液压阻尼器	所有规格（主回路阻尼器和蒸发器阻尼器除外）	84798999
15	蒸汽锅炉	所有规格	84021110　84021190　84021200 84021900　84022000
16	余热锅炉	所有规格	84021900　84021190　84021200
17	燃油燃气锅炉	所有规格	84031010　84031090　8402
18	锅炉辅助设备	所有规格	84041010
19	电站用汽轮机	所有规格	84068120　84068130
20	交流发电机	所有规格	85016100　85016200　85016300 85016410　85016420　85016430

续表1

编号	设备名称	技术规格要求	税则号列（供参考）
21	锅炉给水泵（组）	所有规格	84138100
22	凝结水泵	所有规格	84138100
23	循环水泵（含锅炉强制循环泵）	所有规格	84138100
24	火电机组用高温高压阀门（含闸阀、截止阀、止回阀）	所有规格	84818010 84813000 84818040
25	输配煤、制粉及气力除灰、除渣、输灰成套设备（含煤粉计量系统）	所有规格	84163000 84798999
26	锅炉给水、凝结水、软化水处理设备	所有规格	84798999
27	锅炉安全阀	所有规格	84814000
28	燃气轮机及其发电机组	所有规格	84118100 84118200 85023900
29	低热值煤气燃气轮机及其发电机组	输出功率≤200MW；煤气燃烧热量≤1150大卡	84118100 84118200 85023900
30	内燃机发电机组	所有规格	85021100 85021200 85021310 85021320 85022000
31	燃气轮机特种齿轮箱	所有规格	84834090
32	电站集散控制系统	所有规格	84714991
33	水轮机	所有规格	84101100 84101200 841013
34	水轮发电机	所有规格	85018502 3900
35	励磁系统	所有规格	85044019
36	高温承压用合金钢无缝钢管	外径≥127mm；化学成分（wt%）中碳（C）的含量≥0.07且≤0.13、铬（Cr）的含量≥8.5且≤9.5、钼（Mo）的含量≥0.3且≤0.6、钨（W）的含量≥1.5且≤2.0；抗拉强度≤620MPa；屈服强度≤440MPa	73045110 73045190 73045910 73045990
37	风力发电机组整机	所有规格	85023100
二	**超、特高压输变电设备**		
1	变压器（包括交、直流变压器，互感器和电抗器）	所有规格	8504
2	控制保护设备	所有规格	85351000 85352100 85359000 85361000 86362000 85363000 85371090 85372010 85372090
3	换流阀（直流）	所有规格	85359000
4	滤波装置（直流）	所有规格	85437099
5	电缆	所有规格	85442000 854442 854449 854460

续表2

编号	设备名称	技术规格要求	税则号列（供参考）
6	悬式绝缘子	所有规格	85461000 85462010 85462090 85469000
7	整流、调压装置	所有规格	85044013 85044014 85044015 85044019 85044020 85044091 85044099 8543
8	晶闸管（含大功率可控硅元件）（直流）	所有规格	85413000
9	静止无功补偿装置（交流）	所有规格	85437099 8504
10	串联补偿装置（交流）	所有规格	85437099 8532
11	电力电容器	所有规格	85321000
12	低压电器（交、直流）	所有规格	8535 8536 85371010 85371090 85372090
13	六氟化硫断路器（交流）	所有规格	8535 85368537
14	高压断路器（包括油、六氟化硫、真空）（交流）	所有规格	85352100 85352900 85372090
15	避雷器	所有规格	85354000
16	继电保护装置	所有规格	85359000 85363000
17	配电箱、配电盘、配电柜、配电板、配电台	所有规格	85371090
18	充放电盘、电工试验板、组合启动器、单体启动器	所有规格	85371090
19	全封闭组合电器	所有规格	85372010 85372090
20	电力电缆	交联聚乙烯绝缘电缆：电压≤500kV；其他电缆：所有规格（电压≥500kV 的海底电力电缆除外）	8544
21	电线	所有规格	8544
三	**大型石油及石化装备**		
1	乙烯裂解气压缩机及配套工业汽轮机	所有规格	8406 8414
2	乙烯制冷压缩机及配套工业汽轮机	所有规格	8406 8414
3	丙烯制冷压缩机及配套工业汽轮机	所有规格	8406 8414
4	聚乙烯循环气离心式压缩机	所有规格	8414
5	聚乙烯配套用往复式迷宫压缩机	所有规格	8414
6	离心式急冷油泵	所有规格	84137010 84137099
7	离心式急冷水泵	所有规格	84137010 84137099
8	板翅式换热器冷箱	所有规格	84196090 84195000
9	电站和石化空冷器	所有规格	8418
10	硝酸装置四合一机组（包括汽轮机、空气压缩机、尾气透平、氮氧合物压缩机）	所有规格	84068200 84143014 8414

续表3

编号	设备名称	技术规格要求	税则号列（供参考）
11	精对苯二甲酸氧化反应器	单机年产≤160万吨	8419
12	精对苯二甲酸工艺空气压缩机组（包括蒸汽轮机、压缩机）	单机年产≤160万吨	84068200　8414
13	对苯二甲酸蒸汽回转干燥机	所有规格	84193990
14	精对苯二甲酸搅拌机	单机年产≤160万吨	84798200
15	加氢反应器、精制反应器	所有规格	84198910
16	高压冷凝器	所有规格	84198990　84798999
17	块孔石墨换热器	所有规格	84195000
18	阳极保护冷却器	所有规格	84198990　84798999
19	纯碱包装机	所有规格	84223030　84223090
20	石化用混炼挤压造粒机	所有规格	84772010
21	橡胶螺杆挤出机	所有规格	84772090
22	机械式轮胎定型硫化机	所有规格	84775900
23	聚氯乙烯及烯烃聚合釜	所有规格	84198990
24	颗粒体物料包装机	所有规格	84223030　84223090
25	炼油用加氢反应器（包括精制反应器、裂化反应器）	所有规格	84198910
26	循环氢离心式压缩机组	所有规格	8414
27	往复式新氢压缩机组	所有规格	8414
28	长输管道压缩机组	所有规格	8414
29	对二甲苯装置丙烯制冷压缩机	所有规格	8414
30	对二甲苯装置乙烯制冷压缩机	所有规格	8414
31	重整装置配套离心式压缩机	所有规格	8414
32	丙烷脱氢装置用压缩机	所有规格	8414
33	高压储气库用注气离心式压缩机组	所有规格	8414
34	天然气输送用一体式压缩机	所有规格	8414
35	炼油用大型无油原料气往复式压缩机	所有规格	8414
36	天然气液化用离心式压缩机组	年产量≤350万吨	8414
37	管道压缩机用高速变频防爆电机	所有规格	85015300
38	加氢进料泵	所有规格	84137010　84137090
39	工业汽轮机	所有规格	84068200　84068110
40	地面安装高压大口径全焊接管道球阀	所有规格	8481
41	埋地安装高压大口径全焊接管道球阀	所有规格	8481
42	千万吨级炼油装置集散控制系统	所有规格	84714991
43	长输管线输油泵	所有规格	84137091
44	大型压裂装备	所有规格	87059080

续表4

编号	设备名称	技术规格要求	税则号列（供参考）
45	连续油管作业装备	提升能力≤63t	84304119
46	不压井作业装备	提升能力≤225t	84798999
47	顶部驱动钻井装置	钻井深度≤9000m	84122990
48	固井设备	所有规格	87042300
49	大口径焊管生产线成套设备	所有规格	84122990
50	CO/H_2分离成套设备（包括铝制板翅式换热器、精馏塔、CO压缩机、N_2压缩机）	所有规格	84195000 8414
51	丙烷脱氢冷箱（包括热交换装置、铝制板翅式换热器、气液分离器等）	所有规格	84195000 84212990
52	水下采油树	工作压力≤70MPa	84305010
53	道路相变自调温材料混炼挤出成套装置	所有规格	84772
四	**大型煤化工设备**		
1	往复式水煤浆隔膜泵	所有规格	841350
2	煤液化加氢反应器	所有规格	84198910
3	大型成套空分设备（包括冷箱，含精馏塔；氧气压缩机、空气压缩机组、增压机组，含蒸汽轮机或电机等）	所有规格	84194020 8406 8414
4	合成氨和尿素装置（包括合成气压缩机、原料压缩机、氨冷冻压缩机、空气压缩机、尿素（CO_2）压缩机组，含蒸汽轮机，液氮洗冷箱）	所有规格	8406 8414
5	煤化工气化炉	所有规格	84051000
6	甲醇制烯烃装置用压缩机组	所有规格	8414
五	**大型冶金成套设备**		
1	各钢种的方坯、圆坯、板坯、异型坯连铸机	所有规格	84543021 84543022 84543029 84543090
2	无缝管轧机	所有规格	84551010
3	冷、热连轧板带轧机	所有规格	84552110 84552210
4	中厚板轧机	所有规格	84552110
5	型钢轧机	所有规格	84552120
6	线材轧机	所有规格	84552130
7	初轧开坯机	所有规格	84552190
8	螺旋焊管机	所有规格	85153191
9	转炉设备	所有规格	84541000
10	炉外精炼设备	所有规格	84542010 84542090
11	炼焦炉设备、球团设备、烧结设备	所有规格	84178010 84178090

续表5

编号	设备名称	技术规格要求	税则号列（供参考）
12	高炉用鼓风机	所有规格	841459
13	炼钢电炉	所有规格	85141090　85142000
14	电阻焊机	所有规格（数字化焊机除外）	85152900
15	电弧焊机	所有规格（数字化焊机除外）	85153120　85153191　85153199
16	高频直缝焊管机组（包括开卷机，夹送矫平机，剪切对焊机，卧式螺旋活套，铣边机，成型机，定径 机，飞锯机，平头倒棱机，铣切锯机，水压试验机，钢管矫直机，测长、称重、喷码装置，高频焊机，中频感应加热装置）	所有规格	85152900　85153900　85158000
17	带压辊的转向控制辊、轧机乳化液喷射装置、带钢吹扫装置及防缠导板	轧辊宽度≤1400mm；产品厚度≤0.18mm	8455
18	钢水真空循环脱气工艺干式（机械泵）真空系统	所有规格	84141000
六	**大型矿山设备**		
1	矿用挖掘机	所有规格	84305020　84305090　84306990　842952
2	竖井钻机	钻孔直径≤13m；深度≤1000m	84306911
3	提升机	所有规格	84251100　84251900
4	液压支架	所有规格	84798999
5	采煤机	所有规格	84303110
6	固定式带式输送机	所有规格	84283300
7	刮板输送机	所有规格	84283990
8	刮板转载机	所有规格	84283990
9	破碎机（站）	所有规格	84742010　84742020　84742090
10	分类、筛选、分离或洗涤机器	所有规格	84741000
11	非公路电动轮自卸车	载重量≤400t	87041030
12	机械传动非公路刚性自卸车	所有规格	87041090
13	非公路铰接式自卸车	所有规格	87041090
14	机械传动非公路矿用洒水车	所有规格	87041090　8430
15	矿山特种钻机车（用于煤层气、页岩气开采对接井及矿山应急救援）	所有规格	8430　8430503
16	掘锚一体机	所有规格	8429
17	斗轮堆取料机	所有规格	84289031
18	桥式抓斗卸船机、装船机	所有规格	8426192　84261910
19	岸边集装箱起重机	所有规格	8426
20	轨道式集装箱门式起重机	所有规格	8426

续表6

编号	设备名称	技术规格要求	税则号列（供参考）
七	大型船舶、海洋工程设备		
1	船舶及浮动结构件	所有船舶整船及浮动结构件（生产率≥4000m³/h的绞吸挖泥船、泥舱容量≥20000m³的耙吸挖泥船除外）	89章
2	半潜式钻井平台	所有规格	8905
3	天然气及双燃料发动机	功率<1000kW；缸径<200mm	8407　8412　85023900
4	饱和潜水系统	最大潜水深度<200m	84137091　8905　8907
八	高速铁路、城市轨道交通设备		
1	轨道机车、车辆、城市轨道交通车辆	所有规格	8601　86028603　8605　8606
2	捣固车（含捣稳车）	所有规格	8604
3	稳定车	所有规格	86040099
4	钢轨/道岔打磨车	所有规格	86040012
5	大修列车	所有规格	86040099
6	路基处理车	所有规格	86040099
7	清筛机	所有规格	86040099
8	物料运输车	所有规格	86040099
9	配渣车	所有规格	86040099
10	焊轨车	所有规格	86040099
11	轨道车	所有规格	86040099
12	轨道校正车、检查车、查道车	所有规格	86040011　86040019　86040099
13	钢轨铣磨车	所有规格	8604
九	大型环保及资源综合利用设备		
1	静电除尘器	所有规格	84213921
2	袋式除尘器（含电袋式）	所有规格	84213922
3	电站烟气脱硫专用设备（包括循环浆液泵、水力旋流分离器、除雾器、烟气挡板门、脱硫增压风机、搅拌器）	所有规格	842139
4	燃煤电站烟气脱硝成套设备（包括吸收剂系统、催化反应设备、监测控制系统、空气稀释系统、吹灰系统）	所有规格	842139
5	带式污泥浓缩压滤一体机	所有规格	84212190　84212910　84212990
6	螺旋离心浓缩机	所有规格	84211990
7	节能曝气机	所有规格	84798999
8	剪切式转盘曝气机	所有规格	84798999
9	水平轴转刷曝气机	所有规格	84798999
10	竖轴式表面曝气机	所有规格	84798999

续表7

编号	设备名称	技术规格要求	税则号列 （供参考）
11	生活垃圾焚烧炉及其烟气净化装置	所有规格	84178090　842139
12	大型高炉煤气余压透平发电装置	所有规格	84123900
13	瓦斯、沼气发电机组	所有规格	85023900
14	双燃料发动机	所有规格	85023900
15	生物质气发电机组	所有规格	85023
16	转盘式膜反应分离器	所有规格	84212990
17	转盘式微滤机	所有规格	84212990
18	脱酸塔（煤气综合利用）	所有规格	84213990
19	喷淋式饱和器（煤气综合利用）	所有规格	84213990
20	木塑产品生产线	所有规格	84772090
21	压滤机	所有规格	84212910
22	刮泥机	所有规格	84798999
23	电子磅秤（衡器）	所有规格	8423
24	大气 PM2.5 在线源解析质谱监测系统	所有规格	9027801
25	大气在线离子色谱仪	所有规格	90272011
26	规模化生物天然气制备成套装备	产气率≤$1.0m^3/m^3\cdot d$	8419 9032
十	**大型施工机械和基础设施专用设备**		
1	全断面掘进机	所有规格	84303130
2	拖式、车载式混凝土泵	所有规格	84134000
3	堆垛机	所有规格	84271010
4	电瓶叉车	所有规格	84271090
5	集装箱正面吊	所有规格	84264190
6	集装箱叉车	所有规格	84272010
7	内燃叉车	所有规格	84272090
8	装有升降或搬运装置的工作车	所有规格	84279000
9	平地机	所有规格	84292090
10	自行式铲运机	所有规格	84293010
11	拖式铲运机	所有规格	84293010　84293090
12	压路机	所有规格	84294011
13	装载机	所有规格	84295100
14	筒式柴油打桩机	所有规格	84301000
15	液压打桩锤	所有规格	84301000
16	水平定向钻	所有规格	84306919
17	钻探机	所有规格	84304122
18	混凝土或砂浆搅拌机器	所有规格	84743100

续表8

编号	设备名称	技术规格要求	税则号列 （供参考）
19	矿物与沥青混合搅拌设备	所有规格	84743200
20	沥青混凝土摊铺机	所有规格	84791021
21	履带式起重机	所有规格	84264910
22	全路面起重机	所有规格	87051021 87051022 87051023
23	汽车起重机	所有规格	87051091 87051092 87051093
24	轮胎式起重机	所有规格	84264110
25	龙门式起重机	所有规格	84261930
26	履带式伸缩臂起重机	所有规格	84264910
27	越野轮胎起重机	所有规格	84264110
28	履带式全地形工程车	所有规格	842911
29	轮胎式挖掘机	所有规格	84295211
30	履带式挖掘机	所有规格	84295212
31	挖掘装载机	所有规格	84295900
32	地下连续墙液压抓斗	所有规格	84295284 305090 84306990
33	旋挖钻机	所有规格	843050 84306911 84306919
34	工程钻机	所有规格	84306911
35	稳定土路面拌合机	所有规格	84791022
36	稳定土路面摊铺机	所有规格	84791022
37	滑模式水泥摊铺机	所有规格	84791029
38	高等级公路稀浆封层机	所有规格	84791090
39	沥青路面铣刨机	所有规格	84791090
40	架桥机成套设备（包括运梁车、提梁机、架桥机）	所有规格	84261990
41	碎石摊铺机	所有规格	84791029
42	混凝土搅拌车	所有规格	87054000
43	推土机	所有规格	84291110 84291190 84291910
44	混凝土泵车	所有规格	87059091
45	登高平台消防车	所有规格	84281090 87053090
46	云梯消防车	所有规格	84281090 87053090
47	举高喷射消防车	所有规格	84281090 87053090
48	全电脑凿岩台车	所有规格	84303120
49	堆高机	所有规格	8427
十二	**大型、精密、高速数控设备、数控系统、功能部件与基础制造装备**		
1	非数控机床	所有规格	8456 845 78458 8459 8460 8461 8462 8463 8464 8465
2	数控激光加工机床	所有规格	84561100

续表9

编号	设备名称	技术规格要求	税则号列（供参考）
3	数控切割机	所有规格	84564010 84615000 84565000 84569000
4	加工中心	所有规格	84571010 84571020 84571030 84571091 84571101
5	电加工机床	所有规格	84563010 84569000
6	车削中心	所有规格（铣车复合加工中心除外）	84581100 84589110
7	数控重型卧式车床、重型卧式车削中心	所有规格	84581100
8	数控重型立式车床、重型立式车削中心	所有规格	84589110 84589120
9	数控车床	所有规格	84581100 84589110 84589120
10	数控不落轮车床	所有规格	84581100
11	数控铣床	所有规格	84595100 84596190 84596110
12	数控磨床（含内圆、外圆、端面外圆、万能、无心、轴承、刃磨等）	所有规格	84602110 84602411 84602210 84602419 84603100 84601210 846021
13	数控重型滚齿机	所有规格	84614011 84614019 84614090
14	数控齿轮加工机床	所有规格	84614011 84614019 84614090
15	数控铣镗床	所有规格	84593100
16	数控坐标镗床、数控坐标磨床	所有规格	84594100 8460
17	组合机床	所有规格	84572000 84573000
18	数控深孔钻镗床（含数控深孔镗床）	所有规格	84594100
19	数控珩磨机床（含深孔珩磨机床）	所有规格	84604010
20	锻造用压力机或冲压机床	所有规格	84621010 84624111 84624119
21	空气锤	所有规格	84621090
22	矫直（平）机	所有规格	84622110
23	折弯压力机	所有规格	84622190
24	开卷机	所有规格	84622190
25	弯管机	所有规格	84622190
26	三辊四辊卷板机	所有规格	84622990
27	折边机	所有规格	84622190
28	数控板带剪切机床	所有规格	84623110 84623120 84623190
29	棒料剪断机	所有规格	84623190
30	联合冲剪机	所有规格	84624190
31	金刚石成型液压机	所有规格	84649090
32	单柱、双柱、四柱万能液压机	所有规格	84629110 84629190
33	立式、卧式冷挤压机	所有规格	84629110 84629190 84629910 84629990

续表10

编号	设备名称	技术规格要求	税则号列 (供参考)
34	开式双点压力机	所有规格	84629110 84629190 84629910 84629990
35	闭式四点多连杆压力机	所有规格	84629110 84629190 84629910 84629990
36	双动薄板拉伸液压机	所有规格	84629190
37	校正压装液压机	所有规格	84629190
38	磨具制品液压机	所有规格	84629190
39	打包压块液压机	所有规格	846291 8479
40	单动薄板冲压液压机	所有规格	84629110 84629190 8479
41	开式压力机（含开式固定台压力机、开式可倾压力机、开式底传动压力机）	所有规格	846299108479
42	闭式压力机（含闭式单点压力机、闭式双点压力机）	所有规格	84629910 8479
43	双动拉伸压力机	所有规格	84629910 8479
44	双盘摩擦压力机	所有规格	84629910 8479
45	电动螺旋压力机	所有规格	84629910 8479
46	高速精密压力机	所有规格	84621010 84624111 84624119 84629910 8479
47	数控冲模回转头压力机（含转塔冲床）	所有规格	84624111
48	封头旋压机	所有规格	84629910 8479
49	粉末成形压力机	所有规格	84629190 84629910 84629990
50	旋压机（含强力压旋）	所有规格	84629910
51	自动冷墩机	所有规格	84629990
52	热压机（用于木材、建材装潢材料加工）	所有规格	84659900 84793000
53	数控滚轮式收口工作站（含封头旋压工作站）	所有规格	84622190 8479
54	自动搓丝机	所有规格	84633000
55	自动卷簧机	所有规格	84633000
56	辗环机	所有规格	84633000 84639000
57	多工位机械压力机及自动化送料装置（含热模锻压力机、温锻压力机、冷锻压力机）	所有规格	84624119
58	级进模压力机及自动化送料装置	所有规格	84624119
59	精锻机（径向锻造）	所有规格	84621010
60	热等静压机	所有规格	84624900
61	冷等静压机	所有规格	84624900
62	径锻机组	所有规格	84621010

续表11

编号	设备名称	技术规格要求	税则号列（供参考）
63	卷板机组	所有规格	84622190
64	粘结剂喷射成形增材制造装备	所有规格	84748090
65	A/C 或 A/B 轴双摆角数控万能铣头	所有规格	8207 8459
66	汽车生产用钢板清洗/涂油机	所有规格	8462
67	伺服压力机及伺服冲压线	所有规格	8462
68	中子活化在线分析仪	所有规格	28444090
69	高功率光纤激光器	所有规格	90132000
70	粉末床激光增材制造装备	所有规格	8474
71	送粉式激光增材制造装备	所有规格	8474
72	送丝式电子束增材制造装备	所有规格	8474
十三	新型纺织机械		
1	棉纺清梳联合机	所有规格	84451111
2	往复式抓棉机	所有规格	84451112
3	棉纺并条机	所有规格	84451310
4	棉纺精梳机	所有规格	84451210
5	棉纺粗纱机	所有规格	84451321
6	开棉机	所有规格	84451900
7	混棉机	所有规格	84451900
8	清棉机	所有规格	84451900
9	清梳联棉箱	所有规格	84451900
10	棉纺环锭细纱机	所有规格	84452041
11	自动络筒机	所有规格	84454010
12	喷气织机	所有规格	84463050
13	氨纶卷绕机	所有规格	84440090
14	纺粘熔喷复合非织造布纺丝与牵伸机	所有规格	84440090　84490090
15	全自动转杯纺纱机	所有规格	84452031
16	涤纶短丝纺丝机	所有规格	84440020
17	喷水织机	所有规格	84463040
十四	新型、大马力农业装备		
1	履带式拖拉机	所有规格	87013000
2	谷物联合收割机	半喂人：收获行数≤6 行；全喂人：喂人量≤12kg/s	84335100
3	马铃薯联合收获机	收获行数≤4 行	84335300
4	自走式青贮饲料收获机	功率≤260kW	84335990
5	马铃薯种植机	播种行数≤6 行	84323121　84323921
6	大型小麦免耕播种机	播种行数≤24 行	84323111　84323911

续表12

编号	设备名称	技术规格要求	税则号列（供参考）
7	水稻覆土直播机	所有规格	84323000
8	采棉机	采收行数≤6行	84335920
9	轮式拖拉机	额定功率≤260马力	87019011
10	静液压无级变速器或静液压传动装置	所有规格	84138100　84834090
11	自走式喷杆喷雾机	药箱容积≤2000L	84244900
十五	**电子信息及生物医疗装备**		
1	点胶机	直线运动加速度≤800m/s²	84798969
2	点胶头	单点速度≤400点/秒	84799090
3	喷胶机	硅片直径：50～300mm；胶膜厚度：1～20μm；均匀性低于±10%	84862090
4	涂胶显影机	硅片直径：50～300mm	84862090
5	原子层沉积设备	膜厚均匀性≥5%；沉积速率≤3.2nm/s	84862021
6	触摸屏面板贴合装置	可实现0～90°的3d贴合并预留90～180°的扩展能力；柔性贴合精度低于±100μm；3d贴合精度低于±150μm	84863090
7	等离子体增强化学气相沉积设备	直径<300mm且线宽>28nm	84862021
8	等离子去胶机	线宽≥28nm	84862090
9	等离子刻蚀机	线宽≥28nm	84862041
10	基于二维BSI-CMOS探测器的高分辨堆叠光栅光谱仪	分辨率≥0.012纳米/像元	90273000
11	超导磁共振医学成像系统	主磁场强度≤3.0T	90181300
12	一体化正电子发射/磁共振成像装备	所有技术规格	90181300
13	多排螺旋计算机断层扫描系统	扫描层数≤64层	90221200
14	正电子发射断层扫描系统	TOF≥400ps	90221200
15	数字X射线诊断系统	所有技术规格	90221400
16	数字化乳腺X射线摄影系统	所有技术规格	90221400
17	图像引导加速器放疗系统	所有技术规格	90221400
18	移动数字化X射线机	所有技术规格	90221400

说明：

1. 本目录列明的“……生产线、……成套设备、……系统”包含其全部组成设备，无论进口成套或部分设备，都受本目录限制。

2. 本目录列明的设备有两项及以上技术指标的，各指标间是“且”的关系。

3. 与目录所列设备在技术规格、用途、工作原理、结构、功能等方面相同的进口设备，无论用于何种行业均不予免税。

4. 未列入本目录的设备，但其他政策法规已明确规定不予免税的，应照章征税。

7.2 集成电路产业进口货物、集成电路和软件企业进口设备

国务院关于印发鼓励软件产业和集成电路产业发展若干政策的通知

（国发〔2000〕18号）

各省、自治区、直辖市人民政府，国务院各部委、各直属机构：

现将《鼓励软件产业和集成电路产业发展的若干政策》印发给你们，请认真贯彻执行。

当前，以信息技术为代表的高新技术突飞猛进，以信息产业发展水平为主要特征的综合国力竞争日趋激烈，信息技术和信息网络的结合与应用，孕育了大量的新兴产业，并为传统产业注入新的活力。软件产业和集成电路产业作为信息产业的核心和国民经济信息化的基础，越来越受到世界各国的高度重视。我国拥有发展软件产业和集成电路产业最重要的人力、智力资源，在面对加入世界贸易组织的形势下，通过制定鼓励政策，加快软件产业和集成电路产业发展，是一项紧迫而长期的任务，意义十分重大。各地人民政府和国务院有关部门要根据《鼓励软件产业和集成电路产业发展的若干政策》的要求，抓紧研究制定相应的实施细则和配套政策，尽快组织实施。

鼓励软件产业和集成电路产业发展的若干政策

为推动我国软件产业和集成电路产业的发展，增强信息产业创新能力和国际竞争力，带动传统产业改造和产品升级换代，进一步促进国民经济持续、快速、健康发展，制定以下政策。

第一章　政策目标

第一条　通过政策引导，鼓励资金、人才等资源投向软件产业和集成电路产业，进一步促进我国信息产业快速发展，力争到2010年使我国软件产业研究开发和生产能力达到或接近国际先进水平，并使我国集成电路产业成为世界主要开发和生产基地之一。

第二条　鼓励国内企业充分利用国际、国内两种资源，努力开拓两个市场。经过5到10年的努力，国产软件产品能够满足国内市场大部分需求，并有大量出口；国产集成电路产品能够满足国内市场大部分需求，并有一定数量的出口，同时进一步缩小与发达国家在开发和生产技术上的差距。

第二章　投融资政策

第三条　多方筹措资金，加大对软件产业的投入。

（一）建立软件产业风险投资机制，鼓励对软件产业的风险投资。由国家扶持，成立风险投资公司，设立风险投资基金。初期国家可安排部分种子资金，同时通过社会定向募股和吸收国内外风险投资基金等方式筹措资金。风险投资公司按风险投资的运作规律，以企业化方式运作和管理，其持有的软件企业股份在该软件企业上市交易的当日即或进入市场流通，但风险投资公司为该软件企业发起人的，按有关法律规定办理。

（二）"十五"计划中适当安排一部分预算内基本建设资金，用于软件产业和集成电路产业的基础设施建设和产业化项目。在高等院校、科研院所等科研力量集中的地区，建立若干个由国家扶持的软件园区。国家计委、财政部、科技部、信息产业部在安排年度计划时，应从其掌握的科技发展资金中各拿出一部分，用于支持基础软件开发，或作为软件产业的孵化开办资金。

第四条 为软件企业在国内外上市融资创造条件。

（一）尽快开辟证券市场创业板。软件企业不分所有制性质，凡符合证券市场创业板上市条件的，应优先予以安排。

（二）对具有良好市场前景及人才优势的软件企业，在资产评估中无形资产占净资产的比例可由投资方自行商定。

（三）支持软件企业到境外上市融资。经审核符合境外上市资格的软件企业，均可允许到境外申请上市筹资。

第三章 税收政策

第五条 国家鼓励在我国境内开发生产软件产品。对增值税一般纳税人销售其自行开发生产的软件产品，2010 年前按 17%的法定税率征收增值税，对实际税负超过 3%的部分即征即退，由企业用于研究开发软件产品和扩大再生产。

第六条 在我国境内设立的软件企业可享受企业所得税优惠政策。新创业软件企业经认定后，自获利年度起，享受企业所得税"两免三减半"的优惠政策。

第七条 对国家规划布局内的重点软件企业，当年未享受免税优惠的减按 10%的税率征收企业所得税。国家规划布局内的重点软件企业名单由国家计委、信息产业部、外经贸部和国家税务总局共同确定。

第八条 对软件企业进口所需的自用设备，以及按照合同随设备进口的技术（含软件）及配套件、备件，除列入《外商投资项目不予免税的进口商品目录》和《国内投资项目不予免税的进口商品目录》的商品外，均可免征关税和进口环节增值税。

第九条 软件企业人员薪酬和培训费用可按实际发生额在企业所得税税前列支。

第四章 产业技术政策

第十条 支持开发重大共性软件和基础软件。国家科技经费重点支持具有基础性、战略性、前瞻性和重大关键共性软件技术的研究与开发，主要包括操作系统、大型数据库管理系统、网络平台、开发平台、信息安全、嵌入式系统、大型应用软件系统等基础软件和共性软件。属于国家支持的上述软件研究开发项目，应以企业为主，产学研结合，通过公开招标方式，择优选定项目承担者。

第十一条 支持国内企业、科研院所、高等院校与外国企业联合设立研究与开发中心。

第五章 出口政策

第十二条 软件出口纳入中国进出口银行业务范围，并享受优惠利率的信贷支持；同时，国家出口信用保险机构应提供出口信用保险。

第十三条 软件产品年出口额超过 100 万美元的软件企业，可享受软件自营出口权。

第十四条 海关要为软件的生产开发业务提供便捷的服务。在国家扶持的软件园区内为承接国外客户软件设计与服务而建立研究开发中心时，对用于仿真用户环境的设备采取保税措施。

第十五条 根据重点软件企业参与国际交往的实际需要，对企业高中级管理人员和高中级技术人员简化出入境审批手续，适当延长有效期。具体办法由外交部会同有关部门另行制定。

第十六条 采取适应软件贸易特点的外汇管理办法。根据软件产品交易（含软件外包加工）的特点，对软件产品出口实行不同于其他产品的外贸、海关和外汇管理办法，以适应软件企业从事国际商务活动的需要。

第十七条 鼓励软件出口型企业通过 GB/T19000-ISO9000 系列质量保证体系认证和 CMM（能力成熟度模型）认证。其认证费用通过中央外贸发展基金适当予以支持。

第六章 收入分配政策

第十八条 软件企业可依照国家有关法律法规，根据本企业经济效益和社会平均工资，自主决定企业工资总额和工资水平。

第十九条 建立软件企业科技人员收入分配激励机制，鼓励企业对作出突出贡献的科技人员给予重奖。

第二十条 软件企业可允许技术专利和科技成果作价入股，并将该股份给予发明者和贡献者。由本企业形成的科技成果，可根据《中华人民共和国促进科技成果转化法》规定，将过去 3 至 5 年科技成果转化所形成的利润按规定的比例折股分配。群体或个人从企业外带入的专利技术和非专利技术，可直接在企业作价折股分配。

第二十一条 在创业板上市的软件企业，如实行企业内部高级管理人员和技术骨干认股权的，应在招股说明书中详细披露，并按创业板上市规则的要求向证券交易所提供必要的说明材料。上述认股权在公开发行的股份中所占的比例由公司董事会决定。

第七章 人才吸引与培养政策

第二十二条 国家教育部门要根据市场需求进一步扩大软件人才培养规模，并依托高等院校、科研院所建立一批软件人才培养基地。

（一）发挥国内教育资源的优势，在现有高等院校、中等专科学校中扩大软件专业招生规模，多层次培养软件人才。当前要尽快扩大硕士、博士、博士后等高级软件人才的培养规模，鼓励有条件的高等院校设立软件学院；理工科院校的非计算机专业应设置软件应用课程，培养复合型人才。

（二）成人教育和业余教育（电大等）应设立或加强软件专业教学，积极支持企业、科研院所和社会力量开展各种软件技术培训，加强在职员的知识更新与再教育。在有条件的部门和地区，积极推行现代远程教育。在工程技术人员技术职称评定工作中，应逐步将软件和计算机应用知识纳入考核范围。

（三）由国家外国专家局和教育部共同设立专项基金，支持高层次软件科研人员出国进修，聘请外国软件专家来华讲学和工作。

第二十三条 进入国家扶持的软件园区的软件系统分析员和系统工程师，凡具有中级以上技术职称，或有重大发明创造的，由本单位推荐并经有关部门考核合格，应准予本人和配偶及未成年子女在该软件园区所在地落户。

第二十四条 实施全球化人才战略，吸引国内外软件技术人员在国内创办软件企业。国内高等院校、科研院所的科技人员创办软件企业，有关部门应给予一定的资金扶持，在人员流动方面也应放宽条件；国外留学生和外籍人员在国内创办软件企业的，享受国家对软件企业的各项优惠政策。

第八章 采购政策

第二十五条 国家投资的重大工程和重点应用系统，应优先由国内企业承担，在同等性能价格比条件下应优先采用国产软件系统。编制工程预算时，应将软件与技术服务作为单独的预算项目，并确保经费到位。

第二十六条 企事业单位所购软件，凡购置成本达到固定资产标准或构成无形资产的，可以按固定资产或无形资产进行核算，经税务部门批准，其折旧或摊销年限可以适当缩短，最短可为 2 年。

第二十七条 政府机构购买的软件、涉及国家主权和经济安全的软件，应当采用政府采购的方式进行。

第九章 软件企业认定制度

第二十八条 软件企业的认定标准由信息产业部会同教育部、科技部、国家税务总局等有关部门制定。

第二十九条 软件企业实行年审制度。年审不合格的企业，即取消其软件企业的资格，并不再享受有关优惠政策。

第三十条 软件企业的认定和年审的组织工作由经上级信息产业主管部门授权的地（市）级以上软件行业协会或相关协会具体负责。软件企业的名单由行业协会初选，报经同级信息产业主管部门审核，并会签同级税务部门批准后正式公布。

第三十一条 信息产业部、国家质量技术监督局负责拟定软件产品国家标准。

第十章 知识产权保护

第三十二条 国务院著作权行政管理部门要规范和加强软件著作权登记制度，鼓励软件著作权登记，并依照国家法律对已经登记的软件予以重点保护。

第三十三条 为了保护中外著作权人的合法权益，任何单位在其计算机系统中不得使用未经授权许可的软件产品。

第三十四条 加大打击走私和盗版软件的力度，严厉查处组织制作、生产、销售盗版软件的活动。自2000年下半年起，公安部、信息产业部、国家工商局、国家知识产权局、国家版权局和国家税务总局要定期开展联合打击盗版软件的专项斗争。

第十一章 行业组织和行业管理

第三十五条 各级信息产业主管部门对软件产业实行行业管理和监督。

第三十六条 信息产业主管部门要充分发挥软件行业协会在市场调查、信息交流、咨询评估、行业自律、知识产权保护、资质认定、政策研究等方面的作用，促进软件产业的健康发展。

第三十七条 软件行业协会开展活动所需经费主要由协会成员共同承担，经主管部门申请，财政也可适当予以支持。

第三十八条 软件行业协会必须按照公开、公正、公平的原则，履行其所承担的软件企业认定职能。

第三十九条 将软件产品产值和出口额纳入国家有关统计范围，并在信息产业目录中单独列出。

第十二章 集成电路产业政策

第四十条 鼓励境内外企业在中国境内设立合资和独资的集成电路生产企业，凡符合条件的，有关部门应按程序抓紧审批。

第四十一条 对增值税一般纳税人销售其自产的集成电路产品（含单晶硅片），2010年前按17%的法定税率征收增值税，对实际税负超过6%的部分即征即退，由企业用于研究开发新的集成电路和扩大再生产。

第四十二条 符合下列条件之一的集成电路生产企业，按鼓励外商对能源、交通投资的税收优惠政策执行。

（一）投资额超过80亿元人民币；

（二）集成电路线宽小于0.25微米的。

第四十三条 符合第四十二条规定的生产企业，海关应为其提供通关便利。具体办法由海关总署制定。

第四十四条 符合第四十二条规定的生产企业进口自用生产性原材料、消耗品，免征关税和进口环节增值税。由信息产业部会同国家计委、外经贸部、海关总署等有关部门负责，拟定集成电路免税商品目录，报经国务院批准后执行。

第四十五条 为规避汇率风险，允许符合第四十二条规定的企业将准备用于在中国境内再投资的税后利润以外币方式存入专用账户，由外汇管理部门监管。

第四十六条 集成电路生产企业的生产性设备的折旧年限最短可为3年。

第四十七条 集成电路生产企业引进集成电路技术和成套生产设备，单项进口的集成电路专用设备与仪器，按《外商投资产业指导目录》和《当前国家重点鼓励发展的产业、产品和技术目录》的有关规定办理，免征进口关税和进口环节增值税。

第四十八条 境内集成电路设计企业设计的集成电路，如在境内确实无法生产，可在国外生产芯片，其加工合同（包括规格、数量）经行业主管部门认定后，进口时按优惠暂定税率征收关税。

第四十九条 集成电路企业的认定，由集成电路项目审批部门征求同级税务部门意见后确定。

第五十条 集成电路设计产品视同软件产品，受知识产权方面的法律保护。国家鼓励对集成电路设计产品进行评测和登记。

第五十一条 集成电路设计业视同软件产业，适用软件产业有关政策。

第十三章 附 则

第五十二条 凡在我国境内设立的软件企业和集成电路企业，不分所有制性质，均可享受本政策。

第五十三条 本政策自发布之日起实施。

国务院关于印发进一步鼓励软件产业和集成电路产业发展若干政策的通知

（国发〔2011〕4号）

各省、自治区、直辖市人民政府，国务院各部委、各直属机构：

现将《进一步鼓励软件产业和集成电路产业发展的若干政策》印发给你们，请认真贯彻执行。

软件产业和集成电路产业是国家战略性新兴产业，是国民经济和社会信息化的重要基础。近年来，在国家一系列政策措施的扶持下，经过各方面共同努力，我国软件产业和集成电路产业获得较快发展。制定实施《进一步鼓励软件产业和集成电路产业发展的若干政策》，继续完善激励措施，明确政策导向，对于优化产业发展环境，增强科技创新能力，提高产业发展质量和水平，具有重要意义。各地区、各有关部门要高度重视，加强组织领导和协调配合，抓紧制定实施细则和配套措施，切实抓好落实工作。国家发展改革委要会同有关部门及时跟踪了解政策执行情况，加强督促指导，确保取得实效。

二〇一一年一月二十八日

进一步鼓励软件产业和集成电路产业发展的若干政策

《国务院关于印发鼓励软件产业和集成电路产业发展若干政策的通知》（国发〔2000〕18号，以下简称国发18号文件）印发以来，我国软件产业和集成电路产业快速发展，产业规模迅速扩大，技术水平显著提升，有力推动了国家信息化建设。但与国际先进水平相比，我国软件产业和集成电路产业还存在发展基础较为薄弱，企业科技创新和自我发展能力不强，应用开发水平急待提高，产业链有待完善等问题。为进一步优化软件产业和集成电路产业发展环境，提高产业发展质量和水平，培育一批有实力和影响力的行业领先企业，制定以下政策。

一、财税政策

（一）继续实施软件增值税优惠政策。

（二）进一步落实和完善相关营业税优惠政策，对符合条件的软件企业和集成电路设计企业从事软件开发与测试，信息系统集成、咨询和运营维护，集成电路设计等业务，免征营业税，并简化相关程序。具体办法由财政部、国家税务总局会同有关部门制定。

（三）对集成电路线宽小于0.8微米（含）的集成电路生产企业，经认定后，自获利年度起，第一年至第二年免征企业所得税，第三年至第五年按照25%的法定税率减半征收企业所得税（以下简称企业所得税“两免三减半”优惠政策）。

（四）对集成电路线宽小于0.25微米或投资额超过80亿元的集成电路生产企业，经认定后，减按15%的税率征收企业所得税，其中经营期在15年以上的，自获利年度起，第一年至第五年免征企业所得税，第六年至第十年按照25%的法定税率减半征收企业所得税（以下简称企业所得税“五免五减半”优惠政策）。

（五）对国家批准的集成电路重大项目，因集中采购产生短期内难以抵扣的增值税进项税额占用资金问题，采取专项措施予以妥善解决。具体办法由财政部会同有关部门制定。

（六）对我国境内新办集成电路设计企业和符合条件的软件企业，经认定后，自获利年度起，享受企业所得税“两免三减半”优惠政策。经认定的集成电路设计企业和符合条件的软件企业的进口料件，符合现行法律法规规定的，可享受保税政策。

（七）国家规划布局内的集成电路设计企业符合相关条件的，可比照国发18号文件享受国家规划布局内重点软件企业所得税优惠政策。具体办法由国家发展改革委会同有关部门制定。

（八）为完善集成电路产业链，对符合条件的集成电路封装、测试、关键专用材料企业以及集成电路专用设备相关企业给予企业所得税优惠。具体办法由财政部、国家税务总局会同有关部门制定。

（九）国家对集成电路企业实施的所得税优惠政策，根据产业技术进步情况实行动态调整。符合条件的软件企业和集成电路企业享受企业所得税“两免三减半”“五免五减半”优惠政策，在2017年12月31日前自获利年度起计算优惠期，并享受至期满为止。符合条件的软件企业和集成电路企业所得税优惠政策与企业所得税其他优惠政策存在交叉的，由企业选择一项最优惠政策执行，不叠加享受。

二、投融资政策

（十）国家大力支持重要的软件和集成电路项目建设。对符合条件的集成电路企业技术进步和技术改造项目，中央预算内投资给予适当支持。鼓励软件企业加强技术开发综合能力建设。

（十一）国家鼓励、支持软件企业和集成电路企业加强产业资源整合。对软件企业和集成电路企业为实现资源整合和做大做强进行的跨地区重组并购，国务院有关部门和地方各级人民政府要积极支持引导，防止设置各种形式的障碍。

（十二）通过现有的创业投资引导基金等资金和政策渠道，引导社会资本设立创业投资基金，支持中小软件企业和集成电路企业创业。有条件的地方政府可按照国家有关规定设立主要支持软件企业和集成电路企业发展的股权投资基金或创业投资基金，引导社会资金投资软件产业和集成电路产业。积极支持符合条件的软件企业和集成电路企业采取发行股票、债券等多种方式筹集资金，拓宽直接融资渠道。

（十三）支持和引导地方政府建立贷款风险补偿机制，健全知识产权质押登记制度，积极推动软件企业和集成电路企业利用知识产权等无形资产进行质押贷款。充分发挥融资性担保机构和融资担保补助资金的作用，积极为中小软件企业和集成电路企业提供各种形式的贷款担保服务。

（十四）政策性金融机构在批准的业务范围内，可对符合国家重大科技项目范围、条件的软件和集成电路项目给予重点支持。

（十五）商业性金融机构应进一步改善金融服务，积极创新适合软件产业和集成电路产业发展的信贷品种，为符合条件的软件企业和集成电路企业提供融资支持。

三、研究开发政策

（十六）充分利用多种资金渠道，进一步加大对科技创新的支持力度。发挥国家科技重大专项的引导作用，大力支持软件和集成电路重大关键技术的研发，努力实现关键技术的整体突破，加快具有自主知识产权技术的产业化和推广应用。紧紧围绕培育战略性新兴产业的目标，重点支持基础软件、面向新一代信息网络的高端软件、工业软件、数字内容相关软件、高端芯片、集成电路装备和工艺技术、集成电路关键材料、关键应用系统的研发以及重要技术标准的制订。科技部、国家发展改革委、财政部、工业和信息化部等部门要做好有关专项的组织实施工作。

（十七）在基础软件、高性能计算和通用计算平台、集成电路工艺研发、关键材料、关键应用软件和芯片设计等领域，推动国家重点实验室、国家工程实验室、国家工程中心和企业技术中心建设，有关部门要优先安排研发项目。鼓励软件企业和集成电路企业建立产学研用结合的产业技术创新战略联盟，促进产业链协同发展。

（十八）鼓励软件企业大力开发软件测试和评价技术，完善相关标准，提升软件研发能力，提高软件质量，加强品牌建设，增强产品竞争力。

四、进出口政策

（十九）对软件企业和集成电路设计企业需要临时进口的自用设备（包括开发测试设备、软硬件环境、样机及部件、元器件等），经地市级商务主管部门确认，可以向海关申请按暂时进境货物监管，其进口税收按照现行法规执行。对符合条件的软件企业和集成电路企业，质检部门可提供提前预约报检服务，海关根据企业要求提供提前预约通关服务。

（二十）对软件企业与国外资信等级较高的企业签订的软件出口合同，政策性金融机构可按照独立审贷和风险可控的原则，在批准的业务范围内提供融资和保险支持。

（二十一）支持企业“走出去”建立境外营销网络和研发中心，推动集成电路、软件和信息服务出口。大力发展国际服务外包业务。商务部要会同有关部门与重点国家和地区建立长效合作机制，采取综合措施为企业拓展新兴市场创造条件。

五、人才政策

（二十二）加快完善期权、技术入股、股权、分红权等多种形式的激励机制，充分发挥研发人员和管理人员的积极性和创造性。各级人民政府可对有突出贡献的软件和集成电路高级人才给予重奖。对国家有关部门批准建立的产业基地（园区）、高校软件学院和微电子学院引进的软件、集成电路人才，优先安排本人及其配偶、未成年子女在所在地落户。加强人才市场管理，积极为软件企业和集成电路企业招聘人才提供服务。

（二十三）高校要进一步深化改革，加强软件工程和微电子专业建设，紧密结合产业发展需求及时调整课程设置、教学计划和教学方式，努力培养国际化、复合型、实用性人才。加强软件工程和微电子专业师资队伍、教学实验室和实习实训基地建设。教育部要会同有关部门加强督促和指导。

（二十四）鼓励有条件的高校采取与集成电路企业联合办学等方式建立微电子学院，经批准设立的示范性微电子学院可以享受示范性软件学院相关政策。支持建立校企结合的人才综合培训和实践基地，支持示范性软件学院和微电子学院与国际知名大学、跨国公司合作，引进国外师资和优质资源，联合培养软件和集成电路人才。

（二十五）按照引进海外高层次人才的有关要求，加快软件与集成电路海外高层次人才的引进，落实好相关政策。制定落实软件与集成电路人才引进和出国培训年度计划，办好国家软件和集成电路人才国际培训基地，积极开辟国外培训渠道。

六、知识产权政策

（二十六）鼓励软件企业进行著作权登记。支持软件和集成电路企业依法到国外申请知识产权，对符合有关规定的，可申请财政资金支持。加大政策扶持力度，大力发展知识产权服务业。

（二十七）严格落实软件和集成电路知识产权保护制度，依法打击各类侵权行为。加大对网络环境下软件著作权、集成电路布图设计专有权的保护力度，积极开发和应用正版软件网络版权保护技术，有效保护软件和集成电路知识产权。

（二十八）进一步推进软件正版化工作，探索建立长效机制。凡在我国境内销售的计算机（大型计算机、服务器、微型计算机和笔记本电脑）所预装软件必须为正版软件，禁止预装非正版软件的计算机上市销售。全面落实政府机关使用正版软件的政策措施，将软件购置经费纳入财政预算，对通用软件实行政府集中采购，加强对软件资产的管理。大力引导企业和社会公众使用正版软件。

七、市场政策

（二十九）积极引导企业将信息技术研发应用业务外包给专业企业。鼓励政府部门通过购买服务的方式将电子政务建设和数据处理工作中的一般性业务发包给专业软件和信息服务企业，有关部门要抓紧建立和完善相应的安全审查和保密管理规定。

鼓励大中型企业将其信息技术研发应用业务机构剥离，成立专业软件和信息服务企业，为全行业和全社会提供服务。

（三十）进一步规范软件和集成电路市场秩序，加强反垄断工作，依法打击各种滥用知识产权排除、限制竞争以及滥用市场支配地位进行不正当竞争的行为，充分发挥行业协会的作用，创造良好的产业发展环境。加快制订相关技术和服务标准，促进软件市场公平竞争，维护消费者合法权益。

（三十一）完善网络环境下消费者隐私及企业秘密保护制度，促进软件和信息服务网络化发展。逐步在各级政府机关和事业单位推广符合安全要求的软件产品。

八、政策落实

（三十二）凡在我国境内设立的符合条件的软件企业和集成电路企业，不分所有制性质，均可享受本政策。

（三十三）继续实施国发18号文件明确的政策，相关政策与本政策不一致的，以本政策为准。本政策由国家发展改革委会同财政部、国家税务总局、工业和信息化部、商务部、海关总署等部门负责解释。

（三十四）本政策自发布之日起实施。

国务院关于印发新时期促进集成电路产业和软件产业高质量发展若干政策的通知

（国发〔2020〕8号）

各省、自治区、直辖市人民政府，国务院各部委、各直属机构：

现将《新时期促进集成电路产业和软件产业高质量发展的若干政策》印发给你们，请认真贯彻落实。

国务院

二〇二〇年七月二十七日

新时期促进集成电路产业和软件产业高质量发展的若干政策

集成电路产业和软件产业是信息产业的核心，是引领新一轮科技革命和产业变革的关键力量。《国务院关于印发鼓励软件产业和集成电路产业发展若干政策的通知》（国发〔2000〕18号）、《国务院关于印发进一步鼓励软件产业和集成电路产业发展若干政策的通知》（国发〔2011〕4号）印发以来，我国集成电路产业和软件产业快速发展，有力支撑了国家信息化建设，促进了国民经济和社会持续健康发展。为进一步优化集成电路产业和软件产业发展环境，深化产业国际合作，提升产业创新能力和发展质量，制定以下政策。

一、财税政策

（一）国家鼓励的集成电路线宽小于28纳米（含），且经营期在15年以上的集成电路生产企业或项目，第一年至第十年免征企业所得税。国家鼓励的集成电路线宽小于65纳米（含），且经营期在15年以上的集成电路生产企业或项目，第一年至第五年免征企业所得税，第六年至第十年按照25%的法定税率减半征收企业所得税。国家鼓励的集成电路线宽小于130纳米（含），且经营期在10年以上的集成电路生产企业或项目，第一年至第二年免征企业所得税，第三年至第五年按照25%的法定税率减半征收企业所得税。国家鼓励的线宽小于130纳米（含）的集成电路生产企业纳税年度发生的亏损，准予向以后年度结转，总结转年限最长不得超过10年。

对于按照集成电路生产企业享受税收优惠政策的，优惠期自获利年度起计算；对于按照集成电路生产项目享受税收优惠政策的，优惠期自项目取得第一笔生产经营收入所属纳税年度起计算。国家鼓励的集成电路生产企业或项目清单由国家发展改革委、工业和信息化部会同相关部门制定。

（二）国家鼓励的集成电路设计、装备、材料、封装、测试企业和软件企业，自获利年度起，第一年至第二年免征企业所得税，第三年至第五年按照25%的法定税率减半征收企业所得税。国家鼓励的集成电路设计、装备、材料、封装、测试企业条件由工业和信息化部会同相关部门制定。

（三）国家鼓励的重点集成电路设计企业和软件企业，自获利年度起，第一年至第五年免征企业所得税，接续年度减按10%的税率征收企业所得税。国家鼓励的重点集成电路设计企业和软件企业清单由国家发展改革委、工业和信息化部会同相关部门制定。

（四）国家对集成电路企业或项目、软件企业实施的所得税优惠政策条件和范围，根据产业技术进步情况进行动态调整。集成电路设计企业、软件企业在本政策实施以前年度的企业所得税，按照国发〔2011〕4号文件明确的企业所得税“两免三减半”优惠政策执行。

（五）继续实施集成电路企业和软件企业增值税优惠政策。

（六）在一定时期内，集成电路线宽小于65纳米（含）的逻辑电路、存储器生产企业，以及线宽小于0.25微米（含）的特色工艺集成电路生产企业（含掩模版、8英寸及以上硅片生产企业）进口自用生产性原材料、消耗品，净化室专用建筑材料、配套系统和集成电路生产设备零配件，免征进口关税；集成电路线宽小于0.5微米（含）的化合物集成电路生产企业和先进封装测试企业进口自用生产性原材料、消耗品，免征进口关税。具体政策由财政部会同海关总署等有关部门制定。企业清单、免税商品清单分别由国家发展改革委、工业和信息化部会同相关部门制定。

（七）在一定时期内，国家鼓励的重点集成电路设计企业和软件企业，以及第（六）条中的集成电路生产企业和先进封装测试企业进口自用设备，及按照合同随设备进口的技术（含软件）及配套件、备件，除相关不予免税的进口商品目录所列商品外，免征进口关税。具体政策由财政部会同海关总署等有关部门制定。

（八）在一定时期内，对集成电路重大项目进口新设备，准予分期缴纳进口环节增值税。具体政策由财政部会同海关总署等有关部门制定。

二、投融资政策

（九）加强对集成电路重大项目建设的服务和指导，有序引导和规范集成电路产业发展秩序，做好规划布局，强化风险提示，避免低水平重复建设。

（十）鼓励和支持集成电路企业、软件企业加强资源整合，对企业按照市场化原则进行的重组并购，国务院有关部门和地方政府要积极支持引导，不得设置法律法规政策以外的各种形式的限制条件。

（十一）充分利用国家和地方现有的政府投资基金支持集成电路产业和软件产业发展，鼓励社会资本按照市场化原则，多渠道筹资，设立投资基金，提高基金市场化水平。

（十二）鼓励地方政府建立贷款风险补偿机制，支持集成电路企业、软件企业通过知识产权质押融资、股权质押融资、应收账款质押融资、供应链金融、科技及知识产权保险等手段获得商业贷款。充分发挥融资担保机构作用，积极为集成电路和软件领域小微企业提供各种形式的融资担保服务。

（十三）鼓励商业性金融机构进一步改善金融服务，加大对集成电路产业和软件产业的中长期贷款支持力度，积极创新适合集成电路产业和软件产业发展的信贷产品，在风险可控、商业可持续的前提下，加大对重大项目的金融支持力度；引导保险资金开展股权投资；支持银行理财公司、保险、信托等非银行金融机构发起设立专门性资管产品。

（十四）大力支持符合条件的集成电路企业和软件企业在境内外上市融资，加快境内上市审核流程，符合企业会计准则相关条件的研发支出可作资本化处理。鼓励支持符合条件的企业在科创板、创业板上市融资，通畅相关企业原始股东的退出渠道。通过不同层次的资本市场为不同发展阶段的集成电路企业和软件企业提供股权融资、股权转让等服务，拓展直接融资渠道，提高直接融资比重。

（十五）鼓励符合条件的集成电路企业和软件企业发行企业债券、公司债券、短期融资券和中期票据等，拓宽企业融资渠道，支持企业通过中长期债券等方式从债券市场筹集资金。

三、研究开发政策

（十六）聚焦高端芯片、集成电路装备和工艺技术、集成电路关键材料、集成电路设计工具、基础软件、工业软件、应用软件的关键核心技术研发，不断探索构建社会主义市场经济条件下关键核心技术攻关新型举国体制。科技部、国家发展改革委、工业和信息化部等部门做好有关工作的组织实施，积极利用国家重点研发计划、国家科技重大专项等给予支持。

（十七）在先进存储、先进计算、先进制造、高端封装测试、关键装备材料、新一代半导体技术等领域，结合行业特点推动各类创新平台建设。科技部、国家发展改革委、工业和信息化部等部门优先支持相关创新平台实施研发项目。

（十八）鼓励软件企业执行软件质量、信息安全、开发管理等国家标准。加强集成电路标准化组织建设，完善标准体系，加强标准验证，提升研发能力。提高集成电路和软件质量，增强行业竞争力。

四、进出口政策

（十九）在一定时期内，国家鼓励的重点集成电路设计企业和软件企业需要临时进口的自用设备（包括开发测试设备）、软硬件环境、样机及部件、元器件，符合规定的可办理暂时进境货物海关手续，其进口税收按照现行法规执行。

（二十）对软件企业与国外资信等级较高的企业签订的软件出口合同，金融机构可按照独立审贷和风险可控的原则提供融资和保险支持。

（二十一）推动集成电路、软件和信息技术服务出口，大力发展国际服务外包业务，支持企业建立境外营销网络。商务部会同相关部门与重点国家和地区建立长效合作机制，采取综合措施为企业拓展新兴市场创造条件。

五、人才政策

（二十二）进一步加强高校集成电路和软件专业建设，加快推进集成电路一级学科设置工作，紧密结合产业发展需求及时调整课程设置、教学计划和教学方式，努力培养复合型、实用型的高水平人才。加强集成电路和软件专业师资队伍、教学实验室和实习实训基地建设。教育部会同相关部门加强督促和指导。

（二十二）鼓励有条件的高校采取与集成电路企业合作的方式，加快推进示范性微电子学院建设。优先建设培育集成电路领域产教融合型企业。纳入产教融合型企业建设培育范围内的试点企业，兴办职业教育的投资符合规定的，可按投资额30%的比例，抵免该企业当年应缴纳的教育费附加和地方教育附加。鼓励社会相关产业投资基金加大投入，支持高校联合企业开展集成电路人才培养专项资源库建设。支持示范性微电子学院和特色化示范性软件学院与国际知名大学、跨国公司合作，引进国外师资和优质资源，联合培养集成电路和软件人才。

（二十四）鼓励地方按照国家有关规定表彰和奖励在集成电路和软件领域作出杰出贡献的高端人才，以及高水平工程师和研发设计人员，完善股权激励机制。通过相关人才项目，加大力度引进顶尖专家和优秀人才及团队。在产业集聚区或相关产业集群中优先探索引进集成电路和软件人才的相关政策。制定并落实集成电路和软件人才引进和培训年度计划，推动国家集成电路和软件人才国际培训基地建设，重点加强急需紧缺专业人才中长期培训。

（二十五）加强行业自律，引导集成电路和软件人才合理有序流动，避免恶性竞争。

六、知识产权政策

（二十六）鼓励企业进行集成电路布图设计专有权、软件著作权登记。支持集成电路企业和软件企业依法申请知识产权，对符合有关规定的，可给予相关支持。大力发展集成电路和软件相关知识产权服务。

（二十七）严格落实集成电路和软件知识产权保护制度，加大知识产权侵权违法行为惩治力度。加强对集成电路布图设计专有权、网络环境下软件著作权的保护，积极开发和应用正版软件网络版权保护技术，有效保护集成电路和软件知识产权。

（二十八）探索建立软件正版化工作长效机制。凡在中国境内销售的计算机（含大型计算机、服务器、微型计算机和笔记本电脑）所预装软件须为正版软件，禁止预装非正版软件的计算机上市销售。全面落实政府机关使用正版软件的政策措施，对通用软件实行政府集中采购，加强对软件资产的管理。推动重要行业和重点领域使用正版软件工作制度化规范化。加强使用正版软件工作宣传培训和督促检查，营造使用正版软件良好环境。

七、市场应用政策

（二十九）通过政策引导，以市场应用为牵引，加大对集成电路和软件创新产品的推广力度，带动技术和产业不断升级。

（三十）推进集成电路产业和软件产业集聚发展，支持信息技术服务产业集群、集成电路产业集群建设，支持软件产业园区特色化、高端化发展。

（三十一）支持集成电路和软件领域的骨干企业、科研院所、高校等创新主体建设以专业化众创空间为代表的各类专业化创新服务机构，优化配置技术、装备、资本、市场等创新资源，按照市场机制提供聚焦集成电路和软件领域的专业化服务，实现大中小企业融通发展。加大对服务于集成电路和软件产业的专业化众创空间、科技企业孵化器、大学科技园等专业化服务平台的支持力度，提升其专业化服务能力。

（三十二）积极引导信息技术研发应用业务发展服务外包。鼓励政府部门通过购买服务的方式，将电子政务建设、数据中心建设和数据处理工作中属于政府职责范围，且适合通过市场化方式提供的服务事项，交由符合条件的软件和信息技术服务机构承担。抓紧制定完善相应的安全审查和保密管理规定。鼓励大中型企业依托信息技术研发应用业务机构，成立专业化软件和信息技术服务企业。

（三十三）完善网络环境下消费者隐私及商业秘密保护制度，促进软件和信息技术服务网络化发展。在各级政府机关和事业单位推广符合安全要求的软件产品和服务。

（三十四）进一步规范集成电路产业和软件产业市场秩序，加强反垄断执法，依法打击各种垄断行为，做好经营者反垄断审查，维护集成电路产业和软件产业市场公平竞争。加强反不正当竞争执法，依法打击各类不正当竞争行为。

（三十五）充分发挥行业协会和标准化机构的作用，加快制定集成电路和软件相关标准，推广集成电路质量评价和软件开发成本度量规范。

八、国际合作政策

（三十六）深化集成电路产业和软件产业全球合作，积极为国际企业在华投资发展营造良好环境。鼓励国内高校和科研院所加强与海外高水平大学和研究机构的合作，鼓励国际企业在华建设研发中心。加强国内行业协会与国际行业组织的沟通交流，支持国内企业在境内外与国际企业开展合作，深度参与国际市场分工协作和国际标准制定。

（三十七）推动集成电路产业和软件产业“走出去”。便利国内企业在境外共建研发中心，更好利用国际创新资源提升产业发展水平。国家发展改革委、商务部等有关部门提高服务水平，为企业开展投资等合作营造良好环境。

九、附则

（三十八）凡在中国境内设立的符合条件的集成电路企业（含设计、生产、封装、测试、装备、材料企业）和软件企业，不分所有制性质，均可享受本政策。

（三十九）本政策由国家发展改革委会同财政部、税务总局、工业和信息化部、商务部、海关总署等部门负责解释。

（四十）本政策自印发之日起实施。继续实施国发〔2000〕18号、国发〔2011〕4号文件明确的政策，相关政策与本政策不一致的，以本政策为准。

财政部　海关总署　国家税务总局关于支持集成电路产业和软件产业发展进口税收政策的通知

（财关税〔2021〕4号）

各省、自治区、直辖市、计划单列市财政厅（局），新疆生产建设兵团财政局，海关总署广东分署、各直属海关，国家税务总局各省、自治区、直辖市、计划单列市税务局，财政部各地监管局，国家税务总局驻各地特派员办事处：

为贯彻落实《国务院关于印发新时期促进集成电路产业和软件产业高质量发展若干政策的通知》（国发〔2020〕8号），经国务院同意，现将有关进口税收政策通知如下：

一、对下列情形，免征进口关税：

（一）集成电路线宽小于65纳米（含，下同）的逻辑电路、存储器生产企业，以及线宽小于0.25微米的特色工艺（即模拟、数模混合、高压、射频、功率、光电集成、图像传感、微机电系统、绝缘体上硅工艺）集成电路生产企业，进口国内不能生产或性能不能满足需求的自用生产性（含研发用，下同）原材料、消耗品，净化室专用建筑材料、配套系统和集成电路生产设备（包括进口设备和国产设备）零配件。

（二）集成电路线宽小于0.5微米的化合物集成电路生产企业和先进封装测试企业，进口国内不能生产或性能不能满足需求的自用生产性原材料、消耗品。

（三）集成电路产业的关键原材料、零配件（即靶材、光刻胶、掩模版、封装载板、抛光垫、抛光液、8英寸及以上硅单晶、8英寸及以上硅片）生产企业，进口国内不能生产或性能不能满足需求的自用生产性原材料、消耗品。

（四）集成电路用光刻胶、掩模版、8 英寸及以上硅片生产企业，进口国内不能生产或性能不能满足需求的净化室专用建筑材料、配套系统和生产设备（包括进口设备和国产设备）零配件。

（五）国家鼓励的重点集成电路设计企业和软件企业，以及符合本条第（一）、（二）项的企业（集成电路生产企业和先进封装测试企业）进口自用设备，及按照合同随设备进口的技术（含软件）及配套件、备件，但《国内投资项目不予免税的进口商品目录》、《外商投资项目不予免税的进口商品目录》和《进口不予免税的重大技术装备和产品目录》所列商品除外。上述进口商品不占用投资总额，相关项目不需出具项目确认书。

二、根据国内产业发展、技术进步等情况，财政部、海关总署、税务总局将会同国家发展改革委、工业和信息化部对本通知第一条中的特色工艺类型和关键原材料、零配件类型适时调整。

三、承建集成电路重大项目的企业自 2020 年 7 月 27 日至 2030 年 12 月 31 日期间进口新设备，除《国内投资项目不予免税的进口商品目录》、《外商投资项目不予免税的进口商品目录》和《进口不予免税的重大技术装备和产品目录》所列商品外，对未缴纳的税款提供海关认可的税款担保，准予在首台设备进口之后的 6 年（连续 72 个月）期限内分期缴纳进口环节增值税，6 年内每年（连续 12 个月）依次缴纳进口环节增值税总额的 0%、20%、20%、20%、20%、20%，自首台设备进口之日起已经缴纳的税款不予退还。在分期纳税期间，海关对准予分期缴纳的税款不予征收滞纳金。

四、支持集成电路产业和软件产业发展进口税收政策管理办法由财政部、海关总署、税务总局会同国家发展改革委、工业和信息化部另行制定印发。

五、本通知自 2020 年 7 月 27 日至 2030 年 12 月 31 日实施。自 2020 年 7 月 27 日，至第一批免税进口企业清单印发之日后 30 日内，已征的应免关税税款准予退还。

六、自 2021 年 4 月 1 日起，《财政部关于部分集成电路生产企业进口自用生产性原材料 消耗品税收政策的通知》（财税〔2002〕136 号）、《财政部关于部分集成电路生产企业进口净化室专用建筑材料等物资税收政策问题的通知》（财税〔2002〕152 号）、《财政部　海关总署　国家税务总局　信息产业部关于线宽小于 0.8 微米（含）集成电路企业进口自用生产性原材料 消耗品享受税收优惠政策的通知》（财关税〔2004〕45 号）、《财政部　发展改革委　工业和信息化部　海关总署　国家税务总局关于调整集成电路生产企业进口自用生产性原材料 消耗品免税商品清单的通知》（财关税〔2015〕46 号）废止。

自 2020 年 7 月 27 日至 2021 年 3 月 31 日，既可享受本条上述 4 个文件相关政策又可享受本通知第一条第（一）、（二）项相关政策的免税进口企业，对同一张报关单，自主选择适用本条上述 4 个文件相关政策或本通知第一条第（一）、（二）项相关政策，不得累计享受税收优惠。

财政部
海关总署
国家税务总局
二〇二一年三月十六日

财政部　国家发展改革委　工业和信息化部　海关总署　国家税务总局关于支持集成电路产业和软件产业发展进口税收政策管理办法的通知

（财关税〔2021〕5号）

各省、自治区、直辖市、计划单列市财政厅（局）、发展改革委、工业和信息化主管部门，新疆生产建设兵团财政局、发展改革委、工业和信息化局，海关总署广东分署、各直属海关，国家税务总局各省、自治区、直辖市、计划单列市税务局，财政部各地监管局，国家税务总局驻各地特派员办事处：

为落实《财政部　海关总署　税务总局关于支持集成电路产业和软件产业发展进口税收政策的通知》（财关税〔2021〕4号，以下称《通知》），现将政策管理办法通知如下：

一、国家发展改革委会同工业和信息化部、财政部、海关总署、税务总局制定并联合印发享受免征进口关税的集成电路生产企业、先进封装测试企业和集成电路产业的关键原材料、零配件生产企业清单。

二、国家发展改革委、工业和信息化部会同财政部、海关总署、税务总局制定并联合印发享受免征进口关税的国家鼓励的重点集成电路设计企业和软件企业清单。

三、工业和信息化部会同国家发展改革委、财政部、海关总署、税务总局制定并联合印发国内不能生产或性能不能满足需求的自用生产性（含研发用）原材料、消耗品和净化室专用建筑材料、配套系统及生产设备（包括进口设备和国产设备）零配件的免税进口商品清单。

四、国家发展改革委会同工业和信息化部制定可享受进口新设备进口环节增值税分期纳税的集成电路重大项目标准和享受分期纳税承建企业的条件，并根据上述标准、条件确定集成电路重大项目建议名单和承建企业建议名单，函告财政部，抄送海关总署、税务总局。财政部会同海关总署、税务总局确定集成电路重大项目名单和承建企业名单，通知省级（包括省、自治区、直辖市、计划单列市、新疆生产建设兵团，下同）财政厅（局）、企业所在地直属海关、省级税务局。

承建企业应于承建的集成电路重大项目项下申请享受分期纳税的首台新设备进口3个月前，向省级财政厅（局）提出申请，附项目投资金额、进口设备时间、年度进口新设备金额、年度进口新设备进口环节增值税额、税款担保方案等信息，抄送企业所在地直属海关、省级税务局。省级财政厅（局）会同企业所在地直属海关、省级税务局初核后报送财政部，抄送海关总署、税务总局。

财政部会同海关总署、税务总局确定集成电路重大项目的分期纳税方案（包括项目名称、承建企业名称、分期纳税起止时间、分期纳税总税额、每季度纳税额等），通知省级财政厅（局）、企业所在地直属海关、省级税务局，由企业所在地直属海关告知相关企业。

分期纳税方案实施中，如项目名称发生变更，承建企业发生名称、经营范围变更等情形的，承建企业应在完成变更登记之日起60日内，向省级财政厅（局）、企业所在地直属海关、省级税务局报送变更情况说明，申请变更分期纳税方案相应内容。省级财政厅（局）会同企业所在地直属海关、省级税务局确定变更结果，并由省级财政厅（局）函告企业所在地直属海关，抄送省级税务局，报财政部、海关总署、税务总局备案。企业所在地直属海关将变更结果告知承建企业。承建企业超过本款前述时间报送变更情况说明的，省级财政厅（局）、企业所在地直属海关、省级税务局不予受理，该项目不再享受分期纳税，已进口设备的未缴纳税款应在完成变更登记次月起3个月内缴纳完毕。

享受分期纳税的进口新设备，应在企业所在地直属海关关区内申报进口。按海关事务担保的规定，承建企业对未缴纳的税款应提供海关认可的税款担保。海关对准予分期缴纳的税款不予征收滞纳金。承建企业在最后一次纳税时，由海关完成该项目全部应纳税款的汇算清缴。如违反规定，逾期未及时缴纳税款的，该项目不再享受分期纳税，已进口设备的未缴纳税款应在逾期未缴纳情形发生次月起3个月内缴纳完毕。

五、《通知》第一条第（五）项和第三条中的企业进口设备，同时适用申报进口当期的《国内投资项目不予免税的进口商品目录》、《外商投资项目不予免税的进口商品目录》、《进口不予免税的重大技术装备和产品目录》所列商品的累积范围。

六、免税进口企业应按照海关有关规定，办理有关进口商品的减免税手续。

七、本办法第一、二条中，国家发展改革委牵头制定或者国家发展改革委、工业和信息化部牵头制定的第一批免税进口企业清单自2020年7月27日实施，至该清单印发之日后30日内，已征的应免关税税款准予退还。本办法第三条中，工业和信息化部牵头制定的第一批免税进口商品清单自2020年7月27日实施。以后批次制定的免税进口企业清单、免税进口商品清单，分别自其印发之日后第20日起实施。

八、本办法第一、二条中的免税进口企业发生名称、经营范围变更等情形的，应自完成变更登记之日起60日内，将有关变更情况说明报送牵头部门。牵头部门分别按照本办法第一、二条规定，确定变更后的企业自变更登记之日起能否继续享受政策。企业超过本条前述时间报送变更情况说明的，牵头部门不予受理，该企业自变更登记之日起停止享受政策。确定结果或不予受理情况由牵头部门函告海关总署（确定结果较多时，每年至少分两批函告），抄送第一、二条中其他部门。

九、免税进口企业应按有关规定使用免税进口商品，如违反规定，将免税进口商品擅自转让、移作他用或者进行其他处置，被依法追究刑事责任的，在《通知》剩余有效期限内停止享受政策。

十、免税进口企业如存在以虚报情况获得免税资格，由国家发展改革委会同工业和信息化部、财政部、海关总署、税务总局等部门查实后，国家发展改革委函告海关总署，自函告之日起，该企业在《通知》剩余有效期限内停止享受政策。

十一、财政等有关部门及其工作人员在政策执行过程中，存在违反执行政策规定的行为，以及滥用职权、玩忽职守、徇私舞弊等违法违纪行为的，依照国家有关规定追究相应责任；涉嫌犯罪的，依法追究刑事责任。

十二、本办法有效期为2020年7月27日至2030年12月31日。

财政部　国家发展改革委　工业和信息化部
海关总署　国家税务总局
二〇二一年三月二十二日

国家发展改革委　工业和信息化部　财政部　海关总署　国家税务总局关于做好享受税收优惠政策的集成电路企业或项目、软件企业清单制定工作有关要求的通知

（发改高技〔2021〕413号）

各省、自治区、直辖市及计划单列市、新疆生产建设兵团发展改革委、工业和信息化主管部门、财政厅（局），海关总署广东分署、各直属海关，国家税务总局各省、自治区、直辖市、计划单列市税务局：

根据《国务院关于印发新时期促进集成电路产业和软件产业高质量发展若干政策的通知》（国发〔2020〕8号，以下简称《若干政策》）及其配套政策有关规定，为做好享受税收优惠政策的集成电路企业或项目、软件企业清单（以下简称“清单”）制定工作，现将有关程序、享受税收优惠政策的企业条件和项目标准通知如下：

一、本通知所称清单是指《若干政策》第（一）条提及的国家鼓励的集成电路线宽小于28纳米（含）、线宽小于65纳米（含）、线宽小于130纳米（含）的集成电路生产企业或项目的清单；《若干政策》第（三）、（六）、（七）、（八）条和《财政部　海关总署　税务总局关于支持集成电路产业和软件产业发展进口税收政策的通知》（财关税〔2021〕4号）、《财政部　国家发展改革委　工业和信息化部　海关总署　税务总局关于支持集成电路产业和软件产业发展进口税收政策管理办法的通知》（财关税〔2021〕5号）提及的国家鼓励的重点集成电路设计企业和软件企业，集成电路线宽小于65纳米（含）的逻辑电路、存储器生产企业，线宽小于0.25微米（含）的特色工艺集成电路生产企业，集成电路线宽小于0.5微米（含）的化合物集成电路生产企业和先进封装测试企业，集成电路产业的关键原材料、零配件（靶材、光刻胶、掩模版、封装载板、抛光垫、抛光液、8英寸及以上硅单晶、8英寸及以上硅片）生产企业，集成电路重大项目和承建企业的清单。

二、申请列入清单的企业，原则上每年3月25日至4月16日在信息填报系统（https://yyglxxbs.ndrc.gov.cn/xxbs-front/）中提交申请并将必要佐证材料（电子版、纸质版。如因特殊情况不能按时完成审计，可先提交未经审计的企业会计报告，并于4月16日后10个工作日内，在信息填报系统中补充提交经审计的企业会计报告）报各省、自治区、直辖市及计划单列市、新疆生产建设兵团发展改革委或工业和信息化主管部门（由地方发展改革委确定接受单位）。

三、各省、自治区、直辖市及计划单列市、新疆生产建设兵团发展改革委和工业和信息化主管部门（以下简称“地方发改和工信部门”）根据企业条件和项目标准（附后），对企业申报的信息进行初核推荐后，报送至国家发展改革委、工业和信息化部。《若干政策》第（一）、（三）、（六）、（七）条，以及财关税〔2021〕4号文提及的集成电路产业的关键原材料、零配件生产企业清单，由国家发展改革委、工业和信息化部、财政部、海关总署、税务总局进行联审确认，并联合印发。《若干政策》第（八）条提及的集成电路重大项目，由国家发展改革委、工业和信息化部形成清单后，函告财政部，财政部会同海关总署、税务总局最终确定。

四、清单印发前，企业可依据税务有关管理规定，先行按照企业条件和项目标准享受相关国内税收优惠政策。清单印发后，如企业未被列入清单，应按规定补缴已享受优惠的企业所得税款。申请享受《若干政策》第（一）、（三）、（六）、（七）条，以及财关税〔2021〕4号文提及的关税优惠政策的，可于汇算清缴结束前，从信息填报系统中查询是否列入清单。享受《若干政策》第（八）条优惠政策的，由企业所在地直属海关告知相关企业。

五、已享受《若干政策》第（一）、（三）、（六）、（七）条，以及财关税〔2021〕4号文提及的关税优惠政策的企业或项目发生更名、分立、合并、重组以及主营业务重大变化等情况，应及时向地方发改和工信部门报告，并提交相关材料，由国家发展改革委、工业和信息化部会同相关部门确定发生变更情形后是否继续符合企业条件或项目标准。

六、地方发改和工信部门会同财政、海关、税务对清单内的企业加强日常监管。在监管过程中，如发现企业存在以虚报信息获得减免税资格，应及时联合核查，并联合上报国家发展改革委、工业和信息化部进行复核。国家发展改革委、工业和信息化部会同相关部门复核后对确不符合企业条件和项目标准的企业或项目，函告财政部、海关总署、税务总局按相关规定处理。

七、企业对所提供材料和数据的真实性负责。申报企业应签署承诺书，承诺申报出现失信行为，接受有关部门按照法律、法规和国家有关规定处理，涉及违法行为的信息记入企业信用记录，纳入全国信用信息共享平台，并在“信用中国”网站公示。

八、本通知自印发之日起实施，并适用于企业享受2020年度企业所得税优惠政策和财关税〔2021〕4号规定的进口税收政策。国家发展改革委、工业和信息化部会同相关部门，根据产业发展、技术进步等情况，对符合优惠政策的企业条件或项目标准适时调整。

附件 1 享受税收优惠政策的企业条件和项目标准

附件 2 重点集成电路设计领域和重点软件领域

附件 3 享受税收优惠政策的集成电路企业、项目和软件企业提交材料明细表

附件 4 企业重大变化情况表

国家发展改革委 工业和信息化部 财政部

海关总署 国家税务总局

二〇二一年三月二十九日

附件 1

享受税收优惠政策的企业条件和项目标准

一、《若干政策》第（一）条提及的国家鼓励的集成电路线宽小于 28 纳米（含）、线宽小于 65 纳米（含）、线宽小于 130 纳米（含）的集成电路生产企业或项目享受税收优惠政策条件如下：

（一）在中国境内（不包括港、澳、台地区）依法注册并具有独立法人资格的企业；

（二）符合国家布局规划和产业政策；

（三）汇算清缴年度，具有劳动合同关系或劳务派遣、聘用关系，其中具有本科及以上学历月平均职工人数占企业月平均职工总人数的比例不低于 30%，研究开发人员月平均数占企业月平均职工总数的比例不低于 20%（从事 8 英寸及以下集成电路生产的不低于 15%）；

（四）企业拥有关键核心技术和属于本企业的知识产权，并以此为基础开展经营活动，且汇算清缴年度研究开发费用总额占企业销售（营业）收入（主营业务收入与其他业务收入之和）总额的比例不低于 2%（本条及下述研究开发费用政策口径，按照财税〔2015〕119 号和《国家税务总局关于研发费用税前加计扣除归集范围有关问题的公告》（2017 年第 40 号）的规定执行）；

（五）汇算清缴年度集成电路制造销售（营业）收入占企业收入总额的比例不低于 60%；

（六）具有保证相关工艺线宽产品生产的手段和能力；

（七）汇算清缴年度未发生重大安全、重大质量事故或严重环境违法行为；

（八）对于按照集成电路生产项目享受税收优惠政策的，项目主体企业应符合相应的集成电路生产企业条件，且能够对该项目单独进行会计核算、计算所得，并合理分摊期间费用。

二、《若干政策》第（三）、（七）条提及的国家鼓励的重点集成电路设计企业享受税收优惠政策条件，除符合《若干政策》第（二）条所称国家鼓励的集成电路设计企业条件外，还应符合以下条件：

（一）汇算清缴年度具有劳动合同关系或劳务派遣、聘用关系，其中具有本科及以上学历月平均职工人数占企业月平均职工总人数的比例不低于 50%，研究开发人员月平均数占企业月平均职工总数的比例不低于 40%；

（二）拥有关键核心技术，并以此为基础开展经营活动，且汇算清缴年度研究开发费用总额占企业销售（营业）收入（主营业务收入与其他业务收入之和）总额的比例不低于 6%；

（三）汇算清缴年度集成电路设计（含 EDA 工具、IP 和设计服务，下同）销售（营业）收入占企业收入总额的比例不低于 70%，其中集成电路自主设计销售（营业）收入占企业收入总额的比例不低于 60%；对于集成电路设计销售（营业）收入超过 50 亿元的企业，汇算清缴年度集成电路设计销售（营业）收入占企业收入总额的比例不低于 60%，其中集成电路自主设计销售（营业）收入占企业收入总额的比例不低于 50%；

（四）企业拥有核心关键技术和属于本企业的知识产权，企业拥有与集成电路产品设计相关的已授权发明专利、布图设计登记、计算机软件著作权合计不少于 8 个。

除以上条件外，还应至少符合下列条件中的一项：

（一）汇算清缴年度，集成电路设计销售（营业）收入不低于 5 亿元，应纳税所得额不低于 3000 万元；对于集成电路设计销售（营业）收入不低于 50 亿元的企业，可不要求应纳税所得额，但研究开发费用总额占企业销售（营业）收入（主营业务收入与其他业务收入之和）总额的比例不低于 8%。

（二）在国家鼓励的重点集成电路设计领域内（附件 2），汇算清缴年度集成电路设计销售（营业）收入不低于 3000 万元，应纳税所得额不低于 350 万元。

三、《若干政策》第（三）、（七）条提及的国家鼓励的重点软件企业，除符合国家鼓励的软件企业条件外，还应至少符合下列条件中的一项，具体领域说明见附件 2。

（一）专业开发基础软件、研发设计类工业软件的企业，汇算清缴年度软件产品开发销售及相关信息技术服务（营业）收入（其中相关信息技术服务是指实现软件产品功能直接相关的咨询设计、软件运维、数据服务，下同）不低于 5000 万元；汇算清缴年度研究开发费用总额占企业销售（营业）收入总额的比例不低于 7%。

（二）专业开发生产控制类工业软件、新兴技术软件、信息安全软件的企业，汇算清缴年度软件产品开发销售及相关信息技术服务（营业）收入不低于 1 亿元；应纳税所得额不低于 500 万元；研究开发人员月平均数占企业月平均职工总数的比例不低于 30%；汇算清缴年度研究开发费用总额占企业销售（营业）收入总额的比例不低于 8%。

（三）专业开发重点领域应用软件、经营管理类工业软件、公有云服务软件、嵌入式软件的企业，汇算清缴年度软件产品开发销售及相关信息技术服务（营业）收入不低于 5 亿元，应纳税所得额不低于 2500 万元；研究开发人员月平均数占企业月平均职工总数的比例不低于 30%；汇算清缴年度研究开发费用总额占企业销售（营业）收入总额的比例不低于 7%。

四、《若干政策》第（六）条提及的集成电路线宽小于 65 纳米（含）的逻辑电路、存储器生产企业、线宽小于 0.25 微米（含）的特色工艺集成电路生产企业、集成电路线宽小于 0.5 微米（含）的化合物集成电路生产企业，以及财关税〔2021〕4 号文提及的集成电路产业的关键原材料、零配件（靶材、光刻胶、掩模版、封装载板、抛光垫、抛光液、8 英寸及以上硅单晶、8 英寸及以上硅片）生产企业享受税收优惠政策条件如下：

（一）在中国境内（不包括港、澳、台地区）依法注册并具有独立法人资格的企业；

（二）符合国家布局规划和产业政策；

（三）具有保证产品生产的手段和能力；

（四）汇算清缴年度未发生重大安全、重大质量事故或严重环境违法行为。

五、《若干政策》第（六）条提及的先进封装测试企业享受财税优惠政策条件如下：

（一）在中国境内（不包括港、澳、台地区）依法注册并具有独立法人资格的企业；

（二）符合国家布局规划和产业政策；

（三）汇算清缴年度企业先进封装测试（晶圆级封装、系统级封装、2.5 维和 3 维封装）规划产能占总规划产能比例，按封装产品颗粒数或晶圆数（折合 8 英寸）计算不低于 40%；

（四）具有保证产品生产的手段和能力；

（五）汇算清缴年度未发生重大安全、重大质量事故或严重环境违法行为。

六、《若干政策》第（八）条提及的集成电路重大项目企业享受财税优惠政策条件如下：

享受《若干政策》第（八）条的集成电路重大项目承建企业应符合本通知第四、五条的相对应规定。除以上条件外，还应符合下列对应条件中的一项：

（一）芯片制造类重大项目，需同时满足以下条件：

1. 符合国家布局规划和产业政策；

2. 对于不同工艺类型芯片制造项目，需分别满足以下条件：

（1）对于工艺线宽小于 65 纳米（含）的逻辑电路、存储器项目，固定资产总投资额需超过 80 亿元，规划月产能超过 1 万片（折合 12 英寸）。

(2) 对于工艺线宽小于0.25微米（含）的模拟、数模混合、高压、射频、功率、光电集成、图像传感、微机电系统、绝缘体上硅工艺等特色芯片制造项目，固定资产总投资额超过10亿元，规划月产能超过1万片（折合8英寸）。

(3) 对于工艺线宽小于0.5微米（含）的基于化合物集成电路制造项目，固定资产总投资额超过10亿元，规划月产能超过1万片（折合6英寸）。

（二）先进封装测试类重大项目，需同时满足以下条件：

1. 符合国家布局规划和产业政策；

2. 固定资产总投资额超过10亿元；

3. 封装规划年产能超过10亿颗芯片或50万片晶圆（折合8英寸）。

附件2

重点集成电路设计领域和重点软件领域

一、重点集成电路设计领域

如业务范围涉及多个领域，仅选择其中一个领域进行申请。选择领域的销售（营业）收入占本企业集成电路设计销售（营业）收入的比例不低于50%。

（一）高性能处理器和FPGA芯片；

（二）存储芯片；

（三）智能传感器；

（四）工业、通信、汽车和安全芯片；

（五）EDA、IP和设计服务。

二、重点软件领域

如业务范围涉及多个领域，仅选择其中一个领域进行申请。选择领域的软件产品开发及相关信息技术服务销售（营业）收入（其中相关信息技术服务是指实现选择领域软件产品功能直接相关的咨询设计、软件运维、数据服务）占本企业软件产品开发及相关信息技术服务销售（营业）收入的比例不低于50%。企业拥有所选择领域相应的发明专利不少于2项，相应领域计算机软件著作权登记证书不少于2项（均应具备对应的测试报告）。

（一）基础软件：操作系统、数据库管理系统、中间件、通用办公软件、固件（BIOS）、开发支撑软件、少数民族语言文字编辑处理软件。

（二）研发设计类工业软件：虚拟仿真系统、计算机辅助设计（CAD）、计算机辅助工程（CAE）、计算机辅助制造（CAM）、计算机辅助工艺规划（CAPP）、建筑信息模型（BIM）、产品数据管理（PDM）软件。

（三）生产控制类工业软件：工业控制系统、制造执行系统（MES）、制造运行管理（MOM）、调度优化系统（ORION）、先进控制系统（APC）、安全仪表系统（SIS）、可编程控制器（PLC）。

（四）新兴技术软件：分布式计算、数据分析挖掘、可视化、数据采集清洗等大数据软件，人机交互、通用算法软件、基础算法库、工具链、机器学习和深度学习框架等人工智能软件，信息系统运行维护软件，超级计算软件，区块链软件，工业互联网平台软件，云管理软件，虚拟化软件。

（五）信息安全软件：信息系统安全、网络安全、密码算法、数据安全、安全测试等方面的软件。

（六）重点行业应用软件：面向党政机关、国防、能源、交通、物流、通信、广电、医疗、建筑、制造业、应急、社保、农业、水利、教育、金融财税、知识产权、检验检测、科学研究、公共安全、节能环保、自然资源、城市管理、地理信息领域的专业应用软件。

（七）经营管理类工业软件：企业资源计划（ERP）、供应链管理（SCM）、客户关系管理（CRM）、人力资源管理（HEM）、企业资产管理（EAM）、产品生命周期管理（PLM）、运维综合保障管理（MRO）软件及相关云服务。

（八）公有云服务软件：大型公有云 IaaS、PaaS 服务软件。

（九）嵌入式软件（软件收入比例不低于 50%）：通信设备、汽车电子、交通监控设备、电子测量仪器、装备自动控制、电子医疗器械、计算机应用产品、终端设备等嵌入式软件及嵌入式软件开发环境相关软件。

（以上部分软件名词涵盖范围可参考国家标准 GB/T 36475 软件产品分类）

附件 3

享受税收优惠政策的集成电路企业、项目和软件企业提交材料明细表

企业或项目类型	材料清单（复印件须加盖企业公章）
享受《若干政策》第（一）条的集成电路生产企业或项目	1. 企业法人营业执照副本、企业取得的其他相关资质证书等；（可提供相应查询网址） 2. 项目备案文件（备案表）；（可提供相应查询网址） 3. 企业职工人数、学历结构、研究开发人员情况及其占职工总数的比例说明，企业研究开发人员名单，以及汇算清缴年度最后一个月的企业职工社会保险缴纳证明（包括劳务派遣人员代缴社保付款凭证）等相关证明材料； 4. 企业主要工艺、产品列表（名称/规格）； 5. 企业拥有与主营产品相关的发明专利等证明材料； 6. 经具有资质的中介机构鉴证的汇算清缴年度企业会计报告（包括会计报表、会计报表附注和财务情况说明书等），以及集成电路制造销售（营业）收入、自有集成电路产品制造销售（营业）收入、研究开发费用等情况表； 7. 与主要客户签订的一至两份代表性销售合同复印件； 8. 企业具有保证产品生产的手段和能力的证明材料（包括采购设备清单等）； 9. 省级发展改革委（工业和信息化主管部门）要求出具的其他材料。
享受《若干政策》第（三）、（七）条的重点集成电路设计企业	1. 企业法人营业执照副本、企业取得的其他相关资质证书等；（可提供相应查询网址） 2. 企业职工人数、学历结构、研究开发人员情况及其占职工总数的比例说明，企业研究开发人员名单，以及汇算清缴年度最后一个月的企业职工社会保险缴纳证明（包括劳务派遣人员代缴社保付款凭证）等相关证明材料； 3. 企业开发销售的主要产品和服务列表（名称/重点领域/对应销售（营业）收入规模）； 4. 企业拥有与主营产品相关的不少于 8 项的已授权发明专利、布图设计登记、计算机软件著作权登记证书的证明材料； 5. 经具有资质的中介机构鉴证的汇算清缴年度企业会计报告（包括会计报表、会计报表附注和财务情况说明书等），以及集成电路设计销售（营业）收入、集成电路自主设计销售（营业）收入、研究开发费用等情况表； 6. 第三方检测机构提供的集成电路产品测试报告或用户报告，以及与主要客户签订的一至两份代表性销售合同复印件； 7. 企业具有与集成电路设计相适应的软硬件设施等开发环境的证明材料； 8. 省级发展改革委（工业和信息化主管部门）要求出具的其他材料。

续表

企业或项目类型	材料清单（复印件须加盖企业公章）
享受《若干政策》第（三）、（七）的重点软件企业	1. 企业法人营业执照副本、企业取得的其他相关资质证书等；（可提供相应查询网址） 2. 企业职工人数、学历结构、研究开发人员情况及其占职工总数的比例说明，企业研究开发人员名单，以及汇算清缴年度最后一个月的企业职工社会保险缴纳证明（包括劳务派遣人员代缴社保付款凭证）等相关证明材料； 3. 企业开发销售的主要软件产品列表（名称/重点领域/对应销售（营业）收入规模）； 4. 企业具有所申报领域相应的已授权发明专利不少于 2 项，相应领域计算机软件著作权登记证书不少于 2 项（均应具备对应的测试报告）的证明材料； 5. 经具有资质的中介机构鉴证的汇算清缴年度企业会计报告（包括会计报表、会计报表附注和财务情况说明书等），以及软件产品开发销售及相关信息技术服务（营业）收入、软件产品自主开发销售（营业）收入、研究开发费用、境内研究开发费用等情况表。 6. 汇算清缴年度与申报领域相关的合同列表及销售凭证； 7. 与主要客户签订的一至两份代表性销售合同复印件； 8. 企业具有与软件开发相适应软硬件设施等开发环境（如合法的开发工具等）的证明材料； 9. 省级发展改革委（工业和信息化主管部门）要求出具的其他材料。
享受《若干政策》第（六）条的集成电路生产企业和财关税〔2021〕4 号文提及的关键原材料、零配件生产企业	1. 企业法人营业执照副本、企业取得的其他相关资质证书等；（可提供相应查询网址） 2. 项目备案文件（备案表）（可提供相应查询网址）； 3. 企业具有保证产品生产的手段和能力的证明材料（包括采购设备清单等），先进封装、测试企业需提供按封装产品颗粒数或晶圆数（折合 8 英寸）计算，先进封装测试（晶圆级封装、系统级封装、2.5 维和 3 维封装）规划产能占总规划产能比例不低于 40%的证明材料； 4. 省级发展改革委（工业和信息化主管部门）要求出具的其他材料。
享受《若干政策》第（八）条的集成电路重大项目	1. 项目企业对应类别集成电路企业条件材料清单； 2. 固定资产投资额相关证明材料； 3. 省级发展改革委（工业和信息化主管部门）要求出具的其他材料。

注：上述企业类型、材料清单依据国发〔2020〕8 号文制定，材料模板请询省级发展改革委（工业和信息化主管部门），填报说明见信息填报系统。

附件 4

企业重大变化情况表

原企业信息

<table>
<tr><td colspan="2">企业名称（中文）</td><td colspan="6"></td></tr>
<tr><td colspan="2">统一社会信用代码</td><td colspan="6"></td></tr>
<tr><td colspan="2">类型</td><td colspan="6"></td></tr>
<tr><td colspan="2">注册资本</td><td colspan="6"></td></tr>
<tr><td colspan="2">成立日期</td><td colspan="6"></td></tr>
<tr><td colspan="2">营业期限</td><td colspan="6"></td></tr>
<tr><td colspan="2">经营范围</td><td colspan="6"></td></tr>
<tr><td colspan="2">联系地址</td><td colspan="4"></td><td>邮政编码</td><td></td></tr>
<tr><td>联系人</td><td></td><td>手机</td><td></td><td>座机</td><td></td><td>电子邮箱</td><td></td></tr>
<tr><td colspan="2">企业性质</td><td colspan="6">□国有　□外商独资　□中外合资　□股份制　□民营　□其他</td></tr>
<tr><td colspan="2">是否上市企业</td><td colspan="6">□是（上市地点、日期、代码__________）　□否</td></tr>
<tr><td colspan="2">是否高新技术企业</td><td>□是　□否
（非必填）</td><td>高新技术企业认定日期</td><td colspan="2">（非必填）</td><td>高新技术企业认定证书号</td><td>（非必填）</td></tr>
</table>

变更后企业信息

企业名称（中文）	
统一社会信用代码	
类型	
注册资本	
成立日期	
营业期限	
经营范围	
变更原因	（包括企业或项目发生更名、分立、合并、重组以及主营业务重大变化等情况）
承诺	（承诺不以变更企业名称方式重复享受相关政策优惠。）

注：附新旧企业法人营业执照（副本）扫描件，能够说明变更情况的具有法律效力的佐证材料及省级发展改革委（工业和信息化部门）要求的其他说明材料。

享受税收优惠的集成电路企业或项目、软件企业申报系统企业填报使用手册

1. 访问地址

https：//yyglxxbs. ndrc. gov. cn/xxbs-front/

2. 注册

（1）进入登录页，选择注册账号。

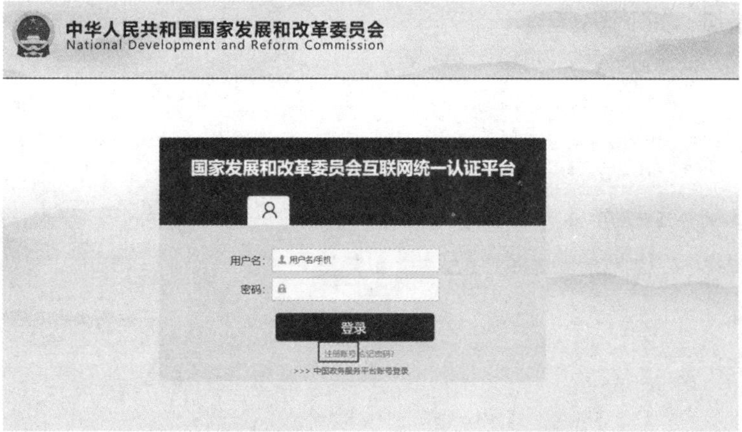

（2）选择企业注册（注意，需要注册法人及经办人，并填写全部项）。

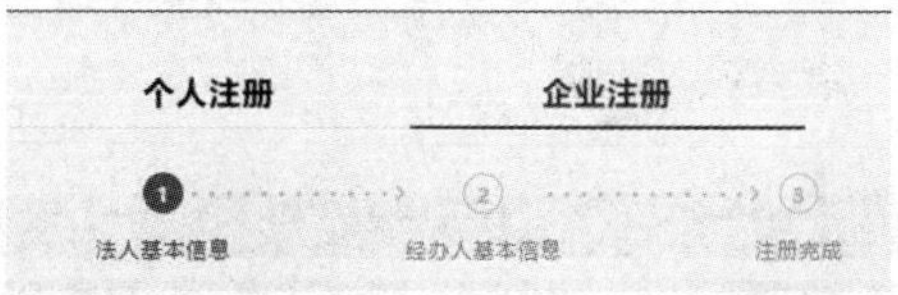

（3）按要求填写相关项，完成注册，返回登录。

3. 登录，使用企业账号登录即可

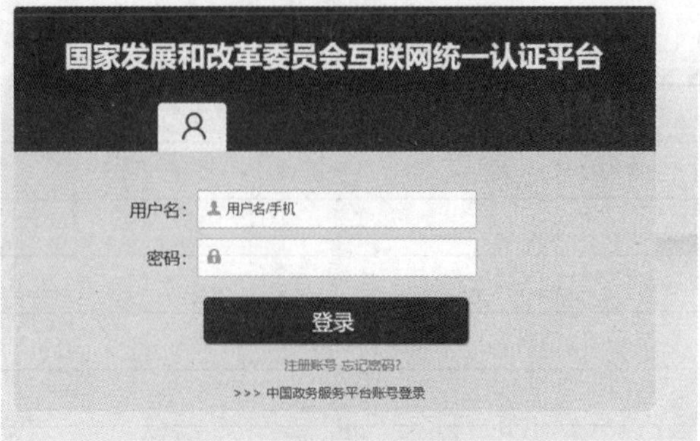

4. 添加应用

第一次登录时，系统会提示您添加我的应用，选择“享受税收优惠的企业清单入围申报系统”。

点击加号，完成添加，如下图：

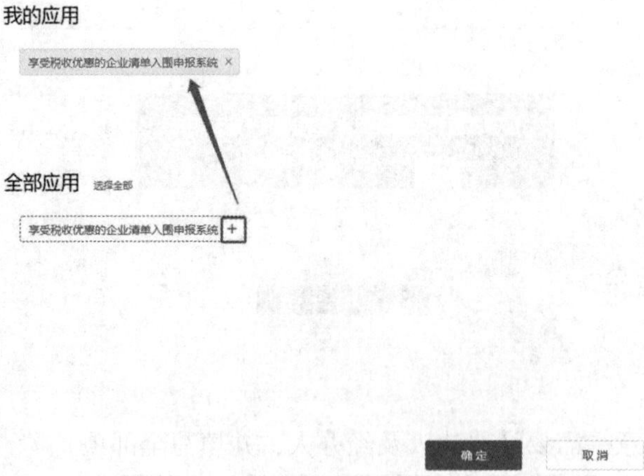

5. 选择您要申报的政策

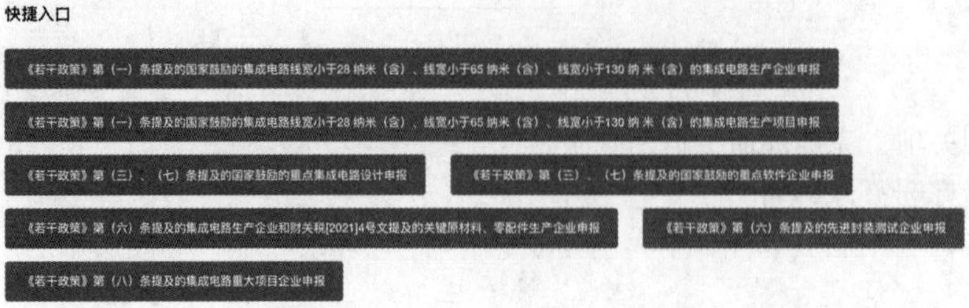

6. 发起申报

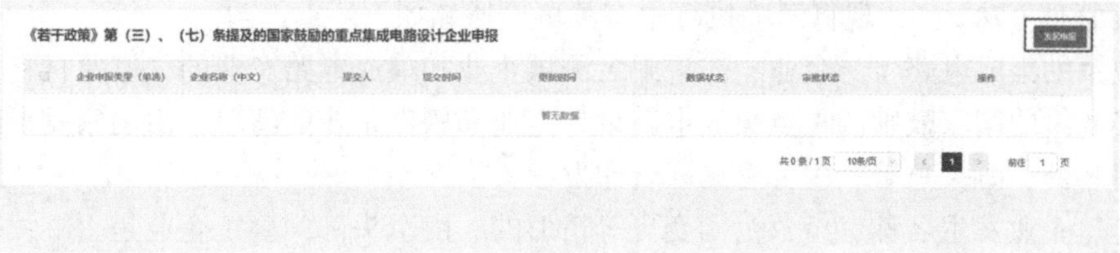

7. 填写相关信息

8. 暂存或提交

（1）暂存后，还可继续编辑。

（2）提交后，无法撤回，需谨慎操作。

9. 其他注意事项：

每个企业申请享受税收优惠政策的每条政策仅可申报一次，请慎重提交。按项目申报优惠政策的，可按照“《若干政策》第（一）条提及的国家鼓励的集成电路线 宽小于 28 纳米（含）、线宽小于 65 纳米（含）、线宽小于 130 纳 米（含）的集成电路生产项目”“《若干政策》第（八）条提及的集成电路重大项目”规定，结合实际情况，申请多个项目。

系统填报如有问题，请分别咨询：

中国半导体行业协会联系人：任老师 13801324380；柴老师 18513320678。

中国软件行业协会联系人：宋老师 18610216900 ；曾老师 13811295864。

系统技术支持电话：010-63691377（9:00~18:00）。

关税征管司关于执行支持集成电路产业和软件产业发展进口税收政策有关问题的通知

（税管函〔2021〕52 号）

广东分署，各直属海关：

根据《财政部　海关总署　税务总局关于支持集成电路产业和软件产业发展进口税收政策的通知》（财关税〔2021〕4 号，以下简称《通知》）和《财政部　国家发展改革委　工业和信息化部　海关总署税务总局关于支持集成电路产业和软件产业发展进口税收政策管理办法的通知》（财关税〔2021〕5号，以下简称《管理办法》），现将海关执行中有关事项通知如下：

一、享受政策的集成电路生产企业、先进封装测试企业和集成电路产业的关键原材料、零配件生产企业的清单；享受政策的国家鼓励的重点集成电路设计企业和软件企业的清单，由国家发展改革委会同工业和信息化部、财政部、海关总署、税务总局联合印发。

二、免税进口企业发生名称、经营范围变更等情形的，由牵头部门确定企业是否继续享受政策，并将确定结果或不予受理情况函告总署后，总署转发各直属海关执行。

对于经确定继续享受政策的企业，自变更登记之日起继续享受免税政策；对于经确定不能继续享受政策企业及牵头部门函告不予受理变更情况的企业，自变更登记之日起停止享受免税政策。在总署转发牵头部门函告前，有关企业可以向主管海关申请办理有关货物凭税款担保先予放行手续。

三、主管海关应对照享受政策的企业清单、《通知》规定的相关商品范围，按规定对免税进口企业进口商品进行审核，对符合政策规定的制发《海关进出口货物征免税确认通知书》（以下简称《征免税通知书》）。其中，相关商品范围按以下规则对照审核。

（一）集成电路生产企业、先进封装测试企业、集成电路产业的关键原材料、零部件生产企业进口原材料、消耗品和净化室专用建筑材料、配套系统和集成电路生产设备（包括进口设备和国产设备）零配件的，应对照工业和信息化部会同国家发展改革委、财政部、海关总署、税务总局联合印发的相关免税进口商品清单进行审核。

（二）集成电路生产企业、先进封装测试企业和重点集成电路设计企业、软件企业进口自用设备及按照合同随设备进口的技术（含软件）及配套件、备件的，应对照《国内投资项目不予免税的进口商品目录》《外商投资项目不予免税的进口商品目录》和《进口不予免税的重大技术装备和产品目录》（以下简称"三个不免商品目录"）进行审核。

四、免税进口企业进口《通知》规定相关商品范围内商品的减免税审核确认手续，纳入减免税系统管理，征免性质（征免性质对应监管方式见附件 1）为：

（一）对集成电路生产企业、先进封装测试企业和集成电路产业的关键原材料、零部件生产企业，进口原材料、消耗品和净化室建筑材料及配套系统、生产设备零配件，征免性质为：集成电路生产企业、先进封装测试企业和关键原材料及零配件生产企业进口货物（简称：集成电路产业进口货物，代码 428）。

（二）对集成电路生产企业、先进封装测试企业和国家鼓励的重点集成电路设计企业、软件企业，进口自用设备以及按合同随设备进口的技术（含软件）、配套件和备件，征免性质为：集成电路设计、先进封装测试、集成电路生产企业和软件企业进口设备（简称：集成电路和软件企业进口设备，代码 426）。

五、享受分期纳税的集成电路重大项目名单、承建企业名单及分期纳税方案，由财政部会同海关总署、税务总局确定，通知省级财政厅（局）、企业所在地直属海关、省级税务局后，分期纳税方案由直属海关通知相关企业。

集成电路重大项目进口设备进口环节增值税分期纳税操作办法见附件 2。

六、相关牵头部门印发的第一批享受政策的免税进口企业清单（以下简称"第一批企业清单"）和第一批免税进口商品清单，自 2020 年 7 月 27 日起实施。

对申报日期在 2020 年 7 月 27 日至第一批企业清单印发之日后 30 日期间，列入第一批企业清单内的企业已缴纳的应免关税，依申请可予退还。申请退税企业应于第一批免税进口商品清单印发之日起 3 个月内，按规定向主管海关办理减免税审核确认手续。

七、请各海关将本通知有关规定告知有关企业，执行中如遇问题，请及时向关税征管司反映。

特此通知。

附件 1 征免性质对应监管方式

附件 2 集成电路重大项目进口设备进口环节增值税分期纳税操作办法

关税司

二〇二一年五月二十八日

附件 1

征免性质对应监管方式

序号	征免性质	监管方式
1	集成电路产业进口货物（代码 428）	一般贸易（代码 0110）、修理物品（代码 1300）。
2	集成电路和软件企业进口设备（代码 426）	一般贸易（代码 0110）、租赁贸易（代码 1523）、租赁不满 1 年（代码 1500）、租赁征税（代码 9800）、合资合作设备（代码 2025）、外资设备物品（代码 2225）、其他进出口免费（代码 3339）、暂时进出货物（代码 2600）、加工设备内销（代码 0446）、来料成品减免（代码 0345）、进料成品减免（代码 0744）。

附件 2

集成电路重大项目进口设备进口环节增值税分期纳税操作办法

第一条 为规范国家鼓励的集成电路重大项目进口设备增值税分期纳税操作管理，制定本办法。

第二条 增值税分期纳税业务的主管海关为享受该政策的企业所在地海关。直属海关的关税职能部门具体负责本关区内分期纳税业务的组织实施和管理工作。

第三条 为提高通关效率，承建集成电路重大项目的企业应于申请享受分期纳税的新设备申报进口前，向主管海关办理进口设备不属于三个不免商品目录所列商品的审核确认手续。经审核，主管海关对符合政策规定不属于三个不免商品目录所列商品范围的新设备，出具集成电路重大项目进口新设备分期纳税审核结果确认书（以下简称审核结果确认书）。

为简化手续，如承建企业同时属于享受支持集成电路产业和软件产业发展进口税收政策的集成电路生产企业、先进封装测试企业，上述审核确认手续纳入减免税系统管理，征免性质填写“集成电路和软件企业进口设备”（代码 426）。经审核，主管海关对符合政策规定不属于三个不免商品目录所列商品的新设备，出具《征免税通知书》，并在《征免税通知书》备注栏内注明商品项号+“享受分期纳税”。

第四条 对《征免税通知书》备注栏标明“享受分期纳税”或取得审核结果确认书的新设备申报进口时，主管海关依据批准的分期纳税方案分期征缴。

第五条 对经批准享受进口环节增值税分期纳税的国家鼓励的集成电路重大项目进口设备，主管海关应建立相应的台账（台账模版见附件，各关可根据需要自行增加统计项目），具备条件的海关可开发相关信息化系统，进行统计、分析和监控。

第六条 享受分期纳税政策的设备应在企业所在地直属海关关区内申报进口。

第七条 享受分期纳税政策的企业向海关提供税款担保，担保额度应不超过进口设备可能需要缴纳的最高税款总额。

在首台设备进口前，企业应提供由海关认可的银行或非银行金融机构出具的保函。从首台设备进口第二年开始，企业可根据实际进口及纳税情况每年调整一次保函的额度和期限。

第八条 分期纳税设备申报进口时，企业应在报关单备注栏中注明“分期纳税+保函号+企业获批项目名称”。

第九条 对享受分期纳税政策的进口设备，海关在报关单审单结束后打印税单，即可放行货物。纸质税单由海关留存备查。

第十条 主管海关应指定专人负责分期纳税台账管理，跟踪落实缴税计划，督促企业按期缴纳税款，定期进行数据比对和统计分析。

第十一条 税款缴纳原则上按照“先发生先缴纳”办理。

第十二条 主管海关核定企业应纳税款后，应通过海关通关管理系统做重审计税处理，并通知企业办理缴税手续。

第十三条 对分期纳税的进口设备，在分期纳税期间海关不征收增值税的滞纳金。逾期未办理纳税手续的，海关应按分期纳税方案按时出具税单，并自税单注明的纳税期限届满之日起按日征收税款滞纳金。

第十四条 主管海关应加强对分期纳税企业的督促检查，定期对分期缴纳税款进行核对和催缴，必要时依法采取税收保全等措施。企业违反规定逾期未及时缴纳税款的，该项目不再享受分期纳税，已进口设备的未缴纳税款应在逾期未缴纳情形发生次月起3个月内缴纳。

第十五条 企业所在地直属海关每年应将分期纳税情况报送总署。企业在最后一次纳税时，海关应对该项目全部应纳税款进行汇算清缴，完成项目实际应纳税额的计征工作，并将企业在分期纳税期间的实际纳税情况汇总报送海关总署。

附件

分期纳税台账登记表（××海关 ××公司）（参考模版）

序号	申报日期	报关单号	首次打印税单日期	应征增值税	实缴税款税单打印日期	实征增值税	备注
1							
2							
3							
4							
5							
6							
7							
……							
汇总					此栏填写：分期缴纳税款时的税单打印日期	此栏填写：分期缴纳的增值税额	
填表人：			科长：				

备注：各关可根据需要自行增加统计项目

关税征管司关于调整支持集成电路产业和软件产业发展进口税收政策项下相关征免性质对应监管方式的通知

（税管函〔2021〕116号）

广东分署，各直属海关：

根据企业进口实际情况，现对《关税征管司关于执行支持集成电路产业和软件产业发展进口税收政策有关问题的通知》（税管函〔2021〕52号）附件1“征免性质对应监管方式”中“集成电路产业进口货物”（征免性质代码428）对应的监管方式予以调整，增加“其他进出口免费”（代码3339），调整后的征免性质对应监管方式见附件。

特此通知。

附件 征免性质对应监管方式

关税司

二〇二一年十月十九日

附件

征免性质对应监管方式

序号	征免性质	监管方式
1	集成电路产业进口货物（代码428）	一般贸易（代码0110）、修理物品（代码1300）、其他进出口免费（代码3339）。
2	集成电路和软件企业进口设备（代码426）	一般贸易（代码0110）、租赁贸易（代码1523）、租赁不满1年（代码1500）、租赁征税（代码9800）、合资合作设备（代码2025）、外资设备物品（代码2225）、其他进出口免费（代码3339）、暂时进出货物（代码2600）、加工设备内销（代码0446）、来料成品减免（代码0345）、进料成品减免（代码0744）。

7.3 新型显示器件

财政部　海关总署　国家税务总局关于 2021—2030 年支持新型显示产业发展进口税收政策的通知

（财关税〔2021〕19 号）

各省、自治区、直辖市、计划单列市财政厅（局）、新疆生产建设兵团财政局，海关总署广东分署、各直属海关，国家税务总局各省、自治区、直辖市、计划单列市税务局，财政部各地监管局，国家税务总局驻各地特派员办事处：

为加快壮大新一代信息技术，支持新型显示产业发展，现将有关进口税收政策通知如下：

一、自 2021 年 1 月 1 日至 2030 年 12 月 31 日，对新型显示器件（即薄膜晶体管液晶显示器件、有源矩阵有机发光二极管显示器件、Micro-LED 显示器件，下同）生产企业进口国内不能生产或性能不能满足需求的自用生产性（含研发用，下同）原材料、消耗品和净化室配套系统、生产设备（包括进口设备和国产设备）零配件，对新型显示产业的关键原材料、零配件（即靶材、光刻胶、掩模版、偏光片、彩色滤光膜）生产企业进口国内不能生产或性能不能满足需求的自用生产性原材料、消耗品，免征进口关税。

根据国内产业发展、技术进步等情况，财政部、海关总署、税务总局将会同国家发展改革委、工业和信息化部对上述关键原材料、零配件类型适时调整。

二、承建新型显示器件重大项目的企业自 2021 年 1 月 1 日至 2030 年 12 月 31 日期间进口新设备，除《国内投资项目不予免税的进口商品目录》、《外商投资项目不予免税的进口商品目录》和《进口不予免税的重大技术装备和产品目录》所列商品外，对未缴纳的税款提供海关认可的税款担保，准予在首台设备进口之后的 6 年（连续 72 个月）期限内分期缴纳进口环节增值税，6 年内每年（连续 12 个月）依次缴纳进口环节增值税总额的 0%、20%、20%、20%、20%、20%，自首台设备进口之日起已经缴纳的税款不予退还。在分期纳税期间，海关对准予分期缴纳的税款不予征收滞纳金。

三、第一条中所述国内不能生产或性能不能满足需求的免税进口商品清单，由工业和信息化部会同国家发展改革委、财政部、海关总署、税务总局另行制定印发，并动态调整。

四、2021—2030 年支持新型显示产业发展进口税收政策管理办法由财政部、海关总署、税务总局会同国家发展改革委、工业和信息化部另行制定印发。

财政部
海关总署
国家税务总局
二〇二一年三月三十一日

财政部　国家发展改革委　工业和信息化部　海关总署　国家税务总局关于2021—2030年支持新型显示产业发展进口税收政策管理办法的通知

（财关税〔2021〕20号）

各省、自治区、直辖市、计划单列市财政厅（局）、发展改革委、工业和信息化主管部门，新疆生产建设兵团财政局、发展改革委、工业和信息化局，海关总署广东分署、各直属海关，国家税务总局各省、自治区、直辖市、计划单列市税务局，财政部各地监管局，国家税务总局驻各地特派员办事处：

为落实《财政部　海关总署　税务总局关于2021—2030年支持新型显示产业发展进口税收政策的通知》（财关税〔2021〕19号，以下简称《通知》），现将政策管理办法通知如下：

一、国家发展改革委会同工业和信息化部、财政部、海关总署、税务总局制定并联合印发享受免征进口关税的新型显示器件生产企业和新型显示产业的关键原材料、零配件生产企业名单。

二、工业和信息化部会同国家发展改革委、财政部、海关总署、税务总局制定并联合印发国内不能生产或性能不能满足需求的自用生产性（含研发用）原材料、消耗品和净化室配套系统、生产设备（包括进口设备和国产设备）零配件的免税进口商品清单。

三、国家发展改革委会同工业和信息化部制定可享受进口新设备进口环节增值税分期纳税的新型显示器件重大项目标准和享受分期纳税承建企业的条件，并根据上述标准、条件确定新型显示器件重大项目建议名单和承建企业建议名单，函告财政部，抄送海关总署、税务总局。财政部会同海关总署、税务总局确定新型显示器件重大项目名单和承建企业名单，通知省级（包括省、自治区、直辖市、计划单列市、新疆生产建设兵团，下同）财政厅（局）、企业所在地直属海关、省级税务局。

承建企业应于承建的新型显示器件重大项目项下申请享受分期纳税的首台新设备进口3个月前，向省级财政厅（局）提出申请，附项目投资金额、进口设备时间、年度进口新设备金额、年度进口新设备进口环节增值税额、税款担保方案等信息，抄送企业所在地直属海关、省级税务局。省级财政厅（局）会同企业所在地直属海关、省级税务局初核后报送财政部，抄送海关总署、税务总局。

财政部会同海关总署、税务总局确定新型显示器件重大项目的分期纳税方案（包括项目名称、承建企业名称、分期纳税起止时间、分期纳税总税额、每季度纳税额等），通知省级财政厅（局）、企业所在地直属海关、省级税务局，由企业所在地直属海关告知相关企业。

分期纳税方案实施中，如项目名称发生变更，承建企业发生名称、经营范围变更等情形的，承建企业应在完成变更登记之日起60日内，向省级财政厅（局）、企业所在地直属海关、省级税务局报送变更情况说明，申请变更分期纳税方案相应内容。省级财政厅（局）会同企业所在地直属海关、省级税务局确定变更结果，并由省级财政厅（局）函告企业所在地直属海关，抄送省级税务局，报财政部、海关总署、税务总局备案。企业所在地直属海关将变更结果告知承建企业。承建企业超过本款前述时间报送变更情况说明的，省级财政厅（局）、企业所在地直属海关、省级税务局不予受理，该项目不再享受分期纳税，已进口设备的未缴纳税款应在完成变更登记次月起3个月内缴纳完毕。

享受分期纳税的进口新设备，应在企业所在地直属海关关区内申报进口。按海关事务担保的规定，承建企业对未缴纳的税款应提供海关认可的税款担保。海关对准予分期缴纳的税款不予征收滞纳金。承建企业在最后一次纳税时，由海关完成该项目全部应纳税款的汇算清缴。如违反规定，逾期未及时缴纳税款的，该项目不再享受分期纳税，已进口设备的未缴纳税款应在逾期未缴纳情形发生次月起3个月内缴纳完毕。

四、《通知》第二条中的企业进口新设备，同时适用申报进口当期的《国内投资项目不予免税的进口商品目录》、《外商投资项目不予免税的进口商品目录》、《进口不予免税的重大技术装备和产品目录》所列商品的累积范围。

五、免税进口单位应按照海关有关规定，办理有关进口商品的减免税手续。

六、本办法第一、二条中，国家发展改革委、工业和信息化部分别牵头制定的名单、清单应注明批次。其中第一批名单、清单自2021年1月1日实施，至第一批名单印发之日后30日内已征的应免关税税款，依免税进口单位申请准予退还。以后批次的名单、清单，分别自印发之日后第20日起实施。

七、免税进口单位发生名称、经营范围变更等情形的，应在《通知》有效期限内及时将有关变更情况说明报送国家发展改革委。国家发展改革委按照第一条规定，确定变更后的单位自变更登记之日起能否继续享受政策，并注明变更登记日期。确定结果由国家发展改革委函告海关总署（确定结果较多时，每年至少分两批函告），抄送工业和信息化部、财政部、税务总局。

八、免税进口单位应按有关规定使用免税进口商品，如违反规定，将免税进口商品擅自转让、移作他用或者进行其他处置，被依法追究刑事责任的，在《通知》剩余有效期限内停止享受政策。

九、免税进口单位如存在以虚报情况获得免税资格，由国家发展改革委会同工业和信息化部、财政部、海关总署、税务总局等部门查实后，国家发展改革委函告海关总署，自函告之日起，该单位在《通知》剩余有效期限内停止享受政策。

十、财政等有关部门及其工作人员在政策执行过程中，存在违反执行政策规定的行为，以及滥用职权、玩忽职守、徇私舞弊等违法违纪行为的，依照国家有关规定追究相应责任；涉嫌犯罪的，依法追究刑事责任。

十一、本办法有效期为2021年1月1日至2030年12月31日。

财政部　国家发展改革委　工业和信息化部
海关总署　国家税务总局
二〇二一年三月三十一日

关税征管司关于执行2021—2030年支持新型显示产业发展进口税收政策有关问题的通知

（税管函〔2021〕59号）

广东分署，各直属海关：

根据《财政部　海关总署　税务总局关于2021—2030年支持新型显示产业发展进口税收政策的通知》（财关税〔2021〕19号，以下简称《通知》）和《财政部　国家发展改革委　工业和信息化部　海关总署　税务总局关于2021—2030年支持新型显示产业发展进口税收政策管理办法的通知》（财关税〔2021〕20号，以下简称《管理办法》），现将海关执行中有关事项通知如下：

一、享受政策的新型显示器件生产企业和新型显示产业的关键原材料、零配件生产企业（以下统称“免税进口单位”）名单，由国家发展改革委会同工业和信息化部、财政部、海关总署、税务总局联合印发。

二、免税进口单位发生名称、经营范围变更等情形的，由国家发展改革委确定企业是否继续享受政策，并将确定结果函告总署后，总署转发各直属海关执行。

对于经确定继续享受政策的企业，自变更登记之日起继续享受免税政策；对于经确定不能继续享受政策的企业，自变更登记之日起停止享受免税政策。在总署转发函告前，有关企业可以向主管海关申请办理有关货物凭税款担保先予放行手续。

三、免税进口商品清单由工业和信息化部会同国家发展改革委、财政部、海关总署、税务总局制定印发。

四、主管海关应对照免税进口单位名单、免税进口商品清单，按规定对免税进口单位进口商品进行审核，对符合政策规定的制发《海关进出口货物征免税确认通知书》（以下简称《征免税通知书》）。

对于免税进口单位直接从境外（包括海关特殊监管区域）以保税方式进口符合免税进口商品清单范围的自用生产性（含研发用）原材料、消耗品的，在其生产出成品并确定内销数量后，对与成品内销数量相对应的进口原材料、消耗品，可按照本通知有关规定办理减免税审核确认手续。

五、上述减免税审核确认手续纳入减免税系统管理，征免性质为：新型显示器件生产企业进口物资（简称“新型显示器件”，代码 423）；有关监管方式为：一般贸易（代码 0110）、其他进出口免费（3339）、合资合作设备（代码 2025）、外资设备物品（代码 2225）、进料料件内销（代码 0644）。

六、享受进口新设备进口环节增值税分期纳税的新型显示器件重大项目名单、承建企业名单及分期纳税方案，由财政部会同海关总署、税务总局确定，通知省级财政厅（局）、企业所在地直属海关、省级税务局后，分期纳税方案由直属海关告知相关企业。

新型显示器件重大项目进口设备进口环节增值税分期纳税操作办法见附件。

七、相关牵头部门印发的第一批免税进口单位名单（以下简称“第一批名单”）和第一批免税进口商品清单，自 2021 年 1 月 1 日起实施。

对于第一批名单中的企业，在 2021 年 1 月 1 日至第一批名单印发之日后 30 日期间申报进口的，符合《通知》规定范围的商品，已缴纳的应免关税依申请可准予退还。申请退税企业应于第一批名单印发之日起 6 个月内，按规定向主管海关办理减免税审核确认手续。

八、请各海关将本通知有关规定告知有关企业，执行中如遇问题，请及时向关税征管司反映。

特此通知。

附件　新型显示器件重大项目进口设备进口环节增值税分期纳税操作办法

关税司

二〇二一年六月十一日

附件

新型显示器件重大项目进口设备进口环节增值税分期纳税操作办法

第一条　为规范新型显示器件重大项目进口设备增值税分期纳税操作管理，制定本办法。

第二条　增值税分期纳税业务的主管海关为享受该政策的企业所在地海关。直属海关的关税职能部门具体负责本关区内分期纳税业务的组织实施和管理工作。

第三条　为提高通关效率，承建新型显示器件重大项目的企业应于申请享受分期纳税的新设备进口前，向主管海关办理进口设备不属于《国内投资项目不予免税的进口商品目录》《外商投资项目不予免税的进口商品目录》和《进口不予免税的重大技术装备和产品目录》（以下称“三个不免商品目录”）所列商品的审核确认手续。经审核，主管海关对符合政策规定不属于三个不免商品目录所列商品范围的新设备，出具新型显示器件重大项目进口新设备分期纳税审核结果确认书（以下简称“审核结果确认书”）。

为简化手续，对已取得《国家鼓励发展的内外资项目确认书》或《适用鼓励类产业政策条目确认通知单》的新型显示器件重大项目项下进口新设备，承建企业可在向主管海关办理减免税审核确认手续时，一并办理分期纳税审核手续。

经审核，对符合《国务院关于调整进口设备税收政策的通知》（国发〔1997〕37号）及相关规定的进口设备，免征进口关税，制发《征免税通知书》。其中，对不属于三个不免商品目录所列商品范围的新设备，在《征免税通知书》备注栏内注明商品项号+“不属于三个不免商品目录，享受分期纳税”，不再出具审核结果确认书。

第四条 对《征免税通知书》备注栏内注明“享受分期纳税”或取得审核结果确认书的相关新设备申报进口时，主管海关依据批准的分期纳税方案分期征缴。

第五条 对经批准享受进口环节增值税分期纳税的新型显示器件重大项目进口设备，主管海关应建立相应的台账（台账模版见附件，各关可根据需要自行增加统计项目），具备条件的海关可开发相关信息化系统，进行统计、分析和监控。

第六条 享受分期纳税政策的进口新设备应在企业所在地直属海关关区内申报进口。

第七条 享受分期纳税政策的企业向海关提供税款担保，担保额度应不超过进口设备可能需要缴纳的最高税款总额。

在首台设备进口前，企业应提供由海关认可的银行或非银行金融机构出具的保函。从首台设备进口第二年开始，企业可根据实际进口及纳税情况每年调整一次保函的额度和期限。

第八条 分期纳税设备申报进口时，企业应在报关单备注栏中注明“分期纳税+保函号+企业获批项目名称”。

第九条 对享受分期纳税政策的进口新设备，海关在报关单审单结束后打印税单，即可放行货物。纸质税单由海关留存备查。

第十条 主管海关应指定专人负责分期纳税台账管理，跟踪落实缴税计划，督促企业按期缴纳税款，定期进行数据比对和统计分析。

第十一条 税款缴纳原则上按照“先发生先缴纳”办理。

第十二条 主管海关核定企业应纳税款后，应通过海关通关管理系统做重审计税处理，并通知企业办理缴税手续。

第十三条 对分期纳税设备，在分期纳税期间海关不征收增值税的滞纳金。逾期未办理纳税手续的，海关应按分期纳税方案按时出具税单，并自税单注明的纳税期限届满之日起按日征收税款滞纳金。

第十四条 主管海关应加强对分期纳税企业的督促检查，定期对分期缴纳税款进行核对和催缴，必要时依法采取税收保全等措施。企业违反规定逾期未及时缴纳税款的，该项目不再享受分期纳税，已进口设备的未缴纳税款应在逾期未缴纳情形发生次月起3个月内缴纳。

第十五条 企业所在地直属海关每年应将分期纳税情况报送关税征管司。企业在最后一次纳税时，海关应对该项目全部应纳税款进行汇算清缴，完成项目实际应纳税额的计征工作，并将企业在分期纳税期间的实际纳税情况汇总报送关税征管司。

附件

分期纳税台账登记表（××海关 ××公司）（参考模版）

序号	申报日期	报关单号	首次打印税单日期	应征增值税	实缴税款税单打印日期	实征增值税	备注
1							
2							
3							
4							

续表

序号	申报日期	报关单号	首次打印税单日期	应征增值税	实缴税款税单打印日期	实征增值税	备注
5							
6							
7							
……							
汇总					此栏填写：分期缴纳税款时的税单打印日期	此栏填写：分期缴纳的增值税额	
填表人：			科长：				

备注：各关可根据需要自行增加统计项目

8 航空与航材

8.1 航空公司进口飞机

财政部 海关总署 国家税务总局
关于租赁企业进口飞机有关税收政策的通知

（财关税〔2014〕16号）

各省、自治区、直辖市、计划单列市财政厅（局）、国家税务局，新疆生产建设兵团财务局，海关总署广东分署、各直属海关，财政部驻各省、自治区、直辖市、计划单列市财政监察专员办事处：

经国务院批准，自2014年1月1日起，租赁企业一般贸易项下进口飞机并租给国内航空公司使用的，享受与国内航空公司进口飞机同等税收优惠政策，即进口空载重量在25吨以上的飞机减按5%征收进口环节增值税。自2014年1月1日以来，对已按17%税率征收进口环节增值税的上述飞机，超出5%税率的已征税款，尚未申报增值税进项税额抵扣的，可以退还。租赁企业申请退税时，应附送主管税务机关出具的进口飞机所缴纳增值税未抵扣证明（格式见附件）。

海关特殊监管区域内租赁企业从境外购买并租给国内航空公司使用的、空载重量在25吨以上、不能实际入区的飞机，不实施进口保税政策，减按5%征收进口环节增值税。

附件 租赁企业进口飞机增值税进项税额未抵扣证明

财政部
海关总署
国家税务总局
二〇一四年五月十三日

附件

租赁企业进口飞机增值税进项税额未抵扣证明

编号：主管税务机关代码+三位流水号

<table>
<tr><td rowspan="2">纳税人名称</td><td rowspan="2"></td><td>纳税人识别号</td><td></td></tr>
<tr><td>海关企业代码</td><td></td></tr>
<tr><td>飞机进口时间</td><td colspan="3">年　月　日</td></tr>
<tr><td>海关进口增值税专用缴款书</td><td colspan="3">该纳税人一般贸易项下进口飞机，取得海关报关单（报关单号：________________）、进口环节增值税专用缴款书（凭证号：____________________），进口环节增值税税额为（大写）__________，¥ __________元。</td></tr>
<tr><td>进项税额抵扣情况</td><td colspan="3">经审核，该纳税人上述海关进口环节增值税专用缴款书税额尚未申报抵扣。</td></tr>
<tr><td>其他需要说明的事项</td><td colspan="3"></td></tr>
<tr><td>审核意见：
审核人：
年　月　日</td><td colspan="2">复核意见：
复核人：
年　月　日</td><td>局长意见：
局领导：　（局章）
年　月　日</td></tr>
</table>

注：本表由进口飞机的租赁企业所在地主管税务机关填写并盖章确认。

海关总署关于修订飞机经营性租赁审定完税价格有关规定的公告

（海关总署公告2016年第8号）

为进一步规范飞机经营性租赁完税价格审定工作，便利企业通关和海关管理，根据《中华人民共和国海关审定进出口货物完税价格办法》（海关总署令第213号，以下简称《审价办法》）及相关规定，现就有关事项公告如下：

一、租赁期间发生的由承租人承担的境外维修检修费用，按照《审价办法》第二十八条审价征税。

二、在飞机退租时，承租人因未符合飞机租赁贸易中约定的交还飞机条件而向出租人支付的补偿或赔偿费用，或为满足飞机交机条件而开展的维修检修所产生的维修检修费，无论发生在境内或境外，均按租金计入完税价格。

三、飞机租赁结束后未退还承租人的维修保证金，按租金计入完税价格。

四、对于出租人为纳税义务人，而由承租人依照合同约定，在合同规定的租金之外另行为出租人承担的预提所得税、营业税、增值税，属于间接支付的租金，应计入完税价格。

对于应计入完税价格的上述税款，应随下一次支付的租金一同向主管海关申报办理纳税手续；对于为支付最末一期租金而代缴的国内税收，承租人应在代缴税款后30日内向主管海关申报办理纳税手续。

五、在飞机租赁贸易中约定由承租方支付的与机身、零备件相关的保险，无论发生在境内或境外，属于间接支付的租金，应计入完税价格；与飞机租赁期间保持正常营运相关的保险费用，不计入完税价格。

承租人应于支付保险费用后30日内向主管海关申报办理纳税手续。

六、本公告自发布之日起实施，海关总署2010年第47号公告和2011年第55号公告同时废止。

本公告实施前已完成的维修检修，若在飞机租赁合同中约定应由承租人承担的，无论发生在境内或境外，其费用均按租金计入完税价格。其中飞机大修在境内进行的，承租人所支付费用发票中单独列明的增值税等国内税收、境内生产的零部件和材料费用及已征税的进口零部件和材料费用不计入完税价格。承租人应在支付维修检修费用后30日内向其所在地海关申报办理纳税手续。

本公告实施前已缴纳的国内税收比照本公告第四条办理。

本公告实施前已支付的保险费用比照本公告第五条办理，但如果航空保单无法区分飞机的机身、零备件一切险、第三者责任险、运营险等险种保费的，有关航空保费不计入租金的完税价格。

特此公告。

海关总署

二〇一六年一月二十九日

国家税务总局　海关总署关于进口租赁飞机有关增值税问题的公告

（国家税务总局　海关总署公告2018年第24号）

现将进口租赁飞机有关增值税问题公告如下：

自2018年6月1日起，对申报进口监管方式为1500（租赁不满一年）、1523（租赁贸易）、9800（租赁征税）的租赁飞机（税则品目：8802），海关停止代征进口环节增值税。进口租赁飞机增值税的征收管理，由税务机关按照现行增值税政策组织实施。

特此公告。

国家税务总局

海关总署

二〇一八年五月十一日

8.2 维修用航材

财政部 海关总署关于2021—2030年支持民用航空维修用航空器材进口税收政策的通知

（财关税〔2021〕15号）

各省、自治区、直辖市、计划单列市财政厅（局），新疆生产建设兵团财政局，海关总署广东分署、各直属海关：

为加快壮大航空产业，促进我国民用航空运输、维修等产业发展，现将有关进口税收政策内容通知如下：

一、自2021年1月1日至2030年12月31日，对民用飞机整机设计制造企业、国内航空公司、维修单位、航空器材分销商进口国内不能生产或性能不能满足需求的维修用航空器材，免征进口关税。

二、本通知第一条所述民用飞机整机设计制造企业、国内航空公司、维修单位、航空器材分销商是指：

（一）从事民用飞机整机设计制造的企业及其所属单位，且其生产产品的相关型号已取得中国民航局批准的型号合格证（TC）。

（二）中国民航局批准的国内航空公司。

（三）持有中国民用航空维修许可证的维修单位。

（四）符合中国民航局管理要求的航空器材分销商。

三、本通知第一条所述维修用航空器材是指专门用于维修民用飞机、民用飞机部件的器材，包括动力装置（发动机、辅助动力装置）、起落架等部件，以及标准件、原材料等消耗器材。范围仅限定于飞机的机载设备及其零部件、原材料，不包括地勤系统所使用的设备及其零部件。

航空器材一般具备中国民航局（CAAC）、美国联邦航空局（FAA）、欧盟航空安全局（EASA）、加拿大民用航空局（TCCA）、巴西民用航空局等民航局颁发的适航证明文件或俄罗斯、乌克兰等民航制造和维修单位签发的履历本。具有制造单位出具产品合格证明的标准件、原材料也属于航空器材范围。

免税进口的维修用航空器材清单，由中国民航局会同工业和信息化部、财政部、海关总署另行制定印发。

四、对本通知项下的免税进口维修用航空器材，海关不再按特定减免税货物进行后续监管。

五、本通知有关的政策管理办法由财政部会同有关部门另行制定印发。

财政部

海关总署

二〇二一年三月三十一日

财政部　工业和信息化部　海关总署　民航局
关于 2021—2030 年支持民用航空维修用航空器材进口税收政策管理办法的通知

（财关税〔2021〕16 号）

各省、自治区、直辖市、计划单列市财政厅（局），新疆生产建设兵团财政局，海关总署广东分署、各直属海关，民航各地区管理局：

为加快壮大航空产业，促进我国民用航空运输、维修等产业发展，根据《财政部　海关总署关于2021—2030 年支持民用航空维修用航空器材进口税收政策的通知》（财关税〔2021〕15 号，以下简称《通知》）有关规定，现将 2021—2030 年支持民用航空维修用航空器材进口税收政策管理办法通知如下：

一、民航局确定符合《通知》第二条的进口单位名单，并将名单（需注明批次）函告海关总署，抄送工业和信息化部、财政部。名单根据实际情况动态调整。

进口单位发生名称、经营范围变更等情形的，应在政策有效期内及时将有关变更情况说明报送民航局。民航局确定变更后的单位自变更登记之日起能否继续享受政策，并将确定结果和变更登记日期函告海关总署（确定结果较多时，每年至少分两批函告），抄送工业和信息化部、财政部。

二、《通知》项下免税进口航空器材实行清单管理。民航局会同工业和信息化部、财政部、海关总署确定上述清单，由民航局将清单（需注明批次）函告海关总署，抄送工业和信息化部、财政部。清单根据实际情况动态调整。

三、民航局函告海关总署的第一批进口单位名单和免税进口航空器材清单，自 2021 年 1 月 1 日实施，至第一批名单函告之日后 30 日内已征应免税款，依进口单位申请准予退还。以后批次函告的名单、清单，自函告之日后第 20 日起实施。

四、免税进口单位应按照海关有关规定，向海关申请办理减免税手续。

五、进口单位如存在以虚报信息等获得免税资格的，经有关部门查实后由民航局函告海关总署，抄送财政部，自函告之日起，该单位在《通知》剩余有效期内停止享受政策。

六、民航局会同有关部门对政策执行效果加强评估。

七、财政等有关部门及其工作人员在政策执行过程中，存在违反执行免税政策规定的行为，以及滥用职权、玩忽职守、徇私舞弊等违法违纪行为的，依照国家有关规定追究相应责任；涉嫌犯罪的，依法追究刑事责任。

八、本办法有效期为 2021 年 1 月 1 日至 2030 年 12 月 31 日。

财政部　工业和信息化部
海关总署　民航局
二〇二一年三月三十一日

关税征管司关于执行 2021—2030 年支持民用航空维修用航空器材进口税收政策的通知

（税管函〔2021〕82 号）

广东分署，各直属海关：

为落实《财政部　海关总署关于 2021—2030 年支持民用航空维修用航空器材进口税收政策的通知》（财关税〔2021〕15 号）和《财政部　工业和信息化部　海关总署　民航局关于 2021—2030 年支持民用航空维修用航空器材进口税收政策管理办法的通知》（财关税〔2021〕16 号），现将政策执行中的有关事项通知如下：

一、符合政策规定的民用飞机整机设计制造企业及其所属单位、国内航空公司、维修单位和航空器材分销商（以下统称“航材进口单位”）名单，由民航局函告总署，总署转发各直属海关执行。

二、免税进口的维修用航空器材清单（以下简称“免税航材清单”），由民航局会同工业和信息化部、财政部、海关总署制定，并由民航局函告总署，总署转发各直属海关执行。

三、航材进口单位进口免税航材清单范围内的航材，应向主管海关办理减免税审核确认手续，在填报《进出口货物征免税申请表》时，应按规范申报要求，将航材的件号或型号、标号填在相应商品项的“规格型号”栏目项下“其他”栏中，对于填报的一项商品涉及多个件号或型号、标号的，每个件号或型号、标号之间应使用“;”（半角状态）分开。对应的报关单也应按上述要求填报。

四、主管海关应对照航材进口单位名单、免税航材清单等相关材料，对航材进口单位的减免税审核确认申请进行审核。经审核，对符合免税范围的进口维修用航材，免征进口关税，照章征收进口环节增值税，制发《海关进出口货物征免税确认通知书》（以下简称《征免税通知书》）。对于超出免税范围的，照章征收进口关税和进口环节增值税。

上述减免税审核确认手续纳入减免税系统管理。政策项下进口商品的征免性质为：进口维修用航空器材（简称“进口维修用航材”，代码 888），对应监管方式为：一般贸易（代码 0110）、其他进出口免费（代码 3339）、来料料件内销（代码 0245）、来料成品减免（代码 0345）、进料料件内销（代码 0644）、进料成品减免（代码 0744）。

五、航材进口单位发生名称、经营范围变更等情形的，民航局确定该单位自变更登记之日起能否继续享受政策，并将确定结果和变更登记日期函告总署，总署转发各直属海关执行。

总署转发民航局确认其能否继续享受政策的结果前，航材进口单位向主管海关申请办理有关航材凭税款担保先予放行手续的，主管海关可予受理。

经民航局确认不再享受免税政策的进口单位，自变更登记之日起申报进口的航材，停止享受免税政策。

六、对于第一批航材进口单位名单中的单位，在 2021 年 1 月 1 日至第一批航材进口单位名单函告之日后 30 日期间申报进口的航材，已缴纳的应免进口关税依申请可准予退还。有关航材进口单位应于第一批航材进口单位名单印发之日起 6 个月内，按规定向主管海关办理减免税审核确认手续。

七、免征进口关税的维修用航材办结进口放行手续后，海关不再按特定减免税货物进行后续监管。

八、请各海关将本通知相关内容告知相关航材进口单位，执行中如遇有问题，请及时向关税征管司反映。

特此通知。

关税司

二〇二一年七月三十日

9 政府间无偿赠送及社会事业

9.1 无偿赠送

中华人民共和国海关对外国政府、国际组织无偿赠送及我国履行国际条约规定进口物资减免税的审批和管理办法

（海关总署令第77号）

（1999年8月5日由海关总署发布，自1999年9月15日起施行）

第一条 根据《中华人民共和国海关法》和《中华人民共和国进出口关税条例》的有关规定，为加强海关对外国政府、国际组织无偿赠送及我国履行国际条约规定进口物资减免税的审批和管理工作，特制订本办法。

第二条 本办法下列用语的含义是：

外国政府是指外国国家的中央政府；

国际组织是指联合国各专门机构以及长期与我国有合作关系的其他国际组织（见附件1）；

国际条约是指依据《中华人民共和国缔结条约程序法》（见附件2）以“中华人民共和国”、“中华人民共和国政府”以及“中华人民共和国政府部门”名义同外国缔结协定或协议以及参加的国际条约。

第三条 外国政府、国际组织无偿赠送及我国履行国际条约规定进口物资的减免税范围包括：

（一）根据中国与外国政府、国际组织间的协定或协议，由外国政府、国际组织直接无偿赠送的物资或由其提供无偿赠款，由我国受赠单位按照协定或协议规定用途自行采购进口的物资；

（二）外国地方政府或民间组织受外国政府委托无偿赠送进口的物资；

（三）国际组织成员受国际组织委托无偿赠送进口的物资；

（四）我国履行国际条约规定减免税进口的物资。

第四条 外国政府、国际组织无偿赠送及我国履行国际条约规定进口物资减免税的审批单位：

（一）由受赠单位或项目执行单位向其所在地直属海关申请办理，经所在地直属海关审批。

（二）对于受赠单位或项目执行单位是多个且跨省、市、自治区的，可由我国政府主管部委统一向海关总署申请办理。经海关总署审批后，通知有关直属海关和进口地海关执行。

第五条 外国政府、国际组织无偿赠送及我国履行国际条约规定进口物资减免税的办理程序如下：

（一）受赠单位或项目执行单位应于首批物资进口前向所在地直属海关提交外国政府、国际组织的赠送函或含有减免税条款的协定、协议、国际条约的复印件备案。

（二）外国政府、国际组织临时无偿赠送进口的物资，如不能及时提交外国政府、国际组织的赠送函，也可提交外国驻我国大使馆、国际组织驻中国代表处的证明函。

（三）外国地方政府或民间组织受外国政府委托无偿赠送进口的物资，受赠单位或项目执行单位应向所在地直属海关提交外国政府的委托书，或外国驻我国大使馆的证明函。

（四）国际组织成员受国际组织委托无偿赠送进口的物资，受赠单位或项目执行单位应向所在地直属

海关提交国际组织的委托书，或国际组织驻中国代表处的证明函。

（五）受赠单位或项目执行单位应于上述无偿赠送物资进口前，向所在地直属海关提出申请，除提交上述协定、协议和证明函外，应同时提交我国政府主管部委出具的《外国政府、国际组织无偿赠送及我国履行国际条约进口物资证明》（见附件3）和进口物资清单，经所在地直属海关审核无误后出具《进口货物征免税证明》，进口地海关凭以减免税验放。

第六条 海关对上述减免税审批工作，一般应在接到申请单位的申请之日起十个工作日内办结。如申请单位提交的有关材料不完整或不准确的，海关应在接到申请之日起五个工作日内通知申请单位补办。

第七条 上述减免税进口物资属海关监管货物，未经批准不得擅自转让、出售或移作他用。对违反本规定的，海关将依照《中华人民共和国海关法》及国家有关法律、法规的规定予以处罚。

第八条 本办法由海关总署负责解释。

第九条 本办法自一九九九年九月十五日起实施。

附件1 国际组织（部分）

附件2 中华人民共和国缔结条约程序法

附件3 外国政府、国际组织无偿赠送及我国履行国际条约进口物资证明

附件1

国际组织（部分）

一、联合国有关组织

1. 联合国开发计划署（United Nations Development Programme—UNDP）
2. 联合国环境规划署（United Nations Environment Programme—UNEP）
3. 联合国贸易和发展会议（United Nations Conference on Trade and Development—UNCTAD）
4. 联合国人口基金（United Nations Population Fund—UNFPA）
5. 联合国儿童基金会（United Nations Children's Fund—UNICEF）
6. 联合国难民事务高级专员公署（Office of the United Nations High Commissioner for Refugees—UNHCR）
7. 联合国欧洲经济委员会（United Nation's Economic Commission for Europe—UN/ECE）
8. 世界粮食计划署（World Food Programme—WFP）
9. 亚洲及太平洋经济社会委员会（Economic and Social Commission for Asia and the Pacific—ESCAP）
10. 和平利用外层空间委员会（The Committee on the Peaceful Uses of Outer Space—COPUOS）

二、同联合国建立关系的政府间机构

1. 国际劳工组织（International Labour Organization—ILO）
2. 联合国粮食及农业组织（Food and Agriculture Organization of the United Nations—FAO）
3. 联合国教育、科学及文化组织（United Nations Educational, Scientific and Cultural Organization—UNESCO）
4. 世界卫生组织（World Health Organization—WHO）
5. 国际货币基金组织（International Monetary Fund—IMF）
6. 国际开发协会（International Development Association—IDA）
7. 国际复兴开发银行（世界银行）（International Bank for Reconstruction and Development—IBRD）（World Bank）
8. 国际金融公司（International Finance Corporation —IFC）

9. 国际民用航空组织（International Civil Aviation Organization—ICAO）
10. 万国邮政联盟（Universal Postal Union—UPU）
11. 国际电信联盟（International Telecommunication Union—ITU）
12. 世界气象组织（World Meteorological Organization—WMO）
13. 国际海事组织（International Maritime Organisation—IMO）
14. 世界知识产权组织（World Intellectual Property Organization—WIPO）
15. 国际农业发展基金会（International Fund for Agricultural Development—IFAD）
16. 联合国工业发展组织（United Nations Industrial Development Organization—UNIDO）
17. 国际原子能机构（International Atomic Energy Agency—IAEA）
18. 世界贸易组织（World Trade Organization—WTO）

三、其他有关国际组织和金融机构

1. 红十字会与红新月会国际联合会（简称国际联合会）（The International Federation of Red Cross And Red Crescent Societies—IFRCS）
2. 红十字国际委员会（The International Committee of The Red Cross—ICRC）
3. 欧洲联盟（European Union—EU）
4. 亚太经济合作组织（Asia Pacific Economic Cooperation—APEC）
5. 亚洲开发银行（Asia Deve1opment Bank—ADB）
6. 日本协力团（Japan International Cooperation Agency—JICA）
7. 韩国协力团（Korea International Cooperation Agency—KOICA）
8. 国际计生联组织（International Planned Parenthood Federation—IPPF）
9. 国际移动卫星组织（International Mobile Satellite Organization—INMARSAT）
10. 阿拉伯国家联盟（League of Arab States—LAS）

附件 2

中华人民共和国缔结条约程序法

（1990 年 12 月 28 日第七届全国人民代表大会常务委员会第十七次会议通过，1990 年 12 月 28 日中华人民共和国主席令第三十七号公布，自公布之日起施行）

第一条 根据中华人民共和国宪法，制定本法。

第二条 本法适用于中华人民共和国同外国缔结的双边和多边条约、协定和其他具有条约、协定性质的文件。

第三条 国务院，即中央人民政府，同外国缔结条约和协定。

中华人民共和国全国人民代表大会常务委员会决定同外国缔结的条约和重要协定的批准和废除。

中华人民共和国主席根据全国人民代表大会常务委员会的决定，批准和废除同外国缔结的条约和重要协定。

中华人民共和国外交部在国务院领导下管理同外国缔结条约和协定的具体事务。

第四条 中华人民共和国以下列名义同外国缔结条约和协定：

（一）中华人民共和国；

（二）中华人民共和国政府；

（三）中华人民共和国政府部门。

第五条 谈判和签署条约、协定的决定程序如下：

（一）以中华人民共和国名义谈判和签署条约、协定，由外交部或者国务院有关部门会同外交部提出建议并拟订条约、协定的中方草案，报请国务院审核决定；

（二）以中华人民共和国政府名义谈判和签署条约、协定，由外交部提出建议并拟订条约、协定的中方草案，或者由国务院有关部门提出建议并拟订条约、协定的中方草案，同外交部会商后，报请国务院审核决定。属于具体业务事项的协定，经国务院同意，协定的中方草案由国务院有关部门审核决定，必要时同外交部会商；

（三）以中华人民共和国政府部门名义谈判和签署属于本部门职权范围内事项的协定，由本部门决定或者本部门同外交部会商后决定；涉及重大问题或者涉及国务院其他有关部门职权范围的，由本部门或者本部门同国务院其他有关部门会商后，报请国务院决定。协定的中方草案由本部门审核决定，必要时同外交部会商。

经国务院审核决定的条约、协定的中方草案，经谈判需要作重要改动的，重新报请国务院审核决定。

第六条 谈判和签署条约、协定的代表按照下列程序委派：

（一）以中华人民共和国名义或者中华人民共和国政府名义缔结条约、协定，由外交部或者国务院有关部门报请国务院委派代表。代表的全权证书由国务院总理签署，也可以由外交部长签署；

（二）以中华人民共和国政府部门名义缔结协定，由部门首长委派代表。代表的授权证书由部门首长签署。部门首长签署以本部门名义缔结的协定，各方约定出具全权证书的，全权证书由国务院总理签署，也可以由外交部长签署。

下列人员谈判、签署条约、协定，无须出具全权证书：

（一）国务院总理、外交部长；

（二）谈判、签署与驻在国缔结条约、协定的中华人民共和国驻该国使馆馆长，但是各方另有约定的除外；

（三）谈判、签署以本部门名义缔结协定的中华人民共和国政府部门首长，但是各方另有约定的除外；

（四）中华人民共和国派往国际会议或者派驻国际组织，并在该会议或者该组织内参加条约、协定谈判的代表，但是该会议另有约定或者该组织章程另有规定的除外。

第七条 条约和重要协定的批准由全国人民代表大会常务委员会决定。

前款规定的条约和重要协定是指：

（一）友好合作条约、和平条约等政治性条约；

（二）有关领土和划定边界的条约、协定；

（三）有关司法协助、引渡的条约、协定；

（四）同中华人民共和国法律有不同规定的条约、协定；

（五）缔约各方议定须经批准的条约、协定；

（六）其他须经批准的条约、协定。

条约和重要协定签署后，由外交部或者国务院有关部门会同外交部，报请国务院审核；由国务院提请全国人民代表大会常务委员会决定批准；中华人民共和国主席根据全国人民代表大会常务委员会的决定予以批准。

双边条约和重要协定经批准后，由外交部办理与缔约另一方互换批准书的手续；多边条约和重要协定经批准后，由外交部办理向条约、协定的保存国或者国际组织交存批准书的手续。批准书由中华人民共和国主席签署，外交部长副署。

第八条 本法第七条第二款所列范围以外的国务院规定须经核准或者缔约各方议定须经核准的协定和其他具有条约性质的文件签署后，由外交部或者国务院有关部门会同外交部，报请国务院核准。

协定和其他具有条约性质的文件经核准后，属于双边的，由外交部办理与缔约另一方互换核准书或者以外交照会方式相互通知业已核准的手续；属于多边的，由外交部办理向有关保存国或者国际组织交存核准书的手续。核准书由国务院总理签署，也可以由外交部长签署。

第九条 无须全国人民代表大会常务委员会决定批准或者国务院核准的协定签署后，除以中华人民共和国政府部门名义缔结的协定由本部门送外交部登记外，其他协定由国务院有关部门报国务院备案。

第十条 缔约双方为使同一条约、协定生效需要履行的国内法律程序不同的，该条约、协定于缔约双方完成各自法律程序并以外交照会方式相互通知后生效。

前款所列条约、协定签署后，应当区别情况依照本法第七条、第八条、第九条的规定办理批准、核准、备案或者登记手续。通知照会的手续由外交部办理。

第十一条 加入多边条约和协定，分别由全国人民代表大会常务委员会或者国务院决定。

加入多边条约和协定的程序如下：

（一）加入属于本法第七条第二款所列范围的多边条约和重要协定，由外交部或者国务院有关部门会同外交部审查后，提出建议，报请国务院审核；由国务院提请全国人民代表大会常务委员会作出加入的决定。加入书由外交部长签署，具体手续由外交部办理；

（二）加入不属于本法第七条第二款所列范围的多边条约、协定，由外交部或者国务院有关部门会同外交部审查后，提出建议，报请国务院作出加入的决定。加入书由外交部长签署，具体手续由外交部办理。

第十二条 接受多边条约和协定，由国务院决定。

经中国代表签署的或者无须签署的载有接受条款的多边条约、协定，由外交部或者国务院有关部门会同外交部审查后，提出建议，报请国务院作出接受的决定。接受书由外交部长签署，具体手续由外交部办理。

第十三条 中华人民共和国同外国缔结的双边条约、协定，以中文和缔约另一方的官方文字写成，两种文本同等作准；必要时，可以附加使用缔约双方同意的一种第三国文字，作为同等作准的第三种正式文本或者作为起参考作用的非正式文本；经缔约双方同意，也可以规定对条约、协定的解释发生分歧时，以该第三种文本为准。

某些属于具体业务事项的协定，以及同国际组织缔结的条约、协定，经缔约双方同意或者依照有关国际组织章程的规定，也可以只使用国际上较通用的一种文字。

第十四条 以中华人民共和国或者中华人民共和国政府名义缔结的双边条约、协定的签字正本，以及经条约、协定的保存国或者国际组织核证无误的多边条约、协定的副本，由外交部保存；以中华人民共和国政府部门名义缔结的双边协定的签字正本，由本部门保存。

第十五条 经全国人民代表大会常务委员会决定批准或者加入的条约和重要协定，由全国人民代表大会常务委员会公报公布。其他条约、协定的公布办法由国务院规定。

第十六条 中华人民共和国缔结的条约和协定由外交部编入《中华人民共和国条约集》。

第十七条 中华人民共和国缔结的条约和协定由外交部按照联合国宪章的有关规定向联合国秘书处登记。

中华人民共和国缔结的条约和协定需要向其他国际组织登记的，由外交部或者国务院有关部门按照各该国际组织章程的规定办理。

第十八条 中华人民共和国同国际组织缔结条约和协定的程序，依照本法及有关国际组织章程的规定办理。

第十九条 中华人民共和国缔结的条约和协定的修改、废除或者退出的程序，比照各该条约、协定的缔结的程序办理。

第二十条 国务院可以根据本法制定实施条例。

第二十一条 本法自公布之日起施行。

附件 3

外国政府、国际组织无偿赠送及我国履行国际条约进口物资证明

编号（　　）字　　号

所在地直属海关		到货口岸	
赠送国家或国际组织			
协定或国际条约名称			
受赠或项目执行单位			
进口物资提单号			
进口物资品名			
物资数量		物资金额	
主管单位审批盖章 经办人：　　　　　电话　　　　　年　　月　　日			

1. 本证明一次性使用，自审批之日起半年内有效，允许跨年度使用。如物资品名栏不能填写详尽的，应附盖有公章的物品清单。

2. 物资进口前，受赠单位或项目执行单位应持《证明》正本向所在地直属海关申请办理免税手续，证明内容不得更改，复印件无效。

3. 证明一式两联，第一联由所在地直属海关留存，第二联由主管单位留存。

9.2　有关国际组织名录

关税征管司关于有关国际组织变更名称的通知

（税管函〔2021〕120 号）

广东分署，各直属海关：

根据国家禁毒委员会办公室通知，现将署税〔1999〕565 号文件附件一“国际组织（部分）”中的“联合国禁毒署”（United Nations International Drug Control Programme 简称 UNDCP）更改为“联合国毒品和犯罪问题办公室”（The United Nations Office on Drugs and Crime 简称 UNODC）。对联合国毒品和犯罪问题办公室无偿赠送物资按署税〔1999〕565 号文件办理进口免税手续。

特此通知。

二〇二一年十月二十六日

9.3 残疾人专用品

海关总署关于执行《科学研究和教学用品免征进口税收暂行规定》《残疾人专用品免征进口税收暂行规定》的通知

（署税〔1997〕227号）

广东分署、各直属海关：

《科学研究和教学用品免征进口税收暂行规定》《残疾人专用品免征进口税收暂行规定》已经国务院批准，并要求海关总署制定实施办法和对外发布，有关实施办法，我署正与有关部门拟定中，届时将另行通知。现将国务院批准的《科学研究和教学用品免征进口税收暂行规定》、《残疾人专用品免征进口税收暂行规定》先予公布，并就实施办法下达前的有关执行问题通知如下：

一、关于《科学研究和教学用品免征进口税收暂行规定》的执行问题：

《科学研究和教学用品免征进口税收暂行规定》（以下简称新《规定》）是在原《科教用品报运进口免税办法》的基础上，结合当前科研、教学的实际需要制定的。新《规定》在第三条第（三）项和第五条中增加了一些适用单位；在第四条第（八）项、第（十一）至第（十六）项中，增加了特殊院校和专业所需专用教学科研用品等；科教用品免税范围也作了调整，取消了“教学专用闭路电视及其配件”。为了在实施办法下达前便于各关掌握，现就办理原则明确如下：

（一）新《规定》中的免税品种凡与原规定相一致的仍按原审批尺度掌握。

（二）第四条第（四）项进口维修用零部件应严格控制在原免税进口仪器设备（在监管期内）金额的10%以内。其余新增条款的免税审批一律报经总署关税司审核后方可执行。对于新《规定》中已取消的品种，海关一律不再受理免税申请。

（三）新《规定》中增加的适用单位，一律由总署关税司审批后下达执行。

（四）免税审批一律在单位所在地主管海关（处级及处级以上海关）办理。主管海关应对符合条件的科教单位设立专门档案，以利于审批和后续管理。凡首次申请办理科教用品免税的科教单位，应先持凭有关上级主管部门的批准文件向单位所在地主管海关申请办理“资格认定”手续。经海关审核符合文件规定标准的，发给“科教用品免税登记手册”（一式二本，一本海关留存，一本由申请单位保留存查）。申请单位每次办理免税手续时，应填写“进口货物征免税证明”，携带“登记手册”（三联单）和有关单证，向主管海关提出申请，经主管海关审核批准的，可在“进口货物征免税证明”上签章，凭以向进口地海关办理免税。同时，将每次审批情况记录在“登记手册”上，凭以进行后续管理。货物免税进口后，进口地海关应在“进口货物征免税证明”上注明核准免税情况，并将反馈一联及时寄送主管海关。

二、关于《残疾人专用品免征进口税收暂行规定》的执行问题：

鉴于有关残疾人专用品的具体货品范围和福利、康复机构的名称，我署正与有关部门拟定中，在最终确定之前，对《残疾人专用品免征进口税收暂行规定》（以下简称《规定》）先按以下办法执行：

（一）《规定》第二条由纳税人直接在海关办理免税手续的残疾人专用品，暂限个人自带（用）物品，凡以贸易形式批量进口的一律报总署关税司审定后通知口岸海关执行。

（二）《规定》第三条有关单位进口的残疾人专用品，一律由海关总署审批后通知福利、康复机构所在地海关、由所在地海关出具"进口货物征免税证明"通知进口地海关办理手续。所在地海关应对福利、康复机构设立专门档案，以利后续管理。

三、科教用品和残疾人专用品审批过程中发生难以界定的单位和物品，应及时上报海关总署关税司，由总署会商国务院有关部门审定。

四、接受捐赠进口科教用品和残疾人专用品也暂照此办理。

所拟署长令请予4月10日对外公布。

附件　国务院关于《科学研究和教用品免税进口税收暂行规定》和《残疾人专用品免征进口税收暂行规定》的批复（国函〔1997〕3号）

一九九七年三月十五日

附件

国务院关于《科学研究和教学用品免征进口税收暂行规定》和《残疾人专用品免征进口税收暂行规定》的批复（国函〔1997〕3号）

海关总署：

国务院批准《科学研究和教学用品免征进口税收暂行规定》和《残疾人专用品免征进口税收暂行规定》，由你署发布施行。

附件1　科学研究和教学用品免征进口税收暂行规定（略）

附件2　残疾人专用品免征进口税收暂行规定

国务院

一九九七年一月二十二日

附件2

残疾人专用品免征进口税收暂行规定

（1997年1月22日由国务院批准，1997年4月10日由海关总署发布）

第一条　为了支持残疾人康复工作，有利于残疾人专用品进口，制定本规定。

第二条　进口下列残疾人专用品，免征进口关税和进口环节增值税、消费税：

（一）肢残者用的支辅具，假肢及其零部件，假眼，假鼻，内脏托带，矫形器，矫形鞋，非机动助行器，代步工具（不包括汽车、摩托车），生活自助具，特殊卫生用品；

（二）视力残疾者用的盲杖，导盲镜，助视器，盲人阅读器；

（三）语言、听力残疾者用的语言训练器；

（四）智力残疾者用的行为训练器，生活能力训练用品。

进口前款所列残疾人专用品，由纳税人直接在海关办理免税手续。

第三条　有关单位进口的国内不能生产的下列残疾人专用品，按隶属关系经民政部或者中国残疾人联合会批准，并报海关总署审核后，免征进口关税和进口环节增值税、消费税：

（一）残疾人康复及专用设备，包括床旁监护设备、中心监护设备、生化分析议和超声诊断仪；

（二）残疾人特殊教育设备和职业教育设备；

（三）残疾人职业能力评估测试设备；

（四）残疾人专用劳动设备和劳动保护设备；

（五）残疾人文体活动专用设备；

（六）假肢专用生产、装配、检测设备，包括假肢专用铣磨机、假肢专用真空成型机、假肢专用平板加热器和假肢综合检测仪；

（七）听力残疾者用的助听器。

第四条 本规定第三条规定的有关单位，是指：

（一）民政部直属企事业单位和省、自治区、直辖市民政部门所属福利机构、假肢厂和荣誉军人康复医院（包括各类革命伤残军人休养院、荣军医院和荣军康复医院）；

（二）中国残疾人联合会（中国残疾人福利基金会）直属事业单位和省、自治区、直辖市残疾人联合会（残疾人福利基金会）所属福利机构和康复机构。

第五条 依据本规定免税进口的残疾人专用品，不得擅自移作他用。

违反前款规定，将免税进口的物品擅自移作他用，构成走私罪的，依法追究刑事责任；尚不构成犯罪的，按走私行为或者违反海关监管规定的行为论处。

第六条 海关总署根据本规定制定实施办法。

第七条 本规定自发布之日起施行。

民政部　海关总署　中国残疾人联合会关于残疾人专用品免征进口税收审批有关事项的通知

（民发〔2011〕84号）

各省、自治区、直辖市民政厅（局）、残疾人联合会，新疆生产建设兵团民政局、残疾人联合会；各直属海关：

目前执行的《残疾人专用品免征进口税收暂行规定实施办法的通知》（署税〔1997〕544号）和《海关总署关于下放残疾人专用品进口减免税审批权限的通知》（署税发〔2003〕4号），要求福利企业、集中安置残疾人单位资格由省、自治区、直辖市一级民政部门、残疾人联合会认定。但2007年7月1日施行的新《福利企业资格认定办法》（民发〔2007〕103号）和《盲人按摩机构工疗机构及其他集中安置残疾人单位资格认定办法》（残联发〔2007〕29号），将福利企业、集中安置残疾人单位资格认定机关改为由省、自治区、直辖市民政厅（局）、残疾人联合会确定的县以上民政部门、残疾人联合会。据此，部分区、县民政部门、残疾人联合会成为福利企业、残疾人集中安置机构资格认定机关。为保证政策有效衔接，使残疾人专用品免征进口税收的优惠政策在扶持、发展福利企业，服务、便利残疾人上更好地发挥作用，经研究，现就残疾人专用品免征进口税收审批有关事项通知如下：

一、福利企业、残疾人集中安置机构资格认定机关为区、县民政局、残疾人联合会的省、自治区、直辖市，请在向民政部规划财务司、中国残疾人联合会报送残疾人专用品进口减免税审批材料时，在所附《社会福利企业证书》、《集中安置残疾人单位证书》上，加盖省、自治区、直辖市一级民政厅（局）、残疾人联合会印章。

二、上述省、自治区、直辖市进口单位向海关申请办理残疾人专用品进口减免税审批手续时，除提交署税发〔2003〕4号文件规定的单证外，还应提供盖有省、自治区、直辖市一级民政厅（局）、残疾人联合会印章的《社会福利企业证书》、《集中安置残疾人单位证书》复印件，上述证书复印件与《残疾人专用品进口证明》之间应加盖民政部规划财务司、中国残疾人联合会审核签章（骑缝章）。

二〇一一年五月三十一日

9.4 捐赠

中华人民共和国海关关于《扶贫、慈善性捐赠物资免征进口税收暂行办法》的实施办法

（海关总署令第90号）

［2001年12月13日由海关总署发布，自2002年1月1日起施行。根据2010年11月26日海关总署令第198号《海关总署关于修改部分规章的决定》将第八条删除，根据《财政部关于扶贫慈善性捐赠进口物资用于学校教育税收优惠政策有关问题的通知》（财税〔2003〕51号）附件1第六条第四款规定调整为“直接用于公共图书馆、公共博物馆、各类职业学校、高中、初中、小学、幼儿园教育的教学仪器、器材、图书、资料和一般学习用品”］

第一条 根据《中华人民共和国海关法》和《扶贫、慈善性捐赠物资免征进口税收暂行办法》（以下简称《暂行办法》，见附件1）及国家有关法律、法规的规定，特制定本实施办法。

第二条 《暂行办法》所称的受赠人，是指国务院有关部门和各省、自治区、直辖市人民政府，以及从事人道救助和发展扶贫、慈善事业为宗旨的全国性的社会团体。包括中国红十字会总会、全国妇女联合会、中国残疾人联合会、中华慈善总会、中国初级卫生保健基金会和宋庆龄基金会。

本实施办法所称的使用人（使用单位），是指捐赠物资的直接使用者或负责分配该捐赠物资的单位或个人。

第三条 《暂行办法》所称的“公共图书馆和公共博物馆”是指：

（一）经省级以上文化行政管理部门认定、向社会开放的县（市）级以上单位管理的公益性图书馆。

（二）经省级以上文物行政管理部门认定、向公众开放的县（市）级以上单位管理的各类公益性博物馆。

第四条 《暂行办法》第六条各项所列的用于扶贫、慈善公益性事业的捐赠物资可予免税，其中：

（一）“基本医疗药品”是指用于急救、治疗、防疫、消毒、抗菌等用途的药品和人体移植用的器官，但不包括保健药和营养药。

（二）“基本医疗器械”是指诊疗器械、手术器械、卫生检测器械、伤残修复器械、防疫防护器械、消毒灭菌器械。

（三）“教学仪器”是指《暂行办法》规定的学校、幼儿园专用于教学的检验、观察、计量、演示用的仪器和器具。

（四）“一般学习用品”是指《暂行办法》规定的学校、幼儿园教学和学生专用的文具、教具、婴幼儿玩具、标本、模型、切片、各类学习软件、实验室用器皿和试剂、学生服装（含鞋帽）和书包等。

（五）“直接用于环境保护的专用仪器”是指环保系统专用的空气质量与污染源废气监测仪器及治理设备、环境水质与污水监测仪器及治理设备、环境污染事故应急监测仪器、固体废物监测仪器及处置设备、辐射防护与电磁辐射监测仪器及设备、生态保护监测仪器及设备、噪声及振动监测仪器和实验室通用分析仪器及设备。

第五条 国际和外国医疗机构在我国从事慈善和人道医疗救助活动，供免费使用的医疗药品和器械及在治疗过程中使用的消耗性的医用卫生材料比照本规定办理。

第六条 扶贫、慈善捐赠进口物资由本规定第二条所述的受赠人接受捐赠并向海关出具接受捐赠物资进口证明申请免税。具体免税手续由最终使用人（使用单位）向项目所在地直属海关办理。国务院有关部门、本规定第二条所述的全国性的社会团体等受赠人接受境外捐赠的项目，由受赠人统一向北京海关申请免税。

第七条 扶贫、慈善捐赠进口物资的进口按以下规定办理免税手续：

（一）扶贫、慈善捐赠进口物资的使用人向其所在地直属海关申请免税时应当向海关提供如下单证：

1. 境外捐赠函正本；

2. 由受赠人出具的《政府部门或社会团体接受境外扶贫、慈善性捐赠物资进口证明》，并应随附《捐赠物资分配使用清单》（均为正本，详见附件2）；

3. 属于国家规定限制进口商品应提交的有关许可证件（或其他单证）的复印件；

4. 海关规定应提交的其他单证。

（二）有关项目所在地直属海关凭前款所述的单证、对照《暂行办法》规定的免税物品范围进行审批后，办理扶贫、慈善性捐赠物资免税手续，出具《进出口货物征免税证明》，对超出《暂行办法》免税物资范围的，应照章征税。

由北京海关统一办理捐赠物资免税手续的，应将项目审批情况书面通知使用人（使用单位）所在地直属海关。

（三）有关直属海关对上述免税审批工作要运用《减免税管理系统》进行，并与有关进口地海关加强联系，密切配合。

（四）海关对上述减免税审批工作，应在受理申请之日起10个工作日内办结。如提交的有关材料不齐全或不准确的，海关应在接到申请之日起5个工作日内通知受赠人或使用人补充有关材料后再予受理。

第八条 对免税进口的扶贫、慈善捐赠物资，免征海关监管手续费。

第九条 上述免税进口物资属海关监管货物，在海关监管期限内，未经海关许可，不得抵押、质押、转让、移作他用或者进行其他处置。有关项目所在地海关应按现行规定做好后续监管工作。对违反本办法的，海关将依照《中华人民共和国海关法》及国家有关法律、法规的规定予以处罚。

第十条 本办法由海关总署负责解释。

第十一条 本办法自2002年1月1日起实施。

附件1 扶贫、慈善性捐赠物资免征进口税收的暂行办法
附件2 受赠人（政府部门或社会团体）接受境外扶贫、慈善性捐赠物资进口证明
附件3 捐赠物资分配使用清单

附件 1

扶贫、慈善性捐赠物资免征进口税收暂行办法

（2001 年 1 月 15 日经国务院批准，由财政部、国家税务总局、海关总署发布）

第一条 为促进公益事业的健康发展，规范对扶贫、慈善事业捐赠物资的进口管理，根据《中华人民共和国公益事业捐赠法》有关规定，制订本办法。

第二条 对境外捐赠人无偿向受赠人捐赠的直接用于扶贫、慈善事业的物资，免征进口关税和进口环节增值税。

第三条 本办法所称扶贫、慈善事业是指非营利的扶贫济困、慈善救助等社会慈善和福利事业。

第四条 本办法所称境外捐赠人是指中华人民共和国关境外的自然人、法人或者其他组织。

第五条 本办法所称受赠人是指：

（一）经国务院主管部门依法批准成立的，以人道救助和发展扶贫、慈善事业为宗旨的社会团体。

（二）国务院有关部门和各省、自治区、直辖市人民政府。

第六条 本办法所称用于扶贫、慈善公益性事业的物资是指：

（一）新的衣服、被褥、鞋帽、帐篷、手套、睡袋、毛毯及其他维持基本生活的必需用品等。

（二）食品类及饮用品（调味品、水产品、水果、饮料、烟酒等除外）。

（三）医疗类包括直接用于治疗特困患者疾病或贫困地区治疗地方病及基本医疗卫生、公共环境卫生所需的基本医疗药品、基本医疗器械、医疗书籍和资料。

（四）直接用于公共图书馆、公共博物馆、中等专科学校、高中（包括职业高中）、初中、小学、幼儿园教育的教学仪器、教材、图书、资料和一般学习用品。

（五）直接用于环境保护的专用仪器。

（六）经国务院批准的其他直接用于扶贫、慈善事业的物资。

前款物资不包括国家明令停止减免进口税收的二十种商品、汽车、生产性设备、生产性原材料及半成品等。捐赠物资应为新品，在捐赠物资内不得夹带有害环境、公共卫生和社会道德及政治渗透等违禁物品。

第七条 进口的捐赠物资，由受赠人向海关提出免税申请，海关按规定负责审批并进行后续管理。经批准免税进口的捐赠物资，由海关进行专项统计。

第八条 进口的捐赠物资按国家规定属配额、特定登记和进口许可证管理的商品，受赠人应向有关部门申请配额、登记证明和进口许可证，海关凭证验放。

第九条 经批准免税进口的捐赠物资，依照《中华人民共和国公益事业捐赠法》第三章有关条款进行使用和管理。

第十条 免税进口的扶贫、慈善性捐赠进口物资，不得以任何形式转让、出售、出租或移作他用。如有违反，按国家有关法律、法规处理。

第十一条

（一）外国政府、国际组织无偿捐赠的扶贫、慈善物资按《中华人民共和国海关法》和《中华人民共和国增值税暂行条例》有关规定继续执行，不适用本办法。

（二）经国务院特别批准的免征进口税的捐赠物资，不适用本办法。

第十二条 本办法由财政部会同国家税务总局、海关总署解释。

第十三条 海关总署根据本办法制定具体实施办法。

第十四条 本办法自发布之日起施行。

附件 2

受赠人（政府部门或社会团体）接受境外扶贫、慈善性捐赠物资进口证明

（第一联：海关留存）　　编号（　　）字　　号

<table>
<tr><td>主管海关</td><td></td><td>物资到货口岸</td><td></td></tr>
<tr><td>境外捐赠人名称</td><td colspan="3"></td></tr>
<tr><td>捐赠物资品种
（详见随附清单）</td><td colspan="3"></td></tr>
<tr><td>物资数量</td><td></td><td>物资金额</td><td></td></tr>
<tr><td colspan="4">受赠人审批盖章

经办人姓名：　　　　电话：　　　　年　月　日</td></tr>
</table>

备注：

1. 本《证明》由受赠人按样式自行印制，一次性使用，自审批之日起半年内有效，允许跨年度使用，并附盖有公章的物品清单。

2. 物资进口前，受赠单位或项目执行单位应持《证明》正本向所在地直属海关申请办理免税手续。《证明》内容不得更改，复印件无效。

3.《证明》一式两联，第一联由海关留存，第二联由出具《证明》单位留存。

4. 受赠人为国务院有关部门和各省、自治区、直辖市人民政府的，由各有关部门和政府办公厅出具《证明》；对受赠人为本《实施办法》所述的社会团体的，由该团体出具《证明》。

附件 3

捐赠物资分配使用清单

（第一联：海关留存）

<table>
<tr><th>序号</th><th>使用人（使用单位）名称</th><th>物资数量捐赠物资品名</th><th>数量</th><th>金额</th><th>使用单位或使用人地址</th></tr>
<tr><td></td><td></td><td></td><td></td><td></td><td></td></tr>
<tr><td></td><td></td><td></td><td></td><td></td><td></td></tr>
<tr><td></td><td></td><td></td><td></td><td></td><td></td></tr>
<tr><td></td><td></td><td></td><td></td><td></td><td></td></tr>
<tr><td></td><td></td><td></td><td></td><td></td><td></td></tr>
<tr><td colspan="3">备注：
本《捐赠物资分配使用清单》有关管理规定与《政府部门或社会团体接受境外扶贫、慈善性捐赠物资进口证明》管理规定一致。</td><td colspan="3">受赠人（政府部门或社会团体）
审批盖章
年　月　日</td></tr>
</table>

财政部　海关总署　国家税务总局关于公布《慈善捐赠物资免征进口税收暂行办法》的公告

（财政部　海关总署　国家税务总局公告2015年第102号）

经国务院批准，现公布《慈善捐赠物资免征进口税收暂行办法》，自2016年4月1日起实施。《财政部、国家税务总局、海关总署关于发布〈扶贫、慈善性捐赠物资免征进口税收暂行办法〉的通知》（财税〔2000〕152号）同时废止。

附件　慈善捐赠物资免征进口税收暂行办法

财政部
海关总署
国家税务总局
二〇一五年十二月二十三日

附件

慈善捐赠物资免征进口税收暂行办法

第一条　为促进慈善事业的健康发展，支持慈善事业发挥扶贫济困积极作用，规范对慈善事业捐赠物资的进口管理，根据《中华人民共和国公益事业捐赠法》、《中华人民共和国海关法》和《中华人民共和国进出口关税条例》等有关规定，制定本办法。

第二条　对境外捐赠人无偿向受赠人捐赠的直接用于慈善事业的物资，免征进口关税和进口环节增值税。

第三条　本办法所称慈善事业是指非营利的慈善救助等社会慈善和福利事业，包括以捐赠财产方式自愿开展的下列慈善活动：

（一）扶贫济困，扶助老幼病残等困难群体；

（二）促进教育、科学、文化、卫生、体育等事业的发展；

（三）防治污染和其他公害，保护和改善环境；

（四）符合社会公共利益的其他慈善活动。

第四条　本办法所称境外捐赠人是指中华人民共和国关境外的自然人、法人或者其他组织。

第五条　本办法所称受赠人是指：

（一）国务院有关部门和各省、自治区、直辖市人民政府。

（二）中国红十字会总会、中华全国妇女联合会、中国残疾人联合会、中华慈善总会、中国初级卫生保健基金会、中国宋庆龄基金会和中国癌症基金会。

（三）经民政部或省级民政部门登记注册且被评定为5A级的以人道救助和发展慈善事业为宗旨的社会团体或基金会。民政部或省级民政部门负责出具证明有关社会团体或基金会符合本办法规定的受赠人条件的文件。

第六条　本办法所称用于慈善事业的物资是指：

（一）衣服、被褥、鞋帽、帐篷、手套、睡袋、毛毯及其他生活必需用品等。

（二）食品类及饮用水（调味品、水产品、水果、饮料、烟酒等除外）。

（三）医疗类包括医疗药品、医疗器械、医疗书籍和资料。其中，对于医疗药品及医疗器械捐赠进口，按照相关部门有关规定执行。

（四）直接用于公共图书馆、公共博物馆、各类职业学校、高中、初中、小学、幼儿园教育的教学仪器、教材、图书、资料和一般学习用品。其中，教学仪器是指专用于教学的检验、观察、计量、演示用的仪器和器具；一般学习用品是指用于各类职业学校、高中、初中、小学、幼儿园教学和学生专用的文具、教具、体育用品、婴幼儿玩具、标本、模型、切片、各类学习软件、实验室用器皿和试剂、学生校服（含鞋帽）和书包等。

（五）直接用于环境保护的专用仪器。包括环保系统专用的空气质量与污染源废气监测仪器及治理设备、环境水质与污水监测仪器及治理设备、环境污染事故应急监测仪器、固体废物监测仪器及处置设备、辐射防护与电磁辐射监测仪器及设备、生态保护监测仪器及设备、噪声及振动监测仪器和实验室通用分析仪器及设备。

（六）经国务院批准的其他直接用于慈善事业的物资。

本办法所称用于慈善事业的物资不包括国家明令停止减免进口税收的特定商品以及汽车、生产性设备、生产性原材料及半成品等。捐赠物资应为未经使用的物品（其中，食品类及饮用水、医疗药品应在保质期内），在捐赠物资内不得夹带危害环境、公共卫生和社会道德及进行政治渗透等违禁物品。

第七条 国际和外国医疗机构在我国从事慈善和人道医疗救助活动，供免费使用的医疗药品和器械及在治疗过程中使用的消耗性的医用卫生材料比照本办法执行。

第八条 符合本办法规定的进口捐赠物资，由受赠人向海关申请办理减免税手续，海关按规定进行审核确认。经审核同意免税进口的捐赠物资，由海关按规定进行监管。

第九条 进口的捐赠物资按国家规定属于配额、特定登记和进口许可证管理的商品的，受赠人应当向有关部门申请配额、登记证明和进口许可证，海关凭证验放。

第十条 经审核同意免税进口的捐赠物资，依照《中华人民共和国公益事业捐赠法》第三章有关条款进行使用和管理。

第十一条 免税进口的捐赠物资，未经海关审核同意，不得擅自转让、抵押、质押、移作他用或者进行其他处置。如有违反，按国家有关法律、法规和海关相关管理规定处理。

第十二条 本办法由财政部会同海关总署、国家税务总局解释。

第十三条 海关总署根据本办法制定具体实施办法。

第十四条 本办法自 2016 年 4 月 1 日起施行，《财政部、国家税务总局、海关总署关于发布〈扶贫、慈善性捐赠物资免征进口税收暂行办法〉的通知》（财税〔2000〕152 号）同时废止。

海关总署关于实施《慈善捐赠物资免征进口税收暂行办法》有关事宜的公告

（海关总署公告 2016 年第 17 号）

经国务院批准，对境外捐赠人无偿向受赠人捐赠的直接用于慈善事业的物资，免征进口关税和进口环节增值税。财政部、海关总署和国家税务总局 2015 年第 102 号公告公布了《慈善捐赠物资免征进口税收暂行办法》（以下简称《暂行办法》）。根据《暂行办法》的有关规定，现将海关实施《暂行办法》的有关事宜公告如下：

一、《暂行办法》所称的受赠人负责接受捐赠物资，并出具《受赠人接受境外慈善捐赠物资进口证明》及《捐赠物资分配使用清单》（样式详见附件）。

二、受赠人在申报进口捐赠物资前，应向其所在地海关办理减免税手续。受赠人也可委托使用人，由使用人向使用人所在地海关办理减免税手续。

国务院有关部门、中国红十字会总会、中华全国妇女联合会、中国残疾人联合会、中华慈善总会、中国初级卫生保健基金会、中国宋庆龄基金会、中国癌症基金会作为受赠人接受捐赠物资的，由受赠人统一向北京海关办理进口捐赠物资的减免税手续。

三、本公告所称的使用人，是指捐赠物资的直接使用者，或者负责分配该捐赠物资的单位。

四、受赠人或使用人向其所在地海关办理进口捐赠物资减免税手续时，应当提交以下材料：

（一）境外捐赠函（正本）；

（二）由受赠人出具的《受赠人接受境外慈善捐赠物资进口证明》及《捐赠物资分配使用清单》（均为正本）；

（三）受赠人属于经民政部或省级民政部门登记注册且被评定为5A级的以人道救助和发展慈善事业为宗旨的社会团体或基金会的，还应当提交由民政部或省级民政部门出具的证明该社会团体或基金会符合《暂行办法》规定的受赠人条件的文件（正本），以及5A级社会团体或基金会证书（正本及复印件）；

（四）由使用人向使用人所在地海关办理减免税手续的，使用人应当提交受赠人委托其办理进口捐赠物资减免税手续的委托书（正本）；

（五）海关认为需要提供的其他材料。

五、受赠人或使用人所在地海关凭受赠人或使用人提交的上述有关材料，对照《暂行办法》有关规定进行审核，办理有关进口捐赠物资的减免税手续。

进口地海关按照有关规定，办理进口捐赠物资的验放手续。

六、进口捐赠物资的减免税手续纳入海关减免税管理系统管理。进口捐赠物资的征免性质为：慈善捐赠（代码：802）；对应的监管方式为：捐赠物资（代码：3612）。

七、进口捐赠物资按国家规定属于配额、特定登记和进口许可证管理的商品的，受赠人应当向有关部门申请配额、登记证明和进口许可证，进口地海关凭证验放。

八、免税进口的上述捐赠物资属于海关监管货物，在海关监管年限内，未经海关审核同意，不得擅自转让、抵押、质押、移作他用或者进行其他处置。

九、本公告由海关总署负责解释。

十、本公告自2016年4月1日起施行。

特此公告。

附件 《受赠人接受境外慈善捐赠物资进口证明》及《捐赠物资分配使用清单》样式

海关总署

二〇一六年三月二十一日

附件

受赠人接受境外慈善捐赠物资进口证明

所在地海关		物资进口地海关	
境外捐赠人名称			
受赠人名称			
接受捐赠物资品名（详见随附物资清单）			
物资数量		物资金额	
兹申明以上内容属实。 受赠人审核盖章 年 月 日 经办人姓名： 电话：			

捐赠物资分配使用清单

序号	使用人名称	捐赠物资品名	数量	金额	使用人地址
兹申明以上内容属实。 受赠人审核盖章 年 月 日 经办人姓名： 电话：					

备注：

1.《受赠人接受境外慈善捐赠物资进口证明》（以下简称《证明》，随附盖有受赠人公章的物资清单）及《捐赠物资分配使用清单》（以下简称《清单》）由受赠人按样式自行印制，一次性使用，自受赠人审核盖章之日起半年内有效，允许跨年度使用。

2.《证明》中“所在地海关”应按照公告第二条规定，填写受赠人或使用人办理进口捐赠物资减免税手续的海关。

3. 捐赠物资申报进口前，受赠人或使用人应持《证明》及《清单》正本向其所在地海关办理减免税手续。《证明》及《清单》内容不得更改，复印件无效。

4.《证明》及《清单》一式两联，第一联由海关留存，第二联由受赠人留存。

5. 受赠人为国务院有关部门和各省、自治区、直辖市人民政府的，由各有关部门和政府办公厅出具《证明》及《清单》；对受赠人为《暂行办法》所称的社会团体或基金会的，由该社会团体或基金会出具《证明》及《清单》。

民政部　海关总署关于社会团体和基金会办理进口慈善捐赠物资减免税手续有关问题的通知

（民发〔2016〕64号）

各省、自治区、直辖市民政厅（局），海关总署广东分署、各直属海关：

2015年12月，财政部、海关总署、国家税务总局联合印发2015年第102号公告，公布了《慈善捐赠物资免征进口税收暂行办法》（以下简称《暂行办法》）。为确保《暂行办法》顺利实施，现将有关社会团体和基金会办理进口慈善捐赠物资减免税手续的有关事宜通知如下：

一、对于《暂行办法》第五条第（三）款规定的社会团体或基金会作为受赠人接受捐赠物资，有关社会团体或基金会向其登记管理的民政部门申请开具《慈善捐赠物资受赠人资格证明》（以下简称《证明》，格式见附件）的，民政部门对符合《暂行办法》第五条第（三）款有关规定的社会团体和基金会应及时出具《证明》。出具《证明》后，有关社会团体和基金会的评估等级或宗旨不再符合《暂行办法》规定的，民政部门应及时通知海关。

二、海关凭民政部门出具的《证明》（正本）和其他规定材料，按照海关总署2016年第17号公告的规定，对有关社会团体或基金会进口的捐赠物资进行审核确认，办理减免税手续。

三、省级民政部门和海关要加强联系、通力配合，严格执行和贯彻落实《暂行办法》有关规定。

附件　慈善捐赠物资受赠人资格证明

民政部
海关总署
二〇一六年四月十四日

附件

慈善捐赠物资受赠人资格证明

编号：

受赠人所在地海关：__________海关

根据《慈善捐赠物资免征进口税收暂行办法》（财政部、海关总署、国家税务总局2015年第102号公告）的规定，兹证明__________________为经________________（民政部或省级民政部门）登记注册且被评定为5A级并以人道救助和发展慈善事业为宗旨的____________（社会团体或基金会）。

（备注：本证明自出具之日起有效期为三个月。）

国家民间组织管理局或省级民政部门办公室（签章）
年　　月　　日

9.5 抗艾滋病药物

财政部　海关总署　国家税务总局关于2021—2030年抗艾滋病病毒药物进口税收政策的通知

（财关税〔2021〕13号）

北京市财政局，北京海关，国家税务总局北京市税务局：

为坚持基本医疗卫生事业公益属性，支持艾滋病防治工作，自2021年1月1日至2030年12月31日，对卫生健康委委托进口的抗艾滋病病毒药物，免征进口关税和进口环节增值税。享受免税政策的抗艾滋病病毒药物名录及委托进口单位由卫生健康委确定，并送财政部、海关总署、税务总局。

财政部

海关总署

国家税务总局

二〇二一年三月二十九日

10 文化与体育

10.1 公益性收藏

财政部 海关总署 国家税务总局关于公布施行《国有公益性收藏单位进口藏品免税暂行规定》的公告

（财政部 海关总署 国家税务总局公告2009年第2号）

《国有公益性收藏单位进口藏品免税暂行规定》经国务院批准，现予以公布施行。《财政部、国家税务总局、海关总署关于印发〈国有文物收藏单位接受境外捐赠、归还和从境外追索的中国文物进口免税暂行办法〉的通知》（财税〔2002〕81号）经国务院批准同时停止执行。

特此公告。

附件1 国有公益性收藏单位进口藏品免税暂行规定

附件2 免税进口藏品备案表

财政部

海关总署

国家税务总局

二〇〇九年一月二十日

附件1

国有公益性收藏单位进口藏品免税暂行规定

第一条 为贯彻落实科学发展观，弘扬和传承中外传统文化艺术，提高民族文化软实力，促进我国对文物和艺术品等进口藏品的收藏和保护事业的健康发展，特制定本规定。

第二条 国有公益性收藏单位以从事永久收藏、展示和研究等公益性活动为目的，以接受境外捐赠、归还、追索和购买等方式进口的藏品，免征进口关税和进口环节增值税、消费税。

第三条 本规定所称国有公益性收藏单位是指：

（一）国家有关部门和省、自治区、直辖市、计划单列市相关部门所属的国有公益性图书馆、博物馆、纪念馆及美术馆（以下简称省级以上国有公益性收藏单位）。

省级以上国有公益性收藏单位的名单，由财政部会同国务院有关部门以公告的形式发布。

（二）财政部会同国务院有关部门核定的其他国有公益性收藏单位。

第四条 本规定所称的藏品，是指具有收藏价值的各种材质的器皿和器具、钱币、砖瓦、石刻、印章封泥、拓本（片）、碑帖、法帖、艺术品、工艺美术品、典图、文献、古籍善本、照片、邮品、邮驿用品、徽章、家具、服装、服饰、织绣品、皮毛、民族文物、古生物化石标本和其他物品。

第五条 国有公益性收藏单位进口与其收藏范围相应的藏品，方能享受本规定的税收政策。

第六条 符合规定的国有公益性收藏单位进口藏品，应持捐赠、归还、追索和购买等有效进口证明及海关规定的其他有关文件办理海关手续。免税进口藏品属于海关监管货物。

第七条 国有公益性收藏单位免税进口的藏品应依照《中华人民共和国文物保护法》、《中华人民共和国文物保护法实施条例》和《博物馆管理办法》进行管理，建立藏品登记备案制度。免税进口藏品入境30个工作日内须记入藏品总账——进口藏品子账，列入本单位内部年度审计必审科目。同时按规定格式（见附件2）报送主管文化文物行政管理部门备案，并抄报海关。

第八条 国有公益性收藏单位免税进口的藏品应永久收藏，并仅用于非营利性展示和科学研究等公益性活动，不得转让、抵押、质押或出租。

第九条 免税进口藏品如需在国有公益性收藏单位之间依照国家有关法律法规的规定进行调拨、交换、借用，应依照法律法规的规定履行相关手续，同时报送主管文化文物行政管理部门备案，并抄报海关。

国有公益性收藏单位将免税进口藏品转让、抵押、质押或出租的，由海关依照国家有关法律法规的规定予以处罚；涉嫌犯罪的，移送司法机关处理。

对于有上述违法违规行为的单位，在1年内不得享受本税收优惠政策；被依法追究刑事责任的，在3年内不得享受本税收优惠政策。

第十条 海关总署根据本规定制定具体实施细则。

第十一条 本规定由财政部会同海关总署和国家税务总局负责解释。

第十二条 本规定自公布之日起施行。

附件2

免税进口藏品备案表

收藏单位：（公章）　　　　　单位负责人：（签字）

藏品名称		藏品编号		藏品质地	
藏品尺寸		进口国别（地区）		入境时间	
特征描述					
照片					

注：本表一式三份，本单位存档1份，报送主管文化文物行政管理部门和海关各1份。

财政部　海关总署　国家税务总局关于发布享受省级以上国有公益性收藏单位名单的公告

（财政部　海关总署　国家税务总局公告2010年第2号）

根据《国有公益性收藏单位进口藏品免税暂行规定》（财政部、海关总署、国家税务总局公告2009第2号）的规定，现将享受该项税收优惠政策的省级以上国有公益性收藏单位名单（第一批）予以公告。

附件 省级以上国有公益性收藏单位名单（第一批）

财政部
海关总署
国家税务总局
二〇一〇年一月四日

附件

省级以上国有公益性收藏单位名单（第一批）

一、图书馆（36家）

省份	编号	名称
文化部	1	国家图书馆
北京	2	首都图书馆
天津	3	天津图书馆
	4	天津市少年儿童图书馆
河北	5	河北省图书馆
山西	6	山西省图书馆
内蒙古	7	内蒙古自治区图书馆
辽宁	8	辽宁省图书馆
吉林	9	吉林省图书馆
黑龙江	10	黑龙江省图书馆
上海	11	上海图书馆
	12	上海少年儿童图书馆
江苏	13	南京图书馆
浙江	14	浙江图书馆
安徽	15	安徽省图书馆
福建	16	福建省图书馆
江西	17	江西省图书馆
山东	18	山东省图书馆
河南	19	河南省图书馆
湖北	20	湖北省图书馆
湖南	21	湖南图书馆
	22	湖南省少年儿童图书馆
广东	23	广东省立中山图书馆
广西	24	广西壮族自治区图书馆
海南	25	海南省图书馆

续表

省份	编号	名称
重庆	26	重庆图书馆
	27	重庆市少年儿童图书馆
四川	28	四川省图书馆
贵州	29	贵州省图书馆
云南	30	云南省图书馆
西藏	31	西藏自治区图书馆
陕西	32	陕西省图书馆
甘肃	33	甘肃省图书馆
青海	34	青海省图书馆
宁夏	35	宁夏回族自治区图书馆
新疆	36	新疆维吾尔自治区图书馆

二、博物馆、纪念馆（108 家）

省份	编号	名称
部门直属	1	中国国家博物馆
	2	故宫博物院
	3	文化部恭王府管理中心
	4	中国财税博物馆
	5	中国人民革命军事博物馆
	6	中国农业博物馆
	7	中国地质博物馆
	8	中国航空博物馆
	9	中国妇女儿童博物馆
	10	宋庆龄故居
	11	中国钱币博物馆
	12	中国现代文学馆
	13	中国铁道博物馆
	14	中国电影博物馆
	15	北京鲁迅博物馆
	16	北京新文化运动纪念馆
	17	梅兰芳纪念馆
	18	钓鱼台国宾馆

续表1

省份	编号	名称
北京	19	首都博物馆
	20	大钟寺古钟博物馆
	21	北京艺术博物馆
	22	北京古代建筑博物馆
	23	北京石刻艺术博物馆
	24	孔庙和国子监博物馆
	25	北京市古代钱币展览馆
	26	北京市西周燕都遗址博物馆
	27	北京辽金城垣博物馆
	28	北京大葆台西汉墓博物馆
	29	北京四合院博物馆
	30	北京文博交流馆
	31	老舍纪念馆
	32	徐悲鸿纪念馆
天津	33	天津博物馆
	34	天津自然博物馆
	35	天津戏剧博物馆文庙博物馆管理办公室
	36	元明清天妃宫遗址博物馆
	37	平津战役纪念馆
	38	周恩来邓颖超纪念馆
河北	39	河北省博物馆
	40	河北省民俗博物馆
辽宁	48	辽宁省博物馆
内蒙古	41	内蒙古博物院
	42	乌兰夫纪念馆
山西	43	山西博物院
	44	山西省民俗博物馆
	45	山西省艺术博物馆
	46	八路军太行纪念馆
	47	红军东征纪念馆
吉林	49	吉林省自然博物馆
	50	吉林省博物院

续表2

省份	编号	名称
黑龙江	51	黑龙江省博物馆
	52	黑龙江省民族博物馆
	53	北大荒博物馆
	54	东北烈士纪念馆
	55	革命领袖视察黑龙江纪念馆
上海	56	上海博物馆
	57	上海市历史博物馆
	58	鲁迅纪念馆
	59	中共一大会址纪念馆
江苏	60	南京博物院
浙江	61	浙江自然博物馆
	62	中国丝绸博物馆
	63	浙江省博物馆
安徽	64	安徽省博物馆
福建	65	福建博物馆
	66	福建闽越王越城博物馆
	67	福建昙石山遗址博物馆
	68	福建中国闽台缘博物馆
江西	69	江西省博物馆
山东	70	山东省博物馆
	71	山东省石刻艺术博物馆
河南	72	河南博物院
湖北	73	湖北省博物馆
	74	湖北省文化厅古民居抢救保护中心（湖北明代藩王博物馆）
	75	辛亥革命武昌起义纪念馆
湖南	76	湖南省博物馆
	77	韶山毛泽东同志纪念馆
广东	78	广东省博物馆
广西	79	广西壮族自治区博物馆
	80	广西壮族自治区自然博物馆
	81	广西壮族自治区民族博物馆
海南	82	海南省博物馆
	83	海南省民族博物馆

续表3

省份	编号	名称
重庆	84	重庆中国三峡博物馆（重庆博物馆）
	85	重庆直然博物馆
	86	重庆红岩革命历史博物馆
	87	重庆大足石刻艺术博物馆
	88	重选大韩民国临时政府旧址陈列馆
四川	89	四川省博物馆
贵州	90	贵州省博物馆
云南	91	云南省博物馆
西藏	92	西藏自治区博物馆
	93	西藏自治区罗布林卡管理处
	94	西藏自治区布达拉宫管理处
陕西	95	陕西历史博物馆
	96	西安碑林博物馆
	97	西安半坡博物馆
	98	西安事变纪念馆
	99	法门寺博物馆
甘肃	100	甘肃省博物馆
	101	敦煌研究院
青海	102	青海省博物馆
	103	中国青海柳湾彩陶博物馆
	104	青海民俗博物馆（馨庐文物管理所）
宁夏	105	宁夏回族自治区博物馆
	106	宁夏回族自治区固原博物馆
新疆	107	新疆维吾尔自治区博物馆
	108	新疆生产建设兵团军垦博物馆

三、美术馆（32家）

省份	编号	名称
文化部	1	中国美术馆
	2	中国工艺美术馆
	3	中国国家画馆
北京	4	北京画馆
河北	5	河北省画院（河北美术馆）
内蒙古	6	内蒙古美术馆
辽宁	7	辽宁美术馆

续表

省份	编号	名称
吉林	8	吉林省美术馆
黑龙江	9	黑龙江省美术馆
上海	10	上海美术馆
	11	刘海粟美术馆
	12	上海油画雕塑院
	13	上海中国画院
江苏	14	江苏省美术馆
	15	江苏省国画院
浙江	16	浙江美术馆
福建	17	福建省美术馆
江西	18	江西书画院
山东	19	山东省美术馆
河南	20	河南省美术馆
湖北	21	湖北省艺术馆
	22	湖北省美术馆
广东	23	广东美术馆
	24	何香凝美术馆
	25	广东画院
四川	26	四川省诗书画院
云南	27	云南美术馆
陕西	28	陕西省美术博物馆
	29	陕西国画院
甘肃	30	甘肃美术馆
宁夏	31	宁夏书画院（宁夏回族自治区美术馆）
新疆	32	新疆画院

海关总署关于实施《国有公益性收藏单位进口藏品免税暂行规定》有关事宜的公告

（海关总署公告2010年第7号）

经国务院批准，对国有公益性收藏单位以从事永久收藏、展示和研究等公益性活动为目的，以接受境外捐赠、归还、追索和购买等方式进口的藏品，免征关税和进口环节增值税、消费税。为此，财政部、海关总署和国家税务总局联合发布了《国有公益性收藏单位进口藏品免税暂行规定》（财政部、海关总署、国家税务总局公告 2009 年第 2 号）。现将海关实施《国有公益性收藏单位进口藏品免税暂行规定》（以下简称《规定》）的有关事宜公告如下：

一、《规定》所称捐赠、归还、追索和购买的含义是：

捐赠，指境外机构、个人将合法所有的藏品无偿捐献给国有公益性收藏单位的行为；

归还，指境外机构、个人将持有的原系从中国劫掠、盗窃、走私或以其他方式非法出境的藏品无偿交还给国有公益性收藏单位的行为；

追索，指国家主管文化文物行政管理部门依据有关国际公约从境外索回原系从中国劫掠、盗窃、走私或以其他方式非法出境的藏品的行为；

购买，指国有公益性收藏单位通过合法途径从境外买入藏品的行为。

二、列入财政部会同国务院有关部门审定并以公告形式发布的《省级以上国有公益性收藏单位名单》（以下简称《名单》）的收藏单位，首次申请免税进口藏品前，应先持凭《事业单位法人证书》向单位所在地直属海关申请办理资格备案手续。

对于财政部会同国务院有关部门核定的其他国有公益性收藏单位，其所在地直属海关需验凭该单位的《事业单位法人证书》和海关总署下发的审核认定文件办理相关资格备案手续。

三、《名单》中所列收藏单位名称发生变更的，有关收藏单位应持主管部门的批复文件和更名后的《事业单位法人证书》到所在地直属海关办理资格备案变更手续。

四、国有公益性收藏单位进口藏品前，应先向所在地直属海关申请办理免税审批手续，并提供以下材料：

（一）相关机构、个人出具的境外捐赠、归还、追索藏品的书面证明材料或购买藏品的合同、发票；

（二）有关进口藏品的特征的详细资料及清晰的彩色图片；

（三）承诺接受的藏品将作为永久收藏，并仅用于向公众展示和科学研究等公益性活动的有关材料；

（四）海关认为需要提供的其他材料。

五、审批和进口免税藏品手续纳入海关《减免税管理系统》和 H2000 通关管理系统管理。国有公益性收藏单位所在地直属海关对收藏单位提交的有关单证进行审核后，符合免税条件的，出具《进出口货物征免税证明》，进口地海关凭以办理有关免税进口手续。

免税进口藏品的征免性质为：国有公益性收藏单位进口藏品（简称：公益收藏，代码：698）。对应的监管方式为：一般贸易（代码：0110，以购买方式进口的）；捐赠物资（代码：3612）；其他（代码：9900，以归还、追索方式进口的）。

六、国有公益性收藏单位应按照《规定》要求，将免税进口的藏品在入境后 30 个工作日内记入本单位藏品总账—进口藏品子账，并列入本单位内部年度审计必审科目。同时填写《免税进口藏品备案表》（格式详见《规定》附件 2）报送主管文化文物行政管理部门备案，并抄报单位所在地直属海关。

七、免税进口藏品如需在国有公益性收藏单位之间依照国家有关法律法规的规定进行调拨、交换、借用，应依照法律法规的规定履行相关手续，同时报送主管文化文物行政管理部门备案，并抄报单位所在地直属海关。

八、国有公益性收藏单位免税进口的藏品属于海关永久监管货物，进口藏品的国有公益性收藏单位应当按照《中华人民共和国海关法》、《中华人民共和国关税条例》和《中华人民共和国进出口货物减免税管理办法》的规定接受海关监管。进口藏品仅限用于非营利性展示和科学研究等公益性活动，不得转让、抵押、质押或出租。

对于违反上述规定的，海关按《中华人民共和国海关法》及其他有关法律法规予以处理；构成犯罪的，依法追究刑事责任。

九、有上述违法违规行为的国有公益性收藏单位，按照有关规定被处罚但未被追究刑事责任的，自违规行为发现之日起 1 年内不得享受本税收优惠政策；被依法追究刑事责任的，自违法行为发现之日起 3 年内不得享受本税收优惠政策。

在上述违法违规行为性质最终确定前，自违法违规行为发现之日起，海关不予受理相关单位进口藏品的免税审批申请，但可验凭相关单位提供的税款担保办理先予放行手续。待违法违规行为性质确定后，按前款规定处理。

十、在2009年1月20日至本公告发布之日期间，国有公益性收藏单位已征税进口或凭税款担保放行的藏品，如符合《规定》的免税条件，可按本公告的有关规定办理免税审批和退税、退保手续。

十一、《海关总署关于下发〈国有文物收藏单位接受境外捐赠、归还和从境外追索的中国文物进口免税暂行办法〉及有关问题的通知》（署税发〔2003〕32号）自本公告发布之日起予以废止。

特此公告。

海关总署

二〇一〇年一月二十九日

财政部　海关总署　国家税务总局关于享受进口藏品免税政策的第二批国有公益性收藏单位名单的公告

（财政部　海关总署　国家税务总局公告2014年第96号）

根据《国有公益性收藏单位进口藏品免税暂行规定》（财政部、海关总署、国家税务总局公告2009第2号）的规定，现将享受该项税收优惠政策的第二批国有公益性收藏单位名单予以公告。

本名单自公告之日起执行。

附件　第二批国有公益性收藏单位名单

财政部

海关总署

国家税务总局

二〇一四年十二月十四日

附件

第二批国有公益性收藏单位名单

一、新认定单位36家

宁波市图书馆

宁波美术馆

宁波博物馆

宁波市天一阁博物馆

宁波市保国寺古建筑博物馆

河南省地质博物馆

中国体育博物馆

中国人民抗日战争纪念馆

北京自然博物馆

中国煤炭博物馆

彭真生平暨中共太原支部旧址纪念馆
旅顺博物馆
旅顺日俄监狱旧址博物馆
大连现代博物馆
黑龙江省地质博物馆
上海科技馆
陈云故居暨青浦革命历史纪念馆
上海中国航海博物馆
上海世博会博物馆
上海孙中山故居纪念馆
上海宋庆龄故居纪念馆
上海韬奋纪念馆
中国水利博物馆
安徽省古生物化石博物馆（安徽省古生物化石科学研究所、安徽省地质博物馆）
安徽省农业博物馆
福建省革命历史纪念馆
厦门市博物馆
厦门华侨博物院
山东省地质博物馆
青岛市博物馆
青岛德国总督楼旧址博物馆
青岛市康有为故居纪念馆
湖南省地质博物馆
深圳博物馆
云南民族博物馆
甘肃地质博物馆

二、更名单位 3 家

福建博物院（原福建博物馆）
福建省昙石山遗址博物馆（原福建昙石山遗址博物馆）
四川博物院（原四川省博物馆）

财政部　海关总署　国家税务总局关于享受国有公益性收藏单位进口藏品免税政策的第三批国有公益性收藏单位名单的公告

（财政部　海关总署　国家税务总局公告 2019 年第 79 号）

根据《国有公益性收藏单位进口藏品免税暂行规定》（财政部　海关总署　国家税务总局公告 2009 年第 2 号）的规定，现将享受该项税收优惠政策的第三批国有公益性收藏单位名单予以公告。

本名单自公告之日起执行。

财政部
海关总署
国家税务总局
二〇一九年七月八日

附件

第三批国有公益性收藏单位名单

一、新增单位 36 家

1. 中国印刷博物馆
2. 审计博物馆
3. 中国海关博物馆
4. 郭沫若纪念馆
5. 中国科学技术馆
6. 中国华侨历史博物馆
7. 北京警察博物馆
8. 北京税务博物馆
9. 北京奥运博物馆
10. 北京南海子麋鹿苑博物馆
11. 北京天文馆
12. 北京市正阳门管理处
13. 北京市团城演武厅管理处
14. 北京西山大觉寺管理处
15. 北京市白塔寺管理处
16. 天津美术馆
17. 山西地质博物馆
18. 山西省体育博物馆
19. 刘胡兰纪念馆
20. 内蒙古自然博物馆
21. 上海公安博物馆
22. 龙华烈士纪念馆
23. 青岛市图书馆
24. 青岛市美术馆
25. 湖南党史陈列馆
26. 湖南美术馆
27. 广州鲁迅纪念馆
28. 深圳图书馆
29. 深圳美术馆
30. 深圳市关山月美术馆
31. 深圳画院
32. 中国（海南）南海博物馆

33. 重庆美术馆
34. 重庆科技馆
35. 四川美术馆
36. 甘肃简牍博物馆

二、更名单位 14 家

1. 文化和旅游部恭王府博物馆（原文化部恭王府管理中心）
2. 河北博物院（原河北省博物馆、河北省民俗博物馆）
3. 大连博物馆（原大连现代博物馆）
4. 上海市历史博物馆（上海革命历史博物馆）（原上海市历史博物馆）
5. 陈云纪念馆（原陈云故居暨青浦革命历史纪念馆）
6. 浙江自然博物院（原浙江自然博物馆）
7. 安徽博物院（原安徽省博物馆）
8. 华侨博物院（原厦门华侨博物院）
9. 江西画院（原江西书画院）
10. 山东博物馆（原山东省博物馆）
11. 湖北省古建筑保护中心（湖北明清古建筑博物馆）［原湖北省文化厅古民居抢救保护中心（湖北明代藩王博物馆）］
12. 湖北美术馆（原湖北省艺术馆）
13. 大足石刻研究院（原重庆大足石刻艺术博物馆）
14. 西藏博物馆（原西藏自治区博物馆）

10.2 展览会①

财政部关于首届中国国际进口博览会展期内销售的进口展品税收优惠政策的通知

（财关税〔2018〕43号）

海关总署：

为支持首届中国国际进口博览会（以下简称进口博览会）顺利举办，现将首届进口博览会展期内销售的进口展品税收优惠政策通知如下：

一、对2018年11月5日至2018年11月10日期间举办的首届进口博览会展期内销售的合理数量的

① 本部分内容按照进口博览会、服务贸易交易会、国际性展会、国际消费品博览会的顺序进行排列。

进口展品（不包括国家禁止进口商品、濒危动植物及其产品、国家规定不予减免税的 20 种商品和汽车）免征进口关税，进口环节增值税、消费税按应纳税额的 70% 征收。上述税收优惠政策是作为支持首届进口博览会的一次性支持政策。

二、附件所列参展企业享受上述税收优惠政策的销售限额不超过列表额度。其他参展企业享受税收优惠政策的销售限额不超过 2 万美元，具体企业名单由进口博览会承办单位中国国际进口博览局、国家会展中心（上海）有限责任公司确定。

三、对超出享受税收优惠政策的销售限额又不退运出境的展品，按照国家有关规定照章征税。

附件　首届中国国际进口博览会享受税收优惠政策的展品清单

财政部

二〇一八年十月三十一日

附件

首届中国国际进口博览会享受税收优惠政策的展品清单

<table>
<tr><th>序号</th><th>参展企业名称</th><th>展品名称</th><th>享受税收优惠政策的销售限额（万美元）</th></tr>
<tr><td rowspan="4">1</td><td rowspan="4">瑞士斯达拉格公司</td><td>高精度 5 轴联动铣车复合加工中心</td><td rowspan="4">211.86</td></tr>
<tr><td>5 轴联动叶片加工中心</td></tr>
<tr><td>5 轴联动叶盘加工中心</td></tr>
<tr><td>高精度棒料车铣复合加工中心</td></tr>
<tr><td rowspan="2">2</td><td rowspan="2">C. B. Ferrari S. r. l</td><td>数控叶片砂带磨床</td><td rowspan="2">75.99</td></tr>
<tr><td>激光雕刻机</td></tr>
<tr><td>3</td><td>Waldrich Coburg 瓦德里希科堡公司</td><td>龙门镗铣床 TAURUS30</td><td>364.74</td></tr>
<tr><td rowspan="3">4</td><td rowspan="3">PROMAU S. r. l.</td><td>全液压四辊卷板机 MCA 2024</td><td rowspan="3">36.43</td></tr>
<tr><td>全液压四辊卷板机 MCB K30</td></tr>
<tr><td>四辊型材弯曲机 MC4P 11</td></tr>
<tr><td rowspan="3">5</td><td rowspan="3">DAVI</td><td>全液压四辊卷板机 MCA 2024</td><td rowspan="3">36.43</td></tr>
<tr><td>全液压四辊卷板机 MCB K30</td></tr>
<tr><td>四辊型材弯曲机 MC4P 11</td></tr>
<tr><td>6</td><td>JINGCHENG Werkzeugmaschinen-fabrik WALDRICH COBURG GmbH</td><td>加工中心</td><td>274.72</td></tr>
<tr><td rowspan="2">7</td><td rowspan="2">西班牙尼古拉斯克雷亚股份有限公司（Nicolas Correa S. A.）</td><td>桥式龙门加工中心</td><td rowspan="2">156.64</td></tr>
<tr><td>铣头</td></tr>
<tr><td>8</td><td>西班牙尼古拉斯克雷亚集团</td><td>龙门加工中心 — FOX</td><td>119.15</td></tr>
<tr><td>9</td><td>SAFOP</td><td>机床</td><td>8.92</td></tr>
<tr><td>10</td><td>SW（Schwabische Werkzeugmaschiner GmbH）</td><td>数控卧式镗铣加工中心</td><td>148.31</td></tr>
</table>

续表1

序号	参展企业名称	展品名称	享受税收优惠政策的销售限额（万美元）
11	EMAG	滚齿机	38.56
12	ISCAR	刀片	10.96
		刀具夹具	
		刀具模型	
13	United vision limited	37 JUSTIC 高性能巡逻艇	47.70
14	Gravios Aluminum Boats	PB-X 40 高性能巡逻艇	195.36
		6.5m RHIB 高性能巡逻艇	
		7.5m RHIB 高性能巡逻艇	
15	SINCO Sp. z o. o.	珠宝首饰	27.69
16	鸿石实业股份有限公司（缇娜红珊瑚珠宝有限公司）	顶级 AKA 珊瑚设计坠	2.04
		顶级 AKA 珊瑚戒指	
		顶级 AKA 珊瑚坠饰	
		全红珊瑚设计手链	
		全红珊瑚设计项链	
		祖母绿耳环	
		祖母绿戒指	
		人造水晶饰品设计	
17	Oriental Gem Craft	宝石	4.66
		珠宝（银）	
		珠宝（金）	
18	SILVAM-EX	坠子	289.56
		戒指	
		手镯	
		项圈	
19	ECOCATION CO., LTD. 爱可可馨有限公司	PUREFORETSOOTHING TONER 舒缓爽肤水	2.81
		PUREFORET SOOTHING LOTION 舒缓润肤露	
		PUREFORET SOOTHING CREAM 舒缓霜	
		PUREFORET SOOTHING SERUM 舒缓精华素	
		PUREFORET SOOTHING BODY LOTION 普改革派舒缓身体乳液	
		PUREFORET SOOTHING TRAVEL KIT 普改良舒缓旅行套装	
		PUREFORET HYDRATING TONER 保湿爽肤水	
		PUREFORET HYDRATING LOTION 保湿乳液	
		PUREFORET HYDRATING CREAM 保湿霜	
		PUREFORET HYDRATING TRAVEL KITpureform et 补水旅游装	
		PUREFORET SKIN BALANCING TONER 皮肤平衡爽肤水	

续表2

序号	参展企业名称	展品名称	享受税收优惠政策的销售限额（万美元）
19	ECOCATION CO．，LTD. 爱可可馨有限公司	PUREFORET SKIN BALANCING LOTION 普维雷特皮肤平衡乳液	2.81
		PUREFORET SKIN BALANCING CREAM 皮肤平衡霜	
		PUREFORET SKIN BALANCING SERUM 皮肤平衡精华素	
		PUREFORET SKIN BALANCING TRAVEL KIT 皮肤平衡旅行装	
		PUREFORET BRIGHTENING TONER 爽肤水	
		PUREFORET BRIGHTENING LOTION 光明乳液	
		PUREFORET BRIGHTENING CREAM 光明奶油	
		PUREFORET BRIGHTENING TRAVEL KIT 改良旅行套装	
		PUREFORET TONE UP CREAMpureform et 加强霜	
		PUREFORET TOTAL CARE SERUM 普维雷特全护理精华素	
		PUREFORET ANTI-POLLUTION MISTPUREFORET 反污染喷雾	
		PUREFORET ANTI-POLLUTION MIST—MINIpureform et 防污染喷雾—迷你	
		PUREFORET BABY BODY LOTION 普维萨特婴儿润肤露	
		PUREFORET ROSE OTTO SOOTHING GEL 普改革派玫瑰奥托舒缓凝胶	
		PUREFORET ROSE OTTO SOOTHING SERUM 普维新特玫瑰奥托舒缓精华液	
		PUREFORET ROSE OTTO SOOTHING MIST 普维新特玫瑰奥托舒缓雾	
		PUREFORET ROSE OTTO SOOTHING MIST—MINI 普改良玫瑰奥托舒缓喷雾—迷你版	
		PUREFORET CENTELLA MULTI TONER 普维萨森特拉多色调色剂	
		PUREFORET CENTELLA MULTI LOTION 普维萨森特拉多重乳液	
		PUREFORET CENTELLA MULTI CREAM 普维萨森特拉复合霜	
		PUREFORET CENTELLA MULTI BALM 普维新特人头马多效润肤膏	
		PUREFORET CENTELLA MULTI CLEANSING WATER 普维雷特森特拉多效洁面水	
		PUREFORET CENTELLA MULTI CREAM MINI 普维萨森特拉迷你复合霜	
		PUREFORET CENTELLA MULTI BALM MINI 普维萨森特拉迷你多效润肤膏	
		PUREFORET NATURAL TINTED LIP BALM—VIVID RED/STICK 纯天然改良唇膏—炫动红/支	
		PUREFORET NATURAL TINTED LIP BALM—SWEET PINK / STICK 纯天然改良唇膏—甜蜜粉/支	

续表3

序号	参展企业名称	展品名称	享受税收优惠政策的销售限额（万美元）
19	ECOCATION CO.，LTD. 爱可可馨有限公司	PUREFORET NATURAL TINTED LIP BALM—GRAPEFRUIT TEA/STICK 纯天然改良唇膏—葡萄柚茶色/支	2.81
		PUREFORET NATURAL LIP BALM/STICK 纯天然唇膏/支	
		PUREFORET NATURAL TINTED LIP BALM—VIVID RED / TIN A 纯天然改良唇膏—炫动红/罐 A	
		PUREFORET NATURAL TINTED LIP BALM—SWEET PINK/TIN A 纯天然改良唇膏—甜蜜粉/罐 A	
		PUREFORET NATURAL TINTED LIP BALM—GRAPEFRUIT TEA/TIN A 纯天然改良唇膏—葡萄柚茶色/罐 A	
		PUREFORET NATURAL TINTED LIP BALM—VIVID RED/TIN B 纯天然改良唇膏—炫动红/罐 B	
		PUREFORET NATURAL TINTED LIP BALM—SWEET PINK/TIN B 纯天然改良唇膏—品红/罐 B	
		PUREFORET NATURAL TINTED LIP BALM—GRAPEFRUIT TEA/TIN B 纯天然改良唇膏—葡萄柚茶色/罐 B	
		PUREFORET ALICE HYDRATING TONERpureform et ALICE 爱丽丝补水提亮霜	
		PUREFORET ALICE HYDRATING LOTION 爱丽丝补水乳液	
		PUREFORET ALICE HYDRATING CREAMpureform et ALICE 补水霜	
		PUREFORET ALICE HYDRATING TRAVEL KITpureform et ALICE 补水旅行装	
		PUREGEN THERMUS NATURAL FERMENTED TONER 天然发酵爽肤水	
		PUREGEN THERMUS NATURAL FERMENTED LOTIONPUREGEN THERMUS 天然发酵乳液	
		PUREGEN THERMUS NATURAL FERMENTED ESSENCEPUREGEN THERMUS 天然发酵精华	
		PUREGEN THERMUS NATURAL FERMENTED CREAMPUREGEN THERMUS 天然发酵乳液	
		PUREGEN THERMUS NATURAL FERMENTED EYE CREAMPUREGEN THERMUS 天然发酵眼霜	
		PUREGEN GREEN CAVIAR MULTI CARE SERUM 鱼子多重护理精华	
		PUREGEN SNAIL MUCIN THE THERAPY SERUM 蜗牛黏液精华	
		PUREGEN SNAKE VENOM WRINKLE CARE SERUMPUREGEN 蛇毒抗皱精华	
		PUREGEN COENZYME Q10 WRINKLE CARE SERUMPUREGEN 辅酶 Q10 抗皱护理精华	

续表4

序号	参展企业名称	展品名称	享受税收优惠政策的销售限额（万美元）
19	ECOCATION CO.，LTD. 爱可可馨有限公司	PUREGEN MULTI COLLAGEN POWER LIFTING SERUM 丰盈胶原蛋白提肌精华	2.81
		PUREGEN HONEY VITALIZE AMPOULE 蜂蜜焕发注射液	
		PUREGEN BRIGHTENING FERMENT THERAPY AMPOULEPUREGEN 增白酵素治疗注射液	
		PUREGEN TETRA PEPTIDES ENERGY SERUMPUREGEN 四肽能量精华素	
		PUREGEN E.G.F INVIVO REPAIR SERUM 体内修复精华素	
		PUREFORET NATURAL SOOTHING SOAP 普改良天然舒缓香皂	
		PUREFORET NATURAL HYDRATING SOAP 纯天然补水皂	
		PUREFORET NATURAL SKIN BALANCING SOAP 纯天然皮肤平衡香皂	
		PUREFORET NATURAL BRIGHTENING SOAP 纯天然亮肤皂	
		PUREFORET NATURAL TONE UP SOAPpureform et NATURAL TONE UP 香皂	
		PUREFORET NATURAL PEARL SOAP 纯天然珍珠皂	
20	Karon Engineering Ltd.	Rose Water 300 mL 玫瑰水 300 毫升	11.34
		Rose Water 120 mL 玫瑰水 120 毫升	
		Shampoo 洗发水	
		Hair & Body Care Oil 头发 & 身体护理油	
		Bath&Body Wash 沐浴露	
		Hand Wash 洗手液	
		Facial Wash Gel 面部洗凝胶	
21	OFFICINA DEL MUGELLO S.R.L.	甜杏仁护理油	7.61
		锦葵私护	
		鼠尾草私护	
		身体霜	
		护手霜	
		身体磨砂膏	
		洗发水	
		护发素	
		皂液	
		沐浴露	
22	HandKnots Nepa	地毯	3.54
		披巾、围巾	

续表5

序号	参展企业名称	展品名称	享受税收优惠政策的销售限额（万美元）
23	Diluca srl	手刻浮雕银饰	11.99
		手刻浮雕手表	
		手刻艺术浮雕	
24	MONDOMIO CO.，LTD.	RecupkitReCupKIT	28.30
		Star 5 CT-Format 5 星 CT 格式	
25	德国米技—米技国际控股有限公司	Lafer 系列烤盘陶瓷烧烤套装	3.32
		Ritter 切片机-Built-In-Slicer AES 52 S	
		Ritter 切片机-Built-in-slicer AES 62 SR-H	
		Star 5Miradur Quadro 明星美瑞德 Quadro 5	
		Star 5 Plus Quadro 明星 Quadro 5	
		Star Chef Domino 明星厨师多米诺	
26	Kadac Pty Ltd.	Lecithin Granules Unbleached 200g 卵磷脂颗粒未漂白 200 克	3.48
		Fibre Cleanse 400g 纤维净化产品 400 克	
		Breakfast Booster Fibre Cleanse 285g 纤维净化早餐助化产品	
		Agave Dark Organic 250mL 龙舌兰黑色有机物 250mL	
		Agave Light Organic 250mL 龙舌兰轻有机物 250mL	
		Quinoa Flakes Box Organic 250g 藜草片有机盒 250g	
		Quinoa Grain White Organic（Box）300g 藜麦白色有机质（盒）300 克	
		Quinoa Grain Red Organic（Box）300g 藜麦红色有机质（盒）300 克	
		Quinoa Grain Black Organic 600g 藜麦黑有机 600 克	
		Quinoa Puffed Organic 80g 藜麦膨化有机产品 80g	
		Quinoa Grain Tri-Colour Organic 600g 藜麦三色有机产品 600 克	
		Yeast Flakes Savoury 200g 酵母片香精 200 克	
		Yeast Flakes Savoury 400g 酵母片香精 400 克	
		酵母啤酒 500 克	
		Yeast Brewers 500g 酵母片 500 克	
		Yeast Flakes Savoury 100g 香浓酵母片 100 克	
		Almond Meal 125g 杏仁粉 125 克	
		Hazelnut Meal 100g 榛子粉 100 克	
		Arrowroot Aluminium Free 250g 无铝生根 250 克	
		Breakfast Booster Chia Seeds 355g 早餐助推器奇亚籽 355g	
		Chia Seeds Black 125g 黑色奇亚籽 125 克	
		Chia Seeds Black 500g 黑色奇亚籽 500 克	

续表6

序号	参展企业名称	展品名称	享受税收优惠政策的销售限额（万美元）
26	Kadac Pty Ltd.	Chia Seeds White 125g 白色奇亚籽 125g	3. 48
		Chia Seeds White 500g 白色奇亚籽 500 克	
		Cacoa Beans Whole Raw Organic 250g 全有机可可豆 250 克	
		Cacoa Drinking Chocolate Organic 250g 有机可可巧克力饮料 250 克	
		Currants Organic 100g 有机葡萄干 100 克	
		Cocoa Powder Organic 200g 有机可可粉 200 克	
		Jelly Beans Organic 100g 有机果冻豆 100 克	
		Baby Cereal Fine Oats Organic 250g 有机婴儿谷物燕麦 250 克	
		Baby Cereal Rice Original Wholegrain Organic 330g 原装全麦有机婴儿谷物米 330 克	
		Baby Muesli Bircher Organic 250g 全有机婴儿慕斯利桦木 250 克	
		High Protein Mix Berry Organic（Jar）280g 高蛋白混合浆果（JAR）280 克	
		High Protein Mix Organic（jar）280g 高蛋白混合有机物（JAR）280 克	
		Muesli Berry Bircher Organic（Jar）525g 有机慕斯利浆果（罐子）525 克	
		Muesli Bircher Organic（Jar）525g 有机慕斯利桦木（罐）525 克	
		Muesli Fruit Free Organic（Bag）500gMuSLI 有机无果（袋）500 克	
27	ORGANISATION SINO – MEDITERRANEENNE DU COMMERCE	Huile d'olive Algérie 阿尔及利亚橄榄油	6. 92
		Huile d´olive 橄榄油	
		Nougat 牛轧糖	
		Biscuits（paquet）饼干	
		Biscuits 饼干（individuels）	
		Herbes et épices corses 香料	
		Sel aromatisé corse 盐	
28	Maple Linknet Distribution Ltd.	加拿大 Alligga 有机亚麻籽粉	3. 31
		加拿大 Alligga 有机烤亚麻籽	
		加拿大 Alligga 非转基因亚麻籽油-250mL	
		美国 earth best 地球最好婴儿有机高铁米粉一段	
		加拿大 Alligga 有机脱壳麻仁	
		美国 Culturelle 康萃乐进口儿童益生菌 30 袋/盒	
		加拿大 Ddrops 幼儿维生素 1 岁以上 600IU100 滴 2. 8mL（紫色）	
		加拿大 Ddrops 婴幼儿童维生素 D3 baby 宝宝 VD 补钙滴剂维生素 D3	

续表7

序号	参展企业名称	展品名称	享受税收优惠政策的销售限额（万美元）
28	Maple Linknet Distribution Ltd.	美国 Culturelle 康萃乐 儿童益生菌咀嚼片 30 片/盒	3. 31
		加拿大 Thera Wise 宝宝功能性纯植物精油组合	
		加拿大 Thera Wise 纯植物母婴润唇膏—草莓口味	
		加拿大 Thera Wise 纯植物母婴润唇膏—桃子口味	
		加拿大 Thera Wise 纯植物婴儿润肤乳	
		加拿大 Thera Wise 纯植物婴儿二合一洗发沐浴露	
29	JESC CO. , LTD.	Carbonate tablet 碳酸酯	6. 76
		Starter set 起动器	
30	摩根斯达集团	SPELT 小麦饼干	3. 32
		WIWE 心脏诊断仪	
31	培力控股有限公司	护肝片	6. 08
		快速睡眠	
		健骨片	
		发酵大豆乳酸菌	
		消浮肿	
		日日活力	
		黑目瞳	

备注：上述展品不包括国家禁止进口商品、濒危动植物及其产品、国家不予减免税的 20 种商品。

财政部　海关总署　国家税务总局关于第二届中国国际进口博览会展期内销售的进口展品税收优惠政策的通知

（财关税〔2019〕36 号）

上海市财政局、上海海关、国家税务总局上海市税务局、中国国际进口博览局、国家会展中心（上海）有限责任公司：

为支持第二届中国国际进口博览会（以下简称进口博览会）顺利举办，现将第二届进口博览会展期内销售的进口展品税收优惠政策通知如下：

一、对 2019 年 11 月 5 日至 2019 年 11 月 10 日期间举办的第二届进口博览会展期内销售的合理数量的进口展品（不包括国家禁止进口商品、濒危动植物及其产品、国家规定不予减免税的 20 种商品和汽车）免征进口关税，进口环节增值税、消费税按应纳税额的 70%征收。

二、附件所列参展企业享受上述税收优惠政策的销售限额不超过列表额度。其他参展企业享受税收优惠政策的销售限额不超过 2 万美元，具体企业名单由进口博览会承办单位中国国际进口博览局、国家会展中心（上海）有限责任公司确定。

三、超出享受税收优惠政策的销售限额又不退运出境的展品，按照国家有关规定照章征税。

附件 第二届中国国际进口博览会享受税收优惠政策的展品清单

财政部
海关总署
国家税务总局
二〇一九年十一月四日

附件

第二届中国国际进口博览会享受税收优惠政策的展品清单

序号	参展企业名称	展品名称	享受税收优惠政策的销售限额（万美元）
1	SLM Solutions Group AG	激光选区熔化设备 SLM © 500	601. 14
		激光选区熔化设备 SLM © 800	
2	WALDRICH COBURG GmbH	龙门加工铣床 TAURUS25	248. 45
3	OKUMA CORPORATION	5 轴立式加工中心 MU-400VⅡ	164. 96
		铣车复合加工中心 MULTUS U4000	
		立式加工中心 MB-56VA	
		对向主轴车削中心 LT2000EX	
4	Group Nicolás Correa	数控龙门式加工中心 FOX-50	139. 80
5	adige	光纤激光切管机 LTFIBER	128. 62
6	TRUMPF GMBH+CO. KG	激光切割机	111. 84
		折弯机	
		3D 打印机	
7	YAMAZAKI MAZAK CORPORATION	五轴联动复合机床 INTEGREX i-500	97. 86
		复合加工中心 INTEGREX i-200S AG	
8	Linde Hydraulics GmbH & Co. , KG	离子压缩机	92. 69
		加氢机 700Bar	
		加氢机 350Bar	
9	Starrag AG	高精度数控车铣复合加工中心	83. 82
10	Haas Automation, Inc.	加工中心 VF-2SS-V	75. 77
		通用型加工中心 UMC-1000	
		卧式加工中心 EC-400PP	
		数控车床 ST-15Y	
		自动装载机 APL	
11	C. B. Ferrari s. r. l.	五轴联动加工中心	62. 91

续表1

序号	参展企业名称	展品名称	享受税收优惠政策的销售限额（万美元）
12	AMADA HOLDINGS CO., LTD.	数控折弯机	53.12
13	EMAG GmbH & CO. KG	滚齿机 HLC 150 H	42.22
14	Tai. tech SRL	五轴加工中心 5 axis machining center FLEX U-620	30.76
15	Doosan Machine Tools	车铣复合车削中心 PUMA SMX2600ST	29.69
16	DAVI-PROMAU S. r. l.	数控四辊卷板机 MCB E20（with iRoll AIDED, Rear Support, Vertical Support）	17.89
17	Liebherr-International AG	LC280 滚齿机床	69.20
18	O. M. C. A-S. R. L.	削式自动行进式坡口加工设备	5.59
19	CEVISA FABRICACIONES, S. L	滚剪式自动行进式坡口加工设备	6.01
		便携式管材切断机	
		便携式管材倒角机	
		自动行进式管板两用一体机	
20	Miba Automation System Gos. m. b. H	重型锯管机	6.99
21	FERRETTI SPA	巡逻公务船（FSD195）	503.28
22	Brunswick Commercial and Government Products	高速巡逻艇 J37 Justice	76.89
23	Metal Shark Boats	高速巡逻艇 29 Defiant	48.93
24	Topflow Chi-Tech Limited	滑雪设备 Slider Sport-2	13.41
		滑雪设备 Slider XL-4	
		滑雪设备 E-Slider 2-4	
25	GF machining solutions management SA	五轴高性能加工中心 MILL P 500 U	171.95
		叶盘加工中心 g-Mill 1150	
26	ASM Technology Singapore Pte Ltd.	固晶机 AD8312 plus	109.00
		高精度固晶机 Photon	
		固晶机 Skyhawk	
27	GIESECKE & DEVRIENT ASIA PACIFIC LIMITED 捷德太平洋	纸币清分机 BPS C1	79.42
		纸币清分机 BPS C2-2	
		纸币清分机 BPS B2-2	
		纸币清分机 BPS C3-3a	
		纸币清分机 BPS C3-4a	
		纸币清分机 BPS C6	
		纸币清分机 BPS M5	
		自动装钞系统	

续表2

序号	参展企业名称	展品名称	享受税收优惠政策的销售限额（万美元）
28	Avancis. GmbH	铜铟镓硒（CIGS）薄膜太阳能电池组件	2.79
29	Sports Republic AB	超级拟真雪（发明专利仿真雪）HotSnow	34.95
30	Caterpillar S. A. R. L	发电机组 TCG2020V20	40.78
31	株式会社栗田机械制作所	压榨脱水机	8.39
32	Portafill International Ltd.	重型筛分机	24.47
33	Carl Zeiss AG	手术显微镜	223.68
34	PerkinElmer, Inc	三重四极杆液质联用仪 QSight	196.28
		小动物活体成像系统 IVIS Lumina Ⅲ	
		小动物活体三维成像系统 IVIS Spectrum	
		多模式微孔板检测仪 EnVision	
		基因筛查处理器 2021-0010 Genetic Screening Processor	
		小动物活体多模式成像系统 IVIS Lumina X5	
		小动物活体荧光 X 光成像系统 IVIS Lumina XRMS	
		小动物活体 uCT 成像系统 Quantum GX2	
		全自动细胞筛选系统 Cell：Explore	
		医用激光仪器及设备 2081-0010Panther-PuncherTM 9	
35	安科锐亚洲有限公司	螺旋断层放射治疗系统	1117.60
		X-射线立体定向放射外科治疗系统	

备注：上述展品不包括国家禁止进口商品、濒危动植物及其产品、国家规定不予减免税的 20 种商品和汽车。

财政部　海关总署　国家税务总局关于中国国际进口博览会展期内销售的进口展品税收优惠政策的通知

（财关税〔2020〕38 号）

上海市财政局、上海海关、国家税务总局上海市税务局、中国国际进口博览局、国家会展中心（上海）有限责任公司：

为支持举办中国国际进口博览会（以下简称进博会），经国务院批准，现就有关税收政策通知如下：

一、对进博会展期内销售的合理数量的进口展品免征进口关税、进口环节增值税和消费税。享受税收优惠的展品不包括国家禁止进口商品，濒危动植物及其产品，烟、酒、汽车以及列入《进口不予免税的重大技术装备和产品目录》的商品。

二、每个展商享受税收优惠的销售数量或限额，按附件规定执行。附件所列 1—5 类展品，每个展商享受税收优惠政策的销售数量不超过列表规定；其他展品每个展商享受税收优惠政策的销售限额不超过 2

万美元。

三、对展期内销售的超出政策规定数量或限额的展品，以及展期内未销售且在展期结束后又不退运出境的展品，按照国家有关规定照章征税。

四、参展企业名单及展期内销售的展品清单，由承办单位中国国际进口博览局和国家会展中心（上海）有限责任公司向上海海关统一报送。

本通知自印发之日起执行。

附件　中国国际进口博览会享受税收优惠政策的展品清单

财政部
海关总署
国家税务总局
二〇二〇年十月十二日

附件

中国国际进口博览会享受税收优惠政策的展品清单

序号	类别	备注
1	机器、机械器具、电气设备及仪器、仪表（医疗或外科用仪器及设备除外）	每个参展商享受税收优惠数量不超过 12 件
2	牵引车、拖拉机	每个参展商享受税收优惠数量不超过 2 件
3	船舶及浮动结构体	每个参展商享受税收优惠数量不超过 3 件
4	医疗或外科用仪器及设备	每个参展商享受税收优惠数量不超过 5 件
5	艺术品、收藏品及古物	每个参展商享受税收优惠数量不超过 5 件
6	除上述类别外的其他展品	每个参展商享受税收优惠的销售限额不超过 2 万美元

注：上述展品不包括国家禁止进口商品，濒危动植物及其产品，烟、酒、汽车以及列入《进口不予免税的重大技术装备和产品目录》的商品。

海关总署办公厅关于执行中国国际进口博览会展期内销售的进口展品税收优惠政策有关事项的通知

（署办税函〔2020〕21 号）

上海海关：

为支持举办中国国际进口博览会，落实《财政部　海关总署　税务总局关于中国国际进口博览会展期内销售的进口展品税收优惠政策的通知》（财关税〔2020〕38 号），现就文件执行中的有关事项通知如下：

一、对于申请享受中国国际进口博览会展期内销售的进口展品税收优惠政策（以下简称“进博会留购展品政策”）的进口展品，统一由国家会展中心（上海）有限责任公司或其指定的单位作为境内收货人，向你关办理进口申报和征免税手续。填报进口报关单时，监管方式填写为“一般贸易”（代码：0110）；征免性质填写为“进博会留购展品”（代码：922）；征减免税方式填写为“特案”（代码：4）。

二、请你关对照财关税〔2020〕38 号文件附件《中国国际进口博览会享受税收优惠政策的展品清单》、中国国际进口博览局和国家会展中心（上海）有限责任公司确定的参展企业名单及其出具的申请享受进博会留购展品政策的展期内销售展品清单进行审核。经审核符合规定的，予以免税进口；不符合规定的，予以照章征税。

三、请你关根据财关税〔2020〕38 号文件和本通知规定制定实施细则，并将本通知的要求告知有关单位，做好政策咨询服务。执行中如遇有问题，请及时向总署（关税司）反映。

特此通知。

海关总署办公厅

二〇二〇年十月二十日

财政部　海关总署　国家税务总局关于 2020 年中国国际服务贸易交易会展期内销售的进口展品税收优惠政策的通知

（财关税〔2020〕36 号）

北京市财政局、北京海关、国家税务总局北京市税务局、北京市国际服务贸易事务中心：

为支持 2020 年中国国际服务贸易交易会（以下简称服贸会）顺利举办，经国务院批准，现将有关问题通知如下：

一、对在 2020 年服贸会展期内销售的限额内的进口展品（不包括国家禁止进口商品、濒危动植物及其产品、烟、酒和汽车）免征进口关税、进口环节增值税和消费税。

二、附件所列参展企业享受上述税收优惠政策的销售限额不超过列表额度。其他参展企业享受税收优惠政策的销售限额不超过 2 万美元，具体企业名单由北京市国际服务贸易事务中心确定。

三、对展期内销售的超出享受税收优惠政策的销售限额的展品，以及展期内未销售且在展期结束后又不退运出境的展品，按照国家有关规定照章征税。

附件　2020 年中国国际服务贸易交易会享受税收优惠政策的展品清单

财政部

海关总署

国家税务总局

二〇二〇年九月四日

附件

2020 年中国国际服务贸易交易会享受税收优惠政策的展品清单

序号	参展企业名称	展品名称	享受税收优惠政策的销售限额（万美元）
1	三河多贝玛亚运送系统有限公司	客运索道及配套设施	1000.00
2	Trimble	虚拟混合现实眼镜 Trimble XR10	10.00
3	Trimble	BIM 放样机器人 Trimble RPT600	21.60
4	Trimble	三维激光扫描仪 Trimble X7	34.40
5	索尼中国专业系统集团	索尼 UHC-8300 摄像机	46.00
6	凯斯鲍尔	压雪车	87.00
7	AST	浇冰车	15.00

注：上述展品不包括国家禁止进口商品、濒危动植物及其产品、烟、酒和汽车。

财政部 海关总署 国家税务总局关于中国国际服务贸易交易会展期内销售的进口展品税收政策的通知

（财关税〔2021〕42 号）

北京市财政局，北京海关，国家税务总局北京市税务局，北京市国际服务贸易事务中心：

为支持办好中国国际服务贸易交易会（以下称服贸会），经国务院批准，现就有关税收政策通知如下：

一、对服贸会每个展商在展期内销售的进口展品，按附件规定的数量或金额上限，免征进口关税、进口环节增值税和消费税。附件所列 1—5 类展品，每个展商享受税收优惠的销售数量不超过列表规定；其他展品，每个展商享受税收优惠的销售金额不超过 2 万美元。

二、享受税收优惠的展品不包括烟、酒、汽车、列入《进口不予免税的重大技术装备和产品目录》的商品、濒危动植物及其产品，以及国家禁止进口商品。

三、对展期内销售的超出附件规定数量或金额上限的展品，以及展期内未销售且在展期结束后又不退运出境的展品，按照国家有关规定照章征税。

四、参展企业名单及展期内销售的进口展品清单，由北京市国际服务贸易事务中心或其指定单位向北京海关统一报送。

五、对享受政策的展期内销售进口展品，海关不再按特定减免税货物进行后续监管。

六、每届展会结束后 6 个月内，北京市国际服务贸易事务中心应向财政部、海关总署、税务总局报送政策实施情况。

七、本通知适用于 2021 年至 2023 年期间举办的服贸会。

附件 中国国际服务贸易交易会享受税收优惠政策的进口展品清单

财政部
海关总署
国家税务总局
二〇二一年九月一日

附件

中国国际服务贸易交易会享受税收优惠政策的进口展品清单

序号	类别	每个展商享受税收优惠政策的销售数量或金额上限
1	机器、机械器具、电机、电气设备（医疗或外科用仪器及设备除外）	10 件
2	牵引车，特殊用途的机动车辆（主要用于载人或货运的车辆除外）	2 件
3	船舶及浮动结构体	3 件
4	光学、照相、电影、计量、检验仪器及设备、精密仪器及设备	5 件
5	医疗或外科用仪器及设备	5 件
6	除上述类别外的其他展品	2 万美元

注：上述各类别展品不包括烟、酒、汽车、列入《进口不予免税的重大技术装备和产品目录》的商品、濒危动植物及其产品，以及国家禁止进口商品。

财政部 海关总署 国家税务总局关于“十四五”期间中西部地区国际性展会展期内销售的进口展品税收优惠政策的通知

（财关税〔2021〕21 号）

内蒙古、吉林、黑龙江、湖南、广西、云南、青海、宁夏、新疆等省（自治区）财政厅，海关总署广东分署、各直属海关，国家税务总局内蒙古、吉林、黑龙江、湖南、广西、云南、青海、宁夏、新疆等省（自治区）税务局：

现就“十四五”期间中西部地区国际性展会展期内销售的进口展品税收优惠政策通知如下：

一、对中国—东盟博览会（以下称东盟博览会）、中国—东北亚博览会（以下称东北亚博览会）、中国—俄罗斯博览会（以下称中俄博览会）、中国—阿拉伯国家博览会（以下称中阿博览会）、中国—南亚博览会暨中国昆明进出口商品交易会（以下称南亚博览会）、中国（青海）藏毯国际展览会（以下称藏毯展览会）、中国—亚欧博览会（以下称亚欧博览会）、中国—蒙古国博览会（以下称中蒙博览会）、中国—非洲经贸博览会（以下称中非博览会），在展期内销售的免税额度内的进口展品免征进口关税和进口环节增值税、消费税。享受税收优惠的展品不包括国家禁止进口商品、濒危动植物及其产品、烟、酒、汽车以及列入《进口不予免税的重大技术装备和产品目录》的商品。

二、享受税收优惠政策的展品清单类别范围和销售额度等规定见附件 1 和附件 2。其中，附件 1 适用于东盟博览会，附件 2 适用于东北亚博览会、中俄博览会、中阿博览会、南亚博览会、藏毯展览会、亚欧博览会、中蒙博览会和中非博览会。

三、对展期内销售的超出享受税收优惠政策的展品清单类别范围或销售额度的展品，以及展期内未销售且在展期结束后又不退运出境的展品，按照国家有关规定照章征税。

四、对享受政策的展期内销售进口展品，海关不再按特定减免税货物进行后续监管。

附件 1　中西部地区国际性展会享受税收优惠政策的展品清单（一）

附件 2　中西部地区国际性展会享受税收优惠政策的展品清单（二）

财政部

海关总署

国家税务总局

二〇二一年四月九日

附件 1

中西部地区国际性展会享受税收优惠政策的展品清单（一）

<table>
<tr><th>序号</th><th>类别</th><th>每个展商享受税收优惠政策的金额上限</th></tr>
<tr><td>1</td><td>动物、植物及动植物制品</td><td rowspan="7">每个参展商第 1~7 类展品免税销售总额不超过 15000 美元。</td></tr>
<tr><td>2</td><td>贱金属及金属制品</td></tr>
<tr><td>3</td><td>塑料、橡胶及其制品</td></tr>
<tr><td>4</td><td>纺织原料及纺织制品</td></tr>
<tr><td>5</td><td>鞋、帽、伞等日用品及装饰品</td></tr>
<tr><td>6</td><td>石料、玻璃及其制品、陶瓷制品</td></tr>
<tr><td>7</td><td>玩具、游戏及运动用品</td></tr>
<tr><td>8</td><td>化学工业及相关工业的产品</td><td rowspan="4">每个参展商第 8~11 类展品免税销售总额不超过 20000 美元。</td></tr>
<tr><td>9</td><td>珠宝、首饰品</td></tr>
<tr><td>10</td><td>机器、机械器具、电气设备及仪器、仪表</td></tr>
<tr><td>11</td><td>艺术品</td></tr>
</table>

注：

1. 本清单仅适用于东盟博览会。

2. 第 1 类展品包括以动植物为原料的食品、饮料。

3. 清单所列展品不包括国家禁止进口商品，濒危动植物及其产品，烟、酒、汽车以及列入《进口不予免税的重大技术装备和产品目录》的商品。

附件 2

中西部地区国际性展会享受税收优惠政策的展品清单（二）

序号	类别	每个展商享受税收优惠政策的金额上限
1	动物、植物及动植物制品	每个参展商第 1~20 类展品免税销售总额不超过 20000 美元。
2	贱金属及金属制品	
3	塑料、橡胶及其制品	
4	纺织原料及纺织制品	
5	鞋、帽、伞等日用品及装饰品	
6	石料、玻璃及其制品、陶瓷制品	
7	玩具、游戏及运动用品	
8	工艺品	
9	化妆品	
10	医药品、保健品	
11	化学工业及相关工业的产品	
12	珠宝、首饰品	每个参展商第 1~20 类展品免税销售总额不超过 20000 美元。
13	机器、机械器具、电气设备及仪器、仪表	
14	信息产品	
15	艺术品	
16	木及木制品	
17	生皮、皮革、皮毛及其制品；鞍具及挽具	
18	地毯	
19	古生物化石标本	
20	矿物晶体标本	

注：

1. 本清单适用于东北亚博览会、中俄博览会、中阿博览会、南亚博览会、藏毯展览会、亚欧博览会、中蒙博览会和中非博览会。

2. 第 1 类展品包括以动植物为原料的食品、饮料。

3. 清单所列展品不包括国家禁止进口商品，濒危动植物及其产品，烟、酒、汽车以及列入《进口不予免税的重大技术装备和产品目录》的商品。

关税征管司关于执行“十四五”期间中西部地区国际性展会展期内销售的进口展品税收优惠政策的通知

（税管函〔2021〕50号）

广东分署，各直属海关：

为落实《财政部　海关总署　税务总局关于“十四五”期间中西部地区国际性展会展期内销售的进口展品税收优惠政策的通知》（财关税〔2021〕21号，以下简称《通知》），现就《通知》执行中的有关事宜通知如下：

一、享受税收优惠的进口展品类别及具体免税销售限额按《通知》附件《中西部地区国际性展会享受税收优惠政策的展品清单（一）（二）》（以下简称《清单》）规定执行。其中，附件1《清单（一）》仅适用于中国—东盟博览会，附件2《清单（二）》适用于中国—东北亚博览会、中国—俄罗斯博览会、中国—阿拉伯国家博览会、中国—南亚博览会暨中国昆明进出口商品交易会、中国（青海）藏毯国际展览会、中国—亚欧博览会、中国—蒙古国博览会和中国—非洲经贸博览会。

二、对申请享受税收优惠政策的进口展品，由展会承办单位或其指定单位作为境内收货人，统一向主管海关办理进口申报和征减免税手续。

主管海关应对照《清单》、展会承办单位或其指定单位确定的参展企业名单及展期内销售申请享受税收优惠政策的展品清单，按照《通知》和本通知的相关规定进行审核，制发《海关进出口货物征免税确认通知书》。对符合政策规定免税范围的，免征进口关税和进口环节增值税、消费税；经审核不符合规定的，按现行有关规定办理进口征税手续。

上述减免税审核确认手续纳入减免税系统管理，征免性质为：博览会留购展品（代码707）；监管方式为：一般贸易（代码0110）。

三、对享受政策的展期内销售进口展品，海关不再按特定减免税货物进行后续监管。

四、请各相关海关将本通知的要求告知有关单位，并做好政策咨询服务。执行中遇有问题，请及时反馈关税征管司。

特此通知。

关税司

二〇二一年五月二十八日

财政部　海关总署　国家税务总局关于中国国际消费品博览会展期内销售的进口展品税收优惠政策的通知

（财关税〔2021〕32号）

海南省财政厅，海口海关，国家税务总局海南省税务局，海南国际经济发展局：

为贯彻落实《海南自由贸易港建设总体方案》，经国务院同意，现将中国国际消费品博览会（以下称消博会）展期内销售的进口展品税收政策通知如下：

一、全岛封关运作前，对消博会展期内销售的规定上限以内的进口展品免征进口关税、进口环节增值税和消费税。每个展商享受税收优惠政策的展品销售上限按附件规定执行。享受税收优惠政策的展品不包括国家禁止进口商品、濒危动植物及其产品、烟、酒和汽车。

二、对展期内销售的超出附件规定数量或金额上限的展品，以及展期内未销售且在展期结束后又不退运出境的展品，按照国家有关规定照章征税。

三、参展企业名单及展期内销售的展品清单，由海南国际经济发展局或其指定单位向海口海关统一报送。

四、本通知自印发之日起执行。

附件　中国国际消费品博览会享受税收优惠政策的进口展品清单

财政部

海关总署

国家税务总局

二〇二一年四月二十六日

附件

中国国际消费品博览会享受税收优惠政策的进口展品清单

序号	展品类别	每个展商享受税收优惠政策的数量或金额上限
1	家具	50件
2	服装及衣着附件	30件
3	皮革制品、毛皮制品、人造毛皮制品	30件
4	旅行用品、手提包及类似容器	30件
5	光学、照相、电影仪器及设备	10件，且单件价格不得超过1万美元
6	天然或养殖珍珠、宝石或半宝石、贵金属、包贵金属及其制品	5件，且单件价格不得超过1万美元
7	手表、怀表及其他表	5件，且单件价格不得超过1万美元
8	除上述类别外的其他展品	2万美元

注：上述各类别展品不包括国家禁止进口商品、濒危动植物及其产品、烟、酒和汽车。

海关总署办公厅关于执行中国国际消费品博览会展期内销售的进口展品税收优惠政策的通知

（署办税函〔2021〕2号）

海口海关：

经国务院同意，对中国国际消费品博览会（以下简称消博会）展期内销售的规定上限以内的进口展品免征进口关税、进口环节增值税和消费税。财政部、海关总署、税务总局为此印发《关于中国国际消费品博览会展期内销售的进口展品税收优惠政策的通知》（财关税〔2021〕32号，以下简称《通知》），现就《通知》执行中的有关事宜通知如下：

一、享受税收优惠政策的参展企业名单、展期内销售的展品清单由承办单位海南国际经济发展局或其指定单位确定，享惠进口展品类别及数量或金额上限详见《通知》附件《中国国际消费品博览会享受税收优惠政策的进口展品清单》（以下简称《清单》）。

二、对申请享受税收优惠政策的进口展品，统一由海南国际经济发展局或其指定单位作为境内收货人办理进口申报和征减免税手续。进口报关单中，监管方式填写为：一般贸易（代码：0110）；征免性质填写为：消博会留购展品（代码：931）；征减免税方式填写为：特案（代码：4）。

三、对于上述进口展品，请你关对照《清单》、海南国际经济发展局或其指定单位确定的参展企业名单及其出具的展期内销售申请享受税收优惠政策的展品清单，按照《通知》和本通知的相关规定进行审核。经审核不符合规定的，按照现行有关规定办理进口征税手续。

四、对享受政策的展期内销售进口展品，海关不再按特定减免税货物进行后续监管。

五、请你关将本通知的要求告知有关单位，并做好政策咨询服务。执行中遇有问题，请及时反馈总署关税司、监管司。

特此通知。

海关总署办公厅

二〇二一年四月二十九日

10.3 运动会①

财政部 国家税务总局 海关总署关于北京2022年冬奥会和冬残奥会税收政策的通知

（财税〔2017〕60号）

各省、自治区、直辖市、计划单列市财政厅（局）、国家税务局、地方税务局，广东分署、各直属海关，新疆生产建设兵团财务局：

为支持发展奥林匹克运动，确保北京2022年冬奥会和冬残奥会顺利举办，现就有关税收政策通知如下：

一、对北京2022年冬奥会和冬残奥会组织委员会（以下简称“北京冬奥组委”）实行以下税收政策

（一）对北京冬奥组委取得的电视转播权销售分成收入、国际奥委会全球合作伙伴计划分成收入（实物和资金），免征应缴纳的增值税。

（二）对北京冬奥组委市场开发计划取得的国内外赞助收入、转让无形资产（如标志）特许权收入和销售门票收入，免征应缴纳的增值税。

（三）对北京冬奥组委取得的与中国集邮总公司合作发行纪念邮票收入、与中国人民银行合作发行纪念币收入，免征应缴纳的增值税。

（四）对北京冬奥组委取得的来源于广播、互联网、电视等媒体收入，免征应缴纳的增值税。

（五）对外国政府和国际组织无偿捐赠用于北京2022年冬奥会的进口物资，免征进口关税和进口环节增值税。

（六）对以一般贸易方式进口，用于北京2022年冬奥会的体育场馆建设所需设备中与体育场馆设施固定不可分离的设备以及直接用于北京2022年冬奥会比赛用的消耗品，免征关税和进口环节增值税。享受免税政策的奥运会体育场馆建设进口设备及比赛用消耗品的范围、数量清单由北京冬奥组委汇总后报财政部商有关部门审核确定。

（七）对北京冬奥组委进口的其他特需物资，包括：国际奥委会或国际单项体育组织指定的，国内不能生产或性能不能满足需要的体育器材、医疗检测设备、安全保障设备、交通通讯设备、技术设备，在运动会期间按暂准进口货物规定办理，运动会结束后留用或做变卖处理的，按有关规定办理正式进口手续，并照章缴纳进口税收，其中进口汽车以不低于新车90%的价格估价征税。上述暂准进口的商品范围、数量清单由北京冬奥组委汇总后报财政部商有关部门审核确定。

（八）对北京冬奥组委再销售所获捐赠物品和赛后出让资产取得收入，免征应缴纳的增值税、消费税和土地增值税。免征北京冬奥组委向分支机构划拨所获赞助物资应缴纳的增值税，北京冬奥组委向主管税

① 本部分内容按照冬奥会、亚运会、中学生运动会的顺序进行排列。

务机关提供“分支机构”范围的证明文件，办理减免税备案。

（九）对北京冬奥组委使用的营业账簿和签订的各类合同等应税凭证，免征北京冬奥组委应缴纳的印花税。

（十）对北京冬奥组委免征应缴纳的车船税和新购车辆应缴纳的车辆购置税。

（十一）对北京冬奥组委免征应缴纳的企业所得税。

（十二）对北京冬奥组委委托加工生产的高档化妆品免征应缴纳的消费税。

具体管理办法由国家税务总局另行规定。

（十三）对国际奥委会、国际单项体育组织和其他社会团体等从国外邮寄进口且不流入国内市场的、与北京 2022 年冬奥会有关的文件、书籍、音像、光盘，在合理数量范围内免征关税和进口环节增值税。合理数量的具体标准由海关总署确定。对奥运会场馆建设所需进口的模型、图纸、图板、电子文件光盘、设计说明及缩印本等规划设计方案，免征关税和进口环节增值税。

（十四）对北京冬奥组委取得的餐饮服务、住宿、租赁、介绍服务和收费卡收入，免征应缴纳的增值税。

（十五）对北京 2022 年冬奥会场馆及其配套设施建设占用耕地，免征耕地占用税。

（十六）根据中国奥委会、主办城市、国际奥委会签订的《北京 2022 年冬季奥林匹克运动会主办城市合同》（以下简称《主办城市合同》）规定，北京冬奥组委全面负责和组织举办北京 2022 年冬残奥会，其取得的北京 2022 年冬残奥会收入及其发生的涉税支出比照执行北京 2022 年冬奥会的税收政策。

二、对国际奥委会、中国奥委会、国际残疾人奥林匹克委员会、中国残奥委员会、北京冬奥会测试赛赛事组委会实行以下税收政策

（一）对国际奥委会取得的与北京 2022 年冬奥会有关的收入免征增值税、消费税、企业所得税。

（二）对国际奥委会、中国奥委会签订的与北京 2022 年冬奥会有关的各类合同，免征国际奥委会和中国奥委会应缴纳的印花税。

（三）对国际奥委会取得的国际性广播电视组织转来的中国境内电视台购买北京 2022 年冬奥会转播权款项，免征应缴纳的增值税。

（四）对按中国奥委会、主办城市签订的《联合市场开发计划协议》和中国奥委会、主办城市、国际奥委会签订的《主办城市合同》规定，中国奥委会取得的由北京冬奥组委分期支付的收入、按比例支付的盈余分成收入免征增值税、消费税和企业所得税。

（五）对国际残奥委会取得的与北京 2022 年冬残奥会有关的收入免征增值税、消费税、企业所得税和印花税。

（六）对中国残奥委会根据《联合市场开发计划协议》取得的由北京冬奥组委分期支付的收入免征增值税、消费税、企业所得税和印花税。

（七）北京冬奥会测试赛赛事组委会取得的收入及发生的涉税支出比照执行北京冬奥组委的税收政策。

三、对北京 2022 年冬奥会、冬残奥会、测试赛参与者实行以下税收政策

（一）对企业、社会组织和团体赞助、捐赠北京 2022 年冬奥会、冬残奥会、测试赛的资金、物资、服务支出，在计算企业应纳税所得额时予以全额扣除。

（二）企业根据赞助协议向北京冬奥组委免费提供的与北京 2022 年冬奥会、冬残奥会、测试赛有关的服务，免征增值税。免税清单由北京冬奥组委报财政部、国家税务总局确定。

（三）个人捐赠北京 2022 年冬奥会、冬残奥会、测试赛的资金和物资支出可在计算个人应纳税所得额时予以全额扣除。

（四）对财产所有人将财产（物品）捐赠给北京冬奥组委所书立的产权转移书据免征应缴纳的印花税。

（五）对受北京冬奥组委邀请的，在北京 2022 年冬奥会、冬残奥会、测试赛期间临时来华，从事奥运相关工作的外籍顾问以及裁判员等外籍技术官员取得的由北京冬奥组委、测试赛赛事组委会支付的劳务

报酬免征增值税和个人所得税。

（六）对在北京 2022 年冬奥会、冬残奥会、测试赛期间裁判员等中方技术官员取得的由北京冬奥组委、测试赛赛事组委会支付的劳务报酬，免征应缴纳的增值税。

（七）对于参赛运动员因北京 2022 年冬奥会、冬残奥会、测试赛比赛获得的奖金和其他奖赏收入，按现行税收法律法规的有关规定征免应缴纳的个人所得税。

（八）在北京 2022 年冬奥会场馆（场地）建设、试运营、测试赛及冬奥会及冬残奥会期间，对用于北京 2022 年冬奥会场馆（场地）建设、运维的水资源，免征应缴纳的水资源税。

（九）免征北京 2022 年冬奥会、冬残奥会、测试赛参与者向北京冬奥组委无偿提供服务和无偿转让无形资产的增值税。

四、本通知自发布之日起执行。

财政部
国家税务总局
海关总署
二〇一七年七月十二日

财政部　国家税务总局　海关总署关于北京 2022 年冬奥会和冬残奥会税收优惠政策的公告

（财政部　国家税务总局　海关总署公告 2019 年第 92 号）

为支持筹办北京 2022 年冬奥会和冬残奥会及其测试赛（以下简称北京冬奥会），现就有关税收优惠政策公告如下：

一、对国际奥委会相关实体中的非居民企业取得的与北京冬奥会有关的收入，免征企业所得税。

二、对奥林匹克转播服务公司、奥林匹克频道服务公司、国际奥委会电视与市场开发服务公司、奥林匹克文化与遗产基金、官方计时公司取得的与北京冬奥会有关的收入，免征增值税。

三、对国际赞助计划、全球供应计划、全球特许计划的赞助商、供应商、特许商及其分包商根据协议向北京 2022 年冬奥会和冬残奥会组织委员会（以下简称北京冬奥组委）提供指定货物或服务，免征增值税、消费税。

四、国际奥委会及其相关实体的境内机构因赞助、捐赠北京冬奥会以及根据协议出售的货物或服务免征增值税的，对应的进项税额可用于抵扣本企业其他应税项目所对应的销项税额，对在 2022 年 12 月 31 日仍无法抵扣的留抵税额可予以退还。

五、国际奥委会及其相关实体在 2019 年 6 月 1 日至 2022 年 12 月 31 日期间，因从事与北京冬奥会相关的工作而在中国境内发生的指定清单内的货物或服务采购支出，对应的增值税进项税额可由国际奥委会及其相关实体凭发票及北京冬奥组委开具的证明文件，按照发票上注明的税额，向税务总局指定的部门申请退还，具体退税流程由税务总局制定。

六、对国际奥委会相关实体与北京冬奥组委签订的各类合同，免征国际奥委会相关实体应缴纳的印花税。

七、国际奥委会及其相关实体或其境内机构按暂时进口货物方式进口的奥运物资，未在规定时间内复运出境的，须补缴进口关税和进口环节海关代征税（进口汽车以不低于新车 90% 的价格估价征税），但以下情形除外：1. 直接用于北京冬奥会，包括但不限于奥运会转播、报道和展览，且在赛事期间消耗完毕的消耗品，并能提供北京冬奥组委证明文件的；2. 货物发生损毁不能复运出境，且能提交北京冬奥组委证明文件的；3. 无偿捐赠给县级及以上人民政府或政府机构、冬奥会场馆法人实体、特定体育组织和公益组织等机构（受赠机构名单由北京冬奥组委负责确定），且能提交北京冬奥组委证明文件的。

八、对国际奥委会及其相关实体的外籍雇员、官员、教练员、训练员以及其他代表在 2019 年 6 月 1 日至 2022 年 12 月 31 日期间临时来华，从事与北京冬奥会相关的工作，取得由北京冬奥组委支付或认定的收入，免征增值税和个人所得税。该类人员的身份及收入由北京冬奥组委出具证明文件，北京冬奥组委定期将该类人员名单及免税收入相关信息报送税务部门。

九、国际残奥委会及其相关实体的税收政策，比照国际奥委会及其相关实体执行。

十、对享受税收优惠政策的国际奥委会相关实体实行清单管理，具体清单由北京冬奥组委提出，报财政部、税务总局、海关总署确定。

十一、上述税收优惠政策，凡未注明具体期限的，自公告发布之日起执行。

特此公告。

附件　国际奥委会及其相关实体采购货物或服务的指定清单

财政部
国家税务总局
海关总署
二〇一九年十一月十一日

附件

国际奥委会及其相关实体采购货物或服务的指定清单

1. 餐饮服务、住宿服务；
2. 广告服务；
3. 电力；
4. 通信服务；
5. 不动产经营租赁服务；
6. 办公室建造、装修、修缮服务；
7. 办公室设备及相关修理修配劳务、有形动产经营租赁服务；
8. 奥林匹克转播服务公司和持权转播商购买或接受的与转播活动相关的货物和服务，包括五项：

（1）赛事转播设施建设、装卸所需的货物和服务；
（2）转播设备（包括摄像机、线缆和转播车辆等）；
（3）用于转播、通讯设备和车辆的租赁服务和相关修理修配劳务；
（4）与转播有关的咨询、运输和安保服务；
（5）其他涉及赛事转播的相关货物和服务。

关税征管司关于执行北京 2022 年冬奥会和冬残奥会进口税收政策有关问题的通知

（税管函〔2021〕57 号）

广东分署，各直属海关：

为落实《财政部　税务总局　海关总署关于北京 2022 年冬奥会和冬残奥会税收政策的通知》（财税〔2017〕60 号，以下简称《通知》）和《财政部　税务总局　海关总署关于北京 2022 年冬奥会和冬残奥会税收优惠政策的公告》（2019 年第 92 号，以下简称《公告》），现将政策执行中有关事项通知如下：

一、对北京 2022 年冬奥会和冬残奥会组织委员会（以下简称“北京冬奥组委”）接受外国政府和国际组织无偿捐赠用于北京 2022 年冬奥会和冬残奥会（以下统称“北京 2022 年冬奥会”）的进口物资，主管海关凭北京冬奥组委物流部出具的《外国政府、国际组织无偿赠送及我国履行国际条约进口物资证明》，按照《海关总署关于印发〈中华人民共和国海关对外国政府、国际组织无偿赠送及我国履行国际条约规定进口物资减免税的审批和管理办法〉的通知》（署税〔1999〕565 号）相关规定，办理减免税审核确认手续。

二、对北京冬奥组委以一般贸易方式进口，用于北京 2022 年冬奥会的体育场馆建设所需设备中与体育场馆设施固定不可分离的设备以及直接用于北京 2022 年冬奥会比赛用的消耗品，主管海关对照财政部会同有关部门确定的商品范围、数量进行审核，符合条件的免征关税和进口环节增值税，制发《海关进出口货物征免税确认通知书》（以下简称《征免税通知书》）。在免税商品范围及数量确定前已运抵进口口岸的设备以及比赛用消耗品，申报地海关可凭北京冬奥组委出具的确认函和北京冬奥组委指定的进口单位提交的税款担保，为相关进口物资办理先予放行手续，后按规定办理征免税及担保核销手续。

三、对于北京冬奥组委在运动会期间按暂时进口货物方式进口《通知》第一条（七）项的特需物资，运动会结束后留用或做变卖处理的，应向申报地海关按有关规定办理正式进口手续，并照章缴纳进口税收，其中进口汽车以不低于新车 90%的价格进行估价。

四、对国际奥委会、国际单项体育组织和其他社会团体等从国外邮寄进口且不流入国内市场的、与北京 2022 年冬奥会有关的文件、书籍、音像、光盘，在合理数量范围内免征关税和进口环节增值税，合理数量范围按相关规定执行；对于超出规定数量范围但确需进口的，由申报地海关报总署确定。

对奥运会场馆建设所需进口的模型、图纸、图板、电子文件光盘、设计说明及缩印本等规划设计方案，主管海关对北京冬奥组委的减免税申请进行审核，对符合免税条件的制发《征免税通知书》。申报地海关凭主管海关制发的《征免税通知书》，按规定办理有关进口物资征免税相关手续。

五、对于国际奥委会及其相关实体或其境内机构按暂时进口货物方式进口的奥运物资，符合《公告》第七条所列三种情形规定，可免于补缴关税和进口环节税的，按以下规定办理：

（一）直接用于北京 2022 年冬奥会，包括但不限于奥运会转播、报道和展览，且在赛事期间消耗完毕的消耗品，凭北京冬奥组委的确认文件直接向申报地海关办理相关核销手续。

（二）货物发生损毁不能复运出境的，凭北京冬奥组委的确认文件直接向申报地海关办理相关核销手续。

（三）对无偿捐赠给县级及以上人民政府或政府机构、冬奥会场馆法人实体、特定体育组织和公益组织等机构（受赠机构名单由北京冬奥组委负责确定）的物资，主管海关对照受赠机构名单、北京冬奥组委的确认文件等材料进行审核，对符合免税条件的制发《征免税通知书》。申报地海关凭主管海关制发的

《征免税通知书》，按规定办理有关进口物资征免税相关手续。

六、本通知第二条、第四条第二款、第五条（三）的审核确认手续纳入减免税系统管理，征免性质为：运动会（代码939），监管方式为：一般贸易（代码0110）。

特此通知。

关税司

二〇二一年六月十五日

财政部　国家税务总局　海关总署关于杭州2022年亚运会和亚残运会税收政策的公告

（财政部　国家税务总局　海关总署公告2020年第18号）

为支持筹办杭州2022年亚运会和亚残运会及其测试赛（以下统称杭州亚运会），现就有关税收政策公告如下：

一、对杭州亚运会组委会（以下简称组委会）取得的电视转播权销售分成收入、赞助计划分成收入（货物和资金），免征增值税。

二、对组委会市场开发计划取得的国内外赞助收入、转让无形资产（如标志）特许权收入、宣传推广费收入、销售门票收入及所发收费卡收入，免征增值税。

三、对组委会取得的与中国集邮总公司合作发行纪念邮票收入、与中国人民银行合作发行纪念币收入，免征增值税。

四、对组委会取得的来源于广播、因特网、电视等媒体收入，免征增值税。

五、对组委会按亚洲奥林匹克理事会、亚洲残疾人奥林匹克委员会（以下统称亚奥委会）核定价格收取的运动员食宿费及提供有关服务取得的收入，免征增值税。

六、对组委会赛后出让资产取得的收入，免征增值税和土地增值税。

七、对组委会使用的营业账簿和签订的各类合同等应税凭证，免征组委会应缴纳的印花税。

八、对财产所有人将财产（物品）捐赠给组委会所书立的产权转移书据，免征印花税。

九、对企业、社会组织和团体赞助、捐赠杭州亚运会的资金、物资、服务支出，在计算企业应纳税所得额时予以全额扣除。

十、对企业根据赞助协议向组委会免费提供的与杭州亚运会有关的服务，免征增值税。免税清单由组委会报财政部、税务总局确定。

十一、对组委会为举办运动会进口的亚奥委会或国际单项体育组织指定的，国内不能生产或性能不能满足需要的直接用于运动会比赛的消耗品，免征关税、进口环节增值税和消费税。享受免税政策的进口比赛用消耗品的范围、数量清单，由组委会汇总后报财政部会同税务总局、海关总署审核确定。

十二、对组委会进口的其他特需物资，包括：亚奥委会或国际单项体育组织指定的，国内不能生产或性能不能满足需要的体育竞赛器材、医疗检测设备、安全保障设备、交通通讯设备、技术设备，在运动会期间按暂时进口货物规定办理，运动会结束后复运出境的予以核销；留在境内或做变卖处理的，按有关规定办理正式进口手续，并照章缴纳关税、进口环节增值税和消费税。

十三、上述税收政策自发布之日起执行。

特此公告。

财政部
国家税务总局
海关总署
二〇二〇年四月九日

关税征管司关于执行杭州2022年亚运会和亚残运会税收政策有关问题的通知

（税管函〔2021〕67号）

广东分署，各直属海关：

为落实《财政部　税务总局　海关总署关于杭州2022年亚运会和亚残运会税收政策的公告》（2020年第18号，以下简称《公告》），现将政策执行中有关事项通知如下：

一、对杭州亚运会组委会（以下简称组委会）为举办运动会进口的亚奥委会或国际单项体育组织指定的，国内不能生产或性能不能满足需要的直接用于运动会比赛的消耗品，主管海关对照财政部会同有关部门确定的商品范围、数量进行审核，符合条件的免征关税、进口环节增值税和消费税，制发《海关进出口货物征免税确认通知书》。审核确认手续纳入减免税系统管理，征免性质为：运动会（代码939），监管方式为：一般贸易（代码0110）、其他进出口免费（代码3339）。

在免税商品范围及数量确定前已运抵进口口岸的比赛用消耗品，申报地海关可凭组委会出具的确认函和组委会指定的进口单位提交的税款担保，为相关进口物资办理先予放行手续，后按规定办理征免税及担保核销手续。

二、对于组委会在运动会期间按暂时进口货物方式进口《公告》第十二条的特需物资，运动会结束后留在境内或做变卖处理的，应向申报地海关按有关规定办理正式进口手续，并照章缴纳关税、进口环节增值税和消费税。

特此通知。

关税司
二〇二一年七月六日

财政部　国家税务总局　海关总署关于第18届世界中学生运动会等三项国际综合运动会税收政策的公告

（财政部　国家税务总局　海关总署公告2020年第19号）

为支持筹办2020年晋江第18届世界中学生运动会、2020年三亚第6届亚洲沙滩运动会、2021年成都第31届世界大学生运动会等三项国际综合运动会（以下统称三项国际综合运动会），现就有关税收政策公告如下：

一、对三项国际综合运动会的执行委员会、组委会（以下统称组委会）取得的电视转播权销售分成收入、赞助计划分成收入（货物和资金）免征增值税。

二、对组委会市场开发计划取得的国内外赞助收入、转让无形资产（如标志）特许权收入、宣传推广费收入、销售门票收入及所发收费卡收入，免征增值税。

三、对组委会取得的与中国集邮总公司合作发行纪念邮票收入、与中国人民银行合作发行纪念币收入，免征增值税。

四、对组委会取得的来源于广播、因特网、电视等媒体收入，免征增值税。

五、对组委会按国际大学生体育联合会、国际中学生体育联合会、亚洲奥林匹克理事会核定价格收取的运动员食宿费及提供有关服务取得的收入，免征增值税。

六、对组委会赛后出让资产取得的收入，免征增值税和土地增值税。

七、对组委会使用的营业账簿和签订的各类合同等应税凭证，免征组委会应缴纳的印花税。

八、对财产所有人将财产（物品）捐赠给组委会所书立的产权转移书据，免征印花税。

九、对组委会为举办运动会进口的国际大学生体育联合会、国际中学生体育联合会、亚洲奥林匹克理事会或国际单项体育组织指定的，国内不能生产或性能不能满足需要的直接用于运动会比赛的消耗品，免征关税、进口环节增值税和消费税。享受免税政策的进口比赛用消耗品的范围、数量清单，由组委会汇总后报财政部会同税务总局、海关总署审核确定。

十、对组委会进口的其他特需物资，包括：国际大学生体育联合会、国际中学生体育联合会、亚洲奥林匹克理事会或国际单项体育组织指定的，国内不能生产或性能不能满足需要的体育竞赛器材、医疗检测设备、安全保障设备、交通通讯设备、技术设备，在运动会期间按暂时进口货物规定办理，运动会结束后复运出境的予以核销；留在境内或做变卖处理的，按有关规定办理正式进口手续，并照章缴纳关税、进口环节增值税和消费税。

十一、上述税收政策自2020年1月1日起执行。

特此公告。

财政部
国家税务总局
海关总署
二〇二〇年四月九日

关税征管司关于执行第18届世界中学生运动会等三项国际综合运动会税收政策有关问题的通知

（税管函〔2021〕70号）

广东分署，各直属海关：

因疫情影响，2020年晋江第18届世界中学生运动会、2020年三亚第6届亚洲沙滩运动会、2021年成都第31届世界大学生运动会（以下统称三项国际综合运动会）的筹备工作相应延期，为落实《财政部　税务总局　海关总署关于第18届世界中学生运动会等三项国际综合运动会税收政策的公告》（2020年第19号，以下简称《公告》），现将政策执行中有关事项通知如下：

一、三项国际综合运动会的执行委员会、组委会（以下统称组委会）为举办运动会进口的国际大学生体育联合会、国际中学生体育联合会、亚洲奥林匹克理事会或国际单项体育组织指定的，国内不能生产或性能不能满足需要的直接用于运动会比赛的消耗品，主管海关对照财政部会同有关部门确定的商品范围、数量进行审核，符合条件的免征关税、进口环节增值税和消费税，制发《海关进出口货物征免税确认通知书》。审核确认手续纳入减免税系统管理，征免性质为：运动会（代码939），监管方式为：一般贸易（代码0110）、其他进出口免费（代码3339）。

在免税商品范围及数量确定前已运抵进口口岸的比赛用消耗品，申报地海关可凭组委会出具的确认函和组委会指定的进口单位提交的税款担保，为相关进口物资办理先予放行手续，后按规定办理征免税及担保核销手续。

二、对于组委会在运动会期间按暂时进口货物方式进口《公告》第十条的特需物资，运动会结束后留在境内或做变卖处理的，应向申报地海关按有关规定办理正式进口手续，并照章缴纳关税、进口环节增值税和消费税。

特此通知。

关税司

二〇二一年七月十四日

11 海南自由贸易港

财政部　海关总署　国家税务总局关于海南自由贸易港原辅料“零关税”政策的通知

（财关税〔2020〕42号）

海南省财政厅、海口海关、国家税务总局海南省税务局：

为贯彻落实《海南自由贸易港建设总体方案》，经国务院同意，现将海南自由贸易港原辅料“零关税”政策通知如下：

一、在全岛封关运作前，对在海南自由贸易港注册登记并具有独立法人资格的企业，进口用于生产自用、以“两头在外”模式进行生产加工活动或以“两头在外”模式进行服务贸易过程中所消耗的原辅料，免征进口关税、进口环节增值税和消费税。

二、“零关税”原辅料实行正面清单管理，具体范围见附件。清单内容由财政部会同有关部门根据海南实际需要和监管条件进行动态调整。

三、附件所列零部件，适用原辅料“零关税”政策，应当用于航空器、船舶的维修（含相关零部件维修），满足下列条件之一的，免征进口关税、进口环节增值税和消费税：

（一）用于维修从境外进入境内并复运出境的航空器、船舶（含相关零部件）；

（二）用于维修以海南为主营运基地的航空企业所运营的航空器（含相关零部件）；

（三）用于维修在海南注册登记具有独立法人资格的船运公司所运营的以海南省内港口为船籍港的船舶（含相关零部件）。

四、“零关税”原辅料仅限海南自由贸易港内企业生产使用，接受海关监管，不得在岛内转让或出岛。因企业破产等原因，确需转让或出岛的，应经批准及办理补缴税款等手续。以“零关税”原辅料加工制造的货物，在岛内销售或销往内地的，需补缴其对应原辅料的进口关税、进口环节增值税和消费税，照章征收国内环节增值税、消费税。“零关税”原辅料加工制造的货物出口，按现行出口货物有关税收政策执行。

五、企业进口正面清单所列原辅料，自愿缴纳进口环节增值税和消费税的，可在报关时提出申请。

六、相关部门应通过信息化等手段加强监管，防控可能的风险、及时查处违规行为，确保原辅料“零关税”政策平稳运行。海南省相关部门应加强信息互联互通，共享航空器、船舶等监管信息。

七、本通知自2020年12月1日起执行。

附件　海南自由贸易港“零关税”原辅料清单

财政部
海关总署
国家税务总局
二〇二〇年十一月十一日

附件

海南自由贸易港“零关税”原辅料清单

序号	税则号列	货品名称
1	08011200	未去内壳的鲜椰子
2	10029000	其他非种用黑麦
3	10039000	其他非种用大麦
4	10049000	其他非种用燕麦
5	10079000	其他非种用食用高粱
6	10081000	荞麦
7	10082900	其他非种用谷子
8	10083000	加那利草子
9	10089090	其他非种用谷物
10	12024100	未去壳非种用，未焙炒或未烹煮的花生
11	12024200	去壳非种用，未焙炒或未烹煮的花生
12	12040000	亚麻子
13	12060090	其他非种用葵花子
14	12071090	其他非种用棕榈果及棕榈仁
15	12072900	其他非种用棉子
16	12073090	其他非种用蓖麻子
17	12074090	其他非种用芝麻
18	12075090	其他非种用芥子
19	12076090	其他非种用红花子
20	12077091	黑瓜子
21	12077092	红瓜子
22	12077099	其他非种用甜瓜的子
23	12079100	罂粟子
24	12079991	牛油树果
25	12079999	其他含油子仁及果实
26	25051000	硅砂及石英砂，不论是否着色
27	25059000	其他天然砂，不论是否着色
28	26140000	钛矿砂及其精矿
29	26151000	锆矿砂及其精矿
30	27011100	未制成型的无烟煤
31	27011210	未制成型的炼焦烟煤
32	27011290	未制成型的其他烟煤
33	27011900	未制成型的其他煤
34	27012000	煤砖等类似固体燃料

续表1

序号	税则号列	货品名称
35	27021000	未制成型的褐煤
36	27022000	制成型的褐煤
37	27030000	泥煤
38	27040010	焦炭及半焦炭
39	27040090	甑炭
40	27073000	粗二甲苯
41	27090000	原油
42	27101220	石脑油
43	27101994	液体石蜡和重质液体石蜡
44	27111100	液化天然气
45	27111200	液化丙烷
46	27111390	其他液化丁烷
47	27111990	其他液化石油气及烃类气
48	29022000	苯
49	29023000	甲苯
50	29024100	邻二甲苯
51	29024200	间二甲苯
52	29024300	对二甲苯
53	29026000	乙苯
54	29051100	甲醇
55	29053100	1,2-乙二醇
56	29071110	苯酚
57	29072300	4,4'-异亚丙基联苯酚（双酚A）及其盐
58	29091990	其他无环醚及其卤化、磺化、硝化或亚硝化衍生物
59	29141100	丙酮
60	29173910	间苯二甲酸
61	29209000	其他无机酸酯（不包括卤化氢的酯）及其盐和衍生物
62	38151100	以镍及其化合物为活性物的载体催化剂
63	44011100	针叶木薪柴
64	44011200	非针叶木薪柴
65	44012100	针叶木木片或木粒
66	44012200	非针叶木木片或木粒
67	44013100	木屑棒
68	44013900	其他除木屑棒之外的锯末、木废料及碎片
69	44014000	锯末、木废料及碎片，未粘结的
70	44031100	用防腐剂处理的针叶木原木

续表2

序号	税则号列	货品名称
71	44031200	用防腐剂处理的非针叶木原木
72	44032110	红松和樟子松原木，截面尺寸在 15 厘米及以上
73	44032120	辐射松原木，截面尺寸在 15 厘米及以上
74	44032130	落叶松原木，截面尺寸在 15 厘米及以上
75	44032140	花旗松原木，截面尺寸在 15 厘米及以上
76	44032190	其他松木原木，截面尺寸在 15 厘米及以上
77	44032210	红松和樟子松原木，截面尺寸在 15 厘米以下
78	44032220	辐射松原木，截面尺寸在 15 厘米以下
79	44032230	落叶松原木，截面尺寸在 15 厘米以下
80	44032240	花旗松原木，截面尺寸在 15 厘米以下
81	44032290	其他松木原木，截面尺寸在 15 厘米以下
82	44032300	冷杉和云杉原木，截面尺寸在 15 厘米及以上
83	44032400	其他冷杉和云杉原木，截面尺寸在 15 厘米以下
84	44032500	其他针叶木原木，截面尺寸在 15 厘米及以上
85	44032600	其他针叶木原木，截面尺寸在 15 厘米以下
86	44034100	深红色红柳桉木、浅红色红柳桉木及巴栲红柳桉木原木
87	44034910	柚木原木
88	44034920	奥克曼（奥克榄）原木
89	44034930	龙脑香木（克隆）原木
90	44034940	山樟（香木）原木
91	44034950	印茄木（波罗格）原木
92	44034960	大干巴豆（门格里斯或康派斯）原木
93	44034970	异翅香木原木
94	44034980	热带红木原木
95	44034990	其他方法处理的其他热带原木
96	44039100	栎木（橡木）原木
97	44039300	水青冈木（山毛榉木）原木，截面尺寸在 15 厘米及以上
98	44039400	其他水青冈木（山毛榉木）原木，截面尺寸在 15 厘米以下
99	44039500	桦木原木，截面尺寸在 15 厘米及以上
100	44039600	其他桦木原木，截面尺寸在 15 厘米以下
101	44039700	杨木原木
102	44039800	桉木原木
103	44039930	其他红木原木，但子目 4403.4980 所列热带红木原木除外
104	44039940	泡桐木原木
105	44039950	水曲柳原木
106	44039960	北美硬阔叶木原木

续表3

序号	税则号列	货品名称
107	44039980	其他未列名的温带非针叶木原木
108	44039990	其他方法处理的除针叶木、热带木之外的其他原木
109	44041000	针叶木的箍木；木劈条；粗加工的木桩、木棒；木片条
110	44042000	非针叶木的箍木；木劈条；粗加工的木桩、木棒；木片条
111	44071110	厚度超过 6 毫米的经纵锯、纵切、刨切或旋切的红松和樟子松木材
112	44071120	厚度超过 6 毫米的经纵锯、纵切、刨切或旋切的辐射松木材
113	44071130	厚度超过 6 毫米的经纵锯、纵切、刨切或旋切的花旗松木材
114	44071190	厚度超过 6 毫米的经纵锯、纵切、刨切或旋切的其他松木木材
115	44071200	厚度超过 6 毫米的经纵锯、纵切、刨切或旋切的冷杉和云杉木材
116	44071900	厚度超过 6 毫米的经纵锯、纵切、刨切或旋切的其他针叶木木材
117	44072100	厚度超过 6 毫米的经纵锯、纵切、刨切或旋切的美洲桃花心木木材
118	44072200	厚度超过 6 毫米的经纵锯、纵切、刨切或旋切的苏里南肉豆蔻木、细孔绿心樟及美洲轻木木材
119	44072500	厚度超过 6 毫米的经纵锯、纵切、刨切或旋切的深红色红柳桉木、浅红色红柳桉木及巴栲红柳桉木木材
120	44072600	厚度超过 6 毫米的经纵锯、纵切、刨切或旋切的白柳桉木、白色红柳桉木、白色柳桉木、黄色红柳桉木及阿兰木木材
121	44072700	厚度超过 6 毫米的经纵锯、纵切、刨切或旋切的沙比利木材
122	44072800	厚度超过 6 毫米的经纵锯、纵切、刨切或旋切的伊罗科木木材
123	44072910	厚度超过 6 毫米的经纵锯、纵切、刨切或旋切的柚木木材
124	44072920	厚度超过 6 毫米的经纵锯、纵切、刨切或旋切的非洲桃花心木木材
125	44072930	厚度超过 6 毫米的经纵锯、纵切、刨切或旋切的波罗格木材
126	44072940	厚度超过 6 毫米的经纵锯、纵切、刨切或旋切的热带红木木材
127	44072990	厚度超过 6 毫米的经纵锯、纵切、刨切或旋切的其他未列名的热带木木材
128	44079100	厚度超过 6 毫米的经纵锯、纵切、刨切或旋切的栎木（橡木）木材
129	44079200	厚度超过 6 毫米的经纵锯、纵切、刨切或旋切的水青冈木（山毛榉木）木材
130	44079300	厚度超过 6 毫米的经纵锯、纵切、刨切或旋切的槭木（枫木）木材
131	44079400	厚度超过 6 毫米的经纵锯、纵切、刨切或旋切的樱桃木木材
132	44079500	厚度超过 6 毫米的经纵锯、纵切、刨切或旋切的白蜡木木材
133	44079600	厚度超过 6 毫米的经纵锯、纵切、刨切或旋切的桦木木材
134	44079700	厚度超过 6 毫米的经纵锯、纵切、刨切或旋切的杨木木材
135	44079910	厚度超过 6 毫米的经纵锯、纵切、刨切或旋切的其他红木木材，但子目 4407. 2940 所列热带红木除外
136	44079920	厚度超过 6 毫米的经纵锯、纵切、刨切或旋切的泡桐木木材
137	44079930	厚度超过 6 毫米的经纵锯、纵切、刨切或旋切的其他北美硬阔叶木木材
138	44079980	厚度超过 6 毫米的经纵锯、纵切、刨切或旋切的其他温带非针叶木木材
139	44079990	厚度超过 6 毫米的经纵锯、纵切、刨切或旋切的其他木材

续表4

序号	税则号列	货品名称
140	70022010	光导纤维预制棒
141	76109000	其他铝制结构体及其部件
142	83024900	其他用贱金属附件及架座
143	84072100	船用舷外点燃往复式或旋转式活塞内燃发动机
144	84081000	船用压燃式内燃发动机
145	84099110	船用点燃式活塞内燃发动机零件
146	84099199	其他专用于或主要用于税目 84.07 或 84.08 所列发动机的零件
147	84212300	内燃发动机的燃油过滤器
148	84213100	内燃发动机的进气过滤器
149	84253190	其他电动卷扬机及绞盘
150	84253990	其他非电动卷扬机及绞盘
151	84798910	船舶用舵机及陀螺稳定器
152	84799010	船舶用舵机及陀螺稳定器零件
153	84871000	船用推进器及桨叶
154	85016100	输出功率≤75kVA 交流发电机
155	85021100	输出功率≤75kVA 柴油或半柴油发电机组
156	85022000	装有点燃式活塞内燃发动机的发电机组
157	85030090	专用于或主要用于税目 8501 或 8502 所列机器的其他零件
158	85115010	机车、航空器、船舶用的其他发电机
159	85119010	税目 8511 所列供机车、航空器及船舶用的各种装置的零件
160	85176299	其他接收、转换并且发送或再生声音、图像或其他数据用的设备
161	85261090	其他雷达设备
162	85279900	其他无线电广播接收设备
163	85291010	雷达及无线电导航设备用天线或天线反射器及其零件
164	85299050	雷达设备及无线电导航设备用的其他零件
165	88031000	飞机等用推进器、水平旋翼及其零件
166	88032000	飞机等用起落架及其零件
167	88033000	飞机及直升机的其他零件
168	88039000	其他未列名的航空器、航天器零件
169	90138090	其他液晶装置及光学仪器

注：

1. 享受“零关税”的商品范围以税则号列为准。
2. 零部件指清单第 141~169 项税则号列商品。

财政部　海关总署　国家税务总局关于海南自由贸易港交通工具及游艇“零关税”政策的通知

（财关税〔2020〕54号）

海南省财政厅、海口海关、国家税务总局海南省税务局：

为贯彻落实《海南自由贸易港建设总体方案》，经国务院同意，现将海南自由贸易港交通工具及游艇“零关税”政策通知如下：

一、全岛封关运作前，对海南自由贸易港注册登记并具有独立法人资格，从事交通运输、旅游业的企业（航空企业须以海南自由贸易港为主营运基地），进口用于交通运输、旅游业的船舶、航空器、车辆等营运用交通工具及游艇，免征进口关税、进口环节增值税和消费税。

符合享受政策条件的企业名单，由海南省交通运输、文化旅游、市场监管、海事及民航中南地区管理局等主管部门会同海南省财政厅、海口海关、国家税务总局海南省税务局参照海南自由贸易港鼓励类产业目录中交通运输、旅游业相关产业条目确定，动态调整。

二、享受“零关税”政策的交通工具及游艇实行正面清单管理，具体范围见附件。清单由财政部、海关总署、税务总局会同相关部门，根据海南实际需要和监管条件动态调整。

三、“零关税”交通工具及游艇仅限海南自由贸易港符合政策条件的企业营运自用，并接受海关监管。因企业破产等原因，确需转让的，转让前应征得海关同意并办理相关手续。其中，转让给不符合享受政策条件主体的，应按规定补缴进口相关税款。转让“零关税”交通工具及游艇，照章征收国内环节增值税、消费税。

四、企业进口清单所列交通工具及游艇，自愿缴纳进口环节增值税和消费税的，可在报关时提出申请。

五、“零关税”交通工具及游艇应在海南自由贸易港登记、入籍，按照交通运输、民航、海事等主管部门相关规定开展营运，并接受监管。航空器、船舶应经营自海南自由贸易港始发或经停海南自由贸易港的国内外航线。游艇营运范围为海南省。车辆可从事往来内地的客、货运输作业，始发地及目的地至少一端须在海南自由贸易港内，在内地停留时间每年累计不超过120天，其中从海南自由贸易港到内地“点对点”、“即往即返”的客、货车不受天数限制。

违反上述规定的，按有关规定补缴相关进口税款。

六、海南省商交通运输、民航、财政、海关、税务等部门制定《海南自由贸易港“零关税”交通工具及游艇管理办法》，明确符合政策条件企业名单的确定程序，“零关税”交通工具及游艇进口后登记、入籍、营运、监管等规定，航空器、船舶经营自海南自由贸易港始发或经停海南自由贸易港的国内外航线的认定标准，车辆在内地停留时间每年累计不超过120天的适用情形及计算方式，“点对点”和“即往即返”运输服务的认定标准、认定部门和管理要求，以及违反规定的处理办法等内容。

七、海南省相关部门应通过信息化等手段加强监管、防控风险、及时查处违规行为，确保交通工具及游艇“零关税”政策平稳运行，并加强省内主管部门信息互联互通，共享符合政策条件的企业、“零关税”交通工具及游艇的监管等信息。

八、本通知自公布之日起实施。

附件　海南自由贸易港“零关税”交通工具及游艇清单

财政部

海关总署

国家税务总局

二〇二〇年十二月二十五日

附件

海南自由贸易港“零关税”交通工具及游艇清单

序号	税则号列	货品名称
1	87021091	仅装柴油或半柴油发动机的大型客车（30 座及以上）
2	87021092	仅装柴油或半柴油发动机的中型客车（20 座至 29 座）
3	87021093	仅装柴油或半柴油发动机的小型客车（10 座至 19 座）
4	87022091	装柴油或半柴油发动机的混合动力电动大型客车（30 座及以上）
5	87022092	装柴油或半柴油发动机的混合动力电动中型客车（20 座至 29 座）
6	87022093	装柴油或半柴油发动机的混合动力电动小型客车（10 座至 19 座）
7	87023010	装点燃式发动机的混合动力电动大型客车（30 座及以上）
8	87023020	装点燃式发动机的混合动力电动中型客车（20 座至 29 座）
9	87023030	装点燃式发动机的混合动力电动小型客车（10 座至 19 座）
10	87024010	电动大型客车（30 座及以上）
11	87024020	电动中型客车（20 座至 29 座）
12	87024030	电动小型客车（10 座至 19 座）
13	87029010	其他大型客车（30 座及以上）
14	87029020	其他中型客车（20 座至 29 座）
15	87029030	其他小型客车（10 座至 19 座）
16	87032150	仅装点燃式发动机的小客车，排气量≤1L（9 座及以下）
17	87032250	仅装点燃式发动机的小客车，1L<排气量≤1. 5L（9 座及以下）
18	87032343	仅装点燃式发动机的小客车，1. 5L<排气量≤2L（9 座及以下）
19	87032353	仅装点燃式发动机的小客车，2L<排气量≤2. 5L（9 座及以下）
20	87032363	仅装点燃式发动机的小客车，2. 5L<排气量≤3L（9 座及以下）
21	87032413	仅装点燃式发动机的小客车，3L<排气量≤4L（9 座及以下）
22	87032423	仅装点燃式发动机的小客车，排气量>4L（9 座及以下）
23	87033123	仅装柴油或半柴油发动机的小客车，1L<排气量≤1. 5L（9 座及以下）
24	87033213	仅装柴油或半柴油发动机的小客车，1. 5L<排气量≤2L（9 座及以下）
25	87033223	仅装柴油或半柴油发动机的小客车，2L<排气量≤2. 5L（9 座及以下）
26	87033313	仅装柴油或半柴油发动机的小客车，2. 5L<排气量≤3L（9 座及以下）
27	87033323	仅装柴油或半柴油发动机的小客车，3L<排气量≤4L（9 座及以下）
28	87033363	仅装柴油或半柴油发动机的小客车，排气量>4L（9 座及以下）

续表1

序号	税则号列	货品名称
29	87034013	装有点燃式发动机的混合动力电动小客车（非插电），排气量≤1L（9座及以下）
30	87034023	装有点燃式发动机的混合动力电动小客车（非插电），1L<排气量≤1.5L（9座及以下）
31	87034033	装有点燃式发动机的混合动力电动小客车（非插电），1.5L<排气量≤2L（9座及以下）
32	87034043	装有点燃式发动机的混合动力电动小客车（非插电），2L<排气量≤2.5L（9座及以下）
33	87034053	装有点燃式发动机的混合动力电动小客车（非插电），2.5L<排气量≤3L（9座及以下）
34	87034063	装有点燃式发动机的混合动力电动小客车（非插电），3L<排气量≤4L（9座及以下）
35	87034073	装有点燃式发动机的混合动力电动小客车（非插电），排气量>4L（9座及以下）
36	87035023	装有压燃式发动机的混合动力电动小客车（非插电），1L<排气量≤1.5L（9座及以下）
37	87035033	装有压燃式发动机的混合动力电动小客车（非插电），1.5L<排气量≤2L（9座及以下）
38	87035043	装有压燃式发动机的混合动力电动小客车（非插电），2L<排气量≤2.5L（9座及以下）
39	87035053	装有压燃式发动机的混合动力电动小客车（非插电），2.5L<排气量≤3L（9座及以下）
40	87035063	装有压燃式发动机的混合动力电动小客车（非插电），3L<排气量≤4L（9座及以下）
41	87035073	装有压燃式发动机的混合动力电动小客车（非插电），排气量>4L（9座及以下）
42	87041030	非公路用电动轮货运自卸车
43	87041090	其他非公路用货运自卸车
44	87042100	装有柴油或半柴油发动机的货车，车重≤5吨
45	87042230	装有柴油或半柴油发动机的货车，5吨<车重<14吨
46	87042240	装有柴油或半柴油发动机的货车，14吨≤车重≤20吨
47	87042300	装有柴油或半柴油发动机的货车，车重>20吨
48	87043100	装有点燃式发动机的货车，车重≤5吨
49	87043230	装有点燃式发动机的货车，5吨<车重≤8吨
50	87043240	装有点燃式发动机的货车，车重>8吨
51	87049000	其他货车
52	87091110	短距离运输货物电动牵引车
53	87091190	其他电动短矩离运货车
54	87091910	短距离运输货物其他牵引车
55	87091990	其他非电动短矩离运货车
56	87161000	供居住或野营用厢式挂车及半挂车
57	87162000	农用自装或自卸式挂车及半挂车
58	87163110	油罐挂车及半挂车
59	87163190	其他罐式挂车及半挂车
60	87163910	货柜挂车及半挂车
61	87163990	其他货运挂车及半挂车
62	87164000	其他未列名挂车及半挂车
63	87168000	其他未列名非机动车辆
64	88010010	滑翔机及悬挂滑翔机

续表2

序号	税则号列	货品名称
65	88010090	汽球、飞艇及其他无动力航空器
66	88021100	空载重量≤2 吨的直升机
67	88021210	2 吨<空载重量≤7 吨的直升机
68	88021220	空载重量>7 吨的直升机
69	88022000	空载重量≤2 吨的飞机及其他航空器
70	88023000	2 吨<空载重量≤15 吨的飞机及其他航空器
71	88024020	空载重量>45 吨的飞机及其他航空器
72	88052900	其他地面飞行训练器及其零件
73	89011010	机动巡航船、游览船及各式渡船
74	89011090	非机动巡航船、游览船及各式渡船
75	89012011	载重≤10 万吨的成品油船
76	89012012	10 万吨<载重≤30 万吨的成品油船
77	89012013	载重>30 万吨的成品油船
78	89012021	载重≤15 万吨的原油船
79	89012022	15 万吨<载重≤30 万吨的原油船
80	89012023	载重>30 万吨的原油船
81	89012031	容积≤20000 立方米的液化石油气船
82	89012032	容积>20000 立方米的液化石油气船
83	89012041	容积≤20000 立方米的液化天然气船
84	89012042	容积>20000 立方米的液化天然气船
85	89012090	其他液货船
86	89013000	冷藏船
87	89019021	载集装箱≤6000 箱的机动集装箱船
88	89019022	载集装箱>6000 箱的机动集装箱船
89	89019031	载重≤2 万吨的机动滚装船
90	89019032	载重>2 万吨的机动滚装船
91	89019041	载重≤15 万吨的机动散货船
92	89019042	15 万吨<载重≤30 万吨的机动散货船
93	89019043	载重>30 万吨的机动散货船
94	89019050	机动多用途船
95	89019080	其他机动货运船舶及客货兼运船舶
96	89019090	非机动货运船舶及客货兼运船舶
97	89031000	娱乐或运动用的充气快艇、划艇及轻舟等船
98	89039100	帆船
99	89039200	汽艇，装有舷外发动机的除外
100	89039900	其他娱乐或运动用船舶、划艇及轻舟

注：享受“零关税”的商品范围以税则号列为准。其中序号第 72 项商品，不含其零件。

财政部　交通运输部　商务部　海关总署　国家税务总局关于海南自由贸易港内外贸同船运输境内船舶加注保税油和本地生产燃料油政策的通知

（财税〔2021〕2号）

海南省财政厅、交通运输厅、商务厅，海口海关，国家税务总局、海南省税务局，海南海事局：

为贯彻落实《海南自由贸易港建设总体方案》；现将海南自由贸易港内外贸同船运输境内船舶加注保税油和本地生产燃料油政策通知如下：

一、全岛封关运作前，对以洋浦港作为中转港从事内外贸同船运输的境内船舶，允许其在洋浦港加注本航次所需的保税油；对其在洋浦港加注本航次所需的本地生产燃料油，实行出口退税政策。海南省本地燃料油生产企业凭燃料油出口货物报关单（备注栏注明“用于内外贸同船运输境内船舶加注”字样）等有关材料，向税务部门申报出口返（免）税。上述保税油和适用出口退税政策的本地生产燃料油统称为“不含税油”。本条规定的境内船舶加注的本航次所需不含税油，免征关税、增值税和消费税。

二、内外贸同船运输的境内船舶，是指获交通运输主管部门颁发的《国内水路运输经营许可证》和《船舶营业运输证》（经营范围均含“国内水路货物班轮运输”），并向海关备案，同时承载内贸和外贸集装箱货物的船舶。

本航次，是指从装载外贸货物的始发港至洋浦以及从洋浦装载外贸货物至目的港的航次。其中，始发港为首个装载至洋浦中转的外贸货物的境内港；目的港为最终卸载自洋浦中转的外贸货物的境内港。

三、本航次所需不含税油加注量=本航次里程×（燃油消耗率×额定功率÷额定航速）。

航次里程以《中国沿海航行里程表》为准。燃油消耗率以《船舶推进机器轮机说明书》中数据为准。额定功率以《船舶检验证书》中数据为准。额定航速以《船舶实验综合报告》或《船体及设备说明书》中数据为准。

四、洋浦港交通主管部门按照上述公式，对符合条件的船舶核定本航次不含税油加注量。不含税油经营企业按照交通主管部门核定加注量加注不含税油。船舶可申请累计多航次加注。不含税油经营企业应当将不含税油加油有关信息资料报送税务部门。

五、不含税油的操作、监管流程按照有关规定执行。

六、本通知自公布之日起实施。《海南自由贸易港建设总体方案》发布后至本通知公布前，内外贸同船运输境内船舶已试行加注的燃料油，可参照本通知政策有关规定执行。

财政部　交通运输部　商务部
海关总署　国家税务总局
二〇二一年二月九日

财政部　海关总署　国家税务总局关于海南自由贸易港自用生产设备“零关税”政策的通知

（财关税〔2021〕7号）

海南省财政厅、海口海关、国家税务总局海南省税务局：

为贯彻《海南自由贸易港建设总体方案》，经国务院同意，现将海南自由贸易港自用生产设备“零关税”政策通知如下：

一、全岛封关运作前，对海南自由贸易港注册登记并具有独立法人资格的企业进口自用的生产设备，除法律法规和相关规定明确不予免税、国家规定禁止进口的商品，以及本通知所附《海南自由贸易港“零关税”自用生产设备负面清单》所列设备外，免征关税、进口环节增值税和消费税。

二、本通知所称生产设备，是指基础设施建设、加工制造、研发设计、检测维修、物流仓储、医疗服务、文体旅游等生产经营活动所需的设备，包括《中华人民共和国进出口税则》第八十四、八十五和九十章中除家用电器及设备零件、部件、附件、元器件外的其他商品。

三、符合第一条规定条件的企业名单以及从事附件涵盖行业的企业名单，由海南省发展改革、工业和信息化等主管部门会同海南省财政厅、海口海关、国家税务总局海南省税务局确定，动态调整，并函告海口海关。

四、《海南自由贸易港“零关税”自用生产设备负面清单》详见附件。清单内容由财政部、海关总署、税务总局会同相关部门，根据海南自由贸易港实际需要和监管条件进行动态调整。

五、《进口不予免税的重大技术装备和产品目录》、《外商投资项目不予免税的进口商品目录》以及《国内投资项目不予免税的进口商品目录》，暂不适用于海南自由贸易港自用生产设备“零关税”政策。符合本政策规定条件的企业，进口上述三个目录内的设备，可免征关税、进口环节增值税和消费税。

六、为便于执行，财政部、海关总署将会同有关部门另行明确第二条中家用电器及设备零件、部件、附件、元器件商品范围。

七、“零关税”生产设备限海南自由贸易港符合政策规定条件的企业在海南自由贸易港内自用，并接受海关监管。因企业破产等原因，确需转让的，转让前应征得海关同意并办理相关手续。其中，转让给不符合政策规定条件主体的，还应按规定补缴进口相关税款。转让“零关税”生产设备，照章征收国内环节增值税、消费税。

八、企业进口“零关税”自用生产设备，自愿缴纳进口环节增值税和消费税的，可在报关时提出申请。

九、海南省相关部门应通过信息化等手段加强监管、防控风险、及时查处违规行为，确保生产设备“零关税”政策平稳运行，并加强省内相关部门信息互联互通，共享符合政策条件的企业、“零关税”生产设备的监管等信息。

十、本通知自公布之日起实施。

附件　海南自由贸易港“零关税”自用生产设备负面清单

财政部

海关总署

国家税务总局

二〇二一年三月四日

附件

海南自由贸易港“零关税”自用生产设备负面清单

一、法律法规和相关规定明确不予免税、国家规定禁止进口的商品。

二、煤炭开采和洗选业、黑色金属采选业、有色金属采选、非金属矿采选业企业进口的设备（从事建筑用砂、石、土和地热、矿泉水、海域矿产资源生产的企业除外）。

三、皮革鞣制加工业、毛皮鞣制及制品加工业企业进口的设备。

四、煤化工业、核燃料加工业企业进口的设备。五、电石法聚氯乙烯业、铬盐业企业进口的设备。六、黑色金属冶炼和压延加工业企业进口的设备。七、有色金属冶炼和压延加工业企业进口的设备。

八、金属表面处理及热处理加工业中的电镀工艺，铅蓄电池制造业，印刷电路板等高污染、高环境风险生产制造业，金属废料和碎屑加工处理中的旧电池拆解回收业（新能源汽车动力蓄电池梯次利用所需设备除外）企业进口的设备。

九、煤制品制造业、核辐射加工业企业进口的设备。十、水力发电中的小水电业企业进口的设备。

十一、燃煤电力、热力生产和供应业企业进口的设备。

海关总署关于发布《海南自由贸易港自用生产设备“零关税”政策海关实施办法（试行）》的公告

（海关总署公告2021年第23号）

为贯彻落实《海南自由贸易港建设总体方案》，根据《财政部　海关总署　税务总局关于海南自由贸易港自用生产设备“零关税”政策的通知》（财关税〔2021〕7号），特制定《海南自由贸易港自用生产设备“零关税”政策海关实施办法（试行）》（见附件），现予发布。

特此公告。

附件　海南自由贸易港自用生产设备“零关税”政策海关实施办法（试行）

海关总署

二〇二一年三月四日

附件

海南自由贸易港自用生产设备“零关税”政策海关实施办法（试行）

第一条　为贯彻落实《海南自由贸易港建设总体方案》，根据有关法律、行政法规和《财政部　海关总署　税务总局关于海南自由贸易港自用生产设备“零关税”政策的通知》（财关税〔2021〕7号，以下简称《通知》），制定本办法。

第二条　全岛封关运作前，对海南自由贸易港注册登记并具有独立法人资格的企业，进口自用生产设备，除法律法规和相关规定明确不予免税、国家规定禁止进口的商品，以及《通知》附件所列设备外，免征关税、进口环节增值税和消费税。享受“零关税”政策的自用生产设备（以下简称“零关税”自用生产设备）实行负面清单管理，由财政部、海关总署、税务总局会同相关部门动态调整。

《通知》所称生产设备包括《中华人民共和国进出口税则》第八十四、八十五和九十章中除家用电器及设备零件、部件、附件、元器件外的其他商品，具体商品范围由财政部、海关总署会同有关部门明确。

第三条 符合享受政策条件的企业名单和《通知》附件涵盖行业的企业名单，由海南省发展改革、工业和信息化等主管部门会同海南省财政厅、海口海关、国家税务总局海南省税务局确定后，通过国际贸易“单一窗口”向海口海关传输企业名单。在实现联网传输企业名单前，由海南省相关主管部门将上述企业名单函告海口海关。

第四条 “零关税”自用生产设备实行“一企一账”管理。

符合享受政策条件的企业（以下简称“企业”）在首次申报“零关税”自用生产设备进口前，应按《中华人民共和国海关报关单位注册登记管理规定》有关规定在海关注册登记，并在国际贸易“单一窗口”中“海南零关税进口生产设备、交通工具平台”系统完善企业账户信息。

第五条 企业申报进口“零关税”自用生产设备时，进口报关单“申报地海关”应填报“海口海关”下设的隶属海关或业务现场的关区名称及代码（不含“三沙海关”）；“征免性质”填报为“零关税自用生产设备”（代码：491），自愿缴纳进口环节增值税和消费税的，应当在报关时将“征免性质”填报为“零关税自用生产设备（缴纳进口环节税）”（代码：493）；“监管方式”填报为“一般贸易”（0110）；征减免税方式填报为“随征免性质”（代码：5）；“消费使用单位”填报企业名称。

第六条 除国家另有规定外，国家对相关生产设备有限制进口管理规定的，企业应按规定凭相关许可证件办理进口等相关海关手续。

第七条 “零关税”自用生产设备仅限符合政策规定条件的企业在海南自由贸易港内自用，并依法接受海关监管。

监管年限为：3年。

监管年限自货物放行之日起计算。

监管年限届满自动解除海关监管。

除海关总署另有规定外，在海关监管年限内，企业应当按政策规定和海关规定保管、使用“零关税”自用生产设备。

第八条 在海关监管年限内，企业应当于每年6月30日（含当日）以前向其所在地海关（以下称“主管海关”）提交上一年度“零关税”自用生产设备使用情况的报告。

第九条 在海关监管年限内，企业因破产等原因，确需将“零关税”自用生产设备转让的，应在转让前通过“海南零关税进口生产设备、交通工具平台”向主管海关提出申请，经海关审核同意后办理转让手续。

其中，转让给不符合享受政策条件的主体的，应在转让前通过“海南零关税进口生产设备、交通工具平台”向主管海关提出申请，并按规定补缴相关进口税款。补税的完税价格以“零关税”自用生产设备原进口时的完税价格为基础，按照货物已进口时间与监管年限的比例进行折旧，其计算公式如下：

补税的完税价格=“零关税”自用生产设备原进口时的完税价格×［1-“零关税”自用生产设备已进口时间/（监管年限×12）］

“零关税”自用生产设备已进口时间自货物放行之日起按月计算。不足1个月但超过15日的按1个月计算；不超过15日的，不予计算。

自税款补缴并办结海关相关手续之日起，“零关税”自用生产设备解除海关监管。

第十条 在海关监管年限内，企业需将“零关税”自用生产设备向境内银行或非银行金融机构办理贷款抵押的，应事先通过“海南零关税进口生产设备、交通工具平台”向主管海关提出申请，并提供海关认可的税款担保，经海关审核同意后，可按规定办理贷款抵押。

企业不得以“零关税”自用生产设备向银行或非银行金融机构以外的公民、法人或者非法人其他组织办理贷款抵押。

第十一条 在海关监管年限内，企业需将“零关税”自用生产设备退运出境或者出口的，应通过“海南零关税进口生产设备、交通工具平台”向主管海关提出申请，经海关审核同意后办理相关手续。

“零关税”自用生产设备自退运出境或者出口之日起，解除海关监管，海关不对退运出境或者出口的“零关税”自用生产设备补征相关税款。

第十二条 除特殊情形外，企业申请办理“零关税”自用生产设备转让、贷款抵押等手续的，主管海关应自受理申请之日起10个工作日内作出是否同意的决定。

第十三条 海关依照《中华人民共和国海关法》和《中华人民共和国海关稽查条例》等相关规定，对进口和使用“零关税”自用生产设备的相关企业实施稽（核）查。

第十四条 企业违反《通知》相关规定以及将“零关税”自用生产设备移作他用的，应按规定补缴相关进口税款。补税的完税价格以“零关税”自用生产设备原进口时的完税价格为基础，按照需要补缴税款的时间与监管年限的比例进行折算，其计算公式如下：

补税的完税价格=“零关税”自用生产设备原进口时的完税价格×［需要补缴税款的时间/（监管年限×365）］

上述计算公式中需要补缴税款的时间为企业违反《通知》相关规定以及将“零关税”自用生产设备移作他用的实际时间，按日计算，每日实际使用不满8小时或者超过8小时的均按1日计算。

第十五条 违反本办法规定，构成走私行为或者违反海关监管规定行为的，由海关依照《中华人民共和国海关法》和《中华人民共和国海关行政处罚实施条例》的有关规定予以处理；构成犯罪的，依法追究刑事责任。

第十六条 本办法由海关总署负责解释。

第十七条 本办法自公布之日起施行。

12 其他政策

财政部　海关总署　国家税务总局关于促进边境贸易发展有关财税政策的通知

（财关税〔2008〕90号）

内蒙古、辽宁、吉林、黑龙江、广西、海南、西藏、新疆、云南省（自治区）财政厅、国家税务局，呼和浩特、满洲里、大连、长春、哈尔滨、南宁、海口、昆明、拉萨、乌鲁木齐海关：

为贯彻落实科学发展观，构建社会主义和谐社会，根据《国务院关于促进边境地区经济贸易发展问题的批复》（国函〔2008〕92号）的精神，现就进一步促进边境贸易发展有关财税政策通知如下：

一、加大对边境贸易发展的财政支持力度

在现行边境地区专项转移支付的基础上增加资金规模，加大对边境贸易发展的支持力度，为企业的发展创造良好的外部环境。2008年全年按20亿元掌握，实际执行期为两个月；以后年度在此基础上建立与口岸过货量等因素挂钩的适度增长机制。具体办法由财政部会同有关部门另行制定。地方财政部门要结合本地实际，并根据支持边境贸易发展和边境小额贸易企业能力建设的要求，认真落实中央补助资金，切实发挥资金使用效益。要充分利用财政和审计部门的监督检查力量，保证专项转移支付的资金能真正发挥促进边境贸易发展的作用。

二、提高边境地区边民互市进口免税额度

边民通过互市贸易进口的生活用品，每人每日价值在人民币8000元以下的，免征进口关税和进口环节税。为加强管理，由财政部会同有关部门研究制定边民互市进出口商品不予免税的清单，有关部门应对政策执行情况进行及时跟踪、分析。

三、关于边境小额贸易进口税收问题

以边境小额贸易方式进口的商品，进口关税和进口环节税照章征收。

本通知自2008年11月1日起执行，由财政部、海关总署和国家税务总局负责解释。

特此通知。

二〇〇八年十月三十日

财政部　海关总署　国家税务总局关于边民互市进出口商品不予免税清单的通知

（财关税〔2010〕18号）

内蒙古、辽宁、吉林、黑龙江、广西、海南、西藏、新疆、云南省（自治区）财政厅、国家税务局，新疆生产建设兵团财务局，呼和浩特、满洲里、大连、长春、哈尔滨、南宁、海口、昆明、拉萨、乌鲁木齐海关：

为贯彻落实《国务院关于促进边境地区经济贸易发展问题的批复》（国函〔2008〕92号）中“由财政部会同有关部门研究制定边民互市进出口商品不予免税的清单”的精神，现就边民互市进出口商品不予免税清单的有关问题通知如下：

一、边民互市进口商品不予免税清单

边民通过互市贸易进口的商品应以满足边民日常生活需要为目的，边民互市贸易进口税收优惠政策的适用范围仅限生活用品（不包括天然橡胶、木材、农药、化肥、农作物种子等）。在生活用品的范畴内，除国家禁止进口的商品不得通过边民互市免税进口外，其他列入边民互市进口不予免税清单的商品见附件。

二、边民互市出口商品不予免税清单

除国家禁止出口的商品不得通过边民互市免税出口外，将应征收出口关税的商品列入边民互市出口商品不予免税清单。

三、其他有关事项

财政部将会同有关部门根据边民互市贸易发展的实际情况，适时调整边民互市进出口商品不予免税清单。

本通知自2010年5月1日起执行。

特此通知。

附件　边民互市进口商品不予免税清单

二〇一〇年四月十六日

附件

边民互市进口商品不予免税清单

序号	商品名称	税则号列	备注
1	烟	24021000　24022000　24029000　ex24039900［其他烟草及烟草代用品的制品（烟草精汁除外）］	
2	酒	21069020　税目2203至2208项下全部税号　ex33021090（生产食品、饮料用混合香料及制品，按容量计酒精浓度在0.5%及以上）	

续表1

序号	商品名称	税则号列	备注
3	化妆品	33030000 33041000 33042000 33043000 ex33049100［粉，不论是否压紧（痱子粉、爽身粉除外）］ ex33049900［其他美容化妆品（护肤品除外）］	
4	成品油	27101110 27101120 27101130 27101911 27101921 27101922 27101929 27101991 27101992 27101993 27101999	
5	摩托车	税目 8711 项下全部税号	
6	小麦	10011000 10019010 10019090 11010000 11031100 11032010	每人每日 50 千克以内免税。
7	玉米	10051000 10059000 11022000 11031300 11042300	每人每日 50 千克以内免税。
8	稻谷和大米	10061011 10061019 10061091 10061099 10062010 10062090 10063010 10063090 10064010 10064090 11029011 11029019 11031921 11031929	每人每日 50 千克以内免税。
9	糖	17011100 17011200 17019100 17019910 17019920 17019990	每人每日 1 千克以内免税。
10	羊毛	51011100 51011900 51012100 51012900 51013000 51031010	
11	毛条	51051000 51052100 51052900	
12	棉花	52010000 52030000	每人每日 5 千克以内免税。
13	豆油	15071000 15079000	每人每日 5 千克以内免税。
14	菜子油	15141100 15141900 15149110 15149190 15149900	每人每日 5 千克以内免税。
15	棕榈油	15111000 15119010 15119090	每人每日 5 千克以内免税。
16	电视机	85284910 85284990 85285910 85285990 85286910 85286990 85287110 85287180 85287190 85287211 85287212 85287219 85287221 85287222 85287229 85287231 85287232 85287239 85287291 85287292 82587299 85287300	
17	摄像机	85258012 85258013 85258032 85258033 85258039	
18	录像机	85211011 85211019 85219011 85219012 85219019 85219090	
19	放像机	85211020 85219011 85219012 85219019 85219090	
20	音响设备	85181000 85182100 85182200 85182900 85184000 85185000 85192000 85193000 85198111 85198112 85198119 85198121 85198129 85198139 85198910 85198990 85271200 85271300 85271900 85272100 85272900 85279100 85279200 85279900	
21	空调器	84151010 84151021 84151022 84152000 84158110 84158120 84158210 84158220 84158300	
22	电冰箱 电冰柜	84181010 84181020 84181030 84182110 84182120 84182130 84182910 84182920 84182990 84183021 84183029 84184021 84184029 84185000	

续表2

序号	商品名称	税则号列	备注
23	洗衣机	84501110 84501120 84501190 84501200 84501900 84502000 84511000	
24	照相机	85258022 85258029 90064000 90065100 90065300 90065990	
25	微型计算机及外设	84433110 84433190 84433211 84433212 84433213 84433219 84713000 84714140 84714940 84715040 84716050 84716060 84716071 84716072 84716090 84717090 85235110 85235120 85258013 85284100 85285110 85285190 85286100	税号84716090仅指IC卡读入器；税号84717090仅指移动硬盘；税号85258013仅指计算机用网络摄像头。
26	电话机	85171100 85171210 85171220 85171800 85176990	税号85176990仅指可视电话。
27	无线寻呼系统	85176299 85176910	
28	电子计算器	84701000 84702100 84702900	

财政部　海关总署　国家税务总局　国家药品监督管理局关于抗癌药品增值税政策的通知

（财税〔2018〕47号）

各省、自治区、直辖市、计划单列市财政厅（局）、国家税务局，海关总署广东分署、各直属海关，新疆生产建设兵团财政局：

为鼓励抗癌制药产业发展，降低患者用药成本，现将抗癌药品增值税政策通知如下：

一、自2018年5月1日起，增值税一般纳税人生产销售和批发、零售抗癌药品，可选择按照简易办法依照3%征收率计算缴纳增值税。上述纳税人选择简易办法计算缴纳增值税后，36个月内不得变更。

二、自2018年5月1日起，对进口抗癌药品，减按3%征收进口环节增值税。

三、纳税人应单独核算抗癌药品的销售额。未单独核算的，不得适用本通知第一条规定的简易征收政策。

四、本通知所称抗癌药品，是指经国家药品监督管理部门批准注册的抗癌制剂及原料药。抗癌药品清单（第一批）见附件。抗癌药品范围实行动态调整，由财政部、海关总署、税务总局、国家药品监督管理局根据变化情况适时明确。

附件　抗癌药品清单（第一批）

财政部　海关总署

国家税务总局　国家药品监督管理局

二〇一八年四月二十七日

附件

抗癌药品清单（第一批）

一、抗癌药品制剂

序号	药品活性成分名称	已获准上市的剂型	税号
1	阿那曲唑	片剂	30049090
2	阿糖胞苷	注射剂	30021900
3	阿昔替尼	片剂	30049090
4	阿扎胞苷	注射剂	30049090
5	奥沙利铂	注射剂	30049090
6	奥替拉西/吉美嘧啶/替加氟	胶囊剂、片剂	30049090
7	白消安	片剂、注射剂	30049090
8	苯丁酸氮芥	片剂	30049090
9	比卡鲁胺	片剂、胶囊	30049090
10	表柔比星	注射剂	30042090
11	醋酸阿比特龙	片剂	30043900
12	醋酸奥曲肽	注射剂	30043900
13	醋酸戈舍瑞林	植入剂	30043200
14	醋酸亮丙瑞林	注射剂	30043900
15	醋酸曲普瑞林	注射剂	30043200
16	达卡巴嗪	注射剂	30049090
17	达沙替尼	片剂	30049090
18	地西他滨	注射剂	30049090
19	多西他赛	注射剂	30049090
20	氟尿嘧啶	注射剂、片剂、口服乳剂、乳膏、植入剂、口服溶液	30041090
21	氟他胺	片剂、胶囊	30049090
22	氟维司群	注射剂	30043200
23	福美坦	注射剂	30043900
24	福莫司汀	注射剂	30049090
25	枸橼酸他莫昔芬	片剂、口服溶液	30049090
26	枸橼酸托瑞米芬	片剂	30049090
27	环磷酰胺	注射剂、片剂	30049090
28	吉非替尼	片剂	30049090
29	甲氨蝶呤	注射剂	30049090
30	甲苯磺酸拉帕替尼	片剂	30049090
31	甲苯磺酸索拉非尼	片剂	30049090
32	甲磺酸阿帕替尼	片剂	30049090

续表1

序号	药品活性成分名称	已获准上市的剂型	税号
33	甲磺酸奥希替尼	片剂	30049090
34	甲磺酸伊马替尼	胶囊剂、片剂	30049090
35	酒石酸长春瑞滨	胶囊剂、注射剂	30044900
36	卡铂	注射剂	30049090
37	卡莫氟	片剂	30049090
38	卡培他滨	片剂	30049090
39	克拉屈滨	注射剂	30049090
40	克唑替尼	胶囊剂	30049090
41	来那度胺	胶囊剂	30049090
42	来曲唑	片剂	30049090
43	雷替曲塞	注射剂	30049090
44	磷酸雌莫司汀	胶囊剂	30043900
45	磷酸氟达拉滨	片剂、注射剂	30049090
46	磷酸芦可替尼	片剂	30049090
47	磷酸依托泊苷	注射剂	30049090
48	硫酸长春地辛	注射剂	30044900
49	硫酸长春新碱	注射剂	30044900
50	洛铂	注射剂	30049090
51	马来酸阿法替尼	片剂	30049090
52	美法仑	片剂	30049090
53	门冬酰胺酶	注射剂	30049090
54	奈达铂	注射剂	30049090
55	尼洛替尼	胶囊剂	30049090
56	培美曲塞二钠	注射剂	30049090
57	培门冬酶	注射剂	30049090
58	培唑帕尼	片剂	30049090
59	硼替佐米	注射剂	30049090
60	苹果酸舒尼替尼	胶囊剂	30049090
61	羟喜树碱	注射剂	30044900
62	巯嘌呤	片剂	30049090
63	去氧氟尿苷	片剂、胶囊、分散片	30049090
64	瑞戈非尼	片剂	30049090
65	双羟萘酸曲普瑞林	注射剂	30043900
66	顺铂	注射剂	30049090
67	丝裂霉素	注射剂	30042090
68	替加氟	片剂、注射剂	30049090

续表2

序号	药品活性成分名称	已获准上市的剂型	税号
69	替莫唑胺	胶囊剂	30049090
70	替尼泊苷	注射剂	30049090
71	维莫非尼	片剂	30049090
72	西达本胺	片剂	30049090
73	亚叶酸钙	注射剂	30049090
74	亚叶酸钠	注射剂	30049090
75	盐酸阿糖胞苷	注射剂	30049090
76	盐酸埃克替尼	片剂	30049090
77	盐酸吡柔比星	注射剂	30049090
78	盐酸表柔比星	注射剂	30049090
79	盐酸博来霉素	注射剂	30042090
80	盐酸氮芥	注射剂	30049090
81	盐酸多柔比星	注射剂	30042090
82	盐酸厄洛替尼	片剂	30049090
83	盐酸吉西他滨	注射剂	30049090
84	盐酸尼莫司汀	注射剂	30049090
85	盐酸平阳霉素	注射剂	30042090
86	盐酸柔红霉素	注射剂	30042090
87	盐酸托泊替康	注射剂	30044900
88	盐酸伊达比星	胶囊剂、注射剂	30042090
89	盐酸伊立替康	注射剂	30049090
90	伊布替尼	胶囊剂	30049090
91	依托泊苷	胶囊剂、注射剂	30049090
92	依维莫司	片剂	30049090
93	依西美坦	片剂	30043200
94	异环磷酰胺	注射剂	30049090
95	重酒石酸长春瑞滨	注射剂	30044900
96	紫杉醇	注射剂	30049090
97	左亚叶酸钙	注射剂	30049090
98	尿嘧啶/替加氟	片剂、胶囊	30049090
99	贝伐珠单抗注射液	注射剂	30021500
100	利妥昔单抗注射液	注射剂	30021500
101	西妥昔单抗注射液	注射剂	30021200
102	注射用曲妥珠单抗	注射剂	30021500
103	尼妥珠单抗注射液	注射剂	30021500

二、抗癌药品原料药

序号	药品名称	税号
1	阿那曲唑	29339900
2	奥沙利铂	28439000
3	奥替拉西钾	29336990
4	白消安	29053990
5	比卡鲁胺	29309090
6	吡柔比星	29419090
7	醋酸曲普瑞林	29371900
8	达沙替尼	29341090
9	地西他滨	29349990
10	多西他赛	29329990
11	氟脲苷	29349990
12	氟他胺	29242990
13	福美坦	29372319
14	环磷酰胺	29349990
15	吉非替尼	29349990
16	吉美嘧啶	29333990
17	甲磺酸阿帕替尼	29333990
18	甲磺酸伊马替尼	29335990
19	酒石酸长春瑞滨	29397990
20	卡铂	28439000
21	卡培他滨	29349990
22	来那度胺	29337900
23	来曲唑	29339900
24	雷替曲塞	29349990
25	磷酸氟达拉滨	29349990
26	硫酸长春新碱	29397990
27	硫唑嘌呤	29335990
28	门冬酰胺酶	35079090
29	奈达铂	28439000
30	培美曲塞二钠	29335990
31	硼替佐米	29339900
32	顺铂	28439000
33	丝裂霉素	29419090
34	替加氟	29349990
35	替莫唑胺	29339900

续表

序号	药品名称	税号
36	西达本胺	29333990
37	盐酸阿糖胞苷	29349990
38	盐酸埃克替尼	29349990
39	盐酸表柔比星	29419090
40	盐酸多柔比星	29419090
41	盐酸吉西他滨	29349990
42	盐酸米托蒽醌	29225090
43	盐酸平阳霉素	29419090
44	盐酸柔红霉素	29419090
45	盐酸托泊替康	29397990
46	盐酸伊达比星	29419090
47	盐酸伊立替康	29397990
48	依西美坦	29372900
49	异环磷酰胺	29349990
50	紫杉醇	29329990
51	左亚叶酸钙	29335990

财政部　海关总署　国家税务总局　国家药品监督管理局关于罕见病药品增值税政策的通知

（财税〔2019〕24 号）

各省、自治区、直辖市、计划单列市财政厅（局），新疆生产建设兵团财政局，海关总署广东分署、各直属海关，国家税务总局各省、自治区、直辖市、计划单列市税务局：

为鼓励罕见病制药产业发展，降低患者用药成本，现将罕见病药品增值税政策通知如下：

一、自 2019 年 3 月 1 日起，增值税一般纳税人生产销售和批发、零售罕见病药品，可选择按照简易办法依照 3%征收率计算缴纳增值税。上述纳税人选择简易办法计算缴纳增值税后，36 个月内不得变更。

二、自 2019 年 3 月 1 日起，对进口罕见病药品，减按 3%征收进口环节增值税。

三、纳税人应单独核算罕见病药品的销售额。未单独核算的，不得适用本通知第一条规定的简易征收政策。

四、本通知所称罕见病药品，是指经国家药品监督管理部门批准注册的罕见病药品制剂及原料药。罕见病药品清单（第一批）见附件。罕见病药品范围实行动态调整，由财政部、海关总署、税务总局、药监局根据变化情况适时明确。

附件　罕见病药品清单（第一批）

财政部　海关总署
国家税务总局　国家药品监督管理局
二〇一九年二月二十日

附件

罕见病药品清单（第一批）

一、罕见病药品制剂

序号	活性成分通用名称	药品名称	已获准上市的剂型	税号
1	波生坦	波生坦片	片剂	30049090
2	安立生坦	安立生坦片	片剂	30049090
3	利奥西呱	利奥西呱片	片剂	30049090
4	马昔腾坦	马昔腾坦片	片剂	30049090
5	伊洛前列素	吸入用伊洛前列素溶液	溶液剂	30043900
6	曲前列尼尔	曲前列尼尔注射液	注射剂	30043900
7	吡非尼酮	吡非尼酮胶囊	胶囊剂	30049090
8	尼达尼布	乙磺酸尼达尼布软胶囊	胶囊剂	30049090
9	—	注射用伊米苷酶	注射剂	30049090
10	—	注射用阿糖苷酶 α	注射剂	30049090
11	麦格司他	麦格司他胶囊	胶囊剂	30049090
12	—	重组人生长激素注射液	注射剂	30043900
13	沙丙蝶呤	盐酸沙丙蝶呤片	片剂	30049090
14	—	重组人干扰素 β1a 注射液	注射剂	30021500
15	青霉胺	青霉胺片	片剂	30049090
16	利鲁唑	利鲁唑片	片剂	30049090
17	—	人凝血因子Ⅷ	注射剂、冻干粉针剂	30021200
18	—	注射用重组人凝血因子Ⅷ	注射剂	30021200
19	—	注射用重组人凝血因子Ⅸ	注射剂	30021200
20	—	人凝血酶原复合物	注射剂、冻干粉针剂	30021200
21	—	注射用重组人凝血因子Ⅶa	注射剂	30021200

二、罕见病药品原料药

序号	活性成分通用名称	税号
1	波生坦	29359000
2	吡非尼酮	29337900
3	青霉胺	29309090
4	利鲁唑	29342000

财政部　海关总署　国家税务总局　国家药品监督管理局关于发布第二批适用增值税政策的抗癌药品和罕见病药品清单的公告

（财政部　海关总署　国家税务总局　国家药品监督管理局公告2020年第39号）

为鼓励制药产业发展，降低患者用药成本，自2020年10月1日起，本公告附件1中的抗癌药品和罕见病药品，按照《财政部　海关总署　税务总局　国家药品监督管理局关于抗癌药品增值税政策的通知》（财税〔2018〕47号）、《财政部　海关总署　税务总局　国家药品监督管理局关于罕见病药品增值税政策的通知》（财税〔2019〕24号）规定执行相关增值税政策。上述通知已发布的部分抗癌药品和罕见病药品按附件2确定税号。

特此公告。

附件1　抗癌药品和罕见病药品清单（第二批）

附件2　抗癌药品和罕见病药品（第一批）税号修正清单

财政部　海关总署

国家税务总局　国家药品监督管理局

二〇二〇年九月三十日

附件 1

抗癌药品和罕见病药品清单（第二批）

一、抗癌药品制剂和原料药

（一）制剂

序号	活性成分通用名称	已获准上市的剂型	税号
1	达可替尼	片剂	30049090
2	哌柏西利	胶囊剂	30049090
3	奥拉帕利	片剂	30049090
4	呋喹替尼	胶囊剂	30049090
5	甲磺酸艾立布林	注射剂	30049090
6	甲磺酸仑伐替尼	胶囊剂	30049090
7	马来酸吡咯替尼	片剂	30049090
8	塞瑞替尼	胶囊剂	30049090
9	阿来替尼	胶囊剂	30049090
10	安罗替尼	胶囊剂	30049090
11	地加瑞克	注射剂	30043900
12	苯达莫司汀	注射剂	30049090
13	伊沙佐米	胶囊剂	30049090
14	兰瑞肽	注射剂	30043900
15	纳武利尤单抗	注射剂	30021500
16	达雷妥优单抗	注射剂	30021500
17	地舒单抗	注射剂	30021500
18	帕博利珠单抗	注射剂	30021500
19	帕妥珠单抗	注射剂	30021500
20	特瑞普利单抗	注射剂	30021500
21	信迪利单抗	注射剂	30021500
22	卡瑞利珠单抗	注射剂	30021500
23	美法仑	注射剂	30049090
24	曲美替尼	片剂	30049090
25	马来酸奈拉替尼	片剂	30049090
26	甲磺酸氟马替尼	片剂	30049090
27	甲磺酸阿美替尼	片剂	30049090
28	曲氟尿苷替匹嘧啶	片剂	30049090
29	恩扎卢胺	胶囊剂	30049090
30	甲苯磺酸尼拉帕利	胶囊剂	30049090
31	达拉非尼	胶囊剂	30049010
32	阿帕他胺	片剂	30049090

续表

序号	活性成分通用名称	已获准上市的剂型	税号
33	度伐利尤单抗	注射剂	30021500
34	维布妥昔单抗	注射剂	30021500
35	恩美曲妥珠单抗	注射剂	30021500
36	替雷利珠单抗	注射剂	30021500
37	阿替利珠单抗	注射剂	30021500
38	泽布替尼	胶囊剂	30049090
39	伊尼妥单抗	注射剂	30021500

（二）原料药

序号	活性成分通用名称	税号
1	呋喹替尼	29349990
2	马来酸吡咯替尼	29334900
3	甲磺酸氟马替尼	29335990
4	甲磺酸阿美替尼	29335990
5	甲苯磺酸尼拉帕利	29333990
6	泽布替尼	29335990

二、罕见病药品制剂

序号	活性成分通用名称	药品名称	已获准上市的剂型	税号
1	重组人干扰素 β-1b	注射用重组人干扰素 β-1b	注射剂	30021500
2	特立氟胺	特立氟胺片	片剂	30049090
3	诺西那生钠	诺西那生钠注射液	注射剂	30049090
4	芬戈莫德	盐酸芬戈莫德胶囊	胶囊剂	30049090
5	司来帕格	司来帕格片	片剂	30049010
6	依库珠单抗	依库珠单抗注射液	注射剂	30021500
7	艾美赛珠单抗	艾美赛珠单抗注射液	注射剂	30021500
8	波生坦	波生坦分散片	片剂	30049010
9	氘丁苯那嗪	氘丁苯那嗪片	片剂	30049090
10	西尼莫德	西尼莫德片	片剂	30049090
11	阿加糖酶 β	注射用阿加糖酶 β	注射剂	30049090
12	依洛硫酸酯酶 α	依洛硫酸酯酶 α 注射液	注射剂	30049090
13	拉罗尼酶	注射用拉罗尼酶浓溶液	注射剂	30049090
14	人凝血因子Ⅸ	人凝血因子Ⅸ	注射剂	30021200

注：清单税号仅针对相应有效成分的单方制剂，复方制剂按照海关商品归类规则确定税号。

附件 2

抗癌药品和罕见病药品（第一批）税号修正清单

一、抗癌药品制剂

序号	药品活性成分名称	已获准上市的剂型	原税号	修正税号
1	阿糖胞苷	注射剂	30021900	30049090
2	醋酸戈舍瑞林	植入剂	30043200	30043900
3	醋酸曲普瑞林	注射剂	30043200	30043900
4	氟维司群	注射剂	30043200	30043900
5	维莫非尼	片剂	30049090	30049010
6	盐酸吡柔比星	注射剂	30049090	30042090
7	盐酸表柔比星	注射剂	30049090	30042090
8	盐酸伊立替康	注射剂	30049090	30044900
9	依西美坦	片剂	30043200	30043900
10	西妥昔单抗注射液	注射剂	30021200	30021500
11	氟尿嘧啶	注射剂、片剂、口服乳剂、乳膏、植入剂、口服溶液	30041090	30049090

二、罕见病药品制剂

序号	活性成分通用名称	药品名称	已获准上市的剂型	原税号	修正税号
1	波生坦	波生坦片	片剂	30049090	30049010

注：清单税号仅针对相应有效成分的单方制剂，复方制剂按照海关商品归类规则确定税号。

13 出口税收优惠政策

中华人民共和国对外贸易经济合作部　海关总署关于印发《关于对外承包工程项目项下出口设备材料的工作规程》的通知

（外经贸合发〔2001〕579号）

各省、自治区、直辖市及计划单列市外经贸委（厅、局），海关广东分署，各直属海关：

为促进对外承包工程业务的发展，为企业履行项目合同创造良好的外部环境，方便企业出口对外承包工程项目项下所需设备（含成套设备）、材料、施工器械及人员自用的生活物资等，对外贸易经济合作部和海关总署制定了《关于对外承包工程项目项下出口设备材料的工作规程》，现印发给你们，请遵照执行。

特此通知

附件　关于对外承包工程项目项下出口设备材料的工作规程

中华人民共和国对外贸易经济合作部
海关总署
二〇〇一年十二月二十五日

附件

关于对外承包工程项目项下出口设备材料的工作规程

为促进对外承包工程业务的发展，为企业履行项目合同创造良好的外部环境，方便企业出口，特制定本规程。

一、企业在国（境）外开展对外承包工程、对外劳务合作、对外设计咨询、资源开发等业务（以下简称对外承包工程业务）出口设备（含成套设备）、材料、施工器械及人员自用的生活物资等执行本规程。

二、对外承包工程业务实行经营资格许可制度，凡从事国（境）外对外承包工程业务的企业，须事先向对外贸易经济合作部（以下简称外经贸部）申请对外经济合作经营资格。

三、经外经贸部核准获得对外经济合作经营资格，并已由工商行政管理部门核发营业执照的企业，向注册地省级外经贸主管部门（含计划单列市，下同）申领《中华人民共和国对外经济合作经营资格证书》（以下简称《经营资格证书），格式附后）。

四、外经贸部对《经营资格证书》实行年审制度，年审时间为每年的3月1日至4月30日，由外经贸部授权省级外经贸主管部门组织实施。

五、企业凭《经营资格证书》到海关办理注册登记手续，取得相应的编码，以备报关出口。

六、对外承包工程项目项下出口的设备（含成套设备）、材料、施工器械及人员自用的生活物资等，海关凭企业与境外业主签订的项目合同或其他文件和出口许可证件，办理海关验放手续：

（一）不属出口许可证件管理的设备、材料、施工机械等商品，海关凭企业与境外业主签订的项目合同（正本复印件并加盖公司印章，下同）或其他文件接受报关，办理海关验放手续。监管方式为“对外承包出口”，代码为3422；项目完工后运回的上述商品，监管方式为“退运货物”，代码为4561。

（二）属于出口许可证管理的商品，企业须事先持有效项目合同或其他有效文件向外经贸主管部门办理报批手续，出口许可证发证机构按外经贸部制定的《出口许可证管理商品发证目录》发证范围，凭外经贸主管部门的批准文件和有效项目合同或其他有效文件签发出口许可证。

属于配额有偿招标商品、配额有偿使用商品，出口许可证发证机构按外经贸部制定的《出口许可证管理商品发证目录》发证范围，凭外经贸部配额招标、配额有偿使用主管部门的批准文件签发出口许可证。

（三）出口自用的生活物资报关时监管方式为“其他”，代码为9900。

七、属于国家法定检验检疫及其他管制的出口商品，企业需在报关出口前办妥有关手续。

八、对于对外承包工程项目项下设备材料出口程序方面本规程未规定事项，适用《对外贸易法》、《海关法》及其配套法规的有关规定。

九、本规程由外经贸部、海关总署负责解释。

十、本规程自二○○二年一月一日起执行，外经贸部《关于办理对外承包工程带动设备材料出口手续问题的通知》（〔90〕外经贸合字第28号）同时废止。

财政部　海关总署关于中外合作开采海洋石油的外国合同者按合同规定所得原油出口税收政策进行调整的公告

（财政部　海关总署公告2007年第20号）

经国务院批准，对中外合作开采海洋石油的外国合同者按合同规定所得原油出口税收政策进行调整，现将有关事项公告如下：

一、自2007年8月1日起，中外合作开采海洋石油的外国合同者按合同规定所得原油出口照章征收出口关税；外国合同者按此前已签订并已在执行的合同规定所得原油，在2012年8月1日前装运出口继续免征出口税。

二、《海关总署、财政部关于中外合作开采海洋石油进出口货物免征关税和工商统一税的规定》（〔1982〕署税字第192号）中第二条“外国合同者按合同规定所得的原油装运出口时，免征出口税”的规定自2007年8月1日起停止执行。

三、2007年8月1日前对中外合作开采海洋石油的外国合同者按合同规定所得原油已征收的出口关税准予返还。

特此公告。

财政部
海关总署
二○○七年七月四日

海关总署关于部分进入海关特殊监管区域的产品不征收出口关税的公告

（海关总署公告2008年第21号）

经国务院批准，国务院关税税则委员会决定，自2008年2月15日起，对部分进入海关特殊监管区域的产品不征收出口关税。现就有关问题公告如下：

一、对境内区外进入所有海关特殊监管区域用于建区和企业厂房基础建设的，属于取消出口退税或加征出口关税的基建物资（以下简称基建物资），入区时不予退税，海关办理登记手续，不征收出口关税。上述基建物资不得离境出口，如在区内未使用完毕的，由海关监管退出区外。

自境外进入区内的基建物资，如运往境内区外的，应按海关对海关特殊监管区域管理的有关规定办理报关纳税手续。

二、对具有保税加工功能的出口加工区、保税港区、综合保税区、珠澳跨境工业区（珠海园区）和中哈霍尔果斯国际边境合作中心（中方配套区域）的区内生产企业在国内（境内区外，下同）采购用于生产出口产品的原材料（清单详见附件，以下简称上述原材料），进区时不征收出口关税。上述原材料未经实质性加工的，不得转让或销售给区内非生产企业（如保税物流、仓储、贸易等企业，下同）、直接出境或以保税方式出区；如出区销往境内区外的，一律照章征收进口关税和进口环节增值税。

以上所称“实质性加工”的标准，按照《中华人民共和国海关关于执行〈非优惠原产地规则中实质性改变标准〉的规定》（海关总署令第122号）执行。

区内非生产企业在境内区外采购进区的上述原材料，不适用上述税收政策。

三、区内生产企业在境内区外采购上述原材料，由区外企业持凭其与区内生产企业签订的原材料正式购销合同，向区内生产企业所在特殊监管区域海关申请办理出口报关手续，并在出口报关单备注栏内注明海关审批可不征收出口关税的证明文书编号，由区内生产企业负责办理进区备案手续。

四、自2008年2月15日至本公告发布之日前，符合本公告规定不征收出口关税的产品，其已征收的出口关税，按照本公告规定补办相关手续后准予退还。

特此公告。

附件　海关特殊监管区内生产企业国内采购入区不征出口关税原材料清单

海关总署

二〇〇八年三月三十一日

附件

海关特殊监管区内生产企业国内采购入区不征出口关税原材料清单

序号	税则号列	货品名称（简称）
1	72051000	生铁、镜铁及钢铁颗粒
2	72081000	轧压花纹的热轧卷材

续表1

序号	税则号列	货品名称（简称）
3	72082500	厚度≥4. 75mm 其他经酸洗的热轧卷材
4	72082610	屈服强度大于 355 牛顿/平方毫米，3mm≤厚度<4. 75mm 其他经酸洗热轧卷材
5	72082690	其他 3mm≤厚度<4. 75mm 其他经酸洗热轧卷材
6	72082710	厚度<1. 5mm 的其他经酸洗的热轧卷材
7	72082790	其他厚度<3mm 的其他经酸洗的热轧卷材
8	72083600	厚度> 10mm 的其他热轧卷材
9	72083700	4. 75mm≤厚度<10mm 的其他热轧卷材
10	72083810	屈服强度大于 355 牛顿/平方毫米，3mm≤厚度<4. 75mm 的其他卷材
11	72083890	其他 3 mm≤厚度<4. 75mm 的其他卷材
12	72083910	厚度<1. 5mm 的其他热轧卷材
13	72083990	其他厚度<3mm 的其他热轧卷材
14	72084000	4000 轧有凸起花纹的热轧非卷材
15	72085110	厚度>50mm 的其他热轧非卷材
16	72085120	厚度> 20mm，但不超过 50 毫米的其他热轧非卷材
17	72085190	其他厚度>10 mm 的其他热轧非卷材
18	72085200	4. 75mm≤厚度<10 mm 的热轧非卷材
19	72085310	屈服强度大于 355 牛顿/平方毫米，3 mm≤厚度<4. 75mm 的热轧非卷材
20	72085390	其他 3mm≤厚度<4. 75mm 的热轧非卷材
21	72085410	厚度<1. 5mm 的热轧非卷材
22	72085490	其他厚度<3mm 的热轧非卷材
23	72089000	其他热轧铁或非合金钢宽平板轧材
24	72111300	未轧花纹的四面轧制的热轧非卷材
25	72111400	厚度≥4. 75mm 的其他热轧板材
26	72111900	其他热轧铁或非合金钢窄板材
27	72112300	冷轧含碳量<0. 25%的板材
28	72112900	冷轧其他铁或非合金钢窄板材
29	72119000	冷轧的铁或非合金钢其他窄板材
30	72121000	镀或涂锡的铁或非合金钢窄板材
31	72122000	电镀锌的铁或非合金钢窄板材
32	72123000	其他镀或涂锌的铁窄板材
33	72124000	涂漆或涂塑的铁或非合金钢窄板材
34	72125000	涂镀其他材料铁或非合金钢窄板材
35	72126000	经包覆的铁或非合金钢窄板材
36	72131000	带有轧制花纹的热轧盘条
37	72132000	其他易切削钢制热轧盘条
38	72139100	直径<14mm 圆截面的其他热轧盘条

续表2

序号	税则号列	货品名称（简称）
39	72139900	其他热轧盘条
40	72142000	热加工带有轧制花纹的条、杆
41	72143000	热加工易切削钢的条、杆
42	72149100	热加工其他矩形截面的条、杆
43	72149900	热加工其他条、杆
44	72151000	冷加工其他易切削钢制条、杆
45	72155000	冷加工或冷成形的其他条、杆
46	72159000	铁及非合金钢的其他条、杆
47	72161010	截面高度<80mm 的 H 形钢
48	72161020	截面高度低于 80 毫米的工字钢
49	72161090	截面高度<80mmU 形钢
50	72162100	热加工截面高度<80mm 角钢
51	72162200	热加工截面高度<80mm 丁字钢
52	72163100	热加工截面高度≥80mm 槽型钢
53	72163210	截面高度在 200 毫米以上的工字钢
54	72163290	热加工截面高度≥80mm 工字型钢
55	72163311	截面高度在 800 毫米以上的 H 形钢
56	72163319	截面高度≥200mmH 形钢
57	72163390	其他截面高度≥80mmH 形钢
58	72164010	热加工截面高度≥80mm 角钢
59	72164020	热加工截面高度≥80mm 丁字钢
60	72165010	热加工乙字钢
61	72165090	热加工其他角材、型材及异型材
62	72166100	冷加工板材制的角材、型材及异型材
63	72166900	冷加工其他角材、型材及异型材
64	72169100	冷加工其他板材制角材、型材及异型材
65	72169900	其他角材、型材及异型材
66	72171000	未镀或涂层的铁或非合金钢丝
67	72172000	镀或涂锌的铁或非合金钢丝
68	72173010	镀或涂铜的铁丝和非合金钢丝
69	72173090	镀或涂其他贱金属的铁丝和非合金钢丝
70	72179000	其他铁丝或非合金钢丝
71	72191312	按重量计含锰量在 5. 5%及以上的未经酸洗 3mm≤厚度<4. 75mm 铬锰系不锈钢
72	72191322	按重量计含锰量在 5. 5%及以上的经酸洗 3mm≤厚度<4. 75mm 铬锰系不锈钢
73	72191329	厚度在 3 毫米及以上，但小于 4. 75 毫米的经酸洗的其他不锈钢卷板
74	72191412	按重量计含锰量在 5. 5%及以上的未经酸洗厚度<3mm 的铬锰系不锈钢

续表3

序号	税则号列	货品名称（简称）
75	72191422	按重量计含锰量在5.5%及以上的经酸洗厚度<3mm的铬锰系不锈钢
76	72259100	电镀锌的其他合金钢宽平板轧材
77	72259200	其他镀或涂锌的其他合金钢宽板材
78	72259910	宽度≥600mm的高速钢平板轧材
79	72259990	宽度≥600mm的其他合金钢平板轧材
80	72269200	宽度<600mm冷轧其他合金钢板材
81	72269910	电镀锌的其他合金钢窄平板轧材
82	72269920	其他镀或涂锌的其他合金钢窄板材
83	72272000	硅锰钢的热轧盘条
84	72282000	其他硅锰钢的条、杆
85	72286000	其他合金钢条、杆
86	73053100	纵向焊接的其他粗钢铁管
87	73053900	其他方法焊接其他粗钢铁管
88	73059000	未列名圆形截面粗钢铁管
89	73063000	其他铁或非合金钢圆形截面焊缝管
90	73064000	不锈钢其他圆形截面细焊缝管
91	73065000	其他合金钢的圆形截面细焊缝管
92	73066100	矩形或正方形截面的其他焊缝管
93	73066900	其他非圆形截面的其他焊缝管
94	76041010	非合金铝条、杆
95	76042910	铝合金条、杆

海关总署关于部分进入特殊监管区域的货物不征收出口关税和退税的公告

（海关总署公告2008年第34号）

根据《海关总署关于部分进入海关特殊监管区域的产品不征收出口关税的公告》（海关总署公告〔2008〕21号，以下简称《公告》）和《财政部、海关总署、国家税务总局关于国内采购材料进入出口加工区等海关特殊监管区域适用退税政策的通知》（财税〔2008〕10号，以下简称《通知》），自2008年2月15日起，对部分进入海关特殊监管区域的产品不征收出口关税和按增值税法定征税率予以退税，现就有关事项公告如下：

一、属于《公告》和《通知》规定进入海关特殊监管区域不征收出口关税或按增值税法定征税率退税的货物，区外企业在办理出口报关手续前，由区内企业按照《海关特殊监管区域不征收出口关税及审批表填制规范》（见附件 1）填写《海关特殊监管区域不征收出口关税及退税货物审批表》（见附件 2，以下简称《审批表》）报主管海关审批，主管海关审批同意，生成审批表编号并交区内企业，区内企业将《审批表》交区外企业，区外企业持《审批表》办理出口报关手续；主管海关审批不同意的，不生成审批表编号并交区内企业。

二、对于进入海关特殊监管区域不征收出口关税或按增值税法定征税率退税的货物，区外企业单独填报出口报关单。《审批表》和出口报关单一一对应。

三、区外企业办理上述货物出口报关手续时，在出口报关单备注栏目填写《审批表》编号，并向海关特殊监管区域主管海关递交审批后的《审批表》，主管海关审核无误后留存，并按规定不征收出口关税或出具出口退税报关单。

四、如海关对出口报关单审核后，需要对出口报关单中的出口口岸、发货单位、经营单位、商品编号、商品名称、规格型号、数量及单位、单价、总价、币制进行修改的，区内企业需根据修改后的内容重新填写《审批表》报主管海关审批。原《审批表》作废，由区外企业交原区内企业，再由原区内企业将其与重新填写的《审批表》一并交主管海关，海关不再退还。

特此公告。

附件 1　海关特殊监管区域不征收出口关税及退税货物审批表填制规范
附件 2　海关特殊监管区域不征收出口关税及退税货物审批表

海关总署
二〇〇八年五月十六日

附件 1

海关特殊监管区域不征收出口关税及退税货物审批表填制规范

为统一《海关特殊监管区域不征收出口关税及退税货物审批表》（以下简称《审批表》）填制要求，根据《中华人民共和国海关法》、《海关总署关于部分进入海关特殊监管区域的产品不征收出口关税的公告》（海关总署公告〔2008〕21 号）和《财政部、海关总署、国家税务总局关于国内采购材料进入出口加工区等海关特殊监管区域适用退税政策的通知》（财税〔2008〕10 号）及有关法律法规，制定本规范。《审批表》各栏目的填制规范如下：

一、《审批表》编号（海关填写）

指海关特殊监管区域不征收出口关税及退税货物审批表的编号，由 4 位关区号+T+2 位年份+5 位顺序号组成。

二、出口口岸（企业填报）

指货物实际出口至海关特殊监管区域海关的名称及代码。

三、收货单位/发货单位（企业填报）

（一）收货单位
指已知的出口货物在海关特殊监管区域内的最终消费、使用单位，包括：
1. 自行从境内区外采购货物的单位。
2. 委托进出口企业从境内区外采购货物的单位。
（二）发货单位
指出口货物在境内的生产或销售单位，包括：

1. 自行出口货物至海关特殊监管区域的单位。

2. 委托进出口企业出口货物至海关特殊监管区域的单位。

（三）备有海关注册编号或加工生产企业编号的收、发货单位，本栏目必须填报其经营单位编码或加工生产企业编号；否则填报其中文名称。

（四）发货单位应与对应的出口报关单中的发货单位一致；收货单位应与对应的进境备案清单中的收货单位一致。

四、经营单位（企业填报）

本栏目应填报出口货物至海关特殊监管区域的经营单位的名称及经营单位编码。

经营单位编码是经营单位在海关办理注册登记手续时，海关给予的注册登记10位编码。

经营单位应与对应的出口报关单中的经营单位一致。

五、项号（企业填报）

填报报关单中的商品排列序号。

六、商品编号（企业填报）

指按商品分类编码规则确定的进出口货物的商品编号。此栏目分为商品编号和附加编号两栏，其中商品编号栏应填报《中华人民共和国进出口税则》8位税则号列，附加编号栏应填报商品编号附加的第9、10位附加编号。《加工贸易手册》中商品编号与实际商品编号不符的，应按实际商品编号填报。

商品编号应与对应的出口报关单中的商品编号一致。

七、商品名称、规格型号（企业填报）

本栏目分两行填报。

第一行填报进出口货物规范的中文商品名称，第二行填报规格型号，必要时可加注原文。

具体填报要求如下：

（一）商品名称及规格型号应据实填报，并与所提供的商业发票相符。

（二）商品名称应当规范，规格型号应当足够详细，以能满足海关归类、审价及许可证件管理要求为准。根据商品属性，本栏目填报内容包括：品名、牌名、规格、型号、成分、含量、等级、用途、功能等。

（三）加工贸易等已备案的货物，本栏目填报录入的内容必须与备案登记中同项号下货物的名称与规格型号一致。

（四）商品名称、规格型号应与对应的出口报关单中的商品名称、规格型号一致。

八、数量及单位（企业填报）

指出口商品的实际数量及计量单位。

本栏目分三行填报。

具体填报要求如下：

（一）必须按海关法定计量单位填报，法定第一计量单位及数量填报在本栏目第一行。

（二）凡海关列明第二计量单位的，必须报明该商品第二计量单位及数量，填报在本栏目第二行。无第二计量单位的，本栏目第二行为空。

（三）成交计量单位及数量应当填报在第三行。

（四）法定计量单位为“公斤”的数量填报，特殊情况下填报要求如下：

1. 装入可重复使用的包装容器的货物，按货物的净重填报，如罐装同位素、罐装氧气及类似品等，应扣除其包装容器的重量；

2. 使用不可分割包装材料和包装容器的货物，按货物的净重填报（即包括内层直接包装的净重重量）；

3. 按照商业惯例以公量重计价的商品，应按公量重填报；

4. 采用以毛重作为净重计价的货物，可按毛重填报；

5. 根据HS归类规则，零部件按整机归类的，法定第一数量填报“0.1”，有法定第二数量的，按照货物实际净重申报；

6. 具有完整品或制成品基本特征的不完整品、未制成品，按照HS归类规则应按完整品归类的，申报数量按照构成完整品的实际数量申报。

（五）加工贸易等已备案的货物，成交计量单位必须与《加工贸易手册》中同项号下货物的计量单位一致。

（六）数量及单位应与对应的出口报关单中的数量及单位一致。

九、单价（企业填报）

本栏目应填报同一项号下出口货物实际成交的商品单位价格。

无实际成交价格的，本栏目填报货值。

单价应与对应的出口报关单中的单价一致。

十、总价（企业填报）

本栏目应填报同一项号下出口货物实际成交的商品总价。

无实际成交价格的，本栏目填报货值。

总价应与对应的出口报关单中的总价一致。

十一、币制（企业填报）

指出口货物实际成交价格的币种。

本栏目应根据实际成交情况按海关规定的《货币代码表》选择填报相应的货币名称或代码，如《货币代码表》中无实际成交币种，需转换后填报。

币制应与对应的出口报关单中的币值一致。

十二、进区用途（企业填报）

指上述货物出口至海关特殊监管区域的实际用途。

十三、海关审单批注栏（海关填写）

本栏目指供海关内部作业时签注的总栏目，由海关关员手工填写在审批表上。

附件 2

海关特殊监管区域不征收出口关税及退税货物审批表

审批表编号：□□□□□□□□□□□□□（4 位关区号+T+2 位年份+5 位顺序号）

出口口岸			发货单位			
经营单位			收货单位			
项号	商品编号	商品名称、规格型号	数量及单位	单价	总价	币制
进区用途						
现场海关初审意见	□不征收出口关税 □照章征收出口关税 □出口关税为零			□按增值税法定税率予以退税 □不退税		
现场海关复审意见						
现场海关分管关长意见						

海关总署关于公布第二批进入海关特殊监管区域不征收出口关税产品清单的公告

（海关总署公告 2008 年第 85 号）

为促进海关特殊监管区域健康发展，经国务院批准，自 2008 年 12 月 1 日起，对具有保税加工功能的出口加工区、保税港区、综合保税区、珠澳跨境工业区（珠海园区）和中哈霍尔果斯国际边境合作中心（中方配套区域）内的生产企业，从境内区外采购用于生产出口产品的磷酸二氢铵、氨气和未锻轧铝合金等原材料（具体清单见附件），进区时不征收出口关税。入区不征税的具体操作办法按海关总署 2008 年第 34 号公告的有关规定执行。

特此公告。

附件　第二批海关特殊监管区内生产企业国内采购入区不征收出口关税原材料清单

海关总署

二〇〇八年十一月二十五日

附件

第二批海关特殊监管区内生产企业国内采购入区不征收出口关税原材料清单

序号	税则号列	货品名称（简称）	备注
1	28141000	氨气	ex
2	31054000	磷酸二氢铵	ex
3	76012000	未锻轧铝合金	

注：备注一栏注有 ex 标志的，表示入区不征收出口关税的原材料范围以货品名称为准，其他以税则号列为准。

14 参考规定

海关总署关于进一步明确税款滞纳金减免事宜的公告

（海关总署公告2017年第32号）

为深化海关通关作业无纸化改革，进一步明确税款滞纳金减免问题，现将有关事宜公告如下：

一、纳税义务人符合海关总署2015年27号公告第一条规定的可以依法减免税款滞纳金情形的，应通过中国电子口岸执法系统（以下简称执法系统）中“税款滞纳金减免申请”功能录入信息并提交相关材料的电子数据，并可通过执法系统查询办理情况。

二、海关总署2015年第27号公告第一条第（三）项规定的“自查发现”，仅指符合《〈中华人民共和国海关稽查条例〉实施办法》（海关总署令第230号）第四章有关主动披露的规定，并按照海关规定程序办理的情形。

三、纳税义务人通过执法系统以电子方式上传材料的，文件格式标准参照海关总署2014年第69号公告附件《通关作业无纸化报关单证电子扫描或转换文件格式标准》有关规定。海关需要验核纸质材料的，纳税义务人应当提交相关纸质材料。

本公告自2017年8月1日起实施。

附件　电子口岸端税款滞纳金减免无纸化作业模块操作手册

海关总署

二〇一七年七月二十日

附件

电子口岸端税款滞纳金减免无纸化作业模块操作手册

第一篇　系统介绍

第一章　系统简介

实现企业税款滞纳金减免申请、修改、查询管理。

第二章　用户类别

序号	用户类别	用户说明	职责说明
1	持卡企业	有电子口岸IC卡的企业	录入、暂存、修改、删除、申报、查询

第三章　运行环境

操作系统

- Windows 2000 professional sp4
- Windows Xp professional sp2

- Windows Xp professional sp3
- Window 2000 server
- Window 2003 server enterprise edition
- Windows Vista
- Windows7
- Windows Vista sp1 及以上

网络环境

- 能够连接电子口岸专网；
- 能够以各种宽带方式登录 internet，256k 以上的网络带宽；
- 支持代理、拨号等多种上网方式。

第二篇　操作说明

第一章　系统登录

在浏览器中输入中国电子口岸主运行执法系统网址 www1. chinaport. gov. cn，调出登录界面，如图 1.1 所示。

或进入中国电子口岸首页，点击左侧中国电子口岸执法系统，调出登录界面，如图 1.1 所示。

图 1.1

将 IC 卡插入 IC 卡读卡器中或将 Ikey 卡插入 USB 接口，输入登录密码，点击确认按钮，进入企业首页，如图 1.2 所示。

图 1.2

用户点击“海关事务联系系统”，进入“海关事务联系系统”首页，如图 1.3 所示。

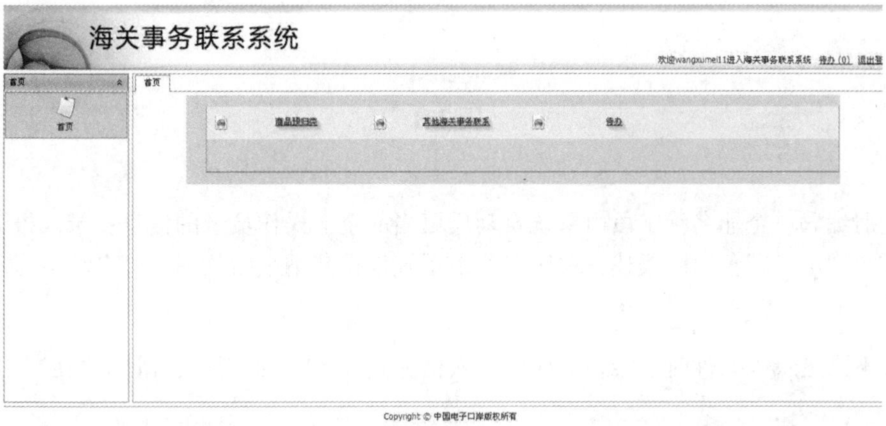

图 1.3

用户点击“其他海关事务联系”，进入“其他海关事务联系”首页，如图 1.4 所示。

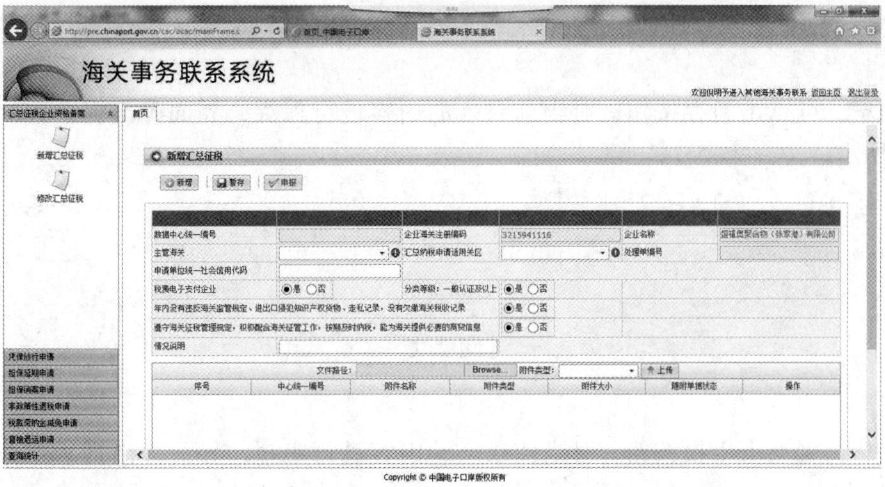

图 1.4

第二章　操作介绍

2.1　税款滞纳金减免申请

2.2.1　新增滞纳金减免申请

说明：持卡企业，进行税款滞纳金减免申请。

操作：在点击界面左侧菜单，选择“税款滞纳金减免申请”—“新增税款滞纳金减免”，进入“新增税款滞纳金减免”界面，如图 2.1 所示。

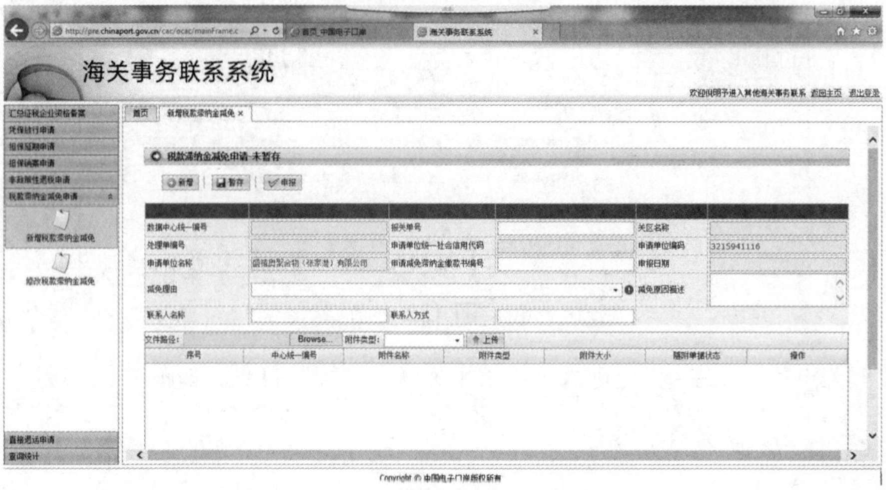

图 2.1

• 录入

企业海关注册编码、企业名称字段由系统自动反填当前企业操作员卡的信息；录入报关单号、滞纳金缴款书编号、减免理由、减免原因描述，关区名称由系统根据滞纳金缴款书编号自动填写。

• 输入框提示

录入的字段不满足录入条件时，会在对应的输入框旁边用提示用户，鼠标放在，可显示提示信息。

• 附件上传

点击“浏览”按钮，选择要上传的附件，点击“打开”按钮，再通过下拉框选择附件类型，

点击“上传”按钮，系统反馈附件上传状态，弹出提示框提示上传成功，并在附件上传列表中显示；

注：附件必须为 pdf 文件类型，单个附件大小不能超过 4M。

• 暂存

数据录入完毕，可点击暂存按钮，对当前录入的内容进行保存，界面弹出提示框，提示“暂存成功”，如图 2.2 所示。

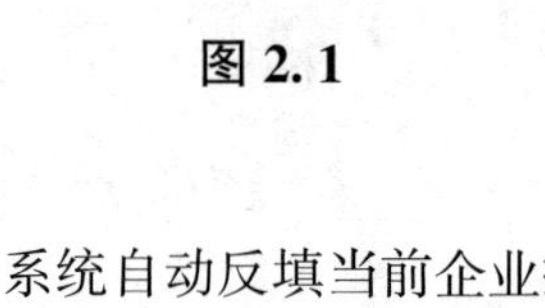

图 2.2

• 申报

数据录入完毕，可点击申报按钮，对当前录入的内容进行申报，界面弹出提示框，提示“申报成功”，如图 2.3 所示。

图 2.3

2.1.2 修改滞纳金减免

说明：对于“暂存”、“海关退单，补充资料”、“海关入库失败”的税款滞纳金减免申请，可进行修改操作。

对于“暂存”的税款滞纳金减免申请，可进行删除操作。

操作：点击界面左侧菜单，选择“税款滞纳金减免申请”—“修改该税款滞纳金减免”，进入“修改该税款滞纳金减免”界面，如图 2.4 所示。

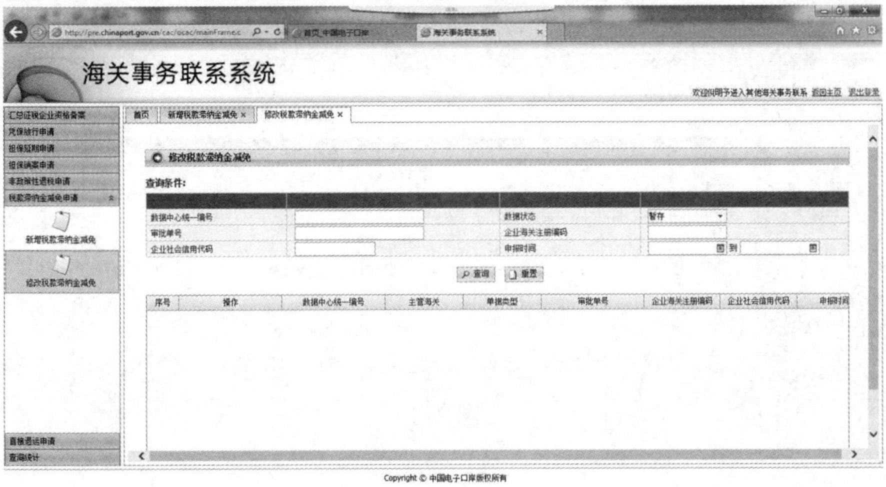

图 2.4

• 录入

查询条件为：数据中心统一编号、数据状态、审批单号、企业海关注册编码、企业社会信用代码、申报时间，其中数据状态为必填，其他查询条件为非必填。

• 查询并修改数据

录入查询条件后，点击查询按钮，查询结果显示符合查询条件的滞纳金减免申请，

对于需要修改的数据，点击对应操作栏的“修改”按钮，进入税款滞纳金减免明细界面，如图 2.5 所示。录入需要修改的字段，然后点击暂存或申报按钮。

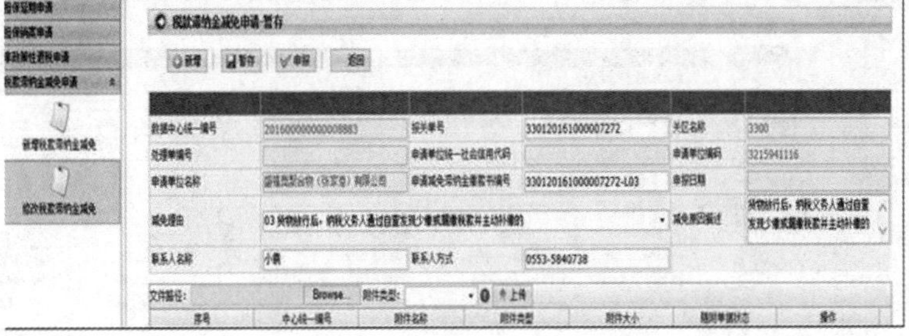

图 2.5

• 删除

在查询结果列表，对于“暂存”的数据，点击对应操作栏的“删除”按钮，系统弹出提示框，如图 2.6 所示，点击“确定”按钮，该数据被删除；点击“取消”按钮，取消删除操作。

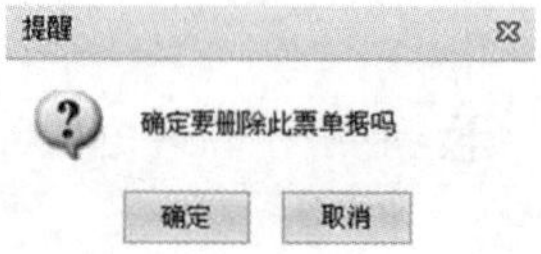

图 2.6

2.2　查询统计

2.2.1　企业申请单查询

说明：持卡企业，查询企业申请数据。

操作：点击界面左侧菜单，选择“查询统计”—“企业申请单查询”，进入“企业申请单查询”界面，如图 2.7 所示。

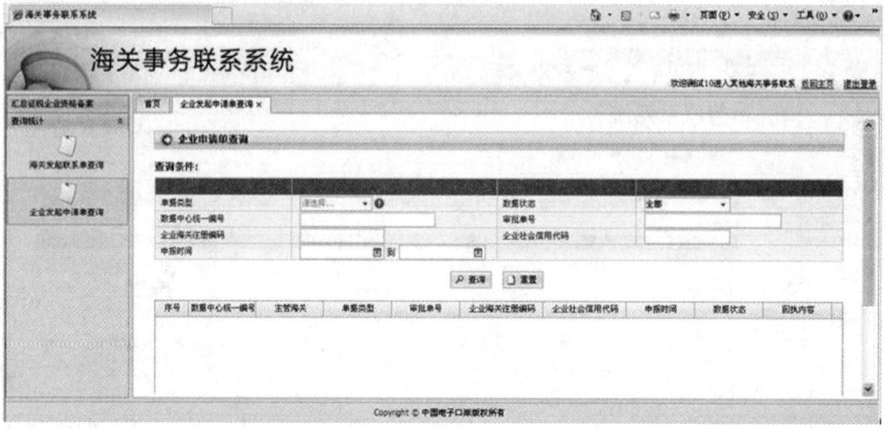

图 2.7

- 录入

查询条件为：单据类型、数据状态、数据中心统一编号、审批单号、企业海关注册编码、企业社会信用代码、申报时间，其中单据类型为必填，其他查询条件为非必填。

- 查询和查看

录入查询条件后，点击查询按钮，查询结果显示符合查询条件的企业申请单，在查询结果列表，点击某条记录操作栏的“查看”按钮，可查看滞纳金减免申请明细，如图 2.8 所示。

图 2.8

• 修改

在查询结果列表，对于需要修改的数据，点击对应操作栏的“修改”按钮，进入税款滞纳金减免明细界面，录入需要修改的字段，然后点击暂存或申报按钮。

• 删除

在查询结果列表，对于需要删除的数据，点击对应操作栏的“删除”按钮，系统弹出提示框，如图 2.9 所示，点击“确定”按钮，该数据被删除；点击“取消”按钮，取消删除操作。

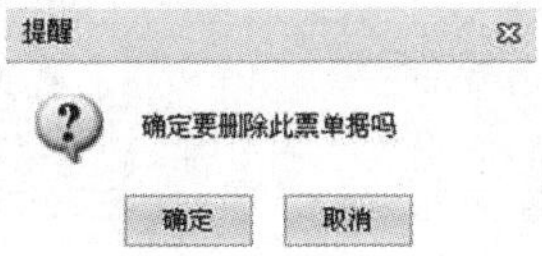

图 2.9

2.2.2 税款滞纳金减免协议打印

说明：持卡企业，打印税款滞纳金减免协议。

操作：点击界面左侧菜单，选择“查询统计”—“企业申请单查询”，进入“企业申请单查询”界面，如图 2.10 所示。

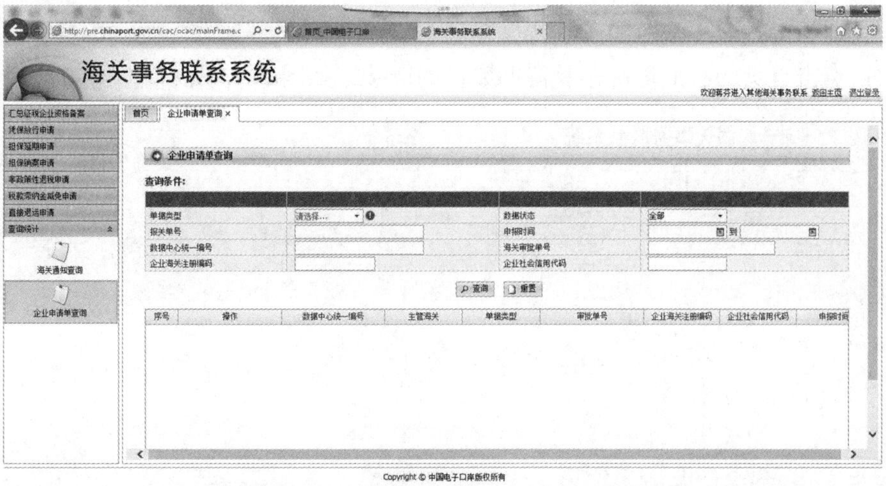

图 2.10

单据类型选择—滞纳金减免申请，如图 2.11 所示。

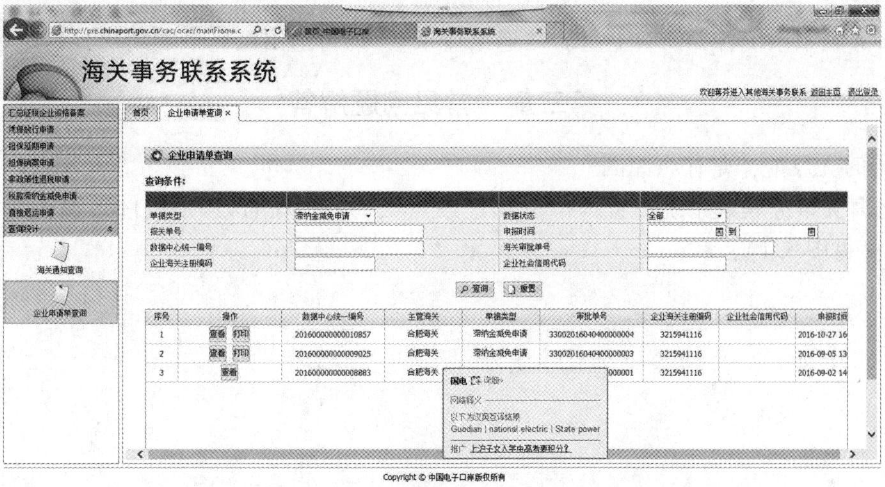

图 2.11

点击序号 1 这票“查看”按钮，可以看到状态为“已同意”，如图 2.12 所示。

图 2.12

点击序号 1 这票“打印”按钮，打印税款滞纳金减免协议。

2.3 待办

说明：持卡企业，可查看本企业的所有待办业务。

操作：用户可点击首页的右上角待办及待办数量的链接，如图 2.13 所示。

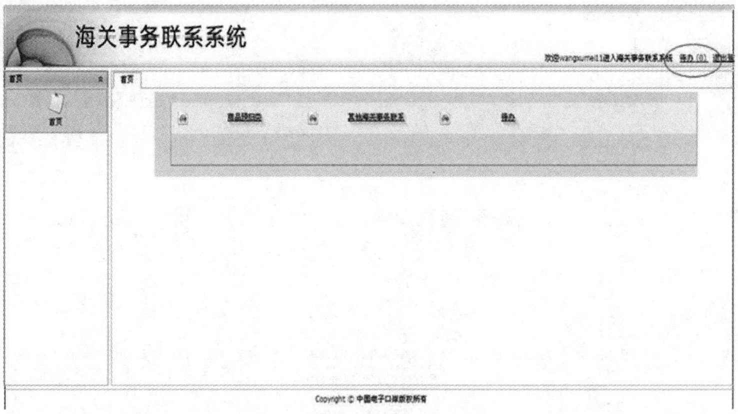

图 2.13

2.4 退出系统

点击海关事务联系系统各界面右上角的“退出登录”，即可退出已登录的用户，返回登录主界面。

第三篇 常见问题解答

1. 附件上传时无反应，是什么原因？

答：建议将海关事务联系系统设置为“受信任站点”，并将 ACTIVE X 控件设置设为“启用”，附件即能上传成功。（见图 3.1）

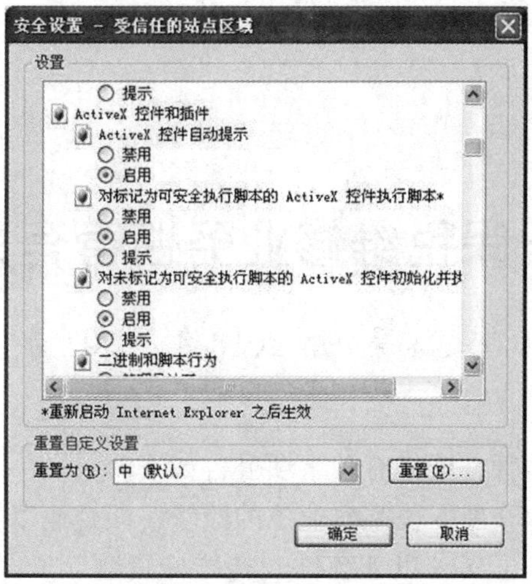

图 3.1

2. 为什么一直是成功发往海关状态？

答：附件在传输过程中，会有传输失败等情况，请在页面查询到数据后，点查看按钮，在附件上传列表里面关注附件传输状态。

3. 为什么不让传输图片文件？

答：目前对上传附件的格式要求为“.PDF”格式，不允许上传其他格式的附件。

附件最大支持 4M，如果超过 4M，建议拆分多个附件分别上传。

海关总署关于扩大自主申报、自行缴税适用范围的公告

（海关总署公告 2018 年第 24 号）

为加快推进税收征管方式改革，海关总署决定扩大自主申报、自行缴税（“自报自缴”）适用范围。现公告如下：

优惠贸易协定项下进口报关单均可适用“自报自缴”模式。

其他事项按照海关总署 2016 年第 62 号公告执行。

上述规定自 2018 年 4 月 10 日起实施。

特此公告。

海关总署

二〇一八年三月二十九日

海关总署关于保税维修业务监管有关问题的公告

（海关总署公告2018年第203号）

为规范海关对保税维修业务监管，现将有关事项公告如下：

一、本公告适用于海关对企业开展保税维修业务的监管，即企业以保税方式将存在部件损坏、功能失效、质量缺陷等问题的货物或运输工具（以下统称“待维修货物”）从境外运入境内进行检测、维修后复运出境。

二、企业可开展以下保税维修业务：

（一）法律、行政法规、国务院的规定和部门规章允许的；

（二）国务院和国家有关部门批准同意开展的。

除法律、行政法规、国务院的规定或者国务院有关部门依据法律、行政法规的授权作出的规定准许外，企业不得开展国家禁止进出口货物的保税维修业务，不得通过保税维修方式开展拆解、报废等业务。

三、企业开展保税维修业务应满足以下条件，并接受海关实地验核评估：

（一）海关认定的企业信用状况为一般信用及以上；

（二）企业应当具备开展该项业务所需的场所和设备，对已维修货物、待维修货物、无法维修货物、维修用料件、维修过程中替换下的旧件或坏件、维修过程中产生的边角料等进行专门管理；

（三）企业应当建立符合海关监管要求的管理制度和计算机管理系统，实现对维修耗用等信息的全程跟踪，并按照海关要求进行申报；

（四）符合海关监管所需的其他条件。

四、企业开展保税维修业务，应向海关提交以下材料：

（一）企业开展保税维修业务情况说明；

（二）企业对外签订的维修合同；

（三）品牌所有人或代理人对维修业务的授权文件。

属于国务院和国家有关部门个案批准同意开展的保税维修项目，还应提交相应的批准文件。

五、企业开展保税维修业务所需的维修用料件可以采用保税或者非保税方式进口。适用保税方式进口的，企业应实施以维修工单为基础的据实核销。

六、企业开展保税维修业务，应设立保税维修专用账（手）册，建立待维修货物、已维修货物、无法维修货物等信息的电子底账。企业采用保税方式进口维修用料件的，保税维修专用账（手）册还应包含维修用料件电子底账。

保税维修专用账（手）册备案商品不纳入加工贸易禁止类商品目录管理。

七、企业设立电子账（手）册时，按照以下规则填报：

表头“监管方式”填报“保税维修（1371）”，“保税方式”填报“保税维修（5）”，账册周转金额根据企业自身实际生产能力和合同情况自行确定填报。

备案成品填报“货物品名（已修复）”和“货物品名（无法修复）”。

备案料件填报“货物品名（待修复）”和“维修用保税料件”，其中“维修用保税料件”按照货物品名据实填报。

八、保税维修账（手）册核销周期按海关监管要求和企业生产实际确定，原则上最长不得超过1年；开展飞机、船舶等大型装备制造业的保税维修企业，经主管海关确认，可参照合同实际有效期确定账

（手）册核销周期。

九、企业办理保税维修货物进出口申报时，备案料件“货物品名（待修复）”、备案成品“货物品名（已修复）”和“货物品名（无法修复）”均按照“保税维修（1371）”监管方式申报；

采用保税方式进口的“维修用料件”按对应的“进料加工（0615）”或“来料加工（0214）”监管方式申报；需复运出境的按对应的“进料料件复出（0664）”或“来料料件复出（0265）”监管方式申报出口；需结转使用的，按对应的“进料余料结转（0657）”或“来料余料结转（0258）”监管方式申报；

维修替换下的旧件、坏件、维修产生的边角料按实际报验状态采用“进料边角料复出（0864）”或“来料边角料复出（0865）”申报，统一按对应备案料件的项号复运出境；无法对应备案料件项号或采用非保税方式进口“维修用料件”的，统一按对应备案待维修货物的项号填报复运出境。

十、企业开展保税维修业务的待维修货物、已维修货物、无法修复货物、维修过程中产生的边角料、替换下的旧件、坏件，原则上应全部复运出境。确实无法复运出境的，不得内销，企业应当按照《海关总署关于加工贸易货物销毁处置的相关问题的公告》（海关总署公告 2014 年第 33 号）相关规定进行处置。其中属于固体废物的，企业应当按照《固体废物进口管理办法》（环境保护部、商务部、发展改革委、海关总署、质检总局令第 12 号）和国家生态环境主管部门有关要求交由有资质的企业进行处置。

通过保税方式进口的维修用料件余料，企业可按照《中华人民共和国海关关于加工贸易边角料、剩余料件、残次品、副产品和受灾保税货物的管理办法》相关规定处置。

十一、企业开展保税维修业务，原则上每年至少盘点一次，并如实申报该核销期内维修替换下的旧件、坏件信息（包括品名、规格型号、数量等）。

以保税方式进口维修用料件的企业，还应如实申报维修中使用保税料件产生的边角料信息（包括品名、规则型号、数量等）。

十二、企业有下列情形之一的，应当及时向海关报告并整改。整改期间，海关不受理企业新设保税维修专用电子化账（手）册，原保税维修专用电子账册自本核销周期截止日起暂停执行。

（一）不再符合本公告第二、三条所述业务开展条件的；

（二）未能将保税维修有关货物、料件、维修替换下旧件、坏件、维修中产生的保税边角料等按规定进行处置的；

（三）在保税维修过程中违反国家固体废物管理规定的，擅自处理维修过程中所产生的固体废弃物的；

企业完成整改，并将整改结果报主管海关认可后，方可开展新的保税维修业务。

海关发现有前款所列情形之一的，可以要求企业整改。

十三、企业涉嫌走私被海关立案调查的，海关不受理企业新设保税维修专用电子化账（手）册。

十四、企业有下列情形之一的，终止开展保税维修业务：

（一）企业倒闭或破产，或被政府主管部门撤销经营资格的；

（二）海关认定的企业信用状况被降为失信企业的；

（三）保税维修货物在境内被转让或移作他用的；

（四）整改期满仍不能按照海关要求对保税维修货物进行管理的。

十五、本公告实施前已经试点开展的保税维修业务，可在电子化手册有效期内或电子账册核销周期内按原有规定继续开展业务，之后统一按照本公告有关要求进行办理。

十六、本公告中保税维修业务涉及商品安全的相关要求另行公告。

十七、海关特殊监管区域内企业开展保税维修业务，按照《海关总署关于海关特殊监管区域内保税维修业务有关监管问题的公告》（海关总署公告〔2015〕59 号）办理。

十八、本公告自 2019 年 1 月 1 日起施行。

特此公告。

海关总署

二〇一八年十二月十四日

海关总署关于修订《中华人民共和国海关进出口货物报关单填制规范》的公告

（海关总署公告 2019 年第 18 号）

为规范进出口货物收发货人的申报行为，统一进出口货物报关单填制要求，海关总署对《中华人民共和国海关进出口货物报关单填制规范》（海关总署 2018 年第 60 号公告）进行了修订。现将本次修订后的规范文本及有关内容公告如下：

一、根据现行相关规定，对第三条第五项，第七条第四项，第八条，第九条第二项，第十条第一项、第二项，第十三条第二项，第十四条第六项，第十五条第二项、第四项，第十六条，第十八条，第二十二条，第二十八条，第二十九条，第三十条，第三十一条第一项、第三项，第三十二条第五项、第八项、第二十五项、第二十七项、第二十八项、第二十九项，第三十三条，第三十四条，第三十五条第九项、第十二项，第三十六条第四项，第四十二条做了相应调整和修改。

二、海关特殊监管区域企业向海关申报货物进出境、进出区，应填制《中华人民共和国海关进（出）境货物备案清单》，海关特殊监管区域与境内（区外）之间进出的货物，区外企业应填制《中华人民共和国海关进（出）口货物报关单》。保税货物流转按照相关规定执行。

三、《中华人民共和国海关进（出）境货物备案清单》比照《中华人民共和国海关进出口货物报关单填制规范》的要求填制。

修订后的《中华人民共和国海关进出口货物报关单填制规范》（见附件）自 2019 年 2 月 1 日起执行，海关总署 2018 年第 60 号公告同时废止。

特此公告。

附件　中华人民共和国海关进出口货物报关单填制规范

海关总署

二〇一九年一月二十二日

附件

中华人民共和国海关进出口货物报关单填制规范

《中华人民共和国海关进（出）口货物报关单》在本规范中采用“报关单”“进口报关单”“出口报关单”的提法。报关单各栏目的填制规范如下：

一、预录入编号

预录入编号指预录入报关单的编号，一份报关单对应一个预录入编号，由系统自动生成。

报关单预录入编号为 18 位，其中第 1~4 位为接受申报海关的代码（海关规定的《关区代码表》中相应海关代码），第 5~8 位为录入时的公历年份，第 9 位为进出口标志（“1”为进口，“0”为出口；集中申报清单“I”为进口，“E”为出口），后 9 位为顺序编号。

二、海关编号

海关编号指海关接受申报时给予报关单的编号，一份报关单对应一个海关编号，由系统自动生成。

报关单海关编号为18位，其中第1~4位为接受申报海关的代码（海关规定的《关区代码表》中相应海关代码），第5~8位为海关接受申报的公历年份，第9位为进出口标志（“1”为进口，“0”为出口；集中申报清单“I”为进口，“E”为出口），后9位为顺序编号。

三、境内收发货人

填报在海关备案的对外签订并执行进出口贸易合同的中国境内法人、其他组织名称及编码。编码填报18位法人和其他组织统一社会信用代码，没有统一社会信用代码的，填报其在海关的备案编码。

特殊情况下填报要求如下：

（一）进出口货物合同的签订者和执行者非同一企业的，填报执行合同的企业。

（二）外商投资企业委托进出口企业进口投资设备、物品的，填报外商投资企业，并在标记唛码及备注栏注明“委托某进出口企业进口”，同时注明被委托企业的18位法人和其他组织统一社会信用代码。

（三）有代理报关资格的报关企业代理其他进出口企业办理进出口报关手续时，填报委托的进出口企业。

（四）海关特殊监管区域收发货人填报该货物的实际经营单位或海关特殊监管区域内经营企业。

（五）免税品经营单位经营出口退税国产商品的，填报免税品经营单位名称。

四、进出境关别

根据货物实际进出境的口岸海关，填报海关规定的《关区代码表》中相应口岸海关的名称及代码。

特殊情况填报要求如下：

进口转关运输货物填报货物进境地海关名称及代码，出口转关运输货物填报货物出境地海关名称及代码。按转关运输方式监管的跨关区深加工结转货物，出口报关单填报转出地海关名称及代码，进口报关单填报转入地海关名称及代码。

在不同海关特殊监管区域或保税监管场所之间调拨、转让的货物，填报对方海关特殊监管区域或保税监管场所所在的海关名称及代码。

其他无实际进出境的货物，填报接受申报的海关名称及代码。

五、进出口日期

进口日期填报运载进口货物的运输工具申报进境的日期。出口日期指运载出口货物的运输工具办结出境手续的日期，在申报时免予填报。无实际进出境的货物，填报海关接受申报的日期。

进出口日期为8位数字，顺序为年（4位）、月（2位）、日（2位）。

六、申报日期

申报日期指海关接受进出口货物收发货人、受委托的报关企业申报数据的日期。以电子数据报关单方式申报的，申报日期为海关计算机系统接受申报数据时记录的日期。以纸质报关单方式申报的，申报日期为海关接受纸质报关单并对报关单进行登记处理的日期。本栏目在申报时免予填报。

申报日期为8位数字，顺序为年（4位）、月（2位）、日（2位）。

七、备案号

填报进出口货物收发货人、消费使用单位、生产销售单位在海关办理加工贸易合同备案或征、减、免税审核确认等手续时，海关核发的《加工贸易手册》、海关特殊监管区域和保税监管场所保税账册、《征免税证明》或其他备案审批文件的编号。

一份报关单只允许填报一个备案号。具体填报要求如下：

（一）加工贸易项下货物，除少量低值辅料按规定不使用《加工贸易手册》及以后续补税监管方式办理内销征税的外，填报《加工贸易手册》编号。

使用异地直接报关分册和异地深加工结转出口分册在异地口岸报关的，填报分册号；本地直接报关分册和本地深加工结转分册限制在本地报关，填报总册号。

加工贸易成品凭《征免税证明》转为减免税进口货物的，进口报关单填报《征免税证明》编号，出口报关单填报《加工贸易手册》编号。

对加工贸易设备、使用账册管理的海关特殊监管区域内减免税设备之间的结转，转入和转出企业分别填制进、出口报关单，在报关单“备案号”栏目填报《加工贸易手册》编号。

（二）涉及征、减、免税审核确认的报关单，填报《征免税证明》编号。

（三）减免税货物退运出口，填报《中华人民共和国海关进口减免税货物准予退运证明》的编号；减免税货物补税进口，填报《减免税货物补税通知书》的编号；减免税货物进口或结转进口（转入），填报《征免税证明》的编号；相应的结转出口（转出），填报《中华人民共和国海关进口减免税货物结转联系函》的编号。

（四）免税品经营单位经营出口退税国产商品的，免予填报。

八、境外收发货人

境外收货人通常指签订并执行出口贸易合同中的买方或合同指定的收货人，境外发货人通常指签订并执行进口贸易合同中的卖方。

填报境外收发货人的名称及编码。名称一般填报英文名称，检验检疫要求填报其他外文名称的，在英文名称后填报，以半角括号分隔；对于AEO互认国家（地区）企业的，编码填报AEO编码，填报样式为：“国别（地区）代码+海关企业编码”，例如：新加坡AEO企业SG123456789012（新加坡国别代码+12位企业编码）；非互认国家（地区）AEO企业等其他情形，编码免予填报。

特殊情况下无境外收发货人的，名称及编码填报“NO”。

九、运输方式

运输方式包括实际运输方式和海关规定的特殊运输方式，前者指货物实际进出境的运输方式，按进出境所使用的运输工具分类；后者指货物无实际进出境的运输方式，按货物在境内的流向分类。

根据货物实际进出境的运输方式或货物在境内流向的类别，按照海关规定的《运输方式代码表》选择填报相应的运输方式。

（一）特殊情况填报要求如下：

1. 非邮件方式进出境的快递货物，按实际运输方式填报。

2. 进口转关运输货物，按载运货物抵达进境地的运输工具填报；出口转关运输货物，按载运货物驶离出境地的运输工具填报。

3. 不复运出（入）境而留在境内（外）销售的进出境展览品、留赠转卖物品等，填报“其他运输”（代码9）。

4. 进出境旅客随身携带的货物，填报“旅客携带”（代码L）。

5. 以固定设施（包括输油、输水管道和输电网等）运输货物的，填报“固定设施运输”（代码G）。

（二）无实际进出境货物在境内流转时填报要求如下：

1. 境内非保税区运入保税区货物和保税区退区货物，填报“非保税区”（代码0）。

2. 保税区运往境内非保税区货物，填报“保税区”（代码7）。

3. 境内存入出口监管仓库和出口监管仓库退仓货物，填报“监管仓库”（代码1）。

4. 保税仓库转内销货物或转加工贸易货物，填报“保税仓库”（代码8）。

5. 从境内保税物流中心外运入中心或从中心运往境内中心外的货物，填报“物流中心”（代码W）。

6. 从境内保税物流园区外运入园区或从园区内运往境内园区外的货物，填报“物流园区”（代码X）。

7. 保税港区、综合保税区与境内（区外）（非海关特殊监管区域、保税监管场所）之间进出的货物，填报“保税港区/综合保税区”（代码Y）。

8. 出口加工区、珠澳跨境工业区（珠海园区）、中哈霍尔果斯边境合作中心（中方配套区）与境内（区外）（非海关特殊监管区域、保税监管场所）之间进出的货物，填报“出口加工区”（代码Z）。

9. 境内运入深港西部通道港方口岸区的货物以及境内进出中哈霍尔果斯边境合作中心中方区域的货物，填报“边境特殊海关作业区”（代码H）。

10. 经横琴新区和平潭综合实验区（以下简称综合试验区）二线指定申报通道运往境内区外或从境内经二线指定申报通道进入综合试验区的货物，以及综合试验区内按选择性征收关税申报的货物，填报“综合试验区”（代码T）。

11. 海关特殊监管区域内的流转、调拨货物，海关特殊监管区域、保税监管场所之间的流转货物，海关特殊监管区域与境内区外之间进出的货物，海关特殊监管区域外的加工贸易余料结转、深加工结转、内销货物，以及其他境内流转货物，填报“其他运输”（代码9）。

十、运输工具名称及航次号

填报载运货物进出境的运输工具名称或编号及航次号。填报内容应与运输部门向海关申报的舱单（载货清单）所列相应内容一致。

（一）运输工具名称具体填报要求如下：

1. 直接在进出境地或采用全国通关一体化通关模式办理报关手续的报关单填报要求如下：

（1）水路运输：填报船舶编号（来往港澳小型船舶为监管簿编号）或者船舶英文名称。

（2）公路运输：启用公路舱单前，填报该跨境运输车辆的国内行驶车牌号，深圳提前报关模式的报关单填报国内行驶车牌号+“/”+“提前报关”。启用公路舱单后，免予填报。

（3）铁路运输：填报车厢编号或交接单号。

（4）航空运输：填报航班号。

（5）邮件运输：填报邮政包裹单号。

（6）其他运输：填报具体运输方式名称，例如：管道、驮畜等。

2. 转关运输货物的报关单填报要求如下：

（1）进口。

A. 水路运输：直转、提前报关填报“@”+16位转关申报单预录入号（或13位载货清单号）；中转填报进境英文船名。

B. 铁路运输：直转、提前报关填报“@”+16位转关申报单预录入号；中转填报车厢编号。

C. 航空运输：直转、提前报关填报“@”+16位转关申报单预录入号（或13位载货清单号）；中转填报“@”。

D. 公路及其他运输：填报“@”+16位转关申报单预录入号（或13位载货清单号）。

E. 以上各种运输方式使用广东地区载货清单转关的提前报关货物填报“@”+13位载货清单号。

（2）出口。

A. 水路运输：非中转填报“@”+16位转关申报单预录入号（或13位载货清单号）。如多张报关单需要通过一张转关单转关的，运输工具名称字段填报“@”。

中转货物，境内水路运输填报驳船船名；境内铁路运输填报车名（主管海关4位关区代码+“TRAIN”）；境内公路运输填报车名（主管海关4位关区代码+“TRUCK”）。

B. 铁路运输：填报“@”+16位转关申报单预录入号（或13位载货清单号），如多张报关单需要通过一张转关单转关的，填报“@”。

C. 航空运输：填报“@”+16位转关申报单预录入号（或13位载货清单号），如多张报关单需要通过一张转关单转关的，填报“@”。

D. 其他运输方式：填报“@”+16位转关申报单预录入号（或13位载货清单号）。

3. 采用“集中申报”通关方式办理报关手续的，报关单填报“集中申报”。

4. 免税品经营单位经营出口退税国产商品的，免予填报。

5. 无实际进出境的货物，免予填报。

（二）航次号具体填报要求如下：

1. 直接在进出境地或采用全国通关一体化通关模式办理报关手续的报关单。

（1）水路运输：填报船舶的航次号。

（2）公路运输：启用公路舱单前，填报运输车辆的8位进出境日期［顺序为年（4位）、月（2位）、日（2位），下同］。启用公路舱单后，填报货物运输批次号。

（3）铁路运输：填报列车的进出境日期。

（4）航空运输：免予填报。

（5）邮件运输：填报运输工具的进出境日期。

（6）其他运输方式：免予填报。

2. 转关运输货物的报关单。

（1）进口。

A. 水路运输：中转转关方式填报“@”+进境干线船舶航次。直转、提前报关免予填报。

B. 公路运输：免予填报。

C. 铁路运输：“@”+8位进境日期。

D. 航空运输：免予填报。

E. 其他运输方式：免予填报。

（2）出口。

A. 水路运输：非中转货物免予填报。中转货物：境内水路运输填报驳船航次号；境内铁路、公路运输填报6位启运日期［顺序为年（2位）、月（2位）、日（2位）］。

B. 铁路拼车拼箱捆绑出口：免予填报。

C. 航空运输：免予填报。

D. 其他运输方式：免予填报。

3. 免税品经营单位经营出口退税国产商品的，免予填报。

4. 无实际进出境的货物，免予填报。

十一、提运单号

填报进出口货物提单或运单的编号。一份报关单只允许填报一个提单或运单号，一票货物对应多个提单或运单时，应分单填报。

具体填报要求如下：

（一）直接在进出境地或采用全国通关一体化通关模式办理报关手续的。

1. 水路运输：填报进出口提单号。如有分提单的，填报进出口提单号+“*”+分提单号。

2. 公路运输：启用公路舱单前，免予填报；启用公路舱单后，填报进出口总运单号。

3. 铁路运输：填报运单号。

4. 航空运输：填报总运单号+“_”+分运单号，无分运单的填报总运单号。

5. 邮件运输：填报邮运包裹单号。

（二）转关运输货物的报关单。

1. 进口。

（1）水路运输：直转、中转填报提单号。提前报关免予填报。

（2）铁路运输：直转、中转填报铁路运单号。提前报关免予填报。

（3）航空运输：直转、中转货物填报总运单号+“_”+分运单号。提前报关免予填报。

（4）其他运输方式：免予填报。

（5）以上运输方式进境货物，在广东省内用公路运输转关的，填报车牌号。

2. 出口。

（1）水路运输：中转货物填报提单号；非中转货物免予填报；广东省内汽车运输提前报关的转关货物，填报承运车辆的车牌号。

（2）其他运输方式：免予填报。广东省内汽车运输提前报关的转关货物，填报承运车辆的车牌号。

（三）采用“集中申报”通关方式办理报关手续的，报关单填报归并的集中申报清单的进出口起止日期［按年（4位）月（2位）日（2位）年（4位）月（2位）日（2位）］。

（四）无实际进出境的货物，免予填报。

十二、货物存放地点

填报货物进境后存放的场所或地点，包括海关监管作业场所、分拨仓库、定点加工厂、隔离检疫场、企业自有仓库等。

十三、消费使用单位/生产销售单位

（一）消费使用单位填报已知的进口货物在境内的最终消费、使用单位的名称，包括：

1. 自行进口货物的单位。

2. 委托进出口企业进口货物的单位。

（二）生产销售单位填报出口货物在境内的生产或销售单位的名称，包括：

1. 自行出口货物的单位。

2. 委托进出口企业出口货物的单位。

3. 免税品经营单位经营出口退税国产商品的，填报该免税品经营单位统一管理的免税店。

（三）减免税货物报关单的消费使用单位/生产销售单位应与《中华人民共和国海关进出口货物征免税证明》（以下简称《征免税证明》）的“减免税申请人”一致；保税监管场所与境外之间的进出境货物，消费使用单位/生产销售单位填报保税监管场所的名称［保税物流中心（B型）填报中心内企业名称］。

（四）海关特殊监管区域的消费使用单位/生产销售单位填报区域内经营企业（“加工单位”或“仓库”）。

（五）编码填报要求：

1. 填报18位法人和其他组织统一社会信用代码。

2. 无18位统一社会信用代码的，填报“NO”。

（六）进口货物在境内的最终消费或使用以及出口货物在境内的生产或销售的对象为自然人的，填报身份证号、护照号、台胞证号等有效证件号码及姓名。

十四、监管方式

监管方式是以国际贸易中进出口货物的交易方式为基础，结合海关对进出口货物的征税、统计及监管条件综合设定的海关对进出口货物的管理方式。其代码由4位数字构成，前两位是按照海关监管要求和计算机管理需要划分的分类代码，后两位是参照国际标准编制的贸易方式代码。

根据实际对外贸易情况按海关规定的《监管方式代码表》选择填报相应的监管方式简称及代码。一份报关单只允许填报一种监管方式。

特殊情况下加工贸易货物监管方式填报要求如下：

（一）进口少量低值辅料（即5000美元以下，78种以内的低值辅料）按规定不使用《加工贸易手册》的，填报“低值辅料”。使用《加工贸易手册》的，按《加工贸易手册》上的监管方式填报。

（二）加工贸易料件转内销货物以及按料件办理进口手续的转内销制成品、残次品、未完成品，填制进口报关单，填报“来料料件内销”或“进料料件内销”；加工贸易成品凭《征免税证明》转为减免税进口货物的，分别填制进、出口报关单，出口报关单填报“来料成品减免”或“进料成品减免”，进口报关单按照实际监管方式填报。

（三）加工贸易出口成品因故退运进口及复运出口的，填报“来料成品退换”或“进料成品退换”；加工贸易进口料件因换料退运出口及复运进口的，填报“来料料件退换”或“进料料件退换”；加工贸易过程中产生的剩余料件、边角料退运出口，以及进口料件因品质、规格等原因退运出口且不再更换同类货物进口的，分别填报“来料料件复出”、“来料边角料复出”、“进料料件复出”、“进料边角料复出”。

（四）加工贸易边角料内销和副产品内销，填制进口报关单，填报“来料边角料内销”或“进料边角料内销”。

（五）企业销毁处置加工贸易货物未获得收入，销毁处置货物为料件、残次品的，填报“料件销毁”；销毁处置货物为边角料、副产品的，填报“边角料销毁”。

企业销毁处置加工贸易货物获得收入的，填报为“进料边角料内销”或“来料边角料内销”。

（六）免税品经营单位经营出口退税国产商品的，填报“其他”。

十五、征免性质

根据实际情况按海关规定的《征免性质代码表》选择填报相应的征免性质简称及代码，持有海关核发的《征免税证明》的，按照《征免税证明》中批注的征免性质填报。一份报关单只允许填报一种征免性质。

加工贸易货物报关单按照海关核发的《加工贸易手册》中批注的征免性质简称及代码填报。特殊情况填报要求如下：

（一）加工贸易转内销货物，按实际情况填报（如一般征税、科教用品、其他法定等）。

（二）料件退运出口、成品退运进口货物填报“其他法定”。

（三）加工贸易结转货物，免予填报。

（四）免税品经营单位经营出口退税国产商品的，填报“其他法定”。

十六、许可证号

填报进（出）口许可证、两用物项和技术进（出）口许可证、两用物项和技术出口许可证（定向）、纺织品临时出口许可证、出口许可证（加工贸易）、出口许可证（边境小额贸易）的编号。

免税品经营单位经营出口退税国产商品的，免予填报。

一份报关单只允许填报一个许可证号。

十七、启运港

填报进口货物在运抵我国关境前的第一个境外装运港。

根据实际情况，按海关规定的《港口代码表》填报相应的港口名称及代码，未在《港口代码表》列明的，填报相应的国家名称及代码。货物从海关特殊监管区域或保税监管场所运至境内区外的，填报《港口代码表》中相应海关特殊监管区域或保税监管场所的名称及代码，未在《港口代码表》中列明的，填报“未列出的特殊监管区”及代码。

其他无实际进境的货物，填报“中国境内”及代码。

十八、合同协议号

填报进出口货物合同（包括协议或订单）编号。未发生商业性交易的免予填报。

免税品经营单位经营出口退税国产商品的，免予填报。

十九、贸易国（地区）

发生商业性交易的进口填报购自国（地区），出口填报售予国（地区）。未发生商业性交易的填报货物所有权拥有者所属的国家（地区）。

按海关规定的《国别（地区）代码表》选择填报相应的贸易国（地区）中文名称及代码。

二十、启运国（地区）/运抵国（地区）

启运国（地区）填报进口货物启始发出直接运抵我国或者在运输中转国（地）未发生任何商业性交易的情况下运抵我国的国家（地区）。

运抵国（地区）填报出口货物离开我国关境直接运抵或者在运输中转国（地区）未发生任何商业性交易的情况下最后运抵的国家（地区）。

不经过第三国（地区）转运的直接运输进出口货物，以进口货物的装货港所在国（地区）为启运国（地区），以出口货物的指运港所在国（地区）为运抵国（地区）。

经过第三国（地区）转运的进出口货物，如在中转国（地区）发生商业性交易，则以中转国（地区）作为启运/运抵国（地区）。

按海关规定的《国别（地区）代码表》选择填报相应的启运国（地区）或运抵国（地区）中文名称及代码。

无实际进出境的货物，填报“中国”及代码。

二十一、经停港/指运港

经停港填报进口货物在运抵我国关境前的最后一个境外装运港。

指运港填报出口货物运往境外的最终目的港；最终目的港不可预知的，按尽可能预知的目的港填报。

根据实际情况，按海关规定的《港口代码表》选择填报相应的港口名称及代码。经停港/指运港在《港口代码表》中无港口名称及代码的，可选择填报相应的国家名称及代码。

无实际进出境的货物，填报“中国境内”及代码。

二十二、入境口岸/离境口岸

入境口岸填报进境货物从跨境运输工具卸离的第一个境内口岸的中文名称及代码；采取多式联运跨境运输的，填报多式联运货物最终卸离的境内口岸中文名称及代码；过境货物填报货物进入境内的第一个口岸的中文名称及代码；从海关特殊监管区域或保税监管场所进境的，填报海关特殊监管区域或保税监管场所的中文名称及代码。其他无实际进境的货物，填报货物所在地的城市名称及代码。

离境口岸填报装运出境货物的跨境运输工具离境的第一个境内口岸的中文名称及代码；采取多式联运跨境运输的，填报多式联运货物最初离境的境内口岸中文名称及代码；过境货物填报货物离境的第一个境内口岸的中文名称及代码；从海关特殊监管区域或保税监管场所离境的，填报海关特殊监管区域或保税监管场所的中文名称及代码。其他无实际出境的货物，填报货物所在地的城市名称及代码。

入境口岸/离境口岸类型包括港口、码头、机场、机场货运通道、边境口岸、火车站、车辆装卸点、车检场、陆路港、坐落在口岸的海关特殊监管区域等。按海关规定的《国内口岸编码表》选择填报相应的境内口岸名称及代码。

二十三、包装种类

填报进出口货物的所有包装材料，包括运输包装和其他包装，按海关规定的《包装种类代码表》选择填报相应的包装种类名称及代码。运输包装指提运单所列货物件数单位对应的包装，其他包装包括货物的各类包装，以及植物性铺垫材料等。

二十四、件数

填报进出口货物运输包装的件数（按运输包装计）。特殊情况填报要求如下：

（一）舱单件数为集装箱的，填报集装箱个数。

（二）舱单件数为托盘的，填报托盘数。

不得填报为零，裸装货物填报为“1”。

二十五、毛重（千克）

填报进出口货物及其包装材料的重量之和，计量单位为千克，不足一千克的填报为“1”。

二十六、净重（千克）

填报进出口货物的毛重减去外包装材料后的重量，即货物本身的实际重量，计量单位为千克，不足一千克的填报为“1”。

二十七、成交方式

根据进出口货物实际成交价格条款，按海关规定的《成交方式代码表》选择填报相应的成交方式代码。

无实际进出境的货物，进口填报 CIF，出口填报 FOB。

二十八、运费

填报进口货物运抵我国境内输入地点起卸前的运输费用，出口货物运至我国境内输出地点装载后的运输费用。

运费可按运费单价、总价或运费率三种方式之一填报，注明运费标记（运费标记“1”表示运费率，“2”表示每吨货物的运费单价，“3”表示运费总价），并按海关规定的《货币代码表》选择填报相应的币种代码。

免税品经营单位经营出口退税国产商品的，免予填报。

二十九、保费

填报进口货物运抵我国境内输入地点起卸前的保险费用，出口货物运至我国境内输出地点装载后的保险费用。

保费可按保险费总价或保险费率两种方式之一填报，注明保险费标记（保险费标记“1”表示保险费率，“3”表示保险费总价），并按海关规定的《货币代码表》选择填报相应的币种代码。

免税品经营单位经营出口退税国产商品的，免予填报。

三十、杂费

填报成交价格以外的、按照《中华人民共和国进出口关税条例》相关规定应计入完税价格或应从完税价格中扣除的费用。可按杂费总价或杂费率两种方式之一填报，注明杂费标记（杂费标记“1”表示杂费率，“3”表示杂费总价），并按海关规定的《货币代码表》选择填报相应的币种代码。

应计入完税价格的杂费填报为正值或正率，应从完税价格中扣除的杂费填报为负值或负率。

免税品经营单位经营出口退税国产商品的，免予填报。

三十一、随附单证及编号

根据海关规定的《监管证件代码表》和《随附单据代码表》选择填报除本规范第十六条规定的许可证件以外的其他进出口许可证件或监管证件、随附单据代码及编号。

本栏目分为随附单证代码和随附单证编号两栏，其中代码栏按海关规定的《监管证件代码表》和《随附单据代码表》选择填报相应证件代码；随附单证编号栏填报证件编号。

（一）加工贸易内销征税报关单（使用金关二期加贸管理系统的除外），随附单证代码栏填报“c”，随附单证编号栏填报海关审核通过的内销征税联系单号。

（二）一般贸易进出口货物，只能使用原产地证书申请享受协定税率或者特惠税率（以下统称优惠税率）的（无原产地声明模式），“随附单证代码”栏填报原产地证书代码“Y”，在“随附单证编号”栏填报“<优惠贸易协定代码>”和“原产地证书编号”。可以使用原产地证书或者原产地声明申请享受优惠税率的（有原产地声明模式），“随附单证代码”栏填写“Y”，“随附单证编号”栏填报“<优惠贸易协定代码>”、“C”（凭原产地证书申报）或“D”（凭原产地声明申报），以及“原产地证书编号（或者原产地声明序列号）”。一份报关单对应一份原产地证书或原产地声明。各优惠贸易协定代码如下：

“01”为“亚太贸易协定”；

“02”为“中国—东盟自贸协定”；

“03”为“内地与香港紧密经贸关系安排”（香港 CEPA）；

“04”为“内地与澳门紧密经贸关系安排”（澳门 CEPA）；

“06”为“台湾农产品零关税措施”；

“07”为“中国—巴基斯坦自贸协定”；

“08”为“中国—智利自贸协定”；

“10”为“中国—新西兰自贸协定”；

“11”为“中国—新加坡自贸协定”；

“12”为“中国—秘鲁自贸协定”；

“13”为“最不发达国家特别优惠关税待遇”；

“14”为“海峡两岸经济合作框架协议（ECFA）”；

“15”为“中国—哥斯达黎加自贸协定”；

“16”为“中国—冰岛自贸协定”；

“17”为“中国—瑞士自贸协定”；

“18”为“中国—澳大利亚自贸协定”；

“19”为“中国—韩国自贸协定”；

“20”为“中国—格鲁吉亚自贸协定”。

海关特殊监管区域和保税监管场所内销货物申请适用优惠税率的，有关货物进出海关特殊监管区域和保税监管场所以及内销时，已通过原产地电子信息交换系统实现电子联网的优惠贸易协定项下货物报关单，按照上述一般贸易要求填报；未实现电子联网的优惠贸易协定项下货物报关单，“随附单证代码”栏填报“Y”，“随附单证编号”栏填报“<优惠贸易协定代码>”和“原产地证据文件备案号”。“原产地证据文件备案号”为进出口货物的收发货物人或者其代理人录入原产地证据文件电子信息后，系统自动生成的号码。

向香港或者澳门特别行政区出口用于生产香港 CEPA 或者澳门 CEPA 项下货物的原材料时，按照上述一般贸易填报要求填制报关单，香港或澳门生产厂商在香港工贸署或者澳门经济局登记备案的有关备案号填报在“关联备案”栏。

“单证对应关系表”中填报报关单上的申报商品项与原产地证书（原产地声明）上的商品项之间的对应关系。报关单上的商品序号与原产地证书（原产地声明）上的项目编号应一一对应，不要求顺序对应。同一批次进口货物可以在同一报关单中申报，不享受优惠税率的货物序号不填报在“单证对应关系表”中。

（三）各优惠贸易协定项下，免提交原产地证据文件的小金额进口货物“随附单证代码”栏填报“Y”，“随附单证编号”栏填报“<优惠贸易协定代码>XJE00000”，“单证对应关系表”享惠报关单项号按实际填报，对应单证项号与享惠报关单项号相同。

三十二、标记唛码及备注

填报要求如下：

（一）标记唛码中除图形以外的文字、数字，无标记唛码的填报 N/M。

（二）受外商投资企业委托代理其进口投资设备、物品的进出口企业名称。

（三）与本报关单有关联关系的，同时在业务管理规范方面又要求填报的备案号，填报在电子数据报关单中“关联备案”栏。

保税间流转货物、加工贸易结转货物及凭《征免税证明》转内销货物，其对应的备案号填报在“关联备案”栏。

减免税货物结转进口（转入），“关联备案”栏填报本次减免税货物结转所申请的《中华人民共和国海关进口减免税货物结转联系函》的编号。

减免税货物结转出口（转出），“关联备案”栏填报与其相对应的进口（转入）报关单“备案号”栏中《征免税证明》的编号。

（四）与本报关单有关联关系的，同时在业务管理规范方面又要求填报的报关单号，填报在电子数据报关单中“关联报关单”栏。

保税间流转、加工贸易结转类的报关单，应先办理进口报关，并将进口报关单号填入出口报关单的“关联报关单”栏。

办理进口货物直接退运手续的，除另有规定外，应先填制出口报关单，再填制进口报关单，并将出口报关单号填报在进口报关单的“关联报关单”栏。

减免税货物结转出口（转出），应先办理进口报关，并将进口（转入）报关单号填入出口（转出）报关单的“关联报关单”栏。

（五）办理进口货物直接退运手续的，填报“<ZT”+“海关审核联系单号或者《海关责令进口货物直接退运通知书》编号”+“>”。办理固体废物直接退运手续的，填报“固体废物，直接退运表 XX 号/责令直接退运通知书 XX 号”。

（六）保税监管场所进出货物，在“保税/监管场所”栏填报本保税监管场所编码（保税物流中心（B 型）填报本中心的国内地区代码），其中涉及货物在保税监管场所间流转的，在本栏填报对方保税监管场所代码。

（七）涉及加工贸易货物销毁处置的，填报海关加工贸易货物销毁处置申报表编号。

（八）当监管方式为“暂时进出货物”（代码 2600）和“展览品”（代码 2700）时，填报要求如下：

1. 根据《中华人民共和国海关暂时进出境货物管理办法》（海关总署令第 233 号，以下简称《管理办法》）第三条第一款所列项目，填报暂时进出境货物类别，如：暂进六，暂出九；

2. 根据《管理办法》第十条规定，填报复运出境或者复运进境日期，期限应在货物进出境之日起 6 个月内，如：20180815 前复运进境，20181020 前复运出境；

3. 根据《管理办法》第七条，向海关申请对有关货物是否属于暂时进出境货物进行审核确认的，填报《中华人民共和国 XX 海关暂时进出境货物审核确认书》编号，如：<ZS 海关审核确认书编号>，其中英文为大写字母；无此项目的，无须填报。

上述内容依次填报，项目间用“/”分隔，前后均不加空格。

4. 收发货人或其代理人申报货物复运进境或者复运出境的：

货物办理过延期的，根据《管理办法》填报《货物暂时进/出境延期办理单》的海关回执编号，如：<ZS 海关回执编号>，其中英文为大写字母；无此项目的，无须填报。

（九）跨境电子商务进出口货物，填报“跨境电子商务”。

（十）加工贸易副产品内销，填报“加工贸易副产品内销”。

（十一）服务外包货物进口，填报“国际服务外包进口货物”。

（十二）公式定价进口货物填报公式定价备案号，格式为：“公式定价”+备案编号+“@”。对于同一报关单下有多项商品的，如某项或某几项商品为公式定价备案的，则备注栏内填报为："公式定价" + 备案编号+ "#" +商品序号+ "@"。

（十三）进出口与《预裁定决定书》列明情形相同的货物时，按照《预裁定决定书》填报，格式为："预裁定+《预裁定决定书》编号"（例如：某份预裁定决定书编号为 R-2-0100-2018-0001，则填报为"预裁定 R-2-0100-2018-0001"）。

（十四）含归类行政裁定报关单，填报归类行政裁定编号，格式为："c" +四位数字编号，例如 c0001。

（十五）已经在进入特殊监管区时完成检验的货物，在出区入境申报时，填报"预检验"字样，同时在"关联报检单"栏填报实施预检验的报关单号。

（十六）进口直接退运的货物，填报"直接退运"字样。

（十七）企业提供 ATA 单证册的货物，填报"ATA 单证册"字样。

（十八）不含动物源性低风险生物制品，填报"不含动物源性"字样。

（十九）货物自境外进入境内特殊监管区或者保税仓库的，填报"保税入库"或者"境外入区"字样。

（二十）海关特殊监管区域与境内区外之间采用分送集报方式进出的货物，填报"分送集报"字样。

（二十一）军事装备出入境的，填报"军品"或"军事装备"字样。

（二十二）申报 HS 为 3821000000、3002300000 的，属于下列情况的，填报要求为：属于培养基的，填报"培养基"字样；属于化学试剂的，填报"化学试剂"字样；不含动物源性成分的，填报"不含动物源性"字样。

（二十三）属于修理物品的，填报"修理物品"字样。

（二十四）属于下列情况的，填报"压力容器""成套设备""食品添加剂""成品退换""旧机电产品"等字样。

（二十五）申报 HS 为 2903890020（入境六溴环十二烷），用途为"其他（99）"的，填报具体用途。

（二十六）集装箱体信息填报集装箱号（在集装箱箱体上标示的全球唯一编号）、集装箱规格、集装箱商品项号关系（单个集装箱对应的商品项号，半角逗号分隔）、集装箱货重（集装箱箱体自重+装载货物重量，千克）。

（二十七）申报 HS 为 3006300000、3504009000、3507909010、3507909090、3822001000、3822009000，不属于"特殊物品"的，填报"非特殊物品"字样。"特殊物品"定义见《出入境特殊物品卫生检疫管理规定》（国家质量监督检验检疫总局令第 160 号公布，根据国家质量监督检验检疫总局令第 184 号、海关总署令第 238 号、第 240 号、第 243 号修改）。

（二十八）进出口列入目录的进出口商品及法律、行政法规规定须经出入境检验检疫机构检验的其他进出口商品实施检验的，填报"应检商品"字样。

（二十九）申报时其他必须说明的事项。

三十三、项号

分两行填报。第一行填报报关单中的商品顺序编号；第二行填报备案序号，专用于加工贸易及保税、减免税等已备案、审批的货物，填报该项货物在《加工贸易手册》或《征免税证明》等备案、审批单证中的顺序编号。有关优惠贸易协定项下报关单填制要求按照海关总署相关规定执行。其中第二行特殊情况填报要求如下：

（一）深加工结转货物，分别按照《加工贸易手册》中的进口料件项号和出口成品项号填报。

（二）料件结转货物（包括料件、制成品和未完成品折料），出口报关单按照转出《加工贸易手册》中进口料件的项号填报；进口报关单按照转进《加工贸易手册》中进口料件的项号填报。

（三）料件复出货物（包括料件、边角料），出口报关单按照《加工贸易手册》中进口料件的项号填报；如边角料对应一个以上料件项号时，填报主要料件项号。料件退换货物（包括料件、不包括未完成品），进出口报关单按照《加工贸易手册》中进口料件的项号填报。

（四）成品退换货物，退运进境报关单和复运出境报关单按照《加工贸易手册》原出口成品的项号填报。

（五）加工贸易料件转内销货物（以及按料件办理进口手续的转内销制成品、残次品、未完成品）填制进口报关单，填报《加工贸易手册》进口料件的项号；加工贸易边角料、副产品内销，填报《加工贸易手册》中对应的进口料件项号。如边角料或副产品对应一个以上料件项号时，填报主要料件项号。

（六）加工贸易成品凭《征免税证明》转为减免税货物进口的，应先办理进口报关手续。进口报关单填报《征免税证明》中的项号，出口报关单填报《加工贸易手册》原出口成品项号，进、出口报关单货物数量应一致。

（七）加工贸易货物销毁，填报《加工贸易手册》中相应的进口料件项号。

（八）加工贸易副产品退运出口、结转出口，填报《加工贸易手册》中新增成品的出口项号。

（九）经海关批准实行加工贸易联网监管的企业，按海关联网监管要求，企业需申报报关清单的，应在向海关申报进出口（包括形式进出口）报关单前，向海关申报“清单”。一份报关清单对应一份报关单，报关单上的商品由报关清单归并而得。加工贸易电子账册报关单中项号、品名、规格等栏目的填制规范比照《加工贸易手册》。

三十四、商品编号

填报由10位数字组成的商品编号。前8位为《中华人民共和国进出口税则》和《中华人民共和国海关统计商品目录》确定的编码；9、10位为监管附加编号。

三十五、商品名称及规格型号

分两行填报。第一行填报进出口货物规范的中文商品名称，第二行填报规格型号。具体填报要求如下：

（一）商品名称及规格型号应据实填报，并与进出口货物收发货人或受委托的报关企业所提交的合同、发票等相关单证相符。

（二）商品名称应当规范，规格型号应当足够详细，以能满足海关归类、审价及许可证件管理要求为准，可参照《中华人民共和国海关进出口商品规范申报目录》中对商品名称、规格型号的要求进行填报。

（三）已备案的加工贸易及保税货物，填报的内容必须与备案登记中同项号下货物的商品名称一致。

（四）对需要海关签发《货物进口证明书》的车辆，商品名称栏填报“车辆品牌+排气量（注明cc）+车型（如越野车、小轿车等）”。进口汽车底盘不填报排气量。车辆品牌按照《进口机动车辆制造厂名称和车辆品牌中英文对照表》中“签注名称”一栏的要求填报。规格型号栏可填报“汽油型”等。

（五）由同一运输工具同时运抵同一口岸并且属于同一收货人、使用同一提单的多种进口货物，按照商品归类规则应当归入同一商品编号的，应当将有关商品一并归入该商品编号。商品名称填报一并归类后的商品名称；规格型号填报一并归类后商品的规格型号。

（六）加工贸易边角料和副产品内销，边角料复出口，填报其报验状态的名称和规格型号。

（七）进口货物收货人以一般贸易方式申报进口属于《需要详细列名申报的汽车零部件清单》（海关总署2006年第64号公告）范围内的汽车生产件的，按以下要求填报：

1. 商品名称填报进口汽车零部件的详细中文商品名称和品牌，中文商品名称与品牌之间用“/”相隔，必要时加注英文商业名称；进口的成套散件或者毛坯件应在品牌后加注“成套散件”、“毛坯”等字样，并与品牌之间用“/”相隔。

2. 规格型号填报汽车零部件的完整编号。在零部件编号前应当加注“S”字样，并与零部件编号之间用“/”相隔，零部件编号之后应当依次加注该零部件适用的汽车品牌和车型。汽车零部件属于可以适用于多种汽车车型的通用零部件的，零部件编号后应当加注“TY”字样，并用“/”与零部件编号相隔。

与进口汽车零部件规格型号相关的其他需要申报的要素，或者海关规定的其他需要申报的要素，如“功率”、“排气量”等，应当在车型或“TY”之后填报，并用“/”与之相隔。汽车零部件报验状态是成套散件的，应当在“标记唛码及备注”栏内填报该成套散件装配后的最终完整品的零部件编号。

（八）进口货物收货人以一般贸易方式申报进口属于《需要详细列名申报的汽车零部件清单》（海关总署2006年第64号公告）范围内的汽车维修件的，填报规格型号时，应当在零部件编号前加注“W”，并与零部件编号之间用“/”相隔；进口维修件的品牌与该零部件适用的整车厂牌不一致的，应当在零部件编号前加注“WF”，并与零部件编号之间用“/”相隔。其余申报要求同上条执行。

（九）品牌类型。品牌类型为必填项目。可选择“无品牌”（代码0）、“境内自主品牌”（代码1）、“境内收购品牌”（代码2）、“境外品牌（贴牌生产）”（代码3）、“境外品牌（其他）”（代码4）如实填报。其中，“境内自主品牌”是指由境内企业自主开发、拥有自主知识产权的品牌；“境内收购品牌”是指境内企业收购的原境外品牌；“境外品牌（贴牌生产）”是指境内企业代工贴牌生产中使用的境外品牌；“境外品牌（其他）”是指除代工贴牌生产以外使用的境外品牌。上述品牌类型中，除“境外品牌（贴牌生产）”仅用于出口外，其他类型均可用于进口和出口。

（十）出口享惠情况。出口享惠情况为出口报关单必填项目。可选择“出口货物在最终目的国（地区）不享受优惠关税”、“出口货物在最终目的国（地区）享受优惠关税”、“出口货物不能确定在最终目的国（地区）享受优惠关税”如实填报。进口货物报关单不填报该申报项。

（十一）申报进口已获3C认证的机动车辆时，填报以下信息：

1. 提运单日期。填报该项货物的提运单签发日期。

2. 质量保质期。填报机动车的质量保证期。

3. 发动机号或电机号。填报机动车的发动机号或电机号，应与机动车上打刻的发动机号或电机号相符。纯电动汽车、插电式混合动力汽车、燃料电池汽车为电机号，其他机动车为发动机号。

4. 车辆识别代码（VIN）。填报机动车车辆识别代码，须符合国家强制性标准《道路车辆 车辆识别代号（VIN）》（GB 16735）的要求。该项目一般与机动车的底盘（车架号）相同。

5. 发票所列数量。填报对应发票中所列进口机动车的数量。

6. 品名（中文名称）。填报机动车中文品名，按《进口机动车辆制造厂名称和车辆品牌中英文对照表》（原质检总局2004年52号公告）的要求填报。

7. 品名（英文名称）。填报机动车英文品名，按《进口机动车辆制造厂名称和车辆品牌中英文对照表》（原质检总局2004年52号公告）的要求填报。

8. 型号（英文）。填报机动车型号，与机动车产品标牌上整车型号一栏相符。

（十二）进口货物收货人申报进口属于实施反倾销反补贴措施货物的，填报“原厂商中文名称”、“原厂商英文名称”、“反倾销税率”、“反补贴税率”和“是否符合价格承诺”等计税必要信息。

格式要求为：“|<><><><><>”。“|”、“<”和“>”均为英文半角符号。第一个“|”为在规格型号栏目中已填报的最后一个申报要素后系统自动生成或人工录入的分割符（若相关商品税号无规范申报填报要求，则需要手工录入“|”），“|”后面5个“<>”内容依次为“原厂商中文名称”、“原厂商英文名称（如无原厂商英文名称，可填报以原厂商所在国或地区文字标注的名称，具体可参照商务部实施贸易救济措施相关公告中对有关原厂商的外文名称写法）”、“反倾销税率”、“反补贴税率”、“是否符合价格承诺”。其中，“反倾销税率”和“反补贴税率”填写实际值，例如，税率为30%，填写“0.3”。“是否符合价格承诺”填写“1”或者“0”，“1”代表“是”，“0”代表“否”。填报时，5个“<>”不可缺项，如第3、4、5项“<>”中无申报事项，相应的“<>”中内容可以为空，但“<>”需要保留。

三十六、数量及单位

分三行填报。

（一）第一行按进出口货物的法定第一计量单位填报数量及单位，法定计量单位以《中华人民共和国海关统计商品目录》中的计量单位为准。

（二）凡列明有法定第二计量单位的，在第二行按照法定第二计量单位填报数量及单位。无法定第二计量单位的，第二行为空。

（三）成交计量单位及数量填报在第三行。

（四）法定计量单位为“千克”的数量填报，特殊情况下填报要求如下：

1. 装入可重复使用的包装容器的货物，按货物扣除包装容器后的重量填报，如罐装同位素、罐装氧气及类似品等。

2. 使用不可分割包装材料和包装容器的货物，按货物的净重填报（即包括内层直接包装的净重重量），如采用供零售包装的罐头、药品及类似品等。

3. 按照商业惯例以公量重计价的商品，按公量重填报，如未脱脂羊毛、羊毛条等。

4. 采用以毛重作为净重计价的货物，可按毛重填报，如粮食、饲料等大宗散装货物。

5. 采用零售包装的酒类、饮料、化妆品，按照液体/乳状/膏状/粉状部分的重量填报。

（五）成套设备、减免税货物如需分批进口，货物实际进口时，按照实际报验状态确定数量。

（六）具有完整品或制成品基本特征的不完整品、未制成品，根据《商品名称及编码协调制度》归类规则按完整品归类的，按照构成完整品的实际数量填报。

（七）已备案的加工贸易及保税货物，成交计量单位必须与《加工贸易手册》中同项号下货物的计量单位一致，加工贸易边角料和副产品内销、边角料复出口，填报其报验状态的计量单位。

（八）优惠贸易协定项下进出口商品的成交计量单位必须与原产地证书上对应商品的计量单位一致。

（九）法定计量单位为立方米的气体货物，折算成标准状况（即摄氏零度及1个标准大气压）下的体积进行填报。

三十七、单价

填报同一项号下进出口货物实际成交的商品单位价格。无实际成交价格的，填报单位货值。

三十八、总价

填报同一项号下进出口货物实际成交的商品总价格。无实际成交价格的，填报货值。

三十九、币制

按海关规定的《货币代码表》选择相应的货币名称及代码填报，如《货币代码表》中无实际成交币种，需将实际成交货币按申报日外汇折算率折算成《货币代码表》列明的货币填报。

四十、原产国（地区）

原产国（地区）依据《中华人民共和国进出口货物原产地条例》、《中华人民共和国海关关于执行〈非优惠原产地规则中实质性改变标准〉的规定》以及海关总署关于各项优惠贸易协定原产地管理规章规定的原产地确定标准填报。同一批进出口货物的原产地不同的，分别填报原产国（地区）。进出口货物原产国（地区）无法确定的，填报“国别不详”。

按海关规定的《国别（地区）代码表》选择填报相应的国家（地区）名称及代码。

四十一、最终目的国（地区）

最终目的国（地区）填报已知的进出口货物的最终实际消费、使用或进一步加工制造国家（地区）。不经过第三国（地区）转运的直接运输货物，以运抵国（地区）为最终目的国（地区）；经过第三国（地区）转运的货物，以最后运往国（地区）为最终目的国（地区）。同一批进出口货物的最终目的国（地区）不同的，分别填报最终目的国（地区）。进出口货物不能确定最终目的国（地区）时，以尽可能预知的最后运往国（地区）为最终目的国（地区）。

按海关规定的《国别（地区）代码表》选择填报相应的国家（地区）名称及代码。

四十二、境内目的地/境内货源地

境内目的地填报已知的进口货物在国内的消费、使用地或最终运抵地，其中最终运抵地为最终使用单位所在的地区。最终使用单位难以确定的，填报货物进口时预知的最终收货单位所在地。

境内货源地填报出口货物在国内的产地或原始发货地。出口货物产地难以确定的，填报最早发运该出口货物的单位所在地。

海关特殊监管区域、保税物流中心（B型）与境外之间的进出境货物，境内目的地/境内货源地填报本海关特殊监管区域、保税物流中心（B型）所对应的国内地区。

按海关规定的《国内地区代码表》选择填报相应的国内地区名称及代码。境内目的地还需根据《中华人民共和国行政区划代码表》选择填报其对应的县级行政区名称及代码。无下属区县级行政区的，可选择填报地市级行政区。

四十三、征免

按照海关核发的《征免税证明》或有关政策规定，对报关单所列每项商品选择海关规定的《征减免税方式代码表》中相应的征减免税方式填报。

加工贸易货物报关单根据《加工贸易手册》中备案的征免规定填报；《加工贸易手册》中备案的征免规定为“保金”或“保函”的，填报“全免”。

四十四、特殊关系确认

根据《中华人民共和国海关审定进出口货物完税价格办法》（以下简称《审价办法》）第十六条，填报确认进出口行为中买卖双方是否存在特殊关系，有下列情形之一的，应当认为买卖双方存在特殊关系，应填报“是”，反之则填报“否”：

（一）买卖双方为同一家族成员的。

（二）买卖双方互为商业上的高级职员或者董事的。

（三）一方直接或者间接地受另一方控制的。

（四）买卖双方都直接或者间接地受第三方控制的。

（五）买卖双方共同直接或者间接地控制第三方的。

（六）一方直接或者间接地拥有、控制或者持有对方5%以上（含5%）公开发行的有表决权的股票或者股份的。

（七）一方是另一方的雇员、高级职员或者董事的。

（八）买卖双方是同一合伙的成员的。

买卖双方在经营上相互有联系，一方是另一方的独家代理、独家经销或者独家受让人，如果符合前款的规定，也应当视为存在特殊关系。

出口货物免予填报，加工贸易及保税监管货物（内销保税货物除外）免予填报。

四十五、价格影响确认

根据《审价办法》第十七条，填报确认纳税义务人是否可以证明特殊关系未对进口货物的成交价格产生影响，纳税义务人能证明其成交价格与同时或者大约同时发生的下列任何一款价格相近的，应视为特殊关系未对成交价格产生影响，填报“否”，反之则填报“是”：

（一）向境内无特殊关系的买方出售的相同或者类似进口货物的成交价格。

（二）按照《审价办法》第二十三条的规定所确定的相同或者类似进口货物的完税价格。

（三）按照《审价办法》第二十五条的规定所确定的相同或者类似进口货物的完税价格。

出口货物免予填报，加工贸易及保税监管货物（内销保税货物除外）免予填报。

四十六、支付特许权使用费确认

根据《审价办法》第十一条和第十三条，填报确认买方是否存在向卖方或者有关方直接或者间接支付与进口货物有关的特许权使用费，且未包括在进口货物的实付、应付价格中。

买方存在需向卖方或者有关方直接或者间接支付特许权使用费，且未包含在进口货物实付、应付价格中，并且符合《审价办法》第十三条的，在“支付特许权使用费确认”栏目填报“是”。

买方存在需向卖方或者有关方直接或者间接支付特许权使用费，且未包含在进口货物实付、应付价格中，但纳税义务人无法确认是否符合《审价办法》第十三条的，填报“是”。

买方存在需向卖方或者有关方直接或者间接支付特许权使用费且未包含在实付、应付价格中，纳税义务人根据《审价办法》第十三条，可以确认需支付的特许权使用费与进口货物无关的，填报“否”。

买方不存在向卖方或者有关方直接或者间接支付特许权使用费的，或者特许权使用费已经包含在进口货物实付、应付价格中的，填报“否”。

出口货物免予填报，加工贸易及保税监管货物（内销保税货物除外）免予填报。

四十七、自报自缴

进出口企业、单位采用“自主申报、自行缴税”（自报自缴）模式向海关申报时，填报“是”；反之则填报“否”。

四十八、申报单位

自理报关的，填报进出口企业的名称及编码；委托代理报关的，填报报关企业名称及编码。编码填报18位法人和其他组织统一社会信用代码。

报关人员填报在海关备案的姓名、编码、电话，并加盖申报单位印章。

四十九、海关批注及签章

供海关作业时签注。

相关用语的含义：

报关单录入凭单：指申报单位按报关单的格式填写的凭单，用作报关单预录入的依据。该凭单的编号规则由申报单位自行决定。

预录入报关单：指预录入单位按照申报单位填写的报关单凭单录入、打印由申报单位向海关申报，海关尚未接受申报的报关单。

报关单证明联：指海关在核实货物实际进出境后按报关单格式提供的，用作进出口货物收发货人向国税、外汇管理部门办理退税和外汇核销手续的证明文件。

本规范所述尖括号（<>）、逗号（,）、连接符（-）、冒号（:）等标点符号及数字，填报时都必须使用非中文状态下的半角字符。

关税司关于厦门汇沣实业有限公司进口大米关税税款适用税率的复函

（税管函〔2019〕42号）

厦门海关：

《厦门海关关于商请确认进口越南粳糯米适用税率有关问题的函》（厦关税便函〔2019〕68号）收悉。现就有关事项函复如下：

关于厦门汇沣实业有限公司进口越南粳糯米时是否可适用协定税率问题，鉴于该公司未按照海关总署令第199号规定在申报进口时申明适用中国—东盟自贸区协定税率并提交有效原产地证书正本或有效流动证明正本，也未按照海关总署公告2017年第67号规定，在货物放行前就进口货物具备中国—东盟自贸区有关原产资格事宜补充申报并提供税款担保，不符合申请享受协定税率的程序性要求，有关货物不能适用协定税率。

特此函复。

关税司

二○一九年三月八日

海关总署关于处理主动披露涉税违规行为有关事项的公告

（海关总署公告2019年第161号）

为进一步引导进出口企业、单位自查自纠、守法自律，提升跨境贸易便利化水平，持续改善营商环境，现就进出口企业、单位在海关发现前主动披露影响税款征收的违反海关监管规定行为（以下简称涉税违规行为）处理有关事项公告如下：

一、进出口企业、单位主动披露涉税违规行为，有下列情形之一的，依据《中华人民共和国行政处罚法》第二十七条的规定，不予行政处罚：

（一）在涉税违规行为发生之日起三个月内向海关主动披露，主动消除危害后果的；

（二）在涉税违规行为发生之日起三个月后向海关主动披露，漏缴、少缴税款占应缴纳税款比例10%以下，或者漏缴、少缴税款在人民币50万元以下，且主动消除危害后果的。

二、进出口企业、单位向海关主动披露的，需填制《主动披露报告表》（见附件），并随附账簿、单证等材料，向原税款征收地海关或企业所在地海关报告。

三、进出口企业、单位主动披露且被海关处以警告或者50万元以下罚款行政处罚的行为，不列入海关认定企业信用状况的记录。

认证企业主动披露涉税违规行为的，海关立案调查期间不暂停对该企业适用相应管理措施。

本公告自发布之日起实施。

特此公告。

附件 主动披露报告表

海关总署

二〇一九年十月十七日

附件

主动披露报告表

__________海关：

经自查，发现我企业/单位存在____________违反海关监管规定的情形，现报告如下：

企业/单位名称		统一信用代码	
注册地址		信用等级	
联系人及电话		联系人证件名称及证件号码	
违反海关监管规定涉及事项		违反海关监管规定行为发生日	
主动披露内容	(可另附自查情况详细说明)		
随附材料清单	1. ____________ 2. ____________ 3. ____________ 4. ____________ 以上材料共________页。		

企业、单位印章

年 月 日

财政部 海关总署 国家税务总局关于因新冠肺炎疫情不可抗力出口退运货物税收规定的公告

（财政部 海关总署 国家税务总局公告2020年第41号）

经国务院批准，关于因新冠肺炎疫情不可抗力出口退运货物的相关税收规定，公告如下：

一、对自2020年1月1日起至2020年12月31日申报出口，因新冠肺炎疫情不可抗力原因，自出口之日起1年内原状复运进境的货物，不征收进口关税和进口环节增值税、消费税，出口时已征收出口关税的，退还出口关税。

二、对符合第一条规定的货物，已办理出口退税的，按现行规定补缴已退（免）增值税、消费税税款。

三、自本公告发布之日起，符合第一条规定的退运货物申报进口时，企业向海关申请办理不征税手续的，应当事先取得主管税务机关出具的出口货物已补税（未退税）证明。

四、自2020年1月1日起至本公告发布之日，符合第一条规定的退运货物已征收的进口关税和进口环节增值税、消费税，依企业申请予以退还。其中，未申报抵扣进口环节增值税、消费税的，应当事先取得主管税务机关出具的《因新冠肺炎疫情不可抗力出口货物退运已征增值税、消费税未抵扣证明》（见附件），向海关申请办理退还已征进口关税和进口环节增值税、消费税手续；已申报抵扣进口环节增值税、消费税的，仅向海关申请办理退还已征进口关税。进口收货人应在2021年6月30日前向海关办理退税手续。

五、符合第一条、第三条和第四条规定的货物，进口收货人应提交退运原因书面说明，证明其因新冠肺炎疫情不可抗力原因退运，海关凭其说明按退运货物办理上述手续。

六、本公告由财政部会同海关总署、税务总局负责解释。

附件　因新冠肺炎疫情不可抗力出口货物退运已征增值税、消费税未抵扣证明

财政部
海关总署
国家税务总局
二〇二〇年十一月二日

附件

因新冠肺炎疫情不可抗力出口货物退运已征增值税、消费税未抵扣证明

编号：主管税务机关代码+四位流水号

<table>
<tr><td rowspan="2">纳税人名称</td><td rowspan="2" colspan="2"></td><td colspan="2">纳税人识别号或
统一社会信用代码</td><td></td></tr>
<tr><td colspan="2">企业海关代码</td><td></td></tr>
<tr><td>进口时间</td><td colspan="5">年　月　日</td></tr>
<tr><td>海关进口增值税、消费税专用缴款书</td><td colspan="5">海关报关单（编号：______）、海关进口增值税专用缴款书（凭证号：______），进口环节增值税税款金额为（大写）______，￥______元；海关进口消费税专用缴款书（凭证号：______），进口环节消费税税款金额为（大写）______，￥______元。</td></tr>
<tr><td>税款抵扣情况</td><td colspan="5">经审核：
1. 该纳税人上述海关进口增值税、消费税专用缴款书税额均未申报抵扣（　）
2. 该纳税人上述海关进口增值税税额未申报抵扣，进口消费税专用缴款书税额已申报抵扣（　）
3. 该纳税人上述海关进口增值税税额已申报抵扣，进口消费税专用缴款书税额未申报抵扣（　）</td></tr>
<tr><td>其他需要说明的事项</td><td colspan="5"></td></tr>
<tr><td colspan="2">审核意见：
审核人：
年　月　日</td><td colspan="2">复核意见：
复核人：
年　月　日</td><td colspan="2">局长意见：
局领导：　（局章）
年　月　日</td></tr>
</table>

海关总署关于发布《中华人民共和国海关对洋浦保税港区监管办法》的公告

（海关总署公告 2020 年第 73 号）

为贯彻落实《海南自由贸易港建设总体方案》要求，支持海南逐步探索、稳步推进中国特色自由贸易港建设，分步骤、分阶段建设自由贸易港政策和制度体系，对进出海南洋浦保税港区的货物，除禁止进出口和限制出口以及需要检验检疫的货物外，试行“一线放开、二线管住”的货物进出境管理制度，特制定《中华人民共和国海关对洋浦保税港区监管办法》，现予发布。

特此公告。

附件　中华人民共和国海关对洋浦保税港区监管办法

海关总署

二〇二〇年六月三日

附件

中华人民共和国海关对洋浦保税港区监管办法

第一章　总　则

第一条　为了打造开放层次更高、营商环境更优、辐射作用更强的中国特色自由贸易港，服务新时代国家对外开放战略布局，充分发挥洋浦保税港区的先行先试作用，支持建设自由贸易港先行区，规范海关对洋浦保税港区的管理，根据《中华人民共和国海关法》和其他有关法律、法规，制定本办法。

第二条　海关依照本办法对进出洋浦保税港区的运输工具、货物、物品以及洋浦保税港区内企业进行监管。

第三条　洋浦保税港区实行物理围网管理。洋浦保税港区与中华人民共和国关境内的其他地区之间，应当设置符合海关监管要求的卡口、围网、视频监控系统以及海关监管所需的其他设施。

第四条除法律、法规和现行政策另有规定外，境外货物入区保税或免税；货物出区进入境内区外销售按货物进口的有关规定办理报关手续，并按货物实际状态征税；境内区外货物入区视同出口，实行退税。

对区内鼓励类产业企业生产的不含进口料件或含进口料件在洋浦保税港区加工增值超过 30%（含）的货物，出区进入境内区外销售时，免征进口关税，照章征收进口环节增值税、消费税，相关办法另行制定。

第五条　洋浦经济开发区管委会应建立公共信息服务平台，实现区内管理机构、海关等监管部门间数据交换和信息共享；建立并完善重大事件信息主动公示制度。

第六条　国家禁止进出境货物、物品不得进出洋浦保税港区。

海关对涉及国家进出境限制性管理、口岸公共卫生安全、生物安全、食品安全、商品质量安全、知识产权等的安全准入实施风险管理。海关依法对进出境货物及物品、进出口货物及物品和国际中转货物实施监管和检查。

第七条 境外与洋浦保税港区之间进出的货物，除另有规定外，实施海关贸易统计，统计办法另行制定。

境内区外与洋浦保税港区之间进出的货物以及其他相关货物，实施海关单项统计。

区内企业之间转让、转移的货物，以及洋浦保税港区与其他海关特殊监管区域或者保税监管场所之间往来的货物，不列入海关统计。

第二章 对洋浦保税港区与境外之间进出货物的监管

第八条 依法需要检疫的进出境货物，原则上在口岸监管区内监管作业场所（场地）实施检查。经海关批准，可在洋浦保税港区内符合条件的场所实施检查。

对法定检验的大宗资源性商品、可用作原料的固体废物等的进境检验，应当在口岸监管区内监管作业场所（场地）实施。

对境外入区动植物产品的检验项目，实行“先入区，后检测”，根据检测结果进行后续处置。

第九条 洋浦保税港区与境外之间进出的货物，不实行许可证件管理，但法律、法规、我国缔结或者参加的国际条约、协定有明确规定或者涉及安全准入管理的除外。

第十条 洋浦保税港区与境外之间进出的货物，属于本办法第八、九条规定范围的，企业应向海关办理申报手续；不属于上述范围的，海关径予放行。

第三章 对洋浦保税港区与境内区外之间进出货物的监管

第十一条 洋浦保税港区与境内区外之间货物进出口，按照现有规定申报。货物从洋浦保税港区进入境内区外的，由进口企业向海关办理进口申报手续。货物从境内区外进入洋浦保税港区的，由出口企业向海关办理出口申报手续。

第十二条 除另有规定外，对其他海关特殊监管区域、保税监管场所与洋浦保税港区之间进出的货物，由其他海关特殊监管区域、保税监管场所内企业申报进出境备案清单（报关单）。

第十三条 对境外入区时已实施检验的货物，出区时免予检验；属于实施食品卫生监督检验和商品检验范围的货物，符合条件的企业，海关可依申请在区内实施集中预检验、分批核销出区。

第十四条 对境内入区、在区内消耗使用、不离境、合理数量的货物、物品，免予填报报关单或备案清单等手续，免予提交许可证件。

第四章 对洋浦保税港区内货物的监管

第十五条 区内企业可依法开展中转、集拼、存储、加工、制造、交易、展示、研发、再制造、检测维修、分销和配送等业务。

第十六条 对注册在洋浦保税港区内的融资租赁企业进出口飞机、船舶和海洋工程结构物等不具备实际入区条件的大型设备，予以保税，按物流实际需要，实行异地委托监管。

第十七条 海关不要求区内企业单独设立海关账册，但区内企业所设置、编制的会计账簿、会计凭证、会计报表和其他会计资料，应当真实、准确、完整地记录和反映有关业务情况，能够通过计算机正确、完整地记账、核算的，对其计算机储存和输出的会计记录视同会计资料。

第十八条 海关依法对区内企业开展稽查核查。

第十九条 海关对区内企业以一般贸易方式申报的进境货物，按照现行规定进行监管。

第五章 对洋浦保税港区国际中转货物的监管

第二十条 除国家禁止进出境货物外，其他货物均可在洋浦保税港区内开展国际中转（包括中转集拼，下同）。

第二十一条 洋浦保税港区国际中转业务应在符合海关监管要求的专用作业场所开展。

第二十二条 舱单电子数据传输义务人应当按照相关管理规定，向海关舱单管理系统传输中转集拼货物的原始舱单、预配舱单、装载舱单、分拨申请、国际转运准单等电子数据。

第二十三条 国际中转货物应当在三个月内复运出境，特殊情况下，经海关批准，可以延期三个月复运出境。

第六章 对直接进出境货物以及进出洋浦保税港区运输工具和个人携带货物、物品的监管

第二十四条 货物经洋浦保税港区直接进境或直接出境的，海关按照进出境的有关规定进行监管。

第二十五条 进出境运输工具服务人员及其携带个人物品进出洋浦保税港区的，海关按照现行规定进行监管。

第二十六条 在洋浦保税港区进出区卡口设置供货运车辆、其他车辆和人员进出的专用通道。进出洋浦保税港区的国内运输工具和人员，应当接受海关监管和检查。

第二十七条 经公共卫生风险评估，对符合电讯检疫要求的入境交通工具实施电讯检疫。

第七章 附 则

第二十八条 综合保税区政策及制度创新措施均适用于洋浦保税港区。

第二十九条 违反本办法规定，构成走私行为或违反海关监管规定的行为，以及法律、法规规定由海关实施行政处罚的行为，由海关依照相关法律、法规的规定处罚；构成犯罪的，依法追究刑事责任。

第三十条 本办法由海关总署负责解释。

第三十一条 本办法自印发之日起施行。

海关总署关于优惠贸易协定项下进出口货物报关单有关原产地栏目填制规范和申报事宜的公告

（海关总署公告2021年第34号）

为进一步优化优惠贸易协定项下进出口货物申报，海关总署决定将《中华人民共和国海关进（出）口货物报关单》（以下简称《报关单》）有关原产地栏目的填制和申报要求调整如下：

一、进出口货物收发货人或者其代理人在办理优惠贸易协定项下货物海关申报手续时，应当如实填报《报关单》商品项“优惠贸易协定享惠”类栏目（填报要求见附件1），同时在商品项对应的“原产国（地区）”栏填报依据《中华人民共和国进出口货物原产地条例》和海关总署令第122号确定的货物原产地，不再需要按照海关总署公告2019年第18号附件中有关优惠贸易协定项下进口货物填制要求填报“随附单证及编号”栏目。

二、进口货物收货人或者其代理人（以下统称进口人）可以自行选择“通关无纸化”方式或者“有纸报关”方式申报：

（一）选择“通关无纸化”方式申报的，进口人应当以电子方式向海关提交原产地证明、商业发票、运输单证和未再加工证明文件等单证正本（以下简称原产地单证），具体要求见附件2。

进口人以电子方式提交的原产地单证内容应当与其持有的纸质文件一致。进口人应当按照海关有关规定保存原产地单证纸质文件。海关认为有必要时，进口人应当补充提交原产地单证纸质文件。

（二）选择“有纸报关”方式申报的，进口人在申报进口时提交原产地单证纸质文件。

三、对于出海关特殊监管区域和保税监管场所［以下统称区域（场所）］申请适用协定税率或者特惠税率的货物，进口人应在内销时按照本公告第一条的要求填报《报关单》；在货物从境外入区域（场

所）时，无须比照本公告第一条要求填报《中华人民共和国海关进（出）境货物备案清单》（以下简称《备案清单》）商品项“优惠贸易协定享惠”类栏目。

内销时货物实际报验状态与其从境外入区域（场所）时的状态相比，超出了相关优惠贸易协定所规定的微小加工或处理范围的，不得享受协定税率或者特惠税率。

四、优惠贸易协定项下实施特殊保障措施的农产品仍然按照海关总署2019年第207号公告要求申报。

有关农产品出区域（场所）申请适用协定税率的，在货物从境外入区域（场所）时进口人应当比照本公告第一条规定填报《备案清单》，并以“通关无纸化”方式申报。

五、向香港或者澳门特别行政区出口用于生产《内地与香港关于建立更紧密经贸关系的安排》（香港CEPA）或者《内地与澳门关于建立更紧密经贸关系的安排》（澳门CEPA）项下协定税率货物的原材料时，应当在《报关单》的“关联备案”栏填报香港或澳门生产厂商在香港工贸署或者澳门经济局登记备案的有关备案号。

本公告中“原产地证明”是指相关优惠贸易协定原产地管理办法所规定的原产地证书和原产地声明。

本公告自2021年5月10日起实施。自本公告实施之日起，海关总署公告2016年第51号、2017年第67号和2019年第178号废止。海关总署公告2019年第18号附件中“三十一、随附单证及编号”项下的第（二）、（三）项内容停止执行。

特此公告。

附件1　报关单“优惠贸易协定享惠”类栏目填制要求

附件2　优惠贸易协定项下进口货物以电子方式提交原产地单证操作规范

海关总署

二〇二一年四月二十五日

附件1

报关单“优惠贸易协定享惠”类栏目填制要求

一、关于“优惠贸易协定代码”栏目

填报优惠贸易协定对应的代码。各优惠贸易协定代码如下：

“01”为“亚太贸易协定”；

“02”为“中国—东盟自贸协定”；

“03”为“内地与香港紧密经贸关系安排”（香港CEPA）；

“04”为“内地与澳门紧密经贸关系安排”（澳门CEPA）；

“06”为“台湾农产品零关税措施”；

“07”为“中国—巴基斯坦自贸协定”；

“08”为“中国—智利自贸协定”；

“10”为“中国—新西兰自贸协定”；

“11”为“中国—新加坡自贸协定”；

“12”为“中国—秘鲁自贸协定”；

“13”为“最不发达国家特别优惠关税待遇”；

“14”为“海峡两岸经济合作框架协议（ECFA）”；

“15”为“中国—哥斯达黎加自贸协定”；

“16”为“中国—冰岛自贸协定”；

“17”为“中国—瑞士自贸协定”；

"18" 为"中国—澳大利亚自贸协定";
"19" 为"中国—韩国自贸协定";
"20" 为"中国—格鲁吉亚自贸协定";
"21" 为"中国—毛里求斯自贸协定"。

二、关于"原产地证明类型"栏目

选择原产地证书或者原产地声明。免提交原产地证明的小金额进口货物（以下简称小金额货物）该栏默认为空。

三、关于"原产地证明编号"栏目

填报原产地证书编号或者原产地声明序列号。小金额货物该栏填写"XJE00000"。

一份报关单对应一份原产地证明，一份原产地证明应当对应同一批次货物。享受和不享受协定税率或者特惠税率（以下统称优惠税率）的同一批次进口货物可以在同一张报关单中申报。"同一批次"进口货物指由同一运输工具同时运抵同一口岸，并且属于同一收货人，使用同一提单的进口货物。对于客观原因（集装箱货物因海河联运需大船换小船、因海陆联运需分车运输，陆路运输集装箱货物需大车换小车以及其他多式联运情况下同一批次货物在中转地需要分拆由多个小型运输工具进行中转运输的情况等）导致有关进口货物在运抵中国关境（运抵口岸）前必须分批运输的情况，不影响同一批次的认定。同一批次出口货物比照上述规定进行审核认定。

四、关于"优惠贸易协定项下原产地"栏目

填报根据相关优惠贸易协定原产地管理办法确定的货物原产地。

五、关于"原产地证明商品项号"栏目

填报报关单商品项对应的原产地证明商品项号。小金额货物在该栏填报本报关单中该商品的项号。

六、填报示例

（一）凭编号为 ABC12345 的原产地证书进口中国—东盟自贸协定项下货物，报关单商品项对应原产地证书的第 3 项，则"优惠贸易协定"类栏目应填报为：

优惠贸易协定代码	02
原产地证明类型	原产地证书
原产地证明编号	ABC12345
优惠贸易协定项下原产地	泰国
原产地证明商品项号	3

（二）中国—韩国自贸协定项下小金额货物，报关单商品项第 4 项的"优惠贸易协定"类栏目应填报为：

优惠贸易协定代码	19
原产地证明类型	
原产地证明编号	XJE00000
优惠贸易协定项下原产地	韩国
原产地证明商品项号	4

附件 2

优惠贸易协定项下进口货物以电子方式提交原产地单证操作规范

对选择“通关无纸化”方式申报的优惠贸易协定项下进口货物，进口人应当按以下要求以电子方式提交原产地单证：

一、对尚未实现原产地电子信息交换的优惠贸易协定项下进口货物，通过“优惠贸易协定原产地要素申报系统”填报原产地证明电子数据和直接运输规则承诺事项（内容和填报要求见附表 1），并且在申报进口时以电子方式上传原产地证明。进口货物具备优惠贸易协定有关原产资格、但进口人未按上述规定以电子方式上传原产地证明的，应当在办结海关手续前，就进口货物具备优惠贸易协定有关原产资格事宜补充申报并提供税款担保。

对已实现原产地电子信息交换的优惠贸易协定项下进口货物，无须填报原产地证明电子数据和直接运输规则承诺事项，也无须以电子方式上传原产地证明。

优惠贸易协定原产地电子信息交换情况见附表 2。

二、凭《中华人民共和国和瑞士联邦自由贸易协定》项下原产地声明申报进口时，无须以电子方式上传原产地声明。

三、对免提交原产地证明的小金额进口货物，无须以电子方式上传原产地证明。

四、以电子方式上传商业发票、运输单证和未再加工证明文件。中国香港、澳门特别行政区《中转确认书》无须上传。

五、以电子方式上传的文件格式标准，参照《通关作业无纸化报关单证电子扫描或转换文件格式标准》（海关总署公告 2014 年第 69 号）。

六、进口人填报的原产地证明电子数据、直接运输规则承诺事项和以电子方式上传的单证内容应当与其持有的单证正本一致。

附表 1　原产地证明电子数据和直接运输规则承诺事项填报要求

一、原产地证明电子数据填报要求

（一）原产地证明编号。

填报原产地证书编号或者原产地声明序列号。

（二）优惠贸易协定代码。

从下拉菜单中选择优惠贸易协定代码。

（三）优惠贸易协定项下原产地。

依据各项优惠贸易协定原产地管理办法确定的原产地从下拉菜单中选择。

（四）签发国。

选择原产地证书的签发国家或开具原产地声明的经核准出口商所属国家（地区）。

（五）原产地证明类型。

选择原产地证书或原产地声明。

（六）是否流动（背对背）证明。

对于允许依据初始原产地证明正本签发新的原产地证明，用于证明货物的原产资格以及原产国未发生变化的优惠贸易协定，选择是否是流动（背对背）证明。

（七）签证日期。

从日期列表中选择原产地证明的签发日期。

（八）经核准出口商授权码。

原产地证明由经核准出口商开具的，填报该经核准出口商授权码。

（九）项目编号。

填报原产地证明商品的项目编号。原产地证明未列明项目编号的，从**1**开始顺序填报。

（十）HS编码。

填报原产地证明所列商品的HS编码。原产地证明未列明HS编码的，填报内容应与报关单对应商品HS编码一致。

（十一）数量。

填报原产地证明所列商品的数量。

（十二）计量单位。

按照原产地证明所列商品计量单位从下拉菜单中选择。

（十三）原产地标准。

原产地证明列明原产地标准的，填报列明的原产地标准；未列明原产地标准的，填报“无”。

二、直接运输规则承诺事项

如实填报货物运输中转情况、单份全程运输单证持有情况和未再加工证明文件持有情况等直接运输承诺事项。其中单份全程运输单证是指符合海关总署公告**2015**年第**57**号和**2016**年第**52**号规定的单份全程运输单证。

附表2　优惠贸易协定原产地电子信息交换情况

优惠贸易协定名称	协定代码	是否实现原产地电子信息交换	备注
亚太贸易协定	01	是	韩国
		否	其他成员国
中国—东盟自贸协定	02	是	印度尼西亚、新加坡
		否	其他成员国
内地与香港关于建立更紧密经贸关系的安排	03	是	
内地与澳门关于建立更紧密经贸关系的安排	04	是	
大陆对台湾地区部分农产品零关税措施	06	否	
中国—巴基斯坦自贸协定	07	是	
中国—智利自贸协定	08	是	
中国—新西兰自贸协定	10	是	仅限原产地证书
中国—新加坡自贸协定	11	是	
中国—秘鲁自贸协定	12	否	
最不发达国家特别优惠关税待遇	13	是	孟加拉、尼日尔、埃塞俄比亚、莫桑比克、东帝汶（在线签发的以字母“E”作为首位编号的证书）
		否	其他
海峡两岸经济合作框架协议	14	是	
中国—哥斯达黎加自贸协定	15	否	
中国—冰岛自贸协定	16	否	
中国—瑞士自贸协定	17	否	
中国—澳大利亚自贸协定	18	否	

续表

优惠贸易协定名称	协定代码	是否实现原产地电子信息交换	备注
中国—韩国自贸协定	19	是	
中国—格鲁吉亚自贸协定	20	是	
中国—毛里求斯自贸协定	21	否	

海关总署关于公式定价进口货物完税价格确定有关问题的公告

（海关总署公告2021年第44号）

为推进税收征管改革，提升通关便利化水平，根据《中华人民共和国进出口关税条例》、《中华人民共和国海关进出口货物征税管理办法》、《中华人民共和国海关审定进出口货物完税价格办法》（以下简称《审价办法》）和《中华人民共和国海关审定内销保税货物完税价格办法》（以下简称《内销保税货物审价办法》）的规定，现将公式定价进口货物完税价格确定的有关规定公告如下：

一、本公告所称的公式定价，是指在向中华人民共和国境内销售货物所签订的合同中，买卖双方未以具体明确的数值约定货物价格，而是以约定的定价公式确定货物结算价格的定价方式。

结算价格是指买方为购买该货物实付、应付的价款总额。

二、对同时符合下列条件的进口货物，以合同约定定价公式所确定的结算价格为基础确定完税价格：

（一）在货物运抵中华人民共和国境内前或保税货物内销前，买卖双方已书面约定定价公式；

（二）结算价格取决于买卖双方均无法控制的客观条件和因素；

（三）自货物申报进口之日起6个月内，能够根据合同约定的定价公式确定结算价格；

（四）结算价格符合《审价办法》中成交价格的有关规定。

三、纳税义务人应当在公式定价合同项下首批货物进口或内销前，向首批货物申报地海关或企业备案地海关提交《公式定价合同海关备案表》（详见附件1，以下简称《备案表》），如实填写相关备案信息。海关自收齐《备案表》及相关材料之日起3个工作日内完成备案确认。

对于货物申报进口时或在“两步申报”通关模式下完整申报时能够确定货物结算价格的，纳税义务人无须向海关提交《备案表》。

四、纳税义务人申请备案需提供的材料包括：

（一）进口货物合同、协议（包括长期合同、总合同等）；

（二）定价公式的作价基础、计价期、结算期、折扣、成分含量、数量等影响价格的要素，以及进境关别、申报海关、批次和数量安排等情况说明；

（三）相关说明及其他有关资料。

五、纳税义务人申报进口公式定价货物，因故未能事先向海关备案的，应当在合同项下首批货物申报进口时补办备案手续。

六、经海关备案的公式定价合同发生变更的，纳税义务人应当在变更合同项下首批货物申报进口前，向原备案海关办理备案变更手续。

七、公式定价货物进口时结算价格不能确定，以暂定价格申报的，纳税义务人应当向海关办理税款担保。

八、纳税义务人申报进口货物时，应当根据实际情况填报报关单“公式定价确认”“暂定价格确认”栏目，在报关单备注栏准确填写公式定价备案号，填制要求详见附件2。

九、自货物申报进口之日起6个月内不能确定结算价格的，海关根据《审价办法》《内销保税货物审价办法》的相关规定审查确定完税价格。经纳税义务人申请，申报地海关同意，可以延长结算期限至9个月。

十、纳税义务人应当在公式定价货物结算价格确定之日起30日内向海关提供确定结算价格的相关材料，办理报关单修改手续，包括将“暂定价格确认”调整为“否”以及其他相关申报项目调整等内容。同时，办理税款缴纳及其他海关手续。结算价格确定之日为卖方根据定价公式出具最终结算发票的日期。

十一、本公告自2021年9月1日起施行，海关总署公告2015年第15号同时废止，海关总署公告2019年第18号附件《中华人民共和国海关进出口货物报关单填制规范》中有关规定与本公告不符的，以本公告为准。

特此公告。

附件1　公式定价合同海关备案表（样本）

附件2　报关单填制要求

海关总署

二〇二一年六月十八日

附件1

公式定价合同海关备案表（样本）

备案海关：　　　　　　　　　　　　　　　　　　　　　备案号：

商品名称		商品编码		原产地	
规格型号		申报海关		进境关别	
合同协议号		签约日期		监管方式	
合同协议数量		数量单位		成交方式	
进口企业名称		企业编码		统一社会信用代码	
企业联系人		联系人手机		合同执行期	日期至日期
合同买方	是否存在特殊关系				
合同卖方					
定价方式	A定价公式/B成分含量/C数量/D其他		定价公式		
定价方式说明					
作价基础		计价期		结算期	
贴水（+/-）		贴水币制		贴水计量单位	
佣金			折扣		%
其他费用					
附件					
兹申明对本备案表各项填报内容及随附材料的真实性和完整性承担法律责任。 申报人：					
备案地海关意见					

说明：

备案海关：首批货物申报地海关或企业备案地海关。

定价方式：根据合同情况可以选择“A”或“B”或“C”或“D”表单，填制时可以通过下拉表单选择 A：定价公式，B：成分含量，C：数量，D：其他。支持同时选择多个选项。

定价公式：约定的定价公式。

作价基础：约定的定价公式所参考的价格指数。必填项。需要手工填写指数名称，如无可以填报“无”。

计价期：定价公式中选定作价标准的日期。必填项。填制时可以通过下拉表单选择“点价”、“日均价”、“周均价”、“月均价”、“其他”。选择“点价”、“日均价”、“周均价”和“月均价”的，需要手工填写具体时间；选择“其他”的，可以用文字描述作价日期（如提单日当月均价）。

结算期：确定结算价格的时间。必填项。如无可以填报“无”。

佣金：买方为进口货物支付给经纪人或代理人的劳务报酬。如有，填写具体数值或百分比例。必填项。如无可以填报“无”。

折扣：指卖方给予买方的价格折让。如有，填写具体数字（数字形式）。注意填写的是扣减比例，比如打 9 折，应当填写 10%，系统显示百分号，只需要填入“10”。必填项。如无可以填报“无”。

其他费用：如管理费、转月费等。选填项。

附件：上传合同、情况说明等资料。

附件 2

报关单填制要求

在“价格说明”类栏目勾选（选项包括“公式定价确认”和“暂定价格确认”）和在报关单备注栏填报“公式定价备案号”。“公式定价确认”“暂定价格确认”为有条件选填项。

一、公式定价确认

纳税义务人申报进口货物时，根据本公告规定填报报关单“公式定价确认”。“公式定价确认”为有条件选填项，在向中华人民共和国境内销售货物所签订的合同中，买卖双方未以具体明确的数值约定货物价格，而是以约定的定价公式确定货物的结算价格的定价方式，包括结算价格仅受成分含量、进口数量影响，进口时无论能否确定结算价格，均应当填报“是”。

出口货物、加工贸易及保税监管货物（内销保税货物除外）免予填报。该栏目未填报或填报为“否”均视为非公式定价进口货物。

二、暂定价格确认

“公式定价确认”填报“是”的，应当继续填报“暂定价格确认”栏目；“公式定价确认”填报“否”的，无须填写“暂定价格确认”栏目。

公式定价货物进口时结算价格未确定的，“暂定价格确认”应当填报“是”；公式定价货物进口时结算价格已确定的，“暂定价格确认”应当填报“否”。

出口货物免予填报，加工贸易及保税监管货物（内销保税货物除外）免予填报。

三、公式定价备案号

纳税义务人申报进口公式定价货物，在报关单“价格说明”类栏目“公式定价确认”和“暂定价格确认”均填报“是”的，应当按如下要求在报关单备注栏准确填写公式定价备案号。

（一）公式定价备案号填写格式应为：

“公式定价”+备案编号+“@”，如“公式定价 012021000001@”。

（二）对于同一报关单下有多项商品的，如需要指明某一项或某几项商品为公式定价备案的，则公式定价备案号填写格式应为：

"公式定价" +备案编号+ "#" +商品序号+ "@",如报关单中第二项商品为公式定价备案货物,则填写"公式定价 012021000001#2@"。

(三)各字段间不得插入空格符或其他无关字符,非汉字字符用半角输入。

海关总署关于实施滞报金减免证明事项告知承诺制的公告

(海关总署公告 2021 年第 51 号)

为贯彻落实党中央、国务院关于深化"放管服"改革决策部署,持续推进"减证便民"行动,进一步优化营商环境,海关总署决定实施进口货物滞报金减免证明事项告知承诺制,现将有关事宜公告如下:

一、滞报金减免证明事项告知承诺制,是指进口货物收货人(以下称"申请人")依法提出滞报金减免申请时,海关一次告知其核批条件及所需提交的证明材料。申请人以书面形式承诺其符合申请条件,愿意承担不实承诺的法律责任,海关依据申请人承诺办理滞报金减免事项。

二、《中华人民共和国海关征收进口货物滞报金办法》第十二条中列明的以下情形适用告知承诺制:

第(一)项,"政府主管部门有关贸易管理规定变更,要求收货人补充办理有关手续或者政府主管部门延迟签发许可证件,导致进口货物产生滞报的"。

第(二)项,"产生滞报的进口货物属于政府间或者国际组织无偿援助和捐赠用于救灾、社会公益福利等方面的进口物资或者其他特殊货物的"。

第(四)项中的,"因相关司法、行政执法部门工作原因致使收货人无法在规定期限内申报,从而产生滞报的"。

三、根据现行规定,申请人向海关申请减免滞报金应当提交下列材料:

(一)减免滞报金申请书;

(二)有关主管部门证明材料;

(三)有关证明文件及相关进口许可证件复印件(如:配额证明、许可证、减免税证明、担保凭据等);

(四)进口货物报关单证;

(五)滞报金缴款通知书复印件。

申请人选择告知承诺方式的,应提交《证明事项告知承诺书(进口货物滞报金减免)》(以下简称《告知承诺书》,见附件),并免于提交上述第(二)项有关主管部门证明材料。

四、申请人选择告知承诺方式申请减免滞报金时,海关应当就以下事项进行告知:

(一)滞报金减免所依据的法律、法规及相关条款;

(二)滞报金减免申请及核批条件;

(三)所需提交的相关材料;

(四)告知承诺制适用范围及办理要求;

(五)申请人义务及虚假承诺、违反承诺的法律责任;

(六)海关认为应当告知的其他事项。

五、申请人选择告知承诺方式的,可从海关总署及各直属海关门户网站下载或在受理海关现场领取《告知承诺书》文本,并在《中华人民共和国海关征收进口货物滞报金办法》第十三条规定的滞报金减免申请时限内就下列事项作出确认和承诺:

(一)无不良信用记录或曾作出虚假承诺;

（二）已知晓海关告知的全部内容；

（三）所提交的信息和材料真实、准确；

（四）符合申请条件及告知承诺制适用范围；

（五）能够在约定期限内提交办事所需相关材料；

（六）愿意承担不实承诺、违反承诺的法律责任；

（七）上述承诺意思表示真实。

六、符合条件的申请人在办理滞报金减免申请时，按规定提交经法定代表人签章并加盖机构公章的《告知承诺书》（一式两份）及上述第三条所列明的第（一）、（三）、（四）、（五）项申请材料。

七、对申请人提出的滞报金减免申请，如相关资料不齐或不符合法定形式的，海关应当一次性告知需要补正的全部内容。

八、申请人承诺内容与实际情况不符的，海关不予减免滞报金。该申请人 2 年内不再适用告知承诺制。

本公告自 2021 年 8 月 1 日起实施。

附件　证明事项告知承诺书（进口货物滞报金减免）

海关总署

二〇二一年七月五日

附件

证明事项告知承诺书（进口货物滞报金减免）

申请人信息	企业名称	
	企业代码	
	法定代表人	
代理人信息	代理人名称	
	证件号码	
行政机关告知	证明用途	证明滞报金产生的原因及责任。
	证明事项设定依据	《中华人民共和国海关征收进口货物滞报金办法》。
	承诺选择	申请人可自主选择是否采用告知承诺制方式。如不选择告知承诺方式的，按一般程序办理。
	承诺方式	本事项采用书面承诺方式，申请人作出承诺的，应当在滞报金减免申请时限内，向海关提交经法定代表人签章并加盖机构公章的告知承诺书原件。
	适用情形	进口货物滞报金减免需由政府主管部门、非营利性公益组织出具有关证明材料的。
	承诺的效力	申请人提交告知承诺书后，海关不再要求申请人提交有关证明材料。由海关依据承诺内容核实情况。
	虚假承诺的法律责任	发现实际情况与承诺内容不符的，不予减免滞报金。该申请人 2 年内不再适用告知承诺制，并按照海关相关规定纳入信用管理。
证明部门	单位名称	
	相关部门	
	联系人及联系方式	

续表

<table>
<tr><td>申请人的承诺</td><td>该批货物因________滞报，现依据《中华人民共和国海关征收进口货物滞报金办法》向海关提出滞报金减免申请，并作出以下承诺：
（一）无不良信用记录或曾作出虚假承诺；
（二）已知晓海关告知的全部内容；
（三）所提交的信息和材料真实、准确；
（四）符合申请条件及告知承诺制适用情形；
（五）能够在约定期限内提交办事所需相关材料；
（六）愿意承担不实承诺、违反承诺的法律责任；
（七）上述承诺意思表示真实。</td></tr>
<tr><td colspan="2">申请人：
年　　月　　日</td></tr>
<tr><td colspan="2">海关：
年　　月　　日</td></tr>
</table>